EVANGELISCH UND ÖKUMENISCH

Beiträge zum 100jährigen Bestehen des Evangelischen Bundes

Evangelisch und Ökumenisch

Beiträge zum 100jährigen Bestehen

des Evangelischen Bundes

Herausgegeben

von Gottfried Maron

V&R

VANDENHOECK & RUPRECHT

IN GÖTTINGEN

KIRCHE UND KONFESSION

Veröffentlichungen des Konfessionskundlichen Instituts
des Evangelischen Bundes

Band 25

Begründet von
Heinrich Bornkamm †, Joachim Lell, Walther von Loewenich,
Martin Schmidt †, Robert Stupperich, Wolfgang Sucker †
Herausgegeben von Hans-Martin Barth, Reinhard Frieling,
Heiner Grote, Gottfried Maron

CIP-Kurztitelaufnahme der Deutschen Bibliothek

Evangelisch und Ökumenisch: Beitr. zum 100jährigen Bestehen d. Evang. Bundes / hrsg. Gottfried Maron. – Göttingen: Vandenhoeck und Ruprecht, 1986.
(Kirche und Konfession; Bd. 25)
ISBN 3-525-56528-3

NE: Maron, Gottfried [Hrsg.]; Evangelischer Bund; GT

Satz und Druck: Ph. Reinheimer, Darmstadt
Bindearbeiten: Hollmann GmbH, Darmstadt

Vorwort

Der Evangelische Bund blickt auf eine Geschichte und das heißt eine Entwicklung von 100 Jahren zurück. Als sich dieses Datum abzuzeichnen begann, galt es herauszufinden, unter welches Motto denn das Ereignis selber wie die Arbeiten, Äußerungen und Feiern aus diesem Anlaß zu stellen seien. Daß zum 100jährigen Bestehen ein größeres Werk erscheinen sollte, war einhellige Meinung: der starke publizistische Einsatz des Evangelischen Bundes und sein sozusagen literarischer Charakter von Anfang an riefen danach. Gespräche und zu Rate gezogene frühe Veröffentlichungen des Evangelischen Bundes machten klar, daß nichts besser geeignet sei, die besagten 100 Jahre zu umfassen, als die Wendung „Evangelisch und Ökumenisch“. Wenn in den Gründungsjahren diese Begriffe auch nicht im Vordergrund standen, so war es doch von Anfang an das Anliegen des Evangelischen Bundes, die Gemeinschaft unter den evangelischen Christen zu fördern, nach ihrem Beitrag in der plurikonfessionellen Christenheit zu fragen und sich den Herausforderungen der Zeit theologisch und kirchlich zu stellen.

„Evangelisch und Ökumenisch“ drückt heute nicht einen lautstarken Jubel aus, sondern weist eher auf Bericht und Rechenschaft sowie auf eine Verpflichtung für die Zukunft hin. Was im einzelnen gemeint ist, wurde aus Anlaß des 100jährigen Bestehens des Evangelischen Bundes in Leitsätzen und Informationen entfaltet und bestimmte zuvor schon wesentlich die Entstehung des hier vorliegenden Bandes. Beabsichtigt war nicht eine „Festschrift“ der üblichen Art. Auch erscheint gesondert eine kurzgefaßte und allgemeinverständliche Geschichte des Evangelischen Bundes: *Walter Fleischmann-Bisten* und *Heiner Grote*: Protestanten auf dem Wege. Geschichte des Evangelischen Bundes (Bensheimer Hefte 65), Göttingen: Vandenhoeck & Ruprecht 1986. Die Feier im September 1986 soll der Rückschau wie dem Ausblick gewidmet sein; die diesbezüglichen Reden, Vorträge und Verlautbarungen werden ebenfalls nachzulesen sein: *Im Lichte der Reformation* (Jahrbuch des Evangelischen Bundes 30), Göttingen: Vandenhoeck & Ruprecht 1987.

Der vorliegende Band ist ein stattliches Werk geworden, zu dem nicht wenige beigetragen haben. Den aufeinander abgestimmten Aufsätzen eignet durchweg etwas Exemplarisches. Der Band ist in fünf Abschnitte gegliedert, deren Überschriften andeuten, wie die Beiträge zusammengefügt worden sind. Das Ganze vermittelt einen Überblick von der Mitte des 19. bis zum Ausgang des 20. Jahrhunderts und bringt so manches Thema und Problem dieses Zeitraums neu zur Sprache.

Der Evangelische Bund ist mit sehr vielen kirchlichen und politischen Ereignissen, Bewegungen und Einrichtungen in Berührung gekommen und zumeist bestrebt gewesen, aus christlich-reformatorischer Tradition heraus Gemeinsamkeiten aufzuzeigen und den Zusammenhalt zu festigen. Er hat sich der theologischen und wissenschaftlichen Arbeit verpflichtet gesehen und sie auch anderen Werken und Verbänden geleistet, denen hierfür weder Zeit noch Kraft blieben. Die unter „Anreger und Fortführer" porträtierten Männer gaben zweifellos wichtige Beispiele. Aber sie sind ihrerseits wieder nur Beispiele für andere Männer und Frauen, die durchaus auch hätten genannt und dargestellt werden können.

Der Abschnitt „Werden und Wandel" schildert Hauptzüge der Entwicklung, die sich untereinander nur eben verbunden finden. Aber die sieben Beiträge machen es doch möglich, von ihnen her auf eine Gesamtentwicklung hin vorsichtig zu extrapolieren. Im Abschnitt „Verbände und Dienste" treten regional bestimmte Teilaspekte zu einem größeren Bild der innereuropäischen Vielfalt und Verbundenheit zusammen. In dem niederländischen wie in dem hessen-nassauischen Beitrag scheint allerdings die ganze Zeitspanne auf, was dann zugleich die sie flankierenden Beiträge beleuchtet.

Zweifellos gibt es mehr „Hauptsachen und Kernfragen", als in dem so benannten Abschnitt behandelt worden sind. Aber das weite Spektrum von Geschichte und Gegenwart, Dogmatik und Ethik, Theorie und Praxis der Kirchen wurde doch so umrissen, daß es nicht zu Verkürzungen kommt und der Leser einzeichnen kann, was er ansonsten noch weiß oder erfährt. Ähnliches gilt für den Schlußabschnitt „Verstehen und Verständigung". Mehr noch als die vorhergehenden Abschnitte ist dieser von der Frage durchzogen, wie sich in Alltag und Wirklichkeit das ereignet, was „Evangelisch und Ökumenisch" eigentlich meint.

Es sei hier nun in Hochachtung all den Autoren gedankt, die zur „Festgabe" beigesteuert haben und dadurch ihre Verbundenheit mit dem Evangelischen Bund, seiner Arbeit oder den von ihm beachteten Problemen bekundet haben. Mit Dank ist auch erinnerlich, daß einige weitere Männer und Frauen zur Mitarbeit bereit, aber offenkundig zu sehr überlastet waren. Andere wollten Themen behandeln, für die dann doch nicht Archivmaterialien vorlagen oder zugänglich waren. Von zwei Autoren wissen wir mit Schmerz, daß ihnen der Tod die Feder aus der Hand genommen hat, noch bevor ihr Beitrag fertig war. Die Autoren stammen aus Kirche und Wissenschaft und den fünf Ländern Mitteleuropas. Sie wußten, daß sie jeweils eine Facette eines größeren Ganzen darstellen sollten, und sie sind der Vorgabe gefolgt, daß ihre Beiträge allgemeinverständlich sein und dennoch wissenschaftlichen Maßstäben genügen sollten.

An dieser Stelle ist dem wissenschaftlichen Referenten im Konfessionskundlichen Institut des Evangelischen Bundes *Heiner Grote* ein besonderer Dank abzustatten. Das Präsidium des Evangelischen Bundes hatte ihn beauftragt, für den geplanten Band die Mitarbeiter zu gewinnen, den umfangreichen Briefwechsel mit diesen zu führen, die Autoren zu beraten, gegebenenfalls benötigte Unterlagen zu besorgen und fehlende Angaben zu vervollständigen. *Grote* hat ferner jeden eingegangenen Beitrag im Einverständnis mit dem Autor lektoriert, die Übersetzung fremdsprachlicher Texte besorgt und alle auf Satz und Druck bezüglichen Vorgänge betreut. So hat er in hingebungsvoller Arbeit aus diesem Bande das gemacht, was nunmehr daraus geworden ist. „Lektorieren" hieß dabei keinesfalls nur, dem Buche eine einheitliche Gestalt zu geben; es bedeutete zugleich eine Fülle inhaltlicher Anregungen und Vorschläge an die Autoren. Dank der Mithilfe der Praktikanten im Konfessionskundlichen Institut *Andreas Karrer, Jörg Makarinus, Hartmut Stiller* und *Steffen Storck* und der freundschaftlichen Zusammenarbeit mit der Firma *Philipp Reinheimer* in Darmstadt ist das alles termingerecht bewältigt worden.

Die Herstellung des umfangreichen Bandes hat einen hohen Druckkostenzuschuß erfordert. Zu diesem haben die Landesverbände des Evangelischen Bundes, soweit ihnen irgend möglich war, beigetragen. Doch es verblieb eine weite Deckungslücke. Diese wurde teilweise geschlossen durch ein Vermächtnis von *Gustav Mayer* in München. Auf Bittgängen konnten dann noch kleinere und größere Beträge gesammelt werden. Namhafte Spenden sind eingegangen von der Evangelischen Kreditgenossenschaft in Kassel und der Bezirkssparkasse Bensheim. Für diese freundlich gewährten Unterstützungen sei hier von Herzen gedankt!

Gottfried Maron
Präsident des Evangelischen Bundes

Kiel, im September 1986

Inhalt und Hinweise

Anreger und Fortführer

Werden und Wandel

Verbände und Dienste

Hauptsachen und Kernfragen

Verstehen und Verständigung

Quellenhinweise und Abkürzungen

Die in den Beiträgen dieses Bandes erwähnten Bücher und Periodika gehören weithin zum Bestand von Bibliothek und Zeitschriftenabteilung des KI. Kleinquellen, für die kein Fundort angegeben ist, sind in Archiv oder Zeitschriftenabteilung des KI einsehbar, auch wenn die Verfasser selber ihre Kentnisse anderen Fundorten verdanken. Die Abkürzungen folgen, soweit sie nicht ohnehin gebräuchlich und verständlich sind, *Siegfried Schwertner*: Internationales Abkürzungsverzeichnis für Theologie und Grenzgebiete, Berlin 1974, XX + 348 S. und Ergänzungen von 1976. Ferner finden sich folgende Abkürzungen:

DEKEB	Deutsch-Evangelische Korrespondenz. Mitteilungen des EB
EB	Evangelischer Bund
EBMBl	EB. Monatsblatt für die Mitglieder bzw. Der Bundesbote: Mitteilungsblatt des EB bzw. Der EB. Mittteilungsblätter
KI	Konfessionskundliches Institut
VBEB	Vorstandsblatt des EB
WartburgHEB	Wartburghefte für den EB und dessen Freunde
ZV	Sitzungsprotokoll des Zentralvorstandes des EB, jeweils mit Datum

Anreger und Fortführer

Gottfried Maron

Willibald Beyschlag und die Entstehung des Evangelischen Bundes

I. Der Evangelische Bund und seine Gründung

Der Evangelische Bund ist hundert Jahre alt. Seine Gründungsgeschichte ist weithin unbekannt, und auch über seine spätere Geschichte ist mehr Falsches als Richtiges verbreitet; Kenntnis ist offenbar auf Parolen reduziert, die ihre Herkunft aus der Polemik schnell erkennen lassen. Dabei ist es durchaus lohnend, die Geschichte des letzten Jahrhunderts einmal anhand eines solchen Einzelthemas zu verfolgen. Wir wollen uns im folgenden der Geschichte der Gründung des Evangelischen Bundes und der Gestalt seines Gründers zuwenden und stoßen dabei auf Themen, die im Blick auf die Geschichte unseres Volkes und unserer Kirche so interessant, ja aufregend genannt werden müssen, daß sie eigentlich ein Jubiläum als Anstoß zur Beschäftigung mit ihnen nicht nötig gehabt hätten.

Der Evangelische Bund ist in mancher Hinsicht eine Frucht des *Luther*-Jubiläums von 1883. Jedenfalls tauchte der Gedanke an einen „evangelischen Hilfsverein" am Ende des Jubiläumsjahres und im „Hinblick auf das Lutherfest" zum ersten Mal auf[1]. Doch mußte erst der weithin als unglücklich empfundene Ausgang des Kulturkampfes als Auslöser hinzukommen, um den Gedanken in die Tat umzusetzen. Die eigentliche Gründung des Bundes erfolgte in mehreren Stufen 1886/87.[2] Ein Gespräch der in Rom zufällig zusammentreffenden Professoren *Willibald Beyschlag* aus Halle und *Karl Benrath* aus Bonn beim Botschaftsprediger *Karl Roenneke* bringt den Stein ins Rollen. Ende Mai 1886 trifft sich in Halle ein kleiner Kreis gleichgesinnter Freunde, um den Gedanken weiter durchzudenken. *Beyschlag* wird mit der Abfassung einer „Denkschrift" beauftragt, die unter dem 25. Juni an einen sog. Fünferausschuß

[1] *Karl H. Pahncke* [*Beyschlags* Schwiegersohn]: Willibald Beyschlag. Ein Gedenkblatt zur 5-jährigen Wiederkehr seines Todestages, Tübingen 1905, 156; vgl. auch *Friedrich Nippold*: Ziele und Vorgesch. des EB. Zwei Reden (abgedr. aus der PKZ 1888 Nr. 44 und 45), Berlin 1889, 20f.

[2] vgl. vor allem: Zur Entstehungsgesch. des EB. Persönliches und Urkundliches von Professor D. Willibald Beyschlag. Zum Ehrengedächtnis Beyschlags und derer, die mit ihm den EB gegr. haben, veröff. zum 5. Oktober 1926, Berlin.

verschickt wird, um nach redaktionellen Änderungen von diesem mitunterzeichnet zu werden.[3] Bestimmt war diese Denkschrift zur Information und Gewinnung von etwa hundert Vertrauensmännern aus allen evangelischen Gruppen und Parteien, die schließlich auf den 5. Oktober 1886 nach Erfurt eingeladen wurden. Zu dieser Besprechung erschienen 59 Teilnehmer, die nach eingehender Beratung beschlossen, einen Evangelischen Bund zu gründen.[4] Ein öffentlicher Aufruf vom 15. Januar 1887[5] forderte zur Gründung eines evangelischen Schutz- und Trutzbündnisses auf, in dem sich alle evangelisch und deutsch Gesinnten ohne Rücksicht auf ihre kirchliche Parteizugehörigkeit vereinigen sollten. Nach diesen sorgfältigen Vorbereitungen und vorsichtig erwogenem Entwurf der Satzungen trat vom 15. bis 17. August 1887 die erste konstituierende Generalversammlung in Frankfurt am Main zusammen. Mit der Annahme der Satzungen und der Bestätigung des „provisorischen" Vorstandes war der „Evangelische Bund zur Wahrung der deutsch-protestantischen Interessen" gegründet. Die Gründung fand einen erstaunlichen Widerhall. Nach 25 Jahren umfaßte der Evangelische Bund mehr als eine halbe Million Mitglieder; er war damit zur größten Bewegung innerhalb des evangelischen Deutschlands vor dem Ersten Weltkrieg geworden.

Wie alle vergleichbaren Gründungen – seien es nun die kirchlichen Vereine der neueren Zeit oder die Ordensgründungen früherer Jahrhunderte – ist auch der Evangelische Bund als Gründung des ausgehenden 19. Jahrhunderts direkt bezogen auf die geistige und geschichtliche Situation und nur zu verstehen als eine Antwort auf Probleme und Herausforderungen seiner Zeit. Dabei ist ein Jahrhundert eine lange Zeitspanne, vor allem, wenn so gewaltige Umwälzungen stattgefunden haben wie in der deutschen Geschichte dieser Jahre. Vieles aus der Zeit vor hundert Jahren ist so völlig vergangen, daß es nur noch dem Historiker in seiner damaligen Bedeutung erkennbar wird; anderes ist so brennend aktuell geblieben, daß es jedermann sogleich verständlich ist. Nähe und Abstand zu den Anfängen zu erkunden (und daraus Folgerungen für die Gegenwart zu ziehen), ist aber vornehmstes und sinnvolles Geschäft jeglichen Jubiläums. Wohl alle ähnlichen Gründungen haben einen Gründungsvater oder Ordensstifter, an dessen Leben und Denken die Motive solcher Gründungen am klarsten und oftmals exemplarisch zu erkennen sind.

Für den Evangelischen Bund muß hier *Willibald Beyschlag* genannt werden. Auch an ihm und seinem Verhältnis zum Evangelischen Bund begegnen Probleme, die bei allen vergleichbaren Gründungen wiederkehren: *Franz von Assisi* ist nicht mit dem Franziskanerorden zu identifizieren, *Johann Hinrich Wichern* nicht mit der Inneren Mission. Und doch sind beide Bewegungen nicht ohne die Genannten zu verstehen. In die-

---

[3] ebd., 16-26.

[4] vgl. ebd., 41-69; Präsenzliste der Erfurter Versammlung 85f.

[5] ebd., 69-76.

sem Sinne wollen wir uns im folgenden Leben und Denken von *Willibald Beyschlag* zuwenden. Ohne ihn gäbe es keinen Evangelischen Bund. Er ist ohne Zweifel der entscheidende Initiator der damaligen Bewegung, wenngleich er nicht sein erster Präsident wurde und in mancher Hinsicht sehr bald hinter anderen zurücktrat. Diese anderen freilich hatten kaum einmal sein Format – auch dies übrigens ein Phänomen, das in den meisten ähnlichen Stiftungen wiederkehrt.[6] Der Evangelische Bund ist jedenfalls *Beyschlags* Lieblingskind, und es gilt mit den eben angedeuteten Einschränkungen durchaus, was *Heinrich Bornkamm* in seinem eindrucksvollen Jubiläumsbeitrag vor 50 Jahren dazu sagte: „Er gab ihm alles: vom Namen und den gemeinsam mit seinem Hallischen Kollegen Riehm ausgearbeiteten Satzungen bis hin zu den entscheidenden Kampfparolen und dem Geist, der die Bewegung durchwehte. *Beyschlag* war ihr unbezweifelter, ungekrönter Führer. Er wußte ihr alle Züge seines Wesens einzuhauchen: Freude an dem Einklang deutscher und christlicher Bildung, theologische Weitherzigkeit und auch seine unionistischen Neigungen; seine Kraft, die Laienschaft zur Mitarbeit zu bewegen; den kühnen Glauben an die kommende kirchliche Einheit des deutschen Protestantismus, die scharfe, offene Kampfansage gegen den römischen Gegner und als Bestes: den Mut zur eigenen Tat und Verantwortung."[7]

II. Die Person des Gründers

Beyschlag, geboren am 5. September 1823 in Frankfurt und gestorben am 25. November 1900 in Halle[8], hatte zur Zeit der Gründung des Evangelischen Bundes seine Lebensmitte weit überschritten; im Luther-Jahr 1883 konnte er bereits seinen 60. Geburtstag begehen, doch hat man ihn einmal einen „schneehäuptigen Jüngling" genannt, der einen Funken besaß von „jener Jugend, die nie verglüht"[9]. Nach Hilfspredigerjahren im konfessionell schwierigen Trier (1850) und vier Jahren als Hofprediger beim Großherzog von Baden in Karlsruhe (1856) war er 1886

[6] vgl. zum EB und seiner Gesch. *Hermann Hüttenrauch*: Der EB. Sein Werden, Wachsen und Wirken, Hamburg 1911; *Fritz von der Heydt*: Gute Wehr. Werden, Wirken und Wollen des EB, Berlin 1936; *Joachim Lell*: 75 Jahre EB, in: JEB 5, 1962, 73-86; und die Lexikonart.: EB von *Wolfgang Sucker* in: EKL Bd.1, Göttingen 1956, 1209ff, *Kurt Nitzschke* in: RGG³ Bd. 2, Tübingen 1958, 789ff, *Lell* in: EStL², Stuttgart 1975, 651f, *Heiner Grote* in: TRE Bd. 10, Berlin/New York 1982, 683-686 (hier weitere Lit.).

[7] Willibald Beyschlag und der Geist des EB in: Wartburg 35, 1936, 189-200, hier 195.

[8] vgl. außer den bereits genannten Veröff. *K.H. Pahncke*: Beyschlag, Willibald, in: RE³ Bd. 23, Leipzig 1913, 192-203; *Max Pahncke* [*Beyschlags* ältester Enkel] in: Mitteldt. Lebensbilder Bd. 1, Magdeburg 1926, 271-281 (hier jeweils weitere Lit.). Für den folgenden Beitrag wurde vor allem die Autobiographie herangezogen: Aus meinem Leben Bd.1: Erinnerungen und Erfahrungen der jüngeren Jahre, Halle 1896², Bd.2: Erinnerungen und Erfahrungen der reiferen Jahre, Halle 1899.

[9] *M. Pahncke*: ebd., 280f.

bereits seit einem Vierteljahrhundert Professor in Halle, zunächst für Praktische Theologie, dann für Neues Testament. Er war ein außerordentlich angesehenes Mitglied dieser Hochschule, der er 40 Jahre lang tätig angehörte und die ihn zweimal zu ganz besonderen Anlässen zu ihrem Rektor wählte, nämlich 1866 zum Jubiläum der 50jährigen Vereinigung der Universitäten Halle und Wittenberg und noch einmal 1894 anläßlich der Zweihundertjahrfeier der Universitätsgründung in Halle. Immer wieder ist *Beyschlag* eine ganz außergewöhnliche Gabe der Rede nachgerühmt worden; besonders an den von ihm geleiteten 1894er Festakt haben sich noch lange Zeit viele erinnert.[10] Doch war er weit über die Grenzen seines beruflichen Wirkens hinaus in ganz Deutschland und in seinem Wohnort Halle bekannt, wo über 10000 Menschen an seinem Leichenbegängnis teilgenommen haben sollen.[11]

Beyschlag war ein Mann von großer Schaffenskraft, dabei ein ausgesprochen universaler Geist. Trotzdem oder vielleicht gerade deswegen war er weniger forschender Wissenschaftler als vielmehr wissenschaftlicher Schriftsteller, von dem eine reiche literarische Hinterlassenschaft überkommen ist.[12] Er war in vielen Disziplinen tätig und verkörperte auf diese Weise angesichts aufkommender Spezialisierung die alte Einheit der Theologie, ja die Zusammengehörigkeit von Theologie und Kultur. Er wurde darüber hinaus „zum größten, lautersten, geistvollsten evangelischen Publizisten seiner Zeit"[13], wie *Heinrich Bornkamm* es formuliert hat. Das heißt zugleich: Er war Kirchenpolitiker von großer Klarsicht und von tiefem Gerechtigkeitssinn. Darüber hinaus besaß er ein waches Verantwortungsgefühl für die Ereignisse seiner Zeit in Kirche, Volk und Staat; er scheute sich auch nicht, mutig und temperamentvoll für die evangelische Sache öffentlich einzutreten. Man hat von dem „hohen Grad von Menschenfurchtlosigkeit"[14] gesprochen, die ihm eigen gewesen sei. Sehr treffend hat *Reinhold Seeberg* einmal mit wenigen Worten ein Charakterbild *Beyschlags* gezeichnet, wenn er über ihn schreibt: „Von Schleiermacher ausgehend, voll poetischen Schwunges, in der Wissenschaft auf das Ganze und Große gerichtet, ein ehrlicher kirchenpoliti-

---

[10] vgl. *Bornkamm*: wie Anm. 7, 189; aus noch späterer Zeit erinnert sich *Otto Dibelius* der Wirkung des greisen Mannes; er wurde als Abiturient durch einen Vortrag *Beyschlags* zum Entschluß gebracht, Theol. zu studieren: Ein Christ ist immer im Dienst. Erlebnisse und Erfahrungen in einer Zeitwende, Stuttgart 1961, 10f.

[11] *M. Pahncke*: wie Anm. 8, 271.

[12] Sein bekanntestes Werk ist wohl: Aus dem Leben eines Frühvollendeten, Berlin 1858, 1895⁷; Vorträge und Aufsätze erschienen in dem Band: Zur dt.-christl. Bildung, Halle 1880, 1899²; vgl. *Hermann Block* (Hg.): Zum Gedächnis Willibald Beyschlags. Auswahl seiner wiss. Aufsätze, Jena/Leipzig 1925; vgl. *K.H. Pahncke*: wie Anm. 8.

[13] *Bornkamm*: wie Anm. 7, 189. Speziell ist an die von ihm begründeten DEBl zu denken, in denen er zahlreiche wichtige Beiträge selber geschrieben hat (1, 1876 bis 33, 1908).

[14] *K.H. Pahncke*: wie Anm. 1, 139.

scher Rufer im Streit und unbeugsamer Gegner Roms."[15] Damit ist auch die immer wieder bezeugte moralische Autorität *Beyschlags* angesprochen, die hohe Bedeutung dessen, was seine Zeit Charakter nannte. In einem Nachruf in der „Illustrierten Zeitung"[!] wurde das in seinem Todesjahr beredt zum Ausdruck gebracht, wenn es hieß: „Er war im Eifer für die Wahrheit ein Elias, in Beredsamkeit ein Chrysostomus, in furchtlosem Bekennermut ein Luther, in feinsinniger und vermittelnder Gelehrsamkeit ein Melanchthon der Neuzeit, in allem aber ein Nathanael, in welchem kein Falsch ist."[16]

Fragt man nach *Beyschlags* Stellung in der Theologiegeschichte des neunzehnten Jahrhunderts, so wird man ihn in die Vermittlungstheologie einzuordnen haben, genauer mit seinen eigenen Worten in die „ältere Vermittlungstheologie eines *Nitzsch*, *Rothe*, *Dorner*"[17]. Er hätte wohl auch nichts dagegen gehabt, in diesem Zusammenhang als Ahnherrn hinter *Friedrich Daniel Ernst Schleiermacher* noch *Philipp Melanchthon* zu nennen, den er zu dessen 400. Geburtstag 1897, also wenige Jahre vor seinem Tode, in einer reizvollen kirchengeschichtlichen Skizze gezeichnet hat.[18] Der evangelische Gehalt seiner Vermittlungstheologie kommt zum Ausdruck in seiner Abgrenzung gegenüber dem liberalen Protestantenverein, über den er 1877 schrieb: „Man darf die Versöhnung des Christentums und der modernen Kultur nicht so betreiben, daß das Christentum mehr durch die moderne Kultur kritisiert wird als diese durch das Christentum."[19] Die ganze Haltung *Beyschlags* kann man vielleicht nicht treffender kennzeichnen als mit folgenden Worten: „Er war eine Persönlichkeit, die im Grunde genommen in der Zeit ‚vor 70' wurzelte und mit seiner Grundstimmung auch verharrte."[20] Damit ist nicht nur seine Stellung im Gefüge der Generationen bezeichnet[21], sondern seine gesamte geistige Prägung. Der allgemeine Wandel wurde nach dem Deutsch-Französischen Krieg stark empfunden.

Wilhelm Lütgert schildert in dem letzten vierten Band seines großen Werkes über die Religion des deutschen Idealismus die allgemeine „Verstimmung des deutschen Volkes nach 1871" und die Wendung zum Pessimismus mit einer Fülle von Material.[22] Für *Beyschlag* ereignet sich dieser fundamentale Wandel erst einige Jahre später. Zunächst erlebt er fast

---

[15] *Reinhold Seeberg*: Die Kirche Deutschlands im 19. Jh., Leipzig 1904², 262.

[16] zit. nach *M. Pahncke*: wie Anm. 8, 280.

[17] wie Anm. 8, Bd. 2, 584; von dorther skizzierte er auch seine Stellung gegenüber der Schule *Ritschls*, 584f; zum Thema vgl. *Ragnar Holte*: Die Vermittlungstheol. Ihre theol. Grundbegriffe kritisch untersucht (AUU 3), Uppsala 1965.

[18] Philip Melanchthon und sein Anteil an der dt. Reformation, Berlin 1917⁴.

[19] *K.H. Pahncke*:wie Anm. 1, 151.

[20] *M. Pahncke*: wie Anm. 8, 280.

[21] vgl. meinen Beitr.: Revolution und Biografie. Zum Problem der Generation in der ev. Theol. 1848, in: Pietismus und Neuzeit 5, 1979, 21-38, zu *Beyschlag* 32.

[22] Das Ende des Idealismus im Zeitalter Bismarcks, Gütersloh 1930, XII und 224ff.

euphorisch die „große geistige Erhebung im Anfang der siebziger Jahre"[23]. Doch dann kommt für ihn, etwa seit 1876, die Ernüchterung um so schlimmer. Was er empfindet, ist die Wendung weg vom ‚Idealen' zum ‚Realen' (ja Materiellen), also weg vom Idealismus zum Realismus (und Materialismus), weg vom ‚Geist' zur ‚Macht', weg von der Erkenntnis der Ganzheit unseres Lebens hin zur Beherrschung der Teile unseres Daseins. „Der Zweifel am Übersinnlichen ist zeitgeschichtliches Prinzip geworden; seine praktische Kehrseite ist die unbändig gewordene sinnliche Genußsucht und die Erschütterung der sittlichen Grundsätze."[24] Die Wahrnehmung dieses Wandels gab sensiblen Angehörigen der älteren Generation damals die Kraft zu prophetischer Vision, die über die immer zu findende Kritik an der Jugend weit hinausgeht. Auch *Beyschlags* Stimme „gehört mit zu den ahnungsvollen Warnrufen, die gegen Ende des Jahrhunderts immer dringender erklingen und uns schaurig in die Ohren gellen, nachdem wir die Katastrophe haben über uns ergehen lassen müssen".[25]

III: Beyschlags Sorge um unser Volk

In *Beyschlags* Autobiographie folgt auf ein Kapitel „In hohen Zeiten", das den Jahren unmittelbar nach 1870 gewidmet ist, ein Kapitel „In schweren Zeiten". Es setzt ein mit der Würdigung eines Buches von *Constantin Rößler* „Das deutsche Reich und die kirchliche Frage" vom Frühjahr 1876, das *Beyschlag* sehr bewegt hat. In dem Grundgedanken dieses Buches, „daß ohne den beseelenden religiösen Glauben [...] jedes Volksleben trotz aller politischer Größe und wirtschaftlicher Blüte in sich verdorren müsse"[26], findet er sein Eigenstes ausgesprochen: die religiöse, beziehungsweise die *‚kirchliche Frage' als die zentrale Frage der Zeit*. Das scheint schon in *Beyschlags* Jugend seine Auffassung gewesen zu sein,so dürfen wir aus einem Schreiben des Freundes *Jacob Burckhardt* an ihn entnehmen. Dieser Brief des bald Sechundzwanzigjährigen vom 14. Januar 1844 enthält seine dezidierte (und bleibende) Absage an Christentum und Kirche. Zuvor schreibt *Burckhardt*: „Ja, ich glaube es fest, daß in Dir die kirchliche Gesinnung echt, treu und wahr ist. Ich weiß, daß es nicht nur ehrenwerthe Leute gibt, die an der Kirche fest halten, sondern daß der kirchliche Standpunkt überhaupt noch jetzt ein tief berechtigter ist und wohl noch eine Zeitlang bleiben wird [...]. Ich aber habe für ewig mit der Kirche gebrochen, aus ganz individuellem Antrieb, – weil ich nämlich buchstäblich nichts mehr damit anzufangen weiß [...] Die Kirche hat über mich jegliche Gewalt verloren, wie über so viele tausend

---

[23] wie Anm. 8, Bd. 2, 531.
[24] ebd., 626, vgl. die ganze Passage!
[25] *Bornkamm:* wie Anm. 7, 196.
[26] wie Anm. 8, Bd. 2, 431.

Andere, und das ist in einer Auflösungsperiode nicht mehr als recht und billig [...] Ich will es einmal heraussagen, was so viele Viri Doctissimi denken und nicht aussprechen mögen: das Christentum ist für unseren Standpunkt in die Reihe der rein menschlichen Geschichtsepochen eingetreten; es hat die Völker sittlich groß gezogen und ihnen endlich die Kraft und die Selbständigkeit verliehen, sich fortan nicht mehr mit Gott, sondern *mit dem eigenen Innern* versöhnen zu können."[27] Darin spricht sich eine in erstaunlicher Weise die Zukunft erschließende Auffassung von der geschichtlichen Rolle des Christentums und von der neuen Haltung der Völker ihm gegenüber aus – eine Auffassung, der *Beyschlag* auch Jahrzehnte später strikt widerspricht. Die Völker können nicht aus ihrem eigenen Inneren leben, sondern nur aus dem Evangelium.

Das ausgehende 19. Jahrhundert bringt die Hochblüte der europäischen Nationalismen – besonders auch bei den Deutschen als einer der ‚späten' Nationen. Für Männer wie *Beyschlag* ist die Kategorie des Nationalen höchst selbstverständlich; national zu sein, ist eine heilige Pflicht, und wer hier nicht mittut, verfällt dem Argwohn. Aber diese evangelischen Männer haben zugleich auch ein lebhaftes Gespür dafür, daß das Nationale sich nicht zu sehr religiös aufladen oder gar den Platz der Religion selber einnehmen darf. Deshalb ist beim Gründer des Evangelischen Bundes auch nicht von Nationalismus zu reden, wie er vor allem in der späteren Zeit *Wilhelms II*. in machtpolitisch-imperialer Gestalt sich findet. In *Beyschlags* Devise „deutsch- evangelisch", die in der Tat für ihn so außerordentlich bezeichnend ist[28], spricht sich vielmehr die *Sorge um das deutsche Volk* aus, der besorgte Blick auf die geistige und religiöse Zukunft seines Volkes. Wir werden noch sehen, daß diese Rede vom Volk geradezu staatskritisch gemeint sein kann, daß das Moment des Deutschen geradezu antipreußische Züge enthalten kann.

Ein fast altmodisches *Geschichtsbild* ist für *Beyschlag* dabei der gedankliche Rahmen: Unsere Geschichte ereignet sich nicht so sehr im politischen und militärischen Bereich großer Parteien und hochgerüsteter Mächte, sondern vielmehr als Kampf geistiger Größen. Geschichte ist also zuallererst ein geistiges und religiöses Ringen und erst in zweiter Linie Machtpolitik. Das Bild der deutschen Geschichte ist für *Beyschlag* dadurch bestimmt, daß Rom durch die Jahrhunderte hindurch geistig-politischer Widerpart gewesen ist.[29] „Die größere Gefahr für unsere abendländische Kultur und deutsche Zukunft lag mir nicht auf socialdemokratischer Seite, sondern auf ultramontaner", kann *Beyschlag* sagen und hinzufügen: die „ultramontane Gefahr ist eine chronische".[30] Dieses weltge-

[27] *Max Burckhardt*: Jacob Burckhardt, Briefe Bd. 2, Basel 1952, 60f.

[28] vgl. den Hinweis zur Gedächtnispredigt auf *Beyschlag* von *Hermann Hering* in den Hallischen Domkirche bei *K.H. Pahncke*: wie Anm. 1, 149.

[29] wie Anm. 8, Bd. 2, 642f.

[30] ebd., 639.

schichtliche Ringen sieht *Beyschlag* zu seiner Zeit in eine neue Phase eintreten. Das Papsttum weiß, wie es Deutschland schwächen kann[31]; der „Jesuitismus" schickt sich an, „die Weltherrschaft des römischen Stuhles neu zu begründen".[32] *Beyschlag* sieht dessen Anstrengungen, er sieht auf der anderen Seite die „ungeheure Krise seines Volkes auf Leben und Tod"[33]. Die römische Gefahr bedeutet dabei für ihn, daß sowohl das Christentum wie das Deutschtum in der Gefahr sind zu verderben. Es muß also alle Anstrengung unternommen werden, das Deutschtum durch die Kräfte des Evangeliums zu heben und zu stärken, damit auch der katholische Volksteil daran Anteil bekommt. ‚Segensreiche Einflüsse' der Reformation, auch auf das katholische Deutschland, sind im 18. und 19. Jahrhundert durchaus zu konstatieren.[34] *Beyschlag* hat das Erste Vatikanische Konzil erlebt auch als den Rückschlag eines deutschen Weges der katholischen Kirche. „Er hatte mit tiefer Enttäuschung die Niederlage all der Kräfte miterlebt, die sich dem erstarkenden römischen Herrschaftsanspruch in den Weg zu werfen versucht hatten. Auf den völligen Zusammenbruch der vorvatikanischen deutschen Theologie und ihres Kirchengedankens in der Feuerprobe des Konzils und der Durchführung seiner Beschlüsse war die noch entsetzlichere Katastrophe des staatlichen Widerstandes im Kulturkampf gefolgt".[35] Doch findet *Beyschlag* für seine Sicht nur wenig Verständnis bei seinen Zeitgenossen. Er sagt: „Der theoretische und praktische Materialismus war stärker als zuvor die beherrschende Macht geworden, und sofern man über denselben hinausging, war es das stolze, selbstzufriedene Gefühl politischer Macht und Größe, in dem man sich wiegte".[36] Ja, Rom rüstet sich zur letzten Schlacht, „während die breite Menge der Nation sich selbstvergnügt an Deutschlands Machtstellung sonnte, ihren materiellen Unternehmungen und Vergnügungen nachging und den alten Streit zwischen Rom und Wittenberg als sehr gleichgültig ansah."[37]

IV. Kritik Beyschlags an Bismarck und seiner Politik

Wie sehr die Menschen damals ihre eigene Zeit im Lichte der Geschichte sahen und verstanden, hat niemand deutlicher ausgesprochen als *Bismarck*. Im Reichstag hatte er am 14. Mai 1872 den kernigen Ausspruch getan: „Nach Canossa gehen wir nicht." Zum Acht-Jahrhundert-Gedächtnis jenes Ganges hatten 1877 „Evangelische deutsche Männer und

---

31 wie Anm. 2, 48.
32 wie Anm. 8, Bd. 2, 315.
33 ebd., 607 in Bezug auf *Hermann Baumgarten*, mit dem er sich hier identifiziert.
34 Eröffnungsansprache in Erfurt, wie Anm. 2, 45.
35 *Bornkamm:* wie Anm. 7, 194.
36 wie Anm. 8, Bd. 2, 432f.
37 ebd., 606.

Frauen" „Aus Dankbarkeit – in Zuversicht" auf der Harzburg als wichtiger Erinnerungsstätte an *Heinrich IV.* die sogenannte „Canossasäule" (eigentlich ein Obelisk) mit jenem *Bismarck*- Wort errichtet. Das Stichwort „Canossa" saß tief, und es kann nicht wunder nehmen, daß *Otto von Bismarck* an seinem eigenen Ausspruch gemessen wurde. Für *Beyschlag* sind jedenfalls ein Dutzend Jahre nach jenem Wort die Zeiten von *Heinrich IV.* und *Gregor VII.* wieder da – nur schlimmer als damals![38] Er spricht von der „Kanossapolitik unserer Regierung"[39], stellt fest: „nach der römischen Seite dauerte der Kanossagang fort bis auf den heutigen Tag"[40], ja nachgerade sei man „schon viele Kilometer über Kanossa hinausgegangen"[41]. Ein ganzes Kapitel seiner Selbstbiographie trägt das Motto „Unter'm Kanossagang".[42] Der Höhepunkt dieser Politik liegt in den Jahren 1884 bis 1887: Der „Selbstdemütigung des protestantischen Staates wurden dann noch rein politische Huldigungen unerhörter Art hinzugefügt".[43] Gemeint sind vor allem die Bitte *Bismarcks* an *Leo XIII.*, der Papst möge als Schiedsrichter im Streit zwischen Spanien und Deutschland über die Karolineninseln entscheiden – „eine unglaubliche Geschichte, die man in der Erinnerung für einen tollen Traum halten möchte"[44] – und die Mithilfe der päpstlichen Autorität zur Durchbringung einer Militärvorlage im Reichstag[45]. Das alles steht in engem Zusammenhang mit der „Niederlage Preußens in dem übel eingeleiteten, noch übler beendeten *Kulturkampf*".[46] *Bismarck* hatte begonnen, in seiner

---

[38] ebd., 599f.

[39] ebd., 586.

[40] ebd., 624, gemeint ist die Zeit *Wilhelms II.*

[41] ebd., 648.

[42] ebd., 530-620, achtes Kapitel.

[43] wie Anm. 2, 6f.

[44] wie Anm. 8, Bd. 2, 588, der Papst entschied zu Ungunsten Deutschlands! *Beyschlag* schrieb just zu der Zeit, da das Deutsche Reich nun doch die Karolinen in Besitz nahm und *Bismarck*, der nie Kolonialpolitiker gewesen war, in Kolonien Tauschobjekte und politische Verfügungsmasse gesehen hatte, sozusagen korrigierte.

[45] ebd., 599f und wie Anm. 2, 7.

[46] wie Anm. 8, Bd. 2, 615; zum Kulturkampf vgl. meine Skizze: Die röm.-kath. Kirche von 1870-1970, in: KIG Lfg. N2, Göttingen 1972, N 256ff, und *Ernst Rudolf / Wolfgang Huber* (Hg.): Staat und Kirche im 19. Jh. Bd. 2, Berlin 1976. Es wird heute weithin übersehen, welches Maß an Loyalität der Kulturkampf auch den evangelischen Kirchen abverlangt hat; sie als Gewinner des Kulturkampfes hinzustellen, wäre völlig verfehlt.

[47] wie Anm. 8, Bd. 2, 357, über den Ausbruch des Kulturkampfes 356 ff; die Endgesch. behandelt er hier nur kurz (586ff); ausführlicher dargestellt hatte er sie in dem Artikel: Der kirchenpolitische Ausgleich in Preußen, in: DEBl 11, 1886, 349-360; ein halbes Jh. später behandelt *Johannes Heckel* den Gegenstand: Die Beilegung des Kulturkampfes in Preußen, in: ZRG Kan. Abt 19, 1930, 215-353 (= Das blinde, undeutliche Wort ‚Kirche', Ges. Aufs. hg. v. *Siegfried Grundmann*, Köln/Graz 1964, 454-571); und zuletzt *Rudolf Lill*: Die Wende im Kulturkampf. Leo XIII., Bismarck und die Zentrumspartei 1878-1880, Tübingen 1973.

Weise durch äußere Gewaltmaßregeln eine Macht dämpfen zu wollen, „deren Natur und Größe ihm dennoch verborgen blieb".[47] Das alles ist für *Beyschlag* letztlich Frucht der „Real- und Momentpolitik"[48] *Bismarcks*. Er spart nicht mit schweren Vorwürfen an eine Politik, „die für ideale Prinzipien, für die religiöse Grundfrage in Deutschland nichts übrig hat, die die religiösen Mächte der Zeit nur unter dem Gesichtspunkt politischer Schachfiguren würdigt und darum unter vollkommener Rücksichtslosigkeit gegen den Protest deutscher Reformation ein Bündniß zwischen deutschem Kaisertum und römischem Papsttum angesponnen hat."[49] *Beyschlag* kann sie nicht anders kennzeichnen als „die katholisierende Politik des Fürsten Bismarck".[50]

Die Äußerungen *Beyschlags* über den Kanzler sind höchst interessante Mosaiksteine für ein *Bismarck*-Bild seiner Zeit. Die Grenzen des großen Mannes werden sehr deutlich gesehen und klar ausgesprochen. Die altkonservative Kritik an *Bismarcks* Politik ist ebenso bekannt wie die von links. *Beyschlag* fügt diesen die starke Kritik einer bewußt evangelischen Mittelgruppe hinzu.[51] Auch nach dem Tode „des großen eben abgeschiedenen Reichskanzlers" könne er über den „wundesten Punkt" in dessen Lebenswerk nicht anders sprechen als zuvor; auch eine unbefangene Geschichtsschreibung wird die Zeit nach der Reichsgründung „kritischer ansehen, als die gegenwärtige Heroenverehrung es tut".[52] Es ist immer wieder derselbe wunde Punkt angesprochen, letztlich die materialistische, ungeistige Haltung dieses Politikers, „seine Unorientiertheit über kirchliche Dinge"[53], der „Charakter einer Politik, die, lediglich mit politischen Factoren rechnend und auch den Katholicismus nur als politischen Factor wägend, keine Ahnung habe von der nationalen Bedenklichkeit einer uneingeschränkten geistigen Macht desselben."[54] Letzten Endes steht *Beyschlag* mit Unverständnis vor dem Werk des Mannes, der das

---

[48] wie Anm. 8, Bd. 2, 606.

[49] ebd., 600.

[50] ebd., 543.

[51] Ähnlich kritisch urteilte über *Bismarck Beyschlags* Hallenser Kollege und „Antipode" (*Bornkamm*) *Martin Kähler*, vgl. seine Notizen zu den „Gedanken und Erinnerungen" aus dem Jahre 1900/1901 in: *Anna Kähler* (Hg.): Theologe und Christ. Erinnerungen und Bekenntnisse von Martin Kähler, Berlin 1926, 323-328; zum Kulturkampf meinte auch der auswärtige kritische Beobachter *Franz Overbeck*, er sei „die größte Niederlage, die er [*Bismarck*] als Staatsmann erlebt hat", in: *Carl Albrecht Bernoulli* (Hg.): Christentum und Kultur, Basel 1919, Reprint Darmstadt 1963, 152.

[52] wie Anm. 8, Bd. 2, 331.

[53] ebd., 534.

[54] ebd., 539; im EB hielt sich seine Auffassung bis über die Jh.wende; so nennen *Oskar Hermens / Oskar Kohlschmidt* (Hg.): Prot. Taschenbuch [...] im Auftrag des EB, Leipzig 1905, 1245f, den Kulturkampf „ungeschickt begonnen und ungeschickt abgeschlossen", „den größten Irrtum seiner [*Bismarks*] staatsmännischen Wirksamkeit"; Antiultramontanes Handbuch, Berlin 1913, 353, schrieb milder: nur gewisse Härten seien als „staatsmännischer Irrtum" zu begreifen.

Reich erbaute, um sogleich seine Fundamente wieder zutiefst zu erschüttern. „Wenn ein Preis darauf gesetzt gewesen wäre, die schlechteste Art von Beendigung des Kulturkampfes zu erfinden, es hätte keine schlechtere erfunden werden können. – Wie es möglich war, daß der größte Staatsmann des Jahrhunderts solch eine Niederlage des Staates eigenhändig herbeiführte, ist mir bis heute ein nicht völlig gelöstes psychologische und historische Räthsel".[55]

Auch bei *Beyschlag* findet sich am Rande eine geheime Gegenfigur: Es ist der *Kronprinz* und spätere Kaiser *Friedrich*, in den viele (auch evangelische) Hoffnungen gesetzt waren, die sich freilich nicht erfüllen konnten, da dieser Fürst den Thron als ein Sterbender betrat.[56] *Bismarck* selbst scheint den tragischen Schatten gefürchtet zu haben. Nach dem Tode *Friedrichs III.* versucht er jedenfalls, „mit den kleinlichsten, ja erbärmlichsten Schachzügen" gegen die *Friedrich*-Legende anzugehen, indem er beispielsweise ein gerichtliches Verfahren anstrengt, um die Veröffentlichung von Tagebuchaufzeichnungen *Friedrichs* aus der Zeit des Deutsch-Französischen Krieges zu verhindern.[57] Bei *Beyschlag* ist *Friedrich* der Mann, der versucht, im politischen Streit die Würde des preußischen Monarchen zu wahren[58]; der Mann, der seine Schrift über den Altkatholizismus mit Verständnis aufnimmt[59]; der Mann, der anläßlich des *Luther*-Jubiläums 1883 in Wittenberg die Gelegenheit ergriff, „in die Schwüle der Kanossapolitik und Orthodoxie-Herrschaft einen protestantischen Blitz hineinfahren zu lassen"[60]; der Mann, aus dem es schließlich herausbricht, „Man wird doch noch sagen dürfen, daß man evangelisch ist."[61] *Friedrich Nippold*, der Mitbegründer des Evangelischen Bundes, war diesem Fürsten noch enger verbunden. Er widmete 1890 Teilband 3/1 seiner Kirchengeschichte „Dem Gesegneten Andenken Kaiser Friedrichs" und fügt dem „ein Wort zur Widmung" bei. In diesem wird berichtet, daß *Friedrich* das Entstehen des Evangelischen Bundes begrüßt hat und einiges von ihm erhoffte. „Er fand in demselben seine eigne Anschauung wieder, daß die evangelische Kirche nicht von oben nach unten reglementiert, sondern von unten nach oben gebaut werden müsse". *Nippold* erwähnt allerdings auch eine zweifelnde Bemerkung des Kronprinzen: „Ihr bringt es nicht fertig."[62] *Friedrichs* Zustimmung bezeugt ein Brief von ihm, in dem

55 wie Anm. 8, Bd. 2, 533f.

56 zu *Friedrich* vgl. *Heinrich von Treitschke*: Zwei Kaiser. 15. Juni 1888, in: PrJ 62, 1888, 77-86; *Hans Delbrück*: Persönliche Erinnerungen an den Kaiser Friedrich und sein Haus, in: PrJ 62, 1888, 97-116; beide Beiträge auch als Sonderdrucke, Berlin: Reimer 1888; vgl. auch Art. Friedrich III., in: Prot. Taschenbuch, wie Anm. 54, 744f.

57 vgl. *Lothar Gall*; Bismarck, Frankfurt 1980, 687.

58 wie Anm. 8, Bd. 2, 535.

59 ebd., 565.

60 ebd., 579.

61 ebd., 604, zu seinem Tode vgl. 624.

62 KG Teilbd. 3/1, Berlin 1890, Xf.

es am Schluß heißt: „Gebe Gott, daß die Bewegung nicht verdorrend aufkeimt."[63] Dieser Brief fand als Faksimile Eingang in das große Sammelwerk „Der Protestantismus am Ende des 19. Jahrhunderts".

V. Kritik Beyschlags am Staat

Doch *Beyschlag* ist nicht nur im Blick auf *Bismarck* fern aller falschen Heldenverehrung; wir sahen, daß er sich vielmehr mit staunenswerter Offenheit über die verfehlte Politik des Kanzlers äußerte. Auch im Blick auf den *Staat* ist er von einer seltenen ‚Menschenfurchtlosigkeit'. „Er sparte nicht mit den bittersten Vorwürfen, die im Munde eines königlich-preußischen Beamten nichts Selbstverständliches waren"[64], und weiß „ein langes und schweres Sündenregister des Staates"[65] aufzuzählen. Denn der Staat ist seiner wichtigsten Aufgabe nicht nachgekommen: über dem (notwendigen) Streit der Parteien ist es „die gemeinsame hohe Aufgabe, unserem Volk das Erbtheil seiner Reformation zu erhalten".[66] Doch sind selbst auf protestantischer Seite „durch die Kirchenpolitik des Fürsten Bismarck die Begriffe bereits so verwirrt und die Luft dermaßen mit romanisierenden Miasmen erfüllt", daß selbst die eigenen Freunde zu schweren Fehlentscheidungen verleitet wurden[67] und die eigentliche Aufgabe des Staates verfehlt wurde.

Man hätte die zahlreichen Fehler aus der Zeit vor *Bismarck* korrigieren können und vor allem angesichts der Erneuerung und Veränderung der vatikanischen Papstkirche zu einer Trennung von Staat und Kirche fortschreiten sollen, ein Weg, „der ja darum auf unsere Confession mit nichten angewandt zu werden brauchte". „Stattdessen vermeinte man, in altpreußischen territorialistischen Traditionen befangen, man könne die vaticanische Weltherrschaftskirche und die evangelische Predigtkirche unter Ein preußisches Staatsjoch paritätisch zusammenspannen".[68] Die bei-

---

[63] *Carl Wilhelm Werckshagen* (Hg.): Der Protestantismus am Ende des 19.Jhs. in Wort und Bild Bd. 1, Berlin 1900/1901, 567; zur Zeit des Faksimiles war das Original im Besitz von Prediger *Konrad Persius* in Potsdam, Adressat und Datum sind aus dem Faksimile nicht ersichtlich; der Brief bezieht sich auf die offenbar noch nicht lange zurückliegende konstituierende Generalversammlung von 1887 in Frankfurt am Main und lautet: „Daß der Evangel. Bund uns die Süddeutschen näher brachte ist sehr wichtig; nicht minder auch, daß die Betheiligung eine so rege war, daß die Konstituierung des Bundes verkündet werden konnte. Je mehr nun von Innen heraus, d.h. freiwillig, ohne die staatliche Unterstützung, an dem Bunde gearbeitet wird, so daß er seine selbständige Lebensfähigkeit beweist, desto zuverläßiger wird er sich bewähren. Dann werden auch diejenigen welche ‚Nichtbeitreten' befahlen, versöhnlich werden. Gebe Gott, daß die Bewegung nicht verdorrend aufkeimt. Ihr treu ergebener Friedrich Wilhelm Kz."; vgl. wie Anm. 2, 83.

[64] *Bornkamm*: wie Anm. 7, 192.

[65] wie Anm. 8, Bd. 2, 647.

[66] ebd., 617.

[67] ebd., 596.

[68] ebd., 358, vgl. 666.

den Kirchen sind aber „toto genere verschiedene Wesen"[69] besonders in ihrem Verhältnis zum Staat. Das ‚preußische Paritätsprinzip' gerät deshalb ausschließlich der römisch-katholischen Kirche zum Vorteil. Das heißt in diesem Falle auch, daß sich Gleichgeartetes zusammenfindet: Der Staat „reicht den freiheitsfeindlichen Mächten in beiden (!) Kirchen die Hand".[70] „Verleugnung der deutschen Reformation seitens der preußischen Regierung"[71] und „Waffenstreckung des preußischen Staates vor dem vaticanischen System"[72] stimmen zusammen. *Beyschlag* kann die Frage stellen: „Haben wir noch einen evangelischen Staat?"[73] – und diese Frage negativ beantworten: „Es war, als wenn Preußen ein römisch-katholischer Staat geworden [. . .] wäre".[74] „Überhaupt – welche Ungeheuerlichkeit war in Deutschland und Preußen zur Zeit nicht möglich, wenn sie nur ultramontan war".[75]

Unter diesen Umständen ist die Aufrechterhaltung des überkommenen Verhältnisses eine schwere Belastung: „Der Staat fuhr zwar fort, mittelst des *landesherrlichen Kirchenregiments* die evangelische Kirche zu regieren, aber daß er sie eben darum auch gegen ihre Todfeindin zu vertreten habe, fiel ihm nicht ein."[76] Gewiß, *Beyschlag* denkt, wenn er von der Trennung von Staat und Kirche spricht, zunächst an die römisch-katholische Kirche; sein Ziel ist zunächst: System der Trennung vom Staate für die römische Kirche – ein neuer Bund (!) des Staates mit der evangelischen![77] Doch ist die Trennung zwischen Staat und Kirche auch im Blick auf den Protestantismus nicht völlig ausgeschlossen, wie man gemeint hat.[78] Die Zukunft ist völlig offen: „Ich kann nicht weissagen über die Zukunft des landesherrlichen Kirchenregiments. Ob es uns erhalten bleiben wird, hängt davon ab, ob der Staat einen evangelischen Charakter bewahrt."[79]

Damit meint *Beyschlag* noch mehr, als es auf den ersten Blick scheint. Er kennt nämlich ‚evangelische' Bewegungen auch außerhalb der evangelischen Staatskirche und hat dabei vor allem den sogenannten Altkatholizismus im Blick. Kapitulation des Staates vor dem vatikanischen System heißt deshalb zugleich: *Unrecht des Staates gegenüber dem Altkatholizismus*. Mit großer Offenheit und großem Mut schildert er „die Unsumme

[69] ebd., 647.
[70] ebd., 531.
[71] ebd., 602.
[72] ebd., 590.
[73] ebd., 669.
[74] ebd., 604.
[75] ebd., 656.
[76] wie Anm. 2, 8.
[77] wie Anm. 8, Bd. 2, 666.
[78] *Bornkamm*: wie Anm. 7, 195; vgl. wie Anm. 8, Bd. 2, 590 und 669, auch unten Abschn. VI.
[79] wie Anm. 8, Bd. 2, 673.

von Umtrieben, Schädigungen und Rechtsbeugungen aller Art, welche die Regierung sich in den Jahren ihrer Kniebeugung vor Rom gegen die Altkatholiken hat zu Schulden kommen lassen".[80] Bereits 1882 hatte er seine Stimme erhoben und „eine Denk- und Schutzschrift an das evangelische Deutschland"[81] verfaßt, in der er dieses mit der altkatholischen Bewegung bekannt machte. In dieser Schrift und in zahlreichen Aufsätzen seiner Deutsch-Evangelischen Blätter wurde *Beyschlag* tatsächlich „als Anwalt der Angefochtenen, als Schützer der Minoritäten offenbar"[82], eine Aufgabe, die eigentlich einem evangelischen Staate angemessen gewesen wäre. „Aber auch in Preußen trat, zumal seit der Kulturkampf sich zu Ende neigte, im Verhalten der mehreren Regierungsorgane jener würdelose Zug hervor, gegen die Starken unterthänig, und gegen die Schwachen brutal zu sein."[83] *Beyschlag* war der Meinung, daß ein solches moralisches Versagen eines Staates nicht ohne Folgen für die Gegenwart und für die Zukunft sein kann. Und so zitiert er das Wort eines Süddeutschen, der gesagt hatte: „Auch wirkliche Freunde Preußens haben angesichts solcher Tatsachen die Liebe zu diesem Staate aus blutendem Herzen gerissen"[84], und er führt eine prophetische Stelle aus einem Brief von Bischof *Joseph Hubert Reinkens* an, in dem der Altkatholik für den „Thron der Hohenzollern" fürchtet![85]

VI. Die betrübliche Lage der evangelischen Kirche

Die Situation der evangelischen Kirche ist für *Beyschlag* durch das zuletzt Gesagte entscheidend bestimmt: „Die Erschütterung ihres Verhältnisses zum Staat"[86] ist das erste Kennzeichen. Immer wieder aufs neue beschreibt er sie als *„verlassen von der Staatsgewalt"*[87], „verlassen, preisgegeben von der Staatsgewalt, die seit Jahrhunderten das Protectorat der evangelischen Kirche geführt hatte, und nun ihrer heiligen Pflicht derart vergaß"[88]; sie ist „gelähmt" dadurch, „daß die Staatsgewalt, die sich ihr drei Jahrhunderte hindurch als Stütze aufgedrängt hat, sie plötzlich verläßt, ohne sie freizugeben, ohne sie aus den zertrennenden politischen Schlagbäumen zu entlassen [...] ".[89] „Tiefgreifende Benachteiligung"

---

[80] ebd., 559, vgl. aber insgesamt dazu 557ff.

[81] *Beyschlag*: Der Altkatholizismus. Eine Denk- und Schutzschr. an das ev. Deutschland, Halle 1882, 65 S., in mehreren Aufl. erschienen.

[82] *K.H. Pahncke*: wie Anm. 1, 140.

[83] wie Anm. 8, Bd. 2, 558.

[84] ebd., 602.

[85] ebd., 590.

[86] wie Anm. 2, 48, aus der Eröffnungsrede in Erfurt.

[87] wie Anm. 8, Bd. 2, 595.

[88] ebd., 605.

[89] ebd., 606.

der evangelische Seite ist die Folge,[90] „die unverdienteste, erbitterndste Mißhandlung der evangelischen Kirche".[91] Ja, *Beyschlag* scheut sich nicht, die evangelische Kirche als unterdrückte und verfolgte Kirche zu bezeichnen: „In ihrem eigenen Heimatland, in einem Reiche, in dem fast zwei Drittel der Bürger ihr angehören, fühlte sich die evangelische Kirche fortan als ecclesia pressa."[92] Wenn *Beyschlag* hier sagt, daß die Staatsgewalt die Kirche „verläßt, ohne sie freizugeben", dann ist hiermit ein ausgesprochen paradoxer Zustand beschrieben, jedenfalls ein Zustand mangelnder Freiheit; der Ehemann verläßt nach langer Ehe seine Frau, schließt sie jedoch zuvor im Hause ein. Doch hat *Beyschlag* eine Vision der Zukunft, in der die evangelische Kirche sich frei selbst bestimmt; „wenn die politischen Verhältnisse unsere Fürsten einmal dahin drängen werden, das evangelische Notbischofsamt des 16. Jahrhunderts aufzugeben. [...] , wenn unsere Kirche, verlassen von der Staatsgewalt, ihrer Vorrechte beraubt, in apostolischer Armuth und Schwachheit dastehen wird, dann wird sie anstatt der haltlos gewordenen Consistorien zurückgreifen nach jenem kirchenregimentlichen Amte der persönlichen Führung und Leitung, das die Kirche des zweiten Jahrhunderts in ähnlicher Lage sich schuf. Und dann werden solche Bischöfe, in altkirchlicher Weise hervorgehend aus der Wahl des christlichen Volkes, getragen von den Kräften des allgemeinen Priesterthums in lebendigen Gemeinden und wahrhaft freien Synoden, in apostolischer Einfalt und Demuth einhergehen wie heute die altkatholischen Bischöfe in Bonn und Bern und werden vor allen hierarchischen Gelüsten behütet sein. Wenn solche Bischöfe einst kommen, – Gott grüße sie!"[93] Damit ist die Freiheit kirchlicher Verfassung und Leitung angesprochen, doch hofft *Beyschlag* auf eine Überwindung der landeskirchlichen Absperrung, die selbst bei bedeutenden Männern zu „partikularistischer Beschränkung ihres Gesichtskreises"[94] führt und die „kirchenpolitische Stickluft Deutschlands"[95] mit verursacht. Und so steht denn auch bei *Beyschlag* wie bei so manchem Vorgänger und Zeitgenossen neben der Sehnsucht nach ‚Freiheit' der Kirche auch die Hoffnung auf ‚Einheit' des Protestantismus.[96]

Außer der landeskirchlichen Zersplitterung des deutschen Protestantismus steht vor allem seine außerordentliche *Zerrissenheit in ‚Parteien'* im Wege. *Beyschlag* ist in gewisser Weise selbst ‚Parteimann' gewesen,

[90] wie Anm. 2, 48, aus der Denkschr.

[91] wie Anm. 8, Bd. 2, 358.

[92] wie Anm. 2, 7, vgl. im folgenden die Schilderung, was in der Öffentlichkeit alles an Schmähung und Beschimpfung der ev. Kirche durch die kath. Seite möglich war. „Ecclesia pressa" vgl. auch wie Anm. 8, Bd. 2, 644.

[93] wie Anm. 8, Bd. 2, 595, vgl. auch 665.

[94] wie Anm. 2, 50.

[95] wie Anm. 8, Bd. 2, 509.

[96] zu 1848 vgl. *Maron*: wie Anm. 21.

doch ist sein eigentliches Anliegen als Vertreter der Mitte stets die Überwindung der Zerspaltung gewesen. „Kirchliche Parteien sind eigentlich berufen, einander zu ergänzen und zu berichtigen [...] Das Unrecht und die Verderblichkeit des Parteiwesens beginnt erst da, wo über dem Eigentümlichen das Gemeinsame vergessen wird und eben damit an die Stelle der brüderlichen Liebe der Parteihaß tritt."[97] Parteigegensätze sind es, „die – namentlich in der größten deutschen Landeskirche (das heißt Preußen) – nicht mehr einander zu ergänzen und zu berichtigen suchen, sondern teilweise mit einer Ausschließlichkeit auftreten, welche jedes Gemeingefühl und Zusammenwirken, soviel an ihnen ist, zerstören".[98] Der zweite große Übelstand der evangelischen Kirche ist es also, „daß das herrschende Parteiwesen den Bürgerkrieg in ihr permanent erhält"[99] – ein wahrhaft großes „innerevangelisches Elend"![100] Vor allem in *Adolf Stoekker*, seinem alten Gegner, sieht *Beyschlag* einen solchen Parteimann auf der äußersten Rechten. In der Politik *Stoeckers* und anderer Konservativer findet er letztlich katholisierende Bemühungen, mit der römischen Kirche gleichzuziehen und ebenfalls Früchte des Kulturkampfes zu ernten[101], weshalb es denn auch zwei reaktionäre Mächte sind, denen *Beyschlag* im Wege war: „die orthodox-protestantische und die ultramontane"![102] *Stoecker* will auf der anderen Seite die sogenannte Linke im Protestantismus zum Schweigen bringen, aber das sei kein Weg![103] Deshalb wäre Annäherung und Versöhnung der Parteien in der evangelischen Kirche verhältnismäßig leicht zu haben gewesen „mit Ausschluß der Linken". Dazu sagt *Beyschlag*: „Vielmehr war mir der Einschluß der christlich und evangelisch denkenden Theologisch-Liberalen in den Kirchenfrieden die Conditio sine qua non aller Besserung."[104] Im übrigen stellt er einmal fest, daß Einheit mit diesen ‚Linken' leichter zu erreichen sei als mit der anderen Seite.[105] Ansonsten war *Beyschlag* bemüht, gegen das Überhandnehmen des Kirchlich-Hierarchischen innerhalb der evangelischen Christenheit das Laienelement und die Theologie zu stärken.

Die Frage nach der Beteiligung der *Gemeinden und der Laien in der Kirche* hat *Beyschlag* lebenslang bewegt[106]; seine publizistische Arbeit galt weiterhin der Gewinnung und christlichen Bildung evangelischer

---

97 wie Anm. 2, 53, aus der Eröffnungsrede in Erfurt.

98 ebd., 19, aus der Denkschr.

99 wie Anm. 8, Bd. 2, 616.

100 ebd., 530.

101 ebd., 591f; die Höherschätzung *Stoeckers* gegenüber *Beyschlag* durch *Bornkamm*: wie Anm. 7, 193f mag nach 50 Jahren vielleicht mit einem Fragezeichen versehen werden.

102 ebd., 530.

103 ebd., 594f; die ‚Linken' sind nicht als sozialistisch zu bezeichnen, sondern als theologisch-liberal.

104 wie Anm. 2,9f.

105 wie Anm. 8, Bd. 2, 609f.

106 vgl. *M. Pahncke*: wie Anm. 8, 278.; *Bornkamm*: wie Anm. 7, 191f.

Laien, seine kirchenpolitische Arbeit, insbesondere sein Kampf um die Verfassung der Kirche[107], ihrer Mitwirkung, seine Bemühungen um das kirchliche Vereinswesen ihrer aktiven Mitarbeit. „Es blieb sein vornehmstes Anliegen, die Sache der Kirche soweit wie irgend möglich zu einer Sache der Gemeinde zu machen und über die Grenzen der gemeindefremden, repräsentativen, aber vielfach auch politisch beeinflußten Spitzensynoden hineinzutragen in breite Schichten der Bevölkerung."[108] Kirche sollte nicht hierarchisch von oben her, sondern von unten her wachsen und gebaut werden.

Zu dieser Stärkung der Laien befindet sich der Kampf für die *Freiheit der Theologie* nicht im Widerspruch, sondern es sind zwei Seiten ein und derselben Sache. Kirche und Theologie gehören partnerschaftlich zusammen. *Beyschlag* erblickt „in dem lebendigen Zusammenhang beider eine Lebensbedingung des deutschen Protestantismus", in der „Spannung zwischen Kirche und Theologie" jedoch „ein innerliches Krankheitssymptom des deutschen Protestantismus".[109] Er sagt: „Ich bestritt in keiner Weise, was uns Schleiermacher gelehrt, daß die Theologie zum Dienst der Kirche da sei, aber ich behaupte, daß nur eine freie Theologie der Kirche wahrhaft dienen könne." Deshalb geht es ihm darum, „jenem hartnäckigen Versuch einer dem römischen Kirchenwesen nachgebildeten Unterstellung der theologischen Professur unter kirchliche Vormundschaft entgegenzutreten".[110] „Kirchliche Knechtung unserer freigeborenen evangelischen Theologie" hieße zugleich „Ruinirung unsrer academischen Theologie".[111] „Dann ist es mit der seitherigen Stellung der Theologie im deutschen Protestantismus überhaupt vorbei. Dann schaffe man nur gleich die evangelisch-theologischen Facultäten ab ... Dann ersetze man sie durch jene Dressuranstalten des künftigen Klerus, zu denen die römische ‚Schwesterkirche' die Vorbilder liefert".[112]

VII. Beyschlags ökumenische Erfahrungen und Prinzipien

Das Denken und Wirken dieses Mannes wäre indessen in unserem Zusammenhang nicht vollständig erfaßt ohne diejenige Komponente, die wir heute *ökumenisch* nennen. Die Vokabel ist damals keine gängige Münze, aber *Beyschlag* kennt sie, und auch sein Freund *Nippold* benutzt sie im Blick auf die Mission, wo er „unsere Katholicität oder unsre Oecu-

---

[107] die Höhen und Tiefen diese Kampfes schildert *Beyschlag* selbst, wie Anm. 8, Bd. 2, sechstes und siebentes Kapitel.

[108] *Bornkamm*: wie Anm. 7, 192.

[109] wie Anm. 8, Bd. 2, 674.

[110] ebd., 676.

[111] ebd., 583 und 594.

[112] ebd., 583.

menicität"[113] betont. Das ‚ökumenische' Denken *Beyschlags* ist damals durchaus ungewöhnlich. Indessen hat es zwei geschichtlich bedingte Voraussetzungen, die sich in den Ereignissen des Jahres 1870 überschneiden: Das Erste Vatikanische Konzil und das Zusammenfinden der Deutschen im neuen Reich. Das bedeutet zweierlei:

1. Die ökumenische Frage steht verständlicher Weise unter dem *Eindruck der Beschlüsse des Konzils* und seiner Dogmatisierung des Papsttums. Dieses Konzil hatte aber eine tiefgehende Erschütterung (nicht nur) in der evangelischen Welt ausgelöst, ja einen ökumenischen Schock. Der starke Eindruck dieses kirchengeschichtlichen Ereignisses war der der Konzentration und des Sich-Zurückziehens der römischen Kirche auf sich selbst, der Eindruck der Entfernung dieser Kirche von den anderen christlichen Gemeinschaften, sogar der Eindruck des Herausfallens aus der christlichen Ökumene. Vor allem meinte *Beyschlag*, an diesem Ereignis ablesen zu können, daß innerhalb der römisch-katholischen Kirche eine christlich-katholische Seele und eine römisch-jesuitische im Streit gelegen haben, wobei letztere endgültig den Sieg davon trug. Innerhalb der römisch-katholischen Kirche ist also ein römisches und ein katholisches Prinzip zu unterscheiden. Gerade in Deutschland aber hatte sich „jener edlere und wahrere Katholicismus zu einer geistigen Macht entwickelt, welche die schönsten Verheißungen für Christenthum und Vaterland in sich trug". Doch all diese Hoffnungen, auch die Hoffnung auf eine „Wiedervereinigung der getrennten Bekenntnisse"[114] sind durch den Sieg des Jesuitismus im Ersten Vatikanischen Konzil zunichte geworden. Die Frage: Kann *diese* Kirche mit den anderen Kirchen zusammengehen?, beantwortete sich im Blick auf beide Seiten sozusagen von selbst mit einem Nein.

Sammelte sich die römische Kirche nicht geradezu in einem dem Nationalismus des 19. Jahrhunderts vergleichbaren Effekt als sprachlich-gedanklich und führungsmäßig geeinte ‚übernationale Nation'? Steht deshalb das Folgende nicht in engem Zusammenhang mit dem Vorigen?[115]

2. *Ökumene* ist *zunächst nur im nationalen Rahmen* denkbar und vollziehbar. Doch auch das bedeutete eine Überwindung des alten Konfessionalismus; Sorge um die Christlichkeit des ganzen Volkes hieß auch Sorge um die deutschen Katholiken. In der Ansprache zur Eröffnung der Gründungsversammlung am 5. Oktober 1886 in Erfurt sagte *Beyschlag*: „Was soll aus unserem deutschen katholischen Volke werden, wenn unter der zunehmenden Entfaltung des papal-jesuitischen Lehrsystems, unter der Schulung einer neuen vatikanisch gedrillten Generation von Klerikern die hehren Namen des Vaters, des Sohnes und des Heiligen Geistes ihm

---

[113] wie Anm. 1,18.

[114] wie Anm. 81, 4ff.

[115] *Beyschlag* spricht gelegentlich von „einer möglichst entdeutschten, möglichst romanisierten Kirche, jenem vaterlandslosen, staatsfeindlichen Staat im Staate", ebd., 7.

immermehr zu bloßen Aushängeschildern werden für die Anbetung des sinnlichen Jesusherzens oder der Himmelskönigin, für eine Welt des Aberglaubens, gegen dessen krasseste Novitäten kein deutscher Bischof mehr ein Wort der Warnung sagt?"[116] So weit wie *Nippold* ist *Beyschlag* wohl nicht gegangen, an eine Annäherung auch der Freikirchen und kleineren Gemeinschaften (Herrnhuter, Methodisten, Mennoniten usw.) an die evangelischen Kirchen zu denken[117]; doch entspricht es wohl seinen tiefsten Intentionen, wenn *Hermann Hering* in seiner Hallischen Gedächtnispredigt auf *Beyschlag* sagte: „Er trug in seinem Herzen das herrliche Bild eines im Evangelium einigen deutschen Volkes und einer deutschen Nationalkirche, in der das Deutschtum und Evangelium zu einem vollen und harmonischen Austausch und zu gegenseitiger Durchdringung kommen sollten".[118]

Unter diesen Voraussetzungen wurde ihm das Thema *Altkatholizismus* zum ökumenischen Lehrstück und Exempel. Daß es für ihn auch ein politisches Lehrstück war, wo er sich angesichts des allgemeinen Schweigens[119] als Anwalt der Bedrängten herausgefordert wußte, sahen wir schon (oben unter V.). Jetzt ist die ökumenische Seite zu bedenken.

Der Altkatholizismus war ein großes Thema seines Lebens. Er hat sehr früh auf die altkatholische Bewegung reagiert; er hat 1882 seine verbreitete „Denk- und Schutzschrift" über den Altkatholizismus geschrieben; er hat auf der ersten Generalversammlung des Evangelischen Bundes in Frankfurt am Main 1887 einen Vortrag über den Altkatholizismus gehalten; er hatte lange Jahre persönlichen Umgang mit führenden Männern der altkatholischen Bewegung und verfaßte im Jahre 1892 eine Art Konsenspapier, in dem er „einmal das wirkliche Konsensus- und Kooperationsverhältnis positiv gerichteter Protestanten und Altkatholiken zum öffentlichen Ausdruck zu bringen" versuchte.[120] Wichtig waren ihm zunächst einmal die ökumenischen Erfahrungen, die er mit bedeutenden Altkatholiken machte, dann aber vor allem die ökumenischen Prinzipien, die sich am Phänomen des Altkatholizismus erheben und erklären ließen. *Ökumenische Erfahrungen* sammelte er im Verkehr mit führenden Altkatholiken. Er fand bei diesen Männern einen „vergeistigten Katholicismus" wieder, ja „das Bild eines im Stillen entwickelten Idealkatholicismus, der an dem ganzen römisch-katholischen Bestand eine eingreifende conservative Kritik vollzog und an die praktische Durchfüh-

---

[116] wie Anm. 2,47.

[117] *Nippold*: wie Anm. 1, 22f.

[118] *K.H. Pahncke*: wie Anm. 1, 149.

[119] vgl. Anm. 8, Bd. 2, 601: „Ich horchte nach allen Seiten, schrieb mir ein süddeutscher Altkatholik, ob denn nicht in der furchtbaren Krise, in die uns die Bismarck'sche Politik geführt hat, die große protestantische Confession ihre Stimme erhöbe. Es war umsonst; als ob sie nicht existire oder ihrer Vergangenheit uneingedenk sei, so still blieb es."

[120] *K.H. Pahncke*: wie Anm. 1, 162f.

rung desselben die begeisterte Hoffnung einer Wiedervereinigung der Confessionen knüpfte"[121], also das sehr aktuelle Motto hatte: ‚Keine Wiedervereinigung ohne Reform'. Er fand hier zugleich eine erstaunliche theologische Nähe vor, die bei Bischof Reinkens im Blick auf Rechtfertigung und Heiligung *Beyschlag* gegenüber bis zur Aussage reichte, daß für ihn hier „ein voller Ausgleich des Confessionsgegensatzes vorhanden" sei. So wisse er sich diesem Manne näher als „manchem Confessionsgenossen rechts und links".[122]

Sehr beachtenswerte *ökumenische Prinzipien* entwickelte *Beyschlag* an der ihm oft begegnenden Frage: Warum sind sie dann nicht einfach protestantisch geworden? Er antwortete darauf: Unsere eigene Kirche kann nicht „das letzte Wort" sein, „welches der Geist Gottes in der Kirchengeschichte zu sprechen habe: ist uns nie der Gedanke gekommen, daß die göttliche Weltregierung unseren reformatorischen Kirchenbildungen gegenüber eine katholische Kirche habe fortbestehen lassen – nicht blos als ein abschreckendes Scheusal des Widerchristenthums, sondern auch als eine Bewahrerin geschichtlicher Erbgüter, die uns abhanden gekommen und doch für die kirchliche Zukunft von Werth sind?" Und er fährt fort: „Wie, wenn der Altkatholizismus, der offenbar so vieles von den Segnungen der Reformation in sich aufgenommen hat, doch auch uns einiges vorzuhalten hätte, was aus dem Erbe der alten Kirche aneignenswerth ist?"[123] *Beyschlag* denkt hier neben der „Kultusform" und Fragen der „Lehre" zuerst an die Kirchenverfassung und konstatiert: „Wir haben es niemals zu einer befriedigenden, vom Staate hinreichend unabhängigen Organisation gebracht." Die ökumenische Konsequenz für *Beyschlag* ist klar: „So würden die Altkatholiken, wenn sie zum Protestantismus überträten, ihre von Gott ihnen anvertraute kirchengeschichtliche Mission aufgeben, eine Mission, die sie im Hinblick auf eine künftige Wiedervereinigung der Confessionen auch für uns haben, die sie aber vor allem haben für die römisch-katholische Christenheit."[124] Bemerkenswert und von bleibender Bedeutung ist vor allem die Erkenntnis, daß hier „in katholischen und darum uns fremdartig berührenden Formen eine wesentlich evangelische Reform sich vollziehe". *Beyschlag* ließ auf der ersten Generalversammlung des Evangelischen Bundes „diesen Nachweis auslaufen in der Erinnerung an jene Liebessteuer, welche einst die paulinischen Gemeinden für die ihnen auch in ihren Lebensformen fremdartigen palästinensischen aufgebracht".[125] So mag man feststellen, daß *Beyschlag* sein ökumenisches Denken durch die ökumenische Tat zu beglaubigen suchte, unterfangen und getragen von einer bewegenden geistlichen Tiefe

[121] wie Anm. 8, Bd. 2, 556.
[122] ebd., 555.
[123] ebd., 563f.
[124] ebd., 564.
[125] ebd., 621f.

und Vollmacht, wie sie etwa am Schluß seiner Schrift über den Altkatholizismus begegnet und zu seiner Zeit nicht allzu häufig ist. Nicht zuletzt diese Vollmacht erklärt das große Echo auf *Beyschlags* Aufruf, daß er in seinem Leben und Denken Wirkungen hervorgerufen hat, die bis heute andauern. (Dies übrigens im Unterschied zu *Stoecker*. Hellsichtig hat *Beyschlag* etwa von den Gefahren gesprochen, die sich mit dem auch von *Stoecker* betriebenen Antisemitismus verbanden!)[125a]

VIII: Beyschlags wichtigste Impulse

Das ist der in vieler Hinsicht überraschende, weil kaum mehr bekannte persönliche Hintergrund für die *Entstehung des Evangelischen Bundes*. Besonders charakteristische Züge bei *Beyschlag* sind: die Sorge um sein Volk – fern aller nationalen Überhebung; die Sorge um den Weg des Staates, die sich ausdrückt in offenster Kritik an der Regierung – dies alles fern von jeglichem Untertanengeist; die Sorge um die Freiheit und die Einheit der evangelischen Kirche – fern von aller kirchlichen Selbstüberschätzung; im ökumenischen Bereich Sinn für die Weite des Christlichen und mutiges Eintreten für die Benachteiligten und Unterdrückten – weithin frei von kirchlichem Macht- und Blockdenken. Es ist zu fragen, wie dieses sehr dynamische Denken sich für das Programm eines Vereins würde ausmünzen lassen. Zu fragen wird auch sein, wie weit an den wichtigsten Anliegen festgehalten wurde. *Beyschlag* selbst hat dazu die besten Hilfen gegeben. In seinen Vorüberlegungen für die Erfurter Versammlung, verfaßt im Spätsommer 1886, finden sich folgende Punkte: „Der Evangelische Bund wacht in seinen Einzelgebieten wie im gesamten Vaterlande über die evangelischen Interessen und macht es sich zur Aufgabe, jede Gefährdung und Beeinträchtigung derselben in ihrem Tatbestand festzustellen, um sie entweder direkt oder durch die Zentralleitung der Öffentlichkeit zu übergeben beziehungsweise in sonst zulässiger Weise zu bekämpfen. Die Zentralleitung hat das gesamte Material dieser Art zu sammeln und in geeigneter Weise zu verwerten. Sie bereitet im Einvernehmen mit dem weiteren Ausschuß die periodischen Generalversammlungen vor und bringt deren Beschlüsse zu möglichster Ausführung. – Der Evangelische Bund wird nicht bloß alle Bestrebungen fördern, welche geeignet sind, das evangelische Bewußtsein der einzelnen in der Gemeinde zu stärken, sondern auch alle evangelischen Bewegungen und Entwicklungen unterstützen, welche den endlichen Sieg der Reformation in der ganzen Christenheit, namentlich in Deutschland, vorzubereiten verheißen. – Der Evangelische Bund wird sich in aller Weise bemühen, das gegenwärtige, den deutschen Protestantismus lähmende Parteiwesen zu ermäßigen und das Bewußtsein der evangelischen Solidarität,

[125a] vgl. wie Anm. 8, Bd. 2, 505f.

sowohl dem Romanismus als dem Materialismus und Indifferentismus gegenüber, zu wecken."[126] Als besonders markant schälen sich hier vier Begriffe heraus, anhand derer man die weitere Entwicklung sachgemäß ins Auge fassen kann: evangelische Interessen, evangelisches Bewußtsein, evangelische Bewegungen in der ganzen Christenheit, evangelische Solidarität.

1. *„Evangelische Interessen"* und ihre Vertretung in der Öffentlichkeit rücken zunächst sehr stark in den Vordergrund. Zwar war das Wort „Interessen" *Beyschlag* im Grunde anstößig, doch fand er keinen befriedigenden Ersatz. So dringt der Begriff sogar in den offiziellen Namen des Bundes ein, der sich für lange Zeit nennt „Evangelischer Bund zur Wahrung der deutsch-protestantischen Interessen". Der Evangelische Bund will also so etwas sein wie eine Notgemeinschaft, eine Aktion zur evangelischen Selbsthilfe gegenüber dem versagenden Staat, also „die öffentliche Macht, die den Staat wieder zu seiner Pflicht zurückführen sollte"[127] – in mancher Hinsicht eine Vorwegnahme der Verhältnisse nach 1918! Diese Vertretung und Wahrung deutsch-protestantischer Interessen blieb zunächst ein Schwerpunkt und Hauptarbeitsgebiet, solange es einen starken politischen Katholizismus gab, dem gegenüber kein adäquates evangelisches Gegengewicht bestand. Das blieb für Jahrzehnte so bis zum Anfang der dreißiger Jahre, also für die Hälfte der Geschichte des Evangelischen Bundes. Sammlung und Verwertung des gesamten Materials[128] führen freilich bald dazu, daß es nicht nur publizistisch, juristisch oder politisch, sondern auch konfessionskundlich ausgewertet wird. Die Wurzel zu der theologischen Arbeit, die heute im Evangelischen Bund und seinem Bensheimer Konfessionskundlichen Institut getrieben wird, unbelastet vom einstigen politisch-polemischen Einschlag, ist also in seinen Anfängen zu suchen. Die Namen bedeutender Theologen, die für ihn und in seinem Geiste theologisch gearbeitet haben, gehen durch alle Jahrzehnte seines Bestehens, und sie reichen von *Gustav Warneck* und *Carl Mirbt* über *Karl Holl* und *Hermann Mulert* bis hin zu *Heinrich Bornkamm*, *Martin Schmidt* und *Walter von Loewenich*, um nur diese wenigen zu nennen.

2. *„Evangelische Bewegungen"* in der ganzen Christenheit sollten unterstützt und gefördert werden, hatte *Beyschlag* gemeint. Der Aufruf „An unsere Glaubensgenossen in ganz Deutschland" vom 15. Januar 1887 formuliert anders und sagt, man solle „allen Bestrebungen wahrer

---

[126] wie Anm. 2, 38.

[127] *Bornkamm*: wie Anm. 7, 195.

[128] Das umfassende Archiv des EB in Berlin wurde im Zweiten Weltkrieg ein Raub der Flammen; von der reichen Zentralbibliothek exisiert der gedruckte Katalog (Leipzig 1905 und Halle 1912); in mühseliger Kleinarbeit und dank der Bestände einiger Hauptvereine konnte das KI des EB in Bensheim die früheren Zentralbestände in Bibliothek, Zeitschr.abt. und Archiv einigermaßen rekonstruieren.

Katholizität und christlicher Freiheit im Schoße der katholischen Kirche die Hand reichen".[129] Damit ist auf je verschiedene Weise die eigentliche ökumenische Aufgabe des Evangelischen Bundes bezeichnet. Einzelne führende Männer wie *Friedrich Nippold* suchten noch mehr, sie suchten den Ort, an dem „der ideale Katholizismus und der ideale Protestantismus"[130] zusammenfallen.

Es kann keine Frage sein, daß im Gegensatz zum vorigen dieser „ökumenische" Programmpunkt des Evangelischen Bundes für längere Zeit immer stärker zurückgetreten ist, daß durch diese doppelte Akzentverschiebung für Jahrzehnte eine Verengung und Vereinseitigung eingetreten ist. Die Gründe hängen gewiß mit der weiteren Geschichte des Altkatholizismus zusammen, auch mit der Gettoisierung des katholischen Volksteils, die mit dem Kulturkampf eingesetzt hatte und lange fortwährte. In den Tagen der Los-von-Rom-Bewegung um die Jahrhundertwende besann sich der Evangelische Bund in neuer Weise auf seine Pflicht, ohne daß die geschichtliche Situation damals ökumenischen Gedanken besonders günstig gewesen wäre.[131] Man wird feststellen können, daß ein Programm und seine Verwirklichung oft voneinander abweichen, daß die Durchführung eines jeden Programms geschichtlichen Grenzen unterliegt. Die ökumenische Aufgabe stellt sich insgesamt in der zweiten Hälfte unseres Jahrhunderts neu. Sie anzupacken, daran ist der Evangelische Bund auf seine Weise beteiligt durch sachliche Arbeit und durch Gespräch. Insofern sind wir diesem alten Programmpunkt wieder nähergekommen – soviel hier auch zu tun bleibt, um das einst Formulierte in einer völlig neuen Weise einzulösen.

3. „*Evangelische Solidarität*" sollte gelebt und bezeugt werden gegenüber dem Romanismus, Materialismus und Indifferentismus der Zeit. Das ist der Gedanke, der auch in der Ökumenischen Bewegung wirksam wurde, daß christliche Einheit das Zeugnis der Christenheit gegenüber den Außen- und Abseitsstehenden kräftigen könne und müsse. Der Aufruf vom Januar 1887 drückt es so aus: Der Evangelische Bund will „gegenüber dem Indifferentismus und Materialismus[132] der Zeit das christlich-evangelische Gemeindebewußtsein stärken, gegenüber dem lähmenden Parteitreiben den innerkirchlichen Frieden pflegen, gegenüber der landeskirchlichen Geteiltheit des evangelischen Deutschlands die Wechselbeziehungen zwischen den Angehörigen der einzelnen Landeskirchen beleben und mehren".[133] ‚Unionistische Tendenzen' sind gewiß im frü-

---

[129] wie Anm. 2, 71f.

[130] *Nippold*: wie Anm. 1, 8, vgl. auch 22f.

[131] vgl. dazu RE³ Bd. 24, 20-34 (*Georg Loesche*); RGG³ Bd. 4, 452ff (*Franz Lau*), vor allem aber *Lothar Albertin*: Nationalismus und Protestantismus in der österr. Los-von-Rom-Bewegung um 1900 (Diss.phil.), Köln 1953.

[132] Der Romanismus wird an dieser Stelle nicht mehr genannt!

[133] wie Anm. 2, 72.

hen Evangelischen Bund mit wirksam, doch in erster Linie geht es hier nicht um das ‚Bekenntnis', sondern um einen Ausgleich der innerkirchlichen Parteigegensätze, also um echte praktische Solidarität jenseits der evangelischen Bekenntnisprobleme. *Beyschlag* war sich dessen klar bewußt, daß das Gedeihen der Gründung davon abhängen wird, „daß es gelingt, nicht bloß weitere Kreise zu gewinnen, sondern auch die innere Weite zu behaupten, welche die Sache nicht wieder als ein Parteiunternehmen erscheinen läßt."[134] Und die Bemühungen um Überparteilichkeit waren ernst und intensiv.[135] Doch sogleich gab es „Feindseligkeiten und Verdächtigungen", „nicht nur seitens der ultramontanen Presse, sondern auch seitens der Organe unverbesserlicher protestantischer Parteimänner".[136] Der Evangelische Bund wurde also sofort parteilich abgestempelt, wobei sich der *Stoecker* nahestehende „Reichsbote" besonders hervortat.[137] Man spürt jedoch den Berichten von damals noch an, daß es trotz allem eine große Stunde war, als sich 1886 eine Vielzahl evangelischer Männer der verschiedensten Herkunft und Parteizugehörigkeit zu gemeinsamer Tat zusammenfand. Der Evangelische Bund hat die alten Parteiungen überlebt; sie haben 1918 weithin ihr Ende gefunden, wenn auch vergleichbare Phänomene den Weg der Kirche immer begleiten werden. Der Evangelische Bund hat hier durch die Jahrzehnte hindurch getan, was er konnte, damit Gegensätze, wo es nicht not war, nicht zu ausschließenden Gegensätzen wurden.

In einem anderen Rahmen, in dem Kreis der evangelischen *Vereine*, in dem damals ein beträchtliches Stück des Lebens der evangelischen Christenheit sich vollzog, ist der Evangelische Bund nicht beargwöhnt, sondern von Anfang an begrüßt worden. Hier, wo es nicht um Macht und Einfluß, sondern um Arbeit ging, war er willkommen. Eng war das Verhältnis vor allem zum Gustav-Adolf-Verein, in dem auch *Beyschlag* aktiv mitarbeitete. Nicht Konkurrenz, sondern „die Notwendigkeit dieser Ergänzung" wurde empfunden und „daß aus allen unseren kirchlichen Vereinen heraus dieses Bedürfnis erwachsen ist".[138] Mit der evangelischen Solidarität ist der folgende Punkt aufs engste verknüpft:

---

[134] ebd., 24.

[135] vgl. ebd., 27ff u.ö.

[136] ebd., 82f.; vgl. nur im Brief des Kronprinzen (Anm. 63) den Hinweis auf „diejenige, welche ‚Nichtbeitreten' befahlen".

[137] Reichsbote vom 3. Dezember 1886: „Es liegt der ungeheuerliche Plan vor, den linken Flügel der Mittelpartei und den Protestantenverein, der in Jena sein Hauptquartier hat, zur Führung des evang. Deutschlands gegen Rom zu bevollmächtigen und den positiven Richtungen das Nachsehen oder Mitgehen zu überlassen. [...] Nur gläubiges und kirchliches Christentum kann gegen Rom siegen. Jena fehlt das eine, und Beyschlag hat das andere nicht." *Johannes Rathje*: Die Welt des freien Protestantismus, Stutgart 1952, 50.

[138] *Nippold*: wie Anm. 1, 15 und 17.

4. *„Evangelisches Bewußtsein"*. *Beyschlag* hatte vom evangelischen Bewußtsein „der einzelnen Gemeinde" gesprochen, im Aufruf vom Januar 1887 hieß es, daß man „das christlich-evangelische Gemeindebewußtsein stärken" wolle.[139] Sowohl der einzelne als auch die Gemeinde sind also im Blick. Der Evangelische Bund will dieser doppelten Aufgabe durch seine publizistische Tätigkeit und durch seine jährlichen Generalversammlungen Genüge tun.

Mit seiner publizistischen Arbeit hat der Evangelische Bund ein wichtiges Kapitel in der Geschichte der evangelischen *Presse* geschrieben. Von Anfang an bis zum heutigen Tage liegt hier eines der wichtigsten und umfassendsten Arbeitsfelder des Bundes.[140] Mit seinen öffentlichen *Generalversammlungen* bestreitet der Evangelische Bund ein eigenes Kapitel in der Geschichte des evangelischen Kirchentages. Als *Beyschlag* in seiner Denkschrift 1886 „eine zeitgemäße Erneuerung des deutsch-evangelischen Kirchentages nach dessen ursprünglicher weitherziger Idee" forderte, konnte er auf einen Gedanken zurückgreifen, der im Kreise des ihm eng verbundenen Präsidenten des preußischen Oberkirchenrates Dr. *Emil Herrmann* aufgetaucht war.[141] Jetzt fand diese Idee für Jahrzehnte eine vorher nicht geahnte Verwirklichung, die auch im Gegenüber zu den damaligen „Generalversammlungen der Katholiken Deutschlands" zu sehen ist und erstmals gewaltige und weit beachtete Massenversammlungen zustande brachte. Die Gründung des neuen „Deutschen Evangelischen Kirchentages" 1949 wurde auch vom Evangelischen Bund begrüßt; was einst über Jahrzehnte sein Anliegen gewesen war, nahm eigene Gestalt an. Das aber führte auch dazu, daß die kriegsbedingt unterbrochene Linie in einer anderen Richtung fortgesetzt wurde. Obwohl die ersten großen Generalversammlungen nach dem Kriege (etwa Nürnberg 1953) große und eindrucksvolle Versammlungen gewesen sind, ging im Evangelischen Bund der Weg immer mehr von der Massenkundgebung zur Arbeitstagung.

Das hängt auch damit zusammen, daß das Stichwort „evangelisches Bewußtsein" im letzten halben Jahrhundert im Evangelischen Bund einen anderen Klang und einen neuen Stellenwert bekommen hat. Als 1935, in kritischer Zeit, *Heinrich Bornkamm* die Präsidentschaft übernahm (bis 1963), wurde im Gefolge der sogenannten *Luther*-Renaissance die Weiche neu gestellt und einer stärker theologisch geprägten Bewegung innerhalb des Evangelischen Bundes Raum geschaffen. Das hieß sowohl Ausscheidung radikaler Deutschchristler und Nationalreligiöser in den

---

[139] wie Anm. 2, 38 und 72.

[140] vgl. *Nippold*: Die Anfänge des EB und seiner Preßtätigkeit, Berlin 1897; *Georg Arndt*: Pressearbeit und Verlag des EB 1887-1928, Berlin 1928; *Ernst-Albert Ortmann*: Motive ev. Publizistik, Witten 1969; *Gottfried Mehnert*: Ev. Presse. Gesch. und Erscheinungsbild von der Reformation bis zur Gegenwart, Bielefeld 1983, bes. 176ff.

[141] wie Anm. 2, 23; *Nippold*: wie Anm. 1, 25.

eigenen Reihen als auch Öffnung hin zu christlichen Erfahrungen und wissenschaftlichen Forschungen über die Konfessionsgrenzen hinweg. Stärkung einer unabhängigen und freien evangelischen Theologie war ein zentrales Anliegen *Beyschlags*. Es war gewiß in seinem Sinne, daß dieser Akzent im Evangelischen Bund hinfort stärker zur Geltung kam. Theologie zu treiben ist deshalb eine wichtige Aufgabe des Evangelischen Bundes. Sie ist zur Gewinnung eines richtigen „evangelischen Bewußtseins" notwendige Helferin.

In der Rückbesinnung auf die Anfänge unseres Werkes sollten wir es uns allerdings neu vor Augen führen, daß für *Beyschlag* Stärkung der Theologie in der Kirche und Stärkung der ‚Laien' in der Kirche keinen Widerspruch darstellte, sondern als zwei Seiten ein und derselben Sache notwendig zusammengehören. Insofern will der Evangelische Bund in unserer Kirche ein Ort sein, an dem sich Theologen und Nichttheologen begegnen zu gemeinsamer Arbeit für unsere Kirche und für die ganze Christenheit auf Erden; zugleich ein Ort, an dem sich evangelische Christen zusammenfinden in der Sorge um den Weg unseres Volkes. Erst dann wird der Evangelische Bund in vollem Sinne das sein, was er sein will und seinen besten Intentionen nach immer war: ein „Arbeitswerk der Evangelischen Kirche in Deutschland".

E. Johanna Clauss-Thomassen

Im Umfeld des Protestantismus der Jahrhundertwende: Erich Haupt

I. Vermittlungstheologie und Mittelpartei, Gemeindefrömmigkeit und Kulturprotestantismus

Die vier hier gebrauchten Begriffe kennzeichnen wesentliche Phänomene des Protestantismus, wenn es darum geht, eine Bilanz seiner Entwicklung am Ende des neunzehnten Jahrhunderts zu ziehen. Oft werden sie als Schlagwörter für diese Zeit benutzt, wenn auch etwa der Begriff ‚Kulturprotestantismus' wohl erst in den zwanziger Jahren unseres Jahrhunderts[1], dann aber mit großer Selbstverständlichkeit, verwendet wird. Auch der viel „gescholtenen Vermittlungstheologie", der „zumindest als Nachfahren, auch die Väter des Evangelischen Bundes zuzuzählen" sind[2], kommt solch ein Schlagwortcharakter zu. Am theologisch wie kirchlich regen Wirken *Erich Haupts*, der weitgehend im Schatten *Willibald Beyschlags*[3] stand und der nach dessen Tod für den Evangelischen Bund eher zum Fortführer als zum Führer wurde, soll versucht werden, das kirchliche und kirchenpolitische Leben dieser Zeit innerhalb des Geflechts jener vier Begriffe, die ja für große Teile des deutschen Protestantismus kennzeichnend waren, zu beleuchten. Daß *Haupt* als ein Mann der zweiten Reihe zu gelten hat, eröffnet dabei gerade die Möglichkeit, das, was die Breite des Gemeindelebens und die Pfarrerschaft bewegte, deutlicher zu erkennen.

II. Erster Chronist des Evangelischen Bundes

Als *Carl Wilhelm Werckshagen* die Herausgabe des großen Sammelwerkes „Der Protestantismus am Ende des 19. Jahrhunderts in Wort und

---

[1] vgl. z.B. *Wilhelm Schubring*: Vom wahren Wesen und rel. Wert des Kulturprotestantismus. Erw. Vortr. gehalten bei den Freunden ev. Freiheit im Rheinland nebst einem Anh., Berlin 1926.

[2] vgl. *Hans Friedrich Geißer:* Phänomen Vermittlungstheol. Ev.-Kath.-Ökum., in diesem Band., hier S. 512-531.

[3] vgl. *Gottfried Maron:* Willibald Beyschlag und die Entstehung des EB, in diesem Band., S. 19-44.

Bild"[4] vorbereitete, erhielt *Haupt* den Auftrag, die Entwicklung des Gustav-Adolf-Vereins und des damals noch jungen Evangelischen Bundes darzustellen.[5] *Haupt* war engagiert in beiden Vereinen und hatte sich schon vielfach literarisch ausgewiesen. Daß er als Hallenser Neutestamentler *Beyschlags* Fakultätskollege und darüber hinaus dessen Freund und Mitstreiter war, dürfte auch eine Rolle gespielt haben.

Wie alle Mitarbeiter hatte *Haupt* die Aufgabe, sich an der Wende zum neuen Jahrhundert der Entstehung und Entwicklung des Protestantismus seit der Reformation, das heißt des anvertrauten Erbes bewußt zu werden und dabei nicht nur Rückschau zu halten, sondern sich auch an der Gegenwart und Zukunft des Protestantismus, seiner Kultur und auch seinem politischen Einfluß zu orientieren. Er gibt sich und den Lesern Rechenschaft über das Bemühen, zu neuen innerevangelischen Verständigungen und Einigungen zu gelangen. Er schildert, was erreicht worden ist und was noch aussteht in der Auseinandersetzung mit dem Ultramontanismus und dem politischen Machtstreben Roms. Er zeigt kritisch auf, wie auf dem Felde von Staat und Gesellschaft im Laufe des 19. Jahrhunderts die Schwierigkeiten zwischen Katholizismus und Protestantismus immer mehr angewachsen sind, und stellt in diesem Zusammenhang die beiden genannten Vereine vor, die, unbeschadet von Rückschlägen in den neunziger Jahren, gerade wieder an öffentlicher Bedeutung gewinnen. Wie der ‚Kampf gegen Rom' zu führen sei, veranschaulicht beispielsweise die Arbeit in der Diaspora, die zu einem wesentlichen Teil in der materiellen Unterstützung von Gemeinden besteht.

Unverhohlen wirbt *Haupt* für die Arbeit des Gustav-Adolf-Vereins wie des Evangelischen Bundes. In beiden biete sich die Möglichkeit, das anvertraute evangelische Erbe gegen römisch-katholische Übergriffe zu schützen und eine Arbeit zu leisten, die geeignet ist „über allen Streit der Parteien und Richtungen in unserer Kirche hinweg das Gefühl für das, was uns Rom gegenüber einigt und bindet zu stärken".[6] Das versteht *Haupt* aber gerade nicht im Sinne einer Ansage zum „Vernichtungskampf" gegen die römische Kirche; vielmehr geht es um die „Wahrung der deutsch-protestantischen Interessen", zwar um die Abwehr ungerechtfertigter Anmaßungen Roms, aber letztlich und eigentlich doch um ein „achtungsvolles, friedliches Zusammenleben der beiden Kirchen auf dem Grunde der wahren Toleranz, welche das eigene Recht behauptet, indem sie das fremde anerkennt".[7] *Haupt*, der seine eigene kirchenpolitisch-mittelparteiliche Position klar zu erkennen gibt, zeigt hiermit

[4] 2 Bde., Berlin 1900-1902: vgl. Vf.: Repräsentative Selbstdarstellung des dt. Protestantismus zur Jh.wende. Unters. zum Werk [...] (Magisterschr. ev.-theol. Fak.), Bonn 1983.

[5] wie Anm. 4 erste Angabe, Bd. 1, 553-572.

[6] ebd., 572.

[7] ebd.

zugleich einen Bereich auf, in dem kirchenpolitisch und theologisch Konservative und Liberale, die sich sonst oft heftig befehdeten, gemeinsame Interessen haben und relativ konfliktarm zusammenarbeiten können. Nicht zuletzt dies war die Chance beider Vereinigungen, die sich selber als Schwesterorganisationen verstanden.

III. Haupts Werdegang

Die Familie *Haupt* leitete sich her aus dem Mecklenburg des 18. Jahrhunderts und dem Umland von Wismar. Während *Haupts* Großvater einer alten Familientradition entsprechend Pfarrer war, arbeitete der Vater nach der Kaufmannslehre und einem längeren Englandaufenthalt als Dolmetscher und Lehrer für englische Sprache in Stralsund und ab 1847 in Stettin. Am 8. Juli 1841 wurde *Erich Haupt* als ältester dreier Söhne geboren.[8]

Haupt, der 1858 zum Studium nach Berlin ging, belegte Vorlesungen und Übungen in klassischer Philologie, orientalischen Sprachen, neuerer Philologie und Theologie. Logik hörte er bei dem antihegelianisch eingestellten *Aristoteles*-Anhänger *Friedrich Adolf Trendlenburg*. Weitere Lehrer waren *August Boeckh* und *Moritz Haupt* (nicht verwandt mit ihm). Letzterer war, wie er selbst, stark an Fragen vor allem der älteren Germanistik interessiert. Seine umfangreiche Kenntnis orientalischer Sprachen erwarb *Haupt* an der „Veitel Heim Ephraimischen Lehranstalt" bei dem damals dort tätigen *Fürchtegott Leberecht*, einem jüdischen Schüler von *Wilhelm Gesenius*. Was die theologischen Studien anbetrifft, so hat *Haupt* überwiegend *Ernst Wilhelm Hengstenberg* gehört, der mit seiner neoorthodoxen Theologie besonders in der von ihm begründeten „Evangelischen Kirchenzeitung" gegen Rationalismus und Vermittlungstheologie zu Felde zog und die historisch-kritische Exegese verwarf. *Hengstenberg* und der Berliner Staatsrechtslehrer *Friedrich Julius Stahl*, bei dem *Haupt* Rechtsphilosophie studierte, waren die geistigen Führer der ‚Ultra-Konservativen', die sich um die „Neue Preußische Zeitung", die sogenannte Kreuzzeitung, scharten und die evangelisch-kirchliche Union in Preußen bekämpften. Zwischen *Hengstenberg* und seinem Schüler *Haupt* bestand einige Zeit ein engeres Verhältnis, das aber nicht von Dauer sein konnte, wie die Entwicklung des Schülers auf theologischem und exegetischem Gebiet bald zeigen sollte.

Haupt absolvierte sein ganzes Studium in Berlin. Die gespannte Atmosphäre, in der Berliner Studenten damals zu lernen hatten, scheint *Haupt*

---

[8] vgl. *Kawerau*: Zur Erinnerung an D. Erich Haupt, in: DE 1, 1910, 130-134, 197-212, 257-271; *Eduard Frhr. von der Goltz:* Erich Haupt, in: *Martin Wehrmann / Adolf Hofmeister / Wilhelm Braun* (Hg.): Pommersche Lebensbilder Bd. 2, Stettin 1936, 288-295; ferner dienten vor allem verstreute Äußerungen von *Haupt* selbst und Nachrufe als Grundlage.

bedrängt zu haben und könnte eine Ursache dafür sein, daß er sich von der konservativen Richtung *Hengstenberg*scher Prägung ab- und später der Vermittlungstheologie und der Kirchlichen Mittelpartei zugewandt hat. Wenn wir einen Blick auf *Haupts* übrige Lehrer werfen, so können die Kontraste kaum schärfer sein: Da findet sich *Carl Immanuel Nitzsch*, einer der bedeutendsten Kämpfer für Kirchenverfassung und Unionsgedanken, der schon *Beyschlags* Lehrer gewesen war. Und da findet sich *August Twesten*, der Dogmatik und Neues Testament lehrte. In beiden begegnen uns ausgesprochene Vertreter der Vermittlungstheologie. *Twesten*, Schüler und Lehrstuhlnachfolger *Friedrich Daniel Ernst Schleiermachers*, suchte dessen Theologie gegen *Philipp Marheineke* (*Nitzschs* Vorgänger in Berlin) einerseits und gegen *Hengstenberg* andererseits zu verteidigen.

Nitzsch wie *Twesten* waren, stärker als *Schleiermacher* selbst, dem kirchlichen Christentum verpflichtet und sehr an allen die Kirche und ihr Leben betreffenden Fragen interessiert. *Haupt* hat ein ebensolches Interesse zeitlebens begleitet. Der Lehrer aber, den *Haupt* als für sich besonders prägend ansah, war der praktische Theologe und Neutestamentler *Ludwig Steinmeyer*, der sich auch als Prediger großen Ansehens erfreute. *Steinmeyers* homiletische Prinzipien waren unbedingte Texttreue und der erklärte Verzicht, auf die Situation der Hörer oder auf die Zeitumstände Bezug zu nehmen. Mit seiner Ansicht, daß die Perikope die ‚Substanz der Predigt' sei, gilt *Steinmeyer* als einer der Repräsentanten der ‚Kultuspredigt' des 19. Jahrhunderts. Im Jahre 1900, als *Haupt* sich längst von *Steinmeyers* Denken entfernt hatte, würdigt er den gerade verstorbenen Lehrer sehr freundlich und verhehlt doch nicht seine erheblichen systematischen Vorbehalte.

IV. Berufliche Anfänge

Nach kurzer Hauslehrertätigkeit, erstem theologischen Examen und einer etwa ein Jahr dauernden Pfarrvertretung wurde *Haupt* 1864 zunächst Hilfslehrer am Gymnasium in Kolberg, legte die Prüfung für das höhere Lehramt ab und trat 1865 eine Stelle am Gymnasium in Treptow an der Rega an. Aufgrund der erhaltenen Lehrbefähigung konnte er nicht nur Lateinisch, Griechisch, Hebräisch und Religion unterrichten, sondern auch Englisch, Französisch und Geographie, ja, er wurde, wie das damals üblich war, auch noch in anderen Fächern, so in Deutsch und Geschichte, eingesetzt. Neben der Lehrtätigkeit übernahm *Haupt* nach einiger Zeit zusätzlich die Leitung des der Schule angegliederten Alumnats, in dem vor allem Söhne des Pommerschen Adels untergebracht waren. Hierdurch gewinnt *Haupt*, der offenbar eine große pädagogische Begabung besaß, nähere Kontakte zu diesen konservativen und kirchlich einflußreichen Kreisen und ein nicht unbeträchtliches Ansehen bei diesen.

1871 legte er das zweite theologische Examen ab, um sich die kirchliche

Laufbahn offenzuhalten. In diese Zeit fällt die Hochzeit mit *Martha*, einer Schwester *Gustav Kaweraus*. In Programmen des Treptower Gymnasiums tritt er jetzt erstmals literarisch hervor. Bereits diese Arbeiten zeigen das breit angelegte Interesse an Wissenschaft und Praxis. Als Pädagoge hatte *Haupt* negative Erfahrungen gemacht mit Realklassen im Vergleich zu den traditionellen Gymnasialklassen (das Treptower Gymnasium besaß beide Zweige), was ihn dazu führte, bereits 1873 in einem der Schulprogramme engagiert für den Erhalt humanistischer Bildung anstelle zu stark praxisorientierter und berufsvorbereitender schulischer Ausbildung einzutreten. Dieses ungetrübte Verhältnis zu einem humanistischen Bildungsideal, das Philologie, Philosophie und Geschichte in einer lebendigen Beziehung untereinander sah, dürfte auf seinen Lehrer *Boeckh* zurückgehen, der ein prominenter Vertreter solcher Anschauungen war.

Der wissenschaftliche Schwerpunkt der Arbeit *Haupts* liegt damals schon im Bereich der Exegese. 1867 veröffentlichte er eine kurze Abhandlung über die Berührung des Alten Testaments mit der Religion *Zarathustras*, die er aufweisen zu können meint, ohne behaupten zu wollen, daß eine solche Berührung in der alttestamentlichen Zeit selber bestanden habe. Weit stärker als dem Alten Testament wendet sich *Haupt* freilich dem Neuen Testament zu. 1869 erscheint sein Kommentar zum Ersten Johannesbrief als ein Beitrag zur „biblischen Theologie". 1871 folgt die Untersuchung der alttestamentlichen Zitate in den vier Evangelien und 1874 eine kleine, stark gemeindeorientierte biblische Besinnung über Johannes den Täufer. In diesen Jahrten liefert er - was kennzeichnend für *Haupt* ist - sowohl für die „Theologischen Studien und Kritiken" erste exegetische Aufsätze als auch Beiträge für *Hengstenbergs* „Evangelische Kirchenzeitung".

Er wird jetzt, nicht zuletzt betrieben von den erwähnten konservativen pommerschen Adelskreisen, als Laienmitglied in die pommersche Provinzialsynode gewählt. Damit beginnt *Haupts* reiche Tätigkeit als Prediger und als Referent auf Tagungen, die ihn und seine Publikationen als Theologen positiver Richtung weithin bekannt macht. Zutritt gewährt ihm auch die sogenannte Augustkonferenz, die ein Zusammenschluß orthodoxer Kreise im Gesamtbereich der altpreußischen Union war. Ihr wohl wichtigster Wortführer und Vorsitzender war der streng konservative Politiker *Hans Hugo von Kleist-Retzow* (1814-1892), ein Mitbegründer der Kreuzzeitung, der in jenen Jahren sehr großen Einfluß ausübte und die preußische Kirchenpolitik mitprägte - am Ende sogar als Präses der Generalsynode. Die Augustkonferenz bot *Haupt* - zunächst inoffiziell - ein Stipendium an, das ihm als positiven Theologen eine akademische Karriere ermöglichen sollte. *Haupt*, der spürte, daß ein solches Stipendium ihn von vornherein auf eine bestimmte theologische und kirchenpolitische Richtung festgelegt hätte, verzichtete darauf. Immer deutlicher gibt er sich als ein ‚Vermittlungstheologe' zu erkennen, der sich unabhängig halten möchte. Bei fälligen Entscheidungen schon von vornherein parteilich festgelegt zu sein, entsprach nicht seinem Ethos.

V. Universitäres, literarisches und synodales Engagement

Kurze Zeit später gelang *Haupt* der Übergang an die Universität. In einem damals nicht unüblichen Verfahren promovierte ihn die theologische Fakultät der Universität Greifswald am 27. Juli 1878 zum Doktor der Theologie. Diese Verleihung dienstes- und ehrenhalber könnte von *Hermann Cremer* veranlaßt gewesen sein, der als konservativer Exeget damals unangefochten die Greifswalder Fakultätspolitik bestimmte. Beide hatten sich durch ihre gemeinsame Arbeit auf der pommerschen Generalsynode näher kennengelernt. Vom Herbst 1878 an sehen wir *Haupt* als Nachfolger für *Theodor Zahn* auf einem exegetischen Lehrstuhl in Kiel. *Martin Kähler* hatte die Berufung abgelehnt, und so kam, unter nachdrücklichem Einsatz des konservativen *Hofmann*-Schülers *Zahn*, *Haupt* zum Zuge.

Cremer und andere holten *Haupt* in den Herausgeberkreis der Zeitschrift „Beweis des Glaubens. Zur Begründung und Verteidigung des christlichen Glaubens für Gebildete". 1880 wurde er außerdem Mitherausgeber der „Bausteine. Monatsschrift für Innere Mission". Neben seinen neutestamentlichen Vorlesungen suchte er die Auseinandersetzung mit *Albrecht Ritschl* und gewann in kurzer Zeit eine große Hörerschaft. Er nahm die Verantwortung als theologischer Lehrer auch in dem Sinne ernst, daß er die Studenten ermutigte, ihn anzusprechen und weit über den Lehrbetrieb hinaus mit ihm zu verkehren. Daß „sie nun seine Schüler wurden", daß sie „ihm von Gott anvertraut wurden, das machte sie ihm lieb", so beschreibt *Franz Rendtorff*, der selber *Haupts* Schüler gewesen war, im Rückblick diese Haltung.[9]

Als Prediger in Kieler Kirchen und besonders in der Kapelle des Gutes Sophienhof bei Preetz übte *Haupt* großen Einfluß auf seine Zuhörer aus. In Preetz waren seine Predigten offenbar fester Bestandteil des gesellschaftlichen Lebens tonangebender evangelischer Kreise in Stadt und Umland. *Haupt*, der bereits seit 1864 Mitglied des Gustav-Adolf-Vereins war, engagierte sich für diesen auch als Professor, hielt Reden in dessen Hauptverein Schleswig-Holstein, wurde dort Mitglied des Vorstandes und nach wenigen Jahren Vorstandsvorsitzender.

1883 folgte er einem Ruf nach Greifswald. Die sogenannte Greifswalder Schule, begründet und geführt von *Cremer*, hatte der theologischen Fakultät wieder Anziehungskraft verliehen. Es gibt Hinweise darauf, daß *Kleist-Retzow* sowohl für *Haupts* Berufung nach Kiel als auch für die nach Greifswald seinen Einfluß geltend gemacht hat. Die Kreise um die Augustkonferenz scheinen *Haupt* die Ablehnung des Stipendiums nicht

[9] in: Schleswig-Holstein-Lauenburgisches Kirchen- und Schulbl. 66, 1910, 144.

verübelt zu haben, sondern der Meinung gewesen zu sein, daß er akademisch weiterhin die konservative Linie vertreten werde. *Haupt* hatte aber schon 1881 Überzeugungen bekundet, die zu dieser in Spannung stehen: Er hielt damals vor der Berliner Pastoralkonferenz einen Vortrag über die ‚Professorenfrage' und nahm zur „Forderung der evangelischen Kirche an die theologischen Fakultäten" Stellung. Dieser Vortrag unterstützte nicht eben die Konservativen und den Generalsynodalvorstand, die auf die Besetzung der theologischen Lehrstühle Einfluß zu nehmen wünschten; vielmehr äußert er energisch Vorbehalte gegen die Bindung der akademischen theologischen Lehrer in bestimmten Lehr- und Bekenntnisfragen. Das muß bekannt gewesen sein, es hat aber nicht gehindert, daß *Haupt* 1884 neben seinen Greifswalder Professorenpflichten auch noch als Mitglied ins Stettiner Konsistorium berufen worden ist.

Als *Haupt* nach Greifswald ging, nahm er offenbar an, das gute Verhältnis zwischen ihm und *Cremer* werde dort andauern. Doch beider Beziehungen gestalteten sich äußerst schwierig. Es ließ sich nicht mehr übersehen, wie sehr sich *Haupts* theologische Anschauungen von denen *Cremers* entfernt hatten. Von Vorteil kann auch nicht gewesen sein, daß er für zahlreiche Studenten zum Anziehungspunkt wurde. Die wichtigsten Veröffentlichungen aus dieser Zeit bilden Rezensionen in den „Theologische Studien und Kritiken", die sich auf die Leben-Jesu-Diskussion beziehen. Auch einschlägige Arbeiten von *Bernhard Weiß* und *Beyschlag* werden dabei durchaus kritisch bedacht. Die Aufgabe der Universität und den Wandel der Hochschulausbildung untersucht *Haupt* in einer Schrift von 1887, die viele Jahre in der Debatte bleiben sollte.[10]

1888 lehnte *Haupt* einen Ruf nach Leipzig ab und nahm ein Ordinariat in Halle an, das er dann bis zu seinem Tode innehatte. Hier entwickelte sich das über bloße Kollegialität weit hinausreichende, theologisch wie menschlich sehr enge Verhältnis zu *Beyschlag*. Mit der Hallenser Professur verband sich wieder eine Mitgliedschaft im Magdeburger Konsistorium der Provinz Sachsen. Es wurden Jahre reicher literarischer Wirksamkeit. Die von *Martin Rade* begründete „Christliche Welt", deren Programm *Haupt* offenbar angesprochen hatte, fand einige Zeit seine Mitarbeit und übrigens auch die von *Kawerau*. Hervorzuheben ist der Beitrag „Die Stellung des evangelischen Christen zur Heiligen Schrift".[11] Die Entwicklung der Zeitschrift läßt *Haupt* später unzufrieden Abstand nehmen. Einer der Gründe für das Mißfallen könnte gewesen sein, daß *Rade* in der „Christlichen Welt" kirchenpolitische Positionen vertrat, die sich stießen mit den Ansichten, wie sie im Evangelischen Bund und im

---

[10] Plus Ultra. Zur Univ.frage, Halle 1887.

[11] in: ChW 4, 1890, 570-574, 594-600, 618-621, 642-646, 667-674, 693-699, 717-722, 739-742; als Sonderdruck unter dem Titel: Die Bedeutung der hl. Schrift für den ev. Christen, Halle 1891.

Gustav-Adolf-Verein und wohl auch von *Haupt* vertreten wurden. Beispielsweise hatte *Rade* die Ansicht geäußert, es könne auf politischer Ebene ohne das katholische Zentrum nicht mehr regiert werden und es seien von daher Zugeständnisse unvermeidbar geworden. Hier gab es Empfindlichkeiten, wo doch *Haupts* Aufsätze und Bücher ansonsten von Weite des Horizonts und nicht von Enge gekennzeichnet sind.[12]

In Anbetracht seiner wenig stabilen Gesundheit übernahm *Haupt* nach *Beyschlags* Tod im Jahre 1900 nur zögernd die Redaktion der „Deutsch-Evangelischen Blätter", lieferte selber wie bisher Beiträge für diese und betreute von da an als der eigentliche Herausgeber die regelmäßig erscheinende „Kirchliche Chronik". Das gab ihm Anlaß, sich zu wichtigen zeitgeschichtlichen und kirchenpolitischen Fragen zu äußern, etwa zum Pfarrerbesoldungsgesetz, zur Aufhebung des Jesuitengesetzes und zu den Bestrebungen der Katholikentage. Mit offenkundiger Anteilnahme berichtet er über die Entwicklung des Protestantismus in der Diaspora. 1903 wurde *Haupt* Nachfolger des verstorbenen *Julius Köstlin* im Herausgeberkreis der „Theologischen Studien und Kritiken".

Zu alledem hatte *Haupt* in der Amtsperiode von 1902/1903 das Rektorat der Universität Halle inne und engagierte sich kirchlich in der Kreis-, der Provinzial- und der preußischen Generalsynode. Er war beteiligt an der Reorganisation der Evangelischen Vereinigung und am Wirken des provinzialsächsischen Gustav-Adolf-Vereins, der sich besonders die Betreuung des Eichsfeldes zum Ziel gesetzt hatte. Dieser Hauptverein entsandte ihn auch für die Jahre 1900 bis 1909 in den Zentralvorstand des Gesamtvereins. Seit 1897 bereits war er Mitglied im Zentralvorstand des Evangelischen Bundes, ab 1907 Ehrenmitglied.

Als die „Deutsch-Evangelischen Blätter" 1908 ihr Erscheinen einstellen mußten, bemühte er sich um eine Nachfolgezeitschrift mittelparteilicher Linie. Selber die Schriftleitung zu übernehmen, war *Haupt*, der von sich verschlimmernder Gicht geplagt wurde, nicht möglich. Er gewann *Martin Schian* für diese Aufgabe an den „Deutsch-Evangelischen Monatsblättern für den gesamten deutschen Protestantismus". *Haupt* hat dieses Blatt, für das er alle Kräfte eingesetzt hatte und das im Januar 1910 zu erscheinen begann, nur wenige Wochen als Mitherausgeber begleiten können. Er starb am 19. Februar 1910 in Halle.[13]

---

[12] vgl. Die ursprüngliche Form der Abendmahlsworte, in: Akadem. Progr. der Univ. Halle, Halle 1894, wo *Haupt* auf die Ansichten *Adolf von Harnacks*, *Adolf Jülichers* und *Friedrich Spittas* eingeht; Zum Verständnis des Apostolats im NT, Halle 1896; Gefangenschaftsbriefe (KEK 8/9), Leipzig 1897.

[13] *Schian* gab die DE bis zu deren Ende 1920 heraus.

VI. Exegetischer Ansatz und Schriftverständnis

Was den von *Haupt* vertretenen exegetischen Ansatz angeht, so wird sein Bemühen beurteilt als „ein kongeniales Erfassen der Gedanken der biblischen Schriftsteller“ und sein starkes Interesse an der „religiösen Seite der Heiligen Schrift“[14] herausgehoben. *Albert Schweitzer*, der *Haupts* exegetische Auffassung zwar nicht teilte, charakterisiert aber am Beispiel der 1895 erschienenen Untersuchung „Die eschatologischen Aussagen Jesu in den synoptischen Evangelien“ die Wirkung der Methode *Haupts* auf den Leser sehr genau, wenn er schreibt: „Im Unterschied zu *Bousset* geht er auf die eschatologischen Stellen im einzelnen ein und moduliert von jeder nach der johanneischen Tonart zurück. Das geschieht so fein und sinnig, daß die Lektüre des Buches ein ästhetischer Genuß ist, wobei man zuletzt das Apologetische vollständig vergißt, um sich dem Zauber der mystisch-religiösen Gedankenwelt des Autors ganz hingeben zu können“.[15] Bezeichnend ist für *Haupt*, daß er in seinen exegetischen Beiträgen der ‚psychologischen‘ Auslegung eindeutig den Vorzug gegenüber der glossatorischen gibt. Er versucht die biblischen Texte zu verstehen, indem er sich in die Psyche des jeweiligen Individuums einfühlt, und erklärt so ihr Reden und Handeln. *Haupt* fragt nach der ‚psychischen Struktur‘ der in der Bibel Agierenden. Im Blick darauf hat ein Rezensent der Evangelischen Kirchenzeitung in seiner Besprechung der 1869 erschienenen Arbeit „Der erste Brief des Johannes. Ein Beitrag zur biblischen Theologie“ seine Absicht auf die sehr kurze und treffende Formel gebracht: „Das Buch leitet an, das geistige Leben des Apostels in seiner inneren Einheit und Harmonie zu verstehen“.[16]

Dies ist in der Tat die für *Haupt* leitende Regel seiner gesamten exegetischen Arbeit. Er versucht, jedes Einzelproblem aus dem Gesamtcharakter der zu untersuchenden Schrift zu erklären, um so die Einzelaussage richtig verstehen zu können. Schon in dieser ersten größeren Veröffentlichung weist *Haupt* den Arbeiten „kritischer, philologischer, polemischer [und] geschichtlicher Art“ den Charakter bloßer Vorarbeiten zu, die die Aussage des Verfassers in den Hintergrund treten lassen, gegen „das, was er nach der Meinung dieses und jenes Interpreten gesagt haben soll“.[17] Er gelangt zu der Konsequenz, aus den *Ergebnissen* der Vorarbeiten nur unabdingbar Notwendiges zu bieten. Das vorrangige Ziel ist es, eine ‚psychologische‘ Auslegung von einheitlicher Struktur zu geben, bei der sich der Benutzer nicht fortwährend mit noch anderen Entwürfen auseinanderzusetzen hat. Da *Haupt* sich des Ungewohnten seiner Methode bewußt ist, erhebt er ausdrücklich keinen Anspruch, einen Kommentar

[14] *Kawerau*, in: BJDN 15, 1910, 111.

[15] *Schweitzer:* Von Reimarus bis Wrede, Tübingen 1906, 248.

[16] EKZ 84, 1869, 856.

[17] zit. Veröff., Colberg/London 1869, I.

vorzulegen, wenngleich er selbst seine Untersuchung zumindest als eine echte Alternative zu einem üblichen Kommentar versteht. Schließlich wendet er ja in allen seinen Auslegungen die ‚psychologische' Methode an; eben auch in einem Kommentarwerk wie dem zu den Gefangenschaftsbriefen.

Durch seine Universitätslehrer hatte *Haupt* im Blick auf hermeneutische Fragestellungen sowohl *Johann Christian Konrad von Hofmann* und die Erlanger Schule (vermittelt durch *Hengstenberg*), als auch die *Schleiermacher*sche Tradition kennengelernt. Die letztere hat ihn offenbar stärker beeinflußt. Auch *Haupt* kennt kein spezielles hermeneutisches Verfahren im Umgang mit der Bibel, eine ‚hermeneutica sacra' ist ihm fremd. Hierzu ist auch der Vergleich zu seinem Lehrer *Boeckh* aufschlußreich. Dieser betonte immer wieder - nicht zuletzt in seiner oftmals gehaltenen Vorlesung „Encyklopädie und Methodologie der philologischen Wissenschaften", die *Haupt* selbst gehört hatte - , daß einzig die „besondere Anwendung der allgemeinen hermeneutischen Grundsätze je nach der Besonderheit des Gegenstandes" legitim sei.[18] Nur auf *dieser* Basis käme dem Neuen Testament wie anderen Schriften das Recht auf eine besondere Hermeneutik zu. Bei *Boeckh* finden sich Anschauungen wie die, daß alle Wissenschaften in der Philosophie wie auch der Geschichte gleichermaßen verwurzelt seien, d.h. daß bei jeder Untersuchung das Ganze dieses Zusammenhanges mit zu berücksichtigen ist. Er ist es auch, der dem wahllosen Sammeln historischer Kenntnisse die Stellung „bloßen Handwerks" zuweist gegenüber dem Vermögen zu begrifflicher Einsicht, das ihm Kennzeichen von Humanität ist.[19]

Haupts Ziel exegetischer Arbeit war das Herausarbeiten des ‚positiven Gehaltes der Schrift', und von daher richtete er von jeher sein Augenmerk auf die ‚biblische Theologie'. In seinen Ansichten über Historizität und Verfasserschaft bestimmter neutestamentlicher Schriften, die er mit Hilfe ‚psychologischer Exegese' zu belegen suchte, war er sehr konservativ eingestellt. Er erntete mit dieser Auslegungsart Zustimmung, aber auch heftige Ablehnung. Positiv aufgenommen wurde die Geschlossenheit seiner Methode, während man grammatische, lexikalische und Kontextanalyse vermißte.[20] Trotz dieser exegetisch konservativen Position hat er sich der historisch-kritischen Forschung gerade nicht, wie etwa sein Lehrer *Steinmeyer*, verschlossen, sondern fand in der psychologischen Methode eine Auslegungsart, die ihm gegenüber der allgemein üblichen glossatorischen angemessener erschien. Für sein Wirken als Exeget ist indes

[18] hg.v. *Ernst Bratuschek*, Leipzig 1877, 81.

[19] vgl. Ges. Kl. Schr. Bd. 1, Leipzig 1858, 102f im Abdr. der Rede „De antiquitatis studio" von 1822.

[20] vgl. Rez. zur zweiten Aufl. seines Komm. der Gefangenschaftsbriefe (1897¹) von *Ernst Wilhelm Weiffenbach*, in: ThLZ 24, 1899, 699-704 und *Heinrich Julius Holtzmann*, in: ThLZ 28, 1903, 397f.

bezeichnend, daß er in seiner Zeit als akademischer Lehrer offenbar sehr geschätzt war. Doch aus seiner wissenschaftlichen Anschauung wie seiner pädagogisch sehr ansprechenden Art erwuchs keine prägnante Schulposition. So hatte *Julius Schniewind* zwar im Todesjahr *Haupts* bei ihm promoviert, bezeichnete sich aber später als Schüler *Martin Kählers*.[21] Daß *Haupts* Name auch keinen Eingang in *Werner Georg Kümmels* 1958 erschienene forschungsgeschichtliche Arbeit gefunden hat, zeigt, als wie durchschnittlich insgesamt seine Position einzuordnen ist.

Im folgenden soll das Augenmerk auf *Haupts* theologischer Position liegen. Seine Äußerung, „wenn Gott ihn überhaupt zu etwas gebrauchen könnte [...], so glaube er, unserer Zeit ein wenig zum evangelischen Verständnis der Bibel helfen zu können"[22], darf sicher nicht einseitig auf die Exegese bezogen werden. Dieser Satz spiegelt vielmehr sein ganzes theologisches Denken und auch sein kirchliches Wirken. Was *Haupt* zeitlebens beschäftigt hat, war die Frage nach dem Verhältnis von Glaube und Wissen, von religiösem Leben und kirchlicher Autorität auf der einen Seite und Freiheit wissenschaftlicher theologischer Forschung auf der anderen. Für ihn steht der Glaube an Gottes Offenbarung in Christus fest. Er ist nicht bereit (dies wirft er der ‚modernen' Theologie vor), in der Schrift die einst historisch manifest gewordene Urkunde der Offenbarung zu sehen oder traditionell die Schrift als inspirierte Offenbarung zu begreifen. Letzteres lehnt *Haupt* ab, weil sich dies nur auf die Vergangenheit beziehe. Er versteht die Schrift als den „Träger gegenwärtiger Offenbarung [...] an mich".[23]

Die Glaubenserfahrung von der heiligen Schrift an bis auf den heutigen Tag ist der „königliche Weg"[24], den der Christ geht. *Haupt* vertritt die Auffassung, daß der Christ Gewordene, der also die Heilswirkung des Evangeliums an sich erfahren hat, auch gelernt hat, an die nötigen theologischen Voraussetzungen zu glauben. Die Schrift als Ganzes ist ihm, in Aufnahme der altprotestantischen Schriftlehre, Lehrnorm, da sie alles enthält, was für die Seligkeit nötig ist, also „Hinreichendheit" und „Zulänglichkeit".[25] Diese Suffizienz zeigt sich nach *Haupts* Ansicht auch darin, daß die christliche Gemeinde bislang alle ihr gestellten Aufgaben hat erfüllen können. Der einzelne kann zwar gegebenfalls ohne die

---

21 Für die Beurteilung seiner Stellung als akademischer Lehrer, zumindest in Halle, ist *von der Goltz'* Bemerkung (wie Anm. 8 zweite Angabe, 292) aufschlußreich: „Kam man am Schluß des Studiums mehr zum systematischen Denken, so wandten sich die meisten Martin Kähler zu", zu dem *Haupt* offenbar, ähnlich wie in früher zu *Cremer*, ein problematisches Verhältnis hatte; *von der Goltz* nennt hier auch als weitere Schüler *Haupts Justus Köberle, Otto Gruhl* und *Paul Schubring*, ein nicht unbedeutender Kunsthistoriker, der *Friedrich Naumann* eng verbunden war.

22 vgl. PrKZ 6, 1910, 180.

23 wie Anm. 11 erste Angabe, 600.

24 ebd., 717.

25 ebd., 696.

Schrift auskommen, die Gesamtgemeinde kann aber nur im Rückgang auf die Schrift recht verkündigen, dabei muß sie sich ihrer Irrtumsfähigkeit im einzelnen allerdings bewußt sein.[26]

VII. Glaube und Wissenschaft

Ihren tieferen Grund finden *Haupts* theologische Anschauungen in seinem Verständnis, wie sich Glaube und Wissenschaft zueinander verhalten. Der Glaube, d.h. die persönliche religiöse Gewißheit, hat ihren letzten Grund in der Person Jesu. Das religiöse Postulat des Christentums ist mit wissenschaftlichen Fragen unvereinbar und der Glaube somit von wissenschaftlicher Erkenntnis unabhängig. Im Gegensatz zum Glauben kann die Wissenschaft, wie er sie versteht, ihr Augenmerk ja nur auf die Erforschung dieser endlichen Welt richten. Der Wissenschaft ist es allenfalls möglich, „daß sie die Welt als eine so vollendete Einheit begreift, daß jeder folgende Moment in dem vergangenen seine vollständige Erklärung findet"[27]; religiöse Gewißheit kann sie weder schaffen noch hindern. Konflikte zwischen beiden Bereichen treten höchstens dort auf, wenn es um die weltanschaulichen Konsequenzen aus der religiösen Erfahrung beziehungsweise aus der wissenschaftlichen Erkenntnis geht. Solche Konflikte können nach *Haupt* allerdings niemals durch die Wissenschaft, sondern immer nur durch den Glauben bewältigt werden. Die Auseinandersetzung des Glaubens mit den Erkenntnissen der Wissenschaft kann indes nur allmählich geschehen. Die Glaubensgewißheit des Christen kann durch die Wissenschaft deshalb nicht infrage gestellt werden, weil sie das oben genannte von der Wissenschaft gänzlich unabhängige Zentrum des Glaubens gar nicht treffen kann. Als ein solches Beispiel führt *Haupt* hierfür die damals sehr heftig diskutierte Streitfrage um die Vereinbarkeit des Evolutionsgedankens mit der christlichen Weltanschauung an.

Diese Trennung zwischen Glaube und wissenschaftlicher Forschung in *Haupts* Denken hat sich in zahlreichen Stellungnahmen zur Frage nach dem Verhältnis zwischen Kirche und akademisch-theologischer Lehrfreiheit niedergeschlagen. Veranlaßt durch die Diskussion um die Rechtmäßigkeit, seitens der Kirche Einfluß auf die Besetzung theologischer Lehrstühle zu nehmen, hat er sich mehrfach gegen derartige Versuche der Einflußnahme ausgesprochen. Eine solche wichtige Stellungnahme ist sein Referat zur ‚Professorenfrage', das er 1903 auf der preußischen Generalsynode in Berlin gehalten hat.[28] Dort legte er zum wiederholten Male dar, daß er das Problem der Spannung zwischen dem „christlichen Gemeinglauben" und den Erkenntnissen theologischer Wissenschaft zwar auch

---

[26] vgl. ebd., 742.

[27] Vom Wege zum Glauben, Halle 1902, 19.

[28] DEBl 28, 1903, 785-801.

sieht, aber deshalb die Notwendigkeit einer Einflußnahme auf die Lehrstuhlbesetzung nicht einzusehen vermag. Er fühlt sich vielmehr von seinem Berufsverständnis als Forscher und Lehrer her gleichermaßen geradezu verpflichtet, seine Studenten nötigenfalls auch über von ihm gemachte wissenschaftliche Erkenntnisse ins Bild zu setzen, obwohl sie vielleicht den kirchlichen Bekenntnissen widersprechen. Geradezu ‚von Amts‘ wegen sieht er seine Aufgabe als Theologieprofessor darin, sich „über den ganzen Umfang der christlichen Lehre nach allen Seiten [...] auszusprechen und [...] in Grund und Gegenstand dazu Stellung zu nehmen“.[29] Die praktische Dienstfunktion der theologischen Wissenschaft besteht nach *Haupts* Ansicht nun darin, daß ihr die „ungemein große und ungemein schwere Aufgabe“[30] zukommt, den „ganzen Ertrag der neueren Geistesentwicklung zu kontollieren und darauf anzusehen, inwieweit er Material bietet, welches in die christliche Gesamtanschauung aufgenommen werden kann, oder wie weit diese scheinbaren Errungenschaften im Widerspruch stehen mit dem Christentum“.[31] Hier muß der Wissenschaft, damit sie ihren Dienst gegenüber der Gemeinde überhaupt erfüllen kann, der uneingeschränkte Freiraum belassen werden, der es ihr ermöglicht, neue Anschauungen wie z.B. die ‚religionsgeschichtliche Methode‘ daraufhin zu prüfen, ob und in wieweit sie der Kirche von Nutzen sein kann. Wird diese Freiheit von Forschung und Lehre kirchlicherseits eingeschränkt, so schadet sich die Kirche damit letztlich selbst.[32]

Bevor wir auf *Haupts* Wirken im praktischen Leben von Kirche und Gesellschaft eingehen, sei noch auf seine Stellung zu *Albrecht Ritschls* Theologie hingewiesen. In seiner Auseinandersetzung mit dieser Schule geht *Haupt* auch auf den Begriff des ‚Reiches Gottes‘ ein, der ja ein Schlüsselbegriff *Ritschl*scher Theologie ist. *Haupt* bestimmt ihn in seinem Aufsatz „Reich Gottes, Gemeinde, Kirche in ihrer Bedeutung für christliches Glauben und Leben“[33] folgendermaßen: Reich Gottes ist für ihn der Zustand „in dem Gott durch Darreichung der überweltlichen Güter sich als Herrscher bethätigt“.[34] Dabei ist allerdings auch bedeutsam, daß er zwar den in der Diskussion üblichen Begriff ‚Reich Gottes‘ verwendet, jedoch selbst, um den überweltlichen Charakter stärker zu betonen, dazu neigt, den matthäischen vom ‚Himmelreich‘ zu verwenden.

---

[29] Die Kirche und die theol. Lehrfreiheit, Kiel 1881, 11.

[30] wie Anm. 28, 788.

[31] ebd.

[32] Wie sehr dies nicht nur Lippenbekenntnisse waren, zeigt sein engagiertes Eintreten für das Recht, seine wiss. Erkenntnisse offen aussprechen zu dürfen, im Fall des Bonner Privatdoz. *Heinrich Weinel* in der Kirchl. Chronik der DEBl 28, 1903, 141-151; *Weinel* war, wie u.a. auch *Karl Jatho*, als Vertreter des linken Flügels der ‚modernen Theol.‘ ins Schußfeld härtester öffentlicher Kritik geraten.

[33] Vortrag vor der sächsischen Pastoralkonferenz 1891 in Halle, in: ZThK 2, 1892, 1-28.

[34] ebd., 9.

Diese grundsätzliche Kritik an *Ritschl*scher Theologie drückt sich implizit in der folgenden Bemerkung aus: „Es ist nämlich die Gefahr vorhanden, daß die überweltliche Art des Christentums verkannt wird. Man sieht das Kommen des Gottesreiches in der sittlichen Gestaltung aller Lebensverhältnisse, in der Berufstreue, der Liebesübung u.s.w. Und freilich gehört das alles zum Gottesreich, aber doch nur unter einer Voraussetzung; daß nämlich es Kräfte der Ewigkeit sind, aus denen das alles hervorgeht, und Ewigkeitsziele, zu denen es führen soll. Petrus sagt: so jemand redet, daß er es rede als Gottes Wort; so jemand ein Amt hat, daß er es thue aus dem Vermögen, das Gott darreicht (1.Petr.4,11). Das ist in der That, worauf es ankommt."[35]

Von daher wäre die Frage zu stellen, ob *Haupt* nicht eine Zwischenstellung zwischen der traditionellen Vermittlungstheologie und der *Ritschl*schen Position einnimmt, auch wenn er von seinen Zeitgenossen als Vermittlungstheologe charakterisiert wurde.[36] Denn zwischen Glaube und Wissenschaft besteht nach seiner Auffassung keine vermittels der Spekulation zu leistende Verbindung. Dies unterscheidet ihn von der ursprünglichen Ausrichtung der ‚Vermittlungstheologie'. Die Vermittlung zwischen beiden Bereichen vollzieht sich bei *Haupt* in der Praxis, so vor allem in seinem kirchlichen und kirchenpolitischen Engagement, ohne daß, wie in der Theologie *Ritschls*, das Moment der Sittlichkeit in den Vordergrund tritt.

VIII. Innere Mission und evangelische Bildung

Dieser Abschnitt soll nun genauer aufzeigen, in welcher für Kirche und Gesellschaft fruchtbaren Weise diese Vermittlung von Glaube und Wissenschaft im praktischen Einsatz innerhalb der Kirche und ihrer Gruppen bei *Haupt* geschieht. An der Seite *Beyschlags* kämpfte er innerhalb der Evangelischen Vereinigung und engagierte sich im Evangelischen Bund, um das protestantische Erbe zu wahren. Im Dienste dieses Zieles hielt er Predigten und Vorträge auf den Versammlungen des Evangelischen Bundes und des Gustav-Adolf-Vereins und beschäftigte sich dort z.B. mit den Gründen für den sich ständig vergrößernden Einfluß des römischen Katholizismus in öffentlichem Leben und Politik. In seiner

[35] ebd., 25f; seine distanzierte Stellung zur Theol. *Ritschls* spiegelt sich auch im genannten Referat zur Professorenfrage (wie Anm. 28, 792) wider: „Auch auf dem Gebiete der Theologie selbst soll man unsere mündliche Wirksamkeit gar nicht zu stark einschätzen. Ich habe schon in früherer Zeit einmal darauf aufmerksam gemacht, daß die bekannteste theologische Schule der neuen Zeit, die Schule Ritschls, zu ihren namhaftesten Trägern fast ausschließlich Leute hatte, die nicht persönliche Schüler Ritschls gewesen sind."

[36] vgl. dazu das Urteil der „Vossischen Zeitung" in ihrem Nachruf vom 20.Februar 1910: „Seiner theologischen Richtung nach gehörte er der sogenannten Vermittlungstheologie an, deren Standpunkt er mit ruhiger Milde, die allerdings nicht immer frei von Unbestimmtheit war, in einer Reihe anziehend und klar geschriebener Schriften vertreten hat."

Analyse kommt er zu dem Ergebnis, daß die Ursachen hierfür auch im schlechten Gesamtzustand der evangelischen Kirche lägen. Daraus ergibt sich für *Haupt*, daß der EB die schwerpunktmäßige Aufgabe habe, den Gemeinden das Evangelium wieder stärker nahezubringen.

Vor der fünften Generalversammlung 1892 in Kassel formuliert er dies in seinem Vortrag „Wie hat sich die protestantische Charakterfestigkeit gerade in unseren Tagen zu bewähren?" folgendermaßen: „[...] der Gesamtzustand unserer Kirche hängt immer von dem Maß ab, in welchem die Gemeinde im Ganzen von den Kräften des Evangeliums sich durchdringen läßt und zu klarer und selbstbewußter Arbeit für die darin gewiesenen Ziele, welche die Reformation wieder auf den Leuchter gestellt hat, fähig und willig ist. Hier also muß der Schwerpunkt der Tätigkeit unseres Bundes liegen."[37] Dies bedeutet für *Haupt* in Abwehr des sich verstärkenden Einflusses des römischen Katholizismus die Forderung nach innerer Mission. Vor allem den religiösen Indifferentismus hält er für die größte Gefahr für den Protestantismus. Die Gewißheit, daß gegen diesen Indifferentismus angekämpft werden *muß* und *kann*, gewinnt *Haupt* durch die Betrachtung der Leistungen des Protestantismus in der Vergangenheit, wenn er sagt, daß die evangelische Kirche „es vermocht hat aus dem unsäglichen Schutt und Graus des dreißigjährigen Krieges nicht nur sich selbst zu retten, sondern eine neue Kultur und einen neuen Aufschwung der Geschichte zu erwecken".[38] Gegründet auf die Errungenschaften dieses ‚Kulturprotestantismus' erscheinen ihm die Schwierigkeiten des Protestantismus in der Krise der Gründerzeit als Symptom eines nur scheinbaren Niederganges und einer nur scheinbaren Verlassenheit der Kirche, die durch das Evangelium überwunden wird. Dazu ist ein Christ nötig, bei dem „die Eigenart evangelischen Christentums solche Macht geworden ist, daß sie sein ganzes Leben beherrscht und gestaltet, so verwachsen mit seinem ganzen Sein ist, daß er sich selbst aufgeben müßte, wenn er irgend ein Stück evangelischer Glaubens- und Weltanschauung [...] nicht verleugnen, sondern auch nur in den Hintergrund stellen sollte."[39]

Haupts Ziel ist eine starke evangelische Volkskirche. Das bedeutet, daß für die innere Erneuerung und die Durchdringung der ganzen Gesellschaft mit dem evangelischen Geist gekämpft werden muß. Zu diesem Kampf gehört sein lebenslanger Einsatz als Prediger genauso wie seine Stellungnahmen zu Problemen der Bildung in Schule und Universität. Bei Bildungsfragen ergriff er in der öffentlichen Diskussion vorrangig das Wort als erfahrener und engagierter Pädagoge. *Haupt* kämpfte angesichts der im 19. Jahrhundert entstandenen Problematik, daß die Naturwissenschaften – auch seiner Meinung nach in legitimer Weise – ihr Recht als ein neues Bildungselement beanspruchten, durchaus im Sinne *Boeckhs* für die traditionelle humanistische Bildung an den deutschen Gymnasien. Er

[37] FEB 62, 1. [38] ebd., 20. [39] ebd., 2.

stritt für die Einheit der Bildung an Stelle eines Auseinandertretens von humanistischer und naturwissenschaftlicher Bildung, wie sie die schulische Entwicklung am Ende des 19. Jahrhunderts zeigte, und gegen eine bereits in der Schule die Ausbildung bestimmende Ausrichtung auf bestimmte berufliche Bereiche; darin sah er eine Beschränkung der Bildung.

Das, was er über den Pädagogen *Wilhelm Schrader*, ebenfalls ein Schüler *Boeckhs*, der *Haupts* pädagogisches Wirken offenbar sehr beeinflußt hat, sagte, beleuchtet sein eigenes Verständnis von dem, was Bildung zu leisten habe. So schreibt er in einer Rezension: „Er [*Schrader*] vertritt nicht nur die deutsch-evangelische Bildung, die Harmonie zwischen christlichem, näher evangelischem Glauben und derjenigen Geistesbildung, welche unserem Volk aus seiner eigenen klassischen Literatur und der großen Arbeit der idealistischen deutschen Philosophie erwachsen ist: er ist geradezu selbst ein Typus dieser deutsch-evangelischen Bildung."[40]

Auf derselben Ebene liegt auch *Haupts* Schrift „Plus ultra. Zur Universitätsfrage" von 1887. Dabei handelt es sich um eine Besinnung über die Aufgaben und Grenzen der akademischen Bildung, über Mißstände, was die Universitätsbildung angeht, und deren Beseitigung. Dies ist eine Stellungnahme, die auch heute an vielen Punkten nichts von ihrer Bedeutung und Aktualität eingebüßt hat. *Haupt* tritt hier für eine rein wissenschaftliche Fachbildung ein, die die späteren Erfordernisse der Berufspraxis außer Acht läßt. Er beansprucht dabei allerdings keine unbedingte Gültigkeit seiner Ausführungen für die naturwissenschaftlichen und medizinischen Fächer. Den Vorteil seines Vorschlages sieht er darin, daß „wer an einem Punkte einer Disciplin Methode gelernt hat, sie damit für alle Punkte dieser Disciplin gewonnen hat, und er besteht darin, daß die Selbständigkeit des Urtheils auf geistigem Gebiet nur auf diese Weise erreicht werden kann, so aber auch wirklich erreicht wird."[41] Für *alle* Wissenschaften gilt aber als oberstes Bildungsideal, die Erziehung „nicht zu bloßem Wissen, sondern zur geistigen Selbständigkeit".[42] Das erste das Studium abschließende Examen hat dann ausschließlich die Aufgabe, den „Nachweis der wissenschaftlichen Schulung"[43] zu erbringen. So sieht er es als ein „schreiendes Unrecht" an, „wenn einem wissenschaftlich tüchtigen, aber natürlich nicht auf jedem Punkt gleichmäßig kundigen Manne ein schlechteres Zeugniß ausgestellt wird, als einem, der durch bloße Anstrengung des Gedächtnisses in den letzten Monaten sich einige Einzelheiten mehr eingeprägt hat, aber von wirklich wissenschaftlicher Arbeit nichts versteht."[44]

[40] Rez. zu *Schrader*: Erfahrungen und Bekenntnisse, Berlin 1900, in: DEBl 25, 1900, 531.
[41] wie Anm. 10, 21. [42] ebd., 28. [43] ebd., 31. [44] ebd., 30.

IX. Engagement für die Mittelpartei

Haupts Engagement für die mittelparteiliche Richtung äußerte sich neben seinem kirchenpolitischen Wirken als Synodaler vor allem in seinen Reden und kleinen Schriften zu öffentlich diskutierten Problemen. So schrieb das „Kirchliche Jahrbuch" anläßlich seines Todes: „Die kirchliche Mittelpartei, deren rechten Flügel er führte, hat in ihm einen ihrer vornehmsten Vertreter verloren."[45] In seiner Hallenser Zeit hatte er sich der auch ‚Mittelpartei' genannten Evangelischen Vereinigung angeschlossen und widmete sich fortan intensiv der kirchenpolitischen Erneuerung dieser Richtung; seinen inhaltlichen Ausdruck fand dies in den Beschlüssen der Hallenser Tagung von 1905. Um die Mittelpartei zu stärken, hatte er sich, da Nachwuchs aus dem Lager der Vermittlungstheologie fehlte, schon früh werbend an andere Kreise gewandt. Zu nennen sind hier die Theologen der *Ritschl*schen Schule, denen *Haupt* die „Abneigung gegen alles kirchliche Parteileben" zu nehmen versuchte, um sie so zum Engagement in der Evangelischen Vereinigung zu bewegen.[46]

In seinem 1901 vor der Jahresversammlung der Evangelischen Vereinigung in Halle gehaltenen Vortrag „Die Bedeutung der kirchlichen Parteien in der Gegenwart" hat er die Ziele der Mittelpartei programmatisch dargestellt. Hier zeigt er die theologischen und kirchenpolitischen Unterschiede zwischen den damals bedeutenden drei großen kirchlichen Parteien, so wie sie sich ihm darstellen, auf. Auf der rechten Seite stehen die Konfessionellen und Konservativen, zu denen er auch die ‚Positive Union' rechnet, und links die Liberalen, die sich vergleichsweise wenig am kirchlichen Leben, was Synoden etwa angeht, beteiligen und von daher dort kaum repräsentiert sind. Zwischen beiden steht die Evangelische Vereinigung, die aus der theologischen Tradition der Vermittlungstheologie hervorgegangen ist. Wenn sich auch alle drei Parteien auf die Reformation berufen, so sieht *Haupt* dennoch natürlich in der eigenen diejenige, die dies in wirklich angemessener Weise tut, wenngleich man von den anderen bisweilen durchaus lernen kann.

Diese angemessene Weise ist für *Haupt* und die Evangelische Vereinigung die, „daß unsere Gruppe in der evangelischen Kirche nicht das Sichtbare, äußere Ordnungen und Formen, sondern die Bezeugung des überweltlichen Gehalts des Evangeliums, oder anders ausgedrückt des Evangeliums als einer Macht, die nicht von dieser Welt ist, in den Mittelpunkt stellt, den Gesichtspunkt der unsichtbaren Kirche auch für das Leben der sichtbaren Kirche als den entscheidenden betrachtet. Daß wir damit auf dem rechten Weg sind, erprobt sich daran, daß die anderen Parteien durch das Schwergewicht der Sache und ihren unmittelbaren christlichen Takt sich gezwungen gesehen haben, in der Praxis sich unserem Standpunkt anzunähern. Vor allem aber ergiebt sich, daß unsere Position

[45] KJ 37, 1910, 523. [46] wie Anm. 8 erste Angabe, 261f.

nicht aus einem Minus an Glauben, auf einem geringeren Ernst in der Geltendmachung des Evangeliums beruht, sondern daß gerade das rechte Verständnis des Evangeliums und der Reformation, das wir zu haben meinen, uns unser Verhalten vorschreibt".[47]

Den Maßstab der Erkenntnis der Überweltlichkeit des Christentums „mit größter Konsequenz anzulegen und durchzuführen"[48], ist das Ziel der Evangelischen Vereinigung, und hierin unterscheidet sie sich vom weiter links stehenden kirchlichen Liberalismus. Darüber hinaus vertritt die Mittelpartei die Ansicht, daß sowohl äußere Formen der Kirche wie beispielsweise Verfassung und ‚Kultus' als auch Formen der Erkenntnis und der Lehre nicht mit dem ‚Wesen' des Christentums schlechterdings identisch sind. Das bedeutet etwa für die damals so brennende Diskussion um die Bekenntnisfrage, daß die Evangelische Vereinigung hierin eine etwas freiere Mittelstellung einnehmen konnte. Da die Kirche ihre Glaubenserkenntnis in ihren Bekenntnissen ausgedrückt hat, ist in diesen Bekenntnissen Glaubenserfahrung enthalten, und sie sind somit Bestandteil des Glaubens und zwar jenes Glaubens, der in der Verkündigung zum Ausdruck gebracht wird. Das ist nicht die Forderung, wie damals oft üblich, über das zu predigen, woran man vielleicht aus subjektiver Erkenntnis Anstoß nimmt, sondern die Forderung zur Predigt dessen, worin man im Glauben übereinstimmt. Dies Beispiel hat *Haupt* in seinen eigenen Predigten selbst gegeben. Die Kontinuität des Glaubens zeigt sich darin, daß „alle evangelischen Christen in diesem Glaubensgehalt der Bekenntnisse sich selbst und ihren Glauben wiederfinden".[49] Aus diesem Grund ist es undenkbar, die Bekenntnisse als Gemeingut der Kirche aufzugeben. Dennoch treten die Anhänger der Evangelischen Vereinigung und andere dafür ein, „in der Verwaltung des geistlichen Amtes [...] die Übereinstimmung mit dem Bekenntnis nicht als rechtlich anzuwendende Norm hinzustellen, sondern [sie] machen auch hier den Satz geltend, [...] daß die christliche Persönlichkeit für die Qualifikation zum geistlichen Amt das Entscheidende ist."[50] Die Bindung an die Bekenntnisse ist für die Mittelpartei keine rechtliche, sondern vielmehr eine sittlich-religiöse Norm.

Auf die bejahende Stellung *Haupts* und der Mittelpartei gegenüber der ‚Union' und auf die Unterstützung der Volkskirche braucht hier nicht weiter eingegangen zu werden.

Erich Haupt, der heute allenfalls noch als Kommentator der Gefangenschaftsbriefe bekannt ist, zeigt sich so als ein in seiner Zeit nicht unbedeutender Vertreter einer theologischen Position, die man als Endphase der Vermittlungstheologie wird kennzeichnen können.

---

[47] DEBl 26, 1901, 462f.

[48] ebd., 457.

[49] ebd., 458.

[50] ebd.

Karl-Friedrich Wiggermann

Wechsel der Konfession – Kontinuität der Theologie: Leonhard Fendt

I. Gewissenskämpfe

Wir richten unser Augenmerk auf einen der bedeutendsten Fachvertreter der Praktischen Theologie in unserem Jahrhundert. Am 2. Juni 1881 in einem ganz und gar katholischen Milieu geboren, wuchs *Fendt*[1] im bayerischen Schwaben auf und studierte Theologie in München. Als Hochschullehrer für katholische Theologie konvertierte er zur evangelischen Kirche. Er starb am 9. Januar 1957 in Augsburg und wurde noch auf dem Sterbelager zur Rekonversion gedrängt. Aber er blieb evangelisch. Auf seinem ungewöhnlichen Lebensweg, der vom Bayern *Ludwigs II.* bis zur bundesrepublikanischen Ära *Konrad Adenauer* reicht, begegnet *Fendt* mehr als einmal dem Evangelischen Bund und wird auch in diesem und für diesen tätig.

Zu Beginn seines Studiums war für *Fendt* die Kirche das Kontinuum und die Theologie das Novum. Für den jungen Theologieprofessor stellte sich dann die Sache umgekehrt dar. Hatte er als junger Student eine Konversion zur liberalen *Theologie* vollzogen, so konvertierte er jetzt zu der *Kirche*, in der nach seiner Meinung diese Theologie Heimatrecht hatte. Was hatte *Fendt* für die evangelische Kirche und Theologie offen gemacht? Hier sind die folgenden Gesichtspunkte zu nennen: die historisch-kritische Exegese; das Studium *Martin Luthers*; ein ebensolches *Friedrich Daniel Ernst Schleiermachers*; und nicht zuletzt die Wirkung der Schriften *Johann Michael Sailers*, der in konfessionellen Dingen tolerant war.

So hatte sich *Fendt* immer mehr eine Theologie erarbeitet, in der neben der Tradition die Entscheidung, neben der Kirche das Individuum, neben dem Gehorsam die Freiheit betont wurde. In dieser Lage befand sich *Fendt* als katholischer Dogmatiker; für ihn wurde dann seine kirchliche Position erkennbar, bestimmbar und schließlich überwindbar – nicht aus Opportunismus, sondern aus Gehorsam gegenüber der Wahrheit. Aus

[1] vgl. *Bernhard Klaus*: Fendt, Leonhard, in: TRE Bd. 11, 1981, 297-304 (Lit.); Vf.: Leonhard Fendt. Leben und Werk (Diss.theol.), Erlangen 1981; Vf.: Briefe des Kaplans Leonhard Fendt aus den Jahren 1905-1910, in: ZKG 91, 1980, 283-311; Vf.: Leonhard Fendt. Erste Briefe aus dem ev. Pfarramt, in: PTh 70, 1981, 305-314.

dem sentire cum ecclesia wurde für ihn ein sentire cum veritate: Sein Sinnen und Trachten begann der Wahrheit den Vorrang zu geben vor der ‚Kirche'.

Das Dogma war nicht mehr statisch zu sehen, nicht mehr als Bau oder depositum fidei; es war nun dynamisch: Organismus, Leben. Das brachte *Fendt* die Befreiung, die er ersehnt hatte. Befreiung für *ihn*! Jeder Proselytenmacherei hat er sich enthalten. So kann man seine Konversion als Abschied bezeichnen. Lauter Abschiede – von der Kirche, ja, von der gottesdienstlich versammelten katholischen Gemeinde; von den Freunden, von denen einige ihm weiterhin die Freundeshand boten; von den Studenten, deren Lehrer er sein wollte; von seinem geliebten Schwaben. Keine leichten Abschiede in einer stürmisch bewegten Zeit!

Was war der tiefste Grund für *Fendts* Konversion? Materielles kam nicht in Frage. Im Gegenteil! Die Familie verstand überhaupt nicht, daß *Leonhard* aus Überzeugungsgründen materielle Güter aufgab.[2] Der Vater *Andreas Fendt* war schon 1916 gestorben. Es muß für *Leonhard* allerdings sehr schwer gewesen sein, seiner frommen katholischen Mutter *Kreszentia* die Konversion anzuzeigen. So schrieb er an seine Schwester *Maria*, die ihm in Dillingen den Haushalt führte, sie möge der Mutter berichten, er sei evangelisch geworden. Er teilte also seine schon vollzogene Konversion mit. Gleichzeitig ließ er der Mutter, der er so viel zu verdanken hatte, sagen, wenn sie ihn verstoße, werde es ihm sehr leid tun. Die Mutter antwortete ihrer Tochter *Maria*, sie möge ihrem Sohn *Leonhard* schreiben, sie verstoße ihn nicht. Allerdings scheint sie mit ihrem Schicksal gehadert zu haben. Sie führte auch weiterhin mit ihrem ältesten Sohn *Leonhard* religiöse Gespräche, denn sie las gern religiöse Literatur. Ihr Sohn hat immer betont, sie möge katholisch bleiben. Die Konversion war für die Mutter nicht nur Anlaß zur religiösen Trauer oder gar Angst um das Seelenheil ihres Sohnes; sie war – wie die ganze Familie – enttäuscht, daß ihr Erstgeborener eine vielversprechende Karriere aufgab.

Fendt schreibt rückblickend in seinem Lebenslauf 1918: „Infolge jahrelanger Umdeutungen aller katholischen Lehren und Gebräuche glaubte ich hier ein wirklicher Katholik zu sein und das, was am Katholizismus wirkliches Christentum sei, nun unter Ausschluß alles anderen lehren zu dürfen und zu müssen. 3 Jahre lang arbeitete ich nun mit der Aufbietung aller Kraft an diesem Ziele; aber immer mehr mußte ich merken, daß meinem Arbeiten der Weg verbaut war durch lauter Theologumena, Conclusionen, Väter-Ansichten und Traditionen; auch diese wollten von mir gelehrt werden, da gerade sie den heutigen praktischen Katholizismus bilden; ich hielt mich aber zurück so gut es ging, ja in manchem, wie in der

---

[2] mündl. Mitt. von *Fendts* Bruder *Johann Baptist* vom 3. August 1978 in Augsburg; zum Ganzen vgl. *Kurt Aland*: Über den Glaubenswechsel in der Gesch. des Christentums, Berlin 1961, bes. 126-131; *Helmut Essinger*: Wege nach Rom. Kritische Betrachtung von Konversionsberichten aus dem 20. Jh., Düsseldorf 1958.

Lehre vom Fegefeuer, ließ ich kurzerhand alles liegen und trug ein eigenes Gedankengebäude vor, das mit der Bibel nicht im Widerspruch stand, sonst aber ganz und gar philosophisch gerichtet war. Als ich für das Sommersemester 1916 zugleich die Lehre von der Kirche angekündigt hatte und während der Ferien mich vorbereitete, ersah ich zum erstenmal klar: das geht nicht. Denn hier sind die Theologumena alle mit dem Zeichen ‚fidei proximum' versehen, gehen direkt in die römische Politik, und wenn ich *hier* biblisch vortrug, dann hatte ich die römische *Macht* angegriffen. So setzte ich die Vorlesung zu gunsten einer anderen einfach wieder vom Verzeichnis ab, nicht wissend, wie ich nun da hinaus kommen sollte."[3] Diese Begebenheiten zeigen, daß für *Fendt* die Konversion seine *eigene* Sache war, und hier liegt der Grund, daß er niemals ein antikatholisches Pamphlet schrieb. Aber es ist auch zu betonen, daß es nach seinem Verständnis überhaupt kein Pamphlet gegen Andersgläubige geben darf. Er hat nach großen Gewissenskämpfen den Entschluß zur Konversion allein gefaßt. Er war – als Hochbegabter – ein Einsamer, und er ist ein einsamer Mann geblieben. Er hat niemandem einen Blick in sein Innerstes gestattet. Seine *inneren* Kämpfe wollte er nicht zu einem *äußeren* Eklat werden lassen.

II. Loofs vermittelt

Fendt fand den Mann, mit dem er seine Lage sowohl *kirchlich* als auch *theologisch* besprechen konnte: Geheimrat Prof. D. Dr. *Friedrich Loofs* in Halle. *Loofs* war ein Lutheraner, der nicht im 16. Jahrhundert blieb, sondern der wußte – wie er es in den Schlußsätzen seiner Dogmengeschichte formulierte –, daß es die Aufgabe der evangelischen Theologie der Gegenwart sei, „die reformatorischen Grundgedanken consequenter und allseitiger durchzuführen als es im 16. Jahrhundert geschehen ist und geschehen konnte. Das ists, was auch die Dogmengeschichte den evangelischen Theologen lehrt."[4] Daß *Loofs* von dieser Voraussetzung her auch Tagesfragen literarisch aufgriff, kann nicht verwundern.

Fendt schrieb in seinem Lebenslauf 1918 unter dem Eindruck der Persönlichkeit des Gelehrten: „Schließlich wandte ich mich an Geheimrat Loofs in Halle, der seinerzeit meinen ‚Nestorius' besprochen hatte, und bat um Empfehlung von Hrn. v. Dobschütz, der mein Erstlingswerk über die Dauer der öffentlichen Wirksamkeit Jesu so günstig rezensiert hatte. Ich dachte zunächst daran, Privatdozent der Theologie in Halle zu werden, meinend, es müsse bald gelingen, Professor zu werden, wenn man dies doch ohnehin schon sei. Geheimrat Loofs setzte mir auseinander, daß es 10 Jahre anstehen könne, bis ich eine Professur erreiche! Da ich absolut vermögenslos bin und auf meinen Gehalt angewiesen, so ging

---

[3] Ev. Zentralarchiv Berlin: EOK Gen. V 41 III.

[4] Leitfaden zum Stud. der Dogmengesch., Halle 1889, 302.

das auf keinen Fall. Alsbald aber ergriff ich den Gedanken, statt in die akademische Lehrtätigkeit wieder in die Seelsorge zu gehen; ich hatte doch einst die Seelsorge mit Feuereifer betrieben, hatte jahrelang praktische Theologie gelehrt und dabei der Seelsorge der jungen Theologen von Herzen gelebt: so war bald wieder das alte Ideal da. Unter Geheimrat Loofs' Leitung studierte ich nun im vergangenen Wintersemester neben meinen Vorlesungen Luthers Schriften, protestantische Dogmatik (Jul. Kaftan, Nitzsch-Stephan, Schmid; Herrmann, Bornemann; schon früher hatte ich zu meinen Vorlesungen Schleiermachers ‚Glaubenslehre' beigezogen und Ihmels gelesen), arbeitete die Symbolischen Bücher durch, Scheels ‚Luther', Sohm, Stutz, viele Artikel der Realenzyklopädie und des Lexikons ‚Die Rel. in Gesch. und Geg.', und was ich nur Förderliches fand; alles gab mir von Tag zu Tag hellere Gewißheit: so allein kann ich religiös leben und sterben, anders nicht! War mir früher alles protestantische lieb gewesen, weil ich daraus allein für die katholischen Formen lebendigen Inhalt gefunden hatte, so sah ich jetzt, wie ganz gewaltiger das wird, wenn man es als *Lebens*inhalt auffaßt. Gerade in Luthers Schriften fand ich alles grundgelegt, was auch der heutige gebildete Katholik an Desiderien und Gravamina gegen seine Kirche hat; aber Luther allein war es gelungen, den Ring zu durchbrechen; also, wer wie er denkt, muß zu seiner Kirche! Es traf sich gut, daß das Wintersemester schon am 31. Januar schloß und die Ferien bis zum 23. April festgesetzt waren. So reiste ich alsbald nach Halle und studierte dort – und tue es immer noch – unter Loofs' beständiger Leitung und in ständigem Verkehr mit ihm besonders Geschichte des Ev. Kirchenliedes, der Ev. Predigt, das Ev. Kirchenrecht, dazu Ethik, Geschichte der Ev. Kirche, Lektüre klassischer Predigten. Unter der praktischen Leitung von Pastor Jahr an der Marktkirche z.U.L.Fr. lernte ich das kirchliche und seelsorgliche Leben kennen, hörte die bedeutenden Prediger von Halle, studierte die Gottesdienstordnung und die Amtsgeschäfte eines ev. Geistlichen und die Verwaltung des Pfarramtes nach dem Buche des Superintend. Wächtler. Und nun hoffe ich sehnsüchtig, in die Ev. Geistlichkeit aufgenommen zu werden, nachdem ich am Gründonnerstag 1918 durch Empfang des hl. Abendmahls bei Pastor Jahr zur Ev. Kirche übergetreten bin und meine Pensionierung oder Dienstenthebung beim Kgl. Ministerium in München eingeleitet habe."[5]

Fendt regelte seinen Verzicht auf das geistliche und staatliche Amt *diskret*. Diese Diskretion wurde sowohl vom Königlichen Staatsministerium für Kirchen- und Schulangelegenheiten[6] auch vom Rektorat des Königlichen Lyzeums Dillingen[7] ausdrücklich und dankbar anerkannt. Der

[5] wie Anm. 3.

[6] vgl. Schreiben des Rektorats in Dillingen an *Fendt* vom 27. April 1918, von *Loofs* beglaubigte Abschrift: Nachlaß Ehepaar Fendt (=NFe) VII.

[7] Schreiben des Rektorats in Dillingen an *Fendt* vom 23. Juli 1918: NFe VII.

Prorektor des Lyzeums, Prof. Dr. *Alfred Schröder* schrieb unter dem 27. April 1918 an *Fendt*: „Aufs tiefste beklagt das Lyzeum Dillingen den drohenden Verlust eines so tüchtigen und geschätzten Mitgliedes seines Professorenkollegiums. Aber wo Überzeugung und Gewissen bestimmte Wege weisen, müssen auch die berechtigsten Wünsche zurücktreten und es bleibt dem Rektorate nur übrig, seine volle Anerkennung auszusprechen darüber, daß Euer Hochwohlgeboren bisher allen Schwierigkeiten zum Trotz den übernommenen Lehrauftrag mit ausgezeichnetem Erfolg entsprachen und sich ohne Rücksicht auf den eigenen Vorteil zu dem schweren Opfer rechtzeitig entschlossen haben, um nach Möglichkeit schlimmen Wirkungen für das Lyzeum und die Interessen von Staat und Kirche vorzubeugen."[8]Das Rektorat teilte dann in dem Schreiben die Vorschläge des Staatsministeriums mit, wie die Lösung des Dienstes am besten zu vollziehen sei. Zunächst wurde die finanzielle Seite geregelt, dann bemerkte das Staatsministerium, daß aus beamtenrechtlichen Gründen *Fendt* nach dem Ausscheiden aus dem Staatsdienst den Titel „K. Hochschulprofessor" nicht mehr führen könne.

Schließlich schrieb das Rektorat am 23. Juli 1918 einen offiziellen Abschiedsbrief an „Hochwohlgeboren Herrn Dr. Leonh. Fendt, Pfarrer in Gommern". In diesem Brief an den inzwischen ordinierten und im evangelischen Kirchendienst tätigen ehemaligen Kollegen wurde der Wunsch nach Rückkehr in die katholische Kirche nicht unterdrückt: „Es war für das Rektorat eine traurige Pflicht, die Lösung des Dienstverhältnisses eines hochgeschätzten Mitgliedes des Kollegiums zu vermitteln; erleichtert wurde sie ihm wesentlich durch die vornehme Art, womit Euer Hochwohlgeboren die Angelegenheit betrieben haben. Als letzte Pflicht obliegt es dem Rektorat, die Antwort Euer Hochwohlgeboren zu übermitteln, die das Kollegium auf dessen warme Abschiedsworte zu erteilen beschlossen hat. Sie lautet: 'Das Professorenkollegium des K. Lyzeums Dillingen spricht seinem früheren Herrn Kollegen Dr. L. Fendt für seine herzlichen Abschiedsworte freundlichen Dank aus. Es bedauert lebhaft, daß derselbe diese Entwicklung genommen hat, und verbindet damit den aufrichtigen Wunsch, daß er den Weg zu seiner Kirche wieder zurückfinden möge'".[9]

III. Freundestreue

Neben den beiden amtlichen Schreiben sandte *Schröder* an *Fendt* noch sechs private Briefe, die *Fendt* mit einem Bild *Schröders* aufbewahrte. Diese Briefe sind wahre Freundesbriefe, die bei allem Schmerz über die verschiedenen Wege doch warme Herzlichkeit atmen. In den Privat-

[8] wie Anm. 6.
[9] wie Anm. 7.

briefen bleibt *Schröder* beim vertraulichen „Du"; er redet *Fendt* stets als „lieben Freund" an.

Am Tage vor *Fendts* Ordination in Gommern schrieb *Schröder*: „Nun also wird es ernst. In Gottes Namen denn! Ich begrabe schöne Hoffnungen für unser Lyzeum, tue Buße für alle eitlen Gedanken, die sich etwa über den Erfolg bei Deiner Berufung eingeschlichen haben, mache einen dicken Strich unter die Vergangenheit u. weile in Gedanken bei Deiner Gegenwart u. Zukunft, jene bei aller geistigen Erhebung etwas getrübt mir vorstellend dadurch, daß Du Dich vereinsamt fühlen wirst so ohne alle persönliche Anteilnahme Deiner Angehörigen u. Freunde, für diese von Herzen wünschend, daß sie Dir u. als Dir Anvertrautes zum Heile gereichen mögen [...] Also morgen ist d. Ordination. Ich werde an Dich denken. Es mag Dir doch recht merkwürdig vorkommen. Mir wurde nun merkwürdig d. Abneigung der Gemeinden gegen unverheiratete oder unverlobte Geistliche. So etwas versteht man in katholischen Gegenden gar nicht [...] Bischof Maximilianus hat in erster Linie das Interesse u. hält es für das Wichtigste, sich als unschuldig zu erweisen, es geniert ihn, daß an der Bildungsanstalt seiner Bistumsgeistlichkeit dieser Fall eingetreten ist. Das ist wohl begreiflich von seinem Standpunkt aus. Er wird, denke ich, dem Nuntius d. Erklärung vorgelegt haben, die Du bei Übernahme der Professur ihm gabst u. die er als Deckung mit gutem Recht benutzen kann gegen wirkliche oder befürchtete Vorwürfe wegen Deiner Ernennung zum Dogmatikprofessor. Du bist objektiv genug, um Dich in seine nicht gerade angenehme Lage in dieser Sache hineinzudenken; jedermann weiß ja, daß Du ohne seine Zustimmung die Stelle nicht erhalten hättest. Also mag er sich verteidigen, wie er kann und darf."[10] Die Schußformel des Briefes lautet: „Herzlichen Gruß und alles Beste! In alter Treue Dein Schröder".

In einem zweiten Brief[11] riet *Schröder* dem Freund, er möge nun an den Augsburger Bischof schreiben. Nach dem Abschiedsbrief des Rektorats, den *Schröder* zu unterzeichnen hatte, schrieb er sogleich einen privaten Brief: „Daß sich mir d. Feder ein wenig gesträubt hat, den Abschiedsgruß des Kollegiums niederzuschreiben, magst Du gemerkt haben. Ärgere Dich aber nicht über den kalten Ton, u. laß es Dich trotzdem nicht verdrießen, so warm an das Kollegium geschrieben zu haben. Gibt einem das Herz das Zeugnis, daß man das Beste gewollt hat, so stellt sich von selbst die Überzeugung ein, den richtigen Weg eingeschlagen zu haben, u. der verschafft innerliche Ruhe. Im übrigen weißt Du, daß in dem Kollegium nach Majorität entschieden wird. In der Beurteilung Deines Schrittes herrscht selbstverständlich wie Du es nicht anders erwarten wirst, durchaus Einigkeit; aber manche hätten gewünscht, daß d. Entschluß des Abgangs eines geschätzten u. verdienten Kollegen auseinandergehalten

10 Schreiben vom 29. Juni 1918: NFe VII.

11 Schreiben vom 14. Juli 1918: NFe VII.

werde von dem seiner Hinwendung zu einer fremden Konfession [...] Im Herzen sind Dir alle gut, und kein unschönes Wort ist gefallen. Deine Einsicht wird den Standpunkt der Wahrheit verstehen: es herrschte das Gefühl, daß ein Kollegium von katholischen Geistlichen sehr vorsichtig und zurückhaltend sein müsse in einer amtlichen Kundgebung unter den obwaltenden Umständen."[12]

Es ist bewegend, wie sich eine Theologen-Freundschaft in allen Irrungen und Wirrungen durchhielt. Es ist schmerzlich, daß in ein offizielles Schreiben die Sprache des Herzens nicht einfließen durfte. Es ist hoffnungsvoll, daß die Freunde im theologischen Gespräch blieben. *Fendt* ist es erspart geblieben, daß die Freunde seine Konversion eine Perversion nannten. Der Sekretär des Augsburger Bischofs *Maximilian von Lingg* schrieb an *Fendt* „sehr herzlich".[13] Seinem Mentor *Loofs* teilte *Fendt* mit: „Dem Bischof v. Augsburg habe ich nun einen Abschiedsbrief geschrieben, und ihm für alle Güte und alles Vertrauen gedankt, aber auch scharf umrissen, warum ich gegangen bin und warum ich überzeugt bin, jetzt am richtigen Platze zu sein."[14]

Im Jahresbericht des Lyzeums ist nur ein Satz verzeichnet: „Noch im Studienjahr 1917/18 erfolgte die Lösung des Dienstverhältnisses des a.o. Hochschulprofessors Dr. Leonhard Fendt auf seinen Antrag und damit sein Ausscheiden aus dem Verband unseres Lyzeums."[15] In der „Geschichte des bischöflichen Priesterseminars in Dillingen" wird über *Fendt* geschrieben, daß er „als Nachfolger von Professor Specht a.o. Professor für Dogmatik und Apologetik an der Dillinger Hochschule (wurde). Aber bald verschoben sich die Linien seiner Auffassung von Dogmatik nach der Seite des Protestantismus im Sinne der Theologie von Albrecht Ritschl. Von Halle aus bahnte er selbst eine Lösung des Dienstverhältnisses an, die denn auch am 1. Juli 1918 vollzogen wurde. Er trat zum Protestantismus über und ist seitdem in dessen Sinne schriftstellerisch tätig in Gommern, Magdeburg und Berlin."[16] Daß *Fendt* in Dillingen nicht vergessen war, zeigt eine „Einladung zum 400-jährigen Gründungsjubiläum der Universität Dillingen" am 9. und 10. November 1949.[17]

---

12 Schreiben vom 28. Juli 1918: NFe VII.

13 Mitt. *Fendts* an *Loofs* vom 8. Juli 1918: ULB Halle, Nachlaß Loofs, Ji 19 Loofs IX 901-914 = PTh 70, 1981, 307.

14 Schreiben vom 18. Juli 1918: ebd. = PTh 70, 1981, 309.

15 Jahres-Bericht 1918/19.

16 *Thomas Specht / Andreas Bigelmair*: Gesch. des Bischöfl. Priesterseminars Dillingen a.d.D., Augsburg 1928, 94.

17 NFe XVI.

IV. Kein Renegateneifer

Es hat keinen 'Fall *Fendt*' gegeben. So ist *Fendt* auch nie als Renegat literarisch aufgetreten – im Gegensatz zu dem früheren Jesuiten *Paul Graf von Hoensbroech*, der sich mit einem literarischen Fanfarenstoß von der katholischen Kirche losgesagt hatte, dann aber auch dem Evangelischen Bund nicht wenig Kummer bereitete. *Fendts* erstes Buch nach seiner Konversation „Die religiösen Kräfte des katholischen Dogmas" kann nicht via negativa, sondern nur via positiva verstanden werden. Er wandte sich weder gegen ein Dogma im allgemeinen noch gegen das katholische Dogma im besonderen Sinne, sprach auch nicht von einem längst abgestorbenen Dogma oder von Kräften, die nur noch spekulativ-theologisch am Leben gehalten werden. *Fendt* nahm als Ausgangspunkt und Prämisse „die *religiösen* Kräfte", die immer noch wirksamen und tätigen Kräfte des katholischen Dogmas im Leben der Kirche und ihrer Glieder.

Damit vollzog *Fendt* aber nicht einen heimlichen Rückzug zur katholischen Kirche, sondern er wollte Protestanten[18] *und* Katholiken in das *Wesen* des Dogmas einführen. Damit bot er gleichzeitig der katholischen Theologie das Gespräch an. Hier allerdings konnte ein katholischer Theologe in der irenischen Weise, die *Fendt* eigen war, kaum öffentlich antworten. Es bedurfte keines Erlasses, um ihn totzuschweigen. Doch: Fendtiana non leguntur! Das war *offizielle* Meinung gegenüber dem aus der katholischen Kirche ausgetretenen Priester. Der theologischen Tiefe und Wirkung der *Fendt*schen Arbeiten konnten sich später freilich katholische Liturgiewissenschaftler nicht verschließen.

Das erste Buch des evangelisch gewordenen *Fendt* erschien in der katholischen „kirchlich-religiösen Blüte in der Weimarer Zeit"![19] Bischöfe wie *Michael von Faulhaber*, Theologen wie *Martin Grabmann* und *Romano Guardini*, Philosophen wie *Peter Wust* wurden auch außerhalb der katholischen Kirche gehört und anerkannt. Eine liturgische Bewegung brach sich Bahn; das Laienapostolat spielte eine große Rolle – sowohl im Katholischen Gesellenverein und in der Studentenbewegung als auch in

---

[18] Das Buch erregte auf ev. Seite Unwillen; *Fendt* mußte meinen, daß er dem EB jener Jahre „keine Freude zu machen auf der Welt" sei (*Fendt* an *Joseph Bernhart* am 27. Juni 1922: BayrStB, Nachlaß Bernhart, Ana 383); seinem Ärger freien Lauf ließ *Fendt* in einem Brief an *Friedrich Heiler* vom 9. September 1922: „ ‚Der Bund ist ein Hund', sagt Heine v. dem Deutschen Bund selig; es gilt aber auch v. Evang. Bund." (UB Marburg, Nachlaß Heiler); dabei widerfuhr *Fendt* die heftigste Attacke nicht vom EB, sondern von *Werner Elert*: „Konvertitentheologie innerhalb der evangelischen Kirche" (AELKZ 55, 1922, 122f); das veranlaßte *Fendt* zu der Klage: „Jeremias in Leipzig sagte mir, auch sein Bruder, der Konsistorialrat in Magdeburg sei schon v. Elerts Kritik angesteckt; ich glaube, sie meinen, ich sei ein verkappter Jesuit u. vorgeschickt, um alles heimlich katholisch zu machen" (Schreiben an *Heiler*, a.a.O.).

[19] *Helmut Witetschek*: Die kath. Kirche seit 1800, in: *Max Spindler* (Hg.): Hb. der Bayer. Gesch. Teilbd. 4, 2, München 1975, 936.

katholischen Berufsverbänden.[20] Man kann nicht sagen, daß *Fendts* Buch 'zu spät' kam, aber es erschien, als der große Theologe *Grabmann* nicht mehr im alten Sinne thomistisch arbeitete, sondern *Thomas* ins *Leben* der katholischen Kirche holte. *Fendt* beobachtete als Theologe das Leben in der katholischen Kirche und Theologie genau.[21] Daß er gute Erinnerungen an Dillingen hatte, zeigen viele Bilder – Bilder von Gebäuden und Bilder mit alten Freunden. Besonders lieb scheint ihm die Zeit mit Regens *Ludwig Kohnle* gewesen zu sein, der ihm ein Bild mit der Widmung geschenkt hatte: „Fratres sumus".[22]

V. Beziehungen zu Ehrhard

Kurz vor der offiziellen Konversion schrieb *Fendt* noch einmal an seinen verehrten Doktor-Vater *Albert Ehrhard*, um ihm zur neuen Würde eines Geheimrates zu gratulieren. Gleichzeitig schrieb er von seinen Kämpfen; er bezog sich auf einen Brief, den *Ehrhard* offenbar nicht erhalten hatte: „Ich hatte darin von meinen Kämpfen gesprochen, die ja bei meiner dogmatischen Lehraufgabe und meiner undogmatischen Glaubensstellung unausweichlich waren; wie konnte ich mir nur einbilden, da durchzukommen! Aber ich kam von Ihnen gestärkt wieder ins Amt und bildete mir tatsächlich ein, die richtige, wenn auch wissenschaftlich modifizierte, Gläubigkeit aufbringen zu können. Nun ist es halt so, und wie es weitergeht, weiß Gott. Z. Zeit weile ich hier, wo ich an Loofs, der mich seinerseits rezensierte, angenehmen Umgang habe. Auch Dobschütz habe ich kennen gelernt."[23]

Noch ein gutes Jahr vorher hatte *Fendt*, der nicht oft Briefe schrieb – „mein Stillschweigen war nicht Nihilismus, sondern apophatische Theologie!" –, sich optimistisch an *Ehrhard* gewandt: „Arbeiten muß ich mehr als je, da ich oft wahnsinnig darum ringen muß, einer darzustellenden Lehre einen wirklich christlichen und religiösen Sinn zu entpflücken; bei der Mariologie vorigen Juli tat ich mir am schwersten; durch den Sumpf des ‚decuit, ergo fecit' kam ich bloß mit den Stelzen, es müßte doch auch das Idealste und Poesievollste einmal wenigstens Wahrheit geworden sein. Die Religions- und Dogmengeschichte ziehe ich stark heran und verfehle nicht, den praktisch-religiösen Wert der Dogmen zu demonstrieren. An sich gibt es nichts reizvolleres als die Dogmatik, sobald man aus der Existenz von ‚Schulen' und 'Theologumenen' die Berechtigung herleitet, selbst auch ‚Schule' und theologōn sein zu dürfen;

---

[20] ebd., 938-940.

[21] vgl. *Karl Gerhard Steck*: Der Beitr. Leonhard Fendts zur Konfessionskunde, in: *Joachim Lell* (Hg.): Erneuerung der Einen Kirche. FS Heinrich Bornkamm (KiKonf 11), Göttingen 1966, 56-74.

[22] NFe XVI.

[23] Schreiben vom 1. März 1918: Byzantin. Inst. der Abtei Scheyern, Nachlaß Ehrhard.

und das geht!"[24] *Fendt* hat den Studiengang eines katholischen Theologen absolviert und die Pflichten eines Kaplans sehr ernst genommen. Er hat als Subregens amtiert und als Professor doziert. Wer sein Wirken resümieren will, wird sagen müssen: Es gibt nicht *den* katholischen *Fendt*, den man einem evangelischen gegenüberstellen könnte. *Fendts* Katholizismus unterschied sich nach Theorie und Praxis: Führte ihn das Studium in eine Distanz zur Institution Kirche hinein, so war er in seinen Meditationen vor den höheren Weihen um eine Annäherung an eben diese Institution bemüht. Keineswegs aber hätte er ein sacrificium intellectus dargebracht. Auch die Kaplanstätigkeit weist Phasen der Distanz wie der Annäherung auf. *Ehrhard* hatte in *Fendt* die integrative Kraft des Katholischen gemehrt; stets aber setzte sich *Fendt* vom *römischen* Katholizismus ab. Hatte er zunächst als Wissenschaftler die Kirche in den Blick genommen, so arbeitete er bald als Priester in der Wissenschaft. Bis in seine Vorlesungstätigkeit hinein zeigt sich allenthalben ein Kampf zwischen Verweigerung und Annäherung.

Gerade das systematische Durchdenken der Dogmatik führte *Fendt* in die Verweigerung, deren Konsequenz die Konversion war. Natürlich hätte eine Verweigerung auch in Atheismus oder Nihilismus enden können. Doch da er durch die evangelische *Theologie* in seiner Verweigerung bestärkt wurde, gab es für ihn schließlich keinen anderen Weg als den in die evangelische *Kirche* hinein. Er hätte nie wie sein Lehrer *Joseph Schnitzer* letzten Endes das Leben eines mit der kleinen Exkommunikation belegten Theologen führen können. *Fendts* theologischer Weg hatte ein Ziel, die evangelische Kirche: Die kirchliche Konversion sicherte ihm die theologische Kontinuität.

---

[24] Schreiben vom 25. Oktober 1916: a.a.O.; theologōn orig. griech. geschrieben.

JOACHIM LELL

Verworrene Zeit – Pflicht zur Theologie: Heinrich Bornkamm

Der folgende Beitrag konzentriert sich auf die Jahre der nationalsozialistischen Herrschaft und schließt dementsprechend mit dem Ende der unmittelbaren Nachkriegszeit.

Es soll dargestellt werden, welches theologische und politische Urteil der Evangelische Bund traf zu der damals behaupteten engen Verknüpfung zwischen Volk und deutscher Kirche, deutschem und reformatorischem Glauben. Von daher empfiehlt sich die Orientierung an zentralen öffentlichen Verlautbarungen des Bundes.

Schließlich sei noch vermerkt, daß bei allem Willen zu ungeschminkter Sachlichkeit die persönliche Verbundenheit mit Männern, die den Weg des Bundes in jenen Jahren mitverantwortet und auch danach die Kraft entfaltet hatten, unterschiedliche Denkrichtungen an gemeinsame Aufgaben zu binden – so *Hanns Rückert*, *Heinrich Bornkamm* und *Friedrich Karl Schumann* – die Darstellung beeinflußt haben mag.

I. Zur Situation vor 1933

Nach dem Ersten Weltkrieg hatte der Evangelische Bund an repräsentativem Gewicht für den deutschen Protestantismus verloren – nicht nur weil die Zahl seiner Mitglieder geschrumpft war, sondern auch weil das weltanschauliche Umfeld sich gewandelt hatte, die heimgekehrten Frontsoldaten einen anderen Katholizismus erlebt hatten als den vom EB bekämpften und neu aufgebrochene Fragen nicht mit Vorkriegsparolen zu beantworten waren. Immerhin war er noch stattlich genug, daß sich in ihm die Problematik des damaligen deutschen Protestantismus spiegeln konnte: noch vereinte er Protestanten nahezu aller Richtungen.

Die Volkskirche aber – in Landeskirchen zerspalten und von theologischen Richtungskämpfen ermüdet – hatte weithin ihre Bindekraft verloren. Schon die Vereinsbildungen des 19. Jahrhunderts hatten diesen Verarmungsprozeß kaum aufhalten können. Jetzt traten neue Gruppen hervor und vermehrten den Pluralismus – wie im Parteien- und Vereinswesen auch. Lutherische Konzentration auf die „Zwei-Reiche-Lehre“ und reformierte auf die „Christkönigsherrschaft“ über alle kirchlichen und weltlichen Belange drangen kaum bis ins Gemeindebewußtsein vor. Die einander widerstrebenden Kräfte waren nicht zu bändigen. Um so mehr sehnten sich viele nach einer neuen Einheit nationaler, religiöser, sittlicher und sozialer Werte, wobei freilich das konfessionelle Nord-Süd-Gefälle und Ost-West- Gefüge nicht außer Acht bleiben sollte.[1]

Zwei international geprägte Gegenkräfte gingen mehr und mehr in Führung. Das Reich war in Trümmer gefallen, doch der politische Katholizismus lebte fort wie ein Phönix aus der Asche – repräsentiert durch ein Zusammenspiel von Bischofskonferenz, Zentrumspartei und Zentralkomitee der deutschen Katholiken. Als zweite Kraft hatte sich seit dem 19. Jahrhundert der Sozialismus herausgebildet, der von vielen, zumal in christlichen Kreisen, als nebulöser Atheismus und Kommunismus gefürchtet und nach 1918 als Einfallstor der bolschewistischen Revolution angeprangert wurde. Verantwortliche protestantische Kräfte und so auch der EB stellten sich die Frage: Was gibt dem kirchlich wie theologisch zerstrittenen Protestantismus einigende Impulse? Wie ist der Konfessionalisierung des öffentlichen Lebens von katholisch-rechts und seiner Vereinnahmung von sozialistisch-links zu begegnen? Wie lassen sich katholisierende wie antikatholische und sozialistische wie antisozialistische Tendenzen in den eigenen Reihen überwinden? Was ist geeignet, den Staat von klerikaler Bevormundung freizuhalten; was stärkte – trotz der so macht- und kraftlosen Demokratie – die dem Staat eigene freie Würde?

Als eine dritte Kraft hatte sich die nationalsozialistische Bewegung aufgebaut, die politischen Katholizismus wie herkömmlichen Sozialismus zu Feindbildern erkoren hatte und die bereits 1929 an neunzehn deutschen Universitäten die stärkste politische Macht bildete.[2] Sie versprach: das Volk zu einen; ihm Freiheit, Macht und Ansehen zurückzugewinnen; der Verkündigung des Evangeliums freien Raum zu lassen; in die Hand zu nehmen, was am Sozialismus beherzigenswert war, etwa den Abbau der Ständeklassen und die Behebung der sozialen Not; volkstums- und ‚rasse-' fremden Einflüssen zu wehren; die nationale Identität mit sittlichem Bewußtsein zu verbinden. Mit solchen Versprechungen erfaßte sie große Teile des Protestantismus. Die langerstrebte Einheit der evangelischen Kirche schien möglich geworden, nicht im Gegensatz zum Staat, sondern als dessen Vertragspartner und in der Erwartung, daß der Staat der Kirche volle Entfaltung ihrer Arbeit als Dienst am Evangelium im

---

1 *Friedrich Conze*, Ministerialdirektor, Präsident des EB 1930-1934, etwa betonte, „wie eng und unzertrennlich für einen Ostmarkenlandrat, der vom ersten Tage an auch stellvertretender Vorsitzender des Gemeindekirchenrats seiner Kreisstadt gewesen sei, die Begriffe deutsch und evangelisch beieinander lägen, so daß er keine politische Frage anders als nur als *Evangelischer* zu empfinden und zu beurteilen imstande sei", in: ZV v. 14./15. März 1933; im Süden des Reiches dachte man bei ähnlicher Grundhaltung differenzierter.

2 *Gordon A. Craig*: Dt. Gesch. 1866-1945, München 1983, 369.

Volk ermögliche.[3] Mit hochgeschwemmten bösen Elementen der Revolution werde man schon fertig werden.

II. Neuformulierung der Aufgabe

Der EB hatte 1928 einen Ausschuß– „zur Beobachtung der Probleme und Methoden der Evangelischen Bundesarbeit“[4] eingesetzt. Zu ihm gehörten Kirchengeschichtler fast aller evangelisch-theologischen Fakultäten[5], darunter auch *Heinrich Bornkamm*.[6] Das Protokoll der ersten Sitzung vom 1. Oktober 1928 liest sich als zeitgeschichtliches Dokument, dessen Bedeutung weit über den EB hinausreicht. Man beschäftigt sich mit der Kritik an der „Kleinpolemik gegen römische Übergriffe“, am „Richtungsmischmasch“, der das Evangelium verdunkele, am Kulturkampfgeist, der die Wandlungen im Katholizismus nicht berücksichtige (*Eduard von der Goltz*). Das Gespräch widmet sich ferner der Jugend, die nicht aus der Statik, sondern aus der Dynamik lebe und gegen die Bindestrich-Theologie ‚deutsch-evangelisch‘ polemisiere; hier mache sich der Einfluß *Karl Barths, Werner Elerts* und des orthodoxen Pietismus geltend (*Horst Stephan*). Der EB kämpfe zu viel und gebe zu wenig. „Der Luthergeist muß verlebendigt werden auch ohne Polemik gegen Rom; These statt Antithese ist die Parole; Fragen wie die nach dem reinen Evangelium, nach der Stellung der Christen zum Staat müssen geklärt und dadurch muß Hilfe in der geistigen Not des Protestantismus geleistet werden“ (*Hermann Wolfgang Beyer*). *Bornkamm* hält Neutralität in politischen Dingen für dringend nötig. Im übrigen sei die Polemik vielfach zu grob, und der Historiker *Johannes Haller* habe nicht ganz Unrecht mit

---

[3] so und sinngemäß häufig bei *Beyer, Bornkamm, Conze* u.a.; s. auch Erklärung des Präsidiums des EB v. 22. April 1933 und Kundgebung am 26. April 1933, in: Wartburg 32, 1933, 141ff; vgl. *Klaus Scholder*: Die Kirchen und das Dritte Reich Bd. 1, Frankfurt-Berlin-Wien 1977, 288f, 529ff.

[4] auch „Weimarer Ausschuß“, später „Freundesrat“ genannt; den Vorsitz führte nach dem Tode des Kirchenrechtlers *Günther Holstein* der Greifswalder Kirchengeschichtler *Beyer*, damals auch Vorsitzender der Luthergesellschaft, Landesgruppe Pommern; vgl. *Fritz von der Heydt*: Gute Wehr. Werden, Wirken und Wollen des EB, Berlin 1936, 156.

[5] Die Anwesenheitsliste des vertraulichen Protokolls, die zeigt, welches Ansehen der EB bei den theol. Fak. genoß, führt außer den Genannten u.a. noch folgende auf: *Heinrich Dannenbauer* in Tübingen, *Karl Eger* in Halle, *Heinrich Hermelink* in Marburg, *Karl Heussi* in Jena, *Georg Hoffmann*, in Breslau, *Carl Mirbt* in Göttingen, *Hermann Mulert* in Kiel, *Johann Wilhelm Schmidt-Japing* in Bonn, *Georg Wehrung* in Halle, *Heinrich Weinel* in Jena, *Georg Wobbermin* in Göttingen; dazu kamen Stadtpfr. *Christoph Fikenscher* in Nürnberg, Pfr.D. *Hermann Kremers* in Bonn und Landeskirchenrat D. *Hans Waitz* in Darmstadt sowie *Wilhelm Fahrenhorst* vom Stab in Berlin.

[6] geb. 26. Juni 1901, gest. 21. Januar 1977; vgl. *Kurt-Victor Selge*: Verz. der Schr. von Heinrich Bornkamm, in Vf. (Hg.): Erneuerungen der einen Kirche. FS Heinrich Bornkamm (KiKonf 11), Göttingen 1966, 302-322; *Selge*: Bibliogr. H. Bornkamm 1966-1970, in: JEB 14, 1971, 11-13.

seinem Wort: „Der Evangelische Bund ist belastet durch das Erbe der Taktlosigkeit, vorbildlich ist demgegenüber die Geräuschlosigkeit der katholischen Arbeit"; es sei Selbsterziehung im EB vonnöten. *Hans Schöttler* verlangt nach gemeinsamer evangelischer Weltanschauung, wohingegen *Leopold Zscharnack* vor Idolen wie dem evangelischen Staats- und Kulturgedanken warnt. Die Kirche sei verkleinbürgerlicht, sie brauche gebildete Bundesarbeiter. *Bornkamm* regt eine Zusammenarbeit mit der Luthergesellschaft an – „sie hat gute Ideen, aber keine Leute".[7]

Einen inneren Kreis in diesem Ausschuß bildeten die Freunde *Beyer*, *Bornkamm* und *Hanns Rückert*[8] aus der Schule von *Karl Holl*, dem „preußischen Schwaben"[9], dazu der Historiker *Gerhard Ritter*, der Patristiker *Hans Lietzmann* und der Systematiker *Friedrich Karl Schumann*.[10] Diesem Kreis entstammt die Losung, auf die *Bornkamm* bis ins hohe Alter hinein immer wieder zurückgreift: „Evangelische Selbstbesinnung".[11] Prägnant entfaltet *Beyer*[12], was gemeint ist in einem Brief an *Bornkamm* vom 25. September 1929: „Vor allem kommt es doch wohl darauf an, daß der Bund sich über sein Ziel klar wird, ehe er über die Wege und die Methoden unterhandeln kann. Er muß vor allem klar scheiden zwischen den beiden Aufgaben, die für ihn in Frage kommen könnten: Geistige Auseinandersetzung mit dem Katholizismus in der religiösen Wahrheitsfrage oder politischer Kampf gegen die Katholisierung des deutschen Staates und der deutschen Kultur. Das sind zwei ganz verschiedene Dinge [...]" Um einerseits die geistige Auseinandersetzung mit Rom zu führen, muß der EB sich nach *Beyer* „auch wirklich die Leute suchen, die im Stande sind, die Dinge hier in die Tiefe zu führen. Mit dem Gerede von ‚deutscher Kultur und Geistesfreiheit' ist die Sache wirklich nicht getan."

Und damit der EB andererseits im politischen Kampf gegen den Katholizismus, wie er sich im Zentrum manifestiere, Fruchtbares leisten könne, müsse er sich „zwei Parolen zur unbedingten Maxime erheben: 1. Alles, was er tut, muß im Dienst der Kirche geschehen. Die engste Fühlung mit den Kirchenleitungen muß gesucht und jederzeit aufrecht erhalten werden. [...] 2. Der Bund muß darum die inneren Kräfte des Protestantismus sammeln. Er muß zeigen, daß es Dinge gibt, wo alle Evangelischen wirklich zusammenstehen müssen." Nötig sei die Gewinnung eines klaren Kirchen- und eines klaren Staatsbegriffes. „Dadurch ist doch

---

[7] Hier ergänzt *Bornkamm* sein Exemplar des Protokolls handschriftlich: „Die Umkehrung, der EB hat Organisationen und Leute, aber keine Gedanken, fehlt leider."

[8] geb. 18. September 1901, gest. 3. November 1974.

[9] *Bornkamm*: Nachruf auf Hanns Rückert, in: Jb. der Heidelberger Akademie der Wiss. 1975, 89.

[10] geb. 15. Juni 1886, gest. 21. Mai 1960.

[11] s. u. XI.

[12] geb. 12. September 1898, gefallen 25. Dezember 1942. Diesen Brief wie auch Auszüge aus *Bornkamms* Tagebuchnotizen hat mir *Karin Bornkamm* dankenswerterweise zur Verfügung gestellt.

der Bund in den letzten Jahren so ohnmächtig, ja mitunter schädlich gewesen, daß ihm die Klarheit und Zielbestimmtheit selbst über diese Grundfrage gefehlt hat, mit denen er täglich zu arbeiten hatte." Gut zwei Jahre später, am 6. Januar 1931, ist neben *Beyer* auch *Bornkamm* Mitglied des Zentralvorstands.

III. Die Richtung theologischer Arbeit

Die Theologie, die den Freundeskreis bewegte, war weder eine Gottestheorie im luftleeren Raum, noch hatte sie allein die Kirche zum Adressaten. Sie wollte dem in der Reformation von priesterlicher Gottesvermittlung erlösten, aus normiertem Denken entlassenen und zu eigener Verantwortung freigesetzen Menschen seinen Ort in der Welt verdeutlichen und suchte diesen Vorgang der Befreiung und Bindung immer neu in Gang zu setzen.[13] Obwohl sich im landesherrlichen Kirchentum das mittelalterliche Verhältnis von Sacerdotium und Imperium – wenn auch umgekehrt – wieder etabliert und den Obrigkeiten „etwas von geistlicher Würde und ihrem Gebot beim Volk durch die Autorität der ihnen unterstellten Kirchen erhöhten Nachdruck" verleiht, so war doch *Luthers* Grundauffassung über die Weltlichkeit von Beruf und Staat lebendig geblieben. Dem Staat kommt unmittelbar verpflichtende Autorität zu. „Er ist ein Stück göttlicher Schöpfung", und Beamtendienst etwa ist nicht Fürstendienst, sondern Volksdienst.[14]

Bornkamm denkt ganz in *Luthers* „widerspruchsvoller Verbindung" von Volk und Obrigkeit, die einander „mit gleicher Souveränität" gegenüberstehen, „weil beide ihr Recht aus der gleichen Wurzel ableiten, der göttlichen Schöpfung". Theologisch unterliegt das Volkstum „dem gleichen Urteil wie die Natur und der Mensch überhaupt. Es bedarf der Erlösung. Dagegen ist der Staat durch Gottes Wort oder Ordnung in die verfallene Natur hineingeschaffen. In ihm sichert Gott sein Schöpfungswerk. Denn ohne den Frieden, den die Obrigkeit schützt, kann weder der Mensch seine Nahrung finden noch Gottes Wort verkündigt werden. [...] Mit beiden Gesetzen – dem, das den Menschen zum Menschen, und dem, das ihn zum Volksgenossen macht – regiert der Staat." Aber auch die Kirche muß „dies Doppelgesetz [...] in ihrer Verkündigung des Evangeliums beachten. Es muß in die vom konkreten Gesetz bestimmte menschliche Lage gesagt werden und darum konkrete Züge annehmen."[15]

Immer wieder kommen *Bornkamm* und seine Freunde auf die spannungsreiche Zusammengehörigkeit von Volk, Staat und Kirche zu spre-

---

[13] vgl. *Bornkamms* Vortrag: Luther und der dt. Geist, erstmals erschienen in Tübingen 1934, jetzt in: Luthers geistige Welt, Lüneburg 1947, 296 S.

[14] ders.: Die Bedeutung der Reformation für das dt. Beamtentum, Berlin 1932, 10, 16, 19.

[15] Das Volk, Berlin 1933; abgedr. in: Luthers geistige Welt, 209ff.

chen, um die Mitglieder des EB bei der gemeinsamen Aufgabe zu halten: sowohl die, denen der Bund zu politisch geworden ist, als auch die, welche Gott und Volkstum, wie die ‚Deutschen Christen', noch enger zusammensehen wollen, und schließlich die, welche seit Jahren schon nach einem neuen Bekenntnis rufen. So fordert *Beyer* auf der Kasseler Generalversammlung 1932 eine Theologie, „die nicht vor der Wirklichkeit des Lebens, hinter der die Wirklichkeit Gottes steht, gleich wieder zerbricht". Er betont, daß die zur Verabschiedung gelangenden „Kasseler Thesen"[16] „ihre Kraft und ihre Gültigkeit von dem Glauben haben, der sie gestaltet und durchformt hat als theologische Einsicht. ‚Das Volkstum ist eine Gottesschöpfung und der Staat ist eine Gottesordnung.' ‚Wir fordern für die evangelische Kirche die uneingeschränkte Freiheit in der Verkündigung des Evangeliums.' Das sind Sätze, die herausgeboren sind aus unserer reformatorischen Erkenntnis Gottes und seines Auftrags an uns in dieser Zeit. Darum können wir um sie kämpfen und, wenn es sein muß, leiden. Daß wir nichts für uns selbst wollen, sondern uns beugen unter den Willen Gottes, das ist unsere Freiheit. Darum sind wir wie unsere evangelischen Vorväter die besten Diener unseres Volkstums; denn dieser Dienst ist für uns Gottesdienst."[17]

Um es vereinfachend zusammenzufassen: Die Kirche hat ‚mitten im Dorf' zu bleiben, also mitten im Staat. Die Theologie gehört zur Kirche und ist zugleich beider kritisches Gewissen. Sie hat der Kirche ihren Dienstauftrag, dem Staat seinen Herrschaftsauftrag zu erläutern. Hier gibt es keine ‚Bindestrich-Theologie', und hierzu bedarf es keines neuen Bekenntnisses.

IV. Die kritischen Jahre 1933 und 1934

Dem Vorwurf, der Evangelische Bund treibe eine ‚Bindestrich-Theologie', war schon *Hermann Kremers*, *Bornkamms* unmittelbarer Vorgänger im Präsidentenamte, in einer Denkschrift vom 2. Februar 1934 entgegengetreten. Diese darf, wenn auch nicht in ihrer sprachlichen Gestalt, so doch in ihrer Intention als Ausdruck für eine im EB weit verbreitete Überzeugung gelten. Zwar spricht *Kremers* von der unbestreitbaren Tatsache, „daß Christentum und Deutschtum seit mehr als tausend Jahren einen Bund geschlossen haben, daß christlicher Glaube in der deutschen Reformation in der Gestalt Martin Luthers und der Seinen eine dem deutschen Geblüte, der deutschen Volksseele und Volksart gemäße, eigenartige Ausprägung erhalten hat". Er betont aber gleichzeitig: „Als evangelische Christen glauben und bekennen wir, daß [...] alles menschliche religiös-

[16] in: Reden und Vortr., gehalten anläßlich der 36. Generalversammlung in Kassel, 8.-10. Oktober 1932.

[17] Kasseler Schlußwort, ebd.; vgl. hierzu *Bornkamm*: Der Totalitätsanspruch des Evangeliums, Berlin 1937.

sittliche Streben an Christus sein Richtmaß hat", wie dies die ganze heilige Schrift bezeugt.

Deshalb dürfe man nationalsozialistische Weltanschauung und Religion weder vermischen noch verwechseln: „Der Protestantismus muß jeder Verheiligung und Verhimmelung irdischer Einrichtungen als einem ungöttlichen und schädlichen Illusionismus widerstreben und um der Ehre des allein heiligen Gottes und seines Reiches willen dagegen protestieren." Er müsse auch protestieren gegen den Aufbau einer evangelischen Staatskirche wie gegen die Etikettierung des Staates als eines christlichen. Das wäre nur abermals Konfessionalismus, den zu bekämpfen der EB doch einst angetreten sei. Ebenso abzuwehren sei das „heiße Verlangen nach einer Dritten Konfession im Dritten Reich, im Sinne einer beide Konfessionen in sich sammelnden deutschen, christlichen Kirche", denn die konfessionellen Differenzen lägen nicht bloß in der Weltanschauung, sondern auch in der Gottesanschauung. Um so dringender stelle sich die dem EB von Anfang an eigene Aufgabe der Einigung der „deutsch-evangelischen Landeskirchen zu *einer* Deutschen Evangelischen Kirche", zumal „die große Mehrzahl der deutschen Protestanten [...] einfach evangelisch sei und heißen" wolle.[18]

So verstand sich der EB nicht nur nach außen, sondern auch nach innen als Kampfbund – wenn wirklich auch jetzt noch alle wesentlichen Gruppen des Protestantismus in seinen Reihen vertreten waren. Es muß einer eigenen Untersuchung vorbehalten bleiben, die Sozialstruktur im EB jener Jahre aufzuhellen und darzustellen. Tatsache ist, daß sich in ihm Männer und Frauen der Bekennenden Kirche und der ‚Deutschen Christen' auch jetzt noch als Gegenüber ernstnahmen. Doch beide Gruppen bröckeln ab – erstere wegen der „verfluchten Neutralität"[19], die dem EB vom Bruderrat der Bekennenden Kirche vorgeworfen wird, letztere wegen *Kremers* Forderung, der DC-getragene Reichsbischof *Ludwig Müller* möge um des kirchlichen Friedens willen zurücktreten.[20] *Müllers* gewalttätiges Führerprinzip, die Nähe eines starken Flügels der DC zum deutschen Neuheidentum, das eigene Unvermögen, mit dem Gedanken- und Erfahrungsgut der Reformation die weitere Ideologisierung des Volkes aufzuhalten, wirkten ernüchternd. Aus der ‚Glaubensbewegung Deutsche Christen', auf die sie zunächst Hoffnungen im Sinne einer einigen deutschen evangelischen Kirche gesetzt hatten, traten *Bornkamm*, *Schumann* und andere Mitglieder des EB unmittelbar nach der Berliner Sport-

---

[18] Sonderdruck an alle Mitglieder und Freunde des EB.

[19] *Karl Koch*, Präses der westfälischen Kirche; noch zwei Tage vor seinem Tod hatte sich *Kremers* in einem Breif an *Koch* gegen solche Unterstellung und die Sperre der Kollekte für den EB gewandt.

[20] Erklärung des EB zum Bußtag 1934.

palast-Kundgebung vom 13. November 1933 aus; *Rückert* und viele Württemberger hatten ihr schon vorher den Abschied gegeben.[21]

V. Übernahme der Präsidentschaft

Die Entscheidung, ob er die Präsidentschaft des Evangelischen Bundes übernehmen solle, ist Bornkamm schwergefallen. Nüchtern-knappe Tagebuchnotizen lassen ahnen, wie gewissenhaft er das Für und Wider bedachte. Am 5. Februar 1935 einstimmig gewählt (unmittelbar vor seinem Weggang von Gießen an die Universität Leipzig), bat er um Bedenkzeit und führte in ihr unzählige Gespräche mit Freunden – Mitgliedern wie Gegnern des EB –, bis er am 10. April die Wahl annimmt und den „Mitgliedern und Freunden des EB" ein Grußwort entbietet. In diesem nennt er wieder die bisherigen Probleme und Aufgaben, aber – gemessen am Pathos der Zeit wie auch dem seines Vorgängers – in einer nüchternen Sprache, sachlich und inhaltlich differenzierend. Der EB habe dem deutschen Volk einen schlechthin lebensnotwendigen Dienst zu leisten; er habe „ihm in seinem ganzen Sein Gott als den Herrn alles Volkslebens zu zeigen. Nur aus den Tiefen der evangelischen Botschaft, als angewandte Verkündigung, haben wir unser Wort zu den Gebieten des Volkslebens zu sagen, für die wir uns eine besondere Verantwortung auferlegt wissen: zu allem Geschehen des öffentlichen Lebens, zu den großen geistigen und religiösen Bewegungen, die durch unser aufgewachtes und für allerlei Samen empfängliches Volk gehen, zu der religiösen Verkündigung und dem politischen Machtanspruch des Katholizismus. Unsere Arbeit soll, wie es einer evangelischen Arbeit ziemt, mit Freimut und Liebe geschehen, und über dem Ausreißen und Verwerfen, wo es nötig ist, wollen wir nie vergessen, daß wir gesandt sind, zu bauen und zu pflanzen. Jeder Ton selbstgerechter Überhebung und mißgünstiger Kritik sei aus unseren Reihen verbannt." *Bornkamm* sieht den EB mit dem Schicksal der Kirche, ihrem Handeln und Unterlassen in dieser Zeit fest verwoben. Mit ihr bitte der EB Gott um Erneuerung, mit ihr kämpfe er „um einen dauerhaften und echten Frieden, um eine Kirche der Brüderlichkeit ohne Gewalt und Gewissensbedrückung, um eine Kirche, die sich nicht abschließt vom Leben des Volkes, sondern sein Schicksal zutiefst mit durchlebt, ihr Wort ausstreut an das gesamte Volk und weiß, daß sie nicht um ihrer selbst, sondern um der Brüder willen da ist. Wir blasen zum Sammeln inmitten der Verwirrung der Geister."

In dem „Ringen um äußere Freiheit und innere Gesundung" sieht *Bornkamm* den EB an Führer und Staat in Treue gebunden, denn immer noch wähnt er beide den gleichen Zielen verpflichtet. Er gedenkt der

---

[21] *Kurt Meier*: Der ev. Kirchenkampf Bd. 1, Lizenzausg., Göttingen 1976, 138f; vgl. auch den Hinweis auf *Bornkamm* ebd. 577, Anm. 723.

„hoffnungsvollen und schwer leidenden evangelischen Bewegung in Österreich"; er hofft auf eine ökumenische „Einmütigkeit des Glaubens, die menschliche und völkische Grenzen zu überbrücken vermag". Die Zukunft sei in Gottes Händen sicher bewahrt, und – so schließt das Grußwort – „Uns Menschen bleibt in dieser ernsten Stunde nichts anderes, als die uns anbefohlene Aufgabe in aufrichtiger Gemeinschaft und ganzer Hingabe anzugreifen. Dafür bitte ich um das Vertrauen und die Gefolgschaft unserer Mitglieder. Wir treten gemeinsam unter das Wort Luthers: ‚Ich wollte auch nicht, noch wäre zu raten, daß die Sache in unserer Hand stünde. Ich hab' ihrer viel in meiner Hand gehabt und alle verloren, nicht eine behalten. Die Sachen aber, die ich bisher aus meinen Händen auf Ihn habe werfen können, habe ich noch alle Zeit unverletzt'."[22]

Seine Gießener Abschiedspredigt zu 1.Korinther 2, 6–10 über „Die verborgene Weisheit Gottes" veranschaulicht, wie *Bornkamm* es als Aufgabe empfand, die spannungsvolle Einheit von Glaube und Verbundenheit mit dem deutschen Volk zu bewahren. Er spricht von der vergeblichen Suche, Gott an sichtbaren Taten zu erkennen, schildert die Macht- und Hilflosigkeit des Kreuzes, das für die Glaubenden aber Weisheit und Freiheit bedeute, und fährt fort: „Daß wir mit Gottes verborgener Weisheit fremd sind in dieser Welt, ist unser Leid. Aber das ist nur die halbe Wahrheit. Wir haben zugleich Heimat mit ihr im Herzen des Vaters, das ist unsere Seligkeit [...] Wir können sie uns nur schenken lassen und in allem Verzagen immer wieder schenken lassen; etwas anderes steht uns nicht frei [...] Das ist das Wunder: Gottes verborgene Weisheit macht uns fremd in der Welt, aber sie entfremdet uns ihr nicht. Sie stammt nicht aus unserem Herzen, aber sie macht es neu. Gott schenkt uns seinen Geist und seine Liebe nicht für sich, damit wir sie ihm allein zuwenden, sondern für die Brüder. Wenn er uns Heimat gibt bei sich, nimmt er uns damit das Leben nicht ab, sondern hilft es uns tragen und in seine Kraft verwandeln, bis er uns zu sich ruft."[23]

VI. Sammeln, ohne Fronten zu verwischen

Ein halbes Jahr später beschreibt *Bornkamm* in seiner programmatischen Rede vor dem Zentralvorstand am 24. September 1935 den „Weg des Evangelischen Bundes" und die Schwierigkeiten, die nicht allein in

[22] Wartburg 34, 1935, H. 4, 114f; das zit. *Luther*-Wort findet sich im Pfarrerkalender, dem Tagebuch *Bornkamms*, am 5. Februar 1935, dem Tag seiner Wahl zum Präsidenten; die östrr. Bundesverfassung vom 30. April 1934 und das Konkordat vom 1. Mai 1934 räumten der röm.-kath. Kirche in Österreich eine Ausnahmeposition ein und hatten für die weithin nach Deutschland tendierende ev. Minderheit schwer erträgliche Repressalien im Gefolge; vgl. weitere Beitr. ebd.

[23] ebd. 116-121; die Predigt liest sich heute noch so aktuell wie damals.

etwaigen organisatorischen Nöten oder im Kirchenstreit liegen. Der EB werde vielmehr „aufs stärkste mit hineingezogen in das Ringen im geistigen Leben unseres Volkes [...] zwischen einem lebensvollen, seiner selbst mächtigen und mit großer Tatkraft erfüllten Idealismus und der evangelischen Wahrheit [...] Es ist ein unendlich schwerer Auftrag, in diese Lage hinein das Wort des Christentums zu sagen, von der Schuld auch in unserem besten Wollen, von der Verfallenheit der Welt an die Macht des Bösen und an das Gericht Gottes, von der Vergebung und dem Reich Gottes, das nicht von dieser Welt ist. Es ist für uns darum so schwer, weil wir das Recht unseres Volkes auf seine nationale Existenz leidenschaftlich bejahen."

Weil sich viele am Bilde des heldischen , arischen, nordischen Menschen berauschten, könne die Ernüchterung darauf nicht ausbleiben. Die Kirche dürfe freilich bis dahin nicht einfach warten, sondern müsse „ihre Botschaft von *sich aus* mitten hinein tragen in diesen Kampf". Hierzu sei Einheit nötig. Im Blick auf die Spannungen zwischen lutherischen und unierten Kirchen heiße das etwa: Kein Zurück hinter die Union! „Der Weg der deutschen evangelischen Kirche der Zukunft kann nur über die Union hinausführen, das heißt aber im Grunde zurück zum Ursprung der Reformation." Besondere Verantwortung bringe die schwierige und umstrittene Stellung des deutschen Protestantismus in der ökumenischen Bewegung mit sich. Die „viel bescheidenere und kleinere Arbeit des Protestantischen Weltverbandes" erhalte in dieser Lage „eine ständig wachsende Bedeutung".[24]

Auf der Erfurter Generalversammlung von 1936 beging der EB sein 50jähriges Bestehen. Der 35jährige Professor und Präsident charakterisiert die Arbeit des Bundes als eine dreifache Verpflichtung: den Weg des Volkes mit ganzer Liebe und Entschlossenheit mitgehen; in unbedingter Wahrhaftigkeit das Evangelium in der Botschaft *Martin Luthers* bezeugen; und in der Kraft eines neuen Anfangs aus der evangelischen Kirche eine Kirche des Geistes werden zu lassen, in der politische Methoden und eine Herrschaft der Gewalt ausgeschlossen sind.

In Erinnerung an 50 Jahre Arbeit des EB ergeht ein „Wort an die deutschen Protestanten", in dem *Bornkamms* Grundgedanken wiederkehren: „Wir wissen um die Zusammengehörigkeit mit den katholischen Brüdern im gleichen Volkstum. Aber wir können um der Wahrheit und unseres Volkes willen weder dem politischen Katholizismus noch den religiösen Ansprüchen Roms weichen oder einen Ausgleich in verschwommenen Formen suchen [...] Es ist ein unheilvoller Wahn, zu meinen, die konfessionelle Spaltung ließe sich dadurch beseitigen, daß unser Volk als ganzes entchristlicht und Christentum und Kirche aus den großen sittlichen Entscheidungen und insbesondere aus der Erziehung unseres Volkes ausgeschaltet werden. So wird Rom nicht überwunden. So wird die

---

[24] VBEB 28, 1937, 10/33f.; s. auch: Bl.f. kirchl. Mischehenarbeit 8, 1937, 13f.

Einheit nicht erreicht, sondern neue Spaltung aufgerissen." Die „Versuche, das Evangelium auf Kosten seines Gehaltes populär zu gestalten", seien wirkungslos und brächten „nicht das echte Neue, das werden muß". „Gerade weil wir glauben, daß durch Gottes Lebendigkeit Reformation nicht nur Gabe der Vergangenheit, sondern Verheißung für die Zukunft ist, stehen wir in unbeugsamer Treue zum Evangelium und in unbeirrbarer Liebe zu der Kirche, in der es verkündet wird, auch in ihrer unvollkommenen und notvollen Gestalt."[25]

‚Sammeln – nicht zerstreuen!' diese alte Losung war, weil zu allgemein, mißverständlich geworden. Der erneute Aufruf zur Sammlung unterstrich deshalb, daß die konfessionellen Fronten nicht durch bloßes Dazwischentreten verwischt werden dürften. Es gelte, sich vor einem doppelten Mißverständnis zu schützen: daß man institutionelle Macht brauche – wo doch die Macht der christlichen Botschaft in der Ohnmacht des gesprochenen Wortes liege; und daß man geistig neutral bleiben müsse – wo doch theologische Erkenntnis notwendig nach klarer Stellungnahme verlange.

VII. Wachsende Schwierigkeiten von außen

Auf der Kieler Generalversammlung von 1938 faßt *Bornkamm* nochmals zusammen, wie Theologie, Volk und Kirche einander gegenübertreten, aber zusammengehören und immer füreinander wechselseitige Verantwortung tragen. „Richtweiser unseres Handelns darf nicht eine Konfession oder Kirchenform sein, sondern allein das Evangelium [...]. Was in seinem Lichte groß und lebenwahrend gewesen ist, wollen wir groß und heilig halten [...]. Was zerstörend wirkte [...], soll freimütig erkannt und angegriffen werden." Da nach der Kirche wieder gefragt werde - freundlich oder feindlich -, hätten die großen evangelischen Verbände die „selbstverständliche Aufgabe", gemäß „der Sehnsucht Ungezählter: ‚Heraus aus dem Kirchenstreit!' Wege zu suchen und zu weisen". Das könne nur in gemeinsamer Arbeit und gemeinsamem Gebet geschehen, im Blick auf drei Ziele: „Weckung des deutschen Gewissens durch die Botschaft der Reformation, Wiedergeburt einer glaubensstarken, volksnahen evangelischen Kirche und Sieg des Evangeliums über Papsttum und Antichristentum".[26]

Sitzungsprotokolle und Tagebuchnotizen aus dieser Zeit zeugen von zunehmenden Sorgen und Anfechtungen. Den Kirchenkampf als einen Glaubens- oder Geisteskampf hatten persönliche, landeskirchliche, innerevangelisch-konfessionelle Rechthabereien, Ansprüche, Besitzstandswahrungen, Denunziationen, Ängste und manch kleinliches Gezänk überlagert. Davon war auch der Evangelische Bund nicht verschont

[25] Wartburg 35, 1936, 482-491.

[26] Kiel 1938. Reden und Vortr. der 41. Generalversammlung des EB, Berlin 1938, 62-65.

geblieben. Überdies verstärkte sich der Druck der NSDAP, nicht nur in Österreich. Einige Landesverbände verwaisten; die Finanzlage wurde immer schlechter. Man spürt *Bornkamms* Aufatmen darüber, daß der Freund *Rückert* Ende Oktober 1938 den Landesverband Württemberg übernimmt und - endlich wieder ein Laie - Oberlandesgerichtsrat Dr. *Theodor Paetsch* den Zweigverein Kassel.

Als 1939 vorübergehend das Vermögen des EB beschlagnahmt und der Verlag geschlossen wird, der Buchhandel keine christliche Literatur mehr auslegen darf, als an die totale Trennung von Staat und Kirche sowie an die Auflösung des EB gedacht werden muß, vermerkt das Tagebuch: „Ghetto! Schwer mit der natürlichen Wut fertig zu werden. Trotzdem muß mit Ruhe und Entschlossenheit das Nötige getan werden.“ Als das Erscheinen der „Wartburg“ und der „Deutsch-evangelischen Korrespondenz“ zum 1. Juni 1941 eingestellt werden muß und die unmittelbar bevorstehende Meißener Bundeskonferenz verboten wird, notiert *Bornkamm* am 9. Mai: „Schamlose Behandlung, wie in einem Sklavenstaat“. Doch eine Besprechung vom 16. Mai in der Berliner Zentrale erfüllt ihn mit Dank: „Alle trotz der Rückschläge erfreulich unverdrossen.“

Bornkamm hatte gehofft, die recht verstandenen Ziele nationaler und sozialer Art, die er in der Wortverbindung National-Sozialismus als überzeugende Aufgabenstellung formuliert fand[27], würden die Oberhand gewinnen über alle Verzerrungen, und die Kräfte reformatorischen Christentums könnten die schon früh sichtbaren Tendenzen zu Naturvergötzung, Machtmißbrauch und Vergewaltigung des Staates durch die Nationalsozialistische Deutsche Arbeiter-Partei aufhalten. Doch auch als diese Hoffnung schwand, bemühte er sich im konkreten Konfliktfall darum, mit abgewogenem Urteil und in den Grenzen des Möglichen seine Aufgaben im EB wahrzunehmen. Bedrückenden Erfahrungen weiß er beglükkende gegenüberzustellen; er berichtet von Bereitschaft zur Mitverantwortung, erhellenden Gesprächen, guten Vorträgen, Arbeit unter wachsenden Schwierigkeiten und von Anfeindungen. Daß er trotz häufiger Übermüdung aus ruhiger Überlegung zu reden vermag, verleiht ihm – manche neiden es ihm – auch Überlegenheit.

---

[27] so z.B. im Vortr. auf der Generalversammlung in Erfurt 1936: „In dem staatlichen Handeln, in dem wir heute stehen, sind zwei Lebensfragen angepackt, die unseren Vätern in der Zeit der Gründung des Evangelischen Bundes als schwere Last auf der Seele gelegen haben: die Frage der nationalen Selbstbehauptung und Einheit des Reiches gegenüber den Sprengkräften sich widersprechender Weltanschauungen, Parteien und Klassengegensätzen, und die Frage des sozialen Ausgleichs, des Anteils aller Deutschen an den Gütern der Nation. Für beide Fragen liegt nun ein klarer Weg vor uns [...] Es gibt für uns keine andere Wahl: wir müssen den Weg, den wir angetreten haben, tapfer und entschlossen in die Zukunft weitergehen. An den beiden großen Fragen entscheidet sich, menschlich gesprochen, das Schicksal unseres Volkes.“ in: Wartburg 35, 1936, 486f.

VIII. Dennoch: evangelische Volkskirche

Das Einigungsprinzip sahen *Bornkamm* und seine Freunde bei Verstehensunterschieden im einzelnen nur in der Vergegenwärtigung lutherisch-reformatorischer Grunddaten. So war es verhältnismäßig einfach, die ‚Deutschen Christen' auszuschalten. Daß dieser Prozeß dennoch Zeit brauchte, lag nicht daran, daß die DC, nachdem ihr Machtstreben erkannt war, noch eine Versuchung darstellten, sondern daran, daß man möglichst viele von ihnen zurückzugewinnen hoffte. Schwieriger war es, sich der Bekennenden Kirche zu verweigern, denn sie hatte sich nachdrücklich der Reformation verpflichtet. Aber was von Anfang an befürchtet worden war, lag bald vor aller Augen: nämlich daß die Barmer theologischen Thesen von 1934 nicht im Sinne eines sammelnden Bekenntnisses wirkten. Die Sprache der BK war zweifellos an Bibel und Bekenntnis orientiert, aber aus der Sicht des EB ‚verkirchlichte' sie bald und geriet zum Signum einer exklusiven Mentalität. Diese stand in Spannung zum volkskirchlichen Bemühen des EB, das alle ‚Volksgenossen', die noch den Christennamen trugen, vor Augen hatte. Weitaus am schwierigsten ließ sich das Verhältnis zum Staat bestimmen; tragend war die reformatorische Überzeugung, daß Gott seine Welt auch durch ungerechte und böse Herren regiert. Doch die politischen Gegebenheiten wurden im EB keineswegs einhellig beurteilt.

Das von *Bornkamm* unterzeichnete „Frankfurter Wort" der Generalversammlung von 1937 nähert sich typologisch der Barmer Theologischen Erklärung von 1934 und versucht, das Verhältnis zu den DC einerseits und der BK andererseits wie folgt zu klären: Gegenüber Gottes rätselvollem Wirken in der Natur und in der Geschichte der Völker sei zu betonen, daß „ohne Jesus Christus. [...] all solches Wissen um Gott und alle natürliche Frömmigkeit statt zu Leben und Seligkeit zu Schuld und Gericht" wird. In der Verkündigung dieses Evangeliums habe die evangelische Kirche ihren unverwechselbaren Auftrag an das Deutsche Volk. Die Kirche sei als das Volk Gottes „in keinem Falle ein menschliches Werk: weder eine Form des Staats- und Volkslebens zu religiöser Feiergestaltung noch eine freie Vereinigung Gleichgesinnter zu gemeinsamem Gottesdienst. Gott allein beruft und kennt die Kirche." Gegenüber der Welt kenne die christliche Gemeinde kein Recht, „eine besondere Heiligkeit zu beanspruchen. Sie kennt daher keine in sich heiligen Einrichtungen und keinen Klerus. Sondern in ihr wird das allgemeine Priestertum der Gläubigen geübt, einander auf den Weg zu Christus zu führen.[...]"

„Die dazu nötigen Ordnungen darf die christliche Gemeinde sich nur selbst geben. Sie muß sie aber der allgemeinen Rechtsaufsicht des Staates unterwerfen." Der Pfarrer, für den auf das urchristliche und lutherische Verständnis als Bischof seiner Gemeinde zu verweisen sei, brauche für die Verkündigung „um der Glaubwürdigkeit seines Wortes willen dasjenige Maß von äußerer Unabhängigkeit, das ihn nicht als einen Untergebenen oder ausführendes Organ einer Behörde erscheinen läßt, sondern seine Bindung an das Wort Gottes klar zu erkennen gibt." Abzulehnen sei auch Zwang oder irgendwelcher Gewissensdruck auf andere dem geistlichen Amt zugeordnete Formen der Mitverantwortung wie Gemeindevertretungen oder Synoden. Zudem habe die Kirche „jede Vergewaltigung der Gemeinden in Sachen des Bekenntnisses zu vermeiden, den vorhandenen Bekenntnisstand zu schützen und die innere Verbundenheit der evangelischen Bekenntnisse sorgfältig zu wahren."

Das „Frankfurter Wort" betont abschließend noch einmal die Zuordnung von Volk und Kirche: „So sehr die Kirche ihren eignen Auftrag und ihre dadurch bedingte Form hat, so wenig lassen sich Volk und Kirche auseinanderreißen. [...] Prediger und Hörer stehen gemeinsam unter dem gleichen Schicksal ihres Volkes. Es gibt kein Geschehen in Staat und Volk, das nicht in das Licht des Evangeliums gestellt werden müßte. [...] Dem evangelischen Verständnis der Kirche und ihres Auftrages an das Volk entspricht weder eine Staatskirche, die die Kirche zu einer Funktion des Staates macht, noch eine Trennung von Staat und Kirche, die den Dienst der Kirche vom Leben des Volkes abschneidet, sondern eine auf gegenseitiges Vertrauen begründete Volkskirche."[28]

IX. Kirchliche Verantwortung der Verbände

In nahezu jeder Zentralvorstandssitzung gibt der Präsident eine detaillierte Lageskizze. Oft klagt er über mangelnde kirchliche Beweglichkeit, ohne je ausfällig zu werden. Immer versucht er zu verstehen, auch dann, wenn er Nein sagen muß. Je härter der Kirchenkampf wird, desto mehr denkt er über „eine enge Verbindung mit allen, die in der gleichen Lage sind wie wir", nach. Es könnte, so gibt er im Januar 1938 zu erwägen, aus dieser Fühlungnahme eine Art „Verbände-Konzil" entstehen. Der Landesverband Nassau-Hessen, vertreten durch den Vorsitzenden Pfarrer Dr. *Wilhelm Bergér*, konkretisiert diesen Vorschlag aus dortigen Erfahrungen: Eine Arbeitsgemeinschaft aus Pfarrerverein, Innerer Mission und Gustav-Adolf-Verein versucht unter Federführung des Evangelischen Bundes „Fühlung zu gewinnen mit allen führenden kirchlichen Gruppen und Leitungen: BK, DC Kasseler Ausschuß, Wittenberger Bund, Gruppe Ladebur, intakte Kirchenregierungen".[29]

Doch die Zeit geht rasch über solche Planspiele hinweg. Ein halbes Jahr später in Kiel greift *Bornkamm* die protestantische Zwietracht scharf an, ebenso dogmatische Verhärtungen und eine Politisierung des Denkens, die alles erobern will. Er nimmt die Verbände in Pflicht; es gehe nicht um ein „Sammeln auf mittlerer Linie", sondern es sei der Beweis zu erbrin-

[28] Frankfurt 1937. Reden und Vortr. der 40. Generalversammlung des EB, Berlin 1937, 54-56.

[29] ZV v. 12./13. Januar 1938 in Berlin.

gen, „daß noch evangelische Kirche da ist, daß es noch gemeinsame Aufgaben gibt. In dem allgemeinen Chaos zeichnen sich die großen Verbände als einen der Punkte aus, auf denen noch die Kirche steht."[30] „Unsere Aufgabe kann nur sein, immer fester zusammenzuwachsen und auch gelegentlich unpopuläre Dinge zu sagen sowohl an die Kirche wie an den Staat. Unser Volk bedarf des Glaubens Luthers, um gesund zu bleiben. Die Reformation ist ein geschichtlicher Höhepunkt im Leben unseres Volkes, hinter den es keinen Rückschritt mehr gibt. Diese Erkenntnis muß uns über Unterschiede hinweg zusammenschließen. Wir müssen einander das Gewissen gönnen, sollen nicht immer Gewissensrichter sein, sondern einen großen Kurs steuern."[31]

Die Frage, wie sich die Verantwortung der Kirche, der Verbände und der einzelnen zueinander verhalten, beschäftigt *Bornkamm* unablässig. Weder seiner Stärke noch seiner Organisation und seinen Finanzen nach war der EB fähig, den Kurs der Kirche zu beeinflussen. Aber in unzähligen Gesprächen mit Kollegen und Kirchenmännern - solchen der eigenen wie solchen ganz anderer Couleur - versucht *Bornkamm* zu klären, wie sich *Luthers* Zweireichelehre, die eben keine abgeschlossene Lehre ist[32], auf die anstehenden Aufgaben anwenden läßt. Nach dem Polenfeldzug, der das nationalsozialistische Regime nochmals aufwertet, sieht *Bornkamm* im November 1939 „zwei große Fronten" im „Entscheidungskampf um die Seele unseres Volkes": „christlicher Glaube und [...] - praktischer Atheismus. Was dazwischensteht, wird alles zerrieben. Unsere Kirche ist für diesen Kampf äußerlich ungerüstet und innerlich fehlt es ihr an kräftigen Impulsen. Wir haben keine richtige Führung in der Kirche, auch der Vertrauensrat kann noch nicht als solche gelten; er hat zudem in den Landeskirchen keine Nachfolger gefunden. Dazu sind lebhafte Gegenkräfte am Werke. Das Schicksal der Leipziger Fakultät [der Gauleiter *Martin Mutschmann* hatte ihr für das Wintersemester 1939/40 den Lehrbetrieb untersagt] muß als ein ernstes Signal angesehen werden. Da die Führung fehlt, muß sich die Kirche aus den Kräften des Einzelnen ernähren, was gewiß auch ein Segen sein kann."[33]

An der römisch-katholischen Kirche beeindruckt *Bornkamm* der inzwischen schon demonstrativ gewordene Gottesdienst sowie die kirchengeschichtliche Arbeit von *Josef Lortz*, dessen neues Verständnis *Luthers* und der Reformation den Willen zu einer Überbrückung der konfessionellen Gegensätze verspüren lasse. Deswegen soll evangelischer-

---

[30] ein mündlich mitgeteilter, vermutlich von Protokollanten verbauter Satz.

[31] ZV v. 7. Juli 1938 in Kiel.

[32] Der Christ und die zwei Reiche, in: Luther 43, 1972, 3/ 97-109; wieder abgedr. in: Luther. Gestalt und Wirkung (SVRG 188), Gütersloh 1975, 255-266; vgl. Luthers Lehre von den zwei Reichen im Zusammenhang mit seiner Theologie, Gütersloh 1958, 16-23; 29.

[33] ZV v. 28./29. November 1939 in Berlin, 2; vgl. Denkschr. der Theol. Fak. der Univ. Leipzig über ihren Kampf gegen die nationalsozialistische Regierung in Sachsen.

seits „ein Kreis von Sachverständigen aus der ganzen Kirche zusammengerufen werden, die schon auf dem Gebiet der Catholica arbeiten“ und „in regelmäßigen Kursen unser Wissen um die katholischen Dinge der Deutschen Evangelischen Kirche zur Verfügung gestellt werden. Diese Arbeit kann der Bund jetzt anfassen, damit wird er aber auch etwas leisten, was auch ein Bund, der eventuell zum Sterben verurteilt ist, der evangelischen Kirche als wertvolles Vermächtnis hinterlassen kann.“[34]

X. Neubeginn nach 1945

Der Evangelische Bund war nicht zum Sterben verurteilt. Dezimiert, angeschlagen, in Ost- und Westverbände zerrissen wie die Evangelische Kirche in Deutschland auch, sammelten sich nach Kriegsende die übriggebliebenen Kräfte. *Bornkamm* - von der Sowjetischen Militäradministration 1945 aus seinem Leipziger Universitätsamt entlassen, bald in den Westen gedrängt und 1948 an die Universität Heidelberg berufen - nahm zusammen mit wenigen Freunden den Wiederaufbau der Bundesarbeit in Angriff. Das brachte „furchtbar viel Bundeskram, der mich jetzt hauptsächlich ausfüllt“; es waren organisatorische Probleme zu lösen, aufreibende Personalfragen zu klären und abgerissene Beziehungen wieder anzuknüpfen. Die arg begrenzten Reisemöglichkeiten wurden für Vorträge und Kontaktaufnahmen genützt. In kleinstem Kreis fanden in Halle wieder erste Zentralvorstandssitzungen statt.

In Kontinuität mit den bisher tragenden Überzeugungen waren die Aufgaben des EB angesichts des völlig veränderten kirchlichen und politischen Kräftefelds neu zu bedenken und zu bestimmen. *Bornkamm* bescheinigt der römisch-katholischen Kirche, dank zahlreicher Märtyrer im Kampf gegen den Nationalsozialismus ihren Mann gestanden zu haben. Sie erscheine „durch den Kampf der letzten Jahre innerlich und äußerlich gefestigt“ und gehe „mit einem starken, auch nicht unbegründeten Selbstvertrauen in die Zukunft hinein“. An der „geschmeidige[n] Leitung“ *Pius XII.*, der Lage des Reformkatholizismus, der wissenschaftlichen Forschung und der liturgischen Bewegung ließe sich ungefähr die weitere Entwicklung erkennen. Auf politischem Felde stehe mit der Gründung und Zulassung einer Christlich-Demokratischen Union die alte Frage „einer christlichen Politik und eines christlichen Sozialismus“ erneut an. Das Christentumm dürfe aber nicht nur „für eine Partei reklamiert werden“, und deshalb müßten auch in den anderen Parteien „die evangelischen Kräfte aktiviert werden“. Was politische Bindungen anbelange, so bleibe die Stellung des EB unverändert: „Zurückhaltung. Es muß eine Stelle da sein, die jederzeit frei genug ist, das nötige protestan-

[34] ZV v. 15./16. Juni 1942 in Berlin; dieser Gedanke wird sich später in den jährlichen Tagungen für Catholica- und Oecumenica-Referenten der Landes- und Freikirchen konkretisieren.

tische Wort zu sagen."[35] Das sind Äußerungen vom 23./24. Mai 1946; ein knappes halbes Jahr später bezeichnet *Bornkamm* als dringendste Aufgabe: wache Beobachtung des kirchlichen Geschehens, Kontakte mit den Kirchenleitungen zur Erhellung der Lage, Unterrichtung über das Wesen des evangelischen Glaubens, Aufklärung besonders in der Mischehenfrage. Damit verbinde sich die Notwendigkeit einer neuen eigenen Zeitschrift.[36]

Zukunftsentscheidend wird die Gründung eines Konfessionskundlichen Instituts in enger Zuordnung zur Bundeszentrale. Als Standort ergibt sich Bensheim; für den äußeren und inneren Aufbau kann der seit langem mit der Bundesarbeit vertraute Pfarrer *Wolfgang Sucker* gewonnen werden, dem am 1. Oktober 1949 dann auch das Amt des Bundesdirektors übertragen wird. Als Mitarbeiter und dann als Hauptgeschäftsführer steht ihm der ehemalige Generalstäbler *Gerhard Beetz* zur Seite. Wieder wird Neuland mit einem Freundeskreis gepflügt. Dr. phil. *Kurt Nitzschke*, der bereits in der Berliner Zentrale und als Reiseredner tätig gewesen war, übernimmt im Institut die erste Referentenstelle. Auch *Schumann*, seit 1943 Präsidiumsmitglied in Nachfolge des gefallenen *Beyer*, gewährt wohlwollenden und kritischen Rat. Schon Mitte 1948 kann *Sucker* dem Präsidium über den Aufbau des Instituts berichten.[37] Die gemeinsame Konzeption der Arbeit bedarf jahrzehntelang keiner wesentlichen Revision. Es besteht eine Personalunion von Bundesdirektor und Institutsleiter. Die Zentrale koordiniert die Arbeit der Landesverbände und bereitet mit diesen öffentliche Veranstaltungen und bald auch wieder Generalversammlungen vor. Bei zunehmender organisatorischer Trennung in Ost und West bleibt die gemeinsame Verantwortung dennoch gewahrt. Es bildet sich in Bensheim ein Rhythmus von Tagungen für Konfessionskundler, Kirchenleitungsreferenten, Pfarrer, Religionslehrer und Publizisten heraus. Ein in den 20er Jahren begonnenes internationales Zusammenwirken findet Fortsetzung auf europäischer Ebene. Ein vielfältiges Schrifttum verbreitet die Ergebnisse von Studium, Forschung und Informationsaustausch.

Jedes dieser Unternehmen kommt nach hilfreichen Gesprächen mit *Bornkamm* zustande. Immer wieder achtet er darauf, daß Organisation und Information „angewandte Theologie" darstellen. Themenkreis und theologische Aufgabe von Institut und Bund umreißt er mit den Begriffen Katholizismus und deutsches Volk beziehungsweise „deutsches Schicksal", wie er nunmehr öfter sagt. Hier liege die besondere Aufgabe, die den EB vor anderen Verbänden auszeichne. Während der Katholizismus fünf Jahre nach Kriegsende wieder Massen zu organisieren vermochte, sollte der Protestantismus - so *Bornkamm* - den Weg der politischen wie kirch-

---

[35] ZV v. 23./24. Mai 1946 in Halle.

[36] ZV v. 14./15. November 1946 in Halle.

[37] ZV v. 1. Juli 1948 in Heidelberg; zum Fortgang ZV v. 10. Oktober 1949 in Bensheim.

lichen Massenmobilisation nicht mitgehen, weil hier der Mensch wieder nur „zum Teil einer Masse gemacht" werde.[38] Darum kann *Bornkamm* auch eine gewisse Reserve gegenüber dem aufblühenden Kirchentag nicht verbergen.

XI. Evangelische Selbstbesinnung

Der Neubeginn in Bensheim markiert die Mitte von *Bornkamms* 28jähriger Präsidentschaft. Die zweite Hälfte seiner Wirksamkeit im EB läßt sich vorzüglich zusammenfassen, indem die drei Perspektiven benannt werden, die für *Bornkamms* weitere Amtsführung maßgebend geblieben sind.

Von der *kirchlichen Aufgabe* spricht er in der zweiten Nummer des 1949 wiedererstandenen Mitgliederblattes „Der Bundesbote": „Es ist nicht gut, daß bei uns das Pendel so leicht von gereizter Polemik gegen die römische Kirche zu kritikloser Bewunderung und zur Blindheit gegen die bestehenden Unterschiede ausschlägt; es kann dann ebenso leicht wieder zurückschlagen. [...] Wenn wir mit Recht die Reformation der Kirche nicht als eine beendete historische Epoche, sondern als eine bleibende, jedem Geschlecht neu gestellte Aufgabe ansehen, so gilt das umgekehrt natürlich genau so für die katholische Antwort darauf, also für die Gegenreformation." Diese zeichnet sich nach *Bornkamm* durch eine vierfache Gestalt aus: eine territoriale (wobei heute zu bedenken wäre, daß die Oder-Neiße-Linie auch zu einer Konfessionsgrenze geworden ist), eine politische (unter anderem in der Weise einer gesellschaftlich-antikommunistischen Macht), eine geistige (in der Form einer thomistisch geprägten Weltanschauung) und eine biologische (erkennbar etwa am katholischen Geburtenüberschuß). Angesichts dieser Entwicklung - „jede Entrüstung darüber wäre unangebracht" - sind wir „nach unseren Lösungen für die religiösen, geistigen, sittlichen, politischen und sozialen Nöte der Menschheit gefragt". „Es ist hohe Zeit, daß sich die Kräfte unserer Kirche, die in den letzten Jahren übermäßig durch die Probleme ihrer inneren Neugestaltung verzehrt worden sind, wieder weit stärker nach außen, auf ihre Weltverantwortung wenden".

Im Anschluß an die Reden von Bundestagspräsident D.Dr. *Hermann Ehlers* (CDU) und Staatspräsident *Ludwig Metzger* auf der Nürnberger Generalversammlung von 1953 äußerte sich *Bornkamm* zur *Verantwortung für das deutsche Volk*. Der Protestantismus sei, „wenn er seine Aufgabe recht versteht und erfüllt, das stärkste innere Band der deutschen Einheit". „Die viel kritisierte Tatsache, daß der Protestantismus unpolitisch ist, jedenfalls daß er kein einseitiges parteipolitisches Schwergewicht hat, ist recht verstanden ein Politicum erster Ordnung. [...] Gegenüber politischen Parolen (rechts, links, Mitte) rufen wir uns heute selbst die unpolitische zu: Machen wir die Brücke stark, die Brücke des evangelischen Glaubens in unserem Volke!"[39] Der stete Ruf zur Einheit der evangelischen Kirche in Deutschland[40] und zur nationalen Verantwortung klingt nach dem Kriege leiser, weniger plakativ. Mag man in *Bornkamms* Anfangsjahren als Präsident vornehmlich das dem Deutschen Volk geltende nationale und soziale Interesse herausgehört haben, so legt sich doch heute wie damals jedem einseitigen Urteil die stets betonte lutherische Kreuzestheologie quer. „Sie ist keine ausgedachte Theologie." Sie ist eine an der Passion und am Kreuz Christi abgelesene, besser „abgeglaubte Theologie", in der die ganze Rechtfertigungslehre steckt, von der her Kirche und Welt im ganzen und einzelnen ihr Urteil empfangen[41] - in ihrem Licht will auch die Behauptung der deutschen Einheit gesehen sein.

Bedeuten das konfessionelle Gegenüber und die nationale Teilung nicht nur Schmerz, sondern auch - wenngleich oft sehr verborgen - Segen für unser Volk, so erwachsen hieraus zugleich *Beiträge zum werdenden Europa*. Dessen geistiger Bau müsse „so weit sein, daß sich alle Glieder der großen Völkerfamilie darin zu Hause fühlen können, die einmal unter dem Kreuz ihr wahres Menschsein gefunden haben". „Ein so schwieriges, von Mißtrauen umwittertes Gebilde wie Europa kann nicht zustande kommen, wenn nicht alle Seiten mit voller Aufrichtigkeit daran mitarbeiten. Und es gibt keine größere Aufrichtigkeit als dort, wo man sich gemeinsam seiner Versäumnisse und seiner Schuld bewußt wird. Wenn dieser Grundstein der Buße und der ermutigenden Verheißung Gottes nicht in den Bau des künftigen Europas eingemauert wird, kann nichts daraus werden. Das und das allein ist das eigentliche Wort, das die christlichen Kirchen zum Neubau Europas zu sagen haben". Es überrascht heute, war aber 1953 naheliegend, daß *Bornkamm* in diesem Zusammenhang auch auf den Kollektivismus zu sprechen kam. Der Mensch von heute sei unheimlich anfällig für den Kollektivismus, der ihm die Selbstverantwortung abnehme. Dagegen gebe es kein schärferes Gegenmittel als den Glauben, den „Akt eines von jeder Rücksicht auf Menschen, auch auf kirchliche Vorschriften, freien, allein in Gott gebundenen Gewissens".Da sich dies nicht normieren lasse, müsse der Protestantismus seine theologischen und kirchlichen Fragen „in voller Freiheit und Öffentlichkeit austragen, so unbequem das oft sein mag"; er müsse „die Geisteskämpfe der Zeit immer am eigenen Leibe durchmachen". „In diesem Bekenntnis zur Personalität des von Gott angeredeten, zum freien Ja des Glaubens aufgerufenen Menschen liegt ein unveräußerliches protestantisches Wesenserbe." Greife dieses in der Ökumene Platz, dann könnte der Gedanke einer „Einheit ohne Uniformität für den Geist des kommenden

[38] ZV (Ost) v. 30./31. Januar 1950 in Berlin.

[39] Aus der Arbeit des EB IV, Lüneburg 1954, 14-16.

[40] *Bornkamm*: Die eine hl. christl. Kirche, ev. gesehen, in: JEB 4, 1961, 5-20; der Vortr. fand als BenshH 12 weite Verbreitung; vgl. auch KiKonf 11.

[41] Luthers Theol. des Kreuzes, in: JEB 1, 1958, 58.

Europa eine Art von Modellwert besitzen." Wie der deutsche Protestantismus nie eine politische Einheit werden, „nie zu einer geistigen Uniformität führen" könne, so könne das ökumenische Ziel immer nur heißen „Einheit im Glauben an das Evangelium".[42]

Daß und wie *Bornkamm* den Evangelischen Bund in die Pflicht zu theologischer Arbeit genommen hat, hat der Nachfolger *Sucker* beim Wechsel im Präsidentenamt zum Thema seines Dankes gemacht: Durch *Bornkamm* sei „die Bundesarbeit zur Umschlagstelle theologischer Arbeit in das Leben von Kirche und Volk hinein" geworden, und er habe „damit eine einzigartige Verbundenheit unseres Dienstes mit den theologischen Fakultäten gestiftet" Dem EB liege „immer wieder Kirchendienst als Volksdienst auf dem Gewissen"; dazu müsse er auch „der reformatorischen Tiefe der Auseinandersetzung mit dem Katholizismus gerecht werden". Im „Spannungsreichtum der evangelischen Christenheit in Deutschland" gelte es, „allen evangelischen Christen ohne Ausnahme" einen Dienst zu leisten. Wir „haben es gelernt, daß der Auftrag der Reformation noch nicht zu Ende ist - weder in Deutschland noch in der Welt."[43]

---

[42] Protestantismus und Europa, in: Sonntagsblatt 47, 1952; wieder abgedr. in: Handreichung zum Luthertag 1953.

[43] *Sucker*: Dank an H. Bornkamm, in: Der EB, 1963, Nr. 2; vgl. auch das materialreiche, eine Gesamtwürdigung der Präsidententätigkeit *Bornkamms* enthaltene Vorwort *Suckers* in: KiKonf 11, VII-XI.

Erich Geldbach

Welt des Wandels – Treue zur Reformation: Wolfgang Sucker

I. Lebensdaten

Im Gegensatz zur Vita seines Vorgängers im Amt des Kirchenpräsidenten der Kirche in Hessen und Nassau, *Martin Niemöller*, weist der Lebensweg *Wolfgang Suckers* eigentlich keine spektakulären Ereignisse auf. Seine Lebensdaten sind schnell erzählt. Am 21. August 1905 wurde *Sukker* in Liegnitz (Schlesien) geboren, machte in Berlin Abitur und studierte dort sowie in Greifswald und Gießen Theologie und Geschichte. Nach dem Besuch des Predigerseminars in Friedberg wurde er 1931 in Offenbach ordiniert und dort Pfarrassistent, bevor er zum 1. Mai 1933 als Studentenpfarrer nach Gießen wechselte. Hier kam er in Kontakt zu Professor *Heinrich Bornkamm*[1], der ihn 1936 in den Zentralvorstand des Evangelischen Bundes holte. Ein Jahr zuvor Jahr folgte er einem Ruf als Dozent an die Hochschule für Lehrerbildung in Lauenburg (Pommern). In den ersten Kriegsjahren war er in Berlin, wo er sich im Eckart-Kreis (*Jochen Klepper, Kurt Ihlenfeld, Rudolf Alexander Schröder*) zu Hause fühlte und Verbindungen zur Una-Sancta-Bewegung hatte.

Nach Rückkehr aus dem Krieg wurde Sucker Pfarrer in Weiterstadt bei Darmstadt. Ende 1946 beauftragte ihn die Kirche mit der Leitung des Katechetischen Amtes für Starkenburg. 1947 wählte ihn der Landesverband Hessen und Nassau des EB zu seinem Vorsitzenden, und er begann mit dem Aufbau des Konfessionskundlichen Instituts in Bensheim. Von 1949 bis 1957 war er hauptamtlich Direktor des EB. Als er 1957 zum Oberkirchenrat und Stellvertreter des Kirchenpräsidenten der Evangelischen Kirche in Hessen und Nassau gewählt wurde, blieb er Leiter des Konfessionskundlichen Instituts und wurde stellvertretender Präsident des EB. Beide Funktionen hatte er bis 1963 inne, als er die Nachfolge von *Heinrich Bornkamm* als Präsident des EB antrat. Für seine Verdienste um die Konfessionskunde erhielt er 1955 die Ehrendoktorwürde der Theologischen Fakultät der Philipps-Universität Marburg und wurde 1960 zum Honorarprofessor für Kirchenkunde an der Johannes-Gutenberg-Universität Mainz ernannt.

---

[1] vgl. *Joachim Lell*: Verworrene Zeiten – Pflicht zur Theologie: Heinrich Bornkamm, in diesem Bd., 73-92; *Bornkamm* hat zusammen mit *Helmut Hild* einige Einzelheiten der Biographie *Suckers* mitgeteilt in: JEB 13, 1970, 5-18.

1964 wählte ihn eine große Mehrheit der Synode zum Nachfolger *Niemöllers*, nachdem er ein Jahr zuvor den Ruf auf den Lehrstuhl für Praktische Theologie der Philipps-Universität abgelehnt hatte. Auf seine Initiative hin war 1968 die Kammer der Evangelischen Kirche in Deutschland für „Kulturpolitik und Bildungsfragen" gegründet worden, deren Vorsitzender er war. 1966 bereits berief ihn Bundespräsident *Heinrich Lübke* zum Mitglied der Bildungskommission des Deutschen Bildungsrates. Sein hohes Amt als Kirchenpräsident hat er nur wenige Jahre ausüben können. Er starb am 30. Dezember 1968 nach einem Herzinfarkt.

Sucker war ein weltzugewandter Mann mit vielen Interessen vor allem für Musik, Dichtung und Literatur. Er war weniger ein Mann des geschriebenen als vielmehr des gesprochenen Wortes. Von Freunden wird seine Fähigkeit gerühmt, nach intensiver Vorbereitung mit Hilfe nur weniger Stichworte druckreif zu sprechen. Seine literarische Hinterlassenschaft ist verhältnismäßig klein[2] im Vergleich zu der Fülle von Vorträgen, die er im Laufe seines Lebens hielt. Jedoch muß man hier gleich einhalten, um sich keiner falschen Interpretation schuldig zu machen. Denn *Suckers* Lebensweg ist in entscheidenden Jahren durch den Zweiten Weltkrieg bestimmt worden. Eine fertige Biographie *Otto von Bismarcks* verbrannte vor der Drucklegung als Manuskript in den Wirren des Krieges.

Über die Bedeutung großer Kriege für die Kirchengeschichte hat einst *Karl Holl* geschrieben. Der Weltkrieg, den *Sucker* und seine Generation erleben mußten, hat den Lebensgang vieler Menschen einschneidend verändert. Was mag ein Wissenschaftler empfinden, wenn die Frucht jahrelanger Forschungs- und Schreibarbeit in wenigen Minuten unwiederbringbar ein Raub der Flammen wird? Was, wenn die Wirkungsstätte, an der man Lehrer ausgebildet hat, nicht mehr existiert?

II. Ökumene: Suckers Programm

Die Welt hatte sich radikal gewandelt. Das wußte *Sucker*, und deshalb versuchte er einen Neuanfang. Aber als Historiker wußte er auch, daß es trotz aller geschichtlichen Diskontinuität eine Kontinuität gibt. Die kirchlichen Verhältnisse, insbesondere das Nebeneinander der beiden großen Konfessionen in Deutschland, waren nicht über Nacht zu verwandeln.

Aber es bedurfte der Verarbeitung der unter dem Nationalsozialismus gemachten Erfahrungen. Diese von außen an die Kirchen herangekommenen Fragen bildeten gleichsam einen Pfahl im Fleisch, der *Sucker* nach neuen Wegen suchen ließ. Die andere Konfession war dem evangelischen Schlesier nicht unbekannt; in der Arbeit des Evangelischen Bundes hatte er sich erneut mit ihr auseinanderzusetzen. Aber erst in den Kriegsjahren in Berlin ging ihm im Kreis der Una-Sancta-Bewegung um den Priester

---

[2] Bibliogr. in: MDdKI 20, 1969, 16-18.

Max Josef Metzger die Tiefe der Verbundenheit evangelischer und katholischer Christen auf.[3] Denn von den Nationalsozialisten wurden evangelische und katholische Christen gemeinsam in eine Katakombenexistenz gedrängt. Die Machthaber sahen nur darauf, daß beide den verhaßten Christennamen trugen. Von außen erkannte man sie als Zwillinge, von ‚ununterscheidbarer Familienähnlichkeit'. So begann man sich selbst die Frage vorzulegen, was denn die Christen nach dem Abstreifen ‚alles bourgeoisen Gewohnheits- und Fassadenchristentums' so ähnlich macht und was sie ökumenisch verbindet.

Die Erfahrungen in Krieg und unmittelbarer Nachkriegszeit haben *Sucker* die ökumenische Frage mit aller Dringlichkeit und aller Schärfe eingeprägt, die fortan sein Leben bestimmte: „Liegt der geheimnistiefe Sinn der heutigen Epoche in der Geschichte des Christentums darin, daß sich die Konfessionen als veraltete Gehäuse erweisen, die in ihrer unfruchtbaren Versteinerung seinem wesentlichen Gehalt die Wirkenskraft rauben? Befinden wir uns also gemeinsam, evangelische und katholische Christen, vor der Notwendigkeit, die Formen zu zerbrechen, die der Welt den eigentlichen Gehalt des Christentums verbergen?"[4]

Es ist eine bestürzende Frage, die *Sucker* stellt, versucht er doch nichts weniger, als der offenbaren Sinnlosigkeit einer Zeit des totalen Krieges und unbändigen Hasses einen Sinn abzugewinnen, der ihm auf dem Höhepunkt der Sinnlosigkeit, unter dem Druck der Nationalsozialisten und auch mitten im Feld in der Begegnung mit katholischen Christen, aufgegangen war: Die Kirchen dürfen nicht gegeneinander, sie müssen miteinander um des Evangeliums und um der Welt willen ringen.

Die Erkenntnis, daß die Zeit der gegeneinander konkurrierenden Christentümer und der abgrenzend-polemischen Kontroverstheologie vorbei ist, verband sich mit der anderen Einsicht, daß es einer genauen Kenntnis des eigenen Standpunktes und des Standpunktes des ‚Zwillingsbruders' bedarf, um das Frühlingserwachen der einen, heiligen Kirche wahrnehmen zu können.

Um so mehr kann man die tiefe Enttäuschung, ja Verbitterung verstehen, die *Sucker* ergriff, als am 5. Juni 1948 das Monitum „Cum Compertum" des Heiligen Officium erschien, in dem daran erinnert wurde, daß laut Kirchenrecht Zusammenkünfte zwischen Nichtkatholiken und Katholiken zur gemeinsamen Behandlung von Glaubensfragen ohne Erlaubnis des Heiligen Stuhls verboten sind.[5] Dieses Monitum ist so etwas wie ein negatives Schlüsselerlebnis *Suckers* mit der römisch-katholischen Kirche, das noch durch einen Kommentar vom darauffolgenden Tag in seiner negativen Wirkung auf ihn verstärkt wurde; denn darin

---

[3] vgl. *Jörg Thierfelder*: Ökumene der Bedrängten. Die Jahre 1933 bis 1945, in diesem Bd., 194-206.

[4] EBMBl, März 1952, 2.

[5] *Sucker*: Der dt. Katholizismus 1945-1950. Eine Chronik, Gütersloh o.J., 149f.

wurde „von dem Wildwuchs gesprochen, der sich am Rande der Una-Sancta-Bewegung gezeigt habe und neuestens tief in ihre Mitte vorgedrungen sei".[6]

Das für *Sucker* befreiende Erlebnis der Zusammengehörigkeit der Konfessionen wurde - kaum war der Spuk des Nationalsozialismus vorbei – als „Wildwuchs" apostrophiert. Für *Sucker* war dieser Vorgang wie ein „Frost in der Frühlingsnacht". Die zarten Blüten der Una-Sancta-Bewegung erfroren durch eine ‚Veramtlichung' der Arbeit. Die Zusammenkünfte der Una Sancta verwandelten sich nach *Suckers* Meinung „in den Vorraum des Konvertitenunterrichts". Was Wunder, wenn er auf einer Tagung des Landesverbandes Baden des Evangelischen Bundes 1962 ausruft: „Wo sind diese Erfahrungen der Una-Sancta-Bewegung im Krieg und ihre Auswertung eigentlich geblieben? Wie viel Restauration anstatt Revolution!"

Indes will es scheinen, daß der Frost doch nicht alle Knospen abfrieren ließ. Zumindest in seiner eigenen Person und in seinem Handeln blieben die Anstöße, die *Sucker* in Berlin erhielt, lebendig. Wie erwähnt, hatte er erkannt, daß Sachverstand eine Voraussetzung zur Einlösung der aus dem Zweiten Weltkrieg gewonnenen ökumenischen Verpflichtung war. Dies führte *Sucker* dazu, im Verein mit *Bornkamm* in Bensheim das Konfessionskundliche Institut des Evangelischen Bundes aufzubauen. Auf wissenschaftlicher Grundlage sollte die Kunde der Konfessionen betrieben werden. Den evangelischen Kirchen und Gemeinden wollte man das nötige Rüstzeug zur Begegnung mit der römisch-katholischen Kirche an die Hand geben, damit ein in Jahrhunderten aufgebautes Freund-Feind-Denken abgebaut werden kann. Der evangelischen Welt ein von Polemik unverzerrtes Bild des Katholizismus zu bieten, das war Aufgabe des Konfessionskundlichen Instituts. „Die Grundlage der konfessionskundlichen Arbeit, wie sie als Aufgabe aus der Geschichte und Gegenwart dem Evangelischen Bund gestellt ist, ist die Frage nach dem wahren Fundament und Bau der Kirche. Die Arbeit ist eine theologische Aufgabe, mit der die nichts verschonende Frage nach der *einen* Wahrheit unauflöslich verknüpft ist. Erst von der theologischen Erkenntnis her ergibt sich der rechte Blick, verborgene Wurzeln und offenbare Erscheinungen des heutigen Katholizismus darzustellen."[7]

Frucht dieses Ansatzes war eine Chronik des deutschen Katholizismus von 1945 bis 1950, die er für das Kirchliche Jahrbuch 1951 und 1952 verfaßte und die gesondert als Buch erschien.[8] *Sucker* bietet hier nicht nur, wie der Titel nahelegen könnte, eine Chronik der Jahre 1945 bis 1950, sondern weiß immer wieder durch Rückverweise größere Entwicklungslinien aufzuzeigen. Deshalb ist die Chronik ein Meisterstück aus der

[6] ebd., 150.
[7] EBMBl, September 1949, 5.
[8] vgl. Anm. 5.

konfessionskundlichen Werkstatt in Bensheim. Sie begründete seinen Ruf als einen der „besten Kenner der Verhältnisse in der katholischen Kirche“ (*Albert Brandenburg*).[9]

Aber es war nicht einfach nur eine Informationsvermittlung um ihrer selbst willen, die das Institut als Aufgabe erhielt. Vielmehr stand dahinter ein ökumenisches Programm. Angesichts der vielen Flüchtlinge, die kein Gebiet in Deutschland mehr als ‚rein‘ evangelisch oder ‚rein‘ katholisch erscheinen ließen, war es eine dringende Notwendigkeit geworden, sich gegenseitig über den Zaun zu schauen. *Sucker* aber verweilte nicht bei oberflächlicher Konfessionsarithmetik. Er hatte schon frühzeitig im Anschluß an die französischen Arbeiterpriester den Gedanken aufgenommen, daß Deutschland zum Missionsland geworden war, sah aber in der missionarischen Verpflichtung eine gemeinsame Aufgabe der Kirchen, für die sie indes nicht gewappnet waren. Ähnlich wie auf Weltebene die ersten ökumenischen Impulse von der Missionsbewegung kamen (Edinburgh 1910), so erhoffte sich *Sucker* auf nationaler Ebene durch die Missionierung des Neuheidentums ökumenische Möglichkeiten.

Damit ist zugleich auch der Zielpunkt aller seiner Bemühungen berührt. Dieser Zielpunkt fällt mit dem zusammen, was *Sucker* als Grundlage der konfessionskundlichen Arbeit bezeichnet hatte: die Frage nach dem wahren Fundament der Kirche. Dies ist für *Sucker* allein das Evangelium von Jesus Christus. Dieses Evangelium will seinen Weg in die Welt finden, aber so, daß es sich nicht verweltlicht. Es ist das Evangelium selbst, das sich aller „angeblich ein für allemal geglückten Gestaltwerdung“ entzieht.[10]

Unverkennbar spricht hier der Erbe *Martin Luthers*, und unverkennbar ist auch die Abgrenzung gegen eine von der katholischen Kirche behauptete, notwendige Gestaltwerdung in der einen Form der einen Kirche. Das ökumenische Programm *Suckers* ist von der Einsicht getragen, daß es in der Geschichte der Christenheit stets Konfessionen gegeben hat, ja daß die Verschiedenheiten gerade die besondere Kraft der Christenheit ausmachen. Voraussetzung ist freilich, daß sich alle Verschiedenheiten auf den einen Grund zurückführen lassen. Zentrum und Fundament des ökumenisch-missionarischen Ringens kann allein das Evangelium sein, in dem Menschen zum Glauben kommen. Hier liegt „die Einheitsgarantie der Christenheit“. Deshalb geht es bei der konfessionellen Frage um die Wahrheit und um den gemeinsamen Dienst an der Wahrheit.

Sucker hat damit der katholischen und evangelischen Kirche ein Programm zugemutet, das beide noch nicht gemeistert haben. Nach beiden Seiten gleichermaßen erging sein Ruf zum Zentrum. Um der ökumenisch-missionarischen Aufgabe gerecht zu werden, bedarf es unter Absehung aller taktischen Erwägungen zur konfessionellen Besitzstands-

[9] Kirchenbote des Bistums Osnabrück v. 19. Januar 1969, Nr. 3, 7.

[10] Weg und Wahrheit 6, 1952, 224.

sicherung oder -erweiterung „der gemeinsamen Konversion aller Christenheit zur Wahrheit Jesu Christi".[11]

III. Ökumene: vorkonziliare Wirklichkeit

Die Erwartungen, die Sucker von diesem Ansatz reformatorischen Denkens an die römisch-katholische Kirche herantrug, mußten an der vorkonziliaren Wirklichkeit scheitern. So bleibt es nicht aus, daß *Suckers* Beurteilungen des Entwicklungsgangs sehr kritisch werden können. Einige Beispiele seien erwähnt.

Für *Sucker* war die Gründung der Christlich Demokratischen Union (CDU) aus dem gemeinsamen Kampf evangelischer und katholischer Christen gegen den Nationalsozialismus und aus Bestrebungen der Una-Sancta-Bewegung zu erklären. Von der neuen Partei mit diesem Stammbaum erhoffte er sich eine Entkonfessionalisierung der Politik ebenso wie umgekehrt eine Entpolitisierung der Kirche, um so das Christliche in einer ganz neuen Gestalt in der Politik zur Geltung zu bringen. Jedoch sah *Sucker* Kräfte in der Union, die diese Partei lediglich als Fortsetzung der politischen Organisation des deutschen Katholizismus aus der Kaiserzeit und der Weimarer Republik betrachteten. Dadurch leistete die CDU einem integralistischen Katholizismus in manchen Ländern der Bundesrepublik Vorschub.[12] Beim Aufbau der Sozialordnung wurde der Wirtschaft zu viel freie Hand gelassen, so daß es zu restaurativen Tendenzen kam. Außerdem suchte die katholische Kirche, eine restaurative Kultur- und Schulpolitik durch angeblich ‚zeitlose' Ansprüche mit Hilfe der CDU durchzusetzen. *Suckers* Fazit lautete: „Man meistert die Probleme der Politik von Christen nicht, wenn man auf das ‚selbstverständliche' Naturrecht zurückgreift. Denn es unterliegt in den beiden Konfessionen einer sehr unterschiedlichen, ja gegensätzlichen Beurteilung."[14] Er beruft sich bei seiner Kritik auf *Oswald von Nell-Breuning*, der schon 1946 diesen Tendenzen entgegentreten wollte und geschrieben hatte: „Ein am wahren Naturrecht ausgerichtetes und in allen Stücken ehrlich Farbe bekennendes politisches Programm muß beschaffen sein, daß nur Katholiken es sich zu eigen machen können [...]"[15]

In seinem Vortrag vor der Waldenser-Fakultät stellt er fest, daß die katholischen Bischöfe in ihren Wahlhirtenbriefen immer noch die CDU als Partei für den katholischen Wähler empfählen, obwohl zwischenzeitlich

---

[11] Vortr. vor der Waldenser-Fakultät in Rom am 20. April 1961, vom epd einen Tag später in vollem Wortlaut verbreitet, hier 15.

[12] vgl. zum Ganzen *Sucker*: Christl. Zusammenarbeit in der Politik?, Sonderdruck aus der Zeitschr. ZW, 25. Jg., Februar 1954, 6 S.

[13] wie Anm. 11, 14.

[14] wie Anm. 5, 84.

[15] zit. ebd., 84f.

evangelische und katholische Christen auch in der Sozialdemokratischen Partei Deutschlands (SPD) zusammenarbeiten.

Sucker hätte vom katholisch-integralistischen ‚Wildwuchs' in der CDU sprechen können, der im politischen Bereich seine Hoffnung auf etwas völlig Neues ebenso zerstörte, wie der angebliche ‚Wildwuchs' in der Una-Sancta-Bewegung ihm Anlaß gab, ökumenische Hoffnungen auf etwas völlig Neues in der Kirche zu begraben.

Das Heilige Jahr 1950 war für *Suckers* Beurteilung der römischen Kirche ein entscheidender Einschnitt. Das Heilige Offizium hatte im Februar 1950 die Instruktion „Ecclesia catholica" herausgegeben, im August 1950 erschien die Enzyklika „Humani generis", und schließlich wurde am 1. November 1950 von Papst *Pius XII.* als Glaubenssatz definiert, daß die Jungfrau und Gottesmutter Maria mit Leib und Seele in die Herrlichkeit des Himmels aufgenommen worden ist.

Die beiden erstgenannten Verlautbarungen laufen nach *Suckers* Beurteilung auf eine Rückkehr-Ökumene hinaus. Die katholischen Teilnehmer an interkonfessionellen Gesprächen zum Beispiel werden vor falschem Irenismus gewarnt, so als könnten die Getrennten „anders glücklich in den Schoß der Kirche zurückgeführt werden, als daß sie ehrlich die ganze Wahrheit der Kirche ohne jegliche Entstellung und Abstriche entgegennehmen."

Später hat *Sucker* diesen Warnungen vor einem Interkonfessionalismus noch die katholischen Mahnungen an die Seite gestellt, keine Mischehe einzugehen. „Form und Ton" solcher Verlautbarungen machten es evangelischen Christen „schmerzlich bewußt", „daß wir im Grunde der römisch-katholischen Kirche unerträglich sind".[16]

Zum neuen Dogma zitiert *Sucker* den Würzburger Patristiker *Bertold Altaner*, der vom Standpunkt wissenschaftlicher Theologie die Definibilität der Assumptalehre abgelehnt hatte, weil a) jeder Schriftbeweis fehlt, b) ein Traditionsbeweis nicht geführt werden kann, c) die Konvenienzbeweise keine logisch stringenten Beweise sind, d) der Beweis aus dem Glaubenssinn der Kirche eine petitio principii darstellt und e) eine Definition unter anderem auch im Blick auf die Ökumene nicht opportun ist.

Aber *Altaner* steht unter den Theologen offenbar allein. *Sucker* nimmt dies zum Anlaß, kritische Betrachtungen zur Rolle der Theologie in der katholischen Kirche anzustellen. Die Theologie erscheint „ohne Selbständigkeit"; sie ist bloße Gehilfin des Lehramtes und kann sich deshalb

[16] so im Vortr.: In röm.-kath. Nachbarschaft, in: DEKT Dokumente, Stuttgart 1959, 306; im Vorw. von *Sucker / Joachim Lell / Kurt Nitzschke* (Hg.): Die Mischehe. Hb. für die ev. Seelsorge, Göttingen 1959, 8 hatte *Sucker* geschrieben: „Angesichts der die Christenheit heute bestimmenden Bemühungen um ihre Einheit ist die kirchliche Behandlung der Mischehe ein besonders bedeutungsvoller, wenn nicht der bedeutendste Testfall für ein Verhältnis der Konfessionen zu einander, in welchem deutlich wird, welchen Platz die einzelnen Konfessionen bei ihrem Wirken für die Menschen dem Evangelium zuweisen."

nicht „in der freien Diskussion mit dem Lehramt“ befinden. Die Frage nach dem Verhältnis von Theologie und Lehramt kann stets nur „mit der schließlichen Resignation der Theologie“ beantwortet werden. Sie muß vor dem Lehramt „kapitulieren“.[17]

Zum Inhalt des neuen Dogmas äußert *Sucker*, das römisch-katholische Bild von Maria sei „ein Geschöpf tiefsinniger religiöser Spekulation und dichtender religiöser Phantasie, in der sich die ganze Zartheit der menschlichen Seele aussprechen kann“. Bloß: Es ist nicht die biblische Gestalt; denn die biblische Maria ist zwar „Vorbeterin und Vorsängerin der Christenheit“, doch verschweigt das Neue Testament nicht, „wie stark auch sie den die Kirche stets gefährdenden christusfernen Tendenzen unterliegt [..]“[18] Das Dogma zeigt das gefährliche Abrücken vom Neuen Testament: „Der Papst kann Bibel und Überlieferung geradezu ohnmächtig machen [...] Gerade die Ausbildung der Lehre von Maria im heutigen Katholizismus zeigt die Ohnmacht der Bibel in ihr [der römisch-katholischen Kirche] an. Sie gibt in einer von uns nur zu bedauernden Weise in sich dem frommen Spekulieren Raum und entflieht damit dem Gehorsam gegenüber dem Wort der Schrift“.[19]

Dazu kommt im Heiligen Jahr die Massenbegeisterung für den Papst, die *Sucker* auch als Papstpatriotismus bezeichnen kann. Darin erblickt er „ein Mangelbewußtsein der heutigen Menschheit [...], die wenigstens an einer Stelle die sonst nicht vorhandene und verloren gegangene Fülle menschlichen Seins verehren möchte“. Es wird an diesem Punkt deutlich, „wie tief verstrickt auch der Katholizismus in der Welt ist“.[20] Was hingegen das Amt des Papstes im Unterschied zur Person angeht, so kam *Sucker* angesichts des neuen Dogmas zu dem Schluß, es sei ein Irrtum zu meinen, „es gebe irgendwo auf der Welt die Möglichkeit, etwas auszusprechen, was jeder Prüfung und Korrektur durch Unfehlbarkeit entzogen sei“.[21]

Von da aus gewinnt *Sucker* die ihn erschreckende Erkenntnis, daß auch nicht die tiefsten Tiefpunkte der Geschichte das einzigartige Selbstbewußtsein der katholischen Kirche zu erschüttern vermögen. Sie weiß sich „bis ins Letzte und Äußerlichste“ vom Heiligen Geist „durchpulst“.[22] Selbst in Zeiten geschichtlicher Katastrophen kennt sie klare Grundsätze, die eine „scheinbare Zeitlosigkeit“ begründen: Die katholische Kirche braucht „nicht umzudenken und Selbstbesinnung zu üben“. In ihrer Apotheke liegt stets alles zur Heilung bereit.[23]

---

[17] wie Anm. 5,155f.

[18] Zum Marianischen Dogma, in: Ev. Gedanken zur Frage nach der kath. Kirche (Arbeit und Stille im Leben der Frau. Eine Schr.R. aus dem MBK-Verlag 45), Gelnhausen o.J., 5.

[19] Gottes Wort ist nicht gebunden, in: Männliche Diakonie 35, 1955, 3.

[20] Vom Amt des Papstes, in: Ev. Kirchenbl. für Rheinhessen 6, 1951, 89.

[21] ebd., 93.

[22] wie Anm. 19, 3.

[23] wie Anm. 5, 54.

IV. Ökumene: ständige Reformation

Diese Sicht der katholischen Kirche erhält eine zusätzliche Bestätigung durch die Interpretation der Reformation. Ist es nicht unabweislich, daß die Reformation an der getrennten Christenheit schuld ist? Selbst wenn man katholischerseits mit *Karl Adam* oder *Josef Lortz* zugesteht, daß eine Reformation der spätmittelalterlichen Kirche notwendig war, so lastet doch auf *Luther* die schwere Schuld, daß er einen zweiten Altar aufgebaut und den einen Leib Christi in Stücke gerissen hat.

Demgegenüber betont *Sucker*, daß die Reformation „der entscheidende Dienst für die Einheit der Kirche" ist.[24] Die Reformation entstand aus dem Erschrecken *Luthers* vor den antichristlichen Möglichkeiten, die in der Kirche sich breitmachten. Die Kirche kann ihre Mitte aufgeben; sie kann vom Evangelium abfallen. Von dem katholischen Dekan *Anton Fischer*[25] hatte *Sucker* den Begriff der „christofugalen Tendenz" entlehnt, den er in diesen Zusammenhängen immer wieder gebraucht. Christofugale Kräfte waren also in der Kirche zu *Luthers* Zeiten am Werk, die das Evangelium in der Kirche ohnmächtig werden ließen. *Luther* aber erfuhr, daß das Evangelium „sich aus allen seinen von Mitmenschen angelegten Fesseln" befreit: „Gott wendet durch die heimholende Kraft seines Evangeliums den Abfall der Kirche und stellt sie auf ihr Fundament, von dem sie nicht weichen darf, wenn anders sie Kirche sein und bleiben will."Die Reformation ist Heimholung in das Evangelium, und sie ist aus keinem anderen Grund Dienst an der Einheit der Kirche, weil sie auf dem *einen* Grund, Jesus Christus, gründet.[26] Deshalb kann und darf Reformation keine abgeschlossene Geschichtsperiode oder Sache sein, sondern Reformation ist ein Wesensgesetz der Kirche, aus dem sie lebt, weil sie ständig in das Gericht ihrer Botschaft gerät.

Gegen diese Einsicht aber sperrt sich die katholische Kirche. Sie konnte damals und kann in der Beurteilung *Suckers* auch heute dem Ruf nach Reformation nicht Folge leisten und weiß ihm nicht anders zu begegnen als durch Beteuerung ihrer über allem Zweifel erhabenen Einzigartigkeit. Kennzeichnend ist für *Sucker* der Ausspruch des großen Kirchenhistorikers *Lortz*, daß *Luther* einen Katholizismus kritisiert habe, der nicht katholisch war, und daß der heutige Katholizismus von der Kritik *Luthers* nicht mehr betroffen sei.[27] Die Reformation als steter Bußruf an die christofugalen Kräfte hin zum Zentrum zeigt mit letzter Schärfe die untergeordnete Stellung der Theologie, die „nicht in Freiheit an die Kirche und ihr Fundament die radikale Kritik der biblischen Wahrheit richten darf".[28]

---

[24] Die Reformation und die Einheit der Kirche, in: EBMBl, Jg. 1960, Nr. 4, 1.

[25] Christozentrische Haltung als Weg zur Una Sancta, in: Ökum. Einheit 1948, zit. wie Anm. 5, 153.

[26] wie Anm. 16, 301. [27] wie Anm. 19, 4. [28] wie Anm. 5, 155.

Es sind diese Analysen *Suckers*, die ihn auch hinsichtlich des von Papst *Johannes XXIII.* 1959 angekündigten ökumenischen Konzils zunächst skeptisch bleiben ließen. Das Wort ‚ökumenisch' hatte bei manchen evangelischen Beobachtern den Eindruck erweckt, als werde der Papst das unmittelbare, freie Gespräch mit den nicht-katholischen, christlichen Gemeinschaften auf dem Konzil suchen. *Sucker* wies schon früh mit aller Nüchternheit darauf hin, daß es sich beim Konzil um einen innerkatholischen Vorgang handelte und daß das Konzil nicht „der Ort einer freien Aussprache sein kann, da es in der Gefangenschaft der schon geschehenen Entscheidungen steht, die die Mauern sind, die nicht mehr umgestoßen werden können".[29]

Sucker hat, was die Arbeit des Konzils angeht, zweifellos zu einseitig geurteilt. Die Befürchtungen vieler – *Sucker* hatte dies insgeheim auch befürchtet –, das Konzil werde ein neues Mariendogma beschließen, hatten sich nicht erfüllt. Die „Erfolglosigkeit" des Konzils in dieser Frage wertete *Sucker* als großen Erfolg für die Ökumene, weil keine neuen Zäune aufgerichtet wurden. Die weiteren positiven Auswirkungen des Konzils auf die Ökumene hat er zu schätzen gelernt. Nicht zuletzt kommt dies in seinem Vorschlag zum Ausdruck, es möge ein evangelisches Konzil stattfinden.[30] Diese Äußerung hatte bei manchen zu verständnislosem Kopfschütteln geführt, weil man den Rat zu sehr als Nachahmung der katholischen Kirche empfand. Der Vorschlag zeigt jedoch die grundsätzlich positive Einstellung gegenüber dem Zweiten Vatikanischen Konzil. Sein hohes Amt als Kirchenpräsident ließ ihm wenig Zeit, den Implikationen des Konzils genauer nachzugehen. Er hatte sich das für die Zeit nach seiner Pensionierung vorbehalten.

Die Notwendigkeit eines evangelischen Konzils zeigt aber auch *Suckers* andere Stoßrichtung: Nicht nur die römische, auch die evangelische Kirche bedarf der ständigen Reformation, des Widerstandes gegen christofugale Tendenzen, der Selbstbesinnung auf die Heimholungskraft des Evangeliums. Deshalb muß man immer wieder bei *Luther* in die Schule gehen, um sich das Wort des Evangeliums aufschließen zu lassen. *Sucker* regte an, die Reformationsgedenktage in den evangelischen Gemeinden fester zu verankern und mit *Luther*-Stunden der *Luther*- und Bibel-Vergessenheit in der evangelischen Kirche zu begegnen. Freilich sollte dem Papstpatriotismus damit kein *Luther*-Patriotismus entgegen gestellt werden. *Sucker* wehrte sich aber auch entschieden gegen die Vorstellung, die er bei *Thomas Mann* und der alten katholischen *Luther*-Forschung fand, daß mit *Luther* die Höllenfahrt der deutschen Geschichte beginnt. *Luther* war für *Sucker* wie der ausgestreckte Zeigefinger Johannes des Täufers auf dem Isenheimer Altar. Er verweist kraftvoll und leuchtend auf das Zentrum alles Kirche-Seins. Evangelische Kirche heißt für *Sucker* evan-

---

[29] wie Anm. 16, 306.

[30] Brauchen wir ein ev. Konzil?, in: EBMBl, Jg. 1966, Nr.2, 1-3.

geliumsgemäße Kirche. Darin liegt für ihn die bleibende Bedeutung der Reformation, daß sich das Evangelium immer wieder durchsetzt und gegen menschliche Fesseln durchsetzen muß. *Sucker* wollte deshalb auch organisatorisch eine landeskirchliche Flurbereinigung vornehmen sowie endlich die Abendmahlsgemeinschaft zwischen Lutheranern und Reformierten verwirklichen, deren Fehlen für ihn die „größte Schande der evangelischen Christenheit in Deutschland“ war.

Das Verhältnis der beiden Konfessionen zueinander war für *Sucker* von entscheidender Bedeutung für die Entwicklung der Christenheit in Deutschland. Seine Hoffnungen auf einen radikalen Neuanfang nach dem Zweiten Weltkrieg hatten sich zerschlagen. Für ihn gab es deshalb die doppelte Aufgabe. Es galt, sich sachkundig über die katholische Kirche zu machen und zugleich die evangelische Selbstbesinnung zu betreiben. Beides hat *Sucker* mit Leidenschaft getan. Dabei stellte er fest, daß die evangelische Kirche zu wenig evangeliumsgemäß war und daß seine Erwartungen an die katholische Kirche zu idealistisch aussahen: Die Kirche, so wie sie in ihren offiziellen Verlautbarungen sich zeigte, konnte gar nicht dem ökumenischen Programm *Suckers* folgen. Er merkte aber auch, daß Wandlungen sich abzeichneten. Die katholische Kirche erschien ihm, je näher das Konzil kam und vollends im Konzil, nicht mehr als das große einheitliche Gebilde, der monolithische Block, der in sich selbst ruht. Er sah „evangelische Kräfte“ in der katholischen Kirche, die auch dort zur Selbstbesinnung, d.h. zur Besinnung auf das Evangelium riefen. Mit ihnen fühlte er sich verbunden. Bei ihnen sah er die Zäune zwischen den Konfessionen zerbrechen.

Trotzdem sah er die beiden Konfessionen sich zugleich nah und fern stehen. Sie waren sich aus vielen Gründen nah, vor allem, weil sie beide von der Notwendigkeit der Rettung der Welt durch Christus überzeugt sind. Sie blieben sich aber auch fern, weil die Art und Weise, in der Christus sein Rettungswerk tut, unterschiedlich gesehen wird. Die Kluft im Verständnis der Gabe des Evangeliums ist „nicht mit einem Tänzersprung zu überwinden“.[31] *Sucker* ging es nicht um eine organisatorische Vereinigung, sondern um eine „Vereinigung nach vorn“, wie er im November 1964 formulierte: „Sobald die katholische Kirche sich auch am Evangelium messen würde, könnten evangelische und katholische Christen sich an der Hand nehmen und die große Konversion hin zum Evangelium vollziehen.“[32] Freilich: Diesem Vereinigungsvorschlag lag ein, nein: *der* evangelische Maßstab zugrunde. Aber *Sucker* ging es im Dialog nicht nur um Freundlichkeiten, sondern um die eine Wahrheit. Das Miteinander der Konfessionen war für ihn angesichts der apokalyptischen Weltlage dringlich. Dieses Miteinander konnte nur durch eine gemeinsame Konversion erreicht werden.

---

[31] wie Anm. 19, 305.

[32] nach epd ZA vom 9.November 1964 Nr.259.

V. Suckers Vermächtnis

Überblickt man das Lebenswerk *Suckers*, so macht es den Eindruck einer fast tragischen Unabgeschlossenheit. Seine unbestechlichen Analysen und Schlußfolgerungen, seine prophetischen Appelle an die evangelische und katholische Christenheit verhallten zwar nicht gänzlich ungehört, aber sie wurden keine kirchliche Wirklichkeit oder blieben es nur ansatzweise. Sein vorwärtsdrängendes Hoffen auf eine Christozentrik, wohin sich die Konfessionen zur Überwindung ihrer Spaltung ‚bekehren' sollten, blieb Utopie. Ein bourgeoises Fassadenchristentum erwies eine zähere Lebensfähigkeit. Gegen Ende seines Lebens prägte sich *Sucker* ein neuer Gedanke tief ein: Das Christentum als „Religion ohne Entscheidung" neige sich seinem Ende entgegen. Dies war eine Erkenntnis, die er 1965 vor der Synode seiner Kirche zum Ausdruck brachte. Es gehe darum, so schlußfolgerte er, die Entschiedenen in Marsch zu setzen, nicht in eine Gettoexistenz, sondern auf den Acker der Welt. Vorbild waren ihm die evangelischen Diasporakirchen, vor allem die Waldenser, die er liebte und unterstützte. Im Jahr darauf, 1966, rief er wiederum der Synode zu, daß die Zeichen der Zeit auf Sturm stehen.

Niemöller drückte es in seiner Ansprache bei der Trauerfeier für seinen Nachfolger so aus, daß die jüngste Generation ihren Angriff kurzerhand an der Frage nach Gott vorbei auf die Kirche richte. Das sei unerträglich und atheistisch. *Sucker* scheint eine Vorahnung davon gehabt zu haben. Ihn ergriffe, wie er einem Freund 1967 anvertraute, manchmal „die Angst, wir könnten unserer Aufgabe nicht gewachsen sein und versagen [...] Dabei ist nichts so notwendig wie die Besinnung auf die reformatorische Wahrheit."[33] Aber gerade dies wollte selbst innerhalb der eigenen Kirche nicht gelingen. Von tiefgreifenden Gegensätzen sprach er deshalb und davon, daß eine ins Letzte gehende Uneinigkeit in der Kirche herrsche.

Sucker war kein weitgereister Ökumeniker. Seine religiöse Weltsicht ist von einer auffallenden Deutschland-Zentriertheit. Kennzeichnend ist ein 1951 gemachter Ausspruch, daß der Weltprotestantismus mit dem deutschen Luthertum stehe und falle. Es will auch scheinen, daß er die römisch-katholische Kirche weniger als Weltkirche im Blick hatte als vielmehr aus der deutschen Situation heraus Erwartungen an sie herantrug. Erst 1968 erschloß sich ihm die ökumenische Bewegung in ihrer ganzen Breite, als er persönlich an der Vollversammlung des Ökumenischen Rats der Kirchen in Uppsala teilnahm und hier die Kraft der östlichen Orthodoxie für die Lösung theologischer Fragen staunend zur Kenntnis nahm. Vier Wochen vor seinem Tod stellte er fest, daß im Nachgang zur 450. Gedächtnisfeier der Reformation der Kirche die Aufgabe gestellt ist, Reformation und Revolution zusammenzubringen: „Ob es uns vielleicht

---

[33] mitgeteilt von Propst *Ernst Dondorf*: Von seinem Licht ein Strahl, Manuskript, 164.

gelingen könnte, jene Verbindung von Reformatoren und Schwärmern fertig zu bringen, die zum Unheil unserer ganzen geistigen Entwicklung in Deutschland auseinander gekommen ist.“[34]

Er fügte damit seinen bis heute nicht eingelösten Vermächtnissen ein weiteres hinzu, das die Unabgeschlossenheit seines Wirkens noch mehr verspüren läßt. Darüber aber wächst in der Rückschau der glaubensvolle, nach vorn gerichtete Mut eines Mannes, der nicht weltlichen Stützen und Sicherheiten des Evangeliums vertrauen wollte, sondern allein diesem selbst. Die Impulse, die er dem Evangelischen Bund von daher gegeben und die Aufgaben, die er dem Konfessionskundlichen Institut aus dieser reformatorischen Sicht gestellt hat, haben ihn jedenfalls zu einem eigenständigen und eindringlichen Mahner einer ökumenischen Zukunft der Christenheit in Deutschland werden lassen.

[34] ebd., 156.

Werden und Wandel

Manfred Jacobs

Die Anfänge des Evangelischen Bundes und die bürgerliche Krise

Der Evangelische Bund ist vor dem Ersten Weltkrieg die bedeutendste Sammlungsbewegung des deutschen Protestantismus. Von seiner einstigen Bedeutung hat er viel eingebüßt. Seine Gründungsgeschichte ist mit der des protestantischen Bürgertums verwoben. Sie hängt so eng mit ihm zusammen, daß im folgenden Essay dem Vorurteil entgegengetreten werden soll, er sei im wesentlichen eine antikatholische Bewegung gewesen. Das mag er auch gewesen sein, aber sein Schwergewicht liegt darin, daß er angesichts des Orientierungs- und Öffentlichkeitsverlustes den evangelischen Kirchen und den protestantischen Mittelschichten im zweiten Deutschen Reich eine ihrer Geschichte und Bedeutung entsprechende politische Stellung wieder erringen will.[1]

I. Gründungsmotive

Die Anfänge des Bundes liegen vor seiner Gründung. Bereits zu Beginn der fünfziger Jahre gibt es einen „Protestantischen Bund" zur Abwehr gegen die römische Kirche. Davon weiß man aber bei der Gründung des Bundes 1886 nichts.[2] Deutlicher sind die Motive bei *Willibald Beyschlag*, der schon im Jahr 1875 die „Deutsch-evangelischen Blätter" gründet und dort in der ersten Nummer schreibt: „Der wunderbaren, endlichen Lösung unserer politischen Existenzfrage ist die innere geistig-sittliche Erneuerung und Einigung unseres Volkes, ohne die alle politische Größe halt- und wehrlos bleibt, bis jetzt nicht gefolgt, vielmehr hat die innere Zerklüftung des deutschen Lebens nur weitere, erschreckende Fortschritte gemacht. Zwei Todfeinde, der ultramontane Katholizismus und der atheistische Socialismus, zehren an Deutschlands sittlichem Mark, und beide gebieten über Massen unseres Volkes fast unumschränkt. Unsere liberale Zeitbildung, die sich beiden gewachsen wähnt, ist tief angefressen vom Scepticismus gegen alles Übersinnliche, diese

[1] *Leuschner*: Die unserer Kirche gebührende Stellung im öffentlichen Leben (FEB 55), Leipzig 1891.

[2] ders.: Generalber. des EB für das Jahr 1893/1894 (FEB 97), Leipzig 1894, 14.

alleinige Heimath der sittlichen Kräfte, und im Begriff, die ererbten sittlichen Impulse durch einen bodenlosen Naturalismus einzubüßen."[3]

Wahrgenommen wird hier ein kultureller Wandel und eine Veränderung der Wertbeziehungen, die tief in das Gefüge der christlichen Tradition hineinwirken. Ein anderer Aufsatz dieser „Deutsch-evangelischen Blätter" von *August Trümpelmann* mit dem Titel „Die Seelenverwandtschaft der Monisten und Socialisten"[4] sieht aus der Vergangenheit die Linie des naturwissenschaftlichen Materialismus aufsteigen, die Linie von *Jakob Moleschott* und *Ludwig Büchner* und die andere von *Charles R. Darwin* und *Ernst Haeckel*, die den Anspruch erheben, den Menschen und die Welträtsel letztlich erklären zu können.

Beyschlag hat zum Liberalismus nicht das Zutrauen, daß dieser die religiöse Krise meistern könnte. Er ist dazu weder zur Seite der theologischen noch der öffentlichen Vertretung des Protestantismus fähig. Vielmehr treten diese beiden anderen Mächte, der Katholizismus und die Sozialdemokratie, öffentlich hervor. Beide nehmen die deutsche Öffentlichkeit in zunehmenden Maße für sich ein. Der Protestantismus steht in Gefahr.

Man muß sich dabei einige Daten vergegenwärtigen. Zunächst politischer Natur: Die Reichsgründung 1871 führt die katholischen Gebiete, die noch dem Habsburger Reich bis 1806 nachtrauern, nicht an das Reich der Hohenzollern heran. Sie bleiben der preußischen Vormacht gegenüber bei aller politischen Loyalität reserviert. Dasselbe gilt auch für die Sozialdemokraten: Auch bei ihnen stellt sich weder eine Staatsvergötzung noch der für die Jahre nach 1871 kennzeichnende Reichsnationalismus ein. Umgekehrt verweigern *August Bebel* und *Wilhelm Liebknecht* 1870 die Kriegskredite. Aus Anlaß der Attentate auf den Kaiser verbietet *Otto von Bismarck* 1878 die Sozialdemokratische Partei Deutschlands (SPD) mitsamt den Gewerkschaften. So bilden zwei gewichtige politische Kräfte eine – in sich sehr spannungsreiche – Opposition gegen die preußische Präponderanz im zweiten Reich.

Es kommt ein Doppeltes hinzu: Die innenpolitische und wirtschaftliche Lage ist nach 1871 zunächst glänzend. Aber dem Gründerboom folgt die Rezession, die sogar den preußischen Staat zeitweilig in Zahlungsschwierigkeiten bringt. Die Septennatsvorlage wird denn auch der unmittelbare Anlaß für *Bismarcks* Annäherung an das Zentrum, an *Ludwig Windthorst* und Bischof *Georg Kopp*. Die Rezession hat Arbeitslosigkeit im Gefolge, und sie wird dadurch verschärft, daß sich die Industrialisierung jetzt erst richtig durchsetzt. Auf der einen Seite bewegen sich Massen von Arbeitssuchenden und Entwurzelten in die Städte nach Westen, wo die logistischen Mittel nicht ausreichen, um sie versorgen zu können, und auch die Sozialverantwortung des Staates uneingeübt ist, sich dem

[3] DEBl 1, 1875, 2.

[4] ebd., 208ff., 282ff.

sozialen Problem zu stellen. Die Entwurzelung dieser Menschen, die vielfach zu beobachtende Isolation als Klasse der Arbeiter, die Ausmaße der Verelendung bewirken eine neue Verschichtung dieser Gruppen.

Andererseits geht auch durch das Bürgertum ein Riß. So findet der eine Teil des Bürgertums den Aufstieg und wird zu einer Art neuem Geldadel. Dieser Teil vor allem ist vom Fortschritt beeindruckt; das nationalliberale Freihandelsmodell ist die Grundlage seiner Prosperität; er ist in wichtigen Teilen geld- und nicht mehr arbeitsorientiert; er emanzipiert sich von den Traditionen und den Kirchen und bewegt sich weithin in den sich mit dem Neuidealismus und den Phänomenologien anbietenden neuen Lebensphilosophien.

Der andere Teil des Bürgertums hingegen, der diesen Aufstieg nicht leisten kann, verbleibt in der Mitte zwischen dem Arbeitertum und der bürgerlichen Oberschicht; er lebt noch in der manufakturellen Mentalität der Jahrhundertmitte. *Adolf Stoecker* will noch 1878 Arbeiter und Handwerker zu einer Partei vereinigen. Sein „christlich-soziales“ Programm scheitert im Eiskeller zu Berlin, nicht weil es „unsinnig“ wäre, wie *Wilhelm II.* später telegrafiert, sondern weil ein Dreifaches zur Wirkung kommt: Die Parole Gott, Kaiser, Vaterland ist für die Arbeiter unglaubwürdig; der Kirchenmann kann nicht ihr politischer Vertreter sein; Arbeiter und Handwerker lassen sich nicht mehr zusammenspannen. ‚Manufaktur‘ bedeutet mehr als die Arbeitsform: Sie bedeutet die Mentalität des Bodenständigen, der Schicht- und Handwerksgebundenheit, das Wert- und Traditionsbewußtsein mit den kennzeichnenden Prinzipien der Sparsamkeit, der personalen Treuebindung, der natürlichen Gliederungen. Dazu gehört auch die Mentalität der Kleingemeinschaften wie Dorf, Stadt, Gut, Kirchengemeinde, in der Identität und Abstützung erfahren werden.

II. Altpatriotismus und Reichsnationalismus

Beyschlag – wie auch der EB – gehen von der geistigen Situation im neuen Reich aus, die ihnen Sorge macht. Mit der Reichsgründung ist einerseits ein Traum deutscher Nationsehnsucht erfüllt. *Beyschlag* und der junge Evangelische Bund stehen vorbehaltlos auf der Linie des Reiches und bejahen die Einheit der Nation. Aber diese Nation ist keine wirkliche Einheit. Selbst *Paul de Lagarde* sagt: Sie liegt „im Werden“. Die politischen Strukturen im neuen Reich sind anders als in den einzelnen Ländern bisher. Sie sind weiträumiger; es treten neue politische Gewichtungen und Bündnisse ein. Die bisherigen Orientierungen verlieren ihren Wert. In Preußen treten die Altkonservativen unter *Hans-Hugo von Kleist-Retzow, Bismarcks* Herkunftsgruppe, in Opposition zum Kanzler und suchen sich den Katholiken des Zentrums zu nähern. 1876 bildet sich die reichsbezogene deutsch-konservative Partei. Auch die Liberalen spalten sich. Die Generation der 48er, die noch Bürgerbewegung ist, verliert ihren Einfluß. Die mit der Reichsgründung aufsteigenden Kombattanten *Bismarcks* sind die wirtschaftlich orientierten Nationalliberalen, Vertreter des Freihandels, Gegner der konservativen Schutzzollpolitik. Schon damit, daß *Bismarck* mit den Nationalliberalen paktiert, gehen dem östlichen Protestantismus Einflußmöglichkeit verloren.

So steht das protestantische Bürgertum, das sich nicht der neuen reichsbezogenen bürgerlichen Aufsteigerschicht zurechnen kann, sondern im handwerklichen und bodenständigen Gewerbe, in Verwaltung, Justiz, Kirche und im Bildungsbereich seinen Ort hat, in einer Krise, die religiös, weltanschaulich, politisch und eben auch kirchlicher Art ist. Der EB entnimmt seine Mitglieder diesen ‚manufakturellen', traditionsbewußten Schichten des Bürgertums.

Die weithin nationalliberal ausgerichteten, neubürgerlichen Schichten des zweiten Reiches verändern auch ihre Stellung gegenüber der Kirche. Aus der Fülle historischer Indizien ergibt sich die Beobachtung, daß die Kirche in der zweiten Hälfte des 19. Jahrhunderts vornehmlich bürgerliche Kirche ist und im Bürgertum ihre stärkste Stütze findet. Gerade für sie wird darum die innere Differenzierung des Bürgertums nach 1871 von besonderer Bedeutung; denn jetzt breiten sich in diesen neubürgerlichen Schichten – mehr als bisher – Indolenz und Indifferenz gegenüber der Kirche aus. Das Neubürgertum hält sich für ‚christlich', aber nicht für ‚kirchlich' Auch seine religiöse Mentalität verändert sich dabei. Das neue technisch-naturwissenschaftliche Zweckdenken, das die aufsteigende Industrie bestimmt, gewinnt auch in der neubürgerlichen Sprache Konturen. Mit der Reichsgründung entwickelt sich - in einem neuen Schub - eine nationalistische, auf das Reich und die Hohenzollern ausgerichtete politische Grundrichtung, die quer durch die Parteien geht, die aber bezüglich des Christentums und der protestantischen Kirche sich ebenso zweckrational und ‚naturalistisch' verhält, wie es im Vorgang der gesellschaftlichen Umschichtungen üblich geworden ist. Die religiöse Dichtung dieser neubürgerlichen, reichsnationalen Kreise weist dies aus.

Günther Mahal hat die „Lyrik der Gründerzeit" in einigen exemplarischen Äußerungen vorgestellt.[6] Emanuel Geibel, Ferdinand Freiliggrath, Ernst von Wildenbruch, Friedrich Karl von Gerok, Felix Dahn, Joseph Victor von Scheffel und andere sind nach der Reichsgründung dabei, eine neue deutsche Religiosität zu formen, teils indem sie auf die Reformation, teils indem sie auf die religiöse Dichtung der Freiheitskriege zurückgreifen, aber stets so, daß die ursprünglich christlichen Motive wie etwa Ostern, Auferstehung, Heil, Erlösung ins Nationale umgedeutet werden. Ostern etwa ist dann die Auferstehung des Reiches und der Nation,

---

[5] *Wilhelm Treue*: Dt. Parteiprogramme seit 1861 (QSKG 3), Göttingen 1954; *Michael Stürmer* (Hg.): Das kaiserliche Deutschland. Politik und Gesellschaft 1870-1918, Düsseldorf 1977.

[6] Dt. Texte (dtv-Reihe), Tübingen 1973.

nicht mehr Auferstehung Christi. Die christlich-kirchliche Sprache wird zur Worthülse für neue Inhalte. So ergreift eine neue zweckrationale Weltanschauung das christliche Traditionsmaterial und deutet es neudeutsch um. Dazu gehört auch in immer wieder berufener Anlehnung an das hochmittelalterliche Kaisertum der Hohenstaufen, das unter den ‚Schlägen' des Papsttums untergeht (*Konradin*), als ein wichtiges Motiv der Stabilisierung der Antikatholizismus. Eine Probe von Geibel:

Zweimal beherrschtest du die Nationen;
dein Adler flog hinaus vom Kapitol
und trug dein Machtgebot von Pol zu Pol;
gefolgt von deinen Legionen.

Dann sah man deinen heilgen Vater thronen,
in seiner Brust der Wahrheit Monopol,
in seinem Mund der Seelen Weh und Wohl,
in seiner Hand so Erd- als Himmelskronen.

Zum drittenmal wirst du die Welt nicht knechten.
Greift auch ein welker Greis im Petersdom
wahnwitzig nach der Gottheit ew'gen Rechten;

war einst geblendet, heut ists ein Phantom,
Tag ist und bleibts trotz allen finstren Mächten,
du aber wardst zur Totenstadt, o Rom.

Fortschrittsglaube, Emanzipation und zugleich Furcht vor neuer Überfremdung der Nation kennzeichnen diese Verse. Die religiösen, konfessionellen Werturteile werden an der Geschichte „synthetisch" ausgewiesen. Rom wird zum Mythos, zur finsteren Macht, nicht aus theologischen, sondern aus nationalen, politischen, bürgerlichen Gründen.

Im Blick auf die Geschichte des jungen Evangelischen Bundes stellt sich die Frage, ob er in diese Linie eines neubürgerlichen, reichsnationalen Protestantismus hineingehört, der die sogenannte Wesensphänomenologie und die Völkerpsychologie aufbietet, um die Begründung seiner Identität, der Identität des neuen Reiches und seiner tragenden Schichten zu erreichen.

Der unmittelbare Anlaß zur Gründung des EB ist *Bismarcks* Abbruch des Kulturkampfes. In der berühmten Canossa-Rede vom 14.Mai 1872 stellt sich *Bismarck* noch auf den Standpunkt des autonomen weltlichen Staates, der nunmehr paritätisch und religiös neutral sein will und eine neuerliche Dualität von Papsttum und Kaisertum nicht mehr zulassen wird: „Ich halte es nach den neuerdings [im Ersten Vatikanischen Konzil] ausgesprochenen und öffentlich verkündeten Dogmen nicht für möglich für eine weltliche Macht, zu einem Konkordat zu gelangen, ohne daß diese weltliche Macht bis zu einem gewissen Grade und in einer Weise verwischt würde, die das deutsche Reich wenigstens nicht einnehmen kann." „Seien Sie außer Sorge: Nach Canossa gehen wir nicht, weder geistig noch körperlich."[7]

III. Staat und Kirche im neuen Reich

Die neuen politischen Verhältnisse im Reich, das Verhältnis der Reichsregierung zum föderalen System der Länder wie auch die neuen parlamentarischen Möglichkeiten des Reichstages zwingen *Bismarck*, die von *Adalbert Falk* durchgeführte Kulturkampfgesetzgebung abzubrechen. Dabei kommt der Wechsel von *Pius IX.* zu *Leo XIII.* gelegen, und *Bismarck* unterläßt kaum eine diplomatische Möglichkeit, mit dem neuen Papst zu einem Frieden zu gelangen: Die Bezeichnung als Friedenspapst, die Annahme des Christusordens, die Übertragung des internationalen Schiedsgerichts in der Karolinenfrage an den Papst, die Privataudienz des Kronprinzen in Rom usf. In fünf Novellen zwischen 1882 und 1887 wird die Kulturkampfgesetzgebung zurückgenommen. Einige Bindungen wie vor allem die Zivilehe, Kanzelparagraph, Jesuitengesetz, weltliche Personenstandsregelung bleiben jedoch bestehen, auch für die evangelischen Kirchen.

Die Stärkung des Katholizismus im parlamentarischen und kirchlichen Leben, die damit unausbleiblich verbundene Stärkung auch der katholischen Bevölkerungsschichten im Osten, Süden und Westen des Reiches stellt nun für den EB eine Verschiebung nicht allein der parlamentarischen Koalition, sondern vor allem der Leitkultur des neuen Reiches dar, so daß die Gründungsväter Alarm schlagen.

Dieser Alarm ist nicht zuletzt durch *Bismarck* selbst ausgelöst. Was die Evangelischen sich dabei denken, sagt er, sei nicht von Belang. Die neue Reichsverfassung besitzt keine kirchenrechtlichen Artikel. Die Kirchen sind Ländersache und unterstehen - vor allem in Preußen - dem Summepiskopat, den Patronatsrechten und der Bereitwilligkeit des Staates für Dotationen, auf die wegen der Säkularisation von 1810 immer noch nicht eingelöste Ansprüche bestehen. So sehr der EB das Reich und die Hohenzollern-Krone bejaht, in *Bismarck* sieht er den Abtrünnigen der protestantischen Kirche. Der Kanzler erklärt seinen Rechtsstandpunkt: Die römisch-katholische Kirche und die evangelischen Landeskirchen sind nicht kommensurabel. Sie unterstehen zwar gleichermaßen der verfassungsmäßigen Parität im Staat, aber eine politische Gleichbehandlung gibt es nicht.

„Eine Gleichheit der beiden Kirchen im preußischen Staate ist ja nach ihrer ganzen Beschaffenheit nicht möglich; sie sind inkommensurable Größen. Wollen Sie die volle Gleichheit haben, dann müssen Sie dem höchsten Oberhaupte der katholischen Kirche im preußischen Staate dieselben Rechte zuteilen, wie dem höchsten Oberhaupt der evangelischen

[7] ChW 1, 1887, 190.

Kirche, mit anderen Worten: dieselben, die unser König besitzt. Das ist ja eine vollständige Unmöglichkeit. Solange das Oberhaupt der protestantischen Kirche das volle Drittel im Anteil an unserer Gesetzgebung hat und im absoluten und alleinigen Besitz der vollziehenden Gewalt ist, ist von einer formalen Gleichheit zwischen beiden Kirchen garnicht zu sprechen."[8]

Es kommt für *Bismarck* hinzu, daß die Papstkirche als Geistlichkeit aus sich heraus besteht und die Gemeinde dabei nur ein Annex ist, während die protestantischen Kirchen die Gemeinde zur Grundlage haben. Darum kann den protestantischen Kirchen auch nicht dadurch geholfen werden, daß man der Geistlichkeit mehr Gewicht verleiht. Man kann ihnen zwar mehr Dotationen verschaffen; aber ein gesetzgeberischer Eingriff in die Verfassung - 1876 ist die General-Synodalordnung erlassen[9] - komme nicht in Frage. „Die katholische Kirche ist im preußischen Staate ursprünglich im Gastrecht gewesen, und daraus ist allmählich ein Mitbesitzer des Hauses geworden; aber der ursprüngliche Besitzer ist immer der preußische Staat gewesen, und eine solche Gleichstellung führt uns zum Nonsens", so *Bismarck*.[10]

Die Kirchenleitungen der Landeskirchen, insbesondere Preußens, sind an die Krone gebunden. Es gibt zwar seit 1850 im Evangelischen Oberkirchenrat (EOK) Berlins einige aktenkundige Anläufe der Kirchenleitung, die Emanzipation der Kirchenbeamten und Geistlichen von der Kultusbürokratie zu erreichen, ohne Erfolg.[11] Der Summepiskopat wird im 19. Jahrhundert und im zweiten Reich als persönlicher Annex des Königs verstanden, nicht mehr der Landeshoheit, wie noch im Osnabrücker Friedensschluß von 1648. Als die Hammerstein-Fraktion der Altkonservativen – *Wilhelm von Hammerstein* ist Hauptredakteur der sogenannten Kreuzzeitung – den Antrag im Landtag einbringt, die evangelische Landeskirche aus der Kultusbürokratie zu entlassen und zu verselbständigen – was natürlich auch im Blick auf die katholische Kirche von Bedeutung sein sollte – da stellt *Bismarck* wegen des berührten Kronrechts sogar die Kabinettsfrage.

Der EB fordert von Anbeginn an die Loslösung der Staatskirche von der Vormundschaft des Kultusministeriums, und zwar in dem Sinne einer größeren Aktivität der Kirche im Blick auf die deutsche und protestantische Öffentlichkeit. Die protestantische Kirche kann sich angesichts der Umschichtungen in der kulturellen Orientierung des neuen Reiches nicht mehr anbinden lassen. Sie muß frei sein, sich an die Öffentlichkeit zu

---

[8] ebd., 182.

[9] *Ernst-Rudolf Huber / Wolfgang Huber*: Staat und Kirche im 19. und 20. Jh. Dokumente zur Geschichte des dt. Staatskirchenrechts Bd. II: Staat und Kirche im Zeitalter des Hochkonstitutionalismus und des Kulturkampfes 1848-1890, Berlin 1976, 943ff.

[10] wie Anm. 7.

[11] wie Anm. 9, 305ff.

wenden, muß öffentliche Arbeit leisten, muß ihre Argumente für die protestantische Tradition und den Grund des christlichen Bürgertums darlegen können.

IV. Freier Zugang zur Öffentlichkeit

Es geht dem Evangelischen Bund nicht einfach um ein vordergründiges Besitzstandsdenken, auch nicht um die – von der Landes- und Territorialgeschichte her gewohnte – Aufrechterhaltung der Stellung als Leitkultur oder als landrechtlich geschützte Kirche. Er nimmt durchaus wahr, daß sich mit dem Übergang in die Formation des Reiches hinein auch der Staatsgedanke in Richtung Parität verändert. Das Paritätsthema spielt noch um die Jahrhundertwende eine Rolle. Aber die Kultuspolitik *Falks* geht von dem Gedanken aus, daß sich der weltlich-säkulare Staat von den Konfessionen und Kirchen loslösen und einzig seiner Selbsterhaltung, aber unter Einschluß der Kulturhoheit, dienlich sein muß. Er beansprucht für sich und seine Bürokratien das Letztrecht in Sachen Wirtschaft, Justiz, Schule und Kirche.

Der Bund bejaht die Autonomie des weltlichen Staates - auch die auf sie zulaufende Entwicklung der neuzeitlichen Kultur, insbesondere das freie geistige Leben im Volk, er lehnt aber die Gängelung der Kirche durch den Staat ab.

Bismarck sucht sich später in seinen „Gedanken und Erinnerungen"[12] von der *Falk*schen Kultuspolitik zu distanzieren, als ob er von ihr keine rechte Notiz genommen habe. Aber er denkt darin technokratisch: Die katholische Minderheit kann – besonders angesichts der Veränderungen seit dem Ersten Vatikanischen Konzil und der starken inneren Bindungskraft des deutschen Katholizismus – in ihrer Eigenverfassung nicht unberücksichtigt bleiben. Damit tritt ein politisches Argument der Machtstabilisierung ein, das besagt, daß es im neuzeitlichen Staat Gruppen und Körperschaften eigener Prägung geben muß und daß er keinesfalls gegen sie regieren kann. Der Gedanke der regionalen und kulturellen Selbstverwaltung ist – unabhängig vom Subsidiaritätsprinzip – ohnehin in der preußischen Verwaltung seit den *Stein*schen Reformen geläufig.

Aus der Sicht des EB ist dies zu wenig. Denn hinter dem Politischen und hinter den staats- und kirchenrechtlichen Bindungen steht im Zusammenhang des neuen ‚Reiches' die Aufgabe einer Gestaltung der kulturellen Zusammengehörigkeit des geistigen ‚Lebens der Nation', wie *Lagarde* es nennt. Der EB will keinesfalls zum ‚christlichen Staat' im Sinne *Friedrich Julius Stahls* oder der preußischen Konservativen zurück; denn man kann die eingetretene Entwicklung nicht zurückhalten. Aber der Staat muß sich – um seiner selbst willen – zu den traditionellen Grundlagen bekennen, aus denen er geworden ist. Er muß die evangelische

[12] München 1982.

Kirche schützen, und dies tut er, indem er die Parität nicht zu einer Imparität verkommen läßt. Bundesmitglieder versuchen in Analysen den Nachweis zu erbringen, daß der Grundsatz der Parität als rein formalrechtlicher Grundsatz praktisch in eine Imparität umschlägt, wenn der katholischen Kirche die volle Verbandsfreiheit gewährt wird, der evangelischen Kirche aber nur das Schicksal der Staatskirche verbleibt. So hat selbst der Staatsrechtler *Gerhart von Schulze-Gaevernitz* in seinem „Lehrbuch des deutschen Staatsrechts“ geurteilt, daß „eine Verallgemeinerung von Grundsätzen, die nur auf eine Kirche passen, nicht zur Parität, sondern zur Imparität [führt]“.[13] Der EB folgt dabei nicht dem Rechtspositivismus der Zeit, sondern beharrt auf einer an Wertorientierungen gebundenen Politikauffassung.

Der Protestantismus muß darum Zugang zur freien, organisierten Öffentlichkeitsarbeit gewinnen, und wenn dies den Landeskirchen wegen der Staatsbindung nicht möglich ist, dann muß ein ‚Bund‘ dafür subsidiär in die Aufgabe eintreten. Im zweiten Reich entsteht erst allmählich durch die neuen Pressetechniken so etwas wie eine Öffentlichkeit im neuzeitlichen Sinne, die auch auf parlamentarischen Wegen politische Einflüsse gewinnen kann – Möglichkeiten also, die die revidierte preußische Verfassung nicht geboten hatte. Der EB will die ‚Vertretung der protestantischen Interessen‘ in Distanz zur staatlichen Kultuspolitik.[14]

Richard Adelbert Lipsius schildert in der Flugschrift „Zehn Jahre preußisch-deutsche Kirchenpolitik“[15] die Vorgänge bei den Novellierungen der *Falk*'schen Kulturkampfgesetze. Vordergründig: Die Parteien sind des Streitens müde; das Zentrum gehört mit den Konservativen und der Fortschrittspartei zur Mehrheit des Reichstags. Politische und wirtschaftliche Fragen spielen dabei eine Rolle. Ein Gefühl des Verlassenseins, des Zornes über den kirchenvergessenen *Bismarck*, über dessen politischen ‚Realismus‘ kennzeichnet diese Schrift. Freilich muß man von heute aus fragen, mit welchem Recht die Protestanten und die Kultusbürokratie der katholischen Kirche Behinderungen auferlegen, so daß die Arbeit der Orden, die Theologenausbildung, die Besetzung von Bischofsstühlen und Pfarren, die Abhaltung von Gottesdiensten, die Ehebestimmungen des kanonischen Rechts unmöglich gemacht werden. *Lipsius* nennt dafür keine theologischen, sondern politische Gründe: „Die

---

[13] Lb. des dt. Staatsrechts Bd. 2, Leipzig 1896, 674.

[14] *Beyschlag*: Das preußische Paritätsprinzip. Eine kirchenpolitische Zeitfrage, Halle 1896; ders.: Was ist Rom gegenüber der ev. Christ seiner Kirche und seinem Vaterland schuldig?, Halle 1882; *Otto Frick*: Der Begriff der Nationalität und der Nation, Berlin 1870; *Friedrich Nippold*: Die Hemmungen des dt. Protestantismus in der Wahrnehmung seiner Interessen (FEB 141), Leipzig 1897; *Richard Drache*: Parität-Imparität. Eine staatsrechtliche Betrachtung (FEB 68), Leipzig 1892.

[15] (FEB 11), Halle 1887.

Falk'schen Gesetze beruhten auf einem einheitlichen Gedanken im großen Stil: Sie unternahmen den Versuch, den römischen Klerus deutsch zu machen, treu dem Kaiser und Reich und teilhaftig unserer nationalen Bildung."[16]

Der bürgerliche EB meint, daß das ‚Reich' auch innerlich kulturell von Geschlossenheit sein müsse. Seine Glieder sind davon überzeugt, wie *Lipsius* es ausdrückt, „daß die römische Kirche und der moderne Staat einander ausschließende Gegensätze sind".[17]

Hier stoßen wir auf eine Spannung in der Zielsetzung des Bundes: Einerseits stellt er den Schritt auf den Pluralismus der neuzeitlichen Gesellschaft hin dar, indem er den monolithischen Katholizismus abweist und sich selbst als freiheitlich-bürgerliche Bewegung begreift. Andererseits vertritt er eine Vorstellung von der kulturell-religiösen Geschlossenheit und Einheit der Nation, die für sich den nationalen Fortschritt reklamiert und doch im Blick auf die Zeitlage (und die Wirkungsgeschichte) unrealistisch, ja äußerst problematisch ist. Darum ist es für die Beurteilung der Frühgeschichte des EB aufschlußreich, ob und wieweit er sich in seiner Entwicklung vom Nationalismus des Neubürgertums letztlich doch dominieren läßt oder nicht.

V. Sammlung der bürgerlichen Mitte

In Frankfurt am Main findet vom 15. bis 17. August 1887 die erste größere Versammlung statt. Die Sachsen und Thüringer sind dort stark vertreten, danach die Württemberger und Rheinländer, zusammen 244 Bundesmitglieder, dazu noch 50 Vertreter aus Frankfurt selbst und etliche Gäste, während die nördlichen und östlichen Gebiete Deutschlands als „unvorbereitet" bezeichnet werden.[18] Bis August 1888 werden die Zahlen in Preußen unverhältnismäßig hoch steigen, über 5000. Der Bund wird ein Jahr später bereits eine Mitgliederschaft von über 40 000 aufweisen können. Diese Entwicklung der Mitgliederzahlen belegt, daß der EB in der bürgerlichen Öffentlichkeit ein erhebliches Echo findet, daß er eine ‚Marktlücke' gefunden hat. Aber das besagt noch nichts über seinen kulturellen und politischen Einfluß auf das Reich. Der Gedanke des Bundes ist in seiner „Neuheit und Unentwickeltheit"[19] der Situation im Reich angemessen. Während der Protestantenverein eine auf Synoden und Universitäten ausgerichtete theologische Richtungsvertretung ist, die positive Union und andere Richtungen synodale Parteien darstellen oder die Freunde der „Christlichen Welt" einen liberalen Literaturkreis bilden,

---

[16] ebd., 26.

[17] Zehn Jahre preußisch-dt. Kirchenpolitik (FEB 11), Halle 1887, 26.

[18] Vorstand des EB (Hg.): Ber. über die erste, konstituierende Versammlung des EB zu Frankfurt a.M. 1887, Halle 1887, 4, 14f.

[19] ebd., 6.

wendet sich der Bund an die Öffentlichkeit. Er ist eine Medienzentrale: er nimmt Informationen über die kirchliche Situation auf und gibt sie verarbeitet weiter. Dem dienen unter anderem der Preßverband, die grünen Blätter, die Flugschriften, die Mitteilungen über die konfessionellen Verhältnisse in Württemberg, die kirchlichen Aktenstücke, die Broschüren und Vorträge, die Buchhandlung des Bundes in Leipzig – eine erstaunliche Fülle von Angeboten, die ein Doppeltes voraussetzt: das protestantische Positionsbewußtsein und die Aufnahmebereitschaft der Adressaten. Der Bund wendet sich an die Öffentlichkeit mit dem Ziel, die landeskirchlichen Grenzen über ganz Deutschland hinweg durchlässig zu gestalten, den Protestantismus zu sammeln und in der Gesellschaft diejenigen zu informieren, die noch ein protestantisches Bewußtsein besitzen oder in denen es doch wieder neu ansprechbar ist.

Karl Heinrich Vieregge sagt in Frankfurt: „Nicht ein einzelner Verein im Gegensatz gegen andere Vereine, und noch viel weniger ein einseitiger Verein, ein Werkzeug im Dienste irgendwelcher Partei [...], sondern der gemeinsame Boden möchte er [der EB] sein, auf dem sich zusammenfinden alle, deren Herz voll und schwer ist von den Gefahren der Gegenwart, vorab von den Gefahren, die unserer evangelischen Kirche drohen.“[20]

Von Anbeginn an dominiert die bürgerliche Mitte. Der Schriftführer, Konsistorialrat *Coelestin Leuschner*, erstattet in Frankfurt 1887 folgenden Bericht: „Weiter wird es von Interesse sein zu hören, in welchem Verhältnis sich die einzelnen Stände und Berufsarten beteiligt haben, - eine für die evangelische Kirche, insbesondere aber für dieses Unternehmen hochwichtige Frage. Hierfür können im Ganzen nur 6536 Mitglieder in Betracht genommen werden, da die Übrigen uns bisher nicht namentlich genannt sind. Von jenen 6536 gehören 1998 dem geistlichen Stande an – 30 Prozent, und 4538 dem Laienstande – 70 Prozent; ein der Entwicklungsstufe, worin der Bund sich zur Zeit noch befindet, angemessenes Verhältnis. Überall da, wo man über das Stadium der Einzelwerbung hinaus und zur Organisation fortgeschritten ist, bildet das Laien-Element einen weit hervorragenderen Teil. Den 1998 Geistlichen stehen zur Seite: 1329 Lehrer (127 Universitäts-Lehrer, 541 akademisch gebildete Lehrer, 547 Volksschullehrer), 830 Fabrikbesitzer, Kaufleute und Gewerbetreibende aller Art, 823 Beamte und Juristen (in Württemberg ununterschieden 108; im Übrigen 189 höhere Staatsbeamte, 256 staatliche Subalternbeamte, 113 Kommunalbeamte und 157 Juristen); ferner 315 Studierende aller Fakultäten, 201 Landwirte (in Württemberg ununterschieden 17, im Übrigen 50 Rittergutsbesitzer, 134 Rentleute und bäuerliche Grundbesitzer); ferner: 192 Handwerker, 156 Rentiers, 98 Ärzte, 98 Kandidaten der Theologie, 38 Militärpersonen, 22 Ingenieure, Chemiker u.s.w., 21 Literaten, 14 Arbeiter, 5 Künstler. – Dazu ohne Angabe des Berufs: 189. End-

---

[20] ebd., 47.

lich: Frauen. – Von den hier aufgeführten 4538 Laien gehören 109 dem Adel an, ein Mitglied dem höchsten Adel. – Wenn in vorstehender Übersicht die unteren Stände, insbesondere der Arbeiterstand, in auffälliger Weise zurückstehen, so ist zu beachten, daß sie den erheblichsten Teil der dem Bunde beigetretenen Gemeinden und Vereine und wohl auch die Mehrzahl derer ausmachen, welche mit Beiträgen unter einer Mark sich angeschlossen haben und deshalb von den Vorständen der Ortsvereine nicht zahlenmäßig nachgewiesen sind."[21]

Daß die Arbeiter in Anbindung an die korporative Mitgliedschaft der Gemeinden eine erhebliche Rolle spielen, muß man bezweifeln. Wenn man den Evangelischen Bund aus der Herkunft seines Sammlungsmotivs als eine mehr altbürgerliche Richtung unter den neuen Wertprägungen des Reiches betrachtet, dann stellt sich die Frage, wie es eigentlich zum Anti-Romanismus und Anti-Ultramontanismus gekommen ist. Viele sprechen damals anstatt vom Evangelischen Bund vom Evangelischen Hund; er könne den Kulturkampf nicht vergessen, werfen ihm oftmals der „Leo" und die „Germania" vor. Sowohl für die Kirchenleitungen als auch für die Kultuspolitik von *Robert von Puttkamer* stellt er eine Störung dar.

VI. Der konfessionelle Antagonismus im Reich

Wir machen uns kaum noch eine Vorstellung von der wütenden, bissigen Militanz der katholischen Kreise und ihrer Zeitungen. *Leopold Witte* berichtet 1887[22], daß im Jahr 1857 in Deutschland 213 größere Zeitungen bestehen, davon sechs katholische. Im Jahr 1887 sind die katholischen Zeitungen auf 189 angestiegen mit einer Auflagenhöhe von geschätzt 1085300. Seit 1881 gibt es bei der katholischen Bischofskonferenz ein Preßdirektorium mit Theologen, Juristen und einem Sekretär.

Die Äußerungen der katholischen Presse hinsichtlich der Einschätzung der Protestanten geben unmittelbar wieder, was die Leitlinie schon der Pius-Päpste, des Syllabus, der Mischehengesetzgebung der römisch-katholischen Kirche ist: Die Protestanten sind acatholici, will sagen Nichtchristen. In den Flugschriften des Bundes sammeln sich die Informationen darüber, was dies in der Praxis besagt: katholische Siedlungspolitik, Wiedertaufen, Eheverweigerungen, Versteigerung von Waisenkindern, im Fall *Friedrich Wilhelm Thümmel* die strafrechtliche Verfolgung eines evangelischen Pfarrers im Rheinland, der sich nicht zur Anteilnahme an der Fronleichnahmsprozession zwingen läßt und den ‚Frieden' stört, die diplomatischen Anerkennungen der katholischen Kirche durch den Staat, eine nahezu uferlose Liste von Vorfällen.

---

[21] ebd., 15.

[22] Welche Aufgaben erwachsen dem geistlichen Amte aus der gegenwärtigen Angriffsstellung Roms? (FEB 7), Halle 1887, 14f.

Der deutsche Katholizismus dieser Zeit bewegt sich seit *Leos XIII.* Stuhlbesteigung in der Linie einer Rekatholisierung Deutschlands. Äußerungen dieser Art durchgeistern den Evangelischen Bund, bis hin zur Wunschmeldung, daß die Hohenzollern, die ja auch schon einmal 1613 konvertiert seien, Neigung besäßen, sich dem Katholizismus anzuschließen. Aber das politische Klima ist noch vergifteter: Die kirchliche Trennung wird zur nationalen, zur Trennung des Volkes, und zwar bewußtermaßen. Prälat *Franz Hülskamp*, sagt anläßlich der Generalversammlung der Katholiken in Trier am 30. August 1887: „Was sollen wir lesen? Wir scheiden aus der Gegenwart alles aus, was nicht katholischen Ursprungs ist; die Klassiker lesen wir in gereinigten Ausgaben; um die Literatur auf akatholischer und antikatholischer Seite brauchen wir uns nicht zu kümmern."[23]

Es gibt neuere Untersuchungen zur Geschichte katholischer Blätter wie „Leo" und „Germania"[24], die auf das Ergebnis hinauslaufen, diese Blätter hätten das Ziel verfolgt, die Kluft zwischen der katholischen Minderheit und dem Reich zu vermindern. Das heißt, es wird publizistisch der Versuch unternommen, von katholischer Seite auch zum Hohenzollern-Staat ein Verhältnis der Staatsloyalität aufzubauen. Wenn diese These richtig ist, dann kommt doch zugleich das Problem der konfessionell bestimmten Schichtenkulturen in Sicht: Es wird zwar der Staat von katholischer Seite bejaht, aber nicht die Gemeinsamkeit des Staatsvolkes. Im Staatsvolk besteht ein kirchlich-konfessioneller Antagonismus, gerade aus katholischer Sicht. Die Kultursperre zwischen den Kirchen ist das aufregende Hemmnis für die Entwicklung des neuzeitlichen deutschen Staates. Damals ist keine der Kirchen bereit, auch für die andere Kirche und deren Kulturbereiche eine irgendwie bemessene Verantwortung mit zu übernehmen. Man möchte sagen: Der Katholizismus bekommt im Anti-Ultramontanismus des EB denjenigen Protestantismus, der auf seinen Topf paßt wie ein Deckel! Ohne den EB und dessen Gründungsväter in Schutz nehmen zu wollen – auch dort gibt es viele nationale und theologische Übersteigerungen, die besser nicht gedruckt worden wären –: die katholische ‚Kaplanpresse', wie *Bismarck* sie genannt hat, ist unter der direkten Leitung der Bischöfe im vollen Sinne dafür mitverantwortlich, daß sich im zweiten Reich ein unheilvoller Antagonismus, eine die politische Rationalität und den Frieden auf lange Jahrzehnte hinaus ins Faschistoide hinein prägende Kampfsprache einstellt: Politik als Kampf um die Alleinherrschaft von ‚Weltanschauungen'.

[23] ebd., 15.

[24] *Josef Lange*: Die Stellung der überregionalen kath. dt. Tagespresse zum Kulturkampf in Preußen (1871-1878) (EHS.T, 3/40), Bern/Frankfurt a.M. 1974; *Ulrich Fohrmann*: Trierer Kulturkampfpublizistik im Bismarckreich. Leben und Werk des Preßkaplans Georg Friedrich Dasbach, Trier 1977.

Als Beispiel für die Kampfsprache der Zeit möchte ein von einem katholischen Anonymus zum Neujahr 1887 dem „Rheinisch-Westfälischen Gustav-Adolf Blatt“ eingesandtes Gedicht dienen.[25]

Nun stimmet an den Pillalu! (irischer Leichengesang)
Das Luthertum stöhnt ach und weh,
Es ist empört bis in die Zeh’,
Weil Rom und die Katholica
– Ein Fels voll ewger Gloria –
Nicht zu besiegen ist.
Darum weinet laut den Pillalu!
O oru, oru ollalu!

Ja, zetert nur den Pillalu,
Ihr schwed’schen (!) Ketzer, zetert wild!
Vom Fels zu Rom ergießt sich mild,
Das „Licht vom Himmel“ gießt sich aus
Direkt ins Hohenzollernhaus.
Ob zetert ihr den Pillalu,
Mit eurer Herrschaft ist es aus!
O oru, oru, ollalu!

Ja, weinet nur den Pillalu!
Denn echte Deutsche seid ihr nicht:
Ein Zwittervolk, voll Rebellion.
Doch wartet ab! Es wird Euch schon
Die Wahrheit lehren unser Geist.
Und euer Schwede, den ihr preist,
Ist abgethaner, alter Kram, –
Verflucht, wer mit ihm wollte gahn!

Ja, weinet laut den Pillalu!
Der Ketzertrug, den ihr gewebt
Von Roms Prälaten hoch und hehr,
Ist Mottenfraß, reüssiert nicht mehr!
Drum weinet laut den Pillalu!
Tragt klagend euren Dreck zur Gruft!
O oru, oru, ollalu!

Wir singen keinen Pillalu!
Wir haben echtes, deutsches Blut,
Und, voll von Katholiken-Mut,
Stimmen wir das Tedeum an,
Und unser Patrioten-Reis
Begießen wir mit Glaubensfleiß.
Wir sind die deutschen Eichen,
Die keinem Ketzer weichen!

[25] zit. in: wie Anm. 22, 11.

VII. Der ‚Romanismus' und sein Herrschaftsanspruch

Der Bund betont – seit Gründungszeiten – immer wieder, daß es ihm um ein Convivium mit den Katholiken innerhalb von Reich und Nation zu tun ist. Schon *Beyschlag* unterscheidet in seinem Vortrag über den Altkatholizismus in Frankfurt 1887 zwischen Romanismus und Katholizismus[26]. Die Katholiken werden, trotz aller Verschiedenheit, als Mitchristen angesehen, die man sogar zu Freunden gewinnen kann. In diesem Sinne beschreibt er die Altkatholiken als das Tor in den Katholizismus hinein, als den reformwilligen Katholizismus, dem sich die Protestanten verwandt wissen.[27] Die Romanisten hingegen sind die, die in Form geheimer Wühlarbeit die Ziele einer katholischen Vorherrschaft verfolgen, und diese Ziele sind in den päpstlichen Lehrentscheidungen seit dem Syllabus und dem Ersten Vatikanischen Konzil grundgelegt. Von daher kommen in die protestantische Theologie Anstöße hinein, die eine enge Verbindung zwischen Theologie und Politik erzwingen. Von dieser damaligen politischen Theologie des Evangelischen Bundes her sind Aussagen und Linien innerhalb seines Selbstverständnisses zu begreifen, die auch manches Problematische beinhalten, so eben diesen reichsnationalen Triumphalismus, der sich als die tragende politische Kultur ausgibt und mit dem sich dann auch ein Teil der späteren Anstöße der *Luther*-Renaissance amalgamieren werden.

Zunächst sei der Vorwurf zitiert, den *Gustav Adolf Fricke* auf der Frankfurter Versammlung gegen die Katholiken, besser: die Romanisten erhebt: „Und täuschen wir uns darüber nur nicht, meine teuren Brüder, mag es auch immer wieder von neuem in Abrede gestellt werden, es geht doch durch diese ultramontanen Kreise ein Geist der Vaterlandslosigkeit."[28]

Die evangelischen Kirchen stehen zum Staat in einem besonderen Treueverhältnis und fordern darum auch ein besonderes Schutzverhältnis des Staates den Kirchen gegenüber. Allein *Martin Rade* nimmt sich einmal die Freiheit zu sagen, daß es nun im paritätischen Staat auch der katholischen Kirche gestattet sei, sich und ihre Orden auszubreiten.[29] Im übrigen jedoch gibt es schon früh eine argumentative Beziehung zwischen der Ideologie der neuen deutschen „Weltgeltung" und der „wesenhaften" Bedeutung des reformatorischen Protestantismus für das neue Deutschland. Dieses Geschichtsbild ist aber das Gegenbild zu demjenigen, das sich seit *Pius IX.* und *Leo XIII.* innerhalb des deutschen Katholizismus ausbreitet.

---

[26] Der Friedensschluß zw. Deutschland und Rom (FEB 4), Halle 1887.

[27] vgl. *Eugen Hämmerle*: Wahrnehmung und Begegnung. Altkatholiken und Orthodoxe und die ersten Jahrzehnte des EB, in diesem Bd., 497-511.

[28] wie Anm. 18, 73.

[29] Unsere Landgemeinden und das Gemeindeideal (EvsocLtfr 2/1), Leipzig 1891, 32-60.

Der katholische Sozialreformer *Franz Hitze* schreibt beispielsweise in seinem Buch „Die soziale Frage" folgendes: „Das Christentum muß, das Christentum wird die Welt retten; aber nur das volle Christentum, wie es sich repräsentiert in der katholischen Kirche. Das protestantische Prinzip, speciell wie es in der Reformation zur Erscheinung gekommen, hat sich in allen seinen Beziehungen zum Leben entwickelt, hat sich ausgelebt. Seine konsequente letzte Entwicklung endete im Nihilismus; Rationalismus, Pantheismus, Materialismus und im politischen, socialen Gebiete: Liberalismus, Socialismus sind die Durchgangspunkte dieser Entwicklung."[30] Dieses Geschichtsbild dient bei *Hitze* der sozialpolitischen Argumentation und Agitation. Seinen Ursprung hat es in den polemischen *Luther*-Darstellungen seit der Reformationszeit. Seine Aktualisierung findet es bei *Pius IX.* und vor allem bei *Leo XIII.*[31]

Bereits in seiner Zeit als Erzbischof von Perugia vertritt *Leo XIII.* die These, daß die protestantische Reformation der Ursprung von Kommunismus, Socialismus und Atheismus sei – eine These, welche die Schule von *Josef Lortz* noch nicht hat aus der Welt schaffen wollen. Dieses Geschichtsbild ist von größerer als nur konfessionskundlich-polemischer Bedeutung. Gerade weil es eine Kulturtheorie beinhaltet, die von einer nahezu dualistischen Irrationalität getragen ist, wirkt es als Freund-Feind-Scheidung in die Nationbildung des ausgehenden 19. Jahrhunderts in Deutschland hinein. Sie hat zwei wichtige Funktionen: Sie verweigert die Anerkenntnis eines autonomen, aus der Renaissance und dem barokken Neustoizismus des 17. Jahrhunderts quellenden Kulturschubs, und zum anderen dient sie als Legitimationsfigur für die eigenen sozialen und politischen Rettungstheorien.

Bei *Leo XIII.* ist dieses Schema von protestantischem Verfall und katholischem Neuaufbau in seine Konzeption einer neuen potestas spiritualis in temporalibus eingefügt, mit der dieser Papst den Weg zum neuzeitlichen Staat zwischen Monarchie und Republik zu gehen versucht. Bereits in seiner Enzyklika „Inscrutabili" vom 21. April 1878 bezeichnet er die (katholische) Kirche als Mutter der Zivilisation und untermauert dies damit, daß alle wissenschaftliche Philosophie nach Auffassung des Neuthomismus nicht im Gegensatz zur Offenbarung (und zum Lehramt) stehe, sondern auf den Weg dahin führe. Ohne Abstriche wird die staatliche Zivilehe als Konkubinat bezeichnet, werden die Katholiken auf die kanonischen Ehebestimmungen hin verpflichtet. Der Papst fordert den Ausbau des katholischen Vereinswesens im Anschluß an das unfehlbare Lehramt und die Bischöfe. Der Katholizismus erscheint als ein universales und

---

[30] zit. in: *Weber*: Die sociale Organisation des röm. Katholicismus in Deutschland (FEB 21), Halle 1888, 5.

[31] wie Anm. 9, Bd.3: Staat und Kirche von der Beilegung des Kulturkampfes bis zum Ende des Ersten Weltkrieges, Berlin 1983, 335ff.

totales, die weltlichen und geistlichen Lebensbereiche umfassendes System der neuzeitlichen Vergesellschaftung.

Am 21. Juli 1881 wird die Enzyklika „Diurturnum illud“ über den Ursprung der bürgerlichen Gewalt veröffentlicht. Darin wird – was schon *Martin Luther* meint – der Ursprung der weltlichen Gewalt unmittelbar in Gottes Willen begründet. Aber zugleich wiederholt *Leo XIII.* die These vom protestantischen Ursprung der modernen Verfallserscheinungen.

Am 1. November 1885 erläßt *Leo XIII.* die Enzyklika „Immortale Dei“, in der er die beiden Gewalten des Staates und der Kirche so einander zuordnet, daß beide Größen im Dienst an der Kirche zusammenwirken müssen, die kraft ihrer geistlichen Gewalt und im Blick auf Ziel und Zweck dem Staat als die Seele übergeordnet erscheint. Das christliche Europa verdankt sich dieser Zusammenarbeit von Staat und Kirchen, nicht allein in der Vergangenheit, sondern auch in der Gegenwart und Zukunft. Welche Verfassung dabei der Staat einnimmt, ist nicht entscheidend. Wesentlich ist jedoch, daß er seine Aufgabe gegenüber der Kirche und dem Heil erkennt, der Kirche seinen rechtlichen Schutz gewährt und vor allem zwischen den Religionsgemeinschaften keine formale Gleichstellung vornimmt. Die Toleranz und Freiheitsergebnisse des Protestantismus und der Aufklärung sind verwerflich. Es gibt keine Trennung von Kirche und Staat. Beide müssen zusammenwirken zur Abwehr des Liberalismus, der Volkssouveränität und des Protestantismus. Die Enzyklika „Libertas praestantissimum“ vom 20. Juni 1888 verurteilt abermals die modernen Freiheiten in den Bereichen von Kultur, Presse, Schule, Rede und Lehre.

Die Verlautbarungen *Pius IX.* und *Leos XIII.* sind in sich ein Programm der katholischen Leitkultur in Deutschland, in Europa und in der Welt überhaupt. Für die Väter des Evangelichen Bundes konkretisieren sich diese Theorien in einer Praxis, die in einer Fülle von einzelnen Schritten erfahren wird. Ihnen gegenüber entwickeln sie die umgekehrte Theorie vom Protestantismus als der traditionellen Leitkultur des zweiten Reiches, und dies ist der Punkt, wo in der Entwicklung der Flugschriftenliteratur zu beobachten ist, daß die eigentlich theologische Auseinandersetzung mit Rom, wie sie beispielsweise in der Kampagne gegen das Hirtenschreiben der deutschen Bischöfe[32] in einer übrigens von beiden Seiten zurückhaltenden Weise ausgetragen wird (1889), übergeht in politisch-kulturelle Auseinandersetzungen, bei denen das reichsnationale Pathos derer aufgenommen wird, die sich im Neubürgertum deutsch-national und christlich gebärden, aber nicht im Sinne kirchlicher Gemeinschaft, sondern im Sinne jenes wilhelminischen Nationalpathos, von dem eingangs kurz die Rede gewesen ist.

---

[32] Gemeinschaftl. Hirtenschreiben der Hochwürdigsten Herren Erzbischöfe und Bischöfe, welche am 20. August 1889 in Fulda versammelt waren (FEB 40), Leipzig 1890.

VIII. Protestantische Kulturaufgabe

Auf der erwähnten Frankfurter Versammlung sagt *Rudolf Ehlers* noch ganz in der freiheitlichen Linie des Protestantismus: Viele Menschen seien der Meinung, „es gäbe nur zwei durchgreifende Gewalten in der Welt, die polizeilich-militärische des Kaisers und die gewissenslenkende des Papstes. Lassen Sie uns diese Tage dazu auskaufen, es weithin deutlich zu machen, daß es noch eine andere weltgeschichtliche Macht gibt, die Macht des Glaubens an das Evangelium, die Macht der Freiheit eines Christenmenschen."[33]

Carl Thönes faßt in einer Flugschrift den Traditions- und Kulturanspruch des Protestantismus als Ergebnis der Geschichte so zusammen, daß der „Staat der Gewissens-, Glaubens–, Bekenntnis-, Denk- und Preßfreiheit, der Staat der Toleranz und Parität, zu denjenigen Früchten gehört, die uns die Saat der Reformation gebracht hat".[34] Noch deutlicher sagt es *Wilko Levin Graf von Wintzingerode-Bodenstein*, der erste „Präses" des EB: „Wir rühmen uns in Deutschland, daß die Grundlage unserer Kultur, unsrer Staatseinrichtungen, der hohe Durchschnittsstand der Volksbildung auf den Segnungen der Reformation beruhe, daß der Geist der Reformation es sei, dem wir das Bewußtsein der Selbstverantwortung, das ausgeprägte Pflichtgefühl, den Gemeinsinn weiter Bevölkerungsschichten, dem wir das Glück verdanken, den sozialen Gefahren der Gegenwart nicht nur abwehrende Gewalt, sondern aufbauende, das Gepräge werktätigen Christentums tragende Schöpfungen entgegenstellen zu können."[35]

Auch dies ist eine Kulturtheorie, und sie besitzt mit der des Katholizismus darin eine gewisse Ähnlichkeit, daß sie die derzeitige Volkskultur oder Gesellschaftsverfassung sehr einseitig auf den konfessionellen Ursprung zurückleitet. Aber in dieser Sicht sind die Zugewinne der Aufklärung, der Toleranz, der Parität und vor allem der allgemeine Bildungsfortschritt mit einbezogen, während der Katholizismus diese Phänomene ja weithin als Emanzipation illegitimer Art auffaßt. Wie nun auf protestantischer Seite mit der Tatsache umgegangen wird, daß eben aus dieser aufgeklärten Geisteshaltung heraus sich auch die Tendenz zu Unchristlichkeit oder doch jedenfalls zur Distanzierung von der Kirche herleitet, das wiederum stellt auf Seiten des Bundes eine nicht bewältigte Fragestellung dar. Ob sich bei den Gründungsvätern nicht doch auch ein hegelscher Entwicklungsoptimismus kundgibt, das wäre Aufgabe weiteren Nachfragens.

Jedenfalls ist das kulturelle und politische Hochgefühl mit einem theologischen Wort-Gottes-Pathos verbunden, das mehr einen kulturpolitischen Anspruch anmeldet, als ein theologisches Bekenntnis darstellt. So äußert sich *Witte*: „Wir haben die Macht des Wortes Gottes und den gott-

[33] wie Anm. 18, 6f. [34] (FEB 24), Halle 1888, 17.

[35] Ansprache an die Vollversammlung, in: wie Anm. 18, 67.

menschlichen Heiland selbst auf unserer Seite gegenüber der menschlichen Überlieferung und dem eigenwilligen Stellvertreter Christi auf Seiten Roms."[36] *Vieregge* sagt: „Nennen wir uns nicht immer noch, ohne Furcht und mit großer Freudigkeit ‚die Kirche des Wortes', und zwar nicht bloß in dem Sinne, daß wir das Wort haben, sondern auch im Sinne, daß wir des Wortes mächtig sind, daß wir es zu gebrauchen und zu bekennen wissen? [...] Wohlan denn, du evangelische Gemeinde, erwecke die Gabe Gottes, die in dir ist."[37]

Karl Benrath hält ebenfalls in Frankfurt einen auf lange Zeit richtungsweisenden Vortrag über das Geschichtsbild des EB mit dem Thema „Über die nationale Bedeutung des deutschen Protestantismus". Das moderne Deutschland ist das Ergebnis der deutschen Reformation. Es gibt eine geschichtliche Achse zwischen Wittenberg und Weimar; die deutsche Sprache wird mit *Jakob Grimm* als protestantischer Dialekt bezeichnet. Das Schulwesen, die künstlerischen Leistungen, die Unterscheidung des Kirchlichen und des Religiösen (sic!), die Tonkunst, das Staatsverständnis usf. sind protestantischer Prägung. Es kommt zu Formulierungen wie „die geistigen Führer der germanischen Nationen" und von der „deutschen Theologie". Der Protestantismus ist eine „unentbehrliche und unersetzliche Triebkraft".[38] Ähnliches meint *Gustav Schulte* aus Erfurt, wenn er sagt, daß „allein der evangelische Glaube mit seiner Innerlichkeit, Selbsthätigkeit und Selbstverantwortung die Erziehung geistig und sittlich selbständiger, mündiger Persönlichkeiten ermöglicht".[39]

Von großer Bedeutung ist in diesem Geschichtsbild der Begriff des Protestantismus. Historisch oder systematisch wird dieser Begriff, soweit ersichtlich, nie geklärt. Er hat schon von *Friedrich Daniel Ernst Schleiermacher* her einen unionistischen Inhalt und vermag darum auch die konfessionellen Spaltungen des Protestantismus zu übergreifen. Der junge EB will als Sammlungsbewegung das Gemeinsame der reformatorischen Richtungen und Landeskirchen in den Vordergrund stellen. In sich selbst ist er keine konfessorische Einheit und will sie auch gar nicht herstellen; darauf weist ja auch seine landesverbandliche Verfassung. Er möchte die Landeskirchen in Beziehung zueinander bringen, aber er erstrebt doch keine Reichskirche. Insofern steht er aus dem engeren Kirchenwesen als Kultursammlung – die er sein will – ohnehin heraus. Sein argumentativer Ort ist darum auch nicht primär das Kirchenwesen, sondern ist die im Reich sich aufbauende Kultur der Nation. Er ist eine Art bürgerlicher Basisbewegung. Gerade deshalb ist ihm der derzeitige Romanismus so verdächtig, weil er von ihm – insbesondere von den Jesuiten und Orden – argwöhnt, daß er diesen Boden nicht betreten will, daß er vielmehr mit

---

36 wie Anm. 22, 33. 37 Der EB in Frankfurt (FEB 8), Halle 1887, 7.
38 wie Anm. 18, 95ff.
39 ebd., 112; *Schulze* wird an dieser Stelle versehentlich *Schultze* geschrieben.

der Revolution paktiert, wie überhaupt der Katholizismus in diesem Geschichtsbild die Mutter der Revolution ist.[40]

Der EB ist eine bürgerliche Bewegung und so, wie er sich gegen den Katholizismus abgrenzt, so grenzt er sich auch gegen die Sozialdemokratie ab. Dies auszuführen, ist hier aber nicht mehr der Raum gegeben. Der EB steht schon im Jahr 1888 vor der Aufgabe, positive Andeutungen zu vermitteln und zu zeigen, wie er sich die sozialisierende Kraft der protestantischen Kultur im einzelnen denkt. Schon zu dieser Zeit gibt es von *Emil Sulze*, dem bekannten Dresdner Geistlichen, die Schriften zur Gemeindebewegung[41] und sodann die Schriften von *Ludwig Weber* zur christlichen Arbeiterbewegung.[42] An manchen Stellen wird das frühe Zusammenarbeiten mit den katholisch-sozialen Gesellenvereinen bekundet, aber abgelehnt, daß sie von den Kaplänen und Bischöfen gelenkt werden. Ebenso gibt es weitere Flugschriften, in denen die Stellung gegenüber der Sozialdemokratie ablesbar ist. So sehr sie als Gegner erscheint, auch hier zeigen sich bemerkenswerte Abstufungen der Urteile. Die zunächst scharfe Ablehnung geht in den neunziger Jahren, also in den Jahren des Revisionismusstreites der SPD, in besonnenere Auffassungen über, so wenn es beispielsweise heißt, daß die Sozialdemokratie im Unterschied zu den Ultramontanisten ein offener, berechenbarer Gegner ist,[43] ja daß sie eine lernfähige Größe ist, während Rom sich nie ändern wird.

All diese Wandlungen im einzelnen sind nicht nur für die Geschichte des EB wichtig, sondern darüber hinaus überhaupt für die Geschichte des protestantischen, mittelständischen Bürgertums jener Zeit. Es will sich nicht nur kirchlich, sondern auch kulturell behaupten, weil es an seine Kulturaufgabe glaubt. Auch jene nationalistischen und teilweise triumphalistischen Töne, auf die man stößt, sind noch – so abträglich sie uns heute erscheinen – daraufhin zu prüfen, aus welchem Bindungszusammenhang heraus sie erklingen, aus dem Zusammenhang einer neubürgerlichen Traditionslosigkeit oder aber – wie im EB – aus dem Gefüge eines traditionalen Christentums heraus.

Der Evangelische Bund hat damals seine Augen nicht vor den Wandlungen seiner Zeit verschlossen. Er hat den Mut gehabt, das, was sich aus der Geschichte und aus der Tradition heraus als werthaft erweist, neu zu erfassen und inmitten der Wertkrise zu behaupten. Damit hat er zugleich auch die Konturen des Bürgertums in seiner respektabelsten Form mit ausgeprägt. Er hat vor allem eingesehen, daß dem christlichen Glauben und der Kirche keine Hilfe von außen geschenkt wird, wenn sie selber substanzlos oder glaubensschwach werden. Die einst gesetzten Zeichen sind es wert, wieder gesehen zu werden.

---

[40] vgl. ebd., 82. [41] Die Organisation der ev. Gemeinde (FEB 46), Leipzig 1890.

[42] Die Behandlung der sozialen Frage auf ev. Seite. Ein Bitt- und Mahnwort (FEB 15), Halle 1888; *Beyschlag*: Reformation und soziale Frage (FEB 50), Leipzig 1891.

[43] *Hermann Kremers*: Die größte Gefahr für unser Volk: Der Ultramontanismus (FEB 142), Leipzig 1897, 12-15.

Günter Brakelmann

Evangelischer Bund und evangelische Arbeitervereinsbewegung

I. Die Beziehung in ihren Anfängen

1882 ist das Gründungsjahr der Evangelischen Arbeitervereine. Mit Hilfe eines Lehrers und unter dem Protektorat nationalliberaler Kreise gründen evangelische Bergarbeiter in Gelsenkirchen einen Arbeiterverein, der sich folgendes Statut gab: „Der evangelische Arbeiterverein steht auf dem Boden des evangelischen Bekenntnisses und hat den Zweck: 1. Unter den Glaubensgenossen das evangelische Bewußtsein zu wecken und zu fördern; 2. die sittliche Hebung und allgemeine Bildung seiner Mitglieder zu erstreben; 3. ein friedliches Verhältnis zwischen Arbeitgeber und Arbeitnehmer zu wahren und zu pflegen; 4. seine Mitglieder in Krankheits- und Todesfällen zu unterstützen; 5. Treue zu halten gegen Kaiser und Reich."[1]

Der Punkt 1 ist zentral für das Selbstverständnis und für die praktische Vereinsarbeit. Der Verein ist ein Teil einer größeren konfessionspolitischen Gegenstrategie angesichts des Einflusses des kirchlichen und des politischen Katholizismus im Ruhrgebiet. Es existierten seit Jahren christlich-soziale Vereine unter Führung sozial engagierter Kapläne, die einen nicht geringen Einfluß auf die damals noch durchweg kirchlich orientierte und religiös gebundene Arbeiterschaft der Ruhrgebietsorte hatten. Hinzu kam der Einfluß des Zentrums, das als die parteipolitische Interessenvertretung des gesamten Katholizismus fungierte. Gegen dieses Syndrom eines sozialen und politischen Katholizismus versuchte sich eine evangelische Arbeitervereinsbewegung zu formieren. Und eine zweite Front hat man: die aufkommende Sozialdemokratie und die mit ihr zusammenhängende Gewerkschaftsbewegung. Es ging gegen den römischen Ultramontanismus wie gegen den atheistischen und obrigkeitsfeindlichen Sozialismus. Diese doppelte Frontstellung gegen die ‚Schwarzen' und die ‚Roten' strukturierte die interne Vereinsarbeit und die Öffentlichkeitsarbeit. Die sozial- und gesellschaftspolitischen Ziele kamen hinzu, standen aber in den Anfangsjahren der Bewegung nicht im

[1] vgl. Vf.: Die soziale Frage des 19. Jh., Bielefeld 1971, 186; ders.: Die Anfänge der Ev. Arbeitervereinsbewegung in Gelsenkirchen 1882-1890, in: Rheinland-Westfalen im Industriezeitalter Bd. 2, Wuppertal 1984, 40ff.

Zentrum. Bewußt evangelische Männer zu erziehen, die sich im Tageskampf gegen den ‚Aberglauben' des römischen Katholizismus und gegen den ‚Unglauben' des internationalen Sozialismus bewähren sollten, war die religiös-pädagogische und patriotisch-politische Aufgabenbestimmung.[2]

Es überrascht deshalb nicht, daß die evangelischen Arbeitervereine, die sich sehr schnell im Ruhrgebiet und dann an sozialen Brennpunkten auf Reichsebene ausbreiteten, der Gründung eines Evangelischen Bundes zur Wahrung der deutsch-protestantischen Interessen höchste Aufmerksamkeit zuwandten und Arbeitskontakte zu knüpfen versuchten. Zu den kirchlichen Zeitschriften, die den Aufruf des Evangelischen Bundes „An unsere Gesinnungsgenossen in ganz Deutschland!" vom 15. Januar 1887 abdrucken, gehört auch der „Evangelische Arbeiterbote", die „Wochenschrift für Arbeiter evangelischen Bekenntnisses". Dieser Arbeiterbote ist zu dieser Zeit das Verbandsorgan der Evangelischen Arbeitervereine von Rheinland-Westfalen. Für die Redaktion ist der Bergmann *Ludwig Fischer*, Mitbegründer und langjähriger Vorsitzender des Gelsenkirchener Vereins verantwortlich. Gedruckt wird der „Arbeiterbote" beim Verlag Hundt in Hattingen/Ruhr.

Von dieser Zeit an berichtet der Arbeiterbote kontinuierlich über die Entwicklung und über die Arbeit des EB. Dem Grundanliegen des Bundes wird „vollste Sympathie" entgegengebracht. Man beobachtet die Vorgänge seit der Erfurter Vorversammlung vom 5. Oktober 1886, bringt auch schon am 24. April 1887 den Anruf des provisorischen Vorstandes vom 13. April 1887 „An unsere evangelischen Glaubensgenossen."[3] In zwei Julinummern des gleichen Jahres wird über die Gründung des Rheinischen Zweigvereins des EB in Bonn ausführlich berichtet.[4] Die Eröffnungsrede des Pastors *Hermann Terlinden* aus Duisburg wird ebenso wie der Vortrag von Professor *Karl Benrath* über „Die Entwicklung der ultramontanen Presse in den letzten zwanzig Jahren" in ihren Hauptaussagen wiedergegeben. Dann heißt es in dem Bericht über die Versammlung weiter: „In den nunmehr folgenden Verhandlungen, in deren Verlauf auch Pastor Lic. Weber, Mönchengladbach seine und vieler Freunde aus der positiven Union dem Bunde entgegengebrachten Sympathien ausspricht und seinen Beitritt zum Bunde erklärt, wird nach kurzer Besprechung der einstimmige Beschluß gefaßt, einen rheinischen Provinzialverein des Evangelischen Bundes zu gründen."

Ludwig Weber tritt also am Gründungstag des Rheinischen Zweigvereins am 29. Juli 1887 in den EB ein. Der Bericht erwähnt ihn in seiner Eigenschaft als Mitglied der Positiven Union, nicht als Mann der Evange-

---

[2] vgl. die Redensammlung von *Weber*: Ansprachen für Ev. Arbeiter-, Bürger-, Volks- und Männervereine, Gütersloh 1901.

[3] Ev. Arbeiterbote (EAB) 1887, Nr. 5.

[4] ebd., Nr. 28 und 29.

lischen Arbeitervereinsbewegung, der er seit Jahren als führendes Vorstandsmitglied angehörte. Die Arbeitervereine selbst warten erst noch die konstituierende Versammlung vom 15. bis 17. August 1887 in Frankfurt am Main ab, um dann in eine nähere Kooperation zum EB zu treten.

Kurz nach der Frankfurter Tagung erfolgt am 24. August in Hagen die Gründung eines westfälischen Zweigvereins.[5] Die Initiative war vom Konsistorialrat Dr. *Karl August Niemann* (Münster) ausgegangen. Besonders engagiert arbeitet für den EB in Westfalen der Bochumer Pfarrer Lic. *Hugo Sopp*, der 1888 auch Nachfolger von *Niemann* im Vorsitz wurde und das erste Jahresfest des westfälischen Zweigvereins am 2. und 3. November 1890 in Bochum organisiert hat. *Sopp* wiederum war in Bochum und Umgebung einer der aktivsten Pfarrer innerhalb der Evangelischen Arbeitervereinsbewegung. Er war einer der ersten, der in einer Broschüre über die junge Geschichte der Evangelischen Arbeitervereine seit 1882 schrieb.[6] Er war Initiator des Baus eines evangelischen Vereinshauses in Bochum, das bald ein Zentrum kirchlichen Lebens in der aufstrebenden Industriestadt Bochum werden sollte. In *Sopp* treffen sich für Westfalen die Arbeit der Arbeitervereine und des Evangelischen Bundes wie in *Weber* für das Rheinland. Da beide untereinander in engster Arbeitsgemeinschaft standen, war es folgerichtig, daß in den nächsten Jahren beide Verbände im rheinisch-westfälischen Raum engstens kooperierten. Im übrigen waren Pfarrer mit Doppelmitgliedschaften nicht selten. Sie tauchen als Redner in beiden Vereinen auf.

Der Aufruf des EB für den 10. November 1887, an allen Orten volkstümlich Luther-Feste zu feiern, findet in den Arbeitervereinen stärksten Widerhall. Die erhaltenen Vereinsberichte zeigen, daß in allen Ortsvereinen große Luther-Feiern stattgefunden haben. Festredner waren nicht selten Mitglieder des EB. Auf die Pressearbeit des EB wird im „Arbeiterboten" regelmäßig verwiesen. Die Flugschriften des Bundes wurden Bestandteil der Handbibliotheken, die man in größeren Arbeitervereinen aufbaute.

Es bleibt festzuhalten, daß die Evangelischen Arbeitervereine auf Grund ihres eigenen Enstehungszusammenhangs von Anfang an in der großflächiger angelegten Arbeit des EB eine große Hilfe für die eigene schichten- und themenspezifische Arbeit sahen und auf freundschaftliche Kooperation hofften. Neben der gemeinsamen Frontstellung gegen den römisch-katholischen Anspruch in Religion, Politik und Kultur war es die Programmaussage des Bundes, daß er „gegenüber dem Indifferenzismus und Materialismus der Zeit das christlich-evangelische Gemeindebewußtsein" stärken wolle, die die Brücke zum gemeinsamen Kampf gegen den atheistischen Sozialismus bilden konnte.

---

[5] ebd., Nr. 28

[6] Die Bedeutung und die Aufgaben der Ev. Arbeiter-Vereine für die Stärkung vaterländischen Sinnes und die Förderung ev.-christ. Lebens, Bochum 1887.

II. Duisburg 1888

In dem Bericht über die 1887er Versammlung des Bundes in Frankfurt sind die evangelischen Arbeitervereine noch nicht als mögliche Kombattanten erwähnt, aber schon auf der 2. Generalversammlung des Bundes, die vom 12. bis 14. August 1888 in der rheinischen Industriestadt Duisburg stattfand, ist das anders. Zwischen Erfurt 1886 und Duisburg 1888 muß es Gespräche des Zentralvorstandes des Bundes mit Lic. *Weber* als dem bekanntesten Vertreter der evangelischen Arbeitervereine gegeben haben. *Weber* wurde mit einem Hauptvortrag in der geschlossenen Bundesmitgliederversammlung über „Die soziale Organisation des römischen Katholizismus in Deutschland" betraut.

In einem Flugblatt des Bundes heißt es über seinen Vortrag: „Er gab ein höchst anschauliches Bild von der Tätigkeit der römischen Kirche auf diesem Gebiet, welche gegenwärtig lebhafter ist als je. Dem muß auch von unserer Seite durch bessere Organisation entgegengetreten werden, wir müssen immer größere Rührigkeit und Opferwilligkeit entwickeln und unermüdlich daran arbeiten, daß im evangelischen Volke der Reformationsgedanke vom allgemeinen Priestertum durch immer lebendigere Vereinsbilder verwirklicht werde."[7] *Weber* hat am Ende seines Vortrags den Gedanken einer großen evangelischen Sammlungsbewegung formuliert: „Alles soll ja – wenn auch in mancherlei Weise – dem einen Zwecke dienen, der Durchdringung unseres Volkslebens mit dem Geist evangelischen Glaubens und evangelischer Liebe. Dahin sollen zusammenwirken Evangelischer Bund und Gustav-Adolf-Verein, die Bewegung für größere Selbständigkeit der evangelischen Kirche, die ja doch nur ein Streben nach lebendigerer Betätigung des evangelischen Gemeinschaftsbewußtseins zur Grundlage hat, und die innere Mission, evangelische Männer- und Jünglings-, Bürger- und Arbeitervereine, Vereine junger evangelischer Kaufleute und Vereine von Ladenmädchen, Lehrlings- und Arbeiterinnenvereine! Pflegen wir sie alle mit ganzer Treue, dann wird der Segen des Herren nicht fehlen! Dann wird unsere teure evangelische Kirche wieder feste und tiefe Wurzeln im deutschen Volksleben, in dem Geburtsland Dr. M. Luthers schlagen. Das walte Gott!"[8]

Weber ist es, der immer wieder versucht, die konfessionelle Frage mit dem Jahrhundertproblem der sozialen Frage zusammenzubringen. In seiner vom EB noch 1888 herausgebrachten Flugschrift „Die Behandlung der sozialen Frage auf evangelischer Seite", die den Untertitel „Ein Bitt- und Mahnwort" hat, unterrichtet er seine zumeist akademischen und zu den sogenannten ‚höheren Ständen' gehörenden Leser über die bisherige Geschichte der evangelisch-sozialen Bewegung, über den Werdegang der sozialistischen Bewegung, über die staatliche Sozialgesetzgebung und

---

[7] Flugblatt, 1888.

[8] Halle 1888, 25.

über aktuelle Entscheidungsfragen.[9] Alle Schichten und Gruppen auf die Notwendigkeit einer gemeinsamen Lösung der sozialen Frage hinzuweisen, ist seine Leidenschaft. *Weber* ist in dieser Zeit der profilierteste sozial- und gesellschaftpolitische Kopf des EB. Durch ihn wird die Enge eines nur konfessionellen Interesses in Richtung auf notwendige sozialpolitische Reformarbeit unter der Führung der preußischen Monarchie durchbrochen.

Über die Duisburger Tagung wird im Arbeiterboten in allen Einzelheiten berichtet, der Vortrag von *Weber* sogar in voller Länge abgedruckt. Besonders erfreut ist man über die Resolution, die nach diesem Vortrag einstimmig angenommen worden war: „Die Generalversammlung des Evangelischen Bundes erkennt die hohe Bedeutung an, welche das evangelisch-soziale Vereinswesen für die Anregung und Förderung des religiös-sittlichen Lebens und des kirchlichen Gemeingefühls wie im Allgemeinen so insbesondere in Bezug auf die Kreise der Fabrikarbeiter besitzt. Sie begrüßt deshalb, so sehr sie das Eintreten für ein bestimmtes politisches oder kirchenpolitisches Parteiprogramm ablehnen muß, unter dem religiös-sittlichen und kirchlichen Gesichtspunkt die an Niederrhein und Westfalen, Bayern, Schlesien, Sachsen, Baden bestehenden Evangelischen Arbeitervereine als eine hocherfreuliche Erscheinung und sendet denselben einen Gruß der Bruderliebe und des herzlichen Einverständnisses mit diesen ihren Bestrebungen."[10]

Es ist der Vorsitzende *Wilhelm Böhm* aus Essen, der unter dem *18. August 1888* eine Dankadresse an den EB richtet. Sie lautet: „Als Vorsitzender des Verbandes Evangelischer Arbeitervereine von Rheinland-Westfalen fühle ich mich gedrungen, für die uns ehrende Kundgebung des Evangelischen Bundes den herzlichsten Dank hiermit auszusprechen. Wir sind nach wie vor nicht gewillt, uns in den Dienst eines politischen und kirchenpolitischen Parteiprogramms zu stellen.

Unentwegt in der Liebe zu Kaiser und Reich und feststehend auf dem Grund des positiv-apostolischen Evangeliums, das … Christus der Eckstein ist, wollen und werden die Evangelischen Arbeitervereine an ihrem Teil mithelfen, den Patriotismus zu pflegen und das evangelische Bewußtsein ihrer Mitglieder zu wecken, zu beleben, zu stärken und dabei mitzuhelfen an der Lösung der für unser Volk so hochbedeutsamen sozialen Frage."[11]

Mit dem Vortrag und der Flugschrift von *Weber* und der Resolution des EB war ein enges Kooperationsverhältnis zwischen Evangelischer Arbeitervereinsbewegung und Evangelischem Bund geschlossen worden. Die meisten evangelischen Arbeitervereine wurden in der Folge korporative Mitglieder des Bundes. Im Bund selbst dominierten die akademischen

---

[9] (FEB/15), Halle 1888.
[10] abgedr. in: EAB 1888, Nr. 35.
[11] ebd.

Berufe und Vertreter gesellschaftlicher und politischer Spitzenstellungen aus Bürokratie, Industrie und Landwirtschaft. Den Kontakt zum Bund hielten von seiten der Arbeitervereinsbewegung selbstverständlich nicht Arbeiter, sondern arbeiterfreundliche Pfarrer und Lehrer, die intellektuellen Stützen der Vereinsarbeit vor Ort.

III. Eisenach 1889

Der Arbeiterbote druckt wieder großformatig die Einladung zur 3. Generalversammlung des EB vom 30. September bis 3. Oktober 1889 in Eisenach ab. Auch diesmal ist *Weber* mit einem Hauptvortrag dabei. Sein Thema: „Was muß seitens des Evangelischen Bundes auf sozialem Gebiet angestrebt und in Angriff genommen werden?" Sein Referat erscheint im gleichen Jahr als Flugschrift. Vorher hatte der „Arbeiterbote" es schon im vollen Wortlaut abgedruckt. *Weber* formuliert als These: „Es ist heilige Pflicht eines jeden Gliedes des Evangelischen Bundes, das in einem Industriebezirk wohnt, zu der Errichtung Evangelischer Arbeitervereine die Hand zu bieten. Sammeln wir jetzt nicht unser Volk, wo eine letzte Stunde der Entscheidung vor der Tür steht, so wird es immer mehr in die Arme des Ultramontanismus oder der Sozialdemokratie hineingeraten."[12] *Weber* entwirft ein großes Panorama der weltanschaulichen Lage in Deutschland, die gekennzeichnet sei durch das Vordringen von Widerchristentum, Materialismus, Skeptizismus und Atheismus. In der Sozialdemokratie sieht er den politisch-moralischen Hauptverderber der Volksmassen. Gegen die in ihr versammelten Irrtümer gelte es Front zu machen. Die Speerspitze dieses Kampfes unter den Arbeitern selbst sieht er in den Evangelischen Arbeitervereinen. „Um sozial und sozialpolitisch in die Massen hineinzuwirken, sind sie [...] unentbehrlich."[13] *Weber* ruft die Mitglieder des Bundes auf, sich jeweils mit ihren Mitteln an diesem Kampf gegen sozialdemokratischen Zeitgeist zu beteiligen. Der Bund müsse sich an dem Aufbau einer evangelischen Massenpresse und am Aufbau von guten Volksbibliotheken wie überhaupt an der gesamten apologetischen Arbeit beteiligen.

Weber kämpft mit allen nur verfügbaren Argumenten um eine vertiefte Bundesgenossenschaft von Bund und Arbeiterverein im gemeinsamen Kampf gegen Theorie und Praxis der Sozialdemokratie und gleichzeitig für den Ausbau der Sozialgesetzgebung als realer Voraussetzung für eine faktische Überwindung von Radikalismus und Revolutionismus. Ein sozialkonservativer Pfarrer wirbt in einer Versammlung des protestantischen Bildungs- und Besitzbürgertums für die berechtigten sozialen Anliegen der Arbeiterklasse, um diese nicht in die politische Vormundschaft und in das geistige Umfeld der Sozialdemokratie abgleiten zu lassen. Lei-

[12] (FEB 35), Halle 1889, 29.

[13] ebd., 34.

der gibt es bislang keine Berichte, wie sein Drängen auf praktische Sozialpolitik in diesem Kreis aufgenommen worden ist. Daß man mit seinen Attacken gegen Zeitgeist und Sozialismus übereinstimmte, darf angenommen werden.

Auch über die Eisenacher Versammlung hat der Arbeiterbote über viele Nummern hinweg exakt berichtet. Keine andere evangelische Kirchenzeitung dieser Zeit gibt der Berichterstattung über die Generalversammlung soviel Raum wie der kleine „Evangelische Arbeiterbote".

IV. Stuttgart 1890

Der Praxis der letzten Jahre folgend wird im Arbeiterboten wieder die Einladung zur 4. Generalversammlung des EB vom 22. bis 25. September 1890 in Stuttgart abgedruckt. Diesmal sind es sogar zwei Hauptvorträge, die sich mit der sozialen Frage befassen. Professor *Willibald Beyschlag* referiert über das Thema „Reformation und soziale Frage", *Weber* sollte zum gleichen Thema das Korreferat halten. Da er aber verhindert war, wurde dieses Referat von einem anderen Teilnehmer verlesen. Beide Referate erscheinen später als Flugschriften. Die Behandlung der sozialen Frage ist in dieser Generalversammlung sogar das entscheidende Thema. Das zeigt schon das Huldigungstelegramm der Versammlung an Kaiser *Wilhelm II.*: „Eurer Majestät fühlt sich die in Stuttgart tagende 4. Generalversammlung des Evangelischen Bundes gedrungen, ihre ehrfurchtsvollsten Huldigungen untertänigst zu Füßen zu legen. Sie tut dies um so freudiger, als sie damit den Ausdruck ihrer vollsten Bereitschaft verbinden kann, an der von Eurer Majestät so hochherzig in Angriff genommenen Lösung der sozialen Frage mitzuwirken. Die Frage, wie und auf welchem Wege dies am besten und wirksamsten zu geschehen hat, wird den Hauptgegenstand ihrer diesmaligen Beratungen bilden."

Wieder über mehrere Ausgaben hinweg berichtet der „Arbeiterbote" über die Stuttgarter Versammlung. Es versteht sich fast von selbst, daß die Vorträge von *Beyschlag* und *Weber* in ganzer Länge abgedruckt werden.

Die Stuttgarter Versammlung verabschiedet zwei Resolutionen, die die nun enge Gesinnungs- und Kooperationsgemeinschaft von Bund und Arbeiterverein dokumentieren.

Die erste Resolution umschreibt: „Die Reformation und die soziale Frage" wie folgt: „Die 4. Generalversammlung des Evangelischen Bundes bekennt sich zu der Überzeugung, daß nur durch die im Prinzip der Reformation liegenden geistigen und sittlichen Mächte die heute erforderlich gewordene christliche Gesellschaftsreform herbeigeführt und der revolutionäre Sozialismus gründlich überwunden werden kann. Sie fordert daher auch im vaterländischen und sozialen Interesse für die Kirche

---

[14] EAB 1890, Nr. 79.

der Reformation eine wohlwollendere und freilassendere Behandlung, als derselben mancherorten seither zuteil geworden ist."

Die zweite Resolution erklärt, „die Arbeitervereine betreffend": „Die 4. Generalversammlung des Evangelischen Bundes spricht ihre freudige Zustimmung aus zu den Bestrebungen des Verbandes Evangelischer Vereine Deutschlands und empfiehlt den Ortsvereinen und allen Mitgliedern des Bundes aufs dringendste, die Arbeiter in Evangelischen Arbeitervereinen zur Hebung ihrer Lage und zum Kampf gegen sozialistische Irrtümer zu sammeln."[15]

Letztere Resolution bedeutet die Unterstützung des am 16. August 1890 in Erfurt gegründeten Gesamtverbandes der Evangelischen Arbeitervereine Deutschlands, zu dessen geschäftsführendem Komitee die beiden aktiven Mitglieder des Bundes *Weber* und *Sopp* gehörten.[16] Die Verzahnung des EB mit dem neuen Gesamtverband fand darüber hinaus ihren institutionellen Ausdruck noch darin, daß zum geschäftsführenden Ausschuß neben je einem Vertreter des Zentralauschusses der Inneren Mission und des evangelisch-sozialen Kongresses auch ein Vertreter des Evangelischen Bundes gehörte.

Weber hatte mit seinem Vortrag die Grundlage für diese Resolution und für die institutionelle Verzahnung der beiden Verbände gelegt. Er hielt kein historisches, sondern ein aktuelles Referat. Nach einer erneuten Skizzierung der Sozialdemokratie mit ihrer „atheistisch-materialistischen Weltanschauung" fragt er nach den Heilmitteln gegen sie. Er fordert „mehr Fühlung mit den Arbeitern, mit dem Volk".[17] Er spricht über die Aufgaben der Kirche in Verkündigung und Seelsorge. Er fordert: „Evangelische Arbeitgeber sollen darum alle Bestrebungen unterstützen und fördern, die auf eine Hebung der materiellen Lage sowie der sittlich-religiösen Haltung ihrer Arbeiter hinzielen. In erster Beziehung ist allen Arbeitgebern namentlich die Unterstützung der kaiserlichen Sozialreform durch Rat und Tat, durch willig gebrachte Opfer und ehrlich gemeinte Unterstützung im öffentlichen Leben zu empfehlen."[18]

Er fordert neben der Selbsthilfe die Staatshilfe. „Man mag und kann über Maß und Tempo der durchzuführenden Sozialreform verschiedener Meinung sein, aber tausendfacher Umgang mit Arbeitern hat mich darüber belehrt, daß heutzutage nur noch ein bei aller Besonnenheit kühnes und energisches Voranschreiten auf der Bahn der sozialen Reform und eine geschlossene Gegenwirkung aller dem Umsturz entgegenstehenden Kreise unter der Fahne des sozialen Kaisertums gegen die soziale Revolution uns zu einem guten Ziele führen wird."[19] Sein Appell an die Arbeit-

[15] ebd., Nr. 84.
[16] Aufruf zur Gründung ebd.
[17] Reformation und soziale Frage (FEB 47), Leipzig 1890, 5.
[18] ebd., 7.
[19] ebd., 8.

geber und Gebildeten ist fast beschwörend. Es gilt ihm: „Jede Glocke, die ungeläutet bleibt zu Gottes Dienst und Ehren, wird über Nacht eine Sturmglocke zum Aufruhr.“[20] *Weber* spricht weiterhin über Volksbildung und vieles andere. Am Schluß berichtet er über die am 6. August 1890 vollzogene Gründung des Gesamtverbandes der Evangelischen Arbeitervereine Deutschlands.

V. Evangelisch-sozialer Kongreß und ein Rundschreiben

Wenige Monate vorher (27. bis 29. Mai 1890) hatte sich der Evangelisch-soziale Kongreß in Berlin konstituiert.[21] Auch dort hatte *Weber* ein Hauptreferat mit dem Thema „Die Evangelischen Arbeitervereine, ihre Bedeutung und weitere Ausgestaltung“ gehalten.[22] Dieser Kongreß faßte folgende Resolution: „Der Evangelisch-soziale Kongreß erklärt seine Sympathie für die Bestrebungen der Arbeiter zur Hebung ihres Standes, kann aber von denselben nur dann Erfolg und Heil erhoffen, wenn sich die Arbeiter von den damit verworrenen atheistischen und materialistischen Irrtümern freihalten. Zu diesem Zwecke empfiehlt der Kongreß als eines der vorhandenen wirksamen Gegenmittel gegen den religiös-sozialen Umsturz die Bildung evangelischer Arbeitervereine an allen Orten mit größerer Industriearbeiterbevölkerung und legt auch deren Unterstützung den gebildeten und besitzenden Klassen ans Herz.“[23]

Alle Gründungen und Konferenzen dieses Jahres 1890 standen unter dem Eindruck der Reichstagswahl vom 20. Februar 1890 und der Aufhebung des Sozialistengesetzes am 25. Januar 1890. Bei den Wahlen hatte die Sozialdemokratie zwanzig Prozent aller Stimmen auf sich vereinigen können. Sie schickte 35 Abgeordnete in den Reichstag. Das bürgerliche Deutschland geriet in größte Unruhe. Auch die Preußische Landeskirche verfolgte in Anlehnung an die sogenannten Februarerlasse des Kaisers zum Ausbau der Sozialgesetzgebung eine neue offensivere Linie. Im April 1890 erscheint eine „Ansprache des Evangelischen Oberkirchenrates an die Geistlichen der Evangelischen Landeskirche“, die zur offensiven Auseinandersetzung mit der sozialen Frage und mit der Sozialdemokratie aufruft.[24]

Auf diesem zeitgeschichtlichen Hintergrund sind die verstärkten Aktivitäten des deutschen Verbandsprotestantismus in dieser Zeit zu sehen. Evangelische Arbeitervereine, Evangelischer Bund und Evangelisch-sozialer Kongreß versuchen von ihren verschiedenen Voraussetzungen und Zielsetzungen her die eine große gemeinsame Kampffront aufzubauen:

---

[20] ebd., 9.
[21] BVESK, Berlin 1890.
[22] ebd., 87ff.
[23] ebd., 156.
[24] Text in Vf.: Kirche, soziale Frage und Sozialismus, Gütersloh 1977, 86ff.

gegen den Feind von Religion, Sittlichkeit und Obrigkeit, den atheistisch-materialistischen Sozialismus. Das große antisozialistische Aktionsbündnis des Protestantismus wird im Jahre 1890 geschlossen. Über die engere kirchliche Arbeit hinaus will man die großen bestehenden und neugebildeten Gesinnungs- und Aktionsgemeinschaften zu einer großangelegten Gegenoffensive gegen die Kirchen- und Staatsfeinde mobilisieren. Ein Mann wie *Weber* ist mit seinen Positionen und Aktivitäten eine lebendige Klammer zwischen den einzelnen Verbänden. Es geht ihm um die Aktionseinheit aller protestantischen Schichten und Stände gegen die Bedrohung von Religion und Ordnung, von Kirche und Staat durch den Geist und die Praxis eines organisierten Antichristentums.[25] Die spezielle Verbundenheit von Bund und Gesamtverband kommt in dieser Zeit noch darin zum Ausdruck, daß im Verlag der Buchhandlung des EB in Leipzig die Broschüre von *Weber* „Praktische Anweisungen zur Begründung und Leitung evangelischer Arbeitervereine" erscheint.

Das Jahr 1890 dürfte mit der Stuttgarter Tagung und den anderen Aktivitäten zusammen der vorläufige Höhepunkt der Kooperation zwischen Bund und Arbeiterverein gewesen sein. Dies zeigt auch das zu Anfang des Jahres herausgegebene Protokoll der Verhandlungen des Gesamtvorstandes des Bundes vom 28. und 29. Januar 1890 in Halle an der Saale. Dort hatte es unter dem Punkt „Aufgaben des Bundes gegenüber der sozialen Frage" geheißen, daß man ein Rundschreiben an die Haupt- und Zweigvereine des Bundes für Förderung und Errichtung evangelischer Arbeitervereine herausgeben wolle. Dieses Rundschreiben ist in der Tat unter dem 15. März 1890 vom Vorsitzenden *Wilko Levin Graf von Wintzingerode-Bodenstein* und dem Schriftführer *D. Coelestin Leuschner* herausgegeben worden. Man empfiehlt die weitere Unterstützung der Arbeitervereine, macht aber, um Mißverständnisse zu vermeiden, folgende Einschränkung: „Der Bund als solcher kann und darf, ohne die ihm gezogenen Grenzen zu überschreiten, ebenso wenig ein sozialpolitisches Programm verkünden, als in die sozialpolitische Arbeit selbst und in die zahlreichen mit ihr verbundenen und oft schwierigen und verschiedener Urteile fähigen technischen Fragen sich einlassen. Seine Aufgabe kann nur sein, die großen religiös-sittlichen Gesichtspunkte zu verfolgen, ohne welche alle Bestrebungen für das materielle Wohl der arbeitenden Klassen der einzig gesunden Grundlage entbehren würden und in diesem Sinne unter seinen Mitgliedern für die Sache der evangelischen Arbeitervereine anregend und fördernd zu wirken. Gelegenheit, die rechten Mittel hierzu zu bedenken, wird teils in den Besprechungen der Vereinsvorstände, teils auch in den Mitgliederversammlungen in mannigfaltiger Weise geboten werden können. Hierzu kommt aber schließlich noch eine weitere Erwägung, welche dringend zu besonnenem und vorsichtigem Vorgehen

[25] zu *Weber* vgl. *Kurt Lewek*: Kirche und soziale Frage um die Jh.wende, Neukirchen 1963.

mahnt. Es ist nicht bloß wünschenswert, sondern geradezu notwendig, daß überall, wo Evangelische Arbeitervereine ins Leben treten, die Geistlichen an der Leitung derselben einen hervorragenden Anteil nehmen. Aber die Geistlichen sind mit verschwindender Ausnahme nicht in der Lage, über die zahlreichen, bei Besprechung der sozialen Notstände in Betracht kommenden technischen Fragen sich ein sachkundiges Urteil zu bilden. Sie müssen diese Seite der Tätigkeit in den Arbeitervereinen anderen erfahrenen Männern, namentlich auch aus den Kreisen der Arbeitgeber und Gewerbetreibenden überlassen, und ihre eigene Wirksamkeit auf die Pflege echt christlicher und evangelischer Gesinnung unter den Vereinsgenossen beschränken. Sie können nicht dringend genug gewarnt werden, den Arbeitern Ziele vorzuhalten, deren Berechtigung sie nicht zu beurteilen, deren Tragweite sie nicht zu ermessen im Stande sind; und geradezu verderblich würde ihre Mitarbeit an jenen Vereinen werden, wenn sie sich dazu fortreißen ließen, sei es auch nur durch nicht gehörig erwogene Äußerungen, eine falsche Begehrlichkeit zu wecken oder zu steigern."[26]

Dieses Rundschreiben nennt die Grenze der Solidarität des Bundes mit den Arbeitervereinen sehr deutlich. Man will sich auf die religiös-sittlichen Punkte konzentrieren, die Formulierung praktischer Sozialpolitik aber den zuständigen Experten überlassen. Diese Unterscheidung von religiös-sittlich und praktisch-politisch war aus der Sicht des Bundes im Blick auf seine eigene politische und soziale Zusammensetzung eine verständliche Differenzierung in der Unterstützung der Arbeitervereine. Die Frage war nur, was geschehen würde, wenn die Arbeitervereine zu einer bewußten Interessenvertretung der arbeitenden Schichten mit einem spezifisch proletarischen Forderungskatalog dem Staat und der Gesellschaft gegenüber aufträten. Ein mögliches Spannungsfeld war schon in diesem Jahr der sonst größten Nähe signalisiert.

Das Rundschreiben blieb nicht ohne Erfolg. Der Schriftführer Konsistorialrat *Leuschner* konnte in seinem Generalbericht in Stuttgart berichten: „Evangelische Arbeitervereine bildeten sich durch Mithilfe der Bundesvereine in Erfurt, Halle, Aschersleben und Sorau. Auch für Jena steht die Gründung eines solchen und die Erbauung eines Vereinshauses bevor."[27]

VI. Kassel 1891

Im Jahre 1891 wird die Kombattantenschaft vom Bund und Arbeiterverein für die Öffentlichkeit noch sichtbarer als bisher. Auf der 5. Generalversammlung in Kassel (29. September bis 1. Oktober) wird eine Spe-

[26] Rundschreiben an die Haupt- und Zweigvereine des EB, betr. die Förderung und Errichtung ev. Arbeitervereine.

[27] Generalber. des Schriftführers (FEB 49), Leipzig 1891, 20.

zialkonferenz „Betreff Evangelischer Arbeitervereine“ unter dem Vorsitz von *Weber* abgehalten. Dies entsprach einem Beschluß des Gesamtvorstandes des Bundes, „mit den Generalversammlungen auch alljährlich eine Konferenz der Vertreter der Arbeitervereine zu verbinden.“[28] Kurz zuvor war ein „Handbuch für Evangelische Arbeitervereine“ im Verlag der Buchhandlung des EB erschienen. 1890 hatte die Generalversammlung in Stuttgart einen Preis für die Herausgabe eines „Arbeiterkatechismus“ ausgesetzt. Als sich kein Bewerber fand, übernahm Pastor Dr. *Ottomar Lorenz*, Vorsitzender des Arbeitervereins in Erfurt, Mitglied des Pressekomitees der Evangelischen Arbeitervereine und Mitglied des Evangelischen Bundes diese Aufgabe. Es sollte die bisher umfangreichste Darstellung über die Bildungs- und Sozialarbeit der Evangelischen Arbeitervereine werden.[29]

Selbstverständlich wird die Kasseler Tagung wieder im Arbeiterboten dokumentiert und kommentiert. *Weber* war auf der „zwanglosen Begrüßungsversammlung für die Mitglieder und Freunde des Bundes mit Ansprachen und Gesängen“ auf Ausführungen des Vorsitzenden *Graf Wintzingerode* eingegangen, der die Evangelischen Arbeitervereine als „Hemmschuh für deutschfeindliche Verblendungen“ des Katholizismus bezeichnet hatte. *Weber* dankte für die Anerkennung der Tätigkeit der Evangelischen Arbeitervereine. Im Bericht des „Arbeiterboten“ heißt es dann weiter: „Die Ziele der Katholischen Arbeitervereine seien ähnlich und auf die Erhaltung der Staatsordnung und des Christentums gerichtet. So sei es auch möglich, daß Protestanten und Katholiken in solchen Vereinigungen einander begegneten. Er glaube, daß auch ein solcher Frieden in die Verhandlungen des Evangelischen Bundes hineinklingen solle.“[30]

Als über diese Begrüßungsworte in anderen Presseorganen ungenau berichtet wurde, sah *Weber* sich genötigt, eine Presseerklärung abzugeben. Sie heißt: „Ich habe gesagt, es sei möglich und wünschenswert, daß Katholiken und Protestanten in interkonfessionellen Vereinigungen einander begegneten. Ich dachte dabei an solche Vereine wie den Niederrheinischen Weberbund, die Vereine für Gemeinwohl und die Handwerkerbestrebungen. Ich habe ferner hervorgehoben, daß wir als Sozialpolitiker wüßten, wie katholische und evangelische Sozialpolitiker in Deutschland voneinander lernten und daß die Arbeiter beider Konfessionen trotz allen Gegensatzes und Kampfes in der Behauptung ihres Glaubens doch als Kameraden auf und unter der Erde aufeinander angewiesen seien und auch bei dem vielleicht bald kommenden Weltkrieg Schulter an Schulter den letzten Tropfen Blut für deutsche Ehre und deutsches Recht einsetzen müßten. Daß die Friedensäußerungen in keinem Widerspruch mit

---

28 ZV 29./30. September 1891.

29 EB (Hg.): Hb. für ev. Arbeitervereine, Leipzig 1892.

30 EAB 1890, Nr. 80.

dem ganzen Charakter und den Verhandlungen des Bundes standen, bewies der lebhafte Beifall, der mir während und nach der Ansprache zuteil wurde."[31]

Auch wenn diese Worte von *Weber* Unklarheiten und Mißverständnisse beseitigt haben mögen, so zeigen sie doch wieder das Problem auf, das zu Spannungen zwischen Bund und Arbeiterverein führen mußte. Aller Antiromanismus konnte nämlich nicht an der Tatsache vorbeisehen, daß es zwischen dem sozialen Katholizismus und dem sozialpolitisch engagierten Protestantismus in Theorie und Praxis eine weitgehende Übereinstimmung gab. Hinzu kam die gemeinsame Frontstellung gegen die sozialdemokratische Arbeiterbewegung. Diese Interessenidentität erforderte eine Differenzierung in der antirömischen Frontstellung. Jedenfalls mußte aus der Sicht von *Weber* der soziale Katholizismus ein potentieller Bundesgenosse gegen die ‚Umsturzbewegungen' und ein Mitkämpfer für soziale Reformen sein.

Daß dieses Problem auch von seiten des Bundes schon gesehen wurde, zeigt deutlich das „Protokoll über die Verhandlungen des Gesamtvorstandes des Ev. Bundes in Erfurt am 12. und 13. Mai 1891". Zum Tagesordnungspunkt „Betreff die Aufgaben des Bundes und seine Stellung zur sozialen Frage bzw. zum sozialen Congreß" heißt es: „Der Referent (D. Leuschner) geht davon aus, daß es die Aufgabe des Ev. Bundes sein müsse, einerseits das aufrichtigste Einvernehmen mit dem Ev.-sozialen Congreß zu pflegen, aber andererseits auch Fürsorge zu treffen, daß eine möglichst schiedliche Arbeitsteilung beobachtet werde, damit kein Teil dem anderen in das ihm eigentümliche Arbeitsgebiet störend eingreife. Zu dem Ende empfiehlt er, daß der Vorstand sämtlichen Haupt- und Zweigvereinen noch einmal ihre Aufgabe, zur Heilung der sozialen Schäden der Zeit beizutragen ans Herz legen möge, und legte ein zu diesem Zweck entworfenes Cirkularschreiben an die Haupt- und Zweigvereine vor."

Unter dem 13. Mai 1891 wird in der Tat ein zweites Rundschreiben des Bundes über die Behandlung der sozialen Fragen verschickt. Es wird die Frage gestellt, ob es geboten erscheint, „angesichts der schweren, das gesamte öffentliche Leben bedrohenden Gefahren, wenigstens vorläufig unsere Frontstellung gegen die römisch-katholische Kirche einzuziehen und mit vereinten Kräften den Kampf gegen den in der Sozialdemokratie sich verkörpernden gottlosen Materialismus zu führen?" Die Antwort ist klar: man will bei seiner doppelten Frontstellung gegen die wachsende Macht Roms und gegen Indifferentismus und Materialismus des politischen Zeitgeistes bleiben. Zwischen beiden wird ein ursächlicher Zusammenhang gesehen. Deshalb „ist es geboten, vor der Vermischung evangelisch - und katholisch – antisozialdemokratischer Bestrebungen zu warnen, gleichviel unter welchem Namen, ob unter dem interkonfessioneller

[31] ebd., Nr. 80.

reichstreuer Volksvereine oder dem angeblich ebenso interkonfessioneller Standes- und Berufsvereine sie Raum gewinnen will, und dieselbe nach Möglichkeit zu verhindern."

Man betont nach dieser klaren Positionsbestimmung weiterhin die Bereitschaft, die Kooperation mit den Arbeitervereinen auszubauen und auch mit dem Evangelisch-sozialen Kongreß in Partnerschaft zusammenzuarbeiten. Zur Verhältnisbestimmung von Bund und Kongreß wird gesagt: „Beide Unternehmungen haben vollen Raum nebeneinander, sie bedürfen der gegenseitigen Unterstützung, aber keine vermag die Aufgabe der anderen zu vollbringen. Unsere Arbeit für die Lösung der sozialen Frage kann nur eine mittelbare sein. Sie liegt, wie die Aufgabe des Evangelischen Bundes überhaupt, auf kirchlichem und allgemein sittlichem Gebiet. Die Aufgabe des evangelisch-sozialen Kongresses ist sozial-technisch. Er wird, soweit seine Absichten aus den bisherigen Kundgebungen sich feststellen lassen, die Forderungen formulieren, welche vom evangelisch sittlichen Standpunkte aus für die Hebung der sozialen Mißstände sich ergeben, und bestrebt sein, diesen sittlichen Faktoren in unserem sozial-wirtschaftlichen Leben Geltung zu verschaffen, andererseits aber die sozialistischen Verirrungen direkt zu bekämpfen."

Weber kannte selbstverständlich diese Positionsbestimmung des Bundesvorstandes, als er auf jener Generalversammlung seine vorsichtigen Worte zur möglichen Zusammenarbeit mit katholischen Sozialpolitikern und verwandten katholischen Arbeitervereinen sprach. Er muß die Frage auch durch das Rundschreiben nicht für gelöst gehalten haben. Als ein Mann, der vor allem im rheinisch-westfälischen Industriegebiet seine politischen Erfahrungen machte, hatte er es schwer, angesichts der Einheit der sozialdemokratischen Bewegung die Zerissenheit der christlich-sozialen Bewegung hinzunehmen.

Daß sich hier Konfliktstoff ansammelte, zeigt die Tatsache, daß *Leuschner* in seinem Generalbericht noch einmal unmißverständlich formulierte: „Von größeren Kundgebungen des Centralvorstandes erwähne ich zunächst das Rundschreiben betr. die soziale Frage und unser Verhältnis zum evang.-sozialen Congreß, welches dem Ausschuß des letzteren überreicht ist. Der Zweck desselben war nicht zum mindesten der, daß wir auch in der sozialen Gefahr keinen Grund finden, unsere Frontstellung gegen die römische Kirche einzuziehen. Wie wir Deutschen nach außen zwei Kampfstellungen einzunehmen haben, so besteht nach innen die gleiche Pflicht. Weiter aber wollten wir betonen, daß unsere Mitarbeit zur Lösung der sozialen Aufgaben sich genau mit dem deckt, worein wir überhaupt die wichtigste Mission des Bundes setzen, mit seiner Arbeit für das evangelische Gemeindeleben."[32]

Wie sich der Bund seine Mithilfe im Verbund mit den anderen sozialpolitischen Gruppierungen des Protestantismus vorstellte, zeigt die Ver-

[32] (FEB 58), Leipzig 1892, 26.

öffentlichung des Ruhrorter Hauptlehrers *August Brünsicke* im Bundesverlag „Nimm und lies! Ausgewählte Bibelsprüche zur Beherzigung für Arbeitgeber und Arbeitnehmer“ (1891). Die Broschüre ist thematisch gegliedert: Wir sollen arbeiten. Armut und Reichtum kommt vom Herrn. Wir sollen genügsam sein. Der Witwen, Waisen und Armen soll man sich annehmen. Vom Almosengeben. Reichtum macht nicht glücklich. Des Armen Trost und Glück. An Gottes Segen ist alles gelegen. Segen der Frömmigkeit. Die Sünde ist der Leute Verderben. Warnung vor Unmäßigkeit. Unrecht gut gedeihet nicht. Unparteiische Rechtspflege. Gehorsam gegen die Obrigkeit. Herren und Knechte. Eltern und Kinder, Kinderzucht. Die fromme Hausfrau. Böse Weiber. Sonntagsheiligung. Christliches Leben. Zu allen Themen werden unkommentiert entsprechende Bibelsprüche zitiert. Das Ganze ergibt einen personal-sozialethischen Tugend- und Verhaltenskatalog für Christen in ihren je verschiedenen gesellschaftlichen Positionen und Rollen.

VII. Speyer 1893

Für den 12. bis 15. September 1892 war die 6. Generalversammlung des EB in Speyer angesagt. Das Programm enthielt eine Einladung des Evangelischen Arbeitervereins von Speyer für einen Familienabend zu Ehren der Gäste des Evangelischen Bundes. Am 13. September sollte eine „freie Konferenz von Vertretern der Evangelischen Arbeitervereine“ stattfinden. *Weber* hatte ein Referat über „Richtlinien zu einem sozialen Friedensprogramm“ übernommen. Professor *Friedrich Viktor Krieg* war für ein Korreferat vorgesehen. Auch eine Begrüßungsversammlung der Mitglieder des Bundes und der Abgeordneten der Arbeitervereine stand auf dem Programm. Die vorbereitete Tagung 1892 mußte dann allerdings wegen Choleragefahr ausfallen, so daß sie auf 1893 verschoben werden mußte. Tagungsort sollte aber wieder Speyer sein.

Das Jahr 1892 brachte durch den Tod von Pfarrer *Sopp* einen herben Verlust sowohl für die Arbeitervereinssache wie für den Bund. Der Arbeiterverein verlor einen seiner frühesten und aktivsten Protagonisten und der Bund den Vorsitzenden des Westfälischen Hauptvereins.

Die 6. Generalversammlung wurde dann für den 22. bis 24. August 1893 anberaumt und stand stark unter dem Einfluß des Gedenkens der Reichstage von 1526 und 1529. Höhepunkt war die Grundsteinlegung der Protestationsgedächtniskirche. Die Rolle der Stadt für die Geschichte des Protestantismus wurde auf vielfältige Weise herausgestellt. Die Hauptreferate dieser Generalversammlung sind wie üblich in den Flugschriften des Bundes abgedruckt. Die „Speyerer Zeitung“ berichtet ausführlich auch über die vielen öffentlichen Veranstaltungen dieser Tage.

Der Gesamtverband der Evangelischen Arbeitervereine hatte zwei Sonderveranstaltungen, eine geschlossene Vertreterversammlung und einen offenen Familienabend. In der Vertreterversammlung wird von Professor

Krieg aus Kaiserslautern ein aktueller sozialpolitischer Vortrag gehalten: „Die Versicherung schuldlos arbeitslos gewordener Arbeiter." Der Referent tritt für eine allgemeine Zwangsversicherung bei unverschuldeter Arbeitslosigkeit ein. In der Diskussion kann man sich nicht einigen, so daß nur folgender Antrag angenommen wird: „Die in Speyer tagende Delegiertenversammlung der Evangelischen Arbeitervereine Deutschlands wollen beschließen, die Arbeitslosenversicherung in unserer Presse zu diskutieren." Ein vorgesehener Vortrag über die Grund- und Bodenfrage mußte aus Zeitgründen ausfallen.

Der Familienabend – geleitet von dem Vorsitzenden des Speyerer Arbeitervereins Professor *Karl Ludwig Gümpel* – brachte neben Gesangsdarbietungen und Grußworten Kurzvorträge der „Prominenz" des Gesamtverbandes. Sein Vorsitzender Pastor *Theodor Werth* aus Schalke sprach über die Ziele der evangelischen Arbeitervereine, *Weber* über „Die rechte Arbeiterfrau". Am Ende sang man gemeinsam ein Lied, das den inhaltlichen Tenor und das emotionale Klima des ganzen Abends gut wiedergeben dürfte:

Hoch die Arbeit, unsre Ehre, Arbeit treu und Arbeit recht!
Wer sie schilt und stolz verachtet, gilt uns als ein fauler Knecht.
Trotz Maschin' und Feu'r und Wasser, ohne Arbeit ständ' es schlecht.
Hoch die Arbeit, unsre Ehre, Arbeit treu und Arbeit recht!

Hoch der Kaiser, unser Schirmer und der König, unser Herr!
Schlechter Mann, dem Land und Heimat nimmer lieb und teuer wär'.
Ob es Krieg- ob Friedenszeiten: einzustehn sind wir bereit.
Hoch der Kaiser, unser Schirmherr und der König, unser Herr.

Unsern Luther halten fest wir, und den nimmt uns keiner weg.
Laß sie spotten, laß sie wühlen, Protestanten sind wir keck!
Und das Evangelium lauter ist uns höchsten Heiles Weg.
Unsern Luther halten fest wir, und den nimmt uns Keiner weg.

VIII. Bochum 1894

In Speyer hatte auf der Begrüßungsversammlung der Mitglieder des Evangelischen Bundes und der Abgeordneten der Arbeitervereine der Pfarrer *Friedrich Anspach* aus Bochum Grüße aus Westfalen überbracht und den EB zu seiner nächsten Generalversammlung nach Bochum eingeladen. Und in der Tat wurde nach anfänglichem Zögern die 7. Generalversammlung für die Zeit vom 6. bis 8. August 1894 nach Bochum einberufen. Zum zweiten Mal kommt der Bund (nach Duisburg 1888) in eine aufstrebende Industriestadt des Ruhrgebietes.[34]

[34] vgl. Zweigverein Bochum des EB (Hg.): FS zur 7. General-Versammlung.

Der alte Kreis Bochum, der Gelsenkirchen miteinschloß, war die Wiege und ein Zentrum der Evangelischen Arbeitervereinsbewegung. Allein schon dieser Tatbestand erklärt, daß auf dieser Generalversammlung die Selbstdarstellung der Arbeitervereine einen großen Raum einnehmen sollte. Schon in dem Einladungstext des Bundes für Bochum hatte es geheißen: „Wohl mahnen uns dort nicht so ergreifend, wie in Speyer, erhabene Vorbilder einer großen Vergangenheit. Um so mehr aber wird uns die lebendige Gegenwart sein. Tatkräftiges, im Heiland fort und fort erstarkendes evangelisches Gemeindeleben, wie es von den Tagen der Reformation her in Westfalen und im Rheinland besteht, wird uns begegnen, – die edelste Verkörperung der Arbeit für das Reich Gottes, getragen von einer arbeitenden Bevölkerung aller Stände. Aus ihm allein kann sich die Kirche verjüngen. So wird sie stark werden auf die Gefahren, welche heute unser Volk bedrohen, siegreich zu überwinden [...]“[35]

Sofort am ersten Abend des 6. August findet eine „Versammlung der Evangelischen Arbeitervereine des Kreisverbandes Bochum zu Ehren der Gäste vom Evangelischen Bund“ im großen evangelischen Vereinshaus statt. Die „Kirchliche Korrespondenz für die Mitglieder des Evangelischen Bundes“ hat einen genauen Bericht über diesen Festabend gegeben. Sowohl der Kreisvorsitzende wie der Vorsitzende des Gesamtverbandes der Evangelischen Arbeiter Deutschlands, Pastor *Werth* aus Schalke, wiesen auf die enge Bundesgenossenschaft von Evangelischem Bund und Evangelischen Arbeitervereinen hin. *Werth* sagte: „Evangelisches Bewußtsein wecken wollen beide, der Bund wie die Arbeitervereine. Hierzu genüge es nicht, evangelisch zu heißen. Man müsse das Evangelium haben und lieben, von ihm durchdrungen sein. Neben der Gottesliebe die Nächstenliebe, die Liebe zum Vaterlande, das sei der Grund, auf dem die Evangelischen Arbeitervereine stehen, die Ziele, für die sie kämpfen. Beiden aber, dem Bunde wie den Arbeitervereinen, sei nicht der Kampf Selbstzweck, sondern durch Kampf zum Frieden wollen sie gelangen, zum sozialen Frieden wir, zum wahren konfessionellen der Evangelische Bund. Um dazu zu gelangen, nehmen beide, der Bund wie die Arbeitervereine, das gute Recht für sich in Anspruch, die evangelische Konfession, die Kirche der Reformation gegen jede Verunglimpfung, jeden Angriff zu verteidigen. Im Sinne solcher Bundesgenossenschaft bot Redner dem Bunde warmen Wilkommensgruß.“[36]

Gümbel hielt einen Vortrag mit dem Thema „Der rechte evangelische Arbeiter“, als eine stark berufsethische Standesrede für den evangelischen Arbeiter. So heißt es: „Arbeiten können, arbeiten dürfen ist daher dem rechten evangelischen Arbeiter eine Lust, eine Ehre, und welche Arbeit ihm auf Erden zufalle, ob eine nach menschlichem Urteil hohe oder niedere, das überläßt er der weisen Führung seines Gottes; er weiß, daß

[35] ebd., 6.
[36] KKEB 8, 1894, 219f.

jede Arbeit vor Gott etwas gilt, wenn sie nur mit Treue vollbracht wird. Träge, mürrisch, verdrossen, kann darum der rechte evangelische Christ bei seiner Arbeit nicht sein – fröhlich tritt er in seine Arbeit – freudig vollbringt er sie und dankbar froh legt er sie nieder, wenn sein Gott ihm das Tagewerk abschließt."[37] Auch die patriotische Seite fehlt nicht, wenn *Gümbel* ausführt: „Der rechte evangelische Arbeiter ist von Herzen fromm, er ist aber auch von Herzen deutsch, und seine Vaterlandsliebe gibt sich nicht nur im Singen vaterländischer Lieder kund, nicht nur in einem Hoch, das er je und je auf seinen König und Kaiser ausbringt, tiefer sitzt ihm die Liebe zum Vaterland. Die alte deutsche Treue zu dem ihm von Gott gegebenen Fürsten lebt unvertilgbar in seiner Brust. Ihm und seinen Anordnungen zu folgen ist ihm heilige Pflicht. Auflehnung aber gegen die Obrigkeit, gegen des Staates Gesetze ist ihm ein Greuel. Und nicht weniger ist der rechte evangelische Arbeiter bereit, für sein geliebtes Vaterland auch Opfer zu bringen, Opfer, wenn es gilt, das von außen bedrohte Heimatland zu verteidigen. Opfer, wenn es nötig ist, daß zum Gedeihen des Ganzen der Einzelne allerlei Lasten auf sich nähme."[38]

Leuschner überbrachte an diesem Abend die Grüße des Bundes und gedachte dabei des verstorbenen *Sopp*. Über den Ausklang des Festabends wird berichtet: „Nachdem noch der Vorsitzende des Bochumer Arbeitervereins, Maschinist Dröge, ein kräftiges Wort der Aufmunterung und Mahnung auch an jene gerichtet, welche warten wollen, bis ihnen die Schlafmütze vom päpstlichen Krummstab oder von den Dynamitbomben der Revolution vom Kopfe gerissen wird, sprach Pfarrer Landgrebe/ Langendreer ein von Herzen kommendes und zu Herzen gehendes Schlußwort."[39]

Auch auf der Begrüßungsversammlung am nächsten Tage nach dem Festgottesdienst hielt *Werth* für die Evangelischen Arbeitervereine eine Begrüßungsansprache. Der Bochumer Zeitungsredakteur *Rudolf Quandel*, Mitbegründer eines 1892 in Bochum gegründeten Evangelischen Gesellenvereins, machte die Versammlung mit der Existenz und den Arbeitszielen dieses Vereins bekannt. Ebenso sprach auf der Festversammlung des Bundes und der evangelischen Bürgerschaft von Bochum am 8. August *Weber* über das Thema „Was sagt Luther den Arbeitenden und Besitzenden?"

Beyschlag war gekommen, um ein längeres Wort an die Versammlung zu richten. Unter anderem sprach er über den neu erwachten Gedanken des Gemeindelebens, um einschränkend auszuführen: „Aber es dürfen keine sozialen Bestrebungen damit verquickt werden. Mögen die ihren selbständigen Weg gehen. Gott bleibt es überlassen, ob er die religiösen und sozialen Tendenzen schließlich zu einem Ziel führen wird."[40]

---

[37] (FEB 93), Leipzig 1894, 5.
[38] ebd., 8. [39] KKEB 8, 1894, 221.
[40] ebd., 229.

Auf der großen Schlußversammlung im Bochumer Stadtpark waren über 11.000 Menschen zugegen. Der antiultramontanistische und antisozialistische Teil des Ruhrgebietsprotestantismus versammelte sich um den Kern des Evangelischen Bundes und der Evangelischen Arbeitervereine, die in einem tiefen Gesinnungs- und Aktionsbündnis aneinandergekettet schienen. Und doch sollte es die letzte große gemeinsame Kundgebung sein.

IX. Der Konflikt

Am 8. August 1894 hatte im Rahmen der Bochumer Generalversammlung eine „Freie Konferenz der Evang. Arbeitervereine Deutschlands zu den Forderungen der Christlichen Bergarbeiter" stattgefunden. Diese brandaktuelle Konferenz hat ihre Vorgeschichte: unter dem Datum des 8. Juli 1894 veröffentlichte der katholische Bergarbeiter *August Brust* einen Aufruf zur Gründung eines Gewerkvereins Christlicher Bergleute.[41] Der Verband der evangelischen Arbeitervereine mußte auf diesen Aufruf reagieren, da sich bei den Vorbereitungen für diesen Aufruf auch evangelische Bergarbeiter beteiligt hatten.

Weber hält nun auf der Freien Konferenz, die von *Werth* präsidiert wird, eine längere Rede über den Aufruf von *Brust*. Sie wird später im „Arbeiterboten" abgedruckt.[42] *Weber* setzt sich kritisch-konstruktiv mit den praktischen Forderungen des Aufrufs auseinander. Dem Grundgedanken der Gründung einer interkonfessionellen Bergarbeiterorganisation steht er offen gegenüber. Gegen Ende seiner Rede sagt er: „So stehe ich denn [. . .] den Vorschlägen auf eine Bergarbeiterorganisation durchaus sympathisch gegenüber und kann meinen Freunden und Kameraden die Beachtung der Schlußworte des Aufrufs nur empfehlen." Er verliest dann diesen Schluß, der zum 26. August 1894 zu einer allgemeinen Delegiertenversammlung nach Essen einlädt. Er schließt seine Rede mit dem Segenswunsch: „Der allmächtige Gott möge die neue Bewegung, wenn sie Ihm gefällig ist, zum Heil der Bergleute entwickeln lassen! Er möge ebensoviel Besonnheit wie Mut geben, alle selbstsüchtigen Parteiinteressen fernhalten, ehrlichen und gerechten Frieden schaffen, Streit und Zank mit Gnaden verhüten! Die Zeiten sind ernst. Seien wir Männer, die ihre Zeit auskaufen, suchen wir Gottes Ehre und der Brüder Heil!"

Nach dem Vortrag von *Weber* kam es zu einer zunächst kontroversen Diskussion. Die meisten Redner stimmten allerdings mit gewissen Vorbehalten einer Teilnahme des Verbandes der Evangelischen Arbeitervereine an der beabsichtigten Gründungsversammlung zu. Die Haupteinwände kamen vom Redakteur *Quandel*, der sich keine ernsthafte Koope-

[41] zur Entstehungsgesch. vgl. *Michael Schneider*: Die Christl. Gewerkschaften 1894-1933, Bonn 1982, 55ff.

[42] EAB 1894, Nr. 63-65.

ration mit Ultramontanen vorstellen konnte. *Weber* replizierte: „Wir vergeben uns durchaus nichts, wenn wir unter voller Wahrung unserer evangelischen Grundsätze eine gemeinsame Arbeiterorganisation mit den Katholiken schaffen." Nach längerer Debatte wurde dann doch einstimmig beschlossen, den Bergarbeiterkongreß zu beschicken und „darauf hinzuwirken, daß der Aufruf durch eine aus Evangelischen und Katholiken gleichmäßig gebildete Kommission einer näheren Prüfung unterworfen und danach in einer zweiten Versammlung die weiteren Schritte beschlossen werden."

Diese Bochumer Freie Konferenz sollte nun einige Folgen haben. Einmal distanzierte sich der verantwortliche Redakteur des „Arbeiterboten", *Johannes Holthoff*, von dem Beschluß der Versammlung und unterstellte *Weber* mangelnde Fachkenntnis in bergmännischen Fragen. *Holthoff* plädierte für Nichtteilnahme, aber für Zusammenarbeit von Fall zu Fall. Er empfahl, sich auf die eigene Kraft zu besinnen und nicht den Ultramontanen nachzulaufen.[43] *Weber* antwortet mit einer „Erklärung" auf diese Ausführungen von *Holthoff*.[44] Er wies auf einige Fakten hin, die dieser einfach übersehe. So habe der Rheinisch-Westfälische Verband circa 30.000 Mitglieder, davon seien aber nur 6.000 Bergleute. Das entscheidende Argument aber, das er mit Hilfe von Ausschnitten aus anderen Zeitungen entfaltet, ist dieses: Evangelische und Katholiken sind jeweils allein nicht in der Lage, die Sozialdemokratie erfolgreich zu bekämpfen. Ein gemeinsames soziales und politisches Interesse verbinde beide im Abwehrkampf gegen die Christentumsfeindschaft und gegen die Staatsfeindlichkeit der Sozialdemokratie.

Weber hält die konfessionelle Selbständigkeit für vereinbar mit gemeinsamer politisch-sozialer Interessenvertretung katholischer und evangelischer Arbeiter. Deshalb ruft er seine evangelischen Kameraden noch einmal auf, am 26. August 1894 zahlreich zu erscheinen. Der „Evangelische Arbeiterbote" druckt in der gleichen Ausgabe den vorgesehenen Programmverlauf für diese Versammlung ab. Über diese Delegiertenversammlung der christlichen Bergleute in Essen erscheint dann im „Arbeiterboten" ein ausführliches Protokoll. Prominentester evangelischer Gast war *Weber*, der mit Bravo-Rufen begrüßt wurde. Er hielt dann folgende Kurzrede:

„Liebe Brüder und Kameraden! Ich stimme dem bei, es muß vor aller Welt heute die Gründung eines Verbandes beschlossen werden, wir haben eine Tat zu tun, aus der, wills Gott, gute Früchte erwachsen. Ich habe schon lange das Gefühl gehabt und es auch ausgesprochen, die Sache muß fachgenossenschaftlich organisiert werden. Die Engländer haben das schon seit Jahrzehnten getan, wir Deutschen haben bisher zu einseitig die idealen Interessen gepflegt, wir müssen uns auch um die materiellen

[43] ebd., Nr. 66.
[44] ebd., Nr. 67.

bekümmern. Seien Sie nun recht besonnen bei Ihrem Vorgehen. Sie haben Feinde rechts und links, man lauert auf jeden Ihrer Schritte. Wenn das heutige Statut durchberaten und ergänzt wird, so werden Sie ihm sicher Ihre Zustimmung geben können. In Ihrem Verbande müssen Sie auch unterstützende Mitglieder haben; Sie werden manche finden, die Ihnen helfen wollen. Wer heute nicht alles einsetzt, um die Kluft zu überwinden, der erkennt seine Zeit nicht. Gehen Sie auch stets im Einvernehmen mit der Ihnen wohlgesinnten Behörde vor, ich glaube, daß unser Kaiser es Ihnen bewiesen hat, daß er ein Herz für Sie hat. Ich rufe Ihnen aus voller Seele zu: Glück auf!"[45]

Wie ernst es den Evangelischen Arbeitervereinen um die Gründung eines handlungsfähigen Christlichen Bergarbeitervereins als gemeinsamer interkonfessioneller Gegengründung gegen den mehr gewerkschaftlich-sozialdemokratischen ‚Alten Verband' war, zeigt die Tatsache, daß man für Sonntag, den 7. Oktober 1894, eine freie Versammlung der evangelischen Bergarbeiter nach Gelsenkirchen einberief, um in offener Diskussion die Grundstimmung der betroffenen Bergleute zu erfahren, den vorliegenden Statutenentwurf zu beraten und mit Abänderungsvorschlägen zu versehen. Unter dem Vorsitz von *Werth* wurde nach einem Referat von *Weber* Punkt für Punkt beraten und beschlossen. Man wollte auf der nächsten gemeinsamen Delegiertenkonferenz gut dastehen. Um letzte Absprache treffen zu können, bat man die evangelischen Delegierten zu einer vertraulichen Vorkonferenz, um Mitglieder für den zu wählenden Vorstand präsentieren zu können. Diese ganzen Vorgänge zeigen, daß die führenden Männer der evangelischen Arbeitervereine für eine gemeinsame Organisation mit katholischen Arbeitern und Arbeiterfreunden eingetreten sind. Über die Position, mal gelegentliche Gespräche zu führen und eventuell punktuelle Absprachen zu treffen, war man nun hinaus. Man war bereit, sich einer festen interkonfessionellen Interessenorganisation einzufügen.

Es ist dann das Geschäftsführende Komitee des Gesamtverbandes der Arbeitervereine, das auf seiner Sitzung am 11. Oktober 1894 in Köln die ersten Konsequenzen aus der Entwicklung der letzten Monate zieht. Im Beschlußprotokoll steht unter Nummer 16 der Satz: „Das Komitee wird der Delegiertenversammlung im nächsten Jahre vorschlagen, daß in Zukunft keine Versammlung von Vertretern der Evangelischen Arbeitervereine mehr mit der Generalversammlung des Evangelischen Bundes zusammentagen, da dies für beide Teile Unzuträglichkeiten hervorbringt und insbesondere die Evangelischen Arbeitervereine ihre volle Freiheit und Selbständigkeit auch äußerlich darstellen müssen."[46]

Was war geschehen? Um die Einberufung, um den Verlauf und um die Ergebnisse der Freien Konferenz war es zu öffentlichen und internen

[45] ebd., Nr. 70.

[46] ebd., Nr. 83. (Protokoll der Sitzung).

Kontroversen gekommen. In Zeitungsberichten vermutete man, diese Freie Konferenz sei nicht im Einvernehmen mit dem Zentralvorstand des Bundes einberufen worden. Zudem sei dieser nicht einmal über diese Veranstaltung informiert worden. *Weber* antwortete im „Arbeiterboten" mit einer „Erklärung", daß er dem Schriftführer des Bundes *Leuschner* das Programm der Veranstaltung zugeschickt habe. Die Konferenz sei also „mit Wissen" von *Leuschner* einberufen und durchgeführt worden. In ihrem gemeinsamen Urlaubsort (Norderney) habe er „freundschaftlich und offen" mit *Leuschner* gesprochen. Dieser habe den Wunsch ausgesprochen, „daß es mir gelingen möge, woran sie allerdings zweifelten, das evangelische Interesse in dem neuen Gewerkverein zu vertreten. Darum war mir der Inhalt des Schreibens des Herrn D. Leuschner vollkommen neu und aufs höchste überraschend."[47] Zum Hintergrund: *Leuschner* selbst hatte in einem Brief an das „Rheinisch-Westfälische Tagesblatt" geschrieben, daß der EB nichts von der Veranstaltung und von den Verhandlungsgegenständen gewußt habe. *Weber* beharrt darauf, daß er *Leuschner* von der Versammlung der Vertreter der Evangelischen Arbeitervereine und über das Programm unterrichtet habe. Ansonsten sei das Programm auch im „Evangelischen Arbeiterboten" annonciert gewesen. Am 21. November schreibt nun *Leuschner* an *Weber*. Er fragt, ob aus der Mitteilung von *Weber* an ihn „ersichtlich gewesen sei, daß die Konferenz sich mit der Gründung eines Verbandes katholischer und evangelischer Arbeiter beschäftigen solle". Darauf antwortete *Weber* in einer weiteren öffentlichen Erklärung:

„Selbstverständlich war das nicht der Fall. Mit der ‚Gründung' ist übrigens hier wohl nicht der richtige Ausdruck; ‚mit der Frage eines solchen Verbandes' wäre der richtigere. Letztere kam als Teil der Forderung der Bergarbeiter und als Mittel zu ihrer Geltendmachung in Betracht. Diese Spitze meines Vortrags, über die ich selbst mir übrigens erst kurz vor dem Vortrag meine Überzeugung gebildet habe, konnte Herr Konsistorialrat D. Leuschner bei seinem Wohnen in Sachsen aus dem mitgeteilten Thema nicht herauserkennen. Das habe ich gleich in meinem ersten Brief an Denselben vom 20. Mai des Monats ohne Anstoß seinerseits zugegeben. Ich würde also, wenn ich ausschließlich vor diese jetzt von ihm formulierte Frage gestellt worden wäre, ganz anders geantwortet haben. Ich erkläre weiter, daß ich selbstverständlich mit den Worten ‚es ist nicht wahr' durchaus nicht und in keiner Hinsicht die Wahrhaftigkeit des Herrn Konsistorialrat D.Leuschner habe bezweifeln wollen. Herr Konsistorialrat D. Leuschner ersucht mich ferner mitzuteilen, daß der übrige Zentralvorstand von der Versammlung gar nichts gewußt habe und er habe gemeint, die Versammlung würde hinfällig werden, weil Pfarrer Werth seine Mitwirkung versagt habe. Ich, umgekehrt, habe geglaubt, daß, nachdem ich die Versammlung dem Schriftführer des Zentralvorstandes offiziell

[47] ebd., Nr. 94.

und damit doch als eine unter allen Umständen stattfindende angezeigt hätte, sie dadurch auch dem Zentralvorstand kundgeworden sei. In Bezug auf das in Norderney mir Gesagte erklärt Herr Konsistorialrat D. Leuschner: ‚Es lag in dieser Redewendung eine gewisse Ironie und daneben höchstens der Ausdruck der Teilnahme, daß ich Sie persönlich vor schlimmen Erfahrungen möglichst behütet zu sehen wünschte.‘ Daß ich Herrn Konsistorialrat D. Leuschner trotz unserer Differenzen hochachtungsvoll ergeben bleibe und die Mißverständnisse zwischen uns bedaure, erkläre ich zum Schluß aus vollem Herzen.“[48] Mit einer „Schlußerklärung“, die aber nichts wesentlich Neues bringt, meinte Weber den Kontroverspunkt zwischen Leuschner und ihm endgültig beseitigt zu haben.[49]

Am 18. November 1894, also mitten in der Zeit der Kontroverse zwischen *Weber* und *Leuschner* findet in Langendreer eine Vorstandssitzung der Evangelischen Arbeitervereine Rheinlands und Westfalens statt. Im Protokoll dieser Sitzung heißt es: „Als erster Punkt der Tagesordnung wurde der Bericht des Verbandsvorsitzenden, Pfarrer Werth/Schalke, über den Gewerkverein Christlicher Bergleute entgegengenommen. Es schloß sich an den Bericht eine lebhafte Debatte an, an der sich die Herren Pfarrer Lic. Weber, Mönchengladbach, Redakteur Quandel, Bochum, Kaufmann Legewitt, Essen, Pfarrer [Nathanael] Brockhaus, Dortmund, Bergmann Wahl, Wattenscheid, Pfarrer [Gustav] Augener, Königssteele, Unternehmer Besser, Herne, Bäckermeister Reifenstein, Altenessen und Fischer, Gelsenkirchen beteiligten. Wir bemerkten, daß die überwiegende Mehrzahl der Ansicht zuneigte, daß der Verband Evangelischer Arbeitervereine am besten verfahre, wenn er seinen Mitgliedern den Beitritt zum Gewerkverein Christlicher Bergleute weder empfehle noch widerrate. Redakteur Quandel nahm Veranlassung, in längerer Rede den namentlich von ultramontaner Seite wider ihn erhobenen Vorwurf, als ob er im Prinzip gegen eine Organisation der Arbeiter wäre, zu widerlegen. Herr Pfarrer Lic. Weber hielt den neuen Verband für ein wirksames Mittel, der Sozialdemokratie das Wasser abzugraben, und berief sich auf den Brief einer hochgestellten Persönlichkeit, die den neuen Verband als eine vielversprechende Einrichtung bezeichne. Das Ergebnis der langen, erregten Debatte war die Annahme folgenden Antrages, der von Pfarrer Augener, Königssteele, gestellt wurde: ‚Der Verbandsvorstand der Evangelischen Arbeitervereine empfiehlt den Einzelvereinen, sich dem Gewerkverein Christlicher Bergleute gegenüber vollständig neutral zu verhalten und den Beitritt zu demselben den einzelne Mitgliedern selbst zu überlassen.‘“

Der Protokollant, in diesem Fall der Redakteur des „Arbeiterboten“ *Holthoff* selbst, schreibt dann am Schluß: „Wir übergehen die Diskus-

---

[48] ebd.

[49] ebd., Nr. 95.

sion zwischen Herrn Redakteur Quandel und Herrn Pfarrer Lic. Weber über das Zusammentreffen der scheinbar auseinandergehenden Versammlung des Evangelischen Bundes und der Konferenz Evangelischer Arbeitervereine (in Bochum) und bedauern es lebhaft, daß dieser Punkt in die Debatte hineingeworfen ist. Mit jedem Tage tritt uns die Notwendigkeit einer gesunden Reform auf wirtschaftlichen Gebieten klarer vor die Augen, und da gilt es keine Zeit zu verlieren. Die Diskussion solcher Punkte wie oben angedeutet, nehmen uns die Zeit nutzlos weg und rauben manchem die Freudigkeit zur Mitwirkung. Man schlägt vor, die Delegiertenversammlung fallen zu lassen, um den Apparat zu vereinfachen; tritt aber anstelle der Delegiertenversammlung die Diskussion solcher Nebensächlichkeiten, dann haben wir mehr verloren wie gewonnen. Auch wir sind nach verschiedenen Hinsichten mit dem ‚Gewerkverein Christlicher Bergleute' nicht ganz einverstanden, aber wir haben unsere eigene Arbeitervereinssache für so hoch gehalten, daß wir dem fortwährenden Abraten ein ruhiges Abwarten vorziehen mußten. Es liegt in dem Prinzip, der bei Begründung des Gewerkvereins maßgebend war, ein guter Kern, dessen Keimen wir nicht stören wollten. Tritt die Notwendigkeit aber an uns heran, der Erscheinung entgegenzutreten, dann werden wir doch noch immer erreichen, was wir beabsichtigen. Weiter sind wir auch entschiedene Anhänger des Evangelischen Bundes, was auch der Zentralvorstand keinen Augenblick bezweifeln wird, aber wir sind doch der Meinung, daß in den Verbandsvorstandsversammlungen der Evangelischen Arbeitervereine zuerst unsere eigene Sache frei von allen Nebensächlichkeiten besprochen werden muß, die unsere Zeit auch voll und ganz in Anspruch nimmt."[50]

Zeitlich parallel zu den Beschlüssen der Arbeitervereine, die organisatorischen Bande zum Bund zu lockern, läuft der Entscheidungsprozeß beim Bund selbst, sich gegenseitig voreinander zu verselbständigen, ohne das Interesse aneinander verlieren zu wollen. Im Protokoll der Sitzung des Gesamtvorstandes des Bundes vom 8. bis 10. Oktober 1894 in Erfurt heißt es: „In Zukunft soll die Versammlung der Vertreter der Arbeitervereine wegfallen, die Nachversammlung mehr eine gemütliche, für die Mitglieder des Bundes sein, die Abendversammlungen sollen in einer Begrüßungsversammlung und in einer großen Volksversammlung bestehen, in den Hauptversammlungen soll ein theoretischer, idealgerichteter und ein mehr praktischer Vortrag gehalten werden."[51]

In einem Vortrag von Pfarrer *Franz Giesekke* „Zur Aufgabe des Evangelischen Bundes" lautete die These IV: „In treuer und immer umfassenderer Ausübung dieser engeren und weiteren Aufgabe wird der Evangelische Bund auch mittelbar zur Versöhnung der sozialen Gegensätze bzw. zur sozialen Neuordnung des Volkslebens beitragen. Einen unmittel-

[50] ebd., Nr. 94.

[51] ZV 8.-10. Oktober 1894, 3.

baren Beruf hat er in dieser Richtung nicht." Zur Kommentierung dieser These heißt es: „These IV findet ihre neueste Beleuchtung in dem – wenn auch mutmaßlich fehlgehenden – Versuche: im Ruhrgebiet die evangelischen und römischen Bergleute zu gemeinsamer Interessenvertretung zu sammeln."[52]

X. Der Befund

Beide Verbände haben je von ihren eigenen Schwerpunktsetzungen her die engere Kooperation der ersten Jahre gelockert. Das vorrangig konfessionelle Interesse des Bundes und das vorrangig soziale Interesse der Arbeitervereine ließen sich auf Dauer nicht harmonisch verbinden. Die Arbeitervereine, die im politischen Tageskampf mit der sozialdemokratisch orientierten Arbeiterbewegung standen, konnten ein exklusives konfessionalistisches Denken in den praktischen Fragen der Sozial- und Gesellschaftspolitik auf Dauer nicht mehr durchhalten. Die ihnen in der sozialen Programmatik und Praxis nahestehende katholische Arbeiterbewegung machte es notwendig, diese von dem Anspruch und der Praxis der römischen Kirche im ganzen zu unterscheiden. Das gemeinsame Sozialinteresse auf dem Hintergrund gemeinsamer sozialer Klassenlage erweist sich somit stärker als die Einbindung in eine unterschiedslose Gesamtstrategie gegen alles Katholische. Bei den Arbeitervereinen ließ die antikatholische Orientierung in dem Maße nach, wie man sich konkreter sozialer Reformpolitik zuwandte. Ausdruck dieser Entwicklung vom konfessionellen Standesverein zur sozialpolitischen Interessenvertretung ist das Programm der Evangelischen Arbeitervereine von 1893.[53] Dieses an den sozial- und gesellschaftspolitischen Interessen der Arbeiter orientierte umfassende Reformprogramm konnte bei der besitz- und bildungsbürgerlichen Zusammensetzung der Mitgliedschaft des EB nicht auf Zustimmung und Unterstützung rechnen. Es ist konsequent, daß der Bund seine Hauptaufgaben nun auf religiös-pädagogische Arbeit konzentrierte. Auf der 8. Generalversammlung in Zwickau 1895 formulierte er dann entsprechend:

„Mehr als von jeder gesetzlichen Maßnahme steht in der Tat neben der Fortführung der sozialen Reform von einer sittlichen und religiösen Bewegung zu erhoffen, die aus dem Volke selbst hervorgeht. Gegen die Irrtümer der Sozialdemokratie haben wir unsere höchsten Güter: Religion, Familie, Sitte und Bildung zu verteidigen. Insbesondere bezeichnen wir es als eine Pflicht auch unserer Bundesgemeinschaft, nicht allein den aufrührerischen und betörenden Reden jener Volksverführer, sondern auch den großen Fälschungen der Wahrheit, deren sie sich in der Presse zur Erreichung ihrer Zwecke bedienen, nachdrücklich entgegenzutreten. Der

[52] ebd., 7 und 8.
[53] abgedr. in: wie Anm. 1 erste Angabe, 189-191.

Bund hat sich von Anfang an die Bekämpfung nicht nur des Ultramontanismus, sondern auch des Materialismus und des Indifferentismus zur Aufgabe gestellt. Jetzt gilt es, das christliche Gemeindeleben zu fördern, vor allem aber in den Herzen der heranwachsenden Jugend die edlen Gesinnungen des Glaubens, der Sittenreinheit und der Treue zu pflanzen und zu pflegen."[54]

Die Differenzen zwischen Bund und Arbeiterverein waren endgültig deutlich geworden. Die beiden protestantischen Organisationen entwikkelten von ihren Interessensprioritäten her ein inhaltliches Eigengefälle, das gemeinsame Organisationsformen nicht mehr sinnvoll erscheinen ließ. Man reduzierte den Kontakt auf die Ebene von Grußworten. Es bleibt zwar zwischen den beiden Verbänden ein Bewußtsein gemeinsamer Herkunft und vieler gemeinsamer Ziele, dies aber verhindert nicht die schleichende Entfremdung der späteren Jahre. Im eigenen Schrifttum erwähnt man den Partner von einst nur noch am Rande. Die institutionellen Klammern lockern sich immer mehr. Übrig blieb nur Doppelmitgliedschaft einzelner Personen.

Dieser Ablösungsprozeß voneinander bei bleibender Sympathie füreinander ist von innerer Logik. Es ist nicht nur das steigende Selbstbewußtsein der Arbeitervereine und ihrer Führer, das auf klare Selbständigkeit drängt, sondern es ist in der Tiefe das Problem, wieweit sich ein globaler Antikatholizismus in einer Gesellschaft, die immer mehr von ökonomischen Prozessen bestimmt wird, überhaupt durchhalten läßt. Für die Arbeitervereine ging es neben ihrer bleibenden konfessionellen Gebundenheit um die reale Einlösung sozialer Emanzipation unter den Bedingungen einer bürgerlich-kapitalistischen Klassengesellschaft. Der Antagonismus von Kapital und Arbeit, der ihrer Auffassung nach zwar reformerisch vermittelbar war, war für sie lebensgeschichtlich und erfahrungsmäßig bedeutsamer als der Gegensatz Katholisch/Evangelisch. Ihre Weltinterpretation auf dem Grunde ihrer Welterfahrung konnte nicht mehr ausschließlich den konfessionellen Gegensätzen entlanggehen, sondern vollzog sich immer mehr in Anlehnung an die sozialen, gesellschaftlichen und politischen Widersprüche ihrer Alltagslage. So konnte der bewußt evangelische Unternehmer, der sich dem Reformprozeß entzog oder gar gegen ihn stand, ihr politischer Gegner werden. Gemeinsame Konfessionalität bei verschiedener Klassenlage wurde ein schwieriges und die reale Kirchengemeinschaft belastendes Problem. Auch wenn man wie die Evangelischen Arbeitervereine nicht dem Gedanken eines radikalen Klassenkampfes huldigte, es genügte auch ein sozialreformerisches Konzept, um die Geister an der entscheidenden Stelle zu scheiden, nämlich in der Frage der ökonomisch-sozialen Reformpolitik mit dem Ziel der Gleichstellung des Vierten Standes. Der Evangelische Bund seiner-

[54] *Hermann Hüttenrauch*: Der EB. Sein Werden, Wachsen und Wollen, Hamburg 1911, 254f.

seits war weder von seinem Hauptinteresse noch von seiner soziologischen Schichtung her auf die Dauer in der Lage, ein konsequent sozialreformerisches Element bei sich zu haben. Die konfessionellen Interessen konnten weite Teile des protestantischen Besitz- und Bildungsbürgertums binden und zu einer Aktionsgemeinschaft integrieren, aber deren Belastbarkeit durch ökonomisch-soziale Zielvorstellungen zugunsten nachdrängender Unterschichten war nur sehr begrenzt. Der Bund konnte seine Einheitlichkeit nur zum Preis der Zurückdrängung des sozialen Reforminteresses erhalten. Seine Konzentration auf religiös-pädagogische Arbeit zwecks evangelischer Bewußtseinsbildung ließ die Möglichkeit indirekter Mitarbeit an den politischen und sozialen Problemen zwar weiterhin zu, verpflichtete aber zu keiner konkreten politischen Parteinahme.

Diese Distanz aber konnten sich die Arbeitervereine nicht leisten, wenn sie auf praktische Veränderung in der sozialen Lage ihrer Mitglieder drängen wollten. Jede Konkretisierung ihrer sozialpolitischen Reformziele mußte in Spannung geraten zu den allgemein gehaltenen religiös-pädagogischen Postulaten des Bundes. Die Verselbständigung beider Verbände war deshalb kein konfessionspolitisches Versagen, sondern die Konsequenz einer in der Sache problematischen Liaison.

Matthias Kleiminger

Die Kirchen in Deutschland 1878 bis 1933
Facetten eines Überblicks

I. Vorbetrachtung

Die Jahreszahlen dieses Themas setzen zwei Pfeiler: den Pontifikatswechsel von *Pius IX.* auf *Leo XIII.* 1878 und den Konkordatsschluß zwischen dem Deutschen Reich und dem Vatikan 1933. Es ist eine Periode zähen Kampfes um das Überleben des Katholizismus als politischer Größe in dem frisch geeinten Deutschen Reich, die die Jahre bis zum Ersten Weltkrieg ausmacht. Zugleich ist dieser Kampf ein konfessioneller, denn die verschiedenen evangelischen Kreise und Richtungen waren enge Bindungen an nationale deutsche Interessenvertretungen im Staat eingegangen – dies um so deutlicher, als der deutsche Staat ein evangelisches Oberhaupt hatte und evangelische Landesherren gleichzeitig ihren evangelischen Landeskirchen vorstanden.

Der Niedergang der politischen Macht des Katholizismus im 19. Jahrhundert hatte dazu geführt, daß der Ultramontanismus gestärkt wurde. ‚Katholisch' wurde durch ‚Romanitas' und ‚Petrinitas' definiert. Das Erste Vatikanische Konzil mit seinen Dogmen von der universalen Jurisdiktion des Papstes über die ganze Kirche und über alle Kirchen und die Erklärung der Unfehlbarkeit des Papstes in ex cathedra definierten Glaubensdingen hatte den Zaun zwischen den Konfessionen beträchtlich höher werden lassen. Immer stärker präsentierte sich die katholische Kirche nun in universaler und zentraler Einheitlichkeit. Mit den preußischen Maigesetzen des Jahres 1873 hatte *Bismarck* versucht, den Katholizismus als politische Macht, die ihr Zentrum zudem außerhalb Deutschlands hatte, auszuschalten. Auflagen für die Vorbildung Geistlicher wurden gemacht, die Anzeigepflicht der Bischöfe festgelegt, ein Gerichtshof für geistliche Angelegenheiten eingerichtet, der Jesuitenorden verboten und die Zivilehe zur Pflicht gemacht. Bei Nichtanerkennung der Mai-Gesetze wurde den Geistlichen die Ausübung der Seelsorge und das Halten von Gottesdiensten verboten. Der Staat sperrte zum Beispiel auch Unterstützungen aus Staatsmitteln, zu denen er sich bei der Säkularisation von Kirchengut 1810 verpflichtet hatte.

Die Reaktion auf katholischer Seite war ein inneres Zusammenrücken und wachsender Wille zur Selbstbehauptung gegenüber diesem Außendruck. Die Zeichen standen auf Kampf. Die Ausschaltung der Macht des internationalen Katholizismus gelang *Otto von Bismarck* nicht.Die Zentrumspartei entwickelte sich zu einer katholischen Weltanschauungspartei, die die politischen Interessen der katholischen Kirche vertrat. Die Konfessionen begegneten sich nun nur noch selten auf religiöser Ebene. Dafür bekämpfte man sich politisch um so grundlegender. Das Verhältnis der Konfessionen wurde durch die Frage nach Macht, Einfluß und Parität bestimmt.

Der Jesuit *Tilmann Pesch* versucht 1881 eine Orientierung im Kulturkampf: „Hatte man früher nach christlicher Anschauung im Staat einen Fürsten von Gottes Gnaden, so besitzt man jetzt einen Gott von Staats-Gnaden und zu Staatszwecken, welcher die Behörden in der Regierung der Volksmassen je nach Befinden des Culturministeriums zu unterstützen hat."[1] Die Schuld an dem Kampf gegen die katholische Kirchenpolitik gibt man katholischerseits dem oft getarnten Unglauben. „Es sind das fast alle namhaften Vertreter der ‚modernen Wissenschaft', jene zahlreichen Hochschul-Professoren und Schriftsteller, welche den Atheismus zur Voraussetzung und zum Ausgangspunkt ihres Forschens gemacht haben. Es sind das die auf ‚Bildung' Anspruch machenden Volksmassen bis hinab zu den Socialdemokraten, welche von der vorgeblichen Wissenschaft wenigstens soviel verstehen, daß mit dem Tode Alles fertig sein, daß es keinen Gott geben soll, den man in der Wirklichkeit zu beachten hätte."[2] „Das Übel läßt sich in dem einen Worte zusammenfassen: Naturalismus! Ausschließliche Werthschätzung dieser Welt und der Genüsse, die sie bietet, Sich-geltend-machen im Sichtbaren, Hochhaltung des menschlichen Könnens und Wissens, Cult der Humanität als des absolut Höchsten, worin die ganze Natur culminiert: Das ist die Signatur unseres Jahrhunderts."[3]

Auf einem solchen Hintergrund des Kulturkampfes verstand man die Aktionen der Zentrumspartei. Das interkonfessionelle Gespräch war zu einem innerparlamentarischen Gespräch geworden. Ein Beobachter beschreibt Aufgabe und Selbstverständnis der parlamentarischen Vertretung des Katholizismus: „Das Zentrum ist der Feind des Zwei-Parteien-Systems. [...] Mit einem völlig anderen, nämlich kulturpolitischen Ziel steht es den Gegenkräften der Profanpolitik gegenüber. Sein Ferment ist das religiöse Grundmotiv, durch die katholische Kirche gestützt und in der Zwischenzone der Kultur an den Pflichtenkreis des Staates rührend. Die religiös-kulturelle Leitidee ermöglicht ihm jene Synthese des konservativen und fortschrittlichen, des nationalen und sozialen, des agrarischen und industriellen Elementes in sich, die der Parlamentarismus nach seiner Methode durch das Wechselspiel von Regierung und Opposition

---

1 Zur Orientierung im Culturkampf, in: StML 20, 1881, 1ff, hier 3.
2 ebd., 4.
3 ebd., 8.

erstrebt. Es ist ein Reichstag für sich, ein ‚Parlament im Parlament'."[4] Aus vielerlei politischen Gründen mußte *Bismarck* sich mit dem Zentrum zusammensetzen. Der Katholizismus als politischer Machtfaktor war erstarkt, der Kulturkampf beendet. *Leo XIII.* schenkte dem deutschen Kaiser selbst verfaßte lateinische Gedichte, und *Wilhelm II.* ließ dem Papst ein Bild von sich überreichen.

In einer Beilage zur „Germania" heißt es 1900: „Unser Volk ist heutzutage so katholisch wie seit fast 400 Jahren nicht. Durch das ganze Volk zieht sich ein gut eingerichtetes Vereinsleben; die katholische Presse hat einen großartigen Aufschwung genommen; in den Parlamenten haben wir eine Vertretung, die durch Gesinnungstreue und Festigkeit, Unerschrockenheit und Klugheit dem ganzen katholischen Erdkreis zur Bewunderung gereicht."[5]

Den evangelischen Kirchen gelang es während dieser Auseinandersetzungen zwischen der katholischen Kirche und der deutschen Regierung, ihre religiöse Eigenart durch synodale Lebensformen zu finden und auszubauen. Nach Beendigung des Kulturkampfes sahen sich beide Konfessionen einer gemeinsamen Herausforderung gegenüber. Nach zunächst zögernder Haltung ging man an die Klärung der Fragen, die die fortschreitenden naturwissenschaftlichen Erkenntnisse an die Kirchen stellten. Insbesondere galt dies von den Fragestellungen *Charles Darwins* und den Schriften *Ernst Haeckels*, die einen großen Leserkreis auch weniger gebildeter Schichten erreichten. Aber noch von einer anderen Seite wurde allen christlichen Glaubensrichtungen der Kampf angesagt. Es war der Sozialismus, der sich als eine neue Kraft jenseits der alten Fronten von Konservativismus und Liberalismus installierte.

II. Das Verhältnis der Konfessionen zum Ersten Weltkrieg und der Neuanfang in der Weimarer Republik

Für die Einstellung zum Ersten Weltkrieg ist es charakteristisch, daß Protestanten wie Katholiken sich von dem Krieg eine innere Geschlossenheit, Konzentration auf das Wesentliche, ja eine Stärkung des Glaubens erhofften. Man erwartete eine Steigerung der Religiosität. Generalsuperintendent *Friedrich Lahusen* schrieb 1915:„Die Gottesdienste der Gemeinde beleben den Mut, die Ausdauer, die Freudigkeit zum Kampf, die Treue gegen das Vaterland im ganzen Leben. [...] der Strum des Krieges weht durch unsere Kirche und wird zum belebenden Hauch."[6] Bei *Gustav Mahr* hieß es: „Dieser Kampf, in den wir gehen, ist eine sittliche

[4] *Hermann Port*: Zweiparteiensystem und Zentrum, in: Hochl. 22/2, 1925, 369-377, hier 370f.

[5] *Hermann J. Wurm* in: Wiss.Beil. zur Germania 1900, Nr.3, 309.

[6] Und was tut die Kirche?, in: ChW 29, 1915, 274-279, hier 277.

[7] Christentum und Weltfriede, in: ChW 28, 1914, 994-998, hier 996.

Pflicht, ein Gebot unseres Gottes."[7] Die Sammlung deutsch-protestantischer Kriegspredigten bis zum Jahr 1915 von *Franz Koehler* ist ein peinlich beschämender Beweis für die chauvinistische Einstellung protestantischer Prediger im Kriege. Ebenfalls 1915 lesen wir in einem Artikel „[...], daß diese Welt des Kampfes und der Schrecken der Welt Jesu verwandter ist, als das friedliche Europa des zwanzigsten Jahrhunderts es war."[8] Oder: „[...] der Gekreuzigte steht dem ‚männermordenden' Kampf nicht fremd und ablehnend gegenüber. Er weiß, was Wunden wert sind."[9] Häufig unterscheidet man zwischen einem aus idealistischen Gründen geführten Krieg der Deutschen und einem nur nationalistisch geführten Krieg der Gegner".[10] Ja, Gott selbst wird zu einem Nationalgott gemacht. „Nie hat unser alter deutscher Gott seine Deutschen so gut und groß gesehen."[11] Auch die katholische Kirche stimmt in den Chor nationaler Kriegshysterie ein. Es berührt peinlich, daß die Schriften katholischer Theologen erstmals nicht von denen protestantischer Theologen zu unterscheiden sind. „Und die Erhebung des deutschen Volkes ist wahrhaftig zum Gottesdienst geworden. Wir sahen die großen Plätze in Kirchen verwandelt [...]. Wir sahen die Kirchen überfüllt, und in manchen Familien ward in diesen Tagen zum ersten mal wieder ein aufrichtiges inbrünstiges Tischgebet gesprochen."[12] Dann werden die deutschen Truppen mit den Engeln des Herrn verglichen; und weiter schreibt der Jesuit *Peter Lippert*: „Zwar haben wir gebetet um den Sieg unserer Waffen, und damit um die Niederlage, um Ruin und Tod für unsere Feinde, und wir haben es aufrichtig getan und von Herzen, ja mit einer furchtbaren Berufung auf das Christentum und das Evangelium. Aber wir durften es auch tun. Denn wir hatten vorher unser Kriegsgebet geprüft an den Geboten des Evangeliums, hatten unsere nationale Begeisterung den Satzungen des Christentums unterworfen."[13]

Wie die Protestanten, so feiern auch die Katholiken die neu belebte Bedeutung der Kirche für die Massen: „Die Hauptleute selbst bitten um Feldgottesdienste [...] Fleißig wird der Rosenkranz gebetet [...] Ein Geistlicher bat geradezu um Rosenkränze als Liebesgaben; so viele habe er schon kommen lassen, aber alles sei wie ein Tropfen auf einen heißen Stein."[14] Sätze, von denen man glauben möchte, sie seien mindestens zwanzig Jahre später geschrieben worden, finden wir 1914 in einem

[8] *Werner Picht*: Kreuz und Krieg, in: ChW 29, 1915, 145-147, hier 146.

[9] ebd., 147.

[10] vgl. *Paul Rohrbach*: Nationalistische und idealistische Weltpolitik, in: ChW 30, 1916, 461.

[11] *Karl König*: Kriegspredigten NF 20, zit. nach *Köhler*: Die dt.-prot.-Kriegspredigt der Gegenwart darg. in ihren rel.-sittlichen Problemen und in ihrer homiletischen Eigenart (SPTH 7,2), Gießen 1915, 56.

[12] Zum Beginn des europ. Krieges, in: StML 87, 1914, 574-577, hier 575.

[13] ebd.

[14] *Otto Zimmermann*: Glaubenskündender Krieg, in: StZ 88, 1915, 410-420, hier 415f.

Artikel von *Lippert*: „Darum wird der Sieg des Deutschtums nicht allein ein Sieg der besseren Kanonen sein, sondern vor allem ein Sieg des gesammelten und ernsten, des sittlichen und christlichen Geistes, ein Sieg des guten und edlen Menschentums. Und im Interesse der Menschheit, ja selbst unserer Feinde liegt es, daß unser Menschentyp sich behaupte und durchsetze. [...] Darum ist auch uns Katholiken Ernst mit diesem Krieg, selbst wo er sich gegen die eigenen Glaubensgenossen richtet. [...] Kreuzzugskriege hat es selten gegeben und heute, heute führt unser Volk einen solchen. Denn jeder Krieg, der um Ideen und Ideale geführt wird, nicht um Geld und Land allein, solch ein Krieg hat immer etwas von einem Kreuzzug ." Und über die Gefallenen schreibt *Lippert*: „Ihr Tod war trostreich und schön, fast wie der Tod eines Martyrers [...]."[15] Genug der grausamen Stimmen des gräulichen interkonfessionellen Chores!

War der Spuk mit dem Ende des Krieges 1918 unwiederbringlich verscheucht? Leider nicht! *Lippert*, der eben noch den Tod der Soldaten mit dem Tod von Märtyrern verglichen hatte, schreibt 1919: „[...] ihr habt geirrt, ihr habt eure Soldaten- und Bürgerpflicht aufgewandt für Phantome, die euch vorgespiegelt waren. Aber ihr habt geirrt im besten Glauben und in reiner Meinung [...]"[16] Ebenso auf protestantischer Seite. *Martin Rade*, der aus den Anfangssiegen der Deutschen prophezeit hatte, daß Gott noch Großes mit seinem Volk vorhabe[17], schreibt 1918: „Es ist der Herr, der zerbrochen hat in seinem Zorn, was morsch und faul war, und der in seiner Langmut und Güte einen neuen Anfang mit uns machen will."[18] Dabei hatte doch nach Meinung beider Konfessionen das religiöse Leben einen großen Aufschwung genommen. Ein gemeinsames Schuldbekenntnis suchen wir in dieser Zeit leider vergeblich.

Die folgenden Jahre brachten praktisch kaum Veranlassung und Gelegenheit, miteinander zu sprechen. Für die evangelischen Kirchen kam mit der Novemberrevolution des Jahres 1918 das Ende einer 400 jährigen Tradition, das zu verkraften eine schier unlösbare Aufgabe zu sein schien. Praktisch bedeutete dies auch, daß für theologische oder gar kirchenpolitische Auseinandersetzungen zwischen den Konfessionen den Katholiken mehr als früher der autorisierte evangelische Partner fehlte.

Die Demokratie der Weimarer Republik war in vielem eine neue organisatorische Vorgegebenheit, die von den Männern der Regierung nur mit Mühe gehandhabt wurde und die von dem größten Teil der Bevölkerung gar nicht nachvollzogen wurde. Auch die Konfessionen schienen mit ihren überkommenen Strukturen so gar nicht in dieses System zu passen. Eine Demokratie als Lebensform, Demokratie auch als offizielle Begegnungsform der Konfessionen war in der Kürze der Zeit nicht gewachsen

[15] Die Gefallenen unseres Volkes, in: StML 8, 1915, 401-409, hier 409.

[16] Unseren Toten, ein Gedenken und Geloben!, in: StZ 96, 1919, 265-273, hier 267.

[17] vgl. Gottes Wille im Krieg, in: ChW 28, 1914, 769f; Deutsche Nation, ebd., 817f.

[18] Glaube an Gott, und glaube an dein Volk!, in: ChW 32, 1918, 462f, hier 462.

und auch wohl nirgends als eine Möglichkeit im Blick. Die Weimarer Republik beurteilte man von ihrem revolutionären Ursprung her. Darum hatten weder Katholiken, noch auch besonders Lutheraner mit ihr etwas im Sinn. Die Demokratie als Ausgeburt westlich-liberalen Denkens wurde wie diese geächtet.

1919 schrieb *Thomas Mann* in seinen „Betrachtungen eines Unpolitischen", was die Anschauung vieler war: „Ich bekenne mich tief überzeugt, daß das deutsche Volk die politische Demokratie niemals wird lieben können, aus dem einfachen Grunde, weil es die Politik selbst nicht lieben kann, und daß der vielverschriene ‚Obrigkeitsstaat' die dem deutschen Volke angemessene, zukömmliche und von ihm im Grunde gewollte Staatsform ist und bleibt."

Ein Blick auf die Vorgänge in meiner mecklenburgischen Heimatkirche mag die neue Situation verdeutlichen. Mit dem Abdanken des Großherzogs 1918 und dem Hinfall des landesherrlichen Kirchenregiments war der evangelischen Landeskirche in struktureller Hinsicht ein 400 Jahre alter gewachsener Boden entzogen. Das Kirchenschiff schlingerte sehr und mußte doch neuen Kurs aufnehmen. Im Oberkirchenrat saßen die alten Männer, von denen 1919 der Jüngste 65 Jahre alt war. Zunächst blieb alles beim alten. Dann aber mußte man das Verhältnis von Landeskirche und Republik bestimmen; besonders aber eine Verfassung für die Kirche schaffen. Die neue Reichsverfassung sicherte den Landeskirchen volle Selbständigkeit zu. Staat und Kirche, Kirche und Schulen wurden voneinander getrennt. Die Kirchen, Religionsgemeinschaften genannt, wurden zu Körperschaften öffentlichen Rechts. Die kirchlichen Angelegenheiten mußten selbst geordnet werden. Im Frühjahr 1921 trat die verfassungsgebende Landessynode zusammen. In ihrer Folge bekamen die Kirchgemeinden eine eigene Rechtsstellung. Kirchgemeinderäte wurden gewählt. Die Landessynode als Trägerin der Kirchengewalt erhielt das Gesetzgebungsrecht und die Aufsicht über die gesamte Kirchenverwaltung. Der Oberkirchenrat wurde als kollegiale Behörde zur Aufsichts- und Verwaltungsbehörde der Landeskirche. Zugleich war er der gesetzliche Vertreter der Kirche. Das Amt des Landesbischofs wurde eingeführt und mit Gewicht versehen. Er war Vorsitzender des Oberkirchenrats. Ihm zur Seite sollte ein nichtgeistliches Mitglied als zweiter Vorsitzender stehen – der Präsident des Oberkirchenrats. Kirchensteuern wurden eingeführt.

Doch auch viel Altes blieb erhalten und verband sich mit Neuem. So übernahm der Staat beispielsweise die Patronatsverpflichtungen für die Kirchen und Pfarren des früheren landesherrlichen Patronats. Ebenso wurde das Pfründewesen beibehalten, das wesentlich zur Deckung der Personalkosten diente. Die Schulaufsicht durch die Kirche wurde aufgehoben und der Religionsunterricht in maximal zwei Wochenstunden in den verstaatlichten Schulen gehalten. Inhaltlich vollzog sich in den zwanziger Jahren der Umbruch von der Staatskirche zur Volkskirche. Vielerlei

Aktivitäten erwachten. Der Landesbischof beteiligte sich an Rüstzeiten für Kirchenälteste, Akademiker, Studenten und Arbeiter. Manche kirchliche Kreise fanden Anschluß an den Volkskirchenbund, den *Arthur Titius* 1918 in Göttingen gegründet hatte und damit eine evangelische Volkskirche beleben wollte.

Bei allem im Inneren aufkeimenden Leben der Kirche blieb ihr Verhältnis zur Demokratie gespalten. Zwar war das Verhältnis rechtlich geklärt, aber ein inneres Verhältnis zu diesem Staat fand man nicht. Auch das deutsche Nationalgefühl war durch die Katastrophe des Weltkrieges nicht gebrochen. Man glorifizierte die Fronterfahrungen, und der Frontkämpferbund „Der Stahlhelm" hielt regelmäßig Feldgottesdienste ab. Das Lied „Deutschland, Deutschland über alles" blieb auf aller Lippen. Die Kirche unterstützte alle Gefühle gegen den ‚Schandfrieden' von Versailles, stimmte in den Chor vom ‚Untergang des Abendlandes' ein, verbreitete Kulturpessimismus und beklagte die Zerfallserscheinungen in Sitte und Moral. Sie lehnte die liberalen Zeiten ab und zog sich in politische Abstinenz zurück. Luther-Renaissance und beginnender Einfluß *Karl Barths* waren Hilfen zur Selbstfindung für eine Kirche, die sich vorkam, als wandle sie „über Vulkanen".[19] Überall begann man in der evangelischen Kirche über das Verhältnis der Kirche zur Welt nachzudenken. Man besann sich darauf, daß Kirche um ihres Auftrags willen in der Welt zu sein hat und daß sie dennoch um ihres Wesens willen nicht in der Welt aufgehen darf.

1930 wurde der Kieler Professor für Praktische Theologie *Heinrich Rendtorff* in Schwerin Landesbischof. Im selben Jahr erschien sein aufschlußreiches Buch „Die Kirche des wirkenden Wortes. Vom Dienst der Kirche in der Krisis der Gegenwart".[20] Darin analysiert er die Situation der evangelischen Kirche am Ende der zwanziger Jahre treffend wie kaum einer seiner Zeitgenossen. Er schreibt, daß das evangelische Kirchenvolk keine klaren Vorstellungen von der eigenen Kirche habe. Die Kirche werde in den Augen der wohlwollenden Massen als Einrichtung von Pastoren zur Pflege kirchlicher Frömmigkeit gesehen. Sie sei selbstverständliches Erbgut, das bei bestimmten Ereignissen in der Person des Pastors gern in Anspruch genommen werde. Als Gemeindeglied sähe man keinen Grund zu eigener Aktivität. Bei den Gegnern der Volkskirche herrsche ein verzerrtes Bild vor. Man sähe in ihr nur die Kirche der Pastoren, die Ansprüche an Sitte und Glauben, an Kirchenrecht und Erfüllung von Pflichten stellten. Die gebildeten Gegner seien sich einig, daß der Kirche ein eigentliches Zentrum fehle; daß sie sich selbst überlebt habe und sich auf politischem Gebiet inkompetent äußere. „Es ist heil-

[19] *Johannes Behm* (Hg.): Im Dienst des Herrn. Blätter aus der Arbeit des D.Dr. Heinrich Behm als Landesbischof in Mecklenburg-Schwerin, Schwerin 1930, 221.

[20] Die Kirche des wirkenden Wortes. Vom Dienst der Kirche in der Krisis der Gegenwart, Berlin 1930.

sam, sich klarzumachen, wie weiteste Kreise unseres Volkes in allen seinen Schichten über die Kirche denken. Der Gegner hat ein scharfes verzerrtes Bild – die Freunde haben gar keins."[21]

Die positive These *Rendtorffs* wurde während seiner kurzen Amtszeit in Mecklenburg zur Grundlage eines neuen evangelischen Kirchenverständnisses. „Der Schlüssel zum Verständnis der Kirche liegt [...] in dem Glauben an das Wort, das wesenhaft Gottes Wort ist, von Gott herkommend, seine Kraft in die Geschichte hineintragend, in der Geschichte Fleisch werdend, Gestalt gewinnend [...] Kirche ist eine Bewegung, ein Vorgang, ein Geschehen, eben das von Gottes Wort gewirkte Geschehen. Statt zu fragen: wo ist Kirche? sollten wir uns gewöhnen zu sagen: Kirche geschieht. Die geschehende Kirche ist die Kirche des wirkenden Wortes."[22]

So hat nach 1918 in den evangelischen Kirchen eine grundlegende Neubesinnung stattgefunden. Konnte man zunächst mit der geschenkten Freiheit nichts Positives beginnen, so hat man sie sich später doch zu eigen gemacht und sich während der Jahre des Dritten Reiches gern auf sie berufen. Die evangelischen Kirchen haben neue Aufgaben in den Blick bekommen und sich auf den Weg zu einer lebendigen und unabhängigen Volkskirche gemacht. 1922 schlossen sich die 28 evangelischen Landeskirchen in Wittenberg zum Deutschen Evangelischen Kirchenbund zusammen. Dem gliederten sich der Bund freier evangelisch-reformierter Gemeinden und die Evangelische Brüder-Unität an.

Während die evangelischen Landeskirchen dabei waren, eine Neubestimmung ihrer selbst zu suchen, begann die katholische Kirche sich in der Demokratie einzurichten. Dies fiel ihr relativ leicht, denn für sie brachte der Zusammenbruch der Monarchie keine grundsätzliche Infragestellung ihrer Strukturen. Dennoch bedeutete dies nicht, daß sie die Trennung von Staat und Kirche innerlich bejahte. So verfaßten die Erzbischöfe und Bischöfe Deutschlands bereits 1917 gemeinsam ein Hirtenschreiben, das einer geplanten Trennung entgegenwirken sollte. Hierin wurde vor dem Übel gewarnt, Kirche und Staat zu trennen. Zwar befürchtete man keine glaubensfeindlichen Absichten, wie sie mit dem Trennungsgesetz in Frankreich verbunden seien, jedoch sei eine Trennung, aus welchen Gründen auch immer, ein gravierender Eingriff in das Leben der katholischen Kirche.[23]

In der Zentrumspartei hatte die katholische Kirche ihr Kontinuum im politischen Machtapparat. In der Weimarer Republik hatten im Laufe der Jahre Zentrumspolitiker wesentliche Ämter inne. So gehörten etwa die

[21] ebd., 15.

[22] ebd., 48.

[23] vgl. Gemeinsames Hirtenschreiben der Erzbischöfe und Bischöfe Deutschlands am Feste Allerheiligen 1917, in: *Max Meinertz/Hermann Sacher* (Hg.): Deutschland und der Katholizismus Bd. 1, Freiburg 1918, 429-446.

Reichskanzler *Konstantin Fehrenbach, Joseph Wirth, Wilhelm Marx* und *Heinrich Brüning* zu dieser Partei. Entscheidend für die Politik des Zentrums nach 1918 war seine gewandelte Einstellung zur Sozialdemokratie. Man entdeckte die ‚sittliche Idee' des Sozialismus; Kapitalismus-Kritik bekam einen guten Klang, und bald sprach man in der Partei sogar von ‚christlichem Sozialismus', der im Gegensatz zum ‚kommunistischen Sozialismus' zu sehen sei. Auf dieser Basis kam es zu Koalitionen des Zentrums mit den Sozialdemokraten und der Deutschen Demokratischen Partei. Die starke Stellung des Zentrums führte bei der Formulierung des Verfassungstextes im Frühjahr 1919 zu Kompromissen in der Definition des Verhältnisses von Staat und Kirche. Von diesen Kompromissen profitierten auch die evangelischen Kirchen. Hatten die Sozialdemokraten für eine strikte Trennung von Staat und Kirche plädiert, so setzte das Zentrum durch, daß bei formaler Trennung die Großkirchen dennoch besonders hervorgehoben wurden und besondere Vorrechte zugestanden bekamen. Offensichtlich wird dies auf katholischer Seite in den verschiedenen Konkordaten der folgenden Jahre.[24]

In den Streit um die Konfessionsschulen während der Weimarer Zeit griff Papst *PiusXI.* mit der Enzyklika „Divini Codex illius magistri" noch 1929 ein. Darin verpflichtete er Katholiken erneut auf den Canon 1374 des Codex Iuris Canonici, wonach katholische Kinder nicht in weltliche oder Simultanschulen gehen dürfen; wobei sie in den letzteren zwar getrennten katholischen Religionsunterricht erhielten, aber ansonsten von nichtkatholischen Lehrern gemeinsam mit nichtkatholischen Schülern unterrichtet wurden. In der Enzyklika heißt es: „Dafür ist es notwendig, daß der ganze Unterricht und Aufbau der Schule: Lehrer, Schulordnung und Schulbücher in allen Fächern unter Leitung und mütterlicher Aufsicht der Kirche von christlichem Geist beherrscht sind, so daß die Religion in Wahrheit die Grundlage und Krönung des ganzen Erziehungswerkes in allen seinen Abstufungen darstellt, nicht bloß in den Elementar-, sondern auch in den Mittel- und Hochschulen."[25]

In den ersten Jahren nach dem Weltkrieg entfaltete sich ein reges, so lange nicht mehr dagewesenes katholisches Leben. War *Benedikt XV.* mit seinem Versuch, 1917 durch seine Note „Dès le début" Frieden herzustellen, gescheitert, so leistete er auf dem Gebiet der Caritas Großes. Dies brachte der katholischen Kirche Anerkennung von allen Seiten. 1920 wurde in Berlin eine Nuntiatur errichtet. Ein Jahr später konnte *Benedikt XV.* das seit der Reformationszeit aufgehobene Bistum Meißen wiederherstellen. Der katholischen Kirche kam ihr Internationalismus – und besonders ausländisches Geld – während der Inflation in Deutschland und der Weltwirtschaftskrise sehr zustatten. So berichtete *Walther von*

[24] z.B. Konkordate mit Bayern 1924, Preußen 1929, Baden 1932 und dem Deutschen Reich 1933.

[25] Über die christl. Erziehung der Jugend, Freiburg 1929.

Loewenich, daß in den Jahren 1919 – 1930 mit Hilfe ausländischen Kapitals monatlich zwölf bis dreizehn Klostergründungen möglich waren.[26] 1930 wurden das Bistum Aachen wieder errichtet und das Bistum Berlin neu begründet und die Bistümer Paderborn und Breslau zu Erzbistümern erhoben.

In der Katholischen Aktion sammelten sich die Kräfte, die die katholischen Prinzipien im individuellen, sittlichen und gesellschaftlichen Leben unter dem Schutz des Herzens Jesu und des heiligen Franziskus verwirklichen und verbreiten wollten. Die katholische Kirche konnte auf politischer wie auf religiöser Ebene Erfolge erzielen. Durch Enzykliken, Konkordate und eine allgemeine Katholisierung der Bevölkerung mit Hilfe von Presse und Kultur gewann der Katholizismus in Deutschland eine Bedeutung, wie seit der Reformationszeit nicht. ‚Katholisch' hieß nun weithin nicht mehr Opposition gegen die Vorherrschaft einer evangelischen Religion und Kultur, sondern bedeutete jetzt ‚allumfassend' und ‚alldurchdringend'.

III. Das ökumenische Jahrzehnt nach dem Ersten Weltkrieg

Die Trennung von Thron und Altar brachte in der Folgezeit bessere Möglichkeiten für die Kirchen, sich gegenseitig sachgemäßer zu begegnen. Machtpolitische Aspekte traten mehr und mehr in den Hintergrund. Es begann ein Jahrzehnt des gegenseitigen Kennenlernens. Dafür sind die relativ zahlreichen Konversionen von einer Kirche in die andere und umgekehrt ein sprechender Beleg.[27] Auf evangelischer Seite entfaltete sich eine weltumspannende rege Arbeit an der Ökumene. 1910 hatten verschiedene Missionsgesellschaften die Konferenz von Edinburgh mit dem Ziel beschickt, auf den Missionsgebieten als ungeteilte Kirche arbeiten zu können. 1914 wurde mit der Gründung des „Weltbundes für (internationale) Freundschaftsarbeit der Kirchen" ein entscheidender Schritt getan. Aus diesem Weltbund entwickelte sich die „Bewegung für Praktisches Christentum" (Life and Work), die 1925 auf ihrer Konferenz in Stockholm versuchte, den Weg praktischer Liebestätigkeit in Richtung auf die eine Wahrheit zuzugehen. 1927 erscholl in Lausanne auf der „Konferenz für Glauben und Kirchenverfassung" (Faith and Order) die Doppelparole: Es gibt nur eine Kirche, und zum Wesen dieser Kirche gehört ihre Sichtbarkeit. In all diesen Bewegungen bemühte man sich um gegenseitiges Kennenlernen und exakte Dartellungen der verschiedenen Konfessionen. Federführend und Kopf der jungen ökumenischen Bewegung war der Erzbischof von Uppsala, *Nathan Söderblom*. Seinen Traum von der Einheit der Kirche veröffentlichte er 1919 unter dem Titel „Die Aufgabe

---

[26] Die Gesch. der Kirche, Witten-Ruhr 1954^4, 412f.

[27] vgl. die statistischen Angaben in den ev. und kath. Jahrbüchern dieser Jahre.

der Kirche: internationale Freundschaft durch evangelische Katholizität".[28] Darin heißt es: „Soll die Katholizität in der Form der römischen Institution verwirklicht werden? Sowohl das christliche Bewußtsein der überwiegenden Mehrheit der Christen wie die Kirchengeschichte antworten so deutlich wie möglich mit einem Nein. Diejenigen Teile der Christenheit, die die geistige Freiheit gekostet haben, können diese nicht einmal für einen so hohen Preis wie die äußere institutionelle Einheit der Christenheit verkaufen. [...] So bleibt nur eine evangelische Katholizität übrig, eine solche, die die einzelnen Religionsgemeinschaften mit ihren Bekenntnissen und Organisationen in Ruhe läßt, die aber der geistigen Einheit dient."[29] „Die ganze Christenheit braucht ein gemeinsames Sprachrohr. Sowohl von Petri Stuhl wie von anderen Teilen der Christenheit erschollen wieder und immer wieder Worte, die im Herzen eines jeden wahren Christen Widerhall finden und für ihn reden. Aber es fehlt eine gemeinsame Plattform. Was ich befürworte, ist ein ecumenical council, ein ökumenischer Kirchenrat, die ganze Christenheit vertretend, und so eingerichtet, daß er im Namen der Christenheit redet, abwägend, warnend, stärkend, bittend in gemeinsamen religiösen, sittlichen, sozialen Angelegenheiten der Menschheit."[30] „Dieser ökumenische Kirchenrat wäre nicht mit einer äußeren Vollmacht auszustatten, sondern hätte in dem Maße Einfluß zu gewinnen, wie er mit geistiger Autorität aufzutreten vermag. Er würde nicht ex cathedra, sondern aus der Tiefe des christlichen Gewissens zu reden haben."[31]

Zu sehr ähnlichen Ergebnissen wie *Söderblom* kommt, wenn auch von ganz anderen Voraussetzungen her, *Friedrich Heiler*. Durch seine kenntnisreichen Schriften, Vorträge und hochkirchlichen Veranstaltungen übte er großen Einfluß auf das interkonfessionelle Verstehen aus. Auch ihm ging es um „evangelische Katholizität" als Folge gegenseitiger Befruchtung der Konfessionen. „Das katholische Kirchentum birgt in seinem Schoße zahlreiche kostbare Werte, welche das evangelische Christentum weggeworfen oder allmählich hat verkümmern lassen. Sie wiederzugewinnen suchen heißt für die evangelische Katholizität arbeiten. Alle diese Werte sind in dem starren Autoritätssystem und in dem buntschillernden Synkretismus der Kirche Roms irgendwie vereinseitigt. Das evangelische Christentum hat in seiner Glaubenskraft und Glaubensreinheit die Macht, diese Werte so umzugestalten, zu läutern und zu reinigen, daß sie wahrhaft christlichen Charakter erlangen und in keinem Widerspruch stehen zum Evangelium Christi. Evangelische Katholizität, das ist keine Illusion [...], sondern ein Kirchenideal, ja das Kirchenideal, das Wirk-

---

[28] veröff. in: Die Eiche. Vierteljahrsschr. für Freundschaftsarbeit der Kirchen, hg. v. *Friedrich Siegmund-Schultze*, 8, 1919, 129ff.

[29] ebd., 133f.

[30] ebd., 136.

[31] ebd.

lichkeit werden muß, wenn das evangelische Christentum seine Macht über die Geister behalten will, wenn es nicht ins Hintertreffen geraten will gegenüber Roms gewaltigem Heerbann. Eine Kirche, die evangelisch und katholisch zugleich, christlich und universell, eine Kirche, deren Seele evangelisch und deren Leib katholisch ist, eine solche Kirche ist das Kirchenideal, das sich nie vollkommen verwirklichen läßt, das aber angestrebt werden muß, und dem wir schrittweise näherkommen müssen. Eine solche evangelisch-katholische Kirche ist wirklich auf einen Felsen gegründet, sie und sie allein kann das Wort auf sich anwenden, auf das die römische Kirche unaufhörlich pocht: „Die Pforten der Hölle werden sie nicht überwältigen (Matth. 16,19).“[32] Für *Heiler* ist das Zusammenbringen der ungewöhnlichen Werte aus beiden Konfessionen zur Synthese der „evangelischen Katholizität“ ein höheres Ziel als jede äußere Wiedervereinigung.[33]

Blicken wir auf Reaktionen im katholischen Lager. *Yves M.-J. Congar* listet die wichtigsten römischen Äußerungen auf und sagt von diesen lehramtlichen Stellungnahmen und Entscheidungen zu den ökumenischen Annäherungsbewegungen in der zweiten Hälfte des 19. und in der ersten Hälfte des 20. Jahrhunderts, sie hätten zum Ziel gehabt, „die Katholiken daran zu hindern, auf nichtkath. Weise die Fragestellung aufzunehmen, und sie in einer entscheidenden Position ‚vom Katholischen her‘ zu festigen“.[34]

Alle Antworten der katholischen Kirche auf ökumenische Bemühungen waren ein kategorisches Nein. Man stand damit auf der Position des Trienter Konzils, das erklärt hatte: „Wie eine zärtlich, besorgte Mutter ersehnt und erstrebt diese heilige Synode, daß unter den Trägern des christlichen Namens keine Spaltungen seien, daß vielmehr unter ihnen, wie sie alle einen Gott und Erlöser anerkennen, so auch eine Sprache, ein Glaube, eine Gesinnung herrsche. Zugleich hofft sie, im Vertrauen auf Gottes Barmherzigkeit, daß sie [die Protestanten] zu der heiligen und heilbringenden Eintracht eines Glaubens, einer Hoffnung und einer Liebe zurückkehren.“[35] Weiter hatte sich lehramtlich nichts bewegt.

---

[32] Das Wesen des Katholizismus, München 1920, 115.

[33] vgl. ebd., 94.

[34] Ökum. Bewegung, in: LThK² Bd.7, Freiburg 1962, 1133; *Congar* belegt das mit dem Brief des Kardinals *Francesco Saverio Patrizi* vom 8. Januar 1865, dem Brief *Leos XIII.* über die „Religionsparlamente“ vom 19. September 1895, der Ablehnung der Einladungen von Faith and Order und Life and Work durch Kardinal *Pietro Gasparri* (*Benedikt XV.*), dem Verbot des Heiligen Offiziums, an der Konferenz von Lausanne teilzunehmen, und der Enzyklika „Mortalium animos“ vom 6. Januar 1928.

[35] Sess. 13, Decretum prorogationis, zit. nach *Max Pribilla*: Um die Wiedervereinigung im Glauben, Freiburg 1926, 3.

Katholischerseits schien man der Meinung gewesen zu sein, daß das eigene Bild von der Kirche um so heller leuchte, je mehr man den anderen Kirchen ihr Nicht-Kirche-Sein nachwies. So war das Hauptziel der römisch-katholischen Kirche innere Geschlossenheit. Dazu schien es nötig, jede Berührung mit Christen anderer Konfessionen von vornherein unmöglich zu machen. Deutlich wird dies besonders im Kampf *Pius X.* gegen den „Modernismus" als „Sammelbecken aller Häresie". Katholisch hieß praktisch Nichtevangelisch und Evangelisch wurde zum Synonym für Nicht-römisch-katholisch. Damit war das Wesen des Verhältnisses durch diesen Gegensatz bestimmt. Von einem gemeinsamen christlichen Fundament durfte nichts ans Licht kommen.

Am deutlichsten wird der Graben zwischen den Konfessionen durch einen Blick in den Codex Juris Canonici von 1918, der in juristischer Form das Selbstverständnis und den Lebensraum der katholischen Kirche darstellte. Danach ist die Kirche vom Papst her aufgebaut. Er hat die volle Jurisdiktion, die völlig unabhängig von menschlichen Autoritäten ist.[36]

Ausdrücklich verbietet der Codex die Gottesdienstgemeinschaft mit Nichtkatholiken. Für die Teilnahme von Katholiken an evangelischen gottesdienstlichen Feiern muß der Bischof einen Dispens erteilen.[37] Streng wird die konfessionsverschiedene Ehe verboten, d.h. eine Ehe unter Getauften, bei denen der eine Partner katholisch, der andere einer „häretischen oder schismatischen Sekte angehört". Ein Dispens wird nur erteilt, wenn die Partner sich verpflichten, ihre Kinder katholisch taufen und erziehen zu lassen.[38] Bei Nichterfüllung des Eheversprechens kann die Exkommunikation in Anwendung gebracht werden. Und schließlich verbietet der Codex interkonfessionelle Lehrgespräche von Klerikern und Laien.[39]

Konnte es angesichts dieser geschlossenen Ablehnungsfront noch eine Chance für ökumenische Begegnungen geben? Die Resignation auf evangelischer und teilweise auch auf katholischer Seite war groß. Dennoch kam es unterhalb der Schwelle lehramtlicher Entscheidungen immer wieder zu intensiven Gesprächen mit Vertretern der katholischen Kirche. Ja selbst die Konferenz von Lausanne wurde trotz Verbotes von achtzehn oder neunzehn katholischen Priestern besucht. Unter ihnen waren die Deutschen *Konrad Hoffmann* und *Paulus Metzger*, die später dem Papst mündlich davon berichten durften. Zu den Katholiken, denen das ökumenische Gespräch immer am Herzen lag, gehörte der Jesuit *Max*

---

[36] CIC Pii X pontificis maximi iussu digestus Benedicti papae XV auctoritate promulgatus, [in zahlreichen Drucken], can.218; fortan nur noch mit can.-Angabe; natürlich faßte der Codex nur zusammen, was auch zuvor schon Gesetzgebung und Rechtslage in der röm.-kath. Kirche war.

[37] can.1258.

[38] can.1060 bis 1062.

[39] can.1325.

Pribilla, der in zahlreichen Artikeln in den „Stimmen der Zeit" dazu Stellung genommen hat. 1926 faßte er seine katholisch autorisierte Sicht in dem Buch „Um die Wiedervereinigung im Glauben" zusammen:

„Ein tiefer Riß geht durch die Nation und trennt sie in zwei sich mißverstehende, hassende und bekriegende Hälften. Er durchzieht unser gesellschaftliches und politisches Leben, unsere Geschichtsschreibung, Wissenschaft, Kunst, Literatur und Presse, unser Schulwesen, unsere ganze Kultur."[40] Angesichts dieser Probleme scheint es *Pribilla* eine Notwendigkeit zu sein, dem Protestantismus als einem „Teil des großen Kulturproblems"[41] zu begegnen. In diesem Sinne beklagt er den Stil der interkonfessionellen Polemik und fragt, warum dieser Kampf „nicht mit einer wahren Noblesse geführt werden könnte und sollte".[42] In dogmatischen Fragen – etwa auch im Kirchenverständnis – gibt es für ihn keine Diskussionsmöglichkeit zwischen den Konfessionen. Im Blick auf die dunklen Partien der katholischen Kirchengeschichte sagt er, daß „die Kirche keine Verantwortung für eingeschlichene Mißbräuche" trage[43] – was nicht heiße, daß die Schuld für die bestehende Spaltung einzig bei den protestantischen Kirchen zu suchen sei. „Denn wie die Glaubensspaltung nicht von den Protestanten allein hervorgerufen, sondern von den Katholiken mitverschuldet worden ist, so muß auch die Wiedervereinigung nicht nur von den Protestanten, sondern auch von den Katholiken verdient werden."[44] Der Verfasser klagt dann über die Abstinenz katholischer Wissenschaftler beim Fortschritt in der Theologie, den Naturwissenschaften und der Philosophie. Er plädiert für eine gute theologische Ausbildung des Klerus und für eine gute Glaubensschulung der katholischen Laien, „denn die Front der streitenden Kirche kann heute weniger denn je nur mit Klerikern besetzt werden."[45] Die Religion bedürfe nicht nur des Kultes, sondern in stärkerem Maße auch der Kultur.[46]

Pribilla spricht also bereits 1926 von katholischer Seite das große Gebiet der sogenannten „nichttheologischen Faktoren" an, das der interkonfessionellen Bearbeitung wartet. Damit lenkt er den Blick auf Machbares. Dogmatisch gebunden sucht er Verständigungsmöglichkeiten auf zwischenmenschlicher Ebene. Das soll einzelnen evangelischen Christen die Heimkehr in die alte Mutterkirche erleichtern. Von organisierten Bewegungen zur Einheit, einschließlich des 1920 gegründeten katholischen Winfriedbundes, erwartet er keine wirklichen Hilfen. „Wie die Frage der Wiedervereinigung im Glauben nun einmal liegt, ist zu sagen, daß für die

[40] wie Anm. 35, 2.
[41] ebd., 41.
[42] ebd., 33.
[43] ebd., 27.
[44] ebd., 17f.
[45] ebd., 55.
[46] vgl. ebd., 61.

gegenwärtige Generation im wesentlichen nur Schutt- und Aufräumungsarbeiten in Betracht kommen, um Späteren und Glücklicheren die Vollendung der Einheit zu ermöglichen. Da wir noch nicht für die Wiedervereinigung reif sind, so kann es nur unsere Aufgabe sein, dafür reif zu werden. [. . .] Darum wird es auch im allgemeinen ratsam sein, vorerst nicht von Wiedervereinigung im Glauben zu reden, sondern vielmehr von Verständigung und Milderung der konfessionellen Gegensätze im beiderseitigen Interesse."[47]

Auf dem Gemälde vom ökumenischen Jahrzehnt nach dem Ersten Weltkrieg sehen wir auf beiden Seiten des Grabens zwischen den Konfessionen ein starkes Interesse für die jeweils andere Seite. Evangelischerseits äußert sich dies vor allem in den großen Entwürfen von Life and Work und Faith and Order, aber auch in der hochkirchlichen Bewegung jener Jahre. Die katholische Seite, herausgefordert durch die evangelischen Bemühungen, durch das Ende des Burgfriedens zwischen den Konfessionen in der Zeit des Weltkrieges und durch Einbußen von Gemeindegliederzahlen unter der Arbeiterschaft und der Intelligenz, sucht anfänglich besonders in der Una-Sancta-Bewegung die Begegnung mit Nichtkatholiken, lenkt aber etwa seit der Mitte des Jahrzehnts auf einen straffer ultramontanen und machtpolitisch ausgerichteten Kurs ein. Dessen antiökumenischer Höhepunkt ist 1928 mit der Enzyklika „Mortalium animos" erreicht.

IV. Die Enzyklika „Mortalium animos" und die evangelischen Reaktionen

Ausdrücklich gegen die ökumenische Bewegung, die auf evangelischem Gebiet entstand, richtete sich *Pius XI.* mit seiner Enzyklika „Mortalium animos." Darin beschrieb er den evangelischen Ökumenismus wie folgt: „Ist es nicht billig, – so sagt man – ja, ist es nicht heilige Pflicht, daß alle, die den Namen Christi anrufen, von den gegenseitigen Verketzerungen ablassen und endlich einmal durch das Band gegenseitiger Liebe verbunden werden? Wie könnte dann jemand den Mut haben zu sagen, er liebe Christus, wenn er sich nicht nach besten Kräften für die Erfüllung des Wunsches Christi einsetzt, der da den Vater bat, daß seine Jünger eins seien? [. . .] So und ähnlich reden in stolzer Sprache jene, die man ‚Panchristen' nennt [. . .] Ihre Arbeit hat sogar viele Katholiken angezogen und begeistert, die sich der Hoffnung hingeben, auf diesem Wege lasse sich eine Einheit herbeiführen, wie sie auch wohl den Wünschen der heiligen Mutter, der Kirche, entspricht. Unter diesen überaus verlockenden und einschmeichelnden Worten verbirgt sich aber ein schwerer Irrtum, der die Grundlage des katholischen Glaubens vollständig zerstört und untergräbt." Der Irrtum bestehe darin, daß angenommen werde, die Ein-

[47] ebd., 78.

heit der Kirche sei ein erst zu erstrebendes oder zu suchendes Ziel, während sie doch in der katholischen Kirche bereits voll verwirklicht sei. Deshalb könne den Katholiken die Teilnahme an ökumenischen Konferenzen, die auf der Suche nach Einheit sind, nicht gestattet werden.[48]

Das Jahr 1928 bringt eine schier unüberschaubare Diskussion der am 6. Januar 1928 erschienenen Enzyklika in fast allen Zeitschriften und Zeitungen. *Söderblom* legt bei seiner Kritik besonderes Gewicht auf den zweifachen Sinn des Wortes Glauben in der katholischen Theologie. „Mit keinem einzigen Wort wird der Unterschied angedeutet zwischen der Fides quae creditur, der Glaubenslehre, den Dogmen einerseits, und der Fides qua creditur, dem Vertrauen, das an Christus hängt und um seinetwillen an den himmlischen Vater zu glauben wagt."[49] Eine Kirche, die beispielsweise den Glauben an die Erlösung und Versöhnung durch das Kreuz Christi auf eine Stufe stellt mit dem Glauben an die Unfehlbarkeit des Papstes, die unbefleckte Empfängnis der Maria oder die Transsubstantiation, eine solche Kirche disqualifiziert sich nach *Söderblom* selbst zur Sekte.

Söderblom kritisiert den Kirchenbegriff, der in der Enzyklika als Maß an die ökumenische Bewegung gelegt wird. „Nicht mit einem Worte wird die evangelische Kirchenauffassung berücksichtigt, die das Wesen der sichtbaren Kirche darin sieht, daß die Kirche und Gemeinde Christi sich als solche öffentlich ausweisen durch die Botschaft der Erlösung, das Wort, die Sakramente und durch den Tatbeweis des Glaubens in Liebe und Gerechtigkeit."[50] Und das erfordere durchaus keine Uniformität in äußeren Dingen und Lehrformulierungen. Die Enzyklika verbietet die Teilnahme von Katholiken an Konferenzen der Nichtkatholiken mit folgendem Hinweis: „Es gibt nämlich keinen anderen Weg, die Vereinigung aller Christen herbeizuführen, als den, die Rückkehr aller getrennten Brüder zur einen wahren Kirche Christi zu fördern, von der sie sich ja einst unseligerweise getrennt haben."[51] Die Enzyklika hält es auch für unmöglich, daß die getrennten Brüder Anteil am mystischen Leib Christi haben können. Dazu wäre die Unterwerfung unter den Primat des Papstes nötig.[52] *Söderbloms* Kommentar: „Aufs neue wird hier die geistige, übernatürliche, durch das Leben des Glaubens in Gott gewirkte Gemeinschaft, die die wahre, im Himmel und auf Erden vereinigte Kirche aus-

---

[48] Text bei *Anton Rohrbasser* (Hg.): Heilslehre der Kirche. Dokumente von Pius IX. bis Pius XII., Freiburg/Schweiz 1957, 397ff.

[49] Veröff. in „Stockholms Tidningen" v. 30./31.Januar und 1.Februar 1928, übers. von *Lars Wollmer*, in: Krit. Stimmen zum päpstlichen Rundschreiben über die Einigungsfrage der Kirchen, Berlin 1928, 15-32, hier 22.

[50] ebd., 25.

[51] wie Anm.48, 408.

[52] ebd., 409.

machen, mit einem äußeren System und mit der Gehorsamspflicht gegenüber einem irdischen Absolutismus verwechselt."[53]

Die Diskussion um das Nein aus Rom zur ökumenischen Bewegung wurde überall erhitzt geführt. War es notwendig, so fragt die „Kölnische Zeitung" vom 18. Januar 1928, „in einer Zeit, wo alles nach Verständigung ruft, die Unterwerfung zu fordern? Unterwerfung führt niemals, immer nur führt Verständigung zum wahren Frieden. Das haben die Deutschen auf politischem Gebiet zur Genüge erfahren." Aus diesem Grunde habe es immer Katholiken gegeben, die auf dem Grunde der Nächstenliebe die Konfessionsgrenzen durchlässiger zu machen suchten. Doch Rom habe nur zu oft und zu schnell „Modernismus" gewittert und mit dem Bannstrahl gearbeitet. Der deutsche Protestantismus hat mit dieser Enzyklika eine erneute Warnung erhalten.[54]

In seiner Kritik der Enzyklika teilt *Heinrich Hermelink* eine katholische Auffassung zu den ökumenischen Begegnungen mit, die für breite katholische Kreise typisch gewesen zu sein scheint.[55] Er zitiert die „Augsburger Postzeitung"[56]: „Die Stelle, in der Heiligen Schrift: ‚Du bist Petrus, Fels, auf diesen Felsen will ich meine Kirche bauen, und die Pforten der Hölle werden sie nicht überwältigen' kann kein Protestant, kein Evangelischer Bund hinwegleugnen. Wenn die Menschen darauf warten wollten, bis aus dem protestantischen Konglomerat von lutherischen, calvinistischen, zwinglianischen, methodistischen, baptistischen, anglikanischen Kirchen und aus dem Tausenderlei der protestantischen Sekten aller Art heraus durch Weltkonferenzen und Einigungstendenzen endlich erkannt und festgestellt wird, was denn nun eigentlich Christentum, was Lehre Christi, was eigentlich ‚Kirche' überhaupt ist, wenn die von Christus erlöste Menschheit auf diesen Zeitpunkt warten wollte, dann müßte sie warten bis ans Ende der Zeiten. [. . .] Und auf Grund welcher Autorität wollen Söderblom und Nachfahren denn in 50, 100 oder 1000 Jahren die eine Kirche Christi in ihrem wahren echten Wesen errichten und der Menschheit endlich zeigen, was wahres Evangelium, wahres Christentum ist?" Solchem gegenreformatorischen Praktizismus widerspricht *Walther von Löwenich*[57] durch die Aufzählung von Verlautbarungen und Aktionen internationaler und nationaler evangelischer Vereinigungen. Er macht Vorschläge zu gemeinsamer Arbeit auf nichttheologischem Gebiet und weist auf den Theologietransfer über die Konfessionsgrenzen hin. Seine Arbeit versucht den abgerissenen Faden der Ökumene wieder aufzunehmen.

---

[53] wie Anm.49, 28.

[54] Leitart. der Beil. „Kulturspiegel" a.a.O.

[55] Die Enzyklika und die Mechelner Einigungsaktion, in: ChW 48, 1928, 135-139.

[56] 1928 Nr.19.

[57] Das neue päpstliche Rundschreiben, in: „Fränkische Wacht" v. 2.Februar 1928.

Die Schlagzeilen des Jahres 1928 sind beherrscht von Erklärungen, wie der des Präsidiums des Evangelischen Bundes: „Wir stellen mit Bedauern fest, daß durch diesen überaus schroffen Eingriff des Papstes in die ernsten Angelegenheiten des Glaubens und Lebens der gesamten nichtkatholischen Christenheit die konfessionelle Spaltung von römisch-katholischer Seite her erneut verschärft und damit der konfessionelle Friede empfindlich bedroht wird."[58]

Die Diskussion um die Enzyklika „Mortalium animos" fand bald ein Ende mit Resignation. Eine Lähmung machte sich breit. Die aufgehende Saat der ökumenischen Bemühungen hatte durch die zu Eisheiligen gewordenen Drei Könige vom 6. Januar 1928 nachhaltig gelitten.

---

[58] veröff. in: „Deutsch-Evangelische Korrespondenzen" v. 25.Januar 1928.

Jochen-Christoph Kaiser

Der Evangelische Bund und die Politik 1918 bis 1933

Sicher nicht zufällig haben sich Historiker mit der Geschichte des Evangelischen Bundes zwischen 1918 und 1933 in den letzten Jahren kaum auseinandergesetzt.[1] Die Geschichtsmächtigkeit des Konfessionellen blieb nach bisheriger Auffassung auf den (politischen) Katholizismus beschränkt, während das protestantische Pendant wenig beachtet wurde.[2] Der neueren Kirchengeschichte und besonders ihrer jungen Zweigdisziplin, der Kirchlichen Zeitgeschichte, ist die Bedeutung der großen Verbände für die politische Bewußtseinsbildung des evangelischen Deutschland nicht entgangen, aber auch sie haben den in erster Linie in Frage kommenden Organisationen Evangelischer Bund und Gustav-Adolf-Verein eingehende Spezialuntersuchungen nicht gewidmet. Allerdings beziehen die meisten Arbeiten, die sich mit dem Thema ‚Staat und Kirche' in unserem Zeitraum beschäftigen, den EB zumindest am Rande mit ein.[3]

In der folgenden Skizze soll es weniger um den Aufriß einer Ideengeschichte des politischen Protestantismus am Beispiel des Bundes gehen[4] als vielmehr um die Beschreibung seines konkret sichtbaren Verhaltens an wichtigen Schalt- und Wendepunkten der Weimarer Republik. Dazu boten sich vorrangig an: *Erster Weltkrieg und Revolution* (I.), der *Versailler Vertrag* (II.) und die *demokratische Staatsform* (III.), die *Wendung zu den Völkischen* und ihrem parteipolitischen Sammelbecken, der National-Sozialistischen Deutschen Arbeiter-Partei, der NSDAP (V.). Ferner werden uns die *Frage einer evangelischen Partei* (IV.) und die *Präsidenten-, Landtags- und Reichtagswahlen* (V.) zu beschäftigen haben. Schließlich müssen ein *selbstausgestelltes ‚Ehrenzeugnis'* (VI.) und *reli-*

[1] Vf. bietet in den folgenden Anm. außer Zitatbelegen nur knappste Hinweise auf angesprochene Personen, Vorgänge und Veröff.

[2] vgl. *Heinz Gollwitzer*: Vorüberlegungen zu einer Gesch. des politischen Protestantismus nach dem konfessionellen Zeitalter, Opladen 1981.

[3] vgl. als Standardwerk *Kurt Nowak*: Ev. Kirche und Weimarer Republik. Zum politischen Weg des Protestantismus zwischen 1918 und 1932, Weimar-Göttingen 1981, hier weitere Lit.

[4] vgl. *Joachim Lell*: Verworrene Zeit – Pflicht zur Theol.: Heinrich Bornkamm, in diesem Bd., 73-92.

giöse Substanzverluste (VII.) als Mitursache der Endkrise des Weimarer Staates zur Sprache gelangen.

I. Erster Weltkrieg und Revolution

Von seiner Anlage her hatte der EB eine breite Plattform und umfaßte nicht allein alldeutsch-national-protestantisch ausgerichtete Mitglieder; einem bedauernden Diktum des Bundesdirektors *Fritz von der Heydt* aus dem Jahre 1936 zufolge stand seine Führungsspitze vor 1914 durchweg den Nationalliberalen nahe.[5] Der antiultramontane Grundzug seines Wirkens, der seine Ursprünge in der liberalen Kulturkampfgesinnung der 1870er Jahre gehabt hatte, erwies sich je länger je mehr als Hindernis auf dem Wege zur Verständigung mit den preußischen Altkonservativen, für die der Bund immer den Hauch eines revolutionären, zumindest illegitimen Aktionismus besaß. Erst in der Amalgamierung von altem und neuem Konservatismus nach 1918, die im EB aus weiter unten zu erläuternden Gründen besonders deutlich hervortritt, wurde die Brücke zwischen beiden politischen Traditionssträngen geschlagen.

Der Bund entwickelte sich also in politischer Hinsicht von einer Position mitte-links im deutschen Protestantismus der Vorkriegszeit nach rechts bis rechtsaußen. Diesen Prozeß beschleunigte der Krieg derart, daß sich schon in der Weimarer Republik kaum jemand seiner Freunde und Gegner daran erinnern konnte, es mit einer ursprünglich liberal inspirierten Organisation zu tun zu haben. Diejenigen, die eine exklusive Einbindung des Bundes ins nationalprotestantische Spektrum befürworten, beherrschten weitgehend die Presse, während abwägende und zurückhaltendere Voten bekannter Universitätslehrer, die dem Bunde ebenfalls nahestanden, eher in den Schriftreihen der Berliner Zentrale zu finden sind. Unter den für den Bund damals repräsentativen Periodika rangiert auch die „Deutsch-Evangelische Korrespondenz“ ein Informationsdienst, der vielen Tageszeitungen regelmäßig zugeschickt wurde und sich durch rüde Polemik und fast ausschließliche Konzentration auf polemische Themen negativ abhob vom „Vorstandsblatt“, vom monatlichen Mitgliederblatt „Evangelischer Bund“, vom Jahreskalender „Evangelischer Volksbote“ oder gar von der anspruchsvolleren Zeitschrift „Die Wartburg“.

Mit Beginn des Ersten Weltkriegs stellte der Bund im Zeichen des ‚Burgfriedens‘ seine gegen Zentrum und Sozialdemokratie gerichtete Agitation ein und ging dazu über, an den Fronten und in der Heimat patriotisches Schrifttum zu verteilen. Die traditionellen Feindbilder wurden kurzzeitig suspendiert und durch die alliierten Kriegsgegner ersetzt, die man nun – im Zug der Zeit – anstelle von Katholiken und Sozialisten heftig angriff oder auch nur mit Spott zu diskreditieren suchte, solange

[5] Gute Wehr. Werden, Wirken und Wollen des EB, Berlin 1936, 120f.

sich das Kriegsglück den deutschen Waffen zuzuneigen schien. Die päpstliche Friedensinitiative von 1917 deutete der Bund als gegen Deutschland gerichtete Lebensäußerung eines weltumspannenden politischen Katholizismus, dessen Aktion er noch im gleichen Jahr als unerlaubte Einmischung des Vatikans in die inneren Angelegenheiten Deutschlands ablehnte und als Bruch des Vernunftfriedensschlusses mit den Katholiken empfand. Als sich Mitte 1918 die militärische Niederlage abzuzeichnen begann, gab der Bund Durchhalteparolen aus; eine letzte große Mobilmachung des ganzen Volkes werde Defaitismus, Kleinmut und Angst überwinden und endlich den Sieg bringen: „Das Vaterland ist in Gefahr. Es gilt das Erbe der Väter und Deutschlands Zukunft [...] Mit den geistigen Waffen der Reformation und den oft bewährten Mitteln dienender Liebe stellt sich der Evangelische Bund dem Vaterlande zur Verfügung. [...] Er tut es mit dem alten Kampf- und Glaubensruf: Ein feste Burg ist unser Gott!“[6]

Den Schock der Revolution verkraftete der Bund - zumindest publizistisch – weit besser, als man nach diesen Tönen vermuten könnte. Größer noch als die Trauer um das verlorene ‚heilige evangelische Reich deutscher Nation‘ war die Furcht vor einer aus Rußland importierten bolschewistischen Anarchie, die Deutschland ins Chaos stürzen wollte. Zu deren Bekämpfung war der Bund bereit, „die gegenwärtigen Machthaber in dieser Übergangszeit“ zu unterstützen[7], also auch die von ihm solange kompromißlos abgelehnte Sozialdemokratische Partei Deutschlands (SPD). Freilich wollte man mit der Sozialdemokratie nur ein Zweckbündnis auf Zeit und bejahte nicht etwa die politischen Ziele jener ersten deutschen sozialistischen Republik unter *Friedrich Ebert* und *Philipp Scheidemann*. Einen Weg, sozialistische Politiker nach getaner Arbeit, d.h. Überwindung der Krise, wieder aus ihren Ämtern zu entfernen, schienen die angekündigten Wahlen zur Nationalversammlung zu eröffnen. So beruhigte der Bund seine Mitglieder: „Der Augenblick wird kommen und hoffentlich bald kommen, wo jeder Deutsche in der Wahl zur konstituierenden Nationalversammlung an der endgültigen künftigen Gestaltung unserer Staatsverfassung mitwirken können wird. Unterdessen ist die erste Pflicht, den Kopf klar und kühl zu behalten.“[8] Das bedeutete, die deutsch-evangelischen Interessen im Sinne des Eintretens für ein protestantisch geprägtes ‚größeres Deutschland‘ nicht aus den Augen zu verlieren, alle Hinweise auf eine Verletzung dieser Interessen genau zu registrieren und sodann den Kampf dagegen aufzunehmen.

Anlässe zur Sorge gab es genügend, so als der unabhängige Sozialdemokrat *Adolf Hoffmann* – gemeinsam mit dem Mehrheitssozialdemo-

[6] zuerst DEKEB 26. Oktober 1918 Eilige Sonderausg. Nr. 4.

[7] Rundschreiben des Präsidiums an die Mitglieder vom 16.November 1918 in: VBEB 10, 1919, 1-7, hier 2.

[8] DEKEB 14.November 1918 Nr. 46.

kraten *Konrad Haenisch* für das Kultusressort verantwortlich – seine fragwürdigen religionspolitischen Experimente inszenierte: Die Erleichterung des Kirchenaustritts, die angekündigte Einstellung der staatlichen Zahlungen an die Kirchen aus dem Kultusetat und Manipulationen an der Durchführung des Religionsunterrichts in staatlichen Schulen mit der Tendenz, diesen gänzlich aus den Lehrplänen zu verbannen, rüttelten an den Grundfesten nicht nur des protestantischen Staatsverständnisses und ließen darum eine Moment lang die Konfessionen zu gemeinsamer Abwehr dieser Angriffe näher zusammenrücken.[9] Als die Gefahr durch *Hoffmanns* Rücktritt Anfang Januar 1919 gebannt schien, mußte nicht er, sondern sein Kabinettskollege *Haenisch* sich härteste Kritik gefallen lassen. So vertrat der Herausgeber des „Kirchlichen Jahrbuchs", *Johannes Schneider*, in der „Wartburg" die These, *Hoffmann* habe der „Kirche und der Pflege der Religion im deutschen Volk, ohne es zu ahnen, geschweige denn es zu wollen, einen bemerkenswerten Dienst geleistet"; viel gefährlicher sei dagegen „die geschmeidige Art" seines Mitministers *Haenisch*.[10] Auch der kurzlebige Versuch, in Berlin unter dem Namen Christliche Volkspartei einen evangelischen Zweig der Zentrumspartei zu gründen, um der sozialistischen Religionspolitik besser Paroli bieten zu können, wurde sofort nach den für die protestantischen Kandidaten der Neuschöpfung enttäuschend ausgegangenen Wahlen zur Nationalversammlung seitens des EB als katholischer Stimmenfang unter evangelischen Wählern wieder verworfen.

II. Der Versailler Vertrag

Neben der ungeschickten sozialistischen Kultuspolitik belasteten die Annahme des Versailler Vertrags, die – später nicht aufrechterhaltene – Forderung der Entente nach Auslieferung führender Soldaten und Politiker des Weltkriegs mit dem Kaiser an der Spitze sowie die sogleich übernommene Mär, die Front habe bis zuletzt nicht gewankt und sei erst auf Grund der Auflösungserscheinungen in der Heimat zusammengebrochen, das Verhältnis des Evangelischen Bundes zur Republik. Versailles wurde als Fortsetzung des Krieges mit andern, wesentlich perfideren Mitteln gedeutet: Jetzt gehe es um die Seele des deutschen Menschen, eine nur militärische Niederlage genüge dem Feind ganz offensichtlich nicht. Aber, so der ‚Trost' des Bundes, einst werde der Tag kommen, „da ein Höherer als die Briand, Lloyd George und Korfanty ein letztes Wort, ein Ultimatum an unsere übermütigen Gegner richten wird. Für diesen Tag müssen wir uns rüsten […]."[11] Dieser unverhohlene Ruf nach Revanche,

---

[9] vgl. *Heinz Hürten*: Die Kirchen in der Novemberrevolution. Eine Unters. zur Gesch. der Dt. Revolution 1918/19, Regensburg 1984.

[10] Wartburg 18, 1919, 42f.

[11] DEKEB 12.Mai 1921 Nr. 18.

wenigstens aber Revision der durch den Ausgang des Krieges geschaffenen und zugestandenermaßen schmerzlichen Fakten korrepondierte mit der schnell verbreiteten Dolchstoßlegende.

Kein Wunder, wenn die Forderung nach Auslieferung der ‚im Felde Unbesiegten' als unsittliches Ansinnen verstanden wurde, das sich nicht nur „gegen jedes Rechtsgefühl", sondern auch „gegen jedes menschliche, religiöse, sittliche Empfinden" versündige. Mit dieser gnadenlosen Politik trieben die Sieger das in sich uneinige deutsche Volk wieder zusammen: „Sie tilgen unsere eigene Schuld! Sie sind Schöpfer unserer neuen Einigkeit."[12]

Versailler Vertrag und seperatistische Bestrebungen in den preußischen Westprovinzen zur Gründung einer rheinischen Republik veranlaßten den Bund, sich durch seinen größten Hauptverein, den rheinischen, mit einer Kundgebung an die Öffentlichkeit und einer Eingabe an das Reichsministerium des Inneren zu wenden. Hauptinitiator dieses Vorstoßes vom Juli/August 1919 war der Vorsitzende des Hauptvereins, Pfarrer D. *Hermann Kremers*[13] aus Bonn, dessen politische Weltsicht in den kommenden Jahren den Kurs des EB ganz entscheidend mitbestimmen sollte. Aufruf und Eingabe protestierten gegen die rheinischen Autonomiepläne, die ‚römischen Ursprungs' seien und ‚undeutschen Interessen' dienten. Sie trieben einen Keil in die „im Kriege so herrlich bewährte völkische Eintracht unserer Westmark". Die Rheinländer seien keine „Mußpreußen", weil ihr geistiger und wirtschaftlicher Aufstieg erst unter Preußens Herrschaft begonnen habe. „Weil wir Deutsche bleiben wollen, wollen wir Preußen bleiben. [...] Wir sind bereit, für die Einheit Deutschlands jedes Opfer zu bringen, wir wollen aber nicht die Opfer sein in einer rheinischen Republik."[14]

Diese aus der Situation des rheinischen Protestantismus, der bei einem Rückzug seiner Schutzmacht um Einfluß und Bestand fürchtete, ver-

---

[12] DEKEB 6.Februar 1920 Nr. 6; im Zitat klingt eine Äußerung des bayerischen Justizministers *Ernst Müller (-Meiningen)* an.

[13] geb. 26.Juli 1860, gest. 20.Dezember 1934; als junger Mann hatte *Kremers* 1887 den Rhein. Hauptverein des EB mitbegründet, dessen hauptamtliche Leitung er nach seiner Pensionierung 1927 übernahm; *Kremers*, der stärker noch als *Doehring* den Bund der völkischen Bewegung öffnete und für ein frühes Sympathisieren mit der NSDAP verantwortlich zeichnete, wurde kurz vor seinem Tode noch Präsident des Bundes; eine zeitgenössische Würdigung (Prot. Rundschau 12, 1935, 89) nennt ihn eine „Führernatur": „Der Grund dazu lag in seinem tieferfaßten, konsequenten, positiven Protestantismus deutscher Prägung und in seiner unbeirrbaren Charakterfestigkeit. Diese Eigenschaften sicherten ihm seit vielen Jahren die Stellung des geistigen Führers im Evangelischen Bund."

[14] Rundschreiben des Rhein. Hauptvereins an alle Pfarrer, Presbyterien und Verbände der Provinz mit Ausnahme derjenigen in den abgetrennten Gebieten (Saarland, Eupen-Malmedy) und die „Kundgebung des rheinischen Protestantismus" v. 7.August 1919; wie *Kremers* in einem weiteren Rundschreiben vom August 1919 berichtete, hatten nahezu alle Verbände, ferner 635 von etwa 800 Pfarrern und 386 von 490 Presbyterien den Aufruf unterzeichnet.

ständliche Anhänglichkeit an Preußen macht deutlich, welch starken Anteil die Mentalität der Diaspora an der Ausprägung des (gesellschafts-)politischen Bewußtseins des Bundes besaß. Nicht von ungefähr gelang es *Kremers* unter den Bedingungen der Republik, besonders in den Krisenjahren seit 1929 seinen persönlichen Einfluß innerhalb des Zentralvorstandes immer mehr zur Geltung zu bringen, wobei ihm entgegenkam, daß viele seiner Vorstandskollegen dieses deutsch-protestantische Politikverständnis teilten.

III. Parteiwesen, demokratische Staatsform und ‚höchste Güter'

1921 fand in Eisenach die erste Generalversammlung des EB nach dem Kriege statt. Ihre wichtigste Leistung bestand in der Vorberatung des sogenannten Wartburgprogramms, in dessen Präambel folgende denkwürdige Sätze stehen, die *Kremers* zugeschrieben werden: „Der Evangelische Bund will das Erbe der Reformation wahren und mehren. Er sieht in dem Evangelium das höchste ewige Gut, die Kraftquelle und den Gesundbrunnen jedes Volkstums, und in dem deutschen Volkstum das höchste zeitliche Gut. Er stellt seine ganze Arbeit unter das Lutherwort: ‚Für meine lieben Deutschen bin ich geboren, ihnen will ich dienen' und hält fest an dem in Luthers Person und Werk vollzogenen Band zwischen Evangelium und deutschem Geist."[15]

Damit war der später immer wieder beschworene politische Öffentlichkeitswille des EB programmatisch sanktioniert worden, ohne daß man sich freilich in Eisenach auf die konkrete Ausgestaltung des hier erteilten politischen Mandats eingelassen hätte. So konnte man die Fixierung auf Volkstum und Nation als höchste irdische Werte durchaus unterschiedlich verstehen, über die Staatsform war damit konkret nichts gesagt: Ob Monarchie, Demokratie oder autoritärer (Führer-) Staat – in all diesen Verfassungswirklichkeiten ließ es sich leben, sofern der Primat des Volkstums gewahrt blieb. Zugleich aber bedeutete dies für eine deutsch-protestantische Politik, daß es zu ihren Aufgaben gehörte, dem eigenen Volkstum die Entfaltungmöglichkeiten zu sichern. Wer aber bedrohte diese völkische Vision mit noch ungewissen, wenn nicht beliebig füllbaren Inhalten? Es waren die beiden ‚Todfeinde' deutschen Wesens, die volksfremden, weil internationalistischen Mächte Sozialismus und katholische Weltkirche mit ihren deutschen Platzhaltern Zentrum und Sozialdemokratie, zu denen sich als dritte Gefahr Gleichgültigkeit und Säkularismus im eigenen Lager gesellten.

Daß Rom seit der Reichsgründung 1871 die Ausbildung einer deutsch-protestantischen Weltmacht mit Argwohn verfolgte und nichts unterließ, um dieser Entwicklung Einhalt zu gebieten, galt innerhalb des EB als

---

[15] Reden und Vortr. gehalten bei der 27. Generalversammlung des EB (4. und 5. Mai 1921) in Eisennach, Berlin 1921.

ausgemacht. Abgesehen von Vorkriegsereignissen, auf die man sich immer wieder bezog, schienen die im rechtskonservativen Lager unerwünschte Friedensinitiative des Papstes 1917, die gescheiterte Rheinlandseparation, ja der Versailler Vertrag selbst und der Völkerbund als Herrschaftsinstrument der Siegermächte sichere Indizien dafür zu sein, daß der Katholizismus mit Unterstützung der Allierten seinen Zielen langsam näher kam. Weil zwei Drittel aller Deutschen evangelisch waren – so die simple Logik, die nicht berücksichtigte, daß es sich bei vielen Kriegsgegnern Deutschlands ebenfalls um Protestanten handelte – mußte der Katholizismus dem Reich feindlich gesonnen sein. Zudem empfand man ihn evangelischerseits ohnehin als Fremdkörper, der die denk- und wünschbare konfessionelle Homogenität der anvisierten Volksgemeinschaft verhinderte.

Auf der anderen Seite stand die weltweit organisierte Sozialdemokratie mit ihrer materialistischen Gesinnung, ihrer atheistischen Weltanschauung und ihrer Negation des Völkischen als höchstem Gut – alles Vorstellungen, die der Bund schon im Kaiserreich bekämpft hatte. Zu ihr trat nun die unberechenbare Gefahr des Bolschewismus, von Rußland ausgehend und durch die Kommunistische Partei (KPD) auch in Deutschland propagiert. Sozialdemokratisches Freidenkertum und kommunistische Gottlosenbewegung fanden hier ihre Stütze und bedrohten das christliche Abendland so sehr, daß eigentlich ein Zusammenschluß der Konfessionen zur gemeinsamen Abwehr dieser tödlichen Gefahr unabdingbar erschien. Indes waren Zentrum und Sozialdemokratie Partner in der Weimarer Koalition, die wenigstens in Preußen bis gegen Ende der Republik das Heft in den Händen halten sollte. Wie konnte man die Katholiken als Bundesgenossen im Kampf gegen den proletarischen Atheismus gewinnen, wenn ihre politische Vertretung gleichzeitig mit dem Sozialismus kooperierte?

Diese Zusammenarbeit diente der Rechten als demagogisch verwertbarer Anlaß, um letztlich Kommunisten, Bolschewisten und Sozialdemokratie unterschiedslos in einen Topf zu werfen, was dann die öffentliche Diskreditierung des gesamten linken wie des politisch-katholischen Spektrums erleichterte. Gewiß waren die von Freidenkertum und Gottlosenbewegung ausgehenden Bedrohungen für den Wertkonsens der Gesellschaft keine bloßen Schimären, sondern real vorhanden; ebenso real aber war der geringe Stellenwert, den die Sozialdemokraten ihrem freidenkerischen Flügel zubilligten. Seine Exponenten waren in den Spitzen von Partei und Preußenregierung gar nicht vertreten, während religiöse Sozialisten wie *Adolf Grimme* und *Gustav Radbruch* oder andere, die sich wie *Carl Severing* offen zum Christentum bekannten, als Protestanten wichtige Regierungsämter innehatten.[16] Aus der Sicht des EB zählte

[16] vgl. Vf.: Arbeiterbewegung und organisierte Religionskritik. Proletarische Freidenkerverbände in Kaiserreich und Weimarer Republik, Stuttgart 1981, 341ff und passim.

jedoch nur die ‚schwarz-rote' Koalition, die sich nach seiner Auffassung die Bälle in unerträglicher Weise auf Kosten des evangelischen Deutschlands zuwarf: Das Bayernkonkordat 1924/25, die Kandidatur des Katholiken *Wilhelm Marx* gegen *Karl Jarres* beziehungsweise *Paul von Hindenburg* im gleichen Jahr, der Streit um die Fürstenenteignung 1926, das Preußenkonkordat vier Jahre später sowie die Durchsetzung der politischen Klausel im preußischen Kirchenvertrag von 1931 waren für ihn und seine Sprecher gleichbedeutend mit dem raffinierten Wechselspiel zweier international fixierter und deshalb land- und volksfremder Mächte, an deren endlicher Ausschaltung sich der EB aktiv beteiligen müsse.

IV. Die Frage einer evangelischen Partei

Bei einem derart hohen Politisierungsgrad, wie ihn der Bund als protestantische Massenorganisation aufwies, hätte es – auf den ersten Blick betrachtet – nahegelegen, Gründung und Aufbau einer evangelischen Partei zu fördern. Mehrfach war in der Weimarer Republik ein Versuch in dieser Richtung gewagt worden: zunächst im Umfeld der Revolution als Filiale der Zentrumspartei, dann durch den ehemaligen Präsidenten des Bundes, Hofprediger *Bruno Doehring*, und schließlich in Gestalt des von den Deutschnationalen abgespaltenen Christlich-sozialen Volksdienstes (CSVD), dem es als einzigem gelang, ab 1930 auch einige wenige Reichstagsmandate zu erringen. Der Bund dachte jedoch gar nicht daran, sich auf diesem Felde zu engagieren, und das hatte einige Konsequenz für sich. Wer wie er überzeugt war, daß schon das Zentrum eine unchristliche Vermischung von Religion und Politik betriebe und deshalb keine Existenzberechtigung besäße, konnte nicht gut eine konfessionelle Partei – und sei sie auch im eigenen Lager angesiedelt – unterstützen. Außerdem wären Kirche und Verbände so in tagespolitische Auseinandersetzungen hineingezogen worden, was dem stets mit Emphase erhobenen Anspruch auf Überparteilichkeit (dieser ‚Lebenslüge aller Sammlungsbewegungen') den Boden unter den Füßen weggezogen hätte.

Außerdem spielten wohl massive Sympathien für die bestehenden Altparteien, der Deutschen Volkspartei (DVP) und der Deutsch-Nationalen Volkspartei (DNVP), innerhalb der Mitgliedschaft eine nicht zu unterschätzende Rolle, was nach außen immer mit der Sorge um die Zersplitterung des protestantischen Öffentlichkeitswillens kaschiert wurde. Die Aversion gegen eine protestantische Partei ging so weit, daß der Bund nach Gründung des CSVD diesen – nach dessen eigener Einschätzung – mit Ausnahme von Zentrum und Linksparteien schlechter behandelte als die übrigen parlamentarischen Gruppen, weshalb es verschiedentlich zu Austritten bekannter Volksdienstabgeordneter aus dem EB kam.[17]

---

[17] so der Bochumer Pfarrer *Albert Schmidt*, der seinen Austritt deshalb erklärte (Tägl. Rundschau v. 31.Januar 1932 Nr. 26), „weil der Bund als eine parteipolitisch neutrale Orga-

Schon 1925 hatte *Kremers* eine weiter ausholende theoretische Begründung für die Verwerfung evangelischer Parteigründungen geliefert und stattdessen eine Alternative angeboten, auf die sich an dieser Stelle näher einzugehen lohnt: Durch die Revolution sei die kontinuierliche Entwicklung vom Corpus evangelicorum hier und Corpus catholicorum da zum modernen paritätischen Staat unterbrochen worden. Staat und parlamentarisches System befänden sich mit Zentrum und Sozialdemokratie fest in der Hand weltanschaulich orientierter Parteien, die der gemeinsame Gegensatz zur reformatorischen Staatsidee eine; denn das Evangelium biete „keine Normen für die Regelung der Weltverhältnisse". Wenn sich das Verlangen nach einer konfessionellen Gegengründung trotzdem durchsetze, zerfalle das deutsche Volk in drei Weltanschauungsgruppen: Protestanten, Katholiken und Atheisten, - was „den endgültigen Verzicht auf eine deutsche Kultur- und Volksgemeinschaft" bedeuten würde. Wie das Zentrum heute schon, werde auch eine evangelische Partei nur für einen Teil der Glaubensgenossen sprechen können und sei damit dem herrschenden parlamentarischen „Versumpfungsprozeß" ausgesetzt, der sich durch Kompromißlertum und Verleugnung christlicher Grundsätze im politischen Tagesgeschäft auszeichne. Er – *Kremers* – mache einen anderen Vorschlag: „Unsere Losung soll darum nicht heißen: Gründung einer evangelischen Partei, sondern Entfachung einer protestantischen Volksbewegung mit dem Sauerteige eines neuen politischen Ethos."[18]

Evangelische ‚Bewegung' statt ‚Partei' wurde hinfort zur Parole des EB für seinen Öffentlichkeitsanspruch und sollte am Ausgang der 20er Jahre jener anderen ‚jungen deutschen Freiheitsbewegung' innerhalb des Bundes Tür und Tor öffnen, die dann 1933 die Macht ergriff. *Kremers* und seine Gesinnungsgenossen hingen einer Utopie an, die auf die Schaffung eines „protestantischen Blocks" zielte und – getragen vom breiten Konsens des überwiegend konservativ ausgerichteten evangelischen Volksteils - den zu Erzfeinden einer völkischen Identität der Deutschen erklärten Mächten ‚Rom' und ‚Moskau' die Stirn bieten sollte. Aufgrund seiner Geschichte und seines Programms sei der EB „berufen zur politisch-ethischen Führerschaft des deutschen evangelischen Volkes"; das war *Kremers*' unerschütterliche Überzeugung. Anders als die verfaßte Kirche habe der Bund als Teil des freien Protestantismus keinerlei Rücksichten

---

nisation es ablehnt, seine Neutralität auch gegenüber dem Volksdienst zu betonen. Diese parteipolitische Verengung des Evangelischen Bundes, die sich in der grundsätzlichen Ablehnung des Volksdienstes ausdrückt, wird sicherlich dem Bund zum Schaden gereichen"; bereits zuvor kam es zu einem Briefwechsel zw. *Reinhard Mumm* MdR und Bundesdirektor *Fahrenhorst* wegen der Polemik des Bundes gegen den CSVD; *Mumm* regte darin an, die Auseinandersetzungen zu beenden, worauf *Fahrenhorst* jedoch nicht einging (DEKEB 30.Dezember 1931 Nr. 52).

[18] Memorandum „Evangelische Partei oder evangelische Bewegung?".

zu nehmen und könne als „politische Kampftruppe“ auftreten.[19] Daß dabei die so oft betonte parteipolitische Neutralität in den Hintergrund gedrängt wurde, nahm man innerhalb des Bundes in Kauf, obschon formal weiterhin daran festgehalten wurde. ‚Neutral‘ bedeutete eben nichts anderes als die Verfolgung eines Kurses, der sich gegen Republik und Demokratie und die sie tragenden politischen Gruppierungen richtete, um im nebulösen Faszinosum des kommenden völkischen Staates ‚wahre‘ Führerschaft, ‚wahre‘ Volksgemeinschaft und ‚wahres‘ Deutschtum zu verwirklichen.

V. Wahlempfehlungen und völkische Bewegung

Die Mitgliederzahlen des Bundes gingen in der Weimarer Republik kontinuierlich zurück; dies mag der beschriebenen Radikalisierung zusätzlich Vorschub geleistet haben. Es gab jedoch auch andere Stimmen, die in der zunehmenden Politisierung, wie sie sich in Wahlempfehlungen und Verunglimpfungen des politischen Gegeners ausdrückte, eine Gefahr sahen, der es rechtzeitig zu wehren galt. Hinzu traten die Querelen an der Spitze des Bundes um den umstrittenen Präsidenten *Doehring*, der in einer Art Vorwegnahme des Führerprinzips den Bund auf absolute Gefolgschaftstreue einschwören wollte und dabei übersah, daß sich das Präsidium als ‚aristokratisch-oligarchisches‘ Leitungsgremium verstand, in dem trotz aller verbaler Kraftakte Entscheidungen kollegial und mit Rücksicht auf die einflußreichen Hauptvereine gefällt werden mußten. Auch der Anspruch auf Führerschaft des Verbandsprotestantismus in gemeinsam interessierenden politischen Tagesfragen ließ sich kaum einlösen. Besonders der Rheinische Hauptverein, dessen Vorsitzender *Kremers* immer wieder auf Mitunterzeichnung seiner regelmäßigen Wahlaufrufe durch die übrigen evangelischen Organisationen drang, erlebte damit Schiffbruch. So im April 1928, als die Evangelischen Arbeitervereine, die Frauenhilfe, die Innere Mission und die Evangelische Akademikervereinigung ihre Unterschrift unter ein von *Kremers* entworfenes Wahlpamphlet verweigerten, das eindeutig gegen SPD, Zentrum und Deutsche Demokratische Partei (DDP) gerichtet war und indirekt die Wahl der übrigbleibenden Rechtsparteien empfahl.[20] Insgesamt scheint der Bund in den wenigen Jahren relativer innen- und wirtschaftspolitischer

---

[19] „Memorandum an den Zentralvorstand des Evangelischen Bundes betreffend Einleitung und Durchführung einer deutsch-protestantischen Aktion und Politik“, Januar 1930.

[20] In diesem hauptsächlich auf die Rheinprovinz gemünzten Schreiben fanden sich Wendungen wie: „Wir stimmen für keinen, der internationale Verbände und Interessen über die nationale Volksgemeinschaft stellt“; man stehe zum Staate, „aber wir wollen keine Parteiherrschaft, sondern eine Obrigkeit, die über den Parteien steht und sich vor Gott, schließlich vor Gott allein verantwortlich weiß“; vgl. Rundschr. des Rhein. Hauptvereins an die Mitglieder des EB v. 30. April 1928.

Stabilität (1923 – 1930) in eine Krise geraten zu sein, die seine öffentliche Selbstdarstellung mehr und mehr beeinträchtigte und ihn schließlich zur selbstkritischen Überprüfung seiner Zielvorstellungen zwang, wenn dies auch letztlich ohne Folgen blieb.

Die Bildung des sogenannten Weimarer Ausschusses des EB, in dem ihm wohlgesonnene, überwiegend konservative Hochschullehrer vornehmlich aus den theologischen Fakultäten und einige Pfarrer mitarbeiteten[21], war ein Versuch, die Krise von innen heraus geistig zu bewältigen. Das Gründungsprotokoll dieses Arbeitskreises vom 1. Oktober 1928 liest sich wie eine Aufzählung all der Gravamina, von denen sich zahlreiche Mitglieder des Bundes inzwischen beschwert fühlten: Die Ordinarien kritisierten das niedrige Niveau der konfessionellen Polemik, die kleinbürgerliche Sozialstruktur des Bundes, aus dem sich die Gebildeten zunehmend zurückzögen, die Überalterung der Mitgliedschaft, die fehlende Rückbesinnung auf die historischen und geistlichen Grundlagen der Arbeit und vor allem die ständige Verletzung der politischen Neutralität, die bisher nur Schaden angerichtet, der evangelischen Sache aber so gut wie keinen Nutzen gebracht habe.

Bedenken letzterer Art erhob auch das einflußreiche Vorstandsmitglied des Rheinischen Hauptvereins, Pfarrer *Otto Ohl*, im Hauptberuf Geschäftsführer des Rheinischen Provinzialverbandes für Innere Mission. Immer wieder wies er *Kremers* auf die Probleme politischer Grenzüberschreitung hin, so als sich dieser 1931 im Namen des Bundes an dem Stahlhelm-Volksbegehren zur Auflösung des preußischen Landtags beteiligen wollte oder als sich die „Deutsch-Evangelische Korrespondenz“ – sicherlich mit Zustimmung *Kremers*‘ – ein Jahr später indirekt für die Wahl *Adolf Hitlers* statt *Paul von Hindenburgs* zum Reichspräsidenten aussprach.

Die Münchner Generalversammlung von 1924 wird in der Literatur allgemein als Einschwenken des Evangelischen Bundes auf die Linie der völkischen Bewegung gewertet.[22] Es fragt sich aber, ob nicht bereits das Wartburgprogramm von 1921 mit seiner Hypostasierung des Volkstums als höchstem Gut eine Grundentscheidung des Bundes in diese Richtung markierte. Immerhin scheint das Echo darauf in der Mitgliedschaft vorerst geringer gewesen zu sein als erwartet. Trotz weiterer Verstöße einzelner Bundesführer wie *Kremers* und *Doehring*, unter denen die wahrlich als ‚Haßgesänge‘ zu klassifizierenden Auslassungen des Präsidenten 1926

---

[21] vgl. Namensliste, wie Anm. 4, dort Anm. 5.

[22] Das dürfte sich von *Georg Metz* herleiten, der geschrieben hatte (ChW 38 1924, 803-805), er sehe zwischen der Sentenz ‚Tannenberg und Sedan‘ und Reden, wie sie in der Gefolgschaft *Hitlers* auf völkischen Festen in München gehalten würden, keinen Unterschied; das von *Doehring* proklamierte ‚Weitergehen der Reformation‘ heiße wohl enges Zusammengehen mit der völkischen Bewegung; vgl. auch das mit Anm. 38 belegte Zitat.

in Dresden herausragen[23], gewann der Bund erst wieder im Zeichen der großen Krise an völkischem ‚Profil'. In Erwartung des zunächst noch unbestimmten neuen Reiches vermischten sich jetzt verstärkt der Glaube an eine ‚ethnisch-kulturelle' Exklusivstellung des deutschen Volkstums mit namens der ‚Volksgemeinschaft' erhobenen konkreten politischen Forderungen wie jenen nach Ablösung der schwarz-roten Koalition[24], unter die man auch die beiden Kabinette *Heinrich Brüning* subsumierte, obschon der Zentrumskanzler nur mit stiller Duldung der sozialdemokratischen Reichstagsfraktion regierte, sich realiter jedoch allein auf das Vertrauen des evangelischen Bundeskandidaten von 1925, Reichspräsident *Hindenburg*, stützen konnte.

Nicht nur das Übergreifen der großen Depression auf Deutschland, auch personelle Veränderungen an der Spitze gaben der Politisierung des Bundes neue Impulse. Nach den skandalösen Auftritten *Doehrings*, die ihn schließlich zum Rücktritt zwangen und dem Bund in der Öffentlichkeit deutlichen Schaden zufügten, war das Präsidentenamt an den greisen Mitbegründer der Organisation, Oberkonsistorialrat *Hermann Scholz*, gefallen. Als *Scholz* 1929 starb, suchte der Zentralvorstand nach einer kraftvollen Persönlichkeit, die in kirchlicher und politischer Hinsicht geeignet schien, den Bund in den schwierigen Zeiten sicher zu führen und erfolgreich nach außen zu vertreten. Diese fand man in D. *Friedrich Conze*, dem gerade pensionierten Ministerialdirektor im preußischen Wohlfahrtsministerium, ein Mann altkonservativ-preußischen Zuschnitts, der – wenngleich Mitglied der DVP – der Republik wohl seit Beginn skeptisch gegenübergestanden hatte und nach seinem Ausscheiden aus dem Amt keinen Grund sah, ihr gegenüber weiterhin Loyalität zu üben[25].

Conze erfüllte die Erwartungen, die man seitens des Bundes in ihn gesetzt hatte, in fast jeder Hinsicht. So rechnete er auf der Magdeburger Generalversammlung von 1931 in einer programmatischen Rede schonungslos mit dem ‚Weimarer System' und der es tragenden schwarz-roten Koalition ab; er warf ihr vor allem vor, nichts zur Bekämpfung von Freiden-

---

[23] *Doehrings* Referat gipfelte nach Ausbrüchen gegen die Linke in einer Verdammung des als „Krankheitserscheinung" klassifizierten Katholizismus: „An Rom sterben die Völker!", in: Rede auf der 30. Generalversammlung des EB zu Dresden am 11.September 1926, Berlin 1926, 7.

[24] vgl. zu den Inhalten völkischer Weltanschauung *Martin Broszat*: Die völkische Ideologie und der Nationalsozialismus, in: Dt. Rundschau 84, 1958, 53-68; ders.: Die völkische Bewegung, Hitler und die Anfänge der NSDAP (1919-1929), in: *Klaus Scholder*: Die Kirchen und das dritte Reich Bd.1, Frankfurt/Main-Berlin-Wien 1977, 93-109.

[25] Nach einem Schreiben des EB-Vizepräsidenten D. *Theodor Lang* an die Mitglieder des Zentralvorstandes und die Vorsitzenden der Hauptvereine sollte *Conze* wie schon vor ihm *Scholz* allerdings nur „Platzhalter" für einen Jüngeren, den Kieler Juristen *Günther Holstein* nämlich, sein, mit dessen Berufung nach Berlin gerechnet wurde und dem man dann das Amt antragen wollte. Als *Holstein* bereits 1931 starb, zerschlugen sich aber diese Pläne.

kertum und Gottlosenbewegung zu tun: „Wir klagen öffentlich den Staat und die, die ihn zur Zeit leiten, an, daß sie alles geschehen lassen!" Der „Fluch von Halbheit und Zielunklarheit" laste auf dem unnatürlichen Bündnis von Sozialdemokratie und Zentrum, das sich zu einer wirksamen Abwehr dieser Gefahren gar nicht durchringen könne.[26] Im Januar 1932 plädierte *Conze* auf einer Zentralvorstandssitzung für den Anschluß des Bundes an die Harzburger Front und sah einen grundlegenden „Regierungs- und Systemwechsel" schon unmittelbar bevorstehen; eine Prognose, die Vorstandsmitglied *Hermann Wolfgang Beyer*, Professor in Greifswald, mit der Forderung nach einem „entscheidenden Kurswechsel" des Bundes verband, da mit Neutralität und Zurückhaltung jetzt nichts mehr auszurichten sei.[27] In einer von *Conze* mitunterzeichneten Erklärung zur Preußenwahl 1932 hieß es, es sei die „sittliche Pflicht" aller deutschen Protestanten, sich dafür zu verwenden, daß Preußen durch die Wahlen „von der Herrschaft ihm wesensfremder Mächte befreit und aus seinen alten, in der Reformation wurzelnden Kräften heraus erneuert" werde.[28] Auch im Vorfeld der Reichstagswahlen Ende Juli des Jahres meldete sich das Präsidium wieder zu Wort, diesmal, um nahezu unverblümt die Stimmabgabe für die NSDAP zu empfehlen.[29]

VI. Ein selbstausgestelltes ‚Ehrenzeugnis'

Es wäre freilich falsch zu behaupten, Präsidium und Hauptvereine hätten sich seit den ersten großen Wahlerfolgen der jungen Partei einhellig und ohne Einschränkung auf die Seite der NSDAP geschlagen.[30] Dazu besaß das religionspolitische Programm des Nationalsozialismus doch zu viele Unschärfen, und schließlich waren viele leitende Funktionäre bis hin zum ‚Führer' selbst katholisch. Dennoch erschien die Partei, in der man die ‚junge deutsche Freiheitsbewegung' verkörpert sah und die sich

---

[26] Vorträge von der 35. Generalversammlung des EB in Magdeburg am 6. Juni 1931, Berlin 1931, 3f.

[27] ZV v. 5. Januar 1932; schon am 20. Mai 1931 hatte *Beyer* an die Mitglieder des Freundeskreises des EB geschrieben, die rechtzeitige Fühlungnahme mit dem Nationalsozialismus sei wichtig, „wenn nicht wieder einmal eine große Volksbewegung völlig unabhängig von der Kirche entstehen und sich schließlich gegen die Kirche wenden soll": Bundesarchiv, Nachlaß Ritter Nr. 255.

[28] DEKEB 13. April 1932 Nr. 15; zur Begründung dieser Befreiungsaktion erhob das Präsidium schwerste Anklagen an die Adresse der Koalition: Zersetzung altpreußischen Geistes, Korruption, Förderung des Atheismus, Verletzung der konfessionellen Parität.

[29] DEKEB 29. Juni 1932 Nr. 26: „In Auflehnung gegen die Irreleitung des deutschen Volkes ist eine nationale Bewegung von solcher Kraft und Stärke entstanden, daß sie nicht länger von der Gestaltung des deutschen Schicksals ausgeschlossen werden kann"; es liege nun beim Wähler, „der verhängnisvollen schwarz–roten Koalition [...] ein Ende zu bereiten".

[30] Namentlich genannt seien hier *Rudolf von Campe, Hermann Mulert* und *Martin Schian* als ausgesprochen NS-resistent.

gegen alles, was an der Weimarer Republik so ‚erbärmlich' anmutete, energisch auflehnte, im Vergleich zu den bestehenden politischen Kräften und ihren Koalitionen als vielversprechende strahlende Alternative. Ihr allein würde es gelingen, Deutschland im Bündnis mit jenen Alt- und Jungkonservativen, wie sie auch in den Vorständen des Bundes vertreten waren, zu neuer Macht und Größe zu führen. Man kann die NS-Sympathisanten innerhalb des Bundes in zwei Gruppen teilen: diejenigen, die sich schon früh offen zu dieser Partei bekannten, und die Anhänger eines autoritäten Staates ohne parlamentarische Kontrollinstanz, wie er etwa *Franz von Papen* als Fernziel vorgeschwebt haben dürfte.[31]

Zu den führenden Repräsentanten der ersten Gruppe gehörte der bereits mehrfach genannte *Kremers*, der unermüdlich publizistisch tätig war und für seine Anschauungen mit zahlreichen vertraulichen Denkschriften innerhalb des Bundes warb. Getreu dem Wahlspruch „salus populi germanici suprema lex", der fatalerweise an jenes andere Motto erinnert, daß Recht sei, was dem deutschen Volke nütze, stritt er für den Kampf gegen alles ‚Undeutsche', zu dem er vor allem den Pazifismus rechnete, und beschwor das „Gottesgeschenk" rechten Führertums, das sich als „Gottesdienst" begriff.[32] Doch nicht nur der Führermythos verband ihn mit der NSDAP; ganz in der Diktion der 1929 noch vor ihren großen Wahlsiegen stehenden und bis dahin bloßen völkischen Splitterpartei sah er das Ziel seiner Politik in der „Befreiung Preußens von dem römisch-marxistischen Joch", von der „Wahlunmoral" des demokratisch-parlamentarischen Systems und letztlich von diesem selbst.[33] Noch deutlicher entfaltete *Kremers* seine Thesen in einem Vortrag auf der Magdeburger Generalversammlung, der 1931 unter dem Titel „Nationalsozialismus und Protestantismus" als Broschüre herauskam. Darin begrüßte er die Bewegung und ihren Führer überschwenglich als braune „Springflut", die überraschend „über die deutsche politische Wüste" gekommen sei.

In unserem Zusammenhang ist es nicht möglich, auf den Inhalt seiner Ausführungen näher einzugehen; schon ihre äußere Form und die Behandlung des politisch-weltanschaulichen Gegners lohnen jedoch einen Blick. Es scheint kaum glaublich, in welch militanter, ja man möchte

---

[31] *Conze* konnte denn auch in Kassel die persönliche Bemerkung nicht unterdrücken, daß er sich „herzlich" über den Sturz *Heinrich Brünings* und die Einsetzung des Kabinetts *Papen* gefreut habe, in: Reden und Vorträge gehalten bei der 36. Generalversammlung des EB in Kassel am 8. und 9. Oktober 1932, Berlin 1932, 6.

[32] vgl. seine „streng vertraulichen" „Grundsätze einer deutsch-protestantischen Politik" vom März 1929.

[33] Schreiben *Kremers* an *Ohl* vom 27. März 1931, wo es ferner heißt, er würde sich am liebsten „aus diesem ganzen Dreck heraus […] halten"; wer aber mit den Alten abrechnen und einen „auf Führertum aufgebauten Volksstaat" wolle, dürfe sich der politischen Verantwortung nicht entziehen: Archiv des Diakonischen Werkes der Ev. Kirche im Rheinland (ADWDü), 80, 109 1/1.

sagen menschenverachtender Maßlosigkeit, hier ein siebzigjähriger geistlicher Emeritus sein Feindbild ausmalte: Viele bürgerliche Wähler gäben dem Nationalsozialismus ihre Stimme, „weil sie ihm zutrauen, daß er das große Reinemachen endlich in die Hand nehmen wird und entschlossen ist, mit den verpestenden, Familie und Jugend vergiftenden Lüsternheiten und Schweinereien in Kino, Presse, Bild und Buch aufzuräumen". Oder der Vergleich von Materialismus und Nationalsozialismus hinsichtlich ihrer Weltauffassung: „Hier rülpst doch nicht die gleichgültige Sattheit des gemeinen Materialismus, hier dunstet doch nicht der Gifthauch der Gottlosigkeit und der Gottesfeindschaft, sondern es weht uns an der Odem eines ernsten Verlangens nach religiöser Fundamentierung der Weltanschauung". Die NS-Bewegung als „tröstliches Zeichen" Gottes für die Hoffenden fahre „wie ein Gewitter in die dumpfe Stickluft der deutschen Verzweiflung, in den Modergeruch des Völkerchaos, die geistige Vergasung durch den verlogenen Völkerbund und seine Diplomatie [...]". Der Nationalsozialismus als Freiheitsbewegung sei der letzte Pfeil im Köcher der Deutschen: „Sollte dieser Pfeil zerbrochen oder abgelenkt werden und vor dem Ziele matt niederfallen – wir Deutsche hätten – fürchte ich – keinen zweiten zu versenden."[34]

Während *Kremers* Einfluß innerhalb des Bundes stieg und er sogar Zentralvorstands- und Präsidiumsmitglieder, die ihm zögernd folgten, insofern in seinen Bann schlug, als auch ihnen nun nur mit Hilfe einer ‚Bewegung' eine Überwindung des gegenwärtigen (sinnigerweise als ‚diktatorisch' beschriebenen) Weimarer ‚Systems' möglich erschien, tauchten am Horizont wieder dunkle Wolken auf, die viele Hoffnungen in die ‚deutsche Freiheitsbewegung' zu dämpfen drohten: Nach den Juliwahlen 1932 sah es so aus, als näherten sich NSDAP und Zentrum einander an, um gegebenenfalls in einer Koalition die Macht zu übernehmen, was rein rechnerisch möglich gewesen wäre. So fragte *Conze* in Kassel, warum die „Führer der Bewegung so jäh von dem bisherigen geraden Wege ihrer Politik abgewichen" seien, und sorgte sich um einen nur aus taktischen Rücksichten erfolgten Schwenk; er stehe vor einem „Rätsel", vor allem mit Blick auf die Millionen evangelischen Wähler; ob der Partei an ihnen nicht mehr gelegen sei?[35] Schon vorher hatte Bundesdirektor *Wilhelm Fahrenhorst* das Ergebnis der Preußenwahl zum Anlaß genommen, um in einem Rundschreiben vom 2. Mai 1932 vor einer schwarz-braunen Koali-

[34] a.a.O., 19, 41, 53; Kennzeichnend sind auch *Kremers* Äußerungen zu den – wie er es selbst sieht – Schattenseiten des NS: zu Terror und Gewalt, zu den christl. Nächstenliebe widersprechenden eugenischen Forderungen und zum Antisemitismus; während er über die ersten beiden Punkte allzuschnell und entschuldigend hinweggeht, kritisiert er „die Ausbrüche eines in Wort und Bild sich austobenden Judenhasses" als unchristl., zeigt andererseits aber wieder gewisses Verständnis für den Tatbestand der Judenfeindschaft als solcher, was er mit Argumenten beschreibt, die schon *Adolf Stoeckers* Antisemitismus prägten, ebd., 21.

[35] wie Anm. 31, 5f.

titon zu warnen, die ungleich schwerer zu bekämpfen sein würde als die frühere Konstellation. Der Bund müsse die evangelischen Wähler und Abgeordneten der NSDAP nun darüber aufklären, wie die deutsch-protestantischen Interessen am besten gewahrt werden könnten. Das Problem einer Annäherung zwischen Katholiken und Nationalsozialisten beschäftigte die Hauptvereine bis in das Dritte Reich hinein. Im Mai 1933 rief *Kremers* zu verstärkter Wachsamkeit auf, weil das Zentrum im Vorfeld des Reichskonkordats dabei sei, sich mit Billigung der Bischöfe in der NSDAP „einzunisten"[36] – eine groteske Fehleinschätzung, die freilich bei dem um eine realistische Sicht der Dinge stets verlegenen alten Kämpfer nicht verwundert.

Ungeachtet dieser Befürchtungen blieb die NSDAP wichtigster politischer Hoffnungsträger des EB, was die Generalversammlung in Kassel mit ihren „Forderungen des deutschen Protestantismus für Staat und Kirche" dem Kenner der Bundessprache unzweideutig klarmachte. Nochmals wurde betont, das Volkstum sei „Gottesschöpfung" und der Staat „Gottesordnung"; der Bund kämpfe deshalb für „eine kraftvolle und gerechte, vor Gott verantwortliche Staatsleitung, die bewußt dem durch Blut und Geschichte geformten Volkstum dient und darum Gehorsam fordern kann".[37] Was hier noch immer leicht verklausuliert anmutet, wurde später als eine Vorwegnahme des 30. Januar 1933 durch den Bund gefeiert, die ihm als ‚Ehrenzeugnis' anzurechnen sei: „Es verdient immer wieder hervorgehoben zu werden, daß der Evangelische Bund mit seinem klaren Bekenntnis zu der gewaltigen großen nationalen Bewegung und damit zum Dritten Reich und seinem Führer in der Reihe der evangelischen Großorganisationen als erster vorangeschritten ist."[38]

VII. Religiöse Substanzverluste

Der Synkretismus von Protestantismus und Deutschtum, von Religion und Volk, von Theologie und Politik deformierte das ursprünglich evangelisch-*kirchliche* und kontrovers-*theologische* Anliegen des EB und ließ nach dem Ersten Weltkrieg im Übermaß völkisch-*politische* Bestrebungen zum Zuge kommen. Der Bund versuchte, auch hierin das weite Spektrum von Landeskirchen und Verbänden zusammenzufassen und

---

[36] Protokoll der Vorstandssitzung des Rhein. Hauptvereins v. 11. Mai 1933.

[37] VBEB 3, 1932, 151; s. ferner die „Richtlinien für die Arbeit des Evangelischen Bundes im Geiste der von ihm erhobenen Forderungen für Staat und Kirche" und die Rede *Fahrenhorsts*, „Forderungen des deutschen Protestantismus für Staat und Kirche" (wie Anm. 31, 45-47, 50ff); *Fahrenhorsts* Ansprache, die im übrigen die Bedenken des EB gegenüber einer zu engen Kooperation zwischen NSDAP und Zentrum sowie hinsichtlich der Hypostasierung des Führergedankens und der Völkischen Idee nicht verschwieg, gipfelte in dem Vierzeiler: „‚Ich bin geboren, deutsch zu fühlen, bin ganz auf deutsches Denken eingestellt. Erst kommt mein Volk und dann die andern vielen, erst meine Heimat, dann die Welt!'"

[38] VBEB 25, 1934, 94.

eine Vorreiterrolle zu übernehmen. Er fühlte sich als ‚Speerspitze' eines trotz aller Niederlagen schließlich ‚siegreichen' Protestantismus, der nach der Revolution ‚nun erst recht' das „Jahrhundert der Kirche" (so der kurmärkische Generalsuperintendent *Otto Dibelius*) mit einläutete. Wo er Widerstände sah und Feinde dieser Entwicklung ausmachte, blies er zum Kampf.

Die Hinwendung führender Männer des EB zu den Völkischen hatte der Bund damit zu bezahlen, daß er sich streckenweise kaum noch von diesen und ihrer schillernden Ideologie unterschied. Auch er begann nun mit Waffen zu hantieren, die der politischen Auseinandersetzung eine neue Qualität verliehen: Anders als im Kaiserreich – wo es Sammlungsbewegungen wie dem Bund unter anderem darum ging, die ‚Reichsfeinde' Katholiken und Sozialdemokraten und ethnische Minderheiten an der Peripherie des Reiches niederzuhalten und ‚destabilisierenden Umtrieben' im Innern zu begegnen – konnten jetzt unter verstärkter Einbeziehung des ‚marxistisch-liberalistischen' Judentums die gleichen Gruppen zu ‚Fremden' erklärt und damit aus der kommenden Volksgemeinschaft ausgegrenzt werden. Von der Vorgabe eines ‚Fremdseins' als geistiger Haltung, das aus vage umrissenen internationalen und ‚undeutschen' Verbindungen zu resultieren schien, war der Weg nicht weit zu einer dann auch rassisch-biologisch begründeten Ausgrenzungspraxis, die vom NS-Regime später so mörderisch angewandt wurde. Die Militanz, ja die fast manichäische Unerbittlichkeit, mit der Männer wie *Doehring, Conze, Kremers, Fahrenhorst* und *von der Heydt* sich engagierten und seit 1918 permanent Zeitenwenden und Entscheidungssituationen für das Überleben des protestantischen Deutschlands prognostizierten,half nicht, die zahlreichen großen Streitfragen der Zeit zu klären, sondern verschärfte die Lage.

Zeitgenössische Kritiker aus dem eigenen wie aus dem Lager der anderen Konfession merkten wie der Katholik *Otto Kunze* schon 1926 an, man könne bei dieser Engführung von ‚deutsch' und ‚protestantisch' nicht mehr unterscheiden, ob es sich um „politische Religion oder religiöse Politik" handele. Der Protestantismus solcher Art kranke an einem Verlust religiöser Substanz, er leide an einem „Mißbrauch der Religion zu politischen Zwecken."[39] Dies zugespitze Urteil scheint immerhin den Kern des Problems zu berühren: die eindimensionale Festlegung auf eine politische Theologie, die eine Mischung aus alt- und neukonservativem

[39] Der politische Protestantismus in Deutschland, München 1926, 10f: „Das höchste Gut des politischen Protestantismus ist nicht Luthers gnädiger Gott, nicht die neuprotestantische Gewissensfreiheit, sondern ein nationaldeutsches Kaisertum unter Preußen [...], stark durch möglichste Einheit des deutschen Volkes in einer evangelischen Staatskirche." Zum Verhältnis der Konfessionen untereinander vgl. jetzt *Albrecht Langner*: Weimarer Kulturkatholizismus und interkonfessionelle Probleme, in: *Anton Rauscher* (Hg.): Probleme des Konfessionalismus in Deutschland seit 1800, Paderborn 1984, 71-115.

Denken repräsentierte und keine anderen Optionen als die genannten zuließ, wobei es sich vor allem um Negativfolien handelte, während positive Zukunftsvorstellungen schemenhaft blieben oder beliebig gefüllt werden konnten.[40] *Kurt Sontheimers* Klassiker über „Antidemokratisches Denken in der Weimarer Republik. Die politischen Ideen des deutschen Nationalsozialismus zwischen 1918 und 1933"[41] liest sich auf weiten Stecken wie eine Beschreibung dessen, was exponierte Vertreter des EB dachten und propagierten.

Im Sinne eines griffigen Schlagwortes kann man von einem Wechsel der Losungen, zumindest aber von ihrer Ergänzung sprechen: An die Stelle oder doch neben die vor 1914 so geförderte Los-von-Rom-Bewegung trat nach der Revolution die Los-von-Weimar-Bewegung.[42] Innerhalb des Bundes verschmolzen der Altkonservatismus der Wilhelminischen Ära mit dem jungen und revolutionären Konservatismus der 20er Jahre, wodurch die Zukunftsperspektiven einer NS-Führerdiktatur oder einer autoritären Regierung der Persönlichkeiten ineinander verschwammen. Das verbindende Element zwischen beiden war freilich die Vorstellung von einem protestantisch geprägten völkischen Christentum, dessen Beitrag beide Staatsformen zum inneren Aufbau des neuen Reiches wie selbstverständlich in Anspruch nehmen würden und das in den Deutschen Christen, zu denen dann Kreise des Bundes überwechselten, später seine kirchenpolitische Ausformung fand. Daß der Nationalsozialismus niemals ernsthaft daran dachte, auch ihm nahestehenden Christen und kirchlichen Funktionsträgern bestimmenden Einfluß einzuräumen und seine kirchenpolitischen Aussagen lediglich taktisch motiviert waren, wissen wir heute. Wir wissen aber auch, daß der Nationalprotestantismus, wie ihn der Bund vertrat, durch die bitteren Erfahrungen des Dritten Reiches hindurchging und dabei lernen mußte, daß sich Politik weder christlich verbrämen läßt noch daß aus einer bestimmten religiösen Auffassung mit Notwendigkeit eine allein ‚richtige' politische Praxis abzuleiten ist.

---

[40] Mit der „Verbrüderung des Evangelischen Bundes mit der völkischen Bewegung" tue „der politische Protestantismus den Schritt vom preußischen Monarchismus zum preußisch-deutschen Nationalismus. An die Hohenzollern fühlt er sich nicht mehr gebunden." Man wisse nicht genau, was die Nationalprotestanten wollten: „Republikaner sind sie nicht, Monarchisten eigentlich auch nicht, eher Diktaturschwärmer." ,ebd. 61; der Ausdruck Diktaturschwärmer findet sich allerdings nur in *Kunzes* mit seiner Broschüre inhaltlich nahezu identischem Aufsatz, der ein Jahr zuvor unter gleichem Titel erschien: Allg. Rundschau 12, 1925, 742-744.

[41] gekürzte Stud.ausg., München 1968.

[42] so eine Kapitelunterschrift ebd., 290; vgl. *Armin Mohler*: Die Konservative Revolution in Deutschland 1918-1932. Ein Handbuch, Darmstadt 1972².

Jörg Thierfelder

Ökumene der Bedrängten
Die Jahre 1933 bis 1945

I. Vorbetrachtung

In einem Artikel über „Deutschlands Kirchen" vom 22. April 1934 stellte die Stockholmer Zeitung „Svenska Dagbladet" fest: „Es hat niemals indessen ein solches Einverständnis, ein solches Solidaritätsgefühl geherrscht, wie es nun zwischen Deutschlands Protestanten und Katholiken emporwächst."

Mit dieser Formulierung machte die Zeitung auf die „spürbare klimatische Veränderung in den traditionellen Beziehungen der beiden Großkirchen"[1] aufmerksam, die sich im Verlauf des Kirchenkampfes vollzog. In der Zeit vor 1933 war das Verhältnis der beiden Kirchen „von einer tiefe[n], von Furcht und Feindseligkeit bestimmte[n] Rivalität"[2] geprägt. Der Protestantismus fühlte sich, wiewohl zahlenmäßig weit überlegen, gegenüber den Katholiken vielfach in der Defensive. Man befürchtete den „Machtanspruch des auf einer an Rom gebundenen Grundlage politisch organisierten Katholizismus".[3] Die Katholiken litten unter einem „vererbte[n] Minderheitsgefühl und an ängstliche[r] Sorge um die Selbstbehauptung".[4] Weiter hängte ihnen aus der Kulturkampfzeit in den Augen vieler immer noch der Makel nationaler Unzuverlässigkeit an: viele

Für freundliche Hinweise danke ich Prof. D. *Joachim Lell*, Bensheim und Dr. *Joachim Maier*, Heidelberg.

[1] *Gerstenmaier*: Streit und Frieden hat seine Zeit. Ein Lebensber., Frankfurt-Berlin-Wien 1982², 176.

[2] *Raymund Kottje/Bernd Moeller* (Hg.): Ökum. KG Bd. 3; Neuzeit, Mainz/München 1983³, 275.

[3] Erklärung des EB v. Oktober 1932 „Forderungen des dt. Protestantismus für Staat und Kirche"; an vielen Beispielen kann man entsprechende Sorgen der ev. Seite festmachen; auf eine entsprechende Anfrage des Dt. Ev. Kirchenausschusses (DEK) antwortete der badische Oberkirchenrat (OKR): „Bei dem gegenwärtig teilweisen Abbau von Behörden war nicht mehr viel Evangelisches abzubauen; das geschah schon vorher durch die schwarzrote Liga. Z.Zt. ist eine Verkürzung der evangelischen Personalbelange nicht zu bemerken; vielmehr wird den evangelischen Ansprüchen eher Rechnung getragen." Schreiben v. 2. April 1933, EZA Berlin 1/A2//24g.

[4] „Germania" v. 25. November 1933.

Katholiken sorgten sich, gegenüber dem stark national ausgerichteten Protestantismus als ‚undeutsch' und ‚ultramontan' angesehen zu werden.

Die in allen Kirchen spürbar werdenden Einigungsbemühungen erhielten einen schweren Stoß durch die päpstliche Enzyklika „Mortalium animos" von 1928. Darin wurde den Katholiken ausdrücklich verboten, „diese Versuche [die ökumenischen Bestrebungen] zu unterstützen oder an ihnen mitzuarbeiten". Außerdem wurde ihnen eingeschärft, wie eine Einigung im Sinne der katholischen Kirche allein aussehen könne: „Es gibt nämlich keinen anderen Weg, die Vereinigung aller Christen herbeizuführen, als den, die Rückkehr aller getrennten Brüder zur einen wahren Kirche Christi zu fördern, von der sie sich ja einst unseligerweise getrennt haben".[5]

Dieses hier nur kurz skizzierte Verhältnis der Konfessionen wandelte sich durch die Erfahrungen, die beide Kirchen im Dritten Reich machten. „Die Bedrohtheit durch den *Angriff des Dritten Reiches gegen die Kirchen* führte dazu, daß die beiden Konfessionen nicht nur äußerlich näherrückten, sondern sich auch auf die gemeinsamen Glaubensgüter besannen, die sie zu verteidigen hatten".[6] Im folgenden soll zunächst dieser Prozeß des ‚Näherzusammenrückens' beschrieben und sodann jene Besinnung ‚auf die gemeinsamen Glaubensgüter' in einigen ihrer Züge dargestellt werden.

II. Schritte der Annäherung

Im Jahr der Machtergreifung sah es zunächst gar nicht nach Annäherung aus. *Adolf Hitler* versuchte vielmehr die Kirchen gegeneinander auszuspielen. *Hitlers* Politik gegenüber den Kirchen war ganz davon bestimmt, die Kirchen für das Dritte Reich zu gewinnen.[7] Seine Regierungserklärung vom 23. März 1933 machte den Kirchen hinsichtlich Bedeutung und Stellung des Christentums weitgehende Zusicherungen. Beiden Kirchen gegenüber verfolgte er eine unterschiedliche Taktik. Der Abschluß des Reichskonkordats mit dem Vatikan sollte zwei Zielen dienen, einmal, den katholischen Volksteil für das neue Reich zu gewinnen, zum anderen, den politischen Katholizismus auszuschalten. Beides ist *Hitler* zunächst weitgehend gelungen. Für die evangelische Kirche betrieb er mit Hilfe der ‚Deutschen Christen' die Schaffung einer Reichskirche mit einem ihm genehmen Reichsbischof an der Spitze. Auch hier schien er zunächst Erfolg zu haben.

---

[5] zit. nach *Friedrich Hasselhoff/Hanfried Krüger*(Hg.): Ökumene in Schule und Gemeinde. Ein Arbeitsbuch, Stuttgart 1971, 126f.

[6] *Kurt Hutten*: Das Gespräch zwischen den Konfessionen, in: Für Arbeit und Besinnung 1, Stuttgart 1947, 197.

[7] wie Anm.2, 272ff.

Im Zusammenhang der Verhandlungen benutzte *Hitler* geschickt die Rivalität der beiden Kirchen, um seine Kirchenpolitik durchzusetzen.[8] Gerieten die Konkordatsverhandlungen ins Stocken, ließ *Hitler* seine katholischen Verhandlungspartner wissen, daß eine starke evangelische Reichskirche die rechtliche Sicherung des deutschen Katholizismus doppelt notwendig machte. Der Tag von Potsdam mit seinem bewußten Anknüpfen an preußisch-protestantische Traditionen und die auch vom Staat stark unterstützten Luther-Feiern im Jahr 1933 waren geeignet, alte katholische Ängste wieder wachzurufen.

Die zügigen Verhandlungen mit dem Vatikan ließen andererseits in evangelischen Kreisen die Furcht entstehen, daß der Einfluß der katholischen Kirche im Dritten Reich noch gesteigert würde. *Hitler* schürte diese Ängste und konnte so große Teile der evangelischen Kirche zu einer stärkeren Unterstützung seiner Reichskirchenpläne veranlassen.

Neue Entwicklungen im Jahr 1934 machte freilich vielen Christen beider Konfessionen deutlich, daß sie gemeinsam bedroht waren und sich eine Rivalität gar nicht mehr leisten konnten. Zu nennen sind hier neben der Beauftragung von *Alfred Rosenberg*, dem Propagandisten einer völkischen Religiösität zum Schulungsleiter der National-Sozialistischen Deutschen Arbeiter-Partei (NSDAP) im Januar 1934, das immer stärkere Vordringen der ‚Deutschen Glaubensbewegung', die sich mit ihrem Neuheidentum als ‚dritte Konfession im Dritten Reich' empfahl, und nicht zuletzt die Machenschaften von Reichsbischof *Ludwig Müller* und Rechtswalter *August Jäger* in der evangelischen Kirche. Letztes Ziel von deren Eingliederungs- und Gleichschaltungspolitik war nämlich „eine deutsche Nationalkirche völkischen Bekenntnisses, in der alle christlichen Konfessionen in Deutschland aufgehen sollten".[9] Alle diese Maßnahmen, gerade auch die letzte, bedrohten auf die Dauer ja nicht nur den Protestantismus, sondern auch den Katholizismus. Auch im katholischen Bereich war übrigens die Parole von der Nationalkirche zu hören. Die ‚Katholisch-nationalkirchliche Bewegung' – unter Pfarrer *Heinrich Hütwohl* und mit einem Blatt „Der romfreie Katholik" –, die in enger Verbindung zur alt-katholischen Kirche stand, propagierte „eine kath. deutsche Nationalkirche unter einem selbständigen, von Rom unabhängigem *deutschen* Bischof".[10]

Mit großer innerer Anteilnahme verfolgte man darum im Katholizismus die Krise in der evangelischen Reichskirche 1934. Hellsichtig schrieb der Freiburger Erzbischof *Conrad Gröber*: „Die Auseinandersetzungen in der protestantischen deutschen Kirche beklemmen mit ihren auffälligen Vorgängen und unsicheren Zielen auch uns. Manche vermuten und fürchten bereits, daß es dort nur ein Anfang ist, aber noch lange kein

---

8 zum Folgenden ebd., 275f.

9 *Klaus Scholder*: Die Kirchen und das Dritte Reich Bd.2, Berlin 1985, 309.

10 *Ev. Presseverband in Württenberg* (Hg.): Materialdienst Jg. 1935, 127.

Ende. Ob nicht auch die Katholiken in absehbarer Zeit unter die rollende Walze der Gleichschaltung geraten?" Mit großer Sympathie sprach er vom „Kampf der bekenntnistreuen Protestanten". In gleicher Weise hob der Bamberger Erzbischof *Jacobus von Hauck* in seiner Jahresabschluß-predigt „die Bekenntnistreue unserer evangelischen Mitbrüder für Christus" hervor und „ihren Kampf gegen das neue Heidentum".[11]

Auf evangelischer Seite gab es entsprechende Einsichten. Nicht bei den Deutschen Christen, die sich von den Katholiken scharf abgrenzten, wohl aber bei der Bekennenden Kirche. *Rosenberg*, der ja in seinem Buch „Protestantische Rompilger" mit den evangelischen Kritikern seines „Mythus" scharf ins Gericht ging, brachte Belege aus dem Bereich der Bekennenden Kirche, die zeigen, wie solidarisch die Bekennende Kirche auf Angriffe der Nationalsozialisten gegen die Katholiken reagierte.[12]

Andererseits kam es auch zu gegenläufigen Tendenzen. Weil die Deutschen Christen die evangelische Kirche zunehmend dogmatisch aushöhlten und organisatorisch zerrütteten, spielten einzelne evangelische Christen und auch Gruppen mit dem Gedanken einer Konversion. Im Dezember 1933 berichtete ein schlesischer Benediktinerpater nach Rom: „Weite evangelische Kreise sagen es deutlich, eine germanische neue Religion wollen wir nicht, unsere Kirche ist hilflos und machtlos, bleibt eigentlich nur die katholische Kirche übrig. Und eher werden wir katholisch ehe wir unseren Christusglauben aufgeben".[13]

Spektakulärer war der Schritt von *Karl Thieme*, früher Professor an der Pädagogischen Akademie und wegen seiner Mitgliedschaft bei der Sozialdemokratischen Partei Deutschlands (SPD) im April 1933 entlassen, Schriftleiter einer dem Una-Sancta-Gedanken verpflichteten Zeitung „Die religiöse Besinnung". Er schrieb einen Brief an den Papst, der in dem Satz gipfelte: „Darum wollen wir uns abkehren von diesem Wege,

---

[11] zit. nach: wie Anm.9, 309f; vgl. auch *Michael von Faulhaber*: Judentum-Christentum-Germanentum, München 1934,23: „Wir reichen den getrennten Brüdern die Hand, um gemeinsam mit ihnen die Heiligen Bücher des Alten Testaments zu verteidigen."

[12] z.B. *Rosenberg*: Prot. Rompilger. Der Verrat an Luther und der „Mythus des 20.Jh.", München 1937[10], 14f; die ‚Deutschen Christen', die eine im Volkstum wurzelnde ev. Kirche anstrebten und „den Geist eines christlichen Weltbürgertums" ablehnten (vgl. die Richtlinien der ‚Deutschen Christen' von 1932, in: *Eberhard Röhm*/Vf.: Ev. Kirche zwischen Kreuz und Hakenkreuz, Stuttgart 1983[3], 25),bekämpften die Katholiken; die Bremer ‚Deutschen Christen' hatten in ihrem Gesangbuch „Lieder der Kommenden Kirche" gar einen Vers zum 1. Mai: „Es bauen deutsche Menschen den neuen deutschen Dom, die neue Christuskirche im Kampfe gegen Rom", zit. nach *Reinhard Jung* (Hg.): „Wir sind in die Irre gegangen". Ev. Kirche und Politik in Bremen 1933 bis 1945, Bremen 1984, 114.

[13] zit. nach *Ludwig Volk*: Erste Jahreswende unter Hitler. Ein unbekannter Briefwechsel zwischen Ludwig Kaas und dem Abt von Grüssau. Zum 100. Geburtstag des Zentrumspolitikers am 23. Mai 1981, in: StZ 199, 181,314ff,hier 319; Abt *Albert Schmitt*, 1933 einer „der geistigen Mentoren des Vizekanzlers von Papen" (*Volk*), sah hierin einen Ansatz für eine kath. Initiative. *Kaas* antwortete wohlwollend und war bereit zur Förderung von möglichen Anregungen.

der zur Trennung von der einen heiligen katholischen Kirche geführt hat, und wollen demütig bitten, wieder in sie aufgenommen zu werden." *Thieme* dachte dabei an die Konversion ganzer Gemeinden. Er wollte beim Papst wissen, ob solche Gemeinden ihren Pfarrer behalten könnten und ob ihnen das „Vätererbe an Gebräuchen, Gesängen und Gedanken soweit sie es mit der katholischen Sitte und Lehre nicht im Widerspruch steht", erhalten bleiben könnte.[14]

Warscheinlich hatte dieser Schritt *Thiemes* keine Konsequenzen, weil ihm von katholischer Seite bedeutet wurde, daß nur Einzelkonversionen in Frage kämen und daß diese nur ohne Bedingungen erfolgen könnten.[15] Solche Zeichen der 'Sehnsucht nach Rom' mußten in der evangelischen Kirche Ängste wecken. Das gleiche gilt für *Martin Niemöllers* im Konzentrationslager gefaßten, aber später wieder verworfenen Entschluß, zur katholischen Kirche zu konvertieren.[16]

In der Kriegszeit kam es zunehmend – wenn auch nur vereinzelt – zu konkreter Zusammenarbeit zwischen den Kirchenleitungen, zwischen Gemeinden und einzelnen Christen. *Martin Bormanns* geheimes Rundschreiben von 1941 zeigte, daß die christlichen Kirchen ganz gleich welcher Art, auf die lange Sicht keinen Platz mehr im nationalsozialistischen Staat haben würden; als leicht zu kontrollierende Vereine sollten sie vorläufig weiterleben dürfen – das machte die neue Kirchenpolitik im Warthegau sichtbar. Vor allem im Jahr 1941 machten antikirchliche Maßnahmen deutlich, daß der 1939 ausgerufene Burgfrieden zwischen Staat und Kirche rein taktisch gemeint war. In dieser Situation vereinbarte die evangelische Kirchenführerkonferenz mit der Fuldaer Bischofskonferenz einen gemeinsamen Schritt bei der Reichsregierung, „daß durch öffentliche Erklärung und Maßnahmen baldigst Abhilfe geschaffen wird". Jede Seite verfaßte eine Denkschrift, die dann zeitgleich an den Führer abgehen sollte. In beiden Schreiben wurden nicht nur die bekannten antikirchlichen Maßnahmen angeprangert, so auch der Mord an den Geisteskranken sowie – im evangelischen Schreiben – „die sich steigende Härte in der

---

[14] *Thiemes* Schreiben ist abgedr. in: Der Deutsche in Polen 1, 15. April 1934; *Thiemes* Position wird deutlich aus ders.: Una Sancta Catholica. Rückblick und Ausblick 1933, in: Rel. Besinnung 1933, 37ff; die Verärgerung der reichskirchl. Stellen über *Thieme* und seine Beurteilung in ev. Kreisen zeigen das Schreiben von Oberkonsistorialrat *Friedrich Wilhelm Krummacher* v. 19. Dezember 1933 an *Bruno Geissler* vom Centralvorstand des Ev. Vereins der Gustav-Adolf-Stiftung und *Geisslers* Antwort v. 22. Dezember 1933, EZA Berlin 1/C3/317.

[15] vgl. das Schreiben von *Geissler* v.22. Dezember 1933, ebd.; ähnliche Vorstellungen wie *Thieme* entwickelte der kath. Bischof *Alois Hudal* in einer Denkschr. an das Hl. Offizium v. 1941; vgl. dazu *Hudal*: Röm. Tagebücher. Lebensbeichte eines alten Bischofs, Graz-Stuttgart 1976,264ff, bes. 284f.

[16] *Dietmar Schmidt*: Martin Niemöller, Hamburg 1959, 154ff.

Behandlung der Nichtarier".[17] Gerade die Exponenten einer entschiedeneren Haltung dem NS-Staat gegenüber, der katholische Berliner Bischof *Konrad von Preysing* auf der einen und der evangelischen Landesbischof aus Württemberg *Theophil Wurm* auf der anderen Seite, wirken hier zusammen.

Freilich – auch jetzt noch wurden Stimmen hörbar, die Ängste vor etwaiger Benachteiligung zum Ausdruck brachten. *Friedrich Wieneke*, deutschchristlicher Oberkonsistorialat in der Deutschen Evangelischen Kirchenkanzlei, legte am 10. August 1942 eine Denkschrift „Über die Gefahr einer Benachteiligung des Protestantismus gegenüber dem Katholizismus durch politische Maßnahmen" vor, ausgehend von der Tatsache, daß im Großdeutschen Reich nach der Angliederung von Österreich und dem Sudetenland 53,7 Prozent Katholiken und nur 40,3 Prozent Protestanten lebten.[18]

Auch auf Gemeindeebene arbeitete man jetzt zusammen. Andersgläubige Flüchtlinge und Evakuierte wurden unterstützt. In Mecklenburg und Württemberg stellte man evangelische Kirchen für Katholiken zur Verfügung.[19] Das neue Klima zwischen den Konfessionen machte auch eine Zusammenarbeit im kirchlichen und politischen Widerstand möglich. In Lübeck trafen sich seit 1941 der evangelischen Pfarrer *Karl Friedrich Stellbrink* mit drei katholischen Kollegen. Sie tauschten verbotene Schriften und Predigten z. B. von *Wurm* und *Clemens August Graf von Galen* aus. 1943 wurden sie vom Volksgerichtshof zum Tode verurteilt. Der katholische Kaplan *Hermann Lange* schrieb dazu aus dem

---

[17] zit. nach *Volk*: Die Fuldaer Bischofskonferenz von der Enzyklika „Mit brennender Sorge" bis zum Ende der NS-Herrschaft, in:*Dieter Albrecht* (Hg.): Kath. Kirche im Dritten Reich, Mainz 1976, 66ff, hier 83, wo auch der ganze Vorgang beschrieben wird; die Vorgänge in der ev. Kirchenkonferenz beschreibt Vf.: Das Kirchl. Einigungswerk des württembergischen Landesbischofs Theophil Wurm, Göttingen 1975, 67ff; die ev. Denkschr. ist abgedr. bei *Gerhard Schäfer / Richard Fischer*: Landesbischof D. Wurm und der nationalsozialistische Staat, 1940-1945, Stuttgart 1968, 275ff; die kath. Denkschr. findet sich im LKA Stuttgart D1/146.

[18] EZA Berlin 1/03/318.

[19] So erklärte sich etwa der mecklenburgische Landesbischof *Walter Schultz* in dem Schreiben v. 27. September 1938 bereit, „unsere mecklenburgischen evangelischen Kirchen an den Orten, wo katholische Kirchen nicht bestehen, für katholische Gottesdienste der sudetendeutschen katholischen Flüchtlinge in den Flüchtlingsgemeinden zur Verfügung zu stellen", zit. nach wie Anm. 10, Jg. 1940, 68; vgl. auch das Dankschreiben von Erzbischof *Gröber*, Freiburg, an den Landesbischof *Wurm* v. 18. September 1939 und *Wurms* Antwort v. 21. September 1939 (Kopien im Besitz des Vf.); etwaige Simultanisierungsbestrebungen im Wehrmachtsbereich wurden freilich vom kath. Episkopat abgelehnt, es sei denn „in vorderster Front oder für die Stunde der Gefahr, wenn dies die einzige Möglichkeit einer Erhebung zu Gott ist", so das Schreiben von Bischof *Albert Stohr*, Mainz, an Kardinal *Adolf Johannes Bertram* v. 1.10.1939, zit. nach *Volk*: Akten dt. Bischöfe über die Lage der Kirche 1933-1945 Bd.4, Mainz 1981, 729ff, hier 732.

Gefängnis: „Das gemeinsam ertragene Leid der letzten Jahre hat die beiden christlichen Kirchen einander näher gebracht. Ein Symbol dieser Annäherung ist die gemeinsame Haft des katholischen und des evangelischen Geistlichen".[20]

Im Kreisauer Kreis[21], jener Widerstandsgruppe um *Helmuth James Graf von Moltke*, die ausdrücklich von den Bischöfen *Preysing* und *Wurm* unterstützt wurde, arbeiteten evangelische und katholische Theologen eng zusammen bei den Entwürfen für die Zukunft Deutschlands nach dem Krieg. Zu nennen sind hier die Jesuitenpatres *Alfred Delp* und *Augustin Rösch* und die beiden evangelischen Theologen *Harald Poelchau* und *Eugen Gerstenmaier*. Die Kreisauer setzten sich für eine enge Zusammenarbeit der Kirchen im Nachkriegsdeutschland ein. „Sorge dafür, tu das Deine", so schrieb *Delp* in der Sylvesternacht 1944 im Gefängnis von Berlin-Tegel an seinen Zellennachbarn *Gerstenmaier*, „daß – was auch komme – unsere Kirchen in ihrer Uneinigkeit unserem gemeinsamen Herrn nicht mehr Schande machen. Wir haben es solange getan. Es soll und muß ein Ende haben".[22]

III. Evangelisch/katholische Begegnung

Auch schon vor dem Dritten Reich wurde ein intensiver evangelisch/katholischer Dialog gepflegt.[23] Katholische Kreise, „in denen das Unbehagen über die lehramtliche, dogmatische und rechtliche Selbstabschließung und konfessionelle Selbstrechtfertigung ihrer Kirche gewachsen war"[24], und evangelische Gesprächspartner aus der ökumenischen Bewegung, der Hochkirchlichen Bewegung *Friedrich Heilers*, dem Berneuchener Dienst und der Michaelsbruderschaft drängten auf solche Gespräche.

Es waren nicht zuletzt Neuorientierungen in der katholischen und evangelischen Theologie, die den Dialog erleichterten. So nahmen evan-

---

[20] vgl. wie Anm. 12, zweite Angabe, 106f; ausführlicher bei *Else Pelke*: Der Lübecker Christenprozeß 1943, Mainz 1961, vgl. besonders auch das Nachwort von *Stephanus Pfürtner.*

[21] vgl. dazu *Ger van Roon*: Neuordnung im Widerstand. Der Kreisauer Kreis innerhalb der dt. Widerstandsbewegung, München 1967, besonders 135ff, und *Jürgen Wilhelm Winterhager*(Hg.): Der Kreisauer Kreis. Portrait einer Widerstandsgruppe. Begleitbd. zur Ausstellung Preußischer Kulturbesitz, Mainz 1985.

[22] zit. nach: wie Anm. 21, erste Angabe, 355 dort Anm.27; auch an den Beratungen des „Erweiterten Kreises" des sog. „Freiburger Konzils" nahmen nicht nur Protestanten teil, sondern auch einzelne Katholiken wie z.B. der spätere Freiburger Erzbischof *Wendelin Rauch*; vgl. dazu *Christine Blumenberg-Lampe*: Das wirtschaftliche Programm der „Freiburger Kreise", Berlin 1973,157.

[23] vgl. dazu *Lell*: Art. Una-Sancta-Bewegung, in: RGG^3 Bd.6, 1117-1119.

[24] ebd., 1117.

gelische Christen mit großem Interesse die Bibelbewegung und die neuere liturgische Bewegung in der katholischen Kirche zur Kenntnis sowie die gerechtere und positivere Wertung *Martin Luthers* und der Reformation in der katholischen Theologie, die ihren Ausdruck vor allem in *Joseph Lortz*' bahnbrechendem Werk über „Die Reformation in Deutschland“[25] fand. Auf katholischer Seite wurde gerade die Abwendung vom Neuprotestantismus und die Hinwendung zur Reformation in der Luther-Renaissance und der Dialektischen Theologie aufmerksam registriert; auch die Bemühungen um Gottesdienst und Liturgie wurden mit Anerkennung wahrgenommen.[26] Man kann wohl sagen, daß die Erfahrungen, die man mit dem Naziregime machte, die ökumenischen Aktivitäten verstärkten.

In Berlin fand zu Pfingsten 1934 auf Initiative von Domkapitular *Georg Banasch* ein evangelisch/katholisches Theologentreffen statt.[27] Auf dem Programm standen Referate über das Wesen der katholischen und evangelischen Frömmigkeit, über Gnade und Rechtfertigung, Gnade und Kirche sowie Gnade und Sakramente. Auf evangelischer Seite nahmen Vertreter der Hochkirchlichen Bewegung (*Heiler*), des Berneuchener Dienstes und der Michaelsbruderschaft (*Wilhelm Stählin* und *Karl Bernhard Ritter*), der Sydower Bruderschaft (*Georg Schulz*) und auch ein Vertreter des Bischofs von Chichester *George Bell* teil, auf katholischer Seite unter anderen die Professoren *Romano Guardini* und *Karl Adam*. Nicht untypisch war wohl für die Aufbruchstimmung in diesen Kreisen der Ausruf eines katholischen Teilnehmers bei der Vielzahl theologischer Referate: „Wir hätten uns nun 400 Jahre durch theologische Gelehrsamkeit auseinandergeredet; wir sollten, wenn wir zusammenkommen, lieber miteinander die Bibel lesen, das sei viel fruchtbarer“.[28]

Ein Theologen und Laien umfassender evangelisch/katholischer Arbeitskreis entstand 1935 in Kassel.[29] Man ging vom Apostolikum als gemeinsamer Grundlage des Glaubens aus und beschäftigte sich anhand von Kurzreferaten von jeder Seite mit kontroverstheologischen Problemen. Neben theologischen Motiven für die gemeinsamen Gespräche wird auch, und zwar an erster Stelle, ein politisches Motiv genannt: „Der Frieden zwischen den Konfessionen ist eine so entscheidende Lebensnot-

[25] Freiburg 1939/40, 2 Bde.

[26] vgl. dazu *Robert Grosche* in: Schönere Zukunft 34, 21. Mai 1933.

[27] Anwesenheitsliste der vorbereitenden Sitzung v. 22. April 1934, der vorgesehenen Referate und Anwesenheitsliste der Tagung v. 22. bis 25. Mai 1934 in Berlin-Hermsdorf im Archiv *Scholder*, Tübingen: Einen aus persönlicher Sicht geschriebenen Ber. gibt *Stählin*: Via Vitae. Lebenserinnerungen, Kassel 1968, 247f.

[28] zit. nach wie Anm. 27, letzte Angabe, 247.

[29] vgl. zum Folgenden wie Anm. 10, Jg. 1940, 71f.

wendigkeit für die deutsche Nation, daß sich im ernsten Willen für dieses Ziel die Christen in Deutschland von niemand übertreffen lassen dürfen".[30]

Der Kreis umfaßte bis zu 200 Mitglieder und regte andere Orte zu ähnlichen Arbeitskreisen an. Leitmotiv dieser Arbeit war das Buch von *Adolf Deissmann*, Una Sancta: „Die Una Sancta ist da; sie ist überall da, wo der Eine ist, Christus! Also brauchen wir sie nicht herzustellen. Darstellen sollen wir sie, und darstellen wollen wir sie. Wo sie beschattet ist, wollen wir sie in die Sonne rücken. Wo sie verschüttet ist, wollen wir sie ans Tageslicht bringen; wo sie überschrien wird vom kosmischen Lärm des Bruderzwistes, wollen wir für ihr Tedeum ein stilles Sanctissimum schaffen; wo sie noch nicht erstanden ist, wollen wir sie evangelisieren. Und bei alledem: wir wollen für ihre Erscheinung beten!"[31]

Mit der von katholischer Seite her begonnenen Una-Sancta-Bewegung intensiviert sich ab 1938/39 der evangelisch/katholische Dialog. Führend war hier vor allem der aus Baden stammende katholische Priester *Max Josef Metzger* tätig.[32] *Metzger*, ein überzeugter Pazifist, beschäftigte sich schon vor dem Dritten Reich – vielleicht veranlaßt durch die Begegnung mit evangelischen Pazifisten - mit der Einheit der Kirchen. Er ging bei seinen Bemühungen von der Einsicht der katholischen Mitschuld an der Trennung aus, einer Einsicht, die erst das Zweite Vatikanische Konzil für die ganze katholische Kirche ausgesprochen hat. „Die Meinung gerade der Besten unter den nichtkatholischen Christen geht dahin, eine gewisse stolze Selbstgerechtigkeit auf unserer Seite verhindere, daß wir die Mängel und Unzulänglichkeiten innerhalb unserer Kirche, die Sünden und Fehler, durch die wir die Spaltung mitverschuldet haben, offen zugeben, mit der ehrlichen Bereitschaft zur Buße, die wir, wie sie meinen, immer nur von anderen verlangen".[33]

Metzger blieb ein treuer Katholik, der aber eine erstaunliche Offenheit für andere Konfessionen hatte. So schrieb er in seinem Testament von 1942: „daß ich im heiligen katholischen Glauben als treuer Sohn der einen Kirche Christi sterben will, deren Einheit ich nach Christi Willen im

---

[30] ebd.

[31] *Deissmann*: Una Sancta. Zum Geleit in das ökum. Jahr 1937, Gütersloh 1936, 30.

[32] Zu *Metzger* fehlt leider eine ausführliche Bibliographie; hingewiesen werden kann vor allem auf *Friedrich-Siegmund-Schultze*: Max Josef Metzger. Märtyrer der Una Sancta, in: *Günter Gloede* (Hg.): Ökum. Profile. Brückenbauer der einen Kirche, Stuttgart 1961, 354ff; *Klaus Drobisch*: Wider den Krieg. Dokumentarber. über Leben und Sterben des kath. Geistlichen Dr. Max Josef Metzger, Berlin 1970; *Paulus Engelhardt*: Max Josef Metzger. Bruder Paulus, Meitingen-Freising 1980; *Thomas Schnabel*: Max Josef Metzger. Kath. Pfarrer aus Schopfheim, in: *Michael Bosch/ Wolfgang Niess* (Hg.): Der Widerstand im dt. Südwesten 1933–1945, Stuttgart 1984, 105ff.

[33] So *Metzger* in seinem Schreiben an *Pius XII.*, das er im Advent 1939 im Gefängnis schrieb, zit. nach: wie Anm. 32 vierte Angabe, 30.

Heiligen Vater in Rom dargestellt und gesichert sehe". Gleichzeitig betonte er, „daß ich mich den gutgläubigen und gewissenstreuen evangelischen Brüdern in Christo Jesu von der Taufe und vom gemeinsamen Bekenntnis des gleichen Herrn ebenso verbunden weiß wie den Brüdern, mit denen ich die Gemeinschaft des heiligen Sakraments der Einheit und des Friedens pflegen darf".[34]

Die Glieder der von *Metzger* 1938/39 gegründeten Bruderschaft Una Sancta verpflichteten sich zum Gebet um die Einheit, weiter: „Sie dienen nach Möglichkeit dem geistigen und geistlichen Brückenbau zwischen den getrennten kirchlichen Gemeinschaften, indem sie grundsätzlich das Einende vor das Trennende stellen, Mißverständnisse und Vorurteile ausräumen, der Wahrheit in allem die Ehre geben und das gegenseitige Verhältnis aller Bekenner Christi durch echte, ungeheuchelte Bruderliebe (1. Petr. 1,22) in Christus zu erneuern suchen. Sie suchen und fördern gegenseitige Begegnung in persönlicher brüderlicher Aussprache sowie im gemeinsamen Dienst an Aufgaben der christlichen Hilfsbereitschaft".[35] Von und in Meitingen bei Augsburg entwickelte *Metzger* eine rastlose Tätigkeit für den Una-Sancta-Gedanken. In Traktaten warb er für seine Bruderschaft.[36] Er hielt viele Vorträge.[37] In Meitingen wurden 1939 und 1940 große Begegnungstagungen abgehalten.[38] In vielen Städten Deutschlands entstanden Una-Sancta-Kreise.[39] 1940 siedelte *Metzger* nach Berlin über, wohl auch um ungestörter von der Gestapo arbeiten zu können. Aufsehen erregte, als am 8. Mai 1940 in der Berliner Kirche der Dominikaner

---

[34] Testament *Metzgers* v. 22. Februar 1942, zit. nach *Engelhardt*: wie Anm. 32 vierte Angabe, 34; *Metzger* fordert für den Dialog: „Jeder Teil muß den andern liebend zu verstehen trachten mit dem *Anliegen*, das er glaubt auf Grund des Evangeliums vertreten zu müssen; dabei muß er sich hüten, die Sprache des anderen nach der eigenen Terminologie zu beurteilen, vielmehr muß jeder sich zuvor mit der Sprache und der Ausdrucksform des anderen befassen, um überhaupt verstehen zu können, was der andere mit seinen Worten meint. Interkonfessionelle Sprachwissenschaft ist nicht die geringste Voraussetzung fruchtbarer Begegnung" (33f).

[35] Die ganze Verpflichtung der Bruderschaft ist abgedr.: wie Anm. 6, 199f.

[36] *Metzger* verfaßte Traktate wie: Was trennt uns Christen? Offener Brief an einen ev. Bruder; Muß die Glaubensspaltung sein?; Um die Einheit der Kirche. Ein Aufruf der Bruderschaft zum Gebet für die Einheit, unterzeichnet von bekannten ev. und kath. Persönlichkeiten (im Besitz des Vf.).

[37] *Metzger* sprach in den entstehenden Una-Sancta-Kreisen, hielt auch Predigten in kath. Kirchen, z.B. am 29. März 1942 in der Stuttgarter Eberhardskirche; die Nachschrift der Predigt durch die Vikarin *Gertrud Thomä* liegt einem Schreiben von Prälat *Karl Hartenstein* an den OKR in Stuttgart bei, LKA Stuttgart 573 Altreg.

[38] Die Meitinger ökum. Gespräche fanden in den Pfingsttagen 1939 und vom 4. bis 9. August 1940 statt; im Traktat „Vom Meitinger ökum. Gespräch" (im Besitz des Vf.) gibt *Metzger* selbst einen Ber. über die Tagungen; den Ber. eines bayerischen ev. Pfarrers über die erste Meitinger Tagung schickte Landesbischof *Hans Meiser* an den OKR, Stuttgart am 11. Juli 1939 LKA Stuttgart 573 Altreg.

[39] Zur Entstehung und Arbeit des Stuttgarter Una-Sancta-Kreises s. ein Ber. von *Rudolf Daur* im LKA Stuttgart, D1/177.

eine „Ökumenische Rüststunde“ stattfand, an der als Evangelische Pfarrer a.D.Dr.phil. *Franz Bachmann*, Superintendent *Joachim Ungnad*, Pfarrer *Paul Mendelsohn* und Pfarrer *Walter Dreß* und als Katholiken Pfarrer *Ernst Thrasolt*, Pfarrer *Metzger* und der Jesuitenpater *Georg von Sachsen* mitwirkten.[40]

Von evangelischer Seite schaltete sich *Hans Asmussen*, der Mitverfasser der Barmer Theologischen Erklärung, in der Kriegszeit immer stärker in den evangelisch/katholischen Dialog ein.[41] Seine Gesprächsbereitschaft war nicht zuletzt dadurch motiviert, daß die Protestanten seiner Ansicht nach die im katholischen Raum sich vollziehenden Veränderungen bisher überhaupt nicht zur Kenntnis genommen hätten. Anders als *Thieme* dachte *Asmussen* nicht an Unionen und Konversionen. Der evangelisch/katholische Dialog muß seines Erachtens davon ausgehen, daß es in beiden Konfessionen Fragestellungen gibt, „welche in der Reformationszeit [...] sowohl auf seiten der römischen wie auch der evangelischen Christen unbekannt waren“.[42] Der Dialog muß vor allem auch selbstkritisch geführt werden. So untersuchte *Asmussen* bei einem Vortrag im Berliner Una-Sancta-Kreis die in den Artikeln 22 bis 28 der Confessio Augustana (CA) dargelegten Trennungsgründe auf ihre Aktualität. Der Angriff auf die Winkelmessen in CA 24 träfe heute auch die evangelische Kirche, weil sie in der Abtrennung des Abendmahls vom Gottesdienst Winkelmessen praktiziere.[43]

IV. Ein Weg mit Hindernissen

Die evangelisch/katholischen Gespräche fanden ein höchst zwiespältiges Echo beim NS-Staat und bei den Kirchen.

Die staatlichen Stellen unterstützten zwar zunächst Bestrebungen, um der Volksgemeinschaft willen den Gegensatz zwischen den Konfessionen zu relativieren.[44] Sie lehnten freilich alles, was mit Ökumene zu tun hatte, ab. Für den Sicherheitsdienst der SS war Ökumene „für den Vatikan [nur] ein weiteres Mittel zur Wiedervereinigung im Glauben.“ Daher, so ordnete er 1938 an, „ist die Zusammenarbeit zwischen den beiden Konfessio-

---

[40] vgl. dazu Materialdienst 1940, 71; Schreiben von *Heckel* an Präsident *Friedrich Hymmen* vom 23. Mai 1940, EZA Berlin 1/C3/318.

[41] vgl. zum Folgenden *Enno Konukiewitz*; Hans Asmussen. Ein luth. Theologe im Kirchenkampf, Gütersloh 1984, besonders 227ff.

[42] ebd., 229.

[43] ebd.; vgl. auch das Schreiben *Asmussens* an *Wilhelm Pressel* v. 16.November 1940 (Kopie im Besitz des Vf.): „Die Römer sind uns nicht nur praktisch, sondern auch theologisch über in Sachen des Gebets und der Gebetsordnung, in Sachen des Amtes und seiner Anerkennung, um nur zwei Punkte zu nennen“.

[44] Der ev.-kath. Arbeitskreis in Kassel fand bei staatlichen Stellen „nicht nur Verständnis [. . .], sondern auch die Zusage wohlwollenden Schutzes“, wie Anm. 10, Jg. 1940, 72.

nen auch im Blick auf die Ökumene genauestens zu beobachten".[45] Und was *Bormann* in seinem berüchtigten Geheimschreiben von 1941 in bezug auf die evangelische Kirche sagte, gilt natürlich auch für die Kirchen überhaupt: „Das Interesse des Reiches liegt nicht in der Überwindung, sondern in der Erhaltung des kirchlichen Partikularismus".[46]

Die Reaktion in der katholischen Hierarchie war geteilt. *Metzger* hatte ja im November 1939 einen Brief an den Papst geschrieben, in dem er breit auf die Einigung der Christenheit einging. Er schlug darin eine vom Papst einberufene gemischt-konfessionelle Kommission vor, die eventuell in Assisi tagen und jedenfalls eine Bestandsaufnahme der Schwierigkeiten vornehmen sollte mit dem Ziel der Einberufung eines allgemeinen Konzils.[47] Vom päpstlichen Nuntius *Cesare Orsenigo* bekam er die Antwort, daß man in Rom derzeit keine Aktion von oben plane, weil sie wenig erfolgversprechend sei, daß es aber dem Wunsch des Heiligen Vaters entspräche, möglichst weitgehend die Beziehungen zu den evangelischen Brüdern zu pflegen.[48] *Metzgers* Heimatbischof *Gröber* von Freiburg, der seinen ehemaligen Schüler für einen wirklichkeitsfremden Idealisten hielt („außerordentlich eifrig und unternehmend, aber zu Extremem und Absonderlichem geneigt"[49]), verbot *Metzger* ausdrücklich alle Vorträge über die Vereinigung der beiden Kirchen in seiner Diözese.[50] *Gröber* war überhaupt beunruhigt über „die Grenzöffnung anderen Kirchen gegenüber im Zusammenhang mit der Zielsetzung 'una sancta' [...]. Man darf bei aller persönlichen Toleranz die tatsächlich vorhandene Häresie der Einzigartigkeit und Wahrheit der unfehlbaren Kirche nicht gleichstellen".[51]

Auch die staatsloyalen evangelischen Kirchenbehörden in Berlin lehnten die Bestrebungen ab. Bischof *Theodor Heckel* vom Kirchlichen Außenamt konnte sie offenbar nur unter politischen Gesichtspunkten betrachten. Nach seiner Meinung hat „diese katholische Aktion" (gemeint sind die oben erwähnten Berliner ökumenischen Aktivitäten) einen günstigen Augenblick gewählt: „Sie begegnet sich in vortrefflicher Weise mit der törichten Rede, daß der Welt-Protestantismus der Feind Deutschlands sei und daß der Protestantismus das geistige Einfallstor für den Seelenkampf der Feinde bildet". Und so konnte er nicht anders, als in einem Brief an den Geistlichen Vizepräsidenten des Evangelischen Oberkirchenrats die evangelischen Teilnehmer an der „Ökumenischen Rüststunde" von 1940

---

[45] *Hermelink*: Kirche im Kampf, Stuttgart und Tübingen 1950, 501.

[46] zit. nach *Friedrich Zipfel*: Kirchenkampf in Deutschland 1933–1945, Berlin 1965, 516.

[47] vgl. wie Anm. 32 erste Angabe, 364.

[48] vgl. wie Anm. 32 vierte Angabe, 31f.

[49] Schreiben *Gröbers* an *Orsenigo* von Mitte März 1940, zit. nach *Schnabel*, wie Anm. 32 fünfte Angabe, 110.

[50] ebd.

[51] Schreiben *Gröbers* „an den hochwürdigsten großdt. Episkopat" v. 18.Jan.1943, Absachr., Generallandesarchiv Karlsruhe 465d/46, 4

politisch zu diffamieren.[52] Politisch konnte aber auch anders herum argumentiert werden. Der württembergische Landesbischof *Wurm*, seit 1941 unbestrittener Sprecher der ganzen evangelischen Kirche Deutschlands versprach sich von Una-sancta-Bemühungen auch die Stärkung der christlichen Abwehrfront gegen den Angriff des NS-Staates.[53] Wichtiger freilich waren die theologischen Einwände. *Dietrich Bonhoeffer* betrachtete die Nachricht, daß *Asmussen* in einem Una-sancta-Gottesdienst gepredigt habe, als Zeichen mangelnder Festigkeit.[54]

Vor allem der bayerische Landeskirchenrat beschäftigte sich 1941 eingehend mit der Una-sancta-Bewegung. Er gab am 11. März 1941 an seine Geistlichen „ein richtungsgebendes Wort zur Una-sancta-Bewegung" heraus.[55] Unter Rückgriff auf CA 7 bekräftigte er, daß die una sancta ecclesia überall dort ist und Wirklichkeit wird, „wo Christus als der erhöhte Herr in seinem Wort und Sakrament gegenwärtig wirksam ist". Er sah „keinen wichtigeren Dienst an der kirchlichen Einheit als die kompromißlose Verkündigung der evangelischen Wahrheit". Er warnte vor unkritischen, schwärmerischen Einheitsbestrebungen. Ohne den guten Willen der katholischen Gesprächspartner zu bestreiten, wies er auf die in der Enzyklika „Mortalium animos" bezogene Position der katholischen Kirche, der jeder Katholik verpflichtet sei. Nur eines sei darum möglich: „die Fortführung des theologischen Gesprächs zwischen den Kirchen, wie es in mancherlei Veröffentlichungen der letzten Zeit begonnen worden ist. Das Ziel kann dabei vorerst nur sein, daß man Mißverständnisse und falsche Vorstellungen ausräumt, daß man die zur Gewohnheit gewordene gegensätzliche Haltung überwindet und daß so versucht wird, einander endlich richtig zu sehen und besser zu verstehen. Erst wenn das erreicht ist, kann das Gespräch, das zunächst ganz unverbindlich ist, vielleicht auch einmal die kirchliche Anerkennung finden, die es schließlich braucht, und damit ein Weg eröffnet werden, der weiter führt". Mit diesem Schreiben mußten alle die ernüchtert werden, die von der evangelischen Kirche eine kirchenamtliche Unterstützung der Una-sancta-Bewegung erhofften und die mehr wollten als nur das Gespräch

---

[52] wie Anm. 40 zweite Angabe; zum Hintergrund von *Heckels* Äußerung vgl. *Armin Boyens*: Kirchenkampf und Ökumene 1933-1939, München 1969, 390ff, bes. 390f.

[53] wie Anm. 39; *Wurm* beurteilte persönlich „die Möglichkeit einer Neubesinnung und Umkehr der empirischen Leitung der römisch-katholischen Kirche, also der Kurie in Rom" eher skeptisch; seines Erachtens brauchten die Konfessionen freilich den Austausch; wichtig für ihn war: „Nicht miteinander streiten, sondern von einander lernen – unser Kampf ein Wettkampf – in dieser Losung können sich alle homines bonae voluntatis finden", Schreiben *Wurms* an Legationsrat a.D. Dr. *Sigmund Knoch* v. 26. Oktober 1944, LKA Stuttgart D1/147.

[54] vgl. GS Bd.2, 380; interessant sind *Bonhoeffers* Überlegungen „zur kath. Frage", vgl. ebd.

[55] Das weitverbreitete Schreiben findet sich z.B. auch in LKA Stuttgart 513, Altreg.

über kontroverstheologische Fragen. Andererseits wurden diese Gespräche nicht grundsätzlich abgeblockt.[56]

Im weiteren Fortgang scheint sich im Bereich der evangelischen Kirchen zunehmend der Eindruck verstärkt zu haben, „daß für 'offizielle' Gespräche die Dinge gerade auf evangelischer Seite noch nicht reif sind, daß hier vordringlich ist die Gewinnung eines consensus intra nos".[57] Das ist der Hintergrund von innerevangelischen Gesprächen im Rahmen des Kirchlichen Einigungswerks von Landesbischof *Wurm*.[58] Diese Aktion, von *Wurm* 1941 begonnen, um den zerklüfteten Protestantismus zu einigen und für bekenntnismäßige Kirchenleitungen in der ganzen evangelischen Kirche zu sorgen, hat das Thema Evangelisch/Katholisch zweimal intensiv behandelt.

1942/43 kamen im Rahmen des Kirchlichen Einigungswerks zu drei Tagungen bekannte evangelische Theologen zusammen.[59] Auf der ersten Tagung wurden behandelt: Thesen von *Heinrich Hermelink* „Evangelische Antwort auf die Thesen von Joseph Lortz" sowie Thesen von *Hans Emil Weber*, Geilenkirchen, „Die Einheit der Kirche im NT und die Aufgabe der Evangelischen Theologie im Gespräch der Konfessionen". Aus der Behauptung von *Lortz*, *Luther* vertrete das sola scriptura, die römisch-katholische Kirche hingegen das tota scriptura, ergab sich für die zweite Tagung das Referat von *Paul Althaus* über „Das evangelische und das römisch-katholische Schriftprinzip". Bei der dritten Tagung referierte schließlich *Adolf Köberle* über „Die Kirche und die Konfessionen". Auch nur auf evangelische Gesprächspartner konzentriert war eine im Rahmen des Einigungswerks 1944 ergehende Fragebogenaktion zum Thema

---

[56] *Asmussen* fühlte sich durch dieses Schreiben in seinen Intentionen nicht verstanden. Nach seiner Meinung muß die Suche nach der Einheit auch die Frage mit einschließen, wo sich eben über die eigene Kirche hinaus Kirche Jesu Christi finden lasse. „Sie können jetzt einwenden, daß man durch diesen Blick die vorhandenen Kirchenkörper paralysiere. Dieser Einwand ist nicht ganz unrichtig. Aber können wir wirklich darauf verzichten? Sobald wir an die vorhandenen Kirchenkörper jene letzte Frage richten, tun wir ihnen den größten Dienst, den wir ihnen tun können, und den ersten, den wir ihnen tun sollen. Dann muß folgerichtig das Falsche sichtbar werden und abfallen. So entsteht ‚Paralysierung', die doch im Grunde nichts weiter ist als das Werk des Heiligen Geistes"! Schreiben *Asmussens* an *Meiser* v. 8.Mai 1941, EZA Berlin KKA Nr. 559a, zit. nach: wie Anm. 41,230.

[57] Protokoll *Pressels* über die theol. Aussprache in Stuttgart betreffend das Verhältnis der ev. zur kath. Kirche am 11. September 1942, LKA Stuttgart 513 Altreg.; es erhebt sich hier freilich die Frage: Kann man die eigene Position anders als im Gespräch mit dem ‚anderen' unter gemeinsamer Unterordnung unter die ‚übergeordnete' Schrift finden?

[58] vgl. wie Anm. 17 zweite Angabe, 219ff.

[59] Die Protokolle der drei Tagungen liegen in LKA Stuttgart 513 Altreg.

[60] Der Fragebogen ist abgedr. bei Vf.: wie Anm. 17 zweite Angabe, 288f.

„Evangelische Kirche und Römisch-katholische Kirche".[60] Diese Fragebogenaktion diente schon ganz der Zukunft der Kirchen im Nachkriegsdeutschland. Unter anderem gingen hier Rückmeldungen von *Stählin*, vom sächsischen Bruderrat und dem sudetendeutschen Oberkirchenrat *Gerhard Hickmann* ein.[61] *Stählin* und der sächsische Bruderrat begrüßten im Unterschied zu *Hickmann* das Gespräch mit den Katholiken, und zwar unter Berufung auf Johannes 17. Gefordert wurde vom sächsischen Bruderrat freilich, daß auch die katholische Kirche in der evangelischen einen gleichwertigen Partner sehe „und nicht das Ziel einer Rückführung verlorener Schafe in die Gemeinschaft anstrebe". Für *Stählin* lag der Sinn solcher Gespräche ganz ähnlich wie für *Asmussen* nicht zuletzt in der Hinterfragung der eigenen Position. Es geht um das „innerkirchliche Streitgespräch, das heißt das verantwortliche Ringen um das rechte Verständnis des Evangeliums und die rechte Gestalt der Kirche im Unterschied zu einer unbußfertigen konfessionellen Polemik". Für die evangelische Kirche könne es darum nicht bloß darum gehen, vor der Gefahr einer (katholischen) „Verkürzung oder Verfälschung christlicher Erkenntnisse" zu warnen, sondern eben auch darum, die eigene Position zu überprüfen, ob nicht bestimmte Seiten der biblischen Botschaft und bestimmte christlichen Anliegen des gottesdienstlichen Lebens in der römisch-katholischen Kirche treuer bewahrt worden seien als in der eigenen Kirche."

Zusammenfassend kann gesagt werden, daß die Zeit des Dritten Reiches auf dem Gebiet der interkonfessionellen Beziehungen eine Klimaverbesserung brachte. Es kam an einzelnen Punkten zu praktischer Zusammenarbeit von Kirchenleitungen, von Gemeinden sowie Christen unterschiedlicher Herkunft im Widerstand. Evangelisch-katholische Gespräche fanden zwar keine kirchenamtliche Anerkennung, wurden aber trotzdem, wenn auch in kleineren Kreisen, intensiv geführt. Die ökumenische Herausforderung führte bei evangelischen Kirchenleitungen und Theologen dazu, sich der eigenen Position zu vergewissern. Die verstärkte ökumenische Zusammenarbeit wie auch die Gründung überkonfessioneller christlicher Parteien im Nachkriegsdeutschland wären ohne die im Dritten Reich gemachten neuen Erfahrungen nicht möglich gewesen.[62]

---

[61] *Stählins* Ausarbeitung liegt im LKA Stuttgart D1/181, die beiden anderen Voten liegen ebd. 116e Altreg.

[62] vgl. wie Anm. 23,Sp.1118 und *Rainer Kunz*: Parteien und Parlamentarismusentwicklung in den dt. Ländern 1945 bis zur Gründung der Bundesrepublik, in: *Josef Becker* u.a. (Hg.): Vorgesch. der Bundesrepublik, München 1979, 357ff, hier 368.

Hans Vorster

Das Verhältnis der Konfessionen in Deutschland 1945 bis 1985

I. Ausgangslage: gemeinsam erlittene Geschichte

Im August und September 1944 hatten die Streitkräfte der Alliierten die Grenze des damaligen Reichsgebiets an einigen Stellen erreicht. Unaufhaltsam drangen sie vor allem seit Januar 1945 gegen die Macht- und Industriezentren des Reiches vor, während gleichzeitig eine Stadt nach der anderen in Trümmer sank. In dieser Zeit, zunächst ‚der Zusammenbruch', dann ‚die Stunde Null' benannt, bildete sich, bisher letztmalig für alle Deutschen, eine Grunderfahrung des Christlichen aus, ohne die die Folgezeit in beiden deutschen Staaten bis zur Gegenwart nicht zu verstehen ist.

Sie entstand aus zwei polaren Erfahrungen. Die eine war der brutale, den Terror bis zum äußersten steigernde Selbstbehauptungswille der Machthaber, die darin endgültig aufdeckten, wie es mit ihrer Verantwortung für das deutsche Volk im ganzen stand; aber auch ihre Flucht aus der Verantwortung, sei es in den Selbstmord, sei es in den Verweis auf ergangene Befehle, die kein anderes Handeln zugelassen hätten.

Dem stand gegenüber ein Zurückgeworfensein von Gemeinde und Kirche auf die Elementarfunktionen des Tröstens und Helfens sowie das Erleben, daß der von vielen als wirkungslos geschmähte Glaube eine ungeheure Lebensmacht überall dort wiedergewann, wo man sich auf ihn einließ. So ergab sich in der Nullpunkt-Situation eine Tragfähigkeit des christlichen Glaubens, mit der die Mehrheit der Bevölkerung nicht mehr gerechnet hatte, und bildete inmitten der Niederlage eine erste, konfessionsübergreifende und -verbindende Grunderfahrung. Dazu gesellte sich als weiterer verbindender Faktor die Verpflichtung aus dem Widerstand gegen die Diktatur, den in allen Konfessionen Laien und Amtsträger geleistet und vielfach mit ihrem Leben bezahlt hatten. Bezeichnend, daß der Begriff ‚Widerstand' erst jetzt gebräuchlich wurde. Während der Diktatur selbst stellte sich dieser Widerstand als Haltung dar, dem Staat so weit wie möglich zu geben, was des Staates ist, und auch noch dort, wo man Gott mehr gehorchen mußte als den Menschen, die Loyalität gegenüber der Staatsführung herauszustellen. Das hatte nach Kriegsende zur Folge, daß gerade diejenigen, die widerstanden hatten, sich der Unzulänglichkeit ihres Widerstandes und ihrer Kooperation mit dem Regime als Schuld bewußt wurden und das in der Stuttgarter Schulderklärung vom Oktober 1945[1], im Darmstädter Wort des Bruderrats der Bekennenden Kirche von 1947[2] und im Hirtenwort des deutschen katholischen Episkopats von August 1945[3] auch aussprachen.

In diesen Schuldbekenntnissen artikulierte sich nun freilich eine verbindende Grunderfahrung, die so bei den Gliedern der Volkskirche in Breite nicht vorausgesetzt werden konnte. Das mußte in der Folgezeit dazu führen, daß die beiden einheitsstifenden Grunderfahrungen innerhalb der Konfessionen sowohl als Ruf zur Bewährung der einmal geschenkten Einheit wie als Quelle von Mißtrauen und konfessioneller Selbstrechtfertigung fortwirkten.

Die bis heute folgenreichste Auswirkung dieser konfessionsverbindenden elementaren Geschichtserfahrungen zeigte sich auf politischem Gebiet. Während liberales Bürgertum und Arbeiterklasse bei der im Sommer 1945 erfolgenden Zulassung politischer Parteien durch die vier Besatzungsmächte unmittelbar an die Zeit vor 1933 anknüpfen und die zwölf Jahre der Diktatur als einen bedauerlichen, von ihnen sogar vorhergesagten Betriebsunfall betrachten konnten, der jetzt von ihren Prinzipien her endgültig auszuschließen sei, sahen sich Christen aller Konfessionen nicht mehr imstande, politisch unbesehen vom Weimarer politischen Spektrum auszugehen. Nicht nur die Erfahrungen mit der Diktatur, die man mit den anderen politischen Gruppierungen gemein hatte, sondern vor allem die schmerzhaft erfahrene politische Ohnmacht getrennter Kirchen sollten bei der Neugestaltung der politischen Verhältnisse mitbedacht, Gegenkräfte gegen eine Wiederkehr des Unheils aufgeboten und aus christlicher Substanz Sicherungen in die neuen Verfassungen der Länder und des Bundes eingebracht werden.

So entsteht als einzige Parteien-Innovation die Christlich-Demokratische Union (CDU). Die Kirchen halten sich zwar in den ersten Jahren noch deutlich zurück, den Gläubigen die Wahl dieser Partei ausdrücklich nahezulegen. Sie sind aber offenkundig befriedigt, eine politische Gemeinschaft in Bildung begriffen und zunehmend zur Macht gelangen zu sehen, die in einiger Selbständigkeit im politischen Bereich für christliche Zielsetzungen einsteht, ohne daß sie selbst dieses Feld betreten müssen. Deshalb entfällt kirchliche Unterstützung für ein Wiederanknüpfen an die konfessionell geprägten Gruppierungen der Weimarer Republik im evangelischen Bereich ganz. Im katholischen Bereich ist sie angesichts dessen bemerkenswert gering, was Zentrum und Bayerische Volkspartei einmal bedeutet hatten.

---

[1] u.a. in: KJ 72 - 75, 1950, 26f.

[2] ebd., 220 - 222.

[3] u.a. in: *Ludwig Volk* (Bearb.): Akten deutscher Bischöfe über die Lage der Kirchen 1933 - 1945 (VKZG A38), Mainz 1985, 961 S., hier 688 - 694.

Fragt man hingegen weiter, wie die beiderseitigen Kirchenleitungen die tragenden Grunderfahrungen des Zusammenbruchs und der ersten Nachkriegsjahre nützen, so ergibt sich ein für ihr Selbstverständnis bezeichnendes Bild: Sie wirken entschieden mit, daß sich dem Millionenstrom von Ausgewiesenen und Flüchtlingen über alle Konfessionsgrenzen hinweg die Türen der noch intakten Kirchen und Gemeindehäuser öffnen. Daß den vom Schicksal Geschlagenen für ihren Gottesdienst und ihr Gemeindeleben der nötige Raum gewährt werden muß und die extreme Notsituation nicht für Konversionsbemühungen ausgenützt werden darf, ist allgemein anerkannt und wird weitgehend eingehalten. Erst in Umrissen ahnt man freilich, daß damit die gewaltige Aufgabe einer ökumenischen Öffnung ihrer gesamten Katechetik und Seelsorge auf Kirchen und Gemeinden zukommt. Zunächst meint man noch, es trotz Aufhebung einheitlich konfessionell geprägter Lebensräume in Lehre, Verkündigung und Gottesdienst bei der traditionellen Abschirmung gegeneinander belassen zu können, ja zu müssen. Weil bis zu besserer Einsicht die Impulse der Nullpunkt-Situation verbraucht waren, wurde es ein sehr mühsamer Weg, die durch die Situation gestellte Aufgabe auch theologisch zu reflektieren und als durchgehende Perspektive kirchlichen Handelns zu akzeptieren. Ohne den weiteren Impuls, den die katholische Kirche im Zweiten Vatikanischen Konzil erhielt, wäre es kaum dazu gekommen.

II. Gründe für konfessionelles Beharren

Die Gründe, warum die veränderte Grunderfahrung zunächst nicht auf das Verhältnis von evangelischer und katholischer Kirche der Westzonen und dann der Bundesrepublik durchschlug, sind vielfältig. Zumindest drei sollten hervorgehoben werden:

1) Mit dem Zusammenbruch war das Haus, das man in der Euphorie des Jahres 1933 für die Evangelische Kirche Deutschlands gebaut hatte, endgültig obsolet geworden. Da auch eine Rückkehr zu den Rechtsverhältnissen des Kirchenbundes von 1922 nicht infrage kam, galt es, aus den Trümmern der Reichskirchenverfassung zu retten, was um der Einheit der evangelischen Kirchen im verbliebenen Reichsgebiet willen nötig erschien, und zugleich eine Form zu finden, die jede Beherrschung der Landes- beziehungsweise der Preußischen Provinzialkirchen durch eine allmächtige Zentrale ausschloß. Mit anderen Worten, der deutsche Protestantismus mußte sich auf den Weg machen, neue Formen des Zusammenlebens zu finden und verfassungsmäßig zu ordnen.

2) Die katholische Kirche war, was ihre Verfassung und die Besetzung ihrer herausgehobenen Positionen betraf, aus der Niederlage ohne große Beschädigung hervorgegangen. Frei von der Notwendigkeit, sich der Gestaltung ihrer inneren Struktur widmen zu müssen, suchte sie nach den Jahren der Abschottung Kontakt zu den katholischen Diözesen vor allem

der westlichen Länder. Um die dringend erwünschte Ökumenizität zu gewinnen, brauchte sie zunächst sich selbst noch nicht zu überschreiten.

3) Auch die evangelische Kirche konnte in ihrer Öffnung zur Weltchristenheit an Verbindungen anknüpfen, die schon vor dem Zweiten Weltkrieg bestanden hatten. Allerdings war die Gründung des Ökumenischen Rates der Kirchen, 1937 auf den großen Weltkonferenzen ins Auge gefaßt, durch den Krieg aufgeschoben worden, und es war ungewiß, ob die deutschen evangelischen Kirchen nach Kriegsende in diesem Kreis willkommen sein würden. Der Weg in ihn zurück wurde durch das Stuttgarter Schuldbekenntnis vom Oktober 1945 gebahnt. Gerade dieser Akt aber rief, weil für den größeren Teil der Deutschen nicht erfahrungsmäßig verankert, einen Widerspruch hervor, der sich durch einige Umformungen hindurch zum ständigen, ressentimentgeladenen antiökumenischen Begleiter der ursprünglich durchaus in großer Breite willkommenen ökumenischen Öffnung entwickelte.

Es begann damit, daß unmittelbar im Anschluß an das Stuttgarter Schuldbekenntnis einige namhafte Kirchenmänner und Theologieprofessoren von der ‚Schuld der anderen' zu reden begannen und damit einem erheblichen Teil der Kirchengenossen ein Alibi lieferten, sich von der Rezeption des Stuttgarter Schuldbekenntnisses zu distanzieren. Die vielbeklagte deutsche ‚Unfähigkeit zu trauern' hat hier eine ihrer zähesten Wurzeln. Katholischerseits wurde diese Unfähigkeit genährt durch ein Verständnis der sancta Ecclesia, demzufolge nur einzelne Diener und Glieder der Kirche irren und sündigen können, die Kirche selbst aber davon unberührt bleibt. Das gestattete es der katholischen Kirche relativ leicht, zwar die Schuld einzelner Amtsträger einzugestehen, für die Kirche als ganzes aber in Anspruch zu nehmen, daß sie in schwerer Zeit den richtigen Weg gegangen sei und sich nichts vorzuwerfen habe. Evangelischerseits dagegen gibt es seither einen roten Faden der Selbstrechtfertigung von diesen Diskussionen über ‚die Schuld der anderen' hin zu den Argumentationsketten des kalten Kriegs, aber auch zur inneren Weigerung, die Kirchen der Dritten Welt aus der Obhut westlicher Theologie zu entlassen oder die Grenzziehungen in Mitteleuropa als Folge des Krieges zu akzeptieren.

III. Restauration und alter Hader

Seinen ersten Belastungsproben wurde der gemeinsame christliche Neubeginn in der Christlich-Demokratischen und der Christlich-Sozialen Union unterworfen einerseits durch die Notwendigkeit, das Schulwesen neu zu ordnen; andererseits durch das Angebot des damaligen Bundeskanzlers, sich an der Abwehr der kommunistischen Machterweiterung durch die Aufstellung deutscher Truppenverbände und ihre Integration in eine westliche Verteidigungsstreitmacht zu beteiligen.

Was die Neuordnung des Schulwesens betrifft, kam dem deutschen Katholizismus zugute, daß er seit langem über eine handlungsbezogene Theorie des Naturrechts und darin eingeschlossen der Subsidiaritätsverpflichtung verfügte, in der die verschiedenen Gemeinschaftsformen von Ehe und Familie bis hin zu Staat und Kirche zueinander stehen. Beides war als Reaktion auf den Kulturkampf entwickelt worden und in den sozial- und bildungspolitischen Vorstellungen des katholischen Volksteils fest verankert. Es lag somit auf Abruf bereit. Demgegenüber waren die evangelischen Bildungsvorstellungen entweder zu stark an der Ordnungsmacht des Staates orientiert, die soeben schmählich versagt hatte, oder sie waren so sehr auf eine eigenständige Christengemeinde bezogen, daß sie nur hätten zur Wirkung gelangen können, wenn die zugrundeliegenden Zielvorstellungen wenigstens bei der Neuordnung der evangelischen Kirche selbst hätten zum Zuge gebracht werden können. So kam mit Zustimmung weiter Bevölkerungsteile eine Neuordnung des Schul- und Bildungwesens zustande, die wesentliche Elemente christlicher Erziehung an das staatliche Schulwesen delegierte, aber zugleich den Staat verpflichtete, dieses konfessionell zu gestalten. Wo das nicht in der Gestalt der Bekenntnisschule geschehen konnte, wurde versucht, neue konfessionelle Schulen zu subventionieren. Versuche, die christliche Unterweisung als ureigenste Aufgabe der Gemeinden zu begreifen, kamen in den Volkskirchen schnell zum Erliegen; weiterbestehend und allmählich von pietistischer Innerlichkeit gelöst, sicherten sie dagegen den Freikirchen einen Stab gut geschulter Laienmitarbeiter.

Während die Auseinandersetzungen um das Schulwesen den christlich-demokratischen Aufbruch nicht ernsthaft erschütterten und die Diskussion um die Geltung des Reichskonkordats von 1933 auf engere Kreise beschränkt blieb, zerbrach der christliche Grundkonsens der unmittelbaren Nachkriegsjahre an der Westangliederung der Bundesrepublik und an ihrer Aufrüstung gegen die vierte Siegermacht. Allerdings geschah das nicht einfach entlang der konfessionellen Grenzen, obwohl die entsprechende Politik im organisierten Katholizismus eine ihrer stärksten Stützen hatte. Maßgebend wurde vielmehr auch, ob inzwischen durch erfolgte Trauerarbeit die christlich-bürgerliche Abwehrhaltung gegen den Sozialismus als Grund für den Zulauf zu *Adolf Hitler* und als Basis der antikommunistischen Kreuzzugsideen des 20.Jahrhunderts erkannt war. Wo das der Fall war, kam es in beiden großen Konfessionen zu entschiedener Weigerung, den Kalten Krieg mitzuvollziehen. Die Mehrheit in beiden Kirchen sah jedoch in der Westintegration und der militärischen Aufrüstung eine Chance, außenpolitisch Bewegungsfreiheit zu gewinnen und im Bündnis mit dem Westen unter besseren Bedingungen eine Abwehr des Kommunismus fortzusetzen, die durchzuhalten seit Generationen Herzenssache war.

Weil das allgemeine Priestertum der Gläubigen in den Jahren des Kirchenkampfes für die Bekennende Kirche ein wichtiges Legitimierungsprinzip für Kirche überhaupt geworden war, mußte die Evangelische Kirche in Deutschland (EKD) vom Zerbrechen der Nachkriegsgemeinsamkeit in diesen Auseinandersetzungen wesentlich stärker betroffen werden als die katholische Kirche. Was sich in ihr zur Duldung einer politisch andersdenkenden Minderheit entwickelte, die den allgemeinen Kurs nie gefährden konnte, geriet in der evangelischen Kirche zu einer vehementen Auseinandersetzung um das rechte Verständnis des Evangeliums und der Nachfolge Jesu.

Wer geneigt ist, darin nur eine Schwäche der evangelischen Kirche zu sehen und ihr zur Vermeidung solcher tiefer Zerklüftungen ein harmonisch-stabilisierendes Lehramt zu empfehlen, sei daran erinnert, daß die Tiefe der Auseinandersetzung auch geistliche Früchte in großem Umfang trug. Jesus selbst, wie ihn die Evangelien bezeugen, erhebt seither Ansprüche an den Lebensstil und das politische Entscheiden der Christen, wie das seit den Tagen der franziskanischen Brüder und der pietistischen Väter nicht mehr der Fall war. An die Stelle einer christlichen Bürgerlichkeit oder der Einordnung in paternalistische Institutionen als konfessionelle Norm trat durch diese Auseinandersetzungen ein Hören auf Jesus als geistliche Autorität, das sich mehr und mehr über die Grenzen der Kirchengemeinden ausdehnte. Es führte oft gerade dort zu einer Neubegegnung mit dem Evangelium, wo diese wegen der Vorbehalte gegen ein verbürgerlichtes Christentum auf dem institutionellen Weg nicht mehr gelang.

Ohne diese Kämpfe wäre es zum Beispiel nie zu dem gezielten Rückgriff auf ein messianisches Jesusbild in Literatur und Philosophie, aber auch nie zu der weithin akzeptierten Berufung auf Jesus in den ethischen Problemstellungen einer nachchristlichen Gesellschaft gekommen. Vor allem aber weckten diese Auseinandersetzungen in den Kirchen das Bewußtsein, daß Nachfolge Jesu sich nicht in konfessionsgeprägter Kirchlichkeit erschöpfen kann, sondern zur Öffnung gegenüber der Welt wie gegenüber anderen Konfessionen verpflichtet. Von diesen geschichtlich gewachsenen Verankerungen des ökumenischen Bewußtseins in weiten Teilen der evangelischen, aber auch der katholischen Christenheit her ist nicht zu erwarten, daß eine Einigung der Kirchen gelingen wird, die lediglich auf vorkonfessionelle, genauerhin: altkirchliche Bekenntnisse zurückgreift, aber die Befreiung des messianischen Christus aus der Verwaltung durch konfessionell geprägte Kirchentümer und christlicher Bürgermentalität ignoriert.

Der Bruch in der die Konfessionen übergreifenden einheitlichen Grunderfahrung der Nachkriegszeit wird verstärkt durch die Proklamation des Dogmas von der Aufnahme Mariens in die himmlische Herrlichkeit am 1.November 1950.[4] Ihr folgt auf dem Fuldaer Katholikentag vom

[4] Enzyklika „Munificentissimus Deus", DS 3900 - 3904.

Herbst 1954 die Weihe des deutschen Volkes an das Herz Mariens, was nicht nur zu heftigen Reaktionen im evangelischen Volksteil, sondern auch zu kirchenamtlichen Distanzierungen führt, am ausgeprägtesten in Bayern durch Bischof *Hans Meiser*.[5] Insgesamt muß man am Ende der 50er Jahre den Eindruck haben, daß die erfahrene Gemeinschaft der Konfessionen in der Zeit der Diktatur zur wehmütig beschworenen Erinnerung geworden ist, von der keine Handlungsimpulse mehr ausgehen. Trotz vieler freundlicher Begegnungen im einzelnen, trotz der Begegnung zwischen evangelischer und katholischer Theologie im Bereich der Bibelwissenschaft scheint das Verhältnis der beiden großen Konfessionen in der Bundesrepublik weitgehend in die Ausgangslage vor 1933 zurückgekehrt.

Unter diesem Eindruck verwundert sich auch niemand, daß die offizielle katholische Kirche unter den Direktiven Papst *Pius XII.* dem 1948 in Amsterdam gegründeten Ökumenischen Rat der Kirchen (ÖRK) fernbleibt und ihm für ein gutes Jahrzehnt mehr als zurückhaltend gegenübersteht. Hoffnungen auf Besserung des konfessionellen Verhältnisses gründen sich auf Nachrichten aus Frankreich. Wenn das, was dort in Gestalt der Nouvelle Théologie und der Arbeiterpriester Ereignis geworden ist, von der katholischen Kirche nicht mehr ausgestoßen, sondern als legitim katholisch anerkannt würde, gäbe es wieder fruchtbare gemeinsame Impulse. In solcher Situation ließ dann in die Breite aufhorchen, daß zunächst *Hans Urs von Balthasar*[6] sich freundlich mit *Karl Barth* beschäftigte und wenig später *Hans Küng*[7] in einer aufsehenerregenden Publikation einen fundamentalen Gegensatz zwischen der *Barth*schen Theologie und der Rechtfertigungslehre des Trienter Konzils bestritt.

IV Aufbruch in der katholischen Kirche

Als Papst *Johannes XXIII.* am 25. Januar 1959, dem letzten Tag der (katholischen) Gebetsoktav für die Einheit der Christen, seine Absicht ausspricht, ein Konzil zu berufen[8], dauert es mehrere Monate, bis ein gänzlich ungewohnter Gedanke ins Bewußtsein der kirchlichen Öffentlichkeit vorgedrungen ist und die Diskussion über die Struktur dieses Konzils beginnt. Als sie aber einmal in Gang ist, löst sie eine Lawine von Hoffnungen und einen gewaltigen Strom von Reformvorschlägen aus, die – soweit sie seriös sind – zeigen, was vor allem im west- und mittel-

---

[5] vgl. MdKI 5, 1954, 70 - 73.

[6] Karl Barth, Köln 1951, 420 S.

[7] Rechtfertigung. Die Lehre Karl Barths und eine kath. Besinnung. Mit einem Geleitbrief von Karl Barth, Einsiedeln 1957 [2], 304 S.; vgl. *Erdmann Schott*: Annäherung an die ev. Rechtfertigungslehre in der neuesten röm.-kath. Theologie, in: MdKI 10, 1959, 21 - 27; *Ferdinand Barth*: Röm.-kath. Stimmen zu dem Buch von Hans Küng „Rechtfertigung", in: MdKI 11, 1960, 81 - 87.

[8] vgl. MdKI 10, 1959, 7 - 11, 27 - 30, 52f, 92 - 94, 110 - 112.

europäischen, aber auch im nordamerikanischen Katholizismus unter der Decke der Repression in Jahrzehnten zu geistlicher Reife gelangt war. Die Wirkung von Ankündigung und Verlauf des Zweiten Vatikanischen Konzils im katholischen Volksteil läßt sich kaum überschätzen. Das alsbald auftauchende und vom Papst bestätigte Stichwort Aggiornamento ist schlechthin die Chiffre zum Verständnis des Konzils wie der vor- und nachkonziliaren Prozesse. Sie bescheren den Katholiken in allen deutschsprachigen Diözesen eine langanhaltende Freiheitserfahrung und ermöglichen vor allem auch dort eine aktive Identifizierung mit der eigenen Kirche, wo diese nach dem Abklingen des Kulturkampfes mehr und mehr erloschen war. Das politische und kommunikative Abseits, in das die Weltkirche unter den *Pius*-Päpsten geraten war, wich dem Bewußtsein, eine geistliche Sendung an den Menschen wahrnehmen zu müssen, die sich vom Schrecken des Zweiten Weltkrieges erholt hatten und nach Möglichkeiten Ausschau hielten, durch demokratische und liberale Gestaltung ihrer Gemeinschaftsformen solches Chaos künftig zu verhindern.

Mancher wird den Optimismus dieser Jahre im Schatten heutiger Zukunftserwartungen bereits als wirklichkeitsfremd empfinden. Andere drängen darauf, das vom ‚Wunder des Konzils' Bewirkte an den normalen Lauf kirchlicher Entwicklung anzugleichen. Demgegenüber bleibt festzuhalten: Wie der Frühling diejenige Jahreszeit ist, in der sich entwikkelt, was der Sommer zur Reife bringt und der Herbst ernten läßt, so ist im Sommer der deutschen Ökumene in den 70er Jahren gewachsen und läßt sich im Herbst der 80er Jahre ernten, was dieser Frühling nach langem Frost zunächst *einer* Kirche bescherte und was doch implizit vom heiligen Geist als Segensimpuls für die ganze Christenheit gedacht war.

Bei den Veränderungen, die das Konzil für das Verhältnis der Konfessionen in der Bundesrepublik gebracht hat, muß man unterscheiden zwischen solchen, die aus dem ‚Kirche-Sein im Prozeß der Konziliarität' hervorgegangen sind, und solchen, die sich unmittelbar den Debatten und Konsensen der Konsilsväter verdanken. Natürlich läßt sich das eine vom anderen nicht trennen. Genausowenig aber geht das ‚Geschehen Konzil' in den Texten auf, die uns die Konzilsväter hinterlassen haben. Zu den Veränderungen der ersten Art gehört als folgenreichste die spirituelle Wandlung einer ganzen Kirche, die geistgewirkte Grenzüberschreitung, wie wir sie zu nennen geneigt sind. Im evangelischen Bereich läßt sich dieses Geschehen nur mit der Reformation selber vergleichen und überragt an Breite weit, was in den Erweckungen des 18. und 19. Jahrhunderts geschehen ist. Evangelische Christen hatten solche Wandlungen bis dahin im katholischen Bereich nur als individuellen Prozeß oder in kommunitären Gemeinschaften wahrgenommen. Jetzt verwandelte sich vor ihren Augen eine Kirche als ganze, und diejenige Instanz, die man bisher als Garantie des Beharrens verstand, löste die Wandlung aus.

Es war nur folgerichtig, daß diese Wahrnehmung auch die Verhaltensmuster nicht unberührt ließ, die sich in den evangelischen Kirchengemeinden und in der evangelisch geprägten Bevölkerung der katholischen Kirche und ihren Gläubigen gegenüber ausgebildet hatten. Dieser Prozeß der Urteilveränderung ist wie für die katholischen Christen, so für die evangelische Christenheit der Bundesrepublik noch keineswegs abgeschlossen. Den Wahrnehmungen, in denen sich evangelischen Christen bestätigt, daß die katholische Kirche noch immer – und an manchen Punkten sogar verstärkt – diejenige des Konzils ist, treten allerdings seit dem Pontifikat *Johannes Pauls II.* auch Erfahrungen an die Seite, die fragen lassen, ob die vom Konzil bewirkte ökumenische Weite vom Lehramt überhaupt mit Freude wahrgenommen und vorurteilslos gewürdigt wird. Ein Ausleseprozeß katholischer Ökumenizität unter dem Vorzeichen des Römischen ist unverkennbar und nährt Befürchtungen, es könne die bewundernswerte ökumenische Öffnung dieser Kirche nur eine Episode ihrer weitgespannten Geschichte darstellen. In dem Maß, als dieser Ausleseprozeß auch die ökumenischen Beziehungen an der Basis berührt und zu regulieren sucht, nährt er dort die im konziliaren Prozeß glücklicherweise fast überwundene Polarisierung zwischen offizieller Ökumene der Kirchenleitungen und geistgewirkter Gemeinschaft vor Ort.

Sieht man die vom Konzil verabschiedeten, ökumenisch relevanten Texte 20 Jahre danach in ihrer Gesamtheit und nicht nur als Belegstellen kirchlicher Lehrbildung durch, so fällt auf, wie sehr sie gerade dadurch gewirkt haben, daß in ihnen viel Unausgeglichenes nebeneinandersteht. Und da wäre nun zu klären, ob solche Vielfalt Stärke oder Schwäche ist. Neben so bisher nicht gehörten Hinweisen auf den Zeugnischarakter der Heiligen Schrift finden sich unverbunden Sätze über deren Unterordnung unter die Tradition und ihre Auslegung durch das päpstliche Lehramt. Neben der Empfehlung der Einheit in Mannigfaltigkeit als Voraussetzung, um sich dem Glaubenserbe der getrennten Brüder nähern zu können, wird unbeirrt an der Einlinigkeit dogmatischer Lehrformulierungen und an der hierarischen Struktur als konstitutivem Merkmal von Kirche festgehalten. Den positiven Aussagen über die nicht-römichen Kirchen und Gemeinschaften im Ökumenismusdekret ‚Unitatis redintegratio‘[9] steht in der Kirchenkonstitution ‚Lumen gentium‘[10] eine bloße Anerkennung von „Elementen der Heiligung und Wahrheit“ außerhalb der katholischen Kirche gegenüber.

Diese und andere Unausgeglichenheiten rühren zunächst von der Absicht der Konzilsleitung her, den zu verabschiedenden Texten und dem Konzilergebnis insgesamt eine möglichst breite Mehrheit in der katholischen Kirche zu sichern. Darüberhinaus hat sich diese Unabgeschlossenheit aber für eine Kirche, die sich als Kirche im konziliaren Prozeß

---

[9] vgl. *Kurt Nitzschke*: Das Dekret „De Oecumenismo“, in: MdKI 16, 1965, 61 - 68.

[10] vgl. *Karl Gerhard Steck*:Lumen Gentium? Zum Verständnis der „Constitutio dogmatica de ecclesia“, in: MdKI 16, 1965, 85 - 90.

versteht, als Gewinn und Stärke zugleich erwiesen. Das gilt solange fort, als man vom Vertrauen in den integrativen Prozeß des Kirche-Seins her darauf verzichten kann, Lehrformulierungen bis ins einzelne auszutarieren. Es muß jedoch diese Offenheit als Undeutlichkeit erscheinen und zur Nachbesserung rufen, wenn an die Stelle sich aus katholischer Fülle und ökumenischer Weite sammelnder Wahrheit die deduktive Überprüfung von der traditionellen Lehrnorm her tritt. Ein solcher Ruf nach eindeutiger Interpretation der Konzilsergebnisse schafft freilich keine ganzheitliche Katholizität, geschweige denn eine ganzheitliche Ökumene. Es gelingt dann nicht einaml mehr, das zu integrieren, was sich heute im nordatlantischen Kontext als katholisch darstellt, um von der weltweiten Vielfalt des Katholischen einmal abzusehen.

Weil das Konzil Kirche erstmals als offenen Prozeß aus Liturgie und Sakramentenfeier, Verkündigung und Lehre, Volk Gottes und Hirtendienst, Katholizität und Universalität verstand, bleibt es für das Verhältnis der Konfessionen in den einzelnen Ländern von höchster Bedeutung, zu welchem Ergebnis die Versuche gelangen, das Konzilsergebnis eindeutiger zu interpretieren. Auch das ökumenische Netzwerk, das sich als Ergebnis des Konzils und als Frucht der ökumenischen Bewegung zwischen den beiden großen Konfessionen der Bundesrepublik seit 1965 aufbaut, kann davon natürlich nicht unberührt bleiben.

V. Ökumenische Verknüpfungen

Dieser seit dem Konzil auch die katholische Christenheit in Deutschland umfassenden ökumenischen Verknüpfung müssen wir uns im folgenden näher zuwenden. Zuvor ist allerdings noch von den ökumenischen Verknüpfungen zu berichten, deren Impulse in die ökumenische Bewegung schon der zwanziger und dreißiger Jahre zurückgehen, die sich aber infolge der besonderen Verhältnisse unter der Diktatur erst nach Kriegsende in Deutschland auswirken konnten.

Parallel zur sich abzeichnenden Niederlage des Nazi-Regimes beginnt vor allem in den Vereinigten Staaten eine weitgespannte Diskussion, wie mit ‚Deutschland nach Hitler' zu verfahren sei. Ihre sonderbarste Blüte ist der Morgenthau-Plan, der eine Rückstufung auf den Agrarstatus vorsieht. Sie überschneidet sich mit dem Anlaufen einer umfassenden Hilfsaktion der amerikanischen Kirchen zugunsten der Notleidenden in Europa. Dabei ist von Anfang an klar, daß diese Hilfe sich nicht auf die von der Nazi-Herrschaft befreiten Völker beschränken darf. Die Christen Amerikas wissen: Mit dem besiegten Feind von gestern muß heute Versöhnung geschehen, wenn morgen Frieden sein soll. Sie handeln entsprechend und legen dabei zugleich eine zweite Mauer nieder, die aus den traditionellen gegenseitigen Vorbehalten zwischen ihren eigenen (meist freikirchlichen) und den (meist landeskirchlichen) Lebensformen der Christen in Deutschland besteht. Denn auch das ist von vornherein klar: Die aus methodistischen, baptistischen, mennonitischen, kongregationalistischen Gemeinden und von den Quäkern kommenden Spenden sollen in Deutschland nicht nur den Brüdern und Schwestern innerhalb der eigenen Denomination, sondern allen Christen zugute kommen.

Diese Bestimmung verhindert im Empfängerland eine Konkurrenz um die Überlebenshilfe, aber auch den Aufbau nach Denominationen getrennter Verteilorganisationen. Sie wird so zum entscheidenden Anstoß für das Landes- und Freikirchen umschließende Evangelische Hilfswerk und das spätere Diakonische Werk. Vor allem aber wird dadurch wirkungsvoll ein Klärungsprozeß unterstützt, der bis dahin die Reihen der ökumenisch Engagierten kaum überschritten hatte: Wenn die amerikanischen Kirchen mit ihren Gaben konfessionelle Mauern überspringen und wenn wir selbst durch Wiederanknüpfung der Beziehungen zum Ökumenischen Rat ihre Partner werden, kann es auch im Innenverhältnis zu den Freikirchen nicht bei der bisherigen Konkurrenzsituation bleiben. Brüder in der Ökumene müssen auch zu Hause Brüder werden.

Solche Einsichten werden im sich bildenden Ökumenischen Rat in Genf dankbar registriert. Zurück kommen Anregungen und materielle Hilfe, den ökumenischen Brückenschlag auf Weltebene in Deutschland nachzuvollziehen, und zwar zunächst in theologischem Austausch und in Begegnungen der Kirchenleitungen. Die Ökumenische Centrale in Frankfurt, die Arbeitsgemeinschaft christlicher Kirchen in Deutschland unter Einschluß der sowjetischen Besatzungszone und der Deutsche Ökumenische Studienausschuß (DÖStA) entstehen – die Arbeitsgemeinschaft in Analogie zu den nationalen Kirchenräten in den USA und Großbritannien, ohne jedoch deren Status zu erlangen. Mitglieder dieser 1948 gegründeten Arbeitsgemeinschaft werden: die Evangelische Kirche in Deutschland (EKD), die Europäisch-Festländische Brüder-Unität, der Bund Evangelisch-Freikirchlicher Gemeinden (Baptisten), die Evangelische Gemeinschaft, die (bischöflich) methodistische Kirche, die Alt-Katholische Kirche und die Vereinigung der Deutschen Mennonitengemeinden; als Gast beteiligt ist der Bund Freier Evangelischer Gemeinden in Deutschland (Witten). Vorsitzender wird der Leiter des Außenamtes der EKD, Kirchenpräsident *Martin Niemöller*. Später schließen sich die Heilsarmee, der Christliche Gemeinschaftsverband Mülheim und die Quäker an. Dagegen bleiben die Verbündeten Evangelisch-Lutherischen Freikirchen dieser ‚Ökumene zuhause' ebenso fern wie dem Ökumenischen Rat der Kirchen.

Die Zusammenarbeit wird sofort praktisch, und zwar in dreifacher Weise: Es werden die Bereiche angegangen, auf denen es im Beieinander von Landes- und Freikirchen leicht zu Reibungen kommen kann: Begräbnisfeiern, Übertritte, Religionsunterricht und Amtshandlungen generell. Es werden die Verweigerung eines Friedensvertrags und die beginnende Teilung Deutschlands, die Ideologie des Kalten Krieges und der Rechtsschutz für Kriegsdienstverweigerer in Stellungnahmen aufgegriffen, man dringt aber auch vor zu ökumenischen Grundsatzfragen wie dem Problem des Nebeneinanders verschiedener christlicher Kirchen an einem Ort (1949) und der Ökumene in der Ortgemeinde (1951).

VI. Neue Polarisierungen

Während sich das Verhältnis zwischen frei- und landeskirchlichem Protestantismus mit zunehmendem Abstand des letzteren vom Staatskirchentum entspannt und vielerorts einer gedeihlichen Kooperation Platz macht, entstehen im Gegenüber zur ökumenischen Integration beider auch neue Polarisierungen. Sie werden einmal dadurch hervorgerufen, daß der Ökumenische Rat als Rat von *Kirchen* auch in den Freikirchen ihr kirchliches Selbstverständnis stärkt. Davon bleiben selbst Gemeinschaften mit ausgesprochen kongregationalistischer Grundstruktur nicht unberührt, so daß man – nach einer ersten Welle um 1918 beim Ende des Staatskirchentums – von einer zweiten Welle der Verkirchlichung der Freikirchen sprechen kann. Darauf reagieren freilich extrem kongregationalistische und emotional-schwärmerische Kreise, denen in autoritär geführter Gesellschaft nur der Spielraum der Verinnerlichung blieb, zunächst mit heftiger Institutionskritik, die erstmals auch die Freikirchen umfaßt, nachdem sie bisher nur den Landeskirchen und der katholischen Kirche gegolten hatte. Aus innerer Distanz wird mehr und mehr eine Abkoppelung von der Kirchenstruktur überhaupt. Sie schlägt sich in den Freikirchen als äußere Abwanderung nieder, während in den Landeskirchen der gänzliche Bruch tunlich vermieden wird, um weiter am staatlichen Kirchensteuereinzug teilhaben zu können.

Da der Marsch durch die Institutionen in den meisten Landeskirchen und in der EKD aussichtslos erscheint, wird eine umfangreiche Diffamierungskampagne eröffnet, deren Thematik über 25 Jahre im wesentlichen unverändert bleibt. Zugleich sucht man aber nach einem Dach, um die kirchlichen Strukturen, die man bekämpft, weil sie sich dem eigenen Machtanspruch nicht öffnen, von der Basis her neu aufzubauen. So entstehen zu fast allen landes- und freikirchlichen missionarischen, diakonischen und ökumenischen Aktivitäten fundamentalistisch-evangelikale Parallelstrukturen – ein Vorgang, dem die Landes- und Freikirchen bis heute in ziemlicher Hilflosigkeit gegenüberstehen. Auf der Suche nach einem Verbund stoßen diese Tendenzen auf die Evangelische Allianz, deren anfangs nicht unfreundliches Verhältnis zum Ökumenischen Rat der Kirchen sich in dem Maß ins Gegenteil wandelte, als sich die dort vertretenen Kirchen von einem überlieferten unkritischen Biblizismus und dem ihm entsprechenden Jesuanismus abwenden und sich auch für ekklesiologische und sozialethische Fragen öffnen.

Die Evangelische Allianz ist freilich auf die Rolle, ein Auffangbecken für diese Strömungen zu bilden, zunächst wenig vorbereitet. Von ihrem Ursprung her ebenfalls ökumenisch und auf christliche Persönlichkeiten bezogen, die sich auf Grund ihrer Bekehrung über alle Konfessionsgrenzen hinweg als Brüder und Schwestern im Herrn begegnen, versäumten es die in ihr Vereinigten nach dem Ende des Staatskirchentums leider, über Funktion und Gestalt der Kirche nachzudenken. Sie standen deswegen dem vom ÖRK proklamierten Ziel einer sichtbaren Einheit der Kirche zunächst eher unsicher gegenüber. Jetzt dringen in den späten fünfziger und in den sechziger Jahren in einer ersten Welle diese vagierenden Kongregationalisten, von der Zeit der Studentenunruhen (1967-68) an in steigendem Maß auch national- und deutschchristliche Konservative, konfessionelle Traditionalisten und aus der neuen Schicht technisch und naturwissenschaftlich Ausgebildeter diejenigen dort ein, die naturwissenschaftliche und christliche ‚Befunde' möglichst unvermittelt nebeneinander stehenlassen möchten. Durch ihr Einströmen entwickelt sich der Brüderbund zu einer Dachorganisation, in der das evangelikale Element und eine antiökumenische Grundhaltung vorherrschen. Dabei bleibt zwischen den einzelnen Gruppierungen umstritten, wann und auf welchem Felde der nach Meinung dieser Kreise ‚offenkundige Sündenfall' im ÖRK zuerst eintrat – ob schon 1954 in Evanston durch die Verbindung des christologischen und des ekklesiologischen Themas oder 1961 in Neu Delhi durch die kosmische Christologie und den Zusammenschluß von ÖRK und Internationalem Missionsrat oder gar erst 1968 mit der Zuwendung zu den sozialen Problemen. Ferner ist unentschieden, ob sich dieser Sündenfall in einem falschen Schriftverständnis, einer angeblichen Leugnung der Gottheit Jesu, in sozialethischem Utopismus oder in Anfälligkeit für den Marxismus niederschlägt.

Daß sich EKD, Landeskirchen und zunehmend auch die Freikirchen in der Reaktion auf diese Phänomene schwertun, wird verstärkt durch eine Informationspolitik dieser Gruppen, die sich prinzipiell nicht mehr um den Ausgleich zwischen verschiedenen Glaubens- und Frömmigkeitsformen innerhalb der Kirche bemüht, sondern diesen Zustand als heillosen Pluralismus verteufelt und Bibelverbundenheit und Bekenntnistreue allein für die evangelikalen Lebensformen beansprucht. Verfügte diese Art Meinungsbildung zunächst nur über Traktate und Hauszeitschriften mit regionaler Verbreitung, so entsteht im Informationsdienst der Evangelischen Allianz (idea) eine evangelikale Nachrichtenbörse, die eine ihrer Hauptaufgaben im Kampf gegen den ÖRK, aber auch im Aufrechterhalten des evangelisch/katholischen Gegensatzes sieht. Ihre Berichterstattung belastet nicht nur das ökumenische Klima, sondern ebenso die innerkirchliche Gemeinschaft und Kooperationsfähigkeit. Obgleich viele an dieser Situation leiden, stecken Versuche, die Konfrontation zu beenden, noch in den Anfängen. Diskutiert werden müßte vor allem, ob und inwiefern das Priestertum aller Gläubigen durch die Forderung nach Demokratie in der Kirche interpretierbar ist, beziehungsweise wie sich Demokratie und Partizipation der Gläubigen am Leben der Kirche zueinander verhalten. Die Warnung wird zu hören sein, daß sich bei

Gleichsetzung von Demokratie und Partizipation die Kirche in eine Massenorganisation mit all den Friktionen verwandelt, die auch in den anderen gesellschaftlichen Bereichen das Kennzeichen solcher Massenorganisationen sind. Eine Überwindung der hier angezeigten Polarisierung, die die traditionelle Polarisierung der Konfessionen inzwischen an Tiefe längst übertrifft, ist nur vorstellbar, wenn in Landes- und Freikirchen das ökumenische Lernen erste Priorität erhält. Dazu ist unvermeidlich, daß das ganze Volk Gottes in einen konziliaren Lernprozeß eintritt, für den die Formen, vor allem die der Erwachsenenbildung, erst noch entwickelt werden müssen. Ohne solche Priorität könnte es dahin kommen, daß zwar die Grenzen der bisherigen Konfessionen für das Bewußtsein des Volkes Gottes auf die Verschiedenheiten miteinander versöhnter Gemeinschaften hin abgebaut werden, inzwischen aber neue ‚Konfessionen' entstanden sind, die sich mit den Schlachtrufen: Hie Ökumene – hie ‚Kein anderes Evangelium!' steril gegenüberstehen.

VII. Unwiderrufliche Verpflichtung

Im Verhältnis der beiden großen Konfessionen heben sich seit dem Abschluß des Zweiten Vatikanischen Konzils (1965) drei Abschnitte voneinander ab: die Zeit vom Konzil bis zum Augsburger Pfingsttreffen, die Zeit vom Beginn der Würzburger Synode bis zum Tod Papst *Paul VI.* im Jahr 1978 und schließlich die Zeit seit dem Amtsantritt Papst *Johannes Pauls II.*, verstärkt seit dessen Besuch in der Bundesrepublik (1980). Sucht man die Ansatzpunkte, von denen her das Zweite Vatikanische Konzil das Verhältnis der beiden großen Konfessionen in der Bundesrepublik abgesehen vom Atmosphärischen unmittelbar beeinflußt, so ist zweierlei von gleichem Gewicht:

1) Durch die Einladung an die Kirchen, Vertreter zum Konzil zu senden, durch die Ermunterung zu ökumenischen Begegnungen über der Schrift und in Gebetsgemeinschaften sowie durch die Anerkennung ihres ekklesialen Charakters werden jetzt auch die nichtkatholischen Kirchen und Gemeinden, nicht mehr nur engagierte einzelne oder wissenschaftlich tätige Theologen zu Partnern der sich ökumenisch öffnenden römisch-katholischen Kirche. Abgrenzung, Zurückweisung von Ansprüchen und vor allem der Appell an ein antikatholisches protestantisches Gesamtbewußtsein, wie sie im evangelischen Volksteil bisher dominierten, genügen nicht mehr, ja dieses wird zunehmend obsolet. Kirchen und Gemeinden müssen zu neuer Sicht und zu neuen Rollen gegenüber einem konziliar sich erneuernden Katholizismus finden.

2) Schon vor dem Konzil ökumenisch Tätige, bisher in der katholischen Kirche willkommen, soweit sie sich als Werkzeug der Rückführung gebrauchen ließen, mehr oder weniger geduldet, soweit sie den partnerschaftlichen Dialog suchten, werden durch das Konzil bestätigt oder, soweit erforderlich, korrigiert und rehabilitiert. Statt wie bisher in voraus-

eilendem Gehorsam ungehorsam zu sein, in jedem Fall aber ihre Kirche erheblich hinter sich zurück zu wissen, können sie sich sich jetzt als Christen, Theologen und Gruppen verstehen, die ihrer Kirche zu einem wichtigen Schritt vorwärts verholfen haben, und gewinnen so ihre katholische Integrität zurück. Soweit sich mit ihren Bemühungen bisher die Zielsetzung der Einzelkonversion zur katholischen Kirche verbunden hatte, ist ein Umdenken erforderlich. Wo dieses verweigert wird, trennen sich bisher gemeinsam beschrittene ‚Una-Sancta'-Wege, etwa die action 365 von Pater *Johannes Leppich*. Zugleich aber gewinnt die neue Form des Ökumenismus breite Resonanz an der Basis: Freie ökumenische Kreise, Gebetskreise, Arbeitsgemeinschaften für Gottesdienst und Spiritualität bilden sich. Der bisher auf privater Initiative beruhende Staehlin-Jäger-Kreis evangelischer und katholischer Theologen wird zum inoffiziellen Beratergremium des Rats der EKD wie der katholischen Deutschen Bischofskonferenz. Organ des ökumenischen Aufbruchs in die deutsche Öffentlichkeit hinein wird die 1967 gegründete katholische Wochenzeitung „Publik".[11]

Auf kirchenleitender oder synodaler Ebene schlägt sich der Wechsel nieder, indem sich am 26. April 1966 in Fulda der Rat der EKD und die Deutsche Bischofskonferenz erstmals offiziell begegnen und sogleich höchst gewichtige Fragen behandeln: Mischehe, gemeinsame Bibelübersetzung, Empfehlungen für interkonfessionelle Veranstaltungen, Vertriebenendenkschrift der EKD und ihre Auswirkung auf den Briefwechsel zwischen polnischem und deutschem Episkopat sowie Zusammenarbeit in der Mission. Gemeinsame Texte für das Vaterunser (1967) und die altkirchlichen Bekenntnisse (1971) werden synodal gebilligt und eingeführt, „Gemeinsame Kirchenlieder" für den Gebrauch in ökumenischen Gottesdiensten herausgegeben.[12] Im katholischen Gesangbuch „Gotteslob"[13] werden sie als ökumenisches Liedgut gekennzeichnet.

Mit Spannung erwartet werden die Ausführungsbestimmungen zum Ökumenismusdekret, das Ökumenische Direktorium in seinem ersten Teil „Ad totam Ecclesiam" von Pfingsten 1967[14] und seinem zweiten Teil „Spiritus Domini" vom 16. April 1970. Die Enttäuschung, daß es unter den Beschwerdepunkten nur die Konditionaltaufe beseitigt, die Ablehnung der communicatio in sacris festschreibt und nur gemeinsame

---

[11] Nullnummer vom April 1968; 24. September Jg. 1 Nr. 1 bis 19. November 1971 Jg. 4 Nr. 47; vgl. *Karl Forster*: Gründung, Entwicklung und Ende der kath. Wochenzeitung Publik. Eine Dokumentation, München 1972, IV + 134 S.; MdKI 22, 1971, 111f.

[12] *Arbeitsgemeinschaft für ökum. Liedgut* (Hg.): Gemeinsame Kirchenlieder. Gesänge der dt.-sprachigen Christenheit, Berlin/Regensburg 1973, 114 S.

[13] *Die Bischöfe Deutschlands und Österreichs/ Die Bistümer Bozen-Brixen und Lüttich* (Hg.): Gotteslob. Kath. Gebet- und Gesangbuch, Stuttgart 1975, 912 S.; vgl. *Gottlob Hild*: Einheitsgesangbuch „Gotteslob". Ein mutiger Schritt von ökum. Bedeutung, in: MdKI 28, 1977, 116 - 119.

[14] vgl. MdKI 18, 1967, 59 - 62.

Gebetsandachten zuläßt, wird gemildert durch die Aussicht auf nationale Ausführungsbestimmungen, für die es nur den Rahmen abstecken möchte. Als im März 1970 mit dem Motuproprio „Matrimonia mixta"[15] die lang erwarteten gesamtkatholischen Rahmenbestimmungen für die konfessionsverschiedenen Ehen erscheinen, ist die innerdeutsche Vorarbeit schon so weit gediehen, daß die Ausführungsbestimmungen der Deutschen Bischofskonferenz am 23. September 1970[16] erscheinen und am 1. Oktober 1970 inkraft treten können. Der Rat der EKD bittet die Gliedkirchen schon am 16. Oktober 1970, sich auf die neue Rechtslage einzustellen.

VIII. Eine Zeit gemeinsamer Erklärungen

Dieser Zeitraum ist nicht zuletzt geprägt von gemeinsamen Verlautbarungen. Eine erste Erklärung zur Mischehenseelsorge wird gefolgt von Empfehlungen zur Ehevorbereitung konfessionsverschiedener Paare.[17] In letzterer gibt die evangelische Seite ihre Ablehnung der seit dem Ökumenischen Direktorium möglichen Mitwirkung evangelischer Pfarrer an kirchenrechtlich gesehen katholischen Trauungen endgültig auf. Seither haben die ‚ökumenischen Trauungen', die das kirchenrechtlich eigentlich gar nicht sind, ebenso wie die Übertragung der Entscheidung über Trauung und Kindererziehung an die Partner selbst wesentlich zum konfessionellen Frieden in den Familien beigetragen. Eine gemeinsame Verlautbarung zur staatlichen Gesetzgebung[18] erntete erheblichen Widerspruch von evangelischer Seite und wurde daher auf die Stufe eines Diskussionsbeitrages ihrer Verfasser zurückgenommen. Besser vorbereitet sind dann die Richtlinien für die Koordination der kirchlichen Entwicklungshilfe[19] und eine gemeinsame Erklärung zur Frage des Schwangerschaftsabbruches.[20] In der so gekennzeichneten Situation erklären sich das Zentralkomitee der deutschen Katholiken und der Deutsche Evangelische Kirchentag bereit, durch das Ökumenische Pfingsttreffen in Augsburg 1971 in

[15] vgl. MdKI 21, 1970, 55 - 62.

[16] u.a. in: AKathKR 139, 1970, 538 - 553; vgl. MdKI 21, 1970, 86f.

[17] *Rat der EKD/Deutsche Bischofskonferenz*: Wort zur Zusammenarbeit in der Seelsorge an konfessionsverschiedenen Ehen, Hannover/Bonn 1971 u.a. in: MdKI 22, 1971, 16f.; ders./ders.:Gemeinsame kirchl. Empfehlungen für die Ehevorbereitung konfessionsverschiedener Partner, Hannover/Bonn 1974, 38 S.; vgl. MdKI 25, 1974, 15 - 17, 123.

[18] *Julius Döpfner/ Hermann Dietzfelbinger* (Hg.): Das Gesetz des Staates und die sittliche Ordnung. Zur öffentlichen Diskussion über die Reform des Eherechts und des Strafrechts, Gütersloh/ Trier 1970, 31 S.; vgl. MdKI 22, 1971, 6.

[19] *Arbeitsgemeinschaft Christlicher Unternehmer/ Gemeinsame Konferenz der Kirchen für Entwicklungsfragen*: Empfehlungen für die Kooperation zwischen Kirchl. Entwicklungsarbeit und Unternehmertätigkeit in der Dritten Welt, Köln/ Hannover, Oktober 1978, 16 S.

[20] Erklärung des Rates der EKD und der Deutschen Bischofskonferenz zur Änderung des § 218 StGB vom 26. November 1973, 4 S.; vgl. MdKI 25, 1974, 13f.

kleinerem Rahmen zu sondieren, wie weit sich auch die beiden großen Laienbewegungen ökumenisch füreinander öffnen lassen.

Dieses Treffen zeigt mit einer Beteiligung, die weit hinter den Erwartungen zurückbleibt (7.500), daß die Ökumene am Ort faktisch noch in den Anfängen steckt.[21] Es löst, ebenso wie ein „Memorandum der ökumenischen Institute zur Reform und Anerkennung kirchlicher Ämter"[22] mit seinen 23 Thesen, in weiten katholischen Kreisen einen Schock aus, führt aber gerade dadurch auch zu positiven Reaktionen. Die wichtigste ist in beiden Kirchen die Einsicht, daß Konzilsergebnisse und theologische Annäherungen mit einer breiten Zustimmung zur ökumenischen Öffnung noch längst nicht kirchlich rezipiert sind; daß vielmehr ein intensives ökumenisches Lernen von der Volks- und Schulkatechese über die Erwachsenenbildung bis zur Pfarrerfortbildung unumgänglich ist. Positiv ist auch der Entschluß, die ökumenische Annäherung unbeschadet freier Initiativen in geordneten Beziehungen zwischen Kirchengemeinden, Kirchenkreisen und Kirchenleitungen zu verankern. Eine breite bilaterale Zusammenarbeit der Kirchen und Kirchengemeinden entsteht. Positiv ist schließlich der Entschluß, die sonstigen Partner im Ökumenischen Rat der Kirchen, aber auch Kirchen und Gruppierungen, die dem ÖRK ferngeblieben sind, an der aufgenommenen Zusammenarbeit teilhaben zu lassen. So treten die katholischen Diözesen und die Griechisch-Orthodoxe Metropolie 1974 in die umstrukturierte „Arbeitsgemeinschaft christlicher Kirchen in der Bundesrepublik und Berlin (West)" als Vollmitglieder ein. Regional und lokal bilden sich auf derselben Grundlage verpflichtete Gemeinschaften von Landeskirchen beziehungsweise Diözesen, Kirchenkreisen und Pfarreien, auch sie – anders als die meist bilateralen freien Kreise – multilateral geöffnet.

Als negative Bilanz des Augsburger Treffens von 1971 müssen verbucht werden eine gestärkte katholische Abwehr gegen eucharistische Gastfreundschaft und Interzelebration sowie gegen ökumenische Gottesdienste am Sonntag, wobei sich dazu in den 80er Jahren eine leichte Lockerung anbahnt. Negativ ist ferner, daß sich seither auf katholischer Seite Hierarchie und Basisbewegung aus einem antagonistischen Verhältnis nur schwer und bruchstückhaft lösen können. Daß sich im Herbst 1971 keine Möglichkeiten mehr finden, „Publik" fortzuführen, wird von vielen als Signal empfunden, das sie durch die Erklärung „Mysterium Ecclesiae" der Glaubenskongregation von 1973[23] ebenso bestätigt sehen wie durch das Bemühen, die Kirche neben ihrer Sicht als Volk Gottes wieder verstärkt von der Maria-Kirche-Typologie her zu verstehen. Unterstützt wird diese Abwehrhaltung durch den Widerhall, den der Basisruf nach

[21] vgl. MdKI 22, 1971, 43 - 45, 112.

[22] Reform und Anerkennung kirchl. Ämter. Ein Memorandum der Arbeitsgemeinschaft ökum. Universitätsinstitute, München/ Mainz 1973, 208 S.; vgl. MdKI 24,1973,28 - 37.

[23] vgl. MdKI 24, 1973, 75 - 80.

offener Kommunion seit Augsburg vor allem in den lutherischen Landeskirchen findet. Die evangelische Seite kann nach der einseitig erklärten „begrenzten Öffnung“ ihrer Abendmahlsfeiern für katholische Christen (1975)[24] nur sehr schwer den Eindruck abwehren, als wolle sie, enttäuscht über das langsame Fortschreiten der ökumenischen Verständigung, Druck auf die katholische Seite ausüben. Mit dieser Deutung verkennt die katholische Seite freilich, daß Lehre in der evangelischen Kirche eine andere Funktion für die Glaubensgemeinschaft hat und im Gegenüber von Verkündigung und Volk Gottes, nicht in der apostolischen Tradition des Lehramtes fundiert ist.

Die Nichtbeachtung dieses Unterschieds führt seither immer wieder zu Enttäuschungen darüber, daß mühsam erarbeitete theologische Verständigungen im evangelischen Bereich nicht hinreichend an- und abgenommen, sondern eher erneut hinterfragt werden. Die evangelische Seite beargwöhnt die Rede von Lehreinheit und fühlt sich angesichts eines solchen katholischen Lehrverständnisses abgeschnitten von der ihr vertrauten Bewährung der Lehre an der Schrift, von deren Zuordnung zur Verkündung und von ihrer kritischen Funktion auch den Kirchen gegenüber. An ihren nicht immer zureichenden fundamentaltheologischen und hermeneutischen Rückkoppelungen liegt es denn auch, daß die zahlreichen bilateralen Dokumente zwar weithin dankbar angenommen werden, aber gleichwohl den Eindruck nicht beseitigen können, trotz mancher Konsense und zahlreicher Konvergenzen bleibe eine nicht mehr zu beseitigende Grunddifferenz. Sie bedroht die Gemeinschaft nach evangelischem Verständnis nicht. Dagegen setzen viele katholische Theologen für die Einheit der Kirche noch immer eine Lehreinheit voraus, die es auch in der katholischen Kirche aufs Ganze gesehen längst nicht mehr gibt und die dort nur ausgesprochen konservative Kreise wiederherstellen wollen.

Das Dokument „Das Herrenmahl“[25] ausgenommen, ist in keinem der bilateralen Dokumente vom Malta-Bericht[26] bis zu „Einheit vor uns“[27] jene geistliche Tiefendimension des Ökumenismus eingeholt oder überschritten worden, die viele Diskussionen der „Gemeinsamen Synode der Bistümer der Bundesrepublik Deutschland“ (1972-1975)[28]auszeichnete

---

[24] *VELKD*: Pastoraltheol. Handreichung zur Frage einer Teilnahme ev.-luth. und röm.-kath. Christen an Eucharistie- bzw. Abendmahlsfeiern der anderen Konfession, Hannover 1975, 11 S.

[25] *Gemeinsame Röm.-Kath./ Ev.-Luth. Kommission*, Paderborn/ Frankfurt 1978, 1980^{8}, 134 S.

[26] Das Evangelium und die Kirche. Bericht der röm.-kath./ ev.-luth. Gesprächsgruppe, u.a. in: MdKI 22, 1972, 65 - 81 .

[27] *Gemeinsame röm.-kath./ ev.-luth. Kommission*, Paderborn/ Frankfurt 1985, 95 S.; vgl. MdKI 36, 1985, 65 - 70.

[28] vgl. Kath. Synode ev. gesehen. Gemeinsame Synode der Bistümer in der BRD, ihre Beschlüsse und Arbeitspapiere, ausgewertet vom KI im Auftrag des Rats der EKD (BenshH 50), Göttingen 1977, 98 S.

und die in dem Beschluß zur „Pastoralen Zusammenarbeit der Kirchen im Dienst an der christlichen Einheit“[29], mehr noch im Dokument „Unsere Hoffnung“[30] Ausdruck fand. Darüber hinaus wird man dieser Synode nachrühmen dürfen, daß sie bisher weitaus am wirkungsvollsten für die Umsetzung des Zweiten Vatikanischen Konzils ins Leben der katholischen Diözesen und Pfarrgemeinden gesorgt hat.

Die jüngste Phase im Verhältnis der beiden großen Konfessionen ist geprägt von der katholischen Teilnahme an der 450-Jahr-Feier des Augsburger Bekenntnisses (1980)[31] und den Veranstaltungen aus Anlaß von *Martin Luthers* 500. Geburtstag (1983).[32] Sie ist ferner bestimmt von dem Bemühen, diejenigen Fragen einer Lösung zuzuführen, die der Ratsvorsitzende der EKD bei seiner Begegnung mit dem Papst vorgetragen hatte (November 1980)[33]; von der Rezeption der Lima-Erklärungen über Taufe, Eucharistie und Amt[34] sowie von dem Klima, das der weltkirchlich-integralistische Kurs Papst *Johannes Pauls II.* hervorgerufen hat.

IX. Das Tragende und das Bewegende

Für eine Gesamtbilanz ist es zu früh; die Teilbilanzen sind teils ermutigend, teils enthüllen sie, wie groß der Abstand zwischen den Konfessionen noch immer ist.

Ermutigend und als Zeichen für ökumenische Wachheit dankbar zu registrieren ist die Bereitschaft, mit der sich ungezählte deutsche Katholiken breit und verständnisvoll, auch mit wichtigen Rückfragen, auf das Augsburger Bekenntnis sowie auf Gestalt und Theologie *Martin Luthers* eingelassen haben. Gezielte Störungsversuche traditioneller Kreise fanden in Kirchenvolk und Klerus keinen Rückhalt mehr. Ebenso zeigen die (im Gegensatz zu den anderen Dokumenten) breite und dankbare Aufnahme, die „Das Herrenmahl“ gefunden hat, mehr aber noch die nahezu einhellige Rezeption der Tauf- und Eucharistie-Erklärungen von Lima (im Unterschied zur Amts-Erklärung), daß weite Teile des deutschen Protestantismus eine traditionell antikatholische Grundhaltung überwun-

[29] Gemeinsame Synode der Bistümer in der BRD. Beschlüsse der Vollversammlung. Offizielle GA Bd. 1, Freiburg 1976, 928 S., hier 774 - 806.

[30] ebd., 84 - 111.

[31] Vgl. MdKI 31, 1980, 23f, 41, 46 - 55, 61f, 86f; 32, 1981, 14 - 19.

[32] vgl. Luther für die Konfessionen, in: MdKI 34, 1983, 3 - 5, 30f, 55 - 57, 63 - 68, 114 - 117; 35, 1984, 9, 34 - 36, 84, 87 - 95.

[33] vgl. „Mehr ökum. Gemeinschaft“. Memorandum ev. Christen anläßlich des Papstbesuches in Deutschland, u.a. als Beil. in: MdKI 1980 Nr. 5; vgl. MdKI 31, 1980, 101 - 124.

[34] Taufe, Eucharistie und Amt. Konvergenzerklärungen der Kommission für Glaube und Kirchenverfassung des ÖRK, Frankfurt/ Paderborn 1982, 50 S.; vgl. *KI* (Hg.): Kommentar zu den Lima-Erklärungen über Taufe, Eucharistie und Amt (BenshH 59), Göttingen 1983, 163 S.

den haben und daß sie, was die Zeichenhaftigkeit des Heils betrifft, erwartungsvoll und lernbereit auf die katholische Christenheit zugehen. Ihre ökumenische Reife beweisen sie dabei insofern, als sich nur wenige bereit zeigen, um der Begegnung mit katholischer Spiritualität willen das reformatorische Kirchen-und Amtsverständnis preiszugeben, das ja gerade durch das Ende des Staatskirchentums 1918 Gelegenheit erhielt, besser eingelöst zu werden – ein Vorgang, der derzeit noch währt! Erfreulich ist, daß die nach dem Papstbesuch berufene Kommission wenigstens auf einem Nebengleis, den gegenseitigen Verwerfungen der Reformationszeit, erfolgreich gearbeitet hat und hier eine Lösung ähnlich derjenigen zu erhoffen ist, mit der die Leuenberger Konkordie (1973)[35] einen Schlußstrich unter die lutherisch-reformierten Lehrstreitigkeiten zog. Anders als nach Leuenberg ist davon wegen des nach wie vor trennenden Amtsverständnisses eine Erklärung von Kirchengemeinschaft ebensowenig zu erwarten, wie das nach der Aufhebung der Exkommunikationen zwischen der römisch-katholischen Kirche und dem Ökumenischen Patriarchat von Konstantiopel (1965)[36] der Fall war.

Mit Sorgen registrieren viele evangelische und katholische Christen, daß der Vatikan unter Papst *Johannes Paul II.* die Offenheit der Konzilstexte nach verschiedenen Seiten nicht mehr als Chance hin auf eine größere Katholizität der Kirche betrachtet, sondern auf die Turbulenzen fixiert ist, die angeblich durch sie hervorgerufen werden. Ist Rom des Vertrauens in die Konziliarität als einheitsstiftende Kraft müde geworden und will es stattdessen zum ‚Harmonie-Modell Kirche' zurückkehren? Angesichts der Spannungen in der katholischen Weltkirche selber könnte das nur im Zeichen eines erneuerten Paternalismus geschehen, der dann wohl in einem erneuerten Marianismus seine lehrmäßige Komplementarität finden würde. Das könnte im katholischen Bereich zweifellos zu der gewünschten Beruhigung führen. Ob man dabei freilich dem Herrn der Kirche entspricht, der nicht kam, Harmonie des Seienden zu stiften, sondern das Schwert zu bringen, ist eine zweite Frage, die hier ebensowenig beantwortet zu werden braucht wie die andere, welchen Charakter eine ökumenische Verständigung unter diesem Zeichen annehmen würde.

Überblickt man die Entwicklung seit 1945, so zeigt sich, daß zu bleibenden Veränderungen im Verhältnis der Konfessionen diejenigen Gemeinschafts- und Einheitsbemühungen geführt haben, die sich in die Offenheit konziliarer Prozesse hineinwagten und dieses Wagnis in breites ökumenisches Lernen umsetzten; ferner diejenigen, in denen die Begegnung mit dem Heil in Jesus Christus den Vorrang vor dem kirchlichen

[35] Konkordie reformatorischer Kirchen in Europa; vgl. *Fritz Viering*: Zur kirchl. und theol. Bedeutung der Leuenberger Konkordie, in: MdKI 25, 1974, 90 - 93.

[36] vgl. Widerruf der Bannerklärungen des Jahres 1054, in: MdKI 17, 1966, 14.

Selbstverständnis hatte. Da sich das Kirchenverständnis jedoch nicht ausklammern läßt, sollte man sich bis auf weiteres ekklesiologisch mit dem Modell der ‚versöhnten Verschiedenheit' begnügen. Zugleich sollte man mehr Zutrauen fassen zu der Trag- und Bewegkraft jenes breiten Stromes gemeinsamen Glaubens und gemeinsamen Handelns, der aus den offenen ökumenischen Begegnungen von Kirchen, Gemeinden und Gruppen entspringt. Was hülfe es den beiden großen Kirchen, wenn sie zwar ihre Einheit gewännen, dabei aber Schaden nähmen an ihrer Seele?

Lothar Albertin

Jugend und Kirchen am Anfang der zweiten deutschen Nachkriegsdemokratie

I. Schwieriger Umgang mit einer neuen Freiheit

Zu den unmittelbaren Folgen aus Krieg, Zusammenbruch des Nationalsozialismus und öffentlicher Enthüllung seines verbrecherischen Charakters gehörte eine eklatante Verunsicherung der jungen Generation. Das Problem war: Wie konnte sie aus dem Zustande der ideologischen Indoktrination in den einer Freiheit wechseln, deren institutionelle und praktische Normen und Regeln ihr historisch und theoretisch kaum bekannt waren und in der Gegenwart erst nach und nach erfahrbar wurden?

Rechnet man zu der ‚jungen Kriegsgeneration' die Jahrgänge, deren Angehörige am Ende der Weimarer Republik höchstens zwölf Jahre alt waren, bis zu der Kinderkohorte, die gegen Ende des Krieges mit vierzehn oder fünfzehn Jahren noch hatte Kriegsdienst leisten müssen, so markiert diese Eingrenzung zwei bedeutsame Themenbereiche: Sie beginnt ungefähr bei der Altersgruppe, die in der Regel wenig von der ersten deutschen Republik mit eigenem Urteil aufgenommen hatte, und endet bei den männlichen und weiblichen Jugendlichen, die noch als Flak- und Marinehelfer, im Sanitäts- und Fernmeldewesen, im Luftschutz und – bald nach der Konfirmation, Kommunion oder Jugendweihe – in den letzten Aufgeboten des Volkssturms eingesetzt waren. Sie sind später zu den „schwerstgeschädigten"[1] der vom Krieg betroffenen Jahrgänge gezählt worden. Wenn im folgenden oft zusammenfassend von der jungen Generation oder Jugend gesprochen wird[2], so sind sie vor allem gemeint, freilich auch oft genug die nächst Älteren oder Jüngeren; spätestens der ‚totale Krieg' hatte Alters- und Erlebnisgrenzen in einem unfaßbaren Ausmaß fließend werden lassen.

Von der Demokratie hatten die meisten Angehörigen dieser Jahrgänge nur die verzerrten und falschen Bilder in Erinnerung, die der Nationalsozialismus über die Weimarer Republik und die westlichen Staaten demokratischer Tradition verbreitet hatte. Ausländischen Informationsquellen hatten sie sich in der Regel aus ideologischer Überzeugung oder aus

[1] *Karl Rauch*: Junge Menschen heute. Probleme und Lösungen, München 1956, 358.

[2] Zur Vielfalt der Definitionkriterien s. u.a. *Michael H. Kater*: Generationskonflikt als Entwicklungsfaktor in der NS-Bewegung vor 1933, in: GuG 11, 1985, 217 ff.

Furcht verschlossen. Soweit Jugendliche, wie dies etwa für die damaligen Luftwaffenhelfer untersucht worden ist[3], sich seit 1944 von den nationalsozialistischen Werten und Haltungen abgewandt hatten, war dies Folge exzeptioneller Belastungen durch Krieg und Diktatur, nicht schon Ausdruck eines geübten Sinnes für Demokratie. Die Zahl der am Widerstand Beteiligten war verschwindend gering.

Die junge Generation sah sich zudem einer Demokratie gegenüber, die selbst erst entstand und zu deren Genesis es gehörte, in kritischer Rückbesinnung und unter dem Einfluß der Besatzungsmächte die Werte und Ziele, Organisationsformen und Aktionsweisen für den eigenen Fall auszumachen. Die Selbstfindung der zweiten deutschen Nachkriegsdemokratie unter den besatzungspolitischen Rahmenbedingungen war – zumal in den Anfängen – ein variantenreicher Prozeß, den zu durchschauen eine Generation Mühe hatte, die für das politische Leben nur die schrecklich vereinfachenden Betrachtungsmuster des Nationalsozialismus mitbrachte.

Erschwerend kam hinzu, daß sich diese Generation unter den Umständen des Neubeginns zunächst als Jugend ohne Zukunft empfand. Mit den so grandios erscheinenden Entwicklungsperspektiven des Nationalsozialismus waren auch die vermeintlich so sicher eingebundenen individuellen Lebenspläne haltlos geworden. Die staatlichen Strukturen des Dritten Reiches waren praktisch verschwunden. Die kommunalen Behörden hatten alle Hände voll zu tun, unter den Direktiven der Besatzungsverwaltungen die akuten Nöte des Tages zu lindern. Die gesellschaftlichen Kräfte suchten noch tastend die Spielräume eigener institutioneller und inhaltlicher Reorganisation oder Neuformierung auszumachen. Die Wirtschaft begann ihren Wiederaufbau nur kurzatmig, im Zeichen der Kriegsverluste, der Reparationsforderungen und Demontagen, der Reglementierung von Produktion und Verteilung. Zwangsverpflichtungen – wie für den Bergbau – von Angehörigen bestimmter Jahrgänge, soweit sie einen Ausbildungsplatz oder eine berufliche Position nicht besaßen, wurden mit bürokratischer Bestimmtheit vorgenommen und blockierten zeitweilig andersgerichtete Hoffnungen. Wer von den Jüngeren arbeitslos blieb, befand sich in einem Status, der ihm in der Regel nach eigener Erfahrung fremd war. Verwandtschaft, Freundschaft, Nachbarschaft und das sonstige alte oder neue soziale Umfeld sprangen zwar mit mancherlei Hilfen ein, boten aber nur selten echte Perspektiven. Unzählige Individuen, die den Sinn ihrer Existenz nicht ohne Auslegung auf die Zukunft hin verstanden, sahen sich biographisch abgekoppelt von den Makrosystemen und Ideologien, die zuvor Zukunft sinnstiftend geregelt und garantiert zu haben schienen. Sie fühlten sich fallengelassen.

Konnten ihnen Kirchen in dieser Situation Hoffnung und Halt geben? Waren sie imstande, dieses abgrundartige Interim bis zu einer – wie auch

[3]*Rolf Schörken*: Luftwaffenhelfer und Drittes Reich, Stuttgart 1984

immer gearteten – strukturellen Festigung der öffentlichen Lebensverhältnisse zu überbrücken, zumindest mit dem Zuspruch, daß das Überleben und Warten lohnte, der verzweifelte Ausstieg aus den Nachkriegsbedingungen aber sinnlos war?

II. Erschöpfte Kräfte kirchlicher Jugendarbeit bei Kriegsende

Auch die Kirchen boten sich jungen Leuten, die sie interessiert wahrnehmen oder sich ihnen zuwenden wollten, in nicht leicht faßbarer Gestalt. Soweit die junge Generation ihnen entfremdet war oder nur noch in einem vielfach gebrochenen Verhältnis nahestand, hatte sie alle Mühe, die in Bewegung geratene Diskussion theologischer, organisatorischer und politikbezogener Fragen in und zwischen den Kirchen zu verstehen. Die konfessionellen Jugendverbände, die hier am ehesten hätten vermitteln können, mußten nach dem Kriege, sieht man von den kleinen Zahlen verbliebener engagierter Christen aus dieser Arbeit ab, erst wieder aufgebaut werden. Erinnert man sich daran, wie tiefgehend die Brüche an personeller, organisatorischer und ideeller Kontinuität in der Jugendarbeit beider Kirchen unter dem Druck des Nationalsozialismus waren, so wird deutlich, daß einige Bereiche dieser Arbeit aus der Verfolgung erschöpft hervorgingen, andere um den Wiedergewinn ihrer Integrität besorgt sein mußten. Einige Daten müssen hier genügen:

Von den Unterdrückungsmaßnahmen gegen die katholischen Verbände insgesamt waren deren Jugendorganisationen, die den am besten organisierten Teil des katholischen Vereinslebens bildeten, am stärksten betroffen gewesen. Das im Juli 1933 geschlossene Konkordat änderte wenig daran, daß die Hitler-Jugend bereits im Jahre 1933 dazu überging, die katholische Jugend durch Arbeitsbeschränkungen, örtliche Verbote und Terrorakte in ihrer Bewegungsfreiheit einzuschränken.[4] Der Konflikt erreichte seinen Höhepunkt mit der Verordnung vom 1. Dezember 1936, aufgrund derer die gesamte deutsche Jugend in den folgenden Jahren gezwungen wurde, in die HJ einzutreten.

In den ersten Jahren hatten manche Führungen der katholischen Jugend noch versucht, mit den Nazis pragmatische Bedingungen der Weiterarbeit auszuhandeln. Sie hatten sich nicht vor partiellen Loyalitätsbekundungen für die neue staatliche Gewalt gescheut, nicht vor der gelegentlichen Übernahme ihrer Feindbilder, wie im Verhältnis zum Kommunismus, oder ihrer Tugendklischees, wie in der Wehrertüchtigung. Hatten sie zeitweilig, wie auch andere kirchliche Kräfte, die Entwicklung des Nationalsozialismus noch für offen und beeinflußbar und die Behauptung des eigenen Terrains für durchsetzbar gehalten, so mußten sie nach

---

[4] vgl. u.a. Vf./*Klaus Burkhardt*/*Brigitte Itzeroth*/*Manfred Koch* : Christl. Widerstand, in : *Erich Matthias*/*Hermann Weber* (Hg.): Widerstand gegen den Nationalsozialismus in Mannheim, Mannheim 1984, 357ff, hier 383ff; dort weitere Lit.

und nach erfahren, wie folgenreich ihre Fehleinschätzungen waren. Die Auflösung des Jungmännerverbandes durch die Gestapo im Februar 1939 zeigte dies mit aller brutalen Konsequenz.

Insgesamt genommen zeigte die kurze Geschichte der evangelischen Jugend unter dem Nationalsozialismus ähnliche Anpassungsversuche zu Zwecken der Verteidigung der eigenen organisatorischen Existenz und eine noch schnellere Fügsamkeit bei der zwangsweisen Eingliederung in die HJ zum 1. Dezember 1934.[5] Der sukzessive Rückzug aus der Öffentlichkeit in den engeren Kreis der Gemeindearbeit, des Gottesdienstes und der Bibelstunde – Bibelfreizeiten waren endgültig seit 1940 verboten[6] –, die Mißachtung von Absprachen durch die HJ, ihre Aktivitäten mit den kirchlichen Veranstaltungen zeitlich vereinbar zu halten, waren Vorgänge, die im Zeichen einer ansteigenden Abwendung Jugendlicher von der Kirche standen.

Die attraktiven Angebote, mit denen Hitler-Jugend und Bund Deutscher Mädchen, das Deutsche Jungvolk und der Jungmädelbund die 10 bis 18jährigen trotz ihrer (später eingeführten) Zwangsmitgliedschaft vielerorts zu fesseln verstanden, taten ein übriges, diese Abwanderung aus beiden Kirchen zu beschleunigen. Dem vielschichtigen Zugriff der Macht, von der Täuschung und Verlockung bis zum Terror, hielten bald nur noch kleine Inseln der Gegenwehr stand, die freilich mit Widerstandskräften der politischen Jugend gar nicht oder nur gelegentlich zusammenzuarbeiten vermochten. Die personellen und geistigen Ressourcen, die aus der Jugendarbeit beider Kirchen den Nationalsozialismus überdauert hatten, waren folglich schwach, verstreut und nicht schnell aktivierbar.

III. Auseinandersetzung mit dem Nationalsozialismus und Folgerungen für den Neubeginn

Für die Kirchen war die Auseinandersetzung mit dem Nationalsozialismus bei Kriegsende unumgänglich geworden. Von der Glaubwürdigkeit ihrer Antworten und den Folgerungen für den Neubeginn hing nicht zuletzt die Frage ab, inwieweit es ihnen gelingen konnte, die großen, entfremdeten Kontingente der jungen Generation für sich und ihre Botschaft zu interessieren, ihre kritische Neugier zu provozieren, vielleicht sogar ihre Bereitschaft, sich kirchlich einbinden zu lassen. Der Rückgewinn junger Menschen konnte nur über ihre Fragen an die eigene Geschichte und Gegenwart führen.

---

[5] vgl. *Detlev Peukert* : Protest und Widerstand von Jugendlichen im Dritten Reich, in : *Richard Löwenthal/Patrik von zur Mühlen* (Hg.): Widerstand und Verweigerung in Deutschland 1933 bis 1945, Bonn 1984, 177ff, hier 191ff; Vf.: wie Anm. 4, 409f; *Arno Klönne*: Jugend im Dritten Reich. Die Hitler-Jugend und ihre Gegner. Dokumente und Analysen, Düsseldorf/Köln 1982, 163ff; u.a.

[6] *Peukert*: wie Anm. 5, 191.

Gründlich war diese Auseinandersetzung im Ansatz zweifellos dort, wo sie die Schwächen vielseitiger Anpassung an den Nationalsozialismus nicht allein aus dessen singulären Bedingungen physischen und geistigen Machtmißbrauchs zu erklären suchte, sondern auch nach der historischen Disposition der Kirchen für ihr Versagen fragte. Tatsächlich schlossen Bestrebungen, über die Stellung der Kirchen im Dritten Reich nachzudenken, früh die kritische Bestandsaufnahme ihrer Fehler und Versäumnisse im 19. Jahrhundert ein: „Die Kirche war für viele bereits zu einer Funktion des Staates, oder zu einem frommen Ghetto geworden, ehe sie der totalitäre Staat vollends dazu machte. [...] Die äußere Gewalt hatte bei dem Zusammenbruch so mancher Kirche weniger eine verursachende als lediglich eine enthüllende Bedeutung."[7] Dieses knappe Urteil *Edmund Schlinks* bei der Vorbereitung der Ökumenischen Konferenz zu Amsterdam im Jahre 1948 beschrieb das Leitmotiv vieler kritischer Rückbesinnungen in der theologischen, gemeindlichen und öffentlichen Diskussion der Nachkriegsjahre.

Aus welcher historischen, religiösen oder moralischen Dimension konnten aber die Kirchen und dieses ihnen anvertraute Volk nach dem Grauen der vergangenen Jahre noch die Berechtigung oder gar Ermutigung herleiten, den unverdienten Zustand der Freiheit zu nutzen und zu gestalten? Wie konnte gerade Jüngeren soviel Zutrauen zu sich selbst vermittelt werden, daß sie die von *Karl Barth* in seinem Stuttgarter Vortrag Anfang November 1945 postulierte „Pflicht der Freiheit"[8] empfanden? Sie war für ihn nicht denkbar ohne das nüchterne, rückhaltlose Eingeständnis, „daß das Unheil, das jetzt über Deutschland geht, diesmal unzweideutig in Deutschland selbst seinen Ursprung und Anfang gehabt hat"[9]. Der notwendigen Auseinandersetzung mit dem Nationalsozialismus gab *Barth* freilich auch ein leitendes Deutungsmotiv vor, das nach Lage der Dinge eher die Qualität moralischer Ermutigung als historisch-analytischer Ergiebigkeit hatte: „Der Nationalsozialismus [...] war der bisher böseste Traum des deutschen Volkes. Was es in diesem Traum angerichtet hat und was es nun dafür zu bezahlen hat, ist eine Sache für sich. [...] Wir sind verantwortlich auch für unsere Träume. Aber das deutsche Volk war nicht bei sich selbst in dieser Sache. Niemand ist bei sich selbst, der sich selbst fallen läßt. Was jetzt geschehen muß, ist dies, daß das deutsche Volk gänzlich zu sich selbst komme und dann auch gänzlich bei sich selbst bleibe."[10]

---

[7] Edmund Schlink: Das Zeugnis der dt. Kirche im Kampf, in: Studienabteilung des ÖKR in Genf (Hg.): Die Unordnung der Welt in Gottes Heilsplan Bd. 1: Die Kirche in Gottes Heilsplan, Zürich 1948, 102 ff, hier 105.

[8] *Karl Barth: Ein Wort an die Deutschen, Stuttgart 1945, 28.*

[9] ebd., 19.

[10] ebd., 16.

Die Handlungsorientierung, die *Karl Barth* unter der Devise „Reformation und nicht Restauration“[11] ausgab, war von unmißverständlicher Entschiedenheit: „Wäre es nicht einfach gerecht zu sagen: Was in dieser Zeit dem Widerstand gegen den Nationalsozialismus nicht gedient hat, was in dieser Zeit kein Element der Hoffnung, keine Bürgschaft einer besseren Zukunft gewesen ist, das ist faul, das darf nicht wiederkommen, das ist wert, daß es spätestens jetzt, wo es um Neuaufbau gehen soll, verschwindet und zugrunde geht? Wäre es nicht mutig und notwendig zugleich, sich wenigstens auch darüber zu einigen: was jetzt kommen muß, das müssen auf alle Fälle solche deutschen Zustände und ein solch deutscher Geist sein, in denen Möglichkeiten wie die, die wir nun wirklich werden sahen, als solche und in ihrer Wurzel beseitigt sind?“[12] Daß sich die Kirchen aus dieser Problematik nicht heraushalten durften, stand für diesen Theologen außer Frage. Es gab für ihn im Sommer 1945 prinzipiell „keine christliche Indifferenz gegenüber den verschiedenen politischen Gestalten und Wirklichkeiten“[13]: „Im Raum der Bürgergemeinde ist die Christengemeinde mit der Welt solidarisch und hat sie diese Solidarität resolut ins Werk zu setzen.“[14]

Diese Radikalität *Barth*schen Denkens fand ihre zeitgemäße Resonanz. Seit die äußeren Ordnungen und kollektiven Loyalitätsbindungen zusammengebrochen waren, schien sie vielen Suchenden am ehesten die Neuorientierung ohne Abstriche oder Vorbehalte zu gewährleisten. Gewiß, sie charakterisierte nur eine Position unter vielen; schon die Bekennende Kirche versammelte seit ihrer Gründung verschiedene Auffassungen, die sich seit dem Kriegsende fleißig artikulierten und differenzierten. Was aber in dem geistigen Notstand des Jahres 1945 bei der jungen Generation zählte, waren nicht die großen Institutionen, die überdauert hatten, nicht die theologischen Schulen, die Traditionen begründet hatten, sondern die Zeitzeugen, die sich dem Nationalsozialismus verweigert hatten.

Auch aus der katholischen Kirche und ihrem Umfeld warben solche markanten Stimmen früh und mit vergleichbarer Entschiedenheit für das Engagement von Christen im politischen Raum. *Walter Dirks* erinnerte sich später, die (seit 1944 konzipierten und ab April 1946 erschienenen) „Frankfurter Hefte“ zusammen mit *Eugen Kogon* und anderen Gleichgesinnten dem „Grundpakt“ eines die verschiedenen politischen Richtungen verbindenden Geistes gewidmet zu haben: „gegen die faschistische Versuchung, gegen alle Gestrigen, gegen braune oder schwarz-weiß-rote

[11] ebd., 26.
[12] ebd., 24f.
[13] ders.: Christengemeinde und Bürgergemeinde, München 1946, 14.
[14] ebd., 11.

Reste oder gar Kräfte. [...] In diesem Winter (1945) der Befreiung waren wir uns jedenfalls dessen noch ganz sicher, daß dies gelingen könnte."[15]

IV. Not als Testfall sozialethischer Bereitschaft

Testfall dieser verbindenden Grundstimmung war zunächst die unmittelbare, im Winter 1945/46 noch ansteigende Not des Nachkriegsalltags. Diese Not, die viele Ursachen und viele Gesichter hatte, führte Leidende und Helfer zusammen. Zusammengerückt waren die Menschen – und zwar auf eine Weise, die für die Diktatur nicht mehr kontrollierbar gewesen war – vielerorts schon während des Krieges, als die Verluste an Angehörigen, Sachgütern, heimatlichen Wohnsitzen und die unaufhörlichen physischen und psychischen Belastungen die sozialen Unterschiede einzuschmelzen begannen. Nun aber ruhte mit den Waffen die Diktatur, und es gab, ungeachtet aller bürokratischen Reglementierungen durch eigene und fremde Verwaltungen, erste Gelegenheiten, aus freien Stücken Pflichten zu übernehmen. Charakteristisch für dieses Klima praktischer Solidarität waren die spontanen und sich rasch ausweitenden Bestrebungen, der Not des Tages auf Wegen konkreter Selbsthilfe zu begegnen. So läßt sich beispielsweise aus empirischen Erhebungen zeigen, daß Vereine verschiedenster Gattung, die sich nach dem Kriegsende neu oder wieder gründeten oder ihre Arbeit wieder aufnahmen, über ihre konventionellen Organisationszwecke hinaus soziale Funktionen wahrnahmen, die sich aus der exzeptionellen örtlichen Notsituation ergaben.[16]

In dieser Zeit entstanden auch viele spezielle Hilfsorganisationen, manche mit kühnen Plänen, beispielsweise die Vereinigung Christliche Nothilfe, die in Detmold/Lippe ihre Arbeit im Sommer 1945 begann. Sie wurde Anfang September offiziell in einem religiös-festlichen Auftakt in der größten Kirche der Stadt, unter Beteiligung des sozialdemokratischen Landespräsidenten *Heinrich Drake* und von nahezu zweitausend Menschen, gegründet und zugleich – befürwortet von den Gewerkschaften, den kirchlichen und freien Wohlfahrtsverbänden – als Modell für Stadt, Kreis und britische Besatzungszone initiiert. Auch der frühe Erfahrungsaustausch mit ähnlichen Projekten in anderen Städten gehörte zu diesem Klima spontaner Selbstorganisation bürgerschaftlicher Hilfsbereitschaft.[17] Soweit die Kirchen sich an solchen Initiativen unbürokra-

---

[15] Zwiespältige Erfahrungen, in: *Claus Hinrich Casdorff* (Hg.): Weihnachten 1945. Ein Buch der Erinnerung, München 1984, 83ff, hier 89.

[16] Es handelt sich um ein vom Vf. geleitetes, inzwischen abgeschlossenes Forschungsprojekt über den Wiederaufbau der Vereine ab 1945, das der Minister für Wiss. und Forschung des Landes Nordrhein-Westfalen gefördert hat.

[17] Diese Daten entstammen einer von der Stiftung Volkswagenwerk geförderten Vorstudie des Vf. über den Wiederaufbau der politischen Parteien in Ostwestfalen-Lippe.

tisch und ohne konfessionelle Abgrenzungs- und Werbungsabsichten beteiligten, gewannen sie Ansehen auch bei jungen Leuten, die als Hilfsbedürftige oder Helfer in diesen Prozeß einbezogen waren. Wo darüber hinaus kirchliche Gemeinden in unkomplizierter Kleinarbeit Linderung der Not betrieben, wurde dies – bevor die theologische Diskussion über eine ‚Erneuerung' der Kirche richtig in Gang kam – als Zeichen ihrer Erneuerung ‚von unten' gedeutet.

Dieser praktische Aufbruch von Helfern gegen die akute Not, bei dem auch die kommunale Selbstverwaltung ungewöhnliche Leistungen aus eigener Kraft vollbrachte, gehörte in eine Phase allgemeiner Improvisation. In dem Maße, wie sich die Konturen staatlichen und gesamtgesellschaftlichen Wiederaufbaus abzeichneten, waren dann die Kirchen auf andere Weise gefordert. Sie sahen sich vor die Frage gestellt, welchen konzeptionellen Einfluß sie auf die Gestaltung der politischen und sozialen Ordnung nehmen konnten und wollten. Insbesondere für Protestanten, die sich engagieren wollten, waren die kirchen- und theologiegeschichtlichen Lücken evident und diskussionsbedürftig.

So lud *Gustav W. Heinemann* evangelische Wissenschaftler früh zu einer Tagung mit Ausländern in die Niederlande ein, auf der Richtlinien einer künftigen Gesellschaftspolitik konzipiert werden sollten. *Alfred Müller-Armack*, der an derartigen Aktivitäten beteiligt war, gründete später einen Arbeitskreis, zu dem *Klaus von Bismarck* und der Theologieprofessor *Ernst Wolf* gehörten, in dem der Versuch unternommen wurde, ein „Analogon zur katholischen Soziallehre" zu erarbeiten. *Müller-Armack*, der in diesen Jahren auch an gesellschaftspolitischen Arbeitsgruppen der Kölner Studentengemeinde mitwirkte, erinnerte sich, daß nicht, wie beabsichtigt, das Naturrecht für diese Denkschrift maßgebend wurde, sondern ein „wohl moderneres Fundament", das ihr Theologen gaben, die unter dem Einfluß des Barthianismus standen. [18]

Die Frage nach der sozialethischen Aussagefähigkeit der christlichen Botschaft enthielt notwendig die andere, warum ihre Verkündigung durch die Kirche die Schichten nicht erreicht oder verloren hatte, die arm und hilfsbedürftig waren und der geregelten sozialen Sicherung bedurften. Zwei historische Sachverhalte wurden dafür hauptsächlich angeführt: Zum einen hatte der Schwerpunkt kirchlicher Arbeit darin gelegen, die „Tradition der deutschen Frömmigkeit, [...] die innerliche Seite kirchlichen Lebens in erster Linie zu fördern und zu pflegen, dagegen die Öffentlichkeitsaufgabe der Kirche, ihre soziale und politische Verantwortung gegenüber dem Staat und der Gesellschaft zu vernachlässigen". [19] Zum anderen war die Kirche gekennzeichnet gewesen von einer

---

[18] Auf dem Weg nach Europa. Erinnerungen und Ausblicke, Stuttgart, 1971, 41f.

[19] *Reinhold von Thadden*: Ergänzende Bemerkungen, in: wie Anm. 7, 114.

einseitigen Identifikation mit dem Wohl und den Interessen der bürgerlichen Schichten sowie den von ihnen geprägten Wirtschaftsordnungen und sozialen Systemen.

Die dagegengehaltene Forderung einer Sektion der Jugenddelegation auf der Ökumenischen Konferenz in Amsterdam (1948), die Kirche sollte sich „stärker als bisher mit den weniger gut gestellten Gesellschaftsschichten“ befassen[20], spiegelte eine Erwartung, die nach dem Kriege weit verbreitet war. Sie wurde nicht nur von jungen Leuten geäußert, aber von ihnen mit besonderer Ungeduld. Sie war mancherorts, in der Kirche oder in ihrer Nähe, Devise einer Aufbruchsstimmung, die in den politischen Raum hineinwirkte, in dem die politischen Parteien dabei waren, sich wieder oder neu zu konstituieren.

V. Politische Parteien und Zugangsprobleme der jungen Generation

Die Parteien, die früh zu einem konstitutiven Element im politischen Wiederaufbau der zweiten deutschen Republik wurden, sahen sich seit ihrer Gründung zwei Herausforderungen ausgesetzt, die eng miteinander zusammenhingen. Sie mußten einerseits die sozialreformerische Grundstimmung aufnehmen und verarbeiten und andererseits Partizipationschancen für die junge Generation so freisetzen, daß diese sich frei orientieren und engagieren konnte. Dabei mußten sie davon ausgehen, daß ihre Anziehungskraft und Glaubwürdigkeit bei vielen Jüngeren auch davon abhing, wie offen und kritisch sie mit den Kirchen kommunizierten. Dies hieß konkret vor allem, zwei Tendenzen zu vermeiden: sowohl eine parteipolitische Indienstnahme als auch eine traditionelle Gegnerschaft.

Jugendverbände, die in der politischen Nähe von Parteien entstanden und tätig waren, bekundeten meistens temperamentvoll ihr Mißfallen, wenn sie bei diesen auf weltanschaulich oder religiös doktrinäre Auffassungen stießen. Sie suchten möglichst unbefangen und selbständig nach den Werten für den Neuanfang und verlangten ihre konsequente Durchsetzung. Ihre Hoffnung und Kritik gegenüber den kirchlichen und politischen Großorganisationen war entschieden und ging bis zum ethischen Rigorismus. Sprüche wie: ‚Die große Prüfung des Christentums hat begonnen‘ oder ‚Sie sagen Gott und meinen Kattun‘ waren im Umlauf. Neben dem praktischen Einsatz zur Behebung der materiellen und sozialen Not ihrer Umwelt suchten sie die diskursive Kommunikation mit den Gruppen anderer politischer Observanz; neue Formen der Geselligkeit und des Gemeinschaftslebens dienten dazu, sich näher zu kommen.

---

20 *Willem Adolf Visser't Hooft* (Hg.): Die Unordnung der Welt in Gottes Heilsplan Bd. 5: Die erste Vollversammlung des ÖRK in Amsterdam vom 22.8. bis 4.9.1948, Zürich 1948, 253.

Namentlich die beiden großen Parteien empfanden derartige Tendenzen bald als zu eigenwillig und störend. Die kleineren hatten solche Probleme vorläufig nicht wegen des zu geringen Anhangs. Auch in institutionellen Fragen mußte die CDU Konflikte mit ihren damaligen Jugendorganisationen durchstehen. So bildete sich in Lippe eine Aktionsgemeinschaft Junger Deutscher in der CDU, die auf selbständige Entfaltung ihrer Arbeit bestand, von sich aus Inhalte und Ziele ‚christlicher' Politik mit altersspezifischem Zuschnitt diskutierte und formulierte sowie die Aktionsformen wählte. Sie initiierte den Gedankenaustausch und gemeinsame Selbsthilfevorhaben mit Jugendlichen anderer parteipolitischer Bindung und mit Nichtorganisierten. Sie vertrat die Auffassung, die „dringenden Lebensfragen der jungen Generation" könnten nicht durch eine Partei allein gelöst werden, und regte gemeinsame, von SPD, FDP und CDU besetzte Arbeitsausschüsse an.[21]

Es war diese Aufbruchsstimmung der Gesinnungen, die auch Anhänger der Sozialdemokratie ergriff oder sie interessierte und Gruppierungen wie den Religiösen Sozialisten in manchen lokalen Kontexten eine Renaissance bekenntnismäßiger Zuwendung und intellektueller Neugier einbrachte. Auch die frühen, ungewöhnlich intensiven Detmolder und Darmstädter Gespräche (1946 und 1947) zwischen *Kurt Schumacher*, anderen Führern der Sozialdemokratie und Vertretern der evangelischen Kirche müssen nach Anlaß und Ausstrahlung im Zusammenhang mit diesen klimatischen Veränderungen gesehen werden.[22] Nicht nur die strategische Absicht der SPD, werbend in die Mittelschichten einzubrechen, sondern auch der substantielle Tenor dieser Aussprachen bewogen die CDU – sie hatte über das erste Treffen eingehende, vertrauliche Berichte eines Teilnehmers erhalten –, sich ebenfalls solchen Gesprächskontakten zu stellen.

Probleme mit ihren jungen Leuten hatte auch die Sozialdemokratie, und bald darauf – im Maße ihres langsameren Wachstums – die FDP. Insgesamt genommen war dies freilich ein ermutigendes Phänomen. Die junge Generation nutzte die neue Freiheit, um sich in den politischen Parteien oder in ihrer Nachbarschaft zu engagieren. Die eigentliche Sorge der Parteien galt dem Gros dieser Generation, das sie mied. Bereits im Winter 1945, als die Konstituierungsphase der Parteien abgeschlossen war, hegten Politiker und Erzieher, die den Neubeginn aktiv betrieben, erste Befürchtungen, die Chance, Jugendliche der Demokratie zuzuführen, könne ungenutzt bleiben: Große Teile der Jugend verharrten in „starker Zurückhaltung gegenüber dem demokratischen Staat und den politischen Parteien"; sie könnten zu „Gegnern der Demokratie werden,

---

21 wie Anm. 17.

22 *Martin Möller*: Ev. Kirche und SPD in den Jahren 1945-1950. Grundlagen der Verständigung und Beginn des Dialogs, Göttingen 1984, 141ff.

von politischen Hochstaplern ausgenutzt und zu politisch unüberlegten Taten gedungen werden".[23]

Wie dieser Gefahr zu begegnen war, gehörte zu den schwierigsten Fragen beim Aufbau der zweiten deutschen Nachkriegsdemokratie. Die praktischen Antworten waren meistens Experimente. Zu den couragiertesten und weitsichtigsten zählte offenbar die Initiative *Klaus von Bismarcks*. Im Gedankenaustausch mit lokalen und regionalen Parteiführern betrieb er als Leiter des Kreisjugendamtes und als Kreissportwart in Herford um die Jahreswende 1945/46 die Gründung eines politischen Jugendbildungswerkes auf dem Jugendhof Vlotho/Weser. Bereits im Mai 1946 wurden hier mit Genehmigung der Militärregierung achttägige Arbeitstagungen für 20 bis 35jährige haupt- und ehrenamtlich tätige Jugendleiter aller Richtungen, der kirchlichen wie der freien Jugendgruppen und der staatlichen Jugendpflege durchgeführt. Von den Briten noch festgehaltene ehemalige HJ-Führer bekamen Gelegenheit, diese Tagungen inkognito zu beobachten oder gar praktisch zu begleiten.[24] Zu den Prinzipien dieser und ähnlicher Veranstaltungen für verschiedene Zielgruppen gehörte die gründliche Information über Ereignisse, Grundfragen und Positionen der Politik mit Gelegenheiten zur argumentativen Auseinandersetzung. In der Sozialdemokratie wurde damals von dem „Anfangsstadium einer künftigen deutschen Jugendbewegung auf parteipolitisch neutraler Grundlage" gesprochen.[25] Neben parteipolitisch nicht gebundenen Kräften beteiligten sich an dieser Initiative auch CDU- und FDP-Politiker.[26]

Anfänglich glichen diese Anstrengungen einer Sisyphusarbeit. Wie schwer es fiel, nach allen Seiten zu überzeugen und in die Breite zu wirken, verdeutlichte um die Wende zu den fünfziger Jahren der von den demokratischen Parteien besorgt beobachtete Zulauf junger Leute zu den politischen Gruppierungen des Rechtsradikalismus neofaschistischer Observanz.

VI. Freiheitliche Friedenserziehung

Schwierig war der Umgang mit der neuen Freiheit vor allem, weil sie nicht ohne Einsicht in die Notwendigkeit des Friedens gedacht werden

---

23 zit. aus einer Korrespondenz, die im Zusammenhang mit der oben genannten Vorstudie (Anm. 17) erschlossen wurde.

24 Hierbei handelt es sich um Informationen, die der Vf. hauptsächlich *Klaus von Bismarck* persönlich verdankt.

25 wie Anm. 23.

26 Aus diesem politischen Jugendbildungswerk ging später u.a. der Studienkreis für politische Bildung hervor, in dem Vertreter der studentischen Generation zusammen mit dem Vf. gesamtdt. und West-Ost-Gesprächs- und Besuchskontakte praktizierten. Sie führten auch in Vlotho und anderen Orten Modell-Lehrgänge zur politischen Bildung für Geschichts- und Sozialkundelehrer durch.

konnte. Manchen Angehörigen der jungen Generation mochte dieser Zusammenhang geläufig sein. Sie traten auch früh, mit elementarer Spontaneität oder unter dem Einfluß traditioneller Ideen, für die ‚Vereinigten Staaten von Europa' und für weltweite Friedensordnungen ein. Es lag auf der Hand, daß solche Hoffnungen in Deutschland mit der Realität wie mit den Folgen der Niederlage vermittelt und vor Enttäuschungen bewahrt werden mußten.

Beim Gros der jungen Generation, das solchen Vorstellungen und Wünschen nicht anhing, stellte sich das Problem anders. Wie ließ sich Frieden als allgemeingültiges Prinzip der internationalen Beziehungen, als Zustand zwischen den Völkern auf Dauer denken, wenn er nur als Frieden der Besiegten erkennbar war? Aus welchen Quellen des Geistes, der historischen und kulturellen Bildung und der Gesinnung sollte diese Jugend nunmehr die Kraft schöpfen, um der deutschen Realität der Nachkriegsgegenwart vorauszueilen und an die Durchsetzungsfähigkeit der Friedensidee zu glauben? Wer sollte sie dabei anleiten? Vermochten Lehrer und Hochschullehrer, aber auch geistliche Erzieher die Jugend dazu zu bringen, daß sie sich von einem Bild des Krieges löste, das in den Schulen und Universitäten seit Generationen gelehrt, teils verherrlicht und von den Kirchen in der Regel zumindest hingenommen worden war? Besagtes Bild war ja in der deutschen Geschichte immer so stark gewesen, daß pazifistische Bekenntnisse und Bestrebungen minoritär geblieben und oft genug verfemt und verfolgt worden waren. Es war schließlich im Nationalsozialismus zur äußersten Form des totalen Krieges eskaliert.

Es gab demokratische Führungskräfte unter den Zeitgenossen, die dieses vielschichtige Problem sahen und vor einfachen Lösungen, etwa durch organisatorische Maßnahmen, warnten. Als die Bezirksjugendämter in Hannover und Münster im Jahre 1946 planten, in Schulen und Gemeinden einen jährlichen ‚Friedenstag der deutschen Jugend' zu veranstalten, hielten sie dies zumindest für verfrüht: „Noch haben wir keinen Frieden. Die Stimmung der breiten Masse der Jugend ist noch nicht reif für solche Veranstaltungen."[27]

Die Zweifel galten aber vor allem den Lehrenden. Die Suche nach integren Erziehungsträgern, die in der öffentlichen Diskussion bald nach Kriegsende einsetzte und auch ein Motiv im frühen Streit um die Bekenntnisschule war, stieß auf die vielfältigen institutionellen und personellen Verstrickungen der herkömmlichen Lehrämter unter dem Nationalsozialismus. Auch große Teile der Elternschaft waren in Verlegenheit und geneigt, am ehesten den Kirchen diese Aufgabe zuzutrauen. Dahinter stand oft genug das Unvermögen von Elternhäusern, die erzieherische Resozialisierung im Horizont eines geistigen und sittlichen Bildungsgutes zu betreiben, dessen Bedeutung für praktisches Verhalten ihnen selber

[27] wie Anm. 17.

unter dem Nationalsozialismus aus den Augen geraten oder zu einer privat-familialen Residualkategorie geschrumpft war.

An dieser Stelle sollte freilich auch auf wenig bekannte oder vergessene Kräfte verwiesen werden, die auf diesem Felde der Erziehung einen dezidierten Kompetenzanspruch anmeldeten – und dies nicht zuletzt dank der Mitwirkung von Angehörigen der jungen Generation. Gemeint sind hier spontan gegründete Frauengruppen und -vereine mit betont überparteilichem und interkonfessionellem Charakter. Solche Zusammenschlüsse widmeten sich einerseits der selbständigen oder mitwirkenden Linderung der akuten sozialen Not sowohl in Fragen der Ernährung, Gesundheit und Unterbringungen von Evakuierten, Ausgebomten und Flüchtlingen als auch der Jugend- und Familienhilfe. Sie artikulierten andererseits Forderungen nach Gleichberechtigung im politischen, wirtschaftlichen und gesellschaftlichen Leben, die zum Teil der vom Nationalsozialismus unterbrochenen Tradition der Frauenbewegung entstammten, zum Teil neu waren. Im Lichte der Leistungen und Belastungen, die der Krieg und die Lebensumstände danach den Frauen abverlangt hatten, waren derartige Forderungskataloge mehr und mehr subjektiv wie objektiv gerechtfertigt. Das Selbstbewußtsein, das diese Frauen motivierte, resultierte aus der Erfahrung, nicht nur zahlreiche, vorwiegend ‚männliche' Rollen ausgeübt zu haben, sondern darüber hinaus die Familie – oder ihre Reste – unter außergewöhnlichen Anstrengungen durch die Kriegs- und Nachkriegsnot geführt zu haben und zu führen.

Charakteristisch für die Nachkriegsphase war dabei, daß diese Fraueninitiativen, die Frauen auch insgesamt politikfähig machen wollten, mit leidenschaftlichem Nachdruck eine spezifische Zuständigkeit für das Erziehungswesen beanspruchten.[28] War der leidensvolle Bankrott der jüngsten Geschichte im Zeichen ‚männlich' stilisierter Ideale allerorten offensichtlich geworden, so pochten sie nun auf ein eigenes Recht, die edukatorischen Ziele zugunsten des Friedens mit zu konzipieren und zu realisieren.

Hier und in anderen Diskursen und Aktivitäten erhielt der Friedensbegriff unter dem Einfluß solcher Stimmungen und Gesinnungen eine Universalität, die auch die inneren Verhältnisse der so grenzenlos gescheiterten Nation erfaßte: die Beziehungen zwischen den sozialen Gruppen und Klassen, zwischen den politischen Richtungen, zwischen den Konfessionen und zwischen den Geschlechtern. Ideen und Vorstellungen sozialer Gerechtigkeit, politischer Fairneß, Hoffnungen auf interkonfessionelle Kooperation bis zu Una-sancta-Initiativen und die oben exemplarisch beobachteten Forderungen nach Gleichberechtigung von Mann und Frau erschienen wie weiterführende Signale für den vorläufig noch vielfach behinderten Gebrauch der Freiheit.

---

[28] ebd.

VII. Kirchen und politische Kultur : eine zeitweilig versäumte Chance

Es dürfte eine der interessantesten und empirisch noch wenig erforschten Fragen der unmittelbaren Nachkriegsgeschichte sein, inwieweit sich hier den Kirchen eine fundamentale Aufgabe bot, für die sie direkt zuständig waren und zuständig hätten bleiben müssen, die Aufgabe nämlich, ungeachtet aller Tätigkeit der politischen Parteien, der Verbände und Vereinigungen, der kommunalen und späteren staatlichen Organe des demokratischen Gemeinwesens, die Bewahrung, Ausbildung und praktische Geltung eines in der inneren und äußeren Friedensidee verankerten gesellschaftlichen Grundkonsenses zu betreiben. Es gab dazu aktive Ansätze in reichem Maße und auch die Bereitschaft, ihnen zu folgen. Eine solche Grundlegung hätte zugleich ein Katechismus für die politische Kultur werden können, die in einigen ihrer Elemente im Laufe der jüngsten Geschichte der Bundesrepublik nur unter hohen politischen und sozialen Kosten erworben werden konnte, in anderen lückenhaft blieb.

Freilich herrschte unter den etablierten Kirchen mit ihren verkrusteten Verwaltungsstrukturen sowie ihren theologischen Schulen und Bekenntnissen die Scheu vor, sich so weit vorzuwagen und den Zielen, Wegen und Mitteln der Freiheitsverwirklichung im politischen und gesellschaftlichen Raum eine gemeinsame, alle Beteiligte und Betroffene verbindende und verpflichtende Grundlegung zu geben. Das verlegene Eingeständnis mancher Glieder der Kirchen, wie es in den ersten offiziellen ‚Schuldbekenntnissen' bekundet wurde, sich unter dem Nationalsozialismus nicht genug gewehrt zu haben, mag zu dieser Zurückhaltung beigetragen haben. Die Anstrengungen der evangelischen und katholischen Akademien, der Kirchentage, der ökumenischen Organisationen, zu deren Integrationswirkung auch der Evangelische Bund durch seine sowohl klärende als auch vermittelnde Analyse von Glaubensunterschieden beigetragen hat, können als positive Zeichen eines gleichgerichteten Versuchs gewertet werden, dieses Versäumnis der Nachkriegszeit in verschiedensten Segmenten der bundesdeutschen Gesellschaft soweit möglich aufzuholen.

Verbände und Dienste

Hubert Kirchner

Das Konfessionskundliche Arbeits- und Forschungswerk (Ev. Bund) im Bund der Evangelischen Kirchen in der DDR

I. Aufbau auf dem Boden der Deutschen Demokratischen Republik

Mut zu rechtzeitiger Veränderung ist eine der Grundvoraussetzungen, um Kontinuität zu gewährleisten. Kontinuität meint Geschichte, Geschichte aber heißt Leben und Leben Veränderung. Das Konfessionskundliche Arbeits- und Forschungswerk stellt sich in die nunmehr einhundertjährige Geschichte des Evangelischen Bundes mit hinein, mehr noch: es weiß sich in dieser Geschichte verwurzelt und läßt dies in dem Klammerzusatz „Ev. Bund“ anklingen. So soll gerade dies betont sein: Kontinuität *und* Veränderung, Kontinuität *in* allen Veränderungen, beides aber *um des recht verstandenen Anliegens willen*.

Die Anfänge waren schwierig, so schwierig, zögernd und ungewiß der Tragweite einzelner Schritte wie überhaupt der Weg der evangelischen Kirchen in der DDR, die lernen mußten, daß das *Postulat ‚EKD‘* für sie je länger um so mehr seine konkreten Züge verlor und zum Phantom zu werden drohte – entsprechend der Evangelische Bund, der 1945 auch in der derzeitigen sowjetisch besetzten Zone Deutschlands, wohl unter anderen Bedingungen, aber doch in den überkommenen Strukturen seine Arbeit wieder aufnahm und in gewohnter Weise fortzusetzen versuchte. Um manches eher jedoch als anderswo wuchs in ihm die *Erkenntnis eigener Verantwortlichkeiten* und damit auch der Notwendigkeit eigener Strukturen. So etablierte sich schon bald, gleichsam als eine provisorische Zwischeninstanz, ein Zentralvorstand Ost (unter Vorsitz des anhaltischen Kirchenpräsidenten Dr. *Waldemar Schröter*), der in regionalen Schriftstücken (Protokollen der Arbeitsgruppe in Berlin-Brandenburg) zuweilen sogar bereits in den fünfziger Jahren als Zentrale Leitung des Evangelischen Bundes in der DDR erscheinen konnte. Das mochte mehr eine gewisse Nachlässigkeit der Sprache sein. Ein einfaches Aufnehmen der Situation , ganz ohne rechtliche Implikationen, deutete aber auf zumindest latent vorhandenes weitergehendes Nachdenken hin und gab Anlaß, sich im Zentralvorstand Ost direkt einmal[1] der Frage zu stellen, wie der „Begriff der ‚Zentralen Leitung des Evangelischen Bundes in der DDR‘ zu definieren“ sei.

---

[1] nach Ausweis des Protokolls v. 24.September 1960.

Die Antwort konnte freilich nicht anders ausfallen, als daß man feststellte, eine klar festgelegte Institution sei dieses keineswegs. Dennoch treffe „die Formulierung durchaus das Wesen des betr. Gremiums". Die Zentrale Leitung des Evangelischen Bundes in der DDR sei demnach „eine Arbeitsgemeinschaft der Mitglieder des Zentralvorstandes des Evangelischen Bundes, die in der DDR wohnen". Das war sehr vorläufig und in der Tat wenig rechtlich festlegend, nur mehr geographisch und pragmatisch aussondernd, ohne den vorgegebenen Rahmen in Frage zu stellen. Doch gab man damit immerhin eine erste quasi authentische Beschreibung eines *eigenen Selbstverständnisses*. Diesem ersten Schritte folgte sogleich auch der zweite, nun schon sehr viel stärker rechtlichen Charakters: Der bisherige Vorsitzende *Schröter* trat Ende 1960 von seinem Amte zurück. Nun ging es darum, einen Nachfolger zu finden, und das war zugleich auch Anlaß, dessen Kompetenzen neu zu bestimmen. Die Entscheidung fiel bald. Im März 1961 trat Superintendent *Reinhard Steinlein*-Finsterwalde die Nachfolge im Vorsitz an. Präsident Prof. D. *Heinrich Bornkamm* übertrug ihm alle Aufgaben und Vollmachten für die Arbeit des Evangelischen Bundes im Bereich der DDR.

Damit war eine wichtige Entscheidung gefallen. Nach außen freilich trat sie kaum in Erscheinung. An der Arbeit im einzelnen änderte sich nichts. Das Schwergewicht der Arbeit lag nach wie vor auf den Arbeitsgruppen in den einzelnen Landeskirchen. In Arbeitswochen, Mitarbeitertagungen, Seminaren, einem breit gefächerten Vortragsdienst und immer wieder auch kleinen Publikationen wurde versucht, dem Anliegen bleibend Rechnung zu tragen, *konfessionskundliches Wissen* zu vermitteln, den *ökumenischen Partner* besser kennen und verstehen zu lernen und zugleich zur eigenen Besinnung anzuregen. Als aber die politischen Maßnahmen des 13. August 1961 jedes weitere intensive Zusammenwirken auch der kirchlichen Organe in den beiden deutschen Staaten unterbanden, bedeutete für den Evangelischen Bund dies keine ernsthafte Behinderung, geschweige denn Gefährdung der Arbeit. Es dauerte freilich eine geraume Zeit, bis aus dem gleichsam gewachsenen Provisorium, aus der losen Arbeitsgemeinschaft wirklich etwas Geregeltes wurde.

In den Protokollen aus der nächsten Zeit begegnen nebeneinander die Bezeichnungen Zentralvorstand Ost, Zentralvorstand des Evangelischen Bundes in der DDR oder auch Arbeitsleitung des Evangelischen Bundes in der DDR. Erst im Herbst 1963 wurde erstmalig der Begriff Zentrale Arbeitsleitung verwendet. Und wiederum noch ein Jahr später, auf der Sitzung vom 28. Oktober 1964, konstituierte sich diese auch formell und schuf damit wirklich neue Fakten. In einer förmlichen „Vereinbarung über die Koordinierung der Arbeit der Landesverbände des Evangelischen Bundes und über die Bildung einer Zentralen Arbeitsleitung", die die Unterschriften aller Leiter der Landesverbände trägt, wurde die Verantwortlichkeit „für eine enge Zusammenarbeit untereinander und mit allen leitenden Ämtern der verfaßten Kirche und der kirchlichen Werke" unterstrichen. Die *Zentrale Arbeitsleitung* war als „ausführendes Organ für diese Zusammenarbeit“ gedacht und bestätigt. Sie setzt sich zusammen aus den Leitern und den Geschäftsführern der Landesverbände und bis zu drei berufenen Persönlichkeiten. Damit wurde einerseits das förderative Prinzip betont, andererseits aber auch das Bemühen um größtmögliche Sachkompetenz.

An der Spitze steht der Vorsitzende mit der Dienstbezeichnung Präsident des Evangelischen Bundes in der DDR, ihm zur Seite der Hauptgeschäftsführer. Als erster Präsident wurde der bisherige Vorsitzende, Superintendent *Steinlein*-Finsterwalde (ab 1970 in Nauen) gleichsam nur in seiner bisherigen Funktion bestätigt. Er bekleidete das Amt bis zu seiner Pensionierung 1984. Sein Nachfolger wurde der Vorsitzende der Arbeitsgruppe Sachsen-Anhalt, Dr. *Karl-Wilhelm Berenbruch*-Bernburg. Zum ersten Hauptgeschäftsführer wurde der Landesgeschäftsführer des Evangelischen Bundes in Berlin-Brandenburg (dieses seit 1956) *Jürgen Pietsch* berufen, der freilich dieses Amt auch schon seit dem 1. April 1963 versah. Auch die Finanzverwaltung wurde ihm übertragen. Der Neuaufbau und die eigene Konsolidierung des Werkes sind weitgehend seinen Initiativen zu verdanken. Er verstarb noch mitten in der Arbeit stehend am 7. Februar 1978. An seine Stelle trat, ebenfalls in der Funktion des Landesgeschäftsführers von Berlin-Brandenburg, der Berliner Pfarrer *Sigward Kädtler*, der beide Funktionen neben seinem Pfarramt versieht. Um die Zentrale auch finanziell arbeitsfähig zu machen, verpflichteten sich die Landesverbände in jener Vereinbarung zur Zahlung einer jährlichen Umlage aus ihrem eigenen Haushalt.

II. Ein Schlußstrich und neue Aufgaben

Eine der ersten Aufgaben der nun eigentlich etablierten Zentralen Arbeitsleitung war negativer Art. Es galt, einen Schlußstrich zu ziehen unter einen besonderen Arbeitszweig, der einst erhebliche Wirkungen nach außen zeigte, inzwischen aber total zum Erliegen gekommen war: die *Schwesternschaft des Evangelischen Bundes*, jedenfalls soweit sie den Bereich der DDR betraf. Die Schwesternschaft war 1901 mit klar umrissenen Zielen als fester Verband mit Vereinscharakter gegründet worden und hatte eine segensreiche diakonische Tätigkeit entfaltet. In Dessau verfügte sie über ein eigenes Mutterhaus, seit 1927 über ein Krankenhaus mit mehreren Spezialabteilungen sowie ein Pfarrhaus. Sämtliche Gebäude fielen am 7. März 1945 einem Bombenangriff zum Opfer. Das Krankenhaus konnte nicht wieder aufgebaut werden, die Schwestern wurden in anderen diakonischen Bereichen eingesetzt, die Ausbildung von Nachwuchs wurde eingestellt. Die Folge davon war, daß es bereits Anfang der sechziger Jahre auf dem Gebiet der DDR nur mehr inaktive Schwestern gab, was jedoch bedeutete, daß hier die Schwesternschaft als eingetragener Verein nicht mehr satzungsgemäß tätig war. Hinzu traten wachsende finanzielle Verpflichtungen aufgrund alter Schulden. So mußten, wenn auch schweren Herzens, harte Konsequenzen gezogen werden. 1966 wurde durch notariellen Vertrag das gesamte Vermögen mit allen Liegenschaften, Activa und Passiva auf den Anhaltischen Landesverband für Innere Mission in Dessau übertragen und sodann auch die Schwesternschaft aufgelöst.[2] Damit hatte ein Rest alten vereinsmäßigen Wirkens, das noch ganz den Grundsätzen aus der Blütezeit des Evangelischen Bundes und seines Charakters als einer auf vielen Gebieten auf Breitenwirksamkeit bedachten Organisation verpflichtet war, zu bestehen aufgehört.

Dafür aber erwuchsen durch die Besinnung auf den eigentlichen Auftrag neue Arbeitsfelder. Anknüpfend an schon bestehende Strukturen wie die sogenannte Wissenschaftliche Abteilung des Evangelischen Bundes, die allerdings in den Landesverbänden in der DDR nicht zur Entfaltung gekommen war, sowie an Vorbilder wie das 1947 in Bensheim gegründete Konfessionskundliche Institut wurde auch in der Arbeit des Evangelischen Bundes in der DDR über die Möglichkeit einer Intensivierung der *wissenschaftlichen Tätigkeit* nachgedacht.

Erste Überlegungen (schon 1960), initiiert vor allem durch die Verantwortlichen des Evangelischen Bundes in Berlin-Brandenburg, gingen in die Richtung, in der DDR gleichsam eine Außenstelle jenes Konfessionskundlichen Institutes zu gründen. Schließlich wurde es aber doch ein selbständiges Werk der Berlin-Brandenburgischen Landeskirche, das *Johann-Gerhard-Institut*, das in engem Kontakt zum Evangelischen Bund stehen sollte. Die schon am 14. Juni 1960 von der Kirchenleitung der Evangelischen Kirche in Berlin-Brandenburg beschlossene Ordnung des Werkes hielt fest, daß das Institut „aus der Arbeit des Evangelischen Bundes in der Deutschen Demokratischen Republik erwachsen" sei, und regelte den ferneren Zusammenhalt durch eine starke Repräsentanz des Evangelischen Bundes im Kuratorium des Instituts (sieben von dreizehn Mitgliedern). Der Evangelische Bund leistete auch einen namhaften Beitrag zum Haushalt. Am 6. Oktober 1960 trat das Kuratorium zu seiner ersten Sitzung zusammen und wählte Prof. Dr. *Walter Elliger* zu seinem Vorsitzenden.

Die weitere Entwicklung zeigte freilich, daß sich die ursprünglichen Erwartungen, das Johann-Gerhard-Institut könnte für die Arbeit in der DDR die Funktion des Bensheimer Instituts erfüllen (noch 1962 als Zielvorstellung ausgesprochen), nicht in erhofftem Maße bestätigten. Der Referent des Instituts, Pfarrer *Ernst-Heinrich Staak*, konzentrierte die Arbeit allzu stark auf Fragen der *weltanschaulichen Auseinandersetzung* und des Atheismus. Zwar hatten diese früher durchaus auch zum Aufgabenbereich des Evangelischen Bundes gehört. Sie konnten jedoch, auch unter den Bedingungen der weltanschaulichen Diskussion in der DDR,

[2] Eintrag v. 6. Januar 1967.

nur ein Feld neben anderen sein. Je länger, um so mehr machten sich somit Loslösungstendenzen bemerkbar. Ihnen sollte nach einem ersten Plane dadurch begegnet werden, daß ein weiterer hauptamtlicher Mitarbeiter speziell für den Catholica-Bereich eingestellt würde. Bald richtete sich das Bemühen aber doch darauf, eine eigene Forschungsstelle für diesen Hauptzweig der Arbeit zu gründen, was andererseits zugleich bedeutete, das Johann-Gerhard-Institut mit seiner speziellen Aufgabenstellung nun ganz aus dem Zusammenhang mit dem Evangelischen Bund zu ‚entlassen'.

III. Wissenschaftliche Forschung

Nach jetzt sehr viel komplizierteren und aufwendigeren Beratungen mit gesamtkirchlichen Dienststellen konnte am 1. Januar 1965 die *Konfessionskundliche Forschungsstelle* ihre Arbeit aufnehmen. Als Leiter wurde der damals schon durch Arbeiten besonders über die Theologie des *Thomas von Aquin* als Fachmann für katholische Theologie bestens ausgewiesene sächsische Pfarrer Dr. habil. *Ulrich Kühn* berufen. In einem Grundsatzreferat im Rahmen einer Feierstunde zur Eröffnung am 4. Februar „Die Aufgabe evangelischer Selbstbesinnung angesichts des gegenwärtigen Katholizismus" benannte er zwei Motive konfessionskundlicher Arbeit heute: die „Sorge um die Zerissenheit des Leibes Christi und den Wunsch, zu ihrer Überwindung beizutragen und damit dem Gebot Christi und des Paulus Mahnung zu entsprechen" sowie die Nötigung zur Selbstbesinnung vor dem Bild der Wirklichkeit des Gegenübers. Als Themen einer evangelischen Selbstbesinnung stellte er besonders heraus: die Rechtfertigungsfrage, den Gottesdienst, den Willen zur Kirche und eine ständige Überprüfung des Willens zur Einheit.

Sitz der Forschungsstelle war zunächst noch Leipzig. Erst später erfolgte die Etablierung in Potsdam, dem Sitz der Zentrale und auch dem Standort der Bibliothek,die nach und nach aus bescheidenen Anfängen mit Schwerpunkt Catholica aufgebaut wurde. Zur ständigen Beratung und fördernden Mitarbeit wurde ein wissenschaftlicher Beirat mit Vertretern aus verschiedenen theologischen Diziplinen berufen.

Die Gründung der Forschungsstelle bedeutete durchaus eine Innovation: Zwar wurde des öfteren, zumal in der Anfangsperiode, ihre Selbständigkeit betont. Davon konnte jedoch weniger und weniger die Rede sein. Sie löste die bisherige – zumindest theoretische – Aufteilung der Arbeit zwischen einer praktischen und einer wissenschaftlichen Abteilung des Evangelischen Bundes ab, indem sie selber zum wissenschaftlichen Impulsgeber, ja, zu einem der wichtigsten Organe für die *Gesamtarbeit des Werkes* wurde. Sie markiert zum anderen in besonders augenfälliger Weise die gewandelte Situation im interkonfessionellen Verhältnis, die seit dem Zweiten Vatikanischen Konzil eingetreten war, und den Willen des Evangelischen Bundes, diesem allseitig Rechnung zu tragen. In jenem

Referat und gerade mit dieser Fragestellung umriß *Kühn* nicht nur die jetzt anstehenden großen Aufgaben der neuen Forschungsstelle und des Evangelischen Bundes überhaupt. Er unterstrich zugleich damit die Notwendigkeit einer grundsätzlich anderen Methode im Umgang der Kirchen miteinander: nicht mehr Polemik, sondern Partnersuche; wobei kritische An- und Rückfragen stets sich selber mit einschließen.

Von einigem Belang war aber auch die Lösung der sehr viel ‚profaneren', aber für die Existenz der Forschungsstelle schlechthin entscheidenden Frage ihrer Finanzierung. Diese wurde so geregelt, daß durch Rundschreiben der EKD-Kirchenkanzlei für die Gliedkirchen in der DDR vom 16. Dezember 1964 alle Gliedkirchen aufgefordert wurden, sich gemäß einem beigefügten Schlüssel an dem Haushalt der Forschungsstelle zu beteiligen. Bedeutungsvoll war dieses insofern, als damit nicht nur der Haushalt als solcher gesichert wurde, sondern daß dieses von den Kirchen aus geschah und sich die Kirchenkanzlei als aktive Instanz unmittelbar dahinter stellte. Damit waren für die Zukunft entscheidungsträchtige Zuordnungen geschaffen.

Seit Gründung der Forschungsstelle geschieht die Arbeit der Zentrale des Werkes praktisch unter der wissenschaftlichen Verantwortung des Theologischen Referenten. An erster Stelle in der Reihe der Aktivitäten stehen die schon seit 1962 regelmäßig durchgeführten *Seminare für Theologen* nicht nur der evangelischen Kirche. Bis 1985 wurden insgesamt 40 derartige Veranstaltungen von jeweils dreieinhalb bis vier Tagen durchgeführt. In ihrem Mittelpunkt stehen sowohl Probleme der speziellen katholischen Lehrentwicklung (Ergebnisse des Zweiten Vatikanischen Konzils, Synoden, Codex Iuris Canonici, konfessionsverschiedene Ehe und anderes) und des interkonfessionellen Dialogs (etwa Amt, Eucharistie) wie auch in festen Abständen Themen aus dem Bereich der Religiösen Gemeinschaften. Seitens der Kirchen wurden diese Seminare in ihr eigenes Weiterbildungsprogramm aufgenommen. Aus einem dieser Seminare erwuchs eine spezielle Arbeitsgruppe „Theologie und Recht", die über Jahre hinweg das einzige derartige Gremium darstellte, in dem kirchenrechtliche Probleme über die konfessionellen Grenzen hinweg bedacht wurden.[3]

IV. Vermittlung in die Gemeinde

An eine breitere kirchliche Öffentlichkeit wendet sich das Werk mit seinem *„Informationsdienst"*. In hektographierter Form erschien im Januar 1966 die erste Nummer im Umfang von 32 Seiten. Seitdem folgten regelmäßig vier entsprechende Lieferungen im Jahr. Theologische Aufsätze, Rezensionen, aktuelle Informationen und nicht zuletzt Wiedergaben von

[3] Die Arbeitsgruppe war offen für Interessenten, speziell Kirchenjuristen aus allen Landeskirchen und auch aus der röm.-kath. Kirche.

Dokumenten im Wortlaut waren und sind die inhaltlichen Schwerpunkte. Aktiv wurde die Forschungsstelle weiterhin in Vorträgen, auch im Bereich der Landesverbände. Über den Rahmen des Evangelischen Bundes und der evangelischen Kirchen in der DDR hinaus wirkte auch die Informations- und Dokumentationsarbeit, z.B. in Verbindung mit der Theologischen Literaturzeitung. Der Leiter der Forschungsstelle *Kühn* gehörte zu den Herausgebern der Internationalen Ökumenischen Bibliographie, deren erster Band 1967 erschien. Aus der Arbeit resultieren mehrere beachtete Publikationen, etwa zu Rechtsfertigungslehre[4], Christologie[5] und Zweitem Vatikanischen Konzil.[6]

Im Jahre 1968 gesellte sich zum „Informationsdienst", der sich ganz auf den Catholica-Bereich konzentrierte, ein weiterer für den sich mehr und mehr erweiternden zweiten Bereich der Arbeit der (damals noch so genannten) *Sektenkunde*.[7] Diese ebenfalls hektographierten Nachrichten und Kommentare brachten in loser Folge Informationen aus dem Leben und Wirken der wichtigsten in der DDR ansässigen Religiösen Gemeinschaften (Sekten). Inhaltlich verantwortete sie zuerst der diesem Arbeitszweig des Evangelischen Bundes besonders verpflichtete damalige Rektor der Predigerschule Paulinum, Dr. *Reinhold Pietz*. Durch diesen wurde auch die Tätigkeit eines gesamtkirchlichen, ursprünglich von der Vereinigten Evangelisch-Lutherischen Kirche getragenen Arbeitskreises über Religiöse Gemeinschaften in das Arbeitsprogramm des Evangelischen Bundes eingebracht. Obwohl auch der Kreis später der Theologischen Studienabteilung angeschlossen wurde (was noch zu berichten bleibt), werden Arbeitsergebnisse und Handreichungen weiterhin vom Konfessionskundlichen Arbeits- und Forschungswerk herausgegeben.[8]

Effektiv wurde die Forschungsstelle seit 1967 durch die Vergabe eines jeweils einjährigen *Stipendiums* für einen jungen Theologen zur Förderung einer wissenschaftlichen Arbeit im Hinblick auf die Promotion oder eine anders geartete Qualifizierung auf dem Gebiet der Konfessionskunde. Bis 1985 haben insgesamt dreizehn Absolventen der Theologie dieses Stipendium erhalten; sechs von ihnen gelangten bisher zur Promotion; andere Arbeiten sind noch nicht abgeschlossen. Mehrere der so geförderten Theologen bekleiden inzwischen verantwortliche Positionen im Konfessionskundlichen Arbeits- und Forschungswerk.

Schließlich ging von der Forschungsstelle und überhaupt dem Evangelischen Bund auch die Initiative zur Bildung eines *Ökumenisch-Theologi-*

---

[4] *Kühn/Pesch*: Rechtfertigung im Gespräch zwischen Thomas und Luther, Berlin 1967.

[5] Vf. (Hg.): Die Frage nach Jesus Christus im ökum. Kontext. Vier Vortr. zur gegenwärtigen Christologie, Berlin 1980.

[6] *Kühn*: Die Ergebnisse des II. Vat. Konzils, Berlin 1967.

[7] „Sektenkundliche Mitt."; ab Nr. 16/1973 „Rel. Sondergemeinschaften – Nachrichten und Komm."; ab Nr.31/1981 „Rel. Gemeinschaften – Nachrichten und Komm.".

[8] Rel. Sondergemeinschaften, Berlin 1979²; völlig neubearb. in Einzellieferungen Berlin 1982ff³.

schen Arbeitskreises aus (1966). Paritätisch zusammengesetzt aus evangelischen und katholischen theologischen Hochschullehrern dient er dem Zweck des gemeinsamen Nachdenkens und der Verständigung über gemeinsam relevante theologische Themen wie Amtsverständnis[9], Augsburger Bekenntnis[10] und Frühkatholizismus.[11]

Eine gewisse personelle Erweiterung der Forschungsstelle bedeutet die *Berufung eines Referenten*, des provinzsächsischen Pfarrers Dr. *Reinhold Gallinat*, neben dem Leiter *Kühn*. Dessen Berufung zum Dozenten für systematische Theologie am Sprachenkonvikt in Berlin und später an das Theologische Seminar Leipzig hatte aber seine Tätigkeit für die Forschungsstelle erheblich reduziert, so daß zur Gewährleistung der Arbeitsfähigkeit der Forschungsstelle eine Erweiterung unumgänglich war. Zugleich wurde durch die Unterscheidung der Funktionen von Leiter und Referent erreicht, daß die Erfahrungen und theologischen Potenzen von *Kühn* weiterhin der Arbeit der Forschungsstelle zugute kamen. Erst 1972 legte *Kühn* zusammen mit dem Ausscheiden von *Gallinat* auch seine formelle Leitungstätigkeit nieder. Mit dem zum 1. September 1972 neu berufenen bisherigen Berliner Pfarrer Dr. habil. *Hubert Kirchner* waren wiederum alle Funktionen in einer Hand vereinigt.

Über die Aktivitäten der Zentrale dürfen jedoch nicht die der *Arbeitsgruppen in den Landeskirchen* vergessen werden. In jeder Landeskirche (für die Kirchenprovinz Sachsen und Anhalt gemeinsam) gibt es eine eigene Arbeitsleitung, die selbstverständlich in Fühlungnahme und Abstimmung mit der Zentrale und den anderen Arbeitsgruppen ihre eigene Schwerpunkte setzt. Dabei sind die jeweiligen Strukturen keineswegs überall die gleichen. Die Basis bilden fast durchweg beauftragte Vertreter in den Kirchenkreisen beziehungsweise Ephorien (Konventen). Ihnen obliegt die Vermittlung von Informationen und Materialien sowie gegebenfalls in Verbindung mit den Verantwortlichen der Kirchenkreise auch die Organisation besonderer Veranstaltungen. In mehreren landeskirchlichen Arbeitsgruppen existieren ständige Arbeitsgemeinschaften sowohl für den Catholica-Bereich wie für den der Religiösen Gemeinschaften. Frucht dieser Arbeitsgemeinschaften sind häufig Vorträge in Gemeinden, zuweilen geschieht hier aber auch Zuarbeit für gesamtkirchliche Unternehmungen (Weiterbildungsveranstaltungen) und gutachterliche Tätigkeit. In der Evangelisch-Lutherischen Landeskirche Sachsens wird alle zwei Jahre eine größere „Landestagung" mit Vorträgen in vielen Gemeinden durchgeführt. Seitens dieser Arbeitsgruppe erscheinen auch – neben den Informationen aus der Zentrale – *eigene Mitteilungen*[12], während die Arbeitsgruppe Sachsen-Anhalt jährlich noch ein eigenes Seminar durchführt.

---

[9] Thesen zum Amtsverständnis (1974), in: ZdZ 29, 1975, 81-84.

[10] *Fritz Hoffmann/Kühn* (Hg.): Die CA im ökum. Gespräch, Berlin 1980.

[11] *Joachim Rogge/Gottfried Schille* (Hg.): Frühkatholizismus im ökum. Gespräch, Berlin 1983.

[12] früher „Wächterdienst"; ab 1971 „Konfessionskundliche Mitteilungen".

V. Fünf wesentliche Weiterentwicklungen

Mitten in der Phase der Neuentfaltung des Evangelischen Bundes in der DDR erschienen jedoch – für manchen überraschend – Anzeichen einer neuen kritischen Periode; kritisch nicht im Sinne einer totalen Infragestellung, aber doch im Sinne einer wiederholten Neubesinnung auf Aufgaben und Vermögen, Standort und Ziel.

Im Jahre 1969 hatten sich die acht evangelischen Landeskirchen in der DDR zum *Bund der Evangelischen Kirchen in der DDR* zusammengeschlossen. Seitdem wurde verstärkt darüber nachgedacht, auf welche Weise die damit gewonnene neue Gemeinschaft vertieft und gefestigt, zugleich aber die verschiedenfachen Aktivitäten innerhalb der Gliedkirchen und des Bundes effektiver gestaltet werden könnten. Im Zusammenhang damit fanden ebenfalls mehrfache Gespräche mit den Vertretern der Zentralen Arbeitsleitung des Evangelischen Bundes über die Zukunft des Werkes und die weitere Arbeit auf den verschiedenen Ebenen und in den Bereichen (Landeskirchen) statt. Dabei wurde nun auch manches bisher verdeckte oder einfach übersehene Problem der Begründung und notwendigen Konzentration der Arbeit offengelegt. Die schließlichen Ergebnisse dieser Gespräche und regelrechten Verhandlungen waren vielfältig und teilweise auch einschneidend:

1) Am 22. September 1971 beschloß die Zentrale Arbeitsleitung die Änderung des bisherigen Namens des Werkes Evangelischer Bund in *Konfessionskundliches Arbeits- und Forschungswerk (Ev. Bund).* Damit sollte keineswegs von der bisherigen Geschichte und Arbeit abgerückt werden. Aber die erklärten Intentionen des Werkes und damit überhaupt das Selbstverständnis als Werk der Kirche sollten deutlicher sichtbar werden. Schon länger hatte man dem Namen Evangelischer Bund den erklärenden Zusatz beigefügt: Konfessionskundliches Arbeitwerk. Daraus wurde nun der neue Name.

2) Am 18. November 1971 wurde ein gemeinsamer Beschluß des Bundes der Evangelischen Kirchen in der DDR und der Zentralen Arbeitsleitung des Konfessionskundlichen Arbeits- und Forschungswerkes (Ev. Bund) gefaßt, der für die Arbeitsbereiche Catholica-Forschung und der konfessionskundlichen Dokumentation und Information eine *enge Zusammenarbeit* zwischen dem Bund der Evangelischen Kirchen und dem Konfessionskundlichen Arbeits- und Forschungswerk ordnete.

3) Mit Datum vom 30. Januar 1973 wurde der *Rechtscharakter* des Werkes *neu bestimmt*. Durch Erklärung seitens des Bundes der Evangelischen Kirchen wurde es formell als Werk der Evangelischen Kirche und in Rechtsträgerschaft des Bundes der Evangelischen Kirchen in der DDR stehend anerkannt.

4) Dementsprechend konnte nun auch nach Diskussionen und Vorarbeiten seit 1971 eine den neu gewonnenen *Zielstellungen, Arbeitsebenen* und rechtlichen Strukturen entsprechende Ordnung des Werkes

beschlossen werden. Sie wurde von der Zentralen Arbeitsleitung am 5. Februar 1974 verabschiedet und im Januar 1975 von der Konferenz der Evangelischen Kirchenleitungen bestätigt. Länger als zehn Jahre hatte das Werk also ohne eine eigene rechtlich verbindliche Form nach innen und auch ohne eine entsprechende Fundierung nach außen, vor allem im Verhältnis zu den Kirchen und deren Zusammenschlüssen, gearbeitet, allein gestützt auf sehr viel ältere Kundgaben und Regelungen – wiederum ein Beweis dafür, wie wenig mit der Gründung des Werkes daran gedacht war, etwas Neues zu errichten.

5) Am einschneidendsten für das Werk und seine weitere Arbeit war die Gründung der *Theologischer Studienabteilung* beim Bund der Evangelischen Kirchen. Ebenfalls schon seit Jahren bedacht, faßte die Konferenz der Evangelischen Kirchenleitungen am 10. November 1973 einen dahingehenden Beschluß, der die bestehenden Einzeleinrichtungen theologischer Studienarbeit „zur besseren Ausnutzung der vorhandenen Kapazitäten im Interesse einer Konzentration auf notwendige Studienziele und zur Ermöglichung von Einsparungsmaßnahmen auf finanziellem und personellem Gebiet“ zusammenfaßte. Eine dieser Einrichtungen war die Konfessionskundliche Forschungsstelle, die damit also – mit Wirkung vom 1. Januar 1974 – als solche aufgelöst und als ein Fachreferat in die neue Abteilung beim Bund eingegliedert wurde. Um aber zu gewährleisten, daß damit nicht wichtige Ergebnisse der Entwicklung seit 1960 wieder rückgängig gemacht werden, sicherte eine spezielle Vereinbarung zwischen dem Bund der Evangelischen Kirchen und dem Konfessionskundlichen Arbeits- und Forschungswerk die bleibende Zuordnung und direkte *Verzahnung der Aufgabenstellung und Arbeitsabläufe*. Die neue Ordnung des Werkes von 1974 konnte dem schon Rechnung tragen. Trotz der Kompliziertheit der so geschaffenen Struktur bestätigte das Ergebnis doch die Richtigkeit des damit eingeschlagenen Weges. Es wurde erreicht, das Werk stärker in die gesamtkirchliche Arbeit einzubinden; gleichzeitig blieben die eigenen Arbeitsstrukturen in Zentrale und regionalen Arbeitsgruppen, in Seminaren und Arbeitsgemeinschaften sowie der periodischen Publikation von Materialien gesichert.

VI. Fast ein Jubiläum

So ist – nach nunmehr 25 Jahren – manches anders geworden. Vieles unterscheidet das Konfessionskundliche Arbeits- und Forschungswerk von dem früheren Evangelischen Bund. Es hat den Vereinscharakter total abgestreift. Es ist bewußt ein Werk der Kirche, weiß sich von ihr getragen und zugleich ihr verpflichtet. Es will ihr auf seine Weise dienen zur Entfaltung ihrer ökumenischen Existenz. Sein neuer Name ist sein *Programm: Konfessionskundliche Arbeit und Forschung*. Die Ordnung faßt die Ziele in wenigen Sätzen zusammen: „Es vermittelt Ergebnisse der wissenschaftlichen Forschungsarbeit auf dem Gebiete der Konfessionskunde (römisch-katholische Kirche und Theologie sowie andere christliche und nicht-christliche Glaubensgemeinschaften) im Zusammenhang mit den religiösen und geistigen Äußerungen der Zeit in wissenschaftlichen Seminaren, Arbeitskreisen, auf Konventen kirchlicher Mitarbeiter, bei Gemeindeveranstaltungen, durch Veröffentlichungen. Die gesamte Arbeit dient dem Ziel, die evangelischen Christen zur verantwortlichen Selbstbesinnung zu rufen."[13] In der Bildung der Forschungsstelle mit all ihren Einrichtungen und der späteren vertraglichen Verbindung mit der Theologischen Studienabteilung beim Bund der Evangelischen Kirchen schuf es sich und den Kirchen ein Arbeitsinstrument, das diesen Zielen mit hoher Effektivität bei vergleichsweise bescheidenem Aufwand förderlich sein kann.

Freilich war, weil in der Konsequenz dieses Ansatzes liegend, damit unverzichtbar eine Schwergewichtsverlagerung verbunden. Mit der Bildung und Stärkung der Zentrale (einschließlich der Forschungsstelle) und ihrer Aktivitäten trat die Arbeit in den *Gliedkirchen* doch etwas zurück. Wohl gilt der Satz, daß das Werk „seine Tätigkeit durch seine selbständigen Arbeitsgruppen in den Gliedkirchen ausübt"[14], und die Zusammensetzung der Zentralen Arbeitsleitung unterstreicht dasselbe auf ihre Weise. Aber jener Satz der Ordnung gilt nicht ausschließlich. Tätig ist – wie geschildert – gerade auch die Zentrale, so daß viele zuerst hieran denken, wenn vom Konfessionskundlichen Arbeits- und Forschungswerk die Rede ist. So ist das Verhältnis nicht immer ausgewogen. Es wird verstärkter Anstrengungen bedürfen, die sich hier andeutenden *Zentralisierungstendenzen* nicht übermäßig zur Entfaltung kommen zu lassen. Denn gerade dieses ist eine Chance des Werkes, beides im Blick zu haben, die*Situation vor Ort* und den übergreifenden Rahmen. Keines darf ohne das andere gesehen werden. Jedes bedarf der Erfahrungen des anderen. Das Konfessionskundliche Arbeits- und Forschungswerk kann eine Ebene sein des Umschlages und der Vermittlung.

Eine Schwergewichtsverlagerung bedeutet auch die verstärkte Hinwendung zur wissenschaftlichen Theologie. Wohl werden nach wie vor auch Gemeinden erreicht in Vortragsabenden, Gottesdiensten mit Gastpredigern zu besonderen Anlässen und Beratung, jedoch kaum mehr mit Schrifttum. Es werden auch immer wieder spezielle Angebote für kirchliche Mitarbeiter (Kirchenmusiker, Juristen) gemacht, um auch diesen für ihren speziellen Dienst die notwendigen Informationen und Impulse zu vermitteln. Die eigentliche Zielrichtung der Arbeit aber sind die *mittlere theologische Ebene der Pfarrer*, die verschiedenen kirchlichen Gremien und auch *Leitungsstellen* sowie das ganze Feld der theologischen Fachdis-

---

13 Ordnung, §1 Abs.3.

14 ebd., §1 Abs.1.

ziplin *Konfessionskunde*. Speziell für die mittlere theologische Ebene ist das Konfessionskundliche Arbeits- und Forschungswerk ein Instrument der Beobachtung, der Information, des Gesprächs über die Grenzen der eigenen Konfession und Kirche hinaus und der Weiterbildung, um ein solches Gespräch erst einmal zu ermöglichen. Und dies ist umso dringlicher, als das Lehrfach Konfessionskunde in der theologischen Ausbildung oft nicht den gebührenden Raum einnimmt.

VII. Auf reformatorischer Grundlage frei für das Miteinander

Eine Schwergewichtsverlagerung bedeutet es nicht zuletzt auch, daß neben dem traditionellen Catholica-Bereich die Religösen Gemeinschaften einen hohen Anteil an Aufmerksamkeit binden. Das Konfessionskundliche Arbeits- und Forschungswerk steht damit *einerseits* deutlich inmitten der ökumenischen Entwicklung der Kirche, insofern auch hier das Gespräch, die Begegnung und partiell auch die Kooperation[15] den Umgang miteinander bestimmen. *Andererseits* liegt natürlich diese Erweiterung des Arbeitsfeldes in der Konsequenz der spätestens durch die Neufassung des Namens erklärten konfessionskundlichen Zielrichtung.

Wichtiger jedoch als diese mehr formellen Aspekte ist die inhaltliche Orientierung, die all dieses erfüllen muß. Sicher wird es immer auch darum gehen, ‚Interessen zu wahren'. Als Werk der Kirche steht das Konfessionskundliche Arbeits- und Forschungswerk zum Bekenntnis dieser Kirche und das heißt zu ihrer *reformatorischen Grundlegung*, was wiederum bedeutet, diese Grundentscheidung im ökumenischen Gespräch gebührend einzubringen wie andererseits von hier aus ständig neu zur Selbstbesinnung in Kirche und Gemeinden beizutragen.

Nicht immer gelang und gelingt es, das Wollen und die erklärten Ziele so deutlich zu machen, daß die Angesprochenen, Gemeinden, Pfarrer und auch kirchenleitende Instanzen das Angebot des Konfessionskundlichen Arbeits- und Forschungswerkes auch tatsächlich und im gewünschten und möglichen Umfang akzeptieren und sich seiner bedienen. Der völlig offene *Angebotscharakter der Arbeit* enthält einerseits die Forderung, durch Qualität zu überzeugen, wie andererseits die Möglichkeit, bewußt oder unbewußt ganz daran vorüberzugehen. Das schafft Bedingungen, die das Werk mit manchem anderen Arbeitsvorhaben in der Kirche teilt, denen jedoch nicht immer und in jeder Hinsicht entsprochen werden kann. Relativ lange hielten sich auch alte Ressentiments, die zuweilen sogar dazu führten, den ökumenischen Gedanken regelrecht gegen die Arbeit des Werkes ins Feld zu führen.

[15] z.B. in der Arbeitsgemeinschaft Christl. Kirchen, der sich inzwischen auch einige der lange Zeit als ‚klass. Sekten' eingestuften Gemeinschaften angeschlossen haben (Gemeinschaft der Siebenten-Tags-Adventisten).

An dieser Stelle ist nun auf das Anliegen der Kontinuität zurückzukommen. Es hat äußerlich einen kleinen Anhalt in dem Namenszusatz: Ev. Bund. Dieser Zusatz ist nicht ein verschämtes Zugeständnis an nostalgisch bestimmte Gemüter. Er ist auch mehr als ein schwacher Ausdruck des Dankes für die bleibende Verbindung des Werkes in der DDR mit dem Evangelischen Bund in der BRD, für die brüderliche Gemeinschaft, die immer wieder erfahren wird, und für die wissenschaftliche Förderung durch dessen Konfessionskundliches Institut in Bensheim. Er ist erst recht kein taktisches Vehikel, um solche Verbindung zu gewährleisten. Er ist vielmehr Ausdruck der Überzeugung, daß jenes Ziel des Evangelischen Bundes, die evangelischen Christen zur *Selbstbesinnung* zu rufen – und das kann doch nur heißen: zum *Evangelium* – bleibend das Ziel auch unseres Werkes ist, aber nun nicht *gegen* andere Bekenntnisse, sondern mit ihnen zusammen suchend nach der angemessensten Weise. Das fordert auf zum Hören. Das fordert auf zum Gespräch. Das fordert heraus zu kritischen Rückfragen. Aber das trennt nicht, sondern bindet geradezu an den anderen als Partner der Wahrheitssuche.

Denn die Wahrheit ist nicht abstrakt, nicht verfügbar in zeitloser Reinheit. Das gemeinsame Nachdenken über *Martin Luther* anläßlich seines 500. Geburtstages 1983 könnte wegweisend sein. Gerade ein katholischer Autor und *Luther*-Forscher, *Otto Hermann Pesch*, hat es deutlich unterstrichen: Es geht nicht darum, Sätze, Erkenntnisse und Standpunkte ständig neu zu zitieren. Gerade *Luthers* Theologie sei „eine Phase des unabschließbaren ‚hermeneutischen Prozesses'", „eine neue Station jenes Geschehens, in dem der Glaube sich stets neu auf die Verstehensbedingungen der Zeit einläßt, in der er lebt."[16]

Ecclesia semper reformanda – *Reform ist die ständige Aufgabe der Kirche*. Diese Erkenntnis ist eingegangen in der Barmer Theologische Erklärung von 1934, sie wurde unter bitteren Begleitumständen im Kirchenkampf der Nazizeit vertieft, und sie trat nicht zuletzt aus dem Zweiten Vatikanischen Konzil neu nach vorn. Weit entfernt, protestantisches Sondergut zu sein, ist es gerade sie, die die großen christlichen Konfessionen verbindet. Wir dienen dieser Erfahrung, indem wir die gemeinsame Erkenntnis fördern und das gemeinsame verbindliche Gespräch mit der Tradition. In diesem Sinne geschieht die Arbeit des hier dargestellten Werkes. Es ist getragen von der Gewißheit, solchermaßen heute und an seinem Platze den Intentionen der Gründer des Evangelischen Bundes am besten zu entsprechen.

---

[16] Hinführung zu Luther, Mainz 1982, 357 S., hier 45.

Gustav Reingrabner

Der Evangelische Bund und die Los-von-Rom-Bewegung in Österreich

Die innere und äußere Festigung des Katholizismus gegen Ende des 19. Jahrhunderts, die nicht nur eine neue Ausrichtung auf Rom brachte, sondern auch zu Lasten des Deutschtums und des Protestantismus zu gehen schien, führte zur Bildung einiger Gegenbewegungen. Sie vermochten zwar weder einzeln noch insgesamt die Position der römisch-katholischen Kirche zu erschüttern, führten aber doch zur inneren und äußeren Stärkung des Protestantismus und zur Ausbildung eines neuen, ‚protestantischen' Bewußtseins. Das ging freilich nur um den Preis einer Verschärfung und Zuspitzung der interkonfessionellen Gegensätze. Zwei dieser Bewegungen, der 1886 in Deutschland (und 1903 in Österreich) gegründete Evangelische Bund und die seit 1897 wirksame Los-von-Rom-Bewegung, trafen in den habsburgischen Ländern zusammen und gingen durch einige Jahre ein Stück ihres Weges gemeinsam.*

I. Los von Rom!

Beim ‚Deutschen Volkstag' am 12. Dezember 1897 in Wien erscholl dieser Ruf zum ersten Mal. Die Veranstaltung war wie viele andere zu dieser Zeit von der Auseinandersetzung zwischen der Regierung und den ‚Deutschen' in der Monarchie wegen der ‚Sprachenverordnung' geprägt. Ministerpräsident *Kasimir Felix Graf Badeni* hatte unter dem Druck der national-tschechischen Bewegung am 5. April 1897 in Böhmen Tschechisch als zweite Amtssprache zugelassen. Die bereits 1898 wieder aufgehobene Verordnung stand zwar in keiner Beziehung zur römisch-katholischen Kirche, löste aber antiklerikale Emotionen aus.[1]

Vielleicht war die Tatsache, daß in Böhmen tschechisch denkende und sprechende Priester angesichts des Mangels anderer deutsche Pfarren betreuen mußten, dafür ausschlaggebend. Vielleicht war einfach die pro-

---

* Nachf. Beitr. wurde von den Hg. an einigen Stellen gekürzt; in Fortfall gekommen sind u.a. Ausf. zur Gesch. des EB in Österreich und ev. Reaktionen auf die Los-von-Rom-Bewegung; zit. Veröff. des Vf. bieten umfassende Erg.

[1] vgl. *Berthold Sutter*: Die Badenischen Sprachverordnungen, Köln 1965, 2Bde.

nonciert plurinationale Haltung des Katholizismus die Ursache, daß dieser nationalitätenpolitische Anlaß zu einer Bewegung aus der Kirche führte.

Das Wort ‚Los-von-Rom!' prägte der Mediziner *Theodor Rakus*.[2] Er trat zwar kaum mehr als führender Kopf der Bewegung in Erscheinung, blieb aber seiner antikatholischen und deutschnationalen Überzeugung auch später treu.[3] Der Ruf war – vor allem seit ihn der Führer der Alldeutschen Partei, *Georg Ritter von Schönerer*[4], am 5. November 1898 in einer Rede im österreichischen Reichsrat aufgenommen hatte – zur Losung der sich bildenden Bewegung geworden.

Seit etwa 1890 setzte eine – vorerst freilich noch eher bescheidene – Welle des Übertrittes in die evangelische Kirche in Österreich ein. Sie brachte im Jahr 1894 1208 Eintritte (798 in die Kirche Augsburgischen Bekenntnisses und 410 in die Kirche Helvetischen Bekenntnisses), denen lediglich 690 Austritte gegenüberstanden.[5] Nach längeren Vorverhandlungen, die durch nicht gleichlautende Beschlüsse der Generalsynoden A.B. und H.B. des Jahres 1889 erschwert wurden, brachte der Oberkirchenrat mit 21. November 1893, „Bestimmungen für die kirchliche Aufnahme

---

[2] *Georg* oder *Theodor Rakus* promovierte zum Dr. med. und war in Salzburg tätig; er wurde 1912 „wegen Beleidigung des Papsttums zu zehn Tagen Arrest verurteilt, in Innsbruck abgebüßt, Rückkehr nach Salzburg im Triumpfzug" (Ber. über die Hauptversammlung des EB 1912; Exzerpt *Muhr*).

[3] vgl. zur Los-von-Rom-Bewegung und zu ihrer Einordnung in die innere Gesch. der Monachie *Sutter*: Die politische und rechtliche Stellung der Deutschen in Österreich 1848 bis 1918, in: Die Habsburgermonarchie 1848 - 1918 Teilbd. 3/1, Wien 1980, 154ff, v.a. 276ff, sowie *Gerhard May*: Protestantismus und Katholizismus aus dt. Sicht, in: *Robert Kann / Friedrich Prinz* (Hg.): Deutschland und Österreich. Ein bilaterales Gesch.-buch, Wien-München 1980, 223ff, v.a. 232ff.

[4] vgl. die älteren, mit einer ähnlichen Grundhaltung geschriebenen Biographien von *Eduard Pichl*: Georg Schönerer und die Entwicklung des Alldeutschtums in der Ostmark, München 1938[3], 4 Bde. und *Viktor Bibl*: Georg von Schönerer. Ein Vorkämpfer des Großdeutschen Reiches, Leipzig 1942, sowie eine negativ wertende, neuere von *Andrew Whiteside*: Georg Ritter von Schönerer. Alldeutschland und sein Prophet, Graz-Wien-Köln 1981; *Whiteside* hat sich nicht die Mühe gemacht, die Besonderheiten des österr. Protestantismus oder auch die Haltung des EB zu begreifen; die einschlägigen Abschn. seines Buches zeigen durch ihre vielen Oberflächlichkeiten und Ungenauigkeiten (auch in der Terminologie) das relativ geringe Verständnis; so geraten diese Partien trotz einer Fülle von Materialien nicht weniger schief als bei den Lobhudlern von einst.

[5] Von Anfang an sind die Zahlen über die Übertritte, insbes. in den Jahren der Los-von-Rom-Bewegung, je nach dem Standpunkt des Betrachters verschieden hoch genannt worden. Dabei muß auch zwischen den Austritten aus der röm.-kath. Kirche und den Eintritten in die ev. unterschieden werden. Erst seit 1899 liegen die über Weisung des Ev. Oberkirchenrates in Wien (OKR) erhobenen genauen Eintrittszahlen vor (dazu s.u.). Die Zahlen für 1894 nach *Georg Loesche*: Art. Los von Rom-(Ev.) Bewegung in Österreich (Seit 1897) in: RE[2] Bd. 23, 20ff, hier 32. Andere Zahlenangaben bei *Rudolf Vrba*: Österreichs Bedränger. Die Los von Rom-Bewegung. Stud. über politische, rel. und soziale Zustände der Gegenwart, Prag 1903.

von Personen, welche zur evangelischen Kirche A.B., resp. H.B. übertreten" als provisorisches Kirchengesetz zur Verlautbarung.[6]

Für die Deutschen in der Monarchie, die trotz ihrer zahlenmäßigen Minderheit den nationalen Charakter des habsburgischen Reiches nicht verändert sehen wollten, bedeutete jede Einrichtung, die nicht nationale Bestrebungen unterstützte, eine faktische Schwächung ihrer Position. Gerade die katholische Kirche, die durch ihre unmittelbare Verbindung zu einer Partei selbst politische Partei geworden war, schien eine ‚deutsche' Position nicht nur nicht zu unterstützen, sondern zu untergraben.[7]

Die alldeutsche Partei, zunächst der alldeutsche Verein der Deutschnationalen, seit Herbst 1899 der Deutschnationale Verein für Österreich, bildete jenen Kreis, in dem die politische Parole ‚Los von Rom' aufgenommen und weitergetragen wurde. Diese Partei fand darin auch eine Möglichkeit, den Kampf gegen die habsburgische Monarchie weiterzuführen und auszudehnen.[8] Freilich zeigte sich bald, daß in Deutschland selbst nicht die Parole, sondern die religiöse Dimension der Bewegung Unterstützung fand.

Die Unterstützung kam vor allem aus dem EB, der damals bereits rund 100 000 Mitglieder hatte. Dort hatte man schon 1895 festgestellt, daß sich in der Steiermark „eine protestantische Bewegung unter der katholischen Bevölkerung" anbahne.[9] Seit 1897 mehrten sich entsprechende Mitteilungen und Berichte. Der Bundesvorstand nahm zunächst eine abwartende Haltung ein, sah er doch vordergründig die politische Dimension der ‚alldeutsch-antikatholischen' Bewegung. Die Aufmerksamkeit des Vorstandes des EB erregte schließlich auch die Situation in ‚Deutsch-Böhmen'. Der Vortrag des Wuppertaler Kaufmannes *Schlechtendahl* auf der Generalversammlung des Bundes 1897 führte dazu, daß zugunsten der ‚deutsch-böhmischen Bewegung' Gaben eingingen. Man beschloß, zunächst religiöse Schriften nach Böhmen zu senden.

---

[6] Sammlung der allg. kirchl. Verordnungen des k.k. ev. OKR A. und H.B., Jg. 20, 1893, H. 2, Nr. 26. Die 6 Generalsynoden A.B. und H.B. erhoben die provisorische Verfügung dann zum definitiven Gesetz, Sammlung Jg. 23, 1896, H. 2, Nr. 10.

[7] vgl. einerseits die parteiische Schrift von *Karl Hron*: Die Habsburgische Los von Rom-Bewegung. Stud. über die antiösterr. Tendenzen des ultramontanen Klerikalismus, Wien 1901, andererseits den Versuch einer positiven Beurteilung bei *Peter Leisching*: Die röm.-kath. Kirche in Cisleithanien, in: wie Anm. 3, erste Angabe, Bd. 4, Wien 1985, 1ff, v.a. 230ff, sowie *Friedrich Engel-Janosi*: The Church and the Nationalities in the Habsburg Monarchy, in: Austrian History Yearbook 3, 1967, 67ff.

[8] vgl. zunächst *Richard Charmatz*: Österreichs innere Gesch. von 1848 bis 1907 Bd. 2: Der Kampf der Nationen (Aus Natur und Geisteswelt 243), Leipzig 1907, sodann *Paul Molisch*: Gesch. der dt.nationalen Bewegung in Österreich von ihren Anfängen bis zum Zerfall der Monarchie, Jena 1926.

[9] genaue Auswertung der Protokolle der Einrichtungen des EB bei *Lothar Albertin*: Nationalismus und Protestantismus in der österr. Los-von-Rom-Bewegung, (Diss. phil.) Köln 1953; in der Folge wird jedoch lediglich zitiert aus *Fritz von der Heydt*: Gute Wehr; Werden, Wirken und Wollen des EB, Berlin 1936^2, 88ff.

Bereits am 8. Dezember 1897 gab es eine Besprechung in Dresden über weitere Maßnahmen. Nach mehreren Erkundigungsreisen, die vor allem von Pfarrer Lic. *Paul Bräunlich* unternommen wurden, setzte der EB bei seiner Hauptversammlung im Herbst 1898 in Magdeburg einen ‚Ausschuß zur Förderung der evangelischen Bewegung in Österreich' ein.[10] Dieser Ausschuß beauftragte *Bräunlich*, im Spätherbst 1898 eine offizielle Reise nach Österreich zu unternehmen, um die Situation genau zu erkunden. Hier traf er nicht nur mit den Superintendenten der Böhmischen Diözese A.B., *Ithamar Koch*, und der Ascher Diözese A.B., *Albert Gummi*, zusammen, sondern vor allem auch mit *Schönerer.*

Nach der Rückkehr veröffentlichte *Bräunlich* seine beiden ersten „Berichte über den Fortgang des Los-von-Rom-Bewegung", die er im Einvernehmen mit dem Ausschuß des EB im Verlag J.F. Lehmann in München herausgab. *Julius Friedrich Lehmann* zählte selbst zu den Männern, die den EB für ein Engagement in der Los-von-Rom-Bewegung gewinnen wollten.

Schönerer berief am 15. Jänner 1899 eine Versammlung ein, in deren Verlauf er vor rund 800 Teilnehmern erklärte, daß er dann, wenn ihm 10 000 Menschen ihren Austritt aus der römisch-katholischen Kirche mitteilten, diese Erklärungen gesammelt den zuständigen Behörden übermitteln wolle und damit gewissermaßen den Auftakt zu einer allgemeinen Austrittsbewegung aus der römisch-katholischen Kirche geben werde. An dieser, übrigens von der Polizei aufgelösten, Versammlung nahmen auch der Zwickauer Superintendent *Friedrich Christian Meyer*[11] und *Gustav Adolf Schlechtendahl* teil. Kontakt wurde auch mit dem Reichstagsabgeordneten und Rechtsanwalt Dr. *Anton Eisenkolb* aus Aussig aufgenommen, der – zum Unterschied von *Schönerer* – einen positiven Anteil an der ‚evangelischen Bewegung' nahm, die aus der Los-von-Rom-Bewegung erwuchs.

Erst am 31. März 1900 waren *Schönerer* die erwarteten Mitteilungen von 10 000 Austritten aus der römisch-katholischen Kirche zugegangen. Davon hatten aber fast drei Viertel ihren Religionsaustritt bereits persönlich vollzogen und *Schönerer* nur Mitteilung davon gemacht. Der Hauptteil (5519 Personen aus 188 Orten) stammte aus Böhmen, aus dem Gebiet der heutigen Republik Österreich meldeten 2124 Niederösterreicher (aus 31 Orten, Wien eingeschlossen), 1398 Steirer (aus 39 Orten), 158 Ober-

10 ebd., 94; die hiernach genannten Ber. umfaßten 1900 bereits: H.1 *Bräunlich*: Die neueste kath. Bewegung zur Befreiung vom Papsttum, H.2 ders.: Die österr. Los von Rom-Bewegung, H.3 *Otto Everling*: Los von Rom? Eine Studienreise nach Österreich, H.4 *Eugène Réveillard*: Die Los von Rom Bewegung in Frankreich, H.5 *Bräunlich*: Das Fortschreiten der Los von Rom-Bewegung in Österreich.

11 *Meyer*, am 23.November 1911 verstorben, erfuhr eine erste Würdigung durch seinen Schwiegersohn und Zwickauer Pfarrkollegen *Weichelt*: D. Meyer und die ev. Bewegung in Österreich (WartburgHEB 54), Berlin 1912.

österreicher (aus 12 Orten), 101 Salzburger (aus 8 Orten) 99 Kärntner (aus 12 Orten) und 78 Tiroler (aus 7 Orten) ihren Religionsaustritt bei *Schönerer* an.[12]

Mit Jahresbeginn 1899 ordnete der Oberkirchenrat in Wien an, daß die Zahlen der Eintretenden regelmäßig zu melden seien. Er veröffentlichte sie dann in der etwa halbjährlich erscheinenden „Sammlung der allgemeinen kirchlichen Verordnungen".[13] Aus diesen Statistiken ist zu entnehmen, daß es *Schönerer* durchaus gelungen ist, den Großteil der im Jahre 1899 Ausgetretenen in seine Aktion einzubeziehen. Von einer wirklichen Massenbewegung kann keine Rede sein. Die Zahl der aus der römisch-katholischen Kirche Ausgetretenen war sicher höher als die Zahl derer, die den Weg in die evangelische Kirche gefunden haben. Trotz der Beziehung *Bräunlichs und anderer Vertreter des EB zu Schönerer* und zu deutsch-nationalen Abgeordneten trat immer deutlicher die unterschiedliche Zielsetzung zutage: *Schönerer* ging es vorerst um die Schwächung des politischen Katholizismus, vielen im EB um die Stärkung des Protestantismus.

Mit dem Niedergang der Alldeutschen Partei verlor die Los-von-Rom-Bewegung weitgehend ihre politische Bedeutung. Das kam der kirchlichen Orientierung zugute. Nach 1901 stieg zwar die Zahl der in die evangelische Kirche Eintretenden nie auf mehr als 6000 im Jahr an. Bis zum Beginn des Ersten Weltkrieges waren aber regelmäßig Eintrittszahlen von mehr als 4000 zu verzeichnen. 1902 stieg dagegen zum ersten Mal die Zahl der aus der evangelischen Kirche Austretenden auf mehr als tausend an. Das bedeutete, daß der „Zuwachs an Seelen für die evang. Kirche A.B. und H.B." im Jahr jeweils etwas mehr als 3000 betrug. Für die Jahre von 1899 bis 1911 wurde insgesamt ein solcher Zuwachs von 49 115, davon 45 582 aus der römisch-katholischen Kirche, errechnet.[14]

---

[12] wie Anm. 10, H.5, 70.

[13] Erlaß des OKR v. 24.Juni 1899; die Veröff. der ersten Zahlen erfolgte in:Sammlung Jg.26, 1899 H.2, Nr. 69; es wurden die Eintrittszahlen nach Männern, Frauen und Kindern genannt, in jede der beiden Kirchen, aus dem Katholizismus und sonstig gesondert angegeben, sowie die entsprechenden Zahlen der Austritte nach den gleichen Gesichtspunkten; aus diesen Zahlen hat *Loesche*, wie Anm.5, 32f zwei Übersichten zusammengestellt, deren eine die Gesamtzahlen nach Jahren, deren andere die Zahlen nach Superintendenzen enthält.

[14] ebd.; eine Aufgliederung nach Superintendenzen zeigt, daß die nichtdeutschen Gebiete, die rein agrarischen Gebiete und die reformierte Kirche wenig betroffen waren (die folgenden Zahlen nennen die Summe für die Jahre 1899 bis 1911): Superintendenz Wien A.B. (Wien, Niederösterreich, Steiermark, Kärnten); + 26 035, – 4419; Superintendenz Oberösterreich (heutiges Westösterreich): + 2360, – 624; westliche Superintendenz A.B. in Böhmen (deutsche Teile): + 19 777, – 1994;östliche Supertintendenz A.B. in Böhmen (Tschechen): + 906, – 432; mährisch-schlesische Superintendenz A.B. + 5396, – 2114; Wiener Superintendenz H.B.: + 2473, – 728; Böhmische Superintendenz H.B.: + 3888, – 2515. (+-Eintritte;–-Austritte)

II. Hin zum Evangelium!

Von Anfang an mischten sich mit den Aufrufen aus deutsch-nationalen Kreisen, aus der römischen Kirche auszutreten, die Feststellungen, daß dieser oder jener Führer der Bewegung in die evangelische Kirche eintrat; das war am 15. Jänner 1900 auch bei *Schönerer* der Fall. Dementsprechend mißtrauisch wurden seitens der Kirchenleitung in Wien diese Bewegungen beobachtet; die Einführung der Meldepflicht aller Ein- und Austritte ab 1899 geht auf diese Vorsicht zurück. Noch deutlicher wurde der Oberkirchenrat in einem Erlaß vom 19. Jänner 1899, der eine eindringliche Warnung bezüglich der Motivation der Aus- und Übertritte enthielt: „Neueste Mitteilungen der Tagesblätter lassen es zweifellos erscheinen, daß die auf einen Massenaustritt aus der katholischen Kirche abzielenden Bestrebungen nicht auf religiöser Überzeugung beruhen. Da aber die bezügliche Bewegung vielfach auch mit eventuellen Eintritten in die evangelische Kirche in Verbindung gebracht wurde, hält sich der Oberkirchenrat verpflichtet, seiner Erwartung Ausdruck zu geben, daß die Amtsträger der evangelischen Kirche [. . .] den Grundsätzen unserer Kirche, den kirchlichen Vorschriften entsprechend und dessen eingedenk, was die eigene Achtung vor unserer Kirche und deren eigenstes Interesse gebietet, wie bisher jede Übertrittsanmeldung gewissenhaft zu prüfen und dort, wo der Übertritt nicht auf religiöser Überzeugung beruhen sollte, sich ablehnend verhalten werden."[15] Diese Ermahnung stieß innerhalb der Gemeinden auf heftigen Widerspruch, der seitens des ‚Vereins evangelischer Glaubensgenossen A.B. in Wien' am deutlichsten artikuliert wurde.[16] Beabsichtigt war, mit dem Erlaß die deutliche Trennung der kirchlichen Anliegen von den Zielen der alldeutschen Partei zu erreichen.

Dem diente dann auch ein „Erlaß [. . .], betreffend die Teilnahme evangelischer Seelsorger an politischen Parteiversammlungen" vom 17. April 1899. Da evangelische Pfarrer mehrfach nicht nur passiv, sondern auch „in hervorragender Weise" aktiv an politischen Parteiversammlungen teilgenommen hätten, werden die Geistlichen an ihren ‚Prediger-Revers' erinnert. Der Erlaß setzt dann fort: „Es ist einleuchtend, daß Seelsorger bei einer prononcierten Stellungnahme im Kampf der Parteien in Konflikte hineingezogen werden, welche weder dem Ansehen und der Würde ihres hohen, ja heiligen Amtes, noch dem Frieden ihrer Gemeinden [. . .] förderlich sein könne. Im eigensten Interesse unserer Kirche sieht sich der Oberkirchenrat verpflichtet, allen geistlichen Amtsträgern derselben auf das Ernstlichste nahezulegen, der demonstrativen Teilnahme an

---

15 Sammmlung Jg.26, 1899, H.1, Nr.65.

16 vgl. Dokumentation der Vorgänge bei *Capesius*: Die Auflösung des Vereins ev. Glaubensgenossen A.B. in Wien vor dem k.k. Reichsgerichte. Ein Beitr. zur heutigen rel. Bewegung in Österreich, Wien 1900, 48 S.

politischen Partei-Versammlungen, wie überhaupt, so insbesondere aber in dieser ernsten Zeit sich zu enthalten."[17]

Zum wichtigsten Anliegen wurde die Erfassung und Betreuung jener, die Anschluß an die evangelische Kirche gesucht hatten. Der mit der Leitung der Arbeit innerhalb des EB betraute Superintendent *Meyer* schrieb dazu: „Hauptaufgabe ist der Ausbau der evangelischen Kirche in Österreich; diese allein ist befähigt und berufen, die Katholiken für den Protestantismus zu gewinnen. Ihr fehlt es aber an Geld und geistlichen Kräften, um neue Gemeinden zu errichten. Tausende von schon vorhandenen Protestanten sind unversorgt. Es mag aus der Übertrittsbewegung werden, was da wolle, eine ständige Aufgabe für den Evangelischen Bund und Gustav Adolf Verein bleibt, die evangelische Kirche Österreichs lebensfähig zu machen."[18] Damit wurde in vielen Fällen erreicht, daß ein auch nur aus politischen Motiven erfolgter Übertritt zur evangelischen Kirche nachträglich mit religiöser Begründung aufgefüllt wurde.

Bereits im Jahre 1900 entsandte der EB in verschiedene Orte, in denen Übertritte in größerer Zahl erfolgt waren, Vikare zur geistlichen Versorgung. Möglichkeiten dafür bot die kirchliche Rechtsordnung, nach der Gemeinden geistliche Hilfskräfte und Vikare zur Unterstützung ihrer Pfarrer anstellen durften, die erst nachträglich durch Kirchenleitung und staatliche Behörden bestätigt werden mußten. So begannen die ersten Vikare in Radkersburg, Graz und Mürzzuschlag zu wirken. Als diese Aktion ausgeweitet wurde, kam es prompt zu Schwierigkeiten. Von den 1899 präsentierten sieben ausländischen Vikaren erhielten noch alle die kirchliche Genehmigung, fünf die Staatsbürgerschaft und die staatliche Bestätigung, von den achtzehn im Jahr 1900 präsentierten nur zwölf die kirchliche Genehmigung, sechs die Staatsbürgerschaft und nur fünf die staatliche Bestätigung. Die entsprechenden Zahlen für das Jahr 1901 waren noch deutlicher: 22 präsentiert, acht durch den Oberkirchenrat genehmigt, einer erhielt die Staatsbürgerschaft, keiner wurde durch die staatlichen Stellen bestätigt.[19]

Trotz dieser Schwierigkeiten konnte der EB bereits im Jahre 1901 von 56 Vikaren berichten, die von ihm mit Mitteln in der Höhe von jährlich 80 000 Mark in den habsburgischen Ländern unterstützt wurden; vierzehn waren davon in der Steiermark, fünf in Niederösterreich, vier in Kärnten, zwei in Tirol und einer in Vorarlberg tätig.[20]

---

[17] Sammlung Jg.26, 1899, H.1, Nr.68.

[18] Die ev. Bewegung in Österreich

[19] Die Zahlen wurden von OKRPresident Dr. *Rudolf Franz* am 23. Oktober 1901 dem von der 7. Generalsynode A.B. eingesetzten Ausschuß für interkonfessionelle Angelegenheiten genannt, Protokoll im Archiv des OKR, Fasz.707; vgl. Ausweisung und Nichtbestätigung ev. Geistlicher in Österreich 1899-1904 (FEB 232/233), Leipzig 1905.

[20] wie Anm.9 zweite Angabe, 98.

Über die Arbeit in den neuen Gemeinden, durch die dieses ‚Hin zum Evangelium' verwirklicht werden sollte, schrieb einer, der es selbst erlebt hat: „Neben den Gottesdiensten wirkten geschlossene Versammlungen und namentlich die so beliebten Familienabende, in denen Ernstes und Heiteres abwechselte und Mannigfaltiges aus dem ganzen Reichtum evangelischen Lebens geboten werden konnte. – Die Übertrittsfeiern wurden bei der großen innerkirchlichen Freiheit in Österreich sehr verschieden vorbereitet und vollzogen. *Hier* wurden regelmäßig Unterrichtsstunden gehalten, *dort* bei großem Andrang und Gebildeteren wurde zuweilen kaum ein Wort der Belehrung gesprochen; ein gedrucktes Schriftchen sollte genügen. *Hier* fand die Aufnahme mit Bekenntnis und Abendmahl statt, *dort* mit Verzicht darauf. Denn den aus den harten Satzungen der Mutterkirche Entflohenen sollte gegen ihren Willen nicht die Last der protestantischen Bekenntnisschriften und Bräuche aufgenötigt werden, in denen wir selbst nur einen unvollkommenen Ausdruck des deutschprotestantischen Geistes erkennen. Man wollte den aus einer verkümmerten und mit vielem giftigen Unkraut überwucherten Gegend Kommenden die schlichte, aber ewig blühende Schönheit der Frohbotschaft Jesu und der Freiheit eines Christenmenschen zeigen."[21]

Der EB und der Gustav-Adolf-Verein wandten große Summen „zur Förderung der evangelischen Kirche in Österreich" auf.[22] Im Jahre 1899 sammelte der EB dafür 108 670 Mark. Superintendent *Meyer* berichtete 1906, daß durch seinen Ausschuß rund 1 500 000 Mark in die habsburgischen Länder gewandert seien. Dazu kam noch die Hilfe des Gustav-Adolf-Vereins. Bis Ende des Jahres 1905 konnten genau 100 gottesdienstliche Räume errichtet werden, etwa zwei Drittel davon waren Kirchen. Es fehlte ferner nicht an Hilfen und Initiativen von Einzelpersonen; unter diesen war die des steirischen Dichters *Peter Rosegger* für den Bau der Heilandskirche in Mürzzuschlag (1900) die bekannteste, vielleicht auch deshalb, weil *Rosegger* selbst – im Gegensatz zu seinen vier Söhnen – römisch-katholisch blieb.[23]

---

[21] *Loesche*, der damals als Prof. für KG an der ev.-theol. Fak. in Wien lehrte, wie Anm.5,25; beachtlich ist, daß die differenzierte Dars. *Loesches* trotz ihrer an sich positiv wertenden Tendenz zu Protesten des Vorstandes des EB für die Ostmark führte; dessen Hauptversammlung hat sich 1913 damit beschäftigt und dessen Vorsitzender *Hochstätter* beauftragt, eine Gegenschr. für die „Wartburg" zu verfassen, die freilich dort nie erschienen ist.

[22] So hieß seit 1901 der entsprechende Ausschuß des EB; er stellte 1910 seine zentrale Tätigkeit ein; die Hilfe wurde dezentralisiert fortgeführt, doch gingen auch 1911 noch fast 30000 Mark aus zentralen Mitteln nach Österreich; vgl. Reden und Vorträge, gehalten bei der 25. Generalversammlung des EB 1912 in Saarbrücken, Berlin 1912, 205.

[23] *Alfred Eckert*: Gesch. der ev. Gemeinde und Heilandskirche in Mürzzuschlag, Stmk, in: JGPrÖ 82, 1965, 121ff; *Hans Vogelsang*: Peter Rosegger – lebenslanger Biograph, in: Österreich in Gesch. und Lit. 9, 1965, 373ff; *Rosegger* sollte sogar an einer Generalversammlung des EB teilnehmen; er sagte in letzter Minute ab.

III. Der Evangelische Bund in Österreich

Die bereits erwähnte Mahnung des Oberkirchenrates in Wien bezüglich der Vorsicht bei Neuaufnahmen in die evangelischen Gemeinden und der Protest des Vereines evangelischer Glaubensgenossen A.B. in Wien führte zum Eingreifen der politischen Behörden und zur Auflösung des Vereins, die aber erfolgreich beim Reichsgerichtshof bekämpft werden konnte.[24] Dieser Prozeß war neben der Erfahrung der reichen Hilfe durch den deutschen EB der Anstoß dafür, einen Deutsch-Evangelischen Bund für die Ostmark zu gründen. Die Verhandlungen dauerten relativ lange. Erst im Juni des Jahres 1903 genehmigte das Ministerium des Inneren die Statuten, worauf der Erlaß der niederösterreichischen Statthalterei erging, durch den die Vereinsgründung nicht untersagt wurde.[25] Die Gründungsversammlung fand am 20. September 1903 im Gasthaus in Wien VII., Mariahilfer Straße 30, im dortigen ‚Rittersaal', statt. Den Vorsitz führte *Eisenkolb*.

Viktor Capesius, der den Fall des Vereins evangelischer Glaubensgenossen vor dem Reichsgericht so erfolgreich durchgezogen hatte, sprach den Anregern, Gründern und Mitarbeitern des neuen Bundes Dank und Anerkennung aus, gab aber vor allem seiner Hoffnung Ausdruck, daß dieser Bund ein fester Hort des deutschen Protestantismus in Österreich werde. Dem entsprach ja die Definition des Vereinszweckes in den Satzungen: „Auf den Grundsätzen der Reformation fußend und für deren gesunde Fortentwicklung eintretend hat der Deutsch-Evangelische Bund für die Ostmark den Zweck, die Segnungen der Reformation den Ostmarkdeutschen mehr und mehr zu erschließen." Erster Obmann wurde der Wiener Pfarrer *Julius Antonius*. *Eisenkolb* wurde Vorstandsmitglied neben so einflußreichen Personen wie die Pfarrer *Paul von Zimmermann, Karl Eckhardt, Albert Gummi, Josef Beck* und *Erich Stoekl* sowie die Rechtsanwälte Dr. *Capesius,* Dr. *Theodor von Gunesch,* Dr. *Julius Krickl,* Dr. *Albert von Mühlwerth*. An der Gründungsversammlung, die von 79 Personen besucht wurde, nahm mit Pfarrer Viktor Weichelt auch ein Vertreter des EB in Deutschland teil.[26]

Der österreichische Evangelische Bund stand trotz der moralischen Unterstützung von Anfang an weithin auf eigenen Füßen. Auch seine finanziellen Probleme hatte er allein zu lösen. Erst 1907 konnte durch den

---

[24] wie Anm. 16.

[25] Es ist bezeichnend, daß – im Unterschied zu anderen ev. Vereinen in Österreich – das Archiv des OKR keinerlei Aktenstücke zur Gründung des EB in der Ostmark gesammelt hat. Die Suche von Archivarin *Waltraud Stangl,* der ich zu herzlichem Dank verpflichtet bin, verlief ergebnislos.

[26] Alle im Folgenden gemachten Angaben sind Notizen und Zusammenstellungen entnommen, die Senior *Othmar Muhr,* der damalige Obmann des EB in Österreich, 1956 angefertigt hat. Ich danke dem jetzigen Bundesobmann, Pfr. Mag. *Paul Weiland,* sowohl für die Suche nach Material im Büro des EB, wie dafür, daß diese Aufzeichnungen *Muhrs* hier ausgewertet werden können.

Reinertrag einer Premierenvorstellung am Deutschen Volkstheater in Wien in der Höhe von 1440 Kronen die durch die Gründungsvorgänge aufgelaufenen Schulden gedeckt werden, so daß am 1. November 1909 bei der 6. Bundeshauptversammlung der Obmann *Antonius* die Teilnehmer mit „der freudigen Feststellung begrüßen konnte, daß der Bund die ersten Schwierigkeiten der Verwaltung glücklich überstanden habe und festgefügt dastehe."[27]

Wenn bereits bei der ersten Hauptversammlung am 1. November 1904 in der lutherischen Stadtkirche in Wien davon berichtet wurde, daß der Verein 45 Ortsgruppen mit 2425 Mitgliedern umfasse, dann war dieser Erfolg nur dadurch gelungen, daß sich allerlei ‚Protestantenvereine' und Vereinigungen evangelischer Glaubensgenossen dem neuen Bund anschlossen, so wie etwa der evangelische Salzbund in Salzburg, der am 25. März 1904 als ‚Gründer' beitrat.

Die Entwicklung der Mitgliederzahlen war höchst erfreulich: 1905: 68 Ortsgruppen mit rund 4500 Mitgliedern (723 davon ‚außerordentlich'); 1906: elf neue Ortsgruppen; 1907: 83 Ortsgruppen mit 4417 Mitgliedern; 1908: 85 Ortsgruppen, 4448 Mitglieder, davon nur mehr 367 außerordentliche; 1909: 4701 Mitglieder; im Jahr 1913 wurde festgestellt, daß sich von den 113 Ortsgruppen 24 wieder aufgelöst hätten und elf derzeit keine Tätigkeit ausübten, somit also 78 aktive Gruppen bestünden.

Den Vorsitz übte bis 1910 *Antonius* aus, dann folgte der effektiver arbeitende *Friedrich Hochstätter*, Pfarrer in Neunkirchen. Er verließ 1917 Österreich und legte daher den Vorsitz des Bundes nieder. Die Kassen des Bundes blieben stets knapp. 1913 wies er ein Vermögen von nicht einmal 10 000 Kronen aus. Einnahmen und Ausgaben hielten sich seit 1908 etwa die Waage und betrugen im Jahr rund 6 000 Kronen. Die Hauptversammlungen erstreckten sich jeweils über den verlängerten Vormittag und umfaßten (gelegentlich) Gottesdienst, Berichte über die Vereinstätigkeit sowie einen Festvortrag beziehungsweise zwei Kurzvorträge.

In den Tätigkeitsberichten des Vorstandes zeigte sich, daß der EB in Österreich nicht in die Unterstützungsaktionen des deutschen EB unmittelbar einbezogen war. So ging es in der Vereinstätigkeit des österreichischen Bundes vor allem darum, tatsächliche oder vermeintliche Übergriffe der römischen Kirche oder bestimmter Behörden anzuprangern. Den wegen eines Religionsdeliktes Angeklagten wurde materieller Beistand geleistet, so daß ein Rekurs bis zum Obersten Gerichtshof möglich wurde. Durch die Herausgabe von Druckwerken wie Ansichtskarten, Broschüren, Flugblättern und Abzeichen sollte ein evangelisches Bewußtsein gefördert werden. Beachtenswert sind in diesem Zusammenhang Resolutionen, die von den Hauptversammlungen beschlossen wur-

[27] Auch wo wörtlich zit. wird, kann keine Gewähr dafür übernommen werden, daß das Zit. tatsächlich aus der Primärquelle stammt, oder ob es lediglich von *Muhr* in die hier wiedergegebene Form gebracht worden ist.

den. 1903 protestierte man heftig gegen die Nichtbestätigung so vieler Vikare, 1905 verlangte man in entschiedenen Worten, daß alle öffentlich Bediensteten die volle Freiheit erhalten müßten, evangelisch zu sein oder es auch zu werden. Die Hauptversammlung 1906 stellte fest, daß der EB in der deutsch-evangelischen Gemeindeschule das Schulideal der Gegenwart sieht, sie beklagt die fortschreitende Klerikalisierung der österreichischen Schule und fordert alle Mitglieder zum energischen Kampf gegen diese ‚Volksgefahr' auf.

Im Jahre 1908 galt die Entschließung der Hauptversammlung dem Kampf um die Freiheit der Wissenschaft an den österreichischen Hochschulen. Dazu wird festgestellt: „Es kann nicht unterlassen werden, neuerlich der Überzeugung Ausdruck zu geben, daß dieser Kampf nur dann einen dauernden Erfolg bringen wird, wenn in demselben gegenüber der grundsätzlichen Bekämpfung aller Forschungs- und Gewissensfreiheit durch die römische Kirche die schneidigste Waffe zur Handhabung gelangt: Los von Rom!". Die Borromäus-Enzyklika „Editae saepe Dei"[28] gab dann Anlaß, immer wieder auf diese römische „Bedrohung der Freiheit der Menschenwürde hinzuweisen" (Hauptversammlung 1910).

IV. Auswirkungen

1. Zum interkonfessionellen Klima wäre zu sagen: Die Reaktionen der römisch-katholischen Kirche und ihrer Vertreter gegen die Los-von-Rom-Bewegung waren heftig, undifferenziert und unfair. „Die Abwehr war äußerlich viel heftiger und brutaler als der Angriff, innerlich weit schwächer und von bemitleidenswerter geistiger Armseligkeit".[29] Nicht nur die Pamphlete, sondern auch die offiziellen katholischen Äußerungen waren nicht dazu angetan, eine Versachlichung der Problematik zu erzielen. Angesichts der Ungeschicklichkeit der alldeutschen Propaganda und der vorsichtigen offiziellen Stellungnahmen der kirchlichen Einrichtungen der Evangelischen Kirche in Österreich wären diese durchaus zugunsten des Katholizismus ausgegangen. Ein Hirtenschreiben der römisch-katholischen Bischofskonferenz sprach von Verab-

[28] Wie stark diese päpstliche Äußerung, die primär dem theol. Liberalismus galt, von ev. Seite als Angriff empfunden wurde, zeigt das ganze Schriftenprogramm des EB; in den FEB wurde nicht nur „aufgezeigt", wer *Carl Borromäus* war (293), sondern auch die Stellung der „römischen Kirche zum Studium und zur Verbreitung der Bibel" (291/292), sowie eine Reihe anderer dazu gehörender Themen behandelt (294/295/, 301, 304-307).

[29] Wie Anm.5 erste Angabe, 27.

[30] datiert 15. November 1901, Tag des Landespatrons von Österreich, des unter Kaiser *Friedrich III.* heiliggesprochenen Babenherzogs *Leopold*; das Hirtenschreiben geht zwar v.a. auf politische Intentionen der Los-von-Rom-Bewegung ein, bezeichnet sie aber doch auch im religiösen Sinne als verderblich: „Das Los von Rom heißt Los von Petrus, [...] es heißt Los von Jesus Christus, der den hl. Petrus zu seinem Statthalter auf Erden eingesetzt hat, es heißt Los von Gott [...]. Der Ungehorsam gegen Gott und seine Kirche bringt die Auflehnung gegen die bestehende weltliche Obrigkeit mit sich [...]"

scheuungswürdigkeit, von landes- und hochverräterischen Plänen, von grenzenloser Verlogenheit.[30] Zu Jahresanfang 1902 überreichte der Wiener Erzbischopf Kardinal Dr. *Anton Joseph Gruscha* Kaiser *Franz Josef* eine Adresse der Bischöfe, in dem sie sich über die laue Haltung der Regierung gegenüber der antikirchlichen Strömung beschwerten.[31]

Natürlich blieben angesichts solcher offizieller Reaktion die eigentlichen Gehässigkeiten auf lokaler Ebene nicht aus. Das schloß den Einsatz wirtschaftlicher Sanktionen gegen evangelisch Gewordene ein, wie der Erlaß des Fürsten *Karl F.E. von Schwarzenberg* bewies, der allen seinen Angestellten die getreue Erfüllung ihrer kirchlichen Pflichten anbefahl. In den Entschließungen und Berichten des EB in der Ostmark wurden immer wieder Fälle genannt, wo evangelische Bauern ausgekauft, Pachtverhältnisse aus religiösen Gründen gekündigt und willkürliche Verwaltungsschikanen beklagt werden.[32] Entsprechende Gerichtsverfahren endeten dann jedoch weitgehend zugunsten der benachteiligten Evangelischen.

2. Der Ausbau der kirchlichen Organisation ging wie folgt voran: Die evangelische Kirche mußte mit dem Zustrom der neuen Gemeindeglieder fertig werden. Das bedingte den Ausbau der kirchlichen Organisation. Damit wurden gleichzeitig bereits länger bestehende Wünsche nach Errichtung neuer Predigstationen und Pfarrgemeinden beziehungsweise Tochtergemeinden erfüllt. In den Jahren zwischen 1899 und 1902 wurden allein in der Steiermark (die 1918 an Jugoslawien gefallene Untersteiermark eingeschlossen) zu den bestehenden sechs Pfarrgemeinden zehn neue gegründet; 1899 betrug die Zahl der Predigtstellen in der Steiermark 10, 1902 hingegen 42.[33]

Aus den amtlichen Verlautbarungen des Oberkirchenrates sei die Gründung einzelner Gemeinden und Predigtstationen in den heute österreichischen Bundesländern angeführt: Predigtstationen wurden errichtet in Obertraun (Hallstatt, 1898), Aussee (Goisern 1899), Radkersburg (1898), Kufstein (Innsbruck, 1899), Stainz (Graz, 1899), Leibnitz (Marburg, 1900), Spittal (Unterhaus, 1900), St. Veit an der Glan (Klagenfurt, 1900), Windischgarsten (Neukematen, 1900), Deutschlandsberg (Graz, 1901), Mureck (Marburg, 1901), Traiskirchen (Baden, 1901), Treibach/

[31] Der Kaiser nahm zwar sein Ministerium in Schutz, da der Boden der Verfassungsmäßigkeit nicht verlassen werden dürfe, tatsächlich kam es – so bereits *Loesche*, wie Anm.5, 28f anhand etlicher Beispiele – zu massiven Benachteiligungen auch seitens der Behörden; vgl. auch *Hans Lehmann*: Aus dem Rechtsstaate Österreich. Ein Beitr. zur Gesch. der ev. Kirche in Österreich" (FEB 289), Halle 1905.

[32] *Capesius*, wie Anm.16, führt in seiner Eingabe an den Reichsgerichtshof bereits Fälle kath. Schmähungen und Übergriffe gegen Protestanten an; diese wuchsen bis 1905 stark an; sie beschäftigten auch den Ausschuß für interkonfessionelle Angelegenheiten der 7. Generalsynode A.B. im Jahre 1901, Archiv des OKR, Fasz.707.

[33] Skizze bei Vf.: Protestanten in Österreich. Gesch. und Dokumentation, Wien-Köln-Graz 1981, 239.

Althofen (Klagenfurt, 1901), Hermagor (Watschig, 1902), Fehring und Hartberg (Fürstenfeld, 1902), Weiz (Graz, 1902), Hainburg und Wolkersdorf (Wien, 1903), Hallein (Salzburg, 1903), Stein an der Donau (St. Pölten 1903).

Pfarrgemeinden wurden errichtet in Braunau am Inn (Erlaß des Oberkirchenrates vom 5. Dezember 1899), Bruck an der Mur mit dem Sitz des Pfarramtes in Mürzzuschlag (9. Juni 1900), St. Pölten (20. Oktober 1900), Cilli (22. Juni 1901), Leoben (26. Mai 1902), Bad Ischl, (10. September 1902), Villach (31. Oktober 1902), Fürstenfeld (17. Dezember 1902), Klosterneuburg (Tochtergemeinden, 19. September 1903), Neunkirchen (15. September 1903), Stainz (22. Februar 1905), Krems (28. August 1905), Rottenmann (28. Dezember 1905). Allein aus der Lage dieser Gemeinden sind die Schwerpunkte erkennbar, die die ‚evangelische Bewegung' hatte, wenn auch nicht nur dort Gemeinden errichtet worden sind.

3. Die soziologischen Veränderungen waren erheblich: Diese Gemeinden wurden ohne öffentliche Unterstützung gegründet, und zwar weitgehend in Gegenden, in denen das bäuerliche Besitzdenken nicht gegeben war. Sie waren bei der Errichtung ihrer Kirchen und bei der Bezahlung der Gehälter meist auf auswärtige Hilfe angewiesen. Eine zentrale Besoldung der Pfarrer in der österreichischen Kirche gab es nicht. Dazu kam, daß nur ein bestimmter Teil der neu in die Kirche Aufgenommenen bereit war, erhebliche materielle Opfer für ihre Gemeinde zu bringen. So entstand in diesen Gemeinden das Gefühl, hilfsbedürftig zu sein. Die Verbindung der Begriffe ‚Evangelisch in Österreich' und ‚Hilfsbedürftigkeit' wurde damals zwar nicht geboren, ganz sicher aber erheblich verstärkt.[34]

Ein großer Teil der in die Kirche Aufgenommenen kam aus dem Arbeiterstand beziehungsweise aus der Schicht jener einigermaßen Gebildeten, die sich eben zu einem Zivilangestelltenstand sammelten und in der Ausbildung der sekundären Sozialstrukturen steigende Bedeutung erlangten.[35] Damit öffnete sich der österreichische Protestantismus neuen Schichten der Bevölkerung und wurde – anders als bisher – zur Volkskirche.[36] Zugleich verbreiterte sich die Palette der Gemeinden und ihrer Besonderheiten ganz gewaltig. Der österreichische Protestantismus um-

[34] Es wird weithin übersehen, daß ein erheblicher Teil der seit dem Toleranzpatent bestehenden Gemeinden in Österreich durch Legate und andere Zuwendungen nicht unerhebliche Vermögenswerte besaßen, deren Zinsen einen gewissen Teil der laufenden Kosten der Gemeindearbeit zu tragen vermochten; das war in den neuen Gemeinden nicht der Fall; vgl. Vf.: Protestantismus in Niederösterreich (Wiss.Sch.R.N.Ö. 27), St.Pölten 1977.

[35] *Gustav Otruba*: Entstehung und soziale Entwicklung der Arbeiterschaft und der Angestellten bis zum Ersten Weltkrieg, in: Österreichs Sozialstrukturen in hist. Sicht (Schr. des Instituts für Österreichkunde 36), Wien 1979.

[36] *Robert Kauer*: Ev. und ev. Kirchen in der österr. Politik, in :*Andreas Khol/Alfred Stirnemann* (Hg.): Österr. Jb. für Politik 1979, Wien 1980, 121ff.

faßte bislang zu einem erheblichen Teil die eingewanderten und damit sozial höhergestellten Fachleute und Intellektuellen. Damit hatte er im städtischen Bereich so etwas wie eine Elite gebildet. Diese Position ging nun zum Teil verloren. Die neuen Gemeinden bildeten nirgendwo die Mehrheit der Bevölkerung. Auch in den Orten, in denen der Sitz des Pfarramtes war, waren sie eine Minderheit. Außerdem standen sie unter einem gelegentlich schweren Druck seitens der Öffentlichkeit und der Einrichtungen der römisch-katholischen Kirche. Daraus bildete sich ein Bewußtsein, das zwar auch nicht neu für den österreichischen Protestantismus, aber doch noch nie so ausgeprägt war: das Bewußtsein, Minderheit, Diaspora zu sein.[37] Ein ‚Elitebewußtsein' neuer Art wurde da und dort ausgebildet. Man war stolz darauf, protestantisch zu sein.

Die Identifikation mit der Kirche erfolgte eher über die Person des Pfarrers als durch die Einbindung in die Institution. Das war angesichts der Motive, die viele zum Verlassen der Institution ‚römische Kirche' bewogen hatten, auch verständlich. In diesen ‚Los-von-Rom-Gemeinden', wie man bald etwas undifferenziert sagte, gab es ein Bedürfnis nach loser Kommunikation. In vielen Gemeinden entstanden Vereine, die einerseits das protestantische Anliegen vertraten, andererseits aber für Kontakte unter den Gemeindegliedern sorgten. Damit war das alte Verständnis kirchlicher Arbeit, das in den Orten, in denen kirchliche und ‚öffentliche' Gemeinde einander weithin entsprachen, auf Schule, Gottesdienst und Amtshandlungen beschränkt war, in entscheidender Weise aufgebrochen worden. Zum ersten Mal entstand – und daran hat die Arbeit des EB in Österreich wesentlich Anteil – so etwas wie ein öffentliches Bewußtsein der österreichischen Protestanten.[38] Man fühlte sich aufgerufen, zu aktuellen Fragen Stellung zu nehmen und die eigene Position selbst zu vertreten.

Österreich ist zwar nicht zu einem evangelischen Land geworden, wie das anfänglich vielleicht von Optimisten erhofft worden war. Eine Überwindung der Gegenreformation des 17. und 18. Jahrhunderts konnte nicht erreicht werden. Aber es kam zu einer Öffnung der kleinen Kirche, die weit größer war, als das bloße zahlenmäßige Wachstum erkennen läßt. Die Kehrseite dieser Öffnung war die Verstärkung der Tendenz, allen möglichen geistigen Strömungen gegenüber offen zu sein und sie mit der Verkündigung zusammenzubringen. Das allerdings machte bis gegen Ende des zweiten Drittels des 20. Jahrhunderts ein Stück weit die Besonderheit und das Anziehende des österreichischen Protestantismus aus.[39]

---

[37] *Wilhelm Dantine*: Strukturen der Diaspora – Situation auf dem Hintergrund des österr. Protestantismus, in: EvDia 38, 1967, 37ff.

[38] *Gerhard May*: Der österr. Protestant und sein Vaterland. Ein politisch-theol. Traktat, in: ebd., 36/1965, 81 ff.

[39] vgl. als Gesamtdarstellung für die Los-von-Rom-Bewegung und ihre Auswirkungen auf den österr. Protestantismus noch *Friedrich Gottas*: Die Gesch. des Protestantismus in der Habsburgermonarchie, in: wie Anm.7 erste Angabe, 489ff, v.a. 586ff.

Karel Blei

Die Evangelische Maatschappij im Wandel der ökumenischen Verhältnisse in den Niederlanden

Der Evangelische Bund und die Evangelische Maatschappij, die ältere, niederländische Schwesterorganisation, pflegen seit 100 Jahren regelmäßigen Kontakt. In letzter Zeit kommt das hauptsächlich zum Tragen auf den jährlichen Tagungen des Evangelischen Arbeitskreises für Konfessionskunde in Europa. Die Geschichte beider Organisationen läuft in mancher Hinsicht parallel, weist aber doch auch bezeichnende Unterschiede auf. Diese hängen natürlich mit der gesamtgesellschaftlichen Entwicklung hier wie dort zusammen. Der folgende Beitrag wird deshalb nicht nur die Geschichte der Evangelischen Maatschappij nachzuzeichnen, sondern auch für die verschiedenen Zeiträume in den letzten 150 Jahren die jeweiligen kirchlichen und ökumenischen Verhältnisse zu charakterisieren haben.

I. Vorgeschichte: die Geschehnisse im Umfeld von 1853

Die Evangelische Maatschappij verdankt ihr Entstehen den Verwicklungen, die 1853 der Einführung der römisch-katholischen bischöflichen Hierarchie in den Niederlanden gefolgt waren.[1] Seit dem Beginn des Freiheitskampfes der Niederlande im 16. Jahrhundert hatte es daselbst keine römisch-katholischen Bischöfe mehr gegeben. Die beim Ausbruch des Achtzigjährigen Krieges geflohenen oder vertriebenen Bischöfe hatten ihre Bistümer vakant zurückgelassen. Domkapitel und Priester hatten die laufenden Geschäfte so gut wie möglich fortgeführt. Doch offiziell galten die Niederlande für Rom seither als Missionsgebiet, verwaltet von Apostolischen Vikaren, später von päpstlichen Nuntien. Nicht ohne Einfluß der Anhänger des von Rom verurteilten Jansenismus kam es zu Beginn des 18. Jahrhunderts zum ,Utrechter Schisma.' Im 19. Jahrhundert und als Folge der Papstdogmen des Ersten Vatikanischen Konzils verbreitete sich dieses ,Schisma' auch international und nahm mit eigenen Bischöfen Gestalt an in dem, was fortan die alt-katholische Kirche oder auch die Utrechter Union hieß. Doch diese Bischofsweihen und Bischöfe wurden und werden von Rom natürlich nicht als kanonisch anerkannt.

---

[1] Ich folge hier weithin *Alexander Johannes Bronkhorst*: Rondom 1853. De invoering der rooms-katholieke hierarchie. De April-beweging, 's-Gravenhage 1953.

Bis 1796 war die Gereformeerde Kerk in der Republik der Vereinigten Niederlande Staatskirche. Das änderte sich mit der französischen Herrschaft. Die Gereformeerde Kerk, die seit 1816 offiziell Nederlandse Hervormde Kerk heißt, verlor ihre Vorrechte. Kirche und Staat wurden getrennt. Nachdem 1815 *Willem I.* König und die Niederlande aus einer Republik ein Königreich geworden waren, mußte erst das Jahr 1848 kommen, bis unter dem liberalen Minister *Johan Rudolf Thorbecke* jene Grundgesetzänderung durchgeführt wurde, die es allen Kirchen ermöglichte, ihre Verhältnisse ganz nach ihren eigenen Grundsätzen zu gestalten. Als Papst *Pius IX.* 1851 bekannt gab, er wolle die römisch-katholische bischöfliche Hierarchie in den Niederlanden wiederherstellen, war das nur eine logische Folge dieser Entwicklung.

Viele niederländische Protestanten scheinen sich die Tragweite der Grundgesetzänderung von 1848 nicht klargemacht zu haben und zeigten sich sehr unangenehm überrascht, als das päpstliche Vorhaben bekannt wurde. 1853 war es dann soweit: Der Papst errichtete fünf Bistümer – Utrecht als Erzbistum und als dessen Suffraganbistümer Breda, ’s-Hertogenbosch, Haarlem und Roermond – und ernannte dazu die Bischöfe. Die niederländische Regierung griff nicht ein. Aber in der protestantischen Bevölkerung brach ein Sturm der Entrüstung los: die April-Bewegung, so benannt nach dem April 1853, in dem sie ihren Höhepunkt erreichte. Mehr als 200000 Protestanten unterzeichneten ein Begehren an den König, das ihn ersuchte, die Ausführung der päpstlichen Beschlüsse doch noch zu verhindern. Zahllose Veröffentlichungen – Artikel, Pamphlete, Lieder – verwiesen auf den seit alters reformierten Charakter der Republik der Niederlande. Hatten die Niederlande nicht gerade der Reformation ihre Freiheit zu danken? Waren es nicht zunächst und vor allem die Calvinisten gewesen, die gegen die spanischen Gewaltherrscher gekämpft hatten? Man sah die Freiheit bedroht durch die Wiedereinführung der bischöflichen Hierarchie. Man verwies auf die Glaubensverfolgungen, die protestantische Minderheiten in römisch-katholischen Ländern zu erdulden hatten. Man argwöhnte, den Niederlanden dämmere ein gleiches Geschick. Man fürchtete römische Vorherrschaft.

Diese Aprilbewegung vermochte ihr Ziel nicht zu erreichen. Die ernannten Bischöfe ergriffen einer nach dem anderen Besitz von ihrer Kathedra. Die heftigen Erregungen erloschen bald wie Strohfeuer. Aber zur selben Zeit, als Folge und Fortdauer dieser Ereignisse, kam es zur Gründung der Evangelische Maatschappij. Und diese besteht – wenn auch gewandelt – noch heute.

II. Die Evangelische Maatschappij in den Jahren der Konfrontation

Die Gründung der Evangelischen Maatschappij fand am 24. Mai 1853 in Haarlem statt. Der offizielle Name der neuen Vereinigung lautete „Evangelische Maatschappij zur Förderung der Wahrheit und Gottseligkeit unter Römisch-Katholischen". Das Ziel war also eine Evangelisation der römischen Katholiken. Ein militanter Charakter war der Vereinigung anfangs nicht eigen. In dem „Aufruf an das Volk", mit dem sie sich vorstellte, heißt es unter anderem: „Wir haben nicht vor, unsere römisch-katholischen Mitbürger einfach zu unserer Kirchengemeinschaft herüberzuholen und sie zu Protestanten zu machen; es geht vielmehr darum, ihnen das Evangelium zu verkünden, daß sie es hochachten und ihm nachfolgen, und in dieser Weise, soweit es möglich ist, die Römisch-Katholischen in unserer Mitte zu erleuchten und zu reformieren." Der Widerstand der Evangelische Maatschappij richtete sich nicht so sehr gegen den römisch-katholischen Glauben (wiewohl sie ihre kritische Meinung darüber nicht verhehlte), als vielmehr (wie es später hieß) „gegen den verpolitisierten Charakter dieser Religion". Im Visier war das Machtstreben der römisch-katholischen Kirche gleichermaßen wie die Lauheit und Schlaffheit der Protestanten. „Geboren aus heiliger Entrüstung sowie aus Verkannt- und Beleidigtsein, geboren aus dem Bewußtsein, wie gefährlich die Erschlaffung des Glaubens ist, sah und sieht sie [die Evangelische Maatschappij] ihre Aufgabe in der ‚Verlebendigung protestantischen Bewußtseins'."[2]

Doch schon bald trat ein Widerstands- und Kampfcharakter der Evangelische Maatschappij hervor. Das zeigt eine Programmänderung von 1869. Aufgabe war und blieb die „Förderung der Wahrheit und Gottseligkeit unter Römisch-Katholischen"; aber das wurde nun verdeutlicht: Die Evangelische Maatschappij „ist vorrangig bestrebt, die Römisch-Katholischen davor zu bewahren, vom Ultramontanismus überflügelt zu werden, dessen Einfluß sie mit allen ihr verfügbaren Mitteln bekämpft".[3]

Der Vorwurf des Ultramontanismus zielte bekanntlich auf die Tendenz, die zentrale päpstliche Macht zu stärken, die von Rom aus, ‚von jenseits der Berge', ‚ultra montes', ausgeübt wurde und damals in der römisch-katholischen Kirche immer deutlicher zur Geltung kam. Es war zugleich die Tendenz, den politischen Einfluß der zentral vom Papst gelenkten Kirche zu vergrößern.

Die Evangelische Maatschappij wollte auf politischem Gebiet ein Gegengewicht bilden und ebenfalls Einfluß ausüben: über die Presse wie über Wahlvereinigungen, auf der Wacht vor römisch-katholischer Infiltration und Vorherrschaft im Schulwesen und in der Krankenpflege. Man unterstützte unter anderem private protestantische Schulen und Krankenhäuser. Es ging darum, den römisch-katholischen Einfluß auf allen Gebieten der staatlichen Gemeinschaft soweit wie möglich einzudämmen und dergestalt einzutreten für „unsere religiöse und politische Freiheit".

---

[2] *H.G. van Wijngaarden*: Het ontstaan der Evangelische Maatschappij, in: Rome-Dordt. Gedenkboek, uitgegeven ter gelegenheid van het vijf-en-zeventig-jarig bestaan der Evangelische Maatschappij, Huis ter Heide 1928, 20-27.

[3] *Jacobus Herderscheê*: De Evangelische Maatschappij in hare ontwikkeling, ebd., 29-31.

Ein 1928 erschienenes Gedenkbuch schildert nicht nur die Geschichte der Evangelischen Maatschappij, sondern auch deren „gegenwärtige Haltung". Es fehlt nicht an prinzipiellen Betrachtungen zum Verhältnis Rom-Reformation. Dort lesen wir auch, daß seit 1915 zum Aufgabenfeld gehört: „die Verbreitung richtiger protestantischer Grundsätze, die Bewahrung freien protestantischen Bewußtseins" und damit verbunden „die Förderung von Kenntnissen über den römischen Katholizismus".

Das Gedenkbuch selber will zum einen wie zum anderen tüchtig beitragen – zusammen mit den vielen Veröffentlichungen, die die Evangelische Maatschappij damals herausgibt. Die Verwirklichung ihrer Ziele hat sie sich mit noch weiteren Mitteln angelegen sein lassen. Nicht zuletzt dank ihres Einsatzes wurde 1925 in der Grote Kerk zu Den Haag ein Glasfenster zum Gedächnis *Jan de Bakker* angebracht, der als „erster Priester-Märtyrer für den Protestantismus in den nördlichen Niederlanden" 400 Jahre zuvor in dieser Stadt den Tod gefunden hatte. 1927 waren es 400 Jahre her, daß *Wendelmoet Claesdochter* aus Monnickendam ebenfalls in Den Haag verbrannt worden war. Abermals trug die Evangelische Maatschappij das Ihre dazu bei, daß in der Reformierten Kirche von Monnickendam ein Gedenkstein errichtet wurde. Die Inschrift spricht von der „ersten Märtyrerin für den Protestantismus in den Niederlanden". Das sind zwei Beispiele dafür, wie die Evangelische Maatschappij bestrebt war, die Kenntnis der niederländischen vaterländischen Geschichte lebendig zu halten. Was sich seinerzeit als Glaubensverfolgung unter den Protestanten abgespielt hatte, sollte zur Warnung dienen, die möglichen Gefahren und den nach der Macht greifenden römischen Katholizismus nicht zu unterschätzen.

Das Gedenkbuch vermeldet auch das „freundschaftliche Verhältnis" zwischen der Evangelische Maatschappij und dem in Deutschland entstandenen Evangelischen Bund.[4] Einer Anregung der Evangelische Maatschappij folgend wurde übrigens 1923 der Internationale Verband zur Verteidigung und Förderung des Protestantismus gegründet. 1924 hielt dieser Internationale Verband in Haarlem seine erste Versammlung ab. Aus Deutschland war *Gerhard Ohlemüller* anwesend. Dieser lieferte auch einen Beitrag für das Gedenkbuch von 1928, betitelt „Der römische Katholizismus in unserer Zeit".

III. Nach dem Zweiten Weltkrieg: Fortgang der Konfrontation

In den Jahren der deutschen Besatzungszeit, 1940 bis 1945, hat auch die Nederlandse Hervormde Kerk wieder gelernt, bekennende, stellungnehmende und wenn nötig protestierende Kirche zu sein. Das ist einer der Gründe dafür, daß auf reformatorischer Seite das Verhältnis Rom-Reformation auch mehr von der Kirche selber zur Sprache gebracht worden ist.

---

[4] ebd., 30; vgl. 41 und 85ff im Beitrag von *Gerhard Ohlemüller*.

So veröffentlichte die Generalsynode der genannten Kirche auch 1950 einen *Hirtenbrief über die römisch-katholische Kirche*. Diese Schrift gibt die römisch-katholische Lehre (beginnend mit der Marienlehre) wieder anhand offizieller Äußerungen von Päpsten und Konzilien, um sie sodann aufgrund neutestamentlicher Vergleiche schlichtweg als unbiblisch abzuweisen. Den römischen Katholizismus treffen schließlich vier Hauptvorwürfe: der Mensch habe sich verselbständigt (als könne dieser in Freiheit mit der Gnade mitwirken), die Gnade sei verdinglicht (nämlich gebunden an die Kirche und ihr hierarchisches Amt), es werde der Zukunft vorgegriffen (weil die Gnade so sehr als in der Kirche schon in Fülle anwesend erlebt werde, daß die Erwartung des Reiches Gottes in den Hintergrund gedrängt werde), die römisch-katholische Kirche habe sich sowohl vergesetzlicht als auch verweltlicht (denn sie binde den Empfang der Gnade an ein gesetzliches Tun ‚guter Werke'; die Gnade werde gleichgesetzt mit irdischen Mächten, Menschen und Mitteln). – Das Jahr 1950 brachte übrigens sogleich eine *Antwort auf den Hirtenbrief* aus der Feder römisch-katholischer Autoren (sämtliche Hochschullehrer in Nimwegen); diese wiesen das, was der Hirtenbrief über die römisch-katholischen Überzeugungen mitgeteilt und geurteilt hatte, als Karikatur und Mißverständnis ab.[5]

1953 gab die Jahrhundertfeier der Wiederherstellung der bischöflichen Hierarchie in den Niederlanden erneut Anlaß zu einem verschärften Schlagabtausch. Es wurden Kundgebungen gehalten, und es erschienen Schriften, die einerseits auf Abstand bedacht waren zur April-Bewegung von 1853 mit ihren papstfeindlichen Tendenzen, die andererseits aber ganz ungeschminkt Beschwerde führten gegen den römischen Katholizismus als Lehre wie als gesellschaftliche Erscheinung.

Arnold Albert van Ruler, Hochschullehrer der Nederlandse Hervormde Kerk an der Universität Utrecht, ging in seiner Schrift *Nach 100 Jahren Krummstab* unter anderem davon aus, daß Rom und die Reformation sich in ihrer Einstellung zum Staat grundsätzlich widerstreiten. „Die Reformation sieht den Staat in prophetischem Licht, Rom ihn sakral überkuppelt." Folglich sei Rom darauf aus, dem niederländischen Staat seinen reformatorischen Charakter zu nehmen und ihm römisch-katholische Züge einzuzeichnen. Das bedeute, daß das übliche irdische Leben nicht mehr zu seinem Recht kommen könne. Die Kirche von Rom wisse es ja höchstens als „Unterbau" zu schätzen, dazu bestimmt, von der Gnade als „Überbau" „übertroffen" (und so vervollständigt) zu werden. Die Kirche der Reformation betrachte gerade dieses irdische Leben als das eigentliche, in dem Gottes Heil zum Ausdruck gelange. Theokratie bedeute für Rom, den Staat durch die Kirche zu dominieren (die „selber Staat ist, wie sich aus dem Begriff des Kirchenstaats mit seiner Diploma-

---

[5] Es waren dies *Willem Hendrik van de Pol, Gerardus Petrus Kreling, Willem Karel Grossouw, Ludovicus Jacobus Rogier* und *Louis Joseph Maria Beel*.

tie ergibt"); für die Reformation aber bedeute Theokratie, daß der Staat unmittelbar dem Worte Gottes untersteht. Nicht unter der Kirche, sondern „genau auf ein und derselben Ebene" wie sie. Nur diese letztere Auffassung würdige und verbürge die Gewissensfreiheit eines jeden Menschen. „Die Demokratie ist ... unter anderem aus den Grunderkenntnissen der Reformation geboren." Wie Rom über die Demokratie urteile, bleibe aber „eine grundsätzliche Frage". „Man habe sich zu fragen: Ist Rom in politischer Hinsicht prinzipiell demokratisch und tolerant? Kann es das sein? Passen auf die Dauer zu einer hierarchischen, päpstlichen Kirche ... demokratische Einrichtungen in Zusammenleben und Staat?"[6]

Van Ruler war einer der Baumeister der neuen *Kirchenordnung der Nederlandse Hervormde Kerk*, die 1951 in Kraft trat. Achse dieser Kirchenordnung ist der Gedanke des Apostolats: die Kirche ist Kirche für die Welt, für das ganze Volk. Das richtige Bekennen der Kirche geht dem Apostolat nicht voraus, sondern entspringt ihm vielmehr. So hat in dieser Kirchenordnung der Artikel über das Apostolat (VIII) absichtlich Vorrang vor dem über das Bekennen (X). Wir erkennen hier *van Ruler* wieder, wenn wir sehen, wie das Apostolat umschrieben wird: Es umfaßt nicht allein „das Werk der Mission" (ebenso wie – schon vorher genannt! – „das Gespräch mit Israel"), sondern es ist auch gerichtet auf „die Verchristlichung des Volkslebens in reformatorischem Sinne". Es soll bei letzterem – wie Artikel VIII der Kirchenordnung es umschreibt – unter anderem darum gehen, daß sich die Kirche „an Obrigkeit und Volk wendet, das Leben nach Gottes Verheißungen und Geboten zu gestalten". Die Kirche – lesen wir weiterhin – „kämpft in ihren Gliedern nach wie vor für den reformatorischen Charakter von Staat und Volk". – Diese Aussagen sind in den vergangenen Jahren viel verhandelt worden, aber sie sind bis heute unverändert geblieben.

So war also auch in der ersten Nachkriegszeit das Verhältnis Rom-Reformation eines der Konfrontation. Die Evangelische Maatschappij konnte in diesem Klima immer noch ganz ihrem alten Kurs folgen, „protestantische Grundsätze verbreiten" und dem widerstreiten, was sorgenvoll das römische Machtstreben hieß. Sie tat das – natürlich nicht erst seitdem – besonders durch „*De Protestant*", ihre zweiwöchentlich erscheinende Zeitung. Allein schon der Name ließ keinerlei Zweifel aufkommen, wofür und für wen sie eintrat. Freilich gab sich die Sint Willibrord-Vereinigung mit ihrem Monatsblatt „*Het Schild*", sozusagen das römisch-katholische Gegenstück, nicht weniger streitbar.[7]

1955 wurden den seit 1853 bestehenden fünf niederländischen Bistümern zwei neue hinzugefügt: Groningen als Ausgliederung aus dem Erz-

[6] *Arnold Albert van Ruler*: Na 100 jaar kromstaf. Onze houding tegenover Rome, Den Haag [1953]; später aufgenommen in: Theologisch Werk Bd. 3, Nijkerk 1971, 178-190.

[7] Vorgeschichte und Geschichte der Sint-Willibrord-Vereinigung schildert *Nico Klaas van den Akker*: Nabetrachting bij een stil feest. N.a.v. het vijf en twintig-jarig bestaan van de Sint Willibrordvereniging, in: Tenminste 1974 Nr.2, 5-10.

bistum Utrecht und Rotterdam als Ausgliederung aus dem Bistum Haarlem. Bezeichnend ist das Echo, welches diese Vermehrung der Bistümer in „De Protestant" hervorrief; der Chronist sieht in ihr ein „Zeugnis großen römisch-katholischen Selbstbewußtseins und folglich Strategie" am Werke. Der Protestantismus solle sich das zum Vorbild dienen lassen. Aus der Errichtung des Bistums Groningen, das ein Gebiet mit überwiegend protestantischer Bevölkerung umfaßt, spreche hohe Fürsorge für den Diasporakatholizismus; da dürfe der Protestantismus, wo er die Minderheit bildet, namentlich in den südlichen Provinzen der Niederlande, keineswegs zurückstehen. – Ein Kommentar wie dieser denkt also noch ganz in Konkurrenzbegriffen.[8]

IV. Die 60er Jahre: ökumenischer Schwung

Um 1960 herum erfuhr das ökumenische Klima in den Niederlanden eine bestaunenswerte, tiefgreifende Veränderung. Das kam natürlich nicht von ungefähr: in den Jahren zuvor schon hatte es in der römisch-katholischen Theologie ‚rumort'. Mit dem Pontifikat von *Johannes XXIII.*, der einen so gänzlich anderen Stil pflegte als sein Vorgänger *Pius XII.*, trat, was an Erneuerungsbestrebungen gekeimt hatte, sogleich zutage. Der Umschlag, den das zur Folge hatte, war in den Niederlanden wohl stärker als irgend sonst zu spüren.

Als das Zweite Vatikanische Konzil zusammenkam, trat der Weltepiskopat in den Blick und erhielt eine Stimme, wie das seit dem Ersten Vatikanischen Konzil nicht mehr als ‚nötig' oder gar möglich erachtet worden war. Die Bischöfe brachten nach Rom ihre Seelsorgeerfahrung mit und ihre theologischen Berater. Was die römisch-katholische Theologie bis dahin an neuen Einsichten, biblischer Besinnung und ökumenischer Offenheit gewonnen hatte, schien plötzlich weit über Erwarten wirksam zu sein. Die neue Weise des Theologietreibens, der Rückgriff hinter die offiziellen Dogmen auf die frühchristliche Tradition und die Heilige Schrift zurück, verband sich offenkundig viel besser mit den Erfahrungen und Fragen des praktischen kirchlichen Lebens als die traditionelle neuscholastische Theologie. Daß Vertreter anderer Kirchen zum Konzil als Beobachter eingeladen wurden, überraschte ebenfalls sehr.

Die Dokumente des Zweiten Vatikanischen Konzils nahmen einen Kompromißcharakter an, aber ließen doch unübersehbar Raum für eine neue Weise des Kirche-Seins. Ohne zu bestreiten, daß die Kirche hierarchische Institution sei, spricht das Konzil mit bis dahin kaum gekanntem Nachdruck von dem mehr-als-institutionellen und geistlichen Charakter der Kirche, zeichnet es die Kirche wesenhaft als das „wandernde Gottesvolk". Verbunden hiermit signalisieren die Dokumente des Zweiten Vati-

[8] *Henk Brauërius Meyboom*: Het Nederlandse Rooms-Katholicisme als uitdaging aan het Nederlandse Protestantisme, in: De Protestant 19. Januar 1957 Jg.77 Nr.1, 10f.

kanischen Konzils auch eine größere Offenheit als bisher üblich für das Kirche-Sein der anderen Kirchen und kirchlichen Gemeinschaften.[9]

So bekannt dies ist, verdient es doch erwähnt zu werden, weil die vom Zweiten Vatikanischen Konzil vorsichtig, aber unverkennbar aufgezeigten Linien in den Niederlanden begeistert weiter ausgezogen worden sind. Unter Verantwortlichkeit der Bischöfe fand das Pastoralkonzil der niederländischen Kirchenprovinz statt, das, gleich nach der Schlußsitzung des Zweiten Vatikanischen Konzils im Dezember 1965 angekündigt, von 1968 bis 1970 in sechs Sitzungen zusammenkam. Teilnehmer des Pastoralkonzils waren überwiegend Vertreter der verschiedenen Bistümer, die in größtmöglicher Offenheit ‚von unten her' benannt worden waren; als Ratgeber, tatsächlich aber voll einbezogen, nahmen auch Vertreter der anderen Kirchen teil.[10]

Den niederländischen Katholizismus trug eine wahrlich unerhörte Woge der Begeisterung und des Erneuerungsstrebens. Die römisch-katholische Kirche der Niederlande erhielt und ergriff die Chance, in eigener Weise, in eigener Verantwortlichkeit *Kirche* zu sein. Sie wurde von ihren eigenen Bischöfen hierzu angeregt, zumindest aber nicht gebremst. Einen belangreichen Schritt bildete 1968 der Beitritt der römisch-katholischen Kirche als Vollmitglied zum Rat der Kirchen in den Niederlanden. Seitdem hatten (und haben noch stets) zwei Bischöfe als Vertreter der römisch-katholischen Kirche Sitz und Stimme im Rat; von 1968 bis vor kurzem hatte *Hubertus Cornelis Antonius Ernst*, der Bischof von Breda, zudem den stellvertretenden Vorsitz inne.[11]

Seit 1966 schon spielte eine große Rolle der „im Auftrage der Bischöfe der Niederlande" zusammengestellte und veröffentlichte „*Nieuwe Katechismus*". Das Buch erläutert die Glaubenswahrheit nicht einfach wie ein Lehrgebäude, sondern entfaltet, indem es erzählt und so nah wie irgend möglich bei der allgemein menschlichen Erfahrung anschließt. Maßgebend und bestimmend sind das Alte und das Neue Testament, die Geschichte (Israels), Jesu Christi und des Apostolischen Zeitalters. Sprach-

[9] vgl. vornehmlich die Kirchenkonst. „Lumen gentium" und das Ökumenismusdekret „Unitatis redintegratio".

[10] Die Beschlüsse des Pastoralkonzils erschienen bei Katholiek Archief; eine knappe, gute Schilderung bietet: Van rooms naar katholiek. Ontwikkelingen in de katholieke kerk in Nederland, 1960-1982. Een publikatie van het Nederlands Gesprek Centrum, Baarn 1982, 16f.

[11] Die Zusammensetzung des Rates ergibt sich laut Satzung wie folgt: „Die teilnehmenden Kirchen entsenden aus ihren Kirchenleitungen je zwei Mitglieder zur Teilnahme an den Sitzungen des Rates." Für die röm.-kath. Kirche sind das folglich zwei Bischöfe. Nach einem Bericht der Tageszeitung „Trouw" vom 5. Juli 1985 hat Bischof *Ernst* den stellvertretenden Vorsitz (nicht die Mitgliedschaft im Rat) abgegeben, weil er – so der genannte Grund – mit der Wahl zum stellvertretenden Vorsitzenden von Pax Christi Internationalis überlastet sei.

schablonen werden soweit wie irgend möglich vermieden; die Verfasser hatten vor, den uralten Glauben heutigen Erwachsenen in verständlicher Weise nahezubringen. Die heftige Nachfrage, auf die das Buch traf, zeigt, wie sehr das Bemühen um Verständlichkeit mit Erfolg gekrönt war.

Der „Nieuwe Katechismus" fand und fesselte auch viele protestantische Leser. Mancher überkommene Streitpunkt zwischen Rom und Reformation schien, wenn die Sache so angegangen wurde und zur Sprache kam, einfach nicht mehr zu bestehen. Es überrascht beispielsweise, wie der „Nieuwe Katechismus" sich zur Eucharistie und der Gegenwart Christi bei ihr äußert. Er vermeidet den Ausdruck Transsubstantiation und legt dar, was die klassischen Wendungen ihrem Gehalt nach gemeint und bedeutet haben (und weshalb sie heute nach einem anderen Ausdruck verlangen). Bemerkenswert ist auch, wie hier der „Opfer"-Charakter der Eucharistie angedeutet wird: nämlich in einer entschlossenen Abwehr des Gedankens, wir würden dem Lebensopfer Jesu Christi selber noch irgendetwas zufügen können oder müssen.[12] – In alledem fanden sich auch protestantische Leser voll wieder.

Kein Wunder, daß nun nach vieler Leute Empfinden die Einswerdung der Kirchen eingeläutet war. War man nicht in Christus und im Glauben schon wesenhaft eins? Was waren schon noch die überkommenen Gegensätze zwischen Katholiken und Protestanten? Die Amtsträger beider Seiten sahen sich als Kollegen und traten gemeinsam auf. Vielerorts kam es zu gemeinsamen Feiern des Herrenmahls. Der Hirtenbrief *Unser Verhältnis zur römisch-katholischen Kirche*, den die Generalsynode der Nederlands Hervormde Kerk 1969 veröffentlichte, äußert sich hierzu vorsichtig, aber unverkennbar positiv. Die Frage, ob gemeinsame Abendmahls- oder Eucharistiefeiern „möglich und statthaft" seien, lasse sich, so die Synode, nicht pauschal mit Ja oder Nein beantworten. Es gebe Verhältnisse, wo das „leider noch nicht" angehe. „Was aber ist, wenn man einander als Tischgenossen erkennt und wenn man zu der befreienden Entdeckung gelangt ist, daß das Abendmahl oder die Eucharistie – wiewohl gefeiert in einer bestimmten Kirche, wie könnte es anders sein? – tatsächlich das eine Herrenmahl ist? Uns fehlt der Freimut, für diesen Fall, davon abzuraten, jene Einheit sichtbar zu machen, die offenkundig der Herr selber möglich gemacht hat. Und ebensowenig haben wir den Freimut, die Kirchengemeinderäte und ihre Amtsträger zu hindern, in solchen Fällen an Abendmahlsfeiern dieser Art teilzunehmen, wenn die zuständigen Instanzen der römisch-katholischen Kirche dagegen keine Einwände erheben."[13]

---

[12] De nieuwe Katechismus. Geloofsverkondiging voor volwassenen. In opdracht van de bischoppen van Nederland, Hilversum-Antwerpen/'s-Hertogenbosch/Roermond-Maaseik 1966, 399-404.

[13] Onze verhouding tot de Rooms-Katholieke Kerk, 's-Gravenhage 1969, 40.

V. Die Evangelische Maatschappij zieht mit

Es liegt auf der Hand, daß die Evangelische Maatschappij mit ihrem Image, Kampfgruppe zu Nutz und Frommen des Protestantismnus zu sein, und mit ihrer Betonung der überkommenen Gegensätze zwischen Rom und der Reformation in solcher Lage sich keines breiten Anhangs mehr rühmen konnte. Bis in sie selber hinein schlug das neue ökumenische Klima durch. Wir erkennen das an der 1968 beschlossenen Programmänderung. Die Evangelische Maatschappij verfolgt das Ziel, so heißt es nun, „von den Beweggründen der Reformation her in aufbauender Weise, wo nötig kritisch, beizutragen zu einem sinnvollen Gespräch mit dem römischen Katholizismus sowie unter den Protestanten selber, wobei sie vor Augen hat, daß das Verhältnis zwischen Rom und Reformation der Vertiefung bedarf".[14]

Diese Formulierung verleugnet nicht die Vergangenheit. Die Evangelische Maatschappij hat ja nie anders als „von den Beweggründen der Reformation her" wirken wollen; und sie hat sich immer schon besonders mit dem Verhältnis Rom – Reformation befaßt. Doch es fällt auf, wie bescheiden sie sich jetzt darbietet: Es kann bei ihrer Arbeit nur darum gehen, „beizutragen zu einem sinnvollen Gespräch mit dem römischen Katholizismus". Der Ausdruck Gespräch ist in diesem Zusammenhang meines Wissens neu. Programmatische Sätze von einst sprachen von der „Förderung der Wahrheit und der Gottseligkeit unter Römisch-Katholischen" oder von der „Verbreitung richtiger protestantischer Grundsätze". Mit *Gespräch* wurde aus der bisherigen Einbahnstraße ein Forum echten Verkehrs; Gespräch besagt, daß der andere das Seine unverstellt einzubringen hat. Daß auch „unter den Protestanten selber" das Gespräch als notwendig erachtet wird und daß es darauf gerichtet ist, „das Verhältnis zwischen Rom und der Reformation zu vertiefen", schließt die ernste Warnung ein, alle Oberflächlichkeit zu meiden. Wir gehen wohl nicht fehl in dem Vermuten, daß diese 1968 (aber nicht früher!) getadelte Oberflächlichkeit auch stereotype Vorurteile dem Katholizismus gegenüber meint. Hiervon nahm nun die Evangelische Maatschappij ausdrücklich Abstand; sie will nunmehr „in aufbauender Weise" zum Gespräch Rom-Reformation beitragen. Wohl kann Kritik auch jetzt noch nützlich sein; indem sie dies offen ließ und für möglich hielt, zeigte die Evangelische Maatschappij 1968, daß sie nicht einfach ‚die ökumenische Mode' mitzumachen wünschte. – Alles in allem spricht aus der neuen Aufgabenstellung eine bemerkenswerte ökumenische Offenheit.

In dieser Richtung ging es nun wirklich weiter. „De Protestant", der inzwischen als Monatsblatt erschien, öffnete seine Spalten und Seiten auch römisch-katholischen Schreibern und nannte fortan unter den Namen

[14] *Jan Roelofs*, dem langjährigen Sekretär der Ev. Maatschappij, darf ich an dieser Stelle für Hintergrundinformationen danken.

der (protestantischen) Schriftleitung auch die Namen zweier römisch-katholischer „Mitarbeiter". 1974 verschwand die Unterscheidung von Schriftleitung und Mitarbeitern; und seitdem hatten zwei römisch-katholische Theologen vollen Anteil an der Schriftleitung.

Auch der Name des Blattes änderte sich. Nach dem Zusammenschluß mit „*De Weg*", herausgegeben von den Beauftragten für das Verhältnis Reformation – Rom der Generalsynode der Gereformeerde Kerken in Nederland, hieß das so entstandene Monatsblatt seit 1971 „*Tenminste*". Dieser Titel „Zumindest", der den Vorwurf einer Ökumene auf dem kleinsten gemeinsamen Nenner ins Positive zu wenden suchte, klingt bescheidener; in aller Offenheit soll das Gespräch zutage bringen, was als unaufgebbar erachtet wird.

Die römisch-katholische Sint-Willibrord-Vereinigung machte eine vergleichbare Entwicklung durch. Auch hier – das war schon 1961 – kam es zu einer Satzungsänderung in ökumenischem Geist. Dieser nahm ebenfalls in einem neuen Titel des Monatsblatts Gestalt an: „Het Schild" wurde in „*Oecumene*" umbenannt, woraus später, weil sich die Aufgabenstellung verbreitert hatte, „*Kosmos en Oecumene*" wurde.[15]

VI. Nach 1970: Jahre des Rückschlags

Zu Beginn der 70er Jahre trat im ökumenischen Klima der Niederlande eine beträchtliche Verschlechterung ein. Allerdings hatte Rom sein Mißbehagen über den Gang der Dinge schon vor 1970 erkennen lassen. Es forderte etwa, etliche wichtige Stellen des „Nieuwe Katechismus" in orthodoxerem Sinne umzuschreiben und dabei die herkömmlichen Ausdrücke zu verwenden. Diese Änderungen erschienen dann in einem eigenen Heft und nicht, wie Rom es gewollt hatte, im Text des „Nieuwe Katechismus" selber.[16]

1970 wurde der römische Zugriff auf den Lauf der Ereignisse in den Niederlanden noch spürbarer. Bischofsernennungen für vakant gewordene Bistümer waren einer der Hebel. 1970 wurde der Den Haager Kaplan Dr. *Adrianus J. Simonis* Bischof von Rotterdam, 1972 Dr. *Joannes Baptist Matthijs Gijsen* Bischof von Roermond. In beiden Fällen blieb die Vorschlagsliste des Domkapitels unbeachtet und war der Ernannte ein Mann, der den offenen ökumenischen Gang der Dinge in den Jahren zuvor schon laut kritisiert hatte und überaus konservative Überzeugungen vertrat. Rom hat sich seither beharrlich des Ernennungshebels bedient. Die Folge war Uneinigkeit im Bischofskollegium. Um die Bischöfe zu Einigkeit zu beschwören, rief Papst *Johannes Paul II.* sie 1980 zu einer

---

[15] Quelle wie Anm. 7.

[16] vgl. für das hier angesprochene Tauziehen und die Änderungen *Wilhelm Bless*: Witboek over de Nieuwe Katechismus, Utrecht 1969.

Sondersynode nach Rom, die er persönlich leitete – und die doch nicht ihr Ziel erreichte.[17]

Der Papstbesuch in den Niederlanden brachte im Mai 1985 den (vorläufigen) Höhepunkt der persönlichen Bemühungen *Johannes Pauls II.* um die Niederlande. Der Papst unterstrich bei dieser Gelegenheit in seinen Ansprachen sehr nachhaltig, wie nötig es sei, das Einheitsband mit Rom zu wahren und den zuständigen kirchlichen Amtsträgern – dem Papst und den Bischöfen – den schuldigen Gehorsam zu erweisen. An den wesenhaften Unterschied zwischen Priestern und Laien könne auch eine Einrichtung wie die der Pastoralarbeiter mitnichten rütteln.[18]

Die ökumenischen Verhältnisse in den Niederlanden scheinen heute wieder übersichtlicher geworden zu sein. Die römisch-katholische Seite legt wieder Wert auf klargezogene Grenzen. Uralte Standpunkte finden sich wieder unverkürzt vertreten und verteidigt. Wenn römisch-katholische Kirchenobere sagen, die Ökumene sei und bleibe auf ihre Fahnen geschrieben, wenn der Papst beteuert, der ökumenische Auftrag der Kirche sei „eine pastorale Priorität“[19], so kann es doch nur um Ökumene aufgrund bestimmter römisch-katholischer Vorbedingungen gehen. Ökumenische Zusammenarbeit mit Christen anderer Tradition, sagte neulich der Papst, dürfe nicht bedeuten, daß Glauben und Lehre der Kirche angepaßt oder verkürzt würde.[20] Die so verstandene Lehre der Kirche darf nicht in Fluß geraten, sie steht per definitionem fest.

Sind wir in den Niederlanden nun ins Zeitalter der Konfrontation zurückgekehrt? Leben die überkommenen Gegensätze wieder auf? Besteht also für eine Organisation wie die Evangelische Maatschappij Anlaß, sich erneut antirömisch zu profilieren und wie einst für den Protestantismus in die Schranken zu treten?

Es verdient Beachtung daß davon wahrlich nicht die Rede ist. Das kirchliche Zusammenleben in den Niederlanden fördert zwar Gegensätze zutage, aber zunächst und vor allem innerhalb der römisch-katholischen Kirche selber: zwischen einerseits den Bischöfen und andererseits den Priestern und Gläubigen. Gerade durch ihre starre Haltung und den Rückgriff auf traditionell-doktrinäre Positionen scheinen die Bischöfe in ihrer Kirchengemeinschaft erheblich an Macht und Ansehen eingebüßt zu haben. Im Umfeld des erwähnten Papstbesuches erlebten die Niederlande ein gerüttelt Maß an Aufregung – aber vor allem in römisch-katholischen Kreisen selber (anders als bei der April-Bewegung von 1853). „Kritisch-loyale“ Katholiken veranstalteten einige Tage vor dem Papstbesuch eine Kundgebung, die ein Gegengewicht bilden sollte zu der einsei-

[17] vgl. Anm. 10, 49-66.

[18] vgl. Toespraken van Joannes Paulus II bij zijn bezoek aan Nederland (Teksten uit de R.K.Kerk 14), Leusden 1985.

[19] Wendung aus der Ansprache bei der ökum. Begegnung, ebd., 103f.

[20] laut „Trouw“ vom 1. Mai 1985.

tigen offiziellen Präsentation der niederländischen Kirchenprovinz, wie sie von den Bischöfen kam. Die Veranstalter dieser Gegenkundgebung haben die Absicht, noch öfter zusammenzukommen. Viele niederländische Katholiken verlangen – ohne mit Rom brechen zu wollen (was sie auch in den 60er Jahren niemals vorhatten) – nach einer eigenständigeren Weise des Kirche – Seins. Die Basisbewegung kritischer Gruppen und Gemeinden hat hier den Weg gewiesen.

Protestanten, die die ökumenische Offenheit der letzten Jahrzehnte nicht verleugnen wollen, bringt die entstandene Lage in nicht geringe Verlegenheit. Mit wem soll man nun die ökumenischen Verbindungen pflegen? Mit den Bischöfen als den offiziellen Vertretern ihrer Kirche? Aber geht das an, wo sie nach einer Seite hin führen, zu der der tiefempfundene und gelebte Glaube des Kirchenvolks nicht mitziehen kann? Bilden also Gemeindeglieder und Priester das christliche Gegenüber? Der Austausch im Rahmen der Ortsgemeinden, die Zusammenarbeit von Amtsträgern und Kirchengemeinderäten gehen ja weiter, bis hin zu gemeinsamen Eucharistie- und Abendmahlfeiern, trotz des für die Glieder der römisch-katholischen Kirche offiziell ergangenen Verbots. Aber dürfen sich die Verbindungen zu Gliedern einer bestimmten Kirche ökumenisch nennen, wenn es dabei nicht zu offiziellen Kontakten mit der offiziellen Leitung dieser Kirche kommt? Zur Sache: Dürfen Protestanten im ökumenischen Austausch Glieder der römisch-katholischen Kirche gegen ihre Bischöfe ausspielen? Wenn dort so heftige Spannungen zwischen ‚Oben' und ‚Unten' herrschen, dürfen Protestanten dann Partei ergreifen für das gemeindliche Unten gegen das bischöfliche Oben? Und falls sie das tun, trifft sie dann nicht zu Recht der Vorwurf, sie mischten sich ein in die inneren Angelegenheiten der römisch-katholischen Kirche?

1982 brachten die Generalsynoden der Nederlandse Hervormde Kerk und der Gereformeerde Kerken in Nederland die Schrift *„Unser gemeinsamer Auftrag für die 80er Jahre"* als eine „Handreichung für das Gespräch und die Zusammenarbeit mit (Gliedern) der römisch-katholischen Kirche" heraus. Sie nimmt für den genannten Zeitpunkt, 1982, die veränderte ökumenische Lage in den Blick. Die oben geschilderte Verlegenheit drückt sich schon im Untertitel aus; daß die Glieder der römisch-katholischen Kirchen noch eingefügt wurden (wiewohl in Klammern), besagt, daß es auch um die Verbindung zu ihnen geht. Not und Hoffnung klingen deutlich an, wo die Schrift von der Feier des Abendmahls spricht. Wir lesen dort etwa: Die auf Gemeindeebene und am Ort gewonnene „Offenheit und Ökumenizität" könne „aus dem Leben vieler Parochien und Gemeinden nicht mehr weggedacht werden". Es sei „evangelische Anerkennung" gewachsen „weit über die Kirchengrenzen hinweg". Es bedeutet „eine herbe Erfahrung", daß diese Anerkennung „wieder Stagnation erleidet". „Viele ... enttäuscht die Tatsache, daß diese Entwicklung weithin ohne die Unterstützung jener auskommen muß, denen in den Kirchen die Leitung anvertraut ist... Hoffentlich werden wir Wege finden, die uns diese Engführung überwinden lassen. Das Band zu den Bischöfen muß erhalten bleiben, wenn auch ihre unterschiedliche Haltung zur Ökumene die Lage undurchsichtig macht. Aber ebensosehr gilt, daß die Einheit, zu der Taufe und Abendmahl aufrufen, in unserer Zeit nicht mehr bei den historisch gewachsenen Kirchengrenzen Halt machen kann."[21]

Das bedeutet also, daß in der geschilderten Verlegenheit eine Parteinahme weder möglich noch statthaft ist. Wir werden unsere ökumenischen Kontakte solidarisch zur ‚Basis' wie zur ‚Spitze' hin zu pflegen haben.

Diese Erkenntnis gab den Ausschlag auch bei einem Entschluß, den die Generalsynode der Nederlandse Hervormde Kerk im März 1985 faßte, um ungeachtet der nach einer neuerlichen Bischofsernennung aufgeflammten Entrüstung bei vielen Katholiken an einer ökumenischen Begegnung mit dem Papst teilzunehmen. Man zeigte sich auch bereit, später, in Rom, im Gespräch mit den „zuständigen Instanzen" des Vatikans die ökumenische Lage in den Niederlanden zu erörtern. Inzwischen erhebt sich die Frage, ob die weitergegangene Verschärfung der Gegensätze innerhalb der römisch-katholischen Kirche die Protestanten nicht über kurz oder lang zwingen, doch Partei zu ergreifen. Muß nicht die „evangelische Anerkennung" am Ort, die leibhaftig gefeierte „Einheit, zu der Taufe und Abendmahl aufrufen", Vorrang erhalten vor den offiziellen Kontakten auf Kirchenleitungsebene? Mich dünkt, daß Protestanten hier sorgsam auf die Stimme der ‚Basis' zu achten haben.

VII. Evangelische Maatschappij geht auf im Nederlands Protestants Konvent

Eines ist klar: Die heutigen Unterschiede zwischen Rom und der Reformation decken sich wahrlich nicht mehr mit den Gegensätzen von einst. Es besteht keinerlei Anlaß, daß die Evangelische Maatschappij sich wieder als eine Kampfgruppe des Protestantismus profiliert und sich in der Art von früher gegen den römischen Katholizismus wendet. Sie ist ihrem ökumenischen Kurs der 60er Jahre treu geblieben. Das dürfte einer der Gründe dafür sein, daß manch traditioneller Protestant ihr die Gefolgschaft aufgesagt hat. Und neue Gruppen zu werben, ist der Evangelische Maatschappij bislang kaum gelungen.

Mangel an Geld und nur wenig zahlende Leser zwangen sie dazu, 1979 die Herausgabe ihres eigenen Blattes nach genau 99 Jahrgängen einzustellen. Danach wurde noch versucht, „Tenminste" mit einem „*Tenminste-Jaarboek*" fortzusetzen, für das der Verlag Kok in Kampen das finanzielle

[21] Onze gezamenlijke opdracht in de jaren '80. Handreiking met het oog op het gesprek en de samenwerking met (leden van) de Rooms-Katholieke Kerk, 's-Gravenhage 1982, 55f.

Risiko zu tragen bereit war.[22] (Man hatte diesem Versuch den Vorzug gegeben vor einer Verschmelzung von „Tenminste“ mit „Kosmos en Oekumene“, dem Monatsblatt der Sint-Willibrord-Vereinigung.) Die von 1980 bis 1982 herausgekommenen vier Jahrbücher – die also etwas häufiger als jährlich erschienen – widmeten sich jeweils einem bestimmten Thema, das im katholisch/protestantischen Gespräch dringend anstand. Die Verkaufszahlen des „Tenminste-Jaarboek“ lagen so niedrig, daß der Versuch sich nicht fortsetzen ließ.

Schon als das Monatsblatt „Tenministe“ zu erscheinen aufhörte, war das ein Anlaß, über die Zukunft der Evangelische Maatschappij nachzusinnen. Sie schloß sich 1980 mit der ihr schon immer verwandt gewesenen niederländischen Gustav-Adolf-Vereinigung zusammen, die seit alters den Minderheitenprotestantismus mit Geldmitteln unterstützte. Die Vereinigung übernahm ebenfalls die Rechtsform einer Stiftung, und zusammen nannte man sich *Nederlands Protestants Konvent*. Satzung und Programm umschreiben nun die Tätigkeit wie folgt. „Die Stiftung setzt sich zur Aufgabe, zur Erneuerung des kirchlichen und geistlichen Lebens in den Niederlanden beizutragen, insbesondere im ökumenischen Zusammenhang. Die Stiftung fördert ferner reformatorisch-christliche Einrichtungen allerorten, vorrangig aber solche in den protestantischen Kirchen der Niederlande.“ Die Stiftung nennt sich in ihrer Satzung ausdrücklich die „Fortsetzerin der Evangelische Maatschappij“ wie der „Niederländischen Gustav-Adolf-Vereinigung“; sie bleibt dem Protestantismus eng verbunden, nicht weniger der Ökumene.

Die Beiträge, von der die Satzung spricht, liefert die Stiftung unter anderem durch Teilnahme an dem *Interuniversitären Institut für Missions- und Ökumenekunde*, das seinen Sitz in Leiden und Utrecht hat. Ferner trägt sie, auch finanziell, bei zu den jährlichen Tagungen des *Evangelischen Arbeitskreises für Konfessionskunde in Europa*; außer auf den Tagungen selber gibt es viel Arbeit im Fortsetzungsausschuß, an dem regelmäßig ein Vertreter des *Konvents* teilnimmt. Mancherlei andere Hilfe vor Ort sei hier nur eben erwähnt.

Wir wollen nicht verhehlen, daß letzthin noch ganz andere Fragen und Nöte in den Vordergrund getreten sind. Auch in den Niederlanden hat sich das gesamtgesellschaftliche Leben pluriform und multikulturell gestaltet. Menschen aus fernen Weltteilen und also anderen Kulturen sind als ‚Gastarbeiter‘ (welch ein Euphemismus!) geholt worden oder als vormalige Kolonialuntertanen (in Indonesien, Surinam, den Antillen) ins ‚Mutterland‘ geeilt. Moslems, Hindus und Buddhisten bereichern die Einwohner- und religöse Musterkartei der Niederlande. Wir stehen als Christen vor der beklemmenden Frage, welche Hilfe wir der Gesamtge-

---

[22] *Cornelis Pieter van Andel* war der Chronist dieser Entwicklungen; vgl. „Tenminste“ 1979 Nr. 9 und 10; „Tenminste-Jaarboek“ 1, Kampen 1980, Vorwort; s. auch MdKI 35, 1984, 10-13.

sellschaft angesichts solcher Zerteiltheit zu bieten imstande sind. Wir ahnen hier, wie sehr der reformatorische Theokratie-Gedanke noch von ganz anderer Seite her unter Beschuß geraten ist.[23] Die Kirchenordnung der Nederlandse Hervormde Kerk erachtet es, wie wir oben sahen, als die apostolische Aufgabe der Kirche, „für den reformatorischen Charakter von Staat und Volk zu kämpfen". Gesellschaft und Staat „im Sinne der Reformation" zu „verchristlichen" wirkt – angesichts der in den Niederlanden seit 1960 gewachsenen ökumenischen Beziehungen zur römisch-katholischen Kirche – schon etwas vollmundig und wirklichkeitsfern. Noch mehr aber geht ein solcher Gedanke an der Realität einer pluriformen und multikulturellen Gesamtgesellschaft vorbei – es sei denn, besagter reformatorischer Charakter drücke sich vorrangig in echter Toleranz und wahrer Offenheit für Gewissensfreiheit aus. „Theokratie" dürfte dann verstanden werden als die radikalste Abwehr jeglichen kirchlichen Strebens nach Vorherrschaft. Und „Verchristlichung" dürfte dann verstanden werden als umfassendster Einsatz – in der Nachfolge Christi – für gelebte Menschenrechte und eine Humanisierung von Gesellschaft und Staat.[24]

Es gilt zu bedenken: Ungefähr so waren die angeführten Wendungen aus der Kirchenordnung der Nederlandse Hervormde Kerk auch gemeint. Aber unwillkürlich klingt „reformatorisch" ja so, als ob reformatorische Kirchen darauf ein Patent besäßen. Es lohnt der Mühe, alles zu tun, daß ein solches Mißverständnis fortan ausgeschlossen bleibt.

---

[23] vgl. Op elkaar aangewezen. Nota van de Werkgroep Pluriforme Samenleving van de Raad van Kerken in Nederland, 1985.

[24] *Libertus Arend Hoedemakers* fesselnde Anregungen hierzu erschienen in seinem: Met Christus bij anderen. Opmerkingen over dialoog en apostolaat (Oekumene-reeks), Baarn 1978; s. auch sein Referat: Theologische Überlegungen zum Religionsunterricht in einer multireligiösen Gesellschaft, veröff. in dem Heft: Religious Education in a Multi-Cultural Society, Driebergen 1982.

Fritz Johner

Geschichte und Eigenart des Schweizerischen Protestantischen Volksbundes

Der Schweizerische Protestantische Volksbund (SPV)[1] ist eine Laienorganisation, zu der auch zahlreiche Pfarrer und Theologen gehören. Die Haupttätigkeit wird von den Kantonal-, Bezirks- und Ortssektionen in Zusammenarbeit mit dem Zentralsekretariat geleistet. Sie vollzieht sich in enger Verbindung mit den Kirchengemeinden, den kantonalen Landeskirchen und dem Schweizerischen Evangelischen Kirchenbund. Ohne deren finanzielle Unterstützung könnte der Dienst zum Aufbau einer lebendigen Kirche nicht getan werden. Erneuerung und Aktivierung christlicher Gemeinde aus der Kraft des heiligen Geistes und des Evangeliums bildeten von Anfang an das Hauptanliegen des SPV. Mit konfessioneller Problematik befaßt er sich in ökumenischer Aufgeschlossenheit, weiß sich aber zugleich „der durch die Reformation gewonnenen biblischen Erkenntnis" verpflichtet.

I. Aufbruch zum Handeln

Schon 1912 hatten weitsichtige Protestanten die Bildung eines schweizerischen evangelischen Bundes angeregt. Offenbar fiel jedoch dieser Impuls nicht auf fruchtbares Erdreich. Der eigentliche Anstoß zur Gründung einer über die Landeskirchen hinausreichenden protestantischen Organisation zur Stärkung des reformatorischen Selbstbewußtseins stammte aus dem Ausland, nachdem die kulturpolitische Selbstsicherheit und der religiöse Indifferentismus in weiten evangelischen Kreisen durch den Ersten Weltkrieg und die Erstarkung des Papsttums erschüttert worden waren. Am 7. März 1923 hielt die holländische Evangelische Maatschappij, eine Vereinigung zur Wahrung protestantischer Interessen, ihre Jahresversammlung ab. Dabei wurde der Gedanke geäußert, es solle ein engerer Zusammenschluß der Protestanten Europas angestrebt werden. Schon zwei Monate später trafen sich Vertreter aus den Niederlanden,

[1] Interessenten finden über das hier Ausgeführte hinaus viele Einzelheiten bei *Paul Wieser* u. a.: 50 Jahre Dienst an Kirche und Volk, Zürich 1976; Vf.: SPV-Jahresberichte, Zürich 1978/79, 1980/81, 1982/83, 1984/85; vgl. *Karel Blei*: Die Ev. Maatschappij. Wesen und Wandel in den kirchl. und ökum. Verhältnissen der Niederlande, in diesem Bd., 272-287.

Deutschland, Jugoslawien, der Tschechoslowakei und der Schweiz zu vertraulichen Gesprächen über die kirchenpolitische Situation. Ergebnis der Beratungen war der Wille, einen festeren Zusammenschluß evangelischer Kreise mit besonderer Betonung konfessionskundlicher Fragen herbeizuführen. So kam es in Berlin-Steglitz zur Gründung des Internationalen Verbandes zur Verteidigung und Förderung des Protestantismus, der später in ‚Protestantischer Weltverband' umbenannt wurde.

In der Schweiz bildete sich ein Initiativkomitee, dessen Begeisterung für die Sache sich am 29. Oktober 1924 in dem Beschluß einer aus 55 Theologen und 30 Nichttheologen bestehenden Vertrauensmännerversammlung niederschlug, einen dem Evangelischen Bund in Deutschland analogen schweizerischen Protestantenbund ins Leben zu rufen. Man war sich darin einig, ein solcher Bund sei nötig zur Stärkung des evangelischen Bewußtseins, zur Abwehr ultramontaner, sektiererischer und freidenkerischer Angriffe, zur Beeinflussung der Presse und zur Belehrung der Schweizer Protestanten über evangelische Lebensfragen und Glaubensbekenntnisse.

Die Gründungsversammlung fand am 9. März 1925 in Zürich statt. Die aus 34 Artikeln – heute sind es noch deren 27 – bestehenden Statuten nennen als Aufgaben des SPV: im evangelischen Schweizervolk das Bewußtsein der Zugehörigkeit zum Evangelium und der Zusammengehörigkeit untereinander zu wecken sowie Glaubenstreue und Glaubenseinigkeit zu fördern; in den evangelischen Gemeinden das gesamte kirchlich-religiöse Leben nach Kräften zu fördern; evangelische Grundsätze auch außerhalb der Kirche, auf verschiedenen Gebieten des öffentlichen Lebens nach Möglichkeit und Bedürfnis zur Geltung zu bringen; die evangelische Kirche in ihrem Bestande zu schützen, allfällige Angriffe von seiten irreligiöser Zeitströmungen sowie des Ultramontanismus oder Sektenbildungen abzuwehren. Letzterer Zweckparagraph zeigt, daß der SPV sich keineswegs vornehmlich als antikatholische Organisation verstanden hat. Seine Hauptaufgabe besteht nach wie vor darin, praktische Aufbauarbeit durch Mobilisierung der Laien zu leisten.

Sogleich nach der Gründungsversammlung begann eine intensive Werbetätigkeit. Man ermunterte ähnlich ausgerichtete Vereinigungen zum Beitritt und suchte durch zahlreiche Vortragsveranstaltungen Mitglieder in den Kirchengemeinden zu veranlassen, in Zusammenarbeit mit den örtlichen Kirchenbehörden Laienhelferdienste zu organisieren. So entstanden die ersten *Kantonalsektionen* in St. Gallen und Zürich (1930). Vor allem letztere hat im Laufe der Jahre wesentlich zur geistigen und finanziellen Entwicklung des SPV beigetragen. Die Kantonalsektion Aargau konstituierte sich 1938, diejenige im Kanton Thurgau 1939. Mit Beginn des Zweiten Weltkrieges trat begreiflicherweise in der Mitgliederwerbung eine gewisse Stagnation ein, ohne daß allerdings die Tätigkeit gesamtschweizerisch eingeschränkt worden wäre. 1948 bildete sich ein bernisches Initiativkomitee, durch dessen Wirken die Kantonalsektion Bern gegründet werden konnte, die sich sogleich für die Einführung einer *kirchlichen Eheberatung* einsetzte und die Verantwortung für die 1951 gegründete *Eheanbahnungsstelle* übernahm, von der später noch zu reden sein wird.

II. An der Front moderner Verkündigung

Der moderne Mensch verlangt nach Kommunikation und Information. Darum muß auch die Kirche bestrebt sein, sich mitzuteilen und ihre Anliegen verständlich zu machen. Dazu gehört eine ausgedehnte Publizistik, um die Kenntnisse der Öffentlichkeit über ihren Dienst zu erweitern und Vertrauen in ihr Reden und Handeln zu wecken. Die Diskussionen und Beratungen basierten auf der Notwendigkeit der Schaffung eines evangelischen Nachrichtendienstes. Dieser Plan fand die Zustimmung des Schweizerischen Evangelischen Kirchenbundes (SEK), des Dachverbandes aller evangelisch-reformierter Kantonalkirchen des Landes; dieser übertrug die Errichtung und Führung des *Schweizerischen Evangelischen Pressedienstes (EPD)* dem SPV, worauf jener seine Tätigkeit anfangs des Jahres 1928 aufnehmen konnte.

Der Vorstand des SPV ist sich bereits in jenen Jahren dessen bewußt geworden, daß das *Filmwesen* immer mehr zu einem Faktor wurde, mit dem auch die Kirche sich zu befassen hat. Er sah seine Aufgabe vor allem darin, den guten Film zu fördern und auf ein künstlerisch gehobenes Niveau zu tendieren. 1937 wurde der schweizerische Filmbund gegründet mit der Absicht, an verschiedenen Orten evangelische Filmgemeinden ins Leben zu rufen, um so einen nicht unbedeutenden Einfluß auf das Kinogewerbe auszuüben und filmpädagogisch wirken zu können. Diese Filmgemeinden leisteten wertvolle Pionierarbeit, bis mit ihrer Unterstützung der Schweizerische Protestantische Film- und Radioverband gegründet wurde, der diesen Dienst weiter ausbaute. Den *Rundfunk* entdeckten die Kirchen in seiner großen Bedeutung relativ spät. Es dauerte bis 1940, ehe der SEK eine Radiokommission bestellte, in welcher der SPV von Anfang an vertreten war. Vorstand und Abgeordnetenversammlungen haben verschiedene Vorstöße zur besseren Berücksichtigung evangelischer Belange beim Rundfunk unternommen. Die Anregung, an einer zu fixierenden sonntäglichen Abendstunde sei eine für das evangelische Haus passende religiöse Sendung auszustrahlen, fiel auf fruchtbaren Boden, und wenig später kam der SPV-Vorschlag zum Tragen, daß jeden Sonntag eine evangelische und eine römisch-katholische, sporadisch auch eine christkatholische Morgenfeier übertragen werden soll. Diese Regelung ist noch heute in Kraft.

Als der Beschluß des Bundesrates – der höchsten staatlichen Behörde der Schweiz – bekannt wurde, zur Vorbereitung auf den *Fernsehbetrieb* eine „Kommission zur Begutachtung kulturpolitischer Fernsehfragen“ einzusetzen, ersuchte der Präsident des SPV um eine Audienz. Sie hatte zur Folge, daß der Bundesrat je einen Vertreter des SEK und des SPV in die genannte Kommission wählte. Ihren Bemühungen und den Vertretern der katholischen Kirche gelang es, folgenden Passus in die Richtlinien für den Televisionsbetrieb einfließen zu lassen: „Die Mitarbeit der Kirche am Fernsehen ist nötig und berechtigt in einem christlichen Land, in dem die christlichen Werte hochgehalten werden. [...] Praktisch muß sich die Mitarbeit darin zeigen, daß die schweizerischen Fernsehprogramme dem christlichen Grundcharakter des Schweizervolkes Rechnung tragen." 1952 fand auf Ersuchen des SPV eine Konferenz zur Besprechung des weiteren Vorgehens statt. Es wurde beschlossen, eine aus je drei Vertretern des SEK und des SPV bestehende *Fernsehkommission* zu bestellen mit dem Auftrag, die kirchliche Verantwortung dem Fernsehen gegenüber zu übernehmen. Zum Präsidenten wurde der damalige Zentralsekretär des SPV, Pfarrer Dr. *Paul Wieser*, und zum nebenamtlichen Fernsehbeauftragten Pfarrer *Rudolf Stickelberger*, Chefredaktor der "Luzerner Neuesten Nachrichten", gewählt. Ihrer Initiative ist die Sendung *„Wort zum Sonntag"* zu verdanken, die bis heute jeden Samstag abend zu bester Sendezeit ausgestrahlt wird. 1954 folgte die erste *Gottesdienstübertragung*, die gegen zahlreiche und mitunter bösartige innerkirchliche Widerstände durchgesetzt werden mußte. 1962 stand die Einführung des Werbefernsehens zur Diskussion, weshalb sich Vertreter des SPV an einer vom Bundesrat einberufenen Konsultativkonferenz nachdrücklich für ein Verbot von Alkohol- und Tabakreklame einsetzten.

Als sich die Vereinigung der deutschsprachigen Kirchen für Film-, Rundfunk- und Fernsehfragen (FRF, heute Evangelischer Mediendienst, EM) konstituiert hatte und der Anspruch auf einen hauptamtlichen Fernsehbeauftragten gestellt wurde, beschlossen SPV und SEK, die Fernsehkommission aufzulösen und die Vertretung der kirchlichen Interessen beim Fernsehen der neuen Vereinigung zu übertragen. Wie auf vielen andern Gebieten hat der SPV auch hier Pionierdienste geleistet, um dann anderen unterdessen entstandenen Gremien die Ernte und die weitere Bestellung der gepflügten Felder zu überlassen.

III. Hilfe zu Ehe und Partnerschaft

Es mag Erstaunen und sogar Unbehagen hervorgerufen haben, als an der Abgeordnetenversammlung 1934 ein Diasporapfarrer anregte, der SPV solle eine *Eheanbahnungsstelle* schaffen. In der Diaspora jedoch wußte man um die Not vieler evangelischer Frauen und Männer, einen konfessionsgleichen Ehepartner zu finden. Dies um so mehr, als damals katholische und protestantische Eltern eine Mischehe ihrer Kinder geradezu als Unglück betrachteten. Der Vorstand mahnte zu Vorsicht und Umsicht und erließ zunächst ein Orientierungsschreiben zuhanden der kirchlichen Behörden, dem eine vertrauliche Besprechung folgte. Hier setzte sich der Initiant mit den geäußerten Bedenken auseinander und wies auch darauf hin, daß die katholische Kirche schon lange solche Ehevermittlungsstellen unterhalte. Von verschiedenen Seiten wurde der Warnfinger erhoben, die Ehe sei eine derart persönliche Angelegenheit, daß jede Beeinflussung von außen zu unterbleiben habe. Eine konsultative Abstimmung ergab jedoch ein eindeutiges Resultat zugunsten eines evangelischen Hilfswerkes für Ehesuchende.

In einem sorgfältig ausgearbeiteten Statut wurde die Arbeitsweise der Stelle geregelt. Jeder Angemeldete sollte eine Anmeldegebühr entrichten und sich einer schriftlichen Befragung unterziehen, die mitunter sogar den Intimbereich berührte. Dieses Vorgehen muß begriffen werden von der Reaktion auf die große Skepsis, die der neuen Institution von kirchlicher Seite entgegengebracht wurde. Im Frühjahr 1938 konnte die erste Leiterin ihre Arbeit aufnehmen. Ängstlich war man darauf bedacht, daß die Stelle sich nicht zu einem ‚Heiratsvermittlungsbüro mit evangelischer Etikette' entwickelte. Inserate in politischen Zeitungen waren verpönt und Hinweise in religiösen Blättern selten und äußerst zurückhaltend konzipiert. Vier Jahre später übernahm Frau Pfarrer *Clara Veraguth* die Leitung der Stelle und baute sie während 33 Jahren umsichtig aus. Der Dienst erfuhr eine ebenso quantitative wie qualitative Ausweitung unter ständiger Berücksichtigung veränderter Situationen. Auch Älteren, Geschiedenen und mit Problemen Beladenen wurden die guten Dienste der Stelle angeboten. Mit dem Aufkommen vieler kommerzieller Ehevermittlungsstellen mußte vermehrt in der Presse geworben werden. Bald drängte sich eine Entlastung auf. Diese ist möglich geworden dank der Errichtung (wie bereits kurz angetönt) der neuen *Eheanbahnungsstelle in Bern*. Nach anfänglicher Herausgabe getrennter Listen wird seit 1971 von beiden Stellen eine gemeinsame Liste erstellt, so daß die Ehesuchenden unter den Hunderten von Angemeldeten eine größere Auswahlmöglichkeit haben. Die zunehmende Unsicherheit in der Partnerwahl bringt es mit sich, daß oft eigentliche Eheberatung nötig ist.

Von 1973 an wurde in enger Zusammenarbeit mit den Eheanbahnungsstellen und auf Initiative des neuen Zentralsekretärs, Pfarrer *Hans Rutz*, der leider schon vier Jahre später plötzlich an Herzschwäche gestorben ist, ein neuer Pionierdienst, die sogenannten *Kontakt-Wochenenden*, eingeführt. Zielsetzung war und ist, Einsame und eher zurückgezogen Lebende aus ihrer Isoliertheit herauszuholen und sie mit andern in Verbindung zu setzen, die sich in ähnlicher Lage befinden. Seither finden jährlich fünf bis sechs solcher Wochenenden mit einer Beteiligung von je 30 bis 60 Personen und einem Team von vier bis fünf Leitern statt. Es ist beglückend, jeweils und mehrheitlich feststellen zu können, wie sich die einzelnen Gruppen im Laufe der beiden Tage zu einer Gemeinschaft formen, in überraschender Offenheit Probleme zur Sprache bringen, die auch persönliche Bereiche betreffen, und in gegenseitiger Hilfestellung nach Lösungen suchen, die sich unter Umständen aus eigenen Erfahrungen und Erlebnissen ergeben.

Dabei nehmen die *Wochenenden für Landwirte und Frauen, die einen Bauern zu heiraten gedenken,* stets eine Sonderstellung ein. Hier wird die Not der alleinstehenden Landwirte offenbar, die aus dem Abseits heraus (Schüchternheit, Introvertiertheit, mißliche Erfahrungen, ungünstige Lage des Hofes, Präsenz der Eltern, Alter usw.) eine Frau suchen. Manchmal würden über hundert kommen, wenn sie untergebracht werden könnten. Neuerdings wird den teilnehmenden Damen das Leben auf einem Bauernhof praktisch und plastisch vorgeführt. Es ist nämlich so, daß mehrheitlich Städterinnen – und nicht, wie man annehmen könnte, Bauerntöchter – an diesen Wochenenden teilnehmen. Bei der mitunter erstaunlich hohen Qualität von Bewerbern beiderlei Geschlechts bestehen wohl hier und da echte Chancen für eine Partnerschaft. Aber für die meisten geht anschließend das Alltagsleben weiter. Die Umwelt beneidet allzu oft den Bauern: ‚Er ist sein eigener Herr und Meister.' In seinem Herzen jedoch bohrt der Gram: ‚Ich bin und bleibe allein.'

Ein weiteres Charakteristikum dieser Bauerntagungen liegt in der oftmals außergewöhnlichen Anteilnahme der Medien. Sporadisch melden sich Presse, Rundfunk und Fernsehen und wünschen, in Zeitungsartikeln, Sendungen mit Interviews und Reportagen ihr Interesse an diesem Arbeitszweig zu bekunden , während von den übrigen Aktivitäten des SPV kaum Notiz genommen wird. Abgesehen von einer gewissen (eher zweifelhaften) Propagandawirkung ist die negative Seite solchen Verhaltens zu berücksichtigen: Die Medienschaffenden drohen (bei aller Zurückhaltung) für die oft verunsicherte Mehrheit der Tagungsteilnehmer zu einem Störfaktor zu werden, indem sie zwecks Erfüllung ihrer Aufgabe in die Intimität einer Gemeinschaft eindringen, deren Glieder ohnehin Schwierigkeiten empfinden, sich auszudrücken oder gar persönliche Probleme einer anonymen Öffentlichkeit darzulegen. Wir haben uns daher schon vor Jahren entschlossen, nur einer sehr begrenzten Zahl von Journalisten und Moderatoren freien Zugang zu gewähren, um so mehr, als die jeweiligen ‚Produkte' teilweise zu berechtigter Kritik Anlaß gaben.

Erstmals 1979 und von da an jedes Jahr wurde ein Team von SPV-Mitarbeitern beauftragt, während mehrerer Tage einen *Kontaktkurs* – seit 1981 *Tage der Begegnung* genannt – durchzuführen, welcher der Vertiefung von Erfahrungen an den Wochenenden zu dienen hat. Jener Terminus entspricht dem Gebotenen insofern, als die Zielsetzung in der persönlichen Selbstentfaltung, der Förderung der Kontaktfähigkeit besteht. Die jeweils höchstens 25 Teilnehmer erleben, ihren Aussagen zufolge, ein starkes Gemeinschaftsbewußtsein, eine innere In-Bewegung-Setzung, die ihnen zur Bewältigung ihrer Probleme Wege zu ebnen vermag. Dazu dient der Aufbau in Thematik und Übungen mit einzelnen Etappen wie gegenseitigem Kennenlernen, richtiger Wahrnehmung und Vertrauensbildung samt Konzentration auf das eigene Gefühl und dessen Äußerung, Feedback-Exerzitien, Gruppengottesdiensten mit den Brennpunkten Ich-

Du-Gott und abschließender Auswertung. Einen wichtigen Bestandteil bilden Dialoge, in denen persönliche Probleme angesprochen, entschärft und einer Lösung näher gebracht werden. Es geht also in diesen Tagen der Begegnung nicht (wie an den Wochenenden) in erster Linie darum, eine Partnerschaft anzustreben, sondern zu lernen, sich selbst deutlich zu erkennen und in der Folge besser zu akzeptieren.

IV. Verantwortung für den Bauernstand/Betriebshilfe

In der Abgeordnetenversammlung von 1952 wies ein anwesender Bauernsekretär auf die von der Kirche weithin unerkannte Verantwortung für den in eine gewaltige Umbruchsituation verstrickten Bauernstand hin. Er regte an, der SPV solle daraufhin arbeiten, daß die evangelische Kirche der *Bauernseelsorge* vermehrte Beachtung schenke. Der Zentralvorstand beriet sofort über mögliche Schritte im Sinne des gestellten Antrages. Er ließ sich dabei von *Oswald Studer*, der in Kreisen der Landwirtschaft sich den Ehrennamen Bauernpfarrer erworben hat, beraten und sicherte sich dessen initiative und aktive Mitarbeit. Unverzüglich wurde eine Bauernseelsorgekommission gebildet, die aus Vertretern der Landwirtschaft und Pfarrern bestand. Auf einer Informationskonferenz mit Vertretern aus den landwirtschaftlichen Organisationen, Landwirtschaftsdirektoren und Bauernsekretären waren sich alle Teilnehmer einig, daß für den einzelnen Landwirt wie für den ganzen Bauernstand neben dem Berufswissen ein gefestigtes Berufsethos von grundlegender Bedeutung und die innere Einstellung für den bäuerlichen Menschen ein ausschlaggebender Faktor sei. Aus dieser Sicht komme der Kirche eine große und bisher in ihrer Tragweite noch wenig beachtete Aufgabe zu.

Da sich die Kirchen zurückhaltend zeigten, sah sich der SPV genötigt, nach neuen Wegen zu suchen. Vorerst war man darauf bedacht, Pfarrer in Landgemeinden mit den speziellen Problemen der Landwirtschaft vertraut zu machen. Mehrere solcher Kurse fanden ein starkes Echo, zumal versierte Fachleute Kenntnisse vermittelten, die die Gemeindeseelsorgearbeit befruchteten. Weitere Schwierigkeiten waren zu überwinden. So galt es, den Befürchtungen entgegenzutreten, die landwirtschaftlichen Berufsschulen könnten die von kirchlicher Seite zur Durchführung gelangenden Kurse als Konkurrenzunternehmen betrachten. Dieser Sorge wurde dadurch Rechnung getragen, daß man forderte, die Kursteilnehmer sollten eine landwirtschaftliche Schule besucht und das zwanzigste Lebensjahr vollendet haben. Ferner wurde die Frage aufgeworfen, ob die geistige Bauernschulung konfessionell zu gestalten sei. Wenn auch keineswegs beabsichtigt war, konfessionelle Schranken innerhalb des Bauernstandes aufzurichten, so sollte der Kursarbeit doch eine bewußt evangelische Haltung zugrundeliegen.

Im „Mitteilungsblatt" vom August 1955 konnte unter der Überschrift „Wir wagen es" berichtet werden, daß anfangs 1956 erstmals ein achtwöchiger *geistig-religiöser Bauernschulungskurs* zur Durchführung gelangte. Als Unterrichtsfächer wurden genannt: Glaubenslehre, Lebenskunde, Agrarprobleme, Betriebskunde, Erziehungslehre, Staatskunde, Redeschulung, Literatur, Geschichte, Dorfkultur, Bilder aus der ausländischen Landwirtschaft. Geplant waren auch Exkursionen, Begegnungen und Gespräche mit anderen Berufsgruppen. 39 junge Bauern kamen aus fast allen deutschschweizerischen Kantonen und folgten begeistert dem Gebotenen. Während vieler Jahre wurden diese Kurse trotz allen alten und neuen Schwierigkeiten weitergeführt, ab 1973 auf sechs Wochen reduziert und abgelöst durch einen neuen Pionierdienst des SPV:

Immer häufiger wurden Betriebshelferinnen und Betriebshelfer benötigt, um Bauern, die sich seit geraumer Zeit nicht mehr auf Knechte und Mägde stützen können, was auch zum (hoffentlich nur vorläufigen) Unterbruch der Bauernschulungskurse geführt hatte, bei Krankheit oder Militärdienst zu ersetzen. Von Anfang an sind diese vierwöchigen Ausbildungskurse überkonfessionell, auf ökumenischer Grundlage, mit Unterstützung der römisch-katholischen Bauernvereinigung durchgeführt worden. Voraussetzung für die Teilnahme sind das vollendete neunzehnte Lebenjahr sowie die erfolgte Absolvierung eines Hauswirtschaftskurses und einer landwirtschaftlichen Schule oder einer ähnlichen, entsprechenden Vorbildung. Die jeweils rund zwanzig Mädchen – ausnahmsweise gesellen sich einige junge Männer hinzu – zeigten an allen bisherigen Kursen die für die Erreichung des Kurszieles nötige Offenheit sowie Gemeinschaftssinn, Aktivität und Hilfsbereitschaft. Die mit großem Einsatz tätigen Wochenleiter wohnen am selben Ort und stehen für persönliche Aussprachen manchmal bis in die Nacht hinein zur Verfügung. Auffallend ist die vornehmlich starke Beteiligung der jungen Menschen an den Meditationen im *Haus der Stille und Besinnung* in Kappel bei Zürich, wo die Kurse seit Anbeginn stattfinden, und ihr mitunter vollzähliges Erscheinen zur Abendmahlsfeier. In Gesprächen, an den jeweiligen Schlußfeiern und in nachträglichen schriftlichen Aussagen kommt die Dankbarkeit der diplomierten Betriebshelferinnen für das Gebotene zum Ausdruck. Dabei zeigt sich das erstaunliche, dem gängigen Bild von der heutigen Jugend nicht selbstverständlich entsprechende Anliegen, auf die Glaubens- und Lebensfragen, die im Stundenplan ohnehin breiten Raum beanspruchen, noch größeres Gewicht zu legen und auf Kosten praktischer Fächer auszubauen. Sie hätten in der Praxis erfahren – so schreiben Kursteilnehmer vergangener Jahre –, daß sie auf verschiedene Notsituationen nicht genügend vorbereitet seien und daß die gesamte Problematik sie selber stark beschäftige.

In diesem Zusammenhang darf auf die Pläne hingewiesen werden, die zu einer *Wiederaufnahme der Bauernschulungskurse* führen könnten. Ihre Zielsetzung bestand seit jeher in der Stiftung einer *Heimvolkshochschule*, wie sie beispielsweise in Deutschland existiert und wie sie dem oben genannten Pfarrer *Studer* stets vorschwebte. Von römisch-katholischer Seite ist nun vor einiger Zeit der Impuls zu einem Aufbau eines geistig-kulturellen Schulungszentrums ausgegangen. Denn die bäuerliche Ausbildung an einer landwirtschaftlichen Schule genügt insofern nicht, als dort die menschlich-seelische Komponente zu kurz kommt. *Studer* sieht, falls sich die Absicht realisieren läßt, einen ähnlich wie in den sechziger Jahren konzipierten sechs- bis achtwöchigen Kurs vor, der die Geschichte des Bauerntums umfassen würde. Deshalb wären dann Leiterpersönlichkeiten erwünscht, die Einblick in die bäuerliche Existenz haben und von der Botschaft des Evangeliums geprägt sind.

Zur Bauernschulung im weiteren Sinne gehört die jährlich stattfindende *Ferien- und Besinnungswoche für landwirtschaftliche Angestellte*, die der SPV mit der katholischen Arbeitsgemeinschaft der Berufsverbände in Luzern organisiert. Das vielseitige Programm mit Referaten, Lichtbildern, Filmen, einem Ausflug und der Besichtigung eines Genossenschaftsverbandes findet bei den jeweils 50 bis 60 Knechten und Mägden großen Anklang.

V. Erwachsenenbildung und Engagements

Bei der Gründung des SPV vor nunmehr über 60 Jahren war der Begriff Erwachsenenbildung noch unbekannt. Es gab keine Spezialpfarrämter oder gar kirchliche Institute, und es existierten keine evangelischen Bildungs- und Tagungszentren, die späteren ‚Heimstätten' (in Deutschland Evangelische Akademien genannt). Die Kirchengemeinden begnügten sich mit der sonntäglichen Verkündigung, der biblischen Unterweisung und der Seelsorge. Eigentliche ‚Alternativprogramme', wie sie in den letzten 40 Jahren zunehmend veranstaltungsmäßig aufgezogen worden sind und werden, hatten Raritätswert. Auch in dieser Hinsicht leistete der SPV Pionierdienste. Seinen Statuten entsprechend (siehe I.) war er darauf bedacht, auf kantonaler wie parochialer Ebene, aber auch gesamtschweizerisch zur Vertiefung evangelischen Wissens beizutragen. Stets entfaltete der Volksbund eine umfangreiche *Vortragstätigkeit*. In einem Intervall von ungefähr zwei Jahren stellt er den Kirchengemeinden *Referentenlisten* zu und ist dabei immer darauf bedacht, zeitbedingt-aktuelle Themenkreise auszuwählen. Zur Zeit des Zweiten Vatikanischen Konzils, das im Hinblick auf innerkatholische Reformtendenzen großes Interesse erweckte, waren konfessionskundliche Referate und Fragen über die katholische Aktion und Politik postuliert. Probleme staatspolitischen Verhaltens oder die Lage der Kirchen in faschistischen Ländern oder in Staaten des dialektischen Materialismus – um nur einige Beispiele zu nennen – kamen zur Sprache. Hierher gehören ferner die *Gedenkfeiern* an wichtige kirchenhistorische Ereignisse (verschiedene *Ulrich Zwingli*-Feiern, Vertreibung der evangelischen Locarneser, *Heinrich Bullinger*-Ehrung usw.) sowie *die protestantischen Volkstagungen*, an denen jeweils tausende von Glaubensbrüdern teilgenommen haben. Später ist auch dieser Dienstzweig von den Kirchen in eigene Regie übernommen und ausgebaut worden. Das Angebot geht heute ins Unübersehbare. Der SPV bringt darum seit etwa einem Jahrzehnt dreimal jährlich einen übersichtlich gegliederten *Evangelischen Kurs- und Veranstaltungskalender* heraus, der das reichhaltige Angebot an Tagungen, Veranstaltungen und Kursen ordnend darbietet. Sein Spektrum ist vielfältig: Es reicht von der Behandlung menschlicher Probleme mannigfachster Art über Ferienwochen, Lager, Retraiten und Rüstzeiten bis zu wirtschaftlichen Fragen und Studienreisen ins nähere und fernere Ausland.

Bis heute ist die Behauptung, der SPV sei vornehmlich eine antikatholische Organisation, nicht verstummt. Zweifellos war die Gründergeneration wegen der Erstarkung des Katholizismus nach dem Ersten Weltkrieg, seiner zunehmenden politischen Aktivität in Europa im allgemeinen und in unserem Land im besonderen, wegen der zuweilen schroffen Mischehenpraxis und der öfters auftretenden Pressepolemik gegen den Protestantismus von Sorge erfüllt. Die geforderte Wachsamkeit führte im Laufe der Jahre zu verschiedenen Studienkommissionen, die sich mit spezifischen konfessionellen Fragen befaßten und aufklärend wirkten (Mischehenproblematik, Konfessionskunde im Blick auf Fragen des gegenseitigen Verhältnisses der beiden großen Landeskirchen, der römisch-katholischen und der evangelisch-reformierten, Gegendarstellungen gegen Diskreditierungen des Protestantismus).

Verschiedentlich beschäftigte sich der Vorstand des SPV mit der *Tätigkeit der Jesuiten in der Schweiz*. Im Vorfeld der *Volksabstimmung über die Eliminierung des Jesuiten- und Klosterverbots (1973) aus der Bundesverfassung von 1874* wurde vom Bundesrat auch der SPV in das Vernehmlassungsverfahren einbezogen. Eine Umfrage in den Sektionen ergab eine Mehrheit für die Abschaffung dieser von der katholischen Kirche als diffamierend empfundenen Verfassungsartikel. Diese Haltung fand allerdings nicht bei allen Mitgliedern Zustimmung, so daß einzelne Austritte mit der Begründung erfolgten, der SPV vertrete die frühere eindeutige konfessionelle Haltung nicht mehr. Man übersah geflissentlich, daß sich im Katholizismus grundsätzliche Wandlungen vollzogen hatten und sich in progressiven Kreisen und Gremien ein neues Verständnis der evangelischen Fragestellung Rom gegenüber zeigte. Der Schwerpunkt der Tätigkeit des SPV liegt *nicht* in einer *Antihaltung*, sondern in der *Stärkung von Glaubenserkenntnis und Glaubenstreue*. Von allem Anfang an unterschied er sich von andern kirchlichen Organisationen dadurch, daß er sich von jeder richtungsmäßigen und parteipolitischen Bindung freihalten konnte und so zu einem Einheitselement im schweizerischen Protestantismus wurde. Er hat sich nicht in bestimmten Diensten festgefahren, sondern er nahm sich stets von Fall zu Fall besonderer Probleme an, die dann oft von andern Gremien in ihrer Bedeutung erkannt und weiterverarbeitet wurden.

VI. Sonderaktionen und Publikationen

Einige unter diesen erhellen den oben postulierten Tatbestand. Bei der Einführung des *Deutschschweizerischen Kirchengesangbuches* (1951/54) wurde wertvolle Aufklärungsarbeit geleistet. Aktiv beteiligte sich der SPV an der Gründung evangelisch-reformierter Arbeiterheime und Töchterinstitute sowie an der Errichtung eines evangelischen Altenheims im Tessin. Da und dort wurden auf Grund der Initiativen einzelner Kantonalsektionen *evangelische Darlehens- und Bürgschaftskassen* gegründet. Auch an der Gründung der Auskunftsstelle ‚Ehen mit Ausländern' partizipierte der SPV. Ihr kommt eine überaus wichtige Beraterfunktion zu, weil zunächst durch Reisetourismus und Studienaufenthalte von Menschen aus andern Kontinenten, neuerdings aber infolge des Zustroms von Flüchtlingen Bekanntschaften und Freundschaften von Schweizern mit Personen aus fremden Zivilisationsbereichen entstehen. Verschiedentlich stellte der Volksbund Probleme in der Öffentlichkeit zur Diskussion, deren Verwirklichung erst später erfolgte. Er lud beispielsweise Verkehrsspezialisten, Regierungsräte und Kirchenvertreter 1953 zu einer Konferenz ein, an der die Fragen der Begrenzung der Innerortsgeschwindigkeit für Motorfahrzeuge diskutiert wurde. Man einigte sich auf 60 Stundenkilometer, und dieser Vorstoß wurde dann einige Jahre später im Straßenverkehrsgesetz verankert. Auch über die Einführung der Fünftagewoche wurde im Zentralvorstand und dann auch in den Sektionen beraten. Ausgearbeitete Diskussionsgrundlagen sind den Sektionspräsidenten zugestellt worden.

Der SPV hat sich immer auch mit innenpolitischen Problemen befaßt, soweit sie kirchliche Fragen berührten, und der Kirche, die sich in diesen Bereichen nicht exponieren konnte und kann, Wege gepfadet und Lösungsmöglichkeiten vorbereitet. Ein besonders drastisches Beispiel betrifft die für die (materielle) Existenz der Kirche folgenreiche Initiative für eine (vollständige) *Trennung von Staat und Kirche*. Der SPV hat sich vor beiden Volksabstimmungen (der kantonalzürcherischen 1977 und der eidgenössischen, also gesamtschweizerischen, 1980) insofern engagiert, als der Zentralsekretär und der Präsident der Kantonalsektion Zürich in den Vorstand des Schweizerischen Komitees „Nein zur Initiative" gewählt worden sind. Die früher schon durch *Paul Wieser* erarbeitete Dokumentation wurde neu zusammengestellt, teilweise erweitert und an einschlägige Adressaten verschickt. An zahlreichen Sitzungen wurden die Art des Abstimmungskampfes besprochen, Plakate konzipiert, eine Flugschrift verfaßt und schließlich eine Pressekonferenz sowie die Sendungen in Rundfunk und Fernsehen vorbereitet. Aus einer Umfrage des Meinungsforschungsinstituts Isopublic, Zürich, ging dann eindeutig hervor, daß die Informationstätigkeit des erwähnten Komitees das überraschend deutliche Resultat der Abstimmung beeinflußt hat.

In den ersten 24 Jahren seines Bestehens begnügte sich der SPV, durch gelegentliche Veröffentlichungen von Tätigkeits- und Jahresberichten über seine Aktivitäten zu informieren. 1949 faßte die Kantonalsektion Zürich im Einvernehmen mit dem Zentralvorstand den Beschluß, ein *eigenes Verbandsorgan* herauszugeben. Bald zeigte sich, daß dem bescheidenen vierseitigen „Mitteilungsblatt“ eine größere Bedeutung zukam als vorauszusehen war. 1953 konnte sein Umfang auf acht Seiten erweitert werden, und von 1958 an erschien es (in ansehnlicherer Aufmachung) unter dem Titel *„Kirche + Volk“*. Damit soll dokumentiert werden, daß der SPV nicht eine Organisation außer oder neben der Kirche ist und daß sein Wirken volksverbunden sein will. Die alle zwei Monate erscheinende, seit vielen Jahren von Dr. *Jakob Streuli*, dem Präsidenten der Kantonalsektion Zürich als Chefredakteur, und vom Zentralsekretär als Mitarbeiter betreute Schrift hat eine erfreuliche Entwicklung genommen und gehört zu den evangelischen Periodika mit den größten Auflagenzahlen (1985: 11.500).

In enger Zusammenarbeit mit dem Volksbund erschienen durch das aktive Wirken des damaligen EPD-Redaktors Dr. *Arthur Frey* im Evangelischen Verlag Zollikon (heute Theologischer Verlag Zürich, TVZ) Schriften zu konfessionellen Gegenwartsfragen, zu Bildungskursen, zur Sektenkunde sowie – in Verbindung mit dem Konfessionskundlichen Institut des Evangelischen Bundes in Bensheim – Berichte vom Zweiten Vatikanischen Konzil in Rom. Die bedeutsamste Publikation war wohl die im Jahre 1962 erfolgte Herausgabe des „Handbuchs der reformierten Schweiz“. Damit hat der SPV den Kirchenbehörden, Pfarrern und interessierten Laien ein Nachschlagewerk verschafft, das Informationen ermöglicht, die sonst nicht leicht zugänglich gemacht werden können. Als Initiant und Herausgeber zeichnete auch hier der langjährige, aktive Zentralsekretär *Wieser*.

VII. Über die Grenzen hinweg

Seit seiner Gründung unterhielt der Volksbund gute Beziehungen zum Protestantischen Weltverband (vgl.I.) Mit der Machtübernahme des Nationalsozialismus ergaben sich bald Trübungen im Verhältnis zu diesem Gremium, weil der radikale Einfluß des Dritten Reiches immer stärker wurde. Darum beschloß der Vorstand des SPV 1939 den Austritt, blieb aber mit den deutschen Brüdern, die unter der politischen Entwicklung in ihrem Lande litten, in glaubensbrüderlicher Verbundenheit, was schon durch die Haltung des EPD in jenen Jahren zum Ausdruck gebracht wurde.

Etliche Jahre nach Kriegsende bahnten sich neue Kontakte an. Der wiedererwachte Evangelische Bund schickte 1956 eine Einladung zu einer Konferenz nach Goslar. Da sich dort auch Teilnehmer aus den Niederlanden, Österreich, Schweden und Italien eingefunden hatten, ergaben sich wertvolle internationale Kontakte. Man traf sich auch in den folgenden

Jahren auf den Generalversammlungen des Evangelischen Bundes. Immer deutlicher ergab sich die Wünschbarkeit vermehrter gegenseitiger Information. So beschlossen der Evangelische Bund Deutschlands, der Schweizerische Protestantische Volksbund und die Evangelische Maatschappij (heute Nederlands Protestants Konvent), einen *Evangelischen Arbeitskreis für Konfessionskunde* zu gründen. 1962, bei einem Treffen im niederländischen Zeist, war es dann so weit. Ziel der Organisation war und ist die gegenseitige Information über das Verhältnis zur römisch-katholischen Kirche. Diese Gründung entsprach einem Bedürfnis. Das beweist der Umstand, daß sich der Kreis von Jahr zu Jahr vergrößerte und mittlerweile von bis zu fünfzehn Ländern in West-, Ost- und Südeuropa beschickt wird. Anhand von Länderberichten wird der Stand der theologischen und ekklesiologischen Entwicklung des Katholizismus erfaßt und werden die Reaktionen auf besondere Gegenwartsprobleme erörtert, um zu einem evangelischen Selbstverständnis beizutragen und eine Festigung der Verbindungen der evangelischen Kirchen untereinander zu fördern. Unter der Ägide des SPV fanden die Arbeitstagungen 1968 in Zürich und 1979 in Locarno statt.

1954 ist in Paris der *Arbeitskreis für Evangelische Information in Europa* gegründet worden. Es handelt sich um einen Zusammenschluß evangelischer Journalisten und Redaktoren, die in Presse, Rundfunk, Fernsehen und Film tätig sind. 1960 nahm der Redaktor des EPD erstmals an einer Tagung dieser Vereinigung teil, worauf die folgende Jahresversammlung in Zürich abgehalten wurde. Von 1964 bis 1968 war dann *Wieser* Präsident dieses Gremiums und richtete in Zusammenarbeit mit den örtlichen Komitees Kongresse in München, Brüssel, Rom und Stockholm aus. Die Arbeitsgemeinschaft nennt sich heute *Ökumenischer Arbeitskreis für Information in Europa*.

VIII. Ein neuer Pionierdienst in Vorbereitung: Seelsorge-Seminar

Der SPV hat erkannt, daß eine Ausbildung der in vielen Gemeinden tätigen Laien einer Notwendigkeit entspricht. Er bietet deshalb – voraussichtlich ab 1986 – ein *Seelsorge-Laienhelfer-Seminar* auf gesamtschweizerischer Ebene an, weil er dem seelsorgerisch Tätigen Ausbildung und Begleitung geben möchte. Der *Ausbildungsgang* richtet sich an Menschen, die sich aus ihrer christlichen Überzeugung heraus in irgendeiner Form in den Gemeinden engagieren wollen. Mögliche Arbeitsbereiche sind zum Beispiel: Besucherdienst, Begrüßung von Neuzuzüglern, Begleitung von Menschen in Lebens- und Kontaktschwierigkeiten usw.

Die *Ausbildung* verbindet drei Schwerpunkte miteinander: erstens die bewußte und vertiefende Arbeit an eigenen Erfahrungen und im gemeinsamen Lernprozeß in der kleinen Gruppe; zweitens thematische Einführung in verschiedene Problemkreise einer seelsorgerischen Gemeindearbeit; und drittens praktisch erlebte und verarbeitete Seelsorge an sich selber vermitteln. Das Seminar dauert zwei Jahre und ist von einer obligatorischen Supervision während eines Jahres gefolgt.

In den *Ausbildungsgruppen* klingen etwa folgende *Themenbereiche* an: Seelsorge als Tätigkeit und als Grundhaltung; Erfahrungen mit Glauben und Kirche; Gruppen- und Kommunikationsprozesse; Umgang mit Ängsten; Gesprächsführung; Seelsorge in alltäglichen Begegnungen; Umgang mit Depressiven; Seelsorge und Psychologie; meine Grenzen; der Mensch in seiner Ganzheit; Ehe, Familie, Partnerschaft. An den *thematischen Arbeitstagen* werden Fragen aufgenommen, die eine vertiefte Bearbeitung erfordern. Die Erfahrung der eigenen Befindlichkeit der Teilnehmer und die Erkenntnisse aus ihrer Glaubenserfahrung bilden dabei den Hintergrund.

In den *Intensivwochen* werden Problemkreise bearbeitet, die ein Erleben der eigenen Einstellungen voraussetzen, um verstehen zu können, was ein Mensch in dieser Situation durchmacht. Mögliche Themata sind hier zum Beispiel: Tod und Leben/Trauer und Freude; Krisen sind Chancen; Kreativität in der Seelsorge. Während eines Jahres werden die praktischen Erfahrungen im Kontakt und in der Seelsorge auf dem Hintergrund der eigenen Lebenserfahrung des Mitarbeiters in der Gruppe angeschaut und aufgearbeitet. Die Supervision ist ein wichtiger Bestandteil der Ausbildung.

Ein Abschlußgespräch (Fallbesprechung) mit einem auswärtigen Leiterteam beendet die Ausbildung. Dem ‚erfolgreichen' Teilnehmer wird ein Kursausweis übergeben.

HAFENBRACK / WOLF / WEILAND

Kirche und Öffentlichkeit verpflichtet: Evangelische Pressedienste Deutschland, Schweiz, Österreich

Vor einhundert Jahren wurde der Evangelische Bund gegründet, der den ersten wirksamen evangelischen Pressedienst herausgab. Vor einem dreiviertel Jahrhundert nahm der erste Herausgeber des Evangelischen Pressedienstes, der Evangelische Preßverband für Deutschland, seine Arbeit auf. Auf bald sechs Jahrzehnte seiner Tätigkeit schaut der Schweizerische Evangelische Pressedienst zurück. Sechs Jahrzehnte alt ist der Evangelische Presseverband für Österreich, der 1925 aus kleinsten Anfängen heraus seine Arbeit aufnahm. All diese Jubiläen reizen zu einem Vergleich zwischen der Gründerzeit der evangelischen Publizistik und ihrer gegenwärtigen Situation.

I. Motive der Gründerzeit

Was in Deutschland damals, aus drei Quellen gespeist, rasch zum breiten Strom schwoll, gehorchte einem gleichgearteten Gefälle. Während die Staatskirche die nach Aufhebung der Karlsbader Beschlüsse 1848 aufblühende Presse als „sittenlose“ und „religionsfeindliche“ ablehnte, gingen die Gründer ans Werk, ans freie. Sie antworteten auf zeitgeschichtliche Herausforderungen mit einer ausgeprägt programmatischen Publizistik. *Ernst-Albert Ortmann* hat die Motivationen der Gründerzeit zutreffend als polemisch, apologetisch und christlich-sozial beschrieben.[1]

Die Herausforderung des im Kulturkampf gestärkten Katholizismus nahm der 1886 gegründete „Evangelische Bund zur Wahrung der deutsch-protestantischen Interessen“ mit seiner polemischen Publizistik an. Gegen die „jesuitisch-papalen Preßerzeugnisse“ nahm am 1. April 1887 die „Kirchliche Korrespondenz für die deutsche Tagespresse“ (KKEB) den Kampf auf. Sie bildete, als erster deutscher evangelischer Pressedienst, den Kern der umfangreichen Publizistik des Bundes, die nach dem Ersten Weltkrieg eine Jahresauflage von über 35 Millionen Exemplaren erreichte.

---

[1] Motive ev. Publizistik. Programme der Gründerzeit als Frage an die Theol., Witten 1969, 172 S.; *Ortmann*, der einige Jahre theol.-publizistischer Referent am KI gewesen war, starb, noch bevor er diesen Beitrag, wie erwogen, hätte schreiben können.

Im November 1886 kündigte *Martin Rade* die erste Ausgabe seines „Evangelisch-Lutherischen Gemeindeblattes für die gebildeten Glieder der evangelischen Kirche“ an. Unter dem später ebenso programmatischen Titel „Christliche Welt“ wollte das apologetische Blatt Christentum und Kultur versöhnen und die Gebildeten für die evangelische Kirche zurückgewinnen. „Wenn die Gebildeten wirklich nicht mehr Christen sein können, werden wir bald auch kein christliches Volk mehr haben“, schrieb *Rade* in der Probenummer der Zeitschrift.[2]

Kämpfte *Rade* um die Gebildeten, so warb die dritte Strömung, aus der Inneren Mission kommend, um das verlorene Proletariat, polemisch gegen den Sozialismus, positiv von der christlich-sozialen Bewegung motiviert. Als erster der um die Jahrhundertwende in fast allen Landeskirchen gegründeten Presseverbände entstand im März 1891 der „Evangelisch-soziale Preßverband für die Provinz Sachsen“. In seiner Satzung verpflichtete er sich, „die durch alle Stände verbreitete Gottesentfremdung und Unsittlichkeit zu bekämpfen; die durch die Sozialdemokratie verführten bzw. gefährdeten Volkskreise für die evangelische Kirche, für Vaterlandsliebe und soziale Ordnung wieder zu gewinnen; das Interesse aller Stände für die soziale Reform zu wecken“.[3]

Es wäre reizvoll, alle drei Ansätze vom Ende des vorigen Jahrhunderts bis in die Gegenwart zu verfolgen. Ohne Zweifel hat der Evangelische Bund im ökumenischen Zeitalter an die Stelle konfessioneller Polemik die Sachlichkeit konfessionskundlicher Wissenschaft gesetzt. Daß die „Christliche Welt“ keine relevanten publizistischen Nachfolger gefunden hat, ist um so mehr zu beklagen, als nicht der Gebildete, sondern der Zeitgenosse schlechthin Mühe hat, den Graben zwischen seiner säkularisierten Welt und dem für ihn allzu herkömmlich formulierten christlichen Glauben zu überspringen. Es spricht nicht für den Zustand der evangelischen Publizistik, daß sie die Antwort auf diese primäre Herausforderung der Gegenwart Einrichtungen wie den Evangelischen Akademien oder dem Deutschen Evangelischen Kirchentag überlassen hat.

II. Die Plattform von 1910

Hier sei dem erstaunlichen frühen Wandel bei den Presseverbänden Aufmerksamkeit geschenkt. Sie gründeten am 22. Februar 1910 zusammen mit anderen kirchlichen Werken den „Evangelischen Preßverband für Deutschland“, der bald den Evangelischen Pressedienst herausgab. Innerkirchlich ein pressegeschichtliches Ereignis, wie ein Vergleich der Satzung des Dachverbandes mit der des 20 Jahre zuvor gegründeten sächsischen Preßverbandes zeigt. An die Stelle der kämpferisch-volksmissionarischen Töne der sächsischen Satzung tritt 1910 der Satz: „Insbesondere

[2] ChW 1, 1886/87,5.

[3] *Martin Hennig*: Quellenbuch zur Gesch. der Inneren Mission, Hamburg 1912, 512f.

hat er [der Preßverband] die Aufgabe, das Verantwortlichkeitsgefühl des evangelischen Christen gegenüber der Presse zu wecken und zu vertiefen, sowie einen umfassenden, durchaus unabhängigen journalistischen Tagesdienst bei der gesamten deutschen Presse zu organisieren."[4]

Hier ist, acht Jahre vor dem offiziellen Ende der Ära Thron und Altar, in einem erstaunlichen Vorgriff auf ein neues kirchliches Selbstverständnis, das erst 1945 zum Durchbruch kam, dessen publizistische Konsequenz gezogen: Evangelischer Dienst an der Presse. Das setzt eine Kirche voraus, die sich auch als Teil der Gesellschaft begreift, für deren Öffentlichkeitscharakter sie als große gesellschaftliche Gruppe mitverantwortlich ist. In diesem Zusammenhang muß der württembergische Theologe *August Hinderer* gewürdigt werden, der nach dem Ersten Weltkrieg, bald im Verein mit *Focko Lüpsen*, den epd unter dem Motto „Dienst an der Presse" zur protestantischen Nachrichtenagentur gemacht hat. *Karl Barths* radikale Kritik an den „verheerenden evangelischen Pressezentralen" in seiner Kampfschrift „Quousque tandem...? (1930), eine bis heute gültige Warnung, die evangelische Publizistik als „Marktbude neben anderen" zu verstehen[5], hat nicht den ganzen *Hinderer* treffen können.

Ein Vergleich des heutigen Evangelischen Pressedienstes mit seinen Anfängen muß von einschneidenden Änderungen im Verhältnis von Kirche und Öffentlichkeit ausgehen, deren wichtigste wenigstens genannt seien. Erstens zwang das Ende des landesherrlichen Kirchenregiments die Kirche zu einer publizistischen Wende, die freilich in der Weimarer Demokratie noch kaum sichtbar wurde. Protestantismus und Presse, die sich 1918 als Antipoden und Exponenten von Religion und Säkularität gegenüberstanden, mußten zu einem kooperativen Verhältnis finden. Die Kirche sah sich nach der Lösung des Bündnisses von Thron und Altar in einer Gesellschaft, zu deren Wesensmerkmalen die Öffentlichkeit mit ihrer gesellschaftskritischen Publizistik gehört. Zweitens führte der Versuch des Nationalsozialismus, Glaube und Kirche zur Privatsache zu erklären, zum Bekenntnis, das *eine* Wort Gottes gelte für alle Lebensbereiche. Die Erkenntnis, daß das Evangelium Öffentlichkeit beansprucht, mußte zum Ausgangspunkt einer neuen Begründung der evangelischen Publizistik werden. Schließlich ist in den letzten Jahrzehnten die Zahl der am Gemeindeleben beteiligten Protestanten zu einer Minderheit geschrumpft, das Gespräch der Kirche mit ihren distanzierten Mitgliedern zur vorrangigen Aufgabe geworden. Damit ist der medialen Vermittlung der Kirche und ihrer Botschaft eine Bedeutung zugewachsen, für die die evangelische Publizistik kaum vorbereitet war.

Der Evangelische Pressedienst, der in der Vermittlung von Informationen aus der Kirche und in die Kirche heute die zentrale Funktion wahr-

---

4 RE³ Bd. 24, 357f.

5 in: ZZ 8, 1930, 1-6, hier 1 und 5.

nimmt, muß seine Theorie und seine Praxis in einer Art publizistischer Zweireichelehre formulieren. Er versteht sich einerseits als Funktion der Kirche, die dem Evangelium verpflichtet ist und damit der Veröffentlichung von Gottes Zuspruch und Anspruch, der allen gilt. Andererseits ist der epd eine Funktion der Kirche, die als gesellschaftliche Gruppe unter anderen an der vorhandenen Öffentlichkeit teilnimmt, nicht zuletzt dadurch, daß sie einen aktiven Beitrag zur Herstellung dieser Öffentlichkeit leistet. Der epd ist, in unterschiedlicher Weise, zugleich der Kirche und der Öffentlichkeit verpflichtet.

Die sich daraus ergebenden Spannungen sind in den epd-„Grundsätzen und Regeln" angedeutet, nach denen alle epd-Redaktionen arbeiten. Sie gehen aus von der Einsicht, „daß evangelische Publizistik eine Funktion der Kirche ist" und „in allen ihren Arbeitszweigen an der Erfüllung des Auftrages teilnimmt, dem die Kirche verpflichtet ist". Sie verpflichten die epd-Redakteure, ausnahmslos Berufsjournalisten, zugleich professionell zu arbeiten: „Alle das Signum ‚epd' führenden Redaktionen arbeiten nach den bei Nachrichtenagenturen üblichen Verfahrensweisen und im Rahmen der für die Presse geltenden Rechtsbestimmungen in eigener redaktioneller Verantwortung gegenüber ihren Herausgebern sowie ihren Beziehern." Die Grundsätze interpretieren die „Bindung an das Evangelium" der epd-Redakteure so, daß sie „eigenständige Entscheidungsfreiheit und kirchliche Verpflichtung in gleicher Weise umfaßt". Der epd soll sich vor allem an die säkularen Medien wenden, sich nur im Rahmen des Möglichen an Aufgaben der innerkirchlichen Information beteiligen und keinesfalls kirchenamtliche Funktionen wahrnehmen.[6]

III. Erfreuliche Akzeptanz

Der epd hat sich mit einem nach diesen Grundsätzen erarbeiteten Nachrichtenangebot seiner zentralen und regionalen Dienste eine in Presse und Rundfunk geachtete Stellung erworben, wie die 1984 abgeschlossene Studie über die Akzeptanz bei den Tageszeitungen ausweist. Alle Rundfunkanstalten und 109 der 125 Tageszeitungen mit einer Vollredaktion beziehen einen oder mehrere epd-Dienste. Das Schwergewicht der Arbeit liegt in den Regionen. Von den 65 epd-Redakteuren arbeiten 45 in den zehn Landesdiensten und ihren 23 Bezirksredaktionen, 20 epd-Journalisten, darunter Korrespondenten in Berlin(Ost), Bonn und Genf, gehören der Zentralredaktion in Frankfurt an. Sie gibt neben ihrem täglichen Funkdienst und der werktäglich erscheinenden epd-Zentralausgabe weitere Informationsdienste für unterschiedliche Adressatenkreise heraus: Wöchentlich erscheinen die „evangelische information", ein Nach-

[6] Satzung des Gemeinschaftwerks der Ev. Publizistik und die Ordnung seines Fachbereichs 1 Ev. Pressedienst (epd); vgl. GEP (Hg.): Handbuch 1983, 31f.

richtenspiegel, die umfangreichen epd-Dokumentationen sowie der Artikeldienst „Ausgabe für kirchliche Presse". Zur Medienpublizistik gehören der traditionsreiche Informationsdienst „Kirche und Rundfunk" (zweimal wöchentlich) und die Monatszeitschrift „epd-Film". Zwei entwicklungspolitische Redaktionen edieren die Fachkorrespondenz „epd-Entwicklungspolitik", die „Dritte Welt-Informationen" und den entwicklungspolitischen „Artikeldienst" für mittlere und kleinere Tageszeitungen. 1985 wurde mit der Redaktion epd-bild eine Lücke im Angebot der Zentralredaktion geschlossen.

Die epd-Zentralredaktion gehört seit 1974 als Fachbereich 1 zum Gemeinschaftswerk der Evangelischen Publizistik, das von allen Kirchen der EKD und den großen kirchlichen Werken gegründet wurde. Ihre finanziellen Zuschüsse erhält die Zentralredaktion über das Gemeinschaftswerk von der Evangelischen Kirche in Deutschland. Die epd-Landesdienste werden von den evangelischen Landespresseverbänden getragen. Sie sind mit der Zentralredaktion in der epd-Konferenz, durch gemeinsame Grundsätze und neuerdings durch eine gemeinsame moderne Nachrichtentechnik sowie gemeinsame Ausgaben der „evangelischen information" eng verbunden.

Eine aus dem zuletzt Gesagten resultierende abschließende Bemerkung mag noch einmal zu den Anfängen zurücklenken: Der Evangelische Pressedienst ist kirchlicher und professioneller geworden. Die älteste deutsche Nachrichtenagentur in der Bundesrepublik bleibt damit ein spannungsreiches und spannendes publizistisches Unternehmen im Dienst der Kirche an der Öffentlichkeit. (*Hans Hafenbrack* in Frankfurt/Main, epd)

IV. Gründungszeiten des EPD

Der Schweizerische Evangelische Pressedienst (EPD), von dem man sagen darf, daß der Schweizerische Protestantische Volksbund (SPV) sein Vater und der Schweizerische Evangelische Kirchenbund (SEK) seine Mutter ist[7], wurde im Jahre 1927 gegründet und arbeitet seit Januar 1928 als zentrale evangelische Pressestelle. Er wurde von seinen Begründern nach dem Muster ausländischer Vorbilder eingerichtet, die sich um eine positive Einstellung zur Tagespresse bemühten. Der EPD ist allerdings nie so groß geworden wie etwa der epd der Bundesrepublik Deutschland. Wichtige Motive bei der Gründung waren: Profilierung des Protestantismus auf gesamtschweizerischer, kantonaler und Gemeindeebene, Schutz und Abgrenzung des Protestantismus gegen außen, Unterstützung der

---

[7] Interessenten finden über das hier Ausgeführte hinaus viele Einzelheiten bei *Beat Raaflaub*: Kirchl. Mahnruf in krit. Zeit. Der Schweizerische EPD 1928-1955, Bern 1977; ders. / *Wolf*: Der Schweizerische EPD 1928 bis 1976, in *Paul Wieser* u. a.: 50 Jahre Dienst an Kirche und Volk, Zürich 1976; vgl. *Fritz Johner*: Gesch. des SPV, in diesem Bd., – .

missionarischen Tätigkeit der Kirche, Verbreitung des Evangeliums in Kreisen, wo die Kirche scheinbar unbeachtet blieb. Das Schwergewicht des EPD lag bei seiner Gründung nicht (wie heute) auf der kirchlichen B-Ausgabe, sondern auf der A-Ausgabe für die Tagespresse. Die Nachrichten bezogen sich hauptsächlich auf kirchliche Ereignisse in der Schweiz, doch wurde von Anfang an auch der Auslandsteil gepflegt – oft in dem Sinn, daß seine Meldungen exemplarische Bedeutung für die schweizerischen Verhältnisse hatten und damit indirekt der Meinungsbildung dienten.

1929 kam es zur Gründung des Service de Presse Protestant (SPP). Beide Pressedienste gingen ihre eigenen Wege; zu unterschiedlich waren die Verhältnisse dies- und jenseits der Saane. Aber bis auf den heutigen Tag blieb die Gemeinsamkeit der geistigen Grundlage und die kollegiale Zusammenarbeit zwischen Deutsch und Welsch erhalten.

Erster Redaktor des EPD war Pfarrer *Adolf Müller*. In seiner Dissertation „Kirchlicher Mahnruf in kritischer Zeit“ würdigte 50 Jahre später der Historiker *Beat Raaflaub Müller* als eine Persönlichkeit, „ die mit Schwung und unermüdlichem Einsatz wesentlich zur Überwindung der Anfangsschwierigkeiten im EPD beitrug.“ Als 1931 Dr.*Arthur Frey* nach zehnjähriger Redaktionstätigkeit bei einer Tageszeitung in die Redaktion des EPD eintrat, war es bei der Dynamik dieses Vollblutjournalisten fast unvermeidlich, daß *Müller* mehr und mehr in den Hintergrund trat. Er kehrte 1933 ins Pfarramt zurück.

V. Kein Maulkorb im Kirchenkampf

In der Ära *Frey* wuchs, so *Raaflaub*, der EPD aus einer „anfänglichen kümmerlichen Pflanze“ zu einem „im In- und Ausland beachteten Presseorgan“ heran.*Frey* verband seine berufliche Begabung mit einem politischen Spürsinn und einem religiösen Sendungsbewußtsein. Wenn er im EPD das Wort ergriff, war (wie *Karl Barth* 1955 in einem Nachruf auf *Frey* betonte) „eine wohlüberlegte, aber auch unmißverständlich deutliche Äußerung eines leidenschaftlich freien Christen zu erwarten.“

Dies gilt vor allem für *Freys* kompromißlose Ablehnung der nazistisch-faschistischen Ideologie, die sich zum Christentum wie Wasser zu Feuer verhielt. *Frey* war im Glauben mit der Bekennenden Kirche verbunden. Er baute den EPD zu einer systematischen Dokumentensammlung über den deutschen Kirchenkampf aus, wobei die theologische Problematik nicht zu kurz kam. Neben viel Zustimmung gab es im Leserkreis auch vereinzelt Kritik – nicht nur in Deutschland, sondern auch in der Schweiz. Durch die dezidierten Stellungnahmen des EPD, hieß es, werde die Schweizer Kirche in der Öffentlichkeit kompromittiert. Aber *Frey* focht für die Freiheit eines Christenmenschen, der sich in der Verantwortung vor Gott gebunden weiß. Da dies die leitenden Personen im Volksbund und im Kirchenbund erkannten, ließen sie ihn gewähren. Letztlich war es nur im Interesse der Kirche, wenn der EPD „zu relevanten Fragen auch relevante Beiträge anzubieten hatte".

Weniger bekannt ist *Freys* ebenso entschiedener Einsatz für die Pressefreiheit. Er engagierte sich für sie als Subjekt wie als Objekt der während des Zweiten Weltkriegs ihres Amtes waltenden Zensurbehörde. Ein gutes Jahr lang hatte der EPD-Redaktor das sozialdemokratische „Volksrecht" zu überwachen. 1941 wurde ihm die Beobachtung der weniger anstößigen „Neuen Zürcher Zeitung" übertragen, weil er nach Ansicht seiner Vorgesetzten das SP-Organ, mit dem er sonst politisch wenig gemein hatte, in dessen antideutschen Äußerungen zu sehr gewähren ließ. Weniger Nachsicht wurde dem Leiter des EPD bei seinen eigenen Publikationen zuteil. Zwischen 1939 und 1944 wurde der EPD zwanzigmal verwarnt. Auch veranlaßte die Zensur 1941 ein Verbot der Schrift „Der rechte Staat", nachdem *Frey* es abgelehnt hatte, einen Passus zu streichen, der auf die Bedrohung und Verneinung der Rechtsstaatlichkeit durch Nazideutschland hinwies.

VI. Feindbild Katholizismus

Nach dem Zweiten Weltkrieg löste der rote Totalitarismus den braunen ab. *Frey* ließ keinen Zweifel offen, daß er den Kommunismus radikal verwarf. Aber er erkannte realistisch, daß der kommunistische Atheismus für die Kirchen und Christen eine geringere Versuchung darstellte als die nazistische Pseudoreligiosität. Auch sah er richtig voraus, daß Christen auf lange Zeit hinaus unter dem Kommunismus leben müßten, weshalb er die Bestrebungen der Ökumene zu Kontakten mit Glaubensbrüdern hinter dem Eisernen Vorhang befürwortete, wie er es auch zu schätzen wußte, „daß die Ökumene, wenn auch mit vielen Mängeln behaftet, den grundsätzlichen Schritt zur kirchlichen Stellungnahme in politischen Entscheidungen wagte".

Wenig verständlich für uns heutige Menschen ist *Freys* erklärte Gegnerschaft zur katholischen Kirche. Der überzeugte Demokrat witterte hinter der hierarchischen Machtfülle Roms einen autoritären Anspruch. Auch fühlte er sich durch die damals noch virulente katholische Intoleranz in der Mischehenfrage verletzt. Hinter seinem Argwohn gegenüber dem ‚politischen Katholizismus' verbarg sich das Defensivbewußtsein des Protestanten, auf den die katholische Kirche allein schon von ihrem äußeren Glanz her, aber auch durch Geschlossenheit und Stoßkraft, den Eindruck der Überlegenheit machte. Dennoch führte *Frey* laut *Raaflaub* die Auseinandersetzung mit dem Katholizismus nicht so systematisch wie seinerzeit mit dem nationalsozialistischen Neuheidentum. *Raaflaub* kommt zu dem Ergebnis, daß *Frey* den schon vor *Johannes XXIII.* und vor dem Zweiten Vatikanischen Konzil sich ankündigenden Aufbruch in der katholischen Kirche nicht wahrhaben wollte, „er blieb in der Beurteilung des Katholizismus bis zum Schluß rückwärts gewandt".

VII. *Im Zeitalter der Entspannung*

Nach dem Tod von *Arthur Frey* übernahm 1956 der um nur sieben Jahre jüngere Gemeindepfarrer *Paul Wieser* die Redaktion des EPD. Der neue Redaktor erwarb sich durch die Sorgfalt und Objektivität der Berichterstattung über das kirchliche und theologische Geschehen rasch das Vertrauen der Presse und der kirchlichen Behörde. Die 15jährige Redaktionszeit unter *Wieser* war eine Phase der Konsolidierung. Der Zeitgeist stand innenpolitisch im Zeichen der Konkordanzdemokratie, außenpolitisch im Zeichen des abflauenden Kalten Krieges und kirchenpolitisch im Zeichen einer spürbaren ökumenischen Annäherung. *Wieser*.war Kontroversen eher abhold; sein Naturell neigte zu Ausgeglichenheit und Versöhnlichkeit.

Wöchentlich ein- bis zweimal erreichte die Ausgabe A Presse, Radio und Fernsehen. Ein Hindernis für ihre Verbreitung war das Zeitungssterben und die damit verbundene Pressekonzentration. Oft waren gerade die kleinen Blätter Abnehmer der EPD-Meldungen. Der um 1970 herum unternommene Versuch, über ein Simultan-Fernschreibernetz, das einer Presseagentur gehörte, an die großen Zeitungen heranzukommen, zerschlug sich der hohen Kosten wegen. Bald danach begann der EPD, Meldungen mit hohem Aktualitätsgehalt per Telex wenigstens den verschiedenen Nachrichtenagenturen zuzustellen, die dann die entsprechende kirchliche Information unter ihrem Signet weiterverbreiteten. Die Ausgabe B für kirchliche Abonnenten erfreute sich auflage- und umfangmäßig eines kontinuierlichen Wachstums. Da vor allem die kirchlichen Mitarbeiter über den eigenen Kirchturm hinaussehen sollten, wurde möglichst umfassend über die bedeutendsten kirchlichen Ereignisse berichtet.

Ökumenische Offenheit legte der EPD während des Zweiten Vatikanischen Konzils an den Tag, als er über alle Konzilsphasen von 1962 bis 1965 Sonderdienste veröffentlichte, die das Geschehen in evangelischer Sicht würdigten. Dieser Konzilsonderdienst stieß auf großes Interesse. Einen Teil davon gab der Evangelische Bund in Deutschland als Sonderdruck heraus.

VIII. *Für Liberalität und Toleranz*

1971 übergab *Paul Wieser*, der über sein Pensionsalter hinaus gewirkt hatte, die Leitung des EPD dem als Historiker ausgebildeten Dr. *Walter Wolf*. Ihm standen als halbamtliche Mitredaktoren zur Seite: von 1972 bis 1974 Pfarrer *Hans Rutz*, von 1974 bis 1977 Lic.phil. *Hans-Peter Großenbacher* und seit 1978 Pfarrer *Fritz Johner*. Auch unter der neuen Redaktion versucht der EPD, die verschiedenen Tendenzen der evangelisch-reformierten Kirche zur Darstellung zu bringen. Das Redaktionsprinzip des EPD ist Liberalität: Offenheit für die Pluralität der Meinungen und

Standpunkte, wodurch sich gerade unsere Volkskirche auszeichnet. Entsprechend mutet der EPD auch dem Leser einiges an Toleranz und Verständnisbereitschaft zu. Auf die gleiche Haltung zählt er bei den Nachrichtenmedien, bei Presse, Radio und Fernsehen.

Seit 1970 haben auch die Printmedien beinahe revolutionäre Umwälzungen erfahren. Die raschen Veränderungen im Medienbereich, die große Arbeitsbelastung der ‚eineinhalb' Redaktoren und der Mangel an Möglichkeiten zum direkten Kontakt mit den Medienvertretern haben die Verantwortlichen des EPD anfangs 1985 veranlaßt, die ganze Produktion des Pressedienstes einer kritischen Analyse durch ein Pressebüro zu unterziehen. Die Expertise soll Entscheidungsgrundlagen liefern für den Ausbau und die Modernisierung des EPD. (*Walter Wolf* in Zürich, EPD)

IX. Der Evangelische Pressedienst für Österreich

Der Evangelische Pressedienst für Österreich (epd Ö) ist im Reigen der evangelischen Pressedienste das jüngste Kind. Erst im September 1953 erschien die erste Nummer. Sie wurde vom Evangelischen Presseverband in Österreich herausgegeben. Oberkirchenrat Dr. *Reinhold Engel*, also ein Mitglied der Kirchenleitung, war der erste verantwortliche Redakteur. Einen Hinweis auf Absicht und Ziel der Herausgabe eines evangelischen Pressedienstes für Österreich gibt es weder in der ersten Nummer noch in einer anderen kirchlichen Publikation dieses Jahres.

Bis zum Jahr 1959 erschienen in unregelmäßiger Folge zwischen 10 und 46 Ausgaben pro Jahr, wobei keine Ausgabe mehr als zwei Blatt umfaßte. In der Berichterstattung wurde meist nur auf kirchliche Veranstaltungen hingewiesen oder darüber referiert.

Zu einer Ausweitung der Arbeit kam es im Jahr 1959. Ab diesem Zeitpunkt erschien der Pressedienst jährlich in rund 100 Ausgaben, also etwa zweimal pro Woche. Auch der Umfang ist mit nunmehr durchschnittlich fünf Blättern gewachsen. Die Auflagenzahl war vom Zeitpunkt der Gründung bis zum Beginn der 80er Jahre mit durchschnittlich 160 Stück konstant. Bezieher waren neben kirchlichen Stellen und Tages- und Wochenzeitungen in Österreich auch kirchliche Pressestellen des Auslandes.

Nach *Engel* war ab Oktober 1954 bis Dezember 1976 der Wiener Superintendent und Obmann des Evangelischen Presseverbandes in Österreich, *Georg Traar*, verantwortlicher Redakteur des Pressedienstes. Ihm folgte bis September 1979 Hofrat Dr. *Stefanie Nadherny*, die Leiterin des Amtes für Hörfunk und Fernsehen.

1979 kam es zu einer Umstrukturierung der Öffentlichkeitsarbeit der Evangelischen Kirche in Österreich, die auch den Pressedienst betraf. Neben der Arbeit des Presseverbandes, der als evangelisch-kirchlicher Verein seit dem Jahr 1925 tätig ist, wurde ein der Kirchenleitung zugeordnetes Presseamt der Evangelischen Kirche A. und H.B. in Österreich gegründet. Das Presseamt übernahm mit September 1979 die Herausgabe des Pressedienstes, Chefredakteur ist seit diesem Zeitpunkt der Verfasser dieser Zeilen. Die Auflage konnte seither kontinuierlich gesteigert werden und beträgt nun 480 Stück.

Der Evangelische Pressedienst für Österreich versteht sich heute als Informationsdienst, der sowohl über Leben und Tätigkeit der Evangelischen Kirche und der evangelischen Gemeinden in Österreich informieren als auch Mitglieder und Entscheidungsträger der Kirche mit Ereignissen, Entwicklungen und Tendenzen in anderen gesellschaftlichen Gruppen und in Kirchen des Auslandes vertraut machen will. Er ist in einen Inlands- und Auslandsteil getrennt. In unregelmäßiger Folge erscheinen Berichte, Dokumentationen oder Interviews zu aktuellen Themen und Anlässen.

X. Kriterien einer Nachrichtenagentur im Kleinen

Ein besonderes Problem des Evangelischen Pressedienstes für Österreich war immer, daß kein hauptamtlicher Redakteur für ihn angestellt ist. Alle Chefredakteure waren – bis auf einige kurzzeitige Ausnahmen – zugleich die einzigen redaktionellen Mitarbeiter und außerdem in anderen Bereichen tätig. So ist es nicht verwunderlich, daß das für diese Arbeit erforderliche Maß an Professionalität nur selten anzutreffen ist und sich auch die Erfolgsquote in Form von Abdrucken in bescheidenen Höhen bewegt. Bezeichnenderweise gibt es in der nunmehr 32jährigen Geschichte des Evangelischen Pressedienstes für Österreich keinen Aufsatz oder keinen grundsätzlichen Artikel, der sich mit seiner Geschichte, seiner Bedeutung und seiner Zielsetzung beschäftigt.

Ziel der Arbeit des Presseamtes ist es daher, auch dem Evangelischen Pressedienst für Österreich das Image eines nach den Kriterien einer Nachrichtenagentur geleiteten Informationsdienstes zu geben. Dazu gehören Aktualität und Objektivität ebenso wie Genauigkeit, Zuverlässigkeit und sachgemäße Ausdrucksform.

Der schriftliche Dienst entwickelt sich mehr und mehr zu einem Informationsangebot für Gemeinden und in der Kirche verantwortlich tätige Mitarbeiter beziehungsweise zu einem Hintergrundinformationsmaterial für Journalisten und Redaktionen. Die Kontakte zu Tageszeitungen und anderen Pressestellen werden in zunehmendem Maß über den Fernschreiber und persönliche Begegnungen und Gespräche abgewickelt. (*Paul Weiland* in Wien, epdÖ)[8]

---

[8] vgl. zum gesamten Fragenbereich *Beatus Brenner*: Christl. Publizistik. Selbstverständnis und Aufgabenstellung. Kath. und Ev., in diesem Bd. - .

Hermann Riess

Diaspora und Konfession Rahmenbedingungen der Arbeit des Gustav-Adolf-Werks

I. Ein Spannungsbogen

Wer sich von unserem Thema zum theologischen Nachdenken einladen läßt, darf nicht von abstrakten Begriffen ausgehen. Er muß vielmehr die lebendige Geschichte entdecken, die in beide Wörter eingegangen ist. Dabei hilft die Erinnerung, daß Diaspora und Konfession aus dem biblischen Bereich stammen und in der Geschichte der Kirche immer wieder wirksam geworden sind. Von daher hat die Thematik eine kaum überschaubare und schwer eingrenzbare Weite.

Nun gibt es freilich gegenwärtig einen besonderen, sogar persönlichen Anlaß, die beiden Stichworte aufzunehmen: Beide beschreiben nämlich im vergangenen Jahrhundert entstandene kirchliche Werke. Als Arbeitsgemeinschaften sind sie gleichsam Schwestern. Die jüngere der beiden, Evangelischer Bund genannt, feiert demnächst ihren 100. Geburtstag. Ein Anlaß für die andere, mehr als 50 Jahre ältere Schwester mit Namen Gustav-Adolf-Werk, dankbare Verbundenheit zu signalisieren. Dabei geht es nicht um einen Akt distanzierter Höflichkeit, vielmehr um den Ausdruck des Zusammengehörens. Da die Aufgaben der beiden kirchlichen Arbeitsgemeinschaften zwar verwandt, aber doch auch verschieden sind, hat es nie das Gefühl der Konkurrenz gegeben, wohl aber das Bewußtsein, einander nötig zu haben und einander zu ergänzen.

Die Geschichte des EB zeigt, wie sehr das Thema Diaspora von den Verantwortlichen ernstgenommen wurde. So war ein Mann wie *Sucker*, Gründer des Konfessionskundlichen Instituts und zugleich lange Jahre Präsident des EB, dem GAW sehr zugetan. Das zeigt etwa der kurz vor seinem Tod gehaltene Vortrag „Kirche – Konfession – Diaspora“ [1] oder auch sein Beitrag für das Evangelische Kirchenlexikon, in dem es heißt: „Der EB. [...] hält Verbindung zu all den Kräften im Weltprotestantismus, denen es um den Auftrag der Reformation in der Weltchristenheit geht; insbesondere gilt sein Interesse den ev. Minderheitenkirchen.“ [2] In demselben Artikel gibt er dazu auch ein konkretes Beispiel:

---

[1] Vortr. bei der 125-Jahrfeier des GAW in Frankfurt/M. am 22. September 1968, Kassel 1968, 24 S.

[2] EKL[1] Bd. 1, 1211.

„Der politischen Los-von-Rom-Bewegung in Österreich seit dem Ende des 19. Jh.s wollte der EB helfen, zu einer ev. Bewegung zu werden; 1898 bildete er den *Ausschuß zur Förderung der ev. Bewegung in Österreich* (später *Zentralausschuß zur Förderung der ev. Kirche in Ö.*), verbreitete Bibeln und Flugblätter und half bei der Einrichtung ev. Gottesdienste und der Gründung von Gemeinden durch von ihm entsandte und besoldete Vikare.“[3]

Die Beispiele mögen genügen, um deutlich zu machen: Fragen der Diaspora hatten und haben Gewicht für die Arbeit des EB. Doch was bedeutet ‚Konfession‘ für die Arbeit des Diasporawerks der Evangelischen Kirche in Deutschland (EKD)? Die beiden Stichworte unseres Themas signalisieren ‚Rahmenbedingungen‘ für die Gustav-Adolf-Arbeit. Was das heißt, kann nur richtig verstanden werden, wenn wir uns zunächst Gedanken machen über die Herkunft dieser Arbeit.

II. Anfang und Fortgang der Arbeit

Daß der Name des Werks für viele anstößig war und noch ist, darf nicht verkannt, freilich auch nicht überbewertet werden. Bemerkenswert bleibt, was *Klaus Scholder* in seinem Festvortrag zum 150jährigen Jubiläum des Werks festgestellt hat. „Am Anfang des Gustav-Adolf-Vereins stand ein ‚Comité‘ aus sechs Leipziger Bürgern, die etwas ganz anderes im Sinne hatten als das, was wenige Wochen später tatsächlich entstand. Anlaß war die Zweihundertjahrfeier des Todes von Gustav Adolf, der am 6. November 1632 auf dem Schlachtfeld von Lützen, vor den Toren der Stadt Leipzig, für die evangelische Sache gefallen war. Wir zögern heute etwas bei der Wendung ‚für die evangelische Sache‘, weil dabei eben auch kräftig schwedische Politik mit im Spiele war. Gleichwohl ist sicher, daß ohne des Schwedenkönigs siegreiches Eingreifen der Protestantismus in Mittel- und Norddeutschland verloren gewesen wäre. Dies ist unbestritten, und es ist, meine ich, Grund genug, Gustav Adolfs Andenken zu ehren. Tatsächlich hängt die Entstehung des Vereins so eng mit dem Gedächtnis Gustav Adolfs zusammen, daß er dessen Namen auch heute noch mit allem nur denkbaren Recht trägt.“[4]

Erinnern wir uns kurz an die Vorgänge beim Beginn der Arbeit. Geplant war ursprünglich nur ein Denkmal für den „Retter der evangelischen Kirchen und der deutschen Freiheit“. Daraufhin regte der Leipziger Theologieprofessor *Christian Gottlob Leberecht Grossmann* ein „lebendiges Denkmal“ an. So entstand 1832 eine Stiftung „zu brüderlicher Unterstützung bedrängter Glaubensgenossen und zur Erleichterung der Not, in welche durch die Erschütterung der Zeit und durch andere Umstände protestantische Gemeinden in und außer Deutschland mit ihrem

[3] ebd., 1210.

[4] Das GAW und die ev. Kirche, Kassel 1983, 7.

kirchlichen Zustand geraten". Ohne die sächsische Stiftung zu kennen, rief am 31. Oktober 1841 der Darmstädter Hofprediger *Karl Zimmermann* die protestantische Welt auf, einen „Verein für die Unterstützung hilfsbedürftiger protestantischer Gemeinden" zu gründen. Der Aufruf wirkte: Sächsische und hessische Impulse fanden zusammen. 1842 wurde in Leipzig der „Evangelische Verein der G.A.-Stiftung" gegründet. 1843 beschlossen bei der ersten Hauptversammlung in Frankfurt am Main Delegierte aus 29 Vereinen die Satzung mit Zweigvereinen am Ort, Hauptvereinen in den Ländern, einen Zentralvorstand (Sitz Leipzig). Bald wurde die Arbeit volkstümlich: 1882 feierten 44 Hauptvereine, 387 Zweig- und Ortsvereine, 388 Frauenvereine das 50jährige Bestehen.

Scholder hat darauf hingewiesen, daß der Gustav-Adolf-Verein „zu keiner Zeit ein bloßer Kirchbau- und Gemeindeunterstützungsverein" war, daß er sich vielmehr „immer auch als Ausdruck evangelischer Gemeinschaft über die Grenzen der Länder und Konfessionen hinweg verstanden" hat. Nach *Scholders* Meinung hat der GAV zu der 1948 erfolgten Vereinigung der EKD einen beachtlichen Beitrag geleistet. Festzuhalten bleibt auch, daß schon im Aufruf *Zimmermanns* antikatholische Züge abgewehrt wurden. Zurecht hat *Scholder* von einem „ökumenischen Element" des GAV gesprochen.

1946 ist der Gustav-Adolf-Verein zu einem Werk der EKD geworden. Zunächst mußte die Arbeit freilich in Gestalt einer Notgemeinschaft erfolgen. Seit 1966 stehen zwei rechtlich selbständige Werke nebeneinander, je mit Frauenarbeit: das GAW in der DDR (Zentrale in Leipzig mit neun Hauptgruppen) und das GAW der EKD (Zentrale Kassel mit 20 Hauptgruppen). Das GAW der EKD hat aus dem weiten Bereich evangelischer Diasporakirchen drei Schwerpunkte: Europa-West/Süd, Europa-Ost, Lateinamerika. Im Kontakt mit den Partnerkirchen entsteht jährlich ein Projektplan. Um die finanziellen Möglichkeiten zu beschreiben: Im Rahmen dieses Projektplans bringt das GAW gegenwärtig jährlich rund sechs Millionen Mark für Diasporahilfe auf vorwiegend durch Opfer und Spenden von Gemeindegliedern.

III. Wo Diaspora erfahren wird

Obwohl viel davon die Rede ist, wissen wenige, was die Vokabel meint. Auch wenn man sie übersetzt, bleibt sie für viele ein Fremdwort. Dabei ist die Erfahrung der Diaspora aus der Geschichte Israels und der christlichen Kirchen nicht wegzudenken. Biblische Aussagen bekommen freilich mehr Gesicht und Gewicht, wenn wir heute Diasporagemeinden besuchen, ihre Erfahrungen aufnehmen und darin Elemente entdecken, die auch unseren eigenen Weg bestimmen.[5]

---

[5] vgl. Vf.: Art. Diaspora, in EKL² Bd. 1, – .

Vom Schicksal jüdischer Menschen außerhalb Palästinas erzählt uns das Wort Diaspora. Als Gefangene und Sklaven, dann auch als Händler, Söldner und Kolonisten lebten sie fern der Heimat, „zerstreut“ über drei Kontinente.[6] Das Exil taucht vor uns auf, die „Wasser zu Babel“ fallen uns ein.[7] Wir erinnern uns, daß die Propheten das Exil als Gericht deuteten, aber auch davon sprachen, daß die Gnade sammelnd am Werk ist. Zugleich erscheint die Verheißung für Israel, zum „Licht für die Heiden“ bestimmt zu sein.[8] Von Zerstreuung erfahren wir auch im Neuen Testament, im Zuge von Verfolgungen erster Christengemeinden.[9] Sie leben freilich in der Gewißheit, daß die ‚Aussaat‘ aufgehen und wachsen wird, so wie Jesus selbst sein Leben mit dem Bild des Weizenkorns gedeutet hatte. Der Gedanke, daß Diaspora zur Chance für die Mission wird, verschwindet erst mit dem römischen Kaiser *Konstantin* für lange Zeit aus Kirche und Theologie.

Wenig bekannt ist, daß in *Martin Luthers Psalmenvorlesungen Diaspora wieder Farbe und Gewicht gewinnt („abscondita ecclesia et valde dispersa“ – zu Psalm 40).*[10] *Luthers* Hinweis auf die „verborgene und sehr zerstreute“ Kirche läßt sich fast als Signal verstehen für den der Reformationszeit folgenden neuen Abschnitt der Diasporageschichte. Sie vollzog sich im Zeichen neu entstandener Bekenntnisse des Protestantismus in landeskirchlicher Gestalt, geographisch zerstückelt und territorial verflochten. Im Zuge der Gegenreformation kam es zu konfessionellen Minderheiten, bestätigt im Augsburger Religionsfrieden von 1555 und im Westfälischen Frieden von 1648. Im Zuge der Toleranzbewegung entstanden später auf habsburgischem Gebiet evangelische Diasporakirchen. Zu evangelischen Gemeinden schlossen sich deutsche Auswanderer zusammen in Rußland, Nordamerika, Lateinamerika und Australien. Zu neuen Diasporagruppierungen führte die Industrialisierung Europas, als weite Teile der Bevölkerung in andere Landschaften und Länder umgesetzt wurden. In der Zeit nach dem Zweiten Weltkrieg kam es durch Umschichtungen und Wanderungen zu weiteren Diasporasituationen. Schließlich breitete sich in jüngster Zeit das Bewußtsein aus: Die Christenheit als ganze lebt als Minderheit. So wurde die Diaspora als ‚Ursituation der Kirche‘ bezeichnet.[11] In der Deutschen Demokratischen Republik sprach *Werner Krusche* von der „Gemeinde Jesu Christi auf dem Weg

---

6 Jes, 11, 11.

7 Ps 137.

8 Jes 49, 6.

9 Apg 8, 1,4.

10 WA XL 3, 505, 5; Vgl. Vf.: Abscondita ecclesia et valde dispersa, in: *Hans Martin Müller / Dietrich Rössler* (Hg.): Reformation und Prakt. Theol. FS Werner Jetter, Göttingen 1983, 190-201.

11 Gottfried Niemeier: Diaspora als Gestalt kirchl. Seins und kirchl. Sendung, in: EvTh 7, 1947/48, 226-233.

in die Diaspora". Weltweite Entwicklungen wirkten sich auf die ganze Christenheit aus: Säkularisierung, Urbanisierung, Ideologisierung führten zur Isolierung einzelner Christen und ganzer Kirchen.

Mit dem geschichtlichen Überblick ist freilich noch wenig gesagt über Gefahren, die den Weg der Diasporagemeinden begleiten, und über die Chancen, die sich ihnen eröffnen. Wer davon zutreffend reden will, muß sich den Partnern in der Diaspora aufmerksam zuwenden. Besuche gehören deshalb zu den wichtigen Aufgaben der Gustav-Adolf-Arbeit. Nur durch langjährige persönliche Kontakte erhalten wir wirkliche Einblicke in Schwierigkeiten, aber auch Möglichkeiten der Partner. Dabei spielt das konfessionelle Element eine besondere Rolle. Doch nennen wir, ehe wir darauf zu sprechen kommen, zunächst einige allgemeine Gefahren, die sich beobachten lassen.

IV. Gefahren und Chancen

Diaspora hat zu tun mit dem Leben einer kleinen Gruppe als Minderheit. Wer in der Minderheit lebt, neigt leicht zu Minderwertigkeitsgefühlen und vielleicht sogar -komplexen. Und führt nicht das Gefühl der Minderwertigkeit auch zu Mißtrauen und Verbitterung den anderen gegenüber, die in der Mehrzahl sind? Weiter: Wer in der Minderheit lebt, sieht die Grenze seiner Möglichkeiten. Das muß kein Schaden sein. Aber was dann, wenn man in der Diaspora den Mut zum Wagnis völlig verliert? Es kann sein, daß man sich dann nur noch treiben läßt – träge, fast apathisch. Die Gefahr zur Resignation ist in der Diaspora noch stärker als sonst in der Christenheit.

Daraus wachsen weitere Versuchungen: die eine, daß man versteckt oder offen paktiert mit den Stärkeren, den Machthabern, vielleicht auch mit der Mehrzahl der Gesellschaft. Die andere Versuchung ist der Rückzug hinter Mauern der Tradition. Dann bleibt man hängen in der Enge eigener Interessen, verzichtet auf die notwendigen Gespräche und auch Auseinandersetzungen mit Nachbarn. Und das alles aus Angst vor dem, was einem fremd ist.

Doch sprechen wir nicht nur von Gefahren, sondern auch von Chancen. Als Beispiel, das auch *Wolfgang Sucker* in seinem erwähnten Vortrag wiederholt herausstellt, stehen uns die Waldenser vor Augen. Was Leute wie *Tullio Vinay* in Riesi und *Petro Panascia* in Palermo in den Jahren nach 1945 mit ihren Dienstgruppen auf den Weg gebracht haben, veranschaulicht das Losungswort der Waldenser: „Lux lucet in tenebris". Beeindruckend ist, wie eine winzige Minderheit – kaum 30000 unter 54 Millionen Italienern – eben nicht resigniert, sondern sich den Fragen stellt: Wie bleiben wir heute unserem Herrn Christus gehorsam? Wie tragen wir das Evangelium in die Stadt, in der die Maffia regiert? Wie bringen wir die Hoffnung dorthin, wo Verzweiflung wohnt? Wie bringen wir Liebe dorthin, wo Haß brennt? Anders, doch nicht weniger nachdenkenswert, beschreibt ein Gesprächspartner aus der CSSR seine Situation: „Durch den Druck der Partei sind wir herausgefordert. Die Kirche hat bei uns alle offizielle Gunst verloren. Wir werden mit Mißtrauen beobachtet und ständig zurückgedrängt. Wir sind dem Staat offenkundig unheimlich. Wir leben als Diaspora, und das heißt ausgestreut: zerstreut als Salz, das schmerzt in den Wunden unserer Gesellschaft."

Bei einer Begegnungstagung mit Vertretern des französischen Protestantismus waren wir in Versailles einbezogen in die Gebetszeiten der Diakonissen von Reuilly. Zur Fürbitte gehörten auch die mit der Bahn vorbeifahrenden Menschen. Das an einer Bahnstrecke gelegene Zelt wurde als Zeichen des wandernden Gottesvolks gedeutet. Ein Pfarrer aus der Normandie, dessen Gemeinde sich über 200 Kilometer ausdehnt und etwa 1000 protestantische Familien umfaßt, berichtete uns: „Die Kirche ist wie eine Flasche im Ozean. Sie muß sich aufbrechen lassen, wenn sie ihre Botschaft weitergeben will." Und ein anderer, der im Herzen von Paris mit einem Kollegen zusammen unter algerischen Fremdarbeitern tätig ist, meinte, nach der Qualifikation seiner wenigen Mitarbeiter gefragt: „Wir sind keine Spezialisten, sondern Bastler von Glaube, Hoffnung und Liebe." Die wenigen Beispiele müssen hier genügen, um zu illustrieren, wie Diaspora erfahren wird.

V. Was sich aus der Konfession erkennen läßt

„Ex confessione cognoscitur ecclesia" heißt es in einer Promotions-Disputation *Luthers*, in der auch davon die Rede ist, daß die Glieder der ecclesia zerstreut leben, aber in Christus gesammelt werden.[12] Wer heute von ‚Konfession' spricht, darf freilich nicht übersehen, wie belastet das Wort ist. Zunächst einmal hat es im Laufe der Kirchengeschichte verschiedene Bedeutungen angenommen. „An sich heißt es ‚Bekenntnis', wobei ursprünglich an das Bekenntnis des Glaubens gedacht ist, das gegebenenfalls bis zum Martyrium führen kann. Im spezielleren Sinn ist aber bei dem Bekenntnis bald auch an das Sündenbekenntnis gedacht worden. In der Reformationsgeschichte hat das Wort ‚Konfession' daneben eine neue Bedeutungsnuance erhalten, als die Confessio Augustana 1530 auf dem Augsburger Reichstag verfaßt und dem Kaiser übergeben wurde. Ursprünglich trug die Schrift, die dann als Confessio Augustana überreicht wurde, den Titel ‚Apologia': sie sollte also eine Verteidigungsschrift der evangelischen Stände sein. Sie hat dann aber doch mit sachlichem Recht die Überschrift ‚Bekenntnis' (‚Confessio') erhalten, weil sie in erster Linie die Lehre zusammenfassen sollte, wie sie von den Evangelischen vertreten wurde. – Schließlich hat der Begriff ‚Konfession' den heute geläufigen Sinn erhalten, daß mit ihm die Kirche oder, wie man

---

[12] WA XXXIX, 161, 14.

neuerdings häufig sagt, eine Denomination bezeichnet wird. Diese Bedeutung ist verhältnismäßig neu: sie ist erst im frühen 19. Jahrhundert aufgekommen."[13]

Belastet ist der Begriff freilich noch aus einem anderen Grund. „Wer ihr eine Bedeutung beimißt, setzt sich der Gefahr aus, als ewig gestriger Konfessionalist zu gelten." Seit *Reinhard Frieling* diesen Satz notiert hat[14], sind gut zehn Jahre vergangen. Inzwischen hat sich in der kirchlichen Landschaft einiges verändert. Ein von *Frieling* damals beobachteter „Trend der Entkonfessionalisierung" zeigt aber immer noch Wirkungen. Jedoch haben die konfessionellen Weltbünde an Gewicht gewonnen.

Doch wenden wir uns von allen allgemeinen Eindrücken wieder Erfahrungen zu mit Kirchen, die als Minderheit leben. Bei ihnen läßt sich zum Thema Konfession einiges Nachdenkenswerte beobachten. Zunächst einmal dies: Das Bekenntnis wird in manchen Diasporakirchen hoch geschätzt in einer Weise, wie wir es hierzulande kaum erfahren. Ein Beispiel: Auf einer Besuchsreise durch Brasilien im Jahr 1980, dem Jubiläumsjahr der Confessio Augustana, erfuhren wir in einer uns überraschenden Weise Interesse an diesem Bekenntnis. Und dies nicht nur bei Konventen der Kirchenleitung mit Regionalpfarrern, sondern auch bei Gemeindeversammlungen und in Frauenkreisen. Ähnliche Eindrücke bekamen wir im Luther-Jahr 1983 bei einer Besuchsreise durch die kleine lutherische Kirche in Polen. Unvergeßlich die Inbrunst, mit der Gemeinden im Süden, vor allem in Cieszyn, bei einem großen Festgottesdienst das Lied von der festen Burg sangen.

Aus dieser Art, sich zur eigenen Konfession zu stellen, läßt sich die schützende Funktion erkennen, die das Bekenntnis für evangelische Christen in der Diaspora hat. Gerade Minderheiten brauchen diesen Schutz, um leben zu können. Wie sich ein Zerbrechen von Traditionen auswirken kann, läßt sich stellenweise in der Kirche der Siebenbürger Sachsen in Rumänien beobachten. Wo evangelische Familien aus dem Schutz der ländlichen Sitte in die offene Situation der Industriestädte umsiedeln, geraten sie fast unausweichlich in die Krise. Uns ist jedenfalls beim Besuch evangelischer Gemeinden in osteuropäischen Ländern aufgefallen, wie ängstlich unsere Freunde aus den Minderheitskirchen ihre Tradition wahren und sich auch abschirmen gegen Christen anderer, auch evangelischer, Konfessionen.

---

[13] *Berhard Lohse*: Art. Konfession und Konfessionalismus, in: *Claus Westermann* (Hg.): Theol. 6 × 12 Hauptbegriffe, Stuttgart 1967, 176.

[14] Die Bedeutung der Konfession, in: EvDia 46, 1976, 16-30, hier 16.

VI. Innerevangelische Konfessionalität

Nun mag einer fragen: Und was ist mit der Wirkung der Leuenberger Konkordie? Gewiß, sie ist angenommen, und die Zäune zur anderen evangelischen Konfession scheinen entfernt zu sein. In vertraulichen Gesprächen mit Pfarrern und Kirchenleitungen hört man freilich auch anderes. Die alten Abgrenzungen haben sich zu tief eingeprägt, als daß sie durch Leuenberg einfach abgetan sein könnten.

Dabei müssen wir entdecken, daß neben dem Bekenntnis auch andere, außertheologische Faktoren wirksam sind. Als Beispiel seien Eindrücke aus Jugoslawien genannt, einem Lande, das wir vor kurzem besuchen konnten. Unter mehr als 22 Millionen Einwohnern gibt es kaum 100 000 Evangelische. Doch diese Minderheit lebt getrennt voneinander in vier verschiedenen Kirchen. Drei davon sind lutherisch, eine reformiert. Stärker als das Bekenntnis scheint das Volkstum zu wirken. In dem jugoslawischen Vielvölkerstaat weiß sich jede dieser Kirchen einer bestimmten Volksgruppe verbunden. Den Slowenen die eine, den Slowaken die andere, den Serbo-Kroaten die dritte, den Ungarn die vierte. Warum bleiben diese vier evangelischen Kirchen getrennt? Warum schließen sie sich nicht zusammen zu einer einzigen evangelischen Kirche? So fragt sich nicht nur der Besucher aus der Bundesrepublik. Wer bei Gesprächen aufmerksam zuhört, begegnet dem Satz: Es liegt zu viel in der Vergangenheit. Das heißt: diese Kirchen sind mitgeprägt durch die leidvolle Geschichte ihrer Völker. Ihre Kirche ist für sie Heimat. Sie gibt ihnen Geborgenheit. Der Weg zu den andern, zur größeren Gemeinschaft, ist weit. Auch dann, wenn die andere Kirche dasselbe Bekenntnis hat, spürt man einen Graben. Die andere Sprache signalisiert Verschiedenheit. Man weiß von Jesu Bitte, „daß sie alle eins seien".[15] Doch scheint in der Diaspora der Weg zur Ökumene besonders weit zu ein.

Dies gilt besonders dort, wo kleine evangelische Gruppen die Übermacht einer anderen Kirche, vor allem der römisch-katholischen, durch Jahrzehnte und Jahrhunderte erfahren haben. Wer dies feststellt, muß hinzufügen, daß gewiß auch in der katholischen Diaspora Beispiele erzählt werden, die vom Mißbrauch der Macht durch größere evangelische Kirchen wissen. Doch damit können wir nicht Klagen und Anklagen entkräften, die wir aus Polen, Spanien und Italien hören (um nur diese Beispiele zu nennen). Die Wunden, die uns genannt werden, haben wir zu verstehen und mitzuempfinden, die Lasten mitzutragen. Auch dies muß beim Stichwort Konfession mitbedacht werden.

[15] Joh 17, 21.

VII. Zukunftsperspektiven

1. Für Kirchen und Gemeinden ist es hierzulande notwendig, Diaspora als Lernfeld der Kirche – besonders einer zahlenmäßig großen Volkskirche – zu entdecken. Es genügt dabei nicht, sich einige Spezialisten und Liebhaber in Sachen Diaspora zu halten. Der biblische Befund zeigt, daß unter dem Stichwort Diaspora Schäden des ganzen Gottesvolks aufgedeckt, aber auch Chancen eröffnet werden. Dies läßt sich bis heute beobachten. Wer sich auf die Partnerschaft mit Diasporakirchen einläßt, blickt immer wieder in einen Spiegel, in dem eigene Probleme und Schäden sichtbar werden. Zugleich aber kann, wer mit der Diaspora arbeitet, auch über Gaben staunen, die er dort empfängt: etwa die Freude an der Gemeinde und die Liebe zum Gottesdienst. Was sich aus der Arbeit mit der Diaspora an Gaben und Reichtum eröffnet, wird oft übersehen. Vielen erscheint das Verhältnis zur Diaspora als Einbahnstraße, auf der wir, die großen und reichen Kirchen, geben und die anderen, die kleinen und armen Minderheitskirchen empfangen. Doch in der Gemeinschaft des Leibes Christi erfahren wir, wie der Prozeß von Geben und Nehmen hin und her geht.

2. Die Frage der Konfession muß in einem Diasporawerk besonders aufmerksam bedacht werden. Konfessionelle Enge war in der Geschichte der Gustav-Adolf-Arbeit kaum einmal spürbar. Nicht nur, daß lutherische, reformierte und unierte Gemeinden nach Bedarf und Möglichkeit unterstützt wurden. Auch antikatholische Züge waren der Gustav-Adolf-Arbeit immer fremd. Umgekehrt darf festgestellt werden, daß manche Mitarbeiter des Werks den Respekt vor dem Bekenntnis der jeweiligen Partnerkirche gelernt haben. Dies gehört zu den Erkenntnissen, die dem GAW in seiner Arbeit zugewachsen sind. Im Bekenntnis einer Kirche finden wir Erfahrungen mit der Wahrheit des Glaubens, aber auch Erkenntnisse über Gefahren und Verirrungen, die den Glauben bedrohen. Ohne Konfession kann eine Minderheitskirche ihre Identität nicht finden. Wo die Konfession preisgegeben wird, läßt sich die Identität auch nicht bewahren.

Nun stellt sich freilich im Zeitalter der Ökumene die Aufgabe, nicht nur erkannte Wahrheiten zu bekennen, sondern sie auch mit anderen zu teilen. Ein Diasporawerk kann diese Aufgabe fördern, indem es bewußt fortfährt, Partnerschaft zu üben und zu stärken mit lutherischen, reformierten und unierten Gemeinden, aber auch mit besonders geprägten Kirchen wie den Waldensern. Darüber hinaus kann und muß die gemeinsame Erinnerung an Jesu Bitte an den Vater „daß sie alle eins seien“, Schritte ermöglichen auf dem Weg zur ‚Einheit der Christen in der Gemeinschaft der Kirchen‘.[16]

---

[16] Titel der derzeit heftig debattierten Schrift von *Eilert Herms* (KiKonf 24), Göttingen 1984.

3. Als Liebeswerk hat sich die Gustav-Adolf-Arbeit von Anfang an verstanden. Damit soll gewiß nicht anderen kirchlichen Werken das Motiv christlicher Liebe bestritten werden. Die Väter des Werks waren sich aber von Anfang an bewußt, der Liebe zu den „Glaubensgenossen“[17], zu den Brüdern und Schwestern in der Diaspora, besonders verpflichtet zu sein. Dabei berühren sich die Aktivitäten des Werks mit denen von Mission und Diakonie, besonders auch mit „Brot für die Welt“. Daß Christen zum Dienst an allen Notleidenden gerufen sind, daran erinnert zurecht das Diakonische Werk unserer Kirche. Mit dieser Arbeit steht das Diasporawerk in laufendem Erfahrungsaustausch und selbstverständlicher Zusammenarbeit. Das Besondere, das Proprium der Gustav-Adolf-Arbeit wird dabei nicht vergessen. Es liegt darin, daß die Gemeinde der Diaspora gestärkt und ihr ein Leben von dem Evangelium her und mit dem Evangelium ermöglicht wird. Dazu gehört es, der Diaspora Möglichkeiten zu eröffnen, ihrer Umgebung zu dienen und das Evangelium zu verkündigen. So sind Diaspora und Konfession wohl Rahmenbedingungen der Arbeit des Gustav-Adolf-Werks. Zugleich sind sie aber auch Wege, auf denen das Evangelium zur Welt kommt.

---

[17] Gal 6,10.

Ferdinand Barth

Der Evangelische Bund in Hessen und Nassau
Skizze der Entwicklung eines Landesverbandes

Die Skizze, die hier vorgelegt wird, versucht in einigen Momentaufnahmen jeweils kennzeichnende Zusammenhänge und Vorgänge zu erfassen. Sie beziehen sich auf die Gründung und die baldigen Erfolge (I. und II.), die Zeit des ausklingenden Kaiserreichs und der Weimarer Republik (III. bis VII.), die Jahre nach der Machtergreifung von 1933 (VIII. bis XI.) und die Entwicklung seit dem Zweiten Weltkrieg (XII. bis XV.).[1]

I. Territorien, Unionsversuche, Gruppierungen

Der heutige Landesverband des Evangelischen Bundes in Hessen und Nassau hat erst seit 1947 diesen Namen, und erst seit 1934 ist sein Arbeitsfeld geographisch so umgrenzt wie heute. Als es in den achtziger Jahren des 19. Jahrhunderts zur Gründung des EB kam, bestanden auf dem Gebiet der heutigen Evangelischen Kirche in Hessen und Nassau (EKHN) drei selbständige Landeskirchen: Die Evangelische Landeskirche in Nassau und die Evangelische Landeskirche Frankfurt am Main – das Gebiet dieser beiden Kirchen gehörte seit Januar 1867 zu Preußen – und die Evangelische Landeskirche in Hessen, d.h. im Großherzogtum Hessen-Darmstadt mit seinen Provinzen Starkenburg, Rheinhessen und Oberhessen.

Jede dieser Landeskirchen hatte ihre eigene Prägung. An der Frage der Union war das im 19. Jahrhundert deutlich geworden. In Nassau, das nördlich der Lahn reformiert und südlich davon lutherisch war, wurde 1817 die Union vollzogen, nachdem man festgestellt hatte, daß die lutherische und die reformierte Kirche in Nassau sich theologisch nicht unterschieden. Das Unionsedikt des *Herzogs Wilhelm* konnte sich darauf

[1] Für I. bis XI. wurden vor allem herangezogen: Der EB in Nassau und Hessen 1887-1937. FS zur 40. Generalversammlung des EB in Frankfurt a.M. und zur Erinnerung an die vor 50 Jahren dort gehaltene erste Generalversammlung, Berlin 1937, 107 S.; *Fritz von der Heydt*: Gute Wehr. Werden, Wirken und Wollen des EB. Berlin 1936, 167 S.; für III. bis VII.: *Ernst Dondorf*: Ruf zu ev. Selbstbesinnung, Bad Nauheim 1985, 215 S.; für I. bis XV.: *Heinrich Steitz*: Gesch. der EKHN T.3, Marburg 1965; T.4, Marburg 1971; T.5, Marburg 1977.

berufen, daß die Geistlichen erklärt hatten, sie seien nicht in der Lage, zu sagen, weshalb sie seither getrennt gewesen waren. Von 1827 an hatte das Herzogtum Nassau einen evangelischen Landesbischof.

In Frankfurt am Main hatten am Reformationsfest 1817 die lutherischen, deutsch-reformierten und französich-reformierten Gemeinden in gemeinsamen Abendmahlsgottesdiensten die Konfessionsvereinigung praktisch vollzogen, aber die Unionsverfassung von 1826 blieb auf dem Papier. Als sich 1857 die lutherischen Gemeinden eigene Verfassungsgesetze gaben, war dies die endgültige Absage an die geplante „Vereinigte evangelische Kirche der Freien Stadt Frankfurt am Main".

Auch im Großherzogtum Hessen wurde 1817 der günstige Zeitpunkt für eine umfassende Union versäumt. Nur für die Provinz Rheinhessen, die 1816 dem Großherzogtum einverleibt worden war, gelang 1822 die Union zu einer „Vereinigten evangelisch-christlichen Kirche", die mit einer neu formulierten Abendmahlslehre auch eine eigene Bekenntnisgrundlage hatte. In den Provinzen Starkenburg und Oberhessen wurde zwar von vielen Gemeinden die Union vollzogen, aber eine Gesamtregelung gab es nur insofern, als gegenseitig Abendmahlsgemeinschaft gewährt wurde und es im amtlichen Sprachgebrauch nur noch ‚evangelische' Pfarrämter gab.

Als in der zweiten Hälfte des 19.Jahrhunderts der Konfessionalismus neu aufblühte, war an Unionen nicht mehr zu denken. Ereignisse wie die Unionsurkunde für Bad Homburg von 1901 blieben Einzelerscheinungen. Für den Evangelischen Bund war auf diesem geschichtlichen Hintergrund in Hessen und Nassau immer auch die Frage nach der Überwindung der innerevangelischen Trennungen ein wichtiges Arbeitsfeld. Auf der ersten Generalversammlung im August 1887 in Frankfurt am Main hob *Wilko Levin Graf von Wintzingerode*, der dort zum Vorsitzenden berufen wurde, in seiner Begrüßungsansprache hervor, daß der Evangelische Bund darangehen wolle, „den jahrhundertealten Schaden innerer Zwietracht im deutschen Protestantismus" zu heilen; er konnte sicher sein, damit im hessen-nassauischen Raum viel Zustimmung zu finden.

Von der Mitte des 19. Jahrhunderts an lassen sich – wie im gesamten deutschen Protestantismus – in den heute zur EKHN gehörenden Landeskirchen Gruppierungen feststellen, deren Grundsätze und Frontstellungen sich teils aus theologischen, teils aus kirchenpolitischen Gründen ergaben.

Als ‚kirchliche Rechte' sammelten sich die der Union kritisch gegenüberstehenden Lutheraner in der 1851 in Friedberg gegründeten Lutherischen Konferenz. Ihre Abgrenzung gegenüber den Reformierten und vor allem gegenüber der Union war so heftig, daß das Oberkonsistorium in Darmstadt in einem Rundschreiben vom 5. April 1852 alle Pfarrer aufforderte, „jede Verdächtigung und Herabsetzung des Bestehenden" und damit auch der „amtliche[n] Tätigkeit der Kirchenbehörde" zu unterlassen. 1879 bildete sich auch in Frankfurt eine „Vereinigung von Gliedern und

Freunden der evangelisch-lutherischen Kirche" als Vertretung des lutherischen Konfessionalismus. In Nassau fanden diese Bestrebungen den geringsten Widerhall. Dort bejahte auch die kirchliche Rechte bei ihrer Betonung der Bekenntnisgrundlagen die Union von 1817.

Die Freunde der Union gründeten als ‚kirchliche Mitte' 1856 die Evangelische Konferenz (auch Friedberger Konferenz genannt). Vom Großherzogtum Hessen aus wirkte sie auch in die Nachbarkirchen in Nassau, Frankfurt und Kurhessen hinein und wurde zur stärksten kirchenpolitischen Kraft.

Als 1863 in Frankfurt unter Beteiligung aus allen deutschen Landeskirchen der Deutsche Protestantenverein gegründet wurde, hatten die Kirchen des hessischen Raumes auch eine Gruppe, die als ‚kirchliche Linke' bezeichnet werden konnte. Mit dem Protestantentag in Worms im Mai 1869 fand der Protestantenverein große Zustimmung bei Pfarrern wie Gemeindegliedern (12 000 Teilnehmer), unter anderm auch deswegen, weil er sich der evangelisch/katholischen Kontroversen annahm, gegen die päpstliche Enzyklika „Quanta cura" und den Syllabus vom 8. Dezember 1864 Stellung bezog und die Themen des beginnenden Kulturkampfes diskutierte. Als der Protestantenverein unter Beteiligung von 300 Abgeordneten 1870 seine Landesversammlung in Darmstadt abhielt, hatte er im Großherzogtum 1592 Mitglieder in zehn Ortsvereinen.

II. Gründungsphase und Standort des Evangelischen Bundes

Als *Willibald Beyschlag*, ein gebürtiger Frankfurter, die Initiative zur Gründung des EB ergriff und zu einer ersten vertraulichen Beratung nach Erfurt einlud, nahm an diesem Treffen am 5. Oktober 1886 aus Hessen der Professor am Friedberger Predigerseminar D. *Ernst Wilhelm Weiffenbach* teil. Der Gießener Professor für praktische Theologie D. *Johannes Gottschick* konnte sich durch seinen jüngeren Bruder vertreten sehen.[2] Die Unterschriften dieser beiden hessischen Professoren standen dann unter dem Gründungsaufruf vom 15. Januar 1887, der im ganzen Deutschen Reich Beachtung fand. An vielen Orten bildeten sich spontan Zweigvereine. In der Liste der frühesten dieser Gründungen steht an sechster Stelle unter dem Datum des 10. Mai 1887 das nassauische St. Goarshausen. Für das Gebiet der heutigen EKHN ist diese Gemeinde die erste, in der die Arbeit des Evangelischen Bundes organisatorische Formen annahm.[3] Die darüber erhaltenen Nachrichten vermitteln den Eindruck,

[2] Die Präsenzliste verzeichnet *Werner Gottschick*, Diakonus in Gebesee bei Erfurt: Zur Entstehungsgesch. des EB, veröff. zum 5. Oktober 1926, Berlin, 86 S., hier 86.

[3] Über das Gründungsdatum des Zweigvereins St. Goarshausen gibt es unterschiedliche Nachrichten; in dem Bericht von *Hugo Grün*: Der EB in Nassaus kirchl. Vergangenheit (wie Anm. 1 erste Angabe, 37) wird Erbach im Rheingau mit dem Datum des 13.November

daß diese Gründung durch lokale Initiative zustande kam, nicht – wie es andernorts oft geschah – durch ein planvolles Vorgehen auf der Ebene der Landeskirche oder durch Kontakte mit den führenden Köpfen des Gesamtbundes. Im Gebiet der nassauischen Landeskirche entstanden weitere Zweigvereine in Erbach im Rheingau (13.November 1887) und in Braubach. Im Mai 1888 wurde in Limburg an der Lahn der Hauptverein Wiesbaden als nassauischer Landesverband ins Leben gerufen, der Ende 1889 866 Mitglieder in 21 Zweigvereinen zählte. Als erster Vorsitzender des Evangelischen Bundes in Nassau amtierte der Verwaltungsgerichtsdirektor Geheimrat *Friedrich von Reichenau* aus Wiesbaden.

In Frankfurt am Main ging man etwas anders vor als in Nassau: Zuerst – und zwar schon im März 1887 – hielt *Beyschlag* einen Vortrag in seiner Vaterstadt auf Einladung von Konsistorialrat D. *Rudolf Ehlers*, Pfarrer der deutsch-reformierten Gemeinde. Unter dessen Vorsitz entstand dann der Frankfurter Zweigverein am 27. Mai 1887 und nahm die Vorbereitungen für die konstituierende Versammlung des „Evangelischen Bundes zur Wahrung der deutsch-protestantischen Interessen" in die Hand, die vom 15. bis 17. August des gleichen Jahres in Frankfurt stattfand und als erste in der Reihe der Generalversammlungen gezählt wird. Vom 25. November 1887 an bezeichnete sich die Frankfurter Mitgliedergruppe als Hauptverein, was einem heutigen Landesverband entspricht und in der Eigenständigkeit des Frankfurter Kirchenwesens seine Berechtigung hatte. Dieser Hauptverein zählte damals 210 Mitglieder (und vor der Jahrhundertwende waren es nie mehr als 300). Da aber Hauptvereine mit weniger als 1000 Mitgliedern nicht als sinnvoll erschienen, wurden die Frankfurter wieder zu einem Zweigverein zurückgestuft und gliederten sich im Juni 1888 in den Nassauischen Hauptverein ein, der fortan Hauptverein Wiesbaden-Frankfurt hieß.

In den Berichten über die Anfänge des EB im Großherzogtum Hessen begegnet dem Leser der oberhessische Grundsatz: „Alles Naue eas naut notz", auf Hochdeutsch: Alles Neue ist nichts nütze. Er dient als Erklärung für die vergleichsweise langsame und bedächtige Art, in der sich das ‚Neue', das der EB brachte, in Hessen durchsetzte. Man kann in dieser Entwicklung aber auch ein anderes Phänomen beobachten: eine Gründung, die gewissermaßen von oben nach unten verlief, von der Ebene des Gesamtbundes über die Landeskirche hin zu den Dekanaten und Ortsgemeinden. Die Professoren *Gottschick* und *Weiffenbach* beriefen als

1887 als erstgegründeter Zweigverein angegeben und St. Goarshausen erst danach an dritter Stelle eingeordnet; diese Angaben hat *Steitz* (wie Anm. 1, 414) übernommen; *von der Heydt* (wie Anm. 1, 56) bringt St. Goarshausen an erster Stelle; aufgrund von *Friedrich Schaback*: Die Chronik der ev. Kirchengemeinde St. Goarshausen, St. Goarshausen 1973, 63 kann das Datum 10. Mai 1887 als zuverlässig gelten; in dieser Chronik schließt der Bericht über den EB bezeichnenderweise mit dem Satz: „1958 fand der neue Pfarrer keine Gruppe mehr vor."

beauftragte Vertrauensmänner des Zentralvorstandes zum 15. November 1887 eine Landesversammlung nach Frankfurt ein. Die 51 Teilnehmer dieser Zusammenkunft gründeten den Hauptverein für das Großherzogtum Hessen, wählten einen Vorstand, bestimmten für die einzelnen Dekanate Vertrauensmänner und verfaßten einen Aufruf, der in 10 000 Exemplaren verbreitet wurde. Bei der ersten Landesversammlung des hessischen Hauptvereins, die am 26. Juli 1888 wiederum in Frankfurt – der zentralen Lage wegen – stattfand, hatte der EB im Großherzogtum 1041 Mitglieder – aber nur 45 waren bei der „Generalversammlung" (so der Sprachgebrauch) anwesend!

Der Vorstand bestimmte bei der ersten Sitzung am 5. Januar 1888 aus seiner Mitte *Gottschick* zum Vorsitzenden. Als er im Herbst 1889 einem Ruf nach Tübingen folgte, übernahm ein Nicht-Theologe, der Mainzer *Philipp Brand*, den Vorsitz. Er war Direktor einer Versicherungsgesellschaft und genoß als Mitglied der Landessynode in der hessischen Landeskirche großes Ansehen. In den heftigen Auseinandersetzungen mit der römisch-katholischen Kirche, die das Mainzer Klima bestimmten, ergriff er energisch Partei für die evangelische Sache. An seiner Seite stand der Mainzer Pfarrer *Karl Wilhelm Lyncker* als Schriftführer. Er wurde gerichtlich angeklagt, als er einen Katechismus verfaßte und darin die römisch-katholische Messe so bezeichnete, wie es im Heidelberger Katechismus stand, als „eine vermaledeite Abgötterei". Die Mainzer Kontroversen waren so heftig entbrannt, daß es dem hessischen Hauptverein 1895 geraten schien, seinen Sitz nach Darmstadt zu verlegen.

Landgerichtsrat *Hans Küchler*, späterer Landgerichtsdirektor, übernahm den Vorsitz. Auch er wurde das Ziel persönlicher und politischer Angriffe und sah sich 1899 genötigt, den Vorsitz niederzulegen. Der bisherige Schriftführer, Oberhofprediger *Ludwig Ehrhardt*, trat bis zum Jahre 1902 an seine Stelle. Diese knappen Angaben mögen genügen, um anzudeuten, wie aufregend die Anfangszeiten des EB im Großherzogtum Hessen waren. Man kann daraus die Vermutung ableiten, daß es in jenen kämpferischen Zeiten Nicht-Theologen durch die Rücksichtnahme auf ihre öffentlichen Ämter und Aufgaben besonders schwer hatten, sich gegenüber polemischen Angriffen zu behaupten. Der Ausbreitung des Bundes haben diese Turbulenzen aber nicht geschadet, im Gegenteil: Der EB wuchs. Die Zahl der Zweigvereine stieg vom Gründungsjahr bis zur Jahrhundertwende von 12 auf 34, die Zahl der Mitglieder von 1041 auf 5639.

Im Rückblick auf die kirchliche Situation im hessischen Raum läßt sich erkennen, daß der EB bei dem rechten Flügel der kirchenpolitischen Gruppierungen keine Unterstützung fand. Von dieser Seite wurde er mit Schweigen übergangen oder bekämpft. Er sammelte seine Kräfte vor allem aus der kirchlichen Mitte, und von daher wurde ihm die größte Zustimmung zuteil. Auch auf der kirchenpolitischen Linken fand er viel Beifall, unterschied sich von ihr aber dadurch, daß er – unter *Beyschlags* Einfluß – seinem Programm eine dogmatische Grundlage gab. Die Formulierungen: „Der Evangelische Bund bekennt sich zu Jesu Christo, dem eingeborenen Sohn Gottes, als dem alleinigen Mittler des Heils, und zu den Grundsätzen der Reformation", waren bei ihrer Entstehung und ihrer Aufnahme in das Programm heiß umstritten. In Hessen und Nassau bewährten sie sich aber, indem sie dem Bund ein theologisches Profil gaben und ihn davor bewahrten, unterschiedslos in die damals zeitgemäßen teils liberalistischen, teils kulturprotestantischen Strömungen einzutauchen und – wie später der Protestantenverein – in ein ‚freisinniges' und kirchenkritisches Fahrwasser zu geraten. Mit seiner theologischen Grundorientierung konnte der Evangelische Bund die in seinem Programm vorgestellte Doppelaufgabe in Angriff nehmen: „gegen die wachsende Macht Roms die evangelischen Interessen auf allen Gebieten" zu wahren und „das christlich-evangelische Gemeinbewußtsein" zu stärken. Die Resonanz, die er im Bereich der hessen-nassauischen Landeskirchen fand, ergab sich ebenso aus innerevangelischen Streitigkeiten im Zeichen des erstarkten Konfessionalismus wie auch aus den heftigen Auseinandersetzungen mit der römisch-katholischen Kirche im Umfeld des Mainzer Bischofsstuhls, den bis 1877 der kämpferische *Wilhelm Emanuel Freiherr von Ketteler* innehatte und der dann im Tauziehen des ausklingenden Kulturkampfes neun Jahre lang unbesetzt geblieben war. Als *Paul Leopold Haffner* 1886 Mainzer Bischof wurde, konnte der Katholizismus seine alten Positionen nach und nach zurückgewinnen.

III. Kontroversen mit der römisch-katholischen Kirche

Im großen Überblick zeigt die Geschichte der beiden Hauptvereine Wiesbaden-Frankfurt und Hessen bis zum Jahr 1934 gegenüber der Entwicklung im Gesamtbund keine auffälligen Besonderheiten. Wie überall im Deutschen Reich reagierte der EB auf Äußerungen und Aktionen der römisch-katholischen Kirche: Auf die Canisius-Enzyklika „Militantis Ecclesiae" *Leos XIII.* von 1897, die in der reformatorischen Lehre ein unheilvolles Gift sah, auf das Buch „Luther und Luthertum" des Dominikaners *Heinrich Denifle*, das 1904 erschien und überspitzt formulierte moralische Herabsetzungen *Luthers* enthielt, ebenso wie auf die Polemiken, mit denen *Pius X.* 1910 in der Borromäus-Enzyklika „Editae saepe Dei" den Protestantismus bedachte.

Eine besondere hessische Note brachten die Auseinandersetzungen anläßlich des 400. Geburtstages *Philipp des Großmütigen* (1504-1567), den das „Mainzer Journal" als Wildschwein vorstellte, das das stille Grab der heiligen *Elisabeth* zerwühlt habe. Als der EB sich darüber empörte, brachte der „Starkenburger Bote" eine Artikelserie unter dem Titel „Guano und Superphosphat im Evangelischen Bund". Darin wurde unter Bezug auf moderne Düngemethoden dem EB vorgeworfen, er betreibe in zeitgemäßer Weise nichts anderes als einst das Jauche-Unternehmen der

Firma *Luther*. Wir können heute über einen solchen Vergleich schmunzeln und finden ihn vielleicht in einigen Punkten gar nicht so verfehlt (man denke an die fruchtbringenden Folgen solchen Tuns), damals aber gingen die Wogen der Erregung hoch. Und als der hessische Hauptverein 1910 zu seiner Landesversammlung nach Mainz einlud, kamen in der Mainzer Stadthalle mehr als 10 000 Teilnehmer zusammen. Der EB war zum Sprachrohr all der Evangelischen geworden, die sich durch die römischen Attacken betroffen fühlten, und das waren damals sehr viele aus allen Schichten der Bevölkerung.

Über diesen lautstark in der Öffentlichkeit geführten Kontroversen darf aber die sich mehr in der Stille vollziehende Arbeit nicht vergessen werden. Sie galt vor allem der Beratung der vielen einzelnen, die von konfessionellen Streitfällen betroffen waren. Besondere Aufmerksamkeit richtete sich dabei auf die Probleme der Ehen zwischen Partnern verschiedener Konfessionen. Die Erfahrungen, die dabei gesammelt wurden, schlugen sich in einer Broschüre nieder mit dem Titel „Evangelische Ratschläge für Brautleute gemischten Bekenntnisses", die der hessische Hauptverein 1902 herausgab und allen Pfarrämtern kostenlos zur Verfügung stellte.

IV. Pressearbeit

Schon 1890 war in Mainz ein Presseausschuß des hessischen Hauptvereins gebildet worden. Er beobachtete das gesamte Pressewesen, reagierte auf Angriffe und Entstellungen mit Gegendarstellungen und gab bei Bedarf Flugschriften zur Information der Öffentlichkeit heraus. In der Anfangszeit wurden in Hessen die Publikationen der Zentrale verteilt. Ab 1891 kamen der „Badische Evangelische Bundesbote" und von 1900 an die „Rheinischen Mitteilungen" (später unter dem Titel „Der Wächter") nach Hessen. Doch mit den Mitgliederzahlen wuchs auch der Wunsch nach einem eigenen, die regionalen Vorgänge stärker berücksichtigenden Presseorgan. So kam es 1904 zur Gründung einer eigenen Monatsschrift, des „Hessischen Bundesboten". Allein schon seine Auflageziffern sind ein Spiegelbild der hessischen Entwicklung: Mit 7500 Beziehern fing es an, 1905 waren es 13 000, 1906 15 000, 1907 16 500. Auf diesem Niveau stabilisierte sich der Bezieherkreis bis zum Ende des Ersten Weltkrieges (1918: 18 500). 1919 sank die Auflage vorrübergehend auf 12 000, erreichte 1920 wieder die alte Höhe und kam 1924 auf 25 000. Von 1927 an schloß man sich mit dem nassauischen und dem Pfälzer Hauptverein zusammen und konnte mit 40 000 Exemplaren erscheinen. 1934 ging der „Hessische Bundesbote" im „Monatsblatt", dem zentralen Mitgliederblatt des EB, auf.

Dieses erschien von da an in einer „Sonderausgabe Nassau-Hessen" mit Nachrichten aus dem Landesverband im Umfang von einer bis zwei Seiten in jeder Nummer. Starke Verbreitung fand im hessen-nassauischen

Raum auch das Wochenblatt „Die Wacht" (früher „Fränkische Wacht"), nachdem ihre Geschäftsstelle von Nürnberg nach Darmstadt verlegt worden war. Es mag mit den Eigenständigkeiten des hessen-nassauischen Raumes zusammenhängen, daß die von der Bundeszentrale herausgegebene Tageszeitung „Tägliche Rundschau" (später war es der „Reichsbote") sich hier nicht einbürgerte. Manche tagespolitische Stellungnahme, die in Berlin gutgeheißen werden konnte, kam in Südwestdeutschland nicht an. Die eigene Pressestelle, die der Landesverband einrichtete, konnte ab 1936 die Aufgabe des Evangelischen Presseverbandes für Nassau-Hessen übernehmen, dessen Leitung in den Händen des damaligen Landesvorsitzenden, des Pfarrers Dr. *Bergér*, Darmstadt, lag.

V. Evangelische Hilfe für Österreich

Nur ein kurzer Hinweis kann hier auf die Österreich-Arbeit der hessen-nassauischen Hauptvereine gegeben zu werden. Als um die Jahrhundertwende die Los-von-Rom-Bewegung in Österreich einsetzte, bemühte sich der Evangelische Bund darum, denen, die der römisch-katholischen Kirche den Rücken kehrten, eine evangelische Heimat zu bieten. Bis zum Beginn des Ersten Weltkrieges sind über 75 000 Österreicher evangelisch geworden, 51 evangelische Kirchengemeinden wurden gegründet. Entscheidend war dabei, daß der Evangelische Bund in Zusammenarbeit mit dem Gustav-Adolf-Verein Patenschaften für die neugegründeten Gemeinden übernahm und Theologen – zumeist Vikare – entsandte, deren Gehalt er zahlte. Der Frankfurter Zweigverein tat sich bei dieser Aufgabe besonders hervor. Auf die Initiative seines Vorsitzenden hin, des Geheimen Konsistorialrates D. Dr. *Hermann Dechent*, übernahm er die Fürsorge für fünf Gemeinden. Auch der EB in Nassau betreute zwei Gemeinden und schloß sich in der für diese Aufgabe besonders schwierigen Zeit nach dem Ersten Weltkrieg dem Frankfurter Hilfsausschuß an. Der hessische Hauptverein entwickelte ebenfalls eine lebhafte Spendentätigkeit, die fünf österreichischen Gemeinden zugute kam, darunter – um nur ein Beispiel zu nennen - der evangelischen Gemeinde in Leoben in der Steiermark, deren Mitgliederzahl in jenen Jahren von 536 auf 2700 anstieg. Die Österreich-Arbeit erforderte nach dem Ersten Weltkrieg noch einen hohen Einsatz von Kräften und Finanzen und wurde auch nach 1945 in veränderter Form fortgesetzt.

VI. Schwankungen im Mitgliederbestand

In der Zeit vor dem Ersten Weltkrieg hatten die beiden hessen-nassauischen Hauptvereine Anteil an der stürmischen Aufwärtsentwicklung des gesamten Evangelischen Bundes, dessen Mitgliederzahl 1900 die Grenze von 100 000 überschritt und bis 1914 auf eine halbe Million anwuchs. In Nassau gab es 1912 8463 Mitglieder in 35 Zweigvereinen, und auch für

Frankfurt wurde 1914 der Höchststand von 940 Mitgliedern erreicht. Im Großherzogtum Hessen stieg die Mitgliederzahl bis 1914 auf 18 525 in 181 Zweigvereinen an. Zählt man noch die Mitglieder der korporativ angeschlossenen Vereine mit, dann kommt man auf 25 959. Wird – wie es in den Jahresberichten damals üblich war – die Zahl der Mitglieder des EB zur Gesamtzahl der Evangelischen in Beziehung gesetzt, dann ergibt sich für Hessen ein Anteil von 21,8 beziehungsweise 30,7 Prozent. Für das gesamte Deutsche Reich läßt sich zur gleichen Zeit der Anteil der Bundesmitglieder an der evangelischen Bevölkerung mit 12,9 Prozent feststellen. Was also die Durchdringung der evangelischen Kirche mit Mitgliedern des EB anlangt, stand der hessische Hauptverein an der Spitze. Der zahlenmäßig größte Hauptverein war er aber damals nicht: Diesen Rang nahm der Rheinische Hauptverein mit seinen 38 472 Mitgliedern ein, und auch andere Hauptvereine waren größer.

Im Ersten Weltkrieg und der Zeit danach erlebte der EB insgesamt einen deutlichen Rückgang. Der Gesamtbund hat seinen Mitgliederstand von 1914 nie mehr erreicht. Im hessischen Hauptverein ging die Mitgliederzahl auf 14 925 (1918) zurück,aber 1922 lag ein neuer Höchststand vor: 18 588 Mitglieder in 195 Zweigvereinen. Zwar wurde diese Höhe nicht lange gehalten, aber der insgesamt rückläufigen Tendenz folgte Hessen langsamer als andere Gebiete. Dies führte dazu, daß nach dem Zusammenschluß des hessischen Hauptvereins mit dem „Hauptverein für Nassau und Frankfurt am Main“ (so die offizielle Bezeichnung seit 1932) zum Hauptverein Nassau-Hessen im Jahre 1934 dieser Landesverband mit rund 18 000 Mitgliedern der mitgliederstärkste im Gesamtbund wurde - was er bis heute geblieben ist.

Der hessische Hauptverein verdankt seine relative Stabilität unter anderem dem glücklichen Umstand, daß seine Leitung über 25 Jahre hinweg, von 1902 bis 1927, in denselben Händen lag, in denen des Landeskirchenrates und Pfarrers D. *Hans Waitz*. In der hessischen Kirche war er Mitglied der Landessynode und der Landeskirchenregierung, seit 1910 gehörte er dem Zentralvorstand und seit 1927 auch dem Präsidium des EB an. Das „Wartburg-Programm“ von 1921 wurde von ihm vorbereitet und läßt seine persönliche Handschrift erkennen. Er hat es verstanden, in Hessen einen Kreis tüchtiger Männner und Frauen (seit 1920 gehörte erstmals auch eine Frau, die Lehrerin *Sophie Walther* aus Mainz, dem Landesvorstand an) um sich zu sammeln. Zu ihnen gehörte sein Nachfolger, der Pfarrer, nachmals Landeskirchenrat D. *Berck*, der von 1904 bis 1908 und von 1922 Schriftleiter des „Hessischen Bundesboten“ war. Von 1909 bis 1927 hatte er das Amt des Schriftführers im Landesvorstand inne. Nach ihm übernahm Pfarrer Dr. *Wilhelm Bergér*, seit 1924 Mitglied des Landesvorstandes, diese Aufgabe, der dann auch – von 1934 bis 1947 – *Bercks* Nachfolger als Vorsitzender des Landesverbandes wurde. Was zielstrebige Öffentlichkeitsarbeit und Werbung vermag, zeigte *Bergér* unter anderem damit, daß er als Vorsitzender des Zweigvereins Darmstadt in einer Zeit des allgemeinen Mitgliederrückgangs durch eine gezielte Aktion während der Adventswochen des Jahres 1930 diesem Zweigverein rund 1000 neue Mitglieder hinzugewann. In Darmstadt gab es 1914 schon 2000 Mitglieder. 1928 noch 1200, am 31. Dezember 1930 waren es dann 2400.

Seit 1928 besaß der hessische Hauptverein ein eigenes Haus in der Darmstädter Schwanen–, der heutigen Robert-Schneider-Straße 29, unweit von *Bergérs* Pfarrhaus in der Martinsgemeinde. Dort wurde die Geschäftsstelle untergebracht und hat sie nach wie vor ihren Sitz. Schon vor dem Ersten Weltkrieg wurden Verhandlungen über die Anstellung eines hauptamtlichen Generalsekretärs für Hessen und die benachbarten Gebiete begonnen. 1919 errichteten die Hauptvereine Hessen, Nassau und Pfalz gemeinsam diese Stelle. Sie wurde mit dem bisherigen Militärpfarrer *Friedrich Haupt* besetzt, der sich aber nach kurzer Zeit entschloß, wieder ein Pfarramt zu übernehmen. In einem neuen Anlauf wurde 1928 der Diplomvolkswirt Dr. *Wilhelm Brauns* in diese Aufgabe berufen. Obwohl sich *Brauns* gut einarbeitete und mit dem bundeseigenen Auto sehr viel unterwegs war (seine Tätigkeitsberichte verzeichnen etwa zehn Vorträge im Monat), wurden die Erwartungen der außerhessischen Hauptvereine nicht erfüllt. Aus Kostengründen wurde ein Wechsel nötig. Einen Nicht-Akademiker konnte der hessische Hauptverein alleine finanzieren, und so begann 1932 der kaufmännisch vorgebildete Ingenieur *August Müller* seine Tätigkeit als hauptamtlicher Geschäftsführer, in der er 25 Jahre lang, bis 1957, dem Landesverband die Treue hielt.

VII. Neue Fronten und offene Fragen

Die Jahre der Weimarer Republik führten den Evangelischen Bund in neue Frontstellungen. Die völlige Trennung von Staat und Kirche, wie sie bis Ende 1918 in einer kurzen Amtszeit der preußische Minister „für geistliche und Unterrichtsangelegenheiten“ *Adolph Hoffmann* betrieb, bestätigte bei den kirchlichen Gruppen, zu denen auch der EB gehörte, alte Vorurteile und zerstörte im Keim jedes Vertrauen in die Sozialdemokratie. Daß der ‚Zehn-Gebote-*Hoffmann*‘ aufgrund eines Koalitionskompromisses mit der Unabhängigen Sozialdemokratischen Partei Deutschlands (USPD) ins Kabinett gelangt war, wurde kaum registriert. Das Schlagwort vom ‚Staat ohne Gott‘ wurde kennzeichnend für die evangelischen wie auch katholischen Vorbehalte gegen die junge Republik.

Eine evangelische Partei zu gründen, hat der EB stets abgelehnt, obwohl er sich darauf einstellen mußte, daß der Zentrumspartei im demokratischen Staat große Einflußmöglichkeiten offenstanden und die Interessen der katholischen Kirche sehr viel direkter in politisches Handeln umgesetzt werden konnten als die der evangelischen Seite. Man sah auch kein Problem darin, daß dann, wenn weder sozialistische Parteien noch das Zentrum als wählbar erschienen, nur noch der rechte Flügel des Parteienspektrums als politische Heimat für die Mitglieder des EB in Frage kam. Das Gros der evangelischen Pfarrer war ohnehin deutsch-national eingestellt. Gefahren sah der Bund vor allem im Zusammengehen von Zentrum und Sozialdemokratie, speziell wenn dadurch der katholische Einfluß in der Öffentlichkeit anwuchs. In gewohnter Weise wurden lautstarke Proteste organisiert. Sie richteten sich gegen das sich ausbreitende katholische Schulwesen, den ‚monastischen Frühling' der zwanziger Jahre, die Ausweitung von Fronleichnamsprozessionen, die Wahlaufrufe des katholischen deutschen Episkopats und gegen die Bestrebungen, zwischen dem Deutschen Reich und dem Vatikan ein Konkordat abzuschließen.

Demgegenüber trat die andere Aufgabe, die programmgemäß die Arbeit des Bundes bestimmen sollte, stärker in den Hintergrund: Die Überwindung der innerevangelischen konfessionellen Trennungen, die sich im landeskirchlichen Partikularismus nach wie vor manifestierten. Zwar haben Vertreter des EB an der Bildung des Deutschen Evangelischen Kirchenbundes nach Kräften mitgewirkt, man kann aber leider nicht feststellen, daß die Chancen, die mit dem Ende des landesherrlichen Kirchenregiments 1918 gegeben waren, vom EB erkannt und genutzt wurden.

VIII. Umstrukturierung nach der Machtergreifung

Die Machtergreifung *Adolf Hitlers* schuf auch für den EB in Hessen und Nassau eine völlig veränderte Lage. Was der EB angestrebt, aber durch seine Arbeit nicht erreicht hatte, wurde nun von anderen Kräften ins Werk gesetzt: die Zusammenfassung der evangelischen Landeskirchen in einer deutschen Nationalkirche. Am 11. Juli 1933 unterzeichneten die 28 evangelischen Landeskirchen die Verfassung der Deutschen Evangelischen Kirche. Seit 1918 war im hessischen Raum an der Überwindung der territorialen Zersplitterung gearbeitet worden. Seit 1926 war die Marburger Konferenz mit dieser Aufgabe befaßt – ohne Erfolg. Nach dem 30. Januar 1933 vergingen keine neun Monate, und die Verfassung der „Evangelischen Landeskirche Nassau-Hessen" trat in Kraft (am 15. September). Damit wurden die Evangelische Landeskirche in Hessen, die Evangelische Landeskirche in Nassau und die Evangelische Landeskirche Frankfurt am Main zu einer Kirche zusammengeschlossen. Im Zuge dieser Ereignisse haben die beiden Hauptvereine des EB auf dem Gebiet der neuen Landeskirche vom Februar 1934 an Verhandlungen über die Zusammenlegung geführt. Auf der Hauptversammlung in Wiesbaden wurde am 15. Oktober 1934 die neue „Satzung des Evangelischen Bundes Landesverband Nassau-Hessen" angenommen und damit die Vereinigung vollzogen.

Diese Satzung macht aus heutiger Sicht einen recht merkwürdigen Eindruck: Sie ist streng nach dem Führerprinzip aufgebaut und gibt das auch in ihrer Sprachgestalt zu erkennen. Aus dem Vorsitzenden war der Landesverbandsführer geworden, der Vorstand wurde in zwei Gremien aufgeteilt: den vom Landesverbandsführer berufenen Führerrat mit den fünf Gauwaltern (wobei als Gaue Nassau, Frankfurt und die drei hessischen Provinzen Starkenburg, Rheinhessen und Oberhessen bezeichnet wurden) und den aus 40 Mitgliedern bestehenden Arbeitsring, der für grundsätzliche Fragen zuständig war und dem die Mitglieder der beiden seitherigen Vorstände angehörten. Die Zweigvereine wurden zu Ortsgruppen. Diese Satzung trägt unverkennbar die Handschrift *Bergérs*, der am 24. Juni 1934 zum Vorsitzenden des Hessischen Hauptvereins gewählt worden war, nachdem *Berck* dieses Amt hatte niederlegen müssen. *Bergér* wurde auch von der Landesversammlung des neuen Landesverband zum Vorsitzenden gewählt.

Man mag in der neuen Satzung eine Verbeugung vor dem Geist des Nationalsozialismus sehen. Es ist aber auch zu bedenken, daß die Nationalsozialistische Deutsche Arbeiter Partei (NSDAP) diese Sprache nicht geschaffen, sondern aus vielen Quellen – etwa aus der Jugendbewegung – übernommen und dann erst im Laufe ihrer Herrschaft zu dem gemacht hat, was heute unsere Abscheu erregt. Wenn der EB in Nassau-Hessen die gleiche Terminologie wählte, dann kann das als Anpassung verstanden werden, es kann aber auch als Konkurrenz gemeint gewesen sein. Die NSDAP hat es jedenfalls als das letztere verstanden und im Frühjahr 1938 per Gesetz verfügt, daß Bezeichnungen der Partei „weder für sich allein, noch mit Zusätzen von anderen Organisationen verwendet“ werden dürfen. Daraufhin mußte sich der Landesverbandsführer in einem Rundschreiben als Landesverbandsvorsitzender vorstellen und anordnen, daß aus den Ortsgruppen wieder Zweigvereine und aus den Gauwaltern Provinzialvertrauensmänner wurden.

IX. Ein Vorsitzender muß gehen

Wie wenig die Klischee-Vorstellungen, die nach 1945 üblich wurden, der Situation von 1934 gerecht werden, zeigt das Schicksal des Vorsitzenden des hessischen Hauptvereins, *Ludwig Berck*, Pfarrer in Roßdorf bei Darmstadt. Er war seit 1927 in diesem Amt, am 4. Juli 1932 hatte ihn die Abgeordnetenversammlung für weitere drei Jahre wiedergewählt. In der Landeskirche wurde ihm großes Vertrauen entgegengebracht. Er war der Präsident der letzten alt-hessischen Synode. Auch die Synode der 1933 neu konstituierten Landeskirche bestimmte ihn zu ihrem Präsidenten, und mit dem Titel Landeskirchenrat wurde er Mitglied der Landeskirchenregierung. Die Gießener theologische Fakultät zeichnete ihn mit der Ehrendoktorwürde aus. Schon vor 1933 war er Mitglied der NSDAP und gehörte – wie damals zwei Drittel der hessischen Pfarrerschaft – zur „Glaubensbewegung Deutscher Christen“ (DC). Trotzdem kam er mit den neuen Machthabern in Konflikt, weil er der Mißachtung der Synodalbeschlüsse und der Verletzung der kirchlichen Ordnung energisch Widerstand entgegensetzte.

Entscheidend war dabei die Bischofsfrage der neuen nassau-hessischen Kirche. Die hessische Kirche hatte der Vereinigung unter der Bedingung zugestimmt, daß Prälat D. Dr. Dr. *Wilhelm Diehl*, der bisher an ihrer Spitze stand, zum Bischof der neuen Landeskirche berufen werde. *Diehl* war ein Mann der kirchlichen Mitte und als Wissenschaftler wie als Kirchenpolitiker weit über die Grenzen seiner Kirche hinaus anerkannt und beliebt. Die Synode der vereinigten Kirche hatte sich eindeutig für *Diehl* erklärt und nur aus formalen Fründen noch einen zweiten Kandidaten aufgestellt, Dr. *Ernst Ludwig Dietrich*, der das besondere Vertrauen der Deutschen Christen hatte. *Dietrich* hatte zudem versichert, er werde nach der Nominierung seine Kandidatur wieder zurückziehen. Als er dann diesen Schritt nicht tat und immer deutlicher wurde, daß der Reichsbischof nicht *Diehl*, sondern *Dietrich* berufen wollte, hat *Berck* zusammen mit *Heinrich Bornkamm*, damals Professor in Gießen, in einer Pfarrerversammlung *Dietrich* des Wortbruchs bezichtigt. Doch umsonst: *Dietrich* wurde zum Landesbischof berufen, übernahm am 8. Februar 1934 die Dienstgeschäfte und setzte eine Landeskirchenregierung ein, die der Verfassung nicht entsprach. *Berck* erhob Einspruch.

Zwei Tage später erließ dieses verfassungswidrig zustandegekommene Gremium ein Gesetz, mit dessen Hilfe *Berck* am 19. Februar mit Wirkung vom 1. April 1934 in den Ruhestand versetzt wurde. Als der neue Landesbischof zudem erkennen ließ, er werde mit dem Evangelischen Bund in keine Verbindung treten, solange *Berck* dessen Vorsitzender sei, gab *Berck* dieses Amt auf. Er strengte einen Prozeß gegen den Landesbischof an, mußte rehabilitiert werden und konnte vor seiner Pensionierung noch einmal ein Pfarramt übernehmen. Nach seinem Rücktritt als Vorsitzender hat er im Landesvorstand des EB weiter tatkräftig mitgearbeitet.

Diese Episode soll nicht überbewertet werden, aber es erscheint doch als charakteristisch, daß sie in den Annalen des EB nicht zu finden ist, denn die Darstellungen dieser Zeit basieren auf Berichten, die vor 1945 veröffentlicht wurden und verständlicherweise diesen Konflikt ihres früheren Vorsitzenden übergehen. Und es ist ebenso verständlich, daß in der Geschichte des Widerstandes gegen den nassau-hessischen DC-Bischof, die von den Vertretern der Bekennenden Kirche (BK) geschrieben wurde,

---

[4] *Steitz* (wie Anm. 1, 554-558) erwähnt bei den Vorgängen um die Bischofswahl *Bercks* Eintreten für *Diehl* nicht, ebensowenig dessen Widerstand gegen *Dietrich* und seine zwangsweise Versetzung in den Ruhestand; die von *Steitz* gegebene Schilderung der Landessynode vom 28. November 1933 macht eher den Eindruck, *Berck* sei mit *Dietrich* verbündet gewesen; die hier gegebene Darstellung stützt sich vorallem auf den Brief *Bercks* vom 31. August 1934 an Dr. *Eberhard Fiedler*, Rechtsanwalt in Leipzig. Mitglied des Bundesrates der BK, teilweise abgedr. in: Dokumentation zum Kirchenkampf in Hessen und Nassau Bd.2, Darmstadt 1979, 450ff.

Berck nicht auftaucht, denn ein Mann der BK war er zweifellos nicht, wenn auch Briefe erhalten sind, die zeigen, daß in seinem engsten Freundeskreis nach der Sportpalastkundgebung im November 1933 die Frage eines Anschlusses an den Pfarrernotbund ernsthaft diskutiert wurde.[4] Interessant sind solche Details auch deshalb, weil sie zeigen, daß die kirchlichen Ereignisse der ersten Jahre des Dritten Reiches mit Pauschalurteilen nicht zu erfassen sind, daß beispielsweise alleine die Feststellung der Mitgliedschaft bei den Deutschen Christen oder gar der NSDAP noch keine eindeutigen Folgerungen für das Verhalten der Betreffenden zuläßt.

X. Spannungen mit der Zentrale

Neben den Schwierigkeiten, die sich für den Landesverband aus der Situation in der eigenen Landeskirche ergaben, kam es auch zu Spannungen mit der Berliner Zentrale. Die Verlautbarungen, die der Gesamtbund 1933/34 herausgab, führten in Hessen zu der Frage, ob der „Reichsbote“ noch Organ des EB oder des Reichsleiters der Deutschen Christen, *Joachim G.W. Hossenfelder*, sei. Die Kritik richtete sich gegen den Bundesdirektor *Wilhelm Fahrenhorst*, der auch die für Ende 1933 angesetzte Zentralvorstandsitzung auf März 1934 verschoben hatte. Als der Vorsitzende des Büdinger Zweigvereins, Lic. *Heinrich Eidenmüller*, im Januar 1934 sein Amt niederlegte, begründete er diesen Schritt mit der „unklaren und unentschiedenen Haltung [des Evangelischen Bundes] angesichts der scharfen Angriffe, wie sie aus den Reihen der ‚Deutschen Christen‘ gegen das Evangelium unternommen werden“, und verwies auf das Beispiel des Pfarrernotbundes. In der Antwort des Landesvorsitzenden *Berck* wird diese Kritik an der Zentrale ausdrücklich gebilligt. (Es ist nicht ohne Reiz festzustellen, daß der von *Eidenmüller* vorgeschlagene Nachfolger für das Dekanat Büdingen 1937 sein Amt niederlegte, weil „die der BK stark angenäherte Haltung des Bundes insbesondere der nationalsozialistischen Bewegung gegenüber abwegig ist“).

Ein weiteres kam hinzu: Im Oktober 1934 wurde D. *Hermann Kremers*, Vorsitzender des Rheinischen Hauptvereins, Präsident des Evangelischen Bundes. Er berief zusammen mit *Max Manthey*, Halle, den Vorsitzenden des Landesverbandes Nassau-Hessen, *Bergér*, in das Präsidium. Schon zweieinhalb Monate später, am 20. Dezember 1934 starb *Kremers*. Mit dem 1. April 1935 übernahm Prof. D. *Heinrich Bornkamm* das Amt des Präsidenten. Erst kurz zuvor war er von Gießen nach Leipzig übergewechselt; er kannte die hessischen Verhältnisse sehr genau. Er bildete das Präsidium neu, ohne Vertreter der Hauptvereine, und schuf einen Präsidialbeirat, dem die Vorsitzenden der größten Hauptvereine angehörten. Dieses Vorgehen, das nach *Bergér*s Meinung nicht im Einklang mit der Satzung stand, rief in Nassau-Hessen heftige Proteste hervor, die sich auch nicht davor scheuten, mit der Herauslösung des Landesverbandes aus dem Gesamtbund zu drohen. Aus Halle, dem Sitz des Hauptvereins der Provinz Sachsen, kamen ähnliche Stimmen. Diese Spannungen wurden wohl nie ganz beseitigt. Noch im März 1936 verwahrten sich Führerrat und Arbeitsring des Landesverbandes Nassau-Hessen in einem einstimmigen Beschluß „mit allem Nachdruck als größter und aktivster Hauptverein des Bundes im ganzen Reich gegen die Versuche, unseren von D. Kremers berufenen Landesverbandsführer Dr. Bergér aus dem Präsidium auszuschalten".

XI. ‚Bekenntnis' oder ‚Klammer' und nachfolgende Kurskorrekturen

Diese internen Auseinandersetzungen haben die Arbeit des Landesverbandes sicher nicht erleichtert. Aber es bleibt doch zu fragen, warum er sich nicht zu einer eindeutigen Stellungnahme in den damaligen Zeitfragen durchringen konnte. Es wäre sicherlich falsch, eine solche Erwartung mit den Wunschvorstellungen zu verbinden, die sich aus der historischen Distanz eines halben Jahrhunderts ergeben. Man muß von den Möglichkeiten der damaligen Zeit ausgehen und z.B. mit dem Vorgehen des westfälischen Hauptvereins vergleichen. Er teilte am 18. Juni 1934 dem Präsidium mit, daß er die Lage des EB im Ganzen wie in Westfalen als „aufs höchste bedroht" ansieht, weil das Präsidium zu den bedrängenden Problemen nicht Stellung nehmen will. „Hier kann man nicht schweigen, hier muß man Stellung nehmen und *bekennen*". Abschließend wird dem Präsidium zur Kenntnis gegeben, daß der Hauptverein den Beschluß gefaßt hat, sich der westfälischen Bekenntnissynode anzuschließen.

In Hessen hat im November 1934 die Friedberger Konferenz, das Sprachrohr der kirchlichen Mitte, in einem Wort an die Pfarrer und Gemeinden in Hessen betont, daß der Führergedanke – der für den Staat bejaht wird – nicht auf die Kirche zu übertragen ist. Unter anderem wird festgestellt, daß die gegenwärtigen Reichs- und Landeskirchenregierungen den Boden der biblisch-reformatorischen Grundsätze verlassen haben, und die Erwartung ausgesprochen, daß sie zurücktreten. Dieses Dokument ist unterzeichnet von *Karl Lampas*, Professor und Oberstudienrat i.R., der zugleich als Gauwalter für Oberhessen Mitglied des Führerrats und des Arbeitsringes des EB Nassau-Hessen war. Der EB hatte also durchaus Männer in seinen Reihen, die in anderem Zusammenhang klar und eindeutig ihre Stimme erhoben. Im Rahmen des EB fanden sie dazu keine Gelegenheit.

Als Erklärung dafür kommt vor allem in Betracht, daß der EB gerade durch seine zahlenmäßige Größe in sich gespalten war, weil seine Mitglieder auf beiden Seiten der aufgebrochenen Fronten standen. In einer „Anordnung" des Landesverbandsführers vom 5. April 1935 heißt es: „Je größer der Riß wird, der durch das Gebäude der Kirche geht, desto fester muß die Klammer sein, die das Gebäude zusammenhält. Die eiserne Klammer ist der Evangelische Bund." Der westfälische Hauptverein hatte in dem zitierten Schreiben ausgeführt: „Der Evangelische Bund versäumt eine heilige Pflicht, die er übernommen hat, wenn er kein klares Bekenntnis ablegt. Wir fürchten, daß man ihm einst den Vorwurf machen wird, daß er in der ernstesten Stunde der evangelischen Kirche versagt hat, und daß er seine Zukunft aufs Spiel setzt, wenn er fortfährt, die Haltung einzunehmen, die er bisher eingenommen hat." Der Fortgang der Geschichte hat gezeigt, daß die westfälischen Zukunftsvisionen mehr Berechtigung hatten als die nassau-hessische Klammer-Theorie.

Im Laufe der dreißiger Jahre gab es im Landesverband Nassau-Hessen deutliche Kurskorrekturen. Der Abstand zu den Deutschen Christen wurde größer und die Verbindung zur Bekennenden Kirche enger. Und immer mehr Bundesveranstaltungen wurden von Gestapo-Verboten betroffen. Bei den Kirchenwahlen vom Februar 1937 gab es Wahlbündnisse mit der Bekennenden Kirche; und ähnlich wie in dem oben erwähnten Beispiel Büdingen kam es zu Amtsniederlegungen und Austritten, „da der Evangelische Bund gegen die nationalkirchliche Bewegung Deutsche Christen in unfreundlicher Weise Stellung genommen hat" (so begründete der Kirchenvorstand von Mainz-Gustavsburg im Februar 1938 seinen Austritt). Die Wirkungsmöglichkeiten des Bundes werden schon vor dem Zweiten Weltkrieg – und erst recht nach dessen Ausbruch – immer stärker eingeengt. Die Zahl der Vorträge, die gehalten werden konnten, ging von 570 im Jahre 1937 für 1939 auf 360, für 1943 auf 53 zurück. Die Mitgliederzahl reduzierte sich in den Kriegsjahren von 16 000 auf 13 000.

Betrachtet man die Themen, die damals bearbeitet wurden, dann wird schon für die Zeit des Dritten Reiches deutlich, daß die Beschäftigung mit römisch-katholischer Theologie und Kirche aus dem polemischen Kontra herausfand und ein sachliches Gegenüber suchte. Die Voraussetzungen dazu war einerseits das Ende des Zentrums, in dem der EB von Anfang an die parteipolitische Kampftruppe des Ultramontanismus gesehen und bekämpft hatte, andererseits das Erlebnis der christlichen Gemeinsamkeit gegenüber dem staatlich geförderten Neuheidentum. Die klare Abgrenzung gegen diese Bewegung des ‚Deutschglaubens' bestimmte einen weiteren Teil der Bundesarbeit. Noch stärker aber tritt ein volksmissionarischer Zug im Landesverband hervor. Nach eingehender Vorbereitung wurde im Winter 1936/37 in 35 Gemeinden eine je achttägige Volksmission veranstaltet. Mit dem Ziel eines Gemeindeaufbaus von innen her wurden die Grundlagen des christlichen Glaubens apologetisch-volkstümlich dargestellt. Traditionsgemäß hat der EB dabei *Martin Luther* als den richtungsweisenden Vermittler des Evangeliums herausgestellt, wobei allerdings nationale Untertöne und völkische Nebengeräusche (‚Luther, der ewige Deutsche' oder ‚Luthers deutscher Glaube') nicht zu überhören sind. Wer zeitgemäß wirken will, zollt Gegnern und Verbündeten gleichermaßen Tribut.

XII. Umbruch und Neubeginn

Das Kriegsende brachte die Befreiung von allen politischen und geistigen Zwängen des NS-Staates. Die ‚deutschgläubigen' Gegner des EB waren wie weggeblasen. Die Kirche stand hoch im Kurs. Aber – wie es die Westfalen vorausgesehen hatten – dem EB wurden nun nicht nur von Seiten der Bekennenden Kirche Fragen gestellt, ob er sich in den schweren Zeiten der Kirche nicht zu neutral, unentschieden und taktisch verhalten habe, Fragen, die auch heute noch nicht verstummt sind.

In den ersten Nachkriegsjahren stand die Arbeit des EB unter höchst schwierigen äußeren Bedingungen. Viele Pfarrer, die in ihm mitgearbeitet hatten, waren gefallen, vermißt oder noch jahrelang in Kriegsgefangenschaft. Die Städte waren weitgehend zerstört – die Berliner Zentrale von Bomben vollständig vernichtet. Die Besatzungmächte hatten die Reisemöglichkeiten beschränkt – die linksrheinischen Gebiete des Landesverbandes lagen in der französisch besetzten Zone und waren damit von den amerikanisch besetzten Landesteilen abgeschnitten. All dies, zusammen mit dem allgemeinen Mangel an Lebensmitteln, Wohn- und Versammlungsräumen, Heizmaterialien und Papier für Veröffentlichungen hemmte den Neuanfang. In dem allgemeinen Trümmerchaos hatte der Landesverband Nassau-Hessen insofern relativ günstige Startbedingungen, als in dem schwer zerstörten Darmstadt die Straßenzüge unversehrt geblieben waren, in denen das Pfarrhaus *Bergérs*, das Gemeindehaus seiner Martinsgemeinde und die Geschäftsstelle des Landesverbandes lagen.

Ein besonders glücklicher Umstand war es, daß 1945 *Wolfgang Sucker*[5] nach Hessen zurückkam und die Gemeinde Weiterstadt bei Darmstadt übernahm. Er, der gebürtige Schlesier, wurde 1931 in Offenbach ordiniert und war nach einigen Jahren als Studentenpfarrer in Gießen Dozent an der Hochschule für Lehrerbildung in Lauenburg/Pommern geworden. In seiner Gießener Zeit war eine enge Verbindung zu *Heinrich Bornkamm* entstanden, der ihn schon 1936 in den Zentralvorstand des EB berief. Aus seinen theologischen und kirchenpolitischen Fähigkeiten gab er dem Landesverband neue Impulse, wobei ihm zustatten kam, daß er in dem Jahrzehnt vor 1945 nicht an den innerkirchlichen Kämpfen in Nassau-Hessen beteiligt war. 1946 wurde *Sucker* von *Bergér* zum wissenschaftlichen Mitarbeiter des Landesverbandes berufen, Ende des gleichen Jahres übernahm er das katechetische Amt für Starkenburg.

Der kirchliche Neubau der Nachkriegsjahre konnte auf die im Evangelischen Bund tätigen Kräfte nicht verzichten. Die 1933 gebildete Landeskirche Nassau-Hessen brach mit dem Kriegsende wieder in ihre drei ursprüngliche Teile Hessen, Nassau und Frankfurt am Main auseinander, da man auf der rechtlich zweifelhaften Basis des Zusammenschlusses

---

[5] vgl. *Erich Geldbach*: Welt des Handels – Treue zur Reformation: Wolfgang Sucker, in diesem Bd., 93-105.

nicht weiter arbeiten wollte. Jede Teilkirche bildete eine eigene vorläufige Kirchenleitung, und gemeinsam wurde ein Verbindungsausschuß eingerichtet, um die Wiedervereinigung vorzubereiten. Sie wurde durch einen aus kirchlichen Wahlen hervorgegangenen Kirchentag am 30. September 1947 in Friedberg vollzogen. So entstand die „Evangelische Kirche in Hessen und Nassau".

In die „Vorläufige Kirchenregierung", die sich 1945 aus sieben Personen zusammensetzte, wurde auch *Bergér* als Vorsitzender des EB und des Presseverbandes berufen. Er übernahm die Aufgabe des stellvertretenden Superintendenten von Starkenburg. Der Superintendent dieser Provinz, Oberkirchenrat Dr. *Friedrich Müller* wurde zum Präsidenten und damit zum Leiter der Landeskirche gewählt. *Bergér* wurde auch in das Landeskirchenamt, die oberste kirchliche Verwaltungsbehörde , berufen. Er gehörte auch dem Verbindungsausschuß an, der unter dem Vorsitz von *Müller* die endgültige Neuordnung der Evangelischen Kirche in Hessen und Nassau vorbereitete – eine gewaltige Aufgabenlast neben dem Gemeindepfarramt und dem Vorsitz im Landesverband des Evangelischen Bundes.

XIII. Die ‚Kronberger Weichenstellung'[6]

Zwei Wochen vor dem Zusammentritt des die EKHN konstituierenden Kirchentages fand in Kronberg im Taunus die Landesversammlung des Bundes statt. Man war dort versammelt, als *Bergér* die Nachricht vom Tode des Präsidenten *Müller* erhielt und auf dem schnellsten Wege nach Darmstadt eilen mußte. Er konnte den Vorstand nicht mehr versammeln, sondern ließ lediglich durch den stellvertretenden Vorsitzenden, Pfarrer *Willy Dapper*, dem Vorstand mitteilen, daß er um Entlastung bitte. Der Vorstand hat dies als Rücktritt interpretiert und sofort *Sucker* zum ersten Vorsitzenden gewählt. Bei der anschließenden Abgeordnetenversammlung hat *Sucker* sich als „vicarius" bezeichnet, und es zeigte sich auch bald nach der Landesversammlung, daß sich *Bergér* mißverstanden fühlte und den Vorsitz eigentlich weiterführen wollte. Der Vorstand blieb aber bei der Wahl *Suckers* und hat sie bei der folgenden Landesversammlung noch einmal ausdrücklich bestätigt. Wie eine von *Sucker* 1951 formulierte Erklärung, die dem Protokollbuch des Vorstandes eingefügt wurde, zu erkennen gibt, hat der Konflikt noch jahrelang Bedeutung gehabt.

Mit *Sucker* begann eine neue Ära der Arbeit des EB in der neu gegründeten Landeskirche. Durch seine Aktivität und die räumliche Nähe zu *Heinrich Bornkamm*, der 1948 einem Ruf nach Heidelberg folgte, wurde

---

[6] als Überschrift übernommen von *Dondorf* (wie Anm. 1, 145), auf dessen ausführliche Darstellung aus der Sicht eines Zeitzeugen mit gründlicher Dokumentation der Quellen hier ausdrücklich hingewiesen sei.

der Landesverband auch zum Zentrum der Arbeit des Gesamtbundes für Westdeutschland. *Sucker* richtete 1947 in dem zuerst angemieteten, dann (1950) gekauften Haus in Bensheim (Ernst-Ludwig-Straße 7) die Geschäftsstelle West des EB ein und gründete dort auf Beschluß des Zentralvorstandes vom 25. September 1947 das Konfessionskundliche Institut. Der Landesverband übernahm als vorläufiger Treuhänder das Bensheimer Haus, bis der Gesamtbund ab 1952 in der Lage war, diese Belastungen selbst zu tragen. 1949 wurde *Sucker* Bundesdirektor und Leiter des Konfessionskundlichen Institutes – seine Landeskirche stellte ihn für diese Aufgaben frei –, 1955 Marburger Ehrendoktor, 1957 Oberkirchenrat und Stellvertreter des Kirchenpräsidenten, 1960 Honorarprofessor in Mainz, 1963 Präsident des Evangelischen Bundes, 1964 Kirchenpräsident der EKHN – diese Datenliste sagt mehr als alle Kommentare. Als Kirchenpräsident legte er das Amt des Vorsitzenden im Landesverband nieder, blieb aber bis zu seinem Tode 1968 Mitglied im Vorstand.

Propst *Ernst Dondorf* wurde sein Nachfolger, und endlich erlebte der Landesverband einmal einen bruch- und nahtlosen Übergang, denn *Dondorf* führte weiter, was *Sucker* begonnen hatte, bis er 1982 aus Gesundheitsgründen sein Amt an Propst *Helmut Grün* übergab, unter dessen Leitung ebenso Kontinuität wie zeitgerechte Weiterentwicklung gewährleistet sind.

XIV. Der Freundeskreis des Evangelischen Bundes

Die immer schwieriger werdende Situation kurz vor dem Zweiten Weltkrieg nötigte zum Zusammenrücken, und so entstand – von *Bergér* initiiert – der Freundeskreis des Evangelischen Bundes in Hessen und Nassau, eine Erscheinung, die in anderen Landesverbänden keine Parallelen hat. Die Anfänge gehen wohl auf die letzten Vorkriegsjahre zurück – und es ist für den Freundeskreis schon ein markantes Merkmal, daß es kein Gründungsdatum gibt. Nur Sitzungsprotokolle des Landesvorstandes geben spärliche Hinweise. Man sah sich damals zu strikter Verschwiegenheit genötigt und vermied alle schriftlichen Aufzeichnungen. Geistliche Lebensformen, wie sie von Pfarrerbruderschaften und dem Pfarrergebetsbund praktiziert wurden, gaben der neuen Gemeinschaft ebenso Anregungen wie Elemente aus dem Brauchtum studentischer Korporationen. Die Suche nach verbindlicher Lebensgestaltung und die Notwendigkeit eines streng vertraulichen Gedankenaustauschs führte in diesem Kreis Pfarrer zusammen, die im EB aktiv mitarbeiteten und sich vorbereiten wollten, in einem erwarteten künftigen Neubau der evangelischen Kirche Verantwortung zu übernehmen. Die Mitglieder verpflichteten sich dazu, monatlich ein- bis zweimal auf regionaler Ebene und vierteljährlich einmal im Gesamtkreis zusammenzukommen. Jeder, der neu hinzukam, wurde in einer Verpflichtungsfeier im Rahmen eines Abendmahlsgottesdiestes aufgenommen. Bis zum Ende des Zweiten Weltkriegs, in dem sich der Freundeskreis in besonderer Weise zu bewähren hatte, umfaßte er etwa vierzig Mitglieder.

Nach dem Krieg konnte – von *Sucker* inspiriert – eine breit angelegte ‚Regel' dem Freundeskreis einen festeren organisatorischen Halt geben: Gliederung in regionale Gruppen, der Generalkonvent als gemeinsames Beschlußorgan und der von diesem gewählte Ältestenrat, bestehend aus dem Leiter und drei weiteren Freunden. Trotz enger personeller Verflechtungen ist der Freundeskreis vom Landesvorstand völlig unabhängig, was aber nicht hindert, in grundsätzlichen Fragen den Vorstand zu beteiligen. So geschah es, als 1975 der Freundeskreis sich eine neue Ordnung gab und sie dem Landesvorstand zur Anerkennung vorlegte: zu den Veränderungen von 1975 gehört, daß auch Frauen und Nicht-Theologen, die „in besonderer Weise aktiv mitarbeiten", dem Freundeskreis angehören können. In den letzten Jahrzehnten hat sich der Freundeskreis stark erweitert: 1953 zählte er 67 Mitglieder, 1985 sind es 94. (Davon leben 34 im Ruhestand. Als Pfarrerinnen oder Pfarrer stehen 43 im Gemeindedienst, 12 in übergemeindlichen Aufgaben, 5 sind Nicht-Pfarrer.) Im letzten Jahrzehnt hat sich der Freundeskreis über seine internen geistlichen Aufgaben hinaus zu einem theologischen Arbeitskreis entwickelt, der offen ist für ein relativ breites Spektrum theologischer Meinungen und dessen Pfarrerfortbildungs-Tagungen weit über den Bereich des EB hinaus Resonanz finden.

XV. Arbeitsformen und Wirkungsmöglichkeiten heute und morgen

Je mehr sich die Berichterstattung der Gegenwart nähert, um so stärker sollte sich ein Chronist auf sachliche Daten zurückziehen. Ihre Fülle ist ohnehin nur in Stichworten anzudeuten. In den Kriegs- und Nachkriegsjahren hat es sich bewährt, daß der EB der Versuchung widerstand, sich wie viele kirchliche Werke und Verbände organisatorisch der Kirche einzugliedern. Er blieb „Verein" und wahrte sich damit seine wirtschaftliche und geistige Entscheidungsfreiheit. So konnte er in verschiedenen Arbeitsformen der Kirche seine spezifischen Impulse geben.

1948 wurden Luther-Stunden als regelmäßige Zusammenkünfte in den Gemeinden eingeführt und haben – ähnlich wie der Luther-Tag, eine in größerem Rahmen durchgeführte Veranstaltung in zeitlicher Nähe zu *Luthers* Todestag am 18. Februar – bis in die sechziger Jahre hinein ihre Bedeutung gehabt.

Seit den fünfziger Jahren bietet der Landesverband mit seinen Italienfahrten eine bis heute immer wieder stark gefragte Möglichkeit, kirchengeschichtliche und kunsthistorische Studien mit der Pflege der Kontakte zu den Waldensergemeinden zu verbinden.

Während des Zweiten Vatikanischen Konzils der römisch-katholischen Kirche (1962-1965) verbreitete der Landesverband die Wochenberichte, die Dr. *Gottfried Maron*, der jetzige Präsident des Evangelischen Bundes, aus Rom schickte, als Grüne Briefe in allen Gemeinden der Landeskirche. Rote Briefe zu aktuellen Weltanschauungsfragen traten für einige Zeit an ihre Seite.

Neben der allgemeinen Vortragstätigkeit, die vor allem im Lutherjahr 1983 rege beansprucht wurde, sind die Frankfurter Wintervorträge von 1956 an bis heute durchgehalten worden, eine Folge von drei Abendveranstaltungen alljährlich im Januar oder Februar. Seit Beginn der achtziger Jahre stellt der Landesverband den Gemeinden als Hilfe für Seminarveranstaltungen seine Arbeitsmappen (bisher fünf) zur Verfügung. Alle diese Angebote sind – wie auch die in jedem Jahr in wechselnder Gestaltung stattfindenden Landesversammlungen – die Arbeitsergebnisse, die der Vorstand in seinen regelmäßigen Sitzungen und Klausurtagungen entwikkelte.

Obwohl sich die Tätigkeitsberichte, die alle diese Aktivitäten aufzeichneten, insgesamt wie lückenlose Erfolgsmeldungen lesen, ist in ihnen auch festgehalten, wie die Mitgliederzahlen in den letzten Jahrzehnten kontinuierlich absinken. Waren es 1946 noch 13 521 Mitglieder (in 254 Gemeindegruppen) so hatte der Landesverband Hessen und Nassau – so die offizielle Bezeichnung seit jener Zeit – im Jahre 1950 nur noch 8270 Mitglieder (in 172 Gemeindegruppen), 1955: 6390 (146), 1960: 6101 (122), 1965: 5597 (94), 1970: 4123, 1975: 3186 (58), 1980: 2660 (38), 1984: 2145 (34).

Neben diesen Abwärtstrend in den Zahlen der persönlichen Mitglieder ist noch eine andere Linie zu zeichnen: Dem Landesverband ist es seit Ende der fünfziger Jahre gelungen, in den Kirchenkassen der Gemeinden korporative Mitglieder zu gewinnen. 1960 waren es 435, 1965 schon 595, 1970: 650. In den siebziger Jahren blieb diese Zahl über 660 und fiel dann leicht ab zum Stand von 604 im Jahre 1984. Die Beiträge, die dem Landesverband von den Kirchenkassen zufließen, tragen dazu bei, seine Arbeit finanziell zu sichern, wie es angesichts der sinkenden Zahlen der persönlichen Mitglieder sonst nicht gewährleistet wäre. Mit diesen statistischen Daten verbinden sich zugleich grundsätzliche Fragen nach den zukünftigen Arbeitsformen und Wirkungsmöglichkeiten, die nicht leicht zu beantworten sind.

Am Ende seines Teilberichtes zum 50jährigen Bestehen des EB hat 1936 der frühere Landesvorsitzende *Berck* seine Erfahrungen in ein Bibelwort (1. Könige 19,7) einmünden lassen, das heute ebenso gilt wie einst, als es Gottes Zuspruch an den todmüden Elia war: „Steh auf und iß! Denn du hast einen großen Weg vor dir!“[7]

[7] wie Anm. 1 erste Angabe, 94.

Hauptsachen und Kernfragen

Helmut Aichelin

Neuzeitlicher Fortschrittsglaube und protestantisches Selbstverständnis Züge einer problematischen Allianz

I. Die Wurzeln des neuzeitlichen Fortschrittsglaubens

„Denn der Fortschritt ist ein Naturgesetz, das keine menschliche Gewalt, weder Tyrannenwaffen noch Priesterflüche, jemals dauernd zu unterdrücken vermögen."[1] Mit diesem Satz schloß 1863 *Ernst Haeckel* auf dem beginnenden Höhepunkt neuzeitlichen Fortschrittsglaubens einen Vortrag, bezeichnenderweise über Darwins Evolutionslehre, vor der in Stettin tagenden „Gesellschaft Deutscher Naturforscher und Ärzte" ab. Das Pathos, das nach den sachlichen Ausführungen in diesem Schlußsatz aufklingt, macht deutlich, zu welchem Zauberwort einer ganzen Epoche der Begriff des Fortschritts geworden war. Ein Zauberwort, das pseudoreligiösen Charakter angenommen hatte, die verschiedenen Entwicklungslinien im Bereich der Gesellschaft, der Sozialgeschichte, der Naturwissenschaft und der Philosophie in sich vereinigte und schließlich als eine Art Gegenglaube zu überkommenen Glaubensformen auf den Plan der Geschichte trat.

Dabei ist ein zunächst erstaunlicher Tatbestand festzustellen. Das Wort Fortschritt selbst, das dann diese gewaltige Aufladung erfuhr, nahezu alles an sich zog und als Grundbegriff einer ganzen Epoche schließlich zum Fortschrittsglauben hochstilisiert wurde, erscheint erst spät im Wortschatz der Neuzeit. Noch in den Lexika des 19. Jahrhunderts wird es nicht registriert. Im französichen Sprachraum umkreisen die Begriffe progressivité und perfectibilité im 18. Jahrhundert jenen kommenden Leitbegriff, der im deutschen Sprachraum mit den Wörtern Fortgang, Fortschreiten, Fortschritte umschrieben wird.[2] Der Sache nach war freilich vom Altertum bis zum Mittelalter der Gedanke der Entwicklung auf einzelnen Gebieten schon immer vorhanden, ehe er dann im Begriff des Fortschritts als dem alleinigen geschichtsmächtigen Movens zusammengefaßt und in einer bisher nie gekannten Weise intensiviert wurde.

---

[1] zit. nach *Pascual Jordan*: Der Naturwissenschaftler vor der rel. Frage, Oldenburg/Hamburg 1967⁴, 363 S., hier 93.

[2] vgl. *Reinhart Koselleck / Christian Meier*: Fortschritt, in: Gesch. Grundbegriffe. Hist. Lexikon zur politisch-sozialen Sprache in Deutschland Bd. 2, Stuttgart 1975, 1082 S., hier 377f.

Fragt man nun zurück, welche einzelnen Elemente hierzu beigetragen haben, so stößt man zunächst auf die gesellschaftliche Entwicklung der Neuzeit. Sie ist vor allem durch die Französische Revolution in einen bisher kaum je gekannten Dynamisierungsprozeß hineingerissen worden. Im Postulat von der Selbstbestimmung der Gesellschaft wurden hier die Impulse der Aufklärung in geschichtliches Handeln umgesetzt. Obwohl deutlich erkennbar chiliastisches Gedankengut des Mittelalters hierbei mit einfloß, wandte sich die Französiche Revolution nicht nur gegen die ‚Tyrannenwaffen', sondern auch gegen die ‚Priesterflüche', die die Ordnungsmacht der Kirche gegen die menschliche Selbstbestimmung setzten. Denn was jetzt erstmals am Horizont der Geschichte aufzutauchen schien, war, im Vertrauen auf diese Selbstbestimmung, eine bessere, weil freie, gleiche und brüderliche Welt. Sie sollte im Bruch mit allen tradierten und metaphysisch sanktionierten Gesellschaftsformen erstmals den Menschen selbst zum Subjekt seiner Geschichte machen.

Karl Marx und *Friedrich Engels* griffen diese Ideen dann unmittelbar auf. Sie fügten sie ein in ihre Geschichtskonzeption von der Geschichte als einer Geschichte von Klassenkämpfen, in denen durch die große soziale Revolution schließlich die bürgerliche Revolution zugleich aufgehoben und überwunden werden sollte. Die Idee des Fortschritts hat hierbei eine deutliche Profilierung erfahren. Zum einen wurde sie im Bewußtsein des 19. Jahrhunderts so positiv besetzt, daß sie fortan weithin als Kriterium galt, an dem sich nahezu alle Zeitanalysen und Gesellschaftsdiagnosen zu orientieren begannen. So schrieb etwa bereits 1848 der katholische Theologe *Wilhelm Meinhold*, daß der wahre Fortschritt nur auf dem Boden des positiven Offenbarungsglaubens herbeizuführen sei.[3] Zum anderen wurde die Fortschrittsidee in zunehmendem Maß zu einer ideologischen Waffe, mit der die Ausgangspunkte anderer Zukunftsperspektiven als fortschrittsfeindlich entlarvt wurden. Zum dritten haben *Marx* und *Engels* die spektakulären Erkenntnisse der modernen Naturwissenschaften, wie die dadurch mitgeprägte industrielle Revolution, als wesentliches Element in ihren Gesamtentwurf aufgenommen. Auch sie wurden – und in vieler Hinsicht zurecht – unter die Idee des Fortschritts subsumiert. Zugleich wurde die zentrale Entdeckung der modernen Naturwissenschaften, daß die Natur Gesetzen unterliegt, die der menschliche Geist ergründen kann, auf den Fortschrittsgedanken und damit auf die Geschichte insgesamt übertragen: „Denn der Fortschritt ist ein Naturgesetz..."

Die modernen Naturwissenschaften haben sich zunächst weithin unabhängig von der gesellschaftlichen Entwicklung entfaltet. Ihre geistigen Wurzeln liegen tief im Mittelalter und sind ohne die in der jüdisch-christlichen Tradition vollzogenen Entgötterung der Welt nicht zu verstehen.

---

[3] ebd., 416.

Erst relativ spät haben sie sich in Gestalt des allgemeinen Fortschritts des Wissens und dann mit einer starken Schubkraft in Gestalt des *Darwin*schen Entwicklungsgedankens der die Zeit ergreifenden Fortschrittsidee eingefügt. Vor allem aber hat die beginnende technische Revolution, in der die Natur nicht mehr nur erforscht, sondern unter der von *Francis Bacon* in seinem „Novum Organum" formulierten Devise „Wissen ist Macht" in technische Entwicklung umgesetzt wurde, den Fortschrittsgedanken nachhaltig beeinflußt. Auch wenn durch die Krisen der beiden Weltkriege die Fortschrittsidee in diese Krisen hineingezogen wurde, so ist sie doch im Prinzip im technischen Bereich nahezu ungebrochen. Freilich, von dort aus strahlt sie auch nach wie vor im Gesamtbewußtsein der Zeit weit über den unmittelbar technischen Bereich hinaus: das jeweils Neuere ist dem jeweils Älteren überlegen.

Aber auch die abendländische Philosophiegeschichte, die kritisch Rechenschaft abzulegen versuchte über den Menschen und seine Welt, ist ab einem bestimmten Zeitpunkt vom neuzeitlichen Fortschrittsgedanken erfaßt worden. Die eine, deutlich zu signalisierende Wegemarke war *Immanuel Kant*, die andere war *Georg Wilhelm Friedrich Hegel. Kant* ordnete den Gedanken des Fortschritts, der ihn als geschichtsphilosophisches Problem immer mehr beschäftigt hatte, ein in die praktische Vernunft. Noch weit entfernt von einem Fortschrittsglauben gewann er so die Möglichkeit, die moralische Forderung an den freien Menschen zu einer Entwicklung zum Besseren zu vereinen mit der geschichtlichen Erfahrung. Für *Hegels* dialektisches Denken entwickelte sich der Fortschritt in der Selbstentfaltung des Geistes. Freiheit und Notwendigkeit verbinden sich für ihn in der Fortschrittsidee. Von diesem philosophischen Ansatz her hat *Hegel* so eine wesentliche Mitbeteiligung daran, daß dem sich später popularisierenden Fortschrittsglauben das Merkmal eines geschichtlichen Gesetzes, parallel dem Naturgesetz, aufgeprägt wurde – eines geschichtlichen Gesetzes, nach dem die Universalgeschichte ihren Lauf nimmt.

Freilich, der entscheidende Vorgang ist durch alle diese Einzelaspekte noch nicht im Blick. Es gehört zu den bleibenden Geheimnissen der Geschichte der Neuzeit, daß nach einem – trotz aller christlichen Eschatologie – über Jahrtausende währenden primär statischen Denken binnen weniger Jahrzehnte die Dynamik eines säkular ausgerichteten Fortschrittsdenkens das Abendland erfaßt hat. Aus dem schon immer beobachteten Fortschreiten auf einzelnen Lebens- und Kulturbereichen wird der Fortschritt der Geschichte schlechthin. Schließlich entwickelt sich in einem tiefgreifenden Wandel des gesamten Bewußtseins die Erfahrung von Fortschritt zu der Vorstellung vom Fortschritt als dem eigentlichen Motor der Geschichte. Die Zukunft wird nicht nur, wie schon immer, als anders gegenüber der Vergangenheit angesehen. Sie wird zu einer qualitativ neuen Epoche. Mit ihr verbindet sich die Erwartung von einer besseren, reicheren, schöneren, mit höherer Lebensqualität verbundenen Welt. Bis sich schließlich in einem neuen Schub des Fortschrittsglaubens die Fortschrittsidee auch davon unterschwellig zu lösen beginnt und der Fortschritt als solcher zum Subjekt seiner selbst wird. Er braucht sich nicht mehr inhaltlich zu legitimieren. Schon die Tatsache der Veränderung gegenüber dem bisher Überkommenen gibt ihm sein geschichtliches und zugleich moralisches Recht.

II. Die reformatorischen Elemente des neuzeitlichen Fortschrittsbewußtseins

Wie ist angesichts einer solchen Entwicklung zum neuzeitlichen Fortschrittsglauben das protestantische Selbstverständnis ins Spiel zu bringen? Welchen Anteil hat es daran und wie kam es schließlich zu jener Allianz, die wir heute als problematisch empfinden? Vor allem aber: Worin liegt das Problem des Problematischen dieser Allianz?

Wie schwierig es dabei auch sein mag, den in sich hochdifferenzierten Begriff eines protestantischen Selbstbewußtseins zu fassen, so müssen auf alle Fälle jene zwei Aspekte in den Blick genommen werden, die kennzeichnend sind für den Beginn der epochalen Bewegung, die wir die Reformation nennen. Beide Aspekte haben in einer scheinbar gegensätzlichen Weise mit dem Fortschritt zu tun, der dann später als neuzeitlicher Fortschrittsglaube jene Verselbständigung und Dynamisierung erfuhr, die ihn zm Heilszeichen aller weiteren geschichtlichen Entwicklung werden ließ.

Der eine Aspekt ist der, daß auch die Reformation eingebettet war in den Fortgang der Geschichte, der nie ein nur linearer Ablauf ist, sondern sich in Schüben weiterbewegt. Es war der Herbst des Mittelalters, in dem die reformatorische Bewegung aufbrach. Ein Zeitalter neigte sich dem Ende zu. Von Italien ausgehend war in der Renaissance eine neue geschichtsmächtige Bewegung am Werk. Der Boden wurde bereitet, um die vielen Ideen zum Wachsen zu bringen, die dann das hervorbrachten, was man in der Geschichtsschreibung als die Neuzeit bezeichnet. Fortschritt im Sinn des Weiterschreitens der Geschichte wurde im Herbst des Mittelalters auf vielen Gebieten als Bruch der Zeit erfahren.

Der andere Aspekt aber ist der, daß die Reformation weder als historisches Faktum, noch gar in ihrem Selbstverständnis lediglich eine religiöse Begleiterscheinung der Entwicklung zur Neuzeit war. Sie erwuchs vielmehr als eine geradezu als gegenläufig zu kennzeichnende Bewegung aus einer intensiven, neuen Beschäftigung mit den neutestamentlichen und alttestamentlichen Texten als den Urkunden des christlichen Glaubens. Nicht in irgendeinem Vorwärts, sondern im Zurück zu diesen Quellen wurde der Ansatz zur Erneuerung der Kirche gesucht. Wenn man schon den Begriff des Fortschritts dafür in Anspruch nehmen will, so war es ein Fortschritt, der gerade dadurch zustande kommen sollte, daß er die alte und bleibende Wahrheit der Offenbarung von allen Schlacken reinigen und ihr zum Sieg verhelfen sollte.

Doch genau dieses Zurück hat nun seinerseits eine Bewegung von weltgeschichtlichen Dimensionen ausgelöst, die mit dazu beitrug, das Tor zur Neuzeit vollends aufzustoßen – jener Neuzeit, in der aus dem Fortschrittsgedanken als geschichtlicher Interpretationsfigur der Fortschrittsglaube wurde. Nicht so, als ob hier eine direkte Linie vom protestantischen Selbstverständnis zum neuzeitlichen Fortschrittsglauben zu ziehen wäre. Aber doch so, daß die reformatorische Bewegung ihrerseits wesentlich zur Dynamisierung der Geschichte in der Neuzeit beitrug. Dabei gehört es zu den bemerkenswerten geschichtlichen Tatbeständen, daß sie auf ihrem Weg in der Neuzeit, durch viele Irrungen und Wirrungen hindurch, immer wieder zu ihren reformatorischen Grunderkenntnissen zurückgefunden hat. Sie hat sie jedenfalls nicht nur der Relativierung der Geschichte ausgeliefert und so die Möglichkeit geschaffen, sie in besonderen geschichtlichen Situationen wieder neu zu entdecken.

In alledem ist die Geschichtsmächtigkeit der reformatorischen Bewegung unbestreitbar. Die Reformation hat – ein zweites Mal nach der Abspaltung der von Byzanz geprägten Ostkirche von der von Rom geprägten abendländischen Kirche – die Christenheit getrennt. Aber sie hat zugleich die mittelalterliche katholische Kirche zu tiefgreifenden Umwandlungen und zu einem neuen Selbstverständnis geführt. Sie hat die überkommene Institution dieser mittelalterlichen Kirche tief erschüttert. Aber auf dem Boden der Reformation entstanden neue Kirchentümer, die sich zwar in anderer Weise organisierten, aber bald ihre eigene, zum Teil weltgeschichtliche Dynamik entwickelten. Sie hat mit ihrem lutherischen Berufsethos und mit ihrer calvinistischen Prädestinationslehre ihren Anteil an den geistigen Voraussetzungen, die zur modernen, wirtschaftlichen und technischen Revolution führten. Aber sie hat eine Substanz des Christlichen in die Neuzeit eingebracht, die es der Christenheit vielfach erst ermöglichte, sich den jetzt aufbrechenden Problemen vom christlichen Glauben her zu stellen. Sie ist neben den protestantischen Großkirchen in vielen kleinere Gruppierungen auseinandergebrochen. Aber sie hat sich in dem von *Paul Tillich* so genannten „protestantischen Prinzip" bei aller Verschiedenheit doch auch eine innere Einheit zu bewahren vermocht.

Nun wird man freilich nicht übersehen dürfen, daß alle diese geschichtlichen Vorgänge, die in der Tat die Reformation in den breiten Strom der Neuzeit und ihrer Entwicklung einordnen, noch wenig aussagen über den inneren Weg der reformatorischen Bewegung. Er aber kann erst Aufschluß geben über das Problematische der problematischen Allianz zwischen dem neuzeitlichen Fortschrittsglauben und dem protestantischen Selbstverständnis. Denn dieses protestantische Selbstverständnis befand sich auf einem gefahrvollen, theologisch gesprochen auf einem angefochtenen Weg, sobald es einmal die von dem Gedanken der Kirche als einer festgefügten Heilsanstalt geprägte mittelalterliche Struktur verlassen hatte. Auf der einen Seite erstarrte es auf seinem Weg in der Neuzeit zu einer protestantischen Orthodoxie, einer Bindung an die reine Lehre, die dann als Gegenbewegung die große Frömmigkeitsbewegung des Pietismus auf den Plan rief, dem es ums Leben und nicht um die Lehre ging. Auf der anderen Seite waren es zweifellos Elemente protestantischen Selbstverständnisses, die eine bemerkenswerte Nähe zu jenen Elementen aufwiesen, die den Geist der Neuzeit ans Licht der Geschichte brachten. Hierzu gehören die Entdeckung des Gewissens des einzelnen, die Radikalität der Wahrheitsfrage und in der Folge davon die kritische Distanz zu den überkommenen Traditionen wie zu den hierarchischen Strukturen der festgefügten Ordnung einer statischen Welt. Dies alles strahlte, wenn auch einem zunehmenden Säkularisierungsprozeß unterworfen, aus in viele Lebensbereiche, die jetzt vom Geist der Neuzeit erfaßt wurden, mag er auch von ganz anderen Quellen noch gespeist worden sein. Oft unter der Decke retardierender Faktoren verborgen, entwickelten diese Elemente protestantischen Selbstverständnisses sich zu einem der Motoren, die das neuzeitliche Fortschrittsbewußtsein in Gang brachten und in Gang hielten. Sie wirkten mit diesem neuzeitlichen Fortschrittsbewußtsein genau in der geschichtlichen Phase zusammen, als das Fortschrittsdenken sich hin zur modernen Fortschrittsideologie entwickelte. Der Protestantismus hat so eine Welle mit ausgelöst, von deren Euphorie er zugleich mitgerissen wurde. Sie wurde von Teilen von ihm als sein Produkt und seine Rechtfertigung in einem angesehen.

Dies konnte in einer relativ naiven Weise geschehen. So ist etwa bei *Gerhard Uhlhorn*, evangelischer Abt zu Loccum, im ausgehenden 19. Jahrhundert im Blick auf die von der Wirtschaft geprägte Fortschrittsidee zu lesen, daß man im Protestantismus „die Wurzeln der ganzen großartigen wirtschaftlichen Entwicklung der Gegenwart sucht und findet.“ Daß in der Beherrschung der Kräfte der Natur aufgrund der erst durch den Protestantismus möglich gewordenen modernen Naturwissenschaft „die Maschine... etwas vom Protestantismus an sich“ hat. Daß der freie Arbeitsvertrag als Voraussetzung der arbeitsteiligen Gesellschaft, ethisch betrachtet, in dem Recht des Individuums, und insofern wieder in der Reformation wurzelt. Dementsprechend kann er zusammenfassend die These aufstellen: „Die Reformation hat das mittelalterliche Mönchstum zerschlagen und an die Stelle das Ideal eines Christen gesetzt, der innerlich im Glauben frei geworden, nun nicht aus der Welt flieht, sondern in der Welt arbeitet, und damit hat sie auch die Pforten einer neuen Wirtschaftsperiode geöffnet.“[4] So finden wir bei dem evangelischen Pfarrer *Johannes Forberger* als einem typischen Vertreter damaliger protestantischer Populartheologie einen Satz wie den folgenden: „Der Protestantismus hat sich auf allen Gebieten als eine Fortschrittsmacht, als ein Segen

[4] zit. nach *Annemarie Burger*: Religionszugehörigkeit und soziales Verhalten (KiKonf 4), Göttingen 1964, 360 S., hier 14f.

erwiesen. Er trägt die Kraft und Bürgschaft des endlichen Sieges in sich."[5]

Doch die auf mannigfaltigen geschichtlichen Beobachtungen basierende Überzeugung, daß neuzeitlicher Fortschrittsglaube und protestantisches Selbstverständnis innerlich zusammengehören, konnte auf dem gefahrvollen Weg nach der Suche des Wesens des Protestantismus in der veränderten Welt der Moderne auch zu subtilen geschichtstheologischen Überlegungen über das protestantische Selbstverständnis führen. *Ernst Troeltsch* ist dafür das geradezu klassische Beispiel. Er bricht im Blick auf das protestantische Selbstbewußtsein ganz bewußt mit dem, was er den „Altprotestantismus" mit seinem Druck des Dogmatismus in Gestalt der trinitarisch-christologischen Hauptdogmen nennt. Denn ausgehend vom reformatorischen Durchbruch *Martin Luthers* stellt er fest, daß es sich hierbei ja nicht um eine Veränderung des Zieles, nämlich der Heilsgewißheit, handelt, sondern um eine freilich radikale Veränderung des Weges zu diesem Ziel. Doch genau dieser Weg ist es, der nun eine Eigendynamik entwickelt und zu der Allianz von neuzeitlichem Fortschrittsglauben und protestantischem Selbstverständnis führt. Zurecht, denn jetzt erst, in der Verbindung mit der neuzeitlichen Fortschrittsidee, tritt das Wesen des Protestantismus nach seiner Überzeugung vollends ans Licht. Dabei kommt es nicht so sehr darauf an, wieviel in den einzelnen Lebensbereichen, im Bereich der Familie und des Rechts, des Staates und der Wirtschaft, des sozialen Lebens und der Wissenschaft, der Protestantismus in den neuzeitlichen Fortschrittsglauben eingebracht hat. Entscheidend ist allein, daß hier ein neues religiöses Bewußtsein entsteht, das der Moderne erst ihren Sinn, ihre eigentliche menschliche Substanz und ihre Tiefe zu geben vermag. Denn „die auf die Geschichte sich stützende, aber sie nicht dogmatisch verhärtende Überzeugungs- und Gewissensreligion des protestantischen Personalismus ist die der modernen individualistischen Kultur gleichartige und entsprechende Religiosität".[6]

Nun ist es ausgerechnet *Troeltsch*, als einer der Exponenten jener Strömung im Protestantismus, die die Allianz zwischen neuzeitlichem Fortschrittsglauben und protestantischem Selbstbewußtsein zu ihrem theologischen Programm machte, bei dem sich die tiefe Problematik dieser Allianz aufzeigen läßt. Ihm war klar, daß er sich mit der Proklamation einer „Überzeugungs- und Gewissensreligion des protestantischen Personalismus" bewußt von Luther und allen anderen Reformatoren absetzte, auch wenn wahrlich Gewissen und Personsein zu zentralen Aussagen reformatorischer Anthropologie gehören. Ihm war auch deutlich, daß damit der nach reformatorischer Erkenntnis unauflösbare Zusammenhang zwischen der fides quae creditur und der fides qua creditur zugunsten der

---

[5] ebd., 28.

[6] *Troeltsch*: Die Bedeutung des Protestantismus für die Entstehung der modernen Welt. Neudruck der Ausgabe von 1911, Aalen 1963, 103 S., hier 101.

fides qua creditur zumindest verschoben, wenn nicht aufgelöst wird. Doch zugleich hat er auch das, was wir heute in der Krise eines naiven Fortschrittsglaubens als die in dieser Krise aufleuchtende theologische Frage sehr viel deutlicher erkennen, in hellsichtiger Weise zumindest geahnt. Am Schluß eines Vortrags über „Die Bedeutung des Protestantismus für die Entstehung der modernen Welt" bricht er in die von seinem Standpunkt aus bekennerischen und doch zugleich von einer tiefen Sorge durchzogenen Sätze aus: „Es bleibt in kommenden Zeiten des Druckes und des Rückganges der Freiheit vor allem dasjenige, was dem ganzen Bau von sich aus einen guten Teil seiner Kraft gegeben hat, die religiöse Metaphysik der Freiheit und der persönlichen Glaubensüberzeugung, die die Freiheit aufbaut auf das, was keine allzu menschliche Menschlichkeit verderben kann, auf den Glauben an Gott als die Kraft, von der uns Freiheit und Persönlichkeit zukommt: der Protestantismus. Ich darf daher – wenigstens nach meiner persönlichen Auffassung der Lage – mit dem Ergebnis abschließen: Bewahren wir uns das religiös-metaphysische Prinzip der Freiheit, sonst möchte es um Freiheit und Persönlichkeit in dem Augenblick geschehen sein, wo wir uns ihrer und des Fortschritts zu ihr am lautesten rühmen."[7]

Unter allen diesen Aspekten sowohl der Euphorie, aber auch der Sorge, die kennzeichnend sind für die geschichtliche Phase der Allianz zwischen neuzeitlichem Fortschrittsglauben und protestantischem Selbstbewußtsein, wird man sich allerdings davor hüten müssen, dies nur im Bereich der mit großer Emphase proklamierten Freiheit der Einzelentscheidung anzusiedeln. Man kann mit gutem Recht die Frage stellen, ob das moderne Fortschrittsdenken nicht in Wahrheit die säkularisierte Form eines aus der abendländischen Tradition übernommenen christlichen Geschichtsverständnisses ist, das den einzelnen – ihm vielleicht gar nicht bewußt – einordnet in einen großen, ihn prägenden geschichtlichen Zusammenhang. Dieses chritliche Geschichtsbewußtsein sieht die Geschichte nicht im Ablauf sich immer wiederholender Zyklen, sondern weiß von ihrem Anfang und von ihrem Ende. Auch wenn der neuzeitliche Fortschrittsglaube sich darin wesentlich davon unterscheidet, daß er die Geschichte als ständige Höherentwicklung sieht, so verbindet ihn doch mit dem christlichen Geschichtsbewußtsein der Charakter des Unumkehrbaren. Man kann auch mit gutem Recht die Frage stellen, ob das moderne Fortschrittsdenken nicht in Wahrheit die Zukunft als einen Ersatz für die verlorengegangene Transzendenz ansieht. In diese Zukunft verlagert es ja alle seine Erwartungen und Hoffnungen. Auch hier wird der einzelne eingeordnet in einen großen geschichtlichen Zusammenhang. In welchem Verhältnis auch Eschatologie und Transzendenz zueinander stehen, so wird doch darin eines deutlich: Auch in der säkularisierten Form christlichen Selbstverständnisses ist der einzelne nicht das autonome

[7] ebd., 102f.

Individuum. Er ist eingeordnet in etwas, was ihn umgreift und damit – und sei es in Gestalt einer Ideologie, wie der Fortschrittsideologie, zu der er Teilbereiche der Wirklichkeit hochstilisiert – seinem Leben einen überindividuellen Sinn und eine sein Handeln bestimmende Zielrichtung gibt. Von der Moderne als von einer „individualistischen Kultur" zu sprechen, wie das *Troeltsch* tut, ist auch von da her höchst fragwürdig. So fragwürdig wie seine Aussage vom „protestantischen Personalismus" als einer „Überzeugungs- und Gewissensreligion", als der dieser modernen, individualistischen Kultur „gleichartigen und entsprechenden Religiosität".

Schon diese Überlegungen wollen auf das Problematische der problematischen Allianz zwischen neuzeitlichem Fortschrittsglauben und protestantischem Selbstverständnis hinweisen. Denn diese Allianz geht vorbei an der Wirklichkeit von Mensch und Welt. Es geht dabei nicht nur um die Frage, mit welchem inneren Recht man ein protestantisches Selbstbewußtsein, das sich in der entscheidenden Phase, als der Fortschrittsglaube zur Fortschrittsideologie wurde, mit dieser verbunden hat, noch als reformatorisches Erbe bezeichnen kann. Es geht um die viel wesentlichere Frage, warum die Reformatoren im Zurück zu den Quellen und nicht in irgendeinem Vorwärts die Erneuerung der Kirche gesucht haben. Denn diese Frage wirft zugleich auch ein erhellendes Licht auf den Begriff des Fortschritts, der dann plötzlich zum Zauberwort einer ganzen Epoche und schließlich zum Subjekt seiner selbst wurde, das sich inhaltlich nicht mehr zu legitimieren braucht.

Reformatorische Theologie hat nach der Urkunde des Glaubens, der Bibel, zurückgefragt. Entgegen aller menschlichen Verfremdung und Inbesitznahme kam es ihr entscheidend darauf an, diese Urkunde des Glaubens als das kritische Gegenüber zu allen Epochen der Geschichte herauszustellen. Damit war zugleich deutlich gemacht, daß es in der Geschichte der Kirche nicht um eine fragwürdige Fortschrittsentwicklung gehen kann, sondern allein um die „ecclesia semper reformanda" im immer neuen Hören auf diese Urkunde des Glaubens und um ihr Übersetzen hinein in die jeweiligen Fragen, Hoffnungen und Ängste einer Zeit. Daß dabei auch alle jene Elemente reformatorischen Glaubens, wie die Entdeckung des Gewissens, die Radikalität der Wahrheitsfrage, die Relativierung der Tradition, der Ausbruch aus einem statisch geordneten und hierarchisch aufgebauten Weltverständnis, die dann in die moderne Fortschrittsidee mit eingingen, ebenfalls geschichtlich wirksam wurden, sind, theologisch gesehen, sekundäre Vorgänge. Sie können nur vom reformatorischen Grundansatz aus recht verstanden und eingeordnet werden. Denn diesem reformatorischen Grundansatz geht es ja nicht um die Urkunde des Glaubens als einer Formalautorität. Es geht ihm um ihren Inhalt, der Offenbarung Gottes in Jesus Christus als dem Wort Gottes, das nicht nur das Leben des einzelnen, sondern die Geschichte insgesamt umfaßt mit der Wahrheit, die nach dem Menschen greift und die er im

Glauben annehmen, aber aus sich selbst heraus nicht entdecken kann.

Eben weil Gott die Welt umgreift und ihr somit auch als ihre Zukunft gegenübertritt und weil diese Welt aus sich heraus in allen ihren geschichtlichen Epochen unter dem „Gesetz der Sünde und des Todes“ steht, darum macht diese Wahrheit auch frei, das zu beurteilen, was nun in der Tat unleugbar als Fortschritt in der Geschichte zu finden ist. Es ist nicht eine jeweilige Etappe auf dem Weg zur Vollendung des Menschen. Doch es sind größere und kleinere Schritte, die als eindeutiger Fortschritt erfahren werden und dementsprechend auch gewürdigt werden müssen. Aber diese Wahrheit macht auch frei, illusionslos festzustellen, daß es nicht nur Rückschritte in der Geschichte der Menschheit gibt, sondern daß der jeweilige Fortschritt auch neue und bisher unbekannte Probleme, ja zerstörerische Folgewirkungen entbinden kann. Der Mensch, der den Fortschritt vorantreibt, kann nach reformatorischer Erkenntnis aus seiner Grundbefindlichkeit als das von Gott abgefallene Geschöpf nicht aussteigen. Diese Wahrheit christlicher Anthropologie steht jener Fortschrittsideologie entgegen, die einst mit einem problematischen protestantischen Selbstverständnis eine problematische Allianz eingegangen ist. Aber diese Wahrheit christlicher Anthropologie ist nicht ein dogmatisches Postulat, dem die Fortschrittsidee ein anderes entgegensetzen könnte. Im Blick auf den Menschen und seine Geschichte ist es zugleich – um eine theologisch kühne Formulierung *Dietrich Bonhoeffers* aufzugreifen – „wirklichkeitsgemäß“.

III. Die gegenwärtige Krise der Fortschrittsidee

Der allgemeine neuzeitliche Fortschrittsglaube, der das 19. Jahrhundert, wenn auch nicht ohne kritische Stimmen aus Philosophie und Theologie, ja selbst aus Wissenschaft und Technik, geprägt hat, ist inzwischen in eine tiefe Krise geraten. Zwar bestimmt im Blick auf die Weiterentwicklung der Geschichte die einst von *Thomas Morus* auf den Begriff der Utopie gebrachte Zukunftssicht nach wie vor sowohl die gesellschaftlich-soziale, wie die wissenschaftlich-technische Welt. Aber der mit dem Begriff der Utopie einst verbundene naive Optimismus ist längst durchsetzt mit Sorge, ja mit Angst vor der Zukunft. So wird heute von den Folgen her auf die Ursachen jener Entwicklungen zurückgefragt, die einst den modernen Fortschrittsglauben in Gang setzten und, von Europa ausgehend, die ganze Welt erfaßten. Dahinter meldet sich in ersten Stimmen die noch viel radikalere Frage, ob der Begriff der Utopie angesichts der ungeheuren Macht, die der Mensch heute in der Hand hat, überhaupt ein sachgemäßer Begriff ist, um den Menschen in seiner geschichtlichen Situation zu erkennen. Theologisch gesprochen, ob der Begriff der Utopie überhaupt einen Stellenwert haben kann im Rahmen dessen, was dem Menschen in den Grenzen seiner Geschöpflichkeit zukommt. Der *Bonhoeffer*sche Begriff der Wirklichkeitsgemäßheit beginnt an dieser Stelle theologische Aussagen und empirische Erfahrungen miteinander zu verbinden.

Denn die Erfahrungen im Bereich der gesellschaftlich-sozialen, wie im Bereich der wissenschaftlich-technischen Welt weisen in eine ganz andere Richtung als die Utopien, die der Mensch als Zukunftsentwürfe mit dem herrscherlichen Griff nach der Geschichte aus sich heraus entwickelt hat.

Im Bereich der gesellschaftlich-sozialen Welt hat sich inzwischen herausgestellt, daß der in sich geschlossenste und in einem ungeheuren Ausmaß geschichtsmächtig gewordene utopische Entwurf, der Marxismus, sich nicht nur weit von seinen Zielen entfernt hat, sondern an entscheidenden Punkten ins Gegenteil seiner ursprünglichen Intentionen umgeschlagen ist. Doch auch die Emanzipation des einzelnen Individuums, die unter der Flagge des Fortschritts aus der Französichen Revolution hervorging und heute die westlichen Industriestaaten prägt, führte zugleich zu zunehmenden Destabilisierungstendenzen. So hat etwa *Daniel Bell* gezeigt, in welchen Spannungen schon die beiden Elemente der Fortschrittsidee der westlichen Industriestaaten, Gleichheit aller auf der einen Seite, totale Entfaltung, ja Überhöhung des einzelnen auf der anderen Seite, zueinander stehen. Beide aber, so zeigt *Bell* weiter, sind längst von der alle gewachsenen Kulturen einebnenden wissenschaftlich-technischen Entwicklung erfaßt, die auf Arbeitsteilung und damit auf Einordnung und Unterordnung hin organisiert ist und doch ihrerseits ja erst recht das Attribut ‚Fortschritt' in Anspruch nimmt.[8] Diese Entwicklung ließ *Max Horkheimer* seinen, Ost und West überspannenden Angsttraum von der „total verwalteten Welt" träumen, in der nur noch – technokratisch gesteuert - möglichst perfekt funktionierende Glieder einer möglichst perfekt funktionierenden Gesellschaft miteinander kooperieren.

Jeder Fortschritt ist ambivalent. Diese, in der Krise des neuzeitlichen Fortschrittsglaubens entdeckte Erkenntnis läßt sich noch viel eindeutiger als in der gesellschaftlich-sozialen Welt mit ihren eindrucksvollen emanzipatorischen Entwicklungen und ihren Destabilisierungstendenzen in eben dieser wissenschaftlich-technischen Welt nachweisen. Sie hat nicht nur einen enormen Zuwachs des Wissens über Mensch und Welt und eine nicht mehr wegzudenkende äußere Lebenserleichterung mit sich gebracht, sondern sie ist auch zu unserem unausweichlichen Schicksal geworden mit der immer brennender werdenden Frage, wie wir mit ihr umgehen. Denn heute ist nicht nur auf vielen Gebieten leidvoll zu erfahren, wie geplante Hauptwirkungen ungeplante Nebenwirkungen hervorbringen, die sich ihrerseits zu Hauptwirkungen auswachsen, sondern wie vor allem die Macht, die heute der Mensch mit der Unterwerfung der Natur in die Hand bekommen hat, seine bisherigen Verantwortungsmöglichkeiten bei weitem zu übersteigen droht. *Hans Jonas* hat neuerdings besonders nachdrücklich darauf hingewiesen, daß im Zuge solchen Fortschritt-

[8] *Bell*: Die Zukunft der westlichen Welt, Frankfurt 1976, 348 S., hier 22ff.

denkens ethisch gesehen völliges Neuland betreten wird. Das Eindringen in den Atomkern, wie das Eindringen in den Zellkern, von Naturwissenschaftlern als die entscheidenden Fortschritte gekennzeichnet und von manchen höchst sorgenvoll beurteilt, mag dies signalisieren. Daß darüber hinaus angesichts dieses Machtzuwachses des Menschen über das Ökosystem, in das er eingebettet ist, ihn vor die Situation stellt, daß nicht seine Mißerfolge, sondern seine Erfolge ihm zum Verhängnis werden können, gehört heute ebenfalls zu den Kennzeichen naturwissenschaftlich-technischen Fortschritts. Im Sinne des Wissens- und Handlungszuwachses ist dabei jeder einzelne Schritt höchst rational zu begründen. Als Ganzes trägt diese Entwicklung, wie der Umschlag von einzelnen Fortschritten zu einem Fortschrittsglauben, höchst fragwürdige Züge.

Dies alles läßt noch einmal neu zurückfragen nach dem Menschen in seiner Geschichte und damit nach der Wirklichkeitsgemäßheit biblischer Anthropologie. Denn der Mensch ist kein punktuelles, sondern ein geschichtliches Wesen. Er ist geprägt von seiner Vergangenheit, die ihn immer wieder einholt, und er hat seine Zukunft als einen Raum von Entscheidungen vor sich. Das heißt, er lebt immer in verschiedenen, ihn bestimmenden Modi der Zeit. Was aber beim Fortschritt, wenn er sich zum Fortschrittsglauben hochstilisiert, geschieht, ist die Auflösung dieser anthropologischen Grundkonstante. Vergangenheit ist dann das immer nur zu Überwindende, und Zukunft ist das im Sinne der Utopie schon Festgelegte. Das heißt ganz gewiß nicht eine grundsätzliche Ablehnung des Fortschritts, wie er in der Geschichte der Menschheit schon immer und als ein theologisch legitimer Prozeß festzustellen war. Er hat in der Neuzeit sowohl in der gesellschaftlich-sozialen Welt etwa in der Überwindung der Hinterwelten des Aberglaubens oder in dem Zerbrechen von hierarchisch verkrusteten Strukturen, wie auch in der wissenschaftlich-technischen Welt mit ihren gewaltigen äußeren Lebenserleichterungen zu großen und humanen Durchbrüchen geführt. Gut protestantisches Erbe mit wichtigen Elementen protestantischen Selbstverständnisses, wie die Frage nach der Wahrheit, das Entdecken des Personseins des Menschen, das Erfahren von Freiheit, sind darin eingegangen.

Trotzdem ist man genötigt, wenn man heute angesichts der Folgen nach den Anfängen zurückfragt, noch einmal neu über die eigentliche Problematik jener Allianz nachzudenken, die protestantisches Selbstverständnis mit dem neuzeitlichen Fortschrittsglauben einging, als dieser zum Subjekt seiner selbst wurde und so jede inhaltliche Legitimierung zu entschwinden begann. Diese Rückfrage führt aber unweigerlich zu jenem Zentrum protestantischen Selbstverständnisses, das gerade nicht in irgendeiner Fortschrittsidee, sondern im Zurückfragen nach der Bibel als der Urkunde der Offenbarung Gottes in Jesus Christus zu finden ist. Der Glaube, der auf diese Offenbarung vertraut und den die Reformation wiederentdeckt hat, erweist sich – auch wenn er immer ein Wagnis bleibt – im Nachhinein gegenüber jeder, auch jeder religiös durchtränkten

Fortschrittsideologie als wirklichkeitsgemäß. Er wehrt sich dagegen, die Offenbarung in die Geschichte einzufangen und in noch so subtiler Form institutionell verfügbar zu machen. Denn der Glaube weiß, daß die Offenbarung Gottes in jeder Epoche der Geschichte für den Menschen unverfügbar bleibt und daß diese Offenbarung in einem kritischen Gegenüber zu allem menschlichen Werk und damit auch zu allen gesellschaftlich-sozialen Utopien steht. Auch wenn die Mangelerkenntnisse dieser Utopien sehr wohl zu Fortschritten stimulieren können und stimulieren müssen, wenn der Glaube nach reformatorischer Erkenntnis in einer Liebe tätig wird, die sich keineswegs nur auf den individuell-persönlichen Bereich begrenzen läßt. Der Glaube wehrt sich aber genauso dagegen, die Geschichte selbst, in welcher Utopie auch immer, zu beenden. Denn genau dies steckt ja in der wissenschaftlich-technischen Utopie, daß an die Stelle der Offenheit der Geschichte die rational-mathematischen Systeme treten, die den Anschein erwecken, die Geschichte zu fixieren und damit ihre grundsätzliche Unverfügbarkeit aufheben zu können.

Das absolute Gegenüber Gottes zu aller Menschheitsgeschichte und die Offenheit dieser Geschichte auf Gottes Zukunft hin – das ist es, was in der problematischen Allianz zwischen neuzeitlichem Fortschrittsglauben und einem partiellen protestantischen Selbstverständnis nicht mehr gesehen worden ist.

Ekkehard Börsch

Soziallehre und Sozialethik am Beispiel von „Laborem exercens" und „Leistung und Wettbewerb"

I. Gemeinsame Verantwortung, gemeinsame Verlegenheit

Es sieht nicht so aus, als würden katholische Soziallehre und evangelische Sozialethik demnächst miteinander konvergieren. Aber die Fortsetzung bloßer Kontroverstheologie auf diesem Gebiet christlicher Verantwortung vor der Gesellschaft gibt auch keinen Sinn mehr. Denn ob es die Arbeitslosigkeit oder das atomare Wettrüsten, die Reform des Strafvollzuges oder die Wiederherstellung des ökologischen Gleichgewichts ist – jede Stellungnahme dazu erfordert immer mehr Sachgerechtigkeit und verlangt gleichzeitig ein so kritisches Engagement, daß vieles vor allem deshalb ungesagt bleibt, weil Abhängigkeiten bestehen. Außerdem verläuft die Grenzlinie unterschiedlicher Meinungen längst mitten durch die katholische Soziallehre und die evangelische Sozialethik hindurch. „In der Tat läßt sich feststellen", sagt *Oswald von Nell-Breuning*, „daß zwischen gläubigen Katholiken und gläubigen evangelischen Christen bei uns, insbesondere bei uns in Deutschland, in Bezug auf die Fragen der gesellschaftlichen Ordnung und der in der Gesellschaft verbindlichen ethischen Normen keine größeren Meinungsverschiedenheiten bestehen als auch unter Katholiken untereinander und unter evangelischen Christen untereinander [...]."[1]

Friedhelm Hengsbach unterscheidet in der katholischen Soziallehre die „System-Soziallehre", die „kritische Soziallehre" und die „Handlungs-Soziallehre"[2], und für die evangelische Sozialethik ließen sich ganz analoge Typen finden. Jede ‚Lehre' hat ihre Begründungen, aber auch Einwände. An die Stelle simpler Etikettierung als ‚katholisch' oder ‚evangelisch' tritt deshalb besser eine Analyse der Zieladäquanz und der christlichen Legitimation. In jedem Falle ist die Ausgangslage ähnlich. Katholische Soziallehre wie evangelische Sozialethik müssen sich dabei behaften lassen, das christliche Zeugnis von der Gegenwart Jesu Christi konkreter und entschiedener zu machen. Denn nicht das Selbstinteresse einer Institution, das auch im Falle der Kirchen durchaus säkulare Züge aufweist, soll zum Ausdruck kommen, sondern humanethische Grundsätze sollen

---

[1] ders./*Hans Lutz*: Kath. und ev. Soziallehre. Ein Vergleich, Recklinghausen 1967, 67f.

[2] Die Arbeit hat Vorrang. Eine Option kath. Soziallehre, Mainz 1982, 289ff.

es sein, Aussagen darüber, was „dem Menschen dient“ und „was ihn zerstört“.[3] Sie beanspruchen ein hohes Maß an Allgemeingültigkeit über die kirchlichen, nationalen und industriestaatlichen Grenzen hinaus, so daß es einem Understatement gleichkommt, wenn der seinerzeitige Ratsvorsitzende der Evangelischen Kirche in Deutschland (EKD) eine Denkschrift als „Diskussionsbeitrag“ deklarierte.[4]

Katholische Soziallehre und evangelische Sozialethik wollen über den Tag hinaus klären, was Sache des Menschen ist und was nicht – und dies keineswegs unverbindlich. Die Konfessionalität wird hier zur Sprachform. Wenn sie mehr will, kommt sie in einer kirchenabstinenten Öffentlichkeit nur noch ideologisch an. Sie gewinnt nicht an Identität, sondern büßt an Überzeugungskraft ein, weil die Öffentlichkeit ihr dann einen Stellenwert lediglich im Kampf um die Macht zuerkennt. Die Kirchen-Botschaft hat aber nicht vor die Christus-Botschaft zu treten; denn wer die „transzendente“ Bestimmung des Menschen zum Ausdruck bringen will[5], muß über sich selbst hinausweisen. Nicht die Autorität der Kirche trägt den Wahrheitsanspruch der katholischen Soziallehre oder der evangelischen Sozialethik. Sie vermag im evangelischen Bereich noch weniger als im katholischen noch nicht einmal die Einheitlichkeit zu garantieren. Das christliche Zeugnis gewinnt seinen Wahrheitsgehalt allein aus der Nähe zur unverstellten Diakonie Jesu Christi – die ethischen Lehren sind nicht abgehoben davon.

Im Folgenden soll der Versuch gemacht werden, am Beispiel je einer offiziellen Verlautbarung der Katholischen und der Evangelischen Kirche die theologische Problematik dieser Gestalt öffentlicher Verantwortung zu verdeutlichen. Als Vorlagen dienen die Enzyklika Papst Johannes Paul II. „Laborem exercens“ vom 14. September 1981[6] und die Denkschrift der Kammer für soziale Ordnung der EKD „Leistung und Wettbewerb“ vom Oktober 1978.[7] In beiden Dokumenten äußern sich die Kirchen, wenn auch nicht zur selben Sache, so doch zu einem einheitlichen Themenzusammenhang: „Arbeit“ ist zwar nicht gleich „Leistung“, aber das Leistungsprinzip drückt der modernen Arbeitswelt den Stempel auf. Insofern erscheint es legitim, beide Dokumente zu vergleichen, um grundsätzliche Erkenntnisse über Nähe und Ferne katholischer Soziallehre und evangelischer Sozialethik zu gewinnen.

---

[3] wie Anm. 7, Nr.3.

[4] ebd., Geleitwort von *Helmut Claß*.

[5] wie Anm. 6, Nr. 4.

[6] AAS 73, 1981, 577-647; Sekretariat der Dt. Bischofskonferenz (Hg.): Enzyklika Laborem exercens [...] (Verlautbarungen des Apost. Stuhls 32), Bonn 1981, 61 S.; fortan nur noch mit Nr.-Angabe der einzelnen Abschn.

[7] Sozialethische Überlegungen zur Frage des Leistungsprinzips und der Wettbewerbsgesellschaft. Eine Denkschr. der Kammer der EKD für soziale Ordnung, Gütersloh 1978, 88 S.; fortan nur noch mit Nr.-Angabe der einzelnen Abschn.

Untersuchung und Darstellung haben einzusetzen bei der ähnlichen *Gestalt der Lehre*. Katholische Soziallehre und evangelische Sozialethik setzen sich mit einem *Grundproblem* menschlichen Zusammenlebens *kirchlich-theologisch* auseinander (II.) und erheben einen *ethischen* Anspruch zur *Korrektur* des Istzustandes (III.). Damit tritt die beiderseitige *Ethik* in den Blick, für die sich drei Fragestellungen anbieten: *Was sind die Wurzeln des Sollens* (IV.), *was ist der Kern des Gebotes* (V.), *und woraus folgt die Universalität des Sollens* (VI.)? Sobald wir ein *Zwischenergebnis* (VII.) umrissen haben, können wir den *kritischen Gehalt (VIII.) und die Kriterien im sozialen Anspruch* (IX.) erheben. Dies aber zwingt zu der abschließenden Überlegung, *wer hier wen legitimiert* (X.) und ob *Sozialkritik ohne Selbstkritik* möglich ist (XI.).

II. Die theologische Auseinandersetzung

Im Falle der römischen Enzyklika hat die theologische Auseinandersetzung die Gestalt einer Deutung und Wertung der profanen Arbeit und geschieht in der Absicht, jede Arbeit als Äußerung von Menschsein zu würdigen. Durchgängig durch die ganze Enzyklika ist dies das christliche Wort zur Sache: Die Arbeit des Menschen habe Vorrang vor dem Kapital; das Personsein des Menschen habe strikt die primäre Bedeutung gegenüber den Dingen; denn der Mensch, nur der Mensch, sei „Subjekt“[8]. Die unermeßlichen Fortschritte in der Naturbeherrschung seien geradezu die geschichtliche Bestätigung dafür, daß der Mensch in seiner Arbeit am Schöpfungswerk Gottes selber teilnimmt, auch wenn er sich dessen gar nicht bewußt wird. In seiner Arbeit vollende der Mensch sich selbst. Arbeit gehöre zum Heilswerk Gottes unbeschadet ihrer weltlichen Struktur. Diese theologische Deutung kulminiert in dem Satz: „Indem der Mensch die Mühsal der Arbeit in Einheit mit dem für uns gekreuzigten Herrn erträgt, wirkt er mit dem Gottessohn an der Erlösung der Menschheit auf seine Weise mit“.[9] Darin liege die „Spiritualität“ der Arbeit, eben durch sie Gott dem Schöpfer und Erlöser „näherzukommen“.[10]

Das klingt fast idealistisch. Man könnte sich auf protestantischer Seite an Äußerungen des liberalen Kulturprotestantismus erinnert fühlen: „Nur durch Arbeit wird der Mensch freie Persönlichkeit“; wer noch gar nicht Person geworden, „kann auch nicht lieben und geliebt werden“.[11] Oder: „Steht aber so die Kulturarbeit im Dienst des sittlichen Endzwecks persönlicher Gemeinschaft, so ist sie für uns ein Gottesdienst. Wenn uns bei fleißiger Arbeit ein Gefühl des Glücks erfüllt, so leiten wir das nicht

[8] Nr. 6, vgl. 10, 12f.
[9] Nr. 25, vgl. 9, 11, 24, 26f.
[10] Nr. 24.
[11] *Theodor Haering*: Das christl. Leben. Ethik, Stuttgart 1914³, 407f.

bloß von dem Wachsen der Kräfte ab, sondern wir erfahren darin eine Berührung mit dem Gott, der uns lebendig macht. Für uns ist Frömmigkeit Fleiß".[12] *Nell-Breuning* nennt das gelegentlich den „Kulturoptimismus" der katholischen Soziallehre, den er einer „manichäischen Weltverneinung" aus falscher Eschatologie entgegenstellt.[13] Liegt hier eine theologische Überhöhung der Arbeit vor? Die Absicht der Enzyklika ist wohl eher im Sinne einer Bekräftigung der Würde menschlicher Arbeit zu verstehen, zumal sie keine Theologie der Arbeit, sondern ein „Evangelium der Arbeit" verkündigen will.[14] Nach 150 Jahren Industrialisierung und zunehmend verbreiteter Lohnabhängigkeit, die der menschlichen Arbeit theoretisch und faktisch Warencharakter verliehen hat, ehrt man jene Absicht. Es erheben sich aber Zweifel, ob allein eine höhere, ideelle Wertung der Arbeit das Übel trifft.

Im Falle der evangelischen Denkschrift hat die theologische Auseinandersetzung die Gestalt eher einer kritischen Abgrenzung der theologischen Einschätzung von Arbeit gegenüber einer säkularen Wertung, derzufolge Arbeit heute wie eine „Ersatzreligion" fungiere.[15] Das christliche Anliegen scheint hier zu sein, auf die grundsätzliche ethische Ambivalenz hinzuweisen, die jede positive Einschätzung relativiert. Man tritt der Arbeitswelt schließlich mit bestimmten christlichen „Kriterien" humaner Arbeit gegenüber: Leistung und Wettbewerb sollten „der Würde und schöpferischen Mitverantwortung des Menschen entsprechen", „der Solidarität unter den Menschen dienen", „die unter das Kreuz der Überforderung geratenen Menschen schützen" und „der Hoffnung auf Erneuerung Gestalt geben."[16]Folgt die EKD darin einem protestantischen Prinzip? Da die gesamte Denkschrift nicht als Protest angelegt ist, hat man es wohl eher mit einem Problem der Theologie als des Protestantismus zu tun, nämlich mit *dem* Problem des theologischen Weltbezugs. Abgesehen von dem kleinen theologischen Kapitel 5 der Denkschrift, liest sich der weitaus überwiegende Teil wie eine human orientierte, mild liberale soziologisch-ökonomische Theorie. Man scheut offenbar eine theologische Weltdeutung und begründet dies damit, daß sich des Menschen Heil „in einem anderen Bereich" ereigne, „der nicht quantifizierbar, meßbar, bewertbar, aufrechenbar, bezahlbar" ist wie eben die Leistung.[17]

Die theologische Argumentation hat hier nur die Gestalt einer innersten Begründung der Stellungnahme überhaupt, aufgebaut aus Elementen der Schöpfungslehre und der Christologie; aber sie steht eigentümlich neben den (sozialethisch gemeinten?) Darlegungen zu Leistung und

[12] *Wilhelm Herrmann*: Ethik, Tübingen 1921[5], 197.
[13] wie Anm. 1, 77.
[14] Nr. 6, 25f.
[15] Nr. 72.
[16] Nr. 66, vgl. 58, 61, 135, 140.
[17] Nr. 71.

Wettbewerb als modernen Prinzipien – oder sollten die Lehnsätze aus einer sozialen marktwirtschaftlichen Theorie schon eo ipso evangelische Sozialethik sein? Beschränkt sich dann Theologie auf die Klärung christlicher Motivation zur Stellungnahme überhaupt? Im Falle der römischen Enzyklika kleidet sich Sozialphilosophie in ein theologisches Gewand; im Falle der evangelischen Verlautbarung ist das ethische Substrat – zumindest dort, wo es konkreter wird – in der Liberalität einer sozialen Theorie enthalten. Das hieße aber, die unterschiedliche Gestalt katholischer Soziallehre und evangelischer Sozialethik wäre mit dem Gegensatz von Philosophie und Theologie nicht zutreffend gekennzeichnet.

III. Der spezifische Anspruch

Katholische Soziallehre wie evangelische Sozialethik vertreten gegenüber der Öffentlichkeit einen spezifischen, ethischen Anspruch: Nämlich das zu korrigieren, was nicht der Humanität des Menschen dient. Im Falle des katholischen Dokumentes verlangt der Papst, daß die ethisch-soziale Sicht eine zentrale Stellung im ganzen Bereich der Sozial- und Wirtschaftspolitik finde[18], daß Technik und Ökonomie der Würde menschlicher Arbeit „unterzuordnen" seien, da sie Mittel und „Frucht der Arbeit" darstellen.[19] Der Mensch sei es, den der Schöpfer zum Herrschen berufen habe; das Kapital gehöre dagegen zum geschichtlich gewachsenen Erbe menschlicher Arbeit.[20] Unumwunden fordert daher der Papst „die Rechte des arbeitenden Menschen" ein; beispielsweise müsse der Lohnabhängige in seinem Betrieb das „Bewußtsein haben können, im eigenen Bereich zu arbeiten".[21] Er habe also nicht nur Anspruch auf das geschuldete Entgelt; auch müsse die häusliche Arbeit der Frauen generell aufgewertet werden. Der ethische Anspruch erwächst hier aus einer theologischen Grundwertung menschlicher Arbeit, nämlich als dem unmittelbaren Ausdruck des Subjekt-Seins des Menschen und seiner personalen Würde – ein Zusammenhang, der konsequent die gesamte Enzyklika durchzieht. Der ethische Anspruch hängt also nicht in der Luft. Er beruht auf einem argumentativen Sachverhalt theologischer Anthropologie.

Auch die Denkschrift der EKD drängt auf eine Humanisierung der Leistungsgesellschaft und nennt ausdrücklich die Voraussetzungen einer Korrektur: Das Leistungsprinzip aufgrund des Wettbewerbs und die mitmenschliche Solidarität dürften sich nicht ausschließen; der Wettbewerb müsse durch die Einhaltung geschäftlicher „Fairness" begrenzt werden;

---

[18] Nr. 7: eiusmodi iudicium oportet sit praecipuum in toto campo rei politicae.

[19] Nr. 12, vgl. 7.

[20] *Nell-Breuning*: Mitbestimmung in Laborem exercens, in: *Wolfgang Klein / Werner Krämer* (Hg.): Sinn und Zukunft der Arbeit. Konsequenzen aus Laborem exercens, Mainz 1982, 161ff.

[21] Nr. 15: in re propria laborare.

die Kontrolle über die Anwendung des Leistungsprinzips müsse demokratisch funktionieren, die Konflikte der Interessengruppen dürften „Kompromißbereitschaft" nicht vermissen lassen und seien „auf friedliche Weise" auszutragen.[22] Der ethische Anspruch trägt hier kaum erkennbare theologische Züge, aber er ist nicht weniger da; denn die EKD betitelt ihre Denkschriften und Studien als „sozialethische Erwägungen"[23] oder als Beiträge zur „politischen Ethik"[24], zur Friedensethik[25] und Sexualethik.[26]

Einen klerikalen Herrschaftsanspruch kann man keinem der beiden Dokumente entnehmen. Beide verfolgen aber einen „Ordungs"-Anspruch. Die EKD nennt bereits ihren Ausschuß, der den Text verfaßt hat, „Kammer für soziale Ordnung". Und so taucht dieser Begriff auch in der Denkschrift als Leitbegriff mehrfach auf: Man müsse laufend „für eine Verbesserung der gesellschaftlichen Ordnung eintreten"[27], „für eine dem Menschen gemäße Ordnung in der Industriegesellschaft"[28]; „die ständige Bereitschaft zur Erzielung tragfähiger Kompromisse wird zu einer wichtigen sozialethischen Voraussetzung dafür, daß eine vom Wettbewerbsprinzip bestimmte Marktwirtschaft eine soziale Ordnung wird oder bleibt."[29] Auch die Enzyklika stellt sich einer „Bedrohung der rechten Wertordnung" entgegen, weil sie geradezu eine „Umkehrung der schöpfungsgemäßen Ordnung" konstatiert, derzufolge der Mensch als bloßes Werkzeug behandelt werde.[30] Die Pflicht zur Hilfeleistung für die Arbeitslosen entspringe „dem Grundprinzip der für diesen Bereich gültigen sittlichen Ordnung, nämlich dem Prinzip der gemeinsamen Nutznießung der Güter"[31], auch „Grundprinzip der ganzen sozialethischen Ordnung" genannt. [32] Beide kirchlichen Verlautbarungen zeigen sich also an einer ‚Ordnung' interessiert, die für das von Gott Gebotene stehen soll.

Wiederum könnte man eine moderne katholische Interpretation mit einer Auffassung aus dem Kulturprotestantismus lutherischer Provenienz

---

22 Nr. 134.

23 vgl. Sozialethische Erwägungen zur Mitbestimmung in der Wirtschaft der BRD. Eine Stud. der Kammer für soziale Ordnung, Rat der EKD (Hg.), 1968, in: Die Denkschr. der EKD Bd.2, Gütersloh 1978, 85-111.

24 vgl. Die Lage der Vertriebenen und das Verhältnis des deutschen Volkes zu seinen östlichen Nachbarn. Eine ev. Denkschr., 1965, in: ebd., Bd.1/1, 77-126.

25 Der Friedensdienst der Christen. Eine Thesenreihe zur christl. Friedensethik in der gegenwärtigen Weltsituation, erarbeitet von der Kammer der EKD für öffentliche Verantwortung, 1969, in: ebd., Bd.1/2, 35-60.

26 Denkschr. zu Fragen der Sexualethik, erarbeitet von einer Kommission der EKD, hg. v. der Kirchenkanzlei der EKD, Gütersloh 1971, 91 S.

27 Nr. 138.

28 Nr. 140, vgl. 135.

29 Nr. 102.

30 Nr. 7: inversio ordinis.

31 Nr. 18: ex primario praecepto ordinis moralis.

32 Nr. 19.

vergleichen. *Nell-Breuning* umschreibt den Sachverhalt wie folgt: „Durch den Sündenfall, also durch das, was der Mensch gegen den heiligen Willen Gottes Böses getan hat, ist ebenfalls diese vom Schöpfer in Seine Schöpfung hineingelegte Ordnung weder zerstört noch unkenntlich gemacht worden. Sie bleibt also auch im Hinblick auf das jenseitige und übernatürliche Ziel des Menschen verbindlich aufgegeben."[33] Und ein Vertreter des Protestantismus formuliert entsprechend: „So wenig die Zustände in dem natürlichen Zusammenleben der Menschen im einzelnen dem göttlichen Willen entsprechen, so sehr muß doch anerkannt werden, daß der Grundriß dieser Ordnung des Lebens von Gott herrührt." *Reinhold Seeberg*, der hier spricht, schlußfolgert daraus ungehemmt, daß dies „auch von Zwang und Gewalt, von Mühsal und Not" gelte; die „natürlichen Ordnungen" hätten „ihre eigenen Gesetze und ihre innere Notwendigkeit", die auch der Christ zu respektieren habe und in die einzugreifen nur die Obrigkeit berechtigt sei.[34] Ist dies nur eine lutherische Variante natürlicher Theologie?

„Laborem exercens" spricht die Identität der sozialethischen Ordnung mit dem Willen Gottes deutlicher und direkter an, aber die Ordnung scheint in beiden Fällen das ethische Substrat zu sein. Wieso ist der Wille Gottes eine ‚Ordnung', eine gesellschaftliche Ordnung? Für die naturrechtliche Argumentation katholischer Theologie ist diese Identifikation nichts Ungewöhnliches; für die evangelische Theologie ist sie einigermaßen fragwürdig, zumal wenn der ethische Inhalt bereits im Begriff einer ‚Ordnung' liegen soll. Der Bezug dieses Begriffes zur Versöhnung und Menschenliebe Jesu Christi bleibt dunkel. Hier schlägt sich eine Unterscheidung von Evangelium und Gesetz nieder, die den Inhalt des göttlichen Gebotes formalisiert, so daß mit geordneten Zuständen schon das ethische Ziel erreicht scheint. Die für die Glaubenserkenntnis bestimmende Größe des Christus-Evangeliums, das nicht nur zum Handeln befreit, sondern auch die Handlungsziele und -motive freilegt, steht eigentümlich im Hintergrund. Man sieht offenbar nicht die Gefahr, auf diese Weise soziale Sachverhalte zu retheologisieren. Insbesondere an die als evangelische Sozialethik vorgetragene Stellungnahme stellt sich die Frage, welche Funktion theologische Ethik haben soll: Dient sie lediglich der rationalen Bekundung christlicher Motivation oder erbringt sie den wesentlichen Gehalt aller sozialethischen Aussagen, deren letzte Konkretion dann immer noch eine abgeleitete sein kann?

---

[33] wie Anm. 1, 56.

[34] Kultur und Protestantismus, in: *Gotthilf Schenkel* (Hg.): Protestantismus der Gegenwart, Stuttgart 1926, 454.

IV. Die Wurzeln des Sollens

Im Falle der Enzyklika beruht der ethische Anspruch darauf, daß Arbeit ein mit der Schöpfung gegebener Auftrag an den Menschen sei, daher dessen Pflicht, aber auch Recht sei. Der Mensch sei von Anfang an zur Arbeit „bestimmt und berufen",[35] um in seiner Arbeit Gott selbst nachzuahmen. „Das Bewußtsein des Menschen, durch die Arbeit am Schöpfungswerk teilzunehmen, bildet für ihn den tiefsten Beweggrund, sie in den verschiedenen Bereichen auf sich zu nehmen."[36] Auch Jesus Christus, „ein Mann der Arbeit", biete dafür das beredste Beispiel; denn er habe „mit Liebe auf die Arbeit geschaut". Alle Mühsal verbinde mit dem Kreuztragen Jesu und verschaffe dem Menschen die „Ähnlichkeit" mit Gott, dem Schöpfer und Vater, die von Anfang an dem Menschen geschenkt worden ist[37]; doch realisiere sie sich erst im uneingeschränkten Subjektsein des arbeitenden Menschen . *Nell-Breuning* nennt diesen Auftrag „Gottes Kulturbefehl"[38] und interpretiert ihn bis dahin, daß der Mensch Gottes Schöpfung zum Abschluß bringen solle. Das Sollen wurzelt also erstens in der hier als Schöpfungslehre verstandenen biblischen Bekundung von Genesis 1, 28, zweitens in einer implizierten Anthropologie, drittens in einer Exemplum-Christologie (genauer in einer historischen Wahrnehmung der Herkunft Jesu aus einer Handwerkerfamilie und einer psychologischen Wahrnehmung seines mühevollen Erlösungswerkes) und viertens in einer Ordnungslehre (Schöpfungsordnungslehre?), derzufolge Arbeit ein Element der moralischen Ordnung ist.

Die evangelische Denkschrift beruft sich ebenso auf die Schöpfungs-„Lehre": Der Mensch sei als Mitarbeiter in Gottes Schöpfung „aufgerufen", Natur und Technik in den Dienst der Menschengemeinschaft zu stellen; er sei „berufen" und auch „herausgefordert", „eingesetzt" als „Haushalter". Doch ist hier nicht zu übersehen, daß der sogenannte Schöpfungs-Auftrag vollständiger ausformuliert wird: Der Mensch solle „bewahren", „erhalten" und „weitgehend gestalten". Auch kommt es sogleich zu dem kritischen Hinweis, daß der göttliche Auftrag „vielfach als Übergabe der Welt an den Menschen zum Zwecke ihrer Ausbeutung mißverstanden" worden sei – noch nachdrücklicher: daß „weder die Zeugungskräfte der Natur noch die Verwalter von Macht in der Welt als Offenbarung der schöpferischen Kraft angesehen" werden dürften, weil der Schöpfer „sein eigentliches Wesen in der sich selbst hingebenden Liebe Jesu Christi" offenbare.[39] Kreuzigung und Auferstehung Jesu Christi würden aber beinhalten, daß Gott allen Leidenden nahe ist, womit er eine

[35] Nr. 6: ad opus faciendum natus vocatusque, vgl. 4, 16, 18.

[36] Nr. 25.

[37] Nr. 26: similitudo; natürlich klingt hier die imago-Dei-Lehre an.

[38] Soziallehre der Kirche, Wien 1983³, 242.

[39] Nr. 55-57.

Hoffnung auslöse, „die mit Zukunft rechnet", so daß „wir uns keineswegs mit dem Kreuz des Alltags einfach abzufinden brauchen", nicht in „ethischen Relativismus verfallen" dürften, und die „lebenshemmenden Strukturen und toten Einrichtungen der lebensweckenden Macht der Liebe Gottes weichen müssen".[40] Offensichtlich spielt in diesem Falle die christologische Begründung eine wichtigere Rolle mit dem Ergebnis inhaltlicher Aussagen, wenngleich diese eher eine christliche Glaubenshaltung beschreiben, statt etwas Gesolltes artikulieren.

In beiden Fällen stehen jedoch schöpfungstheologische und christologische Begründung nebeneinander: die christologische Voraussetzung schöpfungstheologischer Erkenntnis wird nicht deutlich. Im Falle der katholischen Soziallehre ist sie wohl in der Überzeugung angelegt, die Natur des Menschen sei nicht radikal verdorben. „Die Heilsordnung", sagt *Nell-Breuning*, „hebt die in die Schöpfung hineingelegte Ordnung nicht auf, nimmt nichts von ihr hinweg, sondern fügt nur eine neue Vollkommenheit, einen neuen Reichtum hinzu."[41] Die evangelische Theologie, die die Sünde der adamitischen Natur des Menschen zurechnet, hat keinen anderen als einen christologischen Zugang zu Aussagen über Schöpfer und Geschöpf.

Dennoch hat der schöpfungstheologische Bezug ein primäres, wenn nicht das entscheidende Gewicht, indem Arbeit dem Mensch-Sein als solchem zugerechnet wird, ohne zu fragen, ob die Theologie das Tätigwerden und -sein des Menschen nicht sehr viel spezifischer aus dem Ereignis der Gottesoffenbarung heraus zu verstehen hätte. Auch wenn kirchliche Verlautbarungen zu Tagesfragen es kaum zulassen, theologische Schöpfungslehre und Anthropologie weiter zu entfalten, so fällt beide Male die schwergewichtige schöpfungstheologische Begründung auf. Man fragt unwillkürlich, ob Anthropologie und das entsprechende christliche Menschenbild eher einen Verständigungsboden für den Dialog mit dem indifferenten Zeitgenossen bieten. Hat man es also mit einem taktischen Zug der kirchlichen Öffentlichkeitsarbeit zu tun - oder kann man die menschliche Arbeit tatsächlich nur innerhalb sogenannter Schöpfungsordnungen und erfahrungsgemäßer Gegebenheiten theologisch verstehen? Dann wären die Wurzeln des Sollens letztlich ontologischer Natur. Wenn das Gebot Gottes jedoch das dem Christus-Zeugnis vom ‚Reich Gottes' inhärente Gebot ist, kann ihm ein ontologisch deduziertes Menschenbild nicht entsprechen, ohne daß beides zu einer Idee wird, der Vater Jesu Christi hinter dem Menschen-Bild wieder verschwindet und zu einer Chiffre wird. Immerhin deutet die evangelische Denkschrift den indikativischen Sinn göttlichen Gebietens wenigstens an, wenn sie mehrfach formuliert: Der Mensch „darf" selbst schöpferisch tätig sein, er „darf" sich als Mitarbeiter in Gottes Schöpfung verstehen, er „darf" immer neu

---

[40] Nr. 62-65.

[41] wie Anm. 1, 56.

anfangen, „das eigene Leben und die ganze Arbeitswelt wieder neu zu gestalten".[42] Dieses Dürfen ist die erste Voraussetzung des Sollens; denn das Gebot Gottes ist das Gebot des Gottes, der aus der Knechtschaft geführt hat.

V. Der Kern des Gebotes

Welches ist der Hauptinhalt des Gebotes? Wiederum folgt die Enzyklika der grundlegenden Schöpfungstheologie und nennt bündig die „Herrschaft" des Menschen über die Erde; dies sei der Sinn der Arbeit, „durch die Arbeit zum Herrn der Erde zu werden."[43] Kritisch ist damit gemeint, der Mensch solle sich als wirklich herrschender bewähren und dürfe sich nicht zum Objekt machen lassen, - eine Aussage, auf die die ganze Enzyklika geradezu aufbaut. In einem Zitat aus der Pastoralkonstitution „Gaudium et Spes" des Zweiten Vatikanischen Konzils wird diese Inhaltsangabe des Gebotes erweitert: Herrschen „und die Welt in Heiligkeit und Gerechtigkeit regieren.".[44] Ansonsten scheint der positive Sinn des vieldeutigen dominium terrae festzustehen, nämlich die Einsetzung des Menschen als handelndes Subjekt und bewußter Entscheidungsträger: Herrschen sei die „grundlegende Urabsicht Gottes für den Menschen".[45]

Warum betont der Papst das Herrschen so sehr - den Lohnarbeitern aller Welt zur Unterstützung? Wäre eine direkte Kritik der kapitalistischen und monopolistischen Produktionsverhältnisse schon Marxismus? Verdient nur der primitive Kapitalismus des 19. Jahrhunderts diese Kritik? Theologisch gesprochen: das Herrschen als solches macht das menschliche Herrschen über die Erde noch nicht zu einem Abbild des göttlichen. Die Teilnahme an Gottes Herrschaft müßte auch beschrieben werden als die Teilnahme an der Herrschaft des ‚Knechtes' Jesu Christi. Denn der Kern des göttlichen Gebotes läßt sich anders als aus der Deszendenz, der Inkarnation, der Barmherzigkeit übenden, Frieden stiftenden Diakonie des Sohnes nicht herausschälen. Die Absicht der Enzyklika ist sicher eine andere, nämlich die Würde des arbeitenden Menschen so kräftig wie möglich hervorzuheben; aber haben nicht die Fortschrittsoptimisten die allzugerne Fortschritt sagen und Herrschaft meinen, längst größte Dämpfer erfahren?

Die evangelische Denkschrift knüpft an denselben biblischen Text an, äußert sich zum Herrschaftsauftrag jedoch zurückhaltender: Der Mensch sei eingesetzt als „Haushalter zur Bewahrung und Gestaltung der Welt als Gottes Schöpfung"; aber „Weltgestaltung kann auch in Welt-

---

[42] Nr. 55, 61, 65.
[43] Nr. 4 und 5.
[44] Nr. 25.
[45] Nr. 9: Dei praecipuum et primitivum propositum circa hominem.

zerstörung umschlagen".[46] In der Arbeit „sollen sich die dem Menschen mitgegebenen schöpferischen Möglichkeiten entfalten", und da Arbeit „immer zugleich soziales Handeln" sei, habe sie der Entfaltung von Mitmenschlichkeit und dem Einsatz für die Schwächeren zu dienen.[47]

Für beide Stellungnahmen kommt demnach eine traditionelle, idealistische und neukantianische Aufforderung, die Arbeit um ihrer selbst willen zu schätzen - wie *Karl Holl* noch *Martin Luthers* Arbeitsethik meinte interpretieren zu müssen[48] - nicht infrage. Arbeiten als solches ist nicht das Gebot Gottes. In beiden Fällen gehen die Verfasser jedoch über den biblischen Befund schnell hinweg, der als ausdrückliches Gottesgebot nur das Gebot der Sabbatruhe, also der Nicht-Arbeit, überliefert. Die kritische Funktion dieses Ruhens kommt sicher nicht genügend zur Geltung, wenn ihr ethischer Gehalt aufgeht in der „Ausgewogenheit zwischen Arbeit und Ruhe"[49] bzw. in der Aufforderung, der Mensch solle „Gott nachahmen sowohl in der Arbeit als auch in der Ruhe, da Gott selbst ihm sein eigenes schöpferisches Tun in Form der Arbeit und der Ruhe vor Augen führen wollte".[50] Darf man denn den Inhalt des biblischen Feiertagsgebotes so verallgemeinern, daß der theologische Sinn der Sabbatruhe, die Gottesvergewisserung und also menschliche Selbsterkenntnis, zum „Ausruhen" an sich wird? Wer ist der Gott dieser Ruhe? Schon vor fünfunddreißig Jahren haben *Alfred de Quervain*[51] und *Karl Barth*[52] diese Entleerung des Sabbatgebotes ausführlich kritisiert. Die Empfehlung der Denkschrift, die Kirche solle mehr Freizeitangebote machen, weist noch einmal weg von einer inhaltlichen Klärung des Gebotenen.

VI. Die Universalität des Sollens

Die Kirchen muten der allgemeinen Öffentlichkeit zu, dem Gebot Gottes zu folgen. Nach evangelischem Verständnis macht es keinen wesentlichen Unterschied, ob der ethische Anspruch von der Institution Kirche oder von der Gemeinschaft der Christen als gesellschaftlicher Gruppe an die Öffentlichkeit gerichtet wird. In jedem Falle kann der Sinn dieses Anspruches nicht im Gebot als solchem liegen (wenn man nicht gesetzlich werden will), sondern in dem mit dem göttlichen Gebot gemeinten Angebot und Geschenk der Freiheit. Denn es ist Freiheit, Gottes

---

[46] Nr. 57f.

[47] Nr. 61 und 67.

[48] Ges. Aufs. zur KG Bd.1: Luther, Tübingen 1932[6], 361f, 373, 474; Bd.3: Der Westen, Tübingen 1928, 514ff.

[49] wie Anm. 7, Nr. 129.

[50] wie Anm. 6, Nr. 25.

[51] Ethik Teilbd. 2/3: Ruhe und Arbeit. Lohn und Eigentum, Zollikon 1956, 17ff.

[52] KD Teilbd. 3/4: Die Lehre von der Schöpfung, Zollikon 1951, 633ff, 642ff.

Menschlichkeit und Güte als den Gehalt seines Gebietens zu erkennen und menschliches Dasein daraufhin zu wagen.

Um die Universalität des Sollens zu unterstreichen, knüpft die Enzyklika an die „allgemein erfahrene Realität" der Mühsal menschlicher Arbeit an und deutet ihrerseits diese Mühsal als „ein Gut für den Menschen", weil er durch die Arbeit nicht nur die Natur umwandle, sondern auch sich selbst als Mensch verwirkliche, ja „gewissermaßen mehr Mensch" werde[53] - jeder, nicht nur der Christ. Für alle Menschen gilt von der Arbeit als einer Grunddimension menschlicher Existenz, daß jeder einzelne durch seine Arbeit das Wirken des Weltenschöpfers selbst widerspiegele. Ist der Arbeitswelt diese Würde geradezu naturgesetzlich eingestiftet? Dann würde die Universalität des Gebotes aus einer als Seinsgrund verstandenen Schöpfung hervorgehen, dann wäre mit der Erschaffung des Menschen auch schon dessen Bestimmung gegeben - das universelle Warum und Wozu der Schöpfung bliebe theologisch jedoch offen.

Die Denkschrift der EKD fordert die ganze Gesellschaft auf, sie müsse „bereit werden, für Leistung, die einer weltweiten sozialen Gerechtigkeit sowie zur Heilung der Umwelt dient, finanzielle und andere Opfer zu bringen";[54] jeder müsse „sich gleichermaßen bemühen, sowohl zum Bewahren als auch zum Verändern beizutragen".[55] „Jede Generation" habe die Aufgabe, „solche Wettbewerbs- und Arbeitsbedingungen durchzusetzen, die real und zeichenhaft aus der Knechtschaft führen".[56] In diesem Fall ergibt sich die Universalität des Sollens aus der Allgemeingültigkeit humaner Konstanten von Gesellschaft. Die Frage nach der spezifischen Begründung eines solchen universellen Anspruches seitens einer christlichen Kirche stellt sich auch hier: Inwiefern wissen Christen für alle anderen, was Humanität ist? Die Sollensvorstellung wird sehr allgemein formuliert: Fairness, Humanisierung der Arbeit, Motivation zur Gemeinsamkeit im Leistungswettbewerb, Solidarität im Wettbewerb, die Abkehr von gesellschaftlicher Selbstgerechtigkeit, „zu der jeder Christ, ja jede Gruppe der Gesellschaft täglich aufgerufen ist".[57] Ist es die Prinzipialität, die die Güte des menschlichen Handelns ausmacht? Wohl kaum. Auch in diesem Falle müßte die Universalität des Sollens hervorgehen aus der umfassenden Versöhnung Jesu Christi und aus seiner Begründung einer neuen Menschheit und also einer *neuen* Schöpfung.

[53] Nr. 9.

[54] Nr. 60.

[55] Nr. 138.

[56] Nr. 69.

[57] Nr. 135, vgl. 107, 119, 125, 127.

VII. Zwischenergebnis

Insgesamt wäre an die bisher dargestellte Ethik katholischer Soziallehre und evangelischer Sozialethik die Frage zu richten, ob man überhaupt eine so weit reichende schöpfungstheologische Begründung mit wenigen Zitaten aus dem ersten Buch der Bibel bestreiten kann. Beide Dokumente setzen sich zumindest dem Verdacht des Biblizismus aus - übrigens auch außerhalb der vorliegenden EKD-Denkschrift eine protestantische Tradition, die die Schöpfungssage überstrapaziert und Arbeit und Kultur allzuschnell miteinander verbindet, um ihr „Adel und Weihe" zu geben.[58] Hat die Theologie ein Grundphänomen menschlicher Existenz ihrerseits zu beschreiben, weil es nun einmal ‚gegeben' sei[59] - oder hat sie sich zu konzentrieren auf die Veränderung menschlichen Daseins, seit Jesus Christus die Zeichen der Veränderung aufgerichtet hat, und zwar universal? Die Institution Kirche kann die Universalität des Sollens nicht abdecken, ein als ‚Exemplar' verstandener historischer Jesus auch nicht. Jedesmal wäre eine Vergesetzlichung der Ethik das Ergebnis. Ist der universale Anspruch anders zu begründen als in dem Gebrochen-Werden Jesu Christi „für alle", noch schärfer: in dem Lösegeld „für viele?"[60] Wäre es nicht auch im Blick darauf wichtig, die Universalität des Sollens theologisch genauer zu begründen und zu erkennen, daß groß- und kleinbürgerliche Vorstellungen von Arbeitsmoral die christliche Ethik deformiert und aufgesogen haben? „Leistung" und „Fleiß" als Arbeitshaltung sind eklatante Beispiele dafür, daß beide, die in der Arbeitswelt als Tugenden gelten, erst noch einer ethischen Qualifizierung bedürfen, um in den Systemzusammenhängen von heute die Würde des Menschen und die Berufung zu Geschwistern des neuen Adam[61] auszudrükken.

VIII. Der kritische Gehalt

Alle Erwägungen katholischer Soziallehre und evangelischer Sozialethik sind eo ipso kritisch gewendet: Man will - mit den Worten der EKD-Denkschrift - weder einem „sozialen Pazifismus" noch einem „sozialen Militarismus" das Wort reden; aber man will „für eine Verbesserung der gesellschaftlichen Ordnung eintreten" und das System korrigieren.[62] Wie kritisch dürfen katholische Soziallehre und evangelische Sozialethik nach den vorliegenden Dokumenten sein?

---

[58] *Jakob Schoell*: Ev. Lebensführung, in: wie Anm. 34, 800-825, hier 823.

[59] vgl. *Trutz Rendtorff*: Das Gegebensein des Lebens als Grundsituation der Ethik, in: Ethik Bd. 1, Stuttgart 1980, 32ff.

[60] Mk 14, 24par und Mk 10, 45par.

[61] Röm 5, 12ff.

[62] Nr. 138, vgl. 132.

„Laborem exercens“ folgt geradlinig „Rerum novarum“ (der ersten Sozialenzyklika überhaupt, die *Leo XIII.* am 15. Mai 1891 hatte hinausgehen lassen), wenn sie sich gegen den „ökonomischen Materialismus“ des Liberalismus richtet[63] und gegen die ihm folgende „einseitig materialistische Zivilisation“, in der die menschliche Arbeit wie eine Ware gehandelt wird.[64] Die Kritik richtet sich ferner gegen die „Ausbeutung“ des Lohnabhängigen[65] wie ganzer Völker, aber auch gegen einen möglichen gruppen- oder klassen-egoistischen Kampf seitens der Gewerkschaften, insbesondere gegen die marxistische Lehre vom unversöhnlichen Klassenantagonismus; denn die Arbeit sei „in gewisser Hinsicht unverkennbar mit dem Kapital verbunden und duldet in keiner Form jene Antinomie“.[66] Die Unterordnung menschlicher Arbeit unter Kapital und Technik als unter die ‚Dinge‘, sei eine Verletzung der ureigenen Würde und Personalität des Menschen. In unverhüllter Sozialkritik sagt die Enzyklika, der „Umkehrung der Ordnung“ durch den primitiven Kapitalismus sei zu widerstehen.[67]

Auch die evangelische Denkschrift bezieht kritisch Stellung. Hier ist es die Entartung der Leistungsgesellschaft, der Sozialdarwinismus, der Leistungsschwäche zu einem Gottesurteil macht, eine falsche Wettbewerbsideologie, die sachliche Interessengegensätze zu gesellschaftlicher Feindschaft hochstilisiert, der Wachstumsfetischismus, der „geistige, moralische und sittliche Werte“ sowie das soziale Zusammenleben und die Gestaltung der Umwelt vernachlässigt.[68] Ausführlicher noch als „Laborem exercens“ setzt sich die Denkschrift mit „Leistung und Wettbewerb in marxistischer und leninistischer Sicht“ auseinander und kritisiert am realen Sozialismus die bekannten Phänomene (etwa mangelnde Dynamik und Attraktivität, unkontrollierten Machtgebrauch, „Gütermangel“ und „Motivationsschwäche“).[69] Die Kritik gilt der Selbstgerechtigkeit von Interessengruppen, „einer Versündigung ganzer Gruppen an der Gesellschaft“, wie dem Extremismus, der „für Kritik von anderer Seite nicht offen ist“.[70] Es erübrigt sich, jeden einzelnen Kritikgegenstand aufzuzählen. Wichtiger ist die Erkenntnis: evangelische Sozialethik ist immer auch Gesellschaftskritik. Die Fragen sind jedoch: Welchen Stellenwert hat die Sozialkritik innerhalb der Sozialethik? Wie erfolgt sie? Wie konkret kann sie werden? Worin erweist sie sich als positive Kritik? Läßt sich eine theologische Linie erkennen?

---

[63] Nr. 13, vgl. 16.

[64] Nr. 7.

[65] Nr. 17, vgl. 23.

[66] Nr. 15, vgl. 11.

[67] Nr. 21, vgl. 7: error capitalismi primigenii, was auch schon mit „Irrtum des strengen Kapitalismus“ übersetzt worden ist.

[68] Nr. 59, vgl. 8f., 126, 107.

[69] Nr. 38-54.

[70] Nr. 135 und 137.

Im Falle der katholischen Verlautbarung geht die Sozialkritik als Konsequenz aus den zuvor entfalteten „anthropologischen Konstanten" hervor.[71] Dies ist nicht immer die Vorgehensweise katholischer Soziallehre; „Rerum novarum" beginnt sofort mit dem Einstieg in die aktuelle Auseinandersetzung, nämlich mit einer Kritik an der marxistischen Forderung, das Privateigentum an Produktionsmitteln zu enteignen - eine Aufstachelung der Besitzlosen gegen die Reichen.[72] „Laborem exercens" will mehr als die reine Stellungnahme. *Nell-Breuning* möchte darin sogar einen „Wendepunkt" der Soziallehre erkennen, weil sie sich das Thema nicht mehr von der Situation „aufdrängen" lasse, sondern „in souveräner Unabhängigkeit vom Zeitgeschehen" Aussagen zur menschlichen Arbeit mache; denn sie stelle die grundlegende Bedeutung menschlicher Arbeit heraus, beschreibe also einen Teil christlicher Anthropologie, „um nicht zu sagen, *das* Kernstück der Lehre vom Menschen überhaupt".[73] Immerhin nimmt aber auch in „Laborem exercens" die Sozialkritik die Hälfte des gesamten Textumfanges ein. Schon die Formulierung des Prinzips vom Vorrang der Arbeit ist kritisch zu verstehen, so daß man daraus einen grundsätzlich „antikapitalistischen" Ton meinte heraushören zu dürfen.[74] Der Gegner ist jedoch der „primitive" oder frühliberale Kapitalismus. Auf jeden Fall ist die Sozialkritik nicht der Kern der Soziallehre; diese ist an der Darlegung einer Grundposition interessiert, insbesondere an der theologischen Entfaltung einer „Spiritualität" der Arbeit. Es ist auch das Bemühen nicht zu übersehen, Gesamtbilder gesellschaftlicher Ordnung zu zeichnen. Um einen monopolistischen Anspruch privater Besitzer von Produktionsmitteln abzuwehren, empfiehlt die Enzyklika das Modell der „mittleren Körperschaften mit echter Autonomie", die den „Subjektcharakter der Gesellschaft" gegenüber privaten oder kollektiven Eigentümern sichern soll. [75]

Die EKD-Denkschrift bettet ihre Sozialkritik in eine selektive Bestandsaufnahme kritischer Stimmen gegenüber Leistungsprinzip und Leistungsgesellschaft ein, verbunden mit einer (als Aufklärung gemeinten?) Belehrung über Begriff und Sinn von Leistung und Wettbewerb. Dazu steht in einer gewissen Spannung, daß man fast selbstverständlich am Leistungs- und Wettbewerbs-Prinzip festhält. Sollte der kritische Nerv der gesamten Denkschrift in der Kritik des Marxismus-Leninismus liegen, so wäre sie für evangelische Sozialethik überhaupt nicht repräsentativ, zumal sie in diesem Zusammenhang nur Argumente politisch konservativer Observanz sammelt. Bei den Verlautbarungen der EKD

[71] *Nell-Breuning* in: Der Wert der Arbeit und der Weg zur Gerechtigkeit. Die Enzyklika über die menschliche Arbeit [...], Freiburg 1981, 110.

[72] *KAB* (Hg.): Texte zur kath. Soziallehre, Kevelaer 1975, 31-68, hier 32f.

[73] wie Anm. 71, 110ff.

[74] *Heiner Ludwig*: Also doch antikapitalistisch?, wie Anm. 20, 59-72.

[75] Nr. 14.

hat man den Eindruck, daß sie vor allem Stellung nehmen wollen. Evangelische Sozialethik ist damit sicher nicht adäquat beschrieben; über die Vielfalt der Denkansätze läßt sich in einem synodalen Ausschuß auch kaum abstimmen.

IX. Die Kriterien im sozialen Anspruch

Die evangelische Ostdenkschrift von 1965, die mitten hineinzielte in die Stagnation des Kalten Krieges zwischen Ost und West, war ein politisches Wagnis öffentlicher Kritik - und wirkte wie eine Befreiung von selbst auferlegten Zwangsdoktrinen.[76] Die Denkschrift „Leistung und Wettbewerb“ dagegen wurde mehr oder weniger freundlich zur Kenntnis genommen und sehr schnell abgehakt, möglicherweise, weil hier die Sozialethik die Funktion bekam, nur vor den Auswüchsen der Leistungsgesellschaft zu warnen, während man in der Sache nichts grundsätzlich Neues zu sagen hatte. Denn die Denkschrift folgte letztlich einem konservativen Interesse, nämlich die Leistungsgesellschaft vor ihren Kritikern in Schutz zu nehmen. Oder waren die vorgetragenen sozialethischen Kriterien nicht deutlich genug? Seit langem versucht die evangelische Sozialethik, Sozialkritik anhand von ‚Kriterien‘ zu üben, beispielsweise *Klaus Fütterer* mit einer Reihe von „Gestaltungsgrundsätzen für die Zukunft der Arbeit“: „Ökologische Verträglichkeit“, „Menschengemäßheit“, „Sozialverträglichkeit“, „Demokratiegemäßheit“, „Dienst an der weltweiten Gerechtigkeit und am Frieden“.[77] *Arthur Rich* unterscheidet die theologischen Kriterien von den sozialethischen „Maximen“ als „Entscheidungs- und Handlungsnormen, die sich zwar am Unbedingten der Humanität orientieren, aber in ihrer Geschichtlichkeit wie Situationsbezogenheit [...] nur eine bedingte ethische Gültigkeit beanspruchen können“.[78] *Hans Schulze* nennt „Haushalterschaft“, „Menschlichkeit“, „Freiheit“, „Soziabilität“ als solche Kriterien.[79]

Im konkreten Einzelfall festzustellen, was eine Arbeit menschlicher macht, ist Sache der Arbeitnehmer und ihrer Gewerkschaften sowie der Arbeitswissenschaftler und -mediziner. Aber zu bestimmen, was Arbeit zu einer spezifisch menschlichen Tätigkeit macht, ist legitimer Gegenstand auch der theologischen Reflexion, die mit Hilfe von „Kriterien“ des Humanen (im Sinne der Ethik) christliches Zeugnis situationsgerecht machen hilft. Sie legt also auch Rechenschaft auf diese Weise ab, daß sie die gegenwärtige Situation adressatenspezifisch und zieladäquat zur Kenntnis genommen hat. Was sie von der Situation der biblischen Schriftsteller unterscheidet, ist dieser Zeitbezug, nicht etwa eine fehlende Syste-

---

[76] vgl. Anm. 24.

[77] Streit um die Arbeit, Stuttgart 1984.

[78] Wirtschaftsethik. Grundlagen in theol. Perspektive, Gütersloh 1984, 222f.

[79] Theol. Sozialethik, Gütersloh 1979, 322.

matik.[80] Das ethische Problem der Kriterien liegt vielleicht noch nicht einmal in ihrer Deduktion, die verschieden denkbar ist, sondern darin, daß sie für eine kritische Funktion geeignet sind. Andererseits darf man bei der Aufstellung und Anwendung solcher Kriterien auch die Gefahr nicht übersehen, daß die Öffentlichkeit lediglich die Operationalisierbarkeit von Ethik an ihnen überprüft und ansonsten Ethik reduziert auf eine Handvoll ‚Kriterien'. Der dogmatische Kontext einer solchen Ethik bleibt dann das Geheimnis ihrer Erfinder.

Die kirchlichen Verlautbarungen verhalten sich in der Regel diplomatisch. Immerhin kritisiert „Laborem exercens" die Politik der multinationalen Konzerne: Sie würden „die Preise für ihre Produkte möglichst hoch festsetzen, gleichzeitig die Preise der Rohstoffe oder der Halbfabrikate möglichst niedrig halten, was zusammen mit anderen Ursachen zu einem immer größeren Mißverhältnis zwischen den Nationaleinkommen der betroffenen Länder führt".[81] Andererseits bleibt die Enzyklika wenig konkret, wenn sie „der Technik" anrechnet, daß sie „den Menschen verdrängt und ihn jeder persönlichen Befriedigung und des Ansporns zu Kreativität und Verantwortung beraubt", daß „sie viele Arbeitnehmer um ihre Beschäftigung bringt oder durch die Verherrlichung der Maschine den Menschen zu dessen Sklaven macht"[82] - wer ist die „Technik", wenn nicht konkrete Arbeitgeber, wirtschaftliche Promotoren und die ihnen verpflichteten Politiker? Auch was „Verherrlichung der Maschine" ist, entbehrt der Konkretion und kann als kulturpessimistische Technikkritik leicht mißverstanden werden. Wissenschaft und Technik folgen immer deutlicher mächtigen Interessen und entwickeln sich nicht aus sich selbst.

Ein Beispiel aus „Leistung und Wettbewerb": Hier wird man konkret nur im Falle des Marxismus und des Extremismus; ansonsten liest sich die sozialethische Kritik so: Gegen den sich verschärfenden Leistungsdruck, den die neuen Leistungslohnanreiz-Systeme auslösen, sollen Arbeitgeber und Gewerkschaften zusammen mit dem Refa-Verband oder die Betriebsräte in Verhandlungen mit der Unternehmensleitung sich bemühen, Gesundheitsschäden „möglichst auszuschließen".[83] Aber die formelle Beteiligung des Deutschen Gewerkschafts-Bundes am Refa-Verband hat ja nichts daran geändert, daß die tayloristischen Prinzipien durch die Refa-Lehre fortgeschrieben werden. Und der Betriebsrat kann aus seiner grundsätzlich schwächeren Verhandlungsposition heraus (zumal in Zeiten wirtschaftlicher Stagnation) kaum etwas anderes tun, als Gesundheitsschäden zu reklamieren, sofern sie überhaupt frühzeitig erkannt

[80] *Nell-Breuning* begründet mit der Tatsache, daß bibl. Schrifttum „Gelegenheitsschrifttum" sei, die Notwendigkeit phil. Argumentation, wie Anm. 1, 63.

[81] Nr. 17.

[82] Nr. 5.

[83] Nr. 110.

werden. Dies sind also keine Fragen mangelnder Verhandlungsbereitschaft, sondern Fragen mangelnder Gleichberechtigung und Durchsetzungskraft. Oder beschränkt sich Sozialkritik auf das Globale? Auch eine strikte Zwei-Reiche-Lehre, der man unterstellt, daß sie „die Weltlichkeit gesellschaftlichen Handelns und das Recht der Vernunft bei der Begründung politischer und gesellschaftlicher Entscheidungen sichert“,[84] löst dieses Problem nicht. Müßte in einer sozialethischen Stellungnahme zur Arbeit die Kritik an den Mächtigen und ihrem Machtverständnis nicht eindeutig zugunsten der abhängig Beschäftigten erfolgen, auch wenn der Arbeitnehmer von den bisherigen Sozialreformen durchaus profitiert hat? Humanisierung und Demokratisierung der Arbeitswelt sind immer noch keine selbstverständlichen und unmißverständlichen Forderungen.

Ist Sozialethik oder Soziallehre nur im formalen Sinne ‚sozial‘, weil sie die sozialen Beziehungen des einzelnen und der Gruppe untereinander, die Institutionen und die gesellschaftliche Ordnung zum Gegenstand haben - oder kann man erwarten, daß ‚sozial‘ auch eine qualifizierte Position zugunsten der unten Stehenden bedeutet? Die Enzyklika zollte zwar den Gewerkschaften (nicht mehr nur den christlichen!) Anerkennung wie keine Sozialenzyklika zuvor, aber sie verbindet damit sofort eindringliche Mahnungen, nicht gegen die andere Seite zu kämpfen, sich nicht von Gruppen- oder Klassenegoismus leiten zu lassen, den politischen Parteien keine Konkurrenz zu machen und den Streik nicht zu mißbrauchen. Warum erfolgt eine ähnliche kritische Mahnung an die Arbeitgeberverbände nicht? Der entsprechende Passus aus „Leistung und Wettbewerb“ liest sich so: Um die wirtschaftliche Substanz vor einem zu hohen Konsum zu bewahren, werden die Arbeitnehmer aufgefordert, „auch die Möglichkeiten und Interessen der Gegenspieler und die Gesamtheit aller Bürger im Auge zu behalten“ (Sozialpflichtigkeit) und „die ständige Bereitschaft zur Erzielung tragbarer Kompromisse“ zu zeigen.[85] Steuerpolitischer Ausgleich - ja, aber die höheren Einkommensschichten seien dann nicht weiter „belastbar“, „wenn der [gemeint: deren!] Leistungswille gelähmt und die Gerechtigkeit verletzt wird“.[86] Das heißt, die sogenannte Leistungsgerechtigkeit zu einem objektiven Maßstab zu erheben!

Die Einlösung des sozialen Anspruches erfolgt demnach nur sehr zaghaft. Dies kann an der kirchlichen Diplomatie liegen, kann aber auch auf theologischen Voraussetzungen beruhen, Macht und Herrschaft nicht kritisch genug zu erfassen und sich in einem ethischen Personalismus zu erschöpfen. Man kann zu Herrschaftsverhältnissen nichts Kritisches sagen, wenn man die Herrschaft des Menschen über die Erde als Biblizismus pauschal übernimmt, ohne Herrschaft, die immer Herrschaft von

---

[84] *Martin Honecker*: Konzept einer sozialethischen Theorie, Tübingen 1971, 58.

[85] Nr. 102.

[86] Nr. 99.

Menschen über Menschen beinhaltet, grundsätzlich zu problematisieren. Hier schlägt ein Gottesbild durch, das Gott als Herrscher darstellt, ohne Bewußtsein dessen, was Gottes Herrschaft im Unterschied zu derjenigen weltlicher Potentaten auszeichnet. Könnten die theologischen Vorbedingtheiten in einer mangelnden christologischen Konzentration liegen? Oder majorisiert das ordnungspolitische Interesse die theologische Aufgabe? Die christliche Orientierung nach „unten" darf keine Frage der politischen Opportunität sein.

X. Die Legitimation des Öffentlichkeitsanspruches

In den vorliegenden Dokumenten wenden sich die Kirchen über die christliche Gemeinde hinaus an die Gesellschaft. Wollen sie ein Wächteramt, also eine soziale Kontrolle ausüben? Oder treibt sie dazu ein Öffentlichkeitsanspruch des Evangeliums selbst? Positionen, die heute mit wachsendem Mißtrauen beobachtet werden. Soziallehre und Sozialethik sind das Medium, in dem dieser Schritt an die gesellschaftliche Öffentlichkeit erfolgt. Offenbar haben sie also eine Legitimationsfunktion und besitzen Public-Relations-Qualität. Aber sie wollen der sachgemäße Versuch einer Übersetzung des Gotteswortes in die säkuläre Welt hinein sein - bedarf das Wort Gottes überhaupt einer solchen Zurechtmachung? Soziallehre und Sozialethik werden, wenn sie den Stoff für öffentlichkeitswirksame kirchliche Verlautbarungen abgeben, mit Recht je länger desto mehr als spezifische öffentliche Ausdrucksform der Institution Kirche empfunden, bewertet und kritisiert. Die katholische Kirche kennt noch andere Öffentlichkeits-Verlautbarungen als die Sozialenzykliken; die evangelische Kirche scheint in der Sozialethik die Begründungsbasis *aller* öffentlichen Stellungnahme zu sehen.

In beiden kirchlichen Verlautbarungen fehlt es nicht an Hinweisen auf die eigene Legimation, sich öffentlich zur Sache zu äußern. Die Soziallehre - so „Laborem exercens" - gehöre „von Anfang an zur Unterweisung der Kirche, zu ihrer Auffassung vom Menschen und vom sozialen Zusammenleben"; sie sei „ein Teil der Morallehre vom Menschen als Gemeinschaftswesen", und daher ein „grundständiges Element der kirchlichen Lehre wie auch des sozialen Lebens".[87] Die Kirche übe ihr apostolisches Amt aus, ihre „apostolische Sendung" - inhaltlich beschrieben als Dienst an „Gerechtigkeit und Frieden", als Veränderung ungerechter Strukturen.[88] Die Kirche halte es für ihre Aufgabe, „die Situationen anzuprangern, in denen Würde und Rechte des arbeitenden Menschen verletzt werden, und auch ihr Teil dazu beizutragen, Änderungen eine solche Richtung zu geben, daß dabei ein echter Fortschritt für die Menschen

---

[87] Nr. 3: elementum certum ac stabile.
[88] Nr. 2.

und die Gesellschaft entsteht".[89] An anderer Stelle ist es „die sittliche Grundordnung" für die die Kirche eintreten wolle.[90] Schließlich habe die Kirche (nichts anderes als) das „Evangelium der Arbeit" zu verkündigen, wie es im Leben und in den Gleichnissen Jesu von Nazareth offenbar geworden sei.[91] Es bleibt ein formales Argument, wenn die Kirche sich mit ihrer apostolischen Herkunft legitimiert.

Mehr Inhalt bekommt die Legitimation, sobald Soziallehre ein Stück christlicher Anthropologie ist, gestützt auf Jesu „Evangelium der Arbeit". Die Soziallehre gilt als Ausweis einer kirchlichen Bindung an Gerechtigkeit und Würde des Menschen, die in der von der Kirche verkündigten „Spiritualität" aller Arbeit wurzelt. Der soziale Sachverhalt Arbeit ist per se ein theologisches Thema und nicht nur theologisch relevant. Ganz en passant taucht eine Selbstdefinition auf, die ebenfalls legitimatorischen Charakter hat: Die Kirche habe „Kirche der Armen" zu sein; sie betrachte dies geradezu als Prüfstein ihrer Treue zu Christus.[92] Hat diese Existenzweise von Kirche einen unmittelbaren Einfluß auf ihre Soziallehre? Da die Armen in der Regel konkrete Gruppen sind, wäre weiter zu fragen, ob sie auch Subjekt der Soziallehre werden könnten. In ihrer Soziallehre definiert sich die römische Kirche selbst; sie will nicht nur Moral oder Anregung zum Handeln bieten. Folglich ist der Begriff Soziallehre umfassender und dogmatisch auch deshalb angemessener als Sozialethik, weil der Begriff der Lehre den notwendigen ekklesiologischen Hinweis enthält. Natürlich läßt man evangelischerseits den dogmatischen Zusammenhang nicht einfach auf sich beruhen. Traditionellerweise ist es die Lehre vom Reich Gottes oder von der Königsherrschaft Jesu Christi, wo er aufgezeigt wird.[93] Auch die Denkschrift „Leistung und Wettbewerb" enthält legitimatorische Sätze. Die Kirche hat „die Aufgabe, auf die Neuorientierung der Werte hinzuweisen" und „Hoffnungshorizonte für Veränderungen" aufzuzeigen.[94] Sie wolle im vorliegenden Fall „eine grundsätzliche Besinnung über das Wesen des Menschen, seine Bestimmung, seine Verderbnis und seine immer neuen Möglichkeiten der Erneuerung" leisten.[95] Inhaltlich sind es die „geistigen, moralischen und sittlichen Werte"[96], die das soziale Zusammenleben und die Gestaltung der Umwelt betreffen, für die man sich verantwortlich weiß.

---

[89] Nr. 1.

[90] Nr. 7, vgl. 18.

[91] Nr. 26.

[92] Nr. 8.

[93] *Honecker*, wie Anm. 84, Kap. II; *Heinz-Horst Schrey*: Einf. in die ev. Soziallehre, Darmstadt 1973, Kap. B.

[94] Nr. 60 und 69.

[95] Nr. 54.

[96] Nr. 59.

Wenn sich Kirche an die Öffentlichkeit wendet, weil sie sich für ‚Werte' einsetzen zu müssen meint, interpretiert sie ihren Auftrag im moralischen Sinn und leistet damit – gewollt oder ungewollt – Vorschub der Verwechslung von Christentum mit Moral. Die weitgespannten Bögen des Wertwandels lassen sich keinesfalls als Teil einer Brücke betrachten, auf der sich Gesellschaft und Kirche begegnen; denn die Kirche unterliegt dem Wertwandel genauso wie die Gesellschaft. Die Gemeinde Jesu Christi ist dazu berufen, kritisch zu prüfen, was im Augenblick das Menschenwürdige und was darum gut ist. Dies ist etwas anderes, als sich zur Bastion einmal etablierter Werte und Werthierarchien zu erklären. Denn es gilt darauf zu achten, daß die christliche Schärfung des humanen Gewissens nicht bloß religiöser Eifer und damit Gesetzlichkeit ist. Ein solcher Eifer oder gar Übereifer kann nicht die kirchliche Legitimation sein, ohne den Begriff von Kirche zu verfälschen. Leider wird in „Leistung und Wettbewerb" dort, wo man sich auf die christliche Anthropologie beruft, die Legitimation nicht konkreter. „Kompromißbereitschaft", „Mitmenschlichkeit", der „Ausgleich" wirtschaftlicher und menschlicher Gesichtspunkte usw.[97] ermangeln der kritischen Konkretion. Oder appelliert man an ein humanes Gefühl, das man trotz dumpfer Bewußtlosigkeit dennoch als naturgegeben voraussetzt? Solcherart unspezifische Ethik muß Konsequenzen für den Legitimationsanspruch der Kirche haben; denn sie gerät in den Verdacht, säkulare Ethik samt ihrer interessegeleiteten Praxis religiös zu verbrämen.

XI. Gesellschaft und Kirche: Sozialkritik ohne Selbstkritik?

Die Gesellschaft hat ein Recht auf Transparenz kirchlicher Sozialkritik. Wie bringt sich also Kirche dort selber ein, wo sie Gesellschaftskritik übt? Soziallehre und Sozialethik haben also auch ein selbstkritischer Maßstab zu sein, der zweierlei gewährleistet: Daß sich Kirche nicht in Gesellschaft auflöst, aber auch daß sich Kirche nicht bipolar der Gesellschaft gegenüberstellt oder gar sich über sie stellt. Es muß erkennbar bleiben, daß Gesellschaft wie Kirche dem Reich Gottes gegenüberstehen. Jesus Christus ist nicht das Besitztum des einen Teils, sondern der Erlöser beider. Sein Ruf zur Umkehr gilt immer beiden, Kirche und Gesellschaft zugleich. Wie kritisch ist also die Kirche mit sich selbst, wenn sie Humanität von der Öffentlichkeit anmahnt? Eine Antwort hierauf sucht man in der römischen Enzyklika vergebens. Sind also Soziallehre oder Sozialethik nur das Wort nach draußen? Ist das Draußen nach biblischer Erkenntnis nicht ebenso drinnen? Auch die evangelische Denkschrift sieht über die eigene (organisatorische, rechtliche, finanzielle, politische) Abhängigkeit der Kirche von der Leistungsgesellschaft geflissentlich hinweg. Aber der Arbeitgeber Kirche verlangt von seinen Arbeitern, Ange-

[97] Nr. 67 und 88.

stellten und Beamten auch Leistung. Und das Unternehmen Kirche profitiert nicht wenig von einem religiös verinnerlichten Leistungsprinzip (in und außerhalb der Kirchenmauern).

Man darf also in seinem Wort an die gesellschaftliche Öffentlichkeit, die noch nicht einmal mehr eine quasi-christliche ist, das eigene Verhältnis zur Gesellschaft sozialethisch nicht unreflektiert lassen. Wenn man beispielsweise Solidarität verlangt, so müßte man sie der Gesellschaft auch selbst bieten, nämlich genau dort, wo man den Fehlbestand meint ausmachen zu können, etwa in der Vertretung derer, die angeblich noch nichts geleistet haben, oder derjenigen, die angeblich nichts mehr leisten, sondern nur noch kosten, oder in der Sorge um diejenigen, die etwas leisten möchten, aber aus politischen Gründen mit Berufsverbot bestraft werden, oder in der Ermutigung derer, die in der Wettbewerbsgesellschaft Leistungsangst, nämlich Versagensangst, bekommen haben, oder im Schutz von denjenigen, deren geringere Wirtschaftskraft zum billigen Vorwand genommen wird, ihre Leistungsfähigkeit überhaupt anzuzweifeln und sie zu verachten. Ohne das Skandalon des Kreuzes Jesu Christi fehlt der Soziallehre wie der Sozialethik das Entscheidende. Wieso stellen Christen die menschlichen ‚Grundfragen'? Daß auch sie von diesen betroffen sind, versteht sich von selbst. Wenn sie und ihre Kirchen der Öffentlichkeit die Grundfrage stellen, bestimmen sie damit ihr Verhältnis zur Gesellschaft. Sie wollen mit ihrer Soziallehre und Sozialethik der Gesellschaft dienen. Aber kann man, wenn man eine „grundsätzliche Besinnung über das Wesen des Menschen" verlangt[98], auf etwas anderes als Theologie verpflichten? So wenig wie das Wort Gottes Grundfragen beantwortet, so wenig darf die Kirche als *der* Ort in der Gesellschaft betrachtet werden, wo die Grundfrage, das Grundsätzliche, geklärt und das „Grundprinzip"[99] ausgesprochen wird. Wer die Grundfragen besser als andere vernommen zu haben meint und wer das Wesen des Menschen maßgeblich bestimmen zu können meint, der versucht sich aus dem Gericht Jesu Christi zu stehlen, das nach alt- wie neutestamentlichem Zeugnis mitten *in* der Gesellschaft stattfindet. Wer der Gesellschaft meint die Grundfragen stellen zu dürfen und zu können, der leidet nicht mit ihr, weil er sich selbst nicht gleichzeitig auch infragestellen läßt. Soziallehre und Sozialethik würden dann zur Abwehr einer solchen gesllschaftlichen Zumutung und wären in dieser Funktion trotz der Anerkennung des Naturrechts auf römischer Seite gar nicht so weit entfernt voneinander, in ähnlicher Verlegenheit.

Die Öffentlichkeit wird wohl kaum unterscheiden, ob kirchliche Stellungnahmen sich als „Soziallehre" oder „Sozialethik" verstehen; sie wird die Unterschiede nicht am Begriff festmachen, sondern ausschließlich am Inhalt, genauer: an der Solidarität der Kirche selber.

---

[98] wie Anm. 7, Nr. 54.

[99] wie Anm. 6, Nr. 18: primarium praeceptum ordinis moralis.

Wolfgang Nethöfel

Moraltheologie oder ökumenische Ethik
Eine theologische Disziplin am Scheideweg

Ist die theologische Reflexion der Sittlichkeit im Katholizismus auch nach dem Konzil noch die von Tradition und Autorität bestimmte Moraltheologie – oder ist diese auf dem Weg zu einer ökumenischen Ethik, die das Verpflichtende christlicher Freiheit als die Sachbezogenheit der Liebe bedenkt, in der ‚alle eins' sind? Die jüngere Geschichte dieser theologischen Disziplin ist von einem Ringen um Orientierung geprägt, das nicht ohne Auswirkungen auf das Gespräch zwischen den Konfessionen bleiben wird. Denn die katholischen Theologen wurden von der Sachlogik ihrer moraltheologischen Auseinandersetzungen immer wieder von den Einzelthemen der materialen Ethik zur Diskussion ‚fundamentalmoralischer' Prinzipienfragen geführt, als deren Kern sich schließlich ebenso oft die angemessene Verhältnisbestimmung zwischen theologischer und lehramtlicher Kompetenz in Fragen der Sittlichkeit erwies. An solchen Differenzen aber (Was folgt – bis ins Kirchlich-Institutionelle hinein – aus Gottes rechtfertigendem Handeln?) ist die Einheit der katholischen Kirche des Mittelalters letztlich zerbrochen – während man sich dogmatisch (Was heißt ‚Rechtfertigung des Sünders'?) vielleicht schon damals hätte verständigen können.[1]

I. Vor dem Konzil

Die Moraltheologie vor dem Zweiten Vatikanischen Konzil war nachtridentinisch,d.h. sie stand ganz im Dienste der katholischen Konsolidierung nach der Reformation. Gestalt und Prinzipien katholischer Sittlichkeit gehörten zum überlieferten Glauben, der gegen das reformatorische Schriftprinzip verteidigt werden mußte – bis hin zur Dogmatisierung der päpstlichen Unfehlbarkeit in Fragen des Glaubens und der Sitte durch das Erste Vatikanische Konzil. Die Sache der Moraltheologie stand sogar im

[1] Vf. konnte in den folgenden Anm. außer Zitatbelegen nur knappste Hinweise auf angesprochene Personen, Vorgänge und Veröff. geben; vgl. aber - in anderem Zusammenhang – Vf.: Moraltheologie nach dem Konzil (KiKonf 26), erscheint Göttingen 1987.

Zentrum der innerkatholischen Reformen, die das Tridentinum einleitete. Denn diese konzentrierten sich zum einen auf die Verwaltung des Bußsakraments (dem reformatorischen Stein des Anstoßes), zum anderen auf die Priesterausbildung: und zwar eben auf die Ausbildung der Priester zu guten Beichtvätern. „Die Entwicklung der Moraltheologie zur eigenständigen Disziplin"[2] allerdings verzögerte sich eher unter der Last dieser tiefgreifenden stabilisierenden Umgestaltung der katholischen Kirche auf dem Weg in die Neuzeit. Die überkommenen Beichtmanualien und Pönitentialsummen wurde zur Grundlage der ungeheuer populären Erörterung der ‚casus conscientiae', und diese Kasusübungen wiederum waren der Unterbau der verschiedenen ‚Moralsysteme', die – auch weil hier Ordenstraditionen aufeinanderprallten – fast alle moraltheologischen Energien banden.

Die ‚Theologia moralis' ist als ‚Beichtstuhlmoral' gerade von den jüngeren Vertretern dieser Disziplin heftig kritisiert worden. In der Tat muß man sie gegen den Strich bürsten, damit sie als Vorgeschichte ökumenischer Ethik lebendig wird. Freilich: daß unter und gerade gegen den Druck dieser Morallehre auch der Beichtstuhl je und je zu einem Ort christlicher Begegnung werden konnte, hätte man nie bezweifeln sollen. Aber man kann darüber hinaus auch erkennen, wie nach der ausdrücklichen Verwerfung der reformatorischen Lösungen durch das Konzil von Trient gerade der Moraltheologie die Aufgabe zufiel, das Anliegen der Reformation aufzugreifen und innerhalb des nun katholisch-konfessionell sich definierenden Systems zu beantworten. Dabei gab es von der mittlerweile weit entfernten Gegenposition aus auch analoge Entwicklungen und konvergente Bewegungen, die heute leichter als in den Zeiten der Kontroverstheologie zu erkennen und zu benennen sind.

Zwar war die Beichtstuhlmoral Gesetzmoral für Laien. Aber indem sie den Zugang zur sakramental vermittelten Teilhabe am ‚Verdienst' derjenigen regelte, die als Priester und Ordensleute freiwillig den ‚evangelischen Räten' Armut, Keuschheit und Gehorsam folgten und sich die Bergpredigt gesagt sein ließen, versuchte sie auf ihre Weise die angefochtenen Gewissen vom Evangelium her zu trösten. Im Wechselspiel zwischen ‚Laxismus' und ‚Rigorismus' war die Beichtstuhlmoral eindeutig nur, indem sie den Laien gegenüber kirchlich-institutionelle Interessen vertrat. Aber indem sie beispielsweise einerseits das Zinsverbot immer wieder erneuerte und präzisierte und es andererseits durch immer spitzfindigere Erörterungen immer wirksamer aushöhlte, reagierte auch sie auf die dramatischen wirtschafts- und sozialpolitischen Entwicklungen in ihrer Umwelt, angesichts derer die Gläubigen aller Konfessionen um ihre christliche Identität rangen. Faktisch war dies der Motor, der die Moraltheologie vorantrieb; bisweilen war sie eine unbewußte und widerwillige Situa-

[2] Titel der quellenbezogenen Darst. von *Johann Theiner*, Regensburg 1970.

tionsethik. Zwar verfiel diese Morallehre, besonders nachdem sich unter dem Einfluß von *Francisco Suárez* (1548-1619) die Beurteilung des Handlungsziels vom Subjekt auf das Objekt des Handelns verlagerte, einem apersonal-juristischen, schließlich biologistischen Naturbegriff. Aber dieser Naturbegriff war bereits das Trojanische Pferd der Neuzeit in den römischen Mauern, die sich so – wiederum: in ihrer Weise – auch dem Völkerrecht, der Soziallehre und schließlich den Naturwissenschaften öffneten.

Auch blieb diese Morallehre nicht allein repräsentativ. Das Erbe der Reformation, die beunruhigende Aktualität der Ethik *Immanuel Kants* und die neuzeitliche Öffentlichkeit des gelehrten Disputs durchbrachen als Kontext der katholischen Universitätstheologie im deutschen Sprachraum die Selbstbezogenheit der römischen Moraltheologie. Die verhängnisvolle institutionelle Trennung in einen theologisch-‚spekulativen' cursus maior (in dessen Mittelpunkt die Summa theologiae des *Thomas von Aquin* und der Sentenzenkommentar des *Petrus Lombardus* standen) und in einen moraltheologisch ‚praktischen' cursus minor hatte für diese Universitätstheologie keine Bedeutung. Umgekehrt beeinflußte vielmehr sie die Priesterausbildung in ihrem Ausstrahlungsbereich. So reifte unter dem Dach des landesherrlichen Regiments seit dem 18. Jahrhundert neben dem traditionellen ‚römischen' Typ des moraltheologischen Kompendiums das Handbuch ‚deutschen Stils' heran. Auf Kosten der Kasuserörterungen und des kanonistischen und juristischen Ballasts bemühten sich die Autoren um eine religiös-theologische Synthese. Dabei ging es ihnen nicht so sehr um die Überwindung der formalen Grenzen zu Dogmatik und Exegese, zu ‚Aszese' und ‚Mystik', sondern vor allem um eine neue Perspektive. Die biblische Berufung zur Nachfolge sollte in einer ganzheitlichen Schau so erfaßt werden, daß sie auch im Beichtstuhl: beim ‚richterlichen Urteil' des Priesters über den Zugang zum Sakrament, nicht wieder aus dem Blick geraten konnte.

An Namen wie *Johann Michael Sailer (1751-1832)* und *Johann Baptist Hirscher* (1788-1856) muß in diesem Zusammenhang erinnert werden – und zugleich daran, daß der Sieg der Neuscholastik auch hier alle Bewegungen auf die Konfessionsgrenzen zu erfaßte und für lange Zeit einfror. Unter ihrem Eispanzer entfaltete im Dienst des römischen institutionellen Pragmatismus die deutsche Gründlichkeit sogar eine verhängnisvolle Dynamik. Sie erhob das Konglomerat aus Praxis und Spekulation, geschichtlichen Bedingtheiten und erreichtem Erkenntnisstand, aus pastoralen Notwendigkeiten und institutionellen Reaktionsmöglichkeiten, das den Überlieferungsstand der Moraltheologie im 19. Jahrhunderts kennzeichnete, in den Rang von unveränderlichen Wesensmerkmalen konfessionell katholischer Ethik.

Allerdings waren in Deutschland auch die Spannungen stets besonders deutlich zu spüren zwischen einem solchen konfessionalistischen Traditionalismus und einer ebenso prinzipiellen Bereitschaft, die Grundlagen katholischer Ethik in einer lebendigen Auseinandersetzung mit dem Zeitgeist auch über Konfessionsgrenzen hinweg neu zu bestimmen und wo möglich tiefer zu erfassen. Dies wirkte sich etwa aus, als *Theodor Steinbüchel* den auch im Protestantismus wirksamen personalistischen Ansatz als philosopische Grundlegung in den Dienst des von *Fritz Tillmann* herausgegebenen „Handbuchs der katholischen Sittenlehre“[3] stellte. Im Nachkriegsdeutschland ließen sich, nach der rechtspositivistischen Legitimation des nationalsozialistischen Unrechtsstaates, auch die protestantischen Ethiker von der (eben nicht nur) katholischen ‚Renaissance des Naturrechts‘ beeindrucken. Stärker noch wirkte in die andere Richtung die Faszination der Existenztheologie und der protestantischen Situationsethik auf die Moraltheologie. Denn deren Kategorienapparat und Lösungsmodelle schienen gerade auf dem brennenden Problemfeld der Sexualethik völlig unangemessen und unzeitgemäß zu sein. In dieser Situation hatte *Karl Rahners* Transzendentaltheologie nicht zuletzt die Funktion, eine katholische ‚Existentialethik‘ zu begründen.

Das andere Land, aus dem Neuanstöße für die Moraltheologie kamen, war Frankreich. Der Einfluß der Lebensphilosophie und des Existentialismus wirkten hier von der Dogmatik herüber auf die Moraltheologie und ließen dort in den fünfziger Jahren den Ruf nach einer „Christlichen Moral in der Krise unserer Zeit“ (*Gustave Thils*) und nach einer „Theologie der irdischen Wirklichkeiten“ (*Jacques Leclercq*) laut werden. Als *Johannes XXIII.* am 25. Januar 1959 ein Zweites Vatikanisches Konzil ankündigte, vereinigten sich all diese vorwärtsweisenden Einflüsse, Ansätze und Impulse zur Forderung nach einer umfassenden formalen und inhaltlichen Erneuerung der Moraltheologie. Dies konnte nur eine weitere ökumenische Öffnung bedeuten.

II. Das Konzil

Hat das Konzil dieser Forderung entsprochen? Es scheint so. Ein Abschnitt aus dem Dekret über die Priesterausbildung wird übereinstimmend als ‚Programm zur Erneuerung der Moraltheologie‘ interpretiert:

„Besondere Sorge verwende man auf die Vervollkommnung der Moraltheologie, die, reicher genährt aus der Lehre der Schrift, in wissenschaftlicher Darlegung die Erhabenheit der Berufung der Gläubigen in Christus und ihrer Verpflichtung, in der Liebe Frucht zu tragen für das Leben der Welt, erhellen soll.“[4]

Für die kundigen Interpreten war deutlich: Dies war das Ende der kasuistischen Moralhandbücher ‚römischen Stils‘. Die Fixierung der formalen Standards der deutschen moraltheologischen Tradition bedeutete aber darüber hinaus eine ökumenisch wegweisende inhaltliche Vorprä-

---

[3] Düsseldorf, 1934 - 1938.

[4] „Optatam totius“ Nr. 16.

gung. Auf den ersten Blick ließ sich erkennen: Die Neuansätze würden biblisch orientiert und christologisch zentriert sein. Sie könnten keine gesetzlich fixierte christliche Ständemoral mehr enthalten, sondern sie würden ‚Legalismus' und ‚Minimalismus' grundsätzlich hinter sich lassen: eher von den Verheißungen der Bergpredigt als vom Dekalog aus entworfen sein. Schließlich müßte – unter Überwindung eines gar sakramental fixierten ‚Heilsegoismus' – die Welt als Verantwortungsbereich des Laien unter dem Aspekt ihrer Eigengesetzlichkeit in den Blick kommen, wenn die Moraltheologen sich die Intentionen der Konzilsdirektive zu eigen machen würden. Gerade dann aber mußte auch die Kompetenz des Lehramtes zum Thema werden. Entsprach auch das den Intentionen der Konzilsväter?

Dafür gibt es Indizien in den Konsilstexten. Die Pastoralkonstitution über die Kirche in der Welt von heute liest sich ja im Ganzen wie ein richtungsweisendes Anfangsdokument dieses moraltheologischen Erneuerungsprogramms. Doch selbst in diesem Rahmen erregte die Selbstbescheidung Aufsehen, mit der das Konzil „bei diesem Stand der Doktrin des Lehramtes" darauf verzichtete, konkrete Regelungen in der heiß umstrittenen Frage der Empfängnisregelung vorzulegen. Stattdessen schrieb es die Gewissensentscheidung der Eltern als unhintergehbar letzte Instanz fest, und es hob als Orientierungspunk der Normfindung innerhalb ihres Ehebundes (foedus statt contractus) die Aktnatur personalen Handelns hervor.[5]

Auch mit ihren anderen Themen: Person und Gesellschaft, Kultur und Umwelt, sozialer und wirtschaftlicher Fortschritt, Entwicklungs- und Friedenspolitik gibt die Pastoralkonstitution, fernab von der als typisch klerikal empfundenen Besserwisserei und Bevormundung früherer Dokumente, in denen das Lehramt als „Mutter und Lehrerin" der Welt auftrat, eigentlich nur den Blick auf die Weite des christlichen Lebens frei, in dem nach der dogmatischen Konstitution über die Kirche *alle* zur Heiligkeit berufen sind.[6]

Für die nachkonziliare Entwicklung der Moraltheologie mußten neben jenem fast induktiven Vorgehen der Pastoralkonstitution und der lehramtlichen Betonung des Laienapostolats nicht zuletzt die Erklärung über die Religionsfreiheit „Dignitatis humanae" und das Ökumenismusdekret „Unitatis redintegratio" bedeutsam werden. Sach- statt Amtsautorität, dialogische Erörterung statt undurchsichtiger und einsamer Entscheidung, diesen Gesamteindruck konnte man gewinnen, sollten von innen her ausstrahlen auf das Weltverhältnis der Gläubigen und auf den ökumenischen Dialog.

Freilich: wo solche weitgehenden Folgerungen gezogen wurden, war Wunschdenken im Spiel. Die Verfasser der Texte, die als Periti berufenen

---

[5] „Gaudium et spes" Nr. 47 - 52.

[6] „Lumen gentium" bes. Nr. 39 - 42.

Theologen wußten, daß sie gegen erheblichen Widerstand Kompromißformulierungen durchgesetzt hatten, die stets auch eine andere Interpretation zuließen – und sie wußten auch, welche Formulierungen zuvor verworfen worden waren. Zwar wurden – von den vorbereitenden Kommissionen bis hinein in die Konzilsaula – die Mehrheitsverhältnisse immer eindeutiger. Aber ebenso eindeutig blieb den Konservativen eine Sperrminorität und ein Vetorecht. Besonders unter dem Pontifikat *Pius VI.* (seit 1963) konnte es in den Modi des Staatssekretariats oder durch päpstliche Interventionen an sämtlichen kollektiven Entscheidungsprozessen vorbei wirksam werden. So blieb *Thomas* ‚Lehrmeister', nicht nur das persönlich verpflichtende Beispiel wissenschaftlich arbeitender Moraltheologen.[7] Die Pastoralkonstitution enthielt keine vorbehaltlose Anerkennung der innerweltlichen Ordnung[8], und die lateinische Formel „ex persona eiusdem actuumque natura", mit der das seinsethische Fundament der Empfängnisregelung umschrieben wurde, ließ eben durchaus die Möglichkeit offen, von der „Natur der Handlungen" her festzulegen, was „Person" konkret zu bedeuten habe.[9]

Wo die Intentionen in jenen Grundsatzfragen so aufeinanderprallten, mußte die Entscheidung in der materialethischen Frage der Empfängnisverhütung richtungweisende Bedeutung haben. Die schon 1964 eingesetzte „Päpstliche Kommission für das Studium des Bevölkerungswachstums, der Familie und der Geburtenhäufigkeit" würde auch über die ökumenische Dialogfähigkeit der nachkonziliaren Moraltheologie mitentscheiden. Doch auch hier gerieten die Konservativen derart in die Minderheit, daß nach dem Abschluß des Konzils niemand eine schnelle Entscheidung erwartet. Man bereitete sich vielmehr auf eine lange Umsetzungsepoche der Konzilsergebnisse vor, in der trotz aller Schwierigkeiten das von *Johannes XXIII.* einst angekündigte Aggiornamento auch für die Moraltheologie Wirklichkeit werden sollte.

III. Nach dem Konzil

In diese Situation hinein erließ *Paul VI.* am 25. Juli 1968 die Enzyklika „Humanae vitae". Sie wurde – deutlicher noch als die Konzilsdokumente selbst – zum Markstein in der Geschichte der Moraltheologie. Denn erst in der einhelligen Abwehrreaktion, die sie unter den Moraltheologen auslöste, verdichtete sich der viel beschworene ‚Geist des Konzils' zu ein-

---

7 „Optatam totius" Nr. 16.

8 Dies bestätigt selbst eine Genese und Kontext berücksichtigende Lektüre von „Gaudium et spes" Nr. 36.

9 Darauf verweist auch der Argumentationszusammenhang, nach dem bei der Empfängnisregelung „die sittliche Qualität der Handlungsweise nicht allein von der guten Absicht und Bedeutung der Motive ab[hängt], sondern auch von objektiven Kriterien, die sich aus dem Wesen der menschlichen Person und ihrer Akte ergeben", LThK.E 3, 443.

deutiger Gestalt. Die ökumenische Dimension dieses Ereignisses ist unübersehbar. Es ist ergreifend zu sehen, wie die Theologen unter dem Schock der Enzyklika sich in einer Spontanreaktion der Schrift zuwandten, um sich dort an einer unzweifelhaft gebliebenen Autorität zu orientieren. Kennzeichnend ist aber auch, daß damit nicht ein Biblizismus in die Moraltheologie einzog. Vielmehr wurden im selben Moment die Maßstäbe der historischen Kritik, zu denen sich für die protestantische Theologie die wissenschaftlichen Wahrheitsbedingungen der Neuzeit verdichtet hatten, auch für diesen Bereich katholischer Theologie zu Voraussetzungen der Erkenntnis. Es ging also nicht allein um die Aufarbeitung vorliegender exegetischer Ergebnisse, sondern hier wurde ein ganz neues Fundament für einen zugleich interdisziplinären und interkonfessionellen Dialog sichtbar. Sein erstes Ergebnis war der Forschungskonsens in der Frage nach dem Proprium einer christlichen Moral. Man kann ihn so formulieren: Da es keine ‚neuen' christlichen Normen gibt, kann der Rückgriff auf die ‚Tradition' theologisch-ethische Fragen nur klären, nicht beantworten.

Verfolgt man die wissenschaftlichen Biographien der damals produzierenden Moraltheologen bis zu diesem Wendepunkt, so ist man vom Wandel ihres Darstellungsstils überrascht. Klarheit und Lebendigkeit treten an die Stelle eines Gemisches aus Schwulst und weltfremder Pedanterie, das die Sprache des Faches lange kennzeichnete. Der theologische Überschwang beim Blick über die Fachgrenzen, den argumentationslogisch ein ontologisierter und sakramentalisierter Kirchenbegriff trug, weicht einem Pathos der Ehrlichkeit, der Bescheidenheit und der Nüchternheit. In dieser Zeit institutionalisiert sich mit der Trennung der Praktischen von der Moraltheologie überall auch die Zusammenarbeit mit der Psychologie und der Soziologie; es professionalisiert sich – ökumenisch bis auf den heutigen Tag wegweisend – der Kontakt mit den übrigen materialethisch relevanten Wissenschaften. Von dieser Entwicklung profitiert in der Folgezeit am deutlichsten die Erarbeitung der neu aufbrechenden Themenfelder Friedensethik, Medien- und Bioethik. Hier kann man die ökumenische Bedeutung dieser Entwicklung auch am einfachsten formulieren: Die katholischen Moraltheologen haben jene Sachverhalte für die Christen aller Konfessionen erschlossen und dadurch wesentlich zu einer ökumenischen Ethik im Werden beigetragen.

Daß in dieser Zeit aus dem „Naturrecht im Disput"[10] ein „Naturrecht in der Kritik"[11] wurde, ist daran gemesssen zunächst ein Akt moraltheologischer Vergangenheitsbewältigung. Doch auch in dieser Diskussion eröffneten sich bald ökumenische Perspektiven. Die ‚neue Thomasdeutung', die hier fruchtbar wurde, erleichterte auch protestantischen Chri-

[10] vgl. *Böckle* (Hg.): Düsseldorf 1960.

[11] vgl. ders./*Ernst-Wolfgang Böckenförde* (Hg.): Mainz 1973.

sten den Zugang zu dem großen christlichen Theologen, der hinter dem tabuisierten Kirchenlehrer sichtbar wird. Das religiöse und das christliche Rahmenwerk seiner Ethik trat in den Vordergrund, und während dieser transzendentaltheologische Rahmen vielen katholischen Theologen neuzeitliche Ethikkategorien wie Personalität, Freiheit und situative Verantwortung erschloß, war er doch zugleich ein ökumenisch-ethisches Angebot, neu über die Rationalitätsstruktur christlicher Ethik nachzudenken. Denn das Anliegen des Naturrechts, soviel wird an den nun verwendeten Formeln wie ‚naturale Unbeliebigkeit' oder ‚Einschränkung des Spielraums möglicher Moralen' deutlich, ist auch für eine protestantische Ethik nicht erledigt.

Die Ergebnisse dieser Diskussion waren aber darüber hinaus die Plattform für die wegweisenden Neuentwürfe der Moraltheologie nach dem Konzil. *Alfons Auers* „Autonome Moral"[12] rekapituliert dabei zunächst in sich ein Kapitel neuzeitlicher Freiheitsgeschichte, das in der protestantischen Theologiegeschichte mit dem Namen *Kant* überschrieben ist. Aber darin erschöpft sich seine Bedeutung nicht. In diesem Entwurf ist die Weltverantwortung des Christen nicht nur für die Moraltheologie nachgeholt, sondern in ökumenisch anregender Weise neu durchdacht. Wie ein konzentrischer Kreis umgibt nach diesem Modell der ‚christliche Kontext' die Sachbezogenheit der autonomen Vernunft, motiviert sie und korrigiert sie zugleich, wenn sie sich absolut setzt, und integriert ihre Ergebnisse in eine christliche Handlungsperspektive. Entsprechend ist die Aufgabe des Lehramtes zu bestimmen: Es ist für die sachbezogene ethische Reflexion, das ‚Weltethos', nur hilfsweise (‚subsidiär') zuständig (und unterliegt hier denselben Kriterien und Irrtumsmöglichkeiten wie jede andere Instanz, die sich zu Wort meldet) ‚originär' zuständig ist es für das Heilsethos.[13]

Böckles „Fundamentalmoral"[14] kombiniert diesen Ansatz mit den Ergebnissen der moraltheologischen Naturrechtsdiskussion und entwirft, ausgehend vom Verhältnis zwischen sittlicher Begründung und Letztbegründung, ein ethisches Modell ‚theonomer Autonomie'. Neue Wege in die offene Landschaft ökumenischer Ethik hinein gehen jüngere Moral-

[12] Autonome Moral und christl. Glaube, Düsseldorf 1971, erw. 1984².

[13] *Auer* nennt später auch jene ‚subsidiäre' Zuständigkeit ‚authentisch', vgl. Zur Kritik an der Rezeption des Autonomie-Begriffs in der theol. Ethik, in: *Josef Blank/ Gotthold Hasenhüttl* (Hg.): Erfahrung, Glaube und Moral, Düsseldorf 1982, 23; zum Kompetenzverhältnis zw. Theol. und Lehramt vor diesem Hintergrund vgl. *Max Seckler*: Im Spannungsfeld von Wiss. und Kirche. Theol. als schöpferische Auslegung von Wirklichkeit, Freiburg 1980; ders. (Hg.): Lehramt und Theol. Unnötiger Konflikt oder heilsame Spannung?, Düsseldorf 1981; *Charles E. Curran/ Richard A. McCormick* (Hg.): The Magisterium and Moral Theology, New York 1982; *Auer* (Hg.): Die Autorität der Kirche in Fragen der Moral, Freiburg 1984.

[14] München 1977, 1978².

theologen wie *Dietmar Mieth*.[15] Sein historischer Einsatz bei der Mystik läßt faszinierende Parallelen zwischen den ethischen Konzeptionen *Meister Eckharts* und *Martin Luthers* erkennen: Es zeigt sich, wie christliche Freiheit, kreative Sacherschließung und ethische Bindung einander bedingen.

Doch vielleicht spricht der Alltag ökumenischer Ethik eine ebenso deutliche Sprache: Der Stil akademischer Arbeit an den theologischen Fakultäten nähert sich immer mehr einander an; man geht vielerorts zu sachbezogener Zusammenarbeit über. Interkonfessionelle Sammelwerke erscheinen, wie das „Handbuch christlicher Ethik"[16], man trifft sich in der internationalen und interkonfessionellen Societas Ethica, man arbeitet nebeneinander in Kommissionen der Ministerien und des Bundestages (etwa zur Gentechnik) – und die Kirchen verabschieden gemeinsame Erklärungen, die Ethiker beider Konfessionen vorbereitet haben. Ist damit die Moraltheologie nicht endgültig und unwiderruflich hineingewachsen in ein größeres Ganzes und verwandelt zu ökumenischer Ethik?

IV. Die Wende?

Die nachkonziliaren Neuentwürfe der Moraltheologie repräsentierten – weit über den deutschen Sprachraum hinaus – die ‚herrschende Meinung' diese Faches. Dieser Ausdruck aus der juristischen Fachsprache bezeichnet auch am genauesten die Bedeutung, die jene Entwürfe in den Augen des Lehramtes hatten. In dieser Perspektive aber ist bedeutsam, daß zum Beispiel *Gustav Ermecke* die ganze Zeit hindurch auch die klassische Position seines Lehrbuchs in die wissenschaftliche Auseinandersetzung einbrachte: Das Naturrecht ist die objektive Grundlage der Moral, und das kirchliche Lehramt ist zu seiner Auslegung befugt und befähigt.[17] In den siebziger Jahren formierte sich dann eine Gegenposition zur ‚autonomen Moral': die ‚Glaubensethik'.[18] Ihr Hauptvertreter, *Bernd Stoeckle*, setzt dem modernen Autonomismus (und Hedonismus), den er bei *Auer*, *Böckle* und anderen wirksam sieht, eine biblisch begründete radikale Nachfolge- und Gehorsamsethik entgegen. Das Gewissen des angefochtenen Sünders muß entlastet werden. Evangelische, ökumenische

---

[15] Christus, das Soziale im Menschen, Düsseldorf 1972; Dichtung, Glaube und Moral, Mainz 1976; Epik und Ethik, Tübingen 1976; Die neuen Tugenden, Düsseldorf 1984.

[16] 3 Bde., Freiburg-Basel-Wien-Gütersloh 1978-1982.

[17] vgl. Moraltheologie im Disput, in: ThGl 60, 1970, 125-139; Die kath. Theol. in der Krise, in: MThZ 32, 1981, 194-205.

[18] *Stoeckle*: Grenzen der autonomen Moral, München 1974; ders.: Handeln aus dem Glauben. Moraltheologie konkret, Freiburg-Basel-Wien 1975; ders. (Hg.): Wb. christl. Ethik, Freiburg-Basel-Wien 1975; *Harald Oberhem*: Ethik und Glaube. Zur logischen Struktur moraltheol. Normfindung, in: MThZ 31, 1980, 188-209; *Konrad Hilpert*: Die theol. Ethik und der Autonomie-Anspruch, in: MThZ 28, 1977, 329-366; ders.: Die theol. Rezeption des Autonomiegedankens und ihre Kritik, in: Conc(D) 20, 1984, 95-100.

Motive scheinen auch hier anzuklingen. Doch wenn wir fragen: Entlastet wovon?, und: Gehorsam gegen wen? – dann lugt unter dem biblischen Büßer- und Prophetengewand rasch die Altgestalt des Lehramtes hervor.

Wurde hier nur ein katholisches Gleichgewicht wieder hergestellt oder eine prinzipielle Wende vorbereitet? Unter dem scheinbar so weltoffenen Pontifikat *Johannes Pauls II.* scheint die zweite Möglichkeit die wahrscheinlichere zu sein. In den materialethischen Stellungnahmen zur Sexualethik setzt der Papst die Linie *Pauls VI.* und der Enzyklika „Humanae vitae" fort.[19] Seine Position wird von vatikanischen Theologen fundamentalmoralisch begründet und in der akademischen Diskussion offensiv vertreten. Nicht nur die ‚autonome Moral', sondern auch die Voraussetzungen einer ‚theonomen Autonomie' werden dabei in Frage gestellt.[20] Bedenklich ist dabei natürlich nicht der Streit um die Sache selbst. Aufmerken läßt zum einen die Unbekümmertheit, mit der der nach dem Konzil aufgerissene neuzeitliche Problemhorizont wieder zugehängt wird.[21] Zum anderen geben der Kontext der Debatte zu denken und die Art und Weise, in der darin *Karol Wojtyla* zur moraltheologischen Autorität hochstilisiert wird.[22] Sicherlich wird auch die neue Runde im Streit um die ‚autonome Moral' nicht ohne Ertrag für den Erkenntnisfortschritt ökumenischer Ethik sein. Doch ein ökumenisches Gespräch, das den Boden der institutionellen und geschichtlichen Realität nicht unter den Füßen verlieren will, muß aufmerksam prüfen, ob die Kontrahenten noch um das alte christliche Problem einer angemessenen Verhältnisbe-

---

19 vgl. *Walter Schöpsdau*: Sexualethik und Gottesbild bei Johannes Paul II., in: MdKJ 35, 1984, 100.

20 vgl. *Josef Seifert*: Gott und Sittlichkeit innerweltlichen Handelns. Kritische phil. Reflexionen über den Einfluß anthropomorpher und agnostischer Gottesvorstellung auf Ethik und Moraltheol., in: Forum Kath. Theol. 1, 1985, 27-47; *Seifert* bezieht sich auf *Josef Fuchs*: Das Gottesbild und die Moral innerweltlichen Handelns, in: StdZ 202, 1984, 363-382.

21 „Wie soll ein Produkt evolutiver biologischer Prozesse ernsthaft als frei bezeichnet werden? Wird jedoch die Unfreiheit der Person - als unausweichliche Folge der evolutionären Entstehung der ganzen Person aus einer immanenten Entwicklung der Materie und des nicht-personalen Lebens - impliziert, fallen ferner auch Sünde, Erlösung, Rechtfertigung, Verantwortung, Gericht, die Letzten Dinge", *Seifert*: wie Anm. 20, 22.

22 *Seifert* verteidigt gegen *Fuchs* „eine tief in rezeptiv-objektiver Wirklichkeits- und Werterkenntnis begründete Ethik wie Johannes Paul II. und Caffarra sie vertreten", ebd., 45, s. auch 35 u.ö.; vgl. *Marian Jaworski* (Bischof und Rektor der Päpstlichen Theol. Akademie in Krakau): Der christozentrische Humanismus von Johannes Paul II., ebd., 20-26; *Carlo Caffarra*, Leiter des von *Johannes Paul II.* gegründeten Instituts für Ehe und Familienfragen, war einer der Hauptredner des Kongresses „Erneuerung der Phil. Aufgaben des christl. Philosophen heute" vom September 1984 in Liechtenstein, über den ebenfalls ebd., 48-52, berichtet wird; den anderen von *Fuchs* angegriffenen Gewährsmann für die Sexuallehre des Papstes, den Mailänder Moraltheologen *Dionigi Tettamanzi*, nennt *Seifert*, ebd., 29 Anm. 4, zusammen mit *Tadeusz Styczén*, dem Lehrstuhlnachfolger und Mithg. der Schr. *Wojtylas*: Liebe und Verantwortung. Eine ethische Studie, München 1979; Erziehung zur Liebe. Mit einer ethischen Fibel, Stuttgart 1979.

stimmung von Theonomie und Autonomie ringen, oder ob bloß die voluntaristische gegen die rationalistische Komponente des Katholizismus ins Feld geführt wird, um formale Kompetenzansprüche des Lehramts zu stärken.

Gerungen wird bei alldem um das Erbe des Konzils. Der jetzige Präfekt der Kongregation für die Glaubenslehre, Kardinal *Joseph Ratzinger*, distanzierte sich ab 1973 zunehmend von seinen Freunden und Kollegen im Herausgeberkreis von „Concilium". 1975 nahm er im Rahmen einer Gemeinschaftsveröffentlichung gegen die ‚autonome Moral' Stellung.[23] 1985, zwanzig Jahre nach Abschluß des Konzils, äußerte er sich in einem in Buchform erschienen Interview „Zur Lage des Glaubens".[24] Gegen die ‚autonome Moral' lautet seine Kernthese: „Für die Kirche ist die *Sprache der Natur [...] auch die Sprache der Moral.*"[25] Abzulehnen sind teleologische Ansätze, ein „übertriebener Personalismus" und „die Vorstellung, daß die Moral einzig auf der Grundlage der Vernunft aufzubauen sei und daß diese Autonomie der Vernunft auch für die Gläubigen gültig sei." Denn daraus folge: „Also kein Lehramt mehr, nicht mehr der Gott der Offenbarung mit seinen Geboten, seinem Dekalog."[26]

Ratzinger beruft sich dabei immer wieder gegen den „Ungeist des Konzils" auf das „wahre Konzil": „Die Lektüre des *Buchstabens* der Dokumente wird uns ihren *Geist* entdecken lassen können."[27] Als ehemaliger Mitverfasser weiß er allerdings, daß sich in den vielfältigen Kompromißformulierungen des Konzils neben dem Geist der institutionellen Kontinuität um jeden Preis *auch* der Wille niedergeschlagen hat, die Kluft zu überwinden zwischen Norm und Situation, zwischen neuzeitlicher Personenerfahrung und der traditionellen Definition der Aktnatur, zwischen angeblich unabänderlichen ‚göttlichen Geboten' und der Stimme des Gewissens, zwischen der Vernunftautonomie der Glaubenden und dem Gehorsam gegenüber dem Lehramt. Dies waren Intentionen des Konzils, die über den tridentinischen Konfessionalismus hinausführen sollten. In der ersten Phase der Kirchen- und Theologiegeschichte nach dem Konzil war nicht zuletzt die Moraltheologie von solchen ökumenischen Intentionen bestimmt. Es muß offen bleiben, ob sie sich auch in jener zweiten Phase nach dem Konzil, die *Ratzinger* unter das Leitwort ‚Restauration' stellt[28], weiter auf eine ökumenische Ethik zu bewegen kann. In jedem Fall wird die Moraltheologie zu einem Bewährungsfeld ökumenischer Solidarität werden.

---

[23] Kirchl. Lehramt - Glaube - Moral, in: ders./*Heinz Schürmann*/ *Hans Urs von Balthasar* (Hg.): Prinzipien christl. Moral, Einsiedeln 1975, 41-66; zur selben Zeit verfaßte er eine – zunächst privat gedruckte – negative Bilanz der Wirkung des Konzils, vgl. ders.: Theol. Prinzipienlehre. Bausteine zur Fundamentaltheol., München 1982, 383-395: „Bilanz der Nachkonzilszeit – Mißerfolge, Angaben, Hoffnungen".

[24] Ein Gespräch mit *Vittorio Messori*, München-Zürich-Wien 1985.

[25] ebd., 98, vgl. 83-92 „Die Krise der Moral".

[26] ebd., 89f. [27] ebd., 38. [28] ebd., 35ff „Restauration?".

Reinhard Frieling

Befreiungstheologie und Rechtfertigungslehre
Eine ökumenische Verständigung in Sicht?

Das Thema verbindet zwei Größen miteinander, die heute bisweilen als Alternative verstanden werden. ‚Befreiungstheologie' gilt dabei als Chiffre für den sozialpolitisch-revolutionären Kampf gegen Unterdrükkung, Ausbeutung und Armut, als Ausdruck einer ‚neuen Art, Theologie zu treiben', nämlich von der Praxis, vom geschichtlich-emanzipatorischen, politischen Handeln her. ‚Rechtfertigungslehre' signalisiert hingegen traditionell das Heil des einzelnen Menschen „allein aus Gnaden durch den Glauben". Die gegenseitigen Vorwürfe sind bekannt: Befreiungstheologen halten eine individualistische und unpolitische Rechtfertigungslehre für eine Verkürzung des Evangeliums, welches doch als integrales Heilswerk Gottes sowohl den ganzen Menschen mit Leib und Seele als auch die ganze Menschheit, die Welt, meint, seit Jesus Christus den Anbruch des Reiches Gottes verkündigte. Umgekehrt wird der Befreiungstheologie vorgeworfen, sie verwechsele christliches Heil und irdisches Wohl, sie verkürze das Evangelium, weil an die Stelle des Heils aus Gnaden und der Rechtfertigung aus Glauben eine Theologie der gesellschaftlichen Befreiung und des immanenten geschichtlichen Heils getreten sei, eine religiöse Verbrämung eines politischen Programms.

I. Rechtfertigung und Erfahrung/Praxis

Lateinamerikanische Befreiungstheologen sprechen von ‚Theologie aus der Praxis des Volkes', ja sogar vom ‚Primat der Praxis', während die Theologie als kritische Reflexion gläubiger Praxis ‚das zweite Wort' habe; vom Engagement der Christen in der Geschichte als einem ‚theologischen Ort' ist die Rede. Das hört sich auf Anhieb ketzerisch an, nach ‚Werkgerechtigkeit' und Preisgabe des Christentums als Erlösungsreligion.

So einfach ist die Sache jedoch nicht. Vielmehr erleben wir eine lateinamerikanische Variante dessen, was wir in Europa längst unter dem Stichwort ‚Geschichtlichkeit' diskutiert haben. Es ist uns selbstverständlich geworden, bei einer theologischen Aussage nach ihrem ‚Sitz im Leben' zu fragen; wir berücksichtigen die Subjektivität und die Lebenssituation des Theologen wie die des Adressaten der Theologie. In der römisch-katholischen Kirche ist die neuscholastische Methode weitgehend preisgegeben, unter Theologie nur die wissenschaftliche Erforschung der ewig gültigen Dogmen zu verstehen. In den evangelischen Kirchen bedeutet Theologie nicht nur, von exegetischen Befunden zu dogmatischen Sätzen zu gelangen, sondern auf dem Grunde der Heiligen Schrift und belehrt durch die Kirchengeschichte unter den heutigen Lebensbedingungen das lebendige Wort Gottes zu erfassen zu suchen. All das widerspricht nicht der Rechtfertigung aus Gnaden durch den Glauben, vielmehr setzt jede theologische Rede die Rechtfertigung selbst voraus.

‚Rechtfertigung' – von Gott durch Christus gerecht erklärt und geheiligt worden zu sein, das ist die Urerfahrung christlichen Glaubens. Sie ist ‚neues Leben in Christus' und als solches eben ‚Praxis' und ein ‚theologischer Ort'. Sie liegt – freilich differenziert, wie zu zeigen ist – auch den Befreiungstheologien zugrunde.

Nehmen wir das lateinamerikanische Pathos aus manchen uns zunächst schockierenden Sätzen der Befreiungstheologie heraus, so ergibt sich rasch eine vernünftige Gesprächsgrundlage. Mit geduldigem Zuhören beginnt der lateinamerikanisch-europäische Dialog, und in mancher Hinsicht lernen wir aus den theologischen Erfahrungen der Christen, die bei ihrem Kampf gegen alles, was den Menschen unterdrückt, nach Gottes befreiendem Eingreifen fragen.

Die ganze Diskussion um die Befreiungstheologien kann ich jetzt nicht nachzeichnen[1], vielmehr geht es begrenzt um die theologischen Begründungen für gesellschaftspolitisches Handeln der Christen und der Kirchen. Ohne faule Kompromisse eingehen zu wollen, weise ich thesen- und holzschnittartig auf einige Voten hin, die geeignet sind, aus der Alternative ‚Befreiungstheologie oder Rechtfertigungslehre' herauszuführen. Ich lege dafür gewissermaßen ein dogmatisches Traktat vor, nicht eine Beschreibung lateinamerikanischer Situationen.

Dabei erhebt sich zugleich die Frage, ob im Horizont lateinamerikanischer Befreiungstheologie die alten evangelisch-katholischen Kontroversen über die Rechtfertigungslehre heute vielleicht überholt sind. Um Kriterien für eine Antwort zu finden, will ich im folgenden zunächst die katholische Rechtfertigungs- und Befreiungstheologie nachzeichnen (II. bis VI.), sodann die evangelische Rechtfertigungs- und Befreiungstheologie umreißen (VI. bis X.) und schließlich Rechtfertigung und Befreiung im konfessionellen Vergleich beleuchten (XI. und XII.).

II. Traditionelle katholische Rechtfertigungslehre

Die traditionelle römisch-katholische Rechtfertigungslehre ist ein Kapitel der Gnadenlehre und bezieht sich auf das Heil des einzelnen Chri-

---

[1] vgl. ausführlich vom Vf.: Befreiungstheologien. Studien zur Theol. in Lateinamerika (BenshH 63), Göttingen 1984, 196 S.

sten. Die Rechtfertigung des Sünders durch den Glauben bewirkt zugleich eine Heiligung und Erneuerung des inneren Menschen, ein Wachstum der empfangenen Rechtfertigung in Glaube, Hoffnung und Liebe. Dieser Rechtfertigungskonzeption liegt ein Verständnis von Natur und Gnade zugrunde, welches voraussetzt, daß die Natur des Menschen durch die (Erb-) Sünde nicht völlig verderbt ist und daß Gott durch das Erlösungswerk Christi die Natur wieder ‚mit Gnade gekrönt' und sie geheilt hat. In Christus wird also das Reich Gottes offenbar; nach der Auferstehung stellt dann die Kirche „Keim und Anfang dieses Reiches auf Erden" dar (Kirchenkonstitution „Lumen gentium" Nr. 5), und der einzelne Gläubige hat durch sie daran Anteil. Unter der Voraussetzung der zuvorkommenden Gnade kann sodann auch vom ‚Verdienst der guten Werke' gesprochen werden.

In Relation zur Befreiungstheologie interessiert die Frage, ob an der Rechtfertigungslehre Kriterien für die Gestaltung der Gesellschaft abgelesen werden können. Das Trienter Konzil sprach sich im Lehramtsentscheid über die Rechtfertigung (1547) zurückhaltend aus, indem es lediglich auf die „Beobachtung der Gebote Gottes und der Kirche" hinwies. Die Rechtfertigungslehre ist hier nicht, wie *Ernst Wolf* für die evangelische Theologie formulierte, „Mitte und Grenze der Theologie" schlechthin, sondern ein dogmatischer Teilaspekt, der das Heil des einzelnen betrifft. Für die Reich-Gottes-Vorstellungen und die Geschichtstheologie, für das Verhältnis von Kirche und Gesellschaft sind andere Glaubensartikel zuständig, und die konkrete Gestaltung der Gesellschaft wird von der Soziallehre der Kirche beschrieben.

III. „Statt Rechtfertigung sagen wir Befreiung"

Katholische Befreiungstheologen in Lateinamerika scheinen nun einen anderen Weg zu beschreiten, wenn sie mit Hilfe des neuen Schlüsselwortes ‚Befreiung' eine neue Art beanspruchen, Theologie zu treiben. Der Stellenwert von ‚Befreiung' ist durchaus dem vergleichbar, was evangelische Theologie mit der ‚Rechtfertigung' als Mitte und Grenze der Theologie meint. Als besonders eindrückliches Beispiel greife ich die Theologien des brasilianischen Franziskaners *Leonardo Boff* und des Peruaners *Gustavo Gutiérrez* heraus. *Boff* sieht auch sachlich eine unmittelbare Parallele zwischen Rechtfertigung und Befreiung: „Statt Rechtfertigung (das Schlüsselwort paulinischer und tridentinischer Theologie) sagen wir Befreiung. Dieses Wort meint die selbe Wirklichkeit, betont aber deren dynamische und geschichtliche Dimension."[2]

---

[2] Erfahrung von Gnade. Entwurf einer Gnadenlehre, Düsseldorf 1978, 322 S., hier 222.

Eingezeichnet in die Gnadenlehre bedeutet diese Position: „Die klassische Gnadenlehre berücksichtigte nicht hinlänglich den gesellschaftlichen Aspekt der Sünde und konnte deshalb auch die Rechtfertigung nicht in strukturellen und sozialen Begriffen verdeutlichen. Sie dachte privatistisch und verinnerlicht und begünstigte daher ideologisch die Inhaber der Macht und die Verursacher der Unterdrückung. Heute denkt man Gnade als Befreiung von jeder Unterdrückung, indem man die Situation der Un-Gnade entlarvt und fordert, daß endlich Situationen geschaffen werden, in denen die Gnade Gottes in brüderlicheren und gerechteren gesellschaftlichen Vermittlungen geschichtliche Gestalt annehmen kann."[3]

Hier deutet sich die Eigenart der lateinamerikanischen Befreiungstheologie an, Theologie von der Erfahrung der strukturellen Ungerechtigkeit und sozialen Sünde (Abhängigkeit, Unterdrückung, Elend) her zu treiben. Die Situationen des Theologen und des Adressaten seiner Theologie, das Woher und das Wozu der Theologie, sind von vornherein einbezogen in die theologische Reflexion. Doch ebenso beachtenswert ist *Boffs* Ansatz, die „gesellschaftlichen Vermittlungen" der Gnade Gottes als Korrektur der klassischen Unterscheidung von Natur und Gnade zu begreifen, wo Gnade sprachlich verdinglicht und nur als Zusatz (superadditum) zur unzulänglichen Natur gedacht sei. In bewußter Anknüpfung an *Martin Luther* will *Boff* mit neuen personalen Kategorien das Phänomen der Erfahrung von Gnade beschreiben: als Begegnung, Beziehung, Dialog, gegenseitige Offenheit, Vertrauen usw., und zwar integral in der Gott-Mensch-Relation wie in den Beziehungen der Menschen untereinander. Gnade erscheint dann „nicht als Zusatz und Verdoppelung der Gegenwart Gottes in der Welt, sondern als Ausdruck einer latenten Befähigung im Geschöpf".[4]

Es ist deutlich, daß *Boff* ‚Befreiung' oder ‚Erfahrung von Gnade' nicht einfach auf ein theologisch-politisches Programm reduziert, sondern daß er umfassender denkt. Sein Einstieg und Zugang zum Thema ‚Rechtfertigung und Befreiung' stellt eine Erweiterung des bisherigen katholischen Horizonts dar, in welchem Gnade vor allem übernatürlich, ekklesiozentrisch oder auf die Person als Individuum oder Seele bezogen im Blick war. Zugleich fällt dem evangelischen Leser freilich auf, wie *Boff* nicht nur auf für uns ungewohnte Weise bei den ‚Erfahrungen' von Gnade ansetzt, sondern voraussetzt, daß die Gnade als Gegenwart Gottes latent im Menschen immer schon da sei, so daß sie nur ‚entdeckt' und ‚bewußt gemacht' werden muß. Hier scheint *Boff* – und mit ihm wohl die ganze katholische Befreiungstheologie in Lateinamerika – sich fast klassisch auf den Bahnen der natürlichen Theologie zu bewegen, es wird nur die Vermittlungsinstanz ‚Vernunft' (ratio) ergänzt durch den Gedanken des Pri-

[3] ebd., 29f.

[4] ebd., 37.

mats der Praxis, des befreienden Handelns. Die Klammer bildet bei *Boff* der Sakramentsgedanke: in seiner Dissertation (Paderborn 1972) behandelte er „Die Kirche als Sakrament im Horizont der Welterfahrung", und in jüngerer Zeit favorisiert er in Basisgemeinden eine „Kirche, die die konkreten Befreiungsschritte sakramentalisiert".[5]

IV. *„In gewisser Weise Heilswerk"*

Das Wirken Gottes sowie das Tun der Menschen und der Kirche verbinden sich sakramental, nicht nur in den Sakramenten der Kirche, sondern auch in säkularen Ereignissen, konkret in der Befreiungsgeschichte der Menschheit durch Politik, Wirtschaft und Kultur: „Gott und Mensch arbeiten gemeinsam daran, daß das Reich Gottes in der Geschichte empfangen und geboren werden und bis zu seiner endgültigen Fülle wachsen kann."[6] In diesem sakramentalen Sinne sehen katholische Befreiungstheologen keineswegs das ‚Allein aus Gnaden' verletzt. wenn etwa *Gutiérrez* programmatisch für die Befreiungstheologie formuliert: „Die Schaffung einer gerechten Gesellschaft hat den Wert der Annahme des Gottesreiches, oder – in einer uns vertrauten Sprachfigur – die Teilnahme am Befreiungsprozeß des Menschen ist schon in gewisser Weise Heilswerk."[7] Die klassische Weise, in den Begriffen von Rechtfertigung und Erlösung zu denken, kulminiert in dem neuen theologischen Paradigma ‚liberación', Befreiung.

Gutiérrez nennt drei Bedeutungsebenen von ‚liberación', die einen einzigen Komplex bilden, sich wechselseitig durchdringen und ihre volle Verwirklichung im Erlösungswerk Christi finden: erstens die politisch-soziale Befreiung der sozialen Klassen und unterdrückten Völker, zweitens die geschichtlich-prozeßhafte Befreiung der Menschen im Sinne einer fortschreitenden Emanzipation der Menschheit durch eine permanente Kulturrevolution und drittens das Verständnis von ‚liberación' als Erlösung von personaler Sünde, „die letzte Ursache eines jeden Bruchs von Freundschaft, einer jeden Ungerechtigkeit und Unterdrückung".[8] Je nach Ort und Situation kann die Reihenfolge im integralen politischen, geschichtlich-emanzipatorischen und soteriologischen Befreiungsprozeß wechseln. Darum nehmen sich lateinamerikanische Befreiungstheologen das Recht, in ihrer Situation die ‚befreiende Aktion' , den ‚Befreiungskampf' als theologischen Ort zu begreifen und Theologie als kritische Reflexion des Handelns der Glaubenden zu verstehen.

---

[5] Kirche: Charisma und Macht, Düsseldorf 1985, 285 S., hier 214; vgl. *Gustavo Gutiérrez*: Theol. der Befreiung, München/Mainz 1973, 288 S., vgl. besonders 237f. „Kirche als Sakrament der Geschichte".

[6] *Boff*: Erfahrung von Gnade, 226.

[7] Theol. der Befreiung, 71.

[8] ebd., 42.

Boffs ,Erfahrung von Gnade' und *Gutiérrez'* integrales Befreiungskonzept implizieren also folgende Relation von Rechtfertigung, Erlösung und Geschichte: Das Reich Gottes nimmt im geschichtlichen Befreiungsprozeß schon jetzt, aber noch nicht endgültig, Gestalt an. Es gibt nicht zwei Geschichten, eine Heils- und eine Weltgeschichte, sondern „nur eine Geschichte mit Christus als ihrem Ziel".[9] Vielfältige Begründungen werden geliefert: Aus dem Alten Testament die Schöpfung und Gottes befreiendes Eingreifen in die Geschichte, vor allem beim Bundesschluß und im Exodus. Hier begegnen uns als theologische Schemata ,Schöpfung und Erlösung' oder ,Verheißung und Erfüllung'. Im Neuen Testament wird diese Linie im Heilswerk Christi weiterverfolgt: Es geht im Werk Christi um eine Neuschöpfung, um den Anbruch des Reiches Gottes und um Befreiung von der Sünde und all ihren Folgen. Der Weg Jesu zum Kreuz und unsere Nachfolge, Auferstehung und Menschwerdung Christi in den Armen und in der Nächstenliebe, das sind die Begründungen für die Beteiligung an der Sendung Christi in die Welt zur integralen Befreiung der Menschen.

Die Befreiungstheologie ist eine biblisch orientierte Theologie, die ihren eigenen ,Sitz im Leben' nicht verleugnet. Die Heilige Schrift wird aus der Sicht der Armen und Unterdrückten von der ,Rückseite' der Geschichte her ,neu gelesen', indem das Interesse sich auf Befreiungskämpfe konzentriert und Kreuz und Auferstehung als Befreiung von allen Formen der Sünde verstanden werden. *Boff*: Wenn bei *Paulus* die ,Gerechtigkeit Gottes' gewissermaßen der Schlüssel der Theologie sei, und wenn *Luther* und andere Reformatoren die Rechtfertigung allein aus Gnaden durch den Glauben als Vorzeichen aller Theologie verstanden, so sei dies in der jeweiligen Situation mit ihren religiösen Erfahrungen ebenfalls angemessenes ,Neulesen' der Heilsgeschichte und der Heiligen Schrift.

V. Immanentismus und Selbsterlösung?

Die Hervorhebung irdischer Befreiungskämpfe in der Theologie hat im Jahr 1984 eine heftige Kritik der römischen Glaubenskongregation hervorgerufen.[10] Zwar sollen nur ,einige Aspekte' im Blick sein, konkret die Verbindung mit der marxistischen Gesellschaftsanalyse, aber es wird dann doch im Singular ,die' Befreiungstheologie pauschal verurteilt. Nicht mehr zwischen Heils- und Profangeschichte zu unterscheiden, zeuge von einem ,historizistischen Immanentismus': „Dadurch ist man bestrebt, das Reich Gottes und sein Werden mit der menschlichen Befreiungsbewegung zu identifizieren und aus der Geschichte das Subjekt ihrer

---

[9] ebd., 140.

[10] Instr. der Kongregation für die Glaubenslehre über einige Aspekte der „Theologie der Befreiung" vom 6. August 1984 (Verlautbarungen des Apost. Stuhls 57), Bonn 1984.

eigenen Entwicklung als Prozeß der Selbsterlösung des Menschen durch den Klassenkampf zu machen" (Nr. 9 Abs. 3).

Wenn tatsächlich in der Befreiungstheologie solche Identifizierungen vorlägen, hätte die Glaubenskongregation recht. Sie würde - mit anderen Worten, aber in der Sache gleich – wie die reformatorische Rechtfertigungslehre gegen die Werkgerechtigkeit polemisieren. Einen krasseren Gegensatz als ‚Rechtfertigung' und ‚Selbsterlösung' gibt es nicht. Nur ist die vorausgesetzte völlige Identifizierung von Reich Gottes und irdischem Befreiungsprozeß bei kaum einem lateinamerikanischen Befreiungstheologen nachzuweisen. Rom und die lateinamerikanischen Ghostwriter der Instruktion machen es sich zu leicht mit ihrem Horizontalismus-Vorwurf, wenn sie nicht die durchgängige sakramental-theologische Grundlage der Befreiungstheologie beachten (vgl. *Boffs* Gnadenlehre) und in diesem Zusammenhang ernst nehmen, was nahezu alle Befreiungstheologen nicht müde werden zu betonen: daß es beim menschlichen Handeln um die ‚Annahme' des Gottesreiches gehe, das heißt, das Reich Gottes werde nicht von Menschen errichtet, sondern es sei eine ‚Gabe' , ein ‚sozio-historisches Projekt Gottes', das mit der Auferstehung Christi begann und das der Auferstandene in Aktionen der Liebe und Solidarität fortführe. *Gutiérrez*: „Wir identifizieren nichts. Dennoch wird ohne geschichtliche Befreiungsinititativen das Gottesreich nicht wachsen können."[11]

Dem evangelischen Beobachter dieser innerkatholischen Kontroverse mag auffallen, daß die Befreiungstheologie sich ähnliche Vorwürfe gefallen lassen muß, wie sie von evangelischen Kontroverstheologen gegenüber der römisch-katholischen Meßopferlehre geäußert wurden. Katholische Antworten vom Tridentinum bis heute weisen entrüstet zurück, daß die Redeweise vom ‚Opfer Christi', das die Kirche darbringt, die Relation von Werk Christi und Tun der Kirche verfälsche: Christus handele im Handeln der Kirche, die sein Leib sei. Können die lateinamerikanischen Befreiungstheologen nicht ähnlich dem römischen Vorwurf der Selbsterlösung begegnen? Ich vermag nicht zu sagen, daß die lateinamerikanische Befreiungstheologie der römisch-katholischen Rechtfertigungslehre widerspricht.

Evangelische Rückfragen an die katholisch geprägte Befreiungstheologie betreffen freilich eben diese sakramental-theologische Sicht des Menschen, der Geschichte und der Kirche. Bevor ich darauf eingehe, ist noch eine Dimension des Themas zu behandeln, die mit den Stichworten ‚Befreiungstheologie oder Soziallehre der Kirche?' verbunden ist.

---

[11] a.a.O., 171; die Instr. der Kongregation für die Glaubenslehre über „Die christl. Freiheit und die Befreiung" vom 22. März 1986 (Verlautbarungen des Apost. Stuhls 70, Bonn 1986) betont in ähnlicher Weise den Zusammenhang von christl. Heil und irdischem Wohl, geht aber auf die Hermeneutik der lateinamerikanischen Befreiungstheologie nicht eigens ein; die Instr. erschien nach Abschluß des vorliegenden Aufsatzes.

VI. Befreiungstheologie oder Soziallehre der Kirche?

Die Gegenüberstellung von Befreiungstheologie und katholischer Soziallehre begegnete schon Anfang der 70er Jahre, gewann jedoch in Deutschland besonderes Gewicht, als der Vorsitzende der katholischen Deutschen Bischofskonferenz, Kardinal *Joseph Höffner*, sein Eröffnungsreferat bei der Herbstvollversammlung in Fulda 1984 unter diese Frage stellte.[12] Für *Höffner* ist eine richtig verstandene Theologie der Befreiung „ein *Teil* der Soziallehre der Kirche. Sie ist nicht mit ihr identisch; denn die Soziallehre der Kirche ist umfassender. Sie handelt nicht nur von der Überwindung der Unfreiheit in der Gesellschaft, sondern von den Ordnungsprinzipien des gesellschaftlichen Lebens (Solidarität, Subsidiarität, Gemeinwohl) und vom Ordnungsgefüge der Gesellschaft (Ehe und Familie, Arbeit und Beruf, Wirtschaft, Staat, Völkergemeinschaft)."[13]

Ohne auf Einzelheiten eingehen zu können – etwa im Verhältnis von ‚Soziallehre der Kirche' und der Pluralität ‚katholischer Soziallehren' – möchte ich einige Linien aufzeigen, welche die Beziehungen von katholischer Offenbarungstheologie und Soziallehre kennzeichnen, um den Konflikt zwischen Befreiungstheologie und Soziallehre sowie zwischen Befreiungstheologie und Rechtfertigungslehre verstehen und beurteilen zu können.

Die katholische Soziallehre, wie sie im deutschsprachigen Raum vor allem von *Oswald von Nell-Breuning* geprägt wurde, setzt die Unterscheidung von Natur und Gnade, von Naturrecht und Offenbarungsordnung, von Schöpfungs- und Erlösungsordnung voraus. Der Theologe berücksichtigt zwar die tranzendente Dimension des Menschenbildes, aber für die Soziallehre hat nicht sie, sondern der Naturrechtsgedanke konstitutive Bedeutung; dieser wird in der Soziallehre philosophisch, nicht theologisch, entfaltet. *Nell-Breuning* begrenzt den Auftrag der Kirche strikt auf ihre Heilssendung, weil „der Sohn Gottes Mensch wurde, um den durch die Sünde gestörten Heilsplan Gottes zu verwirklichen, nicht aber um die irdischen Folgen der Sünde aufzuheben: irdisches Wohl und Gerechtigkeit verhalten sich lediglich konsekutiv, nicht final zur Heilsoffenbarung. Kampf gegen Unrecht ist nur insofern Bestandteil des Heilswerkes Gottes, als Unrecht Sünde (malum morale) ist; soweit es als Bedrük-

---

[12] Soziallehre der Kirche oder Theol. der Befreiung? (Der Vorsitzende der DBK 11), Bonn 1984; vgl. gewissermaßen als Gegenposition *Heinrich Ludwig*: Theol. der Befreiung und kath. Soziallehre, in: *Horst Goldstein* (Hg.): Befreiungstheol. als Herausforderung, Düsseldorf, 223 S., hier 182-205; *Clodovis Boff*: Die kirchl. Soziallehre und die Theol. der Befreiung. Zwei entgegengesetzte Formen sozialer Praxis? in: Conc(D) 17, 1981, 775-780; *Werner Kroh*: Kirche im gesellschaftlichen Widerspruch. Zur Verständigung zwischen kath. Soziallehre und politischer Theol., München 1982, 244 S.

[13] a.a.O., 31.

kung (malum physicum) erfahren wird, ist die Befreiung davon höchstens Folge der Sendung Christi und der Kirche".[14]

Im Bereich der Soziallehre wird dann gemeinhin gefordert, daß die Änderung des Menschen selbst und Reformen der Institutionen und Strukturen gleichzeitig sein müssen. Hingegen fällt auf, daß die erwähnte römische Instruktion zur Befreiungstheologie soziale Veränderungen „nur dadurch" für erreichbar hält, „daß man an die ethischen Fähigkeiten der Person und an die beständige innere Umkehr appeliert" (Nr. 9 Abs. 8).

Die Aufteilung in Offenbarungstheologie und philosophische Soziallehre wurde in der katholischen Kirche freilich seit der Enzyklika „Mater et magistra" (1961) und der Pastoralkonstitution „Gaudium et spes" des Zweiten Vatikanischen Konzils nicht durchgehalten, zum Verdruß von *Nell-Breuning*. Die Enzyklika (Nr. 3 Abs. 4) schreibt der Kirche „auch" einen direkten Auftrag für das irdische Wohl zu und verläßt „die hohe Ebene der philosophisch-naturrechtlichen Argumentation zugunsten eines empirisch-soziologischen Denkstils"; und die Pastoralkonstitution „legt ihrem Bild von der menschlichen Gesellschaft ein nicht nur schöpfungstheologisch, sondern heilsgeschichtlich fundiertes Verständnis der Menschenwürde zugrunde und interpretiert die religiöse Sendung der Kirche ganzheitlicher als es das Nebeneinander von Soziallehre und Offenbarungstheologie zum Ausdruck bringt".[15]

An dieses ganzheitliche Denken knüpfen lateinamerikanische Befreiungstheologen unmittelbar an, wenn sie Rechtfertigung und Befreiung zusammensehen. Die naturrechtliche Argumentation der Soziallehre der Kirche unterliegt bei ihnen dem Verdacht, sie sei nur eine der Neuzeit angepaßte Neuauflage des Anspruchs auf eine „indirekte Gewalt der Kirche in zeitlichen Dingen" (potestas indirecta in temporalibus), „ein Versuch, den universalen Wahrheitsanspruch der Kirche auf dem Wege über die Verkündigung zeitloser, vernünftig erkennbarer Prinzipien zu erneuern, der ihr aber nur eine Scheinuniversalität einbringe, da sie ihre eigene gesellschaftliche Situiertheit nicht mehr reflektiere und aufgrund der Abstraktheit ihrer Prinzipien gegen ihre Instrumentalisierung durch am Status quo interessierte Gruppen wehrlos sei".[16]

Diese letztere Erfahrung machen tatsächlich die lateinamerikanischen Befreiungstheologen in ihren Konflikten mit etlichen Bischöfen, welche Befreiungstheologie und kirchliche Soziallehre als Alternative ansehen. Unter Berufung auf eine „relative Autonomie irdischer Wirklichkeiten"

---

[14] *Walter Schöpsdau*: Oswald von Nell-Breuning und die kath. Soziallehre, in: MdKI 36, 1985, 23-28, hier 26.

[15] ebd., 27.

[16] ebd., 28; die Anm. 11 erwähnte röm. Instr. von 1986 führt mit einigen Konkretionen bezüglich der Gewaltanwendung und der „Ideologie der Nationalen Sicherheit" sowie der Option für die Armen und für Basisgemeinden etwas weiter, bleibt aber mit den allgemeinen Postulaten einer „Zivilisation der Liebe" und einer „Zivilisation der Arbeit" gesellschaftspolitisch ziemlich abstrakt und unkonkret.

(„Gaudium et spes“ Nr. 36) werde die Kirche unfähig gehalten, konkret in den säkularen Befreiungsprozeß einzugreifen; allenfalls dürften die Laien politisch Partei ergreifen, während die Kirche die Normen der Soziallehre für alle verkünde und somit konfliktfrei über den Dingen schwebe. Eine integrale Rechtfertigungs- und Befreiungskonzeption befreie hingegen die Christen und die Kirche, den Weg Gottes mit den Menschen zu gehen und die vorrangige Option für die Armen wirklich befreiend zu praktizieren und nicht nur theoretisch im Konzept einer Zivilisation der Liebe zu postulieren. Die Gegenvorwürfe sind bekannt: Verkürzung des Evangeliums auf irdische Ziele, Ausverkauf der Theologie an parteipolitische Optionen, ein Neo-Klerikalismus diesmal mit linkem Vorzeichen usw.

In diesen gegenseitigen Vorwürfen ist innerhalb der römisch-katholischen Kirche vor allem der Konflikt um die lateinamerikanische Befreiungstheologie begründet, weniger in einer theologischen Alternative von Rechtfertigungslehre und Befreiungstheologie! – Zur weiteren Klärung der Kriterien wende ich mich nun der evangelischen Rechtfertigungs- und Befreiungstheologie zu.

VII. Universal ausgerichtete Neuinterpretation der evangelischen Rechtfertigungslehre

In der deutschen evangelischen Theologie war seit der Konkordienformel, der Orthodoxie und dem Pietismus die Intention vorherrschend, die Rechtfertigung des je einzelnen zu betonen und die Weltveränderung nur durch eine Menschenveränderung für möglich zu halten.[17] Die alte, alternativ gestellte Frage, ob der Sünder nur in Gottes Urteil (‚forensisch‘) als gerecht gilt, oder ob er gerecht gemacht wird und ‚effektiv‘ gerecht ist, wird heute wohl allgemein als falsch und überholt betrachtet. Gott erschließt im Akt der Rechtfertigung forensisch und effektiv dem Glaubenden eine neue Relation des Lebens: er ist ‚in Christus‘ und nimmt teil an Gottes Wirken in der Welt. Die fundamentale Frage lautet (mit *Dietrich Bonhoeffer* und anderen): Wie kriegt Gott seine Kreatur, die Menschheit zurück? Wie wird die Welt durch Christus in Anspruch genommen und zu ihrem Ziel gebracht?

Wolfgang Sucker sprach am Abend vor seinem Tode Ende 1968 von einer notwendigen neuen Reformation, bei der zu dem klassischen vierfachen reformatorischen ‚Allein‘ (solus Christus, sola gratia, sola fide, sola

[17] vgl. das erwähnte Zitat aus der röm. Instr. zur Befreiungstheol.; vgl. die hist. Darstellung: *Gerhard Müller*: Die Rechtfertigungslehre. Gesch. und Probleme (Studienbücher Theol./KG und DG), Gütersloh 1977, 128 S.; *Vittorio Subilia*: Die Rechtfertigung aus Glauben. Gestalt und Wirkung vom NT bis Heute, Göttingen 1981, 306 S. (ital. Orig. Brescia 1976); *Albrecht Peters*, in: *Otto Hermann Pesch / Peters*: Einf. in die Lehre von Gnade und Rechtfertigung, Darmstadt 1981, 412 S., hier 119-168. 222-365; als Quellenheft *Ernst Kinder* (Hg.): Die ev. Lehre von der Rechtfertigung (QKK B1), Lüneburg 1957 (vergriffen).

scriptura) ein fünftes ‚allein für die Welt' hinzutritt. „Die Kirche und der Christ sind allein für die Welt da, sie beide Instrument der Weltpolitik Gottes, sie beide offen für die ganze Welt. In diesem ‚Allein' haben wir ein wesentliches Kennzeichen der neuen Reformation, das sich zu dem vierfachen ‚Allein' der alten Reformation hinzugesellt."[18] Diese Denkrichtung stellt keinen Gegensatz zur Rechtfertigung des einzelnen dar. Sie wurde jedoch als deren Weiterführung eindringlich bei den Vollversammlungen des Lutherischen Weltbundes in Helsinki 1963 und Evian 1970 von *Gerhard Gloege* und *Heinz-Eduard Tödt* ins Gespräch gebracht. Unter dem Titel „Gnade für die Welt" sagte *Gloege* in Helsinki: „Die Rechtfertigung meint ursprünglich ein Menschheitsgeschehen [...] ein Weltgeschehen, in dem Gott dem einzelnen wie der Menschheit im Rahmen der gesamten Schöpfung seine Gerechtigkeit widerfahren lassen will."[19] Die Rechtfertigung ist hier christologisch begründet. Sie wird nach der Auferstehung Christi durch die Verkündigung des Evangeliums in Wort und Tat vermittelt und lebt in der Hoffnung auf die Wiederherstellung aller Dinge am Ende der Tage (apokatastasis panton).

Während die traditionelle evangelische Theologie es gewohnt ist, für die universale Sicht des Heilshandelns Gottes die Begriffe ‚Rechtfertigung und Erlösung' zu benutzen und ‚Befreiung' dem Bereich der Ethik zuzuordnen, wird hier vom Zentrum evangelischen Glaubens her Glaube und Liebe, Heilsgeschichte und Weltgeschichte zusammengesehen, ohne sie zu identifizieren. Es geht theologisch streng um ein Handeln Gottes, das auf die Menschheitsgeschichte ausgerichtet ist. Weil es um Gottes Gerechtigkeit, also um ein Handeln Gottes geht, wäre es unredlich, den Vorwurf des ‚Horizontalismus' zu erheben. Die eigentliche Herausforderung besteht darin, daß Rechtfertigung und Befreiung hier nicht auf den einzelnen und seine Sündenvergebung und sein Heil im Jenseits konzentriert sind, sondern auf den Anbruch des Reiches Gottes in der Menschheitsgeschichte.

Ähnlich wie bei lateinamerikanischen Befreiungstheologen sprechen auch evangelische Theologen hierzulande vom integralen Heilswerk Gottes. Das schließt freilich nicht aus, daß ganz unterschiedliche Folgerungen für das Verhältnis von Glauben und Leben, von Dogmatik und Ethik gezogen werden können. Aus der evangelischen Kirchen- und Theologiegeschichte seien vor allem drei Ansätze in Erinnerung gerufen: die lutherische sog. Zwei-Regimenten oder Zwei-Reiche-Lehre, die reformiert geprägte Rede von der Königsherrschaft Christi und der anabaptistische Reich-Gottes-Gedanke.

---

[18] Die alte und die neue Reformation, in: JEB 12, Göttingen 1969, 170 S., hier 11f.

[19] Gnade für die Welt, in: Offizieller Bericht der Vierten Vollversammlung des LWB, Berlin-Hamburg 1965, 74-92, hier 76f.; *Tödt*: Schöpferische Nachfolge in der Krise der gegenwärtigen Welt, in: Evian 1970. Offizieller Bericht der Fünften Vollversammlung des LWB, Witten 1970, 53-72, hier 55, wörtliche Übernahme des Zitats von *Gloege*.

VIII. Die Zwei-Regimenten- oder Zwei-Reiche-Lehre

Luthers Verständnis der Rechtfertigungsbotschaft schloß durchaus den Gedanken ein, daß Gott in der Geschichte der Menschheit am Werk ist. In Anknüpfung an *Luthers* Rede von den beiden Regimenten Gottes und an die spätere sog. lutherische Zwei-Reiche-Lehre, wird zwischen zwei Verantwortungsbereichen unterschieden: Die Kirche wirkt nur mittels der Predigt von Gesetz und Evangelium auf die weltlichen Angelegenheiten ein, und der einzelne Christ ist nach Maßgabe seiner vom Glauben erleuchteten Vernunft für die konkrete politische Gestaltung der Welt zuständig. Diese Aufteilung wurde vom römisch-katholischen Lehramt nahezu völlig übernommen, auch von der lateinamerikanischen Bischofskonferenz in Puebla 1979. Sie überwindet den mittelalterlichen Klerikalismus und ermöglicht ein Ernstnehmen der europäischen Freiheits- und Aufklärungsgeschichte und der weltlich gewordenen Welt mit ihren Eigengesetzlichkeiten.

Befreiungstheologen widersprechen dieser Konzeption und Aufteilung nicht grundsätzlich, sofern die Evangelisation und das Wirken für menschlichen Fortschritt zusammen gesehen werden. Aus den lateinamerikanischen Erfahrungen wird aber kritisch bemerkt, daß diese Aufteilung in zwei Ebenen eine politische Neutralität der Kirche vorprogrammiert, die in Lateinamerika faktisch den Status quo ungerechter gesellschaftlicher Verhältnisse stützt. Wird Gottes ‚linkes' Regiment mit seiner politischen, ökonomischen und technologischen Autonomie so stark betont, daß ihm schließlich Gottes ‚rechtes' Regiment nichts Relevantes mehr zu sagen hat? Kann bei einer Trennung der beiden Reiche die rechtfertigende Gnade Gottes überhaupt noch inspirierend in Gottes Erhaltungsordnungen hineinwirken? Ich meine, wir hörten hier berechtigte Fragen der Befreiungstheologie an einige Tendenzen in der lutherischen Rechtfertigungs- und Zwei-Reich-Lehre, und zwar ohne daß die klare lutherische Rangfolge von Indikativ und Imperativ des Glaubens, von Rechtfertigung vor Gott und Heiligung des Lebens in der Welt grundsätzlich in Frage gestellt würde.

IX. Die Königsherrschaft Christi

Die reformierte Tradition, von Rechtfertigung und Heiligung zu sprechen, hängt eng zusammen mit *Zwinglis* und *Calvins* Vorstellung vom dreifachen Amt Christi. Von den zwanziger bis in die sechziger Jahre unseres Jahrhunderts wurde unter *Karl Barths* Einfluß die ‚Königsherrschaft Christi' ein bestimmendes theologisch-ethisches Leitmotiv. Es soll einerseits jegliche Vermischung der Herrschaft Gottes mit innerweltlichen Ordnungen vermeiden helfen, andererseits muß nach *Barth* die christliche Gemeinde ihr Bekenntnis in der Welt ablegen, indem sie sich als das Werkzeug begreift, das dieser Herrschaft zur Durchsetzung verhilft. In den Kategorien von ‚Gehorsam' oder ‚Nachfolge' kann die Kirche hier direkt ein Zeugnis und einen Dienst an den Staat und an die Gesellschaft richten und sie daran erinnern, daß sie mit der Welt auf dem Weg zum Reiche Gottes sind. Das Bekenntnis vor der Welt kann innerchristlich dazu führen, daß auch bei ethischen und politischen Fragen sich der Status confessionis stellt. Vom Zweiten Adiaphoristischen Streit in Hamburg von 1681 an, wo Musik, Tanz und Schmauserei nicht mehr grundsätzlich als Adiaphora, sondern als Bekenntnisfrage angesehen wurden, setzte sich auch im lutherischen Pietismus eine strenge calvinistische Auffassung fest. Wenn der Lutherische Weltbund heute bezüglich der Apartheidspolitik im südlichen Afrika die Bekenntnisfrage stellt, und wenn der Reformierte Bund in Deutschland und der Ökumenische Rat der Kirchen in Vancouver 1983 bezüglich der Herstellung, Lagerung und erst recht der Anwendung von atomaren Massenvernichtungsmitteln den Status confessionis ausrufen, so liegt jeweils derselbe theologische Ansatz zugrunde: Aus Gottes rechtfertigendem Handeln, aus Jesu Christi Erhöhung zur Rechten Gottes, also von einer universal ausgerichteten Herrschaftschristologie her, folgt das christliche Bekenntnis für eine gerechtere Gesellschaft nach dem Willen Gottes.

Der Großteil der Befreiungstheologen in Lateinamerika argumentiert ähnlich in Bezug auf die lateinamerikanische Situation von Elend und Unterdrückung. *Jon Sobrinos* ‚Nachfolge-Christologie' mag ein eindrucksvolles Beispiel dafür sein.[20] Die Nachfolge ist bei ihm nicht der ethische Teil der christlichen Existenz, der erst aus dem Glauben folgt. Vielmehr stellt die Nachfolge den Christen auf den Weg Jesu zum Kreuz, mit dem das Reich Gottes anbricht, d.h. auf den Weg zum gottvertrauenden Tragen des eigenen Kreuzes und zum Kampf um Befreiung in der Geschichte der Menschen.

X. Reich Gottes und Social Gospel

Ein dritter theologischer Ansatz für die christliche Weltverantwortung begegnete in der Reformationszeit beim sog. linken Flügel. Bezüglich der Rechtfertigung und Heilsgewißheit übernehmen *Thomas Münzer* und die Anabaptisten durchaus *Martin Luthers* Position. Aber mehr noch prägte sie das Miteinander von geistiger Umkehr und Veränderung der Gesellschaft. *André Dumas* faßt die Tradition der Täufer folgendermaßen zusammen: „Das Wort und das Leben der Glaubensgemeinschaft [...] stellen im Namen der Gerechtigkeit, des Friedens und der Gleichheit des Reiches Gottes die etablierten Mächte in Frage. Die Gläubigen haben die Aufgabe, hier und jetzt den von Jesus begonnenen Umsturz der Gewalten zu leben. Glauben heißt, die Welt in Frage zu stellen, um geistliche,

---

[20] Cristologîa desde América Latina, México 1976, 370 S.; vgl. die kurze Darst. in: *Frieling*: Befreiungstheologien, 113-117.

materielle und gesellschaftliche Veränderungen herbeizuführen. Es existiert kein Ethos der Geduld und der eschatologischen Erwartung, wohl aber ein Ethos der Ungeduld und der messianischen und apokalyptischen Erfüllung. Gott ist damit die utopische Berufung der unmittelbaren Gegenwart, und das Heil findet seinen Ausdruck in der Umgestaltung der geschichtlichen Gegebenheiten."[21]

Beim reformatorischen Täufertum war ein Geschichtsbild bestimmend, welches das christozentrische Werk Gottes, durch welches die Rechtfertigung des Menschen durch Gnade im Glauben geschieht, mit der politischen und sozialen Befreiung vereinte. Es handelte sich bei dieser Weltverantwortung nicht mehr nur um das Bekenntnis, um die Antwort des Glaubens auf die Herausforderung der Zeit, um Zeichen inmitten einer unerlösten, dem Gericht verfallenen Welt, sondern um das Reich Gottes selbst, welches durch politische Aktivitäten herbeigeführt werden sollte. Das nachreformatorische Täufertum hat sich von solchen Identifizierungen getrennt, aber in den verschiedenen Heiligungsbewegungen bis hin zur Social-Gospel-Bewegung Ende des 19. und Anfang des 20. Jahrhunderts in den USA wurde dieser theologische Ansatz durchgehalten, Rechtfertigung im Glauben und Befreiung zum Leben in einer gerechten Gesellschaft eng zusammenzusehen.

Die Social-Gospel-Bewegung etwa des Baptisten *Walter Rauschenbusch*[22] ist aufschlußreich zugleich für die Hermeneutik der lateinamerikanischen Befreiungstheologie: Die Botschaft Jesu und der Propheten würde mit den Fakten des Lebens konfrontiert, so daß (nach *Rauschenbusch*) die Zeit des prophetischen und demokratischen Christentums begonnen hat. Kennzeichnend war dabei ein eudämonistisches und evolutionistisches Persönlichkeits- und Geschichtsbild, wonach sowohl der Mensch selbst entwicklungsfähig ist als auch die Menschheit zu ihrem Glück auf Erden ständig fortschreitet; ferner war ein praxeologischer Ansatz vorausgesetzt, welcher Wahrheit von ihrer Verifizierbarkeit her beurteilt, d.h. in der Wirkung und im Erfolg des Handelns.

Die kirchliche Kritik an der Social-Gospel-Bewegung deckte sich damals mit heutigen Einwürfen gegen Tendenzen in der Befreiungstheologie: Die biblische Botschaft werde verändert, die Grenze zwischen Kirche und Welt sei aufgehoben, und Gott wie Christus seien einer Fortschrittsideologie unterworfen. Gottes Gnade und sein rechtfertigendes Handeln am Menschen wurde zwar auch von *Rauschenbusch* vorausge-

[21] Zeugnis und Dienst der Kirche im heutigen Europa, in: *Marc Lienhard* (Hg.): Zeugnis und Dienst reformatorischer Kirchen im Europa der Gegenwart (ÖkPer 8), Frankfurt 1977, 53-76, hier 70.

[22] vgl. z.B. Die rel. Grundlage der sozialen Botschaft, Erlenbach-Zürich/Leipzig 1933; es handelt sich um Vorl. aus dem Jahre 1917, die *Ragaz* mit einer ausführlichen Einl. über die Beziehungen der Social-Gospel-Bewegung zum europ. „rel. Sozialismus" herausgab.

setzt, indem mit Jesus das Reich Gottes anbrach und indem Jesu Geist durch Glaube und Liebe zur Herrschaft über den Menschen gelangen soll, aber *Rauschenbuschs* Auffassung, die Sünde des Menschen, nämlich die „Feindschaft gegen das Reich Gottes", könne überwunden werden, wenn man den Menschen gemäß dem Geiste Jesu und dem Ideal der Nächstenliebe ethisch aktiviere, widerspricht doch reformatorischer Rechtfertigungslehre. Hier kann man freilich einen Unterschied zur lateinamerikanischen Befreiungstheologie feststellen, denn dort wird weder in der sakramentaltheologischen Richtung von *L. Boff*, noch bei *Gutiérrez'* integralem Befreiungsbegriff, oder bei *Sobrinos* Nachfolgechristologie die Befreiung von personaler und struktureller Sünde durch ethisches Aktivieren erhofft, vielmehr steht Gottes Befreiungshandeln am und mit den Menschen und der Menschheit im Vordergrund der Befreiungstheologie. Allerdings ist eine unmittelbare Parallele zu erkennen zwischen dem reformatorischen Anabaptismus, der Social-Gospel-Bewegung und der lateinamerikanischen Befreiungstheologie, wenn es allgemein um die These geht, politischen Aktionen eine Kausalität beim Aufbau des Reiches Gottes zuzusprechen.

Die Relationen zwischen Rechtfertigungslehre und Befreiungstheologien sind also, wie die bisherigen Ausführungen zeigen sollten, recht differenziert zu beschreiben, sowohl in der römisch-katholischen wie in der evangelischen Theologie. – Zum Abschluß möchte ich systematisch-theologisch im konfessionellen Vergleich einige Aspekte beleuchten.

XI. Übereinstimmungen bei fließenden Grenzen

Wenn es um Rechtfertigung des einzelnen Menschen vor Gott ‚allein aus Gnaden, allein durch den Glauben, allein um Christi willen' geht, zeichnet sich heute eine weitreichende evangelisch-katholische Übereinstimmung ab. Auch zwischen den Versuchen, die evangelische Rechtfertigungslehre in neuer Weise universal ausgerichtet zu fassen, und den Intentionen katholischer Befreiungstheologen, die dynamische und geschichtliche Dimension von ‚Rechtfertigung' zu betonen und dazu ‚Befreiung' zu sagen, sind Konvergenzen im Grundsätzlichen unverkennbar. Freilich muß man mit theologischer Akribie auf ein paar Weichenstellungen achten, um unterschiedliche Folgerungen aus dem gemeinsamen Ansatz zu erfassen. – Wie kann das Prinzip der Rechtfertigung allein aus Glauben auf die Ebene des universalen Gottesreiches übertragen werden?

Luther sagte: „Das Reich Gottes wird nicht bereitet, sondern es ist bereitet. Die Kinder des Reiches aber werden bereitet; nicht bereiten sie das Reich, d.h. das Reich verdient die Kinder, nicht die Kinder das Reich."[23]

---

[23] De servo arbitrio / Vom unfreien Willen, I 25, in: WA 18, 600-787, hier 694 (Auslegung v. Mt 25, 34).

Alle menschliche und kirchliche Beteiligung an der *Ausbreitung* des Reiches Gottes in Worten und in Taten hat dann Verkündigungscharakter, leitet jedoch nicht auf kausale Weise das Reich Gottes in die Wege. Anders ausgedrückt: Das absolute endzeitliche Reich Gottes bricht durchaus mitten in der menschlichen Geschichte an, wo das Evangelium in Wort und Tat verkündigt und von Menschen im Glauben und Leben angenommen wird; aber dennoch bleibt die menschliche Geschichte zeitlich, bleiben alle menschlichen und kirchlichen Einrichtungen und Bewegungen – auch Befreiungsbewegungen religiöser und politischer Art! – der Dialektik des Wortes vom Kreuz unterworfen, d.h. Gottes Gnade und Gericht. So betonen auch evangelische Befreiungstheologen in Lateinamerika, z.B. *José Miguez Bonino*, stark den ‚Verhüllungscharakter' des Handelns Gottes in der Welt. Die Welt und ihre Geschichte inklusive die Kirche und ihre Geschichte bleiben unter dem Gericht Gottes. Die Weltverantwortung des Christen wird durch Evangelium und Glauben vermittelt, nicht durch eine vorgegebene potestas indirecta der Kirche.

Die Verkündigung des Reiches Gottes in Wort und Tat kann ganz im Sinne der Befreiungstheologie die Befreiung von individueller und kollektiver Sünde, auch die Befreiung von ‚sündigen Strukturen' einschließen. Aber ‚Verkündigung' impliziert die Relation von Wort und Glauben als ganz persönliche Gotteserfahrung. Ohne sie wäre jeder Rede von einer universal ausgerichteten Rechtfertigungsbotschaft der Boden entzogen. Unter dieser Voraussetzung ist es müßig, darüber zu streiten, ob Befreiungsprozesse in der Dogmatik oder in der Ethik abgehandelt werden sollen. In beiden Fällen ist zu prüfen, wie die unausweichlichen ideologischen Voraussetzungen von Befreiungsprozessen im Lichte der Rechtfertigung kritisch befragt werden, sei es etwa die marxistische Gesellschaftsanalyse oder sei es ein integralistisches Strukturmodell.

Katholische Befreiungstheologen in Lateinamerika wollen, wie dargelegt, keineswegs politische Befreiungskämpfe mit dem Aufbau des Reiches Gottes identifizieren, aber sie betonen doch ziemlich einhellig, daß die Menschen bereits innerhalb der Geschichte sowohl politisch als auch individuell das Reich Gottes *aufbauen*. Das Prinzip der Rechtfertigung vor Gott allein aus Glauben wird aber nach ihrer Auffassung nicht berührt – es wird aber auch nicht auf die Ebene des Gottesreiches übertragen; zwischen ‚Ausbreitung' und ‚Aufbau' ist ein Unterschied. Die entscheidende theologische Akzentverschiebung liegt darin, daß nicht die Dialektik von Gottes Gnade und Gericht in der Mitte des Rechtfertigungsgeschehens steht, sondern „die Inkarnation des Eschatologischen im Geschichtlichen".[24] *L. Boff* entfaltet auf dem Boden solcher Inkarnationstheologie seinen sakramentaltheologischen Ansatz, daß Gott und Mensch gemeinsam daran arbeiten, daß das Reich Gottes auch

---

[24] *Juan Carlos Scannone*: Ist die Theol. der Befreiung evangeliumsgemäß oder ideologisch?, in: Conc(D) 10, 1974, 228-232.

in der politischen und kulturellen Geschichte empfangen werden kann (immerhin heißt es hier ‚empfangen' und nicht ‚aufbauen'!). *Gutiérrez* gewinnt vom Inkarnationsgedanken her die Legitimation, die Teilnahme am säkularen Befreiungsprozeß in gewisser Weise Heilswerk zu nennen. Und *Juan Luis Segundo* SJ verweist auf christologische Inkarnationen in den ‚Zeichen der Zeit', wo das Reich Gottes selbst anbricht, nicht etwa nur eine ‚Analogie' oder eine ‚Vorwegnahme', wie es in der europäischen politischen Theologie etwa bei *Johann Baptist Metz* und bei *Jürgen Moltmann* heißt.[25] Solcher Ansatz relativiert die traditionelle römisch-katholische Vermittlungsinstanz ‚Institution Kirche', wie die Bewegung der Basisgemeinden und der Iglesia popular zeigen. Hier gibt es reformatorische Tendenzen in der Ekklesiologie der katholischen Befreiungstheologie (vgl. *Boffs* Prozeß in Rom). –Doch noch ein weiterer Aspekt ist wichtig:

XII. Gibt es theologische Urteile für gesellschaftspolitische Alternativen?

Rechtfertigung und Reich Gottes in dieser Weise von der Inkarnation her zu begreifen, bietet die Möglichkeit, über gesellschaftspolitische Alternativen (etwa der Entscheidung zwischen Kapitalismus und Sozialismus) ein *theologisches* Urteil zu fällen, nicht also im Namen einer naturrechtlich begründeten Soziallehre, sondern in prophetischer Autorität. Dem Vorwurf des ‚Neoklerikalismus', diesmal von links, begegnen die katholischen Befreiungstheologen mit dem Hinweis, daß sie erstens selbstverständlich die Fehlbarkeit des Menschen zugeben, in Furcht und Zittern ihr Werk tun und sich der Gnade Gottes befehlen, und (zweitens) daß sie den klassischen römisch-katholischen Ekklesiozentrismus und Triumphalismus vermeiden, der dem Klerikalismus zugrundelag, d.h. daß sie anstelle der machtvollen Kirche in der Welt eben gerade die Kirche der Armen in den Mittelpunkt rücken und daß die Befreiungstheologie mehr von Märtyrern als von Theokraten geprägt sei.

Die kreuzestheologisch und die inkarnationstheologisch geprägte Befreiungstheologie weisen markante Unterschiede auf. Ich habe sie hier aus evangelischen und katholischen Stimmen erhoben, aber die konfessionellen Grenzen sind durchaus fließend. Bisweilen habe ich den Eindruck, daß quer durch die Konfessionen sich so etwas wie neue (in angegebenem Sinne) kreuzestheologische und inkarnationstheologische Bekennergruppen bilden. Sofern beide sich auf eine integrale Rechtfertigungs- und Befreiungstheologie beziehen, handelt es sich um theologische Unterscheidungen, aber nicht um kontradiktorische Gegensätze, zumal die unterschiedlichen Linien in der Praxis kirchlichen Handelns im Befreiungskampf wieder eng zusammenlaufen.

---

[25] *Segundo*: Die Option zwischen Kapitalismus und Sozialismus als theol. Crux, in: Conc(D) 10, 1974, 434-443.

Die spektakulären Differenzen liegen nicht zwischen recht verstandener Rechtfertigungs- und Befreiungstheologie, sondern im Konflikt zwischen den jeweiligen konkreten theologischen und politischen Interessen: Wenn etwa europäische Christen mehr mit ihren theoretisch-dogmatischen Glaubenskrisen befaßt sind und die lateinamerikanischen Christen Theologie in der Situation des Leidens und im Kontext von Befreiungsbewegungen tun; wenn eine Kirche der Armen theologisch über Gottes Weg mit den Armen reflektiert und wenn eine Kirche der Reichen theologisch glaubwürdig sagen soll, was es bedeutet, den Armen eine frohe Botschaft zu bringen und den Reichen das Gleichnis vom Kamel und dem Nadelöhr zu deuten. Doch diese Fragen sprengen den Rahmen der hier versuchten Problemskizze, die das bescheidene Ziel hat, zwischen Rechtfertigungslehre und Befreiungstheologie nicht rasch Alternativen zu sehen oder gar Ketzerhüte zu verteilen.

Walter Schöpsdau

Die konfessionsverschiedene Ehe in Veröffentlichungen des Evangelischen Bundes

I. Veränderungen im Wandel der Zeiten

„Die Seelsorge an konfessionsverschiedenen Ehen hat grundsätzlich keine andere Aufgabe als die an konfessionsgleichen Ehen", stellen die beiden großen Kirchen der Bundesrepublik in ihren Gemeinsamen Empfehlungen für die Seelsorge an konfessionsverschiedenen Ehen und Familien (1981) fest. Einer Seelsorge, die sich nicht als Dienst an den Betroffenen versteht, sondern nur auf konfessionellen Geländegewinn aus ist, ist damit eine Absage erteilt. Maßgebend muß der Wille sein, den Ehegatten und Familien zu einem gelingenden Miteinander und zu einem Leben aus dem Grund des Glaubens, der allen Unterschieden vorausliegt, zu verhelfen.

Die Befreiung der Ehe aus dem Geflecht kirchlicher Ansprüche und Konkurrenzkämpfe ist für die Kirchen eine nie abgeschlossene Aufgabe. Eine befriedigende Lösung ist deswegen nicht möglich, weil der Wille, den Partnern eine gemeinsame christliche Gestaltung ihrer Ehe zu ermöglichen, die Sorge um ihre jeweilige kirchliche Beheimatung nicht gegenstandslos macht und die Grenzlinie, die diese wiederum von konfessionalistischer Interessenwahrung unterscheidet, nicht sauber zu bestimmen ist. Die Stellung, die der Evangelische Bund in seinen Veröffentlichungen zur Mischehenfrage einnahm, hat an dieser Problematik Anteil. Daß seine anfangs so laute Forderung nach einer dem katholischen Kirchenrecht entgegentretenden evangelischen Mischehenpolitik der Sorge um den Schutz des evangelischen Partners entsprang, ist nicht zu bestreiten; daß das seelsorgerliche Anliegen immer auch mit dem konfessionspolitischen Motiv vermischt war, läßt sich aber ebensowenig übersehen.

Trotzdem gab es hier auch eine Neuorientierung. Der Aufbruch der evangelischen Theologie nach dem Ersten Weltkrieg, der die Kirchen freilich erst nach dem zweiten erreichte, und die ebenfalls nach 1945 in die Breite wirkende ökumenische Bewegung haben, wie im folgenden darzustellen ist, ein dreifaches Umdenken ausgelöst:

1) Das Evangelium und das auch die Kirchen bedrängende geschichtliche Gesetz der Selbstbehauptung stehen in unauflösbarer Spannung zueinander, denn der Glaube an das Evangelium verbietet eine Mischehenseelsorge, die sich als kirchliche Besitzstandswahrung versteht. Jene

Spannung zwischen kirchlichem Interesse und befreiendem Evangelium wird daher in den ersten Abschnitten (II. bis V.) zur Sprache gebracht werden müssen.

2) Die Ehe galt dem Evangelischen Bund als einer der Orte, wo sich die Rechtshoheit des (obrigkeitlich verstandenen) Staates gegen den Anspruch des römisch-katholischen Kirchenrechts zu behaupten hatte. Auch wenn die Problematik auf dem Boden des demokratischen Staates noch fortbesteht, so hat doch die gemeinsame Erfahrung des totalitären Staates zu einem differenzierteren Urteil geführt, das dem katholischen Anliegen mehr Gerechtigkeit widerfahren läßt. Somit wird das geschichtliche Verhältnis des Problemfeldes ‚Mischehe' zur Staatsauffassung im weiteren Darlegungsgang von Interesse sein (VI. und VII.).

3) Das Problem der konfessionsverschiedenen Ehe ist nicht bloß, wie die Partner in ihren Kirchen beheimatet bleiben. Sie enthält zugleich die Chance eines ökumenischen Bewährungsfeldes. Mit dieser Perspektive war der Evangelische Bund den Kirchen voraus; er hat sie weiterhin gegen ihre halbherzig praktizierte Ökumene geltend zu machen. So sollen sich die letzten vier Abschnitte (VIII. bis XI.) damit befassen, welchen Rang die Mischehe unter dem Blickwinkel des Evangelischen Bundes in der ökumenischen Zusammenarbeit der Kirchen einnimmt.

II. Die Herausforderung: ‚katholische Mischehe'

Dem eingangs zitierten Satz aus den Gemeinsamen Empfehlungen von 1981 lassen sich andere kirchliche Aussagen zur Seite stellen, in denen die Warnung vor Indifferenz und Abdriften in eine „dritte Konfession" den Ton angibt.[1] Die zu ökumenischer Praxis ermutigenden Worte in den Ehe-Erklärungen erscheinen vor diesem Hintergrund leicht wie eine bloße Konzession, zu der sich die Kirchen bereitfinden. Dies zeigt, wie schwer es ihnen fällt, die Sorge um die konfessionsverschiedene Ehe aus dem Sog der Ängste um die konfessionelle Identität der Partner und damit auch des kirchlichen Interesses herauszuhalten.

Zum Zeitpunkt der Gründung des Evangelischen Bundes war der Kulturkampf in Deutschland zugunsten der römisch-katholischen Kirche beendet. Die stückweise „Waffenstreckung vor Rom", die man Preußen vorwarf[2], erbitterte den Protestantismus um so mehr, als er sich aufgrund

---

[1] Das Gemeinsame Wort von 1971 zur Zusammenarbeit in der Seelsorge an konfessionsverschiedenen Ehen warnt vor einem „schwärmerischen Ökumenismus, der die vorhandenen Unterschiede zwischen den Kirchen zu überspielen versucht und auf eine ‚Dritte Konfession' hin tendiert"; eine oft beschworene Formel lautet: „Niemand ist geholfen, wenn vorhandene Unterschiede verwischt oder gleichgültig behandelt werden", zuletzt in: Zur konfessionsverschiedenen Ehe. Gemeinsames Wort der Dt. Bischofskonferenz und der Kirchenkanzlei der EKD, Bonn/ Hannover 1985.

[2] *Willibald Beyschlag*: Der Friedensschluß zwischen Deutschland und Rom (FEB 4), Halle 1887, 1.

des landesherrlichen Kirchenregiments als eine „der staatlichen Leitung widerstandslos hingegebene Gemeinschaft" erkennen mußte, wogegen die römische Kirche „als geschlossene Macht dem Staate gegenüber" die „Realpolitiker" zu zwingen vermochte, sich mit ihr zu arrangieren. Man beklagte die protestantische Gleichgültigkeit, welche die Religion zur Privatsache erklärte, und die politische Zerrissenheit des Protestantismus, die beispielsweise protestantische Konservative in der Ablehnung des liberalen Staates an die Seite der Ultramontanen trieb[3] und eine einheitliche Willensbildung der Protestanten im Staat verhinderte, wie sie gerade im Blick auf die Mischehenfrage gefordert schien.

Papst *Leo XIII.* hatte 1880 in seiner Enzyklika „Arcanum divinae sapientiae" das staatliche Eherecht verworfen und die Rechtshoheit der katholischen Kirche über die Ehe reklamiert.[4] In einer Reihe deutscher Diözesen galt zwar die Declaratio Benedictina von 1741, durch die in Gebieten, wo das tridentinische Ehedekret „Tametsi" gegenüber den getauften Nichtkatholiken nicht verkündet war, die formlos, d.h. nichtkatholisch geschlossene Mischehe eines Katholiken als gültig erklärt wurde. Und noch 1906 beseitigte *Pius X.* mit der Konstitution „Provida" die bestehende Rechtsungleichheit, indem er für Deutschland und Ungarn den Unterschied zwischen tridentinischen und nichttridentinischen Gebieten aufhob und die Gültigkeit formlos geschlossener Mischehen anerkannte. Doch gab es in einzelnen Diözesen auch Bestrebungen, die tridentinischen Ehedekrete nachträglich zu proklamieren, so etwa 1882 in den Provinzen Brandenburg und Pommern. Schon ein Jahr nach „Provida" machte das Dekret „Ne temere" (1907) für die gesamte katholische Kirche außerhalb des Deutschen Reiches das tridentinische Dekret „Tametsi" verbindlich. Damit waren auch die Tage der „Provida" gezählt; sie wurde mit dem Codex Juris Canonici (CIC) 1917 aufgehoben. Er machte die Gültigkeit der Mischehe von der katholischen Eheschließung und diese wiederum von dem Versprechen der katholischen Kindererziehung und der Bemühung um Konversion des nichtkatholischen Gatten abhängig.

Diese Vorgänge sind im Auge zu behalten, wenn das Engagement des Evangelischen Bundes in der Mischehenfrage richtig beurteilt werden soll. Er reagierte bereits in der Resolution der Gründungsversammlung in Frankfurt am 17. August 1887 mit der Forderung nach einer einheitlichen Kirchenzucht der evangelischen Landeskirchen und dem Appell an die Bekenntnistreue der evangelischen Gemeindeglieder: „Angesichts der Verluste, welche die evangelische Kirche auf dem Gebiet der gemischten Ehen erleidet, sowie angesichts des unheilvollen Einflusses, den die

---

[3] *Richard Adelbert Lipsius*: Zehn Jahre preußisch-dt. Kirchenpolitik (FEB 11), Halle 1887, 3f.

[4] DS 3144: „Christus igitur, cum ad talem et tantam excellentiam matrimonia renovavisset, totam ipsorum disciplinam Ecclesiae credidit et commendavit."

römische Behandlung der gemischten Ehen für den Frieden des Familienlebens und die Einheit der Volksgemeinschaft hat, achten wir es für dringend geboten: a) daß die evangelischen Kirchen eine feste und möglichst gleichmäßige Ordnung in Bezug auf die Behandlung der gemischten Ehen und derjenigen Gemeindeglieder, welche das Versprechen römisch-katholischer Kindererziehung gegeben haben, aufstellen und durchführen; b) daß den Gliedern der evangelischen Kirche die Pflicht der Treue gegen das evangelische Bekenntnis eingeschärft werde."[5]

III. Die Antwort: prostestantische ,Mischehenvorsorge'

Eine wache ,*Mischehenvorsorge*' sollte Mischehen überhaupt verhindern helfen. Dabei galt das Augenmerk von Anfang an nicht bloß der evangelisch/katholischen Mischehe, sondern auch dem Problem der Ehe mit Religionslosen, dem in den dreißiger Jahren regional sogar die größere Dringlichkeit zukam.[6] Schließlich implizierte die Wahrung der deutsch-protestantischen Interessen, zu der man angetreten war, auch den Kampf gegen Freidenkertum und Sozialismus. Die Aufgabe, durch Weckung eines protestantisch-kirchlichen Bewußtseins dem Abschluß von Mischehen vorzubeugen, wies der Evangelische Bund den einzelnen Gemeinden und den protestantischen Vereinen zu und leistete seinerseits durch Vortragsarbeit und Publikationen dazu seinen Beitrag. Man war realistisch genug, den gewichtigen Anteil der sozialen Faktoren am Zustandekommen von konfessionsverschiedenen Ehen nicht zu unterschlagen und entwickelte eine bemerkenswerte Sensibilität für mögliche Gefahrenstellen, wie beispielsweise in der publizistischen Bemühung um die in die Großstadt abwandernden jungen Protestanten.[7]

Die Gewissensbildung sollte durch ein effektive *Kirchenzucht* flankiert werden. Immer wieder begegnet in den Veröffentlichungen die Klage: „Der Katholik wird exkommuniziert, dem evangelischen Christen passiert ja nichts".[8] Man setzt sich kritisch mit der These *Rudolf Sohms* von dem Wesensgegensatz zwischen Recht und Kirche auseinander und fragt, was in einer evangelischen Kirche rechtlich möglich ist. Das Recht, Mischehenbestimmungen zu erlassen, könne keiner Konfession abgesprochen werden; um der Seelsorge in allen Landeskirchen ein einheit-

[5] Ber. über die erste, konstituierende Versammlung des EB zu Frankfurt a.M. vom 15.-17. August 1887, hg. v. Vorstande, Halle 1887, 93.

[6] In Thüringen waren Anfang der dreißiger Jahre 36,14% aller Mischehen ev. Christen solche mit Katholiken und 61,14% mit Dissidenten; vgl. Die Mischehe 4, 1932, 6/46.

[7] *von der Heydt*: Die Mischehe. Prakt. Hb. für ev. Mischehenarbeit, Berlin 1926, 298ff.

[8] s. z.B. wie Anm. 6, 48.

liches kirchenrechtliches Instrumentarium zu geben, müssen notfalls Verfassungsänderungen in den Kirchen angestrebt werden.[9]

Neben der ins Kirchenvolk hineinwirkenden Verteilschrift, dem populär gehaltenen Vortrag und dem kirchenpolitischen Vorstoß pflegt der Evangelische Bund die *wissenschaftliche Arbeit* zu Fragen der Mischehe und des kanonischen Eherechts. Im Oktober 1905 erscheint das erste Praktische Handbuch „Die Mischehenpflege" von *Otto Everling*, das unmittelbar vor dem Inkrafttreten des neuen CIC in dritter und letzter Auflage 1918 herauskam. Im Jahre 1926 wird es durch das breiter angelegte Handbuch „Die Mischehe" von *Fritz von der Heydt* abgelöst, das drei Jahrzehnte lang das Standardwerk bleiben sollte. Zu den Publikationen trat als weiteres Medium die regelmäßige Tagungsarbeit. So diente in Deutschland seit der Münchner Generalversammlung des Evangelischen Bundes von 1924 die „Reichsmischehenkonferenz" mit ihrem Organ „Die Mischehe" (später: „Blätter für kirchliche Mischehenarbeit") der Koordination und Intensivierung der Arbeit. Weltweit gab die Vereinheitlichung des römischen Eherechts durch den CIC 1917 den Anstoß für die Gründung der „Weltmischehenkonferenz" innerhalb des Protestantischen Weltverbandes, die auf Initiative *von der Heydts* erstmals 1932 in Stockholm zusammentrat.

Verschiedene Motive treffen in dieser ‚Mischehenvorsorge' zusammen. ‚Deutsch-protestantische Interessen' meinte immer staatlich garantierte Freiheit für ‚das Evangelium'. Dies schloß eine Staatskirche ebenso aus wie einen Kirchenstaat. Die Tendenz zu letzterem machte das römische Kirchen- und Eherecht unannehmbar; ihm mußte „um des Evangeliums und des Gewissens willen" widerstanden werden. Sodann ist die Erfahrung leitend, daß Ehe und Familie eine geistige, zutiefst religiös begründete Gemeinschaft bildet, deren Idealform bei Konfessions- oder gar Glaubensverschiedenheit nicht zu realisieren ist. Da die Mischehe auf den Stabilisierungsfaktor einer ungeteilten religiösen Überzeugung verzichten muß und obendrein den negativen Wirkungen der katholischen Mischehenseelsorge ausgesetzt ist, die Volksgemeinschaft aber auf der Keimzelle intakter Ehen und Familien aufbaut, versteht der Evangelische Bund seinen Einsatz in der Mischehenfrage zugleich als Wahrnehmung nationaler Verantwortung. Vor allem gab die evangelisch/dissidentische Mischehe unter diesem Aspekt zur Sorge Anlaß.[10]

Dazu kommt die Beobachtung, daß sich in vielen konfessionsverschiedenen Ehen die kirchliche Bindung der Partner zu lockern beginnt. Die

---

[9] *Diedrich Meyer*: Das geltende Mischehenrecht der kath. Kirche (Prot. Stud. 16), Berlin 1929, 1f,95; vgl. wie Anm.6, 46f; ein Entwurf für ein „Kirchengesetz betreffend Mischehen" bei *Gustav Marx*: Das gesamtkirchl. Mischehenrecht der Ev. Kirche der altpreußischen Union im Geltungsbereich ihrer „Ordnung des kirchl. Lebens" (Prot. Stud. 22), Berlin 1932, 104f.

[10] Die Mischehe 3, 1931, 2/9f.

Sorge um das Evangelium fordert darum eine Mischehenvorsorge, die von dem evangelischen Christen die Glaubensgefährdung fernhält und zugleich verhindert, daß der evangelischen Kirche durch Mischehen und nicht-evangelische Kindererziehung Menschen verloren gehen. Man übersieht bei dem Ruf nach konsequenter Mischehenzucht, was heute als empirisch gesicherter Sachverhalt gelten kann: daß die Mischehenverhinderungsstrategien der Kirchen die Entfremdung, die sie verhindern wollen, selbst herbeiführen.[11]

Man empfindet auf evangelischer Seite zwar die Problematik einer mit Sanktionen ausgestatteten Seelsorge, weiß sie aber unter dem Druck der Situation als ein Mittel im Kampf um die Bewahrung der Reformation als der höheren Form des Christentums zu rechtfertigen.[12] In heftiger Polemik gegen *Karl Barth* und „die neunmalklugen evangelischen ‚Buß'-prediger", die ungewollt doch nur der Sache der Dissidentenpropaganda dienten, verteidigt man „die Pflicht der Kirche, sich selbst zu behaupten", die freilich „ihre Grenzen in der Achtung vor der Ehe und der Pflege der Volksgemeinschaft" finde.[13] Wenn *Barth* in seinem Kommentar zum Römerbrief die vorhandenen Kirchen als „die Organisation zur Wahrung der berechtigten Interessen des Menschen gegenüber Gott" angreift, so wird die theologische Ambivalenz des konfessionspolitischen Motivs grell beleuchtet. Das Dilemma, wie sich das Christliche als Glaube zum Christlichen als geschichtliche Gestaltung verhält, hat den Evangelischen Bund endgültig erst in den Jahren nach dem Zweiten Weltkrieg eingeholt. Aber auch die aufkeimende Dialektische Theologie konnte es nicht lösen und ist an ihm schließlich in konträre Richtungen auseinandergebrochen.[14]

IV. Der Protestant als Bekenner in der Mischehe

Wie sah die ‚*Mischehenseelsorge*' aus, wenn der Fall dennoch eingetreten war, den die ‚Mischehenvorsorge' verhindern wollte? Der katholischen Mischehenseelsorge weiß man sich durch das Ehebild und den Gewissensbegriff der ‚protestantischen Sittlichkeit' überlegen. Gegen mönchische Verleumdung von Ehe und Leiblichkeit gilt ihr die Ehe, auch die Mischehe, als heilige Gottesordnung. Mag der Protestantismus auch kein

---

[11] Zu diesem Ergebnis gelangt *Peter Lengsfeld* (Hg.): Ökum. Praxis. Erfahrungen und Probleme konfessionsverschiedener Ehepartner, Stuttgart-Berlin-Köln-Mainz 1984.

[12] *Everling*: Die Mischehenpflege. Prakt. Hb. zur Orientierung über die Notwendigkeit und zur Einf. in die Gestaltung der Mischehenpflege, Berlin 1918³, 15f, 68.

[13] wie Anm. 10, 10; wie Anm. 7, 209, 216.

[14] vgl. *Christof Gestrich*: Neuzeitliches Denken und die Spaltung der dialektischen Theologie. Tübingen 1977; das im Text erwähnte Zitat von *Barth*, neben das man bloß die Selbstdefinition des EB („zur Wahrung der dt.-prot. Interessen") zu halten braucht, um des schier unüberbrückbaren Abstandes gewahr zu werden, findet sich in dessen Römerbrief, München 1922², 357.

Ehesakrament kennen, so verbietet doch der ‚heilige Ernst', der über der evangelischen Trauung liegt, ihm eine Geringschätzung der Ehe zu unterstellen. Äußere Druckmittel, Gewissenzwang und Fanatismus, der die Ehe gefährdet, kenne die evangelische Kirche nicht. Das Mandat Gottes in der Ehe verpflichte viel strenger als eine moraltheologische Kasuistik und eine Seelsorge, die in den Kategorien von Übertretung und Sanktionen denkt. Der Beichtvater als Dritter zwischen den Eheleuten sei unvereinbar mit der protestantischen Eheauffassung, die dem Hausvater das priesterliche Amt zuweise und beide Gatten zur gemeinsamen Arbeit „an ihrer eigenen und ihrer Kinder sittlichen Vervollkommnung" aufrufe.[15]

Diese Grundsätze ließen sich freilich in der Praxis nicht rein durchhalten; der Konflikt zwischen protestantischem Ideal und kirchlichem Wollen war nicht lösbar. Am weitesten auf der Höhe des Ideals hielt sich noch der Appell zur Glaubenstreue, wie er paradigmatisch in einer Broschüre des Berliner Zweigvereins von 1897 formuliert ist: „Fürchte nicht, mein evangelischer Christ, der du mit einem Katholiken, einer Katholikin die Ehe eingehen willst oder eingegangen bist, daß dieses Büchlein diese Ehe herabsetzen, sie für sündhaft erklären, dein Gewissen darüber beunruhigen oder dich schrecken wolle. Das ist *nicht* evangelische Art. Nur aufklären will es dich über deine Rechte und deine evangelischen Pflichten, dir die Mittel in die Hand geben, dich in Übereinstimmung mit Gottes Wort und den Gesetzen des Staates zu wehren gegen die Angriffe und die Störungen, welchen deine Ehe seitens der katholischen Geistlichen, vielleicht auch seitens deiner neuen katholischen Verwandten ausgesetzt sein wird, dich stärken gegen die Anforderungen, welche von jener Seite gestellt werden und die auf eine Verleugnung deines evangelischen Glaubens zumindest für deine Kinder hinauslaufen.

Nach evangelischen Grundsätzen ist eine gemischte Ehe zwischen Evangelischen und Römisch-Katholischen nicht eine sündliche und unheilige Gemeinschaft. Im Gegenteil, wenn sie ruht auf den für beide Kirchen auch in ihrer Trennung noch gemeinsamen Grundlagen christlicher Heilswahrheit und deren gegenseitiger Anerkennung, kann sie eine Gott wohlgefällige Ehe sein und darum auch von der evangelischen Kirche gesegnet werden. Aber freilich kann in solcher Ehe *kein* Segen sein, wenn du, evangelischer Christ, nicht mit klarem und sicherem Bewußtsein von der seligmachenden Kraft des reinen und lauteren Wortes Gottes in dieselbe eintrittst. Denn alsdann kann diese Ehe dir zu einem Fallstrick werden, der dich um deinen evangelischen Glauben bringt." Eine hier anschließende Darlegung der katholischen Mischehenbestimmungen

---

[15] *Gustav Schulze*: Der Unterschied zwischen der kath. und ev. Sittlichkeit (FEB 13), Halle 1888, 27-30; wie Anm. 7, 285; *Gert Hummel*: Ehe – Glaube – Konfession (BenshH 14), Göttingen 1961, 24f; daß Beichte und kasuistische Moraltheol. auch heute noch in vielen konfessionsverschiedenen Ehen als ein Kristallisationskern der konfessionellen Differenz empfunden werden, belegen die Interviews bei *Lengsfeld*, wie Anm. 11.

mündet in die Aufforderung: „... Demgegenüber sei standhaft, evangelischer Mann, übe Bekennertreue, evangelische Frau! *Nicht Gottes Wort sind die Forderungen der römischen Kirche, sondern Menschengebot*".[16]

Die in diesem Text mit der Möglichkeit des Glaubensabfalls noch einigermaßen begründete Warnung, daß „kein Segen" auf der Mischehe liege, wirkt aber geradezu angsterzeugend, wenn sie das (nun gebrochene) Konfirmationsgelübde beschwört und gegenüber dem auch in der Mischehe möglichen irdischen Glück „das Gewicht der ganzen Ewigkeit" in die Waagschale wirft.[17] Daneben werden aber auch kirchliche Zucht- und Druckmittel in Erwägung gezogen: Ausschluß aus der Armen- und Krankenpflege der Gemeinde bei nicht-evangelischer Kindererziehung; Geltendmachung des väterlichen Erziehungsrechts, wenn es für die evangelische Kindererziehung günstig ist; Umerziehung der katholisch getauften Kinder nach dem Tod des katholischen Elternteils; Erhaltung der evangelischen Erziehung nach dem Tod des evangelischen Elternteils durch Unterbringung in evangelischen Familien oder in ‚Diasporaanstalten'.[18]

V. Hilfe für die Betroffenen statt kirchlicher Selbstbehauptung

Neben Verlautbarungen, in denen sich die Aporie einer Seelsorge bekundet, die kirchenpolitisch re-agieren will (oder meint, daß sie es muß) und zugleich geistlich-sittlichen Rang beansprucht, begegnen freilich schon in den frühen Veröffentlichungen des Evangelischen Bundes auch Aussagen über Gemeinsamkeiten, die eine Mischehe tragen und von einer evangelischen Seelsorge in Anspruch zu nehmen sind:

„Ihr seid verschiedener Konfession. Das macht in vielen Fällen die Last der Ehe besonders schwer ... Auch hier gilt es: einer trage des anderen Last. Die Liebe duldet alles und trägt alles ... In vielen gemischten Ehen sucht man die Schwierigkeiten dadurch zu umgehen, daß man von Religion nie redet, daß man die Bibel und den Rosenkranz nicht mehr gebraucht, daß beide nicht mehr in die Kirche gehen. Aber das ist keine Herzensgemeinschaft. Wenn ihr auch in eurer Religion viel Verschiedenheit habt, so habt ihr doch auch viel Gemeinsames. Ihr seid beide Kinder des himmlischen Vaters ... Und noch viel mehr gemeinsames Wünschen und Glauben wohnt in euer beider Herzen. Wenn nun Augenblicke

---

[16] zit. („um eine Probe von dem herzerquickenden Tone ... zu geben") in: KKEB 11, 1897, 97f.

[17] *Wilhelm Horkel*: Zweierlei Glaube in einer Ehe? Geschrieben und verlegt im Benehmen mit dem EB, Lüneburg 1952, 12.

[18] wie Anm. 12, 43, 71; wie Anm. 7, 205f,247,253f; über die Arbeit der „Konfirmanden-Anstalt" Godesberg, die in den ersten fünf Jahren ihres Bestehens 450 „konfessionell gefährdete" Kinder beherbergte und z.T. vor dem Kloster rettete, berichtet KKEB 7, 1893, 250-253.

kommen, in denen ihr die Verschiedenheiten schmerzlich empfindet, so sprecht euch aus über das, was euch verbindet. So werdet ihr euch die Last erleichtern" (aus einer Traupredigt).

„In schlecht oder oberflächlich geführten Ehen kann es leicht vorkommen und zeigt sich leider oft, daß, wenn der Vater die eine, die Mutter die andere Form der Religion oder Konfession hat, die Kinder schließlich gar keine bekommen. Aber das braucht nicht so zu sein. Die Kinder sind unsere Erben, gewiß. Aber es erbt doch nicht jedes Kind körperlich und geistig alles von beiden Eltern . . . Nun hat auch jedes ernsthafte christliche Bekenntnis ein besonderes Gut, Gott sei Dank! Daher gibt es recht Fromme in jeder christlichen Kirche. Sorge du, lieber evangelischer Vater, daß dein Kindlein von dir unbedingt Wahrhaftigkeit und Überzeugungstreue, womöglich auch ein klares und selbständiges frommes Urteil erbe! Aber erwerben und besitzen mußt du selber, was du vererben willst. Und du, liebes katholisches Mütterlein, schenke deinem Kinde die herzliche, innige, ehrfürchtige Liebe zur Kirche, der Braut Christi, die eine so schöne Gabe der wirklich Frommen unter deinen Glaubensgenossen ist! So erbe das Kind den Sinn für Eigenpersönlichkeit vom Vater, den Sinn für Gesamtwirkung von der Mutter" (aus einer Taufrede).[19]

Nicht ohne Grund klingen ermutigende Töne vor allem in Traupredigten, Taufansprachen und Ratschlägen für konfessionsverschiedene Eheleute auf. Denn die Praxis führt unausweichlich zur Einsicht, daß oberstes Gebot einer Mischehenseelsorge die Hilfe für die Eheleute sein müsse. Aber auch theologisch sind die Dinge in Bewegung geraten. Die gemeinsame Erfahrung des totalitären Staates und der Kriegsjahre hat die getrennten Kirchen in Deutschland für das ökumenische Anliegen geöffnet. Im evangelischen Raum wird die ‚Theologie des Wortes Gottes' und die mit ihr verbundene neue Sicht der Reformation nach dem Krieg kirchlich wirksam. Durch den nationalen und kirchlichen Zusammenbruch verstärkt, drängte der Konflikt zwischen religiöser Selbstbehauptung und dem Ereignis von Gericht und Gnade auch in der Kirche zum Austrag. Historisch-kritische Exegese hatte mit der Einsicht in die Unverfügbarkeit des Evangeliums zugleich neue ökumenische Anstöße gegeben: „Die Einheit der Kirche wird wie das Evangelium nicht von den beati possidentes, sondern von den Ungesicherten und Angefochtenen in und trotz den Konfessionen, mit und gegenüber auch dem neutestamentlichen Kanon bekannt, sofern sie die das Evangelium Hörenden und Glaubenden sind".[20]

---

[19] wie Anm. 7, 269-271.

[20] *Ernst Käsemann*: Begründet der ntl. Kanon die Einheit der Kirche?, in: EvTh 11, 1951/52, 13-21, jetzt in: Exeget. Versuche und Besinnungen Bd.1, Göttingen 1970^{6}, 214-223, hier 223, zit. bei *Lell*: Ev. Kirche und Mischehe, in: *Sucker/Lell/Nitzschke* (Hg.): Die Mischehe. Hb. für die ev. Seelsorge, Göttingen 1959, 321-408, hier 331.

Das neue, von *Wolfgang Sucker, Joachim Lell* und *Kurt Nitzschke* herausgegebene Handbuch „Die Mischehe" ist ein Niederschlag dieser Erfahrungen, auch wenn sich in manchen Beiträgen noch ältere Positionen spiegeln. Der traditionelle Vorwurf an die römisch-katholische Mischehenseelsorge, sie orientiere sich an kirchlichen Interessen statt am Bedürfnis der Betroffenen und wirke dadurch destabilisierend auf die Mischehe, wird in dem Handbuch ebenso an die Adresse der evangelischen Mischehenzucht gerichtet.[21] Die Mischehe sei weder neutestamentlich (1. Korinther 7) noch reformatorisch an sich ein Problem. Dieses erwachse vielmehr aus dem Nebeneinander der Kirchen, genauer daraus, daß sich die evangelische Kirche neben und nach dem Muster der römischen Kirche in der Welt etabliert habe. Die im Handbuch *von der Heydts* vertretene Linie sei nicht bloß als Reaktion auf die durch den CIC 1917 entstandene Verschärfung zu begreifen; ihr liege eine unevangelische Fixierung auf den „Selbstschutz der Kirche" zugrunde, die theologisch auf „securitas" statt „certitudo" hinauslaufe.[22] *Lell* zieht Verdrängtes ans Licht, wenn er feststellt:

„Mischehenseelsorge ist nicht die Sorge um den Bestand der Kirche, sondern um die Ehe, ist Ehehilfe. Darum kann sie sich nicht beschränken auf individuelle Seelsorge am evangelischen Teil (analog römisch-katholischer Auffassung), kann sich auch nicht in Propaganda und Mission für die eigene Konfessionn erschöpfen, sondern sie muß ein soziales Anliegen wahrnehmen, muß ‚Seelsorge' an der Ehe sein. Dabei ist es grundsätzlich nicht von entscheidender Wichtigkeit, ob diese Ehe im evangelischen oder im römisch-katholischen Raum gelebt wird, sondern von entscheidender Wichtigkeit ist nur, daß der in die seelsorgerliche Betreuung gerufene Pfarrer den Eheleuten hilft, in einer guten Ehe leben zu können [. . .] Er darf die Sorge um den Bestand seiner evangelischen Gemeinde und damit überhaupt der evangelischen Kirche nicht mit der Sorge um eben diese Ehe verwechseln – er kann beides getrost dem von ihm bezeugten Jesus Christus überlassen."[23]

VI. Staatliche Rechtshoheit gegen kanonisches Recht

Vom Staat und seinem Recht erwartete der Evangelische Bund eine Abwehr des ‚theokratischen' Anspruchs der katholischen Kirche und eine Garantie der Freiheit des Evangeliums. Zugleich sah man den obrigkeitlich verstandenen Staat als eine göttliche Schöpfungsordnung an, für deren Würde der Protestantismus sich zum Anwalt zu machen habe. In dem Maße, wie dieses Ordnungsbild einer theologischen Neuorientierung

[21] *Heinz Hunger*: Rel. Kindererziehung, in: *Sucker/Lell/Nitzschke*, wie Anm. 20, 130-147, hier 146f.

[22] *Lell*, wie Anm. 20, 325.

[23] ebd., 338.

wich, mußte sich auch in der Mischehenfrage die Frontstellung modifizieren.

„Wie die Ehe, so ist nach katholischer Anschauung auch der Staat nicht unmittelbar, sondern erst durch Vermittelung der Kirche Gottes heilige Ordnung. Das Sittliche, das der Staat an sich von Gottes wegen hat, leugnet die katholische Kirche. Sie verkennt, daß er auch eine göttliche Stiftung, eine selbständige natürliche Gottesordnung ist."[24] Der Bereich, wo man den konservativ-protestantischen Staatsbegriff gegen römischen Integralismus und kanonisches Recht sowohl verteidigte als auch seinerseits in Anspruch nahm, war vor allem die konfessionsverschiedene Ehe.

Der bereits erwähnte Zustand der Rechtsungleichheit zwischen tridentinischen und nicht-tridentinischen Gebieten forderte den evangelischen Spott auf das katholische Kirchenrecht geradezu heraus: „Es muß . . . für einen römischen Theologen doch etwas sehr Peinliches sein zu sagen: ‚das was in Zürich ein Sakrament ist, das ist in Luzern nichts.' Wie verträgt sich das mit der Lehre, daß das Sakrament ein von Jesus Christus eingesetztes Zeichen sei?"[25] Da das Trienter Konzil mit der Einführung der Formpflicht durch „Tametsi" lediglich die Öffentlichkeit des Eheabschlusses sicherstellen wollte und keineswegs die später eintretende Verkirchlichung der Ehe intendierte, forderte man für Gebiete mit obligatorischer Zivilehe die Aufhebung des tridentinischen Dekrets, da in ihnen sein Anliegen optimal verwirklicht sei. Daß die römische Kirche bezüglich der Anerkennung nicht-tridentinisch geschlossener Mischehen flexibel sein konnte, stellte sie 1906 mit der Konstitution „Provida", wie man glaubte, hinreichend unter Beweis. Als aber der CIC 1917 die Konstitution aufhob und „Tametsi" für die gesamte lateinische Kirche verbindlich machte, war der Konflikt gegeben. Man erwartete auf evangelischer Seite vom Preußen-Konkordat des Jahres 1929, daß es von Rom die Anerkennung der deutschen Zivilstandsgesetzgebung, also die Wiederherstellung der „Provida", forderte, und sah sich vom Ergebnis enttäuscht. Der „Kampf des römischen Kirchenrechts mit dem Recht des Staates" ist ein regelmäßig wiederkehrender Topos, der seit Gründung der Weltmischehenkonferenz 1932 auch weltweit vorgebracht und reflektiert wird.[26]

Die reformatorische Losung ‚Ehe ist ein weltlich Ding' schien in dieser Sicht bruchlos in die Unterstellung der Ehe unter staatliches Recht einzumünden. Mit dem Sieg des Dritten Reiches und der nationalen Begeisterung mußte das kritische Empfinden für die hier möglichen Gefährdungen vollends zurücktreten. „Der evangelische Deutsche empfindet . . . deshalb auch keinen Gegensatz zwischen der staatlichen Eheschließung und der kirchlichen Trauung. Er ist ja beides: Glied des deutschen Volkes und Glied der evangelischen Kirche. Er ist beides durch Gottes Fügung.

---

[24] *Schulze*, wie Anm. 15, 30.

[25] *Josef Lorenz Weibel*: Rom und die gemischten Ehen (FEB 151/152), Leipzig 1898, 39.

[26] Die Mischehe 1, 1929, 2/9f; 5, 1933, 1/36f.

Er ist es durch die Geburt und durch die Taufe. So empfindet er auch Eheschließung und Trauung als eine Einheit, auch wenn sie an verschiedenen Orten stattfinden."[27] Angesichts gewisser pro-römicher Strömungen in manchen westlichen Demokratien erwartete man gerade von Deutschland eine Vorreiterrolle. Da die römische Mischehenpraxis „den stärksten Angriff auf die deutsche Volks- und Blutsgemeinschaft" bedeute, müsse man „den nationalsozialistischen Staat stärker, als das bisher geschehen sei, an dieser Frage interessieren."[28]

VII. Weltliches, nicht staatliches Ding

Daß man auf der falschen Seite Bundesgenossenschaft gesucht hatte, sollte der Fortgang der Naziherrschaft bald zeigen, und die Ernüchterung ließ schon vor dem Krieg berechtigte Skepsis gegen lutherische Ordnungslehre aufkommen. Jetzt konnte im Evangelischen Bund offen bezweifelt werden, ob das pauschale Ja zur obligatorischen Zivilehe wirklich den Anspruch erheben konnte, reformatorisches Erbe in gewandelter Situation zu wahren und fortzuführen. Denn wenn *Martin Luther* die Ehe als „ein äußerlich weltlich Ding" beurteilte[29], so wollte er sie keineswegs aus den Händen der Kirche in diejenigen des Staates legen. Weltlichkeit im reformatorischen Sinn meinte etwas anderes als die ausschließliche staatliche Verfügung über die Eheschließung. Aus dem historischen Abstand wurde deutlich, daß mit der Zivilstandsgesetzgebung von 1874 und 1875 auch Tendenzen zum Zuge kamen, die diesen Griff des Staates nach der Ehe intendierten.

Waren die evangelischen Kirchen berufen, die Selbstständigkeit der Ehe gegen den staatlichen Übergriff zu verteidigen? Hatten sie sich mit der obligatorischen kirchlichen Eheschließung nicht Jahrhunderte lang eines ähnlichen Übergriffs nach der anderen Seite hin schuldig gemacht? Das Handbuch von 1959 würdigte erstmals die Haltung der katholischen Seite im Kulturkampf: „Die römisch-katholische Kirche hat das Verdienst, durch ihren Widerspruch im Kulturkampf die Änderung der Formel ‚Schließung durch den Standesbeamten' in ‚Schließung *vor* dem Standesbeamten' bewirkt zu haben." Es zitiert ausgiebig aus dem Gutachten *Friedrich Karl Schumanns* für die 1954er Synode der Evangelischen Kirche in Deutschland (EKD), das in der Feststellung gipfelte: „Aus grundsätzlicher Einsicht kann die evangelische Kirche der obligatorischen Zivilehe nur mit Sorge und Bedenken gegenüberstehen und wird ihr gegenüber immer wachsam sein müssen." Dennoch hielt es die Synode für geboten, am geltenden Recht der standesamtlichen Eheschließung festzuhalten aus Gründen, die *Hans-Adolf Dombois* in dem Handbuch noch

---

[27] *von der Heydt*: Von Ehe und Trauung (Der Heiland 47), Berlin 1937, 15f.

[28] Die Mischehe 6, 1934, 4/42f.

[29] Von Ehesachen, 1530, WA 30 III 205.

einmal erläutert: Ein evangelisches Urteil über die vorgeschlagene (und von der katholischen Kirche bis heute geforderte) fakultative Zivileheschließung muß auch Lehre und Praxis der römischen Kirche berücksichtigen, die bei einer Gleichstellung von kirchlicher und ziviler Eheschließung und bei fortdauernder Diskriminierung der nicht-katholischen Trauung einen Gewissenszwang für den evangelischen Teil in der Mischehe befürchten läßt; dies sowie die Sorge um die Rechtseinheit läßt die evangelischen Kirchen, solange das staatliche Eherecht den wesentlichen Gehalt der Ehe anerkennt, an der standesamtlichen Eheschließung weiter festhalten.[30]

Die Frage, wie konfessionsverschiedenen Paaren bei der Einstellung der katholischen Kirche hinsichtlich des Eheabschlusses dennoch zu einer kanonisch gültigen Ehe verholfen werden könne, hat den Evangelischen Bund 1966 bei Erscheinen der römischen Instruktion „Matrimonii sacramentum" zu eigenen Überlegungen veranlaßt. *Ferdinand Barth* machte im „Materialdienst" den Vorschlag, bei nicht-katholischer Trauung einer Mischehe solle der katholische Amtsträger zuvor der öffentlich-rechtlichen Konsensabgabe auf dem Standesamt beiwohnen, um so der Ehe Gültigkeit zu verleihen, wenn seine gastweise Teilnahme an der evangelischen Trauung wegen des ihr fehlenden Rechtscharakters dazu nicht ausreiche.[31] Aus letzterem zog *Reinhard Frieling* die Konsequenz, bei der Revision der evangelischen Agenden die Traufragen überhaupt durch ein Bekenntnis zu ersetzen, um eine Verwechslung von kirchlicher Trauung und rechtlichem Eheabschluß auszuschließen. Evangelisches Eheverständnis begreife die Eheschließung als einen mehrstufigen Prozeß vom inneren Konsens über die rechtsverbindliche Willenserklärung auf dem Standesamt zum kirchlichen Traugottesdienst und zur Aufnahme der ehelichen Lebensgemeinschaft.[32] Der katholischen Seite wird dadurch allerdings die Anerkennung der evangelischen Trauung konfessionsverschiedener Paare erschwert. Sie möchte ihr an sich den Vorzug geben vor der nur zivilen Eheschließung, muß dazu aber gemäß Canon 1127 § 2 des CIC/1983 fordern, daß in ihr – so die Österreichische Bischofskonferenz in ihren Ausführungsbestimmungen zum Mischehenkapitel des CIC – „eine Ehewillenserklärung stattfindet".[33]

---

[30] *Dombois*: Zur Gesch. des weltlichen und kirchl. Eherechts, in: *Sucker/Lell/Nitzschke*, wie Anm. 20, 148-193.

[31] Neue Tendenzen in der Diskussion um die bekenntnisverschiedenen Ehen, in MdKI 18, 1967, 110-114.

[32] Gemeinsame Trauung, in: MdKI 22, 1971, 32.

[33] Ausführungsbestimmungen der Österr. Bischofskonferenz für konfessionsverschiedene Eheschließungen nach dem neuen kirchl. Gesetzbuch (can. 1124-1128), in: Amtsbl. der Österr. Bischofskonferenz 25, 1984, 2-5.

VIII. Gemeinsamkeit in der Defensive

Eine Würdigung der Arbeit des Evangelischen Bundes auf dem Feld der konfessionsverschiedenen Ehe muß als dritten Aspekt den ökumenischen Gedanken berücksichtigen. Auch hier sind Entwicklungen zu beobachten. Der Weg führt von der situationsbedingten Anerkennung einer Gemeinschaft der Kirchen, die sich in gemeinsamer Gegnerschaft gegen den Zeitgeist vorfinden, zu innerer Bejahung des ökumenischen Anliegens und einer entsprechenden Seelsorge.

Obwohl sich im Schrifttum des Evangelischen Bundes durchgehend Äußerungen belegen lassen, die der römisch-katholischen Kirche das Kirchesein ausdrücklich zusprechen[34], ist man von einem positiven ökumenischen Ansatz vor dem Zweiten Weltkrieg noch weit entfernt. Es sind lediglich die Zeitumstände, die den getrennten Kirchen eine gemeinsame Kampfstellung gegen Materialismus und Freidenkertum aufnötigen, „um die idealen Güter der Christenheit dem Volke in Frieden und Eintracht zu überliefern."[35] Der gemeinsame Bezug auf das Volk, dem sich der geistig-sittliche Erziehungswille des kirchlichen Liberalismus besonders verpflichtet weiß, ermöglicht eine gewisse Relativierung des konfessionellen Gegensatzes: „Auch dem Volk gegenüber hat unsere Kirche Aufgaben. Ihre Schätzung der Volksgemeinschaft und des Staates verpflichtet sie, auch in ihrer Mischehenarbeit beides zu achten. Ist die evangelische Kirche gezwungen, sich selbst zu behaupten [. . .], so muß sie in diesem Kampf alles vermeiden, was den konfessionellen Frieden unnötigerweise gefährden würde [. . .] Und im Kampf gegen die katholische Kirche sollten wir über dem Trennenden nie das Gemeinsame vergessen [. . .] Wir müssen den Kampf führen, aber die Art und Weise, wie wir ihn führen, soll die Volksgemeinschaft achten."[36]

Der Volksgemeinschaft dient es auch, wenn die Mischehe jenseits von Kirchenlehre und -satzungen ihre tiefinnere Gemeinschaft vor Gott findet und dadurch ihre besondere Festigkeit gewinnt. Aber dazu bedarf es eben doch der spezifisch reformatorischen ‚Sünden- und Gnadenerfahrung', die sich auch dem katholischen Partner erschließen wird, wenn der evangelische ihm treu das ‚Evangelium von Jesus Christus' bezeugt. Im Klartext heißt dies: Konversion ist im Grunde der einzige Weg zur Rettung einer gemischten Ehe.[37] Nicht anders sieht es selbstverständlich die katholische Kirche, die im CIC/1917 dem Katholiken die Konversion des nicht-katholischen Gatten sogar zur Pflicht macht (Canon 1062).

Eine andere Lösung, die in einem entschlossenen Leben aus dem gemeinsamen Grund des unterschiedlichen Glaubens bestehen müßte, ist

---

[34] z.B. wie Anm. 25, 39; wie Anm. 7, 294.

[35] wie Anm. 25, 39.

[36] wie Anm. 7, 214f.

[37] ebd., 256f.

trotz gelegentlicher Ermutigungen, wie sie oben zitiert wurden, noch nicht recht vorstellbar, zumal dazu auch gottesdienstliche Gemeinschaft gehören müßte, die noch außerhalb des Bereichs des Möglichen liegt. Der Protestant in der Mischehe wird zumeist für sich angesprochen und ermahnt, sich und seinen Kindern den evangelischen Glauben zu sichern und Einmischungsversuche, die von außen den Familienfrieden stören könnten, abzuwehren. Die Ratschläge kreisen um die Treue zur evangelischen Gemeinde und ein evangelisches Glaubenszeugnis; vom gemeinsamen Gebet abgesehen, besteht die rechte ökumenische Haltung darin, daß einer den anderen für seine religiöse Praxis freigibt; Gespräche über Glaubenssachen sind nach Möglichkeit zu meiden.[38] Noch 1961 schreibt *Hummel*: „Man kann natürlich ausmachen, dem anderen ‚zulieb' einmal hier und einmal dort in den Gottesdienst zu gehen. Aber ist das dann wirklich eine Begegnung mit der Botschaft der Kirchen und nicht möglicherweise nur eine Art Freizeitgestaltung?"[39]

IX. Mischehenseelsorge im Übergang

In dem Handbuch von *Sucker/ Lell/ Nitzschke* überlagern sich ältere und neuere Ansätze, strikte Ablehnung der Mischehe und eine offene Einstellung auf die Realität. Was einer oft kontraproduktiv wirkenden Mischehenzucht nicht gelang, das wird effektiver von der „Gewissensbindung an den Herrn der Kirche" erwartet: „Es sollte einfach aus Gewissensgründen für jeden evangelischen Menschen völlig indiskutabel sein, eine konfessionelle Mischehe einzugehen"; die Frage, ob Mischehen glückliche Ehen sein könnten, wird als illegitim zurückgewiesen.[40] Die Begründung stützt sich auf traditionelle Beobachtungen: die Mischehe bleibe hinter dem vollen Ideal von Ehe zurück, schwäche den konfessionellen Bestand (nur der „Wächterdienst" des Evangelischen Bundes habe bisher größere Einbrüche verhindert) und begünstige die Abwanderung in kirchliche Indifferenz. Auch das sozialpolitische Argument taucht auf: Mischehen weisen (zur Zeit des Erscheinens des Handbuchs) höhere Scheidungsziffern und geringere Kinderzahlen auf.[41] Diese Sicht der Dinge läßt sich nicht einfach von der Hand weisen, aber wie kann die Seelsorge die nötige Offenheit erreichen, wenn Mischehe als Unglück gewertet wird, vor dem nur gewarnt werden kann?

Lell möchte den oft als diskriminierend empfundenen und zudem unpräzisen Begriff ‚Mischehe' – jede Ehe ist ja in ihrer Weise ‚Mischehe' – durch den Begriff „konfessionsverschiedene Ehe" ersetzen. Wegen seiner

[38] ebd., 295.

[39] wie Anm. 15, 11.

[40] wie Anm. 21, 147.

[41] *Rudolf Schneider-Anhalt*: Die Mischehe – Erscheinungsformen und Nöte, in: *Sucker/ Lell/Nitzschke*, wie Anm. 20, 110-130, hier 119f, 122, 124.

Herkunft aus dem kanonischen Recht (matrimonium mixtum) und als Warnschild vor konfessioneller Nivellierung hat das Handbuch von 1959 den alten Begriff jedoch beibehalten, nicht zuletzt auch zur dringlichen Erinnerung an die ökumenische Aufgabe.[42] Letztere ist das Anliegen des Beitrags von *Lell*, der neue Perspektiven erkennen läßt und einer evangelischen Mischehenseelsorge grundsätzlich keine andere Aufgabe zuweist als der Seelsorge an konfessionsgleichen Partnern. Eine realistische Mischehenseelsorge kennt „für beide Teile nur eine Hilfe: ‚Una sancta' um jeden Preis". Sie umschließt ein Leben aus Glauben und Vergebung, gemeinsamen Gottesdienstbesuch, Gebet, Bibellektüre und Glaubensgespräch in der Familie. Wenn im Zusammenhang mit der Mischehe von Konversion die Rede ist, so kann es nur die tägliche Hinwendung beider Partner zu Christus meinen. Kurz: „sollte der Heilige Geist [. . .] nicht hie und da aus dem ‚furchtbaren Unglück Mischehe' einen Segen wachsen lassen können?"[43]

X. ‚Mischehe' – auch ein Problem der Kirchen

Mit dem Zweiten Vatikanischen Konzil, der Instruktion „Matrimonii sacramentum" von 1966 und dem Motuproprio „Matrimonia mixta" von 1970 waren die Voraussetzungen dafür gegeben, daß solche Visionen auch in die Seelsorgekonzepte der Kirchen Eingang fanden und sich in gemeinsamen zwischenkirchlichen Vereinbarungen niederschlugen. Der Evangelische Bund hat diesen Aufbruch zu einer gemeinsamen kirchlichen Seelsorge durch eigene theologische Reflexion, kritische Kommentierung und Kleinschriftentum für die Betroffenen gefördert und begleitet.[44] Die von ihm dabei vertretene Position weist einige durchlaufende Grundzüge auf:

[42] ebd., 111; *Lell*, wie Anm. 20, 321.

[43] ebd., 358,368,372f.

[44] *Lell*: Mischehen? Die Ehe im ev.-kath. Spannungsfeld (GTB 82), München-Hamburg 1967; ders.: Die Ehe, in: *Johannes Feiner/Lukas Vischer* (Hg.): Neues Glaubensbuch, Freiburg-Basel-Wien/Zürich 1973, 590-609; ders.: Ehetheol. im ev.-kath. Gespräch, in: ThPr 17, 1982, 82-90; *Frieling*: „Mischehe" – aber wie? (BenshH 41), Göttingen 1971; ders.: Vorläufige Bemerkungen zu „Gemeinsame kirchl. Empfehlungen für die Seelsorge an konfessionsverschiedenen Ehen und Familien", Catholica-Schnelldienst des KI Bensheim II/1981; Vf.: Konfessionsverschiedene Ehe. Ein Hb. (BenshH 61), Göttingen 1984; auf einer weltweiten Stud. des Instituts für Ökum. Forschung Straßburg beruht *André Birmelé* (Hg.): Ökumene am Ort. Einheitsbemühungen in der Gemeinde (BenshH 60), Göttingen 1983; hier finden sich auch Beobachtungen zur ökum. Rolle von konfessionsverschiedenen Ehepaaren in den Gemeinden; für die breitere Öffentlichkeit sind die Verteilschr. gedacht: Ehe zweiter Klasse? Erg. Fassung, Bensheim 1966; Informationen über die konfessionsverschiedene Ehe (hg. in Gemeinschaft mit dem Johann-Adam-Möhler-Institut), Bensheim/Paderborn 1976, NB 1985; Ev. Ratschläge für konfessionsverschiedene Paare, Bensheim 1981.

An der Problematik der konfessionsverschiedenen Ehe hat die fortbestehende Trennung zwischen den Kirchen maßgeblichen Anteil. Eine Lösung hängt darum nicht allein vom guten Willen der Partner, sondern davon ab, wie weit sich die Kirchen gegenseitig als Kirchen anerkennen. In dem Maße, in dem dies geschieht, läßt sich Seelsorge entkonfessionalisieren. Ökumenische Vereinbarungen sind daraufhin zu befragen, ob sie sich zu dieser Verantwortung der Kirchen für das Mischehenproblem bekennen oder ob sie die Schwierigkeiten einfach den Partnern anlasten und die Lösung nur von einer festeren kirchlichen Verwurzelung der Betroffenen erwarten.[45]

Die unevangelische, weil bloß re-agierende Mischehen-Kirchenzucht ist aufzugeben. Evangelische Seelsorge darf sich nicht unter das Diktat der Kirchenpolitik begeben.[46] Um auch dem katholischen Christen in der konfessionsverschiedenen Ehe die volle Beheimatung in seiner Kirche zu erhalten, bemühte sich der Evangelische Bund um eine wirksame Verbreitung der römischen Dispens-Bestimmungen von 1970, damit auch evangelische Pfarrer beim Traugespräch dem katholischen Teil entsprechende Hinweise geben konnten, und bekräftigte damit die schon längst vollzogene grundsätzliche Abkehr von einer auf Konversion zielenden Mischehenseelsorge.

Die Auffassung der beiden Großkirchen in der Bundesrepublik, daß auch in der konfessionsverschiedenen Familie die Erziehung den Kindern eine klare Beheimatung in einer Konfession vermitteln müsse, hat achtbare Gründe für sich, zumal in einem Kontext, in dem konfessionelle Unterschiede auch als gesellschaftlich prägende Differenzen erfahren werden und der Staat als Partner die Konfessionskirchen respektiert. Andernorts gibt es jedoch erstaunliche Erfahrungen einer doppelten Kirchenzugehörigkeit, in welche die Kinder hineinwachsen, und es wäre zu bedauern, wenn das Interesse der Kirchen an konfessioneller Identität den Blick auf sie verstellen würde.[47]

Die Glaubwürdigkeit der ökumenischen Öffnung der Kirchen erweist sich auch an ihrem Umgang mit Mitarbeitern, die eine konfessionsverschiedene Ehe eingehen. Eine gutachtliche Stellungnahme über die konfessionsverschiedene Ehe evangelischer Amtsträger votierte für eine Praxis der Kirchenleitungen, die von dem Unterschied zwischen Ordination zum Pfarramt und kirchlichem Dienstauftrag ausgeht; eine Verweigerung der Ordination sei nicht statthaft, da nach evangelischer Auffassung das Eingehen einer konfessionsverschiedenen Ehe nicht als Verletzung des (allen Christen gegebenen) Auftrags der Bezeugung des Evangeliums gelten könne; dagegen sei es möglich, daß im jeweils zu prüfenden Einzelfall

---

[45] wie Anm. 44 fünfte Angabe, 3.

[46] *Lell*, wie Anm. 44 erste Angabe, 200.

[47] Vf.: Familienkatechese in konfessionell gemischten Ehen, in: Beih. Lebendige Katechese LS 6, 1984, 120-124.

die Verhältnisse am Ort eine Einschränkung der dienstlichen Verwendung nahelegen. Bewertet werde aber nicht der Tatbestand einer konfessionsverschiedenen Ehe als solcher – wie in vergleichbaren katholischen Bestimmungen –, sondern lediglich mögliche Auswirkungen auf die pfarramtliche Tätigkeit. Wo solche nicht zu erwarten sind, gebe die konfessionsverschiedene Ehe des Pfarrers keinen Anlaß zu Sonderregelungen.[48]

Das Memorandum „Mehr ökumenische Gemeinschaft" anläßlich des Papstbesuches in der Bundesrepublik im Jahr 1980 bündelt die praktischen Wünsche und Anfragen der evangelischen Seite, wie sie seit „Matrimonia mixta" auch vom Evangelischen Bund immer wieder formuliert worden sind.[49] Das Memorandum bringt zwei Bitten und eine kritische Anfrage vor: „Der Papst möge das Ehehindernis der Konfessionsverschiedenheit zumindest für den Bereich der Deutschen Bischofskonferenz aufheben. Der Papst möge die Formpflicht für den Bereich der Deutschen Bischofskonferenz aufheben, oder die katholische Deutsche Bischofskonferenz sollte wenigstens eine Generaldispens erlassen, welche die öffentlich-rechtliche Konsensabgabe konfessionsverschiedener Paare als kirchenrechtlich gültig erklärt, sofern keine Ehehindernisse dem entgegenstehen. Das schriftliche Versprechen eines katholischen Christen bezüglich der katholischen Kindererziehung halten wir seelsorglich und ökumenisch für unpraktikabel und unhaltbar."

XI. Der letzte Stand

Die Gemeinsame Ökumenische Kommission aus Vertretern der Deutschen Bischofskonferenz, der EKD und des vatikanischen Einheitssekretariates, welche die beim Papstbesuch von evangelischer Seite vorgetragenen ökumenischen Anliegen (offenes Abendmahl, gemeinsame Sonntagsgottesdienste, mehr seelsorgerliche Begleitung konfessionsverschiedener Ehepartner) bearbeiten sollte, legte nach fünf Jahren ihr Gemeinsames Wort „Zur konfessionsverschiedenen Ehe" vor. Da diesem Dokument ein gewisser abschließender Charakter zukommt und neue Erklärungen zum Thema in nächster Zukunft wohl nicht mehr zu erwarten sind, besitzt auch die Stellungnahme, die das Konfessionskundliche Institut zu dem Papier veröffentlichte, programmatische Bedeutung, weil sie die Position des Evangelischen Bundes in der Frage der konfessionsverschiedenen Ehe noch einmal zusammenfaßt; sie mag darum diesen

---

[48] *Frieling*: Die konfessionsverschiedene Ehe von Amtsträgern. Ergebnis und gutachtliche Stellungnahme zu einer Umfrage des KI des EB an die Gliedkirchen der EKD, in: DtPfBl 79, 1979, 597-601.

[49] z.B. *Frieling*: Vorschlag für eine vorläufige ev.-kath. Mischehenvereinbarung, in: MdKI 20, 1969, 27-32; Stimmen zum Motuproprio, in: MdKI 21, 1970, 61f; *Lell*: Ehe und Mischehe – Neue Ansätze?, in: MdKI 27, 1976, 77-79.

Überblick über die Behandlung der Thematik in seinen Publikationen abschließen.

Die Erklärung stellt zunächst fest, daß die Gemeinsame Kommission sich in einem „ökumenischen Zungenschlag“ übe, der ein „hohes Maß an Gemeinsamkeit in Grundüberzeugungen“ (Zitat aus dem Gemeinsamen Wort) feststellen und doch die Angst vor Verwischung von Konfessionsgrenzen und vor Verselbständigung der Ökumene nicht verbergen könne; faktisch schreibe sie genau den Status quo fest, zu dessen Überwindung sie 1980 eingesetzt wurde. Dann fährt die Stellungnahme des Konfessionskundlichen Institut fort:

„Erstens: In der Bundesrepublik Deutschland leben mehr als eine Million konfessionsverschiedene Ehepaare, die sich ohne katholische Dispens nur standesamtlich oder evangelisch trauen ließen. Nach katholischem Eherecht befinden sie sich damit in einer ungültigen Ehe. Das Dokument geht auf diese Problematik mit keinem Wort ein. Einzig im Blick auf die Kindererziehung kann folgende Feststellung des Dokumentes als weiterführend gewertet werden: ‚Für die im Blick auf die Kinder nötigen Entscheidungen dürfen allein das vom Glauben gebundene Gewissen des Partners sowie das Wohl der Familie und der Kinder den Ausschlag geben.‘ Wenn demnach Kinder evangelisch getauft und erzogen werden sollen, kann sich ein Katholik auf diesen Satz berufen und braucht keine Dispensverweigerung mehr zu befürchten.

Zweitens: Das katholische Kirchenrecht läßt ‚in besonderen Notfällen‘ evangelische Christen zur Kommunion zu. Ausdrücklich erwähnt das Dokument, daß die konfessionsverschiedene Ehe nicht zu diesen besonderen Notfällen zählt. Hier werden die Augen verschlossen vor einer Situation, die in der Praxis so gravierend ist, daß sie eine Ausnahmeregelung rechtfertigen würde.

Drittens: Das Dokument empfiehlt, daß ‚bei gegebener Gelegenheit der eine den anderen zum Gottesdienst in seiner Kirche begleiten‘ sollte. Das ist zu wenig. Auch wenn die katholische Seite darüber hinaus für sich keinen Spielraum mehr sieht, so bleibt doch evangelischerseits in Erinnerung zu rufen, daß die wechselseitige Anerkennung des gemeinsamen Sonntagsgottesdienstbesuches konfessionsverschiedener Ehepartner in der evangelischen oder in der katholischen Kirche ein Akt seelsorgerlicher Verantwortung ist.“[50]

Ist die konfessionsverschiedene Ehe vor allem ein Problem der getrennten Kirchen, so bedarf die Seelsorge der Kirchen des begleitenden ökumenischen Dialogs. Dieser hätte nicht einfach ‚von oben‘ bei den verschiedenen Ehelehren, Ordnungen und Rechtskonzeptionen einzusetzen, sondern auf dem Boden einer ideologiefreien Analyse zu erkunden, was das Evangelium heute für die Ehe ist.[51] Freilich hängen alle ökume-

---

[50] veröff. als Pressemitteilung 14/85 vom 24. Juli 1985 und in: MdKI 36, 1985, 84.

[51] *Lell*, wie Anm. 44 erste Angabe, 218.

nischen Vereinbarungen in der Luft, wenn sie nicht von einer entsprechenden seelsorgerlichen Bemühung um die konfessionsverschiedenen Ehen und Familien getragen werden. Ist der Eindruck so falsch, daß der Eifer, mit dem heute ökumenische Erklärungen gefordert und produziert werden, in umgekehrtem Verhältnis steht zu dem, was in den Kirchen und Gemeinden tatsächlich geschieht? Welcher Pfarrer kümmert sich um konfessionsverschiedene Ehen? Mancher mag die Sorge um Glieder seiner Gemeinde, die in Mischehe leben, im Zeichen der Ökumene für zweitrangig halten; wenn dann aber auch keine ökumenische Begleitung dieser Paare und Familien stattfindet, so kommt es unter den Beteuerungen einer bloßen Verbalökumene zu einem Auszug in kirchliches Niemandsland, durch den sich verhängnisvollerweise diejenigen in ihrem Vorurteil bestätigt sehen müßten, die zwischen kirchlicher Indifferenz und ökumenischer Aufgeschlossenheit einen Zusammenhang konstruieren.

Wolfgang Dietzfelbinger

Evangelische Berichterstattung vom Zweiten Vatikanischen Konzil

I. Ungeklärte Spannung: Freiraum des Konzils und Öffentlichkeit

Wer sich für evangelische Berichterstattung über das Zweite Vatikanische Konzil interessiert, muß sich vor Augen halten, daß das Verhältnis von Schweige- und Informationspflicht im Blick auf dieses Ereignis bis zur Stunde ungeklärt ist. Sicherlich war die Verletzung des Konzilsgeheimnisses vor 25 Jahren nicht mehr wie in früheren Jahrhunderten mit der Strafe der kirchlichen Exkommunikation bedroht. Aber auch die Verantwortlichen dieses Konzils fühlten sich verpflichtet, den Werdegang der Konzilsverhandlungen vor unerwünschten Fremdeinflüssen zu schützen. Deshalb hatten Berichterstatter grundsätzlich keinen Zutritt zu den Generalkongregationen in St. Peter und noch weniger natürlich zu den Sitzungen der Fachkommissionen. Die offiziellen Papiere, die von der ersten Materialsammlung bis zum publikationsreifen Dekret sehr wechselvolle Metamorphosen durchliefen, blieben bis zum Tag ihrer Promulgation unter Verschluß, sub secreto. Und die 2127 Reden der Konzilsväter während der vier Sitzungsperioden in der Aula liegen zwar als Manuskripte und Bandaufnahmen in den vatikanischen Archiven, sind aber bis heute zum geringsten Teil im Wortlaut veröffentlicht. Mag manches an solcher Zurückhaltung als übertrieben und geheimniskrämerisch empfunden worden sein – die Grundabsicht, für die Beratungen einen ungestörten Freiraum zu schaffen, ist einsichtig und schließlich auch legitim.

Von der Informationsbeschränkung ausgenommen war, abgesehen von den Konzilsvätern und ihren Mitarbeitern, einzig die Gruppe der offiziell akkreditierten nichtkatholischen Kirchenvertreter, im ganzen etwa einhundert Personen. Sie hatten den Status von Beobachterdelegierten oder persönlichen Gästen, waren durch einen eigenen Lichtbildausweis zum Besuch der Konzilsaula berechtigt und erhielten die Konzilspapiere ausgehändigt. Dieser weitreichende Einblick für Gäste auch in die Interna der konziliaren Entwicklung war der unkomplizierten Offenheit des Papstes *Johannes XXIII.* zu danken und wurde geschätzt als ein Zeichen großen Vertrauens. Natürlich haben die Beobachter regelmäßig Bericht gegeben, und zwar nicht nur vertraulich an ihre entsendenden Kirchen; sie traten in Aufsätzen und Kommentaren, Interviews und Podiumsgesprächen durchaus auch an die Öffentlichkeit. Daß das Konzilsgeheimnis dabei irgendwann verletzt worden wäre, ist niemals beanstandet worden; es lag darin freilich auch zunehmend weniger überhaupt ein Problem. Spätestens seit der zweiten Sitzungsperiode 1963 habe es kein Konzilsgeheimnis mehr gegeben, hörte man urteilen. Vielleicht sagt man besser, daß die Geheimhaltung sehr rasch allein noch die Funktion hatte, den Spürsinn zu wecken und die Neugier zu reizen. Es war bald nicht mehr schwer, an alle gewünschten Auskünfte heranzukommen, die Gefahr, Gerüchten aufzusitzen und Tendenzmeldungen zu erliegen, natürlich immer eingeschlossen. Im übrigen war die Flucht oder wenigstens der Schritt in die publizistische Öffentlichkeit nicht selten ein konzilspolitischer Schachzug einzelner Väter oder bestimmter Gruppen. Und letztlich hat man eingesehen, daß eine umfassende und regelmäßige Unterrichtung das beste Mittel gegen Verzerrungen und Spekulationen darstellte und zugleich, was in bewundernswerter Ausdauer geschehen ist, das globale Interesse an der Präsentation des Konzils durch die Medien wachhalten konnte.

II. Zuverlässige Quellen und Meinungsmacher

So ist alsbald die Information aus authentischen und zuverlässigen Quellen geflossen. An jedem Tag nach Beendigung einer Generalkongregation, als sich die violette Welle der Bischöfe aus den Toren von St. Peter in die bereitstehenden Omnibusse ergossen hatte, fanden sich die Journalisten ein im Konzilspressezentrum an der Via della Conciliazione. Dort waren in den geläufigen Weltsprachen die Pressekonferenzen angesetzt. Sachkundige und gewandte Monsignori, die den dreistündigen lateinischen Verhandlungen des Vormittags gefolgt waren, teilten jetzt auf deutsch oder französisch die heute erörterte Thematik mit, die Liste der Redner und den kurzgefaßten Inhalt ihrer Voten. Sie gaben die Abstimmungsergebnisse bekannt und die Mitteilungen des Generalsekretärs. Am späten Nachmittag konnte man sich diese Auskünfte bereits als schriftliches Bulletin holen, mit einem Umfang von täglich vier bis fünf eng beschriebenen Seiten. Diese offizielle Unterrichtung wurde ergänzt durch die wöchentlich angesetzten Informationsveranstaltungen der nationalen Bischofskonferenzen. Für den deutschen Sprachraum organisierte der damalige Limburger Weihbischof *Walter Kampe* vielbeachtete Vorträge mit Experten von internationalem Rang. Die weiter hinzukommenden privaten Pressedienste, Meinungsmacher, Dokumentationen waren nicht selten farbig und instruktiv; sie wurden ergänzt durch ungezählte halboffizielle oder einfach persönliche Gespräche. So hat sich der Vatikan aus Anlaß des Konzils in einem Maß dem öffentlichen Interesse erschlossen, wie er es vorher und auch nachher niemals mehr erreicht hat. Wer immer sich sachkundig zu machen bemüht war, hatte dazu hinreichend Gelegenheit.

In der großen Zahl der Berichterstatter aller couleur waren die evangelischen eine besondere, wenngleich nicht klar abzugrenzende Gruppe. Selten wurde so deutlich wie auf dem Konzil, welche Probleme ein Gesamtbegriff „Protestantismus“ in sich schließt. Wenn man sich nur auf der Beobachtertribüne umsah, konnte man den Repräsentanten eines amerikanisch-liberalen Unitarismus neben dem Prior von Taizé sitzen sehen und den Gewährsmann der Quäker neben dem Vertreter der Michaelsbruderschaft. Noch offener war das Spektrum unter den Presseleuten, wobei ja die regelmäßigste und wirkungsvollste Berichterstattung nicht durch Fachtheologen, sondern durch Journalisten in Tages- und Wochenzeitungen gegeben wurde. Diese hatten zwar kein konfessionelles Mandat, ließen aber in einzelnen Fällen durchaus einen protestantischen Hintergrund erkennen: Ich denke an Namen wie *Friedrich Meichsner* von der „Welt“, *Hanno Helbling* von der „Neuen Zürcher Zeitung“ oder *Joachim Schilling* von „Christ und Welt“. Jedenfalls ergab sich auch innerhalb der evangelischen Berichterstattung ein vielfältiges und keineswegs einheitliches Bild. Immerhin mag es den Versuch lohnen, darin einige charakteristische Züge festzuhalten.

III. Der Beobachter der Evangelischen Kirche in Deutschland

Als ersten Namen unter den evangelischen Berichterstattern nenne ich ohne Zögern *Edmund Schlink*, der 1984 verstorben ist. Der damals Sechzigjährige war Inhaber eines Lehrstuhls für systematische Theologie an der Heidelberger Universität. Er war Schüler *Karl Barths* gewesen, hatte während des Dritten Reiches als Visitator der Bekennenden Kirche fungiert und beteiligte sich an der ökumenischen Entwicklung der Nachkriegszeit aktiv von der ersten Stunde an. Wenn man heute nach den Gründen fragt, die die EKD dazu veranlaßten, *Schlink* als ihren Beobachter zu benennen und an ihm trotz wiederkehrender Anfeindungen aus dem rechten Lager konsequent festzuhalten, so dürften es diese drei Voraussetzungen gewesen sein, die ihn für seine Aufgabe prädestinierten: wissenschaftliche Qualifikation, kirchliche Bindung und ökumenische Erfahrung. In Rom hat *Schlink* sehr bald Achtung und Vertrauen gewonnen, und zwar sowohl bei den römisch-katholischen Gastgebern wie auch im Kreis der Beobachter, die ihn zu ihrem Sprecher wählten. Auch wer sich *Schlinks* theologischen Bewertungen, die immer deutlich waren und auch gelegentlich als schroff empfunden wurden, nicht anschließen konnte, mußte erkennen, daß sie aus seiner lutherisch-ökumenischen Einstellung sachlich begründet und persönlich verantwortet waren. Wer mit ihm zu tun hatte, sah sich einem keineswegs bequemen, aber verläßlichen und menschlich noblen Partner gegenüber. Die sechzig umfangreichen Berichte, die er in regelmäßigen Abständen für den Rat der EKD geschrieben hat, zeigen die Stetigkeit und Genauigkeit seiner Arbeit, die sich im Verlauf des Konzils als die eigentliche Stärke seiner Position erwies. Zu den Vertretern der Massenmedien war er, oft geradezu ängstlich, auf Distanz bedacht; in das Konzilspressezentrum hat er niemals einen Fuß gesetzt. Während andere kirchliche Institutionen möglicht vielen von ihren Repräsentanten sukzessive Gelegenheit gaben, das Konzil punktuell mitzuerleben, war von Seiten der EKD *Schlink* deren einziger ununterbrochener Beobachter, mit seiner wachen Präsenz und seinem unbestechlichen Urteil.

Der Heidelberger Professor war für viele Zeitungen und Periodika ein begehrter Kommentator der Konzilsereignisse. Ende 1963 hat er auf Einladung des deutschen Konzilspresseamtes eine kritische Würdigung des gerade zur Diskussion stehenden Schemas über die Kirche gegeben, die aufmerksam wahrgenommen wurde.[1] Vergleicht man die damals vorliegende Textgestalt mit dem endgültigen Wortlaut der Kirchenkonstitution „Lumen gentium", so wird man bei aller gebotenen Zurückhaltung doch sagen können, daß *Schlinks* Impulse nachgewirkt haben. So betont er besonders die Chancen für den ökumenischen Dialog, die darin liegen, daß das Dogma von der Kirche in allen Teilen der Christenheit eigenartig unentwickelt geblieben ist. Von dieser Offenheit her sah er noch unausgeschöpfte Möglichkeiten, zu neuen Aspekten für das Verständnis der Kirche und miteinander zu tieferer Übereinstimmung zu gelangen. Hierfür wünschte er sich besonders, daß stärker von den neutestamentlichen Aussagen her gedacht werde, namentlich im Blick auf die Einheit, die Gemeinschaft der Geistesgaben, die Ordnung der Ämter und die Verhältnisbestimmung von Amt und Gemeinde. Für eine sachgemäße, überzeugende, sich vor Engführung hütende Darstellung der Ekklesiologie verwendete sich *Schlink* mit Leidenschaft.

Von gleicher Relevanz war ihm die ökumenische Dimension. Sein Interesse verfolgte ihre Entfaltung nicht nur in dem Ökumenismusdekret „Unitatis redintegratio", sondern ermittelte ihre Spuren auch in den weiteren Dokumenten. Wenn auf diesem Konzil der Verdacht endgültig entkräftet wurde, der katholische Ökumenismus sei letztlich als individuelle oder korporative Rückkehr der „anderen" in den Schoß der alleinseligmachenden römisch-katholischen Kirche zu verstehen, dann war es *Schlink*, der von Anfang an eine solche Erwartung für utopisch erklärte. Mit Betonung nannte er die Kirche des Konzils die ‚römische', respektabel, aber nur eine Konfessionskirche neben anderen. Das Prädikat ‚katholisch' dagegen reservierte er einer im Sinne des Johannesevangeliums (17,21) verstandenen Una Sancta, von deren Stiftung die realen Kirchen herkommen und auf deren Verwirklichung sie alle gleichermaßen hoffend zugehen. Mit Nachdruck hat er von der römisch-katholischen Seite Anerkennung und Würdigung ekklesialer Wirklichkeit auch bei anderen Konfessionen gefordert, der Taufe vor allem, aber auch des Gotteswortes, des Amtes und der Eucharistie. Die vorkonziliare Votumlehre, nach der nichtrömische Christen nur in ihrer innerpsychischen Zuordnung zu der

[1] veröff. in: MdKI 14, 1963, 101-105.

vom Papst geleiteten Kirche betrachtet werden, hat er als unannehmbar zurückgewiesen.

Mit seiner deutlichen Diktion hat sich *Schlink* keineswegs nur Freunde erworben, und er hat die gegen ihn gerichteten Angriffe, die bis zur Infragestellung seiner Beobachterposition gingen, durchaus nicht leicht verkraftet. Wer heute aus zeitlichem Abstand seine Ausführungen liest, wird erkennen, daß sie niemals einem Ressentiment, sondern einem theologischen Gewissen zu verdanken sind. Statt einer kurzlebigen Einheitseuphorie zu verfallen, hat er sich und den anderen eine genaue Situationsanalyse nicht erspart. Von ihr her konnte er dann freilich auch Wege zur Einheit weisen, die zwar oft mühselig, schließlich aber gangbar gewesen sind. Eine Art Bilanz des Konzils hat er gezogen in dem Büchlein „Nach dem Konzil“[2]. Man hat es das Meisterstück innerhalb der gesamten deutschen Konzilsliteratur genannt. Es gewinnt von seinem weiten geschichtlichen und ökumenischen Rahmen her eine überzeugende Legitimation zu profunder Kritik wie auch zur Darstellung des Neuen, das allen Christen gemeinsam ist. Mit dieser etwas ausführlicheren Darstellung mag *Schlink* auch als Repräsentant des Beobachterkreises gewürdigt sein, aus dem freilich noch weitere Namen Erwähnung verdienen.

IV. Die Beobachter des Lutherischen Weltbundes

Der Däne *Kristen Ejner Skydsgaard* war hervorragender Vertreter des Lutherischen Weltbundes. Er hatte in seinen Gesprächen und in seinen Publikationen die Gabe, mit viel menschlicher Güte und theologischer Sachkenntnis zugleich sich selbst und den katholischen Partner mit der Wahrheitsfrage zu konfrontieren. Er konnte von der sündigen Kirche sprechen, weil das bei ihm niemals selbstgerecht geschah, sondern mit eigener Betroffenheit. Unvergeßlich, wie er seine Kritik am bischöflichen Kollegialprinzip vorbrachte, dem großen Thema aus dem dritten Kapitel der Kirchenkonstitution: „Wann haben eigentlich die Apostel, als deren Nachfolger sich die Bischöfe verstehen, kollegial gehandelt?“ – über diese Frage habe er, *Skydsgaard*, mit einem katholischen Priester gesprochen. Der habe ihm später ein kleines Bild des Gekreuzigten gegeben, auf dessen Rückseite geschrieben stand: „Die Apostel handelten kollegial im Garten Gethsemane, wo sie alle den Herrn im Stich ließen.“ Und *Skydsgaard* meint dazu: „Die Geschichte des Versagens, des Abfalls, des Kreuzes, aber auch des Auferstehens, des Begnadigtseins, der grundlosen Liebe und der Macht Gottes rückt auf einmal ganz nahe. Ohne diese Dimension begreifen wir das Geheimnis der Kirche nicht.“[3]

---

[2] (GTB Siebenstern 75), München-Hamburg 1966, 253 S.

[3] *George A. Lindbeck* (Hg.): Dialog unterwegs. Eine ev. Bestandsaufnahme zum Konzil, Göttingen 1965, 273 S., hier 177.

Skydsgaard ist mit namhaften Beiträgen in dem dreibändigen Studienwerk vertreten, das aus der Arbeit des Lutherischen Weltbundes vor, während und nach dem Konzil erwachsen ist.[4] An weiteren Beobachtern äußern sich in diesen Bänden zu den Themen des Konzils: *Oscar Cullmann* über die Bibel, *George A. Lindbeck* über Religionsfreiheit sowie Kirche und Welt, *Vilmos Vajta* über den Gottesdienst und *Warren Quanbeck* über die Mariologie und das Bischofsamt. Mit diesen Äußerungen hat das Luthertum die Herausforderung zum Dialog ernsthaft und selbständig aufgenommen.

V. Beachtungen für die reformierten Kirchen

Unter den Reformierten, die aus Frankreich, der Schweiz, Schottland und den Vereinigten Staaten vertreten waren, weise ich gerne auf die Stimme der genuin italienischen Protestanten hin. Es handelt sich um die kleine Waldenserkirche, deren theologische Fakultät in Rom nur eine Viertelstunde Fußweg vom Vatikan entfernt liegt. *Vittorio Subilia*, damals Inhaber des systematischen Lehrstuhls, war Beobachter des Reformierten Weltbundes. Er hat mit bohrender Schärfe die Entwicklungen und Ergebnisse des Vatikanums analysiert und an der in Leid und Verfolgung geprüften eigenen Tradition gemessen. Eine sehr viel optimistischere Beurteilung erfuhr das Konzil durch *Subilias* Kollegen *Valdo Vinay.* Und schließlich sei ein fünfsprachig erschienenes Bulletin erwähnt, scharfsinnig und originell, das der damalige junge Waldenserpastor *Paolo Ricca*, heute praktischer Theologe an der genannten Fakultät, im Auftrag des Bundes evangelischer Kirchen in Italien herausgegeben hat. Nicht nur, weil die Waldenser in unmittelbarer räumlicher Nähe zum Konzil gewesen sind, nicht nur, weil sie gastlich ihre Räume für Gespräch und Information zur Verfügung gestellt haben, sollen sie dankbar erwähnt sein, sondern vor allem wegen ihrer eigenständigen Stellungnahme.

VI. Berichterstattung durch den Evangelischen Bund

Einen nicht zu kurzen Blick verdient der Beitrag, den der Evangelische Bund zur Konzilsberichterstattung geleistet hat. Die betreffenden Jahrgänge des „Materialdienst" bilden einen vielfach facettierten Spiegel der Ereignisse und ihrer Vorbereitungen. Da sind die regelmäßigen chronologischen Informationen, wachsam, genau und lückenlos. Da sind die Porträts prominenter Konzilsväter: des Kardinals *Augustin Bea*[5], des Patri-

---

[4] *Kristen E. Skydsgaard* (Hg.): Konzil und Evangelium. Luth. Stimmen zum kommenden röm.-kath. Konzil, Göttingen 1961, 215 S.; wie Anm 3; *Friedrich Wilhelm Kantzenbach/ Vilmos Vajta* (Hg.): Wir sind gefragt. Antworten ev. Konzilsbeobachter, Göttingen 1966, 220 S.

[5] MdKI 14, 1963, 7f.

archen *Maximos IV. Saigh*[6] und, besonders reizvoll, des Mailänder Erzbischofs *Giovanni Battista Montini*[7], wenige Monate bevor er zum Papst gewählt wurde. Ihren Höhepunkt erreicht zu haben scheint mir die Kunst solch personbezogener Schilderung in dem Nachruf auf Papst *Johannes XXIII.*[8]: Das ist warm und persönlich, inhaltsreich und stimmig, dabei keineswegs unkritisch. Der besondere Reiz dieser Veröffentlichungen liegt darin, daß die Informationen und Kommentare stets ein Wissen um geschichtliche Rückbezüge erkennen lassen. Das wirkt nie als toter Ballast, sondern gibt einzelnen Phänomenen Hintergrund und Profil. Es entstehen eben für die Erklärung über die Religionsfreiheit ganz andere Konturen, wenn man weiß, daß die darin aufgenommene Forderung gesellschaftlicher und bürgerlicher Freiheit noch hundert Jahre vorher von den Päpsten als gefährliches Hirngespinst verworfen wurde. Wenn dergleichen Zusammenhänge aufgezeigt werden, aus denen die Notwendigkeit zu intensiver Auseinandersetzung mit der eigenen Tradition deutlich wird, so kann das nur für eine auf oberflächlichen Beifall bedachte Sicht ärgerlich sein. Das anspruchsvollste literarische Genus des „Materialdienst" schließlich sind die jeweiligen Hauptaufsätze jener Jahre, die sich kundig und engagiert mit der konziliaren Thematik befassen.

Am engsten ist mit der Berichterstattung des Evangelischen Bundes jedoch der Name *Gottfried Marons* verbunden, seines heutigen Präsidenten und damaligen Vertreters in Rom. Er hat als junger Wissenschaftler mehrere Jahre seines Lebens der Arbeit über das Konzil gewidmet. Der Ertrag hat sich in zahlreichen und sehr verschiedenartigen Äußerungen niedergeschlagen, vom kurzen Rundfunkspot über seine gründlichen Aufsätze bis zu seiner großartigen Geschichte der „römisch-katholischen Kirche von 1870 bis 1970".[9]

Von besonderem Reiz waren seine allwöchentlichen Reportagen aus Rom, die gleichzeitig in der Schweiz und als „Grüne Briefe" zur Unterrichtung der westdeutschen Pfarrerschaft erschienen. Schon der begrenzte Umfang des einzelnen Berichts – keiner ist länger als vier Seiten – nötigte den Verfasser zum Verzicht auf alles Nebensächliche, zur Konzentration und Präzision. In manchem der Abschnitte[10] ist die unmittelbare Dramatik soeben stattgehabter Ereignisse eingefangen. Zwischen dem angespannt-wachen Erleben des Verfassers und seinem schriftlichen Niederschlag war schon aus technischen Gründen keine Distanz und

---

6 MdKI 16, 1965, 50f.

7 MdKI 14, 1963, 27f.

8 MdKI 14, 1963, 47-50.

9 (KIG N 2), Göttingen 1972.

10 überarb. veröff. unter den Titeln: Ev. Ber. vom Konzil. Zweite Session (BenshH 23), Göttingen 1964, 66 S.; Dritte Session (BenshH 26), Göttingen 1965, 99 S.; Vierte Session (BenshH 31), Göttingen 1966, 84 S.; vervollst. durch *Kurt-Viktor Selge*: Ev. Ber. vom Konzil. Erste Session (BenshH 27), Göttingen 1965, 55 S.

kaum ein Rückgriff auf Darstellungen aus zweiter Hand möglich. Der kurze Wochenabstand zwang zur gerafften Schilderung des jüngsten Geschehens und zu raschen theologischen Urteilen. Natürlich ist inzwischen manches aus den Briefen überholt oder korrekturbedürftig. Das wird aber aufgewogen durch die Frische und Anschaulichkeit, die bis heute von ihnen ausgeht. Die Adressaten der *Maron*schen Briefe sind ja nicht kontroverstheologische oder ökumenische Fachleute, sondern interessierte Pfarrer und Gemeindeglieder. Gut lesbare Sprache, die das Ihre ohne Beeinträchtigung des Inhalts zu sagen weiß, ist *Marons* große Stärke. Zudem verbindet er seine kritisch-nüchterne Sachlichkeit stets mit theologischem und menschlichem Verstehen des katholischen Gegenübers. Hierfür ist ein besonders schönes Beispiel sein „Brief an einen katholischen Freund", mit dem er das Bändchen über die dritte Sitzungsperiode beschließt und gleichzeitig zu erkennen gibt, wie er selbst sein Geschäft auch gegenüber den katholischen Brüdern versteht: „Das Amt des brüderlichen Mahners ist nicht nur ein schweres Amt und ständigem Mißverständnis ausgesetzt (wie leicht wird man doch der Unbußfertigkeit geziehen […]!). Es ist ein Amt, das nur in großer Liebe geschehen kann. Wer aber kann von sich sagen, daß er diese Liebe besitzt, die für das Aussprechen der Wahrheit […] erfordert ist ? Wir können nur immer wieder um sie bitten."[11]

Der Evangelische Bund hat in der Beschäftigung mit dem Zweiten Vatikanischen Konzil eine Herausforderung gesehen, die er seiner genuinen Zielsetzung entsprechend differenziert und respektabel gelöst hat. Dabei sind *Marons* Wochenberichte kleine Kostbarkeiten.

VII. Selbständige Kommentatoren

Einen bekannten Namen als christlicher Schriftsteller hatte bereits *Johann Christoph Hampe*, als er sich mit großem Elan der Konzilsberichterstattung annahm. Nach allen Seiten hin Kontakte knüpfend, war er zunächst als Mitarbeiter des Evangelischen Pressedienstes tätig, dann mehr und mehr selbständig als Kommentator und Herausgeber von Publikationen. Sein erstes Sammelwerk," Ende der Gegenreformation?"[12], zeigt auf dem Umschlag die Porträts von *Martin Luther* und *Johannes XXIII.* friedlich nebeneinander. Dieses Bild symbolisiert deutlicher als viele Worte, mit wie großer Sehnsucht und Hoffnung *Hampe* am Werk war – manche haben sie für zu stark gehalten. Ein Standardwerk eigener Art ist

[11] wie Anm. 10, zweite Angabe, hier 90.

[12] Untertitel: Das Konzil. Dokumente und Deutung, Stuttgart-Berlin/Mainz 1964, 445 S.

[13] Untertitel: Gegenwart des Konzils und Zukunft der Kirche im ökum. Disput, München 1967, 3 Bde.

jedenfalls „Die Autorität der Freiheit"[13] geworden, drei stattliche Bände mit hundert Mitarbeitern aus aller Welt, von *Hampe* bald nach dem Konzil herausgegeben. Der Aufbau ist nicht chronologisch, sondern inhaltlich gestaltet und bringt nach einer Einleitung zum jeweiligen Thema Auszüge aus Konzilsreden und -texten, sodann einen ökumenischen Kommentar. Eine farbige und inhaltsreiche Sammlung.

Ich schließe die Charakterisierung evangelischer Konzilsberichte mit zwei Randerscheinungen. Der emeritierte württembergische Pfarrer *Richard Baumann* war auf die Überzeugung fixiert, die evangelische Kirche müsse sich zu ihrer ekklesialen Komplettierung innerlich und organisatorisch dem päpstlichen Primat unterstellen. Er hat für diesen Gedanken in seinen Publikationen unermüdlich geworben.[14] Freilich fand er damit ebenso wenig Resonanz wie der andere Außenseiter der Rechten, *Max Lackmann*, seinerzeit Vertreter des „Bund für evangelisch-katholische Wiedervereinigung". Seine fünf Bände mit über 2000 Seiten geben die ausführlichste Schilderung des Konzils, nicht ohne originelle Aspekte, dann aber auch wieder, ohne hinreichend das Wichtige vom Unwichtigen zu unterscheiden, und stark subjektiv gefärbt.[15]

VIII. Drei Fragen statt einer Zusammenfassung

Ein einliniges Urteil ist angesichts des vielstimmigen und auch nicht immer konsonanten Chores nicht möglich. Es seien indessen abschließend drei Fragen gestellt, die die Funktion solcher Berichterstattung noch einmal erkennbar machen.

Was die Rückwirkung evangelischer Äußerungen auf die Meinungsbildung des Konzils anlangt, so ist zumindest festzustellen, daß diese sehr sorgfältig registriert worden sind. Die „Herderkorrespondenz" hatte seinerzeit die regelmäßige Spalte „Ökumenisches Konzilsecho", in der umfassend referiert, freilich auch kräftig zensiert worden ist. Weihbischof *Kampe* hat sich mit seinen Publikationen „Das Konzil im Spiegel der Presse" ausdrücklich auch bei evangelischen Journalisten für ihre Arbeit bedankt[16]. Darüber hinaus wird man mehr als Impressionen und Vermutungen nicht äußern können. Schon gar nicht kann man lapidar feststellen, daß diese oder jene Formulierung, dieser oder jener Gedanke auf evangelischen Anstoß direkt zurückgeht. Dazu war der Meinungsbildungsprozeß viel zu verästelt und zu kompliziert. Dazu war übrigens auch der denkbare Weg von einer individuellen Äußerung bis zum Niederschlag in einem Konzilstext viel zu wenig geradlinig und überschau-

[13] Untertitel: Gegenwart des Konzils und Zukunft der Kirche im ökum. Disput, München 1967, 3 Bde.

[14] *Baumann* ist etwa 1982 zur röm.-.kath. Kirche konvertiert.

[15] Mit ev. Augen, Graz-Wien-Köln 1963 - 1966, 5 Bde.

[16] Würzburg 1963, 2Bde.

bar. Von daher verbietet sich eine kurzgeschlossene Erfolgsbilanz. Unter diesem Vorbehalt läßt sich andererseits von einer wirklichen und partnerschaftlichen Mitarbeit sprechen, ohne die dem Konzil etwas Wesentliches gefehlt hätte.

Als zweiter Punkt ist auf eine Gefahr evangelischer Berichterstattung hinzuweisen. *Hans Küng*, damals gefeierter Konzilsperitus und durchaus noch nicht gemaßregelt, hat einmal davon gesprochen, daß die evangelische Seite das Konzil etwas gönnerhaft und herablassend als verspätet nachgeholte Reformation betrachtet. So, als hätte sie längst als gesicherten Besitz, was da in mühseligem Ringen schrittweise erreicht wurde, etwa die Muttersprache im Gottesdienst, das Studium der Bibel, die theologisch positive Einschätzung der profanen Welt. Diese Haltung hat sich *Küng* bei einem Pressevortrag energisch verbeten und das Recht zur Kritik nur denjenigen Partnern zuerkannt, die im gleichen Maß zur Selbstkritik bereit sind.

Nun ist es sicher angebracht, evangelische Äußerungen auf Pharisäismus hin zu überprüfen; man wird sie gewiß nicht ohne weiteres frei davon finden. Ich habe freilich den Eindruck, daß eine distanzierte Haltung, wie sie für solche Überheblichkeit Voraussetzung ist, desto stärker geschwunden ist, je weiter das Konzil seinen Fortgang nahm. Stattdessen war immer mehr Beteiligung, Betroffenheit, Engagement zu erkennen, was alles natürlich auch durch sich vertiefende menschliche Bindungen gefördert wurde. Von da aus war dann auch eine Berichterstattung möglich, die der katholischen Seite den eigenen Erkenntnisstand und die eigene Gewissensbindung zumuten konnte, ohne in Selbstherrlichkeit zu verfallen. Nicht minder groß nämlich schien mir angesichts des glänzenden welthistorischen Ereignisses die Gefahr einer schwärmerisch-euphorischen Bewunderung, die für eine gemeinsame Suche nach Klarheit am Ende nichts austrägt.

Damit ist wie von selber die letzte Frage gestellt: Worin zeigt sich das spezifisch ‚Evangelische' evangelischer Berichterstattung? Den Versuch einer Antwort unternimmt *Gottfried Maron* am Schluß seiner Habilitationsschrift „Kirche und Rechtfertigung", in die er 1969 die theologische Ernte seiner Konzilsarbeit eingebracht hat: „Es kommt nicht so sehr darauf an, daß das Volk Gottes auf seiner Wüstenwanderung zusammenbleibt, sondern es kommt vielmehr darauf an, ob und daß das Volk Gottes – und sei es in kleinen Abteilungen – in der richtigen Richtung weiterwandert. ‚Zusammenbleiben!' (selbst unter der Gefahr des Verharrens und Stagnierens) ist der ständige römisch-katholische Ruf durch die Jahrhunderte bis heute; im Sinne des richtigen Weges richtete dagegen Luther seine Wegzeichen auf. Nicht dort, wo der große Haufe und der breite Weg sind, ist nach ihm das wahre Volk Gottes zu finden, sondern dort, wo Kompaß und Karte benutzt werden – selbst wenn dort nur ein kleines Häuflein in steinigem Gelände langsam vorankommt. Wer in der richtigen Richtung marschiert, mag sich dann zusammentun. [...] Vordringlichste Aufgabe evangelischer Theologie ist es also, in allem ökumenischen Gespräch der prophetisch-paulinisch-reformatorischen Stimme Gehör zu verschaffen. Und dies voller Vertrauen, in großer Demut, ohne Blinzeln nach dem Erfolg."[17]

[17] Untertitel: Eine kontroverstheol. Unters., ausgehend von den Texten des Zweiten Vat. Konzils (KiKonf 15), Göttingen 1969, 288 S., hier 266f.

Beatus Brenner

Christliche Publizistik im Wandel Selbstverständnis und Aufgabenstellung Katholisch und Evangelisch

I. Vorerwägungen

Das Verhältnis zwischen Kirche und moderner Publizistik ist zu keiner Zeit spannungsfrei gewesen. Bis ins 15. Jahrhundert hinein verfügte die Kirche über ein Meinungs- und Verkündigungsmonopol. Mit der Erfindung des Buchdrucks durch Gutenberg wurde dieses Monopol erstmals entscheidend aufgebrochen. Die entstehenden Massenmedien taten in der Mitte des 19. Jahrhunderts ein übriges, um das kirchliche Meinungsmonopol, sofern es noch vorhanden war, endgültig zunichte zu machen. Das Jahr 1848 kann mit seiner Aufhebung der allgemeinen Pressezensur als Stichjahr für die moderne Publizistik in Deutschland gelten. Seither sind Nähe und Distanz von Kirche und Publizistik deutlich erkennbar.

Gemeinsam war der katholischen und evangelischen Kirche in Deutschland zunächst ihr ambivalentes Verhältnis zur modernen Publizistik, das zwischen entschiedener Ablehnung und vorsichtiger Befürwortung schwankte. Historisch läßt sich der Grund hierfür im 19. Jahrhundert orten, als der Katholizismus und auch der deutsche Protestantismus, der in der Reformationszeit als ein Wegbereiter der autonomen Publizistik gewertet werden kann, abseits standen von den pluralistischen Denkvoraussetzungen moderner Demokratien, die gleichsam zu den Wurzeln der heutigen Publizistik gehören.[1] Inhaltlich fand dieses ambivalente Verhältnis seinen Niederschlag in den publizistischen Zielsetzungen der Kirchen.

Dem Wandel dieser Zielsetzungen soll im folgenden nachgegangen werden. Dabei können im Rahmen eines Aufsatzes aus dem komplexen Geflecht des Selbstverständnisses der Kirchen und ihrer Publizistik scherenschnittartig nur die Meilensteine herausgegriffen werden, die in den letzten 150 Jahren die Konturen des Verhältnisses von Kirche und Publizistik prägten. Evangelischerseits wird die publizistische Entwicklung im Raum der deutschen Kirchen Gegenstand der Beobachtung sein; katholischerseits sind es die römischen Stellungnahmen zur Publizistik mit

---

[1] vgl. *Focko Lüpsen*: Ev.-kirchl. Presse, in: RGG³ Bd. 5, Tübingen 1961, 549.

besonderem Augenmerk auf ihre Wirkungsgeschichte im deutschen Bereich.[2]

II. Der konfessionelle Ansatz

Auch wenn in der Gegenwart zwischen den beiden großen Kirchen in der Bundesrepublik eine weitreichende faktische Annäherung in der Praxis ihrer publizistischen Arbeit zu beobachten ist, so ist doch der unterschiedliche Ansatz nicht zu verkennen, auf dem diese Arbeit beruht.

Katholischerseits ist die Publizistik in ein System von Prinzipien eingebettet, die sich aus der „Christlichen Soziallehre" ableiten. Die Soziallehre versucht, auf dem Boden des Naturrechts und der Offenbarung Grundsätze und Werte für die Gestaltung der gesellschaftlichen Ordnung in der Welt zu formulieren. Mit publizistischen Mitteln aller Art macht die katholische Kirche ihre Prinzipien bekannt, sorgt mit für ihre Verbreitung und beteiligt sich so am Prozeß der sozialen Kommunikation. Die publizistischen Äußerungen der Kirche gehören nach katholischem Verständnis in den Bereich ihres pastoralen Handelns. Auf diesem Hintergrund wird der konfessionelle Ansatz deutlich. Die pastoralen Handlungsfelder der römisch-katholischen Kirche sind so umfassend wie ihr Anspruch.[3]

Als „Heilsmysterium" und als „sacramentum mundi" sieht sie ihre Sendung in der Heiligung der Welt. Dieser Heilsdienst, zu dem im übrigen alle Gläubigen berufen sind, zielt nicht direkt auf den politischen, wirtschaftlichen oder sozialen Bereich des Lebens. Vielmehr sind es hier „Hilfeleistungen", die die katholische Kirche anbietet und mit denen sie ihre Prinzipien in der Öffentlichkeit bekannt zu machen versucht, um letztlich „die zeitliche Ordnung mit dem Geist des Evangeliums durchdringen und vervollkommnen" zu können.[4] Die Kirche kennt die „innerste Wahrheit vom Menschen" und kann ihm darum etwa das Verständnis seiner eigenen Existenz erschließen, seine Freiheit und Rechte fördern, ihn ermuntern, seine Talente zum Wohl aller einzusetzen[5], und der menschlichen Gemeinschaft mit ihrem Offenbarungswissen ein „tieferes Verständnis der Gesetze des gesellschaftlichen Lebens" vermitteln, „die

---

[2] Nachfolgend finden sich nur wörtlich oder sinngemäß wiedergegebene Zit. belegt; Querverweise auf die mitverwandte Lit. mußten entfallen; Bibliogr. zur ev. Publizistik s. *Mehnert* (Anm. 28), zur kath. Publizistik s. *Deussen* (Anm. 16); vgl. auch *Hafenbrack / Wolf / Weiland*: Kirche und Öffentlichkeit verpflichtet. Ev. Pressedienste Deutschland, Schweiz, Österreich in diesem Bd., 302-311.

[3] vgl. *Erwin Fahlbusch*: Kirchenkunde der Gegenwart, Stuttgart 1979, bes. 79ff, 51f, hier 79.

[4] Laienapostolatsdekret „Apostolicam actuositatem" Nr. 5.

[5] Pastoralkonstitution „Gaudium et spes" Nr. 41.

der Schöpfer in die geistliche und sittliche Natur des Menschen eingeschrieben hat".[6]

Zweifellos wäre der konfessionelle Ansatz überbewertet, wollte man heute das Gesamtfeld katholischer Publizistik mit dem Herder-„Lexikon für Theologie und Kirche" von 1936 bewerten und feststellen, die katholische Publizistik habe „das Eingehen des Katholischen in die Kultur zum Gegenstand".[7] Hilfreich ist diese Feststellung aber insofern, als sich mit ihr auf die Spannung hinweisen läßt zwischen einer Publizistik als Instrument für die Vermittlung eines bestimmten Wertsystems und einer Publizistik, durch die sich im Dialog zwischen verschiedenen Überzeugungsgruppen erst ein gemeinsames Wertsystem entwickelt.

Evangelischerseits läßt sich der konfessionelle Ansatz christlicher Publizistik nicht aus einer grundlegenden theologischen Standortbestimmung herleiten, da eine ‚Theologie der Publizistik' noch immer nicht geschrieben ist. Noch heute gilt grundsätzlich, was der evangelische Publizist *Karl Halaski* schon vor dreißig Jahren bemerkte: „Man kann nicht gerade behaupten, daß die Männer der evangelischen Presse in den etwa 150 Jahren, während denen sie nun ihre Arbeit betreiben, sich über den theologischen Ort ihres Tuns einleuchtend Rechenschaft gegeben hätten, wie man andererseits nicht sagen kann, daß in dieser Richtung der evangelischen Presse seitens der Theologen eine wirkliche Hilfeleistung zuteil geworden ist, um diese Standortbestimmung durchzuführen."[8]

Ein für die heutige evangelische Publizistik maßgeblicher Ansatz ist bereits in den reformatorischen Umbrüchen des 16. Jahrhunderts angelegt. Damals korrespondierte die Leitvorstellung des mündigen Christen und der mündigen Gemeinde mit der Vorstellung eines mündigen Gemeinwesens, in dem gebildete und informierte Bürger das gesellschaftliche Geschehen verantwortlich mitbestimmten.[9] Deutlich wird dieser Ansatz in dem Selbstverständnis heutiger evangelischer Publizistik. Sie begreift sich als ein „Teil der Gesamtpublizistik ebenso wie als eine anerkannte Funktion" der Kirche, die – neben den beiden anderen „Funktionen" der Kirche: Mission und Diakonie – „in allen ihren Arbeitszweigen an der Erfüllung des Auftrages teilnimmt, dem die Kirche verpflichtet ist".[10] Als *Teil der Gesamtpublizistik* will evangelische Publizistik heute zur verantwortlichen Mitbestimmung von Bürgern in der Gesellschaft einen Beitrag leisten, indem sie als *kirchliche Publizistik* Zeugnis und Dienst der Kirche in der Öffentlichkeit zur Geltung bringt. So beschreibt

[6] ebd., Nr. 33.

[7] *Alois Dangelmaier*: Presse, in: LThK[1] Bd. 8, 452.

[8] Aufgaben ev. Presse, in: Antwort.FS Barth, Zürich 1956, 536-544, hier 536.

[9] vgl. *EKD* (Hg.): Die neuen Informations- und Kommunikationstechniken. Chancen, Gefahren, Aufgaben verantwortl. Gestaltung, Gütersloh 1985, 27.

[10] *Kirchenkanzlei der EKD* (Hg.): Publizistischer Gesamtplan der EKD, Gütersloh 1979, 97.

sie beispielsweise christliche Verhaltensweisen oder macht sich zur Stimme der Stimmlosen. Spezifisch konfessionell geprägt ist diese Publizistik in ihrer Intention, sich in den Prozeß der öffentlichen pluralistischen Meinungsbildung hineinzustellen und nicht normierend, sondern informierend, argumentierend und vertiefend am öffentlichen Gespräch über den christlichen Glauben mitzuwirken.

Wenn es auch eher der konfessionelle Ansatz katholischer Publizistik erlaubte, die Medien instrumental zu gebrauchen, so vermochte es der konfessionelle Ansatz evangelischer Publizistik auf weiten Strecken ihrer Geschichte nicht, einen derartigen Gebrauch im eigenen Bereich zu verhindern.

III. Entwicklungsphasen vom 19. Jahrhundert her

Im 19. und im beginnenden 20. Jahrhundert wurde die Pressearbeit in beiden großen Kirchen in Deutschland vorwiegend gesinnungspublizistisch gehandhabt. Katholischerseits galt es, die kirchlichen Interessen gegen kulturkämpferische Obrigkeit, Staatskirchentum und Religionsfeindlichkeit mit publizistischen Mitteln zu verfechten. Evangelischerseits betrieb man mit Hilfe der Presse die Durchsetzung konfessioneller Belange missionarisch gegenüber den entfremdeten Mitchristen, polemisch gegenüber dem erstarkten römischen Katholizismus, apologetisch gegenüber dem atheistischen Sozialismus und den Naturwissenschaften und schließlich unionistisch gegenüber den zerstrittenen evangelischen Kirchen in Deutschland.[11]

Im Unterschied zur evangelischen Kirche baute man sich in der katholischen Kirche sehr schnell ein eigenes Pressewesen auf. Der deutsche Katholizismus stand in der zweiten Hälfte des 19. Jahrhunderts mit seiner Publizistik unter dem Zeichen des Aufschwungs, der in der Gründung von zahlreichen Zeitungen und Zeitschriften mit einer Gesamtauflage von mehreren Millionen Exemplaren sichtbar wird. Hintergrund dieses Aufschwungs ist ein durch den Kulturkampf gestärkt hervorgegangenes katholisches Selbstbewußtsein, das sich Ausdruck verschafft im katholischen Vereinsleben, auf Katholikentagen und durch politischen Zusammenschluß in der Zentrumspartei.

Der deutsche Protestantismus hingegen stand in Gestalt seiner Kirchenleitungen der *gesamten* – säkularen wie konfessionellen – Pressearbeit zunächst abwartend bis ablehnend gegenüber. Kirchenregiment und Presse verhielten sich wie die „institutionellen Repräsentanten von Religiosität und Säkularität“ und waren zunächst zu keiner Kooperation

---

[11] vgl. *Ernst Albert Ortmann*: Motive einer kirchl. Publizistik, darg. an den Gründungsaktionen des EB, der ChW und des ev.-sozialen Preßverbandes für die Provinz Sachsen (Diss. theol.), Hamburg 1966, bes. 133ff, 152ff.

fähig.[12] Hier wurden nicht die offiziellen Kirchen, sondern die freien kirchlichen Verbände zu Pionieren moderner evangelischer Pressearbeit.

IV. „Mirari vos", „Quanta cura", Katholische Aktion

Katholischerseits läßt sich die Entwicklung der modernen kirchlichen Publizistik in zwei große Phasen einteilen. Zunächst steht sie unter dem Zeichen der Verdammung des Informationsrechtes durch die Päpste von *Gregor XVI.* bis *Pius XI.* Als Achsenpunkt und Wende dieser Entwicklung ist die naturrechtliche Verankerung des Rechtes auf Information in den sechziger Jahren des 20. Jahrhunderts anzusehen.

Auf den ersten bedeutenden Vorkämpfer eines liberalen Katholizismus, *Felicité de LaMennais*, der eine uneingeschränkte Gewissens- und Pressefreiheit forderte, reagierte Papst *Gregor XVI.* (1830-1846) im Jahre 1832 ohne Nennung *LaMennais'* mit seiner ersten Enzyklika „Mirari vos arbitramur". In diesem Rundschreiben klagte der Papst über den „pestilenten Irrsinn", jedem Menschen Gewissensfreiheit zuzugestehen, und nannte die Pressefreiheit „höchst verderblich, niemals genug verflucht und verabscheuenswert".[13] Sein Nachfolger, *Pius IX.* (1846-1878), verwarf 1864 in dem berühmt gewordenen Anhang der Enzyklika „Quanta cura", dem „Syllabus", in 80 Thesen die modernen Zeitirrtümer, unter ihnen die Meinungs- und Pressefreiheit. Nicht immer gleich scharf im Ton, wohl aber in der Sache, wird die katholische Kirche in den nächsten hundert Jahren „nach außen" (säkulare Presse) wie „nach innen" (kirchliche Presse) von dieser offiziellen Haltung nicht abrücken.

Welche Rolle auf diesem Hintergrund der katholischen Presse zukam, läßt sich mit den Worten *Leos XIII.* (1878-1903) beschreiben: „Jene, die der Kirche Nutzen bringen wollen, die da aufrichtig danach verlangen, durch ihre Schriften die katholische Religion zu verteidigen, müssen sozusagen in geschlossenen Reihen, d.h. in vollendeter Eintracht, kämpfen."[14] Die katholischen Publizisten wurden von *Leo XIII.* aufgefordert, als „apostolischer Arm" absolut loyal gegenüber dem Heiligen Stuhl zu handeln: „Ihr Vertreter der katholischen Presse müßt ganz besonders die Worte des Apostels Paulus beherzigen, daß ihr ‚alle dasselbe sagt'; – [...] Gebt von ganzem Herzen eure volle Zustimmung den Lehren und Vorschriften der katholischen Kirche."[15]

---

[12] vgl. *Hans Joachim Dörger*: Kirche in der Öffentlichkeit. Programme und Probleme ihrer publizistischen Repräsentanz, Stuttgart 1979, 16.

[13] DS Nr. 2731: „pestilentissimo errori", „deterrima illa ac nunquam satis exsecranda et detestabilis libertas artis librariae".

[14] Enzyklika „Longinqua oceani" vom 6. Januar 1895, in: *Ceslaus M. Schneider*: Die fundamentale Glaubenslehre der kath. Kirche, vorgelegt und gegen die modernen sozialen Irrtümer verteidigt von Papst Leo XIII., Paderborn 1903, 165.

[15] Audienzansprache *Leos XIII.* an die Vertreter der kath. Zeitung vom 21. August 1885, in: ebd.

Unter *Pius X.* (1903-1914) baute der Kurienprälat *Umberto Benigni* in konsequenter Fortführung des Kampfes gegen die „modernistische Ketzerei" die integralistische Bewegung zu einem europaweiten Spitzel- und Spionagenetz aus: „Wir sind integrale Katholiken, weil wir über alles und über allen nicht die traditionelle Lehre der Kirche im Bereich der absoluten Wahrheiten, sondern auch die Direktiven des Papstes im Bereich des menschlichen Lebens setzen. Die Kirche und der Papst sind eins."[16]

Unter *Pius XI.* (1914-1939) entwickelte sich die „Katholische Aktion" – eine Bewegung von Laien in der katholischen Kirche, denen der Papst selbst „die Mitarbeit und die Teilhabe am hierarchischen Apostolat der Kirche"[17] zugesteht – zu einer loyalen und schlagkräftigen Truppe Roms. Der Aktion eng verbunden, entwickelte *Pius XI.* in seiner ersten Enzyklika „Ubi arcano" deren Programm: Es gelte gegen die laizistische Verweltlichung des liberalen Zeitgeistes zugunsten einer totalen Verkirchlichung des katholischen und öffentlichen Lebens einzutreten, wobei aber zugleich auf strikte Entpolitisierung der katholischen Welt und ihre in erster Linie religiöse Orientierung unter straffster Subordination gegenüber der kirchlichen Autorität zu achten ist.[18] Den Unterschied zwischen „guter" Presse, die er als integrierten Teil der Katholischen Aktion begriff, und „schlechter" Presse definierte er wie folgt: „Wir verstehen unter guter Presse nicht nur jene Schriften, die keine Angriffe gegen den Glauben und die Sittenlehre enthalten, sondern auch jene, die sich außerdem als Wortführer des Glaubens und Vorkämpfer der christlichen Moral bewähren."[19] Zur „schlechten" Presse rechnete er neben kommunistischen und nationalsozialistischen Propagandaorganen besonders diejenigen Publikationen, die gegen die öffentliche Sittlichkeit und damit den Schutz von Jugend und Ehe verstoßen.[20] Dazu bemerkt der katholische Publizist *Giselbert Deussen*: „Diese wenig differenzierende Qualifikation der modernen Öffentlichkeit mit ihrer Teilung in zwei feindliche Lager blieb bei den Katholiken nicht ohne Wirkung: alles, was nicht dezidiert kirchlich, päpstlich und katholisch war, galt als ‚schlecht'."[21]

Das Schlachtenreihendenken katholischer (Gesinnungs-)Publizistik in dieser Epoche scheint unverhüllt geprägt zu sein von dem Willen der Durchsetzung kirchlicher Belange zum Zwecke der Machterhaltung und des Machtgewinns der katholischen Kirche. Die kirchliche Selbstrepräsentation zielte nach außen auf die Rekatholisierung der allgemeinen

---

[16] zit. nach *Deussen*: Ethik der Massenkommunikation bei Papst Paul VI., München 1973, 51.

[17] LThK² Bd. 6, 74.

[18] *Josef Schmidlin*: Papstgesch. der neuesten Zeit Bd. 4, München 1939, 68.

[19] Apost. Schreiben „Ex officiosis litteris" vom 10. November 1933, in: *Anton Rohrbasser* (Hg.): Heilslehre der Kirche. Dokumente von Pius IX. bis Pius XII., Freiburg 1953, Nr. 1583.

[20] vgl. wie Anm. 16, 57; *Schmolke*: Die schlechte Presse, Münster 1971.

[21] wie Anm. 16, 57.

Öffentlichkeit und im innerkirchlichen Bereich auf die uneingeschränkte Subordination unter die kirchliche Autorität.[22]

V. Evangelischer Bund, Evangelische Presseverbände, Karl Barth

Ein Stichjahr für die moderne evangelische Publizistik in Deutschland bildete die Gründung des Evangelischen Bundes im Jahr 1886. In den Jahrzehnten zuvor hatte es sich die Innere Mission unter anderem zur Aufgabe gesetzt, mit ihrer Traktat- und Volksschriftenliteratur gleichsam als publizistische Kanzel die mündliche Predigt zu unterstützen und die entchristlichten Bevölkerungsschichten zum Glauben zurückzuführen. Der EB erweiterte dieses Aktionsfeld in dreifacher Hinsicht, bediente sich zur Erreichung seiner Ziele erstmals im deutschen Protestantismus programmatisch der Methoden moderner Publizistik und setzte durch seine Pressearbeit völlig neue Maßstäbe.

Das Gründungsmitglied des Bundes, *Willibald Beyschlag*[23], rief dazu auf, sich zu einem „deutsch-protestantischen Schutz- und Trutzbunde gegen Rom" zusammenzuschließen.[24] Es gelte, „die Herrschaft Roms auf deutschem Boden zu brechen".[25] Die eigentlichen Ziele des Bundes sind damit markiert: Minderung der päpstlich-jesuitischen Herrschaft über das katholische deutsche Volk, Einigung des deutschen Protestantismus und Vertretung der evangelischen Sache im öffentlichen Leben.[26]

In einem Rundschreiben von 1887 gliederte *Friedrich Nippold* die Pressearbeit des Bundes in zwei Schwerpunkte: Massenverbreitung populärer konfessionskundlicher Schriften und Gründung einer „Autobiographischen Korrespondenz".[27] Nach dem Urteil des evangelischen Publizisten *Gottfried Mehnert* stellt dieses Rundschreiben eine „charakteristische programmatische Linie evangelischer Publizistik überhaupt" dar.[28]

Mit der „Korrespondenz" beabsichtigte der EB, Nachrichten aus allen Bereichen der evangelischen Kirche zu verbreiten, Einfluß auf die öffentliche Meinungsbildung und die Tagespresse zu gewinnen und damit ein Gegengewicht zu den katholischen „Preßbureaus" zu erzielen. Auch wenn sich die „Kirchliche Korrespondenz für die deutsche Tagespresse" sehr bald zu einem Mitteilungsblatt des EB entwickelte (und später unter

[22] vgl. ebd., bes. 76f, und ders.: „Communio et progressio" auf dem Hintergrund der päpstl. Lehrtradition, in: *Franz-Josef Eilers / Karl Höller / Josef Hosse / Michael Schmolke* (Hg.): Kirche und Publizistik. Dreizehn Kommentare zur Pastoralinstr. „Communio et progressio" mit dem dt. Originaltext, München 1972, 26ff.

[23] vgl. *Gottfried Maron*: Willibald Beyschlag und die Entstehung des EB, in diesem Bd., 19-44.

[24] Zur Entstehungsgesch. des EB, Berlin 1926, 22.

[25] ebd.

[26] vgl. wie Anm. 11, 39.

[27] Die Anfänge des EB und seiner Preßtätigkeit, Berlin 1897, bes. 94ff.

[28] Ev. Presse. Gesch. und Erscheinungsbild von der Reformation bis zur Gegenwart, Bielefeld 1983, 177.

anderem Namen reaktiviert wurde), bleibt sie in ihrer Intention der Vorläufer des heutigen Evangelischen Pressedienstes (epd).

Als eigentlicher Beginn evangelisch-kirchlicher Pressearbeit wird die im Jahr 1891 erfolgte Gründung des Evangelisch-sozialen Preßverbandes für Sachsen angesehen. Mit diesem Preßverband, dem Gründungen in anderen Kirchenprovinzen und Landeskirchen in Deutschland folgten, wendete sich die organisierte Kirche dem Instrument Presse zu und setzte sie vornehmlich zum Kampf gegen die Sozialdemokratie ein. Hinzu kam die auch schon von den freien kirchlichen Verbänden propagierte Absicht, die ‚sittenlose' und ‚religionsfeindliche' säkulare Presse zu missionieren, um der ‚evangelischen Weltanschauung' und den ‚Gütern der Reformation' wieder allgemein Geltung zu verschaffen.

Freie Verbände wie der Freundeskreis der „Christlichen Welt", der die Gebildeten wieder zur Kirche zurückführen wollte, und der EB verfolgten unter anderem das Ziel, das zu tun, was die offizielle Kirche zu tun unterließ. Sie stellten sich so mit den von ihnen vertretenen theologischen Positionen oft in Gegensatz zur offiziellen Kirche. Die publizistischen Äußerungen der Presseverbände waren hingegen von vornherein auf die offizielle kirchliche Institution bezogen und zeigten damit „von Anfang an den Trend, Sprachrohr der Kirchen*leitungen* zu werden".[29]

Der Zusammenschluß der Presseverbände zum Evangelischen Preßverband für Deutschland (E.P.D.) erfolgte im Jahr 1910. Unter dem Leiter des E. P. D. zwischen dem Ersten und Zweiten Weltkrieg, *August Hinderer*, wandelte sich die Pressearbeit zur Öffentlichkeitsarbeit.[30] Die Kirche müsse „heraus aus der bloßen Negation des Protestes und der Klagen und dafür heran zu positiver Mitarbeit an den Fragen des öffentlichen Gesamtwohls"[31], forderte *Hinderer*: „Nicht mehr ‚Mission durch das Wort', wobei auch die weltliche Presse Objekt dieser Mission ist, heißt jetzt die Parole, sondern: protestantischer Dienst in der Solidarität mit der Presse."[32]

Im Unterschied zur katholischen Publizistik dieser Zeit wurde damit evangelischerseits das prinzipielle Gegenüber zur säkularen Presse aufgegeben. Der an sich legitime Wille zur Mitarbeit nahm allerdings dort problematische Züge an, wo Machtanspruch und Machtgewinn die evangelische Pressearbeit mitbestimmten. So konnte *Hinderer* von einem (Macht-)Bündnis sprechen zwischen der „Großmacht geistiger Beeinflussung" und den „Mächten der Religion" zum Aufbau einer „seelisch-sittlichen Volkskultur".[33]

---

[29] wie Anm. 11, 39. [30] wie Anm. 1, 550.

[31] zit. nach *Karl-Werner Bühler*: Presse und Protestantismus in der Weimarer Republik. Kräfte und Krisen ev. Publizistik, Witten 1970, 20.

[32] in: RGG^2 Bd. 4, Tübingen 1930, 1465.

[33] Dt. ev. Pressewesen, in: *Gotthilf Schenkel* (Hg.): Der Protestantismus der Gegenwart, Stuttgart 1926, 453.

Die kulturprotestantischen Prämissen in *Hinderers* Presseethik und der ihr innewohnende kirchliche Machtanspruch forderten in den dreißiger Jahren *Barths* schärfsten Widerspruch gegen die „verheerenden evangelischen Pressezentralen"[34] *Hinderers* heraus. Bis in die Gegenwart hinein reicht die durch *Barths* Theologie heraufgeführte Auseinandersetzung um die „Grenzziehung gegenüber einem falschen und um die Rechtfertigung eines echten Öffentlichkeitsanspruchs der Kirche: eines falschen, der Machtgewinn für die Kirche erstrebt, und eines echten, der um des Menschen willen öffentliche Verantwortung übernimmt".[35] In seiner Streitschrift „Quousque tandem?" wendete sich *Barth* gegen die „pausbäckige Selbstgefälligkeit" einer Kirche, die aufhört, Kirche zu sein, wenn sie dabei bleibt, wie eine „Marktbude neben anderen sich selbst anzupreisen und auszuposaunen".[36] Der auf dem Boden *Barth*scher Theologie entwickelte Neuansatz für kirchliche Pressearbeit lautete: „Kirchliche Pressearbeit ist Dienst am Wort, ist Verkündigung." Und: „Als Verkündigung (Botschafterdienst) unterliegt die Pressearbeit den gleichen Gesetzen wie die Predigt."[37]

VI. Entwicklungsphasen zur Gegenwart hin

Nach Unterdrückung und schließlich Beseitigung der kirchlichen Presse in den Jahren 1933 bis 1945[38] wurde in der Nachkriegszeit evangelischerseits der Versuch unternommen, solidarische Kooperation kirchlicher Presse mit kritischer Distanz zur Öffentlichkeit zu verbinden und das öffentliche Wirken der Kirche streng ihrer Verkündigung zu- und unterzuordnen.[39] Aber nicht der Öffentlichkeitsauftrag und -anspruch des Evangeliums (*Karl Barth*), sondern der Öffentlichkeitswille der Kirche (unter anderem *Otto Dibelius*) sollte die publizistische Praxis *beider* großen Kirchen in der Bundesrepublik Deutschland bestimmen.

Begünstigt wurde diese Entwicklung dadurch, daß „das staatliche Bewußtsein im geteilten Deutschland nach dem Machtmißbrauch des Dritten Reichs und dem Zusammenbruch des Jahres 1945 geschwächt war [... und] der neu entstehende Staat auf die Kirchen zu seiner Legitimation angewiesen war".[40]

[34] Die Not der ev. Kirche, in: ZZ 9, 1931, 89ff.

[35] wie Anm. 1, 550.

[36] in: ZZ 8, 1930, 5.

[37] *Robert Frick*: Kirchl. Pressearbeit im Lichte der ersten These Luthers, zit. in: wie Anm. 12, 20.

[38] Die Darst. dieses Zeitabschnitts würde den Rahmen dieses Aufs. sprengen; vgl. wie Anm. 28, 235ff, und wie Anm. 12, 20ff, sowie die zugehörigen Lit.hinweise.

[39] wie Anm. 12, 25.

[40] *Wolfgang Huber*: Kirche und Öffentlichkeit, Stuttgart 1973, 513.

Die Kirchen, deren Mitgliederzahl über 90 Prozent der Gesamtgesellschaft in der Bundesrepublik betrug, wurden seitens des sich neu konstituierenden Staates als „gesellschaftlich relevante Kräfte" anerkannt. In der Verfassung der Bundesrepublik Deutschland wurde ihnen eine Sonderstellung zugestanden, nach der sie ihre Angelegenheiten selbständig und in eigener Verantwortung regeln und der staatlichen Hoheitsgewalt grundsätzlich nicht unterworfen sind. Als Konsequenz wurden ihnen, aufbauend auf den sogenannten „Loccumer Leitsätzen" von 1955, in den öffentlich-rechtlichen Rundfunk- und Fernsehanstalten gleichsam Privilegien eingeräumt. Die Kirchen bekamen Sendezeiten zur freien Verfügung und zur eigenen Gestaltung. In den entsprechenden Gremien der Medienanstalten erhielten sie ein Mitspracherecht, mit dem sie Kontrollfunktionen im öffentlichen Medienbereich ausüben und ihren Einfluß geltend machen konnten.

Im Rahmen dieser den Kirchen gesetzlich zugestandenen Mitwirkung in den Medien kann der Nerv des Spannungsfeldes mit den beiden Polen ‚konfessionelle Interessenvertretung' und ‚kirchliche Stellvertretung' näher gekennzeichnet werden.

VII. Die Wende durch Papst Johannes XXIII.

Spricht man im evangelischen Raum vom Öffentlichkeitsauftrag der Kirche, so spricht man katholischerseits vom Mitsorgerecht der Kirche in der Gesellschaft. Die im Rahmen dieses Mitsorgerechtes geübte Mitverantwortung der katholischen Kirche auf allen publizistischen Ebenen dürfte mit zu der definitiven Änderung der römischen Einschätzung des Rechts auf Information beigetragen haben. Eingeleitet wurde diese Wende durch *Pius XII.* (1939-1959), sachlich vollzogen durch *Johannes XXIII.* (1959-1963), und mit der offiziellen Anerkennung des Informationsrechtes als ein Naturrecht durch *Paul VI.* (1963-1979) stieß diese Wende ins ‚Allerheiligste' des katholischen Lehrsystems vor.[41]

Johannes XXIII. war es, der das Recht auf freie Meinung und wahrheitsgemäße Information – in „Mirari vos" 1832 als „Irrsinn" verworfen – als ein unveräußerliches Menschenrecht bezeichnete: „Von Natur aus hat der Mensch [...] das Recht, [...] daß er frei nach der Wahrheit suchen und unter Wahrung der moralischen Ordnung und des Gemeinwohls seine Meinung äußern, verbreiten und jedweden Beruf ausüben darf; daß er schließlich der Wahrheit entsprechend über die öffentlichen Ereignisse in Kenntnis gesetzt wird."[42]

Nahezu ausgespart von dieser Entwicklung einer Neugestaltung des Verhältnisses zwischen katholischer Kirche und allgemeiner Öffentlich-

---

[41] vgl. wie Anm. 16, 60ff.

[42] *Arthur-Fridolin Utz* (Hg.): Die Friedensenzyklika Papst Johannes XXIII. „Pacem in terris", Freiburg 1963, 89.

keit wurde von den Päpsten zunächst die innerkirchliche Öffentlichkeit. Nach wie vor konnte *Pius XII.* von den katholischen Publizisten fordern, sie sollten immer und in allem „gute Werkzeuge der heiligen Mutter Kirche und getreue Sprachrohre Unserer Gefühle und Gedanken sein".[43] Selbst *Johannes XXIII.* unterschied sich hier kaum von den doktrinären Forderungen seiner Vorgänger und nannte die katholische Presse den „verlängerten Arm der Hierarchie", und *Paul VI.* bezeichnete die katholischen Publizisten als „treue Söhne der Kirche", als „Echo und Interpreten ihrer Stimme", und wies darauf hin, daß der Heilige Stuhl „nach seiner Herkunft, nach seiner Natur und seiner Bestimmung eine Institution besonderer Art" ist, die „besondere Methoden der Informationsgebung" haben muß: „Es wird nicht genügend die Tatsache berücksichtigt, daß – wenn die lehrende Kirche offiziell spricht – alle Schüler werden müssen."[44]

VIII. „Inter mirifica" und „Communio et progressio"

Der Geist dieser Verlautbarungen läßt einen Grund erkennen, weshalb das Dekret des Zweiten Vatikanischen Konzils über die Werkzeuge der sozialen Kommunikation „Inter mirifica" (1963) so enttäuschend ausgefallen ist. Von den Konzilsvätern „etwas stiefväterlich"[45] behandelt, spricht das Dekret zwar ausdrücklich vom „Recht auf Information"[46], überläßt aber dessen Explikation der späteren, von ihm beauftragten Pastoralinstruktion. In dem Dekret selbst fehlt jeder Hinweis auf die Beziehungen des Informationsrechtes zur heutigen Welt. Schwerer dürfte allerdings wiegen, daß der Konzilstext es ebenso unterläßt, auf das Recht auf Information in der Kirche einzugehen. Auffallend ist in diesem Zusammenhang, daß das Dekret die kirchliche Publizistik an den „Auftrag der Oberhirten" bindet und die Kirche für sich das Recht beansprucht, die sozialen Kommunikationsmittel „für die christliche Erziehung und ihr Wirken am Heile der Seelen" zu benutzen.[47] Zu Recht dürfte dieser Konzilstext als „präkonziliär" eingestuft worden sein, der sich „weder auf der Höhe der konziliären noch auf der der allgemeinen wissenschaftlichen Diskussion"[48] befindet.

---

[43] ders. / *Joseph-Fulko Groner* (Hg.): Aufbau und Entfaltung des gesellschaftlichen Lebens. Soziale Summe Pius XII., Freiburg / Schweiz 1954, 3 Bde., Nr. 2199.

[44] zit. nach: wie Anm. 16, 231.

[45] *Otto Bernhard Roegele*: Das Konzilsdekret „Über die Werkzeuge der sozialen Kommunikation", in: Publizistik 9, 1964, 317.

[46] „Inter mirifica" Nr. 5.

[47] ebd., Nr. 3.

[48] *Karlheinz Schmidhüs*: Dekret über die sozialen Kommunikationsmittel, in: LThK.E Bd.1, Freiburg 1966, 115.

Die 1971 veröffentlichte Pastoralinstruktion „Communio et progressio" versucht, Theologisches zu vertiefen und Versäumtes nachzuholen. Theologisch wird das Urbild der Kommunikation mit der Trinität bestimmt, denn alle Gemeinschaft der Menschen ist „ursprünglich verwurzelt und gleichsam vorgebildet im höchsten Geheimnis der ewigen Gemeinschaft in Gott zwischen dem Vater, dem Sohn und dem Heiligen Geist".[49] Christus selbst ist der „einzige Vermittler" zwischen Gott und Mensch und damit „Meister der Kommunikation".[50] Ziel der sozialen Kommunikation ist die Wahrheitssuche und die Förderung des menschlichen Fortschritts ebenso wie die Förderung der Einheit der Menschheit, für die die Kirche gleichsam das Sakrament ist.[51]

Im Blick auf die allgemeine Öffentlichkeit werden im Einklang mit dem Meinungspluralismus moderner Demokratien die Kommunikationsmittel mit einem „öffentlichen Forum" verglichen, „auf dem das Gespräch der Menschen hin und her geht".[52] Als eine eindeutige Stellungnahme gegen ein Informations- und Meinungsmonopol muß es gewertet werden, wenn es heißt: „Ohne eine Vielzahl voneinander unabhängiger Informationsquellen wäre der Gebrauch des Informationsrechts völlig gegenstandslos."[53] Die Folgerungen dieses uneingeschränkten Ja zur Meinungs- und Informationsfreiheit müssen für den innerkirchlichen Kommunikationsprozeß erst noch gezogen werden und werden dort nach Einschätzung von *Deussen* Veränderungen bewirken, die bis in dogmatisch-juridische Grundlagen des Kirchenbegriffs reichen.[54]

Festzuhalten bleibt, daß auch die Pastoralinstruktion hier keine weiterführende Initiative ergriffen hat. Für den innerkirchlichen Dialog wird vom „Austausch legitimer Ansichten" auf der Basis von Meinungs- und Redefreiheit gesprochen.[55] Wenn Tagesereignisse Fragen aufwerfen, die das Wesen des christlichen Glaubens berühren, so werden „katholische Journalisten bemüht sein, sie im Sinne des kirchlichen Lehramtes zu interpretieren".[56]

Abgesehen von diesen Kernfragen für die katholische Publizistik verfügt die Instruktion anders als „Inter mirifica" über einige praxisbezogene Richtlinien beispielsweise hinsichtlich einer Kommunikations-

---

49 „Communio et progressio" Nr. 8.

50 ebd., Nr. 10f.

51 ebd., Nr. 13 und 18.

52 ebd., Nr. 24.

53 ebd., Nr. 34.

54 wie Anm. 22, zweite Angabe, 34.

55 wie Anm. 49, Nr. 116; Nr. 117 erklärt, was unter „legitim" zu verstehen ist: „Solange sie treu zum Lehramt der Kirche stehen, haben alle Katholiken das Recht und die Pflicht, in Freiheit danach zu suchen, wie sie die geoffenbarten Wahrheiten tiefer verstehen und diese unter ständig sich wandelnden gesellschaftlichen Verhältnissen glaubwürdiger bezeugen können."

56 ebd., Nr. 141.

gesetzgebung, die eine „ausreichende Vielfalt in den Medien wirksam schützen muß vor dem Druck wirtschaftlicher Marktgesetze".[57] Die Deutsche Bischofskonferenz konkretisiert diese Richtlinien in ihren Stellungnahmen zur Medienfrage und stellt gegenwärtig ihren Beitrag in der Mediendiskussion unter den Stichworten ‚Sachgerechtigkeit' und ‚gesamtgesellschaftlicher Dienst' dar.

Glaubwürdig wird die Medienarbeit der katholischen Kirche unter dem Gesichtspunkt der Sachgerechtigkeit in dem Maße, in dem sie ‚nach innen' verwirklicht, was sie ‚nach außen' hin fordert und teilweise selbst mitvollzieht.

IX. Evangelische Debatte zu Öffentlichkeitsauftrag und Wächteramt

Im Unterschied zur katholischen Kirche, deren Publizistik innerhalb eines umfassenden Systems von Prinzipien fest verankert ist, erschien in den evangelischen Kirchen in Deutschland in der zweiten Hälfte des 20. Jahrhunderts bis in die sechziger Jahre hinein „alles theoretisch sinnvoll und kirchlich legitim, was sich praktisch machen ließ".[58] Einige prinzipielle Ansätze sind dennoch deutlich.

Den Öffentlichkeitsauftrag leitete man von dem Verkündigungsauftrag Christi an die Kirche ab, „kraft dessen diese ihre Aufgabe in der Welt darin zu sehen hat, die in Christus gegebenen Heilsmöglichkeiten allen Menschen anzubieten".[59] Von den Erfahrungen der Bekennenden Kirche im Kirchenkampf während der Naziherrschaft herkommend, wurde der Öffentlichkeitsauftrag zunächst als Wächteramt verstanden: „Insofern als die Gestaltung der innerweltlichen Verhältnisse [...] von der Verkündigung berührt werden, hält sich die Kirche für befugt, ein Wächteramt hinsichtlich der öffentlichen Ordnung auszuüben."[60] Problematisiert und schließlich fallengelassen wurde der Öffentlichkeitsauftrag als Wächteramt schließlich durch den Rat der Evangelischen Kirche in Deutschland (EKD) selbst: „Dieser Begriff erscheint problematisch, wenn er das Verhältnis von Kirche und Staat nur als statisches Gegenüber umschreibt und den Eindruck erweckt, als werde nur nach draußen zu einer verlorenen Welt geredet."[61]

X. Ein publizistischer Gesamtplan für die EKD

Als Bilanz und Orientierungsrahmen evangelischer Publizistik kann der Publizistische Gesamtplan gelten, den die Kammer der EKD für

[57] ebd., Nr. 87.
[58] wie Anm. 10, 16.
[59] *Dietrich Pirson*: Öffentlichkeitsanspruch, in: EStL, Stuttgart 1966, 1390.
[60] ebd., 1391.
[61] Aufgaben und Grenzen kirchl. Äußerungen zu gesellschaftl. Fragen, Gütersloh 1970, 11.

publizistische Arbeit 1979 veröffentlichte. Gleichsam als „Summa" der Entwicklung von Kirche und Publizistik in den vergangenen 150 Jahren stellt der Gesamtplan zum Verhältnis von Kirche und Welt fest: „Kirche ist öffentlich [...] Die Kirche steht der Öffentlichkeit nicht gegenüber, sie ist Teil der Öffentlichkeit"[62], geht aber nicht in ihr auf.

Die zentrale Aufgabe evangelischer Publizistik wird mit 1. Timotheus 2,4 umschrieben: „Gott will, daß allen Menschen geholfen werde und sie zur Erkenntnis der Wahrheit kommen."[63] Die Stellvertreter-These ersetzt das Wächteramt und modifiziert so die Sicht des Öffentlichkeitsauftrages der Kirche: „Publizistik kann [...] etwas gegen die Ohnmachtsgefühle der Menschen bewirken", indem sie ausspricht, was andere verschweigen. Kirche handelt stellvertretend für die, „die keinen Weg zur Öffentlichkeit finden (Interzession). Es ist eine Eigenart der Kirche, daß in ihr die legitime Interessenvertretung immer wieder durch die notwendige Stellvertretung überboten wird. Getreu ihrem Selbstverständnis muß die evangelische Kirche für Minderheiten und Benachteiligte einstehen und dafür sorgen, daß planvoll unterdrückte oder absichtslos vernachlässigte Informationen und Meinungen im Interesse der Gerechtigkeit und Wahrheit veröffentlicht werden."[64]

Das 1973 gegründete Gemeinschaftswerk der Evangelischen Publizistik (GEP) nimmt für den Gesamtbereich der EKD Führungs- und Koordinierungsfunktionen für mediale Kommunikation wahr.[65] Hierbei gilt es, im Bereich der Medienpolitik die Position der Kirche zu klären, die im Eigeninteresse auf der Möglichkeit „der ungehinderten Verkündigung, zu der auch Seelsorge und Erziehung gehören"[66], besteht, sich zugleich

[62] wie Anm. 10, 25f.

[63] ebd., 25.

[64] ebd., 29f.

[65] Es ist hierfür in sieben Fachbereiche unterteilt. Der epd, der einer davon ist, ist aus den Ev. Presseverbänden hervorgegangen, in denen als e.V. die verfaßte Kirche vertreten ist. *Heßler*: Das zeigt „gleichermaßen Nähe und Distanz zur Kirche; die epd-Zentralredaktion in Frankfurt versorgt zusammen mit den epd-Landesdiensten die säkulare und kirchl. Presse sowie die Rundfunkanstalten „tagesaktuell mit Nachrichten, Dokumentationen und Kommentaren über Vorgänge in Kirche, Ökumene und kirchenrelevante Ereignisse in der Gesellschaft", Art. Kirchl. Publizistik, in: ÖkumLex, Frankfurt 1983, 989. Auf kath. Seite besteht seit 1952 die KNA. Sie wurde als Gemeinschaftswerk der dt. Diözesen, der Verlage der Kirchenpresse sowie den Verlegern der Tagespresse gegr. und gibt verschiedene thematisch gegliederte und zielgruppenorientierte Dienste heraus; vgl. *Günter Graf*: ebd., 991. Seit 1971 erscheint auf Initiative der Dt. Ev. Allianz der Informationsdienst idea, der heute neben dem epd gleichsam als zweite dt. ev. Agentur Nachrichten aus den ev. Kirchen verbreitet. idea bezweckt nach seiner Satzung „die Belebung und Förderung der Verkündigung des Evangeliums von Jesus Christus, wie es in der Heiligen Schrift bezeugt wird und in der Glaubensgrundlage der Evangelischen Allianz seinen Ausdruck gefunden hat. Er dient der christlichen Bewußtseinsbildung. Dies geschieht durch Sammlung und Weitergabe von Nachrichten sowie deren Kommentierung aus biblischer Sicht."

[66] wie Anm. 10, 27.

aber als „gesellschaftlich relevante Kraft“ am „Wohl der Gesamtgesellschaft“ ausrichtet.[67] Die Medienverantwortung der Kirche faßt GEP-Direktor *Hans-Wolfgang Heßler* unter folgendem Gesichtspunkt zusammen: „Wir haben in der evangelischen Kirche gegenüber den Interessen an einer vorrangigen kommerziellen Nutzung der Medien seit vielen Jahren nachdrücklich und wiederholt den Gesichtspunkt der dienenden Funktion der Medien hervorzuheben versucht.“[68] Im Rundfunkbereich tritt die evangelische Kirche für eine „gesellschaftliche Kontrolle auch für bundesweite private Programme“ ein und will die publizistische Freiheit als eine „dienende Freiheit“ wahrgenommen sehen, in deren Rahmen auch für private Veranstalter im Rundfunk ein Mindestmaß an Information, Bildung und Beratung festgelegt werden soll.[69]

In diesen Fragen vermerkt *Heßler* ausdrücklich die weitgehende Gemeinsamkeit zwischen evangelischer und katholischer Kirche. Sie wird es – unter dem Gesichtspunkt der Sachgerechtigkeit – so lange bleiben können, solange die Kirchen sich imstande sehen, ihre besonderen Interessen den allgemeinen unterzuordnen.

XI. Zwei Herausforderungen

Gegenwärtig sieht sich die Gesamtpublizistik zwei großen Lebensfragen gegenüber: Zum einen geht es um die Dominanz von kommunikativen oder von wirtschaftlichen Interessen, d.h. um die klare Unterscheidung zwischen Kommunität und Kommerz. Zum anderen geht es um Möglichkeit und Grenze einer verantwortbaren Ablösung der personalen durch die mediale Kommunikation, in der nicht mehr die persönliche Erfahrung, sondern die vermittelte Information zur unmittelbaren Wirklichkeit des Menschen wird, und in der nicht einzelne Personen, sondern vorwiegend große gesamtgesellschaftliche Gruppen zunehmend über die sogenannten neuen elektronischen Medien (Kabel und Satelliten) den öffentlichen Dialog bestimmen.

Die christliche Publizistik dürfte in dem Maße in der Lage sein, sich diesen Herausforderungen zu stellen, in dem es ihr gelingt, ihren Standort in der Kirche definitiv und anerkannt zu klären. Mit *Hanns Lilje* läßt sich feststellen, daß die evangelische Journalistik im allgemeinen nicht mehr wird leisten können, als in der evangelischen Christenheit von heute an geistlicher Kraft vorhanden ist. Von daher wäre es verfehlt, wenn Kirche und Publizistik in ihrem Verhältnis zueinander sich auf die Frage beschränken würden, wie die Medien am geeignetsten zu nutzen sind, um die Botschaft Jesu zu veröffentlichen. So ist ein Urteil darüber, ob das

[67] vgl. ebd., 229.
[68] Ber. an die Synode der EKD vom 24. Mai 1985, in: epd-DOK 10. Juni 1985, Nr. 27, 24.
[69] vgl. ebd., 28.

Zweite Deutsche Fernsehen die Anzahl der jährlichen Gottesdienstübertragungen von 26 auf 52 erhöhen soll, völlig zweitrangig. Von konstitutivem Rang hingegen ist für die Kirchen wie für ihre Publizistik die Frage, was von der Botschaft Jesu unter den Christen so gelebt und bezeugt wird, daß die Öffentlichkeit gar nicht an ihr vorbeisehen kann und sich mit ihr beschäftigen muß.

Der Fixpunkt der Botschaft Jesu liegt in der Verlorenheit des Menschen und seiner Rettung durch Christus. Hier findet sich der allen Kirchen gemeinsame theologische Standort, und hier kulminiert ihr unverwechselbarer Beitrag in der Öffentlichkeit. In dem Maße, in dem sie sich von diesem Ursprung und damit von ihrer ‚geistlichen Substanz' entfernen, dürften sie auch Gefahr laufen, das ihnen gemäße richtige Wort im richtigen Augenblick zu verpassen. Die zu beobachtende Sprachlosigkeit der Kirchen beschreibt *Ernst Lange*: Sie wissen die Worte, die die Welt nicht verändern, und die Worte, die die Welt verändern, wissen sie nicht.[70]

Im Bereich der Medienpolitik greift Sprachlosigkeit dort Platz, wo besondere Interessen den allgemeinen entgegenstehen und sie überlagern. Nicht die Beteiligung am (Macht-)Wettbewerb um den besten Platz in einer ‚besseren' Kommunikation für einen ‚besseren' Menschen in einer ‚besseren' Welt kann ein Anliegen der Kirchen sein. Die vom Kreuz Christi bestimmte Maxime ihres Handelns zwingt sie zum Einsatz für die wirklichen Bedürfnisse des wirklichen Menschen in der wirklichen Welt, so wie sie Gott geschaffen hat. Die stellvertretende Funktion christlicher Publizistik – sei sie katholisch, evangelisch, freikirchlich oder evangelikal – hat hier ihre theologische Prämisse, und in diesem Sinne prüft der christliche Publizist seine Arbeit zugleich auch als Theologe.

---

70 vgl. *Peter Cornehl* (Hg.): Ernst Lange, Chancen des Alltags, München 1984, 198.

Erwin Fahlbusch

Abschied von der Konfessionskunde? Überlegungen zu einer Phänomenologie der universalen Christenheit

*I. Vorerwägung**

Die wissenschaftliche Arbeitsstätte des Evangelischen Bundes trägt den Namen *Konfessionskundliches Institut*. Der Arbeitsauftrag des Instituts wird generell mit den Worten umschrieben, „nach Geschichte und Gegenwart Lehren und Leben der christlichen Kirchen“ zu erforschen, dabei „die Konfessionen in ihrem Selbstverständnis zu erfassen und dieses im ökumenischen Kontext zu interpretieren“. Diese Aufgabe ist „von dem Ziel bestimmt, durch ein genaues Verstehen der Gemeinsamkeiten und der Unterschiede in Lehre und Leben der Kirchen die Verständigung unter den getrennten Kirchen zu fördern“. Als theologisches Kriterium der Forschungsarbeit wird „das reformatorische Verständnis des Evangeliums“ beansprucht; es leitet zur kritischen Rückfrage gegenüber jeglicher kirchlichen Tradition und Praxis an.[1]

Name und Arbeitsauftrag des Instituts weisen auf ein Sachgebiet der Theologie hin, das seit dem Lehrbuch von *Ferdinand Kattenbusch* (1892) mit „*Konfessionskunde*“ bezeichnet wird und die Aufgabe umfaßt, die „Kirchen der Gegenwart“ als „lebende und geschichtliche Größen“ mit ihren „unbewußten Faktoren“ darzustellen und zu vergleichen.[2] Indessen reiht die zitierte Zielbestimmung die Institutsarbeit in das heutige Bemühen „zu mehr ökumenischer Gemeinschaft“ ein, während das beanspruchte Kriterium das bleibende Erbe der Reformation aufnimmt, zu bewahren und geltend zu machen sucht. Damit wird zum einen gegenwärtigen ökumenischen Intentionen Rechnung getragen und zum anderen ein normatives Element in die konfessionskundlichen Studien eingetragen, das zusammen mit dem situativen Bezug die „Konfessionskunde“ anders profiliert, als es der Name im herkömmlichen Sinn erwarten läßt. In beiderlei Hinsicht kommen hier zeitgenössische Momente der Kir-

---

* Diesen Überlegungen ist als Motto vorangestellt: „Wer sich und sein eingelebtes Weltbild nicht riskieren will, taugt nicht zum Denken und zu keiner wahren Existenz.“ *Karl Mannheim*: Wissenssoziologie. Auswahl aus dem Werk, Neuwied 1964, 621.

[1] zit. aus dem Prospekt des KI (1985), der Auftrag, Selbstverständnis, Arbeitsformen und -schwerpunkte, besondere Forschungsaufgaben und Publikationen vorstellt.

[2] Lb. der vergleichenden Confessionskunde Bd. 1, Freiburg 1892 (o. Forts.).

chen- und Theologiegeschichte unseres Jahrhunderts zum Tragen: Einheitsbestrebungen und konfessionelles (reformatorisches) Bewußtsein, die zugleich ein Spannungsfeld und einen Prozeß anzeigen.[3] Dieser Sachverhalt führt aber zu der Frage, ob der Name *Konfessionskunde* nach seinem eigentlichen Wortsinn den gewählten Aufgaben und der selbstbestimmten Ausrichtung des Instituts noch angemessen ist und das Arbeitsfeld wie das erkenntnisleitende Interesse hinreichend charakterisiert.

Zunächst wird die jahrzehntelange Diskussion um eine *Ökumenische Theologie* oder *Ökumenik* nachgezeichnet (II. bis XIV.). Der Feststellung von *Ergebnissen und kritischen Einwänden* (XV. bis XX.) folgt eine *Reformulierung des konfessionellen Problems* (XXI.). Die Problemstellung eröffnet den Ausblick auf eine *Phänomenologie der universalen Christenheit* (XXII. bis XXIII.).

II. Von der Polemik zur Ökumenischen Theologie

Seit den fünfziger Jahren sind als neue Bezeichnung für die alte Disziplin die Begriffe *Ökumenische Theologie* und *Ökumenik* ins Spiel gekommen. Der Vorgang spiegelt eine veränderte Situation im Verhältnis der Kirchen zueinander, bedingt durch ökumenische Begegnungen und Erfahrungen, und eine theologische Besinnung auf die Einheit der Kirche angesichts ihrer Vielfalt und Verschiedenheit.[4] Er weist auf das Aufkommen eines ‚ökumenischen Bewußtseins' hin, das nicht ohne Folgen für die konfessionskundliche Arbeit bleiben konnte.[5] Schon mit den Weltkonferenzen von Oxford und Edinburgh (1937), vor allem aber mit den vorbereitenden Studienarbeiten und der ersten Vollversammlung des Ökumenischen Rates der Kirchen in Amsterdam (1946), die das bisherige theologische Nachdenken über die geschenkte Einheit der Kirche in Christus nachhaltig belebte[6], erschien es als unumgänglich, erneut nach Wesen und Aufgabe der Konfessionskunde zu fragen. Die bisherigen Wandlungen dieser Disziplin zeigt die Wissenschaftsgeschichte; unterschiedliche Ansätze und Fragestellungen werden in der zeitgenössischen Diskussion deutlich.

Unter den inneren und äußeren Bedingungen der Kirchenspaltungen des 16. Jahrhunderts, als Recht und Grenze konkurrierender Konfessionskirchen (bis ins 18. Jahrhundert Religions- oder Kirchenparteien

---

[3] vgl. Vf.: Ökumenismus, in: TRT Bd. 4, Göttingen 1983, 38-47; MdKI 35, 1984, 3-8.

[4] vgl. *Reinhard Slenczka*: Dogma und Kircheneinheit, in: *Carl Andresen*(Hg.): Hb. der Dogmen- und Theol.gesch. Bd. 3, Göttingen 1984, 426-603, hier 595ff.

[5] vgl. *Ludolf Müller*: Die Entstehung und Bedeutung des ökum. Gesch.bewußtseins, in: EvTh 9, 1949/50, 169-181: „Das Neue ist eben jene positive Bezogenheit zu den getrennten Kirchen nicht nur um des Gemeinsamen, sondern vor allem auch um der Verschiedenheit willen", 170.

[6] vgl. *Stud.abt. des ÖRK*(Hg.): Die Unordnung der Welt und Gottes Heilsplan Bd. 1: Die Kirche in Gottes Heilsplan, Zürich 1948; u.a. Bericht der I. Sektion, 227ff.

genannt) dazu nötigten, die Frage nach der wahren Kirche zu beantworten und die entstehenden Kirchentümer zu rechtfertigen, bestimmt *Polemik* die theologische Diskussion.[7] Sie ist auf konfessionelle Selbstbehauptung, Verurteilung der Andersgläubigen oder deren Überredung angelegt. Indessen lenkt die nachfolgende *Irenik* seit dem 17. Jahrhundert, dem Zeitgeist gemäß, den Blick auf eine gemeinsame Basis der Kirche (altkirchliche Symbole),neigt zum Synkretismus oder relativiert die konfessionellen Gegensätze zu individuellen Ausprägungen einer nicht adäquat erfaßbaren Wahrheit. Während zu Beginn des 19. Jahrhunderts die *historisch-vergleichende Symbolik* die Konfessionen als geschichtliche Erscheinungsformen der einen christlichen Idee betrachtet, akzentuiert die spätere *dogmatisch-normative Symbolik* wieder mehr polemisch die Lehrunterschiede der Kirchen. Um die Jahrhundertwende schließlich gilt das Interesse dem historischen Verstehen der gegenwärtigen christlichen Kirchen und der theologischen Urteilsbildung. Diese *Konfessionskunde* sucht die konfessionelle Eigentümlichkeit, den unterschiedlichen Konfessionscharakter zu erfassen. Die Grenze solchen Bemühens zeichnet sich ab, als in der ökumenischen Begegnung der Kirchen der Anspruch laut wird, „in der hoffnungslosen Welt unserer Zeit liegt die einzige Hoffnung bei der Kirche Christi", und darin sich der Glaube ausdrückt, „daß die Kirche Jesu Christi die größte Wirklichkeit auf Erden ist", an deren „Erneuerung und Einheit" Gott wirkt.[8] Angesichts einer sich derart im geschichtlichen Leben der Gegenwart manifestierenden Kirche und der „neuen Situation" einer *„Ökumenischen Theologie"* fragt *E. Wolf* nach den Konsequenzen für die bisherige konfessionskundliche Arbeit.[9]

III. Ernst Wolf, Ernst Benz, Heinz-Horst Schrey

Im Rahmen eines vom Kirchlichen Außenamt der Evangelischen Kirche in Deutschland (EKD) 1950 veranstalteten Gesprächs plädiert *E. Wolf* für eine *„Ökumenische Symbolik"*, wie er nunmehr die Disziplin bezeichnet wissen will.[10] Mit diesem Namen soll – den „positiven Ertrag" in den Wandlungen der Wissenschaftsgeschichte von der Symbolik zur Konfessionskunde aufnehmend – die konkrete Aufgabe markiert wer-

[7] Einen knappen instruktiven Überblick der Wiss.gesch. bietet *E. Wolf*: Ökum. Symbolik. Zur Aufgabe der Konfessionskunde heute, in: ders.: Peregrinatio, München 1954, 338-358.

[8] wie Anm. 6, 10 und 15.

[9] *Kirchl. Außenamt der EKD* (Hg.): Orthodoxie und Ev. Christentum (Studh. 1), Frankfurt 1949, 66; die wiss.theoretische Diskussion nach 1945 referiert *Brosseder*: Ökum. Theol. Gesch., Probleme, München 1967.

[10] Abdr. in: *Kirchl. Außenamt der EKD* (Hg.): Kirche und Kosmos. Orthodoxie und Ev. Christentum (Studh. 2), Frankfurt 1950, 9-27; Nachdr. in: wie Anm. 7.

den: *Einmal*: die „kirchliche Verbindlichkeit" der „Symbolik", die sich nicht mit einer „bloßen geschichtlichen Beschreibung der Kirchen der Gegenwart" begnügen kann, sondern „der wissenschaftlichen Klärung von Recht und Grenze des Anspruchs der eigenen Kirchengemeinschaft, angesichts anderer der Leib Christi zu sein", dient. *Zum andern*: die Beobachtung des „Lebens der Kirche Christi in der geschichtlichen Auseinandersetzung mit der Welt", die es vermeidet, das Leben der Kirche mit dem Besitz kirchlicher Lehre als identisch zu erachten, und die sich nicht „an ausschließlich lehrmäßig zu begreifende und zu entfaltende Prinzipien" bindet.[11] *Zum dritten*: „die Richtung auf eine kirchlich-ökumenische Theologie", die im Blick auf das Grundproblem der geglaubten und im Credo bekannten Einheit der Kirche es sich angelegen sein läßt, „daß innerhalb der Vielfalt von Kirchen sich (wenigstens grundsätzlich) jede je durch die andere gefragt weiß und sich fragen läßt, d.h. daß sie das Anderssein der jeweils anderen nunmehr positiv aufgreift".[12]

Mit der so skizzierten Aufgabe einer „ökumenischen Symbolik" soll diese Disziplin einen Beitrag zu dem theologisch-ökumenischen Gespräch der Kirchen leisten, indem sie mit ihrer historischen Arbeit (Bereitstellung des Materials einer ökumenischen Kirchenkunde) das Verstehen anderer Kirchen fördert und mit ihrer dogmatischen Arbeit (Aufweis und Anwendung theologischer Kriterien) die Frage nach der Einheit der Kirche in die Mitte rückt und „Richtpunkte für die beurteilende Stellungnahme zu anderen Kirchen" gewinnt. Dabei werde sie „das Credo ihrer eigenen Kirche in einer echten, selbstkritischen Polemik zur (relativen) Norm erheben und dabei die Möglichkeit offen halten müssen, durch die anderen auch in ihrem Credo sich korrigieren zu lassen". Auch wenn eine „ökumenische Symbolik" „darauf verzichten" müsse, „einen absolut gültigen Maßstab in Verfügung zu haben", dürfe sie „aber das Messen selbst nicht unterlassen".[13]

Demgegenüber bleibt *Benz* in seinem Korreferat[14] mehr auf eine konfessionskundliche Geistesgeschichte hin orientiert. Für deren Darstellung, die er als eigene Disziplin betrachtet, beansprucht er den Namen „*Ökumenik*". Er weist ihr die Aufgabe zu, die „spezifischen Wahrheiten" der historisch gewachsenen Kirchen herauszuarbeiten und die zu glaubende Einheit der Kirche auf dem Wege wechselseitiger Kritik (im Fragespiel: „Bin ich richtig, so wie ich bin?" und „Bist du richtig, so wie du bist?") dem Ziel der Vollkommenheit näher zu bringen. Diese „Ökumenik" soll aus der „Gesinnung" betrieben werden, „um der einen, von

11 wie Anm. 7, 350.

12 ebd., 351.

13 ebd., 353.

14 Die Bedeutung der Konfessionskunde für das Theol.-Stud. und für das Pfarramt, in: wie Anm. 10 erste Angabe, 28-40; ders.: Die Ostkirche im Lichte der prot. Gesch.-schreibung von der Reformation bis zur Gegenwart, Freiburg 1952, 364ff, 375ff.

allen geglaubten und bekannten Kirche willen die Angehörigen der anderen geschichtlichen Erscheinungsformen der Kirche als Mitchristen und Weggenossen anzuerkennen und damit auch die spezifische Wahrheit, die sie geschichtlich repräsentieren, gutzuheißen".[15]

Im gleichen Jahr (1950) formuliert *Schrey* auf dem Deutschen Evangelischen Theologentag *„Grundfragen einer ökumenischen Theologie"*.[16] Die „Bedingung der Möglichkeit" einer ökumenischen Theologie sieht er in einer „doppelten Nötigung": *Einmal* eine „weltliche", nämlich die Uneinigkeit der Welt, die „in einem inneren Zusammenhang mit der Uneinigkeit der Kirche" steht und als Folge des Zerbrechens des corpus christianum in Konfessionen zu betrachten ist. („Weil die Politik theologische Voraussetzungen und die Theologie politische Konsequenzen hat, daher besteht die weltliche Nötigung zu einer ökumenischen Theologie mit Fug und Recht.") *Zum andern* eine „geistliche", die das Wesen von Theologie und Kirche im Blick hat und dadurch bedingt ist, daß die Theologie jeweils dem Bekenntnis einer Konfession als Teilwahrheit neben anderen verhaftet bleibt und zur „ideologischen Rechtfertigung einer Konfession" wird; „sie hat die Einheit des Leibes Christi verraten".[17] Von solchen Nötigungen her ergibt sich für *Schrey* als Grundproblem die Frage nach „Bedeutung und Sinn der Geschichte im Hinblick auf die Spaltung der Christenheit". Er verweist darauf, daß eine theologische Antwort, die die Möglichkeit einer ökumenischen Theologie eröffnet, „von Christus, der Mitte der Geschichte, ausgehen" muß; er ist der „Herr der Geschichte in Gericht und Gnade [...], der nie so in die Geschichte und ihre Kontinuität eingeht, daß eine bestimmte geschichtliche Gestalt der Kirche sich als Christus prolongatus im eminenten Sinn bezeichnen dürfte".[18] So hat die Theologie den Auftrag, das Bekenntnis zu Christus zu bewahren, über die Reinheit der Lehre zu wachen und die christliche Botschaft gegen fremde Glaubensrichtungen zu schützen. Aber sie hat auch auf die Grenzen der Konfessionalität hinzuweisen, die durch zwei heilsgeschichtliche Tatsachen markiert wird: *einmal* durch den „Akt der freien Gnade Gottes" in der Erwählung, der auf die „Kirche in den Kirchen" hindeutet, und zum *andern* durch die noch ausstehende Vollendung, die es der Theologie verbietet, „durch ihr Anathema das Gericht Gottes vorweg zu nehmen".[19]

Unter dieser Hinsicht fordert *Schrey* eine „ökumenische Theologie", die sich „nicht mehr von dem Bestreben der Selbstrechtfertigung und der Selbstbehauptung" leiten läßt, „sondern von der Offenheit gegen den Bruder im Gehorsam gegen den gemeinsamen Herren". Er charakteri-

---

[15] ebd., 365.
[16] Abdr. in: ThLZ 75, 1950, 271-278.
[17] ebd., 272.
[18] ebd., 274.
[19] ebd., 275.

siert diese Theologie mit dem Satz: „Ökumenische Theologie, die ernst macht mit dem Rechtfertigungsglauben, und das heißt doch mit dem Glauben an Christus, bei dem allein unsere Gerechtigkeit liegt, ist offen gegen den Bruder, gerade auch wenn dieser uns darauf aufmerksam macht, wie unsere Theologie in der Gefahr ist, zur ideologischen Tarnung sozialer und politischer Positionen zu werden [...] Ökumenische Theologie erkennt als Theologie des Miteinanderredens der Brüder die Ideologieenthüllung als eine ihrer wesentlichen Aufgaben", wobei sie als „obersten Grundsatz" geltend macht, „daß Jesus Christus die Einheit und Wahrheit der Kirche ist".[20]

IV. John A. Mackay

Ein gänzlich anderes Profil ökumenischer Theologie programmiert *Mackay*, der Präsident des Princeton Seminary (N.J., USA).[21] Als „*Ökumenik*" („Ecumenics") soll sie „die Wissenschaft von der allgemeinen Kirche (the science of the church universal)" sein. „Es ist die Wissenschaft von der göttlichen Gesellschaft (divine society), so wie die Soziologie die Wissenschaft von der säkulären Gesellschaft ist." Während die Kirchengeschichts-Wissenschaft die Kirche als Studienobjekt rückblikkend erforscht und die Systematische Theologie als „Zitadelle des Partikularismus und des Vorurteils" ihren Gegenstand verfehlt, wenn sie nicht den allgemeinen christlichen Glauben lehrt, geht es in der „Ökumenik" um die Kirche „als handelndes Subjekt, als gegenwärtige, kämpfende Realität, die Geschichte macht". Demgemäß hat sich diese neue Wissenschaft neben dem Wesen (nature), den Funktionen und Beziehungen für die vorwärtsweisenden Strategien der ökumenischen Kirche zu interessieren, für die „Bestimmung und Ermittlung der Prinzipien geistlichen Wachstums". Sie fragt nach dem, „worin der Genius der christlichen Religion und der Wille Gottes in ihrer Bedeutung für Leben und Tätigkeit der christlichen Kirche in weltweitem Aspekt sich ausdrücken". In dieser „Ökumenik" ist aufgenommen, was in Amsterdam (1948) die II. Sektion als heutige Aufgabe der Kirche („die ganze Welt für Christus zu gewinnen") formuliert und als „missionarische und evangelistische Planung" im Blick hatte: Gottes Heilsplan zu bezeugen, „den ganzen Reichtum des Evangeliums als seine Antwort auf alle Nöte der Menschheit kundzutun", gehorsam unter der „Führung Gottes vorwärts zu schreiten" und „die Einheit im Glauben, in der Gemeinschaft [...] immer mehr zu verwirklichen".[22]

[20] ebd., 278.

[21] vgl. *Henry P. van Dusen*: Theol. Education for an Ecumenical Church, in: CCen 68, 1952, 522.

[22] wie Anm. 6, Bd. 5: Die erste Vollversammlung des Ökum. Rates der Kirchen in Amsterdam, 81-89.

V. Gerhard Ebeling

Gegenüber einer solchen auf dem Hintergrund nordamerikanischer Theologie entwickelten, von ökumenischem Ethos getragenen und weit ausgreifenden Konzeption, die dem Pathos des christlichen Verkündigungs- und Sendungsauftrages gerecht zu werden sucht, hingegen die reale Problematik der konfessionellen Differenz ziemlich vernachlässigt, bilden die Thesen von *Ebeling*, die er 1952 auf einer ökumenischen Studientagung unter der Überschrift „Über Aufgabe und Methode der Konfessionskunde" vorgetragen hat, einen sachlich notwendigen Kontrapunkt.[23] Sein Interesse gilt einer „*Hermeneutik der Konfessionen*". Sie nimmt das Problem „Kirche und Geschichte" auf, erkennt die geschichtliche Bedingtheit jeder einzelnen Konfession und ihr je verschiedenes Verständnis, in welchem Verhältnis sie zu dem „einen historischen Ursprung der Kirche" steht. Bei der Aufarbeitung des konfessionellen Problems geht es primär um die Frage, wie die einmalige Offenbarung Gottes in Jesus Christus als das grundlegende Geschehen für die Existenz der Kirche als Kirche in der jeweiligen Konfessionskirche vergegenwärtigt wird. Denn: „was christlich ist und was nicht, was also im Sinn des christlichen Glaubens wahr ist und was nicht, das muß sich doch wohl an der Beziehung zu dem Geschehen erweisen, das als Offenbarung am Anfang des Christentums steht". Diese Beziehung – so argumentiert *Ebeling* – „ist nun aber selber eine geschichtliche", die „sich nicht einfach in Wiederholung, sondern in Auslegung" vollzieht[24], „d.h. in übersetzender Übertragung in eine andere Sprache, in eine andere Zeit mit anderen Denkvoraussetzungen, in jeweils andere Situationen", in einer Übertragung also, die den „geschichtsbezogenen Wahrheitsbegriff" mit den durch die Auslegung notwendig hinzutretenden „variablen Elementen" verbindet. Indem *Ebeling* das konfessionelle Problem mit dem hermeneutischen verknüpft, ist für ihn die Feststellung selbstverständlich, daß ohne Variabilität, ohne historische wie gleichzeitige Mannigfaltigkeit „eine Existenz der Kirche in der Welt unmöglich ist"; die Variabilität liegt „im Wesen der geschichtsbezogenen Wahrheit, von der sie (die Kirche) lebt".[25]

In seinen Ausführungen „Zur Geschichte des konfessionellen Problems" (ebenfalls auf der erwähnten Tagung vorgetragen) zeigt *Ebeling* zudem, daß es „die una sancta ecclesia in aufweisbarer, dogmatisch und institutionell unversehrter Einheit in der Kirchengeschichte überhaupt nie gegeben" hat und daß es sie „in der Geschichte überhaupt nicht geben kann und wird". „Vielmehr ist die una sancta ecclesia Gegenstand des

---

[23] Abdr. in: ders.: Wort Gottes und Tradition. Stud. zu einer Hermeneutik der Konfessionen, Göttingen 1964, 28-40.

[24] ebd., 34.

[25] ebd., 35.

Glaubens und kann darum allein in der eschatologischen Vollendung als una und sancta sichtbar in Erscheinung treten".[26] Auch wenn es somit offen und umstritten bleibt, nach welchen Normen angesichts der geschichtlichen Veränderung „das Festhalten an der Wahrheit gemessen, die Sachgemäßheit der Auslegung entschieden, die Grenzen zwischen wahrer Kirche und Häresie gezogen" werden soll[27], so bedeutet dieser Umstand jedoch nicht eine kritiklose theologische Betrachtung der Konfessionen und ihres Verhältnisses zueinander. Eine konfessionelle Grundentscheidung ist „geradezu erforderlich", weil niemand „zwischen den Fronten" bleiben kann, dem es „um den christlichen Glauben zu tun ist". Doch muß sich eine solche Grundentscheidung, soll sie ihrer Sache angemessen und nicht bloß apologetisch und polemisch und damit unfruchtbar sein, der kritischen Selbstprüfung offen halten, also „die eigene Position in das kritische Licht der Wahrheitsfrage" rücken.[28]

VI. Hans Weißgerber, Erdmann Schott, Hans Heinrich Wolf, Yves Congar, Josef Jacob, Edmund Schlink

Eine wiederum andere Fragestellung ist gegeben, wenn *Weißgerber* der „*Ökumenischen Theologie*" bloß die Aufgabe zuweist, „die moderne ökumenische Bewegung wissenschaftlich zu erfassen"[29], oder *Schott* die „*Ökumenik*" darauf beschränkt, „die Geschichte und den gegenwärtigen Stand der ökumenischen Bewegung" zu behandeln.[30] Umfassender und tiefer setzen jene Überlegungen an, die – wie bei *H.H. Wolf* – ökumenische Theologie als *Dimension aller Theologie* verstehen[31] und in denen es – wie bei *Congar* – nicht um eine „Theorie und Beurteilung der ökumenischen Bewegung" geht, sondern um „eine bestimmte Dimension aller kirchlichen und insbesondere der theologischen Arbeit"[32], oder auch nur – wie bei *Jacob* – um eine *Methode* der gesamten theologischen Arbeit.[33]

Und noch einmal ändert sich die Perspektive, wenn das wissenschaftliche Bemühen der Aufgabe einer *ökumenischen Dogmatik* gilt, die „nicht nur in ihrem Anspruch, sondern auch in ihrem Vollzug und in ihren Ergebnissen ökumenisch" sein will, worauf sich *Schlink* eingelassen hat.[34]

---

[26] wie Anm. 23, 41-55, hier 46.

[27] ebd., 35.

[28] ebd., 40.

[29] Was ist ökum. Theol. ?, in: ELKZ 14, 1960, 37-41.

[30] Zur Grundlegung der Konfessionskunde, in: NZSTh 2, 1960, 364-386.

[31] Dans quel sens peut-on parler d'une theologie oecuménique?, in: VC 10, 1956, 11-16.

[32] Konfessionelle Auseinandersetzung im Zeichen des Ökumenismus, in: Cath(M) 12, 1958, 81-104, hier 101; ähnlich *Gustave Thils*: La „theologie oecuménique". Notion, formes, démarches, Louvain 1960.

[33] Ökum. Theol., in: TThZ 75 (1966), 119-125; vgl. auch *Peder Højen* (Hg.): Ökum. Methodologie. Dokumentation und Ber., Genf 1978.

[34] Ökum. Dogmatik. Grundzüge, Göttingen 1983; zur Aufgabenstellung vgl. 51-59.

Ausgehend von der Feststellung einer Vielzahl von Strukturen der Glaubensaussage (Bekenntnis, Gebet, Doxologie, Verkündigung, Lehre usw.) gewinnt *Schlink* in der Reflexion solcher Strukturen einen methodischen Gesichtspunkt, der es ihm ermöglicht, weitgehende Übereinstimmung und Gemeinsames in den konfessionell ausgesagten Glaubensinhalten zu entdecken.[35]

VII. Peter Meinhold

Die Allgemeinheit ökumenischer Theologie als Dimension oder als Methode theologischen und kirchlichen Bemühens wie ihre konstruktive dogmatische Ausprägung kann offensichtlich auch zu einer besonderen theologischen Disziplin stilisiert werden. So etabliert *Meinhold* mit seiner 1962 vorgelegten *„Ökumenischen Kirchenkunde“* „die jüngste der theologischen Wissenschaften“, die „anstelle der bisherigen ‚Konfessionskunde‘ oder ‚Symbolik‘ “ tritt.[36] Er grenzt sie gegen Kirchen- und Dogmengeschichte, systematische und praktische Theologie ab, indem er ihr eine Aufgabe zuweist, die andere Disziplinen nicht erfüllen. Sie „fragt nach dem Wesen der Kirche Jesu Christi und nach ihrer konkreten Gestalt von dem im Neuen Testament gegebenen Urbild der Kirche her“, „vernimmt aus dem Dasein der anderen Kirchen die kritische Frage an die eigene Kirche“ und richtet umgekehrt auch an die anderen „die kritische Frage nach deren Berechtigung“.

Das Attribut „ökumenisch“ beansprucht diese Kirchenkunde, weil sie alle Lebensäußerungen der verschiedenen Kirchen in der Gegenwart berücksichtigt, also „den christlichen Glauben in der Fülle seiner Manifestation“[37], womit „sich andere theologische Disziplinen nicht abzugeben haben“. Wenn sie als eine „kritisch arbeitende Wissenschaft“ beantwortet, „was ist, was sein wird und was sein soll“ (das sind die Fragen nach Gegenwart, Zukunft und Wahrheit), so geht sie „zutiefst von der Wahrheitsfrage aus und [ist] von der Überzeugung getragen, daß die mit dem Evangelium gegebene Wahrheit ihren besten Ausdruck im Leben und Lehre der eigenen Kirche gefunden hat und findet“.[38] Und wenn sie alle

---

[35] vgl. ders.: Die Struktur der dogm. Aussage als ökum. Problem, in: KuD 3, 1957, 251ff.

[36] Ökum. Kirchenkunde. Lebensformen der Christenheit heute, Stuttgart 1962, 17.

[37] ebd., 18.

[38] ebd., 19 und 21. Gemeint ist die lutherische Kirche, von der *Meinhold* sagt, daß sie „durch ihr Dasein gleichsam der heilsame Stachel für andere christliche Kirchen geworden [ist], durch den diese immer wieder gemahnt werden, sich angesichts aller Versuchungen [...] selbst zu prüfen und zu erneuern, um wahrhaft Kirche zu sein“ (335). Die „einzigartige Stellung des Luthertums innerhalb der Christenheit“ sieht *Meinhold* darin begründet, daß die lutherische Reformation a) die „Kirche als Bekenntniskirche“ erneuert, b) „das Prinzip einer Selbstprüfung aufgerichtet“ (der „frei von der Signatur der Geschichtlichkeit feststehende Maßstab“ ist das „im Neuen Testament gegebene Urbild“) und c) die „Einheit der christlichen Kirche erst [...] wahrhaft begründet, ja ermöglicht“ hat (332ff).

gegenwärtigen Kirchen daraufhin überprüft, inwiefern sie das Evangelium bewahrt haben, dann steht ihr als Maßstab „das Dogma" zur Verfügung, „das eine allen Kirchen und Gemeinschaften vorgegebene Wirklichkeit ist".[39] Mit „Dogma" ist der „dogmatische Anspruch Jesu" gemeint, „die von Jesus selbst gegebene und im Mittelpunkt seines Evangeliums stehende Deutung seiner Person und seines Werkes"[40], während das Neue Testament „in seinen verschiedenen Aussagen zu Jesu Person und Werk" und „die kirchlichen Dogmen oder Lehren die Entfaltung aller im Dogma enthaltenen Themata für den christlichen Glauben darstellen".[41] Mit diesem „Maßstab" kann die „Ökumenische Kirchenkunde" „das die Kirchen Einende und Trennende" herausarbeiten und „die Voraussetzungen für die Verständigung der Kirchen und für die Wiedergewinnung der verlorengegangenen Einheit" schaffen.[42] Ihre kritische Arbeit verhilft zu der Einsicht, daß „jede Kirche der anderen etwas zu sagen und etwas an Verkündigung und Verkörperung der Wahrheit zu bieten [hat], was diese so nicht ausgebildet hat".[43]

Solche entschiedene „Orientierung am Kirchengedanken", die „den Willen zur Katholizität in allen Konfessionen" aufnimmt, markiert in der Geschichte der Disziplin von der „Symbolik" bis zur „Konfessionskunde" eine „neue Wendung".[44] Eine „Ökumenische Kirchenkunde" vermag – über das Erfassen von Lehre und Leben der Kirchen und das Verstehen konfessioneller Eigenart hinaus - den „ganzen Reichtum" zu zeigen, der den Kirchen insgesamt zu eigen ist. Das ist ihre „besondere Funktion innerhalb der theologischen Wissenschaft und für das kirchliche Leben".[45]

VIII. Wilhelm Bartz, Ernst Hammerschmidt und ein Anonymus

Lehre und Leben der eigenen Kirche als der sachlich beste Standort, „Orientierung am Kirchengedanken" und „Wille zur Katholizität" als die angemessene Perspektive, Erfassen von Lehre *und* Glaubenserfahrung für eine Darstellung des Glaubensbewußtseins der ganzen Christenheit (eingeschlossen das Aufspüren der vestigia ecclesiae und das Einbringen von besonderen Werten und Wahrheiten der verschiedenen Kirchen zum eigenen Gewinn) als die umfassende theologische Aufgabe – das alles sind, ähnlich dem lutherischen Konzept von *Meinhold*, wesentliche Gesichtspunkte auch für eine mögliche *„katholische Symbolik"* oder

---

[39] ebd., 18.
[40] ebd., 20.
[41] ebd., 104.
[42] ebd., 21.
[43] ebd., 620.
[44] ebd., 38.
[45] ebd., 20.

„katholische Konfessionskunde", wobei nun freilich das römisch-katholische Selbstverständnis geltend gemacht wird.[46] Hier ist dann die Konfessionskunde von der Grundüberzeugung getragen: „Katholisches Christentum ist Vollchristentum". Und daraus folgt, daß sie im „Dienst der Wiedervereinigung" steht und das Ziel vor Augen hat, „den im Glauben Getrennten die Rückkehr ins Vaterhaus" zu zeigen.[47] So gewiß es auch die Aufgabe katholischer Konfessionskunde ist, nach den Wahrheiten und Werten bei den Nichtkatholiken zu fragen und „sich von dem echt Christlichen in anderen Konfessionen anregen und beschenken zu lassen", so bleibt doch zugleich die Tatsache bestehen, daß „die Kirche niemals etwas Substantielles von den getrennten Kirchen lernen und gewinnen" kann; sie macht nur „ernst mit dem Wort des Apostels: ‚Alles ist euer' ".[48] Ihren Auftrag mag die katholische Konfessionskunde dadurch erfüllen, daß sie – so *Bartz*[49] – die „religiösen und sittlichen Ideen und Sehnsüchte der nichtkatholischen christlichen Bekenntnisverbände" untersucht oder daß sie – so *Hammerschmidt*[50] – im historischen Aufriß zeigt, was „für die eigene Kirche sowie für eine Wiedervereinigung fruchtbar" gemacht werden kann.[51]

Indessen plädiert der Vertreter einer *„katholischen Symbolik"* in der *Herder-Korrespondenz* für ein Verfahren, das an der „überlieferten katholischen Dogmatik" orientiert ist[52] und die „Spaltungen der Christenheit... als unvollständige, verhinderte, pervertierte oder nur intentionale Zugehörigkeit zur Einheit des Mystischen Leibes zu begreifen" sich bemüht. Das bedeutet: Auch wenn der Gegenstand einer „katholischen Symbolik" sich mit dem „der protestantischen Ökumenik weitgehend deckt", so ist doch „die Methode der Verarbeitung infolge anderer Maßstäbe füglich sehr verschieden".[53] Sie nimmt nämlich ihren Ansatz beim

---

[46] vgl. Lehre und Glaubenserfahrung. Zur Möglichkeit einer kath. Symbolik, in: HerKorr 8, 1953/54, 28-33; Die Kirche und „die Kirchen", ebd., 231-236.

[47] *Bartz*: Kath. Konfessionskunde heute, in TThZ 63, 1954, 18-32, hier 27.

[48] ebd., 28.

[49] ebd., 27.

[50] Grundriss der Konfessionskunde, Innsbruck 1955, 11f.

[51] *Bartz* hat in seinem Anm. 47 genannten Aufs. es als „ein Desiderat der katholischen Theologie" bezeichnet, daß auf kath. Seite keine dem KI des EB vergleichbare Einrichtung besteht (31). Drei Jahre später, am 19. Januar 1957, weihte Erzbischof *Lorenz Jaeger* nach Beschluß des deutschen Episkopats das „Johann Adam Möhler Institut für Konfessions- und Diasporakunde" in Paderborn ein. Die wissenschaftliche Leitung übernahm *Stakemeier*. „Wesen und Aufgabe der Konfessionskunde" und damit dieses neuen Instituts stellte er in den „Dienst der Wiedervereinigung"; die Konfessionskunde habe die Gemeinsamkeiten festzustellen, dem besseren Verständnis der anderen Konfessionen und der Vorbereitung theoretischer Gespräche zu dienen (Konfessionskunde heute im Anschluß an die „Symbolik" Johann Adam Möhlers, Paderborn 1957); vgl. zu diesem Vorgang den Ber. und die Rez. in MdKI 8, 1957, 14f, 33f, 78f.

[52] wie Anm. 46 zweite Angabe, 233.

[53] ebd., 231f.

Verständnis der Inkarnation, „der Seinsfülle des Wortes" (dem „dogmatischen Kernpunkt") und bei dem „gottmenschlichen Sein Christi in seiner Kirche", das „durch bestimmte ‚Vestigia' ausgewiesen" ist: „vor allem [...] die aus der Mitte der Kirche berufenen, vom Heiligen Geist geleiteten Vollstrecker seines Willens in dem von ihnen abgesteckten und verteidigten sakramentalen Raum, [...] die apostolische Hierarchie".[54] Indem das „Sein in Christus", wie es durch die „Ganzheit der Kirche als personale, hierarchische Körperschaft" repräsentiert ist, zum Prüfstein gemacht wird, muß der Begriff Kirche, „wie man ihn so häufig in der ökumenischen Literatur vorfindet", der Kritik verfallen. Der Verfasser stellt fest: „es gehört ihm keine konkrete und personal verantwortete soziologische Größe zu". Diesen „Seinsverfall" beziehungsweise diesen „Ausfall an ‚vestigia ecclesiae'" hat eine katholische Symbolik aufzuzeigen.[55] Weil aber auch die katholische Theologie nicht gänzlich gegen „Seinsverdunkelung durch Doktrinen" und die „Schwächen menschlichen Erkennens" gefeit ist, so „bedarf sie ständig neuer Erleuchtung aus der Heiligkeit der Kirche und neuer Eingriffe des lebendigen Lehramtes". Deshalb ist es „die vornehmste Aufgabe einer katholischen Symbolik", die Bedeutung des Lehramtes „herauszuarbeiten".[56]

IX. Konrad Algermissen, Eduard Stakemeier

Die Betrachtung der anderen Kirchen vom Standpunkt der eigenen (will sagen: der römisch-katholischen Kirche als der „einen wahren Kirche") aus und demgemäß eine theologische Beurteilung nach lehr amtlichen Vorgaben hat bereits die 1930 vorgelegte *„Konfessionskunde"* von *Algermissen* bestimmt.[57] Sein Lehrbuch, das zuletzt 1969 von

[54] ebd., 233 und 235.

[55] ebd., 234.

[56] ebd., 236; vgl. *Gottfried Maron*: „Symbolik" und „Konfessionskunde" im Katholizismus, in: MdKI 8, 1957, 41-48.

[57] Thema und Programm seiner „Konfessionskunde" formuliert er mit den Sätzen: „Die Konfessionskunde gehört als Lehrdarstellung zur systematischen, als Beschreibung der kirchlichen Gegenwartslage auf Grund der geschichtlichen Entwicklung zur historischen Theologie und als Auseinandersetzung mit anderen Konfessionen zur Apologetik. Die einzigartige Stellung der katholischen Kirche als der einen wahren Kirche Christi gibt den besten Standpunkt zu weitherziger, irenischer Behandlung der verschiedenen christlichen Religionsgemeinschaften, so daß gerade die Arbeiten der katholischen Konfessionskunde am meisten geeignet sind, Brücken zu schlagen, Vorarbeit für die Wiedervereinigung der getrennten Christenheit zu leisten und die eigene Kirche tiefer zu werten und würdigen zu lehren", in: LThK[1] Bd. 6, Freiburg 1934, 114. Sein gleichnamiger Artikel „Konfessionskunde" in LThK[2] Bd. 6, Freiburg 1961, 428-430, nimmt die frühere Bestimmung auf. Die Frage, ob „die absolute Wertung seiner Kirche" eine katholische Konfessionskunde „überhaupt möglich" erscheinen läßt, bejaht *Algermissen*. Er fügt hinzu: „Allerdings wird eine katholische Konfessionskunde trotz der zentralen Bedeutung, die das kirchliche Lehramt in der katholischen Kirche besitzt, von den biblischen und urkirchlichen ekklesiologischen Wahrheiten

Autoren neu bearbeitet wurde, ist bislang das umfassendste konfessionskundliche Werk seitens der katholischen Theologie.[58] Es verbindet die Elemente der älteren „Symbolik“ und der neueren „Konfessionskunde“. *Algermissen* setzt bei seiner „vergleichenden Darstellung“ mit einer ekklesiologischen Grundlegung ein, die „Wesen und Lehren der katholischen Kirche“ benennt und dabei die Einzigartigkeit der römisch-katholischen Kirche gegenüber „allen übrigen christlichen Gemeinschaften“ unter Hinweis auf die ihr eignenden sichtbaren Kennzeichen der wahren Kirche hervorhebt. Der „katholischen Grundeinstellung entsprechend“ stellt er „das Lehrsystem der einzelnen Denominationen in den Vordergrund.“

Bei der Betrachtung der geschichtlichen Entwicklung und der spezifischen Eigenart der einzelnen Kirchengruppen (konkretes Wirken, Organisation, Mission, Frömmigkeit usw.) legt er „besonderen Wert“ – neben den „äußeren geschichtlichen Umständen“ – auf „die innere seelische Entwicklung der Gründer der einzelnen Denominationen“, was ihm dann „große Milde im Urteil“ erlaubt. In dem Bewußtsein, „daß die eine sichtbare Gemeinschaft, in der sich alle getrennten Kirchen als in der einen wahren Kirche Christi zusammenfinden müssen, nicht erst gesucht zu werden braucht“, und entsprechend der Einladung des „gemeinsamen Vaters der Christenheit“ in Rom, die „in die Fremde ausgewanderten Kinder“ möchten in das „gemeinsame Vater- und Mutterhaus“ „zurückkehren“, soll die katholische Konfessionskunde „Vorarbeit“ leisten und „durch Verständnis und Liebe Brücken bauen helfen von einem zum anderen“.[59] Die nachsichtige und „irenische Behandlung“ ist freilich ein Modus, der weder die eigene dogmatische Position berührt, noch die Entschiedenheit in der theologischen Auseinandersetzung wie in der Funktionsbestimmung der Konfessionskunde beeinträchtigt. Und wenn *Algermissen* 1957 in der siebenten Auflage seines Werkes den „symbolischen“ Vergleich der „Lehrsysteme“ vernachlässigt, die „christlichen Konfessionen“ in eine konfessionskundliche Rangfolge bringt, die mit der römisch-katholischen Kirche beginnt und mit dem Blick auf die Weltreligionen endet, auf die „biblischen und urkirchlichen Wahrheiten“ als „Norm“ verweist und neue Forschungsergebnisse und die theologische

---

der Offenbarung ausgehen müssen, um dadurch überhaupt eine Norm für den Vergleich mit den übrigen christlichen Gemeinschaften zu haben“ (429).

[58] Konfessionskunde. Ein Hb. der christl. Kirchen- und Sektenkunde der Gegenwart, Hannover 1930, 845 S. Bei diesem Werk handelt es sich zugleich um die 4., vollst. neu bearb. Aufl. seines früheren Buches: Christl. Sekten und Kirche Christi, das erstmals 1924 erschien. Die 5. Aufl. der Konfessionskunde kam 1939, die 6. 1950 heraus. Die 7., vollst. neu gearb. Aufl. von 1957 mit einem Umfang von 948 S. konnte *Algermissen* noch selbst vorlegen, während die 8. Aufl. 1969 vom Johann Adam Möhler-Institut hg. wurde und mit *Heinrich Fries, Wilhelm de Vries, Erwin Iserloh, Laurentius Klein* und *Kurt Keinath* neue Bearb. fand.

[59] zit. nach der Aufl. v. 1930, vgl. VII-IX, 49ff, 826-828.

Diskussion berücksichtigt, so bedeuten auch solche formalen und inhaltlichen Veränderungen nicht, daß das römisch-katholische Selbstverständnis und dessen Anspruch als Grundlage der Konfessionskunde relativiert werden könnte.[60]

Angesichts des Fortgangs der ökumenischen Bewegung, vor allem aber nach der durch das Zweite Vatikanische Konzil gegebenen Orientierung hat *Stakemeier* der Konfessionskunde „ihren Platz und ihr Recht innerhalb der ökumenischen Theologie und der weiter gespannten Ökumenik" zugewiesen; *Stakemeier* betont das 1969 in seiner mit „Konfessionskunde und Ökumenik" überschriebenen Einführung zur achten Auflage des Werkes von *Algemissen*.[61] Während dieser die Konfessionskunde noch als Teil der katholischen Apologetik, der Rechtfertigung des eigenen Selbst betrachtete, wird sie nun in eine *„ökumenische Dimension"* gerückt, die ihr eine „Gegenwartsbedeutung" verleiht. Sie hat die historischen und sachlichen Kenntnisse zu vermitteln, ohne die „der Dialog nicht geführt werden kann, der von einer schon vorhandenen Einheit zu jener vollen Einheit führen soll, die das Ziel aller ökumenischen Bemühungen ist".[62] Dazu gehört auch eine „komparative Symbolik" mit der Prüfung von Konsensmöglichkeiten.[63] Als Grundlage und Norm dient jetzt die „umfassende theologische Reflexion" des Zweiten Vatikanischen Konzils, das authentisch zum einen das römisch-katholische Selbstverständnis vermittelt und zum andern das „Verhältnis zu den anderen christlichen Konfessionen und Kirchen artikuliert". Der vom Konzil gegebene „ökumenische Impuls" eröffnet „neue Möglichkeiten": neben die kontroverstheologische Auseinandersetzung und den konfessionskundlichen Vergleich kann das Bemühen treten, die Unterschiede im Horizont verbindender Gemeinsamkeiten „zu sehen und zu würdigen"[64] und den „Zustand der Getrenntheit im Glauben" als ein „Nichtseinsollendes" zu erkennnen.[65]

Freilich wird der These, eine Konfessionskunde nicht mehr „nur nach den früheren Gesichtspunkten" schreiben zu können[66], dann doch nicht ganz entsprochen und der Anspruch der „Offenheit" und der „ökumenischen Dimension" nur in bestimmter Hinsicht eingelöst, ganz abgesehen davon, daß die Neubearbeitung des Werkes von *Algermissen* auf weite Strecken darin befangen bleibt, es mit der „Geschichte einer fortschreitenden Aufspaltung" zu tun zu haben, „die durch die starke und wert-

---

[60] vgl. die Rez. von *Maron* in: MdKI 9, 1958, 58-60.

[61] wie Anm. 58, XIX; die „Integrierung der Konfessionskunde in die neue ökumenische Situation" ist auch mit der Namensänderung des Paderborner Instituts (vgl. Anm. 51) in „Johann Adam Möhler-Institut für Ökumenik" angedeutet, ebd., XXVIII.

[62] ebd., XIX.

[63] ebd., 348ff, 53ff u.ö.

[64] ebd., 3f.

[65] ebd., 53.

[66] ebd., 72f.

volle ökumenische Arbeit der Neuzeit nicht beendet" ist.[67] Es gelten die „katholischen Prinzipien des Ökumenismus", nach denen die anzuerkennenden ekklesialen Elemente in anderen Kirchen „rechtens zu der einzigen Kirche Christi" gehören, die „ihre konkrete Existenzform (subsistit) in der katholischen Kirche" unter dem Nachfolger des Petrus (d.h. dem Papst) besitzt.[68] Dabei besteht die Hoffnung – hier wird *Ratzinger* zitiert –, daß „die Kirchen, die außerhalb der katholischen Kirche existieren, einstmals in ihre Einheit eintreten können".[69] Es ist die Aufgabe der katholischen Konfessionskunde, dieser „Einigung der Christenheit" zu dienen.[70] Ihr Verhältnis zu einer „unpolemischen Kontroverstheologie und zur ökumenischen Theologie muß neu durchdacht werden".[71]

X. *Peter Bläser, Wolfgang Seibel, Karl Rahner*

Für die „relative Selbständigkeit einer *ökumenischen Theologie*" tritt *Bläser* ein.[72] Wie die Pastoraltheologie, die sich „als Sonderdisziplin im Rahmen der gesamten Theologie" mit dem Wort Gottes speziell unter dem Gesichtspunkt der „Verkündigung an die Menschen der jeweiligen Zeit" beschäftigt, so kann ebenso die „Ökumenische Theologie" eine Eigenständigkeit beanspruchen. Ihr fällt die spezielle Aufgabe zu, „die Grundlagen einer möglichen Einheit aller Kirchen zu suchen, die Grundsätze und Methoden aufzuzeigen, wie die bisherige Uneinigkeit und Spaltung überwunden und die von Christus gewollte Einheit gefördert werden kann".[73] Doch unterscheidet sich *Bläser* nicht von anderen in der Bestimmung dessen, was Wesen, Aufgabe und Methode einer „ökumenischen Theologie" sein sollen.

Unter Berufung auf *Congar* und *Thils* sieht *Seibel* ihre Eigenart darin, daß „sie nicht auf die eigene Konfession und ihre Tradition beschränkt [ist], sondern über ihre Grenzen hinausblickt und alle wahren Erkenntnisse der gesamten – auch der getrennten – Christenheit in Vergangenheit und Gegenwart aufzunehmen und ihre Fragen zu hören bereit ist".[74] Sie soll dialogisch („im Gespräch mit allen Christen") geschehen, ohne die konfessionellen Unterschiede zu übersehen[75], „die immer tiefere Erkenntnis der Wahrheit Jesu Christi suchen" und „grundsätzlich bereit"

[67] ebd., 391.

[68] ebd., 53ff.

[69] ebd., 70.

[70] ebd., 4.

[71] ebd., XX.

[72] Ökum. Theol.: in: *Engelbert Neuhäusler / Elisabeth Gössmann*(Hg.): Was ist Theol.?, München 1966, 385-415.

[73] ebd., 388.

[74] Ökum.Theol., in: *Johann Baptist Metz* u.a.(Hg.): Gott in Welt. FS Rahner, Freiburg 1964, Bd. 2, 472-498.

[75] ebd., 494.

sein, „auch zu lernen".[76] Ihr „Ziel ist nicht eigentlich das Verständnis des Glaubens der getrennten Gemeinschaften", vielmehr „strebt sie nach einer umfassenden Synthese und nach einer möglichst vollkommenen Ökumenizität des Denkens".[77] Bei dieser Perspektive setzt *Seibel* eine „dauernde Spannung" zwischen dem „eschatologischen Heilswillen Christi" und der „konkreten Verwirklichung dieses Willens in der Kirche und durch die Kirche" voraus und rechnet damit, daß „niemals alle Möglichkeiten des Christlichen gleichzeitig" verwirklicht werden und „wahre christliche Werte außerhalb der Grenzen der sichtbaren katholischen Kirche" vorhanden sein können.[78] Eine solche, die „ökumenische Theologie" bestimmende Einsicht relativiert freilich nicht das Selbstverständnis der römisch-katholischen Kirche, die „keiner Ergänzung ihres innersten Wesens mehr bedarf, um die wahre Kirche Jesu Christi zu sein"[79], und sich „als die Kirche der endgültigen Gegenwart der Offenbarung versteht".[80] Vielmehr resultiert aus ihr die Zweckbestimmung, zur „Aktualisierung der Katholizität der Kirche" beizutragen.[81] Diese Überlegungen nimmt *Brosseder* auf, wobei er für eine „nähere Charakterisierung" ökumenischer Theologie auf die „normative Funktion des Begriffs ökumenisch" verweist[82], die ihm „von altkirchlichen Symbolen her innewohnt". Eine als „ökumenisch" zu qualifizierende Theologie weiß und bringt zum Ausdruck, daß die Theologie „als ganze normiert ist"[83], die Verkündigung des Evangeliums „an alle Menschen gerichtet ist", die Theologie eine „Funktion der ganzen Kirche" ist und „ihre Dringlichkeit von der faktischen Spaltung der Kirche her erhält."[84]

In seinen *„Perspektiven einer zukünftigen Ökumenischen Theologie"* setzt *Rahner* weitere Akzente.[85] Er zeigt auf: ökumenische Theologie wird sich zukünftig auf das Gespräch mit der säkularisierten Welt einlassen müssen[86], stärker die „nicht-theologischen" Aspekte (etwa die „profan geistesgeschichtlichen und gesellschaftlichen Ursachen" der Spaltung der Kirchen, deren „gesellschaftliche Relevanz", den „Aspekt der Sprachen") zu bedenken haben[87] und sich dem Faktum wie der Frage seiner theologischen Relevanz stellen müssen, daß „zwischen einer religions-

---

[76] ebd., 482.
[77] ebd., 493.
[78] ebd., 484ff, 490ff.
[79] ebd., 494.
[80] ebd., 483.
[81] ebd., 494.
[82] wie Anm. 9 zweite Angabe, 147ff.
[83] ebd., 154f.
[84] ebd., 157f.
[85] in: *Max Seckler* u.a. (Hg.): Begegnung. Beitr. zu einer Hermeneutik des theol. Gesprächs, Graz 1972, 199-212; Nachdr. in: ders.: Schr. zur Theol., Bd. 10, 503-519.
[86] wie Anm. 85 erste Angabe, 200 ff.
[87] ebd., 204ff.

soziologischen Getrenntheit und theologisch-glaubensmäßigen Einheit der Mehrzahl der Christen in den verschiedenen Kirchen" eine auffällige Differenz besteht.[88] Im Unterschied zu der bisherigen wird darum eine zukünftige ökumenische Theologie „anders und umfassender sein". Sie hat „die Welt von heute" und die „profanen Wissenschaften" zum Gesprächspartner und muß die „Tatsache" berücksichtigen, „daß der ökumenische Dialog, theologisch gesehen, gar nicht so ohne weiteres durch die Theologen im Namen der übrigen Christen geführt werden kann".[89]

XI. Eduard Stakemeier, Robert Grosche, Reinhard Kösters

Wenn es um die „Feststellung" dessen geht, „was Wahrheit oder Irrtum ist", bleibt die *Kontroverstheologie* unentbehrlich. *Stakemeier* schreibt ihr die Aufgabe zu, die konfessionskundlich erfaßten Lehren hinsichtlich der trennenden Unterschiede zu betrachten. Ihr Interesse liegt zum einen bei der „Darstellung der katholischen Theologie in ihrer ganzen Weite und Tiefe aus den Quellen der Offenbarung", wobei „die Wahrheitsmomente der reformatorischen Positionen unter Ausschaltung des Falschen" einzuordnen sind, und damit zum andern in der Förderung der Einheit der Christen, „bei der es primär um die Einheit der Glaubenslehre geht". Lapidar stellt *Stakemeier* fest: „Die Wahrheit kann nur *eine* sein, und das Gewissen kann nur von einem objektiv Gültigen überführt werden". Die Kontroverstheologie wird für ihn dort zur „ökumenischen Theologie", wo sie sich mit den getrennten Orthodoxen beschäftigt; denn hier besteht „die gemeinsame Tradition des ersten Jahrtausend", in der es „die Einheit des gemeinsamen Glaubens" in „geduldiger Arbeit" zu finden gilt.[90]

Auch *Grosche* plädiert für eine Kontroverstheologie, die nach dem „konkreten theologischen Dissensus" fragt. Er will sie aber als „ökumenische Theologie" verstanden wissen, weil sie letztlich einen „Weg zur Vorbereitung der Einigung der Christenheit" zeigen soll.[91] Gegenüber einer „typisch schlagwortartigen Verschwommenheit" des Begriffs „ökumenische Theologie" hält *Kösters* „im Interesse einer sauberen Terminologie" an dem Begriff „Kontroverstheologie" fest. Doch sie genießt auch aus sachlichen Gründen eine Priorität, weil in dem theologischen Gespräch zwischen den Konfessionen die Trennungsgründe und Lehrdifferenzen wie das Zurückweisen der Häresie den Vorrang besitzen. So bestimmt *Kösters* die Kontroverstheologie als „die theologische Reflexion auf die zum Dogma der katholischen Kirche in fundamentalem Gegen-

---

[88] ebd., 208ff.

[89] ebd., 212.

[90] Kontroverstheol., in: LThK^2 Bd. 6, Freiburg 1961, 511-515.

[91] Zur Rechtfertigung der Kontroverstheol., in: Unio Christianorum. FS Jaeger, Paderborn 1962, 31-36, hier 36.

satz stehenden Lehren der nichtkatholischen christlichen Kirchen und kirchlichen Gemeinschaften – mit dem ökumenischen Ziel der Überwindung dieser Differenzen".[92] Indessen soll die Konthroverstheologie nicht in die frühere Polemik zurückfallen.[93] Zwischen den Konfessionen besteht eine durchaus sachlich begründete „hermeneutische Differenz" und es gibt auch „einen legitimen Pluralismus theologischer Sprachen und Denkformen".[94] Deshalb mag es eine „schwierige Aufgabe" sein, „die Grenze zwischen wahrer Kirche und Häresie zu ziehen".[95] Doch sie kann gelöst werden, wenn die Kontroverstheologie „die auch in der Häresie implizierte Glaubenserfahrung herauszuarbeiten und für die Kirche fruchtbar zu machen sucht" und „das Moment der Wahrheit in ihr" erkennt und übernimmt.[96]

XII. Wolfgang Philipp

Aus einer gänzlich anderen Sicht betrachtet *Philipp* das Verhältnis der Konfessionen. In ihren Denk-, Seins- und Verhaltensweisen erkennt er eine jeweils andere, den „anthropologischen Gesetzlichkeiten" folgende „metaphysische Struktur", die isoliert und absolut gesetzt ist; und in der konfessionellen Auseinandersetzung bemerkt er einen „metaphysischen Haß" von „fundamentaler" Art.[97] Deshalb genügt es nicht, die Konfessionen als geschichtliche Gebilde „mit der historischen Methode zu erhellen". „Ihre äußere Erscheinungsfülle und ihr inneres Gesetz, aus dem heraus sie denken, sich verhalten und sind, müssen mit entsprechender, phänomenologischer und systematischer Methode bestimmt werden."[98] Dabei ist *Philipp* vornehmlich an dem „metaphysischen Blickpunkt" interessiert. Die „metaphysische Analyse" als systematische Methode (die phänomenologische und historische Methode ergänzend) erscheint ihm geeignet, in dem Bezugssystem der Konfessionen die „Struktur der miteinander kämpfenden Ergriffenheiten" differenzierend zu erheben und

---

[92] Zur Theorie der Kontroverstheol. Wiss.-theoretische Reflexionen über Begriff, Gegenstand und Methode der Kontroverstheol., in: ZKTH 88, 1966, 121-162, hier 130f.

[93] ebd., 124.

[94] ebd., 144ff.

[95] ebd., 147.

[96] ebd., 161.

[97] Die Absolutheit des Christentums und die Summe der Anthropologie, Heidelberg 1959, 1966², hier 336; „Der konfessionell kämpfende metaphysische Haß versteht sich selbst als ‚Glaube', wenn er in der Kontroverse sich seiner eigenen Struktur reaktiv bewußt wird. Er versteht sich als ‚Liebe', weil er in freiwilliger Begeisterung der konfessionellen Aktion dient. Er versteht sich als ‚Hoffnung', weil er der Meinung ist, die Christenheit monostrukturell erlösen zu müssen." Er hat „je sein Standard-Bibelwort zur Hand, um sich damit wie mit einem Paß zu legitimieren [...] und [... er] weicht zurück, sobald die Ganzheit des biblischen Zeugnisses zu reden beginnt" (339).

[98] ebd., 306.

der „biblischen Wirklichkeitslehre" gegenüberzustellen, „die nicht metaphysizierbar ist und trozdem unablässig mit metaphysischen Kategorien überblendet wird".[99] Der „Rationalisierung und Objektivierung der Motive und Gesetze" konfessioneller Bestimmtheit und Auseinandersetzung wie der „Überwindung der ideologischen Entwirklichung" dient die *„wissenschaftliche Irenik"*.[100] Indem sie sich aber nicht nur dem „denominationellen Spektrum der Christenheit" zuwendet, sondern „auch Weltreligionen, Philosopheme Ideologien, Politsysteme" zu ihrem Gegenstand macht, „weist [sie] einen neuen Weg für eine ‚Friedenswissenschaft', wie sie überall gefordert wird".[101]

XIII. PeterLengsfeld, Heinz-Günther Stobbe, Heinrich Döhring, Johannes Brosseder

Nach „Möglichkeiten nicht-kriegerischer Konfliktlösungen" zu suchen und „Friedensforschung" zu betreiben, ist eine der *„Ökumenischen Theologie"* vergleichbare Aufgabe, wie *Lengsfeld* feststellt. Bei dem inzwischen erreichten Stand des ökumenischen Gesprächs, „daß alle Lehrfragen im Grunde bereinigt seien", bleibt übrig, „nach den Gründen für das Fortbestehen der Spaltung zu forschen".[102] Es gilt, auf die sogenannten „nicht-theologischen Faktoren" in dem Prozeß der Annäherung und Einigung zu achten. Damit steht für *Lengsfeld* die ökumenische Theologie „heute vor der Aufgabe, sich als *Theorie ökumenischer Prozesse* zu entfalten und in diesem Sinn ‚Prozeß-Theologie' zu sein", die über die konfessionskundliche und kontroverstheologische Ebene hinausführt und die „Notwendigkeiten des Wandels" in den Blick nimmt.[103] Sie soll „aus theologischem Interesse und mit theologischer Zielsetzung" eine systematische und strukturelle Analyse ökumenischer Prozesse betreiben und selbst „an der Fortgestaltung der ökumenischen Annäherung und Einigung der Christenheit" mitwirken.[104] Einen Zugang, um die Komplexität kirchlichen Handelns und ökumenischer Interaktionen „theoretisch genauer" zu erfassen, findet *Lengsfeld* in der „Kollusionstheorie". Er übernimmt sie aus der Individual- und Gruppenpsychologie und

---

[99] ebd., 288f.

[100] Programm des Instituts für Wiss.Irenik, in: *Axel Hilmar Swinne* (Hg.): Von der Oekumenik zur Irenik (Studia Irenica 6), Hildesheim 1977², 81; ein Institut für Wiss.Irenik wurde 1966 von *Philipp* an der Univ. Frankfurt gegr.

[101] ebd., 6.

[102] Ökum. Theol. – herausgefordert. Eine programmatische Einführung, in: ders. (Hg.): Ökum. Theol. Ein Arbeitsbuch, Stuttgart 1980, 21-68, hier 34f; vgl. dazu die kritischen Rez. von *Brosseder* in: ÖR 30, 1981, 344-350 und Vf.: Vom Sinn und Un-Sinn ökum. Theol. Krit.-polemische Bemerkungen zur ‚Kollusionstheorie' von Peter Lengsfeld, in: MdKI 33, 1982, 11-17.

[103] a.a.O., 36.

[104] ebd., 38.

meint, daß sie – auf die ökumenische Verständigung der Kirchen übertragen – „alle zwischenkirchlichen Annäherungen und Einigungsprozesse in ihrem wesentlichen Kerngehalt verständlich macht".[105] Zudem will die „Kollusionstheorie" bei der „Weiterentwicklung ökumenischer Prozesse behilflich sein". Als „Hauptfaktoren der Kollusion ökumenischer Prozesse" werden „Wahrheit", „Sozialität" und „Identität" benannt.[106] Für die zukünftige geeinte Gestalt der Christenheit erachtet *Lengsfeld* einen „Identitätswandel" als notwendig, in dem die konfessionellen Identitäten, die durch das Gegensatzprinzip konstituiert sind, zu „selbstverständlich-partnerschaftlichen Identitäten im Rahmen einer gemeinsamen christlichen Identität" überführt werden. Bei dem „praktischen Vollzug" solchen Wandels kann die Kollusionstheorie ebenfalls helfen.[107]

Zusammen mit *Stobbe* beschreibt *Lengsfeld* die „ökumenische Theologie" als eine theologische Disziplin, in der Konfessionskunde, Symbolik und Kontroverstheologie integriert und überschritten sind.[108] Entsprechend ihres Problemfeldes arbeitet sie mit verschiedenen Methoden; wie die Konflikt- und Friedensforschung ist sie auf interdisziplinäre Zusammenarbeit angewiesen. Sofern in einer solchen Theologie „die verschiedenen Weisen des Kontaktes und der Begegnung zwischen den Kirchen und Konfessionen in die je größere Art ‚aufgehoben' werden", also „eine Integration der verschiedenen Begegnungsweisen" inhaltlich und methodisch gegeben ist, hat die „ökumenische Theologie" – so *Döhring* – „eine gewisse Vollform" erreicht. Sie schließt „nach wie vor Elemente der Polemik, der Irenik, der Symbolik, der Konfessionskunde, der Kontroverstheologie in sich" ein.[109] Diese alles integrierende „ökumenische Theologie" ist das Ergebnis einer „Gesamtentwicklung", die verschiedene Phasen durchlaufen hat.[110] Ihre Eigenart erkennt *Döhring* in der „gemeinsamen dialogen Auseinandersetzung", bei der „Kontroversen und Differenzen überwunden" werden und das „Geheimnis der Offenbarung Gottes in Jesus Christus [. . .] sich als das allen Gemeinsame, als das Größere gegenüber jeglichen Unterschieden" herausstellt. „Katholischerseits hat zweifelsohne das II. Vatikanische Konzil diese Entwicklung zur Öku-

---

[105] ebd., 45. – In der Individual- und Gruppenpsychologie erfaßt die „Kollusionstheorie" das „in zwischenmenschlichen Beziehungen über die bewußten Intentionen hinausgehende Zusammenspiel von Interessen, Bedürfnissen, Anlagen und vorgeprägten Verhaltensweisen, wodurch Menschen sich gegenseitig beeinflussen, oft ohne es zu merken" (ebd.).

[106] ebd., 49ff.

[107] ebd., 63.

[108] Ökum. Theol. im theol. Stud., wie Anm. 102 erste Angabe, 379-388.

[109] Von der Kontroverstheol. und Apologetik im 15. Jh. zur Ökumene der Gegenwart, in: *Anton Rauscher* (Hg.): Probleme des Konfessionalismus in Deutschland seit 1600, Paderborn 1984, 117-165, hier 164.

[110] vgl. *Siegfried Wiedenhofer*: Ökum. Theol. Versuch einer wiss. Rekonstruktion, in: Cath(M) 34, 1980, 219-248.

mene unserer Tage abgeschlossen. Von ihm stammt auch der Name, der heute generell für den Kontakt und die Begegnung zwischen Kirchen und Konfessionen verwendet wird: ‚Dialog' miteinander auf der Ebene der Gleichheit (‚par cum pari') als Ausdruck echter Partnerschaft."[111]

Die Gemeinschaft der Kirchen am „Tisch des Herrn" und als deren „notwendige Folge" eine „öffentliche und rechtlich greifbare Gestalt des Rahmens für Gemeinschaft und Einheit der Kirchen" nennt *Brosseder* das Ziel ökumenischer Arbeit. Das Nachdenken über eine solche Gemeinschaft und ihre Auswirkungen „macht die normative Aufgabe einer *Theologie der Ökumene* aus". In dieser Hinsicht untersucht sie das „gesamte Lehr- und Lebensgefüge der bestehenden christlichen Kirchen und Gemeinschaften", fragt nach der „gemeinsamen Tradition", analysiert die Differenzen in Lehre und Leben und reflektiert über Wege, „um die kirchentrennenden Differenzen zu überwinden". Dabei bewährt sich die „Konvergenzmethode", die „mit der Erkenntnis Ernst [macht], daß Mitte und Grenze des christlichen Glaubens ‚Jesus Christus', genauer Gottes Heilshandeln für alle in Tod und Aufweckung Jesu Christi ist". Neben den „normativen Gesichtspunkten" vermittelt eine solche „Theologie der Ökumene" auch gründliche Kenntnisse über die Partner des ökumenischen Geschehens, die neuere und ältere ökumenische Bewegung, die ökumenische Arbeit der katholischen Kirche und die praktischen und theoretischen bi- und multilateralen Kontakte auf allen Ebenen. Sie erörtert dabei auch die vielfältigen Schwierigkeiten, die bislang „die Kirchen noch nicht ihre Gemeinschaft finden ließen". Bei ihrer Arbeit hat sie „sich dessen bewußt zu sein", daß die Einheit der Christen an der „Glaubwürdigkeit der Wahrheit der christlichen Verkündigung" hängt.[112]

XIV. Friedrich Heyer

Die Beobachtung, das Dialoggeschehen zwischen den getrennten Kirchen überdecke gleichsam den Erdkreis und die „in Christus vorgegebene Einheit" habe sich aufgemacht, „sich selbst in unserer Geschichtswelt zu suchen", stimuliert *Heyer*, der unter dem Titel „Konfessionskunde" ein umfangreiches Sammelwerk vorgelegt hat. Einer „Konfessionskunde" bedarf es, weil der Dialog ein gegenseitiges Kennen nötig macht. Sie will das „Ergebnis einer Reflexion" sein, „die der Praxis folgt

[111] wie Anm. 109, 165; in der Diskussion seines Referates hat *Döhring* „auf eine grundlegende Schwierigkeit" aufmerksam gemacht: „In der Ökumenischen Bewegung, ob dies nun die katholische, protestantische oder orthodoxe Seite betreffe, gebe es eine eindeutige Grenze, und diese liege dort, wo es um die Identität der Konfession gehe. Werde diese Identität berührt, so gehe kein Prozeß mehr weiter. Dies müsse man ganz nüchtern sehen". *Günter Baadte*: Diskussionsbericht, wie Anm. 109, 196.

[112] Theol. der Ökumene, in: ÖkumLex, Frankfurt 1983, 1164-1167.

und weitere Praxis vorbereitet".[113] Es sind die „theologischen Sandbänke" zwischen den Konfessionen zu „besichtigen", und dabei soll geprüft werden, wie sie beseitigt werden können.[114] *Heyers* eigene wie die gesammelten Beiträge unterliegen der Tendenz, Sache und Methodik der älteren Symbolik mit der neueren Konfessionskunde zusammenzuführen; sie verfahren sowohl historisch-deskriptiv als auch theologisch-normativ. Von der „Rückblendung in Historie" und der „Beachtung der jeweils geltenden Denkstrukturen und der angewandten Begriffsinstrumentarien" erwartet *Heyer* einen „Relativitätseffekt", der die kirchentrennenden Gegensätze „zeitbezüglich verstehen" und „unvermutet Äquivalenzen entdecken" läßt und den häretisch geltenden Aussagen „ihre Gefährlichkeit" nimmt.[115] Angesichts der Fülle des Stoffes, der zu behandeln wäre, wählt *Heyer* den „Weg exemplarischer Präsentation".[116] Dabei sind die Kirchen „perspektivisch gesehen, doch mit einer solchen oekumenischen Bemühung um Verständnis der anderen, daß annäherungsweise das Ergebnis sein könnte, daß sich diese in den von ihnen entworfenen Porträts wiedererkennen".[117] Sein „Standpunkt", von dem „aus der Kosmos der Kirchen und Denominationen in den Blick gefaßt" wird, benennt *Heyer* mit der schon „gegebenen Einheit des Leibes Christi", während die „Zielstellung" in der Aufgabe besteht, „die theologischen Voraussetzungen für das fortdauernde Gespräch der Kirchen untereinander zu schaffen".[118] Das vorgelegte „Summarium", das „nur mit einzelnen als typisch zu nehmenden Beispielen gespickt" ist[119], bleibt allerdings hinter dem behaupteten Anspruch zurück. Es bietet keinen rechten Anhalt für die Gewichtung der gesammelten Einzelbeobachtungen, stellt sich nicht dem konfessionellen Problem und beläßt stattdessen die theologische Betrachtung auf dem Stand einer visionär geschauten Einheit der Kirche.

XV. Konfessionskunde und Ökumenische Theologie

Mit den verschiedenen Überlegungen zu einer ökumenischen Theologie ist die Geschichte der Disziplin, angefangen von der Polemik über die Irenik und die Symbolik bis hin zur Konfessionskunde, in den letzten vierzig Jahren in eine neue Phase eingetreten. Der Begriff deutet den

113 Konfessionskunde mit Beiträgen von *Henry Chadwick* u.a. (insgesamt 13 Beiträge), Berlin 1977; vgl. dazu Vf.: Ersatz für Mulert? Eine krit. Würdigung der Konfessionskunde von Friedrich Heyer, in: MdKI 30, 1979, 70-73; ders.: Kirchenkunde der Gegenwart, Stuttgart 1979, 15f.

114 a.a.O., 9.

115 ebd., 4f.

116 ebd., 8.

117 ebd., V.

118 ebd., 9.

119 ebd., V.

Wandel und seine zeitbedingten Umstände an, benennt eine allgemeinere Tendenz und ihre Perspektive, bleibt aber ziemlich unbestimmt hinsichtlich des eigentlichen Gegenstandes und einer klaren Abgrenzung der Disziplin und damit offen für unterschiedliche theologische Anliegen und kirchliche Interessen. So dient der Begriff mehr als Etikett für gewisse Intentionen, weniger als inhaltliche Bestimmung eines wissenschaftlichen Arbeitsgebietes. Obgleich es am Profil einer ökumenischen Theologie mangelt, so sind trotz aller Unklarheit doch einige bemerkenswerte Veränderungen in der Beschäftigung mit der Vielfalt christlicher Konfessionen zu registrieren. Gegenüber früheren Sichtweisen setzen sie andere Akzente, verschieben die herkömmliche Problemstellung und gehen mit dem Anspruch besserer Einsichten einher.

Die oben knapp skizzierten Beispiele zu Aufgaben, Methoden, Zielsetzung und Stellenwert einer ökumenischen Theologie belegen zunächst einmal, daß Konfessionskunde im gewohnten Sinn als eine eigenständige theologische Disziplin untergegangen ist. Ihr Arbeitsgebiet, die Deskription von Lehre und Leben der Kirchen beziehungsweise Denominationen nach ihrer jeweiligen konfessionellen Eigentümlichkeit, erscheint nunmehr im größeren Rahmen des speziellen theologischen Nachdenkens über die sichtbare Einheit der Kirche. Es beansprucht dabei nur insoweit und solange ein Interesse, als im bi- oder multilateralen Dialog der Kirchen die konfessionellen Traditionen sich behaupten, darum ihr Wert wie aber auch ihre geschichtliche Bedingtheit verständlich gemacht werden müssen, so daß das allen Gemeinsame gegenüber dem zu relativierenden Trennenden hervortreten kann. Sofern die deskriptive Konfessionskunde zugleich normative Momente impliziert hat – zum Beispiel das je eigene Bekenntnis, eine bestimmte theologische Grundposition, ein Kirchenverständnis als Beobachtungsstandort oder Maßstab –, so wird die damit verknüpfte kritisch differenzierende Sichtweise ebenfalls der gesetzten Orientierung an der Einheit der Kirche integriert. Sie behält ihren Sinn bei der Feststellung, wo in den einzelnen Konfessionen Defizite bestehen, was als Dissens zu beachten bleibt, welche Konvergenzen zu erkennen sind und was als Konsens oder gemeinsames Fundament gelten kann. So ist die Konfessionskunde nur noch ein integrativer Bestandteil der ökumenischen Theologie.

XVI. Sichtbare Einheit der Kirche als Motiv und Ziel

Der dargelegte Diskussionsstand belegt alsdann, daß ökumenische Theologie als reflektierende Betrachtung der Vielzahl der Kirchen und deren Sehnsucht nach Einheit den Glauben an die schon gegebene Einheit des Leibes Christi voraussetzt und sich auf deren Aktualisierung in sichtbarer Weise konzentriert. Stimuliert von einem empfundenen Ungenügen, von Schmerz oder Schuld angesichts der gespaltenen Christenheit und der dabei verspürten Nötigung zur Wiederherstellung der Einheit der Kirche, „auf daß die Welt glaube", gerät der situative Bezug zum eigentlichen Beweggrund ökumenischer Theologie. Sie bestimmt weniger ein theologisch-wissenschaftliches Interesse, vielmehr unterliegt sie dem Zweck, in der Reflexion von Grundlagen möglicher Einheit aller Kirchen und in der Förderung des interkonfessionellen theologischen und kirchlichen Dialogs den erkannten Notstand zu überwinden, zumindest aber eine Annäherung der Kirchen zu erreichen und den weiteren ökumenischen Prozeß auf Einheit hin zu programmieren.

Dabei ist auffällig und bemerkenswert, daß eine mögliche Sehnsucht der *Christen* nach Einheit in ihrem Glaubenszeugnis oder gar deren Notwendigkeit um der Glaubwürdigkeit des Zeugnisses willen zum theologischen Erfordernis für die *Kirchen* erklärt und auf das Ziel einer sichtbaren Einheit der *Kirche* hin ausgelegt wird. Unbeachtet bleibt die Differenz, die zwischen dem Glaubenszeugnis eines Christen und der amtlichen Glaubensaussage seiner Kirche legitimerweise bestehen kann. Es wird vorausgesetzt, daß die Konfessionalität des einzelnen in dem Kollektiv ‚Kirche' aufgehoben ist, hier kirchlicher (lehramtlicher) Normierung und Bestätigung unterliegt und auf der Ebene theologischer Reflexivität methodisch verfügbar ist. Unter dieser Bedingung wendet sich ökumenische Theologie dem ‚Glauben der Kirche' zu, wie er in den verschiedenen institutionalisierten Glaubensgemeinschaften zum Ausdruck kommt. Ihr erkenntnisleitendes Interesse gilt der ‚Kirche', weil die Prämisse es nur zuläßt, die sichtbare Einheit im Glauben als Einheit von Kirchen zu denken. Der Dominanz der Idee oder Vision der einen Kirche, der Hoffnung auf ihre sichtbare Verwirklichung soll jegliches theoretische und praktische Bemühen auf den üblichen theologischen Arbeitsgebieten untergeordnet sein, so daß alle solche Aktivitäten eine ökumenische Dimension gewinnen oder sogar hier ihr Kriterium finden.

So hat es ökumenische Theologie weniger mit einem beschreibbaren Gegenstand oder Sachverhalt zu tun (der Konfessionskunde oder anderen theologischen Disziplinen vergleichbar). Vielmehr ist sie von dem Interesse an der „una sancta ecclesia" beherrscht, die es „in der Geschichte nicht geben kann und wird" (*Ebeling*). Damit ist sie auf eine ziemlich unklare, jedenfalls nicht real einsichtige, wenngleich glaubensbewußte Zielvorstellung fixiert, die sich bei näherem Zusehen als ideologisch verklammert entlarven läßt. Diesem Interesse unterliegt ökumenische Theologie auch, wenn sie sich konkret dem Wechselspiel von Fragen und Antworten in den um Verständnis bemühten und auf gegenseitigen Respekt achtenden ökumenischen Dialogen zuwendet und die dazugehörigen Beiträge, Analysen und Untersuchungen aus verschiedenen Wissensgebieten aufnimmt. In ihrem Blickfeld liegt insgesamt der anhaltende vielfältige Vorgang der Kommunikation zwischen Theologen, kirchlichen Amtsträgern und Ortsgemeinden (‚ökumenische Prozesse'), wo sie sowohl Fortschritt als auch Stagnation hinsichtlich der Aktualisierung der glaubend bekannten Einheit der Kirche zu registrieren vermag. In alledem fällt aber besonders ins Gewicht, daß sich die Problemstellung verändert hat. Mit der ekklesiologischen Akzentuierung und Zentrierung, die dem Engagement für die Einheit des Leibes Christi Priorität verleiht, ist an die Stelle des alten konfessionellen Problems, mit dem die Frage nach Recht und Grenze der Konfessionen aufgeworfen war, nunmehr das ökumenische Problem getreten, das mit der Aussage des altkirchlichen Credo und mit der Hoffnung auf das Sichtbarwerden der einen Kirche Jesu Christi gestellt ist. Die ökumenische Theologie zielt auf die Lösung dieses Problems und ist damit charakterisiert.

XVII. Konfessionelle Identität als Grenze

Aus der Diskussion sind freilich noch andere beachtliche Akzentuierungen zu erheben, die aber durchaus dem vorherrschenden Interesse ökumenischer Theologie entsprechen und deren Intention nur bestätigen. So zeigen etwa die Ausrichtung auf eine Theorie ökumenischer Prozesse und auf Strukturierung eines notwendigen Identitätswandels, die Konzeptionen einer eigenständigen ökumenischen Disziplin, die Vorstellungen über mögliche Synthesen in einer aktualisierten Katholizität, das Streben zur Ökumenizität des Denkens oder auch bloß die nachdrücklichen Hinweise auf den Dialog als Methode ebenfalls die konstatierte Veränderung an. In jedem Fall erscheint das konfessionelle Problem von dem ökumenischen verdrängt, die alte Fragestellung durch die neue nach der Einheit ersetzt. Indessen bleibt als Irritation, wenn trotz gleicher Intention die konfessionelle Selbstbehauptung und entsprechende Ansprüche im Spiel bleiben: sei es, daß daran festgehalten wird, die mit dem Evangelium gegebene Wahrheit fände in Lehre und Leben der eigenen (lutherischen) Kirche ihren besten Ausdruck (*Meinhold*); sei es, daß für römisch-katholische Theologen unverrückbar gilt, die eine wahre Kirche subsistiere in der unter dem Nachfolger des Petrus stehenden Kirche, und die Einheit der Kirche brauche deshalb nicht erst gesucht zu werden. Hier meldet sich das konfessionelle Problem dann doch wieder zurück. Denn: Indem das Festhalten an der konfessionellen Identität eine „eindeutige Grenze" für ökumenische Prozesse markiert (*Döhring*), ist die Frage nach den geschichtlichen und sachlichen Gründen der Konfessionen und nach ihrer Legitimation nicht zu umgehen.

Und sie ist auch dann nicht zu vermeiden, wenn nicht das eigene Bekenntnis, sondern das biblische Ursprungszeugnis selbst, die Offenbarung oder das Evangelium, als maßgebendes Kriterium beansprucht wird. Sie ist hier mit dem hermeneutischen Vorgang gegeben, indem nämlich die Vergegenwärtigung des Ursprungs und die Behauptung einer vorgegebenen Offenbarungswahrheit nicht ohne die ‚variablen Elemente' der Auslegung und somit nicht ohne konfessionelle Vehikel zu haben sind. Die Rückfrage nach deren Legitimität und Relevanz ist stets zuerst zu stellen, weil sich hieraus erst ergeben kann, was als ein Gemeinsames oder als Sein-Sollendes geltend gemacht, als Ziel sichtbarer Einheit programmiert werden könnte. Erweist sich aber das konfessionelle Problem als die vorrangige Frage, dann mag das ökumenische Problem bis zu einer hinreichenden Antwort auf sich beruhen. Bleibt indessen eine solche aus, weil unter den Bedingungen menschlicher Geschichte und Möglichkeiten allein die konfessionelle Differenzierung und Gestaltung real und angemessen erscheint, dann erübrigt es sich, überhaupt nach der Sichtbarkeit der einen Kirche zu fragen. Man kann sie glauben, auf sie hoffen, für sie beten, über sie als Gegenstand des Glaubens und der Hoffnung reflektieren und tatkräftig für sie werben. Doch wie dem auch sei, eine ökumenische Theologie, die das konfessionelle Problem verdrängt oder auch nur vernachlässigt, verkommt zur Ideologie.

XVIII. Geschichtliche Bedingtheit der Konfessionen

Gegen eine Veränderung der Problemstellung sind allerdings schon im Verlauf der Diskussion gewichtige Einwände vorgebracht worden.

Bereits *E. Wolf* erinnert an die Problematik ‚Kirche und Geschichte' und will darum die Möglichkeit einer Korrektur des eigenen Credo offenhalten. Vollends thematisiert *Ebeling* die geschichtliche Bedingtheit der Konfessionen und ihres Verhältnisses zu dem grundlegenden Offenbarungsgeschehen. Dabei beachtet er die spannungsvolle Differenz, die zwischen der Heilsbotschaft und dem Glaubenszeugnis besteht. Er belegt, daß es eine sichtbare Einheit der Kirche dogmatisch und institutionell in der Geschichte nicht geben kann und sie ein Gegenstand des Glaubens bleiben muß. In den konfessionellen Gestalten und ihrem Wandel manifestiert sich, daß das Nachdenken über die una sancta ecclesia wie die Versuche einer Verobjektivierung stets den Bedingungen irdischen Daseins unterliegen. Hier wie dort ist der Vorrang des konfessionellen Problems erkannt: d.i. die wissenschaftliche Klärung der konfessionellen Ansprüche oder Grundentscheidungen als Voraussetzung für ein sinnvolles theologisches Reflektieren dessen, was in dem von allen bekannten Credo geglaubt wird.

Auf weitere, bislang wenig beachtete, doch für das konfessionelle Problem äußerst relevante Sachverhalte macht *Rahner* aufmerksam. Er bemerkt *zum einen* die Differenz, die zwischen den statistisch gegebenen, dogmatisch wie institutionell abgesicherten Konfessionen und den jeweils zugehörigen Mitgliedern besteht; bereits innerhalb der Konfessionen ist ein Dissens zu erkennen, der den Verlust der Einheit von individueller Religiosität und institutionalisierter Glaubensgemeinschaft anzeigt. *Zum zweiten* weist er auf jene andere Differenz hin, die aus der Spannung zwischen der Selbsteinschätzung der konfessionellen Körperschaften nach Rang und Bedeutung und den Fakten der säkularen Wirklichkeit resultiert; die christlichen Ansprüche erscheinen hier insgesamt dem Widerspruch ausgeliefert und verfallen. Von dieser Beobachtung her wird die Frage nach der geschichtlichen Bedingtheit der Konfessionen, nach ihrer Legitimität und Relevanz noch einmal aus einer anderen Perspektive zum vorrangigen Problem.

Im *ersten Fall* gilt es einerseits zu klären, welchen Stellenwert die konfessionell bestimmten und institutionalisierten Glaubensgemeinschaften im ökumenischen Kontext überhaupt haben können, wenn binnenkirchliche Disharmonien deren Identität beeinträchtigen und fragwürdig machen; und andererseits ist darüber zu befinden, welches Gewicht dem unterschiedlichen, konfessionell nicht mehr verrechenbaren Glaubensbewußtsein mit seinen entsprechenden Verhaltensweisen gegenüber allen Einheitshoffnungen und -bemühungen zukommt. Im *zweiten Fall* ist zu untersuchen, welchen Platz die einzelnen Kirchentümer je für sich oder auch zusammen in der jeweiligen Gesellschaft beanspruchen können, in der andere Sinnangebote ebenso zugelassen sind, angenommen werden und miteinander konkurrieren; dabei ist zu beantworten, welches glaubwürdige und befriedigende Zeugnis sie einzeln oder gemeinschaftlich zu geben in der Lage sind, wenn ihre Legitimität und Relevanz vor dem Forum der Welt nicht aufgrund des konfessionellen Selbstverständnisses, sondern nach der Leistungsfähigkeit bei der menschlichen Daseinsbewältigung beurteilt wird.

In beiden Fällen sind die Konfessionen als Kollektivgebilde und mit ihrem Anspruch problematisiert, die Wahrheit des Evangeliums in Lehre und Leben auf legitime Weise zum Ausdruck zu bringen, zu repräsentieren und weiterzugeben. Sie werden nicht nur durch geschichtlichen Wandel und gesellschaftlichen Kontext relativiert, sondern ebenso durch die Tatsache, daß christlicher Glaube zuallererst im Lebensvollzug konkreter Individuen existiert, hier seine konfessionelle und kontextrelevante Gestalt besitzt und seine Geltung unter säkularem Widerspruch ausweisen und bewähren muß. Sofern hier aber das Glaubenszeugnis der einzelnen unmittelbar der Botschaft Jesu gilt, nicht auf eine kirchliche Verwirklichung zielt und in ihr aufgeht, und sofern es seine Kontinuität aus der Erfahrung mit dieser Botschaft gewinnt, nicht aus der Begegnung mit kirchlicher Tradition bezieht, verlieren die Kirchen ihre Autonomie, verblaßt konfessionelle Identität und büßt die Einheitsvision an ihrem Wert ein. Dieser Sachverhalt bedeutet zum einen, daß die alte Frage nach Recht und Grenze der Konfessionen im Hinblick auf die Selbstauskunft der Glaubenden unter den Bedingungen ihres Alltags neu zu formulieren ist, und zum anderen, daß anstelle des ökumenischen Problems einer wahren und sichtbaren Kirche nach der universal gemeinten Botschaft Jesu zu fragen ist, wie sie im Glauben und Handeln von Menschen an ihrem Ort und zu ihrer Zeit und insgesamt in der Pluralität und Variabilität der Christenheit sich zeigt, bewährt und so als wahr erweist.

XIX. „Außerhalb der Kirche kein Heil"

Neben der bemerkten Irritation, die eine ökumenische Theologie nicht zu überwinden vermag und die sie einem Ideologieverdacht aussetzt, und den dargelegten Einwänden, die ihre Zielsetzung generell problematisieren, muß noch ein anderer Umstand bedacht werden, der ihre ekklesiologische Zentrierung einer weiteren Kritik ausliefert.

Ökumenische Theologie mit dem beherrschenden Interesse an der sichtbaren Einheit verdankt sich der viel zitierten ‚Wiederentdeckung der Kirche' im neuzeitlichen Katholizismus und Protestantismus. Sie kann freilich auch als Spätfolge des alten Absolutheitsanspruchs „Außerhalb der Kirche kein Heil" (*Cyprian von Kathago*: „Extra ecclesiam nulla salus") betrachtet werden. Dieses Axiom zeigt an, daß die Kirche die Heilsbotschaft des Jesus von Nazareth zu ihrer eigenen Verkündigung des Christus als Heilsbringer gestaltet hat, mit der Präsentation Christi ihre Universalität und Katholizität behauptet, die Vermittlung des Heils beansprucht und an die Zugehörigkeit zu ihrer sichtbaren Gemeinschaft bindet. Die Kirchengeschichte ist geprägt von der Durchsetzung dieses Axioms und von dem Widerspruch, der die Jesus-Botschaft erinnert, das universale Heil allein mit der geschichtlichen Person Jesu verknüpft sein läßt und an der Autonomie der Botschaft gegenüber kirchlicher Okkupation und Objektivierung festhält. In dieser Auseinandersetzung hat die Reformation die Souveränität der Botschaft, des Wortes Gottes reklamiert und den Abstand des Wortes von der bewirkten Versammlung der Hörer (*Martin Luther*: „creatura Evangelii") und der Glaubensgemeinschaft der Zeugen betont. Doch das Existenzinteresse der entstandenen Konfessionskirchen und deren Anspruch auf Rechtgläubigkeit und Katholizität haben die Autonomie der Heilsbotschaft Jesu zugunsten kirchlicher Selbstdarstellung und -geltung wiederum verwischt.

Der Widerspruch ist freilich nicht verstummt; er lebt in Frömmigkeitsbewegungen und bruderschaftlich statuierten Gemeinden und Freikirchen wie in sozial-revolutionärem Ethos und in dem an der Jesus-Botschaft orientierten Handeln. Indessen dominiert die Überzeugung, daß ‚Kirche' als Träger und sozialer Ort der Christus-Verkündigung der Heilsbotschaft Gestalt und Form gibt und die Heilsmittel bereit hält und daß der Glaube an Christus unabdingbar die Gliedschaft in der Kirche einschließt. Sie spiegelt das altkirchliche Axiom. Seine Geltung erscheint lediglich dadurch beeinträchtigt, daß eine Mehrzahl von Kirchen diese Überzeugung im Rahmen ihres Selbstverständnisses teilt und die Katholizität konfessionalisiert. Solchem Mangel will die ökumenische Bewegung mit ihrem Bemühen um Wiederherstellung der universalen Gemeinschaft Christi, der sichtbaren Einheit der Kirche, und mit ihrem ‚Dienst an der Welt', der Evangelisation in allen Bereichen der Menschheit, begegnen. Er soll mit der Programmatik ‚eine Kirche und eine Menschheit', die auf die Präsentation Christi im Kontext der Welt und damit auf die

Katholizität und Universalität der einen Kirche Christi zielt, aufgehoben sein. Die ökumenische Theologie, die diese Thematik aufnimmt, findet in dem alten axiomatischen Anspruch ihren Anhalt.

XX. Autonomie der Heilsbotschaft Jesu

Der entscheidende Einwand gegen die ekklesiologische Zentrierung der ökumenischen Theologie ist bereits mit dem zitierten Widerspruch gegen das altkirchliche Axiom gegeben.[120] Er ist umsomehr nachdrücklich zu machen, als mit dem so lebhaften und glaubensbewußten Interesse an der Verknüpfung von Christus und Kirche und an der zeichenhaften Vergegenwärtigung Christi durch die Kirche der historisch gebotene und theologisch zu beachtende Abstand zwischen dem Bezeugten und den Zeugen unversehens überspielt wird und die mit der Eigenart der Heilsbotschaft Jesu gegebene Autonomie unbemerkt verlorengeht. Obgleich das eine wie das andere sich im konfessionellen Kontext theologisch begründen und vertreten läßt, ist doch folgendes zu bedenken:

Zum einen: Wenn der Heilswille Gottes, der allen Menschen gilt und den Vollzug von Gottes Gnade und Herrschaft meint, in der Botschaft Jesu vom Reich Gottes seinen Ausdruck findet, dann besitzt sie als solche in dieser Eigentümlichkeit universalen Charakter. Der historische Bote (Jesu) hingegen kann Universalität nur in dem Maße gewinnen, als die Person sich mit der Botschaft identifizieren läßt, und nur insoweit, als die späteren Zeugen mit ihrem Zeugnis auch den historischen Boten präsent halten. In jedem Fall aber bleibt die Universalität des Boten relativ zu seiner Botschaft. Der Bote ersetzt sie nicht, tritt nicht an ihre Stelle; er verweist vielmehr zurück auf den, dessen Reich er ansagt und mit seinem Tun bezeugt.

Zum anderen: Wenn die Botschaft Jesu von seinen Hörern geglaubt wird und in einer Jesus-Bewegung einzeln oder gemeinschaftlich weitergesagt wird und wenn nach der Abwesenheit des Boten (nach Karfreitag, Ostern und Himmelfahrt) die Zeugen auf eigene Weise seine Botschaft auslegen und entfalten, Jesus erzählen und ihn als Christus bekennen, in Gemeinden (Kirchen) der Jesus-Botschaft aktiv gedenken und sie praktisch zu verwirklichen suchen und im Apostolat (Mission) sie ihren Mitmenschen verkündigen, dann gründet dieser Vorgang allein in der Eigentümlichkeit der Botschaft und findet in ihr seine Rechtfertigung. In

[120] Der angezeigte Widerspruch wird in der Gegenwart u.a. in den transkonfessionellen Begegnungen artikuliert und dargestellt; wegen ihres teils unterschiedlichen, teils gegensätzlichen Erscheinungsbildes müssen sie zwar differenziert werden (evangelischer, charismatischer und jesuanischer Typus), aber sie stimmen in der Tendenz überein, die ekklesiozentrische Interpretation des Evangeliums als unangemessen und den zeitgenössischen Ökumenismus als verfehlt zu betrachten; vgl. *Günter Gassmann / Harding Meyer* (Hg.): Neue transkonfessionelle Bewegung, Frankfurt 1976; Vf.: wie Anm. 3.

diesem Interpretations- und Kommunikationsprozeß bleiben die Zeugen wie Zeugengemeinschaften (Kirchen) zweitrangig, einzig legitimiert durch die Heilsbotschaft, die sie glauben, nicht durch den Boten, den sie bekennen. Die hierbei entstehende Vielfalt in der Auslegung, Absicherung, Vermittlung und Vergegenwärtigung der Heilsbotschaft ist durch die Individualität der Zeugen und ihren Kontext bedingt, verweist indessen auf deren universalen Charakter und Anspruch und findet an dieser Beziehung auch ihr Kriterium.

Zum weiteren: Wenn der Heilsbotschaft in ihrer Eigentümlichkeit Universalität zukommt und demgemäß in ihr eine solche Dynamik liegt, daß sie Menschen aus alltäglichen Bindungen herausruft, ihnen je in ihrer Umwelt Lebensorientierung und -hilfe bietet, über jegliche Grenzen hinweg Freiheit wie gemeinschaftliche Bindung ermöglicht und somit Heil, neues Menschsein eröffnet, dann ist jede Art von Reglementierung in Bekenntnissen, Dogmen, Strukturen usw. der Versuch von Reduktion und damit einer Begrenzung des universalen Charakters der Botschaft. Mit dem Reglement wird die Heilsbotschaft normiert und in ihrer Wirkung kontrolliert. Wer sich ihm unterwirft, also der Norm folgt und sich der gesetzten Ordnung ausliefert, kommt in den Genuß des verkündigten Heils. So markiert das Axiom „Außerhalb der Kirche kein Heil" die Partikularität der Heilsbotschaft gegen ihren Anspruch.

Zum letzten: Wenn gilt, daß die Botschaft Jesu in dem universalen Heilswillen Gottes gründet, sie sein geschichtlicher Modus ist und weder der Bote noch spätere Zeugnisse sie ersetzen können, und wenn weiter gilt, daß der universale Anspruch der Heilsbotschaft gerade in der Vielfalt und Verschiedenheit der geschichtlichen Zeugnisse und Gestaltungen zum Zuge kommt und sich durch eine nicht zu begrenzende Dynamik ausweist, dann ist die Autonomie der Heilsbotschaft das unverrückbare Grunddatum, das alle Partikularität relativiert und sie als solche zugleich auch legitimiert. Diese Einsicht führt zu der These, daß konfessionelle Partikularität sich weder durch Konvergenz oder Summierung noch durch Konsensbildung oder Herstellung sichtbarer Einheit beheben läßt und daß auch mit dem Zusammenführen verschiedener Weisen einer Präsenz des mit seiner Botschaft identifizierten Boten in der als Leib Christi gedachten oder visionär geschauten einen wahren Kirche lediglich eine größere Partikularität markiert werden kann. Die Universalität bleibt die Eigentümlichkeit der Heilsbotschaft.

Aus dem Bedenken über die Autonomie der Heilsbotschaft und ihre Universalität folgt:

1. Die ekklesiologische Zentrierung ökumenischer Theologie und das Postulat einer sichtbaren Einheit der Kirche betreffen eine Teilwirklichkeit des Christseins, werden aber nicht der Pluralität und Variabilität der universalen Christenheit gerecht, die aus der universalen Heilsbotschaft resultiert.

2. Das ökumenische Problem läßt sich auf die praktische Aufgabe

zurückführen, die ökumenische Kommunikation und Interaktion zu erleichtern und zu befördern.

3. Hinsichtlich des konfessionellen Problems ergibt sich die Notwendigkeit, in einer Reformulierung die universale Dimension aufzunehmen, die mit der Eigentümlichkeit der Heilsbotschaft gegeben ist und das Phänomen einer weltweiten, konfessionell im üblichen Sinn nicht zu bestimmenden Christenheit erfaßt.

XXI. Reformulierung des konfessionellen Problems

Das konfessionelle Problem[121] ist gegeben mit der Kontingenz der Offenbarung Gottes, der im geschichtlichen Geschehen der Heilsbotschaft Jesu seinen Heilswillen für alle Menschen mitteilt, und mit der situationsbedingten konfessorischen Verkündigung der Zeugen, die diese Heilsbotschaft annehmen (glauben), entfalten (erzählen, interpretieren), mit Wort und Tat gestalten und weitersagen (Gottesdienst, Gemeinde, Diakonie, Mission) und in ihrer alltäglichen Existenz bewahrheiten (Lebensorientierung und -hilfe). Das konfessionelle Problem besitzt eine theologische und eine historische Komponente. Von der Universalität der Heilsbotschaft her bekommt es eine universale Dimension. Aufgrund der Nichtobjektivierbarkeit der Heilsbotschaft (Kerygma) ist es von prinzipieller Natur.[122]

Die *theologische Komponente* wird dadurch angezeigt, daß der in jenem Geschehen als der Offenbarende sich bezeichnende Absolute menschlichem Zugang und menschlicher Einsicht letztlich entzogen bleibt: er offenbart sich und wirkt in der Welt vermöge seines ‚Wortes' oder ‚Geistes', setzt sich der Erkennbarkeit nicht unmittelbar und nicht für jedermann aus; er erscheint vielmehr in den Worten und Werken eines historischen Offenbarungsträgers (Jesus von Nazareth, ein Mann aus dem jüdischen Volk), der mit dem Zuspruch und Anspruch der Botschaft vom anbrechenden Reich Gottes von seinen Hörern Glauben erheischt, d.h. ein Bekenntnis (confessio) erwartet, das subjektiven Charakter besitzt und individuell bindet, und sie zur Nachfolge ruft, durch die sich ihnen in ihrer Umwelt das angesagte Heil (Gottesgemeinschaft), das neue Menschsein erschließt. Dieser Umstand bedingt und ermöglicht theologische Antinomien, gegensätzliche Weltdeutungen und divergierende ethische Normen.

Die *historische Komponente* ist in doppelter Hinsicht gegeben. *Zum einen*: Die Heilsbotschaft Jesu (Evangelium) kann nicht unmittelbar, sondern einzig in dem persönlichen und auslegenden Bekenntnis der Zeugen

---

121 vgl. Vf.: Kirchenkunde der Gegenwart, Stuttgart 1979, 15f; die dortigen Ausführungen werden hier ergänzt aufgrund der dargelegten Einwände zur ökum. Theol.

122 vgl. dazu *Ernst Käsemann*: Zum Thema der Nichtobjektivierbarkeit, in: ders.: Exegetische Versuche und Besinnungen Bd. 1, Göttingen 1960, 224-236.

erfaßt werden, die in ihrer jeweiligen Situation die Heilszusage der Jesus-Botschaft erfahren und sich betroffen gefunden haben; ihre Zeugnisse von dem historisch einmaligen Offenbarungsgeschehen (Neues Testament) weisen ein gewisses Spektrum aus, in dem das originäre Ereignis ausgedeutet und für den eigenen Lebenszusammenhang verwertet ist, und sie konkurrieren miteinander. *Zum andern:* Die auf die Heilsbotschaft Jesu bezogene persönlich getroffene Entscheidung zur Nachfolge tritt in unterschiedlichen Frömmigkeitstypen hervor und geht in kulturell bedingten Gestalten von Zeugnisgemeinschaften (Kirchen) einher, in denen die Glaubensentscheide verselbständigt und stabilisiert sind, einer Kontrolle unterliegen und sowohl in ihrer Bewertung als auch in ihrer weiteren Entfaltung im Denken und Handeln inhärenten Autoritäten überlassen bleiben.

Die Pluralität der Aussagen ist determiniert durch den jeweiligen Autor (Zeugen) und sein Herkommen, durch Ort, Zeitpunkt, Adressaten, gegnerische Einwände usw. wie durch die Art und Weise seiner Betroffenheit, seines Verständnisses, seines Interesses und seiner Hoffnung. In gleicher Weise spiegeln die Gemeinschaften (Gemeinden, Kirchen) in ihrer Ausrichtung von Lehre, Ordnung und Praxis das geistige, politische, wirtschaftliche und gesellschaftliche Umfeld, in dem sie leben und ihre Existenz mit der Kraft religiöser Überzeugung wie mit säkularen Mitteln zu behaupten und zu entfalten suchen. Sie nehmen auf oder weisen zurück, was sie vorfinden; sie integrieren oder grenzen ab, sie beharren oder entwickeln, je zum Nutzen ihrer Autonomie. Die Pluralität und Variabilität wächst im Laufe der Christentumsgeschichte in dem Maße an, als unter den jeweiligen Bedingungen von Raum und Zeit die Auslegung, die Absicherung, die Vermittlung und die Vergegenwärtigung der konfessionell erfaßten Heilsbotschaft (Credo, Bekenntnisse) vielfältiger und begrenzter wurden und werden mußten. Im Fragen nach deren Legitimität, im Streit um Heilswege und -mittel, um Ort und Wirklichkeit des Reiches Gottes, wie auch in den Auseinandersetzungen mit der Welt, den Determinanten und Konstellationen menschlichen Lebens, erwachsen immer neue Separationsgründe und wird zugleich Einheit postuliert. Pathos und Dynamik im geschichtlichen Erscheinungsbild verraten sowohl die Souveränität und Wirksamkeit der Heilsbotschaft als auch die Autonomie und Intensität des Interesses an der eigenen Existenz, die hier betroffen ist, weil es um Heil oder Unheil des Menschen und seiner Lebenswelt geht.

Die *universale Dimension* bezeichnet und qualifiziert die geschichtliche Vielfalt und Verschiedenheit der Zeugen, der Zeugnisse und Glaubensgemeinschaften (Konfessionen), welche die Heilsbotschaft hervorruft und bewirkt. Mit ihr kommt einerseits die Eigentümlichkeit der Heilsbotschaft, ihr universaler Charakter, und andererseits die Gültigkeit der auf diese Heilsbotschaft bezogenen Bekenntnisse und Konfessionen in ihrer Begrenztheit zum Ausdruck. Sie zeigt an, auf welche Weise die Universalität der Heilsbotschaft wie ihre Dynamik Gestalt gewinnt und daß sich ihr Anspruch in dem Maße erfüllt, als Menschen an ihrem jeweiligen Ort und zu ihrer Zeit, in ihrem je eigenen Alltag und im Konnex mit ihrem je vertrauten Umfeld sich von der Heilsbotschaft betroffen finden, diese Betroffenheit im Denken und Handeln je nach den gegebenen Bedingungen und Umständen bezeugen und ihr in Zeugnisgemeinschaften (Gemeinden, Kirchen, Konfessionen) mit je verfügbaren Mitteln (Gaben, Charismen) und Kräften in kontextueller Begrenztheit (Partikularität) Dauer verleihen. Sachlicher Abstand und formale Differenz zwischen der Heilsbotschaft und ihren konkreten Gestalten, die mit der theologischen und historischen Komponente angezeigt und markiert sind, umschreiben die Bedingungen wie die Möglichkeiten einer universalen Christenheit und bieten die Gewähr, daß die Eigentümlichkeit der Heilsbotschaft erhalten und die Vielfalt und Verschiedenheit ihrer Konkretion für weiteres Anwachsen offen bleiben.

Die *prinzipielle Natur* des Problems, die aus der Nichtobjektivierbarkeit der Heilsbotschaft folgt, verweist *zum einen* auf den Umstand, daß die Subjektivierung der Heilsbotschaft in den Zeugen und ihren Zeugnissen und deren bedingte und begrenzte Objektivierung in Lehre, Ordnung und Praxis der Zeugnisgemeinschaft ein nicht einholbarer, mit der Qualität der Heilsbotschaft gesetzter Sachverhalt ist; *zum anderen*, daß die Disharmonien zwischen der Selbstauskunft der Glaubenden (individuelle Religiosität) und den Lehrsätzen und Ordnungen der institutionalisierten Glaubensgemeinschaft (kollektive Konfessionalität) in dem genannten Sachverhalt begründet liegen und damit zugleich legitimiert sind; *zum dritten*, daß der qualitative Abstand zur Heilsbotschaft ein dialektisches Verhältnis und eine spannungsvolle Beziehung bleibt und mit keiner Gestalt sichtbarer Einheit gemindert oder überbrückt werden kann; und *zum weiteren*, daß die Kontinuität der Heilsbotschaft mit deren Universalität und Dynamik gegeben ist und darin auch besteht, indessen nicht allein der Präsentation der Kirchen – in welcher Form auch immer – obliegt, die in solchem Unterfangen lediglich das eigene Existenzinteresse perpetuieren können. Damit ist gesagt: Der Zustand einer in Konfessionen (Denominationen usw.) geteilten Christenheit beeinträchtigt nicht die Universalität der Heilsbotschaft Jesu; diese sind vielmehr deren Modi und erweisen sich als geschichtlich wahr in der Beziehung zu dem originären Geschehen wie in ihrer Leistungsfähigkeit für das Heil des Menschen und seiner Welt, das in der Heilsbotschaft angesagt ist.

XXII. Ausblick auf eine Phänomenologie der universalen Christenheit

Die Reformulierung des konfessionellen Problems beachtet die Eigentümlichkeit der Heilsbotschaft Jesu und deren Differenz beziehungsweise Abstand zu den vielfältigen und verschiedenen Konkretionen in der Geschichte. Sie bezieht sich auf das kontingente Geschehen der Heilsbotschaft wie auf die Faktizität einer geteilten Christenheit, die fragwürdig scheint und darum das Postulat der einen wahren Kirche, die Gegenstand des Credo ist, als ökumenisches Problem hat entstehen lassen. Sie berücksichtigt die Pluralität und Variabilität christlicher Theologie, die geschichtliche Bedingtheit der individuellen Bekenntnisse wie der kollektiven Ausgestaltungen, die Binnen- und Außenverhältnisse der konfessionellen Identitäten und die Offenheit für weitere Konkretionen christlichen Glaubens und Handelns. Sie nimmt auf, was sich in der Diskussion um eine ökumenische Theologie an Irritationen und Einwänden ergeben hat und was als Widerspruch gegen kirchlichen Absolutheitsanspruch geltend zu machen ist. In alledem zeigt sie die Irreversibilität der Christentumsgeschichte an und macht die plurale und universale Christenheit in ihrem Werden und Bestand wie auch in ihrer zukünftigen Perspektive zum Beobachtungsfeld theologisch-wissenschaftlicher Betrachtung und insofern zu einem Problem, als die Ursachen und Antriebe, die eine plurale und universale Christenheit haben entstehen und wachsen lassen, analysiert und erklärt und die gesichteten und beschreibbaren Phänomene hinsichtlich ihrer inneren Logik kritisch überprüft werden müssen. So eröffnet die Reformulierung des konfessionellen Problems den Ausblick auf eine Phänomenologie der universalen Christenheit. Aus der Problemstellung ergeben sich Arbeitsgebiet und Aufgabe, Methoden und Kriterien, die hier in dem vorgegebenen Rahmen freilich nur angedeutet werden können.[123]

Indem nach den Ursachen für eine plurale und universale Christenheit gefragt wird, gilt das Interesse *zunächst* der Eigentümlichkeit der Heilsbotschaft Jesu, ihrem universalen Anspruch und der ihr eignenden Dynamik, wie sie sich in dem geschichtlichen Geschehen zeigt und ausweist; *alsdann* den theologischen Interpretationen und Entscheidungen (Dogmen), mit denen die Fragen nach dem Inhalt der Heilsbotschaft, der Zuwendung und Vermittlung des Heils, der Besonderheit des Offenbarungsträgers und der Art und Weise seiner Präsenz beantwortet werden, und ebenso den entsprechenden Gemeinschaftsformen, in denen die Glaubensüberzeugungen und theologischen Grundentscheide gelebt, organisatorisch gefaßt und durchgehalten sind; *zudem* der Determiniertheit der Interpreten und Instanzen (Autoritäten) wie der Frömmigkeitsgestaltung und Gemeinschaftsbildung; und des *weiteren* den Weltdeutungen und -verhältnissen der Gläubigen und ihren Gemeinschaften (Institutionen), mit denen verbindliche Urteile gefällt und stringente Abgrenzungen vorgenommen werden.

Mit der Frage nach den *Antriebsfaktoren* kommt wiederum *zunächst* die Dynamik der Heilsbotschaft Jesu in den Blick, die freilich nicht unmittelbar, vielmehr nur hinsichtlich ihrer Wirksamkeit, also in ihrem

---

[123] vgl. wie Anm. 121, 274-281: Grunddaten und Typen christl. Gemeinschaften.

geschichtlichen Erscheinungsbild zu erfassen ist; deshalb sind hier die bewirkten Ausgestaltungen der Heilsbotschaft auf die sie bewegenden Kräfte, Motive und Intentionen hin zu analysieren. Dabei ist die Eigentümlichkeit der Heilsbotschaft Jesu zu beachten; sie besagt, daß an der Annahme oder Ablehnung des hier bekundeten göttlichen Heilswillens das Heil oder Unheil des Menschen wie der Menschen insgesamt mit ihrer Umwelt sich entscheidet, also die Realität menschlicher Existenz in allen ihren Bezügen betroffen ist. Dieser Sachverhalt führt aber *alsdann* zu der Frage nach den Antrieben, die den menschlichen Lebensvollzug strukturieren und steuern und bei dem der die menschliche Existenz betreffende Entscheid über Heilsaneignung und Heilsverwirklichung zum Austrag kommt. Deshalb muß hier das menschliche Existenzinteresse artikuliert werden, womit generell die anthropologische Grundlage religiöser Gemeinschaften zum Gegenstand der Untersuchung wird.[124]

---

[124] *Werner Löser*: Kirchenkunde der Gegenwart. Anm. zu Erwin Fahlbuschs gleichnamigen Buch, in: ThPh 55, 1980, 101-113, hat zu recht festgestellt, daß ich in meiner Konzeption die christl. Kirchen und Gemeinschaften der anthropologisch interessierten Religionssoziologie und Sozialpsychologie ausliefere, vergleichbar der Option, die bibl. Texte der radikalen hist. Kritik auszusetzen (108). Von einer dogm. fixierten Position aus, mit der die Objektivität des Heilsgeschehens und der Heilsvermittlung behauptet wird, hat er dieses Vorgehen kritisiert; „der Preis ist hoch: ‚Wissenschaft' und ‚Glaube' geraten in ein unvermitteltes Nebeneinander" (ebd.). Indessen ist hier meine These nicht getroffen. Sie besagt: Der ‚Glaube' manifestiert sich – wie dargelegt – im Glaubensentscheid konkreter Menschen und in institutionalisierten Glaubensgemeinschaften (theol. Begründungen und Entfaltungen, alle Arten und Weisen der Vermittlung und Vergegenwärtigung eingeschlossen). Einzig in solchen Manifestationen ist er einer Betrachtung zugänglich. Dabei muß der ‚Glaube' differenziert werden von der Heilsbotschaft (Kerygma), auf die er antwortet. Denn die Botschaft, das ‚Wort Gottes', kann in der theoretischen und praktischen Anerkennung nicht objektiviert werden, wenn gelten soll, daß zwischen Gott und Mensch ein qualitativer, nicht einholbarer Abstand besteht. Wird hingegen die Heilsbotschaft verstanden als „Selbstbindung Gottes an die irdischen Offenbarungsgestalten", als vollzogen „in der Menschwerdung und im Kreuzessterben Jesu" (*Löser*, 109), womit jener Abstand in der Person Jesu bzw. in Christus überbrückt erscheint, und wird sie als eine solche geglaubt, dann kann „ihr glaubensgehorsamer Nachvollzug" in Lehre (Dogma), Ordnung und Praxis auch als Objektivierung interpretiert und geltend gemacht werden. Doch sind damit wiederum nur die Kontingenz des Offenbarungsgeschehens und bestimmte gesch. Konkretionen getroffen und zum Ausdruck gebracht. Aber der Absolute selbst ist nicht erfaßt und sein angesagtes Heil ist nicht verwirklicht; vielmehr ist die zu erkennende Eigentümlichkeit, die Universalität des Heils theol. und kirchl. in bestimmter Weise partikularisiert, womit andere Teilwirklichkeiten (Partikularitäten) möglich bleiben, prinzipiell nicht ausgeschlossen sind, was ja nun gerade mit dem konfessionellen Problem angezeigt ist. Meine Konzeption zielt auf diesen Sachverhalt. Sie impliziert, daß sich jegliche Verständnisse und Konkretionen der Heilsbotschaft einerseits theol. begründet bestreiten, andererseits hinsichtlich ihrer Bedingtheit befragen und auf ihre erkennbaren Wurzeln, Motive und Interessen hin analysieren lassen. Damit ist die Möglichkeit zu einer Kritik gegeben, in der theol. Anliegen, die gleichfalls wie andere im ‚Glauben' der Heilsbotschaft begründet liegen, mit anthropologisch interessierter Religionssoziologie usw. verbunden sind und in der zudem die Einsicht in die Begrenztheit des Glaubens und Erkennens beachtet ist und sich durchsetzt. Hier

Indem vornehmlich der gewachsene derzeitige *Bestand einer pluralen Christenheit* mit ihren erkennbaren Entwicklungstendenzen (vor allem auch in der Dritten Welt) zu betrachten ist, muß das Beobachtungsfeld genau abgegrenzt und damit exakt bestimmt werden. Gegenstand der Betrachtung ist zunächst explizit das Leben (Erscheinungsbild, Situation) christlicher Kirchen, Denominationen, Glaubensgemeinschaften oder Gruppen und ihr Verhältnis zueinander in der Gegenwart im Kontext der jeweiligen sozio-kulturellen Umwelt, implizit das an der Heilsbotschaft Jesu orientierte, auf Existenzbewältigung und Daseinsgestaltung zielende Denken und Handeln der in ihnen lebenden Menschen. Somit sind solche religiösen Gemeinschaften ausgeschlossen, die das in dem historischen Ursprungszeugnis der Christenheit vielfältig dokumentierte Gedankengut nicht in einer sie je bestimmenden Weise rezipieren. Diese Abgrenzung ermöglicht eine sachliche und formale Distanz zu einer breiter angelegten Religionsphänomenologie, die alle Religionen und religiösen Phänomene behandelt. Sofern aber bei der Untersuchung der Ursachen und Antriebsfaktoren sich ergibt, daß die Glaubensentscheide, die entsprechenden Gemeinschaftsformen und das Weltverhältnis der Christen typologisch und kategorial in christlichen Glaubens– und Handlungssystemen verrechnet werden können, die nicht unbedingt mit den ausweisbaren Konfessions- oder Kirchengrenzen übereinstimmen, gleichwohl aus der universalen Heilsbotschaft herzuleiten und als deren verifizierende Modi zu qualifizieren sind, so läßt sich damit die genannte Abgrenzung noch präzisieren. Das Beobachtungsfeld schließt all jene Phänomene ein, die als Auswirkung der dynamischen Heilsbotschaft schon bestimmt und gemäß ihrer universalen Dimension zukünftig noch entdeckt werden können.

XXIII. Methoden, Problemhorizont, Kriterien

Angesichts der Vielfalt des Materials und der Mehrdimensionalität der Phänomene sind bei der Durchführung der genannten Aufgaben alle verfügbaren wissenschaftlichen *Methoden*, die angemessen erscheinen, erlaubt und geboten; das macht eine interdisziplinäre Zusammenarbeit der Theologie mit anderen Wissenschaften erforderlich, insbesondere mit den geeigneten Teildisziplinen der Religions-, Geistes-, Geschichts- und Gesellschaftswissenschaft. In dem Maße, wie die verschiedenen praktizierten Verfahrensregeln in die zeitgenössische Methodendiskussion einbezogen sind, wird auch die Phänomenologie der universalen Christenheit davon betroffen; sie ist zur ständigen Kontrolle ihrer Unter-

wird lediglich intellektuelle Redlichkeit und kontextuelle Wahrhaftigkeit verlangt; ein anderer ‚Preis' ist nicht zu zahlen. Damit ist zugleich *Reinhard Frielings* Frage nach meinem Theol.begriff in seiner Rez. meiner „Kirchenkunde" beantwortet: Gleich gültige Kirchen?, in: MdKI 30, 1979, 73-75.

suchungsverfahren und ihres Beobachtungsfeldes genötigt. Intendiert ist eine die Einzelaspekte integrierende Ganzheitsbetrachtung, in der die Pluralität der Phänomene eine plausible Erklärung findet. Das bedeutet *zum einen*, daß je nach der Art des zu untersuchenden Phänomens und bedingt durch denkbare Erklärungsmöglichkeiten jeweils mit verschiedenen Methoden zu arbeiten ist; *zum anderen*, daß die anzuwendenden Verfahrensweisen nicht durch theologisch-dogmatische Vorentscheide reglementiert werden dürfen; und *zum dritten*, daß die vorgelegten Ergebnisse für neue Einsichten stets offen bleiben.

Aus der theologischen und historischen Komponente des konfessionellen Problems, seiner universalen Dimension und seinem prinzipiellen Charakter resultieren vier miteinander verschränkte *Fragestellungen*, die bei der Bestimmung der *Kriterien* zu beachten sind und deshalb zunächst aufgeführt werden sollen:

Es ergibt sich (1) mit der Frage der Auslegung das Problem von *Wahrheit und Interesse* im Bezug auf die Interpretation der Heilsbotschaft Jesu; (2) mit der Frage der Absicherung in Lehre, Ordnung und Praxis das Problem von *Identität und Kontinuität* im Bezug auf das Ursprungsgeschehen und seiner Entfaltung; (3) mit der Frage der Vermittlung damals und heute das Problem von *Geschichte und Geschichtlichkeit* im Bezug auf den sozio-kulturellen Kontext der Zeugnisse und ihren Ausgestaltungen; und (4) mit der Frage der Vergegenwärtigung in Tradition und Situation das Problem von *Dissonanz- und Kontingenzbewältigung* im Bezug auf die den Anforderungen der Gegenwart ausgesetzten Gläubigen.

Weil der beziehungsweise das Geoffenbarte nur vermöge seiner Geschichtlichkeit gesichtet werden kann und die Heilsbotschaft Jesu sich nicht von den Zeugen, ihren Bekenntnissen und konkreten Ausgestaltungen isolieren läßt, ist zunächst die unlösliche Interdependenz zwischen der theologischen und historischen Komponente zu konstatieren. Gleichwohl ist eine differenzierende kritische Betrachtung und Reflexion möglich, welche die Eigentümlichkeit der Heilsbotschaft und die Eigenart der verschiedenen Konkretionen wie die theologisch-historische Abhängigkeitsbeziehung beachtet. Sie gewinnt ihre *Kriterien* aus dem dialektischen Verhältnis und der spannungsvollen Beziehung zwischen der Souveränität und Dynamik der Heilsbotschaft und der Autonomie und Intensität der Glaubensentscheide mit ihren Gestaltungen. Die vorgegebene Interdependenz läßt sich unter Beachtung dessen, daß die Heilsbotschaft die Realität menschlicher Existenz in allen ihren Bezügen betrifft, auf der Ebene des glaubenden und handelnden Individuums, der Ebene der Glaubens- und Handlungssysteme und der Ebene der säkularen Gesellschaft unter der Hinsicht überprüfen, ob und inwieweit auf diesen Ebenen die Eigentümlichkeit der Heilsbotschaft und die Beziehung zu dem originären Geschehen zur Geltung kommen und die geschichtlichen Konkretionen individueller, kollektiver und gesellschaftlicher Art sich als stimmig erweisen und bewähren. Der Umfang der kritischen Prüfung ist mit den vorgenannten Fragestellungen angezeigt.

Die Betrachtung der pluralen und universalen Christenheit steht insofern vor einer schwierigen Aufgabe, als das Beobachtungsfeld so umfassend ist, daß die Sammlung des Materials, die Beschreibung der Phänomene, ihre Analyse und Erklärung und die kritische Überprüfung nur in einer wissenschaftlichenTeamarbeit gelingen kann. In einem ersten Arbeitsgang könnte das Beobachtungsfeld auf enzyklopädische Weise erfaßt werden.[125] Das Ergebnis wäre dann in einem weiteren Arbeitsgang so zu strukturieren, daß die anstehenden Aufgaben gelöst werden können. Die Bedingungen wie die Möglichkeiten des Vorhabens sind indessen hier nicht mehr zu erörtern.

XXIV. Antwort auf die eingangs gestellte Frage

Die eingangs gestellte Frage ist insofern beantwortet, als der Diskussionsverlauf über Aufgabe und Eigenart, Problemstellung und Methode einer ökumenischen Theologie zeigt, daß die als *Konfessionskunde* betriebene und so benannte Arbeit eine bestimmte Spielart ökumenischer Theologie darstellt und darum der alte Name nicht mehr als angemessen gelten kann. Indessen hat sich aber aus den dargelegten Einwänden ergeben, daß auch eine *ökumenische Theologie*, gleich welcher Spielart, den Problemen nicht gerecht zu werden vermag, die mit der konfessionellen und kulturellen Partikularität und der Pluralität und Variabilität der Christenheit gegeben sind. So erschien es als notwendig, eine Reformulierung des konfessionellen Problems zu versuchen und daraufhin zu bedenken, welche Aufgaben aus der neugefaßten Problemstellung erwachsen. Die skizzierte *Phänomenologie* der universalen Christenheit intendiert den Abschied von der bisherigen Konfessionskunde. Sie schließt aber die konfessionskundliche Betrachtung der divergierenden Möglichkeiten christlichen Glaubensvollzuges nicht aus. Vielmehr können die hier zu gewinnenden Einsichten in den größeren Rahmen der Phänomenologie eingebracht und kritisch verwertet werden.

---

[125] In der von mir initiierten Neufassung des EKL als einer Int. Theol Enzyklopädie (hg. v. Vf. / *Jan Milič Lochman* / *John Mbiti* / *Jaroslav Pelikan* / *Lukas Vischer*, 4 Bde., Göttingen: Vandenhoeck & Ruprecht 1985ff; engl. Ausg. in Vorbereitung, Grand Rapids, Mich. USA: Wm. B. Eerdmans Publishing Co.) sehe ich einen Ansatz für einen solchen ersten Arbeitsgang; vgl. Vorw. der Hg. zur 1.Lfg.

Verstehen und Verständigung

Eugen Hämmerle

Wahrnehmung und Begegnung Altkatholiken und Orthodoxe in der Frühzeit des Evangelischen Bundes

I. Ein Konzil hat Folgen

Im Zusammenhang mit den Beschlüssen des Ersten Vatikanischen Konzils und des im evangelischen Bereich aufkommenden Widerspruchs gegen dessen mögliche langfristigen politischen und kirchlichen Konsequenzen für die evangelische Kirche und das deutsche Kaiserreich mußten früher oder später solche religiösen Gruppierungen und Kräfte ins Blickfeld treten und wahrgenommen werden, die sich gegen den dort festgeschriebenen konsequenten Papalismus wendeten. Was in diesem Zusammenhang der Evangelische Bund innerevangelisch leisten wollte, nämlich die reformatorisch zentrierte und begründete Abwehr und Überwindung eines nationalen und religiösen Notstandes, wurde katholischerseits durch die Entstehung der altkatholischen Bewegung formuliert und formiert. Der Protest gegen kirchliche und lehrmäßige Neuheit kam auch, wenngleich erst später registriert, von der Orthodoxie, die sich zunächst ihrerseits durch die Herausbildung des Altkatholizismus zum Überdenken ihrer eigenen Position gefordert sah. Der Schritt in die Selbständigkeit, der Mut zur positiven Tat, nämlich zur Notgemeindebildung, und die Fähigkeit zwischen „starrem, lebensunfähigem Conservatismus und schrankenlosem Reformertum die sichere Mittellinie zu finden", nötigten *Willibald Beyschlag* als einem der engagiertesten evangelischen Beobachter der beginnenden Entwicklung Hochachtung und Sympathie ab.[1] Er war Kirchenpolitiker genug, um die prinzipielle Bedeutung des Altkatholizismus klar zu erkennen. Für ihn werden die Bonner Unionskonferenzen von 1874 und 1885 wichtig, treten doch dort englische und amerikanische, russische und griechische Theologen zusammen, mit denen „der große Münchner Gelehrte", *Ignaz von Döllinger,* „über die

[1] Aus meinem Leben Bd. 2: Erinnerungen und Erfahrungen der reiferen Jahre, Halle 1899, 561.

zu schlichtenden dogmatischen Differenzen der Christenheit wie ein Kirchenvater verhandelte".[2]

Beyschlag, der selber eine mittlere Linie unter den protestantischen Positionen einnahm, leugnet nicht – gerade auch im Blick auf eigene protestantische Mängel –, im Altkatholizismus in manchem vorbildhafte Züge zu sehen. *Beyschlag* wird bald in den „Deutsch-Evangelischen Blättern" Berichte über die Armenische Frage, über Entwicklungen in Rußland, über den Orient bringen lassen. Er weiß, „daß sich der Kampf um die Heiligtümer der christlichen Kirche [. . .] immer umfassender und ernster in unser Volksleben verlegt". Dem müßte „die gläubige Wissenschaft weit rückhaltloser als seither entgegenzukommen haben, indem auch sie ihr Zeughaus vertrauensvoll aufschließt, und die Verteidigungswaffen, über die sie verfügt, an die Laien verteilt, – natürlich brauchbare Waffen, nicht veraltete Cabinetstücke".[3] Bevor *Beyschlag* sich zu *Adolf von Harnacks* „Wesen des Christentums" äußert, legte ihm der Tod 1900 die Feder aus der Hand.

Beyschlags „Deutsch-Evangelische Blätter" erscheinen bis 1908 und erfahren von 1910 bis 1920 eine gewisse Fortsetzung in den vom EB mitgetragenen Monatsblättern „Deutsch-Evangelisch". Neue Fragestellungen beherrschen das Feld. Zwischen den beiden Weltkriegen berichtet das EB-Schrifttum unter anderem von Versuchen der Wahrung deutsch-evangelischer Interessen in Osteuropa und anderswo. In welcher Weise sich in diesem Rahmen aus evangelischer Sicht Wahrnehmung und Berührung, Begegnung und Abgrenzung gegenüber nichtrömischen katholischen Kirchen ereignet, möchte im Folgenden skizziert werden.

II. Beyschlag und „die altkatholische Sache"

In seiner Schrift „Der Altkatholizismus", die in kurzer Zeit drei Auflagen erlebte, wendet sich *Beyschlag* 1882 an das evangelische Deutschland. Er nennt sein Schreiben eine Denk- und Schutzschrift. Unkunde, so stellt er fest, sei dabei, sich an einer der edelsten Erscheinungen deutscher Kirchengeschichte zu versündigen. Ohne nach Opportunität zu fragen, erhebe er daher seine schwache Stimme für die von allen Seiten Mißhan-

---

[2] Geht *Beyschlag* mit der Bezeichnung Orthodoxe (für Griechen und Russen) vorsichtig um, weil durch den Brief *Julian Josef Overbecks* an *Alexander Kireev* vom 15. August 1871 ein Einheitsvorschlag zwischen Orthodoxen und Altkatholiken auf den Tisch kam, dem eine andere Sicht des ökumenischen Problems zugrunde liegt? vgl. *Wilhelm Kahle*: Westliche Orthodoxie. Leben und Ziele Julian Josef Overbecks, Leiden/Köln 1968, 110: „Es war übrigens ein Glück für das Abendland, daß Romanismus und Protestantismus sich fortwährend rieben und befehdeten, denn sonst wäre einerseits der Romanismus längst in den bodenlosen Sumpf des absoluten Papalismus versunken und andererseits der Protestantismus bei seiner letzten Negation angelangt."

[3] Die Auferstehung Jesu und ihre neueste Bestreitung (in Straußens Leben Jesu fürs deutsche Volk). Vortrag gehalten zu Berlin am 24. Januar 1865, 10f, Berlin o.J.

delten und Verlassenen. Dem Bunde staatlicher Charakterlosigkeit und ultramontanen Hasses könne es sonst nämlich gelingen, einen Lebenskeim zu zerstören, „der allein in näherer oder ferner Zukunft Genesung von dem Gifttranke verheißt, welcher der abendländischen Christenheit und insbesondere unserem Volke im Vaticanum bereitet worden ist." Bei der Beschäftigung mit der altkatholischen Sache sei sein Zutrauen stetig, in mancher Beziehung bis zur Bewunderung gewachsen. Er kennt einige der Führer der Altkatholiken persönlich und schätzt sie hoch. Auch aus dem Herrscherhaus kommt ein Zeichen der Zustimmung.

In den „Deutsch-Evangelischen Blättern" wird es fortan nicht mehr an Erwähnungen fehlen, daß Spenden für die „altkatholische Sache" eingegangen sind, die *Beyschlag* mit besonderem Dank weiterreicht.[4] Hoffnung setzt er auf diese altkatholische Sache, denn – „was uns in Deutschland helfen kann, ist allein eine den Vaticanismus von innen heraus überwindende religiöse Bewegung, eine religiöse Reform im deutschen katholischen Volke. Aber auf eine solche hoffen und rechnen, und den vorhandenen Ansatz derselben mit Füßen zu zertreten, ist Wahnsinn".[5] Damit antwortet er direkt auf Meinungen vorwiegend Gebildeter, die, ausgehend von der Zahl seiner damals etwa 50 000 Anhänger in Deutschland, dem Altkatholizismus weder Zukunft noch Chance geben wollen. Er kann die altkatholische Bewegung in die unmittelbare Nähe der Reformation rücken, da ja „die starke Einwirkung der Reformation und reformatorischer Grundgedanken auf die katholische Kirche im Altkatholizismus zutage tritt, wie nie zuvor, ja jeder Faser seines Daseins aufgeprägt ist".[6] Ja, um die Zweifler an der altkatholischen Sache nachdenklich zu machen, fragt er, wie weit wäre wohl die Reformation *Luthers* unter heutigen Bedingungen gekommen?

III. Staat und Kirche

Der Auftrag, der Reformation und ihren Gedanken im Volke weiterhin zur Wirkung zu verhelfen, erscheint ihm verschlungen mit der Aufgabe, den Staat der Deutschen zu fördern und zu sichern. Das Vatikanische Konzil gefährdet nach seiner Sicht nicht allein die Religion, sondern auch das ganze Staatswesen, die nationale Zukunft. Das Papsttum habe eine Art Erbfeindschaft gegen Deutschland entwickelt, die dem ketzerischen Hohenzollern die Königskrone auf dem Haupt nicht gönnt und die nach dem Siege der Preußen über Österreich bei Königgrätz panikartige katholische Reaktionen ausgelöst habe".[7] Vorbehaltlose Treue im Dienst,

[4] Der Altkatholizismus. Eine Denk- und Schutzschr. an das Evangelische Deutschland, Halle 1882, 1-3; 4: „die altkatholische Sache".

[5] ebd., 64.

[6] ebd., 60.

[7] wie Anm. 1, 550; wie Anm. 4, 62. Der Altkatholizismus 62.

gerade auf dem Gebiete der Schule, der Volksbildung und der Volkserziehung sei nur von Evangelischen zu erwarten. Daher gelte es für den Staat, mit den Ämtern und Gaben der evangelischen Kirche auf diesem Gebiet einen Bund zu flechten. Wie stellt er sich das Verhältnis der Konfessionen zum Staat vor? Der römischen Kirche gegenüber solle strenges Recht in wohlbemessenen Schranken, der evangelischen darüber hinaus Freundschaft und Vertrauen gelten.[8] Daher sein Vorschlag: „Der Staat habe den sittlichen Mut, sich zur evangelischen Kirche zu bekennen als seiner besten Bundesgenossin, als der eigentlichen Trägerin des deutschchristlichen Geistes, als der Verwalterin der auch dem katholischen Volkstheil mit zugute kommenden Segnungen der Reformation".

Daß solche Forderungen auf Gruppierungen verschiedenen Rechts hinauslaufen und daß die Kirche, für die er sonst entschieden Freiheit aus allen Bindungen des Staates fordert, in neue Gefangenschaften geraten könne, scheint *Beyschlag* angesichts der von ihm vorausgesetzten Grundproblematik nicht zu sehen. So stellt er sich zum Herrscherhaus und damit gegen den Materialismus, den Skeptizismus und die Zucht- und Trostlosigkeit der Freidenkerei. Dem Hause Hohenzollern und seiner protestantischen Führungsrolle schreibt *Beyschlag* einen providentiellen Auftrag zu. Gedeihliche Einheit des öffentlichen Lebens ist durch konfessionellen Ausgleich möglich.[9] Die Union in Preußen ist von daher zu bejahen. An *Friedrich Wilhelm IV.*, 1861 verstorben, macht *Beyschlag* Hoffnungen auf mehr innere Selbständigkeit und Eigenleben durch Entflechtung von staatlichen Bindungen fest, bei gleichzeitig erhoffter Stärkung der Effektivität kirchlichen Wirkens. Die Nachfolger auf dem Thron müßten dessen Ideen verwirklichen! Allen Versuchen gegenüber, das Vatikanische Konzil und seine Hauptlehren als Zufälligkeit, als Absurdität, als eine Art Improvisation eines phantastischen, alten Mannes abzutun, erklärt *Beyschlag* mit Nachdruck, es müsse vielmehr als ein „entscheidender Sieg des römischen Princips über das katholische" verstanden werden. Es bezeichne zugleich einen weltgeschichtlichen Wendepunkt. Es sei eine Tatsache von eminent praktischer Bedeutung.[10]

Schließlich habe das Vatikanische Konzil durch innere Disziplinierung diesen Klerus immer unfreier gemacht, habe ihn immer schutzloser in die

---

[8] wie Anm. 1, 552.

[9] Die Hohenzollern in der dt. prot. KG. Akademische Festrede gehalten am Geburtstage Sr. Majestät des Königs, Berlin 1869, 5: „[...] und doch hat sich der Katholizismus den Folgerungen der Reformation, dieser größten Tat deutscher Geschichte, nie trotziger verschlossen, als heute; doch ist der Protestantismus zu keiner Zeit in sich zerfahrener gewesen als im gegenwärtigen Deutschland; doch geht durch beide Confessionen der Gegensatz kleinlichen Kastengeistes und unkirchlichen Laientums schroffer denn je [...]"; 22-23: Erinnerungen an die Verfassung – Selbstverwaltung der Kirchen; „Die treue Ausführung dieses Artikels wird der Schlüssel sein zur Lösung aller unserer kirchlichen Wirren".

[10] wie Anm. 4, 4.

despotische Gewalt der Bischöfe getrieben und schließlich die Bischöfe selbst zu Satrapen der Papstgewalt herabgedrückt. Nicht genug damit – die Lehre sei möglichst antiprotestantisch formuliert worden. So sollte eine möglichst entdeutschte und romanisierte Kirche entstehen. Alles in allem solle jener „vaterlandslose staatsfeindliche Staat im Staate geschaffen werden", der, gestützt auf fanatisiertes Volk, seine Waffenprobe nicht übel bestanden habe.[11] Dem Staat gegenüber, dem modernen Kulturstaat, dem Erzeugnis der Reformation, kann *Beyschlag* zum Ausdruck bringen, daß Abmachungen zwischen Staat und Kirche eine tridentinische, nicht eine vatikanische Kirche betroffen haben. Der deutsche Staat gebe sich nicht genügend Rechenschaft darüber, was dieser Wandel für ihn selbst und für die evangelische Wahrheit bedeute. Die Langzeitwirkung der eingeleiteten Umstellungen werde unterschätzt.[12] Hierauf jedoch richtet sich *Beyschlags* entschiedenes Aufmerken und seine spätere Tätigkeit.

Das Erste Vatikanische Konzil hat die Entstehung der Altkatholiken ausgelöst und anderthalb Jahrzehnte später den Evangelischen Bund auf den Plan gerufen. Hat *Beyschlag* den Mut der Altkatholiken angesichts dieses Konzils und danach bewundert, und sah er ihre Geduld infolge der Einschätzungen, unter denen sie insgesamt lebten, mit Anerkennung, so ist er bereit, ihr langsames Wachstum als eine gnädige Gottesfügung anzusehen. Dadurch seien sie vor allzu frühen Massenresultaten bewahrt geblieben, die sie vielleicht vor schwer lösbare Probleme gestellt hätten. Andererseits kann er zu bedenken geben, wie, wenn etwa *Ludwig von Bayern* seiner wahrscheinlich privaten Gesinnung gemäß offen und mit Einsetzung seiner königlichen Macht an die Spitze der Bewegung getreten wäre . . .? Aber Spekulationen über Geschichte verändern geschichtliche Abläufe nicht mehr.[13]

IV. Altkatholizismus und Ökumene

Durch die Altkatholiken, ihre Entstehung, ihre Art, ihre kirchliche Organisation und ihre liturgischen Formen traten in *Beyschlags* Gesichtskreis Christen eines Typs, der, wie er selbst ausführt, eigenartig zwischen evangelischer und katholischer Kirche steht. Der konfessionelle Standpunkt der Altkatholiken könne vielleicht am besten dahin präzisiert werden, daß sie im römischen Katholizismus das Römische verwerfen und

[11] ebd., 7ff.

[12] ebd., 13: „Man warte nur ab, bis eine Generation von Geistlichen und Laien mit jenen neuen Glaubensartikeln gespeist und getränkt sein werden." 2: „Unsere sämtliche Regierungen [sind] im Begriff, statt des staatsrechtlichen Begriffs Katholicismus sich den des Vaticanismus unterschieben zu lassen."

[13] ebd., 29.

das Katholische festhalten.[14] Evangelische Christen müßten von ihrer Gewohnheit abkommen, römisch und katholisch gleichbedeutend zu nehmen.[15] Er erinnert an Millionen „griechischer Katholiken", welche das Papsttum nicht anerkennen. Er weist darauf hin, daß die Anglikaner für sich den Anspruch erheben, katholisch zu sein, und daß schließlich wir selber alle Sonntage bekennen: „Ich glaube an eine heilige, allgemeine, d.i. im Grundtext katholische Kirche; ferner auch, daß der römische Katholizismus katholische Prinzipien hat, mit denen seine neue, immer mehr romanisierende Entwicklung im Widerspruch steht". Darum belehrt er seine evangelischen Freunde: „Hieraus ergibt sich auch im Dogmatischen zwischen der Vaticanischen und der Altkatholischen Kirche eine weit größere Kluft, als wir insgemein annehmen".[16] Mit dem auch vom Tridentinum anerkannten Prinzip des gemeinchristlichen Bewußtseins aller Zeiten, mit dem Rückgriff auf das katholische Traditionsprinzip, das im Vatikanischen Konzil tödlich verletzt ist, kann der Altkatholizismus den vatikansichen Katholizismus des Abfalls und der Irrlehre überführen; mit diesem Prinzip perhorresziert er überhaupt den Gedanken, daß in der Kirche neue Glaubenswahrheiten verfertigt werden können, wie es *Pius IX.* getan hat und der unfehlbare Papst fortwährend solle tun können.[17]

Eindrücklich für *Beyschlag* sind die Bonner Unionskonferenzen von 1874 und 1875. Diese „schienen die junge kleine Gemeinschaft in einen Zusammenhang hineinzustellen, kaum minder umfassend und imposant als der, welchen sie notgedrungen verlassen hatte."[18] Ohne die Namen ausdrücklich zu nennen, stellt er die Altkatholiken somit in die Nähe der Anglikaner und der Orthodoxen und gibt folgende abschließende Erklärung: „hier ist Geist von unserem Geist, hier ist im Unterschied vom römischen ein evangelischer Katholizismus, all unserer Teilnahme, all unserer brüderlichen Liebe wert".[19] Die offenbar gelegentlich auftauchende Frage, vor allem von Gebildeten gestellt, warum denn diese Altkatholiken dann nicht evangelisch werden könnten, nennt er einfach naiv. Wie

[14] ebd., 34.

[15] ebd., 35.

[16] ebd., 35.

[17] ebd., 35; scharf formuliert bei *Döllinger*, in: wie Anm. 1, auf der Bonner Unionskonferenz von 1874, 22: „Die Verfertigung neuer Glaubenslehren ist uns ein Greuel [. . .]"; die Altkatholiken erklärten, daß sie sich auch nicht an alle Beschlüsse des tridentinischen Konzils gebunden hielten, dasselbe könne „sowenig wie die übrigen einseitig abendländischen Conzilien, als ein öcumenisches angesehen werden" – im Grunde ein orthodoxes, aus dem Traditionsprinzip folgendes Argument.

[18] ebd., 16.

[19] ebd., 49.

sollte der Altkatholizismus sonst auch seine selbständige geschichtliche Mission erfüllen können?[20]

V. Selbstbewußtsein und Selbstkritik

Deutliche Kritik an seiner Evangelischen Kirche geht ihm nicht gegen das reformatorische Prinzip. Am reformatorischen Anfang und Anspruch wird der Zustand der Kritik gemessen. Im Bereich der Kirchenverfassung,[21] am Gottesdienst, in der Lehre findet er die Altkatholiken den Protestanten gegenüber in glücklicherer Lage.[22] Mit der Tradition und dem Erbe des kirchlichen Altertums sei der Bruch stärker, als wenigstens *Martin Luther* und *Philipp Melanchthon* ihn gewollt. Die notbehelfliche Organisation trage Spuren jenes Bruches in sich.[23] *Beyschlag* bedauert, daß es auch in England und Schweden nicht gelungen ist, die Institution des Episkopats evangelisch zu erneuern. „Für eine Zeit nach dem Wegfall des Summepiskopats werden wir auch wieder nach dieser vom Geist des Herrn legitim geschaffenen spezifisch kirchlichen Form des Kirchenregiments greifen.“[24]

Für das Ganze des evangelischen Kirchenwesens redet er von einem kümmerlichen und baufälligen, wenn auch auf Felsgrund gebauten Haus. Wir fühlten uns darin wohl, weil es das elterliche Haus sei. Das Ganze mit seinen versteckten Vorzügen und offenbaren Mängeln sei zwar uns ein Gegenstand der Pietät: Das kann es Draußenstehenden nicht sein![25] Über die Einseitigkeit des Lehrbegriffs und die Ableitung der Lehre hauptsächlich aus dem Römer- und dem Galaterbrief spricht er sich aus,

---

[20] ebd., 49 und 54; in seiner eigentümlichen Stellung zwischen römischer und evangelischer Kirche, weit entfernt von dem Charakter und der Charakterlosigkeit eines prinzipiellen Mitteldings, trage der Altkatholizismus ein selbständiges hochberechtigtes Prinzip, den Keim eines großen Fortschritts in sich. Dies Prinzip verlange Unbezwinglichkeit und Unvergänglichkeit. Gott lasse nicht Träger seiner Gedanken in die Welt kommen, um sie nachher untergehen zu lassen; vgl. aber auch den Schluß 65: ‚crux‘ und ‚Hoffnung‘.

[21] ebd., 54f; die Lutheraner haben sich begnügt, das Pfarramt und die Parochie zu erhalten, im übrigen aber die Kirche zu einem Verwaltungsgebiet des Staates herabsinken lassen, ein mehr als byzantinisches Verhältnis, das wohl nach außen gegen Vergewaltigung Schutz verlieh, aber die kirchliche Entwicklung mit den verderblichsten Fesseln umschnürte.

[22] ebd., 57.

[23] ebd., 53; sprachliche Eigenheit: nothwendig, nothgedrungen, nothbehelflich, Nothgemeindebildung...

[24] ebd., 55; in Verbindung mit presbyterialen und synodalen Elementen, „[. . .] die Geschichte unserer Kirche wäre eine andere geworden“. Er sieht offenbar episkopale Verfassungen voraus.

[25] ebd., 49; *Beyschlag* erweitert seine Klage über die Kirche mit ihren Spaltungen, mit landeskirchlichen Schlagbäumen, Lehrstreitigkeiten, mit Rissen und Lücken, durch welche von der einen Seite der kritisch-auflösende, von der anderen Seite der reaktionär-gesetzliche Wind wehe.

und kommt zu einer seelsorgerlichen Schwierigkeit, wenn er darauf hinweist, es sei nicht von allen Zeiten und Menschen zu verlangen, daß sie die Dialektik des Sünden- und Gnadenbewußtseins distinkt in sich nacherleben.[26] Nach heutigem Sprachgebrauch stellt er zwischen evangelischen und altkatholischen Formen Konvergenz fest und faßt zusammen: Dieser (evangelische) Katholizismus kann und will mit uns in ein Verhältnis brüderlicher Gemeinschaft und gesegneter Wechselwirkung treten.[27] Auf all dies setzt *Beyschlag* seine Hoffnung und zeigt sich als ein Kirchenmann, der in seinem Denken Visionen kirchlichen Fortgangs neben konkreten Arbeitshilfen unterbringen kann. In diesem Sinn zeugt es von Weitblick, wenn er feststellt, den Altkatholizismus könne nicht verstehen, wer Sinn und Bedeutung der vatikanischen Dekrete nicht versteht. Es ist ein ökumenischer Effekt, wenn man in der Berührung mit einer Glaubensform sich selbst und Dritte besser verstehen kann.

VI. Die Evangelischen und der Osten: die Balten

Die deutschen Lutheraner aus den baltischen Ländern hatten, wenngleich sie dort auch nicht in allen Schichten gleich bekannt geworden waren, über Jahrhunderte gute Beziehungen nach Deutschland. Daß es Lutheraner lettischer und estnischer Zunge gab, wurde kaum bedacht. Die „Deutsch-Evangelischen Blätter" dokumentieren die restriktive Religionspolitik des Oberprokurors *Konstantin Petrowitsch Pobedonoszew.* Auf neunzehn Seiten Bericht erscheint Zar *Nikolaus II.* toleranter als der Oberprokuror des Heiligen Synods.[28] Vorgänge, die bis in die vierziger Jahre des 19. Jahrhunderts zurückreichen, als Lutheraner verschiedener Nationalität zur Orthodoxie übertraten, enden mit der Beschuldigung lutherischer Pastoren,sie hätten durch Beeinflussung und Verführung orthodox Gewordene wieder ins Luthertum inkorporieren wollen. Nachgewiesen wurde dabei nichts[29], einzelne werden getadelt.[30] Schon 1886 hatte es in Reval (heute Tallinn) Streit gegeben, der Stadtrat kündigte alle Unterstützung für die Kirchen auf. Die Bemerkung der „Deutsch-Evangelischen Blätter" ist: „Daß wenn man Nihilismus säet, man Nihilismus ernten muß, scheint der russische Zar nicht zu wissen."[31] Als Pastor *Robert Tiling* gegen Übertritte zur Orthodoxie redet, wird er vier Monate eingesperrt. Der Kommentar ist herb: „Wenn iustitia fundamentum

[26] ebd., 58.

[27] ebd., 60: „welche imstande wäre, sich mit der Kirche der Reformation zu einer höheren Einheit zusammenzuschließen".

[28] DEBl 24, 1899, 300ff.

[29] ebd., 312.

[30] ebd., 318.

[31] DEBl 11, 1886, 864.

regnorum est, dann ist Rußland auf Sand gebaut und geht einem großen Fall entgegen."[32]

VII. Ärger um Fürstenehen

Die Heiraten deutscher Prinzessinnen aus evangelischen Häusern mit Fürstensöhnen in Rußland, Bulgarien, Rumanien und Griechenland, an deren Seite einige sogar Regentinnenrang erhielten, hatten den Übertritt zur jeweiligen orthodoxen Kirche zur Voraussetzung. Das verursachte „begreifliche und vollberechtigte Erregung" angesichts der Tatsache, daß es in Deutschland Brauch und Privileg fürstlicher und teilweise auch adliger Häuser war, bei katholisch/evangelischen Heiraten *bi*konfessionell zu bleiben und bei katholisch/orthodoxen beziehungsweise evangelisch/orthodoxen Heiraten den nach Deutschland verehelichten Fürsten- und Adelskindern eine orthodoxe Kirche zu bauen und einen eigenen orthodoxen Geistlichen zu bestallen. Obgleich für einen Vorgang dieser Art als Entschuldigungsgrund anglikanische Einflüsse im Kaiserhaus teilweise akzeptiert werden, „ist es kaum denkbar, daß Übertritte zu einem geistig so bodenlos armseligen Kirchenwesen aus religiösen Gründen hervorgegangen seien". „Die Hauptversammlung des Evangelischen Bundes in der Provinz Sachsen spricht die Hoffnung aus, daß in Zukunft alle Glieder unserer evangelischen Fürstenhäuser wie im Vaterlande, so auch in der Fremde, den evangelischen Glauben festhalten und durch ihr Vorbild unser evangelisches Volk in unerschütterlicher Glaubenstreue stärken werden."[33] Orthodoxie ist noch kein Thema, und Glaubenstreue bleibt sehr formal gefaßt. Für die, die hier solcherart ihren Ärger bekundeten, bedeutet der Konfessionswechsel schlicht Leugnung der Glaubenssendung der Herrscherhauses.

VIII. Der Kaiser, die Armenier und die Türken

Die kaiserliche Orientfahrt[34], nach *Beyschlag* unter anderem dazu bestimmt, im Osmanenstaat und in der islamischen Welt moralische Eroberungen zu machen und das evangelische Bekenntnis im Orient auf den hohen Leuchter zu stellen, kommt nicht am Armenierproblem vorbei. Waisen werden Kaiser *Wilhelm II.* und Kaiserin *Augusta Viktoria* vorgestellt, Hilfsmaßnahmen bedacht. Der Türke, so plakativ von *Beyschlag* gezeichnet, nehme als ehrlicher Kerl und tapferer Soldat unsere Sympathien für sich in Anspruch, aber infolge seiner unseligen Religion sei er eines Fanatismus fähig, „dem es nicht darauf ankommt, in Chri-

---

[32] DEBl 15, 1890, 570; Entspannung der beschriebenen Situation erfolgte durch das Gesetz vom 13. April 1907.

[33] DEBl 16, 1891, 357.

[34] *Beyschlag*: Die kaiserliche Orientfahrt, DEBl 24, 1899, 6-15.

stenblut zu waten".[35] Sollte man ein ganzes altchristliches Volk ans Messer liefern dürfen? Nötig wäre gewesen, anstelle Familienfotografien aus dem Kaiserhaus nach Istanbul zu schicken, ein nachdrückliches Wort zu sprechen, daß man unmöglich fortfahren könne, einem Staate Offiziere und Beamte zu leihen und Freundschaftsdienste zu erweisen, der sich im Christenblut bade.[36] Orientalisch-christliche Gedenkstätten und Heiligtümer erscheinen dem Kaiser als ein zur Karikatur veräußerlichtes Christentum, des lateinischen wie des griechischen.[37] Die Errichtung der Dormitio wird getadelt, sie diene letztlich nur dem Marienkult.

Ein anonymer amicus veritatis beschreibt das an den Armeniern vollzogene Blutbad als planvoll durchgeführt.[38] Durch lügnerische Versprechungen sei das armenische Volk zuvor sicher gemacht und entwaffnet worden, bis an dem festgesetzten Tage ein Trompetensignal oder das Schwenken einer grünen Fahne das Blutbad eröffnet und nach Stunden ebenso beendet habe. *Richard Lepsius* und die Franzosen hätten die offiziellen Zahlen der Opfer als viel zu niedrig widerlegt, die Presse habe die alten Angaben trotzdem weiter abgedruckt.[39] Inzwischen habe Sultan *Abdul Hamid II.* eingesehen, daß jene Massaker eine kolossale Dummheit waren. Die betroffenen Provinzen seien so völlig ruiniert, daß sie auf lange Zeit keine Steuern mehr aufbringen könnten. Nach türkischen Begriffen seien sie so gut wie im Kriege verloren. Freilich, die kurdische und türkische Bevölkerung könne nicht einsehen, weshalb jetzt verboten sein soll, was früher angeordnet wurde.[40] Alles in allem: Die christlichen Großmächte haben die Armenier schmählich im Stich gelassen.

IX. Der Patriarch als Athosmönch

Der evangelische Theologe *Eduard von der Goltz*[41] kann *Joachim III. (Deuedges)* auf dem Athos treffen.[42] In einfacher Gewandung nimmt dieser an den klösterlichen Gottesdiensten teil. 1878 bis 1884 war er schon Ökumenischer Patriarch, von 1901 bis 1912 zum zweiten Mal. Die Türken hatten auf seine Ablösung gedrängt, als er sich griechischer Rechte zu sehr annahm. Er verteidigte damals das Vorrecht des orthodoxen Klerus, sich vor kirchlichen Behörden und nicht vor türkischen Gerichten verantworten zu können; das Recht, Schulbücher selbst zu wählen und ande-

[35] ebd., 11.

[36] ebd., 13.

[37] ebd., 15.

[38] Amicus veritatis: Die armenische Märtyrerkirche, 299.

[39] ebd., 289.

[40] ebd., 299.

[41] geb. 1870, gest. 1939, Prof. für Prakt. Theol. in Greifswald, seit 1925 Konsistorialrat in Stettin.

[42] *von der Goltz*: Persönliche Erinnerungen an Joachim III, den ökum. Patriarchen der griech. Kirche, DEBl 26, 1901, 688-693.

res. Der Besucher schildert die ärmliche Einfachheit der Behausung und des Empfangsraumes. *Von der Goltz* ist überzeugt, daß *Joachim III.*, wieder Patriarch geworden, solche kirchliche Selbständigkeit der Griechen zu schützen wissen werden. Mehr als anderswo sei in der Türkei Selbständigkeit eine Lebensbedingung der Kirche. Da der Besuch schon 1897 stattfand, kann der Besuchsbericht schon kurz nach der Wiedereinsetzung erscheinen. Vier Nachfolger haben in der Zwischenzeit das hohe Amt innegehabt. Der aufmerksame und verständige Besucher, der Ziele und Ansichten des Patriarchen begreift, stellt fest, daß dieser eine Annäherung zwischen der altkatholischen, der anglikanischen und der griechischen Kirche anstrebt. Der Patriarch beklagt die kirchliche Unkenntnis und das geringe Interesse des Westens. Die griechische Kirche fühle sich den Protestanten viel näher als der römischen Kirche.[43] Den Wunsch nach Annäherung unterstreicht er durch die Bemerkung, man müsse sich gegenseitig verstehen lernen und sich christlich zueinander verhalten. Eine äußere Vereinigung liege freilich in unabsehbarer Ferne. Fernziel bleibe „eine Herde und ein Hirt".

Durch Besserung des Schulwesens und der Ausbildung des Klerus hat nach *von der Goltzens* Meinung der Patriarch die wichtigste Voraussetzung für eine innere Reformation der griechischen Kirche geschaffen. Die törichten und beleidigenden Versuche protestantischer Propaganda in griechischen Städten unterblieben, sobald man die Orthodoxen erst einmal verstehe. Die nach Meinung des Berichterstatters unzweifelhafte geistige und theologische Überlegenheit des Protestantismus schaffe die Möglichkeit, immer mehr moralische Eroberungen zu machen. *Von der Goltz* glaubt feststellen zu können, daß der Patriarch wohl aus der Perspektive der innertürkischen Situation die Altkatholiken überschätze. Er wird bald eine ökumenische Enzyklika des Patriarchen zur Kenntnis nehmen und von Anfragen über die Einschätzung der Altkatholiken durch die Russen und die anderen Orthodoxen erfahren. Die Russen übrigens, die die Altkatholiken sehr viel näher bei den Protestanten sehen, antworten dem ökumenischen Patriarchen auch über die Protestanten hart. Die protestantischen Gemeinschaften „betrachten unsere östliche Kirche als einen Bereich der Stagnation, von Irrtum und Finsternis, die von keinem Lichtstrahl erleuchtet wird. Sie hören nicht einmal auf, den Vorwurf des Götzendienstes wider uns zu erheben". Aus falsch verstandenem Eifer für Christus, sparen sie „keine materiellen Mittel und Kräfte, um die protestantischen Irrtümer unter den Kindern der Orthodoxie zu verbreiten."[44] „Religiöse Exklusivität und sogar Fanatismus, gemischt mit einer

[43] ebd., 691; diese Bemerkung sollte doch weniger als ein Urteil über einen umfassenden „Lehr- und Systemvergleich" als eine Einschätzung möglichen christl. Umgangs untereinander und daraus folgender Entwicklungen angesehen werden.

[44] Die Stichworte der Aussagen lassen erkennen, daß die *Harnack*sche Beschreibung der Orthodoxie bereits bekannt ist (Das Wesen des Christentums, Leipzig 1901³, 131-152), in

geringschätzigen Arroganz gegenüber der Orthodoxie, sind das bestimmende Merkmal der Protestanten, man könnte sagen, noch mehr als der Lateiner". Die Altkatholiken werden von den Russen so dargestellt: „Sie sind zumeist von einer protestantischen Welt umgeben, der sie in Sprache und weltlichem Leben, in ihrer universitären Erziehung und nicht zuletzt in ihrem Kampf mit Rom selbst, ‚nahestehen'".[45]

Eine Reise mit wissenschaftlichem Ziel bringt schon durch ihre Dauer mit Athosmönchen in Beziehung und enthüllt dem Besucher deren durchaus differenzierte Denkart. Einer der Mönche, einen einfältigen Glauben darstellend und bekennend, faßt zusammen, was er sagen kann, und stellt fest, er empfinde, seitdem er Mönch geworden sei, „Süßigkeit".[46] Auf das Gespräch war man gekommen, weil die Mönche bemerkt hatten, daß der evangelische Theologe sich am Fasten nicht beteiligte und auch die heiligen Bilder nicht geküßt hatte. Ein anderer Mönch, dem man Bildung und geschulte Klarheit des Denkens anmerken konnte, brachte seine auf persönliche geistliche Erfahrung durch Bibellesen und theologische Beschäftigung gegründete Überzeugung zur Sprache. Am klarsten kam das evangelisch/orthodoxe Gegenüber heraus, als, ausgehend von der orthodoxen Theologie der Bilder, im Gang eines Gesprächs festgestellt wurde, man dürfe am Weg und Bau der Orthodoxie kein Steinchen lösen, sonst gefährde man das Ganze. Wohl habe *Luther* das kirchliche Übel erkannt, jedoch ohne es recht zu heilen, denn er habe schließlich die Wahrheit der Willkür des subjektiven Gewissens ausgeliefert. Im übrigen aber bringe ja die wissenschaftliche Arbeit, die *von der Goltz* jetzt hier betreibe, zum Ausdruck, wie abhängig die Protestanten von den Griechischen Vätern seien.[47] In der Stille einfachster Zellen und Kirchen war Begegnung und Verstehen des Besonderen in der Glaubensart eines anderen und das Formulieren der Unterschiede offenbar leichter möglich als in den lauten und umtriebigen Zentren der damaligen Welt.

Von der Goltz zog eine bis heute einleuchtende Summe. Aus einem auch ihn bestimmenden, nicht weiter definierten zeitgemäßen protestantischen Überlegenheitsgefühl wird die Hebung des Niveaus und die Reformation auch bei den Griechen erwartet und gefordert. Er stellt aber

---

der er die Orthodoxie als tot in Traditionalismus, Intellektualismus und Ritualismus beschreibt; die positive Seite seiner Darstellung, die dem Mönchtum gewidmet ist und um dessentwillen *Harnack* feststellt, das Evangelium sei auf diesem Boden nicht völlig untergegangen (152), wird in gewissem Sinne und Umfang durch die Gespräche *von der Goltzens* mit Athosmönchen bestätigt; Dokumente bei *Nikolaus Thon*: Quellenbuch zur Gesch. der orth. Kirche, Trier 1983, Dokument Nr. 132, 480, 485-486.

[45] *von der Goltz*: Aus der griech. Kirche. Reiseerinnerungen, DEBl 26, 1901, 832.

[46] DEBl 27, 1902, bes. 395f., 399.

[47] *Johannes Rathje*: Die Welt des freien Protestantismus. Ein Beitr. zur dt. Geistesgesch. Darg. an Leben und Werk von Martin Rade, Stuttgart 1952, 15f.; dort Beschreibung der Art und Methode von Väterstudien mit dem jungen *Harnack*.

fest: Eine reformierte griechische Kirche wird nie in unserem Sinne protestantisch werden. Man darf den Griechen das Recht nicht nehmen, den Kompromiß mit der eigenen Vergangenheit in ihrer Weise zu ordnen. Verwerflich und ganz töricht nennt schließlich *von der Goltz* jede protestantische Propaganda, die auf griechisch-orthodoxe Gemeinden in unserem Sinne abzielt.[48] In weiteren Ratschlägen und Anmerkungen ist die Orientpolitik des Kaiserreichs in Frage gestellt. Man müsse diese insgesamt überdenken. Im Kampf zwischen Christentum und Islam stärke sie einstweilen dem Islam den Rücken.[49] Mit den Griechen müsse christliche Gemeinschaft gepflegt werden. Hilfe in Not sei selbstverständlich.[50] Diese beiden Punkte bilden nun freilich gerade den Kern des Programms der heutigen Genfer Ökumene. Wenngleich *von der Goltz* begriffliche Anleihen bei *Harnack* gemacht hat, steht er den Griechen prinzipiell viel näher als der große Berliner Professor.

X. Zwischen den beiden Kriegen

Im Ersten Weltkrieg verlagern sich die Akzente der Berichterstattung. Versuche, Ostfragen zu reflektieren, scheinen zurückzutreten. Dafür kann an Bedürfnisse und Begebenheiten erinnert werden, die mit den etwa 80 Bundesschwestern und deren Kriegseinsatz zusammenhängen.[51] Fragen anderer Frömmigkeitsformen finden sich eher zufällig und verstreut. So, wenn beispielsweise Bundesmitglied Pfarrer und Arzt Dr. *Otto Craemer* 1914 „von einem Knotenpunkt der Eisenbahn im Osten unseres Vaterlandes" über Gefangenenversorgung berichtet. In wenigen Stunden werden über 5000 russische Kriegsgefangene verpflegt und so weit wie möglich auch medizinisch versorgt. „Fast kein Russe, woher er auch stammen mag, aus dem weiten Reiche vergißt die Mütze abzusetzen, wenn er zum Essen sich setzt und das Kreuz zu schlagen. [...] Jeder ist einer Mutter Sohn und hat als Kind zu ihren Füßen gespielt. Jetzt ist er Gefangener im fremden Land."[52]

Über das Schicksal evangelischer Minderheiten in der Sowjetunion wird in den Zwanziger und Anfang der Dreißiger Jahre möglichst oft berichtet. Zahlen über den Fortschritt der Gottlosenbewegung dort und hier werden genannt.

Der Streit um die Rigaer Domkirche in dem damals unabhängigen Lettland mit den Bemühungen bürgerlich-nationaler Kräfte, die die Domkirche zur evangelisch-lettischen Bischofskirche machen wollten,

---

48 DEBl 27, 1902, 404.

49 zur Wertung der Orientfahrt des Kaisers und seiner Rede in Damaskus vgl. DEBl 24, 1899, 6-15, bes. 11; 27, 1902, 405.

50 DEBl 27, 1902, 405.

51 EBMBl 28, 1914, 65-67.

52 ebd., 68.

wird aufgegriffen. Die „Deutsch-Evangelische Korrespondenz" nennt die Geschehnisse in Riga raubstaatartige Zustände.[53] Aber auch in Estland gehören diesem Blatt zufolge evangelisch-lutherische Pfarrer zu den Chauvinisten, die die Zerschlagung der bisher den Minderheiten, also auch den Deutschen, gewährten Autonomie fordern. Deutsche und Esten hätten doch jetzt andere Ziele, sie müßten gegen viele Feinde gemeinsam um Bestand von Staat und Kirche kämpfen. In Bezug auf die innere Entwicklung der Weimarer Republik werden die Bemühungen der Katholiken um mehr Einfluß des Zentrums getadelt und Aufrufe, katholische Geschäfte und Geschäftspartner vorzuziehen, als Mangel an Nächstenliebe aufgespießt. Mit Ausnahme der Auseinandersetzungen um *Friedrich Heiler* werden kaum mehr konfessionskundliche Themen berührt.[54] Am 22. Mai 1941 zeigt die kriegsbedingt schon verkleinerte „Deutsch-Evangelische Wochenschau" die Einstellung ihres Erscheinens an und bittet am 29. Mai 1941 die Postbezieher," die beim Briefträger oder bei der Post bezahlt haben" und deren Anschriften infolgedessen dem Verlag nicht bekannt sind, „ihre Anschrift sofort mitzuteilen, damit wir sie zu gegebener Zeit benachrichtigen können [...]!"

XI. Erwägungen

Offensichtlich ist mit dem Ersten Vatikanischen Konzil ein Zwang entstanden, sich zusätzlich und zunehmend mit nichtrömischen, katholischen Kirchenbildungen zu befassen, was stellenweise, so bei *Beyschlag*, zum neuen Nachdenken über die Zugehörigkeit zur einen katholischen Kirche führt und Begriffsexperimente wie „evangelischer Katholizismus" und „katholischer Protestantismus" ermöglicht. Freilich, bei aller in erster Linie von *Beyschlag* ausgedrückten Hochachtung und bestätig-

[53] DEKEB 15. Juli 1931 Jg. 30 Nr.28; der DEKEB ist die Übergabe einer dt.-luth. Domkirche an die ev. Letten unvorstellbar; heute ist die Domkirche Konzertsaal; die Erneuerung ihrer herrlichen Orgel durch holländische Meister – vor 100 Jahren von der Firma Walcker, Ludwigsburg, erbaut – wurde 1984 abgeschlossen; *Wilhelm Kahle*: Luth. Begegnung im Ostseeraum (Die Luth.-Kirche. Gesch. und Gestalten, Bd. 4), Gütersloh 1982; zum Domstreit, den der von Erzbischof *Nathan Söderblom* 1923 zum Bischof geweihte *Carl Irbe* nicht gewollt hatte und in dessen Folge *Irbe* auch zurücktrat, noch dessen folgende Bemerkungen: „Namentlich die Leiter der Kirche hätten sich bei Zeiten sollen sagen lassen, daß es wider den gesunden Geist des Protestantismus geht, wenn die Angehörigen einer Nation, die kaum 7% des Kirchenvolks ausmacht, sich für berufen erachtet, die übrigen Glaubensgenossen wie unmündige Kinder am Gängelband zu führen"; die Deutschen hätten „durch ihr zähes Festhalten am formellen Recht, das Rechtsbewußtsein in unserem Volke mehr geschädigt als gepflegt"(131); ein Zeichen der Wertschätzung der lettischen lutherischen Kirche ist die Bemerkung *Söderbloms*: „in keiner anderen Sprache (der lettischen W.K.) klingt der Gemeindegesang mächtiger als in dieser, nirgends hat lutherischer Gottesdienst einen wärmeren Ton"(199).

[54] vgl. DEKEB Jg. 29 Nr. 18, 4 als trauriges Beispiel dafür, wie über *Heilers* Äußerungen und Ziele berichtet worden ist.

ter Nähe der Altkatholiken zur Reformation hat man evangelischerseits doch wohl mehr den Mitstreiter als den Christenbruder gesucht. Die mannigfaltigen Verstrickungen des Nationalen und des Religiösen in Osteuropa und im Orient wie auch die kaiserliche Orientpolitik, der eine faktische Begünstigung des Islam unterstellt wird, erlauben um die Jahrhundertwende noch keine emotionsfreie Betrachtung der Orthodoxie und der orientalischen Christen. *Harnack* bleibt in solchem Sinn Hoftheologe.

Das Bewußtsein weiter Kreise im damaligen Protestantismus, daß dieser die höchstentwickelte Form christlichen und überhaupt religiösen Wesens darstelle, macht blind für tiefere Schichten östlicher Frömmigkeit. Wer im Orient von einem zur Karikatur veräußerlichtem Christentum spricht, hat unter Umständen nicht mehr gesagt, als daß er selber über Äußerlichkeiten des Betrachteten und der Betrachtungsweise nicht hinausgekommen ist.

Dann und wann aber tauchen Spuren einer Ökumene auf, die zu repräsentieren, zusammenzuführen und bewußt zu machen erst der Zeit und Generation nach dem Zweiten Weltkrieg beschieden war. Tatsache aber bleibt, daß damals laufend in Erwägungen, Berichten und Kommentaren über das, was auf dem für viele fremden Feld nichtrömischer Katholizität und des christlichen Ostens geschah, wenn auch mit schwankendem Nachdruck und auf verschiedenem Niveau, berichtet wurde. Dem Interessierten erlaubte dies, wie zu zeigen versucht wurde, *Wahrnehmung*, dem weiter Fragenden und Engagierten sogar *Begegnung*.

Hans Friedrich Geisser

Phänomen Vermittlungstheologie Evangelisch – Katholisch – Ökumenisch

I. Verdächtigte Verdienste

Ob denn nicht jede rechtschaffene Theologie Vermittlungstheologie sein müsse? So fragte unlängst ein Neutestamentler zurück, als ihm dieses Stichwort zur Kennzeichnung für die Intention des vierten Evangelisten in der damaligen Gemeindesituation angeboten wurde. Fürs Empfinden anderer freilich haben Name und Phänomen eher etwas Anrüchiges an sich. Zumal die so klassifizierte Richtung evangelischer Theologie im 19. Jahrhundert ist, schon in Anbetracht ihres großen Vorbilds und Lehrmeisters, noch stets dem Vorwurf arglistiger ‚Schleiermacherei' ausgesetzt gewesen.

Mit dieser Pointe begegnet das gerne nachgeahmte Wortspiel in *August Wilhelm Schlegels* 1846 gedrucktem Spottvers: „Der nackten Wahrheit Schleier machen, ist kluger Theologen Amt, und Schleiermacher sind bei so bewandten Sachen die Meister der Dogmatik insgesammt."[1] „Aber vermitteln ist ein schweres Amt", höhnte 1840 *David Friedrich Strauß*: „Nicht jedermann besitzt den Apparat und die Ausdauer, womit *Schleiermacher* Christenthum und Spinozismus zum Behuf der Mischung so fein pulverisirte, dass ein scharfes Auge dazu gehört, die vermischten Bestandtheile zu unterscheiden; bei Manchen ist die Einigung des christlichen und des modernen Elementes nur die durcheinander gerüttelten Oels und Wassers, die nur so lange vermischt erscheinen, als das Rütteln dauert; während noch andere, und zum Theil nicht unberühmte Dogmatiken gar (das Bild ist nicht unedler als die Sache) einer Wurstmasse gleichen, in der etwa die orthodoxe Kirchenlehre das Fleisch, *Schleiermacher*'sche Theologie den Speck, und *Hegel*'sche Philosopheme das Gewürz vorstellen."[2]

---

[1] zit. in *Schleichermacher:* Sämtl. Werke Abt. 2 Bd. 1, Ausg. v. *Martin Redecker,* Berlin 1960, XXXIV; eher positiv gewendet und auf die „Reden" gemünzt findet es sich bei *Friedrich von Hardenberg (Novalis):* Die Christenheit und Europa. Ein Fragment (1799), in: Schr., Ausg. v. *Paul Kluckhohn / Richard Samuel* Bd. 3, Stuttgart 1968², 521.

[2] Die christl. Glaubenslehre in ihrer gesch. Entwicklung und im Kampfe mit der modernen Wiss. darg. Bd. 1, 70.

Jener so geschmähten historischen Vermittlungstheologie nun sind ganz überwiegend, zumindest als Nachfahren, auch die Väter des Evangelischen Bundes zuzuzählen. Nur schon ihr Eintreten für die Union zwischen lutherischen und evangelischen Gemeinden und dazu die Gegnerschaft, die ihrem Vorhaben durch harte Konfessionalisten vom Schlage eines *Friedrich Julius Stahl* einst oder *Ernst Wilhelm Hengstenberg* erwuchs, stellt sie in diese Sukzession. Wenn *Willibald Beyschlag*, ohnehin die eigentliche Stifterfigur[3], als „die großen Lehrer seines Lebens und Geistes" *Friedrich Daniel Ernst Schleiermacher, August Neander* und *Carl Immanuel Nitzsch* bezeichnet, so ist damit ein ausdrückliches Bekenntnis zur klassischen Vermittlungstheologie abgelegt. Zwar habe er selbst, hieß es einst, die ältere Richtung dieses Namens kritisiert, weil sie „immer nur auf Milderung der überlieferten Lehre, nicht aber auf deren grundsätzliche Revision gedrungen und so wider Willen dem repristinierenden Konfessionschristentum Vorschub geleistet" habe.[4] Doch seinerseits erscheint er im Blickwinkel unserer Gegenwart als Vertreter „einer gemäßigt-konservativen Vermittlungstheologie".[5] Ob sich damit ein typisches Schicksal eines Theologen jener Observanz abzeichnet? Jedenfalls dürften heutige Gratulanten – gleich welcher Schultradition sie selbst sich verpflichtet wissen – es kaum für unrühmlich ansehen, falls dem Evangelischen Bund insgesamt ein Gleiches wie den Vorkämpfern einer sonst noch so zwiegesichtigen einstigen Vermittlungstheologie ins Stammbuch zu schreiben wäre:

„Man muß sie im Ganzen als Männer auffassen", sagt *Emanuel Hirsch*, „die sich im Kampf zwischen neuer Orthodoxie und historisch-rationaler Wissenschaft vor den drohenden Riß stellen und das Ganze zusammenzuhalten suchen. Ohne sie wäre schon damals wohl ernste Gefahr gewesen, daß entweder die Einheit des deutschen evangelischen Christentums auseinanderbrach oder aber die hohe deutsche Bildung das innre Verhältnis zum evangelischen Christentum verlor." Und weiter: Trotz Krisen und Versagen ist die Vermittlungstheologie „ihrem Grundsatz, wissenschaftliche Schriftforschung und christlichen Offenbarungsglauben zu verknüpfen, treu geblieben und hat einen nicht unerheblichen Anteil daran, daß es damals zu keiner vollständigen Schändung der freien Bibelwissenschaft in der evangelischen Kirche gekommen ist. Das führt zu ihrem zweiten Hauptverdienst: sie ist weit genug gewesen als Rahmen um zahlreiche und mannigfaltige theologische Einzelforschungen. [...] Sieht man [...] von Baur und seiner Schule ab, so ist die meiste wissenschaftliche Facharbeit auf theologischem Gebiete damals von Vermittlungstheologen oder ihnen nahestehenden Männern geschehen." „Drittens endlich haben die Vermittlungstheologen unzweifelhafte Verdienste um die Wah-

[3] vgl. *Gottfried Maron:* Willibald Beyschlag und die Entstehung des EB, in diesem Bd., 19-44.

[4] *Hermann Scholz:* Beyschlag, Willibald, in: RGG^2 Bd. 1, 1083.

[5] *Erwin Mülhaupt:* Beyschlag, Willibald, in: RGG^3 Bd. 1, 1116.

rung des reformatorischen Erbes im deutschen evangelischen Kirchentum. Sie haben in der Lehre von Kirche, Amt und Sakrament den katholisierenden Anschauungen innerhalb des Konfessionalismus sich entgegengestemmt und so eine Entwicklung ins Hierarchische und Kultische damals verhindern können. Sie haben die unreformatorische Gleichordnung von Schrift und Bekenntnis bekämpft. Sie haben das Gemeinevangelische den reformierten und lutherischen Sonderlehren gegenüber in den Vordergrund gerückt und der konfessionellen Aufspaltung des deutschen evangelischen Christentums so ein evangelisch-kirchliches Bewußtsein als Hindernis in den Weg gestellt. Sie haben alle Einrichtungen und Bewegungen gefördert, welche die landeskirchliche Zerstückelung des deutschen evangelischen Kirchentums überwinden helfen konnten. Was an einem einheitlichen evangelischen Kirchentum in Deutschland seit der Mitte des 19. Jahrhunderts gewachsen ist, verdanken wir zumeist der Vermittlungstheologie. Sie haben endlich auch Sinn und Verständnis dafür erweckt, daß es einen Weltprotestantismus gibt."

Im Rückblick auf mancherlei konfessionalistische Theologie gelangt *Hirsch* zu dem Resümee: „Angesichts dessen tritt noch einmal die Größe und Bedeutung der Vermittlungstheologie jenes Zeitalters hervor. Ihr Verdienst ist es, alle Fragen und Entscheidungen vorläufig offen gehalten und in dem damit gewonnenen Spielraum nach besten Kräften helfende geistige Arbeit getan zu haben. Das ist nicht das Höchste, aber für den, dem nicht die große Vollmacht neuer schöpferischer Gestaltung gegeben ist, das Gebotne."[6] – Vielleicht lohnt es sich also genauer zu erkunden, was einst zu solchem Vermitteln instandsetzte beziehungsweise worauf sich jenes Vermitteln letzten Endes erstreckte. Von da aus könnten womöglich vergleichbare Konstellationen theologischer Vermittlung in der Gegenwart zu Gesicht kommen.

II. Das Was, das Wie und das Weshalb

Was die historische Vermittlungstheologie womit zu vermitteln unternahm oder zwischen welchen Extremen sie eine mittlere Stellung einzunehmen trachtete, ist bereits mit einigen Stichwörtern angedeutet worden. Von der Ausgangssituation zu Anfang des 19. Jahrhunderts her bildete zunächst einmal der Widerstreit zwischen Supranaturalismus und Rationalismus das maßgebende Bezugssystem. Aber wer ist in der Folge alles zur Vermittlungstheologie oder aber ihren Kontrahenten zu rechnen? Die Theologiegeschichtsschreibung verfährt in der Frage der zeitlichen und sachlichen Abgrenzungen recht unterschiedlich. Am angemessensten wird man gerade hier eine mittlere Linie einhalten. Es gibt immerhin die Theologen und Kirchenleute, die sich erklärtermaßen ‚Vermittlung' zum Ziel setzten und von Mitläufern wie von Bestreitern auch bei

[6] Gesch. der neuern ev. Theol. Bd. 5, Gütersloh 1954, 412f, 413f, 430.

diesem Wort genommen wurden. Orientiert man sich hieran, so sieht man – auch wenn manche Grenzen fließend sind – die Strömung der Vermittlungstheologie im 19. Jahrhundert sich zwischen Liberalismus (‚freier Theologie') zur Linken und Konfessionalismus (Neuorthodoxie) zur Rechten bewegen.[7]

Die Gründer und ersten Herausgeber der „Theologischen Studien und Kritiken", *Carl Ullmann* und *Friedrich Wilhelm Carl Umbreit*, spielen dabei eine wegweisende Rolle.[8] *Schleiermacher* steht für sie als die maßgebende (aber auch maßvoll zu befragende und zurechtzurückende) Autorität im Hintergrund. *Neander* markiert – ebenfalls eher noch im Hintergrund – die Verschiebung zu einer mehr konservativen, der Erweckungstheologie sich nähernden Einstellung. *Richard Rothe* (1799-1867) und *Isaak August Dorner* (1809-1884) sind es dann vor allem, welche die ohnehin den Zeitgenossen sich anbietenden Versöhnungs- und Vermittlungspotenzen *Hegel*scher Philosopheme für das gemeinsame Vorhaben nutzbar zu machen wissen. Der letztere stellt zugleich – zusammen mit dem noch einmal entschieden an *Schleiermacher* anknüpfenden *Alexander Schweizer* (1808-1888) – die nun schon durch *Albrecht Ritschl* (1822-1889) überholte, in ihrer Geschlossenheit und Folgerichtigkeit aber imponierende Endgestalt dieser vermittlungstheologischen Willens- und Theoriebildung dar. *Beyschlag* endlich (der als Mitherausgeber der „Theologischen Studien und Kritiken" von 1866 bis 1899 alle seine Kollegen in diesem Zeitraum überdauerte) ist hier wiederum als einer der Späteren aus jener sogenannten und sich selbst so nennenden Schule der Vermittlung zu erwähnen.[9]

Kehren wir von da aus kurz zurück zu der Frage nach ihrer eigentümlichen Zwischenposition! Zwischen Supranaturalismus oder Neuorthodoxie einerseits und anderseits Rationalismus oder radikaler historischer und philosophischer Kritik (als deren furchterregender Sprecher sich seit 1835 *Strauß* hervorgetan hatte) sollte ein Weg gefunden, Glauben und Wissen sollten in dieser Situation beisammengehalten werden. Gegen einen hörigen Konfessionalismus und Ultramontanismus, aber auch gegen traditions-, institutions- und autoritätsentfremdete oder -entfremdende ‚freie' Theologie galt es sich zu wehren. Für unabhängige Geschichts- und Schriftforschung, für selbstverantwortete Überzeugung, jedoch

---

[7] vgl. *Erdmann Schott*: Vermittlungstheol., in: RGG³ Bd. 6, 1362-1364.

[8] Aus dem Mitherausgeber- und engeren Trägerkreis des Anfangs sind vor allem der mit *Schleiermacher* befreundete Exeget *Friedrich Lücke* (Vf. der programmatischen, „wahre Vermittlungen" verheißenden Ankündigung) sowie die Systematiker *Nitzsch* und *August Twesten* zu nennen.

[9] vgl. die Aufreihung bei *Ragnar Holte*: Die Vermittlungstheol. Ihre theol. Grundbegriffe kritisch untersucht (AUU 3), Uppsala 1965, 16f; höchst instruktiv ist die graphische Übersicht über die um die meinungsbildenden theol. Publikationsorgane sich gruppierenden Namen im Anhang bei *Friedrich Mildenberger*: Gesch. der ev. Theol. im 19. und 20. Jh., Stuttgart-Berlin-Köln-Mainz 1981.

ebenso für eine in Vorgegebenem gründende Gottes-, Christus- und Gemeinschaftsbeziehung hieß es eintreten. Göttliche Wahrheit und Christusheil, verpflichtender Offenbarungsanspruch und persönliche Glaubensgewißheit sollten nicht als ein gänzlich Fremdes, von der Wirklichkeit der Menschen sonst, von ihrem Denken und geschichtlichen Handeln Abgeschiedenes stehen bleiben, sollten aber auch nicht an ein schlechthin Allgemeines, dem Menschen kraft Vernunfterkenntnis, spekulativen Wissens oder geschichtlichen Fortschreitens Eigenes preisgegeben werden. Was dem Christentum (insbesondere dem reformatorischen) und der (evangelischen) Kirche dort, was neuzeitlichem Selbstbewußtsein, emanzipierter Wissenschaft und Kultur hier wesentlich war, durfte dennoch das jeweils andere nicht von sich ausschließen oder sich unterjochen. Der – nicht bloß rhetorisch gestellten – Frage *Schleiermachers* „Soll der Knoten der Geschichte so auseinander gehn: das Christenthum mit der Barbarei und die Wissenschaft mit dem Unglauben?“ [10] gedachte man – mit *Schleiermacher*, und keineswegs nur rhetorisch-beteuernd – ein entschlossenes Nein entgegenzusetzen. Weil also Wissenschaftlichkeit und Kirchlichkeit des Theologen sich gegenseitig nicht hindern, sondern durchaus fördern sollten, war das Ziel der Vermittlung selbstverständlich auf kirchlichem und kirchenpolitischem ebenso wie auf akademischem Feld zu verfolgen.

Vorhaben und Vollbringen jener Theologen dürfen aber nun meines Erachtens nicht allein an dem gemessen werden, *was* sie so wohlgemut oder verwegen zu vermitteln sich anheischig machten, und auch nicht bloß daran, *wie* sie dabei mehr oder weniger erfolgreich zu Wege gingen. Ebenso wichtig ist es zu erkennen, *weshalb* sie sich dieses Vermitteln zutrauten. Und da zeigt sich: Sie haben an sich selbst die ihnen unwidersprechliche Erfahrung gemacht, *daß* sich derart Verschiedenes, Spannungsvolles, ja Gegensätzliches in einer Person aushalten, ja fruchtbar zusammenbringen und gestalten lasse – in einer mit sich identisch bleibenden psychischen Struktur und einer kohärenten Lebensgeschichte, nicht nur oder erst in wohlüberlegten Gedankengängen. Das vermittlungstheologische Subjekt rückt somit in den Mittelpunkt. Es selbst scheint sich in der Arbeit an den zu vermittelnden Stoffen zu thematisieren. *Schleiermacher*, der nicht nur die dogmatisch-theologischen, sondern auch die weltweisheitlichen Aussagen auf eine Einheit des Bewußtseins und Selbstbewußtseins zurückbeziehen konnte, mag gerade auch für diese Rolle als Kronzeuge, ja als Urbild auftreten:

[10] Zweites Sendschreiben an *Friedrich Lücke* (1822), in: Sämtl. Werke Abt. 1 Bd. 2 (1836), 614; vgl. 617f über das Ziel der Reformation, „eine ewige Verbindung zu stiften zwischen dem lebendigen christl. Glauben und der nach allen Seiten freigelassenen, unabhängig für sich arbeitenden wiss. Forschung, so daß jener nicht diese hindert, und diese nicht jenen ausschließt“.

„Ich glaube wirklich, und hoffe auch immer zu glauben, und daß es auch noch lange nach mir und dann vielleicht noch mehr geglaubt werden wird als jetzt, daß beides sehr gut in demselben Subject bestehen kann [...], daß ein wahrer Philosoph auch ein wahrer Gläubiger sein und bleiben kann, und eben so, daß man von Herzen fromm sein kann und doch den Muth haben und behalten sich in die tiefsten Tiefen der Speculation hineinzugraben."[11]

‚Philosoph sein' dürfen wir in diesem Zusammenhang für alles nehmen, womit neuzeitliches Menschentum selbstbewußt dem christlichen Glauben gegenübertreten kann. ‚Fromm sein' aber steht, recht besehen, nicht nur bei *Schleiermacher* für eine tiefwurzelnde Christusbeziehung und eine lebendige Anschauung des geschichtlichen ‚Bildes' Jesu. Und zwar hat sich hier das so vermittelte religiöse Grundverhältnis offensichtlich sowohl im Bewußtwerden eines inneren Besitzes an absoluten Ideen (vom Prinzip der gottmenschlichen Einheit etwa sprach damals die spekulative Geistmetaphysik) wie auch bei der Begegnung mit relativierenden historischen Betrachtungsweisen als dermaßen verläßlich erwiesen, daß alles dieses – und noch viel mehr dazu – gelassen zur Kenntnis genommen werden konnte.

III. Spannungseinheit durchgehalten?

Man darf also davon ausgehen, daß der Zuversicht des Vermittelns zumindest bei den stärksten Vertretern der Richtung das glaubhafte Erleben einer ungespaltenen Spannungseinheit in ein und derselben Person zugrundeliegt. Wenn das so ist, dann wird auch begreiflich, daß daraus das angestrengte Bemühen erwächst, die gesamte in Erfahrung und Erkenntnis begegnende Wirklichkeit in ihrer Komplexität zuzulassen und sich und anderen in einer Vielfalt denkbarer Hinsichten präsent zu halten. Einer supranaturalistischen Zerklüftung der Wirklichkeit kann ebensowenig stattgegeben werden wie ihrer rationalistischen Einebnung. So ist es auch nur natürlich, wenn sich einzelne Denker – je nach individueller Eignung oder Neigung – etwa der *Hegel*schen Spekulation bedienen. Denn diese vermag ja für sie eine spannungsreiche, dynamisch-dialektische Verwirklichung und Vermittlung des Göttlich-Geistigen im Menschlich-Natürlichen aufs lebendigste vor Augen zu führen und auf den Begriff zu bringen. Und wenn ohnehin aus vermittlungs-theologischer Urerfahrung heraus die Lehre von Person und Werk des gottmenschlichen Mittlers zum Herzensanliegen aller Vermittlungstheologie werden

[11] ebd., 648f.

mußte[12], so boten sich für die Arbeit an der dogmatischen Überlieferung der christologischen Sätze und speziell an deren unabweisbaren ontologisch-metaphysischen Implikationen spekulative Gedankenoperationen regelrecht an. *Rothe*[13] und *Dorner*[14] sind von daher als vollendete Vermittlungstheologen zu betrachten. Ja, selbst der ‚freisinnig' spekulierende und kirchenpolitisch agierende Zürcher *Alois Emanuel Biedermann* (1819-1885) mag am äußersten Rande noch mitfigurieren. Wo jedoch sowohl das erweckliche wie das spekulative Element mit Bedacht ausgeschieden wird, wo also für eine mögliche existenzielle oder gar existenziale Verwurzelung metaphysischer Wirklichkeitsdeutung überhaupt kein Verständnis mehr aufgebracht werden kann, da ist die Geschichte der bisher besprochenen Vermittlungstheologie fürs erste zu Ende. Mit *Ritschl* und seiner Schule fängt dann allenfalls eine neu- und andersartige ‚Vermittlungstheologie' an.[15]

Freilich ist daraufhin auch die Frage zu stellen, ob es den genuinen Vermittlungstheologen bei aller ihrer Gelehrsamkeit und Vielseitigkeit in jeder Hinsicht und vor allem auf lange Sicht gelungen sei, das ihnen innerlich unmittelbar Gewisse und spannungsreich Bewußte auch begrifflich-theoretisch klar zu fassen und in einen einleuchtenden Zusammenhang zu bringen. „Was man suchte", heißt es in einem kritischen Rückblick, „war nicht Überwindung der Gegensätze von einer neuen höheren Einheit aus, sondern eben nur Vermittelung; die Personalunion der theologischen Motive vermochte keine Realunion zu gestalten, sondern wurde zum Eklektizismus."[16] Was die Vermittlungstheologen mit der Redundanz ihrer sprachlichen und gedanklichen Mittel auf argumentativer Ebene mitzuteilen wußten, mußte – wer könnte das gerade heute übersehen? – vielen ihrer Zunft- und Zeitgenossen sich als Quadratur des Zirkels darstellen. Das Vermitteln als solches war dann rasch als schlechte Apologetik, ja als plumpe Taschenspielerei oder eitles Blendwerk abgetan.

Wenn ferner das eifrig und emsig wahrgenommene Bedürfnis nach solchem Vermitteln aus einer anderen kaum einsehbaren Tiefenschicht herrührte, dann konnten sich dort zweifellos auch unbewußte oder sogar gewollte Selbsttäuschungen einmischen. Wo aber dem lebensgeschichtlich

---

[12] *Hirsch* erachtet als „das schicksalhafte Fragmal", das „zum Hauptfragmal der ganzen Vermittlungstheologie werden" sollte, „die Lehre von der Menschwerdung des Logos" : wie Anm. 6, 372 zu *Karl Daub*; vgl. ebd., 374, 376f u.ö.

[13] ebd., 395-410.

[14] ebd., 379-387.

[15] ebd., 558; *Helmut Thielicke*: Glauben und Denken in der Neuzeit. Die großen Systeme der Theol. und der Religionsphil., Tübingen 1983, 277f, läßt nur einen einzigen Vermittlungstheologen auftreten und diesen – den Zürcher *Alexander Schweizer* – eine denkbar schlechte Figur machen.

[16] *Horst Stephan/Martin Schmidt*: Gesch. der dt. ev. Theol. seit dem dt. Idealismus, Berlin 1960², 189; Berlin-New York 1973³, 229.

vermittelten und bewährten Grundgefühl des Vermittelnkönnens, ja des Vermittler- und womöglich Mittlerseins zu trauen ist (und das heißt auch: wo eine auf die Dauer gelungene, durch Identitätskrisen hindurch zur Reife führende religiöse und auch theologische Sozialisation beziehungsweise Professionalisierung vorauszusetzen ist), da läßt sich mit anderen, nicht dermaßen Begünstigten, über die Stimmigkeit der rationalen Begründungen und spekulativen Intuitionen nicht gut rechten. Hier liegen Stärken und Grenzen der zur Erörterung stehenden Vermittlungstheologie aufs engste beisammen. Die ‚natürlichen' Bedingungen ihrer Möglichkeit konnte sie nur in Grenzen selbstkritisch analysieren.

Ein Vorwurf tut ihren Vertretern aber gewiß Unrecht: Ihre „innere Schwäche" und „mangelnde geschichtliche Durchschlagskraft" stamme daher, daß sie alles hätten vermitteln, daß sie keinen letzten Gegensatz und keine echte Gegnerschaft hätten akzeptieren können und wollen.[17] Einen „prinziplosen Ausgleich" hatten sie durchaus nicht im Sinn.[18] *Ullmann* etwa suchte angelegentlich zwischen „absoluten" und „relativen" Gegensätzen zu unterscheiden: zwischen „schlechthin unauflöslichen", die im „reinen Widerspruch" enden, und solchen, die ein Gemeinsames voraussetzen, sich zwar in „Verschiedenheit und Entgegensetzung der Denkweise" bewegen, aber „in ein Höheres" zu überführen sind.[19] Gerade *Martin Luthers* Reformation mit ihrer entschiedenen Abgrenzung gegen die gesetzliche Unfreiheit der Papstkirche zur einen, die gesetzlose Freiheit der Schwärmer zur anderen Seite behauptete demnach „die wahre Mitte".[20] Auch hier wäre natürlich nachzuprüfen, wieweit solche Grundsätze durchgehalten oder solche Vorsätze wahrgemacht wurden. Immerhin läßt sich am Verhältnis zu römisch-katholischer Theologie eine Probe aufs Exempel machen.

IV. Ein erster Durchgang: Einfühlung und Hellsicht

Daß konfessionalistische Neuorthodoxie sich nicht ungern an der Seite eines gesellschaftlich-politisch konservativen Katholizismus sehen konnte, wurde schon angedeutet. Daß insbesondere der freie Protestantismus gegen den aufkommenden Ultramontanismus Front machen mußte, braucht nicht eigens betont zu werden; hier konnten auch Vermittlungstheologen (und zumal Leute des Evangelischen Bundes) ohne große Anstrengung des Begriffs mit von der Partie sein. Aber nun hatte

---

[17] *Johannes Wirsching*: Christologische Texte aus der Vermittlungstheol. des 19. Jh. (TKTG 8), Gütersloh 1968, 6.

[18] *Holte*: wie Anm. 9,29 unter Verweis auf *Ullmann*.

[19] Über Partei und Schule, Gegensätze und deren Vermittlung, in: ThStKr 9, 1836, 5-61, hier 20ff, vgl. 40ff, 45ff, 58; der Gegensatz zwischen Supranaturalismus und Rationalismus stellt sich für *Ullmann* als ein „principieller" 35ff, als ein „Krieg der Principien" dar 23; am Beispiel der Christologie verdeutlicht 38ff.

[20] ebd., 43.

sich kurz zuvor noch, dem ersten Drittel des Jahrhunderts entstammend, ja auch so etwas wie eine katholische Vermittlungstheologie an staatlichen Fakultäten (und auch an einigen bischöflichen Seminarien) herausgebildet. Mit mehr Glück und Kunst als *Georg Hermes* und die Hermesianer (die freilich zu Unrecht fast vergessen sind) arbeitete damals die ‚Katholische Tübinger Schule' an der Überwindung des Gegensatzes von traditionalistischer Schul- und modernistischer Aufklärungstheologie. Sie konnte für ihr organologisches Denken mit Vorliebe *Schleiermacher*sche Anregungen aufgreifen und daneben auch von den in der Luft liegenden spekulativen Begriffsbildungen Gebrauch machen. *Strauß*, der erklärte Bestreiter rechtshegelianischen wie *Schleiermacher*schen Vermittelns, sah die strukturelle Verwandtschaft auf das deutlichste: Es sei von Schleiermacher „eine Art, philosophische Principien auf gegebene Religionsformen anzuwenden, diese nach jenen und wieder jene nach diesen zu fälschen", vorexerziert worden, „mittelst deren es einem Andern, der darum an Geist und Scharfsinn noch kein Schleiermacher zu sein brauchte, nicht allzuschwer werden konnte, auch für die Lehre und Praxis der katholischen Kirche eine neue wissenschaftliche Rechtfertigung zu finden. So wußte Möhler die alleinseligmachende Papstkirche um kein Haar schlechter aus dem christlichen Bewußtsein abzuleiten, als Schleiermacher seinen Erlöser; wußte dem katholischen Traditionsprincip eine Gestalt zu geben, in welcher es dem modernen Princip des Fortschritts zum Verwechseln ähnlich sah; den Jesuitenorden aber, wie das Papstthum selbst, mit Hülfe einer Hegel nachgeahmten Geschichtsconstruction in dem Lichte einer normalen, nothwendigen Entwicklung zu zeigen, in welchem er nur allein die Reformation zu sehen sich beharrlich weigerte."[21]

Nun hatte zwar *Schleiermacher* seine Kunst des Vermittelns nur um des evangelischen Christentums willen aufgeboten – „denn ein romanistisches kann man freilich immer haben". Damit meinte er eines, das sich vor der Auseinandersetzung mit neuzeitlichem Bewußtsein und neuzeitlicher Wissenschaft auf sich selbst, auf ein stets mit sich identisches Kirchesein und Gläubigsein und auf das dort schon stets Gewußte und Gewisse zurückzieht.[22] *Schleiermachers* Schüler *Nitzsch* aber sah mit der Hellsichtigkeit eben des evangelischen Vermittlers gerade in dem strukturell ähnlichen geschmeidigen Unternehmen eines *Johann Adam Möhler* ein dem reformatorischen gänzlich fremdes Prinzip am Werk: immer noch und erst recht wieder jenes sich selbst begründende und genügende Bewußtsein der Kirche als der amtlich-autoritativen Instanz, in der substantielle Wahrheit und subjektive Gewißheit stets schon vermittelt sind. Gegen den umgekehrten Vorwurf *Möhlers*, der in der Reformation nur

[21] Erinnerungen an Möhler. Aufgezeichnet von einer verstorbenen Protestantin (1863), in: GS Bd.2,219-238, hier 221f.

[22] wie Anm. 10,612f.

eine gegenüber allen inhaltlichen Bestimmungen und gemeinschaftlichen Vermittlungen gleichgültige gnostisch-schwärmerische Subjektivität sich austoben sah, machte *Nitzsch* „die unbestreitbare Thatsache des protestantischen Erkenntnisgesetzes" bei eben jenen Reformatoren geltend. Dieses nämlich verwahrt sich „gegen alle einseitige Innerlichkeit und Subjectivität der Enthusiasten", „indem es streng auf's verbum externum hält und, vermöge eines echten Katholicismus der gemeinsamen Auslegung offener und deutlicher Schrift, folglich zugleich dem göttlichen Gemeingeist der Kirche vertraut".[23]

Genau mit diesem Grundsatz, welcher evangelisches Christentum von römisch-katholischem scharf scheidet, konnte der Vermittlungstheologe *Nitzsch* indes zugleich ein Gemeinsames benennen. Denn nicht ein nicht weiter zu begründendes und zu befragendes inneres Prinzip war nach ihm das Trennende, aber immerhin Vergleichbare. Auf Anhieb trennend, im Grunde aber verbindend konnte für ihn vielmehr eben die gemeinsame Befragung und Auslegung der außerhalb und öffentlich zugänglichen Heiligen Schrift sein. Einzig indem man auf dieses Äußere sich einlasse, so meinte er ja gut reformatorisch, dürfe man „zugleich dem göttlichen Gemeingeist der Kirche", dem Inneren also, trauen. Darin bestand das vermittelnde Angebot eines „echten Katholizismus", das er dem Gegner zu machen hatte. Er hatte übrigens, in echt vermittlungstheologischer Manier, mit dem Gegner eine Menge von Einzelfragen zu verhandeln. Da traf er den Kern der Sache mehr oder weniger gut. Aber insgesamt vermochte gerade dieser Vermittler der alles andere als konzilianten *Möhler*schen Symbolik die entschiedenste Erwiderung entgegenzusetzen. Dem rechtshegelianisch spekulierenden Dogmatiker *Philipp Konrad Marheineke* oder dem linksreformatorisch ausschwärmenden liberalen Historiker *Ferdinand Christian Baur* ist das damals längst nicht so unmißverständlich gelungen. Kritische Hellsicht, verbunden mit Einfühlung, bewiesen dann auch *Heinrich Julius Holtzmann* und *Karl von Hase*. Beide waren auf ihre Art vermittlungstheologisch geprägt.[24]

V. *Gaben für eine Begegnung?*

Jener bis hierher geschilderten Vermittlungstheologie läßt sich also eine beachtliche kontroverstheologische Qualifikation nachsagen. Doch wo

[23] Eine prot. Beantwortung der Symbolik von Dr. Möhler, in: ThStKr 7,1834,7-55, hier 17; Forts. 221-275, 481-521, 850-888; 8,1835,393-438 (dass. in: Ges. Abh. Bd.1, Gotha 1870, 127-317, hier 136); bei *Möhler* macht der Fiduzialglaube an das aus der autoritativen Instanz sprechende kirchl. Glaubensbewußtsein das gemeinsame Fragen nach der Substanz des Gesprochenen und zu Erkennenden wie auch nach dem Subjekt des Hörens und Erkennens letztlich gegenstandslos; vgl. Vf.: Glaubenseinheit und Lehrentwicklung bei Johann Adam Möhler (KiKonf 18), Göttingen 1971, hier v.a. 190-222 und 229-235.

[24] *Holtzmann*: Kanon und Tradition. Ein Beitr. zur neueren Dogmengesch. und Symbolik, Ludwigsburg 1859; *Hase*: Hb. der prot. Polemik gegen die röm.-kath. Kirche, Leipzig 1864, 1900⁷.

findet sie sich heute – heute, wo wir im ökumenischen Zeitalter leben? Eine Richtung oder Schule, die sich ausdrücklich der Vermittlung verschrieben hätte, gibt es ja derzeit in deutschsprachiger *evangelischer* Theologie nicht. Für die Extreme, zwischen denen einst ein Zusammenhalt oder ein Weg gesucht wurde, lassen sich nur mit vielen Klauseln Analogien ausmachen. Weder Fundamentalismus noch Barthianismus halten dieselbe Position oder üben die gleiche Funktion, die dem Supranaturalismus zu Anfang oder der Neuorthodoxie im weiteren Verlauf des vergangenen Jahrhunderts eigen waren. Historische Kritik (verbunden etwa mit einer Entmythologisierungsforderung) wie auch aktuelle Programmatik (etwa eine politische Theologie) sind vielfach zu stark noch der dialektischen Theologie verpflichtet, als daß sie kurzerhand dem damaligen Rationalismus zur Seite gestellt werden könnten. Ein Hang, den christlichen Glauben nach Relevanzen und Effizienzen zu bemessen, ihn auf allgemeine – soziologisch oder psychologisch zu analysierende – Funktionen hin zu instrumentalisieren und zu reduzieren, ist allerdings verbreitet. (Freilich nicht jedes Reflektieren auf solche Funktionen muß reduktionistisch verstanden werden, und ‚Auflösung der Theologie in Anthropologie' ist ein zwar gebräuchliches, aber auch arg mißbrauchtes Schlagwort.) Wer demgegenüber christliche und kirchliche Identität biblizistisch oder konfessionalistisch festzuhalten sucht, ist schließlich auch heute unversehens – wenn nicht absichtlich – in die bekannten unheiligen Allianzen (also etwa mit einem integralistischen Katholizismus) verstrickt.

Was in der Gegenwart am ehesten und am engsten mit vermittlungstheologischen Vorvätern verbindet, wird somit der entschlossene und bedachte Wille sein, in kirchlicher Verkündigung und Praxis ebenso wie in akademischer Lehre und Theoriebildung den gängigen und wechselnden Polarisierungstendenzen mit ihren Verblüffung erzielenden und Beifall heischenden Parolen zu widerstehen. Es geht darum, sich unvermuteten Herausforderungen zu stellen und doch dem begründeten Anspruch des Überlieferten nicht zu verweigern, oder auch umgekehrt, dem Anspruch der Überlieferung nachzukommen und doch auf die Herausforderung von Neuem einzugehen. Mehr hermeneutisch oder mehr analytisch gerichtete Arbeitsweisen können sich hierbei treffen. Mißverständnisse hin und her oder auch Halbheiten auf verschiedenen Seiten lassen sich kaum umgehen. Verlockend wäre es zu fragen, ob und wie da und dort sich auch wieder erweckliche oder spekulative Regungen zeigen. Bei *Paul Tillich* jedenfalls war beides noch einmal in großem Format zu erblicken.[25] Aber schreitet die Prozeßtheologie in den Vereinigten Staaten wirklich auf diesem Weg fort? Und ist *Wolfhart Pannenberg*, so gesehen, ein Vermittlungstheologe? „In der Tat: Dieses Buch ist Vermittlungstheologie im

[25] Er konnte sich auch durchaus die Prädikation „Vermittlungstheologe" gefallen lassen: GW Bd.7, Stuttgart 1962, 13f, vgl. 26f.

Vollsinne des Begriffs", konstatierte *Wolfgang Trillhaas* vor zwanzig Jahren, als ihm die „apologetischen Operationen" in den 1964 erschienenen „Grundzügen der Christologie" auffielen.[26] Überlieferte dogmatische Sätze und moderne kritische Theoreme auf einen Nenner zu bringen, ist allerdings für die historische Vermittlungstheologie typisch, an ihr aber auch problematisch. Sind humanwissenschaftlich exemplifizierte religiöse Selbsttranszendenz des Menschen und proleptisch logifizierte Sinntotalität der Geschichte, wie diese bei *Pannenberg* den gemeinsamen Nenner bilden, empirisch erwiesen oder wenigstens spekulativ gedacht? Da stellen sich Fragen, etwa im Blick auf trinitätstheologische Gedankengänge.[27] Zwar nicht geradezu spekulativ (sondern hier eher mit *Wilhelm Herrmann* und *Ritschl* Kasteiung übend), wohl aber auf die Erfassung einer ungespaltenen komplexen Gesamtwirklichkeit tendierend war *Rudolf Bultmanns* existentiale Interpretation des neutestamentlichen Kerygmas – und zudem voll erwecklicher Klänge. Ja, sind nicht durch *Ernst Fuchs* und seinen Schüler *Eberhard Jüngel* auch spekulative Fäden mit hineinverwoben oder daraus herausgesponnen worden?

Eindeutige ‚vermittlungstheologische' Indizien lassen sich, so müßte jetzt der Befund wohl lauten, über jenes Merkmal des Widerstands gegen Spaltungstendenzen hinaus für evangelische Theologen der neueren Zeit kaum aufzählen. Erweckliche Motive dürften immerhin nicht fernliegen. Denn, nicht zu vergessen: Die Grunderfahrung, daß in *einem* Subjekt Wirklichkeitsdimensionen und -interpretationen zusammenkommen und zusammengehalten werden können, denen man dies anhand ihrer Etikettierungen für den intersubjektiven Gebrauch nicht ohne weiteres anmerkt – eine derartige Grunderfahrung wird als Kern eines solchen Widerstands weithin vorauszusetzen sein. Ob und wieweit sie sich ‚erwecklich' oder gar ‚spekulativ' äußern kann und will, erscheint demgegenüber nicht so entscheidend. So oder so sollte freilich vermittelnde Theologie mit der Zeit fähig geworden sein, auf den Anteil des Deutungsbedürfnisses und Deutungswillens im Subjekt des Vermittelns zu reflektieren. Die abrundenden Gedanken, welche vor den einwärts gekehrten oder aufwärts oder vorwärts gewendeten Blick ein Ganzes stellen, dürfte sie nicht mehr als unmittelbare Abbilder einer so auch gegebenen und von sich aus sich zeigenden Realität ansehen. Vielmehr müßte sie einsehen, daß es überhaupt ihre Sache nicht sein kann, komplex begegnende und dennoch kohärent erfahrene Wirklichkeit doch noch auf irgendeinen tiefsten oder höchsten Konvergenzpunkt hin eindeutig und vollständig zu machen. In Ahnung dieses Umstands wagt sich denn auch heute wohl kaum einer ihrer Sachwalter mehr zu einer Gesamtschau nach Art des spekulativen Idealismus aufzuschwingen.

---

[26] Schluß der Rez., in: ThLZ 91, 1966,207-211.

[27] *Pannenberg*: Die Subjektivität Gottes und die Trinitätslehre. Ein Beitr. zur Beziehung zwischen Karl Barth und der Phil. Hegels, in: KuD 32,1977,25-40; ders.: Der Gott der Gesch. Der trinitarische Gott und die Wahrheit der Gesch., ebd.,76-92.

Aber die getrennten Christen und Kirchen hienieden mit ihren kontroversen Theologien – könnten die nicht allmählich zur Einheit und Fülle gelangen mittels einer in Wahrheit vermittelnden sogenannten dialogischen Theologie? Ihr müßte vielleicht die dialektische Theologie vollends Platz machen, nachdem sie das gegenseitige Sich-Ernstnehmen und Sich-beim-Wort-Nehmen eingeübt hat! Eine *katholische* Vermittlungstheologie, die bis hin zu frappierenden Einzelzügen der protestantischen des vorigen Jahrhunderts gleichsieht, gibt es jedenfalls mittlerweile.

VI. Ein zweiter Durchgang: Neueinstieg mit Selbsteinsatz

Es gab vergleichbare Bemühungen gewiß auch in der Zwischenzeit. Doch entweder kamen sie – gewollt oder ungewollt – fürs erste vornehmlich der Selbstbehauptung des römischen Autoritätsprinzips zugute, wie dies alsbald mit den meisten Anschauungen der Tübinger Schule und speziell *Möhlers* geschehen war. Oder aber sie wurden von der lehramtlichen Vertretung des katholischen Glaubensbewußtseins als fremd angesehen und verworfen – der Hinweis auf Modernismus, Reformkatholizismus und Nouvelle Théologie muß hier genügen. Erst nach 1950, dem Jahr der Enzyklika „Humani generis" („über etliche falsche Ansichten, welche die Fundamente der katholischen Lehre zu untergraben drohen") sowie der apostolischen Konstitution „Munificentissimus Deus" („über die leibliche Aufnahme der seligen Jungfrau Maria in den Himmel"), und sodann im Umkreis des Zweiten Vatikanischen Konzils konnte sich vor allem im deutschsprachigen, niederländischen und französischen Katholizismus eine Theologie einbürgern, die Glauben und modernes Bewußtsein, Dogma und historisch-kritische oder empirisch-kritische Forschung, überhaupt Kirchlichkeit und weltliche Wissenschaften zu vereinbaren wußte. Und dies so, daß nicht jedesmal aufs neue eine Kluft zwischen der römischen Autorität und diesen theologischen Neuformulierungen aufzubrechen brauchte. Das Eindringen einer solchen Theologie ins offizielle katholische Glaubensbewußtsein kann man mit Grund als das wichtigste Ereignis des Konzils betrachten – dort am sprechendsten dokumentiert durch die Entstehungsgeschichte der Offenbarungskonstitution „Dei verbum".[28]

Was nunmehr von Exegeten und Systematikern dem obersten Lehramt der römischen Kirche in hingebender und entsagungsvoller Deutungsarbeit ins Ohr gesagt und ans Herz gelegt wird , redet nicht länger einer expansiven Traditions- und Dogmenentfaltung das nachträgliche oder vorauseilende Rechtfertigungswort. Es soll vielmehr der rückbindenden Ausrichtung an den Ursprung dienen, den das Lehramt für sein Wissen und Bewußtsein ja auch stets schon in Anspruch genommen hat. Jetzt

[28] vgl. Vf.: Viva vox evangelii in Ecclesia. Beobachtungen an der dogm. Konst. „Über die göttliche Offenbarung", in: MdKI 17,1966,41-50.

aber soll ihm umgekehrt und durchaus folgerichtig dank der vermittelnden Dolmetscherkunst der Theologen – womöglich nach dem Kanon eines katholisch verstandenen ‚sola scriptura' – erst richtig zu Gehör gebracht und in den Mund gelegt werden, was es in Auslegung jener Ursprungsoffenbarung einzig und allein gemeint haben kann (etwa bei einstigen Definitionen) beziehungsweise künftig meinen kann.[29]

Für einen solchen vermittlungstheologischen Selbsteinsatz wird in vieler Hinsicht *Karl Rahner* (1904-1984) unvergeßlich bleiben. In unserem Zusammenhang muß das Augenmerk schon wegen der beiden mehrfach genannten Gesichtspunkte auf ihn fallen. Seine persönliche, nicht zuletzt aus den ignatianischen Exerzitien gespeiste Frömmigkeit läßt ja überall ein ‚erweckliches', geradezu ein mystagogisches Element verspüren. Seine Interpretation des Lehramts und der Dogmen sodann vollzieht sich in Gestalt eines von sonst keinem mehr erreichten spekulativen – genauer: transzendental-ontologischen – Entwurfs.

Um den Erweis der seinsmetaphysischen, anthropologischen und geschichtsphilosophischen Denkmöglichkeit, ja Denknotwendigkeit vor allem der kirchlichen Lehre von der Menschwerdung und vom gottmenschlichen Erlöser also geht es. *Rahner* weiß sich dabei keineswegs von *Hegel* bestimmt. Vielmehr will er sich einzig von der immanenten Logik des Sachgehalts der Aussage sowie von der „Aporetik" und „Selbsttranszendenz" der überlieferten Formeln und Begriffsprägungen leiten lassen. Daß es auf seinem Weg protestantische Vorgänger gab, braucht er demnach nicht zu wissen. Umso überraschender sind dann die Sachparallelen, die sich – bei allen Stil- und Aspektnuancen – bis in einzelne Wendungen der Argumentation hinein erstrecken. Nur einiges wenige sei anhand von Stichproben bei *Dorner* illustriert.

VII. Erkundungsgänge zu Notwendigkeiten

Für *Rahner* darf der Anschein nicht bestehen bleiben, als sei die vom ewigen Logos in der Inkarnation angenommene menschliche Natur die bloß zum Zweck menschenähnlichen Auftretens angelegte „Livrée" eines mythologisch-willkürlich agierenden Gottwesens, beziehungsweise als sei der Glaube daran ein bloß autoritativ veranlaßter Zustimmungsakt.[30] Denn bei tieferem Eindringen zeigt sich doch, daß Menschsein als solches, in seinem Selbstvollzug als „offene Transzendenz", „auf das absolute Sein Gottes" verweist[31] und daß es ferner für seine vollendete Ver-

---

[29] vgl. Vf.: Hermeneutische Probleme in der neueren röm.-kath. Theol., in: Erneuerung der Einen Kirche. FS Heinrich Bornkamm (KiKonf 11), Göttingen 1966,200-229, hier 209ff; ders.: Das röm. Lehramt in prot. Erfahrung, in: FZPhTh 24,1977,23-52, hier 34ff.

[30] vgl. Schr. zur Theol. Bd.1, Einsiedeln 1954,176 (mit Anm.3),187,194,200f,208f,219; Bd.4, Einsiedeln 1960, 123 u.ö.

[31] Systematik der kirchl. Christologie, in: LThK Bd.5, 953-961, hier 956; vgl. Schr. zur Theol. Bd.1, 204f, 207f; Bd.4, 141ff.

wirklichung auf ein ihm entgegenkommendes, menschliches Sein selbst sich zu eigen nehmendes göttliches Sein angewiesen ist.[32] So ergibt sich die „transzendentale" Notwendigkeit eines gottmenschlichen Mittlers als des „absoluten Heilbringers".[33] Grundsätzlich ebenso stellte sich der Sachverhalt für *Dorner* dar. Auch hier konnte die angenommene Menschheit nicht nur ein äußerliches „Gewand" sein[34], wenn doch zur vollkommen verwirklichten „Idee der Menschheit" der „absolute Gottmensch" hinzugehörte.[35]

Dem Glaubensdenken beider ist es selbstverständlich, daß das, was dergestalt sich vom Menschsein her gesehen als transzendental notwendig erweist, gar nicht zu denken möglich wäre, wenn nicht Gott selbst schon in sich, in seiner ewigen dreieinigen Liebe, der wirklich und wirksam sich selbst Mitteilende wäre. Denn eben als dieser will Gott außer sich auch geschaffenes Sein. Und er will als Aufgipfelung jenes anderen Seins die endliche geistige Kreatur Mensch, damit er sich dieser als dem anderen seiner selbst mitteilen könne *und* damit diese in ihrer Selbstweggabe an ihn ihre Erfüllung finde. Gott will also von Ewigkeit her seine eigene Menschwerdung in der Zeit, sein Gottsein als Mensch.

„Gott kann etwas werden", sagt *Rahner*, „der an sich selbst Unveränderliche kann selber am anderen veränderlich sein."[36] „Daß Gott sich ohne Selbstverlust mittheilen kann an die Welt", ist für *Dorner* im dreieinigen „Organismus der absoluten göttlichen Persönlichkeit" begründet.[37] Für diese gilt die „Ontologie oder Metaphysik der Liebe".[38] Erkennbar wird hier „die Kraft, im Andern bei sich zu bleiben und bei sich seiend auch im Andern sein zu können. Denn das ist die Art oder Kunst

---

[32] Von der unio hypostatica des ewigen Logos mit dem Menschsein Jesu ist zu sagen, daß sie „eine real-ontologische Bestimmung der menschlichen Natur, und zwar ihre ontologisch höchste ist (oder eine solche impliziert)" Bd.1,191; vgl. Ausdrücke wie „einmaliger Höhepunkt", „einmalige Aufgipfelung" u.ä. Bd.1,183ff, vgl. 181 Anm.1, 196 Anm.1,219f; Bd.3, Einsiedeln 1956,56; Bd.5, Einsiedeln 1962,235; die Inkarnation kann also verstanden werden „als die höchste Verwirklichung des Grundverhältnisses, das zwischen Gott und geistiger Schöpfung überhaupt obwaltet", Bd.1,38; vgl. 204-208.

[33] Grundlinien einer syst. Christologie, in: ders./*Wilhelm Thüsing*: Christologie – syst. und exegetisch (QD 55), Freiburg 1972,15-78; 20-24; vgl. Bd.1,30; Bd.5,202ff.

[34] System der christl. Glaubenslehre Bd.1, Berlin 1879[1], Bd.2 1881[1], Teilbd.2/1 1886[2], Teilbd.2/2 1887[2], hier Bd.1,645,656 Anm.; daß *Dorner* mit seinen Erwägungen nicht allein, sondern in einem verzweigten Diskussionszusammenhang steht, macht er selbst deutlich (am nächsten steht ihm wohl der Däne *Hans Martensen*); für einen Vergleich mit *Rahner* wäre vor allem noch *Rothe* interessant.

[35] ebd., Bd.1,647: „Der absolute Gottmensch hat Raum in der Idee der Menschheit, ja er gehört zu ihrer Vollkommenheit, weil nur durch ihn die vollkommene Gemeinde Gottes kann verwirklicht werden, sodann weil auch die persönliche Vollendung durch ihn bedingt ist."

[36] wie Anm.30, Bd.4,147 mit Anm.3; vgl. Bd.1,197ff,205; Bd.4,125f,146,148 f.

[37] wie Anm.34,Bd.1,330 und 395f.

[38] ebd., Bd.1,420, vgl. 310ff,323-330; Bd.2,424f, 441f.

der Liebe."[39] Es ist „alles in Gott für die Liebe da".[40] So besteht in Gott auch von Ewigkeit her die Bereitschaft zur Menschwerdung des Logos.[41]

Was solcherart vom konkreten menschlichen sowohl wie vom lebendigen göttlichen Seinsvollzug her als möglich und notwendig zu denken ist, ist schließlich vom endlichen Menschen allein in geschichtlicher Kontingenz als wirklich zu erkennen. Nirgends anders als in dem einen Menschen Jesus konnte und kann er faktisch den gottmenschlichen Mittler finden. In diesem aber nimmt er die Mitte aller Wirklichkeit, die Mitte der Menschheit und der Weltgeschichte wahr.[42] Gemeinsam für *Rahner* und für *Dorner* ist somit auch die kosmische Dimension der Christologie.[43] Gemeinsam ist ebenfalls der – einst vor allem von Franziskanertheologen (*Duns Skotus* und anderen) vertretene – Gedanke einer Notwendigkeit der Menschwerdung abgesehen vom Sündenfall.[44] Gemein-

---

[39] ebd., Bd.1,427f Anm.1.

[40] ebd., Bd.1,439 im Zusammenhang der Eigenschaftenlehre.

[41] ebd., Bd.1, 644; Bd.2, 388, 393, 396f.

[42] zur Identifizierung Jesu Christi als des einen, in gesch. Kontingenz existierenden Gottmenschen vgl. bei *Rahner*: wie Anm.30, Bd.1, 144; *Rahner* kann ebd., Bd.4, 123 und 150 sagen: „Mensch ist möglich, weil Ent-äußerung des Logos möglich ist", und: „Die Abkürzung, die Chiffre Gottes ist der Mensch, d.h. der Menschensohn und die Menschen, die sind, letztlich, weil es den Menschensohn geben sollte. Wenn Gott Nicht-gott sein will, entsteht der Mensch, gerade das und nichts anderes [...]"; *Dorner* ist ja am ehesten noch mit der Lehre von Jesus als dem „Centralindividuum" der Menschheit (der Weltgesch., vor allem auch der Religionsgesch.) bekannt geblieben; vgl. Sätze wie: „In dem Menschensohn, der Gottessohn, weltwirkliches Ebenbild Gottes werden kann, ist die Welt zu der Spitze ihrer objectiven Wirklichkeit Gott gegenüber gelangt. In ihm ist die Schöpfung erst vollendet", wie Anm. 34, Bd.2, 395; „Nur durch Menschwerdung des Logos in seiner Totalität als göttlichen Ebenbildes und Weltcentrums ist derjenige möglich, der ohne Einseitigkeit gesch. Mittelpunkt der Welt zu sein bestimmt ist", ebd., 427; es „ist die Menschheit Christi zum creatürlichen Weltcentrum dadurch bestimmt, daß das göttliche Weltcentrum sich mit ihm schlechthin geeinigt hat", ebd., 429; vgl. Bd. 1, 729; Bd. 2., 398ff, 422; die Antrittsenzyklika Papst *Johannes Pauls II.* vom 4. März 1979 beginnt übrigens mit dem Satz: „Redemptor hominis Jesus Christus est centrum universi et historiae", in: AAS 71, 1979, 257.

[43] vgl. zu *Dorner* wie Anm. 34, Bd.2, 428f: „Die Menschwerdung Gottes ist auch ein kosmisches und metaphysisches Faktum, so gut, ja noch mehr als die Schöpfung von Menschen und Vernunftwesen überhaupt [...] Das war Gottes Wohlgefallen und Freude, das Elend unserer Gattung anzusehen und gerade sie zum Schauplatz der herrlichsten Offenbarung seiner Liebe und Gnade zu machen, von einem unscheinbaren Punkt des Alls, einem ‚Bethlehem des Weltalls' die weitreichendsten seligen Wirkungen ausgehen zu lassen" (die zit. Wendung stammt von *Rothe*); zu *Rahner*: wie Anm. 31 erste Angabe, 955 „kosmische Christozentrik" und vor allem den Aufs.: Christologie innerhalb einer evolutiven Weltanschauung, in: Schr. zur Theol. Bd. 5, Einsiedeln 1962, 183-221.

[44] *Dorner*: wie Anm. 34, Bd. 1, 638, 658; Bd. 2, 245; *Rahner*: wie Anm. 30, Bd. 1, 38ff; Bd.5, 213ff; zur scholastischen Differenz in dieser Frage – aus reformatorischer Theol. wäre *Andreas Osiander* zu nennen – vgl. *Walter Mostert*: Menschwerdung. Eine hist. und dogm. Unters. über das Motiv der Inkarnation des Gottessohnes bei Thomas v. Aquin (BHTh 57), Tübingen 1978.

sam ist überdies die Vorstellung von einer eigenständigen Entwicklung des menschlichen Personseins Jesu unbeschadet der Personeinheit in und mit der göttlichen Hypostase des Logos. Auf den letztgenannten Vergleichspunkt ist ein anderer katholischer ,Vermittlungstheologe' aufmerksam geworden – zufällig, wie es scheint. *Piet Schoonenberg* ist meines Wissens bisher der einzige, der überhaupt die Vorform heutiger katholischer Interpretationsinteressen bei protestantischen Theologen des letzten Jahrhunderts, speziell bei *Dorner* wahrgenommen hat.[45]

Es wurde soeben ein älteres protestantisches und ein neueres katholisches Beispiel spekulativen Bemühens um christologisches Verstehen nebeneinander gestellt, dies freilich einigermaßen schematisch. Beidemal läuft es darauf hinaus, den dogmatisch formulierten Anspruch der Kirche, der Jesus Christus als den einzigartigen und unüberholbaren Heilbringer für alle Menschen, ja für die ganze geschaffene Wirklichkeit proklamiert, als gar nicht so weit hergeholt in den Blick zu bekommen. Dieser Anspruch erweist sich dem Denken als zusammenstimmend sowohl mit dem, was von jenem Menschen Jesus historisch gewußt werden kann, wie auch mit dem, was in jedem Menschen elementar als Prinzip oder Idee eines zu erlangenden ,Christus'-Heils oder einer zu verwirklichenden ,Christus'-Gestalt erfahrbar ist. Aber nicht nur zusammenstimmend! Eben in solcher Erfahrbarkeit und Denkbarkeit zeigt sich vielmehr der Realgrund dafür, daß die geschichtliche Gestalt Jesus als der eine und einzige Christus des Heils und des Glaubens angesprochen wurde beziehungsweise immer wieder angesprochen werden wird – und zwar als genau derselbe, den das Kerygma des Neuen Testaments wie das Dogma der Kirche auf seine Weise ausgesagt hat und aussagt.

Bewegt sich hier das Denken in einem Zirkel? Oder ist es nicht auch da wieder die lebensgeschichtlich in der Gemeinschaft einer Kirche schon vermittelte Glaubensbeziehung zu Jesus Christus, aus der allererst ein solcher Wille zu denkerischer Vermittlung erwächst und aus der zu allerletzt oder zu allerhöchst in spekulativ veranlagten Köpfen sich die Schau apriorisch, transzendental-ontologisch begründeter Vollzüge und Verweise erzeugt? In der Tat, *Rahner* selbst entwickelt seine „transzendentale Christologie" systematisch auf der Grundlage einer „Phänomenologie unseres Verhältnisses zu Jesus Christus", „wie es faktisch in den christlichen Kirchen verstanden und gelebt wird".[46] Somit hätte sich nur aufs neue die uns schon länger begleitende Beobachtung bestätigt.

[45] Denken über Chalkedon, in: ThQ 160, 1980, 295-305.

[46] Grundlinien einer syst. Christologie, 18f; vgl. die Forts.; über diese gelebte Christologie geben allein schon in den „Schriften" eine Vielfalt meditativ-reflektierender Beitr. Aufschluß; man mustere nur die Inhaltsverz. der 16 Bd.; wichtig ist, daß *Rahner* dieses christozentrisch gelebte Gott-Mensch-Verhältnis auch in einem nicht explizit (christus-)gläubigen Lebensvollzug vermittelt sehen kann (und daß nicht zuletzt von daher und daraufhin die spekulativen Vermittlungen gedacht sind).

VIII. Lerngewinn auf getrennten Wegen

Was könnte es aber besagen, wenn jene Grunderfahrung und dieser Vermittlungswille heutzutage noch einmal, diesesmal jedoch bei einem herausragenden katholischen Theologen, nahezu dieselbe Gestalt annimmt, die bald ein Jahrhundert zuvor in evangelischer Theologie vorübergehend geläufig war? Ist es unbewußtes Nachholen – unbewußt auch des Umstands, daß das unbewußt Nachgeholte seinerzeit ohne Wissen seiner Protagonisten, eines *Dorner* etwa um 1880, schon überholt war? Daß es nur das sei, ist nicht gesagt; es gibt auch sinnvolle Phasenverschiebung und notwendige Wiederholung. Und selbst als ein Nachgeholtes und Nachzuholendes ist es sehr wohl nachvollziehbar. Man kann sagen: Ein solches spekulativ-vermittelndes Interpretieren des Dogmas ist heute in katholischer Theologie nötig, aber auch möglich und wirksam geworden just im Gegenüber zu einem Lehramt, das zwar wie bisher dieses Dogma vertritt, das aber endlich auf diese Weise über sich selbst, über seine Autorität und über die Dogmen sonst mit sich reden läßt. Ein Übersetzen und Überreden dieser Art ist in evangelischer Theologie nicht mehr nötig (und auch kaum mehr möglich), weil die Herausforderung zur Rechenschaft über das Dogma so nicht mehr besteht, wie sie im vorigen Jahrhundert für viele noch bestanden hatte – wohlgemerkt: auch ohne ein derart gegenüberstehendes oberstes Lehramt.

Wenn es so steht, ist aber dieses katholische Vermitteln nicht nur als etwas womöglich auch bald vollends Überholtes gerade noch aus der Entfernung begreiflich. Es ist vielmehr, ob nun spekulativ oder etwa humanwissenschaftlich-apologetisch inszeniert, von innen einfühlbar als etwas, das jedenfalls in Grundzügen auch ein Eigenes, aus vergleichbaren Erfahrungen und Bedürfnissen Erwachsendes repräsentiert. Wir können katholische Theologen unter ihren geschichtlich-institutionellen Bedingungen Ähnliches tun sehen wie das, was wir unter den unsern teilweise einst getan haben und was wir unter veränderten Bedingungen teilweise heute anders tun. Vermitteln wirkt vermittelnd: Subjekte des Vermittelns erkennen sich, über Gegensätze hinweg, in ihresgleichen wieder. Macht Vermitteln auch mitteilsam? Heißt das Gesagte denn nicht, daß wir uns in das Einfühlbare einträchtig teilen können? Daß wir das Gleiche oder doch Vergleichbare also zur gemeinsamen Sache zu machen und über das Trennende uns endlich zu vergleichen hätten? Auf alle Fälle erweist sich ein katholischer Vermittlungstheologe von der Art *Rahners* (wie einst zum guten Teil die protestantischen) interkonfessionell auch im Detail höchst gesprächsfähig.

Oder bedeutet es , daß wir – wiederum wie nicht wenige evangelische Vermittlungstheologen einst – gerade im Vergleichbaren um so schärfer die andersartigen Bedingungen oder gar ein fremdes, gegensätzliches ‚Prinzip' herrschen sehen? Soll man versuchen, wie das – beflügelt vom Aufbruch des Zweiten Vatikanischen Konzils und wohl auch von

*Rahner*schem Geist – *Heinrich Ott* damals vorgemacht hat, in „konvergierender Interpretation" die Aussagen des Ersten Vatikanischen Konzils noch evangelischer zu verstehen als katholische Dolmetscher sie (und sich selbst dazu) verstehen können?[47] Oder muß man, wie jüngst *Eilert Herms*, in den *Rahner-Fries*-Thesen über die Einigung der Kirchen mit ihrem ganzen Interpretationsaufgebot nur den Anspruch einer lehramtlichen Instanz aufrechterhalten und gerechtfertigt sehen, die in Sachen christlicher Wahrheit alles Inhaltliche notfalls auf sich beruhen lassen und alles vertragen kann, nur nicht einen expliziten Widerspruch gegen ihren Anspruch selbst?[48]

Ich meine, die interpretierende Vermittlung der Postulate und Positionen des römischen Lehramts müsse wohl oder übel von den katholischen Beteiligten und Betroffenen unter den Bedingungen ihres Christseins und Theologeseins selbst getan werden. Dies scheint mir nicht anders möglich zu sein, weil und solange sie bei allem Neuen, Schriftgemäßen und Evangeliumsgemäßen, das sie ihrem obersten Lehramt ans Herz und in den Mund legen möchten, sich ihrerseits immer noch zum Anwalt und Sprecher eben eines solchen Lehramts machen müssen, das keinen ausgesprochenen Widerspruch hören will und kann. Gereizte Entgegnungen auf protestantische Einwände gegen die *Rahner-Fries*-Thesen zeugen davon.

Ich meine aber auch, daß mit einer solchen Enthaltung eine weitgehende Einfühlung in die katholische Haltung Hand in Hand gehen könne und müsse. Einfühlbar ist, gerade angesichts der ganz verschiedenen Vermittlungsbedingungen, daß katholische Theologen mit ihren Vermittlungen faktisch dem lehramtlichen Glaubensbewußtsein schwer Verträgliches zumuten. Vermitteln heißt hier offensichtlich wieder einmal: sich zwischen die Stühle setzen. Dies hätten evangelische Vermittler nach ihrer Seite hin zu interpretieren. Eine solche Einfühlung fehlt mir bei *Herms*; und eben diese Zumutung bezeugen die römischen Reaktionen auf die *Rahner-Fries*-Thesen.

---

[47] Glauben und Bekennen. Ein Beitr. zum ökum. Dialog (Begegnung 2), Basel 1963, hier 14; ders.: Die Lehre des I. Vatikanischen Konzils. Ein ev. Komm. (Begegnung 4), Basel 1963.

[48] *Heinrich Fries/Karl Rahner*: Einigung der Kirchen – reale Möglichkeit (QD 100), Freiburg 1983, erweitert um einen Bericht über „Zustimmung und Kritik" 1985²; dazu *Herms*: Einheit der Christen in der Gemeinschaft der Kirchen. Die ökum. Bewegung der röm. Kirche im Lichte der reformatorischen Theol. – Antwort auf den Rahner-Plan (KiKonf 24), Göttingen 1984, hier 23: „Primärer Anerkennungsgegenstand ist statt des positiven Gehalts der von einem Sprecher gesprochenen Sätze vielmehr dessen Person. Und zwar diese Person als eine solche, die *alles* verträgt – nur nicht den expliziten Widerspruch"; einem derart „verblendeten Sprecher" ist „in seinem und im Interesse aller Menschen durch Widerspruch entgegenzutreten"; vgl. auch ders.: Ökumene wohin? MdKI 25, 1984, 107-114.

IX. Verlegenes Wiedererkennen

Ist nicht schon das gegenseitige Wiedererkennen bei dem oft ratlos und mutlos machenden Geschäft der Vermittlungen eine Hilfe? Auch wenn wir an den Bedingungen, unter denen jetzt der Partner jeweils seine Erfahrungen macht, nicht unmittelbar teilhaben können, sind doch die Erfahrungen selbst ein gutes Stück weit mitteilbar, austauschbar und nutzbar geworden. Am Ende vergehen weniger als weitere hundert Jahre, bis wir miteinander – und nicht länger nur mitteilsam-nebeneinander – die vermittelnde Arbeit tun können, die angesichts der Kirche und Theologie entzweienden Gegenkräfte ohne Zweifel an der Zeit bleiben wird. Mit Zeiträumen solcher Größenordnung muß man allerdings, wie *Rahner* wohl wußte, vernünftiger-, gläubiger- und vermittelnderweise rechnen.

Doch welche Möglichkeit ist denn heute schon die ‚realere', und mit welcher gilt es gegebenenfalls dringlicher Ernst zu machen? Ist es die von *Rahner* und *Fries* in Aussicht gestellte „Einigung der Kirchen", die zwar nicht die explizite dogmatische Anerkennung der Definitionen des Ersten Vatikanischen Konzils, wohl aber die verfahrensrechtliche eines „legitimen Führungsanspruchs Roms" als des „Haupts aller Teilkirchen" einschließen muß?[49] Oder ist es – im Sinne des vermittelnden Arguments, das *Nitzsch* bereits vor über 150 Jahren nannte – die Möglichkeit eines „echten Katholizismus der gemeinsamen Auslegung offener und deutlicher Schrift"?[50] Oder kommen, wenn man so fragt, doch wieder unvereinbare Prinzipien ins Spiel? Aber am Zugänglichbleiben der heiligen Schrift war ja auch *Rahner* in früheren, nicht so drängenden Voten gelegen. Und *Nitzsch* wollte aus jenem – zugegeben evangelisch verstandenen – echten Katholizismus keineswegs die kirchliche Tradition ausgeschlossen wissen. Nährt doch sein Vermittlungsvorschlag geradezu die Erwartung, daß wir dank gemeinsamen Erfahrungen mit dem verbum externum alle zusammen dem „göttlichen Gemeingeist der Kirche" Größeres zuzutrauen vermöchten!

---

[49] wie Anm. 49, 1985², 35-53, 66, 100; es zeigt sich dort, daß es sich – auch ohne explizite Anerkennung der Papstdogmen – durchaus um eine „Glaubensentscheidung" handelt, wenn die der Einheit beitretenden Teilkirchen „das Petrusamt als eine auch für sie verpflichtende Größe anerkennen müssen" 98, und daß das anzuerkennende Petrusamt sehr wohl auch eine – iure humano modifiziert zu regelnde – „Ausübung des röm. Lehrprimates" „gegenüber allen diesen Teilkirchen" beinhaltet 101; vgl. 98f, 102ff.

[50] wie Anm. 23, erstes Zitat.

Andreas Rössler

Konsensformulierungen im deutschen Protestantismus von 1817 bis 1922

I. Anstöße zu protestantischer Einheit

Anders als die weltweit geeinte, durch die Klammer einer hierarchisch gegliederten Jurisdiktion und eines (letzt)-verbindlichen Lehramtes zusammengehaltene römisch-katholische Kirche müssen die reformatorischen Kirchen ihre Einheit erst suchen. In jeder Kirche muß es unterschiedliche Positionen, also theologische und kirchenpolitische Richtungen oder Schulen geben dürfen; das gehört zum erforderlichen Spielraum eigener Aneignung der Botschaft. Eine einheitliche Kirchenorganisation auf Weltebene mag sogar die christliche Freiheit beeinträchtigen. Die Vielfalt autonomer Landes- und Nationalkirchen muß kein Schaden sein. Schließlich ist es sogar erträglich, daß sich die reformatorischen Kirchen auf unterschiedliche Bekenntnistexte aus dem 16. Jahrhundert beziehen. Bei aller legitimen Vielfalt in Jurisdiktion, Konfession und Position ist aber die praktische Zusammenarbeit, die volle gegenseitige kirchliche Anerkennung und die eucharistische Gemeinschaft erforderlich, um nicht die in Jesus Christus gegebene Einheit zu verdunkeln. Diese Kirchengemeinschaft der reformatorischen Familienverwandten setzt einen Grundkonsens voraus, eine Übereinstimmung also in den fundamentalen Fragen des christlichen Glaubens und Lebens. Der Grundkonsens kann evangelischerseits nicht von einem exklusiven, kirchenleitenden Lehramt verordnet werden, muß sich vielmehr in einem Prozeß ergeben, an dem alle teilnehmen dürfen, die sich im Sinne des allgemeinen Priestertums der Glaubenden dazu gerufen wissen.

Seit Anfang des 19. Jahrhunderts hat sich eine gesamtprotestantische Einigung als besonders dringlich erwiesen. Mit dem Ende des Heiligen Römischen Reiches Deutscher Nation endete 1806 die konfessionelle Geschlossenheit der vielen einzelnen Territorien, die seit dem Augsburger Religionsfrieden 1555 gegeben war. Ebenfalls ging das seit 1653 bestehende Corpus Evangelicorum zu Ende, ein Verbund deutscher Fürsten lutherischer und reformierter Konfession, der eine gesamtprotestantische Gemeinsamkeit wenigstens angedeutet hatte. In den durch die politischen Neuordnungen in Mitteleuropa entstehenden neuen und größeren deutschen Territorien waren Lutheraner, Reformierte und Katholiken zusammengewürfelt. Den Protestanten wurde ihre eigene Gespaltenheit deutlich.

Theologische Strömungen drängten schon seit einiger Zeit auf mehr innerprotestantische Einheit hin und machten teilweise auch vor dem evangelisch-katholischen Gegensatz nicht Halt. Geistig so unterschiedliche Bewegungen wie der Pietismus und die Aufklärung betonten ein gelebtes Christentum, das wichtiger sei als die Lehrdifferenzen. „Es kommt ja wahrlich nicht darauf an, ob einer katholisch, lutherisch, reformiert, Mennonit, Herrnhuter oder Pietist ist, sondern es kommt darauf an, ob er von Herzen nach dem klaren, schlichten Begriff des Evangeliums an Christus glaubt", bekennt der pietistisch gesonnene Arzt *Johann Heinrich Jung-Stilling*.[1] In einem Rundschreiben des Speyerer Generalkonsistoriums der von Aufklärung und Liberalismus beeinflußten Pfälzer Union heißt es am 2. Februar 1818: „Alle ächten Protestanten stützen ihre Lehre auf das reine Evangelium Jesu – und erkennen außer diesem, ihrem Gewissen und dem freien Vernunft-Gebrauche, keine andern Quellen ihres Glaubens, ihrer Liebe und Hoffnung. Sie waren bisher blos durch todte Worte und zufällige Namen getrennt, jedoch im Geiste und in der Sache selbst beständig vereint".[2]

Dazu kamen praktische Erfordernisse. Den Mitarbeitern neugegründeter Missionsgesellschaften wie der Deutschen Christentumsgesellschaft (1780) oder der Basler Mission (1815) war deutlich, daß die Christusbotschaft wenig glaubwürdig wirkt, wenn sich die Kirchen gegenseitig das Wasser abgraben. Auch Bibelgesellschaften wie die British and Foreign Bible Society (1804) konnten für das konfessionelle Gegeneinander zumal im Bereich der protestantischen Glaubensfamilie kein Verständnis aufbringen, berief man sich doch auf die Heilige Schrift als die gemeinsame Glaubensquelle.

Die gesamtprotestantischen Bemühungen im 19. Jahrhundert beschränkten sich nicht auf den deutschsprachigen Raum. Die Äußere Mission wurde bei der Ersten Internationalen Missionskonferenz in London (1878) und der Weltmissionskonferenz zu Edinburgh (1910) in einen überkonfessionellen, internationalen Rahmen gestellt. Unter den säkularisierten und innerlich vereinsamten Menschen wurde evangelisiert. Das führte zur Gründung der Young Men's Christian Association (YMCA, London 1844), die 1855 in der „Pariser Basis" eine lehrmäßige Grundlage bekam.[3] Es folgte der 1895 von *John Mott* gegründete Christliche Studentenweltbund. Beide Weltbünde entstanden unter deutscher Mitwirkung und hatten ihre deutschen Zweige. Dasselbe gilt für die Evangelische

---

[1] *Martin Rang*: Die Kirche in Vergangenheit und Gegenwart, Ausg. A Bd. 2, Göttingen 1974[4], 209.

[2] *Gerhard Ruhbach* (Hg.): Kirchenunionen im 19. Jh. Texte zur Kirchen- und Theol. gesch. H. 6, Gütersloh 1982[3], 49.

[3] *Hans-Walter Krumwiede* u.a. (Hg.): Kirchen- und Theol.gesch. in Quellen Teilbd. 4/1, Neukirchen-Vluyn 1979, 233f.

Allianz (London 1846)[4], die darauf angelegt war, daß sie „nicht eine Vereinigung von christlichen Kirchen, sondern von Christen, nicht von Gemeinschaften, sondern von Personen sei, deren jede auf ihre eigene Verantwortlichkeit handle und für sich selbst spreche, jede bloß ihren Bruder anerkenne, nicht dessen Kirche".[5]

Alle diese Aktivitäten wurden von ernsthaften Christen an der ‚Basis' begonnen. Protestantisches Ringen um einen Konsens geschieht ‚von unter her'. Dazu kamen in Deutschland Einigungsbemühungen, an denen die Kirchenleitungen (zunächst in Form der landesherrlichen Kirchenregimente) beteiligt waren. Am Reformationsfest 1817 wurde die Preußische Union der lutherischen und reformierten Gemeinden gegründet.[6] Seit der Deutschen Evangelischen Kirchenkonferenz 1846 gab es Bestrebungen, für die deutschen Landeskirchen ein gemeinsames Dach zu finden. Sie kamen zu einem ersten greifbaren Ergebnis mit der Bildung des Deutschen Evangelischen Kirchenbundes am 25. Mai 1922.[7]

II. Konsensformel und Konsensformulierung

Das Bemühen um vertiefte Kirchengemeinschaft findet einen Ausdruck in Formulierungen, die das Verbindende und Verbindliche festzuhalten suchen. Als Konsensusformeln[8] oder Konsensformeln lassen sich Texte bezeichnen, die aus den an den Konsensbemühungen beteiligten Gemeinschaften erwachsen sind oder von diesen wenigstens rezipiert werden. Als Konsensformulierungen sind darüber hinaus auch Texte zu qualifizieren, die noch keine Anerkennung als Konsensformeln gefunden haben, wie der auf der Preußischen Generalsynode 1846 entworfene „Evangelische Consensus"[9], oder die einen Konsens nur herzustellen helfen wollen, wie Gründungsaufrufe kirchlicher Vereinigungen oder Äußerungen einzelner Theologen. Ein klassisches Beispiel ist *Friedrich Daniel Ernst Schleiermachers* Glaubenslehre, die den Grundkonsens der

---

[4] *Joachim Cochlovius*: Bekenntnis und Einheit der Kirche im dt. Protestantismus 1840-1850 (Die Luth. Kirche, Gesch. und Gestalten 3), Gütersloh 1980, 257-264; wie Anm. 3, 233.

[5] zit. bei *Friedrich Wilhelm Kantzenbach*: Einheitsbestrebungen im Wandel der Kirchengesch., Gütersloh 1979, 105.

[6] wie Anm. 3, 186f; wie Anm. 2, 34f.

[7] *Karl Kupisch* (Hg.): Quellen zur Gesch. des dt. Protestantismus 1871-1945 (Siebenstern-TB 41/42), München-Hamburg 1965, 154-159.

[8] vgl. *Klaus-Martin Beckmann*: Unitas Ecclesiae. Eine syst. Stud. zur Theol.gesch. des 19. Jh., Gütersloh 1967, 27.

[9] wie Anm. 2, 38-41.

reformierten und der lutherischen Lehre im Sinn hat.[10] Die Konsensformulierungen sind je nachdem eher Zusammenfassungen, Ausgangspunkte, Zwischenergebnisse oder Nebenprodukte der Einigungsbemühungen.

Im deutschen Protestantismus des 19. Jahrhunderts und dann bis 1922 finden sich zahlreiche Konsensformulierungen samt ebenfalls zu berücksichtigender ‚Dissensformulierungen'. Zu denken ist etwa an Texte im Zusammenhang der regionalen Unionsbildungen[11], an kirchenamtliche Verlautbarungen zu überregionalen kirchlichen Zusammenschlüssen[12], an konfessionalistische Widersprüche gegen die Unionen[13] und schließlich an Gründungsaufrufe und programmatische Erklärungen kirchlicher Gruppierungen, Vereine und Werke.[14]

Konsensformulierungen wird häufig vorgeworfen, sie entbehrten der theologischen Präzision und hätten etwas Unbestimmtes, Kompromißartiges an sich. Doch ist es ein Vorteil, wenn der Konsens nicht einengt, sondern Raum gibt zur eigenständigen Rezeption. Im übrigen lassen sich auch die altkirchlichen Dogmen, die reformatorischen Bekenntnisschriften und die Texte des Zweiten Vatikanischen Konzils innerhalb eines bestimmten Rahmens unterschiedlich auslegen. Konsensformulierungen sind um so hilfreicher, je mehr Gesichtspunkte sie berücksichtigen, je gründlicher sie den Konsens auf dem Hintergrund des Dissenses verschiedener Konfessionen und Positionen erspürt haben und je bereitwilliger sie das Körnchen Wahrheit bedenken, das selbst im Dissens gegen diesen Konsens liegen könnte.

---

[10] Der christl. Glaube nach den Grundsätzen der ev. Kirche im Zusammenhang darg., Berlin 1830², Vorrede und § 27.

[11] wie Anm. 2, passim; wie Anm. 3, 198-200 (Rheinisch-westfälische Kirchenordnung 1835); wie Anm. 4, 255f (Ordinationsformular 1846); wie Anm. 7, 150-152 (Altpreußische Union 1922).

[12] wie Anm. 4, 281f, 285-288 (Wittenberger Kirchentag 1848); wie Anm. 7, 154-159 (Dt. Ev. Kirchenbund 1922).

[13] *Hermann Schuster* (Hg.): Quellenbuch zur Kirchengesch. Bd. 3, Frankfurt 1967⁷,4 (Eingabe der Breslauer Altlutheraner 1832); wie Anm 4, 42f (Bittschr. der Magdeburger Altlutheraner 1840); Beschlüsse der von der ev.-luth. Kirche in Preußen im September und Oktober 1841 zu Breslau gehaltenen Generalsynode, Leipzig 1842; wie Anm. 4, 283f (Leipziger luth. Konferenz 1848); *Martin Schmidt*: Das Ringen um die Einheit in der ev.-luth. Erweckungsbewegung, in: *Wilhelm Kahle* u.a.: Wege zur Einheit der Kirche im Luthertum (Die Luth. Kirche, Gesch. und Gestalten 1), 71-156, hier 153 (Luth. Gotteskasten 1853); Gemeindeordnung für die Ev.-Luth. Kirche in Preußen und für diejenigen Gemeinden in anderen Ländern, welche sich dieser Kirche angeschlossen haben, Breslau 1898.

[14] wie Anm. 13 erste Angabe, 30f (Gustav-Adolf-Verein 1841); wie Anm. 4, 277-280 (Sandhof-Konferenz 1848); ebd. 296-299 (Vereinslutheraner 1849); wie Anm. 7, 51f (Protestantenverein 1863); ebd., 54f (Mittelpartei 1873); ebd., 52f (Positive Union 1876); ebd., 56-58 (EB 1887); ebd., 59 (Freunde der ChW 1904).

III. *Einheit via Praxis*

Gesamtprotestantische Verständigung und Einigung wurde zunächst auf den verschiedenen Feldern christlicher und kirchlicher Praxis gesucht: äußere und innere Mission, Evangelisation und Gemeinschaftsbildung unter jungen Männern und Studenten, Bibelverbreitung. Nicht selten wollte man sich mit dem praktischen Ansatz auch begnügen. „Auf dem Weg der Lehrstreite und Lehrformeln läßt sich die verlorene Einheit [der Kirche] nicht wiedergewinnen. Aber vielleicht auf dem Gebiete des Lebens", war 1888 in der „Christlichen Welt" zu lesen.[15] Von „größerer Einigkeit in gemeinsamer Aktion" war bei der Edinburgher Weltmissionskonferenz 1910 die Rede.[16] Auf der Konferenz für Life and Work 1922 in Hälsingborg kursierte das Wort „Lehre trennt, Dienst aber verbindet".[17]

Auch der gesamtprotestantisch orientierte Gustav-Adolf-Verein beschränkte sich auf die praktische Zusammenarbeit und Hilfe. 1832 war in Leipzig durch den Superintendenten *Christian Gottlob Leberecht Grossmann* zu einer Gustav-Adolf-Stiftung aufgerufen worden, „zur brüderlichen Unterstützung bedrängter Glaubensgenossen und zur Erleichterung der Not, in welche durch die Erschütterungen der Zeit und durch andere Umstände protestantische Gemeinden in und außer Deutschland mit ihrem kirchlichen Zustande geraten, wie dies nicht selten der Fall bei neu entstehenden Gemeinden zu sein pflegt".[18] Im Gründungsaufruf des Darmstädter Hofpredigers *Karl Zimmermann* vom 31. Oktober 1841 zu einem Gustav-Adolf-Verein[19] (beide Initiativen vereinigten sich 1842 in Leipzig) ist der „Mangel an Einheit" im Blick, den die katholische Kirche den Protestanten vorwerfe, und es wird gewünscht, „dieser Kirche und der Welt überhaupt eine Einheit aufweisen zu können". Allerdings sei es eine Illusion, „Einheit der Lehre und des Glaubens hoffen zu dürfen". Einheit sei aber in der Liebe gegeben. „Bei aller Verschiedenheit der Glaubensansichten doch Eins sein, doch von dem großen heiligen Bande Eines Strebens sich umschlingen lassen, wahrlich ein großes Ziel!" Aussöhnung finde darin statt, „ein und dasselbe Werk der Liebe zu fördern".[20]

---

[15] *Eugen Baumann*: Die ev. Allianz, in: ChW 2, 1888, 390-391, hier 390, zit. bei *Kahle*: Wege zur Einheit im Luthertum von der ersten allg. ev.-luth. Konferenz 1868 bis zum Vorabend des ersten luth. Weltkonvents, wie Anm. 13 fünfte Angabe, 157-208, hier 171.

[16] wie Anm. 3, Teilbd. 4/2, Neukirchen-Vluyn 1980, 55.

[17] Ausspruch von *Hermann Kapler* (Präsident des Dt. Ev. Kirchenbundes 1925-1933), zit. bei *Ruth Rouse/Stephen Charles Neill*: Gesch. der Ökum. Bewegung 1517-1948 Bd 2, Göttingen 1958, 177.

[18] *Heinrich Hermelink*: Das Christentum in der Menschheitsgesch. von der franz. Revolution bis zur Gegenwart Bd 2 (1835-1870), Stuttgart-Tübingen 1953, 563.

[19] wie Anm. 13 erste Angabe, 30f.

[20] ebd., 31.

In zweierlei Hinsicht war dieses Diasporawerk manchen anderen zeitgenössischen evangelischen Einigungsbemühungen voraus. Erstens blieb der Blick nicht auf den deutschen Raum beschränkt, wenn von den „Glaubensgenossen in der Nähe und in der Ferne" die Rede ist. Zweitens berücksichtigte der Gustav-Adolf-Verein einerseits verschiedene innerprotestantische Richtungen: „Ob Ihr Supranaturalisten oder Rationalisten oder Vermittelnde seid, ob man Euch Altlutheraner oder Neuevangelische, Pietisten oder Mystiker oder noch anders nennt, Protestanten – ich fasse das Wort im weitesten Sinne [...]".[21] Andererseits bezog er bei den „Glaubensgenossen" etwa auch die Anglikaner mit ein: „Protestanten, Lutheraner, Reformierte, Unierte, Anglikaner und welche Namen Ihr führen möget, Glieder der protestantischen Kirche [...]".[22]

„Die engherzige Frage nach dem Bekenntnis" dürfe bei den Hilfeleistungen nicht aufgeworfen werden, heißt es in dem Gründungsaufruf.[23] Das ist sicher ein elementarer christlicher Grundsatz. Das im Geist der Versöhnung und Liebe gelebte Leben hat den Vorrang vor einer Lehrübereinkunft. Trotzdem erfordert eine dauerhafte Kirchengemeinschaft, zu der schließlich auch die kirchenamtliche Bekräftigung gehört, einen formulierten Konsens. Die Bekenntnisfrage ist in ihrer Bedeutung und Problematik für eine gesamtprotestantische Einigung dadurch noch nicht bewältigt, daß sie einfach beiseite geschoben wird!

IV. Konsens im Gewande von Union und Föderation

Ein anderer, den deutschen Protestantismus im 19. Jahrhundert bewegender und teilweise polarisierender Ansatz war die Union der lutherischen und reformierten Gemeinden.[24] 1817 wurde die Union in Nassau und Preußen geschlossen, 1818 in der Pfalz, 1821 in Baden, 1822 in Rheinhessen. Dazu kamen lokal begrenztere Unionen. Da sich nicht alle Lutheraner und Reformierte in die Union integrieren ließen, gab es schließlich drei Kirchen: die lutherische, die reformierte und die unierte.

In der Bekenntnisfrage war das Unionskonzept nicht einheitlich: Die ‚Föderalisten' wollten den Bekenntnisstand der einzelnen Gemeinden nicht antasten und sich mit einer Verwaltungsunion begnügen, die ‚Unionisten' wollten bei aller Achtung vor den überkommenen reformatorischen Bekenntnissen die Union auf ein neues gemeinsames Bekenntnis gründen. Die preußische Landeskirche schwankte zwischen diesen beiden Positionen hin und her, bis auf Grund ständiger lutherischer Einwände in der Kabinettsordre König *Friedrich Wilhelms III.* vom 28. Februar 1834 die Würfel zugunsten der Verwaltungsunion fielen: „Die

[21] wie Anm. 18, 564.
[22] wie Anm. 13 erste Angabe, 31.
[23] ebd., 30.
[24] wie Anm. 2, passim.

Union bezweckt und bedeutet kein Aufgeben des bisherigen Glaubensbekenntnisses, auch ist die Autorität, welche die Bekenntnisschriften der beiden evangelischen Konfessionen bisher gehabt, durch sie nicht aufgehoben worden."[25] Sein Sohn und Nachfolger *Friedrich Wilhelm IV.* bestätigte diese Sicht in seinem „allerhöchsten Erlaß" vom 6. März 1852. Dort heißt es, „daß in dem Regiment der evangelischen Landeskirche ebensosehr die mit Gottes Gnade in der Union geknüpfte Gemeinschaft der beiden evangelischen Konfessionen aufrecht erhalten, wie auch die Selbständigkeit jedes der beiden Bekenntnisse gesichert werden soll".[26] Wichtiger als eine Bekenntnisunion, zu der es etwa in der Pfalz gekommen war, schien König *Friedrich Wilhelm III.* die Verbindlichkeit einer gemeinsamen Gottesdienstagende, also eine Kultusunion. Der Widerstand gegen eine solche landesherrliche Bevormundung einte Unionsanhänger wie *Schleiermacher* und lutherische Konfessionalisten.

Innerhalb der preußischen Unionskirche wie in den Bemühungen um eine auch kirchenrechtlich strukturierte Gemeinschaft der deutschen Landeskirchen siegte schließlich der Föderalismus über den Unionismus. In der Preußischen Union durften die einzelnen Gemeinden ihren Bekenntnisstand behalten. Das wurde etwa im Zusatz von 1855 zur rheinisch-westfälischen Kirchenordnung von 1835 ausdrücklich festgestellt.[27] Der Deutsche Evangelische Kirchenbund von 1922 war keine Bundeskirche, sondern ein Kirchenbund, eine Konföderation rechtlich autonomer und konfessionell eigenständiger Landeskirchen.

Unionismus und Föderalismus waren sich darin einig, daß die lutherischen und reformierten Bekentnisse bei allen lehrmäßigen Differenzen doch keinen kirchentrennenden Dissens enthalten. Die reformatorischen ‚Lehrverschiedenheiten' deutete *Schleiermacher* 1821 als unterschiedliche ‚Meinungen', die in ein und derselben Kirche nebeneinander ihren Platz haben.[28] In der königlichen preußischen Kabinettsordre vom 28. Februar 1834 wird „der Geist der Mäßigung und Milde" gefordert, „welcher die Verschiedenheit einzelner Lehrpunkte der andern Konfession nicht mehr als den Grund gelten läßt, ihr die äußerliche kirchliche Gemeinschaft zu versagen".[29] Entsprechend sehen die weiterhin beim lutherischen oder beim reformierten Bekenntnis bleibenden Unionsgemeinden nach dem Zusatz 1855 zur rheinisch-westfälischen Kirchenordnung von 1835 „in den Unterscheidungslehren kein Hindernis der vollständigen Gemeinschaft am Gottesdienst, an den heiligen Sakramenten und den kirchlichen Gemeinderechten".[30]

---

[25] ebd., 37.

[26] ebd., 41.

[27] wie Anm. 3, 198.

[28] Vorrede zur ersten Aufl. seiner Glaubenslehre von 1821, zit. bei: wie Anm. 2, 35f.

[29] ebd., 37.

[30] wie Anm. 27.

V. Das Abendmahl in der Konsensentwicklung

Unter den strittigen Punkten, die aber ihren kirchentrennenden Charakter verloren hätten, nennen die Konsensformulierungen an erster Stelle das Abendmahl. Die Badische Unionsakte vom 26. Juli 1826 sieht hier sogar den einzigen Grund für die frühere Trennung. Jetzt aber sei eine Union möglich geworden durch „das Anerkennntnis der Notwendigkeit des Glaubens an die Vereinigung mit Christus im heiligen Abendmahl und das Erkenntnis der Freiheit und Außerwesentlichkeit der Vorstellungen und Vorstellungsarten über das Wie derselben".[31] In acht knappen Abschnitten wird dann der Abendmahlskonsens ausgedrückt.[32] Danach bleiben die Abendmahlselemente auch in der Kommunion Brot und Wein, doch „mit Brot und Wein empfangen wir den Leib und das Blut Christi zur Vereinigung mit ihm". Als Gnadengaben werden dabei „Vergebung der Sünden, Leben und Seligkeit" vermittelt.[33] Die Rheinhessische Vereinigungsurkunde (1822) hält ebenfalls das Abendmahlsverständnis für die einzige bisher trennende Lehre[34], denkt aber ungeschichtlich, wenn sie einen neuformulierten Text in die Katechismen der Reformationszeit einfügt und deren Lehrstücke zum Abendmahl dafür ausscheidet.[35] Die Pfälzer Vereinigungs-Urkunde vom 11. Juni 1818 nennt Abendmahl, Beichte und Prädestination als die strittigen Punkte.[36]

Der „Evangelische Consensus" der Preußischen Generalsynode von 1846 – der von der Generalsynode angenommen wurde, aber trotzdem nicht kirchenrechtlich wirksam wurde[37] – nennt als bisher strittig die Prädestination, die Sakramente, die Beichte und das Schlüsselamt. Dabei lasse sich „in diesen Lehren aus den Darlegungen des Dissensus, welche auf beiden Seiten stattgefunden haben, [...] ein bedeutender Consensus herausstellen, welcher auf Einheit im Schriftgrunde hinweist."[38] Bei der zugleich knappen und sorgfältigen Formulierung des Grundkonsenses, der den Dissens umgreift, erscheint als Leitlinie die vorausgehende Gnade und Barmherzigkeit Gottes, die im Glauben angenommen werden darf, freilich aber im Ungehorsam auch ausgeschlagen werden kann.[39]

Der Unionsgedanke ist von Anfang an verknüpft mit der Bejahung der Abendmahlsgemeinschaft. In seiner Kabinettsordre vom 27. September 1817, mit der zur Preußischen Union aufgerufen wird, kündigt der König

[31] wie Anm. 2, 66.
[32] ebd., 68.
[33] ebd.
[34] ebd., 84f.
[35] ebd., 85-87.
[36] ebd., 52f.
[37] wie Anm. 8, 84, 86f.
[38] wie Anm. 2, 39.
[39] vgl. ebd., 39-41.

an, beim Reformationsjubiläum vom 31. Oktober 1817 im gemeinsamen Gottesdienst der lutherischen und reformierten Gemeinden zu Potsdam beim Abendmahl zu kommunizieren.[40] Bereits am 30. Oktober 1817 schlossen die Berliner Geistlichen unter Vorsitz *Schleiermachers* mit einer gemeinsamen Abendmahlsfeier ihre Union. Im königlichen Erlaß vom 6. März 1852 heißt es im Rückblick auf die Anfänge, daß die Union „aus dem Verlangen hervorgegangen ist, die traurigen Schranken, welche damals die Vereinigung von Mitgliedern beider Konfessionen am Tisch des Herrn gegenseitig verboten, für alle diejenigen aufzuheben, welche sich im lebendigen Gefühl ihrer Gemeinschaft in Christo nach dieser Gemeinschaft sehnten".[41]

Die Föderalisten, soweit sie betont konfessionell dachten, haben sich weniger oder gar nicht für die Abendmahlsgemeinschaft eingesetzt. In den Verfassungen des Deutschen Evangelischen Kirchenbundes von 1922[42] und der Deutschen Evangelischen Kirche vom 11. Juli 1933[43] ist von ihr noch nicht die Rede. Die Grundordnung der Evangelischen Kirche in Deutschland (EKD) vom 13. Juli 1948[44] erklärt in Artikel 4 die Abendmahlsgemeinschaft für eine Angelegenheit der Gliedkirchen, schließt aber immerhin eine Abendmahlsverweigerung dort aus, „wo seelsorgerliche Verantwortung oder gemeindliche Verhältnisse die Zulassung gebieten". Erst durch die von allen Gliedkirchen der EKD rezipierte sogenannte Leuenberger Konkordie vom 16. März 1973[45] ist innerhalb der EKD generell die Abendmahlsgemeinschaft gegeben.

VI. Das historische Gegengewicht: der lutherische Konfessionalismus

Im Gegenzug gegen die Union kam es im Luthertum zur Neubesinnung auf das eigene Bekenntnis. Mit seinen „95 Thesen" zum Reformationsjubiläum von 1817[46] widersprach *Claus Harms* der Auffassung, „die Zeit habe die Scheidewand zwischen Lutheranern und Reformierten aufgehoben".[47] Die an Wort und Sakrament ausgerichtete lutherische Kirche sei „herrlicher" als die sakramentsbezogene katholische und die wortbezogene reformierte Kirche.[48] Ähnlich ist auch für *Wilhelm Löhe* die lutherische Kirche die wahre Kirche vor der katholischen und der refor-

[40] ebd., 35.
[41] ebd., 41.
[42] wie Anm.7, 154-159.
[43] wie Anm. 16, 124-127 ; wie Anm. 7, 263-265.
[44] wie Anm. 16, 165-169.
[45] ebd., 213-219.
[46] wie Anm. 3, 187-189 (in Auswahl).
[47] ebd., 188.
[48] ebd., 189.

mierten ‚Partikularkirche', deren beste Elemente sie in ihre Wahrheitsfülle integriert, durch die reine Lehre ausgezeichnet.[49]

Nur selten bei den Reformierten – etwa bei *Gottfried Daniel Krummacher*[50] –, häufig aber bei den Lutheranern fand sich ein Konfessionalismus, der die Union im Namen der Integrität des eigenen Bekenntnisses ablehnte. Allerdings sind nicht alle bewußten Lutheraner jener Zeit zu den Konfessionalisten zu rechnen. Innerhalb der Union vertraten die ‚Vereinslutheraner' einen föderalistischen Standpunkt, indem sie bei aller Loyalität zur Union für die lutherische Unionsgemeinden „die Anerkennung und Durchführung des evangelisch-lutherischen Bekenntnisses in Cultus, Gemeinde-Ordnung und Regiment" verfochten.[51] In den Gebieten, in denen es zur Union kam, separierten sich die lutherischen Konfessionalisten seit 1830 zu eigenen, sogenannten altlutherischen Gemeinden. Nach Zeiten staatlicher Verfolgung konnten sie sich 1841 zur Evangelisch-Lutherischen Kirche in Preußen zusammenschließen.[52]

In den lutherisch gebliebenen Landeskirchen gründeten die Konfessionalisten betont lutherische Vereine, etwa 1853 den „Lutherischen Gotteskasten"[53] als Diasporawerk, das sich vom gesamtprotestantisch orientierten Gustav-Adolf-Verein abhob. Die Konfessionalisten der Landeskirchen und die Altlutheraner verabschiedeten 1848 auf der Leipziger lutherischen Konferenz „Thesen über das Bekenntnis".[54] Darin wird das lutherische Bekenntnis als untrügliche Auslegung der Heiligen Schrift verstanden: „Die Conferenz erklärt, daß alle ihre Berathungen die feste Glaubensüberzeugung zur Voraussetzung haben, daß das Gesamtbekenntnis der lutherischen Kirche, welches sie von den übrigen Sonderkirchen unterscheidet, schriftgemäß sei."[55]

Die lutherischen Konfessionalisten waren weniger an einem gesamtprotestantischen als vielmehr an einem gesamtchristlichen, insbesondere altkirchlichen Konsens interessiert. Sie sahen sich „im lebendigen Zusammenhange mit dem großen Baume der wahren christlichen Kirche" und wiesen auf „unsere Gemeinschaft mit der wahren apostolischen Kirche aller Jahrhunderte und aller Länder", so *Eduard Huschke* im Brief vom 2. Februar 1842 an die separierten preußischen Lutheraner.[56]

Grundanliegen der lutherischen Konfessionalisten war die unverfälschte Interpretation des Wortes Gottes, die sie in den lutherischen Bekenntnisschriften gegeben glaubten. Durch Gottes „unverdiente

---

[49] ebd., 227f.
[50] vgl. wie Anm. 4, 20.
[51] ebd., 296.
[52] wie Anm. 13 dritte Angabe, passim.
[53] wie Anm. 13 fünfte Angabe, 153.
[54] wie Anm. 4, 283f.
[55] ebd., 283.
[56] wie Anm. 13 dritte Angabe, 3.

Gnade", so *Huschke*, „sind wir dem Leichtsinn, dem Indifferentismus und der Zerflossenheit dieser Zeit in Glaubenssachen gegenüber um ein festes Bekenntnis geschaart".[57] Die Erarbeitung der inhaltlichen Schwerpunkte im lutherischen Bekenntnis schien sich zu erübrigen, wenn auf seine formale Autorität auch in seinen Verwerfungen gepocht wurde. In einem „ganz gehorsamstes Promemoria" titulierten Memorandum an die preußische Regierung bezeichnet die altlutherische Generalsynode „als alleiniges und ausschließliches Bekenntniß und somit als Grundlage ihres ganzen kirchlichen Bestandes die 7 Bekenntnißschriften der lutherischen Kirche, in ihrem vollen, sowohl thetischen als antithetischen Sinne".[58] Die preußische Landeskirche dagegen habe „mehr oder weniger überall die antithetische Geltung der lutherischen Symbole aufgegeben".[59] Nach der altlutherischen Gemeindeordnung von 1898 verwerfen alle zur evangelisch-lutherischen Kirche in Preußen „gehörenden Gemeinden die der heiligen Schrift und den lutherischen Symbolen widersprechenden Lehren und deren grundsätzliche oder thatsächliche Duldung sowie auch jede Glaubensmengerei".[60]

Bei all ihrer Schroffheit haben die Konfessionalisten die Unionisten und die Föderalisten gezwungen, sich der Bekenntnisfrage zu stellen und nicht in kirchenpolitische Kompromisse auszuweichen. In den gesamtprotestantischen Einigungsbemühungen konnte künftig die Einheit nicht an der Wahrheitsfrage vorbei gesucht werden. „Die Wahrheit ist das Band des Friedens und die Einigkeit in der Lehre die rechte, von Gott gewollte Gemeinschaft", schrieb *Löhe* 1845 an die deutschen Lutheraner in Nordamerika.[61] Die Leipziger lutherische Konferenz von 1848 sah „die Einhelligkeit des Bekenntnisses als das wahre und ausreichende Band kirchlicher Gemeinschaft".[62] In der Tat kann es Kirchengemeinschaft nur auf der Grundlage der gemeinsam geglaubten Wahrheit des Wortes Gottes geben, da die Kirche aus dem Wort Gottes lebt und dieses bezeugt. Problematisch ist allerdings der Wahrheitsbegriff der lutherischen Konfessionalisten, der die Wahrheit des Wortes Gottes in letztgültiger Weise im eigenen Bekenntnis ausgedrückt fand. Nur der dreieinige Gott ist unfehlbar, unser Erfassen seines Wortes dagegen fehlbar, weil wir Sünder sind und weil unser Erkenntnisvermögen begrenzt ist. Wo die Versuche, das Wort Gottes in seinem vollen Gehalt zu erfassen – und darum handelt es sich ja bei den altkirchlichen und den reformatorischen Bekenntnissen – ‚konträr' zu sein scheinen, ist es noch offen, ob sie damit ‚kontradiktorisch' sind oder doch ‚komplementär'. Einseitigkeiten und Zeitbedingtheiten lassen sich in gegenseitiger Ergänzung eher abmildern als in schroffen Ausschließlichkeitsansprüchen.

---

[57] ebd. [58] ebd., 98. [59] ebd.
[60] wie Anm. 13 sechste Angabe, 3.
[61] wie Anm. 1, 219. [62] wie Anm. 4, 283.

VII. Das „evangelische Gemeinbewußtsein“

Trotz der schrillen konfessionalistischen Töne, die immerhin zur größeren Klarheit zwangen, wird in den protestantischen Einigungsbemühungen zwischen 1817 und 1922 eine besondere Zusammengehörigkeit erfahren. Die preußische Unionsurkunde vom 27. September 1817 will durch die Vereinigung der lutherischen und reformierten Gemeinden zu einer „evangelisch-christlichen Kirche“ dem „Geiste des Protestantismus“ entsprechen.[63] Das Ordinationsformular der Preußischen Generalsynode von 1846, nach seinem Verfasser *Carl Immanuel Nitzsch* ironisch auch ‚Nitzschenum‘ genannt, spricht vom „gemeinsamen Glauben der evangelischen Kirche“.[64]

Der Evangelische Bund, der sich besonders lebhaft für die gesamtprotestantische Einigung einsetzte, spricht in seinem Gründungsaufruf vom 15. Januar 1887 vom „evangelischen Gemeinbewußtsein“[65], vom „christlich-evangelischen Gemeindebewußtsein“[66] und vom „evangelischen Gemeingefühl.“[67] Der Deutsche Evangelische Kirchenbund hatte nach seiner Verfassung vom 25. Mai 1922 den Zweck, „das Gesamtbewußtsein des deutschen Protestantismus zu pflegen und für die religiös-sittliche Weltanschauung der deutschen Reformation die zusammengefaßten Kräfte der deutschen Reformationskirchen einzusetzen“.[68]

Wenn sich das „evangelische Gemeinbewußtsein“, das immer an die biblische Glaubensquelle gebunden bleibt, nicht exklusiv im einen oder anderen reformatorischen Bekenntnis samt allen seinen Verwerfungen artikulieren kann, sondern eher im Zusammenklang und der ständigen Neuinterpretation dieser Bekenntnisse, dann sind evangelische ‚Fundamentalartikel‘[69] zu suchen, die sich zwar nicht ein für allemal in bestimmten Sätzen fixieren lassen, die aber doch eine klare Richtung angeben. Schließlich mögen die Fundamentalartikel auch einmal einmünden in eine offizielle Lehrübereinkunft wie die Leuenberger Konkordie von 1973 oder in ein gemeinsames Bekenntnis.

Für die Bestimmung der „Hauptsache im Christenthum, worin beide [evangelische] Confessionen eins sind“, wie es in der preußischen Unionsurkunde vom 27. September 1817 heißt[70], sind etwa die Grundtexte der Badischen Union recht ertragreich. In der Unionsakte vom 26. Juli 1821 ist inhaltlicher Schwerpunkt „der Glaube an Jesus Christus und an seine ewige, den Menschen mit Gott versöhnende Liebe“.[71] „Begeistert für die Wahrheit, wie sie der Welt im Evangelium offenbar gewor-

---

[63] wie Anm. 2, 34.
[64] wie Anm. 4, 255.
[65] wie Anm. 7, 56.
[66] ebd., 57. [67] ebd., 58. [68] ebd., 155.
[69] vgl. wie Anm. 5, 80-83.
[70] wie Anm. 2, 34. [71] ebd., 66.

den", dürfen sich evangelische Christen beleben lassen „vom Geist freier Forschung in der unversiegbaren Quelle dieses Glaubens, in der heiligen Schrift".[72] Im Beschluß der badischen Generalsynode von 1855 wird das „Recht des freien Gebrauchs der heiligen Schrift, sowie der im heiligen Geist gewissenhaft zu übenden Erforschung derselben" ausdrücklich bekräftigt.[73]

Auch der „Evangelische Consensus" der Preußischen Generalsynode von 1846 arbeitet evangelische Fundamentalartikel deutlich heraus. Vorangestellt sind das Bekenntnis zum dreieinigen Gott, zur Menschwerdung Jesu Christi und das Schriftprinzip. Es folgen die menschliche Sündhaftigkeit, die „Lehre von der göttlichen Rechtfertigung des Sünders aus lauter Gnade durch den Glauben an Christi Versöhnung"[74], die guten Werke als Früchte des Glaubens, die Kirche als Gemeinschaft der Gläubigen sowie Aussagen über das Predigtamt, die Sakramente und die Eschatologie.

Einige der genannten Fundamentalartikel kehren wieder in den Satzungen, Gründungsaufrufen und Programmen verschiedener evangelischer Vereine und Gruppierungen. Die konservativen ‚Freunde der Positiven Union' pochen 1876 auf die Bibel und das reformatorische Bekenntnis.[75] Liberale Gruppen wie der Deutsche Protestantenverein von 1863[76] und die Vereinigung der „Freunde der Christlichen Welt" von 1904[77] legen Nachdruck auf die evangelische Freiheit. Im Programm der 1873 gegründeten „Landeskirchlichen Evangelischen Vereinigung oder Mittelpartei" wird beides unterstrichen, Bibel und Bekenntnis einerseits und die freie Bibelauslegung andererseits.[78] Obenan steht die Botschaft von der Rechtfertigung allein aus Gnade: „Wir bekennen uns von Herzen zu Jesu Christo, dem eingeborenen Sohne Gottes, als unsrem Herrn, in dessen Namen allein Heil ist, und zu dem biblischen Evangelium von ihm, sowie zu den großen Grundsätzen der Reformation, zu der Rechtfertigung allein durch den Glauben an die Gnade Gottes in Christo."[79] Ähnliche Formulierungen finden sich nicht zufälligerweise im Gründungsaufruf des EB.[80] Federführend war beidemal der Vermittlungstheologe *Willibald Beyschlag*.[81]

VIII. Die umfassendste Konsensformulierung

Nicht dem Umfang nach, dafür aber in der Berücksichtigung verschiedener Gesichtspunkte kann dieser Gründungsaufruf des Evangelischen

[72] ebd.
[73] ebd., 71. [74] ebd., 38.
[75] wie Anm. 7, 52f.
[76] ebd., 51f. [77] ebd., 59. [78] ebd., 54f.
[79] ebd., 54. [80] ebd., 56-58.
[81] vgl. *Gottfried Maron*: Willibald Beyschlag und die Entstehung des EB, in diesem Bd., 19-44.

Bundes als die umfassendste Konsensformulierung des Zeitraums von 1817 bis 1922 gelten. Freilich beschränkt er seinen Blick im Unterschied etwa zum Gustav-Adolf-Verein auf den deutschen Raum, konkretisiert die „Mahnung zur Einmütigkeit“[82] nicht durch den Hinweis auf die Abendmahlsgemeinschaft und sagt auch nichts zum Stellenwert der lutherischen und reformierten Bekenntnisse. Dafür versteht er die „traurige Zerrissenheit“ des deutschen Protestantismus in zweifacher Hinsicht. Die Landeskirchen seien „gegeneinander abgeschlossen“. Schlimmer noch sei „der Parteihader, welcher die besten Kräfte verzehrt und eine gedeihliche Entwicklung des deutschen Protestantismus lähmt“.[83] Als Herausforderungen, denen gegenüber „die Treue gegen das göttliche Wort“ und damit die „evangelische Wahrheit“ zum Zug kommen muß, gelten der „Romanismus“, den der EB besonders im Auge hatte, sowie die weit verbreiteten Haltungen des „Materialismus“ und des „religiösen Indifferentismus“.[84] Bei aller Leidenschaft zur Schärfung des „protestantischen Selbstbewußtseins“[85] sucht der Gründungsaufruf aber auch authentisches Christentum jenseits des protestantischen Bereichs. So will der EB „allen Bestrebungen wahrer Katholizität und christlicher Freiheit im Schoß der katholischen Kirche die Hand reichen.“[86] Hier ahnt der EB, daß ein evangelischer Grundkonsens letztlich nicht gewonnen werden kann, ohne zugleich die eigenen konfessionellen Grenzen zu sprengen. Das verbindend und verbindliche Reformatorische hat seinen Ort im ökumenischen Horizont!

Die im Gründungsaufruf aufgeführten Fundamentalartikel zeigen auch in einer Zeit, in der zur Suche nach einem gesamtprotestantischen Grundkonsens verstärkt die Bemühungen um einen gesamtchristlichen Konsens dazu gekommen sind, das unverzichtbar Evangelische: Das Bekenntnis „zu Jesu Christo, dem eingeborenen Sohn Gottes, als den alleinigen Mittler des Heils“.[87] „Unsre beste Kraft und der ganze Eifer der Liebe“ müsse sich darauf richten, „unser evangelisches Volk in seinem ganzen Umfange der Segnungen der Reformation wieder eingedenk zu machen: des reinen Evangeliums von Gottes Gnade in Christo, des allgemeinen Priestertums, der Glaubens- und Gewissensfreiheit, der Befreiung aus den Banden des Aberglaubens.“[88]

---

[82] wie Anm. 7, 58.
[83] ebd., 56.
[84] ebd., 56f.
[85] ebd., 58.
[86] ebd., 57.
[87] ebd.
[88] ebd., 58.

Harding Meyer

Die Gemeinschaft der reformatorischen Kirchen und das Gespräch mit der römisch-katholischen Kirche

I. Ökumenische Frontverschiebung?

Ein und derselbe Beobachter, der einerseits die Stagnation der ökumenischen Annäherung zwischen Katholizismus und Protestantismus konstatiert und beklagt, kann andererseits und im gleichen Atemzuge mit allen Zeichen der Beunruhigung konstatieren, diese Annäherung sei so schnell verlaufen, daß sich innerhalb weniger Jahre als Folge dessen im Bereich des Protestantismus erhebliche Ungleichzeitigkeiten und keineswegs harmlose Differenzen ergeben haben.

Vor fünfzehn Jahren, als auf den beiden ersten Leuenberger Gesprächen sich die Frage nach dem Verhältnis zwischen den reformatorischen Kirchen Europas zum Gedanken einer durch Lehrkonkordie herzustellenden Kirchengemeinschaft verdichtete, wurde in den Gesprächen sogleich die Befürchtung laut, diese Kirchengemeinschaft könne zu einer ‚Blockbildung' reformatorischer Kirchen innerhalb der Ökumene führen oder so verstanden werden. Es hieß darum im Abschlußbericht von 1970: „Die lutherischen und reformierten Kirchen Europas verstehen eine Herstellung ihrer Gemeinschaft nicht als Blockbildung reformatorischer Kirchen, sondern sehen sie im Horizont der Begegnung aller Kirchen."[1]

Heute dagegen scheinen die Befürchtungen in eine ganz andere Richtung zu weisen. Das Memorandum der Ökumenischen Institute vom November 1984 „Reformatorische Kirchen und Ökumenische Bewegung" war nicht zuletzt durch die Sorge einer wachsenden Entfremdung der reformatorischen Kirchen motiviert. Es heißt dort: „Die Tatsache, daß lutherische und reformierte Kirchen die Gespräche mit verschiedenen Partnern gesondert führen, kann [...] dazu führen, daß die reformatorischen Kirchen sich auseinander entwickeln und je länger desto weniger in der Lage sind, das Erbe der Reformation gemeinsam in die ökumenische Bewegung einzubringen. Der gemeinsame Prozess der Selbst-

[1] Gemeinschaft der reformatorischen Kirchen. Auf dem Weg II, Zürich 1971 (Sonderdruck), 21.

besinnung [dem das Memorandum dienen soll] müßte gerade dieser Gefahr des ‚Auseinanderdriftens' zu begegnen suchen."[2]

Was das Memorandum noch zurückhaltend, wenn auch klar ausspricht, hört man gelegentlich vergröbert etwa in der Weise, daß von der Möglichkeit oder Gefahr einer katholisch/lutherischen Allianz auf Kosten der reformatorischen Gemeinschaft die Rede ist, einer Allianz, in die man dann sogar noch Orthodoxe und Anglikaner einbezieht und sie so zu einer neuen ökumenischen Großkonstellation macht. Aber auch die entgegengesetzte Möglichkeit oder Gefahr kann beschworen werden: eine Allianz reformierter Kirchen mit linksreformatorischen oder neuprotestantischen Kirchen, Bewegungen oder Gruppen, der sich anzuschließen die Kirchen der Wittenberger Reformation erhebliche Schwierigkeiten haben würden.

Gibt es im vielgegliederten ökumenischen Geflecht tatsächlich Anzeichen einer solchen ‚Entfernung' zwischen den beiden reformatorischen Schwesterkirchen? Und wenn es solche Anzeichen gibt, handelt es sich dann nur um ‚Ungleichzeitigkeiten', die sich im vielfältigen ökumenischen Annäherungsprozeß ergeben haben und die sich durch irgendeine Form von ‚Synchronisierung' – etwa durch Abwarten, Abholen oder Nachholen – überwinden lassen? Oder aber handelt es sich um ein wirkliches ‚Auseinanderdriften', das auf tiefere, vielleicht schon immer vorhandene, aber erst im ökumenischen Bewegungszusammenhang sichtbar und wirksam werdende Differenzen zurückzuführen ist und darum sehr viel mehr als nur eine bessere ‚Synchronisierung' der Entwicklung fordert?

Den folgenden Beobachtungen und Überlegungen liegt nichts ferner als der Anspruch, diese sich stellenden Fragen zu beantworten. Sie wollen die Problematik lediglich beschreiben und ein Stück weit verfolgen. Es scheint, daß das am besten in drei Schritten geschieht. Zunächst soll der Stand des lutherisch/katholischen mit dem des reformiert/katholischen Dialogs verglichen werden, wobei die Frage der Rechtfertigung und der Eucharistie kurz, die Amtsproblematik etwas ausführlicher behandelt seien (II. bis VII.). Danach muß die Frage aufgeworfen werden, wieweit Reformierte und Lutheraner in der Zielsetzung ihres Dialogs mit Katholiken untereinander übereinstimmen oder divergieren (VIII). Im letzten Schritt ist dann zu prüfen, ob im Gesamtnetz ökumenischer Beziehungen und Dialoge die lutherische und die reformierte Kirche jeweils spezifische Affinitäten zu anderen Kirchen oder Kirchengruppen erkennen lassen (IX).

---

[2] Reformatorische Kirchen und Ökum. Bewegung. Ein Memorandum der Ökum. Institute in Bensheim, Bern, Kopenhagen, Prag, Straßburg (epd-Dokumentation 49a), Frankfurt 1984, 3.

II. Ungleichzeitigkeiten

Schon das schiere Zahlenverhältnis zwischen reformiert/katholischen und lutherisch/katholischen Dialogen ist sehr ungleich.[3] Das kann natürlich ganz verschiedene, auch ökumenisch völlig neutrale Gründe haben. Aber nicht die Gründe, sondern die Folgen dieses Tatbestandes interessieren mich hier in erster Linie. Denn selbst wenn man von jener statistisch-quantitativen Gegebenheit auch nicht sofort auf einen verschiedenen Grad an Dialogbereitschaft und Offenheit der Kirchen füreinander schließen darf, so bedeutet das dennoch auf reformierter Seite ein geringeres Potential an faktischer Dialogerfahrung mit der katholischen Kirche mit allem, was eine intensive und breite Dialogerfahrung nun einmal impliziert: Zurücktreten alter Berührungsängste, Revision überkommener Klischeevorstellungen und Mißverständnisse, wachsende Vertrautheit und wachsendes gegenseitiges Vertrauen, sich vertiefende Einsicht in die berechtigten Anliegen des anderen usw. Nun kann man jenes Phänomen einer relativen ‚Ungleichzeitigkeit' zwischen reformiert/katholischer und lutherisch/katholischer Verständigung und Annäherung auch dort beobachten, wo es zwischen beiden reformatorischen Kirchen und der katholischen Kirche zu wirklichen Dialogen gekommen ist: in Nordamerika und auf Weltebene.

Die Ungleichzeitigkeit zeigt sich allerdings weniger im Blick auf das nordamerikanische reformiert/katholische Gespräch. Es beginnt gleichzeitig – bereits 1965 – mit dem lutherisch/katholischen Dialog in den USA, hat eine ähnliche Frequenz der Sitzungen und veröffentlichte mehrere Berichte und Erklärungen, von denen noch die Rede sein wird. Allenfalls stellt man fest, daß sich dieses Gespräch weniger gezielt und weit weniger ausführlich als der parallele lutherisch/katholische Dialog mit den der Kirchentrennung zugrundeliegenden kontroverstheologischen Fragen beschäftigt. Lediglich die Amtsfrage und – weniger eingehend – die Frage der Eucharistie werden behandelt. Dafür nimmt es aktuelle Probleme auf wie Frauenordination, Abtreibung und Menschenrechte.

Auf der Ebene internationaler Dialoge zeigt sich das Phänomen der Ungleichzeitigkeit erheblich deutlicher. Während die ersten gemeinsamen Pläne und Überlegungen im Blick auf einen lutherisch/katholischen Dialog bis ins Jahr 1964 zurückgehen, 1965 zur Bildung einer vorbereitenden Gemeinsamen Arbeitsgruppe und 1967 zur Aufnahme des Dialogs führten, spürte man hier seitens des Reformierten Weltbundes ein deutliches Zögern. Erst die informellen Begegnungen zwischen reformierten Delegierten und katholischen Beobachtern auf der Vollversamm-

---

[3] Es sei hingewiesen auf *James F. Puglisi/Sever J. Voicu* (Hg.): A. Bibliogr. of Interchurch and Interconfessional Theol. Dialogues, Rom (Centro pro Unione) 1984, die Bibliogr. handelt auf 38 S. (149-186) von den luth./kath. Dialogen und auf 9 S. (240-248) von den ref./kath. Dialogen.

lung des Ökumenischen Rates der Kirchen (ÖRK) in Uppsala (1968) gaben den Anstoß zur Planung eines Dialogs auf Weltebene, der dann 1970 begann, gefolgt vom ‚trilateralen' Dialog des Lutherischen Weltbundes und des Reformierten Weltbundes mit der katholischen Kirche über Ehe und Mischehe. Diese anfängliche Ungleichzeitigkeit hat sich interessanterweise in den nachfolgenden Jahren nicht nur nicht verloren, sondern hat eher zugenommen. Als im Januar 1984 die zweite Phase des reformiert/katholischen Dialogs begann, brachte kurz darauf der lutherisch/katholische Dialog seine zweite Phase (1973-1984) mit insgesamt zwölf Sitzungen bereits zum Abschluß und ist im März 1986 in eine dritte Phase eingetreten.

Man müßte nun im einzelnen zeigen und vergleichen, wo die beiden Dialoge, der reformiert/katholische und der lutherisch/katholische stehen. Das kann hier natürlich nicht geschehen. Aber einige Beobachtungen und Bemerkungen besonders im Blick auf den im deutschen Sprachbereich offenbar weniger bekannten reformiert/katholischen Dialog in den Vereinigten Staaten von Amerika sind doch am Platze und können die Problematik verdeutlichen.

III. Fehlende gemeinsame Grundlage: die Rechtfertigung

Zunächst fällt auf, daß im reformiert/katholischen Gespräch eine Erörterung dessen zu fehlen scheint, was sowohl der Leuenberger Konkordie als auch dem Memorandum der Ökumenischen Institute mit Recht als grundlegende und spezifische Überzeugung der Reformation gilt und darum auch im reformiert/katholischen Dialog seinen angemessenen Platz verdient hätte: das Verständnis des Evangeliums als der Botschaft von der freien und bedingungslosen Gnade Gottes, das in der reformatorischen Lehre von der Rechtfertigung, dem Maßstab aller Verkündigung der Kirche, seinen theologischen Ausdruck gefunden hat. Daß eine Thematisierung dieses grundlegenden Aspektes reformatorischer Lehre und Frömmigkeit im reformiert/katholischen Gespräch bislang fehlt und, soweit ich sehe, auch für die nächste Zeit nicht geplant wird, ist im Rückblick auf den bisherigen Dialog unter den beiden reformatorischen Kirchen äußerst befremdlich. Denn es ist bekannt, wie grundlegend die „gewonnene Übereinstimmung im Verständnis des Evangeliums"[4] für die Verwirklichung der reformiert/lutherischen Kirchengemeinschaft in Europa war, und auch für das lutherisch/reformierte Gespräch in den USA ist die Übereinstimmung in der Rechtfertigungslehre ein grundlegender und integraler Bestandteil ihrer Ergebnisse.

---

[4] Konkordie reformatorischer Kirchen in Europa (abgedr. z.B. in: ÖR 21, 1972, 402-408), Nr.29;vgl. Nr. 6-12.

Was bedeutet es, daß die Reformierten im Gespräch mit Katholiken offenbar die Akzente anders setzen, als die Lutheraner es tun, wenn diese im Gespräch mit Katholiken von Anfang an und immer wieder die Rechtfertigungslehre thematisieren? Wie ernst nehmen die Reformierten an diesem Punkt die Aussagen der Leuenberger Konkordie oder ihrer gemeinsamen Erklärungen mit den nordamerikanischen Lutheranern?

Das Schweigen des reformiert/katholischen Dialogs an diesem für die reformatorische Theologie zentralen Punkte ist aber nicht nur befremdlich. Es ließe sich meines Erachtens manches zugunsten der These anführen, hier liege der Grund dafür, daß der reformiert/katholische Dialog bislang nicht diejenige Basis gefunden hat, die es dem lutherisch/katholischen Dialog ermöglichte, so weit vorzustoßen, wie er de facto vorgestoßen ist. Liegt also in der Ausklammerung der Rechtfertigungslehre der Grund für die Ungleichzeitigkeit zwischen reformiert/katholischem und lutherisch/katholischem Dialog? Das ist eine Frage, die man nicht so einfach von der Hand weisen kann. Selbst derjenige, der die „weitreichende Übereinstimmung" im Verständnis der Rechtfertigung, die der internationale katholisch/lutherische Dialog bereits auf seiner ersten Sitzung konstatierte und die inzwischen im nordamerikanischen Dialog in aller Ausführlichkeit bestätigt wurde, anzweifelt, wird – wenn er mit den Texten des gesamten lutherisch/katholischen Dialogs auch nur halbwegs vertraut ist – nicht bestreiten, daß dieser Dialog bei der Behandlung anderer Fragen immer wieder auf jene Übereinstimmung zurückgreift und von daher auch in diesen Fragen, wie zum Beispiel der Eucharistie– und besonders der Amtsfrage, meint, weiterkommen können.

Beide Fragen, wie die Eucharistie- und die Amtsfrage sind ebenfalls – wenn auch nicht so ausführlich und umfassend – im reformiert/katholischen Dialog erörtert worden.

IV. Dialoggleichheit: die Eucharistie

Es ist interessant zu sehen, wie dieser Mangel an Ausführlichkeit und Breite bei der reformiert/katholischen Behandlung der Eucharistie eigentlich nicht ins Gewicht fällt. Die im Vergleich zu den lutherisch/katholischen Texten recht knappen Texte enthalten die wesentlichen Linien einer reformatorisch/katholischen Verständigung über die sakramentale Gegenwart Christi und über den Opfercharakter der Eucharistie, wie sie auch im lutherisch/katholischen Dialog herausgearbeitet worden sind. Es wird ausdrücklich konstatiert: „Wir glauben, über den Sinn, den Zweck und das Grundlegende in der Lehre der Eucharistie ein gemeinsames Verständnis erreicht zu haben, das mit dem Wort Gottes und der universalen Tradition in Übereinstimmung steht."[5] Die noch verbleibenden Fragen richten sich eher auf die eucharistische Praxis.

Die Eucharistiefrage scheint im internationalen reformiert/katholischen Dialog und im nordamerikanischen Dialog gleichzeitig erörtert worden zu sein, dort im Rahmen des Dokuments „Die Gegenwart Christi in Kirche und Welt“ von 1977, hier innerhalb des Dokuments „The Unity We Seek“ aus demselben Jahre. Zwischen beiden Dialoggruppen gab es personelle Querverbindungen, die dazu beigetragen haben mögen, daß beide Berichte in den wesentlichen Zügen übereinstimmen. Nur wenige Akzentunterschiede kann man feststellen. So scheint der internationale Dialog noch um einiges stärker die Realpräsenz zu betonen[6], als der nordamerikanische Dialog es tut. Auch der zur Klärung der Messopferproblematik entscheidende Gedanke, daß wir „durch unsere Vereinigung mit Christus teilhaben an der zu unseren Gunsten vollzogenen Selbsthingabe“ Christi[7], fehlt im nordamerikanischen Dialog. Dafür plädiert dieser für eine „gelegentliche (occasional)“ oder „begrenzte eucharistische Gemeinschaft (limited eucharistic sharing)“[8], und das nicht erst nach der Erörterung der Eucharistiefrage, sondern bereits zuvor im Rahmen der Erörterung der Amtsfrage.[9] Soweit geht der internationale Dialog nicht. Er erwähnt dieses Problem lediglich als Problem, als eine „dringende pastorale Frage“[10], die es weiter zu verfolgen gelte.

Im Bereich der eucharistischen Problematik wird man darum kaum von einer Ungleichzeitigkeit der reformiert/katholischen und lutherisch/katholischen Dialoge reden können. Greifbarer und gravierender dagegen ist die Ungleichzeitigkeit bei der Behandlung der Amtsfrage, besonders wo diese sich zur Frage nach dem Bischofsamt und erst recht zur Frage nach dem Papstamt zuspitzt.

V. Gemeinsamkeiten: das ordinierte Amt

Die reformiert/katholischen Dialoge setzen ein mit einer Reihe von Aussagen über das ‚besondere‘ oder ‚ordinierte Amt‘, die sich im wesentlichen mit dem decken, was auch in den lutherisch/katholischen Dialogen gesagt wird. Allerdings kann man hier zwischen den beiden reformiert/katholischen Dialogen selbst, dem internationalen und dem nord-

---

[5] Die Gegenwart Christi in Kirche und Welt. Schlußber. des Dialogs zw. Ref. Weltbund und dem Sekretariat für die Einheit der Christen 1977, in: Vf. /*Hans Jörg Urban*/ *Lukas Vischer* (Hg.): Dokumente wachsender Übereinstimmung. Sämtl. Ber. und Konsenstexte interkonfessioneller Gespräche auf Weltebene 1931 – 1982, Paderborn/Frankfurt 1983, 487-517, hier 509, Nr. 91.

[6] ebd., 506f, Nr.82-84; vgl. 509, Nr.91.

[7] ebd., 507, Nr. 85.

[8] *Ernest L. Unterkoefler*/*Andrew Harsanyi* (Hg.): The Unity We Seek. A Statement by the Roman Catholic/Presbyterian-Reformed Consultation, New York 1977, 42f (Übers. des Vf.; ebenso alle nachf. Zitate aus diesem Dokument).

[9] Ministry in the Church. A statement by the Theology Section of the Roman Catholic/Presbyterian-Reformed Consultation, Richmond 1971 (Übers. des Vf.; ebenso alle nachf. Zitate).

[10] wie Anm.5, 510, Nr. 92

amerikanischen Dialog, einige nicht unerhebliche Verschiedenheiten feststellen, die die nordamerikanischen Dialoge noch näher an den lutherisch/katholischen Dialog heranzuführen scheinen.

Innerhalb des Priestertums und des apostolischen Auftrags aller Christen gibt es ‚das besondere Amt'. Es ist ein ‚Charisma', keine Hervorbringung der Gemeinde. „Nicht die Gemeinde bringt das Amt hervor und autorisiert es, sondern der lebendige Christus schenkt es ihr und fügt es in ihr Leben ein"[11], heißt es im internationalen Dialog und ähnlich in den nordamerikanischen Dialogen, die ausdrücklich vom besonderen Amt als „Institution Christi"[12]reden und soweit gehen, zu sagen, die Amtsträger seien „berufen und ordiniert, um Christus vor der Gemeinde und die Gemeinde vor Christus zu repräsentieren".[13] Diesem Amt ist die Verwaltung von Wort und Sakrament anvertraut.[14] Die „Aussonderung zur Ausübung dieser besonderen Dienste"[15] geschieht in der Ordination, ja ist die Ordination. Die Ordinationsliturgie „schließt die Anrufung des Heiligen Geistes (‚Epiklese') [...] mit ein" und zwar „unter Handauflegung durch andere ordinierte Amtsträger".[16] Es handelt sich also um einen „Ordinationsakt durch andere Amtsträger".[17]

Diese Handauflegung wird in allen reformiert/katholischen Gesprächen als „wirksames Zeichen"[18] verstanden und bezeichnet. Auf die Frage, was dieses „wirksame Zeichen" bewirkt, antwortet man: der Ordinand werde dadurch „in das ihm übertragene Amt eingeführt und darin bestätigt".[19] Der nordamerikanische Dialog geht noch weiter und fügt hinzu, daß bei der Handauflegung der Heilige Geist angerufen wird, den Ordinanden „die Kraft zu ihrem Amt zu geben", ihnen „die Gaben, die dieses Amt erfordert, zu verleihen". Die Gemeinde „bittet voll Vertrauen um die Verleihung der entsprechenden Gnade des Heiligen Geistes".[20]

Die nordamerikanischen Dialoge gehen auch darin über den internationalen Dialog hinaus, daß sie die Unwiederholbarkeit der Ordination betonen, von der im internationalen Dialog nicht die Rede ist.[21] Vor allem aber empfehlen sie in aller Form die gegenseitige Anerkennung der Ämter[22], die im internationalen Dialog nur als eine der weiterhin zu behandelnden Fragen aufgelistet wird.[23]

---

11 ebd., 511, Nr. 98.
12 wie Anm. 9,5.
13 ebd.
14 wie Anm. 5,511, Nr. 97.
15 ebd.
16 ebd., Nr.98.
17 ebd., 512, Nr.100.
18 ebd., 511, Nr.98; und wie Anm.8,32.
19 wie Anm.5,511, Nr.98.
20 wie Anm.9,5.
21 ebd. 22 ebd.,14 und 16. 23 wie Anm.5,515, Nr.108.

Es führt bereits in die Frage nach der apostolischen Amtssukzession hinüber, wenn von einer „Kontinuität des besonderen Amtes"[24] gesprochen wird, die sich nicht auf die Kontinuität in der apostolischen Lehre reduziert. Es heißt: „Die apostolische Sukzession besteht zumindest in der Kontinuität der apostolischen Lehre, doch steht diese nicht im Gegensatz zur Sukzession, insofern sie Kontinuität des ordinierten Amtes besagt. Die Kontinuität der rechten Lehre ist gewährleistet durch die Anwendung der Heiligen Schrift und wird übermittelt durch die Kontinuität der lehrenden Funktion des besonderen Amtes."[25] Auf jeden Fall gilt: „Die Kontinuität dieses besonderen Dienstes an Wort und Sakrament ist ein integraler Bestandteil der Dimension der souveränen und gnadenhaften Gegenwart Christi, die durch die Kirche vermittelt wird."[26]

Diese Aussagen liegen deutlich auf der Linie dessen, was auch im lutherisch/katholischen Dialog gesagt wird, allerdings leuchten sie die Amtsproblematik vielleicht noch nicht in dem Maße aus, wie der sehr viel ausführlichere lutherisch/katholische Dialog es tun konnte. Die im internationalen reformiert/katholischen Dialogbericht aufgelisteten „Offenen Fragen", zu denen man noch andere hinzufügen müßte, zeigen das: Die Bestimmung des Verhältnisses zwischen dem besonderen Amt der Wortverkündigung und der Sakramentsverwaltung einerseits und der Leitung der Gemeinde andererseits bleibt ungeklärt; eine Reflexion darüber, in welchem Sinne man von einer Sakramentalität der Ordination sprechen kann oder nicht, fehlt, obwohl im Vorausgegangenen (Handauflegung als „wirksames Zeichen") der Ansatz dazu gegeben war; die Bedeutung der katholischen Aussage von dem dem Amt der reformatorischen Kirchen anhaftenden „defectus sacramenti ordinis" wird noch nicht erörtert, sondern nur als eine der offenen Fragen für weitere Klärung vorgemerkt.[27]

Sofern es bisher bei der Erörterung der Amtsfrage mit den Katholiken doch sachlich gewichtigere Ungleichzeitigkeiten zwischen Reformierten und Lutheranern gibt, scheinen dies – und das ist wichtig – zugleich Ungleichzeitigkeiten unter den Reformierten selbst, d.h. zwischen dem nordamerikanischen und dem internationalen reformiert/katholischen Dialog zu sein. Die Frage ist dann zunächst einmal, wie man auf reformierter Seite diese innerreformierte Differenz sieht, beurteilt und mit ihr zurechtkommt.

Der Unterschied zwischen dem reformiert/katholischen und dem lutherisch/katholischen Dialog über das Amt wird dort spürbarer, wo es um die Fragen des kirchenleitenden Amtes geht. Ohne Zweifel ist diese Frage sowohl als Frage nach dem Bischofsamt als auch in Gestalt der Papstfrage für beide Dialoge von erheblichem Gewicht. Freilich haben die lutherisch/katholischen Dialoge sich von Anfang an und auch später

[24] ebd., 512, Nr. 100. [25] ebd., Nr.101.
[26] ebd., Nr.99. [27] ebd., 515, Nr.108.

bekanntlich sehr viel intensiver als die reformiert/katholischen Dialoge damit beschäftigt.

VI. Bereitschaft und Zurückhaltung: das Bischofsamt

Während die Lutheraner – ganz bewußt auf der Linie der reformatorischen Einstellung, etwa auf der Linie der sowohl kritischen wie positiven Aussagen der Confessio Augustana (Artikel 28) – stets und mit Nachdruck die Offenheit, Freiheit und Bereitschaft zur Übernahme des Bischofsamtes erklärt und das im jüngsten Dokument der internationalen katholisch/lutherischen Kommission in Form eines konkreten Vorschlages erhärtet haben[28], ist davon im reformiert/katholischen Gespräch sehr viel weniger oder kaum etwas zu spüren. Diese Frage wird dort nicht nur nicht erörtert. Sie scheint – jedenfalls im bisherigen internationalen Dialog – durch die Behauptung des Prinzips der „synodalen Organisation" oder „Regierungsform" und damit des „korporativen Episkopats" praktisch ausgeklammert, wenn nicht sogar zurückgewiesen zu werden.[29] Die Ungleichheit der lutherischen und der reformierten Dialoge mit den Katholiken läßt sich hier nicht übersehen.

Freilich kann man wieder nicht umhin, zwischen den reformiert/katholischen Dialogen selbst eine zumindest ähnliche Ungleichheit zu konstatieren. Der nordamerikanische Dialog über das Amt nähert sich damit erneut den Aussagen des lutherisch/katholischen Dialogs. Im Rückblick auf die Geschichte der reformierten Kirchen zeigt er eine gewisse Offenheit für eine bischöfliche Verfassung und sagt im Blick auf die letzten zwei oder drei Generationen, daß in Unionsverhandlungen mit episkopal strukturierten Kirchen „einige reformierte Kirchen sich willens gezeigt haben, den persönlichen Episkopat zumindest zu diskutieren".[30] Zusammenfassend heißt es: „So gibt es also, zumindest in einigen reformierten Bereichen, eine sich verstärkende Tendenz, ein permanenteres persönliches kirchliches Leitungsamt (a more permanent individual superintendency) als wirkungsvolles Instrument der Kirchenleitung wie auch als angemessenes Symbol und Werkzeug der Kontinuität und Einheit zu befürworten, freilich nicht in Loslösung von synodalen Formen der Kirchenleitung."[31] Die Berichte des nordamerikanischen Dialogs sprechen, wenn auch noch recht allgemein und vage, immer wieder von der Möglichkeit

---

[28] Gemeinsame röm.-kath./ev.-luth. Kommission: Alle unter einem Christus, in: wie Anm.5, 327, Nr.22; dies.: Das geistliche Amt in der Kirche, ebd., 344-346, Nr. 42-49; 349f, Nr.63-66; 354f, Nr.80; dies: Einheit vor uns. Modelle, Formen und Phasen kath./luth. Kirchengemeinschaft, Paderborn/Frankfurt 1985, 55-78, Nr.92-145, besonders 67f, Nr.117-119.

[29] wie Anm.5, 512f, Nr.102; vgl. 515, Nr. 108.

[30] wie Anm.9,8.

[31] ebd.

einer „kreativen Verschmelzung (creative fusing) episkopaler, presbyteraler und kongregationaler Traditionen“[32] und schlagen vor, „auf der Ebene der Gemeinden, der Diözesen, der Landeskirchen und auf Weltebene Überlegungen anzuregen, die sowohl innerhalb unserer Kirchen als auch zwischen unseren Kirchen die praktische Verschmelzung (practical fusing) der einigenden Funktion persönlicher Leitung mit der kollegial-demokratischen Verantwortung fördern“.[33] Im internationalen Dialog ist davon bislang keine Rede.

VII. Diskrepanzen: das Papstamt

Das trifft verstärkt auf die Papstfrage zu. Während der lutherisch/katholische Dialog nahezu von Anfang an und zum Teil mit großer Ausführlichkeit – zumeist im Rückgriff auf die Aussagen und Einstellung der lutherischen Reformation – diese Frage in einer positiven Perspektive erörtert, fehlt bislang im internationalen reformiert/katholischen Dialog so gut wie jegliche Behandlung dieser Problematik.

Man hat den Eindruck, als verhinderten einerseits die reformierte „Ablehnung der Idee einer Menschen zuerkannten Unfehlbarkeit“[34], zu der man sich vor allem „wegen der Souveränität Christi über die Kirche und wegen der Freiheit des Geistes“[35] veranlaßt sieht, andererseits aber auch die negativen geschichtlichen Erfahrungen vorerst eine neu orientierte Erörterung der Papstproblematik, wie sie den lutherisch/katholischen Dialog kennzeichnet. Es bleibt darum bei der bloßen Feststellung der bleibenden Verschiedenheit katholischer und reformierter Tradition an diesem Punkte.[36]

Aber erneut stellt man fest, daß der nordamerikanische reformiert/katholische Dialog über das Amt deutlich andere Akzente setzt. Er identifiziert klar die beiden Hauptprobleme, die die katholische Lehre und Praxis des päpstlichen Primats für reformatorisches Denken bieten: päpstlicher Jurisdiktionsprimat und päpstliche Lehrunfehlbarkeit. Er meint aber im Blick auf den ersten Aspekt doch sagen zu können: „Das wachsende Bewußtsein unter den reformierten Kirchen für die Notwendigkeit wirkungsvoller weltweiter einigender Strukturen (forms) und auf katholischer Seite [das wachsende Bewußtsein] für den kollegialen Kontext und den pastoralen Charakter des päpstlichen Dienstes eröffnen den Weg zu neuen Möglichkeiten [...] Die Kirche muß, im Geiste pastoralen Dienstes, die einigende Kraft, die ein zukünftiges Papsttum entfalten könnte, mit dem belebenden Wachstum, das sich aus der ‚kollegialen‘ und reprä-

---

32 wie Anm.8,28.
33 ebd., 29; vgl. wie Anm.9, 8f.
34 wie Anm.5, 497, Nr.42.
35 ebd.
36 ebd., 514, Nr.106.

sentativen Haltung der reformierten Tradition ergeben kann, verbinden."[37] „In dem Maße, wie die kollegialen Strukturen sich verstärken, kann es durchaus sein, daß das Papsttum immer mehr zu einem geeigneten Instrument der Einheit Christi wird."[38] Das sind Aussagen, die man im internationalen reformiert/katholischen Dialog nicht findet und die nur schwer in ihn einzutragen wären, die sich aber erheblich den lutherischen Aussagen im Dialog über das Papsttum nähern.

VIII. Zielverschiedenheiten

Diese – zugegebenermaßen relative – Ungleichzeitigkeit zwischen reformiert/katholischem und lutherisch/katholischem Dialog, wie sie sich im Blick auf die Behandlung einzelner Kontroversfragen zeigt, spiegelt sich konsequenterweise wider in der Bestimmung des Ziels, auf das hin die Dialoge sich ausrichten.

Es trifft für beide Dialoge zu, daß sie in ihrem ursprünglichen Ansatz noch nicht von kirchlicher Einheit oder von Kirchengemeinschaft als Zielsetzung reden. Das Ziel wurde zunächst erheblich niedriger angesetzt. Es ging – zum Teil sogar in Gestalt eines ausdrücklichen Mandates – um Verständigung in Glaubens- und Kirchenfragen mit allem, was das einschließt: besseres Kennenlernen, Überwindung überkommener Mißverständnisse und Vorurteile, Herausstellung von Gemeinsamkeiten, Erarbeitung von Übereinstimmungen, Möglichkeiten der Zusammenarbeit.

Es ist nun aber eine schon sehr bald im Fortgang der Dialoge beobachtete Tatsache, daß die Dialoge alles in allem eine ausgeprägte Tendenz, ja eine innere Dynamik aufweisen, im Prozeß besseren gegenseitigen Kennenlernens und theologischer Verständigung zugleich über Kennenlernen und Verständigung hinaus in jenen Bereich vorzustoßen, in dem es um konkrete Schritte und Entscheidungen zur Verwirklichung gelebter kirchlicher Gemeinschaft geht. Signifikante Beispiele für diese innere Dynamik der Dialoge sind etwa der Dialog über die Eucharistie und über das Amt, der sich nicht mit der theologischen Verständigung zufriedengab, sondern immer wieder zur Frage nach gelebter eucharistischer Gemeinschaft (Interkommunion; eucharistische Gastbereitschaft) oder nach der Gemeinschaft im Amt (gegenseitige Anerkennung der Ämter) vorstieß oder sogar bis zur Frage, wie denn volle Kirchengemeinschaft erreicht werden und sich gestalten kann.

Nun scheint mir, daß genau an diesem Punkt eine umgreifendere Ungleichzeitigkeit zwischen reformiert/katholischem und lutherisch/katholischem Dialog zutage tritt. Im Blick auf das Gespräch über Eucharistie und Amt habe ich das bereits gezeigt: Im Unterschied zum lutherisch/

[37] wie Anm. 9, 11; vgl. wie Anm. 8, 32f.
[38] wie Anm. 9, 12.

katholischen Dialog gestattete der im internationalen reformiert/katholischen Gespräch erreichte Grad an theologischer Verständigung es offenbar noch nicht, Schritte zur kirchlichen Gemeinschaft in Eucharistie und Amt ins Auge zu fassen und vorzuschlagen. Die „Frage nach gegenseitiger eucharistischer Gastfreundschaft" wird lediglich als „dringende pastorale Frage" gestellt[39], und auch bei der Behandlung der Amtsproblematik wird lediglich die Frage nach den inhaltlichen und formalen Voraussetzungen für eine gegenseitige Anerkennung der Ämter als Problem aufgeworfen.[40] Daß die Dinge beim nordamerikanischen reformiert/katholischen Dialog anders liegen, sagte ich schon, und die Frage ist, wie man diese Verschiedenheit beurteilt und verarbeitet.

Noch bezeichnender aber ist es, daß die internationale katholisch/lutherische Kommission in ihrem letzten Dokument „Einheit vor uns" meinte, die Frage nach „Modellen, Formen und Phasen katholisch/lutherischer Kirchengemeinschaft" thematisieren und ausführlich behandeln zu können, ja aufgrund der ereichten theologischen Verständigung behandeln zu müssen. Wie immer die Stellungnahmen der Kirchen auf dieses Dialogdokument auch sein mögen, die Tatsache bleibt: Das Ziel Kirchengemeinschaft wird nicht nur in aller Klarheit ausgesprochen, sondern auch thematisiert. Der internationale lutherisch/katholische Dialog wird unter dieser Zielsetzung weitergeführt werden.

Das finden wir im internationalen reformiert/katholischen Dialog nicht. Im Gegenteil! Es scheint – auf jeden Fall gibt es diese Stimmen –, daß man von einer solchen Zielsetzung des reformiert/katholischen Gesprächs nicht reden will.

Wilhelm Adolf Visser 't Hooft schrieb 1982 in einem Paper „Remarks on the Dialogue Between the Roman Catholic Church and the Reformation Churches", das allerdings nicht zur Veröffentlichung bestimmt war: „Ich meine, wir müssen klar sagen, daß der weitverbreitete Eindruck, das Ziel der Wiedervereinigung der römisch-katholischen Kirche mit einer oder mehreren der reformatorischen Kirchen sei in Sichtweite, ein Irrtum ist." Vorläufig, so rät er, „sollten wir in unseren Kontakten [mit der römisch-katholischen Kirche] nicht so sehr eine formelle Wiedervereinigung betonen, sondern vielmehr ein besseres gegenseitiges Verstehen, ‚geistlichen Wettstreit', Zusammenarbeit in Mission und Evangelisation, gemeinsames Handeln im Blick auf soziale Gerechtigkeit und Frieden."

Das entspricht dem, was jüngst auch *Lukas Vischer* in seinem Artikel „The Ecumenical Commitment of the World Alliance of Reformed Churches" über den reformiert/katholischen Dialog sagt: „So dringlich dieser Dialog auch ist, darf sein Ziel doch nicht zu hoch angesetzt werden. Es wäre töricht, heute schon von Wiedervereinigung zu reden. Vielmehr muß es das Ziel des Dialogs sein, gemeinsame Perspektiven aufzuzeigen,

---

[39] wie Anm.5, 510, Nr.92.
[40] ebd., 515, Nr.108.

die kritischen Fragen zu formulieren, die man aneinander zu richten hat, und das Fundament zu legen für ein gemeinsames Zeugnis in der Welt von heute."[41] Die drei reformierten Stellungnahmen zu seinem Artikel stellen das mit keinem Wort in Frage. Das erstaunt um so mehr, als der nordamerikanische reformiert/katholische Dialog im Jahre 1977 ein höchst interessantes Dokument veröffentlicht hat, das unter dem Titel „The Unity We Seek" mit aller Klarheit sagt und dann auch ausführt: „Auf beiden Seiten sehen wir als das Ziel die Verwirklichung kirchlicher und eucharistischer Gemeinschaft."[42] „Unsere Aufgabe ist es, den Prozess zu klären, der uns hinführt zu struktureller Einheit (unity in structure; structural unity)."[43]

Diese Verschiedenheit oder Ungleichzeitigkeit in der Zielsetzung von lutherisch/katholischem und reformiert/katholischem Dialog ist von ganz erheblicher Bedeutung. Ich sage das im Sinne einer Problemkonstatierung und unter gar keinen Umständen, um zu rühmen, wie herrlich weit wir Lutheraner es im Gespräch mit Rom gebracht hätten. Allerdings ist das eine Konstatierung, die – falls sie zutrifft – beunruhigt und nach Klärung ruft, wenn denn im Fortgang der ökumenischen Bewegung die Gemeinschaft der beiden reformatorischen Kirchen nicht problematisiert werden soll.

IX. Problem oder Chance: Verschiedenheit ökumenischer Affinitäten

Das Bild vervollständigt sich noch, wenn man beobachtet, wie das Reformiertentum und das Luthertum besonders in den letzten Jahren, aber zum Teil aufgrund schon seit langem bestehender historischer und geistlicher Affinitäten verschiedene und spezifische ökumenische Partnerschaften herausgebildet haben. Das geht zwar über mein Thema hinaus, will aber doch mitbedacht sein und soll hier nur in einigen stichworthaften Bemerkungen angedeutet werden:

1. Im Reformierten Weltbund gibt es heute sechzehn unierte Kirchen, die sich in verschiedenen Ländern aus der Verschmelzung reformierter Kirchen mit baptistischen, kongregationalistischen, methodistischen, presbyterianischen Kirchen und Kirchen der Disciples gebildet haben. Nur eine dieser unierten Mitgliedskirchen des Reformierten Weltbundes – die Kirche von Nordindien – schließt auch anglikanisches Erbe ein.

2. Von daher ist für die Gesamtheit der Kirchen, die den Reformierten Weltbund bilden, bereits eine bestimmte ökumenische Ausrichtung vorgegeben, und es war aufgrund dieser und anderer Gegebenheiten eigentlich nur konsequent, daß sich 1970 die Verschmelzung von Reformiertem Weltbund und Internationalem Kongregationalistischen Rat vollzog.

---

[41] in: RW 38, 1985, 280f.

[42] wie Anm. 8, 30.

[43] ebd., 23.

3. In den Jahren 1973 bis 1977 kam es zu einem Dialog zwischen Reformiertem Weltbund und Baptistischem Weltbund mit durchaus positiven Ergebnissen[44], während das internationale Gespräch zwischen Lutheranern und Baptisten zwar beschlossen ist, aber immer noch nicht begonnen hat. Das Gespräch zwischen Baptisten und Lutheranern in der Bundesrepublik Deutschland (1980/1981) endete mit eher entmutigenden Ergebnissen.[45]

4. In die reformiert/baptistischen Verständigungsbemühungen wurden neuerdings (seit 1983) gezielte und offenbar als verheißungsvoll beurteilte Kontakte zu Mennoniten einbezogen.[46] Eine Publikation dazu steht vor dem Erscheinen. Lutherischerseits ist trotz gewisser Ansätze im Confessio-Augustana-Jubiläumsjahr (1980) und auch noch danach etwas Vergleichbares nicht in Sicht.

5. Auch die Erträge einer Arbeitsgruppe zwischen Vertretern des Reformierten Weltbundes und dem Disciples Ecumenical Consultative Council (1984) liegen vor. Eine Konsultation ist für 1986 angesetzt und der Beginn eines offiziellen Dialogs für 1987 geplant.[47] Die Vereinbarkeit beider Kirchen wird aufgrund geschichtlicher und theologischer Gegebenheiten auf beiden Seiten betont.[48]

Geht es zu weit, zu sagen, daß sich hier, vor allem getragen von reformierter Seite, eine Gemeinschaft von Kirchen und Traditionen abzeichnet, in der – seien es Traditionen des ‚linken Flügels' der Reformation, seien es wesentlich neuprotestantisch geprägte Gruppierungen – Kirchen zusammengehen, mit denen zusammenzugehen das Luthertum noch erhebliche Schwierigkeiten hat?

Dagegen scheint das Luthertum besonders in letzter Zeit eine deutlichere Affinität zum Anglikanismus zu entwickeln, wie sich etwa in den Gesprächen und Abendmahlsvereinbarungen zwischen lutherischen und episkopalen Kirchen in den USA zeigt und wie es sich auch in Europa

---

[44] Baptists and Reformed in Dialogue. Documents from the Conversations Sponsored by the World Alliance of Reformed Churches and the Baptist World Alliance. Studies from the Alliance of Reformed Churches 4, Geneva o.J.

[45] Baptisten und Lutheraner im Gespräch. Schlußber. eines offiziellen Gesprächs 1980/81, in: Texte aus der VELKD 17, 1981, besonders 10f.

[46] Ich denke an den Tag der Begegnung und den gemeinsamen reformiert/baptistisch/mennonitischen Abendmahlsgottesdienst am 5.März 1983 im Großmünster in Zürich, vgl. wie Anm.44, 45-51; s. dazu auch den Beitr. des Mennoniten *Larry Miller*: The Future of the Common Reformation Heritage of the Baptist and Reformed Tradition. From a Mennonite Perspective, ebd., 52-55.

[47] *Alan P.F. Sell*(Hg.): Reformed and Disciples of Christ in Dialogue, Studies from the World Alliance of Reformed Churches 6, Geneva 1985.

[48] vgl. *Richard L. Harrvrison* Jr.: The Disciples of Christ and the Reformed tradition: continuity and discontinuity, in: ebd., 3-35; *Alasdair J.C. Heron*: The Disciples of Christ and the Reformed tradition: a comment from the Reformed side, in: ebd., 36-42.

und wohl auch auf Weltebene abzeichnet.[49]

Allerdings wird man sich hüten müssen, die Dinge zu simplifizieren. Denn auch zwischen Anglikanern und Reformierten (1981-1984)[50] oder zwischen Lutheranern und Methodisten (1979-1984)[51] ist es in letzter Zeit zu Annäherungen gekommen, die die angedeuteten Bewegungsrichtungen gleichsam überkreuzen.

Auf jeden Fall zeigt sich, daß jene umgreifenderen ökumenischen Entwicklungen durchaus ambivalent sind. Sie können, wie eingangs gesagt, als fatales ‚Auseinanderdriften' der beiden reformatorischen Schwesterkirchen gedeutet und befürchtet werden. Sie können aber auch das Gegenteil bedeuten und zu einem ökumenischen Positivum werden, vorausgesetzt es gelingt, diese Bewegungsrichtungen zum Nutzen der gesamten ökumenischen Bewegung eben dort zusammenzuhalten, wo sie vielleicht auf den ersten Blick auseinanderzulaufen scheinen: in der Gemeinschaft der beiden reformatorischen Schwesterkirchen. Das wäre eine Aufgabe und eine Herausforderung für den Dialog zwischen reformierten und lutherischen Kirchen, insbesondere für den kommenden Dialog zwischen Reformiertem Weltbund und Lutherischem Weltbund, der dann zugleich mit der Wahrung und Vertiefung der reformiert/lutherischen Gemeinschaft vielleicht eine Aufgabe von sehr viel umfassenderer ökumenischer Bedeutung gewönne.

---

[49] vgl. *William A. Norgren*: What can we share? A Lutheran-Espiscopal Resource and Study Guide, Cincinnati/Ohio 1985.

[50] The Report of the Anglican-Reformed International Commission 1984. God's Reign and Our Unity, London 1984.

[51] Luth.-Methodistischer Dialog 1979-1984. Die Kirche: Gemeinschaft der Gnade, LWB/Weltrat Methodistischer Kirchen, Genf/Lake Junaluska 1984.

Hans Grass

Was uns eint und was uns trennt
Zum evangelisch/katholischen Verhältnis

I. Die weiten gemeinsamen Grundlagen

Wir glauben gemeinsam an Gott den Vater und an seinen Sohn Jesus Christus, unseren Herrn. Da der Glaube an Gott und Christus das Zentrum des christlichen Glaubens ist, ist es nichts Geringes, wenn beide Kirchen, die evangelische und die katholische Kirche sich zu diesem Glauben bekennen. Sie grenzen sich damit ab gegen alle, die von Gott nichts mehr wissen wollen, sei es in bewußtem Atheismus oder in religiöser Indifferenz; und sie sind zugleich bemüht, diesem Glauben unter den Menschen Geltung zu verschaffen. Beide Kirchen sind miteinander der Überzeugung, daß Gottes entscheidende Offenbarung und sein erlösendes Handeln in Jesus Christus geschehen ist und geschieht. Indem sie Gottes erlösendes Handeln verkündigen, verstehen sie den Menschen als ein der Erlösung bedürftiges Wesen, das sich weder in stolzer Autonomie noch in resignierter Skepsis auf sich selbst stellen kann, sondern der Gnade und Liebe Gottes bedarf. Im gemeinsamen Bekenntnis zu Christus stehen beide Kirchen den fremden Religionen gegenüber, die neuerdings auch im Abendland sich stärker geltend machen. In der christlichen Taufe sind beide Kirchen miteinander verbunden und erkennen ihre Taufe gegenseitig an.

Das Heilsangebot, das beide Kirchen der Menschheit machen, hat seinen grundlegenden Niederschlag gefunden in der Bibel, sie steht in beiden Kirchen in hohem Ansehen. Mag die katholische Kirche auch Vorbehalte gegen das sola scriptura haben und die evangelische Kirche seit dem Aufkommen der kritischen Schriftforschung erhebliche Probleme mit der Bibel haben, so berufen sich doch beide Kirchen auf die Heilige Schrift als ihre grundlegende Urkunde. Evangelische und katholische Schriftausleger arbeiten eng zusammen und sind vielfach einig in dem, was die Schrift bezeugt.

Einig sind sich Protestanten und Katholiken darin, daß zum rechten Umgang mit Gott das Gebet gehört. Das Vaterunser ist immer das zentrale Gebet beider Kirchen gewesen. Und wenn es auch Differenzen in der Gebetspraxis gibt, so ist doch zunächst einmal wichtig, daß man gemeinsam die Sprachlosigkeit nicht teilt, die der moderne Mensch weithin gegenüber Gott hat. Man kann loben und danken, bitten und sich versenken; man antwortet im Gebet auf Gottes Gnade und Gaben, man flüchtet zu ihm in schweren Stunden, wenn seine Wege verborgen sind. Man hat in beiden Kirchen auch gelernt, miteinander und füreinander zu beten, wie man auch Wortgottesdienste miteinander feiert.

Auch die Zehn Gebote sind beiden Kirchen gemeinsam und bilden das Fundament ihrer Ethik, wiewohl es mancherlei Unterschiede in der individuellen und sozialen Ethik gibt. Vor allem herrscht weitgehende Übereinstimmung im Dienst der helfenden Liebe. Hier überschreitet man auch gemeinsam die Grenzen zum nichtchristlichen oder dem christlichen Glauben fernstehenden Mitmenschen, tritt ein für die Armen, Notleidenden, Benachteiligten und arbeitet mit rein humanitären Unternehmungen zusammen. Einig ist man sich auch in der Abwehr totalitärer Ideologien, Gesellschafts- und Staatsformen, ruft zur Wahrung der Menschenwürde und Achtung vor Gottes Schöpfung auf und will in einer christlichen Hoffnung dem Tode nicht das letzte Wort lassen.

Es sind also schon große, grundlegende Dinge, die beide Kirchen miteinander verbinden; der Glaube an Gott und Christus und das in ihm geschenkte Heil, das Wissen um den Menschen, der Gottes und der Erlösung bedarf und ihrer teilhaftig werden kann, die Bibel als die gemeinsame Grundlage der christlichen Botschaft, das Gebet, das uns heraushebt aus unserer Diesseitsumschränktheit, die Taufe, mit der wir den gemeinsamen Christennamen erhalten und uns als Gottes Kinder wissen dürfen, und der christlich motivierte Dienst der helfenden Liebe. Diese Gemeinsamkeiten sind keine Berührung an den Rändern, sondern eine Begegnung, ja Vereinigung im Zentralen. Wer diese Dinge bejaht, sie ernst nimmt und in ihnen lebt, mit dem dürfen wir uns in einer Kirche wissen.

Aber nun besteht dennoch keine Kirchengemeinschaft. Das Stichwort von den getrennten Brüdern bezeichnet zutreffend die ökumenische Situation zwischen evangelisch und katholisch, und es wäre falsch, die Augen zu verschließen vor dem, was trotz der Gemeinsamkeiten im Zentralen uns voneinander unterscheidet und trennt. Es ließen sich schon Unterschiede in den eben genannten zentralen Punkten aufzeigen. Doch sollte man hier nicht zu rigoros verfahren. Christenglauben ist nie uniform gewesen. Er ist es auch in der eigenen Kirche nicht. Sind doch bereits im Urchristentum und im Neuen Testament erhebliche Unterschiede zu erkennen. Vor allem wird man angesichts derer, die dem christlichen Glauben fremd oder feindlich gegenüberstehen, das Gemeinsame in den Vordergrund stellen. Man wird ja auch von dieser Seite her in erheblichem Maße zusammengesehen. Ob man ein Christ sein will oder nicht, ob man der Kirche positiv oder negativ gegenübersteht, das wird hier für wichtiger genommen, als ob man katholisch ist oder evangelisch. Übrigens dürfte schon im Urchristentum das Bekenntnis zu Christus und die Übernahme der christlichen Taufe wichtiger gewesen sein als die Zugehörigkeit zu einer paulinischen oder einer petrinischen Missionsgemeinde.

Aber wo liegen nun die Differenzen, die auch heute nicht überwunden sind? Es kann hier natürlich nicht skizziert werden, wie das ökumenische Gespräch zwischen evangelischer und katholischer Kirche in den letzten Jahrzehnten gelaufen ist. Auch einzelne Themen dieses Gesprächs sollen hier nicht behandelt werden. Sie haben sich vor allem mit dem Wesen der Kirche und ihrer Struktur, mit Wort und Sakrament, mit Eucharistie und Amt beschäftigt und dabei Konvergenzen, aber auch Differenzen festgestellt. Andere Bemühungen richteten sich auf ein gemeinsames Grundbekenntnis. Anläßlich der 1600-Jahr-Feier rückte das altkirchliche Bekenntnis von Nicäa-Konstantinopel in den Vordergrund des Interesses. Dabei blieb freilich unklar, ob seine heutige Interpretation von allen geteilt wird, ob die evangelischen Kirchen sich vollinhaltlich noch hinter die altkirchlichen Aussagen stellen können und ob andererseits die katholische Kirche sich mit einem solchen altkirchlichen Bekenntnis begnügen könnte, da nach ihrem Selbstverständnis die Geschichte ihrer Dogmenbildung bis heute nicht zum Abschluß gekommen ist. Auf lutherischer Seite hatten manche Kreise die Erwartung gehegt, die katholische Kirche werde das Augsburger Bekenntnis von 1530 anerkennen. Das Scheitern der Versuche war vorauszusehen. Eine solche Anerkennung hätte auch innerhalb des Protestantismus neue Probleme ausgelöst, vor allem über den Verbindlichkeitsgrad von kirchlichen Bekenntnissen. Wir können das hier nicht weiter erörtern.

Statt der Behandlung solcher Einzelfragen soll vielmehr der Versuch gemacht werden, mit einigen mehr religionswissenschaftlichen als theologischen Grundbegriffen Unterschiede zwischen der evangelischen und der katholischen Kirche herauszustellen. Dabei soll der kirchentrennende Charakter dieser Unterschiede offenbleiben. Es geht uns mehr um die Phänomene als um ihre dogmatische Bedeutung. Bei einem solchen Vorgehen lassen sich die kennzeichnenden Unterschiede, die wir zu bedenken haben, mit drei Leitsätzen andeuten: Der Katholizismus ist eine *Priesterreligion* (II.). – Der Katholizismus trägt *Züge einer sakralen Kultreligion* (III.). – Im Katholizismus hat die *Kirche als Institution einen zentralen religösen Wert* (IV).). – Diese Aussagen können von der evangelischen Kirche so nicht gemacht werden. Versuchen wir, die drei Kennzeichen näher zu erläutern.

II. Der Katholizismus ist eine Priesterreligion

Auch die evangelischen Kirchen haben ihre Diener und Ämter, welche beauftragt sind, den Dienst und die Aufgaben der Kirche wahrzunehmen, vor allem die Verkündigung, die Seelsorge und die Diakonie. Aber diese Diener sind keine Priester. Für den Priester ist kennzeichnend, daß er durch eine besondere Weihe aus dem übrigen Volke ausgesondert ist, daß er eine nicht zu übergehende Mittlerstellung zwischen den Menschen und Gott einnimmt und daß er in dieser Mittlerstellung auch eine Opferfunktion hat. Die katholischen Geistlichen sind sakramental geweiht und durch diese Priesterweihe von den Laien klar unterschieden. Sie sind nicht nur mit bestimmten Diensten beauftragt, die notfalls auch von anderen Gemeindegliedern wahrgenommen werden können, sondern nehmen als geweihte Priester Funktionen wahr, die nur von ihnen vollzogen werden können. Nur sie können gültig das Meßopfer feiern[1] und dieses Meßopfer ist das Zentrum des katholischen Gottesdienstes.[2]

Alle Anerkennung evangelischer Feiern des Herrenmahls, mögen sie in Lehre und Liturgie sich noch so stark an der katholischen Meßfeier orientieren, scheitert letztlich daran, daß nach katholischer Anschauung diesen Feiern der gültig geweihte Priester zum gültigen Vollzuge fehlt. Nur der geweihte Priester kann die eucharistischen Elemente in Leib und Blut Christi wandeln und jene wunderbare Vergegenwärtigung Christi auf dem Altar vollziehen, welche das Herzstück des katholischen Kultus und der katholischen Frömmigkeit ist. Es ist auch nicht unwichtig, daß der Begriff des Meßopfers das eucharistische Handeln des Priesters bezeichnet. Priester und Opferdarbringung gehören zusammen, auch wenn man heute noch so stark betont, daß es sich um eine repraesentatio, ein memorial, eine Vergegenwärtigung des einmaligen Opfers Christi am Kreuz handelt. Denn die priesterliche Opferhandlung bewirkt etwas, nicht nur bei den Gläubigen, sondern bei Gott für die Gläubigen. Der Priester bringt das Opfer dar für Lebende und Verstorbene.[3] Die Seelenmessen spielen eine wichtige Rolle in der katholischen Frömmigkeit. Sie können ohne Priester nicht gefeiert werden.[4]

Der priesterliche Charakter des katholischen Geistlichen zeigt sich weiter darin, daß nur er kraft seiner Priesterweihe Beichte hören und gültig absolvieren kann.[5] Auch hier kann der Gläubige den Priester nicht entbehren, er ist auf seine Heilsvermittlung angewiesen. Das gilt trotz gewisser Einschränkungen bei Vollreue. Obgleich die katholische Kirche heute erhebliche Probleme mit ihrem Beichtinstitut hat und in der Praxis auch zu Konzessionen bereit ist, hält sie doch daran fest, daß das persönliche und vollständige Bekenntnis und die priesterliche Absolution den einzigen ordentlichen Weg bilden, auf dem ein Gläubiger mit Gott und der Kirche versöhnt wird.[6] Generalabsolutionen sind nur in Ausnahmefällen möglich.[7] Gerade an den zentralen Stellen des Gottesdienstes und der

[1] CIC / Codex des kanonischen Rechtes. Lat.-dt. Ausg. Mit Sachverzeichnis. Kevelaer 1984². XCVI + 935 S., hier can. 900; fortan nur noch mit can.-Angabe.

[2] can. 897.

[3] can. 901.

[4] Vat.II Priesterdekret „Presbyterorum ordinis“ Nr. 5 und 13; can. 945ff.

[5] can. 965 und 966 § 1.

[6] can. 960.

[7] can. 961 bis 963.

Seelsorge ist der Gläubige auf den Priester angewiesen; ohne ihn müßte er die entscheidenden Heilsgüter entbehren. Das gilt, auch wenn das Zweite Vatikanische Konzil den Anteil der Laien am Priesteramt Christi kräftig hervorgehoben hat.[8] Im Dekret über Dienst und Leben der Priester tritt ihre Sonderstellung wieder klar hervor.[9] Diese Sonderstellung wird noch dadurch unterstrichen, daß sie zölibatär leben sollen, daß keine Frauen zum Priestertum zugelassen werden, und daß sie sich in ihrem Äußeren und Verhalten vom Laien unterscheiden sollen. Aber das ist von sekundärer Bedeutung. Hier kann die kirchliche Gesetzgebung durch die Kirche auch geändert werden; es können Ausnahmen gestattet werden. Konstitutiv dagegen ist die sakramentale Weihe und die allein durch sie ermöglichte sakramentale Funktion, besonders in der Eucharistie und im Bußsakrament.

Bei den Bischöfen kommen weitere Funktionen hinzu, vor allem die Spendung der Priesterweihe und der Firmung. Auch diese Funktionen werden nicht einfach qua Amtsauftrag ausgeübt, sondern ebenfalls kraft sakramentaler Weihe und in bischöflicher Sukzession. Nach dem Zweiten Vatikanischen Konzil, das überhaupt die Stellung der Bischöfe gestärkt hat, sind sie mit der Fülle des Weihesakraments ausgezeichnet[10], während die Priester nicht die höchste Stufe der priesterlichen Weihe haben und in der Ausübung ihrer Gewalt von den Bischöfen abhängen.[11] Fast scheint es jetzt so, als sei die Bischofsweihe das eigentliche Weihesakrament und die Priesterweihe nur ein Ausfluß derselben. Als Hirten und Lehrer ihrer Diözesen sind die Bischöfe in noch höherem Grade aus dem Kirchenvolk und aus dem Klerus hervorgehoben. Das unterstreicht den Charakter des Katholizismus als einer priesterlichen Religion.

III. Der Katholizismus trägt Züge einer sakralen Kultreligion

Eine Kultreligion ist eine Religion, die sakrale Handlungen, geweihte Personen und geweihte Gegenstände ihr eigen nennt. Sie grenzt einen ganzen Bereich des Heiligen als den eigentlichen religiösen Bereich aus dem weltlichen Bereich aus, will freilich auch den weltlichen Bereich mit den Kräften des Heiligen durchdringen. Eine Religion, die ausschließlich oder vorwiegend durch die Verkündigung und durch sittliches Handeln wirken will, trägt diesen Kultcharakter nicht. Durch ihren Wort-Charakter hat sie ein rationales, auf Verstehen gerichtetes Gepräge, sie ist arm an Geheimnissen.

Man gebraucht heute in beiden Kirchen, der evangelischen wie der katholischen, gern die Formel ‚Wort und Sakrament' und betont, daß zum

[8] Vat.II Kirchenkonst. „Lumen gentium" Nr. 33 bis 35.

[9] wie Anm. 4.

[10] wie Anm. 8. Nr. 26.

[11] wie Anm. 8. Nr. 28 und Anm. 4, Nr. 2.

gottesdienstlichen Handeln beides gehört. Dennoch ist unverkennbar, daß das Schwergewicht in beiden Kirchen jeweils verschieden liegt. In der evangelischen Kirche liegt es auf der Wortverkündigung, der Verkündigungsgottesdienst gilt als vollgültiger Gottesdienst. Zwar hat sich die Tendenz verstärkt, mit dem Wortgottesdienst die Mahlfeier zu verbinden. Aber auch das Abendmahl wird worthaft verstanden, sei es mehr als Zusage der Vergebung oder als Einladung zur Gemeinschaft. Das Ohr, nicht das Auge ist das bevorzugte menschliche Empfangsorgan im evangelischen Gottesdienst.

In der katholischen Kirche ist es zwar in letzter Zeit zu einer Aufwertung des Wortgottesdienstes gekommen. Kein Sonntagsgottesdienst soll ohne Predigt sein, eigene Wortgottesdienste werden empfohlen.[12] Wortgottesdienste feiert man auch zusammen mit den evangelischen Brüdern als ökumenische Gottesdienste. Dennoch gilt der Predigtgottesdienst als solcher nicht als vollgültiger katholischer Gottesdienst. Ein katholischer Christ kann seiner Sonntagspflicht nicht genügen, wenn er nur an einem (ökumenischen) Wortgottesdienst teilnimmt. Denn der katholische Gottesdienst ist in seinem Zentrum Sakramentsgottesdienst, in dem der Priester Christus sakramental vergegenwärtigt und zur kultischen Verehrung darbietet. Obgleich die dabei geübten Zeremonien und Riten vereinfacht worden sind und durch den Gebrauch der Landessprache der Vorgang verständlicher geworden ist, ist die ganze Feier ein Dromenon, eine Art Mysteriendrama, durch dessen Vollzug die Kirche und das christliche Leben auferbaut und am Leben erhalten wird.[13] Die Meßfeier wird zelebriert, während der evangelische Gottesdienst eher einer Lehr- oder Unterrichtsveranstaltung ähnelt.

Aber nicht nur die Meßopferfeier ist eine sakrale Handlung, vielmehr erstreckt sich der sakrale Bereich durch die ganze Kirche. Da wird die geweihte Hostie, der eucharistische Christus, auch außerhalb der eigentlichen Meßfeier verehrt, aufbewahrt, ausgesetzt, angebetet, in Prozessionen umhergeführt, zu Kranken und Sterbenden gebracht.[14] Er muß solche Verehrung mit Maria oder bestimmten Heiligen teilen, wobei wohl die Theologie, aber nicht immer das gläubige Volk verschiedene Arten der Verehrung unterscheidet. Nach den sieben Sakramenten, welche den Menschen auf den Hauptstadien seines Lebensweges begleiten, nennt der Codex Iuris Canonici unter den sonstigen gottesdienstlichen Handlungen die Sakramentalien[15], die Heiligen-, Bilder- und Reliquienverehrung[16] und die heiligen Orte und Zeiten.[17] Kirchen und Altäre werden

---

[12] Vat.II Liturgiekonst. „Sacrosanctum concilium" Nr. 35 und 52.
[13] vgl. can. 897 bis 899.
[14] can. 934ff und 921f.
[15] can. 1166ff.
[16] can. 1186ff.
[17] can. 1205ff.

geweiht, Friedhöfe gesegnet.[18] Man wallfahrtet zu Heiligtümern, in denen den Gläubigen die Heilsmittel reichlicher angeboten werden.[19] Man bedient sich des Weihwassers, des Weihrauchs, geweihter Kerzen, bekreuzigt sich, betet den Rosenkranz, bringt Votivgaben dar[20], hält Fastenzeiten ein. Die Grade der Heiligkeit in diesem weiten sakralen Bereich können höher oder niedriger sein; man unterscheidet zwischen Weihen und Segnen. Am höchsten wird die Eucharistie als sanctissimum verehrt.[21] Aber der ganze kirchliche Bereich ist von einer Atmosphäre der Heiligkeit gleichsam durchdrungen, welche den evangelischen Kirchen fremd ist.

Auch bei uns sind die Kirchen freilich meist keine nüchterne Predigt- und Betsäle, am häufigsten noch im Bereich der reformierten Kirchen. *Martin Luther* hat die Bilderstürmeri bekämpft. Die kirchliche Kunst ist auch bei uns zu Hause. Und der katholische Kirchenbau ist in den letzten Jahrzehnten sehr viel nüchterner geworden, die Bauweisen beider Kirchen haben sich stark angenähert. Aber wie eine evangelische Gottesdienst-Liturgie auch bei beträchtlicher Übereinstimmung doch nicht dasselbe ist wie die katholische Meßliturgie, so ist die kirchliche Kunst bei uns ein ästhetischer, aber kein sakraler Bereich. Wer sie in der katholischen Kirche völlig entsakralisieren will, nimmt ihr ein wesentliches Element.

Neben den heiligen Handlungen und heiligen Gegenständen stehen in der katholischen Kirche die heiligen Personen. Daß die Priester und die Hierarchie aufgrund ihrer Weihen ausgesondert sind, haben wir schon dargelegt. Aber nun kommen hinzu die Religiosen, die in den Instituten des geweihten Lebens organisiert sind. Sie stehen mit ihren Gelübden in besonders enger Nachfolge Christi.[22] Kleriker wie Laien, Männer wie Frauen können diesem Stande angehören, nur Kinder sind nicht zugelassen. Die Zahl der Orden ist groß, ihre Aufgaben sind unterschiedlich, aktive Orden sind häufiger als meditative. Die Orden werden ergänzt durch Säkularinstitute[23] und Gesellschaften des apostolischen Lebens[24], welche in weniger strenger Form zur Heiligung des Lebens und der Welt beitragen wollen. Für die Kirche ist dieses Ordenswesens auch ein großes Kräftereservoir ihrer Wirksamkeit.[25]

Dieser geheiligte Personenkreis in Kirche und Welt, dem in der evangelischen Kirche nichts entspricht, wenn man von kleinen Gruppen

---

18 can. 1217, 1237 und 1240.
19 can. 1230, 1233f.
20 can. 1234 § 2.
21 can. 897f.
22 can. 573 und 577.
23 can. 710ff.
24 can. 731ff.
25 vgl. Vat.II Ordensdekret „Perfectae caritatis".

absieht, wird ergänzt durch den Personenkreis, der jenseits dieses Erdenlebens als die Heiligen der Kirche gilt: Märtyrer, Asketen, Kirchenlehrer, Hierarchen, Päpste, welche die Kirche zu Heiligen erklärt hat, mit Maria, der Gottesmutter, an der Spitze. Man ist allenthalben von Heiligen umgeben und kann Heiliges verehren. Einer Kirche, die das solus Christus, sola gratia proklamierte, die sich am simul iustus et peccator *Luthers* orientierte, ist dieser ganze Bereich geheiligter Personen verschlossen. Das persönliche pietistische Heiligungsstreben ist etwas anderes; es ist nicht sakral, sondern ethisch ausgerichtet; auch fehlt ihm die kirchliche Sanktionierung und Institutionalisierung.

IV. Im Katholizismus hat die Kirche als Institution einen zentralen religiösen Wert.

Nach evangelischem Verständnis ist die Kirche die Gemeinschaft derer, die an Christus glauben. Da nicht ohne weiteres erkennbar ist, wer glaubt, ist die wahre Kirche verborgen: abscondita est ecclesia, latent sancti. Sie ist allerdings nicht völlig verborgen. Wo das Evangelium verkündigt wird und die Sakramente recht verwaltet werden, kann man gewiß sein, daß da auch Kirche ist, denn Gottes Wort kann nicht ohne Gottes Volk sein; es kommt nicht leer zurück. Die Kirche ist creatura verbi et ministra verbi. Sie wird von ihrer Funktion her verstanden. Nach dieser Dienstfunktion bestimmt sich auch ihre Ordnung. Diese hat keine Eigenständigkeit, so daß man für die kirchliche Institution eine Ordnung göttlichen Rechts aufstellen könnte. So haben sich denn auch im Protestantismus recht unterschiedliche Ordnungsformen herausgebildet, vor allem hinsichtlich der Leitungsorgane und der Ämter und Dienste.

Auch im Katholizismus wird heute der Volk-Gottes-Gedanke kräftig hervorgehoben.[26] Aber sieht man genauer zu, so wird dieses Volk Gottes als eine wohlgeordnete, von der Hierarchie geleitete Gliederung dargestellt, welche in ihrer Struktur göttlichen Ursprungs ist und sakramentalen Charakter hat. Der auferstandene Herr hat durch seinen Geist „seinen Leib, die Kirche, zum allumfassenden Heilssakrament gemacht."[27] Das göttliche Heilsmysterium wird fortgesetzt in der Kirche.[28] „Die mit hierachischen Organen ausgestattete Gesellschaft und der geheimnisvolle Leib Christi, die sichtbare Versammlung und die geistliche Gemeinschaft, die irdische Kirche und die mit himmlichen Gaben beschenkte Kirche sind nicht als zwei verschiedene Größen zu betrachten, sondern bilden eine einzige komplexere Wirklichkeit, die aus menschlichem und göttlichem Element zusammenwächst. Deshalb ist sie in einer nicht unbedeutenden Analogie dem Mysterium des fleischgewordenen Wortes

[26] wie Anm. 8, Nr. 9 bis 17 „Das Volk Gottes"; can. 204 bis 746 „Volk Gottes".
[27] wie Anm. 8, Nr. 48.
[28] ebd., Nr. 52.

ähnlich."[29] Der Begriff des Christus prolongatus wird hier zwar vermieden, dagegen der des Heilssakramentes immer wieder gebraucht.[30] Sie ist das Sakrament der Einheit, das heilige Volk, geeint und geordnet unter den Bischöfen.[31] Die hierarchische Verfassung gehört unabdingbar zu diesem Heilssakrament, mit dem Papst an der Spitze, dem Bischofskollegium und den Bischöfen.[32] Sie üben das Lehramt und Hirtenamt[33], wenn auch mit unterschiedlicher Autorität. Dabei hat das Zweite Vatikanische Konzil zu einer Aufwertung der Bischöfe geführt, ohne jedoch den Primat des Papstes zu schwächen.[34] Diese Aufwertung der Hierarchie wiegt die des Volk-Gottes-Gedankens wieder auf.

Es braucht nicht besonders hervorgehoben zu werden, daß evangelischem Kirchenverständnis fremd sind die Bezeichnung der Kirche als umfassendes Heilssakrament wie die Unabdingbarkeit ihrer hierarchischen Verfassung mit all ihren Konsequenzen für Lehre und Leben der Kirche. Wir kennen kein unfehlbares Lehramt, keine authentische Schriftauslegung durch kirchliche Organe, keine Jurisdiktionsgewalt der Hierarchie. Wir vermeiden es auch, den Amtsträgern Prädikate wie Stellvertreter Christi[35], Hoher Priester[36] oder Nachfolger der Apostel[37] beizulegen. Die für das katholische Amtsverständnis so wichtige apostolische Sukzession des Amtes beziehungsweise des Episkopats hat für uns keine Bedeutung. Nicht die Kontinuität in der Amtsweihe, sondern die Erfüllung des Auftrags, das Evangelium zu verkünden, gilt bei uns als Kennzeichen des Apostolischen, das Bleiben in der Botschaft der Apostel. Abgesehen von seiner Brauchbarkeit und Tüchtigkeit für die kirchliche Verwaltung hat ein evangelischer Bischof keine andere Autorität als die, die ihm die treue und gewissenhafte Verkündigung des Evangeliums verleiht. Versagt er hier, so kann sich Gott zwar auch eines schwachen Werkzeuges bedienen, aber sein Bischofsamt als solches gibt ihm keine geistliche Autorität. Auch die Kirche als solche hat solche Autorität nicht, beziehungsweise sie hat sie nur kraft des in ihr und durch sie wirksamen Evangeliums. Darum vermeiden wir auch, sie als mater und magistra zu bezeichnen. Die hohen Prädikate, die das Neue Testament ihr gibt, meinen die Kirche der wahrhaft Gläubigen, nicht einfach die Institution.

---

[29] ebd., Nr. 8.

[30] ebd., Nr. 1, 48; Vat.II Pastoralkonst. „Gaudium et spes", Nr. 45; Vat.II Missionsdekret „Ad gentes divinitus" Nr. 1 und 5.

[31] wie Anm. 12, Nr. 26.

[32] wie Anm. 8, Nr. 18, 20 bis 22.

[33] ebd., Nr. 25f.

[34] vgl. *Karl Rahner / Herbert Vorgrimler*: Kleines Konzilskompendium, Freiburg 1966², 766 S., hier 197-200 erläuternde Vorbemerkung zu „Lumen gentium".

[35] wie Anm. 8, Nr. 25 und 27.

[36] ebd., Nr. 21 und 26; wie Anm. 12, Nr. 41.

[37] wie Anm. 8, Nr. 20.

So entbehren die evangelischen Kirchen sowohl der Sakralität wie der Autorität, welche die katholische Kirche für sich in Anspruch nimmt. Wir haben weder Priester und Bischöfe, auf deren Heilsvermittlung die Gläubigen angewiesen sind, noch jenen weiten Bereich des Sakralen in heiligen Handlungen, Personen und Gegenständen, noch jene ebenfalls sakral überhöhte Kirchenleitung und Kirchenverfassung, welche die katholische Kirche auszeichnen. Auch die in letzter Zeit gemachten Annäherungsbemühungen ändern wenig an diesen Unterschieden, ja sie haben zum Teil dazu beigetragen, diese Unterschiede zu verdecken.

V. Würdigung der verschiedenen Strukturen

Haben diese Unterschiede nun kirchentrennenden Charakter? Ihre Hervorhebung könnte so angesehen werden, als wollten wir den in letzter Zeit im ökumenischen Gespräch erörterten Themen weitere hinzufügen, statt Konvergenzen eher Divergenzen proklamieren. Das ist jedoch nicht unsere Absicht. Woran uns liegt, ist, daß die unterschiedliche Struktur beider Kirchenbilder sichtbar bleibt. Ob die katholische Kirche anerkennen kann und will, daß die evangelische Kirche trotz ihres Mankos an Sakralität und hierarchischer Autorität das rettende Evangelium vermittelt, so daß man auch in ihr selig werden kann, das muß sie selbst entscheiden. Das *satis est* wird hier in neuer Weise bedeutsam. In Artikel VII des Augsburger Bekenntnisses heißt es, daß zur wahren Einheit der Kirche ein Zusammenstimmen über die Lehre des Evangeliums und die Verwaltung der Sakramente *genugsam* sei; dagegen sei es nicht notwendig, daß überall die menschlichen Traditionen oder die von Menschen eingesetzten Riten und Zeremonien ähnlich seien. Wir lassen es dahingestellt, was das Bekenntnis unter rechter Evangeliumsverkündung und Sakramentsverwaltung verstand, ebenso unter menschlichen Traditionen und Zeremonien. Diese sollte ja nicht einfach abgeschafft werden, aber ihre Unterschiedlichkeit sollte nicht Kirchen trennend sein.

Angesichts der von uns aufgezeigten Unterschiede stellt sich die Frage so: Angenommen die evangelischen Kirchen verkündigen das Evangelium recht, gilt dann trotz eines ‚Mankos' an Sakralität und hierarchischer Kirchenstruktur von ihnen das *satis est*? Daß es in der katholischen Kirche dieses Mehr an Sakralität und Hierarchie gibt, können die evangelischen Kirchen hinnehmen. Sie anerkennen, daß der Dienst der Evangeliumsverkündigung auch in dieser Kirche geleistet wird, trotz ihrer sakralen und hierarchischen Kirchenstruktur. Sie wollen ihre Polemik gegen die Messe als „vermaledeite Abgötterei"[38], gegen den Papst als Antichrist, gegen die geschmierten Bischöfe, Pfaffen und Mönche auf keinen Fall wiederholen und schämen sich dieser Polemik. Nur wird man sagen

---

[38] HeidKat, Frage 80.

müssen, daß die evangelischen Kirchen nicht bereit sind, diese sakrale und hierarchische Kirchenstruktur zu übernehmen. Sie glauben, damit der Botschaft Jesu und dem Neuen Testament näher zu sein als die römische Kirche, ohne den Unterschied zu verkennen, der zwischen der Urzeit und den späteren Zeiten der Kirche notwendig besteht.

Wir können und wollen nicht zurück hinter die Reformation, weder durch Wiederaufrichtung eines vom Laien unterschiedenen geweihten Priestertums noch durch Wiedereinführung eines gottesdienstlichen Kultmysteriums und entsprechender sakraler Einrichtungen und Verrichtungen, noch durch Einführung einer hierarchischen Kirchenverfassung mit apostolischer Sukzession, mit Jurisdiktions- und Lehrgewalt. Zudem hat sich in den der Reformation folgenden Jahrhunderten, vor allem seit der Aufklärung, ein Abbau sakral-autoritärer Strukturen vollzogen, der kaum rückgängig zu machen sein dürfte, jedenfalls nicht im Bereich des Protestantismus. Das ganze System der Weihen und Weihungen, der heiligen Personen, Handlungen, Gegenstände, Orte und Zeiten ist brüchig geworden. Auch die Heilige Schrift untersuchen wir heute mit ‚profanen Methoden' – allerdings in der Erwartung, daß sie uns auch so Entscheidendes über Gott und Christus zu sagen vermag. Es bleibt uns nichts anderes übrig, als uns darauf zu konzentrieren, in dieser Welt der Profanität dennoch die rettende Botschaft von Gottes Gnade und Liebe in Jesus Christus zu verkündigen, durch Wort und Tat. Das ist ohne Sicherung durch das sakrale Netz und das autoritär-institutionelle Gerüst keine leichte, aber doch eine schöne Aufgabe. Auch das Urchristentum mußte ohne diese Sicherungen auskommen.

Hans Martin Müller

Kirchen im Widerspruch
Dienst an Frieden und Wahrheit

I. Was wurde aus den Zielsetzungen des Evangelischen Bundes?

Wenn der Evangelische Bund 1986 auf seine Geburtsstunde vor 100 Jahren zurückblickt, ist eine Besinnung auf die beiden Ziele angebracht, die er sich seinerzeit gesetzt hatte: „Er will im Kampfe gegen die wachsende Macht Roms die evangelischen Interessen auf allen Gebieten wahren, der Beeinträchtigung derselben durch Wort und Schrift entgegentreten, dagegen allen Bestrebungen wahrer Katholizität und christlicher Freiheit im Schoße der katholischen Kirche die Hand reichen. – Er will andererseits gegenüber dem Indifferentismus und Materialismus der Zeit das christlich-evangelische Gemeindebewußtsein stärken, gegenüber dem lähmenden Parteitreiben den innerkirchlichen Frieden pflegen, gegenüber der landeskirchlichen Geteiltheit des evangelischen Deutschlands die Wechselbeziehungen zwischen den Angehörigen der einzelnen Landeskirchen beleben und mehren."[1]

Daß beide Ziele, der Kampf gegen die damals Ultramontanismus genannte politische Durchsetzungskraft Roms und der Kraft gegen Indifferentismus und Zersplitterung des deutschen Protestantismus, innerlich zusammengehören und aus der geschichtlichen Situation verstanden werden müssen, hat der ‚erste Anreger' des Evangelischen Bundes, *Willibald Beyschlag*, ein Jahrzehnt nach dessen Gründung deutlich gemacht: „Der ‚Kulturkampf' hatte soeben mit schwerer Niederlage des führenden deutschen Staates geendet; der Übermut des siegreichen Ultramontanismus verstieg sich bis zum Traume einer Rekatholisierung Deutschlands; der deutsche Protestantismus, verlassen von seiner historischen Schutzmacht, der Staatsgewalt, die jetzt sogar in politischen Verlegenheiten Hilfe beim Papste suchte, dazu in 26 Landeskirchen eingesperrt und von theologisch-kirchlichem Parteiwesen zerklüftet, erschien in der hilflosesten Lage."[2] Die gewaltsame Beseitigung des Kirchenstaates hatte die römisch-katholische Kirche nicht in das weltpolitische Abseits gedrängt, sondern ihr gerade in Verbindung mit der Durchsetzung der Dekrete des

---

[1] Rundschreiben, von der konstituierenden Versammlung des EB in Erfurt am 15. Januar 1887 beschlossen; zit. *Wilhelm Thümmel*: EB, in: RGG[1] Bd.2, 752.

[2] Bund, ev., in: RE[3] Bd.3, 549f.

Ersten Vatikanischen Konzils eine politische Sonderstellung gebracht, die sich nun im Kulturkampf erstmalig bewährt hatte. Die evangelischen Landeskirchen wurden sich damit ihres prekären Verhältnisses zum Staat bewußt, das schon 1866 durch die preußische Annektionspolitik schwer erschüttert worden war. Es galt, eine evangelische Identität abseits von staatlichen Garantien und in Überwindung des Parteiwesens zu gewinnen.

Daß der Evangelische Bund mit dieser Zielsetzung die Stimmung in den Gemeinden richtig eingeschätzt hatte, bewies sein erstaunlich schnelles Anwachsen trotz des verbreiteten Mißtrauens, das ihm von staatlicher Seite, aber auch aus konservativen kirchlichen Kreisen entgegengebracht wurde, die nur im Bunde mit Rom meinten, dem Indifferentismus und kirchenfeindlichen Rationalismus gewachsen zu sein.[3] Erst die Katastrophe des Ersten Weltkrieges und endgültig der Kirchenkampf veränderte die geschichtliche Situation so sehr, daß heute die Frage mehr als berechtigt ist, was aus den beiden Zielsetzungen der Anfangszeit geworden sei.

Diese Frage läßt sich nun nicht mit wenigen Sätzen beantworten. Deswegen seien hier nur einige Stichworte genannt: Das Einigungswerk unter den deutschen Landeskirchen ist weitgehend gelungen, wenn auch die kirchlichen und theologischen Parteiungen weiter bestehen. Die Evangelische Kirche in Deutschland und der Bund der Evangelischen Kirchen in der DDR haben die territoriale und konfessionelle Gliederung der evangelischen Christenheit in Deutschland zwar nicht aufgehoben, aber das Gefühl der Zusammengehörigkeit so weit gestärkt, daß es auch durch neue politische Grenzziehungen und theologischen Meinungsstreit nicht mehr ernsthaft gefährdet erscheint. Die Kampfstellung gegenüber Rom hat sich anscheinend nicht erst seit dem Zweiten Vatikanischen Konzil selbst überlebt und ist einem ökumenischen Dialog gewichen, der sich offen zu dem Ziel einer konvergenten Kirchengemeinschaft bekennt.[4]

Allerdings hat gerade der Ökumenismus neue Probleme heraufbeschworen, die einer weiteren Diskussion bedürfen: Kann die erstrebte Kircheneinheit auf einer erkennbaren gemeinsamen Grundlage aufbauen oder besteht zwischen den getrennten Kirchen ein Grundwiderspruch, der nur dann gelöst werden kann, wenn die einzelnen Konfessionskirchen ihre Identität preisgeben? Diese Frage so klar wie möglich zu stellen und in freier Diskussion nach einer Antwort zu suchen, die es den evangelischen Christen ermöglicht, evangelisch zu bleiben – dies wäre die Aufgabe des EB 100 Jahre nach seiner Geburt. Sie erfordert ein gehöriges

---

[3] s. die Hinweise bei *Thümmel* und *Beyschlag*: wie Anm. 1 und 2.

[4] Taufe, Eucharistie und Amt. Konvergenzerklärungen der Kommission für Glauben und Kirchenverfassung des Ökum. Rates der Kirchen, Frankfurt/Paderborn 1982 [sog. Lima-Erklärung]; Kirchengemeinschaft in Wort und Sakrament. Vf. von der Bilateralen Arbeitsgruppe der Deutschen Bischofskonferenz und der Kirchenleitung der VELKD, Paderborn/Hannover 1984.

Maß an Unerschrockenheit und Behutsamkeit zugleich; denn es gilt sowohl einer gleichermaßen rauschhaften wie berauschenden Einheitseuphorie entgegenzutreten, als auch einen erreichten Einklang verantwortlich zu bewahren und weiterzuführen.

Die Frage, ob die sich im Dialog treffenden Kirchen auf einer klar definierbaren gemeinsamen Grundlage stehen oder sich in einem Grundwiderspruch befinden, ist nicht einfach zu lösen. Eine Antwort kann nicht nur aufgrund eines Vergleichs von dogmatischen oder Bekenntnisformulierungen gewonnen werden. Seitdem die Reformation in Europa seitens der römisch-katholischen Kirche mit einer Gegenreformation beantwortet wurde, haben sich im Gefolge beider Ereignisse unterschiedliche Frömmigkeitsformen entwickelt, die im Bewußtsein der Christgläubigen oft tiefere Spuren hinterlassen haben als die sogenannten Unterscheidungslehren. Und auch diese haben sich unter dem Einfluß des frommen Lebens und des allgemeinen Bewußtseinswandels seit dem 16. Jahrhundert nicht unverändert erhalten: Der Grundsatz „lex orandi – lex credendi“[5] hat ebenso an der lehrmäßigen Ausprägung der modernen Konfessionalität mitgewirkt wie die „Umformung des christlichen Denkens in der Neuzeit“[6]. Eine solche Entwicklung läßt sich nicht einfach ungeschehen machen; insofern ist im ökumenischen Gespräch eine gemeinsame Rückbesinnung auf das altkirchliche Dogma nicht überflüssig, aber unzureichend. Vielmehr muß die Entwicklung seit der Reformation bewußt in den ökumenischen Dialog einbezogen werden, wenn nicht über den Kopf der Gemeinden hinweg ein bloßer Formelkompromiß auf der Grundlage einer Remythisierung der Theologie erreicht werden soll.

Von daher gesehen wollen wir versuchen, an drei zentralen Gesichtspunkten das Verhältnis der beiden großen Konfessionen auf deutschem Boden andeutungsweise zu charakterisieren. Daß sich die Probleme in anderen Weltteilen anders ansehen, ist selbstverständlich. Dennoch ist ein von den deutschen Verhältnissen ausgehender Dialog nicht überflüssig oder gar provinziell: Die Sache der Reformation muß im Mutterland der Reformation ausgefochten werden oder sie bleibt unerledigt den Archiven zur Aufbewahrung für künftige bessere Zeiten überlassen. Die drei zentralen Gesichtspunkte sind: das Kirchenverständnis (II.), das Wortverständnis (III.), das Glaubensverständnis(IV.).

---

[5] DS Nr.246, vieleicht auf *Prosper von Aquitanien* zurückgehend; *Pius XII.* hat mit diesem Grundsatz die typologische Schriftauslegung gerechtfertigt, DS Nr.3792 und 3828.

[6] Titel einer programmatischen Quellensammlung von *Emanuel Hirsch*, Tübingen/Goslar 1984[2].

II. Das Kirchenverständnis der Reformation

Tragend ist bei ihm die Unterscheidung der erscheinenden Kirche von der verborgenen Kirche. Diese Unterscheidung beruht auf der Erkenntnis, daß die Kirche im ursprünglichen Sinn Gemeinschaft der Glaubenden, der durch das Wort Gottes gerechtfertigten Sünder ist. Verborgen ist diese Kirche, weil nur Gott in das Herz des Glaubenden sehen kann, nur er die Seinen kennt. *Martin Luther* wollte bekanntlich die Bezeichnung Kirche für diese Gemeinschaft des Glaubens und des Heiligen Geistes in den Herzen[7] nicht benutzen, ist damit aber nicht durchgedrungen. Das Problem dieses Kirchenverständnisses ist die Verhältnisbestimmung zwischen der erscheinenden und der verborgenen Kirche. Die lutherische Reformation hat die Verhältnisbestimmung so getroffen, daß sie von der Kirche als creatura verbi spricht: Das äußere Wort des Evangeliums schafft die Kirche da, wo es Gehör und glaubende Herzen findet, wie es die Schmalkaldischen Artikel in unübertroffener Klarheit zum Ausdruck bringen.[8] Die erscheinenden Kirchen bestimmen sich in diesem Zusammenhang als Medium der ‚geordneten Fortpflanzung'[9], innerhalb der verborgenen Kirche. An dieser ihrer Funktion sind ihre Echtheit und Wahrheit als Bekenntnis- und Erziehungsgemeinschaften zu messen. Aus diesem Kirchenverständnis ergibt sich zugleich, daß Aussagen über die verborgene Kirche, etwa daß sie „perpetuo mansura"[10] sei, nicht ohne weiteres auf die erscheinenden Kirchen übertragen werden können, die u.a. den historischen Wechselfällen ausgesetzt sind.

Damit treten die Kirchen der Reformation in Widerspruch zum römisch-katholischen Kirchenbegriff. Dieser unterscheidet zwar eine pilgernde von der vollendeten Kirche (früher ecclesia militans und ecclesia triumphans genannt), faßt jedoch beide als mystischen Leib Christi oder Volk Gottes zu einer Einheit zusammen, die von Christus selbst als „sichtbares Gefüge" (compago visibilis) verfaßt ist.[11] Die Unterscheidung zwischen einer Kirche als rechtlich verfaßter Institution und einer Kirche als Gemeinschaft des Glaubens und der Liebe wird ausdrücklich abgelehnt. In der Mariologie findet die Lehre von der Kirche ihren symbo-

---

[7] „societas fidei et spiritus sancti in cordibus" nennt *Philipp Melanchton* die Kirche in der ApolCA, BSLK 234.

[8] BSLK 459f.

[9] *Friedrich Daniel Ernst Schleiermacher*: „Jede solche relativ abgeschlossene fromme Gemeinschaft, welche einen innerhalb bestimmter Grenzen sich immer erneuernden Umlauf des frommen Selbstbewußtseins und eine innerhalb derselben geordnete und gegliederte Fortpflanzung der frommen Erregung bildet, so daß irgendwie zu bestimmter Anerkennung gebracht werden kann, welcher Einzelne dazu gehört und welcher nicht, bezeichnen wir durch den Ausdruck Kirche." Glaubenslehre, Berlin 1830², §6.4.

[10] CA, Art. VII.

[11] Vat.II Kirchenkonst. „Lumen gentium" Nr. 8 und 49.

lischen Ausdruck.[12] Die Kirche hat zwei Aufgaben: die Lehre und die Heiligung. In der Lehre werden die der Kirche anvertrauten Glaubensgüter (depositum fidei) als geoffenbarte Wahrheit bewahrt, erforscht, verkündigt und ausgelegt sowie die sittlichen Grundsätze aufgestellt und verkündet, die zum Seelenheil nötig sind.[13] In ihrer Heiligungsaufgabe übt die Kirche den priesterlichen Dienst an der ganzen Welt und wird dadurch selbst zum sacramentum mundi.[14]

Die Reformation hat ihren Protest gegen ein Kirchenverständnis angemeldet, das das Sein und Tun der Kirche mit dem Sein und Werk Christi identifiziert, indem sie die Kirche als creatura verbi und somit als eine den Augen der Welt verborgene Gemeinschaft der wahrhaft dem Wort Gottes sich Anvertrauenden gefaßt hat. Dieser Protest muß auch heute noch ernst genommen werden. Soll hier also eine Verständigung mit Rom erreicht werden, die über den bloßen Dialog hinausgeht, wird dies nur durch eine Umorientierung im Kirchenverständnis möglich sein. Das setzt jedoch eine Besinnung über den Begriff des Wortes und des Glaubens voraus.

III. Das Verständnis des Wortes Gottes

In der landläufigen ökumenischen Diskussion ist es gekennzeichnet durch die Doppelheit von Wort und Sakrament. Demgegenüber ist es gemeinsame Lehre der reformatorischen Kirchen, daß als ‚Wort' die personale Zuwendung Gottes zu seinen Menschen in Jesus Christus begriffen wird. ‚Wort' ist also die besondere Weise, in der Gott mit uns umgeht, nicht ein Modus der Gnadenmitteilung, sondern die Gnade selbst, als favor Dei verstanden. Darum kann statt Wort auch Evangelium gesagt werden. Erst auf diesem Hintergrund kann von den besonderen kirchlichen Veranstaltungen Predigt und Abendmahl und Taufe und seelsorgerlichem Gespräch als Gestalten des einen Wortes, des einen Evangeliums gesprochen werden. Wenn man einen Doppelbegriff bilden will, sollte man also von Predigt und Sakrament als den beiden Gestalten des Wortes Gottes reden. Wieder haben die Schmalkaldischen Artikel dieses reformatorische Verständnis des Wortes am genauesten und klarsten ausgedrückt.[15]

Innerhalb dieser Auffassung von der Worthaftigkeit (Personalität) des Gottesverhältnisses kann es durchaus verschiedene Gewichtungen der einzelnen Gestalten des Evangeliums geben, insbesondere können in der Liturgie Predigt und Abendmahl verschiedene Schwerpunkte bilden.

---

[12] ebd., Nr.53.

[13] CIC/Codex des kanonischen Rechts. Lat.-dt. Ausg. Mit Sachverz., Kevelaer 1984², XCVI + 935 S., hier can.747; fortan nur noch mit can.-Angabe.

[14] can.834;vgl. wie Anm.11,Nr. 1; s. auch *Eberhard Jüngel*: Die Kirche als Sakrament?, in: ZThK 80, 1983, 432 - 457.

[15] BSLK 449.

Es ist aber zu beachten, daß diese den Gestaltungsmöglichkeiten der einzelnen Konfessionskirchen Raum gebende Schwerpunktbildung nur auf der Grundlage des personal (worthaft) sich ausdrückenden Gottesverhältnisses des einzelnen Glaubenden möglich ist. Dies genuin christlich verstandene Gottesverhältnis hat die Reformation wieder ans Licht gezogen. Ein Rückfall dahinter zurück würde eine Depravation des Christentums bedeuten. Deshalb ist beispielsweise das Vorherrschen der Sakramentsfeier in der Liturgie und die Ausbildung der Kirche selbst als Sakrament nur im Rahmen dieses Gottesverhältnisses, das durch die Entsprechung von Wort und Glauben bestimmt wird, christlich akzeptabel. Gleichzeitig muß betont werden, daß in diesem Zusammenhang Predigt des Wortes Gottes nicht bloß Erklärung der Glaubenswahrheiten und Anweisung zu einer sittlichen Lebensführung sein kann, sondern wie das Altarsakrament Austeilung der Sündenvergebung und damit erneuernde Aufnahme in das Gottesverhältnis.

IV. Das Verständnis des Glaubens

Der Zuwendung Gottes in seinem Wort entspricht auf der Seite des Menschen das hingebende Vertrauen, der Glaube. Daß der Glaube durch den Anruf des göttlichen Wortes geweckt wird, ist in den christlichen Kirchen gemeinsame Überzeugung. Von Anfang an hat man dabei den Glaubensakt, die fides qua creditur, vom Glaubensinhalt, der fides quae creditur, unterschieden. Über diese Unterscheidung ist die Reformation hinausgegangen, wenn sie von der Rechtfertigung des Sünders allein aus Glauben spricht und damit den rechtfertigenden Glauben, die fides apprehensiva, von den Glauben an Heilstatsachen, der fides historica, unterscheidet. Der rechtfertigende Glaube ist das Vertrauen auf die Stimme des ewigen Hirten und die in ihr laut werdende Liebe des Vaters im Himmel zum Sünder. Er hat zunächst mit der ausgesprochenen oder nicht ausgesprochenen Zustimmung zu einer Summe von Lehrsätzen nichts zu tun; er ist vertrauende Hingabe an den Vater Jesu Christi. Als solcher ist er immer Glaube des einzelnen, auch wenn er in einer Glaubensgemeinschaft und durch sie geweckt worden ist.[16]

Dieser reformatorischen Bestimmung des Glaubensbegriffs gegenüber spricht die römisch-katholische Kirche vornehmlich vom Glauben der Kirche und meint damit entweder das depositum fidei, den von ihr gehüteten Schatz geoffenbarter Glaubens-Wahrheiten, oder die mehr oder weniger breite Zustimmung, die diesen Wahrheiten durch die kirchliche

[16] vgl. Vf.: Christsein ohne Kirche? Die Bedeutung der Kirche für den Glauben, in: JEB 25, 1982, 101 - 116.

Gemeinschaft entgegengebracht wird. Die Liturgie bezeichnet diesen Glauben als rechtfertigend.[17]

Daß sich hier ein Gegensatz auftut, der sogleich in das Kirchenverständnis hinüberwirkt, ist deutlich: Wer die erscheinende Kirche nicht von der verborgenen unterscheidet, kann auch den rechtfertigenden Glauben nicht von der allgemeinen Zustimmung zu Offenbarungswahrheiten unterscheiden. Dagegen hat *Luther* gemeint, das „Evangelium müsse einem durch die Erschütterung von Zorn und Gericht hindurch zum persönlichen Trauen auf die in Christus sich erschließende heilige göttliche Gnade und Liebe werden, so daß man vom objektiven geschichtlichen Glauben zum persönlich aneignenden Glauben fortschreite. Erst dieser aneignende Glaube mache wahrhaft zum Christen und Gotteskinde."[18] Die verborgene Kirche ist die Gemeinschaft dieser im Trauen auf Gottes Wort gerechtfertigten Gotteskinder. Die erscheinenden Kirchen sind dagegen die Bekenntnis- und Erziehungsgemeinschaften, die durch Bewahrung und Weitergabe des geschichtlich gewordenen Gottesworts den Glauben im einzelnen wecken helfen.

So schließt sich der Kreis. Mit der reformatorischen Fassung des Glaubensbegriffs haben wir ein Herzstück der christlichen Lehre vor uns, das sich nicht herausbrechen oder verschleifen läßt, ohne das Ganze zu verderben. Mit dem sola fide fällt auch das sola gratia und das solus Christus.

V. Vertrauen, aber nicht in die Zahl

Der hier aufgezeigte Widerspruch zwischen den Konfessionskirchen im Kirchenbegriff, im Verständnis von Wort und Glaube muß deswegen gegen alle Einheitssehnsucht scharf herausgestellt werden, weil an ihm das Verständnis des Christentums und der christlichen Wahrheit überhaupt hängt. Erst mit der innerlichen Überwindung, nicht mit der Einebnung dieses Widerspruchs kann es eine innere und äußere Einigung der getrennten Kirchentümer geben. In welcher Weise sie dann vollzogen wird, ist kaum von Belang. Es mag aber auch sein, daß dieser Widerspruch wie ein Stachel im Fleisch der Kirchen bleiben soll und wird, damit sie sich an der Gnade genügen lassen und ihr Vertrauen nicht in die Stärke der Zahl und nicht in den Scharfsinn der Theologen und Kirchendiplomaten setzen.

Natürlich bedeutet diese Einsicht nicht, daß die theologische Arbeit in der ökumenischen Begegnung überflüssig geworden wäre; ebensowenig darf der Missionsauftrag über dem Schlagwort ‚small is beautiful' oder im Sinne des ‚Gesundschrumpfens' vergessen werden. Von daher

---

[17] Das Friedensgebet im Ordo Missae beginnt mit den Worten: „Domine Jesu Christe, qui dixisti Apostolis tuis: Pacem relinquo vobis, pacem meam do vobis: ne respicias peccata nostra, sed fidem Ecclesiae tuae"; die sog. Lima-Liturgie übernimmt diesen Wortlaut.

[18] *Hirsch*: Das Wesen des reformatorischen Christentums, Berlin 1963, 29.

gesehen bleibt die ursprüngliche Aufgabenstellung des Evangelischen Bundes auch heute aktuell: Wie vor hundert Jahren gilt es, wahre Katholizität und christliche Freiheit zu stärken und zu schützen, Indifferentismus und Parteienstreit zu bekämpfen. Dies alles aber dient letzten Endes dem einen Ziel, die Predigt des Evangeliums innerhalb und außerhalb der sichtbaren Kirche zu fördern. Diesem einen Ziel ist auch das Streben nach sichtbarer Einheit unterzuordnen.

Hier befinden sich die Kirchen anscheinend heute noch in einem Zielkonflikt: Auf der einen Seite will man zunächst die sichtbare Einheit erreichen, um dann in einem zweiten Schritt die Ausbreitung des Evangeliums zu befördern; anders, so meint man, würde die Glaubwürdigkeit der Verkündigung Schaden leiden. Auf der anderen Seite dagegen vertraut man zuerst der Durchsetzungskraft des Evangeliums und sieht die sichtbare Einheit als endgültige Folge der Evangeliumspredigt; anders, so ist man überzeugt, würde die Wahrheit des Evangeliums menschlichen Zielsetzungen geopfert. Für einen evangelischen Christen dürfte ohne Zweifel der zweite Weg der einzig gangbare sein. Das bedeutet für unsere Situation heute: Der Zielkonflikt muß ausgetragen und der Widerspruch zwischen den Kirchen so lange ausgehalten werden, bis man sich auf dem Boden der einen Wahrheit des Evangeliums die Hand reichen kann.

Daß dieser Widerspruch heute im Dialog ausgetragen werden kann und nicht in unfruchtbarer Polemik zwischen erstarrten Fronten sich erschöpft, ist der Fortschritt gegenüber der Lage vor hundert Jahren. Der Dialog kann aber nur so lange fruchtbar bleiben, wie er dialektisch bleibt, d.h. dem Widerspruch nicht ausweicht, ihn auch nicht um der lieben Einigkeit willen verleugnet, sondern ihn auf dem Weg zur Wahrheit vorantreibt.

Ferdinand Hahn

Grundkonsens evangelischer und katholischer Exegeten?

I. Übereinstimmung im Fundamentalen

Die Frage nach einem Grundkonsens evangelischer und katholischer Exegeten ist reizvoll und verführerisch. Es liegt nahe, darauf sehr rasch zu antworten mit dem Hinweis, daß heute eine ganz enge Zusammenarbeit in der Bibelwissenschaft besteht und daß es keine prinzipiellen Streitfragen mehr gibt, die konfessionell bedingt sind. Aus einer solchen Antwort ließe sich dann die doppelte Folgerung ableiten, daß die Dogmatik, und zwar auf beiden Seiten, erst unzureichend die weiterführenden Erkenntnisse der Exegese aufgegriffen habe und daß erst recht die Repräsentanten des kirchlichen Amtes aufgrund ihrer Bindung an jahrhundertealte Tradition die ökumenische Dynamik der gemeinsamen exegetischen Arbeit noch gar nicht in ihrem ganzen Umfang zur Kenntnis genommen haben.

Aber das Problem ist schwieriger und komplexer, als es auf den ersten Blick erscheinen mag. Es ist zunächst überhaupt zu klären, was unter „Grundkonsens" zu verstehen ist. Handelt es sich um eine uneingeschränkte Übereinstimmung in der Methode und den konkreten Ergebnissen, oder geht es dabei um anderes? Selbst die Feststellung eines „vollen Konsenses" in der exegetischen Arbeit muß erst noch genauer beschrieben werden, da die Schriftauslegung in jedem Fall eingebunden ist in die Theologie insgesamt und darüber hinaus in die kirchliche Wirklichkeit, weswegen nicht nur die exegetischen Bemühungen selbst, sondern deren Relevanz und Rezeption Berücksichtigung finden müssen. Doch die Frage darf nicht allein im Sinne eines in Teilgebieten vollen, anderweitig eingeschränkten oder möglicherweise nur partiellen Konsenses gestellt werden. Der Begriff „Grundkonsens" verweist vielmehr auf eine Übereinstimmung im Fundamentalen. Bei aller gegenwärtig neu einsetzenden Diskussion über tiefgreifende Differenzen[1] sollte kein Zweifel

[1] Vgl. *Eilert Herms*, Einheit der Christen in der Gemeinschaft der Kirchen. Antwort auf den Rahner-Plan, Göttingen 1984, bes. 95ff. 133ff; *Joseph Kardinal Ratzinger*, Zur Lage des Glaubens. Ein Gespräch mit Vittorio Messori, München 1985, bes. 168ff.

daran bestehen, daß ohne einen Grundkonsens ökumenische Gemeinschaft und Zusammenarbeit überhaupt nicht denkbar ist. Die Streitfragen betreffen keinesfalls das Fundament, auf dem wir stehen, wenn anders ökumenische Arbeit nicht für aussichtslos erklärt werden soll. Damit ist noch nicht gesagt, wie dieser Grundkonsens näher beschrieben und wie er ausgebaut werden kann, um Trennendes zu überwinden oder in fruchtbare Spannungen umzuformen.

Für die Exegeten beider Konfessionen stellt sich die Frage nach der Näherbestimmung des uns vorgegebenen Grundkonsenses besonders dringlich, nachdem unter uns vordergründige Verständigungsschwierigkeiten längst abgebaut sind. Doch bevor dieses Problem erörtert werden kann, muß geklärt werden, worin unser exegetischer Konsens besteht und welche Tragweite er hat.

II. Ausarbeitung und Übernahme der historisch-kritischen Methode

Der Konsens unter Exegeten, der sich vor einem halben Jahrhundert angebahnt hat und seit drei Jahrzehnten in so gut wie vollem Umfang besteht, beruht auf einer Übereinstimmung in der Methode, genauer formuliert: in der Anerkennung der historisch-kritischen Methode und ihrer Anwendung bei der Auslegung der Bibel. Das ist erst jüngst wieder in einem programmatischen Vortrag des katholischen Neutestamentlers *Anton Vögtle* betont worden: „Der früher fast gewohnheitsmäßige Hinweis auf konfessionell unterschiedliche Auslegung ist zudem erfreulicherweise weithin gegenstandslos geworden, weil sich die Exegeten derselben Methode der Textbefragung verpflichtet wissen und weil die verschiedenartigen exegetischen Auffassungen in den allermeisten Fällen quer durch die Konfessionen gehen“[2]. Dabei ist die historisch-kritische Methode ein Instrumentarium, das sich aus vielen einzelnen Arbeitsgängen zusammensetzt und in das neue und neueste Fragestellungen durchaus integriert werden können, wie etwa soziologische Untersuchungen oder linguistische Analysen[3].

Die historisch-kritische Methode, die in der protestantischen Bibelwissenschaft seit Ende des 18. Jahrhunderts ausgebildet worden ist, wurde in der katholischen Theologie bis in das 20. Jahrhundert hinein verworfen, wie insbesondere die Entscheidungen der päpstlichen Bibel-

---

[2] *Anton Vögtle*, Neutestamentliche Wissenschaft – Gegenwärtige Tendenzen und Probleme aus römisch-katholischer Sicht, in: *Otto Merk* (Hg.), Schriftauslegung als theologische Aufklärung. Aspekte gegenwärtiger Schriftauslegung in der neutestamentlichen Wissenschaft, Gütersloh 1984, 52-74, dort 52.

[3] Dazu verweise ich auf meinen Beitrag: Die historisch-kritische Methode – Voraussetzungen, Aporien und Anwendungsmöglichkeiten, in: *Helmut Riedlinger* (Hg.), Die historisch-kritische Methode und die heutige Suche nach einem lebendigen Verständnis der Bibel (Schriftenreihe der Kath. Akademie Freiburg), München-Zürich 1985, 54-71.

kommission in der Zeit von 1905 bis 1934 zeigen. Die Ablehnung stand unter dem Vorzeichen, daß es sich um eine für den Glauben destruktive Textinterpretation und um ein letztlich modernistisches, d.h. atheistisches Verfahren handle[4].

Nun muß man zunächst im Blick auf die protestantische Exegese im 18. und 19. Jahrhundert sagen, daß sie eine ausgesprochen traditionskritische Tendenz hatte. Sie wollte nicht wie die Reformatoren auf die Schrift, sondern nur auf das historisch Gesicherte in der biblischen Überlieferung zurückgehen, um gleichsam einen objektiven Grund für Theologie und Frömmigkeit zu gewinnen. Daß dabei unkontrolliert Vorstellungen der eigenen Zeit in das rekonstruierte Bild der Verkündigung Jesu oder der ältesten literarischen Überlieferung der Urchristenheit hineinprojiziert wurden, hat man erst seit der letzten Jahrhundertwende wahrgenommen[5].

Um diese Zeit setzten sich aber auch neue methodische Erkenntnisse durch: Einmal wurde klarer als bisher gesehen, daß eine Methode nicht „neutral", sondern text- und sachbezogen ist und der Eigenart des jeweiligen Untersuchungsgegenstandes gerecht werden muß; sodann ist deutlicher hervorgetreten, daß die entscheidende Komponente der neutestamentlichen Überlieferung nicht das historisch sicher Nachweisbare, sondern das Glaubenszeugnis ist. Schließlich wurde auch erkannt, daß die besondere literarische Gestalt der biblischen Überlieferung aus ihrem Verwendungszweck resultiert[6].

So wurde ein historisch-kritisches Methodenkonzept gewonnen, das den biblischen Texten in hohem Maße gerecht werden konnte und die jeweilige Überlieferung aus ihren eigenen Voraussetzungen und in ihrer ursprünglichen Aussageintention zu verstehen vermochte. Das schloß nicht aus, daß sehr divergierende Auffassungen vertreten wurden und vor allem das hermeneutische Problem sehr unterschiedlich angegangen worden ist, was dann auch Konsequenzen für die Textinterpretation selbst hatte[7].

Unter Voraussetzung einer solchen, der geschichtlichen und sachlichen Eigenart des Textes gerecht werdenden Interpretation wurde die historisch-kritische Methode schrittweise auch für die katholische Exegese wichtig. Es galt ja, die Texte in ihrer historischen Besonderheit zu verstehen und sie gleichzeitig sehr genau voneinander zu „unterscheiden", was dem ursprünglichen Sinn des Wortes „kritisch" entspricht.

---

[4] Texte in Enchiridion Biblicum, Rom ⁴1965, Nr. 149-157 u.ö.; auch Denzinger-Schönmetzer, Enchiridion Symbolorum, Freiburg i.Br. ³⁴1967, Nr. 3372-3383 passim.

[5] Vgl. *Albert Schweitzer*, Die Geschichte der Leben-Jesu-Forschung, Tübingen ⁶1951.

[6] Das ist vor allem durch die formgeschichtliche Untersuchung biblischer Überlieferungen erkannt worden; vgl. *Ferdinand Hahn* (Hg.), Die Formgeschichte des Evangeliums (WdF 81), Darmstadt 1985, dort auch ein eigener forschungsgeschichtlicher Beitrag (427-477).

[7] Die Diskussion über die hermeneutischen Programme von *Rudolf Bultmann, Ernst Fuchs* oder *Peter Stuhlmacher* hat dies deutlich gezeigt.

So hat sich langsam, aber doch unaufhaltsam der methodische Umgang mit Bibeltexten in der katholischen Exegese verändert. Was einzelne Forscher schon in der Zeit vor dem Zweiten Weltkrieg unter erheblichen persönlichen Schwierigkeiten aufzunehmen und zu vertreten suchten, das wurde in der Zeit nach dem Zweiten Weltkrieg zunehmend anerkannt[8]. Man bemühte sich, wofür etwa das 1940 veröffentlichte Buch von *Eduard Schick* über die Formgeschichte sehr bezeichnend ist, zwischen dem methodischen Verfahren selbst und den theologischen Prämissen der evangelischen Exegeten zu unterscheiden, was dann tatsächlich eine Rezeption möglich machte[9].

Es muß dabei beachtet werden, in welchem theologiegeschichtlichen Kontext dies geschah. Zunehmend setzte sich in der katholischen Theologie eine heilsgeschichtliche Betrachtungsweise durch, die in den Konzilsdokumenten „Lumen Gentium“ von 1964 und „Dei Verbum“ von 1965 ihren lehramtlichen Niederschlag fand[10] und in dem fünfbändigen Werk „Mysterium Salutis“ eine repräsentative Entfaltung erfahren hat.[11] Vorangegangen waren Entscheidungen von *Papst Pius XII.*, der immerhin schon die Bedeutung einer Exegese erkannte, die die literarische und überlieferungsgeschichtliche Eigenart der biblischen Texte klar in den Blick faßte[12], sowie eine Entscheidung der neu zusammengesetzten Bibelkommission über die „Wahrheit der Evangelien“ vom Jahre 1950[13]. Im Rahmen einer konsequent heilsgeschichtlichen Konzeption hatte dann die biblische Exegese die Aufgabe, den unterschiedlichen Einzeltexten innerhalb dieses weitgespannten Rahmens einen Platz anzuweisen und sie in ihrer Funktion näher zu beschreiben.

Nachdem die Methode als solche im katholischen Bereich Anerkennung gefunden hatte, kam es nicht nur zu einer umfangreichen Rezeption von Forschungsergebnissen der protestantischen Exegese, sondern sehr bald auch zu einer außerordentlich intensiven und breiten Eigenbeteili-

---

[8] Darauf bin ich näher eingegangen in meinem Aufsatz: Der Beitrag der katholischen Exegese zur neutestamentlichen Forschung. Ein Überblick über die letzten 30 Jahre, in: VF 2/1973, 83-98, dort 88ff.

[9] *Eduard Schick*, Formgeschichte und Synoptikerexegese. Eine kritische Untersuchung über die Möglichkeit und die Grenzen der formgeschichtlichen Methode (NTA XVIII/2-3), Münster 1940, bes. 251ff. Vgl. auch *Karl Hermann Schelkle*, Zur Fragestellung: Neutestamentliche Formgeschichte und Geschichte der neutestamentlichen Verkündigung, in: *ders.*, Die Passion Jesu in der Verkündigung des Neuen Testaments, Heidelberg 1949, 1-13, jetzt in: *Hahn*, Formgeschichte 415-426.

[10] Text zweisprachig in: LThK², Erg. Bd. I, Freiburg i.Br. 1966, 163-359; ebd. II, 1967, 497-583. Dazu neuerdings *Joachim Gnilka*, Die biblische Exegese im Lichte des Dekretes über die göttliche Offenbarung (Dei verbum), in: MThZ 35 (1985) 5-19.

[11] *Johannes Feiner – Magnus Löhrer* (Hg.), Mysterium Salutis. Grundriß heilsgeschichtlicher Dogmatik I-V, Einsiedeln-Zürich-Köln 1965-1976.

[12] *Pius XII.*, Enzyklika Divino afflante Spiritu (1943), in: Enchiridion Biblicum Nr. 538-569; Enchiridion Symbolorum Nr. 3825-3831 (in Auszügen).

[13] Vgl. *Joseph A. Fitzmyer*, Die Wahrheit der Evangelien (SBS 1), Stuttgart 1965.

gung an der historisch-kritischen Erforschung der biblischen Überlieferung. Die Rezeption der historisch-kritischen Methode ist in Mitteleuropa besonders stark gefördert worden, erfolgte mit einer gewissen Verzögerung aber ebenso in den romanischen Ländern und in außereuropäischen Bereichen[14].

Mit der Bereitschaft zur Aufnahme der methodischen Grundsätze setzte alsbald auch eine rege Zusammenarbeit zwischen Exegeten evangelischer und katholischer Konfession ein, und es kam zu einem Austausch und einer gemeinsamen Erörterung von Problemen, wie dies noch in der ersten Hälfte des 20. Jahrhunderts nicht erwartet oder erhofft werden konnte.

Die evangelische Exegese, die lange Zeit eine Vorrangstellung innehatte, hat ihre einseitige Führungsrolle längst abgegeben. Es läßt sich heute nicht mehr eine nach Konfessionen getrennte Geschichte der neueren exegetischen Forschung schreiben. Es ist ein Geben und Nehmen, und in Einzelbereichen hat inzwischen die katholische Bibelwissenschaft neue Fragestellungen in Angriff genommen, die im evangelischen Bereich noch nicht in gleicher Weise aufgegriffen worden sind, etwa die kritische Auseinandersetzung mit dem Strukturalismus[15]; auch das methodische Problem der Rückfrage nach Jesus ist in einem neuen Anlauf gerade von katholischen Exegeten in Gang gesetzt worden[16].

III. Exegetische Verständigung über kontroverstheologische Probleme

Hinsichtlich der Methode kann also von einem echten und vollen Konsens gesprochen werden, und das betrifft nicht nur das gleichsam instrumentalisierte methodische Verfahren, das jeweils unterschiedliche theologische Auffassungen zuläßt, sondern durchaus auch das Verständnis der historisch-kritischen Methode und ihre Anwendbarkeit auf Texte der Heiligen Schrift im Sinne einer sachbezogenen Betrachtung. Will die exegetische Methode als kritische die erkennbaren Unterschiede bestimmen, so will sie als historische die geschichtlichen Dimensionen erschließen, die für das rechte Verständnis biblischer Texte unerläßlich sind. Hierfür sind einige Einzelfragen aufschlußreich, die lange strittig waren, aber inzwischen in neuer Weise gesehen werden können. Dies soll an einigen Beispielen erläutert werden.

Die alte Streitfrage nach dem Verhältnis von Schrift und Tradition hatte sich zunehmend auch auf das Verständnis der Heiligen Schrift selbst ausgewirkt. Ging es früher evangelischerseits um das sola scriptura und eine

[14] Vgl. *Vögtle*, Neutestamentliche Wissenschaft, 58ff.

[15] Dazu vgl. *Daniel Marguerat*, Strukturale Textlektüren des Evangeliums, in: *Joseph Pfammatter – Franz Furger* (Hg.), Methoden der Evangelien-Exegese (ThBer XIII), Zürich-Einsiedeln-Köln 1985, 41-86.

[16] Vgl. *Karl Kertelge* (Hg.), Rückfrage nach Jesus (QD 63), Freiburg i.Br. 1974.

daran grundsätzlich zu messende und zu überprüfende kirchliche Tradition, so katholischerseits um eine doppelte Offenbarungsquelle in der Schrift und in der kirchlichen Tradition, was seit dem Ersten Vaticanum lehramtlich festgelegt war [17]. Nun hatte man aber erkannt, daß die Heilige Schrift nicht als eine in sich geschlossene Einheit angesehen werden kann, sondern ihrerseits stark traditionsbedingt ist. Während im evangelischen Bereich vor allem das Bemühen um eine Unterscheidung von primärer und sekundärer Tradition im Vordergrund stand, hat man im katholischen Raum oft sehr schnell die Konsequenz gezogen, daß es eine „Schrift" im Unterschied zur Tradition gar nicht gäbe, sondern daß sie selbst nur der Niederschlag einer kirchlichen Tradition sei, eben der ältesten Traditionsphase; die kirchliche Tradition stehe somit in jedem Fall am Anfang und bestimme auch die Heilige Schrift[18].

Inzwischen hat man in gemeinsamer Arbeit eingesehen, daß die Konfrontation von Schrift und Tradition im Blick auf die biblischen Zeugnisse eine unsachgemäße Alternative darstellt. Sicher geht die Tradition bis in die Anfangszeit der Kirche zurück, aber die Schrift als Zusammenfassung der grundlegenden Urtradition hat eben doch eine andere Dignität und Relevanz als alle davon abgeleitete Tradition[19]. Diese Erkenntnis ist heute unter den Exegeten beider Konfessionen anerkannt, so daß speziell in dieser Hinsicht von einem weitreichenden Konsens gesprochen werden kann, womit allerdings das Problem des Verhältnisses von Schrift und darauf aufbauender kirchlicher Tradition noch nicht berührt ist. Darauf ist zurückzukommen.

Ein zweites, einst höchst umstrittenes Problem ist das Opferverständnis im Neuen Testament. Es handelt sich hierbei um zwei Teilfragen: einmal um das heilsmittlerische Todesverständnis Jesu, zum andern um das Verständnis des Herrenmahls als Opfer.

Die historisch-kritische Forschung hatte zunächst gezeigt, daß der Opfergedanke in der ältesten urchristlichen Tradition nur eine untergeordnete Rolle spielt und höchstwahrscheinlich weder für Jesu Todesverständnis noch für das ursprüngliche Verständnis des Herrenmahls vorausgesetzt werden kann. Hier gab es verständlicherweise von katholischer Seite erhebliche Vorbehalte, und man beharrte längere Zeit auf der traditionellen Auslegung. Die neuere exegetische Arbeit hat nun ergeben, daß mit einem einfachen Entweder-Oder nicht weiterzukommen ist.

---

[17] So die Constitutio dogmatica „Dei Filius" (1870), Kap. II; vgl. Enchiridion Symbolorum Nr. 3006. Daher ist auch die Schriftauslegung an die Tradition der Kirche gebunden; vgl. Nr.3007.

[18] Vgl. z.B. *Joseph Ranft*, Der Ursprung des katholischen Traditionsprinzips, Würzburg 1931, bes. 245; aber auch noch *Ratzinger*, Zur Lage 168f.175.

[19] Vgl. hierzu meinen Aufsatz: Das Problem „Schrift und Tradition" im Urchristentum, in: EvTh 30 (1970) 449-468.

Die Frage nach dem Todesverständnis Jesu ist in einer methodisch äußerst sorgsamen Weise von *Heinz Schürmann* und *Anton Vögtle*, zwei namhaften katholischen Exegeten der Gegenwart, erörtert worden[20]. Eine daran sich anschließende Diskussion konnte von wesentlich differenzierteren Prämissen und Problemstellungen ausgehen. Es hat sich gezeigt, wie immer die einzelnen exegetischen Positionen zu beurteilen sind, daß nicht unter Berufung auf Einzellogien oder die Verwendung bestimmter Begriffe eine Antwort gefunden werden kann, sondern nur unter Berücksichtigung des Verkündigens und Wirkens Jesu insgesamt[21]. Dort zeichnet sich so etwas wie eine „implizite Soteriologie" ab, von der her auch Jesu bereitwillige Übernahme des Todes zu verstehen ist, was in der Urgemeinde dann die Deutung im Sinne eines Opfers ermöglichte.

Entsprechend ergab sich für das Herrenmahl, daß nicht schon die Authentizität und Zugehörigkeit der den Sühne- oder Opfercharakter betreffenden Aussagen ausschlaggebend ist, sondern die Gesamtheit der Mahlfeier. Unter dieser Voraussetzung konnte dann zwischen Exegeten beider Konfessionen die traditionsgeschichtliche Frage der Entstehung der uns überlieferten Einsetzungsworte ohne Schwierigkeit diskutiert werden. Das bedeutet zugleich, daß zwischen Grundintention und verdeutlichenden Interpretamenten unterschieden wird, wobei die Interpretamente gegebenenfalls auch wechseln können, ohne daß damit das zentrale Anliegen aufgegeben wäre[22].

Das vielerörterte Verhältnis von Rechtfertigung, Glaube und Werken, um ein weiteres Thema anzusprechen, darf exegetisch als geklärt angesehen werden. Hat die Neuerschließung des Rechtfertigungsgedankens vom Alten Testament her wesentlich zu einer Klärung und Verständigung über das alles menschliche Tun übergreifende Gnadenhandeln Gottes beigetragen, so steht auch beim Glaubensverständnis fest, daß die Alternative zwischen einem Fiduzialglauben und der Akzeptation eines inhaltlich genau definierten Glaubens im Blick auf das Neue Testament unsachgemäß ist; denn Glaube als personale Relation schließt das Ver-

---

[20] *Heinz Schürmann*, Wie hat Jesus seinen Tod bestanden und verstanden? in: *ders.*, Jesu ureigener Tod, Freiburg i.Br. 1975, 16-65; *ders.*, Gottes Reich – Jesu Geschick, Freiburg i.Br. 1983, bes. 21-64, 185-223; *Anton Vögtle*, Todesankündigung und Todesverständnis Jesu, in: *Karl Kertelge* (Hg.), Der Tod Jesu. Deutungen im Neuen Testament (QD 74), Freiburg i.Br. 1976, 51-113.

[21] Vgl. zuletzt *Anton Vögtle*, Grundfragen der Diskussion um das heilsmittlerische Todesverständnis Jesu, in: *ders.*, Offenbarungsgeschehen und Wirkungsgeschichte (Ges. Aufs. II), Freiburg i.Br. 1985, 141-167.

[22] Dazu verweise ich auf meinen Aufsatz: Das Verständnis des Opfers im Neuen Testament, in: *Karl Lehmann/Edmund Schlink* (Hg.), Das Opfer Jesu Christi und seine Gegenwart in der Kirche. Klärungen zum Opfercharakter des Herrenmahls (Dialog der Kirchen 3), Freiburg i.Br.-Göttingen 1983, 51-91, dort 66ff und bes. 84ff.

trauen ebenso ein wie das Bekenntnis zu der konkreten Geschichte Jesu Christi und ihrer Heilsbedeutung[23].

Die zwischen unseren Konfessionen wohl noch härter umstrittene Frage nach der Bedeutung der Werke für den Glauben hat ebenfalls ihre Schärfe verloren, nachdem klar erkannt ist, daß nach dem Zeugnis des Neuen Testaments der christliche Glaube das Handeln mitumfaßt und daß das Handeln selbst eine unerläßliche Konsequenz aus dem Glauben ist. Dabei geht es zwar um ein Kriterium für lebendigen Glauben und dessen Bewährung, was aber nichts mit Leistungsfrömmigkeit oder Werkgerechtigkeit zu tun hat[24]. Das gilt auch dort, wo der Akzent im Laufe der Frühzeit stärker auf das christliche Leben gelegt ist.

Die schwierigste Frage ist offensichtlich die nach Kirche und Amt. Nun wird man gemeinsam sicher sagen können, daß sich die Wesenszüge des Kirchenverständnisses im Urchristentum nur langsam gewandelt haben. Zwar gewinnt die Ekklesiologie in dem aus der Paulusschule stammenden Epheserbrief ein verstärktes Gewicht, doch erst in den noch späteren Pastoralbriefen (1. und 2. Timotheusbrief, Titusbrief) zeichnet sich eine Tendenz ab, die auf eine gewisse Strukturveränderung zuläuft. Die Festigung der Organisation hängt vor allem mit dem Wachsen der Gemeinden und der notwendigen Abwehr der Irrlehre zusammen; zugleich wird die institutionell geordnete Kirche nun zum Hort und zur Wahrerin der apostolischen Tradition[25].

Verstärkt wird diese Tendenz durch das Aufkommen institutioneller Ämter, die jeweils neu besetzt werden. Sie tauchen erstmals in den Pastoralbriefen auf und sind in der hier erkennbaren Form ein Novum im Vergleich zu der Anfangszeit. Immerhin gibt es deutliche Voraussetzungen in einzelnen Bereichen des ältesten Christentums, so die Presbyterialordnung in Jerusalem unter dem Herrenbruder Jakobus und die Aufzählung der drei für eine Gemeinde unerläßlichen Funktionen in 1 Kor 12,28 (Apostelamt im Sinne von Mission; Prophetie als innergemeindliche Verkündigung; Lehre). Das bedeutet, daß es eine Tendenz zur Institutionalisierung schon gegeben hat, die sich Ende des 1.Jh. durchzusetzen beginnt und für die Folgezeit Bedeutung gewinnt, ohne daß damit schon bestimmte Strukturen festgelegt waren[26].

---

[23] Vgl. *Karl Kertelge*, „Rechtfertigung" bei Paulus (NTA NF 3), Münster 1967, 158ff.224ff.385ff; *John Reumann*, Righteousness in the New Testament. With Responses by *Joseph A. Fitzmyer* and *Jerome D. Quinn*, Philadelphia-New York 1982, bes. 181ff.193ff.

[24] Sehr bezeichnend der Exkurs bei *Franz Mußner*, Der Jakobusbrief (HThK XIII/1), Freiburg i.Br. [4]1981, 152ff.

[25] Vgl. die ausgewogene Darstellung von *Rudolf Schnackenburg*, Die Kirche im Neuen Testament (QD 14), Freiburg i.Br. 1961; *ders.*, Der Brief an die Epheser (EKK X), Zürich-Neukirchen 1982.

[26] Zur Diskussion vgl. den Sammelband von *Karl Kertelge* (Hg.), Das kirchliche Amt im Neuen Testament (WdF 439), Darmstadt 1977; *ders.*, Gemeinde und Amt im Neuen Testament, München 1972, 127ff.

IV. Das Problem des sogenannten „Frühkatholizismus"

Handelt es sich bei den besprochenen Themen um Einsichten, die in der skizzierten Weise heute eine weithin gemeinsame Auffassung evangelischer und katholischer Exegeten sind, von Einzelheiten einmal abgesehen, so verbindet sich damit doch noch ein übergreifendes Problem, das bis vor kurzem sehr kontrovers diskutiert worden ist, inzwischen aber von evangelischen und katholischen Exegeten miteinander in Angriff genommen worden ist[27]: die Frage nach der Bewertung von älterer und jüngerer Tradition im Neuen Testament, verbunden mit dem Streit um den sog. „Frühkatholizismus"[28]. Ging es in der evangelischen Exegese lange Zeit darum, die jüngere Tradition gegenüber der älteren und ursprünglichen abzuwerten und einen schon sehr früh einsetzenden und deshalb kritisch zu eliminierenden „Frühkatholizismus" zu konstatieren, so umgekehrt auf katholischer Seite um die oft mit Nachdruck vertretene These vom „sensus plenior" der Schrift und die mehr oder weniger gleichmäßige Beurteilung aller Überlieferungsstränge in der Heiligen Schrift, wenn nicht sogar eine Betonung der Spättraditionen.

Inzwischen war allerdings in der Exegese allgemein bereits eine sachgemäßere Verhältnisbestimmung von älterer und jüngerer Tradition im Neuen Testament in den Blick gekommen, weil erkannt wurde, daß spätere Tradition nicht einfach mit der Anfangstradition gleichgestellt werden kann, umgekehrt aber auch nicht einfach unter das Vorzeichen einer zunehmenden Abwendung vom Ursprünglichen gesetzt werden darf. Es handelt sich vielmehr um eine noch im Urchristentum einsetzende Weiterführung der ursprünglichen Tradition, die zwar von unterschiedlichem Gewicht ist (zumal gar nicht alle Überlieferungen denselben theologischen Anspruch erheben), die aber doch in ihrer zum Teil spannungsreichen Zuordnung zur älteren Überlieferung eine erhebliche sachliche Relevanz besitzt[29]. Vor allem zeigt sich bei den jüngeren Schichten die sehr beachtenswerte Tendenz, unterschiedliche Überlieferungsstränge der Frühzeit zusammenzufassen und unter einheitliche Leitgedanken zu stellen[30].

Bei dieser Sicht ist allerdings noch nicht entschieden, ob es sich dabei unter Umständen doch um eine Entwicklung handelt, bei der von „Frühkatholizismus" gesprochen werden müßte. Nun ist aber der Begriff selbst

---

[27] Es handelt sich um eine Projektgruppe, gemeinsam gebildet von der Arbeitsgemeinschaft katholischer Neutestamentler und der (evangelischen) Wissenschaftlichen Gesellschaft für Theologie, Fachgruppe Neues Testament.

[28] Dazu meine Aufsätze: Das Problem des Frühkatholizismus, in: EvTh 38 (1978) 340-357; Frühkatholizismus als ökumenisches Problem, in: Cath(M) 37 (1983) 17-35.

[29] Vgl. *Karl Kertelge* (Hg.), Paulus in den neutestamentlichen Spätschriften. Zur Paulusrezeption im Neuen Testament (QD 89), Freiburg i.Br. 1981.

[30] Darauf bin ich näher eingegangen in meinem Beitrag: Das apostolische und das nachapostolische Zeitalter als ökumenisches Problem, in: ÖR 30 (1981) 146-164.

erst einmal zu klären. Die gemeinsame Arbeit hat dazu geführt, ihn zu präzisieren und von seinen polemischen Konnotationen zu befreien. „Katholizismus" kann ja in einer solchen Wortverbindung, wenn diese nicht anachronistisch sein soll, keinesfalls den konfessionell geprägten römischen Katholizismus meinen, wie das vielfach vorausgesetzt wurde. Es müßte dann schon eine ganz andere Bedeutung von Katholizität berücksichtigt werden, was im Blick auf das altkirchliche Verständnis des Begriffs möglich wäre. Doch erscheint das Wort zu geprägt und festgelegt, um mit der Bezeichnung „Frühkatholizismus" einen Sachverhalt exakt beschreiben zu können. Sie kann nicht mehr sein als ein heuristischer Begriff und weist darauf hin, daß es sich bei den Spättraditionen des Neuen Testaments um eine Übergangszeit sui generis handelt, die die Zeit der Apostel mit der Zeit der alten Kirche verbindet. *Heinz Schürmann* hat stattdessen sehr hilfreich vom Übergang von der werdenden zur gewordenen Kirche gesprochen[31] oder, wie man auch formulieren kann: es geht um den Übergang von der entstehenden zur entstandenen und weiterbestehenden Kirche. Theologie- und kirchengeschichtlich ist unbestreitbar, daß damit die Weiterentwicklung keineswegs schon eindeutig festliegt, immerhin werden bestimmte Voraussetzungen für die Weiterentwicklung gewonnen, die mit der ältesten neutestamentlichen Tradition zusammen für die Folgezeit grundlegende Bedeutung behalten. Beachtet man diesen Übergangscharakter, dann ist die Spätzeit des Neuen Testaments sowohl in ihrem Unterschied wie in ihrer Zusammengehörigkeit mit der ältesten apostolischen Tradition gesehen und bedarf keiner Gleichstellung, Abwertung oder Überbewertung mehr.

V. Biblischer Text und kirchliche Rezeptionsgeschichte

Historisch-kritische Exegese will nicht nur ein neutraler Umgang mit biblischen Texten unter Zuhilfenahme moderner wissenschaftlicher Methoden sein, wenngleich sie die Heilige Schrift zunächst einmal wie jedes andere literarische Dokument aus der Antike untersucht. Sie will die Texte in ihrem wesentlichen Inhalt erschließen und zu einem angemessenen Verständnis führen. Die besprochenen Themen haben bereits erkennen lassen, daß es um mehr als eine äußere Beschreibung des Textbefundes geht. In der intensiven Beschäftigung mit der biblischen Überlieferung wird sichtbar, daß zentrale Sachverhalte neu und anders gesehen werden können. Das bedeutet noch nicht, daß damit alle Probleme lösbar sind, weil die historische Interpretation allein dies nicht leisten kann. Vielmehr sind andere Sachverhalte damit verbunden und müssen bedacht werden.

---

[31] *Heinz Schürmann*, Auf der Suche nach dem „Evangelisch-Katholischen". Zum Thema „Frühkatholizismus", in: Kontinuität und Einheit (FS Franz Mußner), Freiburg i.Br. 1981, 340-375, dort 345f.

Historisch-kritische Exegese geht von dem Bemühen aus, einen Text aus seinen eigenen Voraussetzungen und in seiner eigenen Aussageabsicht zu erfassen, soweit dies mit heutigen Mitteln möglich ist[32]. Die biblischen Texte wollen aber nicht in ihrer historischen Bedingtheit verstanden werden, sie weisen über sich hinaus und haben eine Auslegungs- und Wirkungsgeschichte von erheblichem Umfang in Gang gesetzt. Diese Nachgeschichte blieb vielfach bei der Exegese ausgeklammert, obwohl gerade von hierher sowohl die Eigenart eines Textes als auch seine vielfältige Dynamik, die weit über die historisch exakte Textauslegung hinausgeht, erkennbar wird. Da die biblischen Schriften nicht als Dokumente einer vergangenen Zeit hinreichend beurteilt und verstanden werden können, ist diese textübergreifende Dimension einzubeziehen. Es waren die Exegeten, die gemeinsam den „Evangelisch-Katholischen Kommentar" zum Neuen Testament vorbereiten, welche die Berücksichtigung der Auslegungs- und Wirkungsgeschichte in ihr Arbeitsprogramm aufgenommen haben[33]. Einer der Mitarbeiter, *Ulrich Luz*, hat zutreffend zwischen dem „Ursprungssinn" und dem „Richtungssinn" unterschieden[34]. Ein Textverständnis, das dem Ursprungssinn nicht gerecht wird, kann nicht zutreffend sein, aber ein Textverständnis, das den Richtungssinn nicht aufspürt, kann kein echtes und lebendiges sein. Wenn die Aufarbeitung der Wirkungsgeschichte, die sicher nicht in vollem Umfang, aber doch an entscheidenden Punkten geleistet werden kann, erneut in konfessionell strittige Probleme hineinführt, so können Gemeinsamkeiten und Differenzen besser voneinander abgehoben und die Ursachen für unterschiedliche Auslegungen deutlicher gesehen werden. Kann man sich bei Erhebung des Ursprungssinns wegen der geschichtlichen Distanz relativ leicht einigen, so muß man sich bei der Bestimmung des Richtungssinnes unter Berücksichtigung der Wirkungsgeschichte den Streitfragen sehr

[32] Über die Bedingtheit und Begrenztheit historischer Erkenntnis ist mit Recht in neuerer Zeit nachgedacht worden. Man darf dabei aber zwei Sachverhalte nicht übersehen: Einmal hat moderner Umgang mit Texten der Vergangenheit einen Zugang zum ursprünglichen Sinn erschlossen, wie das vorher nicht möglich war; sodann unterliegt keineswegs nur die historisch-kritische Interpretation von Texten den Bedingungen der jeweiligen Zeit, sondern ebenso die Beurteilung der kirchlichen Tradition und darüber hinaus jede systematisch-theologische Erkenntnis der Gegenwart. Letzteres zu sagen scheint mir besonders dringlich zu sein, da eine Bemerkung bei *Ratzinger*, Zur Lage 174, wieder den Eindruck erweckt, als ginge es dabei nur um das exegetische Verfahren bei der Auslegung biblischer Texte.

[33] *Joachim Gnilka*, Die Bedeutung der Wirkungsgeschichte für das Verständnis und die Vermittlung biblischer Texte, in: Dynamik im Wort (FS Katholisches Bibelwerk), Stuttgart 1983, 329-343.

[34] *Ulrich Luz*, Wirkungsgeschichtliche Exegese. Ein programmatischer Arbeitsbericht mit Beispielen aus der Bergpredigtexegese, in: Berliner Theol. Zeitschr. 2 (1985) 18-32; *ders.*, Das Evangelium nach Matthäus (Mt 1-7) (EKK I/1), Zürich-Neukirchen 1985, 78-82.

viel unmittelbarer stellen, weil es sich vielfach um Nachwirkungen handelt, die unsere gegenwärtige Situation immer noch mitbestimmen.

Das Problem der Auslegungs- und Wirkungsgeschichte ist eng verbunden mit dem der Rezeption durch die Kirche und der damit sich ausbildenden Tradition. Die Rezeptionsgeschichte ist insofern ein spezieller Teil der sehr viel umfassenderen Wirkungsgeschichte[35]. Sie betrifft vor allem die Beurteilung der geltenden kirchlichen Tradition und verweist auf erhebliche, keineswegs schon hinreichend überwundene Spannungen zwischen unseren Konfessionen.

Für evangelisches Verständnis ist kirchliche Tradition ein wichtiges, aber grundsätzlich abgeleitetes Phänomen; selbst das offiziell gültige Bekenntnis und die anerkannten Lehrentscheidungen früherer Jahrhunderte sind nicht norma normans, sondern norma normata, weil allein die Heilige Schrift Grund und Maßstab sein kann. Daß de facto die Tradition auch im Bereich der evangelischen Kirche eine erhebliche Rolle spielt, ist unbestreitbar, nur heißt das nicht, daß sie aufgrund einer breiten Wirksamkeit auch Anerkennung finden müsse und theologischer Überprüfung und Korrektur entzogen wäre.

Für die katholische Lehre hat die Tradition einen anderen Stellenwert. Sie ist, soweit offiziell rezipiert und damit legitimiert, Glaubensgrundlage neben der Bibel. Mehr noch: sie vermittelt die biblische Botschaft und sichert deren Verständnis[36].

Es sind aber die alten Fronten keineswegs unverändert. Es wird evangelischerseits die Notwendigkeit einer lebendigen kirchlichen Tradition anerkannt, die eine Kontinuität des Glaubens und der Glaubensgemeinschaft ermöglicht und zudem einen Zugang zur Heiligen Schrift erschließt, der von der aktuellen Weitergabe des Zeugnisses getragen ist. Es ist ebenso anerkannt, daß das hermeneutische Problem sich nicht in der bloßen Relation von Text und modernen Verstehensbedingungen bewältigen läßt, daß vielmehr die Wirkungs- und Rezeptionsgeschichte mitbedacht sein will[37]. Es ist katholischerseits beachtet, daß Aussagen der Tradition nicht eine unwandelbare Gültigkeit haben, sondern in ihrer jeweiligen geschichtlichen Perspektive gesehen werden müssen, was Aufgabe

---

[35] Auf die neuere Diskussion über Sinn und Tragweite von Rezeption ist hier nicht einzugehen; es sei jedoch verwiesen auf *Rainer Warning* (Hg.), Rezeptionsästhetik (UTB 303), München 1975.

[36] Zum Traditionsverständnis verweise ich auf *Ulrich Wickert – Gerhard Ebeling*, Art. Tradition VI/VII, in: RGG³ VI, Tübingen 1962, 974-984, und *Joseph Ratzinger*, Art. Tradition III, in: LThK² X, Freiburg i.Br. 1965, 293-299.

[37] Das hat die Auseinandersetzung mit dem hermeneutischen Programm *Rudolf Bultmanns* ergeben. Besonders wichtig wurde dabei das Buch von *Hans-Georg Gadamer*, Wahrheit und Methode, Tübingen ⁴1975.

einer Dogmenhermeneutik ist[38]. Hinzu kommt, daß das Zweite Vaticanum den Primat der Heiligen Schrift herausgestellt und die Tradition der Kirche in mancher Hinsicht neu bestimmt hat[39].

Gleichwohl kann nicht übersehen werden, daß erhebliche Unterschiede in der Beurteilung der Verbindlichkeit der Tradition bleiben. Zwar kann man sich inzwischen leicht darüber verständigen, daß ein Text in seinem ursprünglichen Verständnis nicht alles beinhaltet, was später im Zusammenhang damit Bedeutung gewonnen hat; es wird sehr bewußt mit einem Prozeß der Erschließung der Glaubenswahrheit und einer Entfaltung der kirchlichen Wirklichkeit gerechnet. So ist es heute beispielsweise kein Problem mehr festzustellen, Mt 16, 18f habe anfangs eine sehr viel begrenztere Bedeutung gehabt, bei der zwar die Vorrangstellung des Petrus in der Kirche, nicht aber der Sukzessions- oder gar der Infallibilitätsgedanke Inhalt der Aussage war[40].

Ähnliches wäre für die besprochene Institutionalisierung der kirchlichen Ordnung und die allmählich sich herausbildende Abstufung des Amtes zu sagen. Daß damit die Bewältigung der Amtsfrage trotz aller weiterführenden exegetischen und dogmengeschichtlichen Erkenntnis nach wie vor nicht gelöst ist, kann nicht übersehen werden. Ein Konsens über den Ursprungssinn steht in diesem Falle in Spannung zu einem durch Rezeption in bestimmtem Sinne festgelegten Richtungssinn. Die Frage, in welchem Umfang die Tradition bei aller Erschließung, Verlebendigung und Aktualisierung der Schriftaussagen über das Schriftzeugnis selbst hinausgehen und dessen normative Funktion zugunsten einer normativen Auslegungstradition einschränken darf, ist immer noch unbewältigt, wirkt daher auch auf die Exegese zurück bzw. behindert ein Wirksamwerden der hier gewonnenen Einsichten.

VI. Kirchliche Bindung und ökumenischer Impuls der Exegese

Da eine theologisch verantwortliche Exegese nie in einem gleichsam neutralen Raum erfolgt, sondern in Relation zu Verkündigung und Leben der Kirche, darf die ekklesiale Komponente nicht unberücksichtigt blei-

---

[38] Vgl. *Karl Lehmann*, Dogmenhermeneutik am Beispiel der klassischen Christologie, in: Jesus. Ort der Erfahrung Gottes (FS Bernhard Welte), Freiburg i.Br. 1976, 190-209; *ders.*, Verbindliche Lehraussagen und Geschichtlichkeit des Lebens der Kirche, in: US 31 (1976) 285-298; vgl. auch *ders.*, Über das Verhältnis der Exegese als historisch-kritischer Wissenschaft zum dogmatischen Verstehen, in: Jesus und der Menschensohn (FS Anton Vögtle), Freiburg i.Br. 1975, 421-434.

[39] Vgl. dazu *Gnilka*, Wirkungsgeschichte 334ff.

[40] Verwiesen sei zu diesem Problemkreis auf *Raymond E. Brown – Karl P. Donfried – John Reumann* (Hg.), Der Petrus der Bibel. Eine ökumenische Untersuchung, Stuttgart 1976; *Joseph Ratzinger* (Hg.), Dienst an der Einheit. Zum Wesen und Auftrag des Petrusamtes, Düsseldorf 1978; *Arbeitsgemeinschaft ökumenischer Universitätsinstitute* (Hg.), Papsttum als ökumenische Frage, München-Mainz 1979.

ben. Das besagt, daß jede Beschäftigung mit biblischen Texten aufgrund einer konkreten kirchlichen Bindung erfolgt und zunächst auch für die jeweils eigene Kirche fruchtbar gemacht werden soll[41].

Mit der ekklesialen Einbindung sind aber auch divergierende ekklesiologische Prämissen wirksam, die trotz gemeinsamer methodischer Voraussetzungen die Schriftauslegung tangieren. Das kann sehr reflektiert und mit dem Ziel einer Verständigung erfolgen, gleichwohl ist von einem uneingeschränkten Konsens in der exegetischen Arbeit dann nicht zu sprechen, wenn die Exegese als umfassende theologische Aufgabe verstanden wird, die sich nicht mit der historisch exakten Beschreibung eines Textes begnügt, sondern dessen theologische Tragweite aufzuzeigen hat, um die exegetischen Erkenntnisse fundamentaltheologisch und systematisch fruchtbar werden zu lassen. Nur wenn dieser Sachverhalt gesehen und ernstgenommen wird, kann die exegetische Arbeit richtig eingeordnet werden. Das hebt ihre Eigenständigkeit und ihre Einflußmöglichkeit nicht auf, signalisiert aber den Ort, der der Exegese theologisch zukommt und damit auch ihren Stellenwert im Rahmen des ökumenischen Gesprächs[42].

Bei allen vorhandenen Einschränkungen darf der ökumenische Impuls nicht übersehen werden, der von der Schriftauslegung ausgegangen ist und weiterhin ausgeht. Exegetische Arbeit hat dazu geführt, daß gegenseitige Abgrenzungen aufgebrochen, daß Brücken gebaut wurden und daß eine wachsende kirchliche Gemeinschaft bereits erreicht wurde. So sehr neue dogmatische Entwürfe die Aufgabe haben, Fragestellungen und Probleme der Gegenwart aufzugreifen und zu beantworten, so ist es doch in erster Linie die Heilige Schrift selbst, die immer wieder unerwartete Anstöße gibt und über noch bestehende Grenzen hinausführt. Die exegetische Arbeit steht im Dienste eines stets neu zu erschließenden Verständnisses der Bibel. Sie wird sich bei aller Rückbindung an lebendige kirchliche Tradition dann keine Schranken auferlegen lassen, wenn es um Erkenntnisse geht, die aus der Heiligen Schrift selbst gewonnen werden.

---

[41] Klar ausgesprochen bei *Gnilka*, Wirkungsgeschichte 339: „Was ich als Exeget erarbeite oder mitteile, muß sich vor dem Forum der Kirche bewähren, in ihren Glauben eingehen und in ihrem Leben Gestalt gewinnen. Das bedeutet gewiß nicht, daß der sensus fidelium immer aus lehramtlichen Äußerungen abgelesen werden kann. Aber beide sind auf die Arbeit des Theologen angewiesen, wie der Theologe bereit sein muß, mit der Kirche im Kontakt und im Gespräch zu bleiben." Gnilka vermutet, daß diese „Orientierung auf die Kirche hin" eine Unterscheidung zwischen protestantischen und katholischen Theologen kennzeichne; das ist aber allenfalls graduell, nicht prinzipiell verschieden. – Zu diesem Thema vgl. auch*Rudolf Schnackenburg*, Die Funktion der Exegese in Theologie und Kirche, in: *ders.*, Maßstab des Glaubens. Fragen heutiger Christen im Licht des Neuen Testaments, Freiburg i.Br. 1978, 11-36, bes. 24ff.

[42] Hierzu verweise ich noch auf meinen Beitrag: Exegese, Theologie und Kirche, in: ZThK 74 (1977) 25-37.

Was wir bisher erreicht haben, ist mehr als ein bloß methodischer Konsens, weil über rein historische Analyse und Deskription der biblischen Texte hinaus deren theologische Relevanz ernstgenommen und in gemeinsamem Bemühen fruchtbar gemacht wird. Daß dies aufgrund ekklesialer Prämissen an bestimmten Stellen noch auf strittige Problemfelder und auf vorläufige Grenzen stößt, muß nüchtern gesehen werden. Es sollte aber dabei nicht vergessen sein, was bereits an Klärung und Übereinstimmung erzielt worden ist. Wenn es weiterhin gelingt, diese Gemeinsamkeit zu erweitern und zu vertiefen, kann aus dem bisher erreichten Konsens in der Exegese ein umfassender und alle Bereiche der Kirche mitbestimmender Konsens werden. Dann wird der bereits bestehende und sich als wirksam erweisende Grundkonsens voll in Erscheinung treten und Einheit und Kirchengemeinschaft ermöglichen[43]. Der Exegese bleibt die Aufgabe einer unablässigen Mahnung zu der im Neuen Testament bezeugten Einheit. Bei mancher restriktiven Tendenz, die in jüngster Zeit wieder sichtbar geworden ist, bleibt zu hoffen, daß sich die exegetische Arbeit weiterhin in ihrer ökumenischen Kraft erweisen kann. Denn wir dürfen darauf vertrauen, daß das Zeugnis der Schrift selbst die Einheit der Kirche weiter fördert und stärkt[44].

---

[43] Vgl. *Ferdinand Hahn-Karl Kertelge-Rudolf Schnackenburg*, Einheit der Kirche. Grundlegung im Neuen Testament (QD 84), Freiburg i.Br. 1979.

[44] Die in Anm. 8, 19, 22, 28, 30 und 43 genannten Aufsätze liegen gesammelt vor in *Ferdinand Hahn,* Exegetische Beiträge zum ökumenischen Gespräch (Ges. Aufs. I), Göttingen 1986.

Hans-Martin Barth

Streit um die Frömmigkeit
Der eine Glaube und die Vielfalt seiner Ausdrucksformen

I. ‚Wer fromm ist, streitet nicht!'

Und wer streitet, ist nicht fromm? Frömmigkeit[1] und Streit scheinen sich gegenseitig auszuschließen. Aber die Wirklichkeit spricht eine andere Sprache. Die Geschichte der Kirche ist voller Streit. Es wäre nicht uninteressant, die großen Auseinandersetzungen der Kirchen- und Theologiegeschichte daraufhin durchzuprüfen, inwieweit es hier um nichts anderes ging als eben den Streit um die Frömmigkeit. Hinter dem Gegensatz der Patriarchate Antiochien und Alexandrien, der zu den großen christologischen Streitigkeiten der Alten Kirche geführt hat, stehen unterschiedliche Typen von Frömmigkeit: auf der einen Seite das Wissen um die Fremdheit und erhabene Distanz des einen Gottes, auf der anderen die Sehnsucht nach mystisch empfundener Gottesgegenwart. An dem Unterschied zwischen einer auf mystische Schau und Teilhabe ausgerichteten Spiritualität und einer eher in juristischer Klarheit sich artikulierenden Frömmigkeit brach die Kirche zu Beginn des 11. Jahrhunderts in eine morgenländische und eine abendländische Hälfte auseinander. Die Reformation entzündete sich an der spätmittelalterlichen Frömmigkeit des guten Willens und des Ablasses: Eine Frömmigkeit des Hörens, des

[1] vgl. zum Begriff ‚Frömmigkeit' und seiner Geschichte den instruktiven Beitr. von *Manfred Seitz*: Frömmigkeit, II.Syst.-theol., in: TRE Bd.11, 674-683 (Lit.!); zur ökum. Relevanz der Spiritualität s. *Nikos A. Nissiotis*: Eastern and Western Theologians Study Together Spirituality, in: ER 15, 1962, 245-251; *Josef Sudbrack*: Vom Geheimnis christl. Spiritualität: Einheit und Vielfalt, in: GuL 39, 1966, 24-44; Spiritualité et Oecuménisme (Rapport d'une session de Bossey) 1976; *Gerhard Voss*: Kath. Spiritualität – Ein ökum. Hindernis?, in: US 33, 1978, 199-210; ders.: Wachsendes Interesse an Spiritualität; von einer not-wendigen Dimension ökum. Theol., in: *Peter Lengsfeld* (Hg.): Ökum. Theol. Ein Arbeitsbuch, Stuttgart 1980, 338-354; *Bernhard Häring*: Frei in Christus. Moraltheol. für die Praxis des christl. Lebens Bd. 2: Der Weg des Menschen zur Wahrheit und Liebe, Freiburg 1980, 266-319; *Johannes Hüttenbügel*: Über ökum. Spiritualität, in: Cath(M) 35, 1981, 211-222; *Emmanuel v. Severus*: Elemente christl. Spiritualität. Bibl., ökum., monastische Blickpunkte, in: EuA 58, 1982, 85-92; wenig ergiebig finde ich *Traugott Stählin*: Aspekte ökum. Spiritualität, in: US 36, 1981, 290-298; hier wird verwiesen auf ders.: Ökum. Spiritualität, in: *Peter C. Bloth* u.a. (Hg.): HPTh Bd.2, Gütersloh 1981, 67ff; dabei handelt es sich allerdings nur um eine leicht veränd. und um Lit. erg. Fassung des Art. in US.

Antwortens in Gebet und Loblied und des Gehorsams inmitten der Aufgaben des beruflichen Alltags trat an ihre Stelle.[2] Das Neue Testament selbst war schließlich eine Absage an eine bestimmte Frömmigkeit - die Frömmigkeit der Pharisäer, die Frömmigkeit der Frommen.

Kein Wunder jedenfalls, wenn es auch in unseren Tagen zu einem Streit um die Frömmigkeit kommt. Es mag journalistische Übertreibung sein, wenn die Medien in regelmäßigen Abständen von einem drohenden Auseinanderbrechen der Evangelischen Kirche in Deutschland berichten. Aber die Auseinandersetzungen sind hart, daran besteht kein Zweifel. In den Chefetagen der großen Unternehmen werde weniger heftig gestritten und weniger verletzend gekämpft, so höre ich gelegentlich, als in einem Pfarrgemeinderat oder im Presbyterium einer evangelischen Kirchengemeinde. Wo finden wir Friedensstifter? Ich möchte mich durchaus in der Rolle eines Friedensstifters versuchen, aber anders, als es üblicherweise erwartet wird. Ich habe *vier Ziele*: Ich möchte dazu beitragen, daß wir lernen, um die Frömmigkeit *guten Gewissens* (II.), *sachgemäß* (III.), konzentriert auf das *Wesentliche* (IV.) und *mit Gewinn* zu streiten (V.).

II. Guten Gewissens um die Frömmigkeit streiten

Im allgemeinen haben Christen ein schlechtes Gewissen, wenn sie streiten. „Soviel an euch liegt, so habt mit allen Menschen Frieden", rät der Apostel *Paulus*, aber klugerweise schickt er voraus: „Ist's möglich" (Röm 12,18). In unserem Gesangbuch heißt es: „Laß mich mit jedermann / mit Fried und Freundschaft leben, / soweit es christlich ist ..." (EKG 383,5; *Johann Heermann)*. Also jedenfalls nicht Friede um jeden Preis! Dies gilt gerade im Blick auf die Frömmigkeit.

Der Streit um die Frömmigkeit ist - anthropologisch gesehen - eine Selbstverständlichkeit. Das mag banal klingen. Aber es lohnt sich, genauer darüber nachzudenken. Es wäre höchst merkwürdig, wenn es gerade um die Frömmigkeit keinen Streit gäbe. Frömmigkeit hat auf eine elementare Weise mit uns selbst zu tun. Wenn sie Ausdruck meines Glaubens und meiner Liebe und meiner Hoffnung ist, dann werden die psychischen und sozialen Faktoren, die mich bestimmen, ihren Niederschlag auch in meiner Frömmigkeit finden.

Das erste Bündel von Faktoren, die hier zu bedenken sind, entstammt unserer jeweiligen psychosomatischen Konstitution. Jedem, der sich ein-

[2] Mit Gewinn habe ich gelesen die Diss. v. *Martin Nicol*: Meditation bei Luther (FKDG 34), Göttingen 1984; vgl. ferner *Vilmos Vajta*: Gelebte Rechtfertigung. Eine bibl.-theol. Meditation, Göttingen 1983; *Andreas Aarflot*: Typen luth. Frömmigkeit, in: *Vajta* (Hg.): Die Ev.-Luth. Kirche. Vergangenheit und Gegenwart (Die Kirchen der Welt 15), Frankfurt/ M. 1983², 183-201.

mal mit den ‚Grundformen der Angst'[3] beschäftigt hat, wird das unmittelbar einleuchten: Der eher Zwanghafte lebt eine andere Frömmigkeit als der Fantast, der depressiv Gestimmte hat auch im Blick auf die Frömmigkeit andere Sehnsüchte als der heroische, sich in die Einsamkeit zurückziehende Asket. Auch im Bereich unserer Körperlichkeit werden diese psychischen Ausprägungen ihre Wurzeln haben. Von seiten der feministischen Theologie werden ja seit einiger Zeit große Anstrengungen zur Klärung der Frage unternommen, ob Frauen in anderer Weise ‚fromm' sind als Männer.[4]

Deutlicher bewußt ist uns wohl, welche Rolle in diesem Zusammenhang unsere Sozialisation spielt: Wer in einer Arbeiterfamilie groß geworden ist, hat eine andere Frömmigkeit als jemand, der in einem Pfarrhaus aufgewachsen ist. Eine Dorfgemeinde prägt in anderer Weise als die Kirche in der Großstadt. Frömmigkeit wird niemals nur individuell vermittelt, sie ist immer irgendwie sozial überformt. Konfessionen und kirchliche Gruppierungen entwickeln prägende Kraft, die aber auch mit allgemeinen kulturellen, vielleicht aber ebenso mit geographischen, ja vielleicht sogar mit klimatischen Bedingungen zu tun haben können. Warum sind die skandinavischen Länder evangelisch geworden, während die romanischen im wesentlichen katholisch blieben? Aber schon einem fränkischen Lutheraner, wie ich es von Hause aus bin, ist am hessischen Protestantismus manches fremd!

Die dritte Gruppe von Faktoren, die hier berücksichtigt werden müssen, hängt mit dem Phänomen der Zeit zusammen. Die Zeit schreitet fort - das ängstigt die einen und beglückt die andern: Der Streit zwischen Konservativen[5], die am Althergebrachten festhalten wollen, und den Progressiven, die von neuen Ufern fasziniert sind, ist unvermeidlich. Das Generationenproblem spielt hier hinein. Wichtig erscheint mir in diesem Zusammenhang freilich auch, was sich innerhalb einer Generation, sogar innerhalb eines einzelnen Menschenlebens, an Veränderungen vollzieht.

---

[3] *Fritz Riemann*: Grundformen der Angst. Eine tiefenpsych. Studie über die Ängste des Menschen und ihre Überwindung, München/Basel 1972[7]; dieser Ansatz wird im Blick auf die Persönlichkeit des Predigers entfaltet von ders. in: Die Persönlichkeit des Predigers aus tiefenpsych. Sicht, in: *Richard Riess* (Hg.): Perspektiven der Pastoralpsych., Göttingen 1974, 152-166; kritisch dazu *Hans van der Geest*: Du hast mich angesprochen. Die Wirkung v. Gottesdienst und Predigt, Zürich 1978, 175ff.

[4] vgl. *Catharina Halkes*: Gott hat nicht nur starke Söhne, Gütersloh 1980[2]; *Elisabeth Moltmann-Wendel* (Hg.): Frauenbefreiung – Bibl. und theol. Argumente, München/Mainz 1982[3]; *Christa Mulack*: Die Weiblichkeit Gottes. Matriarchale Voraussetzungen des Gottesbildes, Stuttgart 1983[2]; entrüstet stelle ich fest, daß TRE kein Stichwort ‚Feministische Theol.' bietet!

[5] vgl. *Reinhard Frieling* (Hg.): Die Kirche und ihre Konservativen (BenshH 62), Göttingen 1984.

Adoleszenz oder Midlife-Crisis haben natürlich ihre Auswirkungen auf die Frömmigkeit.[6]

Der Streit um die Frömmigkeit ist eine Selbstverständlichkeit. Sollte aber der Glaube all diese Faktoren, die immer wieder den Streit auslösen und schüren, nicht neutralisieren oder gar in ihrer Wirkmächtigkeit außer Kraft setzen? Ja und Nein! Der Streit um die Frömmigkeit ist - theologisch gesehen - legitim und notwendig. Guten Gewissens dürfen und müssen wir um die Frömmigkeit streiten. Aus drei Gründen, die mit unseren drei Glaubensartikeln zusammenhängen:

Wir glauben an Gott, den Vater, als unseren Schöpfer. „Ich glaube, daß mich Gott geschaffen hat samt allen Kreaturen, mir Leib und Seele", mir meine psychosomatische Konstitution „gegeben hat und noch erhält", inmitten der sozialen und kulturellen Bedingungen, die meine Biographie mitgestalten, inmitten der geschichtlichen Situation, in die ich hineingeboren bin. Es hat mit Gottes schöpferischem Handeln zu tun, wenn zwar ich selbst mich nach Geborgenheit sehne, wenn mein Nachbar auf der Kirchenbank aber - vielleicht meine Frau! - von Aufbruch und Exodus träumt. Es hat mit Gottes Kreativität zu tun, daß der Schwede so anders empfindet als der Sizilianer.

Wir glauben an Gott, der in Jesus von Nazareth Mensch geworden, Jude geworden ist. Die Inkarnation hat für mich eine wunderbare Konsequenz darin, wie Menschen aus den unterschiedlichsten Kulturkreisen und von unterschiedlichsten sozialen Voraussetzungen her auf die Begegnung mit Jesus von Nazareth reagieren und ihr Bekenntnis zu ihm zum Ausdruck bringen. Bei einem schwarzen Afrikaner des 20. Jahrhunderts sieht das anders aus als bei einem syrischen Christen des 4. Jahrhunderts[7] - wie sollte es bei mir nicht ein bißchen anders aussehen als bei demjenigen, der diese Zeilen liest? Schon das Neue Testament stellt ja eine Vielzahl von Frömmigkeitstypen nebeneinander.[8]

Wir glauben an den Heiligen Geist, der in unsere Herzen, in unsere von Gott dem Schöpfer so und nicht anders geschaffenen Herzen, gesandt ist (Gal 4,6), der uns lebendig macht und mit mancherlei Gaben erfüllt, der seine Gemeinde sammelt und durch die Zeiten leitet. Die vielfältigen Ausprägungen von Frömmigkeit lassen sich im Glauben verstehen als ein Zeichen der Überfülle des Geisteswirkens im Lauf der Geschichte und unter den unterschiedlichsten Bedingungen der Gegenwart.

---

[6] vgl. dazu bes. *Hans-Jürgen Fraas*: Glaube und Identität. Grundlegung einer Didaktik rel. Lernprozesse, Göttingen 1983, 105-161.

[7] Confessing our Faith around the World I (FO 104), Genf 1980, 12; II (FO 120), Genf 1983.

[8] vgl. *Ernst Käsemann*: Begründet der ntl. Kanon die Einheit der Kirche?, in: Exeg. Versuche und Besinnungen Bd. 1, Göttingen 1960, 214-224.

Freilich - ist mit alledem mehr geboten als ein Plädoyer für die Vielfalt der Ausprägungen des christlichen Glaubens, mehr als eine Apologie der Farbigkeit des Christentums? Es wäre eine Verharmlosung, würde man die schrillen Stimmen, die beim Streit um die Frömmigkeit laut werden, nur im Sinne von Dissonanzen verstehen, die sich alsbald in einem schönen Akkord wieder auflösen. Es ist da in der Tat auch viel Häßliches, Unchristliches, Widerchristliches im Spiel. Wir müssen zugeben, daß gerade in diesem Streit sich austobt, was unsere christliche Tradition als ‚Sünde' bezeichnet. Offenbar gibt es den christlichen Glauben nur in der Symbiose mit Mißverständnissen und Fehlentwicklungen oder gar nicht. Das gilt im Blick auf den einzelnen und auf die Konfessionen: Jeder sehe sich daraufhin an, welche Gestalt er selbst dem christlichen Glauben verleiht. Bei jedem hapert es mit der Verwirklichung des Glaubens an einer anderen Stelle - bei jedem einzelnen und bei jeder Konfession und bei jeder kirchlichen Gruppierung. Wenn es ein christlicher Streit ist, den wir um die Frömmigkeit führen, leben alle an ihm Beteiligten von der Vergebung. Auf sie sind wir alle angewiesen - als Protestanten, Katholiken, Konservative, Progressive, Fundamentalisten, Intellektuelle, Sozialisten oder was immer wir sein mögen. Darum erbitten und erhoffen wir sie auch für unseren Konfliktpartner. Damit gewinnt unser Streit um die Frömmigkeit einerseits seine Kriterien und andererseits seine Qualität: Wir fangen an, sachgemäß und mit Gewinn um die Frömmigkeit zu streiten.

III. Sachgemäß um die Frömmigkeit streiten

Lange Zeit war der Streit verpönt. Er wurde als Defizit erlebt und, wenn es irgend ging, vermieden. Erst allmählich wächst mit dem Eingewöhnungsprozeß in die Lebensformen der Demokratie die Einsicht, daß menschliches Zusammenleben ohne Streit nicht möglich ist. Wenn unterschiedlich geprägte Menschen zu gemeinsam verantworteten Entscheidungen gelangen wollen, bleibt ihnen gar nichts anderes übrig, als daß sie sich um Kompromiß bemühen. Die psychologische Entdeckung, daß gerade die Verdrängung von Aggressionen ein enormes Konfliktpotential aufhäuft, führte zu einer ‚Kultur des Streitens'. Was man unter den Teppich zu kehren versucht, beginnt irgendwann zu stinken und die Atmosphäre zu vergiften. Insbesondere aus dem Bereich der Ehe und der Familie weiß vermutlich jeder von uns dazu etwas zu berichten. So kehrt man denn heute lieber alles unter dem Teppich hervor, was da verborgen sein mag, der Staub wird systematisch aufgewirbelt, Aggressionstrainings finden statt unter dem verheißungsvollen Titel ‚Streiten verbindet'.[9] Was von

[9] vgl. *Georg R. Bach / Peter Wyden*: Streiten verbindet. Spielregeln für Liebe und Ehe, Düsseldorf/Köln 1980⁶; ferner *Lutz Schwäbisch / Martin Siems*: Anleitung zum sozialen Lernen für Paare, Gruppen und Erzieher (rororo 6846), Reinbek bei Hamburg 1974, 118-139.

alledem ist für den Streit um die Frömmigkeit wichtig? Hier kann es sich ja nicht einfach um ein Ringen um einen Kompromiß handeln[10]; hier kann es auch nicht nur um ein Angebot gehen, konfessionell oder einstellungsmäßig bedingte Aggressionen abzureagieren. Wie wird der Streit um die Frömmigkeit sachgemäß geführt?

Sachgemäßes Streiten um die Frömmigkeit ist zuallererst bußfertiges Streiten. Man kann gewiß aus der säkularen ‚Kultur des Streitens' auch als Christ allerlei lernen. Fairneß im Streit steht ohne Zweifel auch dem Christen gut an. Auf der Ebene unserer Gemeinden und Kirchen heißt das zunächst: Wir müssen versuchen, unsere Konflikte offen auszutragen. Es kommt nicht zu einer freien und weiterführenden Auseinandersetzung , wenn wir übereinander reden statt miteinander. Wir sollten einander ‚ins Gesicht' sagen, was wir einander zu sagen haben. In einem berühmt gewordenen Streit um die Frömmigkeit, nämlich in dem Konflikt zwischen judenchristlicher und heidenchristlicher Frömmigkeit, widerstand *Paulus* dem *Petrus* „ins Angesicht" (Gal 2,11). Dahinter steckt eine große Weisheit, die einem deutlich wird, wenn man sich den alttestamentlichen Hintergrund dieser Redeweise klar macht. Für hebräisches Verständnis trägt das Gesicht die wichtigsten ‚Kommunikationsorgane' des Menschen - Augen, Ohren, Mund.[11] Wohin ein Mensch blickt, dahin wendet er sich, damit nimmt er Beziehung auf. Daher auch die Wendung im aaronitischen Segen: „Der Herr ... lasse leuchten sein Angesicht über dir!" Gerade um die Frömmigkeit kann man nicht abgewandten Gesichts, sondern nur mit erhobenem, Beziehung suchendem und leuchtendem Angesicht streiten. Diese biblische Einsicht unterstreicht etwas, das auch psychologischer Beobachtung zugänglich ist.

Eine andere Grundregel fairen Streitens aus dem säkularen Bereich, die man sich als Christ ruhig zu eigen machen könnte, lautet: Ich nehme mir Raum und ich gebe dir Raum.[12] Ich versuche zu erkennen, was mir wichtig ist, und ich suche zu erfassen und zu verstehen, was dir wichtig ist. Kürzlich erzählte mir jemand, wie sehr ihm diese Regel bei seinen Auseinandersetzungen mit seinem Chef, übrigens einem Kirchenmann, hilft.

---

[10] Diesen Eindruck gewinnt man allerdings oft im Blick auf ökum. Papiere und Verlautbarungen. Unbehagen darüber ist hinsichtlich der Konvergenzerklärungen von Lima verschiedentlich geäußert worden; vgl. Vf.: „Apostolizität" und „Sukzession" in den Konvergenzerklärungen von Lima, in: ÖR 33, 1984, 339-357, hier bes. 349ff; zum Ganzen ders.: „Alle eins" oder „Streiten verbindet"? Das Paradigma ökum. Theol. stimmt nicht mehr, in: DPfBl 83, 1983, 474-477.

[11] Das wird eindrücklich darg. v. *Hans Walter Wolff*: Anthropologie des AT, München 1977³, 116ff.

[12] Hier ist vieles zu lernen von gesprächstherapeutischen Ansätzen und von der Themenzentrierten Interaktion; vgl. *Ruth C. Cohn*: Von der Psychoanalyse zur themenzentrierten Interaktion, Stuttgart 1976²; *Albrecht Mahr*: Die Störungsprioritätsformel in TZI-Gruppen, Göttingen 1979.

Der ‚fromme' Streiter mag sich freilich gerade zum Widerspruch herausgefordert sehen: Darf es zwischen wahrer und falscher Frömmigkeit Gemeinschaft geben? Um Gottes willen darf ich diesem anderen – dem Fundamentalisten oder dem Sozialisten, dem Progressiven oder dem Konservativen, dem Aufweichler im Protestantismus oder dem Klerikalen im Katholizismus – keinen Raum geben!

Was heißt in diesem Zusammenhang ‚bußfertig streiten'? Es heißt: Davon ausgehen, daß Gott uns – meinen Konfliktpartner und mich – richten wird. Das macht den Streit keineswegs überflüssig, es nimmt ihm nicht einmal etwas von seiner Schärfe. Aber es stellt ihn in einen neuen Horizont. Am Ende soll nicht meine Frömmigkeit siegen oder eben die meines Partners. Gottes Name soll geheiligt werden, sein Reich komme, sein Wille geschehe! Wenn ich in der Beurteilung dessen, was am ehesten der Ehre Gottes und dem Kommen seines Reiches dient, noch so sicher sein mag – es geht nicht um mein Urteil, sondern um Gottes Sache selbst. Die im Streit zutagetretenden Aggressionen werden damit nicht gehemmt, aber gereinigt und in eine neue und weiterführende Bahn gebracht. Im Zeichen der Buße werden sie fruchtbar.

‚Bußfertig streiten' heißt aber auch: Davon ausgehen, daß Gott uns beiden – meinem Konfliktpartner und mir – vergeben wird. Gott darf ich meine Aggressivität überlassen. Was an ihr der Kreativität Gottes entstammt, will ich tapfer leben; was an ihr auf das Konto der Sünde geht, will ich seiner Vergebung anvertrauen. Ich kann mir als Christ den Streit um die Frömmigkeit leisten. Das Evangelium befreit mich zum Streiten-Können. Die Bußfertigkeit im Streit wirkt sich am tiefsten dort aus, wo sie mich lehrt, daß ich gerade nicht – im Sinne einer falsch verstandenen ‚Buße' – darauf verzichten muß, meiner Überzeugung Ausdruck zu geben. Bußfertigkeit liegt auch in dem Wissen, daß ich in Gottes Namen zu meinen Aggressionen stehen und, wenn er seinen Geist gibt, sie zu seiner Ehre nutzen darf. Ich denke, *Martin Luthers* Polemik stand im Zeichen einer so verstandenen getrosten Bußfertigkeit.[13]

Sachgemäßes Streiten um die Frömmigkeit ist bußfertiges und es ist konstruktives Streiten. Zweierlei hindert den Streit um die Frömmigkeit oftmals daran, konstruktiv zu werden: Wir streiten um Bagatellen – und wir versuchen, unsere Position im Streit um Bagatellen metaphysisch zu überhöhen. Viel Streiterei um die Frömmigkeit gab es um alles, was irgendwie mit dem Genuß des Lebens zusammenhing, um Rauchen, Trin-

[13] zu *Luthers* Polemik vgl. *Stephan H. Pfürtner*: Luthers Papstkritik – überholte Polemik oder unbewältigte Vergangenheit?, in: Vf./*Heinrich Leipold* (Hg.): Martin Luther – Der Streit um sein Erbe. Ringvorl. des Fachbereichs Ev. Theol. der Philipps-Univ. Marburg im WS 1983/84 (Monographia Hassiae 11), Kassel 1984, 21-39; *Bernhard Lohse*: Martin Luther. Eine Einf. in sein Leben und Werk, München 1981, 91ff (Lit.!); *Luthers* Polemik bedürfte freilich – insbes. im Zusammenhang mit dem Problem der Verwerfungen – einer umfassenden psych. und theol. Aufarbeitung.

ken und Sexualität. ‚Darf man beim Beten rauchen?' ‚Keinesfalls!' – ‚Darf man beim Rauchen beten?' ‚Ja, wieso denn nicht?' Als ich aufwuchs, wurde erbittert darum gestritten, ob die Pfarrfrau sich schminken darf und ob sie in Sachen Haartracht auf die allseits bekannte ‚Halleluja-Zwiebel' verpflichtet sei. In meiner bayerischen Heimatkirche stritt man ausgiebig und mit vielerlei theologischen Argumenten um liturgische Weisen und Gewänder. Wieviel Energie ist im Laufe der Kirchengeschichte im Streit um nebensächliche, ja sinnlose Themen verschwendet worden!

IV. Um das Wesentliche streiten

Sachgemäßes Streiten um die Frömmigkeit wird mit einer sorgfältigen Prüfung dessen beginnen, worum denn gestritten werden soll. Ist es zu verantworten, dafür Zeit und Kraft zu investieren? Auf welcher Ebene muß der Streit gesucht werden? Der religiöse Mensch verfügt über mehr Möglichkeiten als der säkulare, hinter theologischen Konstruktionen und metaphysischen Theorien sein eigentliches Anliegen zu verbergen. Himmel und Hölle kann er zum Zeugen anrufen – vielleicht scheint es deswegen innerhalb der Kirchen oft heftigeren Streit zu geben als außerhalb. Sachgemäßes Streiten wird diese Tarnmanöver zu entschleiern versuchen und den Streit auf eine offene Ebene bringen: Vielleicht sucht da ein Mensch nur ein wenig Zuwendung, ein bißchen mehr Aufmerksamkeit; vielleicht muß aber auch schlicht das Geltungsbedürfnis eines Menschen in seine Schranken verwiesen werden. Sachgemäßes Streiten um die Frömmigkeit dringt zu der seelsorgerlichen Frage durch: Was bewegt meinen Kontrahenten eigentlich? Was ist der Lebensdurst, der hinter seinen Argumenten steht? Was brauchst du – und was brauche ich?

Sachgemäßes Streiten um die Frömmigkeit lebt von der Konzentration auf das Wesentliche. Das Wesentliche kann natürlich über den engen Rahmen einer individuellen seelsorgerlichen Problematik weit hinausgehen (obgleich diese in irgendeiner Weise immer mitspielen wird). Bei den großen gegenwärtigen Streitfragen im Bereich der Frömmigkeit ist das so: politische Frömmigkeit, Spiritualität des Kampfes, Engagement für Ökologie-Probleme und den Frieden – oder aber kirchlich geprägte Frömmigkeit, Spiritualität der Innerlichkeit, Gebet und Meditation, allsonntäglicher Gottesdienstbesuch? Kreuz oder Friedenstaube? Ethos der Selbstverwirklichung und der Emanzipation in jeder Hinsicht, Emanzipation der Frau, der Nicht-Weißen, der Unterdrückten – oder Rückkehr zu den traditionellen Wertvorstellungen des Christentums? Feministische Theologie oder Paragraph 218, Magna Charta der Menschenrechte oder ‚Pillen-Enzyklika'?

Mit diesen Schlagworten ist freilich die Konzentration auf das Wesentliche, wie sie ein sachgemäßes Streiten um die Frömmigkeit auszeichnet, noch nicht erreicht. Indem ich dies behaupte, wird eine Aporie im Streit um die Frömmigkeit deutlich: Das ‚Wesentliche' liegt nicht so offenkundig und selbstverständlich zutage, daß man sich eben nur darauf zu ‚konzentrieren' brauchte. Leider ist es nicht so, daß uns eindeutige Kriterien zur Verfügung stünden, die wir nur an die verschiedenen Typen von Frömmigkeit anlegen müßten, um herauszufinden, was wir bejahen können und was wir ablehnen müssen. Das Wesentliche müsse auch für den Glauben, tönt es heute vielerorts, die Erfahrung sein. Das Wesentliche, worauf sich die Kirchen endlich konzentrieren sollten, seien die globalen Probleme der Menschheit. Das Wesentliche, so mögen besonders Katholiken urteilen, sei in der Tradition und der Fülle des sakramentalen Lebens der Kirche gegeben. Streit um die Frömmigkeit ist immer zugleich Streit darum, was als ‚das Wesentliche' gelten darf.

In all diesen Antworten finde ich etwas Richtiges; keiner von ihnen kann ich mich gänzlich entziehen. Aber das Wesentliche, auf das der Streit um die Frömmigkeit konzentriert werden muß, und von dem er seine Kriterien und seine Relevanz erhält, ist etwas anderes. Das Wesentliche ist Gottes Wort. Indem ich diese Aussage mache, verlasse ich die Meta-Ebene. Ich bin also nicht dabei, jenseits aller Fronten eine unparteiische Theorie über den Streit um die Frömmigkeit zu entwerfen. Ich bin Partei in diesem Streit. Jeder, der sich an dem Streit um die Frömmigkeit beteiligt, ist Partei, auch wenn er sich nur darüber Gedanken macht, warum wohl, worum eigentlich und wie denn hier gestritten werden sollte.

Meine Position lautet: Der Streit um die Frömmigkeit wird dann konstruktiv und weiterführend, wenn alles, was in ihm zur Debatte steht, konzentriert wird auf Gottes Wort. Gott redet! Im Hinhören auf ihn wird uns klar, worum es im Streit um die Frömmigkeit gehen muß, wofür und wogegen wir unsere Aggressionen einsetzen dürfen und sollen. Wir haben Gottes Wort nicht in der Hand, wie wir eine gedruckte Bibel in der Hand haben können. Das ist unsere Chance: Gott spricht *zu uns*. Gott will uns sein Wort nicht in die Hand geben, damit wir es nehmen und gegebenenfalls damit um uns schlagen können: Er gibt es uns ins Ohr – damit wir hinhören, aufmerken, wahrnehmen. Wir finden uns von ihm angesprochen, wir reagieren: Ach so...! Wir haben Aha-Erlebnisse: Jetzt habe ich's begriffen! Wenn Gott seinen Geist gibt, antworten wir: Halleluja – Amen![14]

Der Streit um die Frömmigkeit ist damit nicht beendet – im Gegenteil, jetzt beginnt er erst richtig. Er wird freilich zugleich zu einem Streit in uns selbst: Muß ich nun zur ‚Demo' fahren oder nicht? Kann ich in der

[14] In diesem Zusammenhang sind neue Möglichkeiten des Umgangs mit der Bibel bzw. mit einzelnen bibl. Texten zu entdecken; vgl. z.B. *Hermann Barth / Tim Schramm*: Selbsterfahrung mit der Bibel. Ein Schlüssel zum Lesen und Verstehen, München/Göttingen 1977; ferner *Klaus W. Vopel / Bernhard Wilde*: Glaube und Selbsterfahrung im Vaterunser. Ein Kurs für lebendiges Lernen im kirchl. Unterricht, Hamburg 1979.

Institution Kirche mitmachen, oder muß ich eine Basisgruppe suchen? Wie gehe ich einen neuen Weg, ohne mein Gesicht zu verlieren? Muß ich gegen diejenigen streiten, die heute noch meine Verbündeten zu sein scheinen? Solche Fragen haben etwas Befreiendes, aber sie machen auch Angst. Ich habe Angst davor, Gott könnte mich einmal ganz direkt anreden – und ich entzöge mich ihm; er könnte mir zumuten, eine mir fremde und zur Zeit mich bedrohende Form der Frömmigkeit zu wählen, aufzubrechen, meine gesicherte Existenz als Professor zu verlassen – und ich würde nicht Folge leisten. Sachgemäßer Streit um die Frömmigkeit erscheint mir letztlich gefährlich. Aber in dem Versuch einer radikalen Offenheit, auf das hinzuhören, was Gott da redet, wird der Streit konstruktiv und fruchtbar.

V. Mit Gewinn um die Frömmigkeit streiten

Das Stichwort ‚Gewinn' klingt kapitalistisch – Assoziationen an ‚Mehrwert' und ‚Profit' stellen sich ein. Ich habe überlegt, ob ich als Theologe nicht lieber formulieren sollte: Unter dem Segen Gottes um die Frömmigkeit streiten. Obwohl es darauf hinausläuft, bleibe ich doch vorerst am ‚Gewinn' des Streitens interessiert. Vielleicht kann so deutlicher werden, worin in diesem Zusammenhang der Segen Gottes besteht.

Einen ersten Punkt auf der Gewinnseite übersehen wir meistens, weil uns das Streiten so anstrengt und weil das Negative dabei für uns, vielleicht auch von unserer christlichen Sozialisation her, im Vordergrund steht: Streiten hat immer mit Beziehung zu tun. Gewiß, Streit erschwert und problematisiert eine Beziehung, aber andererseits: Wer sich nicht für mich interessiert, streitet nicht mit mir – und wer sich nicht ernsthaft für mich interessiert, streitet nicht mit mir über die Frömmigkeit. Nun muß sich dieses gegenseitige Interesse, das wir als Christen aneinander haben, nicht unbedingt im Streit ausdrücken, aber Streit ohne Interesse aneinander, selbst wenn es ein durch die Umstände aufgenötigtes Interesse ist, scheint es mir nicht zu geben. Streit signalisiert eine schwierige, aber doch vorhandene Beziehung. Wie könnte dieser Tatbestand im Streit um die Frömmigkeit genutzt werden? Ich sehe drei Möglichkeiten:[15]

Erstens: Mit Gewinn für meinen Partner streite ich gerade nicht, indem ich mich zurücknehme, sondern indem ich mich exponiere. Er wird in mehrfacher Hinsicht Gewinn davon haben. Vermutlich würde es ihn ängstigen, wenn er mich hinsichtlich meiner Vorstellungen von Glaube und Frömmigkeit nicht recht einschätzen könnte. Ganz unnötigerweise befürchtet er dann irgendwelche Schüsse aus dem Hinterhalt, die er nie-

---

[15] vgl. dazu auch *Dietrich Stollberg*: Christ und Gruppendynamik. Informationsthesen zu einer aktuellen Frage, in ders.: Wenn Gott menschlich wäre... Auf dem Wege zu einer seelsorgerlichen Theol., Stuttgart 1978, 186-195; ders.: Manipulation und Einflußnahme. Auf dem Wege zu einem menschlichen Umgang miteinander, ebd., 208-213.

mals erwarten würde, wenn er mich in dem, was mir wichtig ist, wirklich kennte. Selbst wenn er meine Position ablehnt, kann er nun leichter mit ihr und mit mir umgehen. Die Klarheit wird ihn entlasten. Gehe ich dem Streit, den ich als Christ doch guten Gewissens und sachgemäß führen könnte, aus dem Weg, so mute ich mich zwar meinem Partner nicht zu, das kann – für diesen – durchaus bequem sein. Ich erspare ihm Aufregung. Aber die Gegenrechnung lautet: Ich gönne mich ihm nicht. Ich gönne ihm nicht meine Einsichten und Erfahrungen im Glauben, auch nicht die Teilnahme an den Prozessen, die ich durchstehe. Ich nehme ihn als christlichen Bruder nicht ernst, ich enthalte ihm mich vor. Er ist mir als der von Gott neben mich gestellte Partner nicht so wichtig, daß ich ihn in mein Denken, Fragen und Fühlen einbeziehen wollte. Dabei wäre es ein Gewinn für ihn, wenn er meine Auffassung und meinen Frömmigkeitsstil kennenlernte und sich damit auseinandersetzen könnte. Es würde ihn über die Grenzen seines eigenen Ansatzes hinaus- und wieder ein Stückchen weiter in die Gemeinschaft der Glaubenden und ihrer Fragen und Hoffnungen hineinheben können.

Inwiefern bedeutet zweitens der guten Gewissens und sachgemäß geführte Streit um die Frömmigkeit auch einen Gewinn für mich selbst? Was für meinen Partner gilt, gilt auch für mich. Ich lerne ihn verstehen, verliere die Angst vor ihm und lerne neue Möglichkeiten christlicher Existenz kennen, die für mich Impulse bedeuten können, auf jeden Fall aber irgendwie zum Ganzen von Kirche hinzuzugehören scheinen. Soweit ich ihm Widerstand biete, lerne ich aber auch mich selbst und meine Position besser kennen. In der Rechenschaft über ‚die Hoffnung, die in mir ist‘[16], kann mir bewußt werden, wo die Schwachpunkte meines Stils von Frömmigkeit liegen, in welchen Hinsichten er zu erweitern und zu vertiefen oder gegen Mißverständnisse abzusichern wäre. Auf jeden Fall aber nimmt mich ein solcher Versuch der Rechenschaft, wie ihn der Streit um die Frömmigkeit herausfordert, hinein in das Ganze der Christenheit und aller Formen des Glaubens, die völlig unabhängig von mir gelebt und erprobt wurden und werden.

Streit um die Frömmigkeit kann drittens mit Gewinn für beide Konfliktpartner und ihren weiteren Weg verbunden sein. Das Aggressionspotential, das sie gegeneinander entfalten, treibt sie beide, wenn der Streit sachgemäß geführt wird, in einen ‚regressus‘, in eine Bewegung der Rückwendung zu den Quellen ihrer Frömmigkeit, in die Rückbesinnung auf ihre Fundamente. Wenn es zwischen politisch engagierten und traditionell geprägten Christen nur noch den ideologisch garnierten Schlagabtausch gibt, dann handelt es sich nicht mehr im echten Sinn um einen Streit um die Frömmigkeit, sondern um eine politische Auseinandersetzung in religiöser Verkleidung. Geht es um den christlichen Glauben, so

---

[16] Giving Account of the Hope that is Within Us...: Uniting in Hope. Reports and Documents from the Meeting of the Faith and Order Commission, (FO 72), Genf 1975, 25-30.

werden beide Seiten sich immer neu in Frage stellen lassen, auch sofern sie zu einer einigermaßen klaren Antwort gekommen sind. Ich persönlich bin davon überzeugt, daß die politische Dimension von der Gestaltung des christlichen Glaubens in Gegenwart und Zukunft nicht weggedacht werden kann, daß unsere Frömmigkeit neue Leitbilder und neue Konturen braucht, und daß die entscheidenden Anstöße dazu jedenfalls zur Zeit nicht aus den offiziellen Kirchen kommen. Diese Überzeugung entbindet mich aber nicht von der Notwendigkeit, immer wieder den ‚regressus' zu vollziehen und zu fragen: Was ist es, Gott, wovon ich ausgehen darf und soll? Was ist dein Wille, wie kommt dein Reich?

Um die Antwort zu finden, ist das Gespräch mit den Vätern und Müttern im Glauben, mit den Schwestern und Brüdern unerläßlich. Es sind zu viele, als daß sie mir einfach sagen, gleichsam diktieren könnten, was Sache ist. Sie sind sich ja auch untereinander nicht einig. Aber in der Auseinandersetzung mit ihnen finde ich mich gefordert – als Lutheraner in der Begegnung mit orthodoxer und mit römisch-katholischer Spiritualität, als Intellektueller im Fight mit Fundamentalisten, Sektierern und Bhagwan-Jüngern, als von Hause aus eher konservativer Mensch durch das Engagement der auf Veränderung Drängenden. Immer wieder habe ich Gelegenheit, für ein paar Tage in einem italienischen Franziskaner-Kloster zu leben – ich finde das anregend und herausfordernd für meinen Stil, ‚fromm' zu sein. Gern sähe ich *Dorothee Sölle* auf einer Professur an einem deutschsprachigen Fachbereich Evangelische Theologie. Natürlich gäbe das Streit – Streit um die Frömmigkeit, aber die dabei frei werdenden Aggressionen hätten die Chance, uns alle, die wir Theologie lehren und studieren, mit Vehemenz in den ‚regressus' zu unseren Fundamenten hineinzuziehen und uns von dort aus zu einem gemeinsamen ‚progressus' voranzubringen auf dem Weg unserer Pilgerschaft.

VI. Ganz Feuer werden

Es handelt sich um einen anstrengenden Weg. Vom alten *Philipp Melanchthon* wird berichtet, er habe Sehnsucht gehabt nach Erlösung von der ‚rabies theologorum', von der ‚Wut der Theologen'. Man kann sich vorstellen, daß sich jemand auch nach der Erlösung von der ‚rabies piorum', von der ‚Wut der Frommen', sehnt. Frömmigkeit taugt nichts, wenn sie sich für einen Selbstzweck hält. Deswegen hat sich Jesus mit den Frommen seiner Zeit angelegt und schließlich bitter dafür bezahlt. Gerade die Frömmigkeit kann ja einen Menschen daran hindern, „aufs Ganze zu gehen".[17] Das ist ihr Fluch. Deswegen meinte *Martin Luther*, ein Christ zu sein, sei viel mehr, als fromm zu sein: „Ein Christ weiß von seiner Frommkeit nichts zu sagen, er findet in sich nichts Gutes noch

[17] *Gerhard Ebeling*: Vom Gebet, Tübingen 1963, 9.

Frommes, so muß er sich nach einer andern und fremden Frommkeit umsehen".[18] Und doch konnte *Luther* nicht verborgen bleiben, daß auch dieses Sich-Umsehen nach der wahren Frömmigkeit, nach der Frömmigkeit Jesu Christi, wieder in eine bestimmte Gestalt von Frömmigkeit münden mußte, nämlich in die ‚evangelische' Frömmigkeit.[19] Auch sie ist von jeher umstritten. Der Streit um die Frömmigkeit bleibt unumgänglich.

Ich habe am Streiten keinen Spaß, schon gar nicht am Streiten um die Frömmigkeit. Ich bin tief betroffen, wenn, wie das gelegentlich vorgekommen ist, ein Kollege mir den Glauben abspricht oder mich der Irrlehre verdächtigt. Streiten tut weh. Ich beherrsche die Kunst des Streitens nicht. Aber ich beginne zu ahnen, was Streit um die Frömmigkeit, guten Gewissens und sachgemäß geführt, an Segen zu stiften vermöchte. Da sagt ein Christ dem andern, eine kirchliche Gruppe der andern, eine christliche Konfession der andern, alle bezeugen es einander, was ihnen am christlichen Glauben unverzichtbar ist, worauf man nach ihrer Überzeugung leben und sterben kann und – wo es beim andern zu fehlen scheint.

So betrachtet, ist der Streit um die Frömmigkeit eine Lebensform der Kirche, in der sich das allgemeine Priestertum aller Glaubenden verwirklicht. Einer wird dem anderen zum Priester, zum Prediger, zum Propheten, zum Evangelisten und zum Seelsorger.[20] Der Streit um die Frömmigkeit erweist sich als Medium, in dem die Stimme des einen Herrn vernehmbar wird. Nicht erst, wenn der Streit abebbt und schließlich aufhört, wird Jesu Stimme wahrgenommen. Das wäre eine romantische Vor-

---

[18] WA 10, 1/2, 430, 31ff; vgl. dazu die aufschlußreiche Studie von *Lennart Pinomaa*: Die Heiligen bei Luther (SLAG A 16), Helsinki 1977.

[19] Näheres dazu in dem in Anm. 1 genannten Art. von *Seitz*; vgl. ferner ders.: Praxis des Glaubens. Gottesdienst, Seelsorge und Spiritualität, Göttingen 1978, bes. 155ff; *Horst Reller / Seitz* (Hg.): Herausforderung: Rel. Erfahrung. Vom Verhältnis ev. Frömmigkeit zu Meditation und Mystik, Göttingen 1980; schließlich ist in diesem Zusammenhang zu nennen: Spiritualität. Überlegungen und Anstöße zu einer Neuorientierung, vorgelegt von einer Arbeitsgruppe der EKD, Gütersloh 1979; zum Einzug des Begriffs ‚Spiritualität' in die Besinnung über ev. Frömmigkeit vgl. *Hans-Christoph Schmidt-Lauber*: Ev. Spiritualität als Lebens- und Glaubenshilfe, in: Quat. 45, 1981, 16-24, und *Kurt Schmidt-Clausen*: Ev. Spiritualität heute, in: ZW 53, 1983, 34-42.

[20] Die Lehre vom allg. Priestertum ist in der ev. Theol. sträflich vernachlässigt worden; einige Hinweise zu ihrer Gestalt in der Theologie *Luthers* finden sich bei *Holsten Fagerberg*: Amt/Ämter/Amtsverständnis, VI. Reformationszeit, in: TRE Bd.2, 554-557; sie wird meistens im Zusammenhang der Amtsproblematik diskutiert bzw. gestreift; bislang gibt es kaum monogr. Lit. dazu; vgl. *Regin Prenter*: Die göttliche Einsetzung des Predigtamtes und das allg. Priestertum bei Luther, in: ThLZ 86, 1961, 321-332; *Heinz Brunotte*: Das Amt der Verkündigung und das Priestertum aller Gläubigen, Luthertum 26, 1962; *Gerhard Heintze*: Allg. Priestertum und besonderes Amt, in: EvTh 23 (18NF), 1963, 617-646; versteht man den Streit der Zeugen als konstitutiv für das allg. Priestertum aller Gläubigen nach ev. Verständnis, so wird spätestens dabei deutlich, daß es sich hier um etwas anderes handelt als das ‚Laienapostolat' in der Konzeption des Vat. II.

stellung. Gottes Wort gibt es auf Erden nicht anders als im Streit der Zeugen, die auch in ihren einander widerstreitenden Zeugnissen auf eine geheimnisvolle Weise aufeinander bezogen bleiben - und auf ihn, den sie bezeugen und der mit ihnen allen seine Geschichte hat.

Der Streit um die Frömmigkeit hat aber noch eine andere Dimension. Er hat damit zu tun, daß uns der Glaube offenbar nur an bestimmten Stellen unserer Existenz deutlich erfaßt: den einen an den Händen, mit denen er sozial tätig wird, den anderen im Intellekt, mit dessen Hilfe er sich um reflektierte Antworten bemüht, den dritten im Gefühl, das ihn zu Tränen rührt. Wir streiten um die Frömmigkeit und haben eine Tendenz, diejenigen Teilaspekte zu verabsolutieren, die eben uns naheliegen und zugänglich sind. Die wahre Frömmigkeit aber, wie sie dem christlichen Glauben entspricht, möchte uns ganz erfassen, unsere Hände, unseren Intellekt, unser Gefühl, uns ganz und gar mit Haut und Haaren. Im Streit um die Frömmigkeit bewegt uns eine große Sehnsucht. Sie stammt von Gott. Bildhaft wird sie gelegentlich in den Geschichten zum Ausdruck gebracht, die über die Einsiedler und Wüstenmönche der ersten Jahrhunderte der Kirche erzählt wurden. Mit einer solchen Geschichte möchte ich schließen: „Abbas Lot besuchte einmal Abbas Joseph und sagte zu ihm: ‚Nach Kräften verrichte ich meinen kleinen Gottesdienst, mein Fasten, Beten, Betrachten und die Übung der inneren Ruhe, und nach Kräften reinige ich meine Gedanken. Was soll ich noch tun?‘ Joseph stand auf, hob seine Hände zum Himmel, die plötzlich zu Flammen wurden, und sagte zu ihm: „Wenn du willst: werde ganz Feuer!“[21]

---

[21] nach *Bonifaz Miller* (Hg.): Die Wüstenväter. Sag mir ein gutes Wort – Gedanken für jeden Tag, Kevelaer 1976, 140.